U0448406

公民们
法国大革命编年史

〔英〕西蒙·沙玛 著
俞敏 祖国霞 译

商务印书馆
The Commercial Press

Simon Schama

CITIZENS

A Chronicle of the French Revolution

Copyright © Simon Schama 1989

This edition is published by arrangement with *Peters, Fraser and Dunlop Ltd.* through Andrew Nurnberg Associates International Limited Beijing

中译本根据英国企鹅图书有限公司 2004 年版译出

Translation copyright © 2024, by The Commercial Press, Ltd.

献给杰克·普拉姆

> 我曾梦想有一个人人都会热爱的共和国。我无法相信,人是如此凶残,如此不公正。
>
> ——卡米尔·德穆兰
> 从狱中写给妻子的信,1794年4月4日

> ……其实,那是个万民骚动的
> 时刻,就连最温和的人也变得躁动
> 不安;各种情绪或观点都相互
> 撞击、冲突,让平静的家庭充满
> 激扬的叫喊。那时,普通人生活的
> 土壤都烧得灼人,竟无处落足。
> 当时——其实也不只当时——我常说,
> "这是何等荒唐的嘲弄,对于历史,
> 对于过去与未来的年代!如今
> 我深切地感到,所有从书本上读悉
> 各民族及其杰作的人们无一不被
> 蒙骗,因为阅读时虽带着诚心善意,
> 可诚善不过是自以为是,终落得虚浮
> 或无足轻重。唉!该去嘲笑那些
> 向未来的人们反映现实面貌的文字!"
>
> ——威廉·华兹华斯
> 《序曲》(1805年文本)第九卷第164—177行

> 历史欢迎并恢复这些被剥夺的荣耀;它给这些死去的人以新的生命,使他们复活。因此,历史的正义将那些不在同一时间生活的人联系在一起,对许多只出现了片刻就消失的人进行弥补。他们现在和我们住在一起,我们感觉就像他们的亲戚和朋友。这样就形成了一个家庭,一个活人和死人之间的共同城市。
>
> ——儒勒·米什莱
> 《19世纪史》第二卷前言

目　　录

前言　　　　　　　　　　　　　　　　　　　　　　　　1

序幕　回忆的力量——40年后　　　　　　　　　　　　1

第一幕　更迭：路易十六时期的法国

第一章　新人类　　　　　　　　　　　　　　　　　　21
　　　　一、情同父子　　　　　　　　　　　　　　　21
　　　　二、时代英豪　　　　　　　　　　　　　　　32
第二章　蓝色国土，红色赤字　　　　　　　　　　　　52
　　　　一、美好时光　　　　　　　　　　　　　　　52
　　　　二、债海无边　　　　　　　　　　　　　　　63
　　　　三、税金包收和缉盐战争　　　　　　　　　　79
　　　　四、最后的希望：马车夫　　　　　　　　　　88
　　　　五、最后的希望：银行家　　　　　　　　　　99
第三章　备受谴责的专制　　　　　　　　　　　　　110
　　　　一、纪尧姆先生的奇遇　　　　　　　　　　110
　　　　二、主权重定：高等法院的挑战　　　　　　119
　　　　三、贵族义务？　　　　　　　　　　　　　132

第四章　公民的文化建构　147
一、招徕观众　147
二、选定角色：自然之子　173
三、慷慨陈词：古代回响　188
四、传播文字　205

第五章　现代化的代价　217
一、旧政何等新潮　217
二、未来愿景　230

第二幕　期望

第六章　身体政治　241
一、慕男狂，国之妨　241
二、卡洛纳其人　266
三、贵族的例外　281

第七章　自毁前程　1787—1788年　292
一、邻国革命　292
二、旧制度末代政府　298
三、高等法院的天鹅之歌　306
四、砖瓦日　322
五、终极游戏　336

第八章　民怨沸腾　1788年秋至1789年春　341
一、1788年，而非1688年　341
二、大分裂，1788年8—12月　350
三、饥饿与愤怒　363
四、死兔子和破墙纸，1789年3—4月　388

第九章 临时拼凑一个国家　401
　　一、两种爱国者　401
　　二、新秩序的诞生，1789年5—6月　416
　　三、生动写照，1789年6月　432

第十章 巴士底狱　1789年7月　446
　　一、宫院两重天　446
　　二、波澜壮阔：巴黎战役，1789年7月12—13日　458
　　三、死尸复活？巴士底狱的神话与现实　469
　　四、爱鼠之人　476
　　五、1789年7月14日　482
　　六、巴士底狱的身后事：爱国者帕卢瓦和新福音书　489
　　七、巴黎，法兰西之王　502

第三幕　选择

第十一章 理智与非理智　1789年7—11月　513
　　一、鬼影憧憧，7—8月　513
　　二、劝说之功，7—9月　531
　　三、妇人之争，10月5—6日　549

第十二章 信仰的行动　1789年10月—1790年7月　567
　　一、历史活见证　567
　　二、叛徒　581
　　三、演出的公民　594
　　四、神圣空间　605

第十三章 分道扬镳　1790年8月—1791年7月　618
　　一、巨变　618

二、辩论泛滥	627
三、米拉波果报	640
四、通过仪式	656

第十四章 《马赛曲》 1791年9月—1792年8月 685
    一、大功告成？ 685
    二、自由的"圣战" 695
    三、《马赛曲》 717

第十五章 污血 1792年8月—1793年1月 741
    一、"杀戒大开荐自由" 741
    二、歌德在瓦尔密 764
    三、"凡为君者必不清白" 771
    四、审判 785
    五、两人之死 797

第四幕　美德与死亡

第十六章 人民之敌？1793年冬春 809
    一、艰难处境 809
    二、圣心所在：旺代之乱 827
    三、"微不足道的商品"，3—6月 849
    四、农神和他的孩子们 861

第十七章 "恐怖乃当今之政" 1793年6月—共和二年霜月
（1793年12月） 877
    一、烈士的鲜血 877
    二、"恐怖乃当今之政" 902
    三、清除 925

第十八章	卑污为政	952
	一、祸国母狼及种种威胁	952
	二、宽容末日	966
第十九章	千年盛世　1794 年 4—7 月	988
	一、家破人亡	988
	二、美德学堂	996
	三、热月	1005

尾声	1017
重聚	1030

原始资料与参考文献	1051
索引	1133

插图列表

（括号内是对摄影者的致谢）

1. 安托万·卡莱，《身着加冕礼服的路易十六》，藏于克莱蒙-费朗的巴古安博物馆（摄影：洛罗-吉罗东/布里吉曼艺术图书馆）
2. 雅克-路易·大卫，《荷拉斯兄弟之誓》(1785)，藏于巴黎卢浮宫博物馆（摄影：AKG图片社/埃里希·莱辛）
3. 伊丽莎白·维热-勒布伦，《玛丽-安托瓦内特和她的孩子们》(1785)，藏于凡尔赛宫博物馆（摄影：AKG图片社）
4. 安热莉克·阿莱，《奥诺雷·加布里埃尔·维克托·里克蒂，米拉波伯爵肖像》，藏于巴黎卡纳瓦雷博物馆（摄影：巴黎市立博物馆图片版权所有）
5. 安托万·韦斯捷，《让·亨利，拉图德骑士》(1789)，藏于巴黎卡纳瓦雷博物馆（摄影：洛罗-吉罗东/布里吉曼艺术图书馆）
6. 克洛德·肖拉，《1789年7月14日巴士底狱之围》，藏于巴黎卡纳瓦雷博物馆（摄影：AKG图片社）
7. 皮埃尔-弗朗索瓦·帕卢瓦，用巴士底狱砖石制作的《巴士底狱模型》(1789)，藏于巴黎卡纳瓦雷博物馆（摄影：洛罗-吉罗东/布里吉曼艺术图书馆）
8. 路易-菲利贝尔·德比古，《作为国民自卫军司令的拉法耶特》(1790)，藏于巴黎市立博物馆（摄影：AKG图片社）
9. 佚名，《"去凡尔赛！去凡尔赛！"》(1789)，藏于巴黎市立博物馆（摄影：AKG图片社）
10. 雅克-路易·大卫，《网球场宣誓》(1791)，藏于巴黎卢浮宫博物馆

（摄影：AKG 图片社）

11. 路易-让-雅克·杜拉默,《皮埃尔-维克蒂尼安·韦尼奥》（1792），藏于凡尔赛兰比内博物馆（摄影：洛罗-吉罗东 / 布里吉曼艺术图书馆）

12. 佚名,《路易十六为国家的健康干杯，1792 年 6 月 20 日》，藏于维济勒大革命博物馆（摄影：视觉艺术图书馆 / 布里吉曼艺术图书馆）

13. 雅克-路易·大卫,《圣法尔若·勒佩勒捷头像》（摄影：巴黎国家图书馆版权所有）

14. 阿纳托尔·德孚日（仿雅克-路易·大卫）,《临终病榻上的圣法尔若·勒佩勒捷》，藏于第戎美术馆（摄影：国家博物馆联合会【RMN】版权所有）

15. 维尔纳夫,《供加冕的杂耍者反思的事项》，藏于巴黎卡纳瓦雷博物馆（摄影：巴黎市立博物馆版权所有）

16. 约瑟夫·博泽,《让-保罗·马拉肖像》（1793），藏于布鲁塞尔比利时皇家美术博物馆（摄影：布里吉曼艺术图书馆）

17. 雅克-路易·大卫,《马拉之死》（1793），藏于布鲁塞尔比利时皇家美术博物馆（摄影：洛罗-吉罗东 / 布里吉曼艺术图书馆）

18. A. 克莱蒙特（仿西蒙·路易·布瓦佐）,《法兰西共和国》，藏于巴黎国家图书馆（摄影：洛罗-吉罗东 / 布里吉曼艺术图书馆）

19. 德·布雷恩,《哀悼中的玛丽-安托瓦内特在孔西耶热里古监狱》，藏于巴黎卡纳瓦雷博物馆（摄影：AKG 图片社）

20. 托马斯·诺代,《在战神广场举行的最高主宰节，1794 年 6 月 8 日》，藏于巴黎卡纳瓦雷博物馆（摄影：洛罗-吉罗东 / 布里吉曼艺术图书馆）

21. 佚名,《马克西米连·德·罗伯斯庇尔》（约 1790），藏于巴黎卡纳瓦雷博物馆（摄影：AKG 图片社）

22. 佚名,《罗伯斯庇尔将刽子手送上断头台》（1793），藏于巴黎市立博物馆（摄影：AKG 图片社）

旧制度的法国：
省、主要城镇

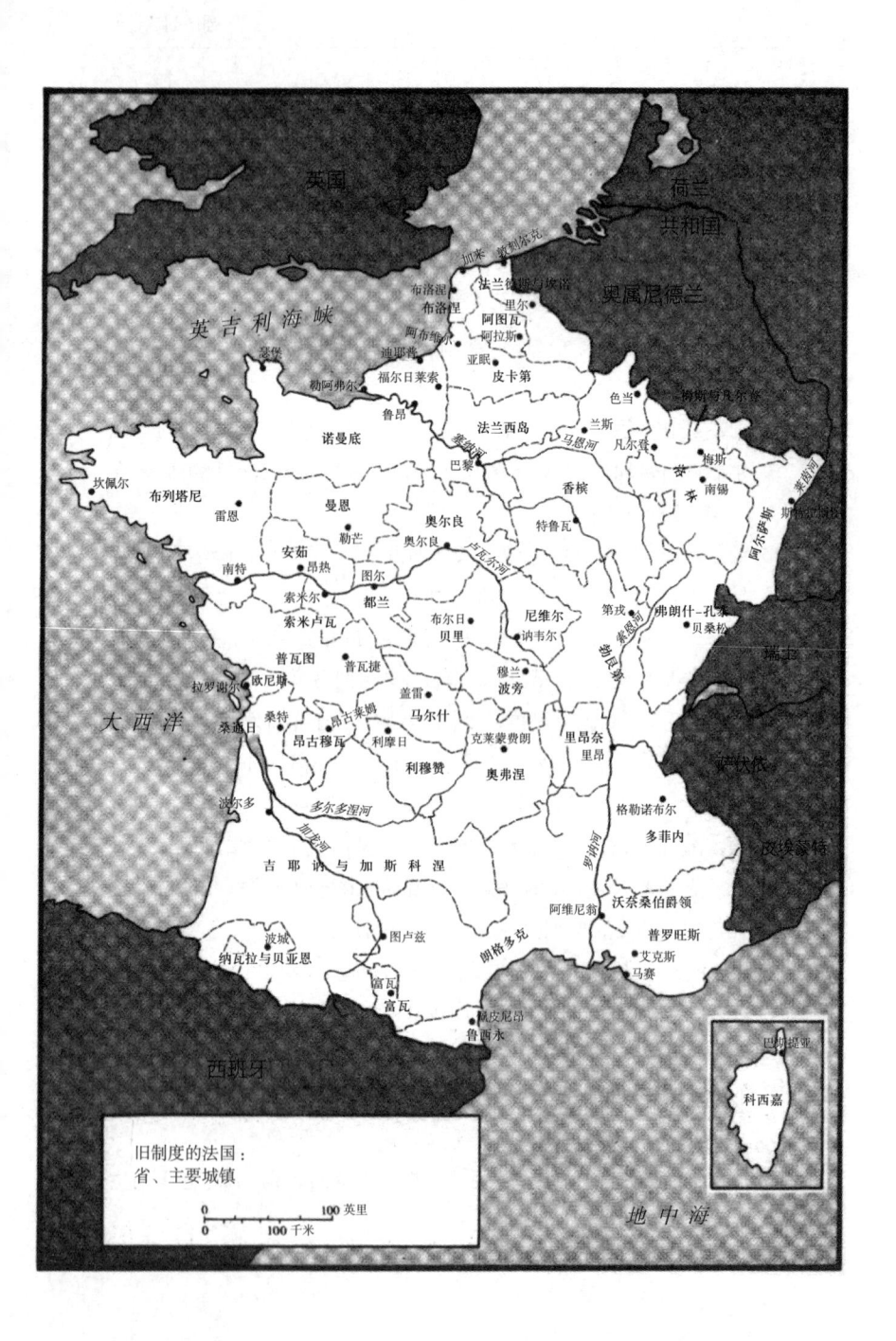

前　言

当被问及法国大革命有何意义时，据报道，中国总理周恩来曾这样答道："现在讲还为时过早。"或许，再过两百年来评论依旧尚早（抑或太晚了）。

一直以来，历史学家们过于相信经过长期的时间沉淀获取的知识，认为这在某种程度上保证了知识的客观性，而所谓的客观性其实是一种无法实现的价值，他们却对其笃信不移。或许，大革命之后不久即进行的研究也值得一提。1870年代，率先在剑桥大学开设著名的有关法国大革命讲座的阿克顿勋爵，依然能够亲耳听到一位奥尔良王朝的王室成员讲述他的回忆，"听闻滑铁卢战役的消息后，迪穆里埃在伦敦的街头开始喋喋不休"。

19世纪下半叶，学者们普遍怀疑是失去理智的党派之争彻底毁掉了19世纪上半叶那场伟大的浪漫主义叙事。随着历史学家们将自己看成是职业学术研究者，他们开始相信对档案进行审慎研究以保证公正客观：这是将那些故弄玄虚的因果关系剔除出去的先决条件。他们想要的研究成果是科学的而非诗性的，客观的而非带有偏见的。尽管有段时间历史学家们的叙事关注的是欧洲民族国家的命运——战争、条约、国王的罢黜，但社会科学的磁力驱使他们将"结构"，包括社会的和政治的结构，当成研究的首要对象。

在对法国大革命的研究上，这意味着人们的视线从主导19世纪30至40年代那些宏大编年史作品的历史事件和人物身上转移开来。基于对史料的研究，托克维尔撰写的《旧制度与大革命》这本精彩之作提供了冷静的思考，而在此书之前该领域的研究充斥着强烈的对某一派别的喜好。他犀利的见解强化了（尽管是从自由主义的角度出发）马克思的科学的观点，即这场革命的意义需在社会力量均势所发生的巨变中找寻。在他们二者看来，演说家们的话语仅仅是空泛的噱头，未能成功掩饰他们在客观历史力量操纵下内心的空虚和无助。同样，事件的跌宕起伏只有在揭示了革命的真相，尤其是社会真相后才会明白易懂。真相的核心是一条公理，一条自由主义者、社会主义者以及那些留恋旧制度的基督教保皇党人都心知肚明的公理，即这场革命的确是现代性的熔炉：现代社会世界中所有的特征，无论好坏，都是在这个大熔炉里炼就的。

同样，如果说整个事件具有划时代的意义，那么导致这场革命爆发的原因也必然是极为重要的。很显然，一股无法控制的力量扫清了整个世界的旧传统、旧思想和旧制度，而这股力量只可能产生于深嵌在"旧制度"的结构之中的各种矛盾。于是，从1889年法国大革命百年纪念到第二次世界大战期间，出现了多本大部头的著作，记载了旧制度方方面面的缺陷。相反，丹东和米拉波的传记却消失了，至少一些权威的学术出版社不再出版，取而代之的是一些关于谷物市场价格波动的著作。此后，一些不相关的，但各执己见的社会群体——比如"布尔乔亚""无套裤汉"——被界定出来进行了详细的剖析，他们两者对立的固定程式也被视作革命政治所特有的。

在大革命爆发一百五十周年后的五十年里，历史学家们对这一研究方法不再相信，他们认为大革命带来的社会巨变并不确切，而且根本就不是显而易见的。按照马克思经典著作中的说法，"布尔乔亚"是这起事件的发起者和受益者，但事实上他们已经成为社会中的僵尸人，他们只是痴迷于历史编纂的学者们创造的产物，而非真实的历史存在。其他法国社会和机构现代性的转变似乎已经提前被"旧制度"的改革预知，连续性看起来和断裂性一样明显。

大革命也似乎没有遵从宏伟的历史设计，不是无情的社会变革注定带来的。相反，它更像是一次偶然事件，结果出乎所有人意料（三级会议的召开就更不用说了）。大量有理有据的地方研究表明，这并非是巴黎给同质的法国其他地区带来的革命，相反各个地区都有自己的革命激情及利益。伴随着对地区的关注，民众也开始受到关注，因为当"结构"的重要性弱化后，那些个人，尤其是那些发表革命言论的个人也随之变得重要起来。

《公民们》一书旨在将这些重新评价进行综合，并将上述观点推向更高层面。我已将托克维尔观点之中的一个基本要素——他对大革命之前现代化引起的颠覆作用的理解——向前推进，比他本人对此的解释更进一步。抛弃了他创造的"旧制度"这个充斥着过时语义的词汇，我们或许可以看到路易十六统治时的法国社会和文化更着迷于变革而非抵制变革。在我看来，革命暴力的怒火起因于对现代化的敌意，而非对其发展速度失去耐心。

于是，下文内容强调了（可能过多地强调了）大革命之前法国社会中推动变革的力量，但同时也并没有忽视其中真正具有阻碍性的和陈旧的力量。本书的主要观点在于公民的爱国主

[xvii]

义文化是在七年战争之后的几十年里形成的,这是法国大革命爆发的一个原因,而非结果。

在阐述这一观点时提出了三个主题。第一个主题是爱国主义和自由之间悬而未决的关系,在大革命中,它演变成了国家权力与政治的狂热之间残酷的角逐。第二个主题与一种出现在十八世纪的信念有关,即在某种程度上,公民身份是理想家庭的公共表现。一些道德关系的刻板印象,比如两性之间、父母和子女之间以及兄弟之间的关系,都可能出乎意料地成为导致革命行为的重要导火索。最后,本书尝试直面由革命暴力导致的苦难。由于担心哗众取宠或被误认为是在为反革命辩护,历史学家们在讨论这一主题时过于谨小慎微。本书恰恰将此作为故事的中心,因为在本人看来,暴力不仅是政治带来的不幸的副产品,也不仅是为了达到更加高尚的目的或挫败更邪恶的东西而采取的令人厌恶的手段。从某种无法逃避的意义上讲,革命本身就是暴力,这不得不让人沮丧。

我选择以叙事的形式来呈现这些观点。事实上,如果革命是个更加偶然、混乱的事件,更多的是人的能动性而非事件本身结构的产物,那么在阐述其迂回曲折的发展态势、帮助人们理解整个事件时,年代纪事显得不可或缺。因此,《公民们》一书又回到了19世纪编年史的形式,让不同的问题和兴趣按它们出现的顺序,一年接着一年,一月接着一月,形成故事的主线。我还坚持故意避开传统的"调查"模式,它在试图描述政治之前先对旧制度下社会的方方面面进行详细调查。在我看来,在书的前面部分用冗长的章节连篇累牍地讲述"经济""农民""贵族"等问题会自动赋予它们解释力上的优先权。同时,我希望我没有忽略掉任何社会群体,而是努力在叙事中恰当的

[xviii]

时刻，即在他们影响事件发展的时刻讲述他们。因此，本书采用的是不时髦的"自上而下"的方法，而不是"自下而上"的方法。

叙事被海登·怀特和其他一些历史学家描述为一种虚构的工具，是历史学家为了将随机收集的关于已故者的零星信息整理出一个令人满意的秩序而采用的手段。这一惊人的洞见有一定的道理，但是我本人撰写本书的出发点是从大卫·卡尔发表在《历史和理论》（1986）上的一篇极富启发性的文章中获得的，在文中他针对叙事的有效性提出了一种全然不同、新颖独特的观点。尽管书面叙事具有人为的主观性，但它们通常依据历史人物构造事件的方式来描述整个事件。也就是说，即便不是大多数，但很多公共人物的行为举止是在参照过往英雄人物的模范事迹和考虑后人对其可能的评价后才做出的。如果这种说法是真的，那么法国的革命一代更是如此。加图、西塞罗和尤尼乌斯·布鲁图斯站在米拉波、韦尼奥和罗伯斯庇尔的肩膀上，但是，他们常常召唤他们的信徒去做那些将受到后世评论的事情。

最后，很明显的一点是，本书的叙事将所涉及的那些公民们的私生活和公共生活交织在了一起，因为这样不仅可以比单纯叙述他们的公开言论更深入地了解他们的动机，而且他们中许多人都认为自己的生活是一个衔接完美的整体，他们的出生、爱情、施展抱负、死亡等重要日子都会被作为重大事件记录在历史年鉴上。这种个人生活与公共历史之间的必然联系在许多19世纪的叙事史中是不言而喻的，但是由于我遵循了这一前例，在某种程度上，我的叙事方式也承担了一定的风险，即被认为恶意运用了一种过时的讲述故事的方法。与托克维尔之前的叙事史有所不同的是，本书提供了更多的见证而非评判。但是，与之前的作品一样，它努力悉心倾听那些公民们对自己生活的描述，即便有时候那些声音里边充斥着粗腔横调。就此意义而言，本书呈现的是喧嚣刺耳的真实的声音，而非权威、简洁的常规历史。

20年前，理查德·科布率先提出用"传记的方法"研究大革命史，不过他当时主要考虑的是革命暴力的受害者，而不是那些始作俑者。我采用了他的分析方式，希望他不要对此见怪。从他1960年代末在巴利奥尔学院组织的那次难忘的研讨班起，我便试着将这场革命看成是复杂的、通常结局悲惨的人类事件，而非抽象概念和意识形态的列队游行。那次研讨班上的其他人员，包括科林·卢卡斯，奥尔文·赫夫顿——她现在是我在哈佛大学的同事，以及玛丽安娜·埃利奥特多年以来一直给予了我巨大的思想启迪和学术上的帮助，借这本书我要表达对他们的感激之情。

另外，我要特别感谢我的另一位同事，帕特里斯·伊戈内，他悉心阅读本书的手稿，并帮我改正了很多（尽管恐怕不是全部）错误和模棱两可之处：本书所讨论的许多问题，尤其是有关我称之为"公民-贵族"群体的研究，都起源于他很重要的一本开创性的著作——《法国大革命中的阶级、意识形态以及贵族的权利》（牛津1981）。还有一些朋友——约翰·布鲁尔、约翰·克莱夫以及大卫·哈里斯·萨克斯——也阅读了该书的一部分，并且一如既往慷慨地给予评论，提出了诸多有益的批评。

我之所以专注于再次考察大革命的演说资料，专注于那些政治精英的自我意识，源于1979年在南卡罗来纳州查尔斯顿召开的"大革命时期的欧洲"学术研讨会上的一篇文章。我很感激欧文·康奈利邀请我参加了一个难忘的研讨小组，该组成员还包括伊丽莎白·爱森斯坦以及乔治·V. 泰勒。就是在查尔斯顿这次与林·亨特的长谈让我对革命语言的力量产生了兴趣，我非常感激她和汤姆·拉克尔一直以来对我的研究的关注和鼓励。罗伯特·达恩顿的第一部关于催眠术与晚期启蒙运动的著作启发我多年以前就开始思考革命暴力的缘由，有许多次，他都耐心地听我把话说完。他常常给我提供一些有用的建议以及温和的修正，而这些一直是我灵感的源泉。

阿奇博尔德·卡里·柯立芝是1920年代哈佛大学的一名图书管理员，也是该校最杰出的学者之一，若没有他为后世提供的帮助，本书是不可能完成的。他买下了索邦大学首位研究法国大革命历史的教授阿方斯·奥拉尔的全部藏书，为研究这一领域的学者们提供了一个无价的资源宝库：其中既有各种报纸和小册子，又有研究地方历史的极其稀见和鲜为人知的著作。我还是一如既往地感激霍顿图书馆所有优秀的员工们，若没有他们耐心与高效，压力大、教学工作繁忙的教授们很难完成学术研究。哈佛大学商学院克雷斯图书馆的苏珊·莱因斯坦·罗杰斯和她的同事们同以往一样给予了我很大的帮助，并从他们编辑的蔚为壮观的《艺术与工艺的描述》(*Description des Arts et Métiers*)中为我提供了许多高质量的照片。

我还要感谢维济勒法国大革命博物馆的菲利普·博尔德，是他帮助我找寻了与砖瓦日相关的材料。善良的佩里·拉思伯恩女士允许我使用了一幅她收藏的休伯特·罗伯特所画的德穆兰的素描作为插图。艾玛·怀特洛提醒我注意拉图迪潘夫人回忆录的重要性。

许多同事和学生慷慨地奉献了他们的时间、耐心和友情，尤其是朱迪丝·科芬、罗伊·莫塔赫德以及玛格丽特·塔尔博特，是他们让我在写作中最艰难的时刻看到了希望。我还要感谢菲利普·卡茨允许我阅读他非同凡响的本科论文，关于本杰明·富兰克林的图像学研究。欧洲研究中心的朋友们，尤其是阿比·柯林斯、吉多·戈德曼、斯坦利·霍夫曼以及查尔斯·迈尔，每当我有偏离正轨的苗头时他们都能将我拉回到正确的道路上，并且以最佳的团队方式对本书的整个编写过程予以支持。

至于阿尔弗雷德·A.克诺夫出版集团，我要感谢我的编辑卡萝尔·詹韦，她一直给予我信心，使我坚信这本书一定能够完成。罗宾·斯瓦多在各个方面一直是我力量的支柱。我还要感谢南希·克莱门茨以及艾丽斯·温斯坦一直关注本书的撰写直到最终的定稿。纽约的皮特·马特森以及伦敦的迈克尔·西森斯也一如既往给予了我巨大的帮助，这证明优秀的作品代理人也可以成为要好的朋友。

除了没有亲自撰写之外，菲奥娜·格里格为本书做了一切能做的事情。她帮忙搜寻图片、校对文字、与博物馆打交道、用智慧和善意舒缓我焦头烂额时的神经，确保工作得以圆满完成。对于她的帮助，我是怎么感谢都不为过的。

在撰写本书的整个过程中，我的孩子克洛伊和加布里埃尔以及我的妻子金妮，容忍了我不时的坏脾气、反常表现和古怪行为。而我却得到了他们无私的爱和宽容。从书中的论点到封面的设计，金妮对关于本书的各种各样的问题都提供了客观公允的评价。如果要将本书献给哪位读者的话，那人正是我的妻子。

企鹅出版集团的皮特·卡森最先建议我撰写一本关于法国大革命历史的著作，当我提出要沿着这种已然显得有些反常的故事主线书写一部充满激情的叙事史时,他没有望而却步。我十分感激他多年以来的支持和鼓励,尽管我担心最终的结果并非符合他的最初设想。

然而,我能够书写这一主题的想法来源于我的一位老朋友、我的老师杰克·普拉姆。我想他催促我撰写这本书时,希望我能够写出一部短篇作品。很抱歉我的作品令他大失所望,但是,我希望他能够看到这本书的广博性正切合了他认为历史应该是分析与综合、编年史与剧本相互交织的观点。他还鼓励我要漠视有关我们学科分支的传统藩篱,它们如同带刺的铁丝网深嵌在我们脑海中,我希望他能够欣赏我为了打破这些束缚进行的此次尝试。他教会我的最重要的一点是,在进行历史研究时,如果失去了想象力,就如同给思想挖掘了一个坟墓,因此,在撰写《公民们》一书时,我试图呈现出一个活生生的世界,而不是将其湮没在渊博的论述中。如果这本书有什么可贵之处,那都归结于我老师的教诲,我怀着深深的敬仰和友爱将本书奉献给他。

马萨诸塞州列克星敦
1988 年

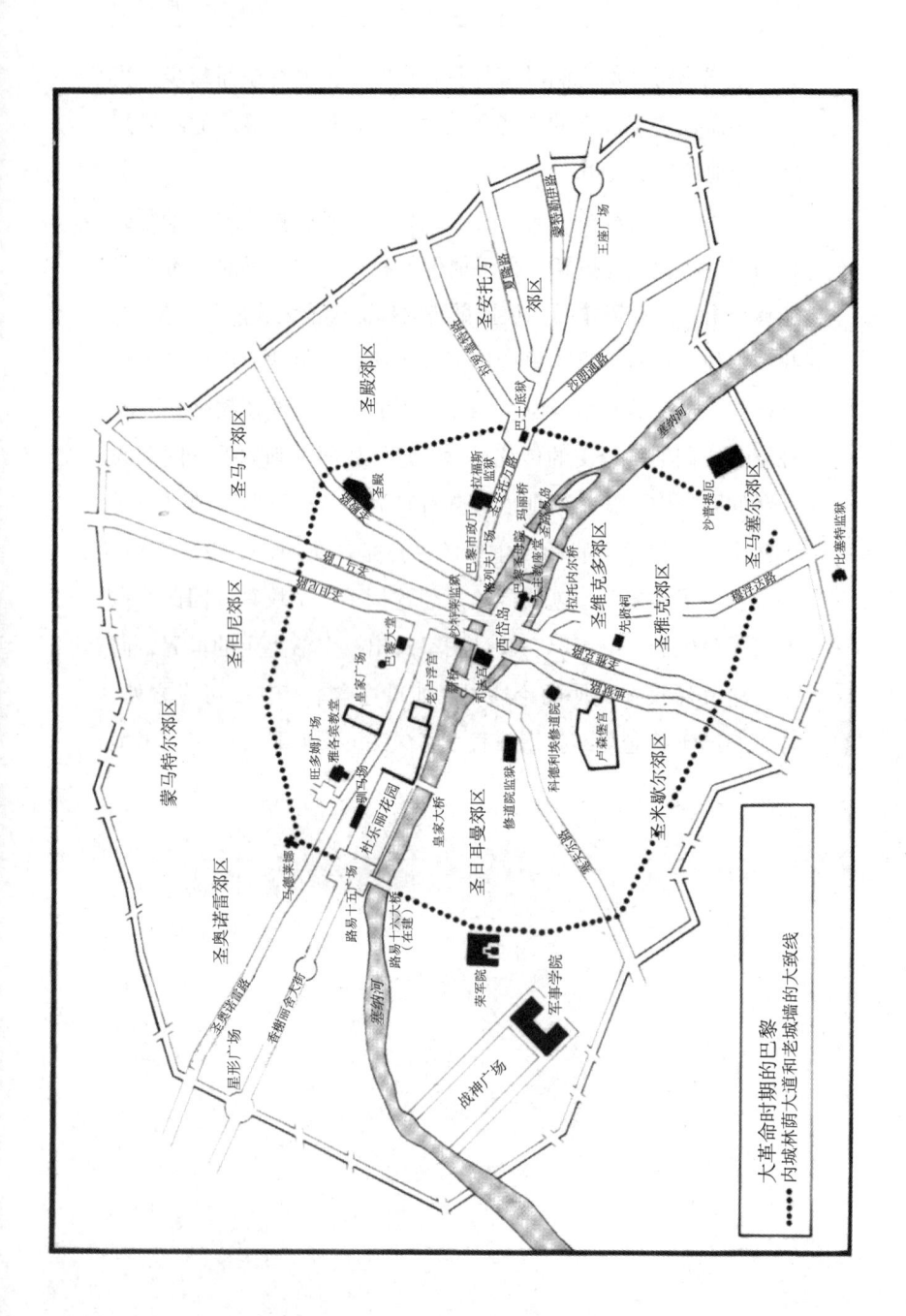

大革命时期的巴黎
••••• 内城林荫大道和老城墙的大致线

序幕
回忆的力量——40年后

在1814直到1846年这段时间里，巴士底狱遗址上，曾经屹立着一尊大象的石膏塑像。在很长一段岁月里，它都显得破败不堪。凡是前来凭吊革命遗迹的游人，都会被带到这里，匆匆忙忙地看一眼这个广场东南角上又庞大又阴郁的石膏像。到1830年的时候，革命的风暴又一次席卷巴黎，大象首当其冲遭到破坏，一根象牙已经脱落，另一根则被砸得只剩下短短一截。躯干因长年遭受烟熏雨打，又黑又脏，脸庞污渍斑斑，多处地方已经朽烂，紧锁的愁眉之下，深陷着一双无神的眼睛。

其实建造这样一尊石膏像，并非拿破仑的本意。当初为了要冲淡大革命的历史记忆，他一开始打算在已被夷为平地的城堡原址上建造一座巨型凯旋门，但是巴黎的东城实在是有些败落，于是他决定将凯旋门建在西城。在对古代的奇思妙想的搜寻中，拿破仑又想到了另一个主意，在他看来，这个主意足可以彪炳帝国征服胜过叛乱四起的丰功伟绩。虽然一头大象总让人想到布匿战争中战败的一方，但是对于占尽天下之利的皇帝而言，大象令人想起亚历山大和汉尼拔、法国从埃及获取的战利品以及从阿卡（Acre）到里斯本到处都飘扬着的法国三色旗。这尊大象打算用西班牙战场上缴获的大炮熔铸，硕大无朋，游人甚至可以沿着内部楼梯一直爬到象背上去。铜象的鼻子还能喷水，和真的一样。这个创意确实非常大胆，而且值得期待。只要看到它，1789年的大革命和脚下已成为历史烟云的巴士底狱统统都会被忘得一干二净，完全陶醉于伟大帝国的千秋伟业之中。

但是1789年发生的大革命，并未随着十年后波拿巴宣布大革命落下帷幕而淡出人们的记忆，相反，它变得愈加清晰。巴士底狱，还有那些攻占巴士底狱的革命者，都依然被人们怀念。倒是那个铜象的建造计划，却无人想起，差不多被忘得一干二净。实际上从一开始，它就带给人一种高高在上、拒人千里的感觉，负责这项苦差事的代表们对此各执己见，莫衷一是，定不出个具体方案来。最后总算达成了一致，可拿破仑帝国也已日薄西山，气数将尽了。在西班牙的胜利付出了高昂代价，后来又不惜大肆屠杀，这场战争实际上一无所得，和战败并无多少区别。到1813年的时候，大象雕塑的建造总算提上了日程，但此时已没有多余的大炮用来铸像，而且铜币的数量也不足，便决定暂不用青铜整体浇铸，而先浇注一个石膏像，等将来有了更成熟的终极方案，再就地大规模重铸。

[4]

首先它必须给人留下极为深刻的印象，而且要一下子闯入人们的眼帘，那就必须要修三层楼那么高。代表"遗忘革命"的大象雕塑静静地矗立在那里，守护着煽动性的往昔记忆：愤怒的人群，大肆的破坏，还有那些落魄不堪的公子王孙。所以当滑铁卢之战后，拿破仑帝国轰然倒塌的时候，复辟的波旁王朝，带着对大革命深深的恐惧，正好借此机会大做文章。不过用青铜做材料肯定不合适，那太充满杀气，得用柔和匀净的大理石，周围再规规矩矩地建几座纪念碑，要代表首都形象，要顺应时代潮流，要体现艺术和科学应用于现实生活的主题，比如说，医学领域的研究成果，波澜壮阔的历史画卷，多姿多彩的舞蹈艺术。那些幻想着到北非去开疆拓土的大臣们，觉得这个庞大的石膏大象喻示着远征迦太基的辉煌，实在是出现得正当其时。不过，前朝便已出现了国库空虚的窘况，刚刚复辟的波旁政府（尤其是路易十八）也是能省则省。他们只能花八百法郎，打发那个被人检举是波拿巴余党，并从中逃得一命的勒瓦瑟*做看守，他就住在象腿里，和耗子作伴。

看守的职责在于阻止别人恶意破坏，并防备有人在这里搞大革命纪念活动。可是他阻止不了时间对雕像的破坏。巴士底广场本来就是市中心一处僻静所在，天冷的时候，这里就是个泥泞的冰窟，到了夏天，飞沙漫天，尘土飞扬。为了疏浚乌尔克运河河道，加之一次次地开挖平整广场地面，石膏大象不断沉降，逐渐陷入泥洼污淖之中，积年累月，风霜侵蚀，石膏大象愈加破败，并最终颓然倒下。它的底座上爬满了蒲公英和野蓟，大象的身上被啃了个大洞，里面成了啮齿动物的乐园。流浪猫和无家可归的乞丐都在里面安家。有一阵子，周围民房里的耗子越来越多，后来人们发现都是大象身子里爬出来的。从1820年年底开始，居民隔一阵子就要向有关部门反映鼠患严重的情况，但是根本无人理睬。政府一直下不了决心，也拿不出什么好办法，或许重新粉刷一遍并将雕像搬到远离居民区的地方，就像荣军院甚至杜伊勒里宫这类地方。不过总有这样那样的担心，终究还是不了了之，石膏大象，或者说其残余部分，还是维持原样。

---

* 勒瓦瑟（René Levasseur，1747—1834），法国外科医生和政治家，法兰西第一共和国时期国民公会中的山岳派代表，著有四卷本《回忆录》。——译者

在大街小巷又一次洋溢着革命的气息，波旁王朝再度被推翻，"公民国王"路易-菲利普上台执政之后的1832年，在广场的另一端立起了一根高高的石柱，与石膏大象相伴（这根石柱如今仍在），当然纪念的不是1789年大革命，而是1830年七月革命的死难者。一直到1846年，石膏大象才算是遭到了最后致命一击，彻底土崩瓦解了。似乎往昔记忆打破沉闷的牢笼，一场新的革命，一个新的共和政权，迅速崛起在世人的面前。

[5]

刻意忘却的石膏大象终究还是敌不过恒久的革命记忆。可是要让这些回顾永远保持鲜活，至少与抹去历史的印痕相比同样困难。法国大革命归根结底还是一场巨大的破坏，一遍遍地举行一些隆重的纪念活动，让人们记住它，效果只能适得其反。可是类似的活动在这之前已经有了，并且一直在进行。1793年造了一个所谓雅各宾"再生喷泉"，其实就是伊西斯女神的石膏像。每逢重大庆典，女神像的乳房会喷出"自由之乳"。在纪念王权倒台的"统一和不可分割节"上，国民公会主席埃罗·德·塞谢勒（Hérault de Séchelles）手拿仿古圣杯，对着人群致敬，然后亲自饮下共和自由的乳汁。仅仅八年之后，再生喷泉就碎成了一堆瓦砾，被装上推车运走了。其他大型工程，比如新市政大厅、人民剧院、立法议会大厦，或是一拖再拖，或是干脆取消。于是在贵族的巴黎和手艺人的巴黎之间仍然存在一个边界分明的断裂空间：一片历史记忆的荒原。

没有纪念碑的纪念才能长远。一年一度的7月14日烟火盛会和舞蹈表演比任何一座花岗岩建筑都更让人难忘。最早一代的浪漫主义历史学家就是喜欢用激扬文字、满腔热情的方式来歌颂大革命。甚至在石膏大象日渐埋废、灰飞烟灭时，儒勒·米什莱还是写了庆祝胜利的叙事作品，使大革命成了某种引人注目的表演,很快出现了相关的经典著作、戏剧和祈祷文。许多历史记载也继之而起,拉马丁也好,维克多·雨果也罢,似乎都沉浸在米什莱的动人华章中不能自拔。兴衰更替,历史轮回:当拉马丁对着第三次革命的群众发表演说的时候,已经是公元1848年了。

浪漫主义史学的巅峰也是它的末日尽头。1850年的时候,第二共和国娓娓动人的美梦在金钱、权力和国家暴力的残酷现实面前被撞得粉碎。于是史学界总算开始冷静下来展开反思了。1848年的革命浪潮猛烈冲击着欧洲大地,巴黎城更是一片血雨腥风,慷慨激昂的革命口号被蓄谋已久的反革命堡垒撞了个头破血流,激情的斗不过无情的,手艺人拼不过枪炮兵。如此一来,史家纷纷调转笔锋,客观冷静的科学分析占了上风,过去那种意气风发、主观臆断的高调没了踪影。当初认为大革命之所以取得胜利,靠的是群众的自发拥护,现在则取决于清晰的理解。从亚历克西·德·托克维尔(Alexis de Tocqueville)和卡尔·马克思(尽管两人的研究方法迥异)开始,历史学家们试图把严密的科学分析法应用到历史陈述中。他们首次不再过分关注事件令人着迷的戏剧性,那只是历史记载表面的精彩,而是把重点转移到对历史档案或社会行为的普遍规律的深入研究上来。法国大革命产生的根本原因是之前业已形成的社会结构,而不是靠的什么核心人物的鼓动和努力。革命是阶级属性决定的,高谈阔论是解决不了问题的;革命不是为了什么理想和信仰,只是为了填饱肚子。上述观点在历史论述中的出现,标志着科学的历史,或至少是社会学意义上的历史已经到来。编年史在人们看来,无非是一些逸闻片段拼凑出来的东西,已经无足轻重了。因此,长期以来,历史学家们披着严格的客观性的外衣，忙于研究结构；研究因果关系；研究可能性和偶然性；制作饼状图和柱状图；研究符号学和人类学；研究省、区、选区、村庄、小村庄的微观史。

接下来的内容（几乎不用我说）并不是科学。它没有假装客观公正。尽管绝对不是虚构，因为它并没有存心杜撰，但是它可以像故事而不是历史那样深深打动读者。绘声绘色的细节描述，一场与过去两百年记忆的商谈而无需得出任何确定的结论。从讲述的形式到选择的内容，都体现了一种刻意从分析的历史向事件和人物的回归。这种事件和人物就像是历史洪流表面的一层泡沫，早就被当成禁忌或无人理会了。这种叙事方式显然并非无心之举，而是故意为之。开头、发展、结局，这样的三段式布局，为的是与主人公对过去、现在和未来的过度发展的意识产生共鸣。现代政治世界的创生与现代小说的出现几乎同时并不仅仅是一种巧合。

大多数革命的历史都是按照时间顺序从旧到新直线式叙述，但是它们几乎无法避免循环往复。在最早的时候，revolution 这个词是个天文学术语，指的是天体的周期性运动。换言之，它是可以预测的现象，并不是无规律的运动。人们经常这么说，美国革命是"天翻地覆"的伟大运动，而实际上，这四个字真正的含义是指调整使之回归正轨。所以说，1776年的那些革命家（特别是那些宪法的起草者）更关心的是维护秩序，而不是不停地变革。就法国而言，1789年的那一代使用革命这一词显然也包含了某些相同的担忧。不过在他们那里变革的说辞压倒了一切忧虑的审慎。想来也怪，那些在1789年希望变革"适可而止"的人正是最喜欢鼓吹革命不可逆转的

[7]

那些人。从那时候起，"革命"有了特别的含义，昭示着一个全新时代的来临，再也不是重复过去了。

到了1830年的时候，"法国革命"成了一个泛称，不再专指1789—1794年这段时期内的特定历史事件。反倒是那些久远的记忆：主要是书面材料，还有一些唱过的歌，说过的话，甚至包括一些雕塑作品，构成了政治的现实。自始至终，历史浪漫主义者，都在努力维护大革命在爱国主义记忆中的神圣地位，和蓄意淡化大革命历史作用的行为作针锋相对的斗争。1815年法国遭受外敌侵占，为了激励人民斗志，团结广大同胞，唤起人们对于1792年的惨痛记忆，早年充当反革命急先锋的拿破仑，便给自己打上了革命领袖的标签，喊出了"祖国在危急中"的口号，重新祭起了法国大革命这杆旧旗。只可惜滑铁卢的致命一击彻底结束了由瓦尔密大捷所开启的这段荣光的历史。

借外强入侵之力卷土重来的波旁家族充分意识到他们合法性的一切指望都取决于一种审慎的遗忘行动。复辟后的第一任君主路易十八，虽则沉湎于吃喝，贪得无厌，却也不乏政治头脑，懂得用既往不咎的手段来稳定人心。对于那些参加过革命，或者在拿破仑政府任过职的，想要重谋高位，他并不十分反对，而且他连加冕礼都彻底取消了。可是他的兄弟查理十世则不同，他对当年的仇恨耿耿于怀，非要在兰斯大教堂按照古礼加冕登基，这等于是要完全否定过去，公开挑衅革命的历史，但这样一来，恰恰把尘封已久的革命记忆，从人们头脑中唤醒，本来想要永远抹去，结果却适得其反。他任内那个末代大臣，就是个死硬的王党分子，1780年代最遭人唾骂的波利尼亚克（Polignac）家族的后裔。1830年的法律极为严酷专横，和1788

年相比，有过之而无不及，让人不寒而栗。为了抵制这些法令，男女老幼喊着激昂的口号，唱着雄浑的歌曲，浑身上下战斗装束，挥舞着革命大旗走上街头，重新建起街垒，就像接过了几代人之前传下来的历史接力棒。

其实1830年的时候之所以民怨沸腾，不可收拾，还有不少其他原因。主要是经济萎靡，贸易萧条，面包价格上涨，失业率居高不下，圣-安托万郊外，新闻记者和演说家毫不留情地谴责当局治国无能，手工业者聚集在周围聆听着，群情激愤。不过直接点燃革命烈焰的导火索，却是大革命期间的那些纪念品，一些被视为圣物的东西：再次飘扬在圣母院尖顶上的三色旗，倒在皇家卫队刺刀之下的血肉之躯，把裹在外面的床单都染红了，就这么被一路抬着，在大街上行进，人们的情绪更加激愤，从圣-安托万郊外赶来的家具商、制帽商，还有手套匠人，又一次把市政厅团团包围。此时挡在他们面前的，除了长满苔藓的石膏大象残躯，再也没有别的什么了。《马赛曲》再一次响彻云霄，象征自由的红帽子（它们在1830年并不比在1789年更显得时代错乱）又回到了不套假发的圆头颅上，发射10磅重弹丸的大炮被重新推出，虽已锈迹斑斑，却也威风八面，碾着碎石路隆隆作响，朝前进发。这回重又抬出个奥尔良公爵（这回总算是大功告成了），来接替退位的波旁国王。巴黎卫戍司令马雷夏尔·马尔蒙（Maréchal Marmont）似乎也身陷这一历史的幻梦中，眼睁睁地看着效忠的军队分崩离析，便知道大势已去，天数无情，只得把1789年7月15日拉罗什富科-利昂库尔公爵（Duc de La Rochefoucauld-Liancourt）对路易十六说的话再对查理十世说一遍："陛下，此非暴动，实革命耳！"只不过，当年的路易没有听懂，而查理是读过相关的史料记载的，很清楚这句话的分量，他注定不会像路易那样束手待毙，而是像他在1789年那样远走高飞，只不过这次甚至比上次逃得更迅捷。

即使当年的那套路线没有变，那些领导者也已经老得不成样子了。1830年七月革命的那些发起人年龄偏大是个很大的问题。俗话说："少年张狂老来稳"，但是用在这里显然不合适。担当领导革命重任的，仍是当年的那些老将，而不是本该大有作为的青年。而像这样的革命，天生就应该是年轻人大显身手的舞台。在大恐怖发生四年之后出生的米什莱，在挤满痴迷学生的教室里演讲，号召找回青春活力。在他激情澎湃的讲述中，那些1789年一代的年轻人，手里拿着绿色的枝条，以此表达对7月12日发生在巴黎皇家宫殿花园事件的支持，并将其作为一个全新的法国迎来了春天的讯息。巴士底狱当年的老人，不是反动派，就是受害者：那些守卫塔楼的荣军院警卫；索拉热伯爵（被自己的家里人给关到了这里），他那一脸令人揪心的苍白须髯，干瘪的形容，沧桑的皱纹，单单这副模样就是对长期专制制度的最有力控诉。卢梭认为，年轻人都是单纯的、清白的，所以大革命的真正目标，应该是要让那些纯真烂漫的孩子们，从成熟世故的枷锁中解脱出来。卢梭的那些最最忠实的年轻门徒，在大革命的时候，让自己满怀高尚的德行，然后互相残杀，还没体会到无尽的悔恨便已一命呜呼。大恐怖甚至对那些牺牲者加以美化，说他们虽死犹生，名垂不朽。让人永久难忘的巴拉，宁愿被射杀，也不愿向那些他称之为"逆贼"的人交出战马，死时年仅13岁；达鲁德（Darruder）眼睁睁看着父亲在阵前倒下，年纪轻轻的他，依然抓起父亲的战鼓，引导队伍继续前行。卡米尔·德穆兰（Camille Desmoulins）在28岁时已经是个革命老兵，结果死在圣茹斯特（Saint-Just）手里，而后者最终被送上断头台之时,年方 26 岁。

[9]　可要是年纪一大把,还出来闹革命,那谁都不会把他们当回事。他们可能遭到嘲弄,觉得要是让他们当领头人,肯定一事无成。1830 年的革命要想获得成功,就得依靠那些技工学校的学生、印刷工厂的学徒,或者是从国民自卫军走出来的,反正得是年轻一代。那些投身于改天换地的政治运动的新闻记者、自由派政客,虽然不是毛头小子了,但也没到七老八十。不过七月革命的主力军,却显然都是垂垂老者(相当一部分是"显要人物",是君主立宪时代涌现出来的新精英阶层——银行家、官僚和律师)。杜米埃尔极具讽刺意味的滑稽漫画中,那些秃脑门子和挤压变形的脸颊,还有便便下垂的大肚子,干瘪枯瘦的尖屁股,比德拉克洛瓦画中冲出街垒的矫健的自由女神更为逼真,更贴近现实。1830 年之后的 20 年间,年轻人让老头子们惶惶不安,这些理智的头脑被冲动的行为吓得不轻。革命和被革命推倒的复辟政府,都已经成为历史的陈迹,如今却从湮灭已久的尘芥堆中被刨了出来,粉饰一新后来一次面对面的碰撞,只不过这回是一大把老骨头包裹在鲜衣丽服内嘎嘎作响。神气活现、假装正统的国王查理十世,就是当年那个臭名昭著的老家伙阿图瓦伯爵,只不过,这个阿图瓦是个软骨头,也是凡尔赛王室正统中,最为奢华招摇的一个,他既是舞会上的好手、情场上的浪子,狩猎打围也同样技法高超。此人从骨子里蔑视 1789 年革命,曾把革命帽章踩在脚下,还写了一首《理查吾王》(O Richard mon roi)的反革命颂歌。而即将上台的国王,路易-菲利普,则是个懦弱无谋之人,跟他那个犯上弑君的老子"平等者菲利普"一个德行,路易-菲利普还出版了回忆录,想要把自己美化成年轻有为,投身于 1792 年热马普革命军的公民

战士,可是收效甚微。他在凡尔赛宫建立了战争画廊,里面都是奥拉斯·韦尔内(Horace Vernet)的作品,特地用以表现他作为一个法兰西勇士的英武阳刚之气,但是广大群众看到菲利庞(Philipon)和杜米埃尔的讽刺漫画,就忍不住咯咯发笑,捍卫法兰西的宝剑——欢悦之剑(la Joyeuse),滑稽地变成了跟在路易-菲利普屁股后头形影不离的保护伞。更糟糕的是,国王陛下的形象,也被分解变形,彻底走样,成了个难看至极、荒诞可笑的大梨。

尽管在1830年的时候,岁数大可不是件幸运的事,但是采取何种行动,作出何种姿态,并不单单取决于年龄。对于两个从历史中走过来的古稀老人而言,革命的记忆召唤有着完全不同的意义。在吉尔贝·德·拉法耶特,这位"两个世界的英雄",这个带着少年心性,精力十足,年已73岁的老人,仿佛又回到了年轻时代,血脉贲张,激情重燃。算命人曾给他相过面,说他的长相注定了他生来性如烈火。拉法耶特始终红光满面,加上钢丝般的红色假发冲冠而起,这一切都宣告了革命行动的火焰仍然积郁前膺,炽烈地燃烧着。

和拉法耶特的革命激情形成鲜明对照的是莫里斯·德·塔列朗(Maurice de Talleyrand),这位贝内文托亲王(Prince de Bénévent),给世人一副外表沉着冷静,不温不火的感觉。他已经75岁了,比拉法耶特还大2岁,头脑中的革命记忆,绝不比拉法耶特少。眼下的这场危机似曾相识,还是这么让人厌倦,根本就没什么新鲜的,不过还需小心应对为好,免得出现什么闪失。一个老人耳朵里听到的,是雄鸡一唱,高卢复兴,在另一位老人听来,这支《马赛曲》实在是聒噪得很,搅扰了他的黄昏清梦。对于拉法耶特,正是高歌欢庆之际,而在塔列

[10]

朗，却是低声哀叹之时。拉法耶特骑上战马，赶奔巴黎，来到那些爱戴他的群众中间，而塔列朗却将城里宅门前的青铜铭牌拿走，以免被人认出。

拉法耶特对待回忆颇为用心，他知道如何将往事作为一种有利的工具。适当地编排，略去那些让人感到难堪的事情，这些不光彩的过去，并不比他的光荣历史更少，他的革命回忆，在后人看来是最有力的召唤。"但请放心，"他向参加1830年革命的群众保证："老夫今年七十有三，所行之事，与三十二岁时并无分别。""王党之口号乃是'同心戮力，既往不咎'，"他告诉一干国民自卫军"吾辈之箴言即是'众志一心，永铭莫忘'"。实际上，他确实什么都记得清清楚楚。他走遍法国，出席了许多次宴会，有一回是在格勒诺布尔，他在答谢别人的祝酒时，回忆起了1787年的"砖瓦日"，他们遭遇到国王御林军的情景。由于他是1789年时的国民自卫军指挥官，对面的那些首领都紧张不安，以为他重获官职，一定会小心行事。而拉法耶特却不失时机地在大庭广众之下，穿上了当年的制服，还假惺惺地客套一番："当下时局艰危，老卒自当克尽绵薄。"当他以国民自卫军司令身份来到市政厅，走到吵吵嚷嚷的人群中间时，一个军官出于好心，想要替他在前头引路，他却语气强硬地拒绝了："往昔曾来此地，老夫认得来路。"

最要紧的是，他还没忘记，应该如何向革命女神表达敬意：他要来一个兄弟般的热烈拥抱。拉法耶特亲吻了三色旗，还亲吻了他的国民自卫军军官，甚至还亲吻了奥尔良公爵，以此来表达他的祝福。对于这个新时代，他的亲吻是那样的热情奔放，以至于很快就变得满世界都知道了，人们背地里都在笑他，管他叫没药可救的"亲吻神父"（Père Biseur）。可是，又有多少人能像他一样，一生中三次东山再起，达到人生的顶峰呢？拉法耶特很会把自己置于受人关注的中心，他天生就懂得政治表演所具有的感召力：他可以摆出各种姿态，运用肢体语言，并在关键时刻，采取一些身体上和言辞上的夸张手法。就在五年前，在美国参加庆祝最后胜利的巡游期间，他便已经是美国平民政治（populist politics）的第一缔造者了，摇身一变成了"马库斯·D. 拉法耶特"，从缅因州到弗吉尼亚，所到之处，掌声不绝，玫瑰花瓣如雨点一般飞来；他不知疲倦地和人家贴近了拥抱，握手握到手上的皮都磨破了；他满怀诚恳，对着欣喜若狂的人群一遍又一遍地喊道："Zo appy；zo appy"。人们聚集在市政厅前，把这个老元帅看作是共和国复兴的希望所在，他把三色旗当立宪宫袍，往路易-菲利普身上一裹，便不由分说地把他推到了阳台上。就这么一个杂耍动作，他便已经喧宾夺主，出尽风头，并让共和主义乖乖投降了。他当然记得，当年在巴士底狱陷落之后，当路易十六帽子上被钉了一个小帽徽，他有多沮丧。对于一个想要保命的国王，身上裹一条三色旗是起码的。

[11]

拉法耶特真的是伟大的提醒者。1815 年，甚至在遭受了滑铁卢惨败之后，还有人企图保全拿破仑帝国，拉法耶特发表了措辞严厉的讲话，代表在埃及、俄国和德国战场上为这样一个大人物卖命的数百万流血捐躯的人们发出控诉。在美国，他也一直不断地回忆起两国之间为自由而结下的兄弟情谊，因为自 1783 年以来，这种友好关系已经遭到了极大的破坏。为此，他将巴士底狱的钥匙交给了乔治·华盛顿。对于拉法耶特而言，记忆就是刺激行动的工具，革命本身就是一个永不停息的更新过程，是一种让法国能够恢复生命活力的方式。

塔列朗对这种清明盛世的欢歌笑语不感兴趣。他对于蛰伏于政治冬天之中感到惬意，感到满足。过去的记忆，只能让他不胜其烦，根本提不起半点精神，那种澎湃激情从来不是他的所好。他还是个小孩的时候，便是个跛子了，只能蹒跚前行，他早就学会摆出一副故作倦怠的姿态，这往往惹得那些平庸之辈恼恨不已。他的一生，受尽了卢梭门徒的咒骂，因为他喜欢装腔作势而非坦诚直率，举止文雅客套却不够自然，习惯沉思却不喜欢冲动激情，喜欢施展外交手段而非咄咄逼人，喜欢关起门来谈判而非在大庭广众下慷慨陈词。他永远被看作是政治古董，是旧制度的遗老，比起大多数人来，他更懂得，这些处世之道，不管过去还是将来，对于从政者而言，都是不可或缺的。

在 1830 年的时候，他已经别无所求了，对自己还是对法国都是如此，最想要的就是一个宁静的生活。在瓦朗赛（Valençay），他的极其漂亮的文艺复兴时期的城堡内，他当起了他的外省乡绅，还担任当地的市长，试验新品种的菊苣和胡萝卜，在园圃内照料他的苏格兰松苗。他住在罗切科特（Rochecotte）比他年轻许多的伴侣多萝泰·德·迪诺（Dorothée de Dino）的那所宅子的时候，感觉到了一种返璞归真的快乐，品尝他亲自嫁接的桃子，配上"奶酪之王"（"是他唯一一生忠实的国王"，他的一个批评者如是评价）布里奶酪一起吃。在巴

[12]

黎时，他很少离开圣弗洛朗坦街上的大宅子，靠在厚厚的枕头垫子上（哪怕在床上，他也非常担心晚上从上面掉下来摔着），咬着一块小饼干，啜饮着马德拉白葡萄酒，一边从他汗牛充栋的藏书中挑出几本来读，连眼镜都不用戴。这时的塔列朗，依然处处讲究，厚厚的假发扑了发粉，编成了白色的辫子，他皮肉松弛的脖子佝缩在高高的假领子里，家喻户晓的鼻子高高翘

起（还这么笔挺，就像一件厉害的武器），在每天吃完仅有的一餐之后，都免不了要特别冲洗一番。

对于1828年为他画像的阿里·谢弗（Ary Scheffer）来说，他看起来就像是黑绸袍里的一具死尸。不过和其他一些已过耄耋之年，行动如龟速一般迟缓的老家伙一样，塔列朗生活中处处小心，注重保养，仍然能最大限度地享受生活的乐趣。难怪那位愚蠢至极，简直目空一切的查理十世让他如此恼火。他站在那些最最反动的顽固分子中间，铁了心要和天下人作对，简直是一意孤行，还发下狠话，说宁愿让法国重新回到"政令无行，乱党群起，自1815年来，费尽心力方才消弭之种种祸乱"中。如果说，革命对拉法耶特来说是一股涌动的激情，一剂返老还童的灵丹妙药，那么以塔列朗的头脑来判断，这却是国之将亡的警钟。在拉法耶特看来，1830年对于法国，乃至整个世界（尤其是波兰），都必定是自由、民主的先兆。而塔列朗认为，改朝换代最重要的一点，就是要避免造成太大的损失。

如果说拉法耶特巧用三色旗的精彩表演，以及他在人群面前发出的豪言壮语"看，这是最好的共和国"，实际变成了路易-菲利普的公共加冕礼，那么推出候选者的那个人，却是塔列朗（三次加冕，他都亲身经历过：路易十六、拿破仑和查理十世）。因此，尽管拉法耶特居于舞台中心，而塔列朗才是不折不扣的幕后操纵者。这两个人始终保持着这种奇特的共生关系，一个是演员，一个是导演，一个登台唱戏，一个操控大局，两个人在关系到革命力量的现实问题上，总是意见相左。按照拉法耶特的观点，言论、形式、装束打扮、特殊标志以及一种对正义事业的虔诚信仰，构成了唯一值得铭记的史诗。而对塔列朗，这些千篇一律的象征物，统统都是滑稽可笑的历史闹剧，是盲从者的麻醉剂,欺世盗名的妖妄之言,来填补那些久已作古,玄而又玄的圣骨和奇迹。这些都是马戏团哗众取宠的表演罢了,是迷惑人心而又不可或缺的东西。1790年7月14日,他曾经亲眼看到,身为国民自卫军司令的拉法耶特骑着白马,在战神广场(Champ de Mars)对着国民宣誓的时候,全场40万狂热的革命者的目光,都一齐注视着他。而正是塔列朗这位欧坦的公民主教,一边在为这场庆典起草弥撒祝福,一边继续低头盘算。当拉法耶特沉浸在革命伟人的荣耀之中时,塔列朗却在牌桌边输个精光。

[13]

这一次,当拉法耶特又搞这一套哗众取宠的把戏的时候,塔列朗泡在股票交易所里优哉游哉(就在巴黎巷战爆发的三天前,他还向朋友荐言"股市要跌")。同样地,他们都是在尽最后的职责,虽则殊途各异,却又互为关联。拉法耶特在1830年唱他的救世主式的革命国际主义高调,号召人们关注当下的波兰解放运动,是为了补偿当年背弃共和事业的歉疚。而塔列朗在1830年的时候,也最后一次出任公职,担任法国驻伦敦大使,来为拉法耶特随意激起的矛盾收拾局面,他向那位来自维也纳,和他气味相投的威灵顿公爵拍胸脯保证,说路易-菲利普最厉害的武器,不过是一把收起的雨伞。一切都会好的。

从他们各自的为人来讲,拉法耶特和塔列朗体现了大革命分裂的人格特征。因为尽管人们都认识到,大革命开创了一个崭新的政治格局,但是很少有人能够懂得,这样的格局,是两种不可调和的利益的产物:在缔造一个强大的国家的同时,也创造一个自由公民的联合体。所谓的革命神话,就是要设想它们能够各司其职,相安无事,而革命的历史就是意味着要去实现那些不可能实现的理想。

尽管如此,从一开始就以一种过度嘲讽的态度来对待这些颇具理想主义的目标可能是最糟糕的错误了。塔列朗就喜欢这么做,但极具讽刺意味的是,他是那幅流传最为久远的歌颂革命的油画,欧仁·德拉克洛瓦(Eugène Delacroix)的《自由引导人民》的间接的源头。画中那位人民的圣母玛利亚,头戴无套裤汉的红帽子,袒胸露乳,站在街垒的瓦砾之上,号召工人和学生,向着渺渺难寻的革命乐土的彼岸大步挺进。自由女神在已被自由攻克的巴黎圣母院的背景映衬下,显得轮廓分明,那一面三色大旗,正在塔楼上高高飘扬。

塔列朗呢?他与油画中的这场惊天霹雳有何干系?这幅画是如此振奋人心,令人发自肺腑地心潮澎湃,让路易-菲利普也感到恐惧,于是他买下德拉克洛瓦的油画,藏匿起来,让整整一代人都看不到它。尽管塔列朗没有带来这一不可磨灭的革命尴尬,不过看来是他生下了欧仁·德拉克洛瓦。革命纪年的第六年(1798年),就在最早的革命当局在巴黎被那些当权的腐败分子搞得一潭死水,被他们的那些泥腿大将军祸害得垂垂将亡的时候,塔列朗的行为比平时变得更加不检点了。塔列朗挤走了共和政府外交部长夏尔·德拉克洛瓦(他之前自己隐遁到了荒僻冷落、无人问津的法国驻海牙大使馆),同时也取代他,上了德拉克洛瓦夫人的床。我们可以想象,这位夫人是看中了他的优势才委身于他的,因为她的丈夫一度因罹患严重的甲状腺肿,并一度从腹部扩散到腹股沟,无法过夫妻生活。后来由巴黎当地最有名望的外科大夫主刀,成功地切除了,这次手术也被看作是医学上的"壮举",而这位德拉克洛瓦落下的难看的伤疤成了广为人知的历史大事。但是塔列朗自己的残疾,他那趿拉着特制鞋子的跛脚,却从未对他情场驰骋造成什么不便。他相信,

[14]

权力和智谋是猎取异性芳心的法宝，他自己更是将这两方面的魅力发挥到了极致。德拉克洛瓦夫人当然只能乖乖就范了，他们偷情的结晶便是天才欧仁，这位新时代非凡的浪漫主义艺术家，竟是由旧制度最叱咤风云的怀疑论者留下的种。

革命激情的血液，于是便从革命智慧的身体中流淌了出来。这两种截然不同的禀性——一个浮夸奔放，一个聪明智慧；一个本色粗犷，一个冷静理性；一个多愁善感，一个残忍无情——在这段历史中并不会泾渭分明。实际上，正是在它们并不完美的结合中，一种新的政治诞生了。

第一幕

更迭
路易十六时期的法国

第一章
新人类

一、情同父子

在1778年春季某个阳光明媚的日子,塔列朗前往拜访伏尔泰。当时的法国社会,早已是僧俗相杂,教士世俗化也并不罕见。然而这么做,仍然是不成体统的。因为当时这位年轻人已经是兰斯的领俸教士,又被选为教士会代表,从索邦神学院刚刚获得神学学位,在这么个时候居然跑去拜谒罪不可赦的教会眼中钉,实在太欠考虑,有渎神灵。他之所以这么做,显然是把伏尔泰看作是自己的再生父母了。因为塔列朗初生之时,父母是把他托付给保姆照管的,保姆一时疏忽,结果塔列朗从柜子上跌到了地上,导致足骨骨折,终生未愈。跛脚自然让人看不起,甚至连家产都无权继承。尤其是一个男孩子,腿脚不便也就不能击剑,不能跳舞,也就没有机会进入宫廷,在军界更是没有立足之地。当时对于佩里戈尔(Périgord)家族而言,唯此两样方为正途,否则的话,只有走教士一途,这样或许日后也有机会飞黄腾达。不过尚在童年便投身教会,过这么一种清苦乏味的生活,塔列朗自然是极不情愿的。踏进达尔古中学(Collège d'Harcourt)的那年,他才七岁。聪颖的天性,与严苛的清规戒律，沉闷的宗教气氛，是那么格格不入。小塔列朗凡事都爱问为什么，而且经常违反校内制度。后来他又到圣叙尔皮斯（Saint-Sulpice）神学院上学。当时按照学校规定，对经典理论是不允许存在丝毫怀疑的。可是塔列朗却私自购藏了许多怀疑论学者和离经叛道的启蒙哲学家的著作，甚至还有几本内容诙谐的淫书，内中把男僧女尼欲火焚身的情态刻画得细致入微，极为生动。塔列朗命途多舛，智性上又倾向成为局外人，这也注定他被其他的局外人所吸引。1771年某个雨夜，在做完弥撒返回途中，他邂逅一位年轻的法兰西喜剧院女演员，便和她同撑一把伞回家。她叫多萝泰·多林维尔（Dorothée Dorinville），艺名露西，是个年轻的犹太姑娘。她可说是塔列朗的第一个红颜知己，也是最为纯真朦胧的初恋。内心早已背叛上帝的神学院学生穿着黑色的道袍，一瘸一拐地走在费鲁街（rue Férou）上，身边还有一位皈依基督、极为虔诚的女子，依偎在她的"庇护伞"下。

[18]　　对塔列朗来说，这次拜访伏尔泰有如一次父亲般的赐福。让他枯瘦多节的大手轻轻抚摸在洒着香水的金色长发上。两人年齿相差整整六十岁，一个是年已八十四岁的老人，毕生反对教会的斗士，一个是仅有二十三岁的助理教士。心机颇深的教士寻求一种鼓励和慰藉，而哲学巨匠则是通过这次会面来获得心灵的宽宥。在海外流亡了二十七年之后，1778年2月，伏尔泰终于重返故国。一时间民众将其奉为圣贤。此时的伏尔泰年事已高，病态龙钟，加之从费尔奈（Ferney）一路穿越瑞士边境，颠簸劳顿，健康状况更是雪上加霜。回到法国后便长期居住在维莱特侯爵（Marquis de Villette）的乡间别墅内，咳嗽不断，经常是大口的浓痰，还带着血丝。于是经常会把特罗尚医

生请来为他诊病。这位著名的瑞士内科医生之所以搬到法国居住，一多半就是为了照顾他的两个大名鼎鼎的病人（另一位是卢梭）。外界对此也颇为关切，各类报道中充满了悲观和焦虑。而伏尔泰似乎还不想就这么撒手而去，至少有蜂拥而来的年轻信徒登门拜访，还有那些交往多年，却在关键时刻落井下石的所谓故人，也都纷纷亲自前来赔罪，求他千万要不计前嫌，多多担待才是。这些都让伏尔泰颇为受用，不管他内心究竟作何感想，对于那些络绎不绝欲一睹其风采的崇拜者，他还假嗔道："来客这么多，我几乎要窒息了，不过这就像被玫瑰花雨淹没一样惬意。"

只要天气晴朗，精神略好些，他便不顾病体，前往法兰西剧院指导排练他的悲剧《伊蕾娜》（*Irène*）。1778年3月16日，此剧首次公演，除国王本人以外，王室成员悉数到场，向这位剧作者致敬。3月30日第六场公演结束的时候，舞台上还放了由卡费里（Caffieri）专门赶制的半身雕像，然后由该剧的演员亲自给雕像带上桂冠，观众全体起立，鼓掌致意。老人家颇为动容，陶醉于这种初登神坛的礼赞之中颇为自得，丝毫没有谦恭推却的意思。甚至到5月末他病情加重，奄奄一息也变成了一桩准公共事件。整个巴黎都在观望，想看看他到底有没有在最后关头着了忏悔神父的道，搞一个正规的临终赦免仪式。还是像他自己事先想好的那样，含糊其辞而不失巧妙地说一句："我生是天主教徒，死亦归于天主。"即使他那句拒绝与恶魔一刀两断的所谓遗言（"此刻不树敌，更待何时？"）完全是伪造的，但现实中伏尔泰对不肯罢休的神父的临终回绝也毫不逊色："让我安静地离开吧。"

由此可见，塔列朗的这次拜访是颇值得钦佩的。有些报道中甚至说他用一种亵渎本教的方式跪在伏尔泰脚下。无疑这位世俗的年轻神父把这样一位邪恶的不知悔改的自然神论者，这位曾振臂高呼"消灭败类"（Ecrasez l'infâme，败类指教会人士）的斗士，看作是自己的偶像了。当天是他的校友舍瓦利耶·德·尚福（Chevalier de Chamfort）带着他来到博纳街（rue de Beaune）上的维莱特公馆的。走进一个小房间，里面几乎一片漆黑，只有一扇百叶窗能稍微透出一丝光线，正好投在伏尔泰枯槁憔悴、满布皱纹的脸上，一幅鲜活的启蒙形象。一时间，年轻人感到手足无措，尤其是看到老人皮包骨头的腿脚从长袍中露出来的时候，甚至有一丝厌恶掠过心头。屋子的一个昏暗的角落里，老人的侄女德尼夫人（Mme Denis）正忙着煮巧克力，她早已不复当年"端庄娴雅"的神采了。不多一会，缕缕巧克力的气息飘来，顿时满室生香。伏尔泰首先彬彬有礼地问到了塔列朗的家世，言语间颇含敬慕。虽是轻松的客套，但看得出伏尔泰正攒起力气，努力给人一种兴致颇浓，精神矍铄的印象，年轻的崇拜者后来记述道："先生说话语速很快，但思路清晰，语言简洁……除他之外，我平生再未见过其他人有这样的讲话风格……他的双眼炯炯有神、灼灼逼人。"果然，两人颇为投机，睿智博学的伏尔泰滔滔不绝，后生晚辈塔列朗侍坐在侧，洗耳静听。对塔列朗来说，这场谈话是他一生中重要的时刻。"他脸上的每一根线条都深深印入我的脑海里。"晚年的塔列朗回忆起当时的情景，说道："现在我的眼前依然会浮现他的相貌：他眼窝深陷，眼睛虽不大，但放出精光，让人不禁想起变色龙的眼睛。"虽然在这次拜访之后，塔列朗为宫廷效力，他自己已经全然忘记当时到底说了些什么，但是伏尔泰讲话的神态，以及同他告别时的那一幕，却永远印在了他的脑海中，"如

[19]

与慈父作别",他这样写道。

或许对塔列朗来说,大革命从他为博纳街的这位无信仰者祝圣的那一刻起,就已经开始了。而对拉法耶特而言,大革命则是源于一种信仰的行动。对法国来说,大革命无疑是从美利坚的土地上爆发的。

当塔列朗膜拜在他智识的守护神面前的时候,拉法耶特正远在宾夕法尼亚的福吉山谷(Valley Forge)里忍受严寒的煎熬。好多大陆军的残兵败将挤在"连地牢都不如的简陋棚屋里",士气低落,狼狈不堪。20岁的拉法耶特侯爵在这里遇到了他终身视为再生父母的长者。去年7月的时候,他就在费城遇到过华盛顿,后来他在给妻子阿德里安娜的家信中谈到了他对华盛顿的第一印象:"一位文静、矜持的绅士,其年纪足以作我的父辈,但身材魁梧,仪表堂堂。"1777年10月14日的那次倾心相谈,被拉法耶特称之为"伟大的谈话",也许是因不能满足拉法耶特渴望成为一师之长的要求而有所歉疚,华盛顿在言语间颇多抚慰,说自己很荣幸受到信任,被看作"父兄及师友"。这些话多半是客套之词,但在拉法耶特看来,似乎人生中贵人降临,从此鞍前马后,任其驱驰,终其一生而无悔。自此,祖国与父亲通过这一情感的纽带紧紧地联系在一起。

[20]

塔列朗把自己看作是一个真正的孤儿,他说没有谁像他那样"出身显赫,属于一个庞大家族,却未曾享受过哪怕一周的父亲的宠爱"。拉法耶特则对童年的痛苦,感觉更加辛酸和凄楚。他的父亲是法兰西掷弹兵部队的一位上校,还在小拉法耶特两岁的时候,便在明登战役中阵亡了。小拉法耶特的叔父,则早在1733年波兰王位继承战争期间的米兰之围中就战死了。故而小吉尔贝的童年是在奥弗涅（Auvergne）的沙瓦尼亚克（Chavaniac）城堡中度过的。从小他就沉浸在驰骋疆场的梦想之中。城堡不远处有一片被村里人称之为"战场"的地方，每次去到那里，总让小吉尔贝头脑中幻想出维钦托利（Vercingetorix）全身披挂，上阵杀敌的景象。而当他沉溺于历史传奇的追忆中的时候，为国复仇雪耻的信念便愈加坚定起来。很久之后他才知道，并找到了那位菲利普少校，正是在他的指挥下，才让他父亲的那个团全军覆没的，参加美国独立战争对这个年轻人来说是报仇雪恨的绝好机会。这不但是为了在七年战争中蒙羞的法国将士，也为了在战争期间蒙受巨大损失的他们的家人。1777 年 10 月，他致信给在出手援助的政策问题上踌躇不决的法国外交大臣韦尔热纳（Vergennes）说：

> 我坚信，攻击英国就是在为我国服务（我也可以斗胆用报仇雪恨这个词），我相信每位有幸成为法国公民的人都会竭尽所能。

国恨家仇在幼年父母双亡（母亲在 1770 年拉法耶特 13 岁时亡故）的拉法耶特身上已经化为一团怒火。而拉法耶特的同龄人，很多身上也涌动着一股从军参战的热情。"我们厌倦了长达十年之久的和平时光。"拉法耶特的忠实跟班塞居尔伯爵（Comte de Ségur）这样写道："我们每个人都极度渴望能够洗刷上次战争带来的耻辱，想和英国作战，想飞去美国助他们一臂之力。"拉法耶特虽然出身富贵，曾在路易十五的凡尔赛宫中度过少年岁月，家业门第非同一般，十四岁时就和诺瓦耶（Noailles）大家族的千金小姐成婚，但这一切却无法让他忘却心中的仇恨。尽管不像塔列朗那样天生跛脚，可就是没有跳舞的天赋，要知道不会跳舞对他这样身份的人来说，可真的是件麻烦事。拉法耶特当然知道自己土里土气，禀性粗野，从这一点看，比一个跛子也强不到哪里去。但也正因为如此，显得豪放不羁，颇有气概。他后来在回忆录中写道："我的举止笨拙，虽在重大场合中不至于出格，但我却因此得不到宫廷的恩宠。"

[21]

在军队中不能体验到作为一名军人的价值，还要整天忙于保持场面上的光鲜，拉法耶特实在难以忍受，这更激励他要干一番惊天动地的大事业。在1775年的时候，他的骑术已经十分高明了，在他的那帮经常在"木剑酒馆"聚会的豪门朋友中以勇敢著称。他们还搞了个"木剑帮"，都是些热血青年，如拉罗什富科、诺瓦耶、塞居尔等人，这些人都对投身美国的"反叛事业"充满向往，而且后来在1789年大革命中，也是些最引人注目的公民贵族。拉法耶特后来终于决定，捐出自己的个人资产（他每年可以从外祖父那里继承12万利弗尔），来实现他长久以来孜孜以求的梦想。这时他已经在一位同样具有进步思想的军官德布罗伊公爵（Duc de Broglie）帐下听用，巧的是，德布罗伊同拉法耶特的父亲有袍泽之谊，他将这位战友遗孤视为自家儿郎，处处严加管束，以防年轻人一时冲动，铸成大错，玷辱门风。不过当时连乔治三世*的亲兄弟格洛斯特公爵（Duke of Gloucester）都在极力鼓吹美国独立，加之拉法耶特一再据理力争，最终德布罗伊也有点被说动了，不再坚持原先的观点，对于远征美国的计划，至少并不完全排斥。事实上也不可能管得住拉法耶特，到最后，干脆就决定和塞居尔、诺瓦耶一道，

---

* 乔治三世：英国国王，1760—1820年在位。——译者

跟着拉法耶特大干一场。

　　国仇家恨，个人的雄心抱负加之对于古罗马帝国光辉岁月的向往，激励着拉法耶特装备了"胜利号"战舰。1777年秋季，他终于毅然决然地坐船前往美国，开始了人生的一段全新旅程。促使他这样做的，除了前述的原因外，对于自由事业的向往和执着也是决定性因素。在拉法耶特自己的著述中，他自称很早而且天生就有这种追求自由的强烈渴望。我们也可以从他的自传中，处处读到这种充满浪漫主义的革命情怀。这位年轻的侯爵还是个小孩的时候，就非常向往过一种无拘无束的生活，这也是日后他在一系列政治问题上经常采取大胆冒进的策略的根本动因。从小远离巴黎社会的都市繁华之地，奥弗涅葱郁、陡峭的高地造就了他独特的个性，浪漫主义的理想得以自由驰骋。1765年，当他还只有八岁的时候，在他家乡一带出没着一种叫作"热沃当鬣狗"的野兽，据说此孽畜"大如牛犊"，非但啃死牲口，而且"偏爱袭击妇孺，吸食他们血液"。于是农民成群结队，自发组织起来追捕，而少年拉法耶特却偏偏对这个害兽心存好感，还和一个小伙伴一起，潜入林中，模仿这畜生低声吼叫，希望能真的把它招来。后来他曾在回忆录中写道："尽管我当时只有八岁，却对这野兽产生了深深的同情。"数年之后，在上巴黎普莱西斯耶稣学院（Jesuit Collège du Plessis）时，当时有一篇作业，要求写一篇自己心目中良种马的文章，可拉法耶特却偏偏在文中对桀骜不驯、马鞭一抽便纵身直立、不甘为人乘骑驱使的烈马大加赞赏。自然，这番鲁莽无状的言论只能是招来严厉的训斥。

　　拉法耶特在大学中叛逆不驯的表现，并不仅仅只是些逸闻趣谈。亨利四世时代有一位了不起的骑术师，名叫普吕维内

[22]

尔（Pluvinel），从那时起，学会骑马成为了摄职从政所进行的准备，不光是有象征意义，也具有实际价值。自黎塞留以来，历代掌权者都通过练习骑马和驭政之间的相似性，来体会自我控制的重要性，懂得如何迸发勇气，如何展示权威。但是到了1760年代，人们对于情感日渐崇尚，更加注重于流露真情，反对教条刻板，认同自由无忌，厌弃纪律约束，这一切变化，对社会习俗乃至政治风气都注入了新的内容。少年时代对于不肯驯服的动物所产生的同情，自然渐渐养成了一种个人价值取向：自由胜过权威、自发压倒算计、诚挚胜过机巧、友谊高过门第、心胜过脑，天性胜过教养。这就是日益成形的大革命的本性特征。"汝当承认，亲爱的，"拉法耶特在登上"胜利号"时，写信给阿德里安娜：

> 我所从事的事业和追随的生活，与注定虚耗精神的意大利之旅（游览的是那里的文化胜地）是截然不同的。我是在捍卫我所追求的自由，是在以完全自由的个人身份，以朋友的身份去为最感兴趣的共和国服务，我奉献的仅是我的真诚和坦率，既没野心也非居心巨测。我既是在为我个人的荣耀而战，也是在为美国民众的幸福而战。

和拉法耶特同时代的许多法国贵族一样，美利坚这片土地，正好符合他们对于幸福社会的向往，和玩世不恭、死气沉沉的旧世界简直有天壤之别。德拉波特神父（Abbé Delaporte）的书中，曾经对它的美妙景色有过生动描绘，甚至在比拉东·德·索维尼（Billardon de Sauvigny）的《伊尔扎，或伊利诺伊》（*Hirza ou les Illinois*）这样的戏剧中，美利坚的那种蛮荒不化，也在巴黎的舞台上被极力美化。当地人一概都那么天真无邪、粗犷豪放、自由自在，令人羡慕不已。1777年，在到达查尔斯顿之后，拉法耶特声称，自己在当地人身上找到了一种纯洁无瑕的兄弟情谊（尤其是某个强壮的胡格诺教徒的到来，加深了这种印象）。"他们非常友好，和我期待的一样，"他又写信给阿德里安娜，"他们举止纯朴，责任心强，热爱祖国，也热爱自由，到处可见平等之风。穷人与富人被一视同仁，尽管他们之间有巨大的财富差异，我敢说没人能发现他们对待彼此的态度有丝毫差别。"

在乔治·华盛顿身上这种种优秀品质就更加明显。在拉法耶特心目中还要加上那些古代英雄的美德：清心寡欲、坚忍刚毅、临危不惧、勇敢无畏、不怕牺牲、廉洁奉公、淡泊名位，对那些尔虞我诈的党派斗争不屑一顾；思想高尚，虽然寡言少语、隐忍自制，对旧制度下虚情假意、勾心斗角的那一套腐朽风气仍会严厉斥责。实际上，尽管他没能如愿地成为一个师的指挥官，有点失望，但就在他的很多朋友在此时都准备返回故国的时候，他却选择了留在美国，这一决定，很大程度上是出于想向义父证明自己的强烈愿望。布兰迪万河（Brandywine Creek）战役中，拉法耶特浴血负伤，他忍受着福吉山谷的严寒，情愿冒着寒天大雪，向北远征加拿大，尽管明显是一场徒劳，铁了心要和华盛顿同呼吸、共命运，大陆军内部有人针对华盛顿发起各种无端指责和攻击，他总是站在华盛顿一边。谁要是借着盖茨将军来贬低华盛顿，他便勃然而起，用他那生硬支离的英语表达自己的愤怒：

> 哪次行军，哪场运动能使他和去年寒冬那位率领1600名农民，在广阔无垠的国土上驰骋纵横，对一支训练有素

的强大军队穷追猛打的英雄华盛顿将军相提并论？谁能与那位以救赎自己的祖国为己任，得到了举世崇敬的伟大将军相提并论？是的，先生，同恺撒、孔代、蒂雷纳以及所有那些士兵每提及其名字，崇敬之情便油然而生的伟大将领相比，去年冬天的那场战役同这些人生平中最伟大的战功相比毫不逊色。

在拉法耶特无比崇拜的眼中，华盛顿成了一个集万般优点于一身的完人，无论是行军打仗，还是为人处事，抑或是政治操守。他与完美的领袖惊人的相似，因为他也表现出一个完美的慈父形象：坚强果断而又宅心仁厚，公正清廉而又细心周到；这位平民将军待兵卒如同自家儿郎，而且为这个新生的国家尽心竭力。尽管一开始，对拉法耶特这种幼犬般的崇拜热情，华盛顿感到扪悒不安，但是他也在努力适应，而且对于担当这样的义父角色，心内不无一丝得意。拉法耶特受伤时，他让自己的私人医生来替他调治。他主动关心拉法耶特的个人和家庭问题，并对他在法国的女儿不幸夭折表达诚挚的同情。为了表示感谢，阿德里安娜·拉法耶特给这位将军织了一件共济会的围裙（而这位侯爵大人在1775年不失时机地加入了圣让·德·拉·康德尔会，两人又有了新的共同之处，关系更为紧密）。华盛顿在主持高级共济会活动国会大厦奠基仪式时，也穿上了这件围裙。毫不奇怪，拉法耶特将自己的第一个儿子取名为乔治·华盛顿（生于1780年），"以表达对这位挚友的热爱与崇敬"。（女儿则叫弗吉尼亚。）而后来，小乔治还被送往弗农山庄，让跟他同名的老华盛顿来当他的导师，因为当时拉法耶特正关在奥地利人的监狱中，无法尽到父亲的责任。而有时候，这种父亲的身份

[24]

界限变得不那么清晰。有这么一个传闻，可能确有其事，说是某个美国官员正打算从法国回美国述职，临行前去拜访拉法耶特夫人，看是否能给她丈夫带去什么口信。据说小儿子说了一句话，"向我的拉法耶特爸爸和华盛顿爸爸问好。"

二、时代英豪

如果说，华盛顿父亲一般的人格魅力只是感染了拉法耶特一个人的话，它仍然具有比纯粹的传记更重要的意义，因为这给那个家境富足、易受感染的小伙子树立了一种榜样的力量，对他今后成为一个重要的公众人物出现在法国历史关键时刻，不仅仅只有1789年和1830年，产生了积极影响。不过这位美国大将军的声望还远不止于此，他还是一个更加让人信服的社会名流，一位体现了公民战士精神的新标兵：是罗马共和英雄再世。另外还有一个重要因素，也使得他在法国（乃至欧洲其他地方）声名大噪。这种现世的情感宗教，某种程度上算是英国的舶来品，强调真情实感、诚实正直、淳朴自然。这些观念，在卢梭1760年代早期的一系列情感作品中得到了最好的表现。而在这一道德取向变革所产生的一系列重要结果中，有一样就是对于自我的净化。浪漫主义风行之时，崇尚个人情感也就变得自然了。不过说来非常矛盾，越是那些谦逊的、不事张扬的人，恰恰越是名声卓著。在这一潮流中，爱国主义与血缘亲情就不可避免地结合在一起。

阿斯吉尔（Asgill）的例子，就很能说明问题。阿斯吉尔上尉是一名英国军人，在约克镇战役中被俘，后来被宣判有罪，等待处决，以此作为对效忠派当场吊死美国上尉约书亚·赫迪

（Joshua Huddy）的报复。对于这一决定，华盛顿大感不满，因此下令暂缓执行。但是，作为军事统帅，起初他觉得直接推倒判决似乎不妥。不过后来阿斯吉尔的母亲找到韦尔热纳，央求他出手干预，这位法国外交大臣又将这封字里行间满含悲恸的母亲来信，交给国王和王后，最终促使华盛顿出面干涉判决结果。当然，在法国人这边，阿斯吉尔的故事只是小事一桩，但是却被写成了一部情感小说，围绕它创作了好多诗歌，还被比拉东·德·索维尼（后来在大革命期间，成为了《华盛顿》一剧的作者）搬上了滑稽戏舞台。剧中场景变成了虚构的鞑靼，华盛顿成了淡妆出场的"沃齐尔坎"。但是不管如何游戏笔墨，"沃齐尔坎"那句台词"我统率士兵，理应遵守法律"却唱出了这位当代英雄内心的两难境地：如何规范公共价值和私人价值的关系，如何让正义和情感达到一种平衡。

这是1760至1770年代在巴黎上演的众多"伦理故事"的标准主题。而这种偏好又使得拉辛和高乃依的经典悲剧剧目重新恢复了排演。连格勒兹（Greuze）极度卖弄技巧的画作也被赋予叙述的力量，如《忘恩负义的儿子遭受惩罚》。还有雅克-路易·大卫（Jacques-Louis David）在1779年展出的《贝利萨留》（*Belisarius*），被这幅画触动的狄德罗评论道，这位年轻的艺术家是有灵魂的、有思想的，他的画深刻揭示了善良的养父和邪恶的养父之间存在何等尖锐的冲突，因为它的主题是讲一个年轻士兵，认出了当时已经沦为乞丐、双目失明的贝利萨留，也正是因为查士丁尼皇帝忘恩负义、无情迫害才使贝利萨留落到这般田地。而艺术家的另一幅杰作《荷拉斯兄弟之誓》，则再次提出了家庭亲情和爱国使命之间的矛盾冲突，这幅画在两年一度的巴黎沙龙画展上展出，与此同时，比拉东·德·索维尼的

《阿斯吉尔》一剧，也在法兰西大剧院上演。不管是表现学生对恩师为国自殉感到莫大悲恸的《苏格拉底之死》，还是含义更为明确的，描绘义不容情的父亲为了共和国不惜以儿子牺牲为代价的作品《布鲁图斯自执政官手中为子收尸》，都是在不遗余力地集中表现这一主题。然而当革命党人掌握政权之后，雅各宾派要求人们将个人和家庭感情放在其次，服从公共精神和爱国主义召唤。但连华盛顿都曾屈从于一位悲伤母亲的眼泪，人们由阿斯吉尔夫人想到了同样身为人母的玛丽-安托瓦内特，由路易想到了同为父亲的华盛顿，感情的力量便很难遏制。

[26] 　　从对父亲的崇拜到对祖国的热爱，仅仅一步之遥。华盛顿之所以有如此之大的魅力，在法国能够被看作双重象征，主要是当时的法国普遍存在的寻找新一代爱国英雄的迫切愿望。一些年轻的贵族之所以投身政治，就是因为他们没能在宫廷和君主身上（特别是在路易十五统治的末年）找到一种为国尽忠的应有美德。实际上他们有时谴责宫廷为了卑鄙的个人私利或自我开脱，败坏爱国者的名誉。就说年轻的拉利-托伦达尔（Lally-Tollendal）罢，他就是为自己父亲恢复名誉积极奔走，才成长为了一名贵族革命家，他的父亲是因为法国在印度战败，被当作替罪羊受审并处死的。这实在是莫大的侮辱，孩子从小到大就完全不知道自己父亲是什么样的人。甚至他的姓氏都被改成了教名托菲姆（Trophime），以免使其受到父姓的玷污。然而，在15岁时，他还是无意间从他父亲的一位故友那里发现了真相，后来他写道，他便"跑去搜求庭审卷宗"，

> 第一次向他（我的父亲）致以我的敬意，且与之诀别；至少能让他在刽子手的讥笑外听得见儿子的声音，在断头台

上能拥抱儿子。

经过同这一不公长达十年的艰苦斗争，新当局终于开始重视了。在1778年，经过32轮讨论之后，路易十六的御前会议宣布对老拉利的判决无效，尽管此案还要提交鲁昂高等法院才能正式翻案。御前会议的决定一经宣布，拉利便去见已经参与其中的伏尔泰，这位年迈的斗士，躺在临终前的病榻上，将自己的手放到这位年轻贵族的头上，给予其最后的慈父般的祝福。

对于罗马人来说，这真是一个绝佳的故事，人们总是拿一些帝国不公判决的受害者来与他们相互比较（拉利的命运常被拿来和贝利萨留遭查士丁尼贬弃作比）。和拉法耶特以及拉利同时代的年轻一代，在学校中读到的都是普鲁塔克、李维和塔西佗撰写的历史典籍，长年受到罗马共和精神的熏陶。但是他们对于德行楷模（exemplum virtutis）的定义，并不仅仅局限于历史典籍中的古人。律师罗塞尔（Rossel）在其1769年出版的《法兰西爱国志》（Histoire du Patriotisme Français）中曾指出，爱国情感"同罗马最爱国之人相比，法兰西民众的爱国情怀更具活力，胸怀更加宽广"。七年战争失败之后，出现了一股非同寻常的新迹象，即从法国历史中刻意搜求辉煌时刻的英雄人物。圣路易的魅力经久不衰，始终是人们的最爱，但在凡尔赛的那些年轻的朝臣中间，对于亨利四世的一种近乎崇拜的迷恋正在增长。路易十二也得到了特别的推崇，因为在1506年的三级会议上，他便被人们称之为"人民之父"。同样令人慰藉的是人们对于"征服者威廉"又有了兴趣，在莱皮西耶（Lépicié）的长约26英尺的巨幅历史油画中将其大大美化了一番，这也绝对是1769年沙龙展上最大的一幅画了。

历史画集《法兰西名贤谱》(*Portraits des Grands Hommes Illustres de la France*)的出版,在当时是一件大事,树立了全新的法兰西本国历代英雄形象,此外该书所选取的如此众多的中世纪英雄人物中,极大地偏重于那些真正的本国人士,而不是舍近求远,去找那些遥不可及的古代罗马人。波旁家族除了亨利四世之外,多不在其内,蒂雷纳和孔代名列书中,而路易十四却被排除在外。《名贤谱》选取名人的标准有所扩大,注重从民间搜罗典型事例和相关人物,比如因为在18世纪初"将法兰西从饥荒中解救出来"而为人铭记的大法官德·阿格索(d'Aguesseau),另外还有"思索宇宙多元性"的哲学家丰特奈尔(Fontenelle)。更多现代英雄,比如弗朗索瓦·德·舍维尔(François de Chevert),都是经历过奥地利王位继承战争之后,从布拉格凯旋的。这些人出身低微,平易近人,体恤部属,因而颇受称誉,此外,他们靠自身功绩立足社会,从来不搞逢迎拍马,阴谋诡计。书中援引德舍维尔在巴黎圣厄斯塔什(Saint-Eustache)教堂内的墓志铭,开头这样写道:"他祖上没有贵族,没有财富,无权无势,幼年父母双亡,十一岁便参军入伍。"书中还有一些因其爱国行为而被奉为楷模的女性,特别是抗英斗争中涌现出来的巾帼英雄,比如贞德就是其中的代表。而更多的颂词则献给了那些在抗击仇敌的斗争中英勇捐躯的烈士,其中没有人比在魁北克的亚伯拉罕高地战役中捐躯的蒙特卡姆侯爵(Marquis de Montcalm)更为杰出了。这部画册的基调虽然谈不上是欢欣鼓舞,至少也是乐观向上的,翻开了爱国主义新的篇章。书中把这些英雄人物简朴、自制、坚忍的形象加以突出放大,和宫廷生活的空虚糜烂形成了强烈对照。把路易十六放在画册首页倒真的没有什么讽刺意味,也并不让人感到不协调，他是作为美国独立战争的背后支持者才列于富兰克林、"华金顿"（乔治）以及诸多美国灵魂人物之中的，画面上的路易十六高擎着自由之帽，把大英帝国这头孽畜（看上去更像是一头豹子，而不是雄狮）踩在脚下。

在树立全新的爱国主义模范的运动中，最为突出的要数戏剧家皮埃尔·德贝洛瓦了。正是他费尽心力，把那些古典的楷模换成法国历史上的英雄典范。在他的《加来之围》（*Le Siège de Calais*）（在致路易十五的献词中居然用了"祖国之父"一词，多少显得有些荒谬）序曲中，德贝洛瓦特别讲到了他关于对历史悲剧的主题进行修改，将法国历史融入其中的设想。仅就教化目的而言，他认为这种改编非常迫切。

[28]

谈到恺撒、提图斯和西庇阿的事迹，我们如数家珍；但对于查理曼、亨利四世和大孔代的著名事迹，却是鲜有人知。询问一名刚刚离开校园的孩子，谁是马拉松战役的胜利将军，他会马上告诉你答案。但若问他哪位国王或是哪位法国将军赢得了布汶战役、伊夫里战役……他则沉默不语……

只有激发法国对它自己所造就出来的伟人的崇敬之情，才能以尊重和自尊鼓舞这个国家，这样法国才能回到原来的样子。敬佩之情促使人们效仿伟人的品德……（情况原本应该是）人们离开剧院时，他们说的不再是："剧中所见的伟人都是古罗马人，但是我没有生在那个国家，所以无法效仿他们。"相反，我们听到的应该是这样的议论，至少有时会听到这样的议论："我刚才看见了一位法国英雄，我也要成为像他一样的人。"

德贝洛瓦还对亲英分子大加挞伐：

> 试想一下，我们如果不论好坏统统效仿，效仿他们的马车，他们的纸牌游戏，他们的舞会、剧院，甚至效仿他们所谓的独立，这样我们就能得到英国人的尊重吗？并不会，我们应该像他们热爱自己的祖国那样，热爱、服务于我们的祖国。

德贝洛瓦写了一系列的历史情节剧，竭力通过这些戏剧来实现他的这一计划。并且在公演的时候，尽量动用一些（切合当时环境的）有历史象征意义的舞台布景。《文学和政治日报》（*Journal Littéraire et Politique*）的编辑拉阿尔普（La Harpe）不留情面地评价他是个平庸的剧作家，对于人物性格的把握更是非其所长。在《加斯东和巴亚尔》（*Gaston et Bayard*）一剧中，对于富瓦的加斯东（内穆尔公爵）和骑士巴亚尔（法国文艺复兴时期的骑士精英）的暴风雨般的友情，结构上处理得非常松散，拉阿尔普十分中肯地指出，德贝洛瓦又把加斯东描绘地过于老气横秋，严峻刻板了，而岁数相对大些的巴亚尔却显得血气方刚，行事鲁莽。不过，此剧虽说水平着实一般，却仍然大受欢迎。

毫无疑问，《加来之围》这出戏，对德贝洛瓦而言，是进行爱国主义教育的一次重要尝试。这并不仅仅因为该剧说的是他家乡的那段历史。令其尤为自豪的是《加来之围》上演的时候，在编剧大名的下方增加了一个头衔：加来公民（比他的法兰西学术院院士的头衔要靠前），算是给予他的特殊荣誉。该剧对历史的处理有些随意，把菲莉帕王后为保全市民的性命而向爱德华三世求情这一段重要情节给删掉了。这部关于公民爱国主义

[29]

的宣传剧，其背景在中世纪的法国而不是古代罗马，反面人物自然是法国人的死对头——金雀花王朝的爱德华三世，正面形象则是纯朴的市长厄斯塔什·德·圣皮埃尔（Eustache de Saint-Pierre），还有他治下的五个普通市民-公民，他们提出用他们的性命换取其他同城百姓的性命。这些都是有意这么安排的。父子亲情又一次成为了这部戏的主题，因为菲莉帕王后没有出场，被一个催人泪下的场景给替换了。在这个段落中，圣皮埃尔自己的儿子（居然叫奥勒留[Aurelius/Aurèle]，颇为不合情理）恳求固执的国王，让他先死，因为他不忍看到父亲被杀。正是这一举动，打动了爱德华，他心软了，被这个无私勇敢的爱国义士打动。

德贝洛瓦的戏剧取得了轰动效果。1765年在法兰西喜剧院举行了免费义演，吸引了巴黎社会各界的观众，包括手工工匠和小店主在内总共一万九千人在首轮演出中前来观看，如果不是被演员之间严重的内斗（在18世纪的剧院，这是常事）打断的话，毫无疑问它将打破观众的纪录。同年，《加来之围》成了第一部在法属美洲公演的法语剧目，在那里，圣多明各（就是现在的海地）总督德斯坦伯爵（d'Estaing）下令印制一批特别的印刷品，免费分发给居民和当地驻军。7月7日在法属西印度群岛首演，还赶在民兵集结时，很明显这是为他们举行的一次公演。为了防止错过这个节点，当晚的彩灯特别打出剧中的诗句。

"他向法国民众展示了他们的爱国心，并且告诉他们，并非只有共和派心怀爱国之情。"这是德贝洛瓦的颂扬者在他1775年死后说的话。这是一桩宏大的事业，似乎不太可能是凭这个平庸的剧作家的一己之力所能完成。但是至少他的执着以及对于家邦、爱国、民族和公民这些词语的频繁使用，直接预见了后来革命劝诫中的常用词汇。此外，在德贝洛瓦单调乏味的词库中还能发现他将"自由"和"爱国"模棱两可地混为一谈，而这激励了年轻的自由贵族投身于美国的独立事业。

[30] 战争为人们从历史情景剧转向当代的英雄史诗提供了机会。场面最为波澜壮阔的（但并非绝无仅有的）就是根据海军英雄舍瓦利耶·杜库埃迪克（Chevalier du Couëdic）的故事改编的一出爱国神话。他的布列塔尼全名是库埃迪克·德·凯尔戈莱（Couëdic de Kergoaler）爵士，他是个职业军官，自16岁起便在舰上服役。七年战争中被英军俘获，关入牢中。个人耻辱的经历，加上为国雪恨的激情，自此一直在他胸膛中熊熊燃烧。后来他和他的布列塔尼老乡凯尔盖朗（Kerguéulen）一起，参加了一次前往澳大利亚的环球航行。作为一个法国人，看到此处必定会触景生情：曾几何时，法兰西帝国纵横四海，开疆拓土，同不列颠分庭抗礼，难分高下。1779年11月5日上午，杜库埃迪克驾驶着单桅帆船"监视者号"（La Surveillante）驶出了布雷斯特港，在海上迎头碰上了正在沿岸侦查的英国护卫舰"魁北克号"。狭路相逢，双方各不相让，当时已来不及调整战位获取上风，便错舷对射起来。这一场激烈厮杀足足持续了六个半钟头，打到下午四点钟光景，"魁北克号"被击沉，"监视者号"以惨重的代价赢得了胜利。此时桅杆早已不见了踪影，船骨被打得支离破碎。"监视者号"带着43名落水被俘的英国水兵，被拖回了布雷斯特港，舰长脚上扣带鞋和丝绸袜依旧穿戴整齐，却已身受重伤，必须抬上岸来救治。人们涌往港口，都来向这位英雄致以崇高敬意，可是眼前血淋淋的场面惨不忍睹：水兵伤亡大半，战舰七零八落，整个军港乱作一团。

杜库埃迪克因伤势过重，三个月后终告不治。但是在他去世之前不久，他便已经成为了法兰西顽强坚韧的民族精神觉醒的象征。之前就有许多重大的广为宣传的海上大捷，最著名的就是1778年"贝勒-普勒号"（Belle-Poule）抗击英舰"林仙号"（Arethusa）的事迹，因为这个还掀起了一阵"夸发"（Coiffure）潮流。好多追赶时髦的女性都去做"贝勒-普勒"式样的发型，头发烫成卷，扑上粉，一艘袖珍小船穿行于发浪之间。可是"监视者号"的惨烈命运却赋予了它一种悲壮的色彩。志骄意满，悍然入侵的英国人遭到挫败，这部史诗般的悲剧为法国树立了一个坚韧不拔的英雄形象，勇毅果敢，热血报国，集古时英雄与当代豪杰于一身的"骑士"。在布列塔尼三级会议为他的葬礼所致的颂词中，突出体现了情感主义者最为推崇的那些优秀品质。杜库埃迪克成了一个"仁人志士"，"对朋友慷慨大方，让下人感恩戴德。他还是个慈祥和蔼的父亲，在昆培莱（Quimpelé）的时候，每天上午的大部分时间都和孩子们在一起，孩子们自然也很爱他"。法国政府也同样对他大加褒奖，不但向家属进行了慰问，还表示要给他的遗孀2000利弗尔抚恤金，几个儿女每人500利弗尔，用以表彰他们的父亲为祖国做出的卓越贡献。一向十分关心海军建设的国王，甚至要替烈士在布雷斯特的圣路易教堂建造一所陵墓，碑铭为："海军学员应敬仰英烈库埃迪克，把他奉为学习榜样。"以此勉励当地海军学员。而在海军大臣萨尔蒂纳（Sartine）为庆祝美国独立战争胜利策划创作一整套组画时，杜库埃迪克的战绩被摆在其中最重要的一幅。

[31]

杜库埃迪克作为一位晚近的海上骑士形象大受欢迎，这一点意味深长。因为我们应该从法国社会的上层，而不是从任何想象的中间阶层去寻找大革命的文化根源。任何试图找到一个明显不满的中产阶级的尝试都将是徒劳的,但此时却出现了一个不满的,至少是失望的年轻的"爱国"贵族阶层,这从法国参与美国革命的这段历史可以非常明显地看出来。美国革命并没有像通常设想的那样创生了法国的爱国主义;相反,它赋予了那种爱国主义一种"自由"的含义,并通过辉煌的军事胜利而获得了证实。1770年代,爱国的热情正是在诺瓦耶、塞居尔们中间——甚至在宫廷内部核心——变得日益高涨。1779年拉法耶特从美国归来,受到人们狂热的欢迎,就是个最好的证明。当年那个略显可笑而又容易冲动的年轻的乡巴佬,如今在那些朝中权贵们看来,已然成为法国当世之英杰。实际上他回来后还在巴黎他的夫人娘家的城堡里被象征性地"软禁"了一整个礼拜,谁让他当年孤高轻狂,违逆圣意,为了标榜自己的爱国主义新思想,非要和腐朽昏昧的传统社会一刀两断,毅然决然地远渡美利坚呢!现在好了,法国已经和大陆会议正式签订了协议,他本人就见证了整个过程,他给国王上了一道奏呈,语气委婉而不失坚决,替自己当年的行为辩解:"我爱我的国家,我渴望目睹仇敌辱败。这是一种政治本能,最近签署的条约能证明这一点。是的,陛下,正是出于这些原因,我才决心远渡美利坚去参加他们的战斗。"

路易十六邀请他一同行猎,以示体恤。不久之前还说拉法耶特是"傲慢的乡巴佬"的王后,现在却把他捧上了天。也是由于她出面保荐,拉法耶特的军阶迅速蹿升,年仅21岁就官居龙骑兵总司令之职,不光成了朝廷的新贵,而且成为渴盼少年英雄的巴黎公众的新宠。王后的侍女康庞夫人(Mme Campan)写到,德贝洛瓦名作《加斯东和巴亚尔》中的章句被戏院观众拿来当作对这位骑士的赞颂:

我敬佩他慎思笃行且勇猛精进；

有此两德，将士精神将永存不朽。

[32]

康庞夫人写道："每每读到这两句话，法兰西剧院的掌声一次又一次响起，并且观众要求一遍遍重读……所有人都为法国援助美利坚独立事业而拍手称赞。"

为拉法耶特搞的庆祝会，是塑造新时代爱国主义的一个非常重要的时刻，在这样的一个过程中，过去那些被认为仅属于古典英雄的题材被赋予了本土和当代的色彩。同时，它也给爱国主义披上了一层特有的意识形态色彩，虽然还略显模糊。不要天真地以为，光靠群众的力量，没有韦尔热纳、莫尔帕（Maurepas）这些国王的阁僚大臣们，出于一些和"自由"以及其他渴望的现代理想毫无关联的动机作出的战略决定，也能指引法国走上一条积极干涉美国独立战争的道路。不过，正如我们将会看到的那样，即使是在路易十六统治下的法国，大臣职位的稳固，以及与这些大臣切身相关的政策的制订已完全不受凡尔赛喜好的约束。最起码，对拉法耶特回归祖国，以及他在美国所收获的那种善感的天性，人们所给予的是高度一致的褒扬，毕竟这对于那些坐于庙堂之上，打算对大英帝国实行强硬政策，进行全面开战的政治家而言，没有半点坏处。

当然，这首交响曲并不是拉法耶特自己导演的。通过本杰明·富兰克林发出的电光火石，已经让他和那位远隔万里"神一般伟大的英雄"华盛顿分外的耀眼。比方说，正是在富兰克林的积极推动下，大陆会议决定授予拉法耶特一柄荣誉之剑，以奖励其多年所做的贡献。他找来巴黎最好的工匠来锻冶这把宝剑，而且在剑柄上刻着拉法耶特最为欣赏的一句格言"那又何妨?"(*Cur Non*)。此外,他还加上了明月初升的图案,并加了一行小字"愿我能造福全人类"(*Crescam ut Prosim*),这么一来,美国独立大业,便不言而喻地和全人类的幸福紧紧地联系在了一起,这也是富兰克林外交宣传策略中极为重要的一个主题。在剑鞘上,刻有颇具寓意的图饰,上边是法兰西把不列颠雄狮打翻在地,而美利坚则把月桂花冠戴到了拉法耶特头上,边上还雕刻着这位侯爵所参与的大小战役的场面。这柄剑,就在决意前往征讨英国军队所驻扎的勒阿弗尔,由富兰克林的孙子,以大陆会议的名义,亲手赠与了拉法耶特。拉法耶特也借机发愿,表示希望自己能够手执此剑,"直捣英伦腹心"——不过法国海军实力不济,加之海峡天气恶劣,难以逆料,他的这一愿望最终落空。很自然,整个故事本身带有强烈的象征意味,被法国各地报纸广泛报道,宝剑本身,还有上边的雕刻图案,都被争相仿制,卖得十分红火。

[33]

富兰克林本人也就此声名大噪,甚至毫不夸张地讲,引发了一场狂热的崇拜。不管他走到哪里,也不论何时他从帕西的住所中踏出,便可能会被人认出来,简直比国王还要有名。雕花玻璃、彩绘瓷器、印花棉布、鼻烟壶和墨水瓶,甚至在巴黎的圣雅各街发行的通俗小报这些再平常不过的出版物上,都会有他的肖像。1779年6月,他写信给他的女儿,说所有这些肖像"让你父亲的脸像月亮一样无人不知,人们仿照我的相貌做了大量的人偶,由此可见,我真成了这个国家崇拜的偶像。"他甚至经历了更加著名的场合,他的名声甚至逼得国王独出心裁地想出个妙招,为了让迪亚娜·德·波利尼亚克不要再每天都对这位伟大人物搞什么赞颂,国王命人在一个塞夫勒夜壶内壁画上了富兰克林的肖像。

当然，富兰克林是其本人所获殊荣的设计者，扩大一些说，是大西洋两岸爱国事业的设计者。他意识到，法国人已经将美国想象成了一片淳朴无邪、正直自由的理想乐土，他于是便尽量利用人们的这种先入为主的观念，从中取利。他并不是最为典型的贵格派，但却利用这个组织的并不真正为人理解的淳朴诚实之名，想要给法国人留下更好的口碑。富兰克林也知道，这种清廉自好、道德高尚的老家伙形象，之所以如此深入人心，就因为它和宫廷的那种骄奢柔弱的洛可可风格形成了极大的反差，而这种风格，实际上也已经和新国王和新王后简朴严肃的做派格格不入了。因此，他特地时不时地戴上一顶海狸皮帽，就像是很多宣传小册子上画的那样，其实这是直接从早期的让-雅克·卢梭的画像上学来的。富兰克林鬓发斑白，未加修饰，加上故意穿了件朴素的棕色外套，在宫廷众目睽睽之下，存心这么穿，很明显是想要在公众面前引起轰动，而这些手法也确实获得了巨大成功。康庞夫人对于他出现在宫廷中的形象，曾有过非常天真的描绘，说他是"浑然一副美国农民装扮"，而且一味地强调与那些"凡尔赛掖庭之绣衣花襟、粉头香鬓"截然两样，让人怨怒不已。受雇替他吹捧的编年史作家伊拉尔·德·奥贝特伊（Hilliard d'Aubertenil）说得更肉麻，干脆就把他变成了卢梭理想中的虚构人物，或者是格勒兹情景剧中的"老好人"："他全身上下都彰显着纯真、质朴的特质。众人见到他都颇为震惊，他看起来就像圭多·雷尼（Guido Reni）画笔下的人物，身材魁梧挺拔，穿的是最朴素的衣服……他说话不多，虽然礼仪不周，但不显得粗鲁。他的骄傲似乎是天性使然。正是为了激起巴黎人民的好奇，他才以这样的形象出现。他走过来时，人们都聚拢过来议论：'这个神态高贵的老农是谁？'"

[34]

富兰克林有个外号，叫"电学大使"，他非常敏锐地察觉到，在法国的精英阶层中，学习科学正成为人们狂热追捧的时尚，他也知道该如何充分利用这一点。约翰·亚当斯不无尖刻地说道："如今法国人普遍认为，这场革命是仰仗他的电'魔杖'而成功的。"而富兰克林的科学也成为了他的个人魅力中至关重要的一面，因为人们觉得科学不仅需要头脑聪明也需要善心：科学是被道德化了的智慧。他那本《穷理查年鉴》也被翻译成法文，并在1778年成为畅销书。当时的巴黎社会，钻研科学蔚然成风，专门技术领域和业余研究队伍都是人才济济。在那些积极推广的新发现的背后，不乏学风严谨的经验主义学者，当然也有一些纯粹是招摇撞骗。《巴黎日报》上每天密密麻麻地登载着巴黎和外省的科学试验，以及像富克鲁瓦（Fourcroy）和皮拉特尔·德·罗齐耶（Pilâtre de Rozier）这样知名的开明人士即将进行演讲的广告。因此，富兰克林这个能从天空中获取天火的形象，也被用来赞美在他身上体现出来的其他"美国"精神，尤其是自由精神。杜尔哥还炮制了那首著名的短诗："他从神灵手中获取了火种，从暴君手中夺取了权杖。"这本是一出无心的文字游戏，却很快成为了一种象征，喻示着富兰克林正是肩负传播自由使命的先行者。这句诗先是大量出现在印有其肖像的徽章上，之后很多雕版画上也有了，而且都是标准姿势：一手高擎霹雳，打翻英国雄狮，这成为了瓷器画和印花布上的标准主题，甚至还在凡尔赛宫展出。可能是一时疏忽，将暴君的倒台和天火联系起来，这对于当时绝对主义的法国，可不像是什么好兆头，因为它分明预示着，在罗马人的灵魂中，自由是与生俱来，不可遏制的一种力量，这就导致了两种思想观念的截然对立，一面是真实自然（即"人道""自由""爱国"），另一面，则是虚伪不实（"特权"、"专制"、宫廷）。很自然，这种自由和闪电的象征物，在大革命中获得了人们的强烈认同，故而雅克-路易·大卫在《网球场宣誓》的画作中，就抓取了这样一个瞬间，一阵强风吹入窗口，给人头攒动的球场带来清新的空气，此时被闪电激起的自由霹雳，恰好在凡尔赛上空炸响。

[35]

　　从一定程度上说，上流社会对于美国独立事业的这种迷恋，说穿了也只是一种赶时髦，是继英国小说和意大利歌剧之后又一种新鲜玩意儿。很难判定，1784 年在茹伊（Joüy）的让-巴蒂斯特·于埃（Jean-Baptiste Huet）推出的那套以寓言式的手法来颂扬"美国自由"和"美国独立"的精美纺织画，以及华盛顿和富兰克林的肖像画，到底是说明这场革命确实受到了人们的关注，还是应该被看作一种消费潮流。康庞夫人曾谈到，当时挑选了三百名美艳绝伦的宫娥彩女来给富兰克林尊贵的脑袋上戴上一顶月桂冠，对那场"造反举义"的狂热就这么沦为了选美比赛。不过，随着对美国革命的热情远远超出了王宫内院和上层名流的范畴，确实出现了对于这一事业更加认真投入的群体。比如说，1783 年 3 月，《巴黎日报》登载了一则推销广告，是一整套关于美国独立战争每次战役的雕版画，还带有文字解说，只卖 1 利弗尔：这对于手工匠人来说，确实比较贵，但是对于广大的小职员和商界的大众读者而言，还是可以接受的。在马赛，尽管认为 13 这个数字不吉利的观念在人们的头脑中根深蒂固，但为了表达对于殖民地起义的支持，一群市民将这个数字变成了崇拜的对象。在这个 13 人团体中，每个人都佩戴着一个不同的殖民地标志，他们还选择在 13 日那天举行野餐活动，为美国人民祝酒 13 巡。还有一次庆祝活动，是在 1778 年 12 月 13 日，皮当萨·德·麦罗贝尔（Pidanzat de Mairobert）把整整有13幕的英雄史诗剧统统欣赏完,其中的第13幕是专门留作歌颂拉法耶特的。

　　法国人卷入美国革命战争实际上造成了无可逆转的颠覆性后果。美国历史学家福里斯特·麦克唐纳（Forrest MacDonald）试图让人们看到,从美国战场返回的法国老兵和1789年爆发的乡村暴动之间有何等紧密的联系。近些年来,一些更为严谨的研究结果表明,上述论点是值得怀疑的,尽管确实存在着很多回国老兵在大革命期间风光露脸的有力例证,最著名的就是艾利（Elie）上尉和路易·拉雷尼（Louis La Reynie）,两个人都是7月14日巴士底狱的"攻占者"。但是要证明法国革命受"美国"的影响,没必要拘泥于这种地理的字面意义。只要更多地加以定性分析便肯定能发现,有钱有势,叱咤风云的那一小撮贵族分子,在谋划暴力、争取自由方面起了多么重要的作用。很难想象,他们自身会主动发起这样一场独立的"革命运动",和王室过不去。不过,一旦王室的财政危机变成了一场政治纷争,"自由"一词便易于展现出它自身的活力,从而为那些打算冒险为政治一博的人所利用。塞居尔就是这样一个例子,他在1782年投身军队之前,曾经写信给妻子说:"专断的权力使我倍感压抑,我想为之斗争的自由激起了我内心最强烈的热情,我希望在我的国家,人民所享受的自由能与我们的君主制、我们的地位和我们的风俗相匹配。"作为高等贵族的塞居尔,他可能会毫无顾虑地认为,这种体制上的转变,不会和君主制度产生冲突,这一事实或许恰恰说明其在政治上鼠目寸光,过于稚嫩,但是这也解释了何以如何众多和他一样的贵族,能够认真对待美国革命所起到的榜样作用,却从来没想到这种转变会直接带来所谓"道德的独裁"。

[36]

战场上的荣耀辉煌和1783年的升平瑞相让人们沉浸在巨大的欢欣愉悦之中，通常没有评论家愿意在这样举国欢庆的气氛下当头浇下一盆冷水。更多的是像让蒂尔神父（Abbé Gentil）这样的作家，将美国的范例视为是以某种温暖而又绵柔的方式促进了法国，更宽泛地说，甚至是整个世界的"重生"。"正是在这个新生共和国的核心部分，"他写道，"蕴藏了能够丰富整个世界的真正的宝藏。"1784年，一个图卢兹的文学和辩论学会便将美国革命的重要意义作为有奖征文的主题。获奖者是一名布列塔尼军团的上尉，很显然他是卢梭的忠实信徒，在他看来，美国革命实为美德与幸福之航标，是值得法国人效仿的楷模。很多关于战争的报道，尤其是那些没有亲历战争的评论家们的报道，都对体现出美国人作为先锋模范的种种事迹，极力加以渲染，认为他们开创了一个近乎赤子般大爱无私、和谐融洽的黄金盛世。以罗宾神父（某个共济会领袖）为例，他对于美国的自然风光和当地居民，曾写过大量文章，他注意到，美国人在行军宿营时，经常会自弹自唱：

> 无论是军官、士兵，还是美国男人和美国女人，他们都欢聚一堂，翩翩起舞。这是庆祝平等的佳节……在这个快乐的时刻，他们不计较出身，不在乎地位差别，对所有人都视同一律。

但是，仍然存在着悲观主义者，他们虽然人数上居于劣势，但更具先见之明。据说，王后对于上层人士和平头百姓拿王室丑事取笑，就明显带有一种复杂的感受。更确切地说，路易十六的大臣中最具智谋的杜尔哥就曾极力反对介入美国战

[37] 争。他警告说,一旦介入,必然开支巨大,难以估算,这样一来,就会对改革进程造成耽搁,甚至可能造成无可弥补的损失。他甚至还认为,王室的祸福前途就取决于这次生死攸关的战略抉择。但是他辩不过权倾朝野的外交大臣韦尔热纳,对后者而言,英国王室在美国遭遇的败辱,绝对是千载难逢之良机,断不可错过。当然,韦尔热纳本人并不是战争贩子。实际上,他是个终身职业外交家,一个18世纪典型的"均势"战略的忠实信奉者。但是在"七年战争"以一边倒的惨败告终之后,他得出了不无道理的结论,认为英帝国已经成为了欲壑难填,执行扩张政策的战争帝国。为了遏制英国,使其受到1763年签订的《巴黎条约》的制约,就需要实施一些必要的惩罚。韦尔热纳和同宗的西班牙波旁"家族王国"以及荷兰共和国结成联盟,制定了一整套以英国为假想入侵者的外交政策,而这样的一个干涉同盟的目的只有一个,那就是要确保美国人民争取独立的正义事业获得成功。韦尔热纳跨越大西洋,敢于破釜沉舟的理由,实际上纯粹是出于功利目的,且正如他所设想的那样,理论上讲,属于一本万利的买卖。至于弘扬"自由"这样含义模糊的理想,他根本就没怎么考虑。别忘了1782年的时候,他还站在反动的一方对具有重要战略意义的日内瓦共和国进行了武装干涉,在此之前,当地的贵族执政当局,已经被具有民主思想的公民和手工业者组成的联盟推翻了。也正像他所解释的那样,他对于日内瓦和美国的态度,出于同样现实的考虑:

> 我从日内瓦驱逐的叛乱分子是英国间谍,而美国的暴动者则是我们今后的朋友。我对待两者有别,并不是因为它们的政治制度不同,而是因为它们对待法国的态度不同。

这便是我的理由。

事实上，在1778年，就在法国作出重要决定，和美国签订两国同盟条约的时候，甚至到了1783年《枫丹白露条约》已经签订的时候，韦尔热纳对于战争的乐观估计，似乎已经被证实有先见之明。尽管国家财政赤字赫然在目，但没有人真正敢于站出来说一句，对美政策无论从金融还是政治角度讲，都是个严重的错误。法国是强国，也一直像一个真正的强国那样，堂堂正正地屹立于世界之林，干净利落地将对手拒之于国门之外。看上去，英国财政部和法国的一样，也是举步维艰，可想而知，其政局也必定是乱象丛生，更有过之。法属西印度群岛正从蔗糖贸易中为母国赚回滚滚钱财，而叙弗朗舰队在南印度的胜利标志着南印度经济的复苏前景更加光明。正如法斯-弗赛朗德利子爵夫人（Vicomtesse de Fars-Fausselandry）说的："美利坚的独立大业似乎是我们自己的事，我们为他们的胜利自豪，为他们的失败哭泣。我们扯下公告，在家家户户诵读。谁也没想到新世界会给旧世界带来危险。"或者，如法国另一位"造反人士"塞居尔伯爵所评述的："我们欢天喜地走上铺满鲜花的红毯，没曾想过脚下却是万丈深渊。"

[38]

第二章
蓝色国土，红色赤字

一、美好时光

[39] 和所有同龄人一样，路易十六自小就对幸福生活忧心忡忡。他的祖父路易十五天性放纵，耽溺享乐，为了满足自己的奢侈欲望，重新改造了凡尔赛宫。但是对他的年轻继任者而言，幸福却是虚无缥缈、难以追寻的东西，而当上了法兰西的国王，更是让幸福变得遥不可及。焦虑渐渐笼罩着路易十六，后来他回忆说，在坐上国王宝座之后，仅有两件事让他感到开心。第一件事是1775年6月的加冕礼，第二件事就是1786年6月巡幸瑟堡。加冕礼让他觉得自己完全置身于庄严神秘的王家威仪之下，而视察瑟堡，让他觉得自己是真正的现代人，可以搞科研，当水手，做工程师。在旁人看来，一国之君具有双重人格，必定会惹来非议，甚至让人忧心忡忡，然而这正是路易十六的天真之处，他从未意识到这是一个问题。如果说，他的权威全然归结于过往，他过度的责任感则明确地将他指向未来。到了大革命时期，路易的这种反复无常的性格会彻底暴露，他并非优柔寡断，更多的是言行不一，但正是因为路易十六将过去-未来与叛国-爱国混为一谈，才使他陷入进退两难的境地，最终使

他丢了王位，落得个身首异处。想当初，1774年刚刚登基之时，他也曾踌躇满志，期望自己在法兰西的土地上振臂一呼，应者云集，幻想着重现昔日的黄金盛世。

这种期望的象征便是太阳。在兰斯加冕的时候，路易年方二十，那一天艳阳当空，使人不由得联想到路易十四时代的辉煌。为这次庆典而特意建起的一根根立柱，一幢幢拱门都在阳光的照耀下熠熠生辉。代表正义之神的雕像底座上，刻有宣布开启"美好时光"的碑文，折射出对于国家复兴的期待。但是加冕仪式，并不是完全令人欢快的。因为过去与未来之间的张力表现在对当下的关切上，尤其是当加冕仪式正在筹备期间，发生了近年来最严重的谷物骚乱。有鉴于此，财政总监杜尔哥劝谏国王，要节省用度，处事低调：加冕仪式务必从简，最好就在巴黎本地举办，不要大老远地跑到兰斯去。按照他的个人看法，"一切不必要的开支项中，最为无用最为荒谬的就是圣礼"，如果非要搞，最好是找些巴黎人来，首都人士，忠君笃厚，颇有教养，可以起到榜样示范作用，可以感染远来之人，给百姓带来欢乐。其花销也将大大低于去兰斯加冕的700万利弗尔预算。

但是路易固执己见，非要在兰斯加冕。这也可能是受到了宫廷神父博韦院长（Abbé de Beauvais）的撺掇，还有巴黎大主教的怂恿。巴黎大主教不希望仪式在圣母院举行，而希望到兰斯去，国王则坚持要恪守传统礼仪，甚至立下"铲除异端"的誓言，这显然和1770年代崇尚宽容的情感氛围有些不相协调。而这再次显现了他分裂的人格，就在郑重宣誓之后不久，国王又适时地承诺将会继续支持新教徒的解放，并在1787年以个人名义传下法令，宣布解放新教徒。

[40]

并不能因此揣测，出于保守的宗教虔诚，或者耽于王室往昔荣耀的幻想，才使得他对于这种地道的中世纪加冕仪式充满了向往。至少从直觉上说，更可能是因为他对洛林的年轻律师，撰写小册子的马丁·德·莫里佐（Martin de Morizot）的超前观念比较赞同，在莫里佐看来，圣礼是"国家选举"的一种形式：象征着储君与臣民携手共进。按照这种观点，像这样的盛大仪式，就是要尽可能地像威尼斯海洋姻缘节那样，这种仪式每年都是由威尼斯总督主持，体现出一种公众利益的精神，并非是出于要讲究排场，或者妆点修饰的心理需要。肯定会安排一些仪式性的环节——赦免囚犯，以显国王仁慈好生之德；奇特的触摸礼，国王用神圣的双手，碰一下瘰疬病人，以显示其祛病回春之奇功——可以彰显这些善意。然而，就如在后来许多场合一样，路易不大能够容忍别人接受公众观点，而他自己却喜欢横加干涉，结果这样一来，对他的名望产生了消极影响。就这件事来说，负责协调礼仪安排的教士们，听从国王的意见，反让本来被看作是象征王储与臣民之间紧密关系的内容，发生了极大的改变。在波旁时代之前，一度是这样的，第一遍宣誓结束后，要请来一批百姓，让他们高呼"是的"，表示他们赞成新君践阼。但自从亨利四世以后，就开始简化了，只要"默许"就算可以了，而到了路易十六这一代，干脆就完全废止了这种请命于民的中古正典。这种姿态很不明智，当时并非没有注意到这一点，至少那些地下非法媒体已注意到了，他们对外宣称，王室这么做，已经在那些真正爱国者中点燃了"怒火"。

[41] 就这样，本来搞这样一场规模浩大的活动，是为了抚慰民情，平息面粉和谷物骚乱引起的怒火，这么一来，实际上成了取悦少数人的游戏。当地的手工匠人十分失望，因为巴黎的木

匠和油漆匠都被拉来修建凯旋门和通向大教堂的长拱廊了。此外为了满足王后的特殊需要，还另建了宫室，装上了英国式的抽水马桶，人们对此也颇有怨言。当地的农户也极为不满，眼下正是田间需要劳力的时候，可是为了让加冕御驾畅通无阻，政府抽调了好多人手重修苏瓦松的城门。商人们也满腹牢骚，很少有外国人来这里尽情花钱，这里也没有什么特别吸引他们的景致。兰斯本地小酒馆的客房生意实在是太过冷清了，原本指望法国北部和东部的名门士绅能云集于此，但是在当地小店借宿一晚，所费不啻天价，让他们也望而却步。

对于杜尔哥这样的改革者来说，这场盛大的娱乐表演的开销，实在过于巨大，而且搞得混乱不堪，纯粹是想迎合那些食古不化之辈的无聊想法，就譬如盛油的那个神圣的安瓿，据说是神鸽从天外衔来给国王克洛维的。对于克洛伊公爵（Duc de Croÿ）这样的传统主义卫道士，整个过程都显得俗不可耐。那些人冲着国王和王后哗哗地鼓掌，他说道，实际上是从公共剧场表演中学来的一种新花样，没有人会喜欢。整个场面就像是在演戏。即使从演戏的角度来看，也缺乏一种打动现场观众的艺术感染力。年轻的塔列朗看着自己的父亲戴上了一顶很大的黑羽冠，眉飞色舞地精心装扮着自己的时候，终于体会到，当虚荣和激情融合在一起，人会怎样地丧失理智，头脑发热。当平民百姓被允许排着长队进入教堂，圣歌响起的时候，他看见年轻国王的脸上，流下了喜悦的两行热泪，而年轻的王后，此时却难以自持，急匆匆地向着出口走去。

如果说，路易是从这种陈旧过时的煊赫排场中开始了他的统治，那么他想要坐稳江山的话，则应该反其道而行之，努力保持稳重冷静的责任心。没有什么比机器更能带给他乐趣了，只要一有机会,他就宁愿埋头于数字和图表组成的小天地中,一个不用开口说话,无须考虑措辞的世界中。每一件他认为有意义的东西,有意义的事情,他都会一一记录下来:他总共骑过128匹马;从1756年到1769年间,总共出游852次(按照其个人记述,是微服独行,事实并非如此,大多数是在法兰西岛狭小的范围内,来来回回就这几个"游幸"之地,那里行宫、猎舍最为集中,但是无论旅行如何无聊乏味,路易都非常认真地作了记录,诸如从凡尔赛出发,去往马利总共6次,到枫丹白露也是6次,都得不厌其烦地写了下来。而即使是倾注了他最大热情的嗜好——打猎——在他这里也不过是每天所获的流水账。故而到了1789年7月,他的王权统治轰然倒塌之时,我们了解得更多的,是他每日猎物的多寡,而不是他对发生在巴黎这些政治事件的看法。

[42]

然而正如弗朗索瓦·布吕什(François Bluche)所指出的,对于路易十六而言,行猎的爱好绝无小事。这是一个可以让他尽情挥洒,展现其天赋异禀的舞台,去体验一个马背上的皇帝(*chevalier et imperator*),一个驰骋山林的勇士的感受。骑在马上,他威风八面,而且有一种在18世纪时颇为引人称道的优雅的风度。而在当时的人们看来,国王陛下大多数时候,实在是极少表现出这样的迷人风采。除此之外,还有另外的一方天地能让这个体型笨拙的人游刃有余,乐此不疲。那就是他的书房,里面摆满了数学仪器、彩色手绘地图、航海图,还有各类望远镜、六分仪,以及国王自己设计、制作的锁具。做一把完美的锁成为了这个屡屡受挫,诸事不顺的国王展现其卓越才华的一种寄托。在自己的御书房内,他像平常一样披着那件斗篷,一言不发地来回走着,似乎是一个具有超凡法力的先知神卜,游走于那些擦得锃亮的透镜、黄铜器物，还有那些浑天仪和太阳仪之间。

能够将他身上所有的潜能都发挥到极致的便是广阔的海洋。和他父亲、祖父一样，路易也曾玩过玩具大帆船和三桅船，水池子就建在凡尔赛宫内，名叫"小威尼斯"。对如饥似渴的小路易来说，那位在布雷斯特军校教授海图绘制的老师尼古拉-马里·奥赞（Nicolas-Marie Ozanne），不光教会了他知识，也培养了他对海洋的浓厚兴趣。在他的影响下，路易成了热心的海洋迷，对相关知识和技能都略有所通，无论是船舶设计、海军炮术、海洋疾病、海洋医疗、船舶索具、潮汐涨落、压舱测量、载货计算、舰队机动、旗语使用，他都无不知晓。他甚至还一再要求亲自参与新军服设计，取消绅士出身和平民出身的军官之间的差别。拉彼鲁兹（La Pérouse）的澳大利亚航行就是国王亲自和探险家一同研究制定的，他还在特制的航海图上标出前进的轨迹，直到痛苦地意识到船队已在太平洋澳大利亚附近洋面失事。他不需要别人提醒都知道，要想重振雄风，重新恢复祖父在七年战争中丧失的海外势力，就必须进行大刀阔斧的海军建设。所以他在选拔海军总指挥方面非常谨慎，力求将指挥权交到最有天赋、能力出众的大臣手上。一开始是杜尔哥亲自兼任，之后是才干卓越的萨尔蒂纳，正是靠着他，法国舰队实力渐增，已能和英国海军分庭抗礼了，从这一点上讲，他的作用可以说无人能及；萨尔蒂纳离职之后，接替他的是卡斯特里（Castries），此君也颇有雄心壮志，和前任相比并不逊色多少（但是在军费开支方面，考虑有欠周全）。无论是对国王，还是对这些大臣来说，海军就是法兰西帝国的未来，是那片大西洋甚或是东方帝国的蓝色海疆。

[43] 因此，很自然，人们会发现，除了加冕仪式能让路易回味隽永之外，登基之后最让他心满意足的，便是参观科唐坦半岛上的诺曼底新建的瑟堡军港了。位于瑟堡的这个防卫森严的新港口，正对着英格兰海岸的南端，它的修建，既是出于现实的战略考虑，也是法兰西民族自尊心的一种体现。在1758年的时候，托马斯·布莱（Thomas Bligh）上校率领的英国海军来犯，瑟堡陷落，根据两国签订的秘密协定，禁止法国人在敦刻尔克修筑海防工事（甚至英国人还派人常驻此地进行监督），这样的奇耻大辱让法国人愤懑不已。奉命在美洲大陆带兵抗击英国人的韦尔热纳，将英军赶出了敦刻尔克，引起"举国欢腾"。但是法国在英吉利海岸一带的军港防御依然薄弱，法国人开拓海疆的宏伟计划就在1779年时因持续的恶劣天气（以后也多次发生，今后还会这样）而功败垂成。建造一处防御坚固的新军港，就能满足躲避风浪的需要，使法国舰队破浪远征的计划不会化为泡影。这也就不奇怪，瑟堡改建军港的消息传到英国当局耳朵里会引起不安和恼怒了。如果赶上顺风，从朴次茅斯到瑟堡只需三四个小时就到了。

1774年路易刚刚登上王位时，瑟堡差不多就是个脏兮兮的渔村，这里大约有六千多人，全都住在遭英国皇家海军摧毁的破砖烂瓦周围遭受着风吹雨打。然而到大革命爆发的时候，当地的居民总数几乎已经翻了一倍，更重要的是，它已经快速崛起，变成了一个资金、劳力和应用工程技术高度集中的大型军港。至少对于国王和他的总工程师 M. 德·塞萨尔（M. de Cessart）来说，它是法兰西应用科技和海上力量得以复兴的重要标志。新建军港的工程不但是设计理念的革命，也是建造技术的突破。在当时，巨大的古代绘画和雕塑作品风靡各地，新工程要有一种古朴厚重的恢弘气势，同时还必须满足人们对于未来先进技术的憧憬和期待。两位设计师的方案中，德·布勒托尼埃（de Bretonnière）的比较保守，他主张在港口的外侧先建造一座大型的海上围堞，或是舶舰大坝。不过塞萨尔的想法更加宏伟壮观，更加不可思议，引起了新上任的瑟堡海军司令，刚刚从科西嘉征战中得胜归来的职业军官夏尔-弗朗索瓦·迪穆里埃（Charles-François Dumouriez）的兴趣。而游移不定、充满幻想的国王和他的海军大臣卡斯特里也被这个计划打动了。

塞萨尔的设想是，建造一批巨大中空，外观呈圆锥台状的橡木桶，用石头做压舱，起到固定作用，然后把这些橡木桶连成排，交错布置在碇泊地四周，这样便能形成一道防护隔墙。而在这些橡木桶所形成的围墙背后，就是大片的军港水域。每个橡木圆台底部直径为142英尺，从水线到平顶净高为60英尺，做这样一个橡木桶，需要消耗2万立方英尺的木料，而一旦填满压载，总重可达48,000吨。要搬动这些大家伙，也需要很高的技巧。从海边拖往锚地，必须先填充足够多的压舱物，以免倾覆。一旦定位，就得通过边上的30个开孔，往里灌装剩余的石料。当橡木桶重量渐增，足以沉入水底了，就把开孔堵死，这样在顶部就形成了一个平台。塞萨尔最初计划至少建造91个这样的特殊木桶。在一个人们对于科学技术已经痴迷到了走火入魔的时代，这实在是个疯狂至极的绝妙想法。在富兰克林发现了电，也就是爱国霹雳之后，没有什么事情是不可能的了。人类已经乘坐填充着气体的球囊飞上了凡尔赛宫的头顶；还有人坐在铜管里体验生物磁力所带来的疗病效果。在这股崇尚科学，举国若狂的风潮中，塞萨尔的人造水下山脉也显得没有什么特别。

[44]

1784年6月，第一个圆台顺利地沉入了水底，海军大臣卡斯特里亲临现场观看。看到进展顺利，国王于是就在1786年5月，当第八个橡木桶开始下水的时候，派幼弟阿图瓦前去视察，阿图瓦写了一封热情洋溢的奏呈，国王阅毕，决计亲往瑟堡一观，获取工程情况的第一手资料。此次出宫可以说非同小可。因为早在路易十四践祚之初，波旁王室便再也没有搞过什么四方"巡幸"了，君主终年深居大内，从不踏出凡尔赛宫一步。自此以后整个法国，或是哪个省区，有甚"要务"，一律入首都禀报，而国王则绝不会去往各地。故而，后来拿破仑曾经冷语相嘲，说路易声称他欲往诺曼底走上一遭，"实为破天荒之大事"。

于是在6月21日，国王和王后带了56名内侍，算是难得一次轻装简从，从凡尔赛宫出发，一路奔西，往诺曼底海滨而去。路易穿上为这次出巡特别制作的绣金百合大红袍，不过很显然，他更想效仿当年被称作"君父"的路易十二，以一种亲切随和的形象出现在民众面前，不愿摆出凛然难犯的君王的威严。当夜，他在诺曼底总督的陪同下，驻跸阿尔古城堡（Château d'Harcourt），6名因开小差被卡昂当地特别法庭宣判死刑的水兵，也被他下旨赦免。街道上人流如织，欢声涌动，花团锦簇的凯旋门下，卡昂市长献上本城钥匙。23日这天，路易刚刚抵达瑟堡，便迫不及待地想要去看水寨工事，他凌晨三点便起来做弥撒，随后坐上驳船，24名身着红白两色号衣的桨手划着船，向第九号木墩所在的方向驶去。与此同时，木墩子被拖到了预定的位置，过了两个钟点，便稳稳地泊定了。木墩刚刚放好，舱门便被打开，开始不断地往里面填埋石块，直到国王下旨，将其沉入水中。前后正好28分钟的时间（当然是被路易载入日志中的了）。就在沉入水底的一刹那，在另一个木墩上拴着，起到固定新木墩作用的绳子突然绷紧，一下子把三名水手绊入水中，其中一个当场溺死。此时人们都在高声欢呼，水寨中号炮隆隆，三人的呼救根本无人听见。不过站在阅兵台上的路易，正通过望远镜观看下一个木墩的布设，他真真切切地看到了这一幕。凄惨的场景令他黯然神伤，于是下旨拨出钱来，慰恤亡者家小。

出了事故不算，还有其他事情也让人顿时兴味索然。掌声响个不停，宫里这一干人，只能在一个木墩子上搭起的帐篷内，啃着为他们准备的凉菜冷饭。金枝玉叶遭遇如此尴尬，实在是前所未见。

接下来主要是检阅舰队，也只是在路易当政时期，观舰式才成为了海军的例行活动，供国王登临用膳的那条御舫，唤作"爱国者号"，这名字取得确实意味非凡。在给官兵训话的时候，路易完全是拉家常的平和口气，和20世纪英国王室的风格差不多，对一些海军领域的细节问题也讲得十分认真，完全是一副内行的架势。不过对于国王本人来说，他不仅把这个看作是他的责任，更多的是视为一大乐趣，而一贯措辞粗俗不堪的《秘密回忆录》(*Mémoires Secrètes*)，对于这次国王出巡，却是这样记述的：

> 对海军的一切，国王无所不知。对船只的建造，舰上的装备以及操作方法，他似乎都了如指掌。甚至与之有关的粗俗术语，对他来说，显然也不是什么新鲜事。他说起那些话就像一名水手。

实际上国王趣味低俗是出了名的，往往让朝廷大臣和巴黎名流颇感震惊（他特别喜欢拿凡尔赛宫喷泉池里的水，去泼那些毫无防备的游逛闲汉），而这种脾气，倒是最对瑟堡的那帮水兵油子的胃口了。某一次，登船之时，他的一名随从吐得稀里哗啦的，路易见了，开心大笑，连一句安慰的话都没有。还有一次是在回程路上，从翁弗勒（Honfleur）往勒阿弗尔一路上船行进得很艰难，渡轮船长在掌舵调转的时候没有把握好，便忍不住大声骂了一句粗话，但他马上意识到有失体统，便一再向国王谢罪。"不必谢罪。"路易说，"这是你们的行话，换成是我，甚至会说得更粗俗。"

此番巡视，或许朝臣不惯坐舟行船，算是一个遗憾，但总的来说，还是获得了极大的成功。流行的小册子、雕版画，还有一如以往那样大量涌现出来的打油诗，都对这次出巡大唱赞歌。不过，那些寻常时日难得亲睹圣容的百姓，其忠爱之心，似乎都是发自肺腑的，而路易的态度也非常亲切自然，不过到1789年的非常时期，这种亲切自然在他身上却荡然无存了。瑟堡的大街上，到处有人在喊"吾王万岁"，路易情不自禁地回应道"人民万岁"。在1786年的时候，这几个字听起来宽厚仁慈，毫无做作，实际上也确实如此。而到了1789年的时候，则是那么勉为其难，充满疑虑，那也正是当时国王内心的写照。

此外，关于在科唐坦的"美好时光"（beaux jours），还有一条重要的评论。如果说，这些平易近人、和蔼可亲、精力充沛、忠心体国等闪光点最大限度地体现了作为公民之君，而非臣民之君的优秀品质，那么这种高大辉煌的形象背后，也是付出了代价的。因为瑟堡军港的大工程，糜费巨万，却华而不实，甚至可能为亡国埋下致命的种子。建造木墩的开支急剧飙升，因为很显然，建造和入水都需要时间，也需要金钱，而海军的军费是有限的，工程也不可能遥遥无期拖延下去。原先计划的90个木墩，最终减到了64个。相应的间距也拉大了，结果木墩子之间的锁链就经常歪歪斜斜的；木墩相继倾翻，海水把这些橡木桶冲得七零八落。残存下来的一些木墩子也被那些贪吃好啃的船蠹咬得不成样子了，表面密密麻麻地全是洞，成了个木筛子，里面的石块都漏了出来。更糟糕的是，一年之内，只有两三个月的时间适合固定这些木墩子，这样算下来，要完成全部工程，需要整整十八年。

于是在1788年，不无遗憾地决定不再建造更多的木墩了，又过了一年，整个计划都搁置了，取而代之的是最初更为稳妥的海上大坝计划。从1784年第一个木墩下水，到1789年12月工程下马，花费高达2800万利弗尔，总数颇为惊人。无论从哪方面讲，它都是当时一项"蔚为可观之战略防卫构想"，但耗资巨大，不得不以失败收场。到了1800年，由于海峡局势依然紧张，第一执政的工程师们前往瑟堡军港视察，发现仅剩下一个木墩仍在波涛中摇晃颠簸。那是第九个木墩，正是路易十六亲临视察的那个木墩。国王陛下当初还在木墩边上举起一杯酒，祝愿它入水永固，果不其然，它倒是比国王活得更长久。

二、债海无边

1783年某个和暖的早晨，就在大西洋沿岸的布雷斯特港，勒内·德·夏多布里昂（René de Chateaubriand）游目四望，心绪万千。如他自己所言，当时的他，已经是一个年轻的浪漫主义者，但当他看到路易十六的水师返航进港时，仍然感到那种突如其来的兴奋和激动。

[47]

一天，我向远处走去，直走到港口的尽头。天气很热，我把四肢伸展开来，睡在岸上。猛地，我被一声巨响惊醒，当时的情景好比当年塞克斯图斯·庞培将军凯旋后，奥古斯都看到三桅船驶向西西里港口。炮声接连不断；港口内战船如云；伟大的法国舰队在签完条约（《凡尔赛和约》）后凯旋了。船只上的帆全部展开，灯火通明；船上旗帜飘舞，标明了船首、船尾和船舷的位置；它们或抛锚停泊，或乘风破浪，继续航行。没有什么比这场景更加振奋人心……

在很多和夏多布里昂同时代的人眼里，法军在大西洋和印度洋的胜利（叙弗朗实在是盖世无双的英雄）确实是辉煌至极，令人激动万分。比如在1785年时，布列塔尼三级会议（它们与波旁王室的关系历来不太融洽）便投票表决，要给路易十六建造一座雕像，以表彰其重振水师辉煌的丰功伟业。最后决定要把雕像立在布雷斯特城堡山坡的一侧，这样当所有的船只进入大港的时候，便都能瞻仰他的英姿，就像是罗德岛上的巨人像一样。

亲眼看到大英帝国被打得盔歪甲卸，令人大感痛快，七年战争之耻，历经多年，终得洗刷干净，也让人感到欣慰，然而法国人却为此付出了极大的代价。仅在1781年，也就是约克镇之战爆发的那一年，在美国战场上投入了2.27亿利弗尔，海军独占1.47亿之多。这差不多是和平时期海军军费的五倍，这还是按照路易十六重建海军的军费标准来计算的。海军需要承担四项任务，每一项都同样艰巨。首先是向美国方面输送兵员，并确保物资供应。其次，还必须阻遏英国人派遣援军，并在必要的时候，不惜主动出击。第三，海军还得保卫本土重要的海军基地和相关设施（这是从以往的全球争霸战争中获取的经验教训）；甚至，在1779年韦尔热纳和他的海军僚属还希望通过武力威逼，或者对英国发动一场真正的海上入侵，来迅速结束这场战争。显然法国海军如果投入大量精力去完成所有这些使命，必定会极大地拉长战线，增加大量的军费投入，根本无法取得令人满意的结果。在桑特海峡之战遭受惨败后，国内迅速出现了为重整海军进行"爱国捐款"的呼声，正如在1782年，各种公共机构和私人团体都纷纷挺身而出。其中，马赛商会捐献了超过100万利弗尔，用于建造海军一线主力舰，该舰装有74门大炮，火力极其凶猛，为了表达对捐资者的感激，该舰便被命名为"马赛商会号"。而米迪港的政府议员和中产阶层，也在爱国热忱的驱使下，拿出312,414利弗尔的钱，作为对阵亡水兵家属的抚恤。其他一些机构也群起效仿，比如勃艮第和布列塔尼的三级会议，甚至备受诟病的由总包税商组成的私人包税公司，竟也毫不客气地把自己出钱捐造的战舰命名为"包税号"（La Ferme）。不过像1780年代这样，通过爱国捐献的方式支持战争，以前从未出现，今后也不可能再有了。而路易十六的数位财政总监若要完成筹措军费的使命，也就只能向那些利字当先的贷款机构开口求助。尽管先前海军战费虽说是部分来自贷款，部分来自向全体国民临时征收的新直接税，但是美国战争的开支，贷款所占比例达到91%。

和美国结盟所需的花费，包括从1776年到1783年内各种秘密或者公开的军事援助，比较准确可信的估计，大致为13亿利弗尔，而由此带来的政府公债的利息开支，尚未包含在内。因此毫不夸张地说，韦尔热纳的全球战略构想，使法兰西王室

[48]

陷入了致命危局，并最终导致了覆亡。因为追求向大西洋和印度洋"前伸拓展"（forward）的政策，并不是以放弃维持欧洲封建王朝势力均衡这样的传统使命为代价的。为了保持"昔日"外交格局，陆军的兵力至少要维持在15万以上。而欧洲其他诸强，没有一个能在维持陆军主力不削弱的同时，还能建立一支跨洋作战的强大海军。（并且有证据表明，没有一个国家能不被长期的军费投入拖垮经济的。）可以说，这些国家决策从很大程度上是导致大革命爆发的主要因素，甚至要比任何特权制度造成的社会不公，或者是在80年代长期的严重干旱的影响更大。

如果说，法国革命爆发的原因是错综复杂的话，那么君主制的垮台，原因就没那么复杂了。这是两种不同的现象，因为法兰西绝对君主制的覆亡，本身并不意味着必定带来一种对社会产生推动作用的革命，就像法兰西历史上发生的那样。但是旧制度的垮台，则是建立新国家的必要条件，并且在最初阶段，是由一场资金周转危机造成的。就是因为财政危机上升到政治层面，这才下令召开三级会议的。

[49] 平心而论，路易十六的那些高级臣僚，当时确实处于进退两难的尴尬境地。他们希望维持法国在大西洋上的战略地位，这一点无可厚非，因为他们清醒地认识到，盛产蔗糖的加勒比群岛，还有那些英国海外殖民地的潜在市场，能为法国带来滚滚财源。从这一意义上说，稳健的经济战略离不开海外干涉，必须对美国进行支持。在美国独立战争期间，乃至1783年停战之后，法国官方发布声明，为这种干涉政策进行辩解，称这不是出于和大英帝国争夺财富和资源的目的，而更多地是为了确保商业自由。大多数颂扬性的版画上，路易十六也正是以自由通航保护者的形象出现的。毫无疑问，从短期看，这些目标都

算是实现了的,因为南特和波尔多两地和法属西印度群岛的贸易往来,在大革命爆发前的十年内,出现了前所未有的繁荣。从这一意义上说,通过军事介入来攫取利益还是获得了相当丰厚的回报的。

然而,也正是这一战略让法国虽然取得了军事上的胜利,却付出了惨重的经济代价。财政亏空恶性膨胀,国家为此元气大伤,以至于到了1787年,其外交政策失去了实际的活动空间。就在这年,财政艰危,仅此一端,就使得法国不能全力介入荷兰共和国内战,给予自称为"爱国党"的亲法一方以足够支持。于是乎,本来是要通过这一场战争重振法兰西帝国威风,如今却适得其反,误国不浅,国王和祖国似乎很快成为了截然对立、势难共存的两个实体。就在之前不久,这一变化过程进一步加剧,宫廷本身似乎成为了蚕食"真正"国家肌体的外来蠹虫。

需要强调的是,正是由于财政、政治和军事等领域的政策失误才使得君主制走向崩溃。历史学家们受"旧制度"(其实在1790年前,并没有这样的说法,只是在米拉波给国王的信中用了这个词,意指"从前的"而不是"古老的",自此之后便流传了开来)这一命名所隐含的过时陈旧之义影响太深,往往习惯于把造成法国财政困境的根源,归结于其制度结构,而不是政府所做出的特定决策。由于对制度史和社会史投入了过多的关注,从而忽视了政治层面的问题,就更是给人造成一种错觉,国家政事陷于弊败,无可挽回,终有一朝,必定会因矛盾丛生,积重难返而彻底崩溃。

正如我们将会看到的那样,此种观点不足为信。从关于大革命的主流观点来看,法国政府所面临的财政问题似乎绝难补

[50] 救,但实际上完全可以通过采取一系列的匡救措施加以解决。很大程度上这是政策层面的困境:一是难以坚定不移地执行这些政策,以取得应有的良好效果;二是路易十六一再知难而退,避重就轻,一味采取那些他自以为代价最小的短期政策措施来应付眼前。正如托克维尔所指出的,更可能的是并不是对改革心存反感,而恰是因为太过执迷,才使得连贯的财政监管措施难以长期贯彻,即使并非不可能。不过,托克维尔的观点也不尽准确,他想当然地以为,法国当时的政治制度本身就存在固有缺陷,无法克服国家财政上遇到的困难。据此观点,根本不存在什么短期问题,一切都可归结为由来已久的深层结构问题,他自以为找到了根本原因,中央集权和官僚专制制度的强力干预,在法国历史上不断出现,无法革除,这两者带来了同样的弊端。

在美国独立战争之后,法国财政状况到底艰困到了何种地步?确实,当时的法国已经负债累累,但是和以往历次同样为了维持强国地位、关乎盛衰的重要战争时期相比,情况也坏不到哪里去。那些急于谴责路易十六的大臣们挥霍无度、无可救药的人却没有想过,凡是怀有称霸野心的国家,实际上没有一个会将被视为不可缩减的军事利益摆在财政平衡的重要性之后的。就像20世纪那些为美苏大力发展军备开脱辩护的人一样,18世纪的法国强调类似的"不可或缺"的军事开支表明当时的法国拥有巨大的人力资源和物质财富,以及足以维持这一负担的繁荣的经济。他们声称,经济繁荣程度是和军备开支的涨落挂钩的,不论这些开支是直接花在布雷斯特和土伦这样的海军基地上,还是间接花在对增长最为迅速的经济部门的保护上。

而且,在18世纪每当战争结束之后,都会经历一段痛苦难熬而又无可避免的经济调整期，以使财政发展回到良性可控的轨道上来。就以路易十四的战场惨败为例，不但意味着法国军队在战场上落花流水，与此同时，国家还要遭受经济崩溃的威胁，民众抗税，举国饥荒也都交相来袭。到 1714 年时，负债总额已经达到 26 亿利弗尔，换言之，总人口为 2300 万的法兰西，太阳王的每一位臣民要负担 113 利弗尔，这相当于一个木匠或是裁缝师傅年收入的三分之二。痛定思痛，有人想到要向"胜利的"英-荷一方学习，将其银行制度搬用到法国的公共金融体系中来。当时一位雄心勃勃的苏格兰人，名叫约翰·劳，获准经营打理并最终清偿法国的国债，作为回报，他将获得新成立的法兰西银行的特许经营权。很遗憾，劳却将银行的认购资金投入到虚幻的美国地产公司中去，而当这个不断膨胀的泡沫最终破灭时，银行代理国家赤字原则也随之化为乌有。而实际上，劳的投机行为无可厚非，和类似的英国南海公司的投机活动相比，风险并不见得更大。然而，公共银行的原则在经历了这场灾难之后，在法国更好地留存了下来，因为这样的金融体系已经完全转变为议会全权控制。在法国，能这样起到监督作用，让未来的储户和政府债权人感到放心的金融机构还真的找不出第二家。米歇尔·莫里诺（Michel Morineau）将两种不同的负债说得很明确，法国的赤字是靠着广大民众对"王室"债务的认可来承担的，而英国的国债则是被当作"国家"债务来加以偿还的。

就算没有银行代理的贷款制度，法国政府还是可以采取其他多种金融政策，将债务维持在可控的水平。路易十四死后，摄政时期的历任财政总监，都一味地采取人为减抑账面价值的方式压缩债务规模，并对原定的还款计划横加干涉，随意更改。

[51]

固然，这等于是以分期偿还的方式来宣告破产，但却并未对法国王室未来的贷款信誉造成太大的影响，这或许让人感到颇为吃惊。只要还有境内外资本寻求投资，哪怕收益只比各种国内投资略高，法兰西就不愁无法筹到借款。在1726年的时候，法国的预算大体还是平衡的，而且因为通货膨胀，实际负债总额反而有所减少，即使是在1730年代参与瓜分波兰的战争后，国家金融体系也依然保持健康，并未过多举借新债。

然而，之后发生的两场战争却大不相同，先是1740年到1748年的奥地利王位继承战争，接着又爆发了规模更大的七年战争，从1756年一直打到1763年。前一场战争主要发生在陆地上，法国为此投入了10亿利弗尔，七年战争则不光是在陆地上打，还在海洋上互相拼杀，耗资高达18亿利弗尔。到1753年为止，赤字本金已经骤增至12亿，每年利息8500万，相当于当时岁入的20%。然而战后的财政总监马绍·达努维尔（Machault d'Arnouville）却提出，设若不发生新的战争，那么可以用50—60年的时间，将亏空补上。当然，这就等于是假定法兰西已经不复存在，甚至连不列颠都灰飞烟灭了。到了1764年，即七年战争结束后的那年，欠款仅本金便高达23.24亿利弗尔，单债息就占年度预算的60%，较之50年代，同比翻了一番。也就是在13年内上涨了10亿利弗尔。

尽管从财务角度来说，形势确实十分严峻（或许也算是司空见惯了），不过其本身并不足以使法国就此奔向大革命的道路。18世纪中叶的战争，其规模和复杂程度，在质和量上都远远超过以往，给主要交战各方均带来了巨大的人员伤亡。我们习惯于认为，霍亨索伦家族统治下的普鲁士，算得上官僚军国主义的成功典型，可是七年战争结束后，整个国家都陷于令人

[52]

绝望的困境，虽然英国出手援助，使其免于经济崩溃。而普鲁士所采取的补救措施，便是推行法国的税收管理制度，即国家税收制（régie），从一定程度上，这确实促使其财政状况得以好转。而荷兰共和国，虽然保持中立，仍未能免于战祸波及，它只管提供贷款，不管客户是谁，总之来者不拒，但是在 1763 年到 1764 年间，荷兰也遭遇了严重的经济萧条。还有财力也算雄厚的英国，和其主要对手一样，陷入了同样巨大的债务危机（其在美国独立战争期间将再次陷入同样的危机）。我们现在不仅知道，英国的人均税务负担是法国的三倍，而且到 1782 年，每年为了偿债，要消耗 70% 的财政收入，也比法国多了许多。

因此，从绝对意义上说，虽然参与美国独立战争带来了可怕的财政灾难，但也几乎没有任何理由说法国这样的赤字规模就必定是导致灾难的根源。但是国内对于金融问题的主观看法而非客观事实，让以后历届法国政府从最初的焦虑慢慢演变为惊恐，直至最后彻底跌落到极大的恐慌之中。因此，造成法国国家金融危机的根本原因，完全是政策和心理层面的，根本不是什么制度性和财政上的问题。举个例子来说，18 世纪中叶每一次耗资巨大的战争过后，围绕着债务监管，还有关于征收新税和广开贷款渠道孰轻孰重的问题，也存在极大的争论。就像詹姆斯·赖利（James Riley）在他那本谈及该项问题的精彩的历史著作中所提出的，这些争吵导致政府采取了一些看似细微的金融策略上的调整，结果却造成了极其严重的后果。其中的一个变化就是对分期还款计划的担忧与日俱增。法国政府急于抓住这极为渺茫的捞回本金的一线希望，于是转变贷款方式，由原先的"永久年利"（借款方死后可继续追偿）改为"终身年利"，即借款方死后即行终止。或许对于那些一心保本的财政监管人员而言,的确不失为上策,但是这就意味着,这一来,王室要比在永久贷款的条件下多支付5%给贷款方。这对于未来的法国政府着实增添了巨大的负担。

其次,因为刚刚经历了奥地利战争和七年战争的法国国力削弱,历任财政总监都试图将战时征收的短期直接税加以固定化,但却操之过急,反而在政治上遭到了强烈而明确的抵制。

[53] 以法兰西"自由"为名的种种愤怒和不满基于这样的一个理由,即这些赋税是社会各个阶层共同负担的,没有考虑到社会地位的差别。法国"公众"(因为当时已经出现所谓"公共舆论")居然并没有看出,这种不满实际上背后是受保护免税特权的自私目的驱使的,这对于我们来说,可能难以理解。不过在18世纪50年代到60年代,当抨击"内阁专制"的言论开始出现的时候,所谓的政治"公众",绝大多数是已属于特权阶层,或者大有希望跻身其间的那些人。在这一前提之下,"特权"变成了"自由"的同义词。王室跳过特权阶层,直接寻求公众对其取消免税制度的支持,这种"现代"的行事风格,在当时是不可想象的。甚至到了1789年,王室仍然极不情愿这么做。而在20年前,这更是毫无可能。就拿1759年为例,当时的财政总监西卢埃特(Silhouette)曾经推出了一项奢侈品征税计划,征税目标包括金银餐盘,珠宝首饰,四轮马车,甚至独身都要征税,结果西卢埃特被这一轻率的举动搞得狼狈不堪,在一片骂声中黯然下台。而路易十五在他统治的最后几年,也一反往常变得果决起来,准备要通过御临法院(lit de justice)下达诏令的方式,不顾人们的反对,推行其金融改革措施。不过,由于他的孙子对于民众的支持更为在意,故而路易十六的那些大臣们在推行法令时,倒是时时处处刻意避免给人造成独断专行的印象。

杜尔哥在1775年作施政宣言时，曾提出这样乐观的口号"无破产，无捐税，无借款"。而那位来自日内瓦的财政总监雅克·内克尔则决意要通过贷款而非收税的方式来支持美国独立战争。英国人和法国人在战后所遭遇的困难，不同之处在于，威廉·皮特可以通过增收新税来增加岁入，不用冒太大的政治风险，而对于他的这位法国同行而言，这条路根本走不通。

长年以来，历史学家一直认为，法国的那些政府大臣们为了解决贷款问题，到底做了什么，或者没做什么，都无关紧要。因为真正的症结在于旧制度的君主制本身的劣根性。背上了特权制度的沉重包袱，官员不是捐班出身就是袭荫父职，这样的政府还能指望它有丝毫的办事效率吗？就算是愿望再美好，公职人员再能干（这两样都靠不住），法国政府面对乱局，还是一筹莫展。再加之债台高筑，以惨败收场是理所当然的，不过居然能挺过这么长时间，倒真是一大奇迹。

可是，这种观点真的靠得住吗？首先，它假定，这些18世纪的国家要想政府运转良好，应该类似早期的"文官"政府。这样的一个政府，实际各个职能部门都被那些吃国家俸禄的官员把持着。这些人受的是官僚政治的熏陶，凭的是各自的学识和才能，摒弃私念，一心为公，在各自部门内兢兢业业地工作着，为某种超然的统治主体服务和负责。诚然，这样一种官僚机制是以18世纪"财政管理"（cameral government）"科学"的语言来表述的，而且有史以来第一次，像"财政与警察科学"（即我们所谓的管理与财政学）的教授占据了大学，尤其是德语世界大学特设的教席。不过，持有这种观点的人，却没有从总体上去了解一下18世纪欧洲公共管理的现实状况，因此他们看不到，实际上这些政治原则几乎形同虚设，鲜有遵循者。就拿

[54]

著名的普鲁士官僚政治体制为例,当时已经是贪污成风,它是贵族王朝的产物,官场上到处都是滥竽充数的贵族。在该国国内,地方官员的任命,不是因为他们脱离了地方土地社会,而是依附于它。而相比之下,法国的地方官员,却都是本性正直、客观公正的优秀楷模。即使是在英国,汉诺威当局的人浮于事、机构臃肿也是出了名的,王室为了让臣下代代保持忠顺,以至于政府机关裙带之风大盛。笔者并不是想说,在这种政治体制下,官僚机构不可能发挥较高的行政效率,而是想说别国政府是如此,对法国政府也同样适用。

正是在法国权贵之特权甚嚣尘上的环境中,人们便说,政府已经严重偏离了其最初的执政目标。所谓特权,就是通过免税权体现出来的。而贵族和教士免缴直接税,显然就是给急需资金的王室财政机构一记最沉重的当头棒喝。但是就此认为**整个特权阶级都完全游离于国家税收系统之外,显然也是一种误导**。贵族阶层还是得交人头税,另外还有直接财产税,比如说占其资产总值5%的"廿一税"(*vingtième*)。在一定情况下,他们也得缴纳地产税(*taille*),这种地产税是旧制度的一种主要的直接税。尽管一些地区的地产税是按人头来缴纳的,但有些地区是根据地产征收的。故而,如果一个年轻贵族娶了中产阶层的女子为妻,从嫁妆中得了一份地产,他和他的继承人就得为这块地产缴纳地产税。而且,由于不同阶层之间因继承和转移而造成财产的频繁流动已经相当普遍,依法必须缴纳地产税的贵族人数极可能也在逐步增加。

这样一来,作为特权的财税豁免制度,实际上已经逐渐遭到了破坏,以至于早在大革命之前,那些主要的贵族作家便能够满不在乎地提出彻底废除免税权。但出于同样的考虑,特权阶层即便早就被完全纳入征税对象，实际上因此而增加的岁入，对于解决赤字问题也很难起到什么积极作用。最多只能说，上层人士免税的原则向下渗透成为了下层百姓逃税的必要理由。所以就像到了大革命前夕，许多的请愿书都会举出千百种充分理由来诉说自己的不满一样，在当时许多法国人心里，觉得自己和国家之间，就是一种此消彼长，非赢即输的关系。对于那些穷苦的农民而言，这就意味着，自己少得可怜的财产，一张床、几口炒锅、一头吃不饱的山羊，都得藏到本教区以外的村子里去，否则就要被估价抽税。当时的财产税都是上缴到所在教区的。这种被逼无奈的策略，对于增加当时的那些经济理论家幻想的那种"耕种者的乡间资本"几乎毫无助益。对于城内的中产阶层来说，市里的小吏末差多如牛毛，这就等于是要攒够一定的钱，买一个来当当，这样就具备了免税的资格。因而在每一个大城市，尤其是巴黎，那些牡蛎贩子的商会会长，还有什么奶酪、豆腐收税官，牛肚、羊肠检验员，都为了这一丁点的特权沾沾自喜，也算是免税人士了。

[55]

贪污受贿和特权有关，但是并不完全是一回事，而前者造成的后果，或许更为严重。王室本已千疮百孔，碰到这样的问题，想要根治痼疾，疗伤止血，更是难上加难。相比欧洲其他主要国家，法国的买官卖官现象有着更加广泛、更加深厚的社会基础。从中世纪开始，便有出钱买官的先例，而到了1604年，亨利四世更是将其制度化，使之成为一种增加宫廷收入的手段。实际上捐官者是借了一笔本金给政府（就是买官的价钱），借此得到一笔偿款，并能从买得的官职中捞到额外的好处（the *gages*）。另外这也能让他地位上升（包括免税等诸项权利），而让法国人如此坚决地要抵制特权制度的废除，或许就是因为这种贪渎的官职中，还存在这样一些无关钱财之处。

在路易十六统治时期，好几位大臣都竭尽全力想要使王室减少对这种岁入来源的依赖，但是直到内克尔倒台之后，这种处于财政危机之下的权宜之计仍然具有不可抵挡的诱惑。国王为已有的或者新建的官职所支付的实际利率，总归在1%—3%之间，要比其他方式的贷款低得多。根据大卫·D. 比恩（David D. Bien）的统计，自美国革命至法国大革命期间，从卖官鬻爵中，总共大概赚取了4500万利弗尔，这么多年平摊下来，不能算多，但是至少可以说明，要进行大幅度的改革会遇到何等巨大的阻力。因此，虽然政府当时的长期目标是要扩大对于其财政和职能的监管，但是短期资金短缺的现实，却正使得实现这一目标变得困难重重。

另外还牵涉到当时人们对此问题的态度。就因为特权身份的获取已经变得极为容易，再也不用考虑门第、出身的高低，于是那些铁定会在金钱和名位上遭受损失的人便互相结成联盟，队伍不断扩大。而那些改革派作家，看到其他种种陈规陋俗、不良风气倒是满腔义愤，唯独对什么消除腐败，官僚治国之类的东西不闻不问。伏尔泰和达朗贝尔就是如此。和其他平常人一样，这两位也是汲汲于仕途前程，想要谋个国王秘书（secrétaire du roi）之类的差事当当，好借此为进身之道，从此青云直上。路易十六的那些改革派阁部大臣，虽然也意识到了这个问题，但是多也不敢放手革除，全面根治。唯有内克尔是个例外，他的强硬顽固，不肯通融是出了名的，一点小小的瑕疵都容不下，他就打算拿这些骄悍不驯的冗官杂吏开刀。但即便如此，他也只是局限于宫廷小范围内，因为这里遭人非议最多，也是在他看来名爵冗滥最为严重，需要大幅裁汰的重点。

但是由于官职在人们眼中不过是另一种私人财产而已，故而很难想象被撤职罢官而得不到适当的补偿。据估计，在大革命前夕，像这样的贪墨之官大约在5万1千人左右，所需花费在6亿—7亿利弗尔之间。如果将其一下子全部花钱撤换，那么政府差不多要花费一整年的国库收入。这就等于要让法国全年保持停顿状态，直到这笔费用全部分摊到公众头上。

将公职看作一己私产，按现代的理解是不可思议的，其本身就是和公共利益相互抵触的。而实际上，从年代上来说，旧制度中最为"古老"的一个特征似乎就是，它在涉及自身财政等关乎存亡的问题上，无法充分做到公私分明。但即使是就此问题而言，我们仍需以足够客观的眼光，避免以现代行政理论的要求，而应当通过其本身的价值标准，来对法国王室的倒台进行评判。当时，以及其后较长的一段时期内，欧洲所有的军事大国每年的收入有三个主要来源：一是直接税，通常由政府官员征收（比如法国）；二是贷款，通常来自自身利益同国家利益相挂钩的社会团体、机构和个人；最后是间接税，一些地方是由政府机关征缴，另一些地方则是分派给私人，作为对获取征税权利的一种报偿，他们要预先支付给政府一笔钱。而他们付出的这部分资金和收到的这部分税款之间的差额，就是他们的利润，并用以抵扣运营成本。被视作官僚制度**最佳典范**的拿破仑帝国，实际上也是三管齐下，和旧制度时代并无两样，尽管当时是通过最为简单粗暴的武力手段巧取豪夺，强迫那些被法国军队"解放"的国家缴纳一大笔资金，国家的财政收入才得以保证的。

那么18世纪的君主体制下，管理自身财政采取官商结合的方式究竟又会有怎样严重的后果呢？举个例子来说，很长一

[57]

段时间内，据说这种财政管理方式所造成的混乱，使得政府迟迟无法出台系统规范的预算，直到1781年，内克尔才真正打算推出自己制订的预算方案。但是米歇尔·莫里诺在经过一番极其深入细致的研究后，得出了这样的结论，就算没有官方记录，也该有相关的布置安排文件，既以便于财政总监为各政府部门拨付一定的开支额度，又据此更为准确地掌握究竟有多少资金已经分拨到了各个具体部门。而且，历史学家也同样相信，如果王室有足够的魄力，能够自行承揽管理和征收间接税的责任，就一定能防止如此大笔的财富流入那些以盈利为目的、代表国家收税的"中间人"的腰包了。但这样的话，王室就得承受那些额外的行政开支，可能两下相抵，也消耗得差不多了，这还没算上因征收基本日用品税而不可避免背上的恶名。据估计，法国岁入的日常管理开支占到税收总额的13%，而英国相应为10%，该国有一个高度集中化的官僚机构来管理这些关税和捐税。如果这真的已经到了危如累卵的地步，也难怪财政总监不愿意搅乱他们惯常的制度，去追求一种对于公共事务的理论上的管理。

正是旧制度的政策措施本身而不是其运作机制导致了最终破产，并引发了一场政治灾难。和一系列重大的外交政策的实施所导致的后果相比，特权、腐败和通过间接方式进行税收管理带来的问题则要轻微许多。问题的根源在于军备的开支，对于新税征收的政治抵制，另外政府越来越倾向于接受高利贷，国内国外的来者不拒，而且国外的高利贷更是越借越多。毫无疑问，1780年代法国政府的所作所为可说是不计后果，结果才给自己带来了天大的麻烦。不过站在1980年代的一个美国人的角度，说这种昏庸麻木让国家未来如何黯淡，也实在只是一种后见之明。

三、税金包收和缉盐战争

旧制度可能在聚敛税收的效能上，比人们通常所认为的要高，甚至在财政管理上，其实也还算是不错的。但是对于那些见了教区税吏就躲的农民而言，这几乎起不了什么作用。如果说，在近来的研究中，关于君主制给人的传统印象中有一点是长期保持不变的话，那就得说是社会各阶层几乎无人不切齿痛恨的政府的征税机构和那些类似封建领主的人（对于底层百姓而言，简直就是暗无天日，不堪忍受）。正如三级会议期间很多陈情书中所反映的那样，那些打着国王旗号征收赋税的人，正在成为公众的仇敌。在社会下层最贫困的人群中，那些负责为教区收取财产税的可怜人，成了人们痛骂的目标。如果长官分派的税款指标完不成，那么自己就要吃赔账，弄个倾家荡产，甚至还有可能要去坐牢。但是如果他太过认真，一板一眼，那么说不定更倒霉，半夜三更让同村的村民结果了性命。

处于社会顶层的财大气粗的财阀，也就是那些金融家族，也同样遭人痛恨。达里格朗（Darigrand）于1763年出版的那本充满论战性的《反金融家》一书印有一幅卷首插画，画上的法兰西之神跪拜在路易十五膝下，对他感激涕零（显然有些为时过早），因为是路易十五下诏采用单一财产税，就此使得包税人失去了生存的意义。正义女神高举宝剑，逼令金融家吐出不义之财，还到那些穷困的农民脚下。这本书还把所有的金融家都形容为"靠剥削百姓养肥自己的吸血鬼"。讽刺作家勒萨热（Lesage）写的一出戏里，有个十分古怪的人物，唤作杜尔卡雷

[58]

(Turcaret)。此人出身低贱,生性粗鲁,贪得无厌,且报复心极强,是个只会在铜钱眼里打转的小乡绅。其种种卑鄙庸俗之状,也只有通过作者漫画的形式表现出来,或许人们尚能忍受。很多可称之为浪漫爱国主义的主题作品,毫不隐晦对于金融家的仇恨:城镇吞噬着可怜的乡村财富;为了让那些城里人过上穷奢极侈的生活,乡村只能永远受穷;那些人贪污堕落且心狠手辣,和农村人的简朴率真形成了强烈的反差。达里格朗之流的演说家,尤其以爱国公民的形象对金融家的自私本性进行谴责,这正像是后来革命雅各宾派将资本家丑化成"为富不仁的利己主义者"时所说的话。

尽管所有主要王室债权人都受到此类谴责,但最遭人痛恨的是那些总包税商。毕竟他们的权力存在于制度的核心,国家每年的收入,可能至少有三分之一是由他们承担的。每隔六年,王室便会和某个包税大财阀签订一份委托书或租约,由后者根据实现商定的数字,先预付一笔固定金额的钱给国库,这样他就有了"包收"一定间接税的权利了。这些主要且最广为人知的就是盐税和烟草税,还有其他诸如皮革、铁器、肥皂之类商品的次要税,也是最受诟病的一些项目,统称为辅税。(其他一些间接税以海关关税的形式加以征收,称作入市税,最主要就是葡萄酒。只要葡萄酒从一个关税区运送到另一个关税区,或进城出城,都要征收关税。)

包税商遭到人们如此强烈的痛恨,并不是因为他们是这部国家财政机器中最为反动保守的一环,而是因为他们极其的高效。据说,通过包税方式征收的税赋,百姓实缴额和最后落入王室金库的数额相差极为惊人。包税商的利润来源,或者说他们征收到的税款和实际上缴王室的税款之间的差额,确实依然是一个商业秘密，但尽管如此，这也丝毫没能改变人们的成见，包税商就是一帮贪婪无度、打着王室旗号横行的强盗。如果说，要找一个最能体现旧制度对于百姓的基本需求麻木冷酷，毫无责任心的反面典型，包税商们无论从整体特征还是个体形象来说，都是非常吻合的。

他们被挑出来，成为大革命政府重点关注的对象，一点都不奇怪。1782 年，通俗作家、记者路易-塞巴斯蒂安·梅西耶（Louis-Sébastien Mercier）写道，当他走过格勒内勒-圣奥诺雷街（rue Grenelle-Saint-Honoré）上的包税总局的时候，总是忍不住有一股冲动"把这个扼住公民们的咽喉、吸吮他们血汗的庞大而可憎的机构推翻"。1789 年 7 月在巴黎发生的最早的一次轰动一时的大规模暴乱行动中，包税局建造起来阻挡走私者的关税墙也将被推倒。相比他们的财产而言，他们的人格被贬得更加不堪。人们骂他们是攫取暴利的吸血鬼，对他们穷追猛打，外边流言四起，说他们私下里转移走了三四百万利弗尔的不义之财。"颤栗吧，你们这帮吸吮穷苦百姓血液的恶人。"马拉威胁道，到了 1793 年 11 月莱昂纳尔·布东（Léonard Bourdon）下令，"这些残害百姓的吸血鬼"（那时候吸血鬼已经很快成了包税商的代名词了）应当彻底交代他们非法占有他人财物的罪状详情，将他们侵吞的国民财产如数交还，否则就要"交由法律的利刃查办"。1794 年 5 月，在一场更令人震惊的集体处决中，一群包税商被送上了断头台，其中包括著名的化学家拉瓦锡。

然而，总包税商实际上并不仅仅是靠着王室债务剥削百姓发家的投机分子。他们其实是一个国中之国。他们半是商业、金融公司，半是国家政府机关，人员至少在三万人左右，实际上在法国，他们是第二大用人机构，仅次于国王拥有的陆军和海军。在人员构成中，21,000 人是准军事部队，配发专门的制服，不但装备军械，而且有权进入他们认为可疑的公共或者私人建筑进行搜查和逮捕。为了完成财政计划，他们绘制了自己的行政区划图，法国全境被分割成若干个独立管辖区（有大盐税区和煮盐场税区等等），对每一样实行包税的货物进行归类。

[60]

他们不但是收税的税吏，还行使执法权。对一些他们重点关注的货物，特别是食盐和烟草，从生产、制造、加工、仓储、批发、价格规范全程垄断，连专卖的零售商都是他们自己。

要想真正理解总包税商是怎样潜移默化地渗透到法国每一个家庭的日常生活的，我们只需要追踪一袋盐是如何从布列塔尼的沼泽来到厨房的。每一个环节它都有人看管，有人检查，有人登记，有人保护，然后是再检查，再登记，最关键的是，在交到消费者手中前，已经被抽税了。从整个流程一开始到最后，这些货品都是包税商掌握着雷打不动的征税权利的猎物。所有的一切，都取决于他们对于定价的控制。以 1760 年为例，南特以西沼泽地带的盐商，将他们手里的盐，以低于某固定数额的价格出售给包税商，而这个价格完全是包税商单方面协商确定的。包税商拿到盐后，装船运到河口岸边的转运点，然后用盖戳的袋子封装。每个转运仓库都有各自的任务，要用驳船向境内的其他转运点运送一定量食盐。这第二批的仓库就分布在恰好可以通航的河流段，从那里再用马车运到其他仓库，一路上各个环节，都要接受检查。最后运到了盐仓，也就是包税商租赁的一些中央仓库。这些盐仓都是大型的建筑，里面雇用了相当数量的办差人员和卫兵看守，还有个领头的负责销售，当然还要征收足额的消费税。每一笔销售必须都有一张发票和收据，一式两份。对于那些离开仓库太远，没法购买的，还有小型的村中特卖社，在这些地方盐可特许销售给当地百姓，但是价格要比包税商官方的价格稍稍高些。

哪怕包税商没有权力为盐定价，光是它的官方分派权权责之重，就将极大地抬高盐价。很难想象，有哪一户人家离开这种最最基本的生活用品还可以过活，而他们甚至不买都不行，因为他们从法律上需要每年购买最低数量的盐，这要看每个人的判断了。无路可走的消费者，成为了这种强大的控制和征税制度的猎物，他们只有一条出路，那就是走私，虽说那是犯法的。在这方面，包税商精心制定出来的税收地图反而帮了自己的倒忙。因为盐可以穿越大盐税区的管辖范围跨界获得，以包税商价格的十分之一出售，走私自然就在零散分布的海关前沿地带，变得十分猖獗。烟草行业的情况更是如此，特别是西部靠近西班牙的边境地区和东部靠近萨伏依的边境地区。但是主要是在西部，那里的食盐走私发展到了空前的规模，几乎是在总包税商的军队和不法的走私集团之间爆发的全面战争。在一次阻止走私者的行动中，政府甚至采用了古时的严刑峻法：鞭刑、烙刑、苦役船或者（如果是袭击海关卫兵）动用死亡轮处死。尽管数百人，甚至可能数千人，男男女女，还有孩子和狗，都在这种危险但是油水足的行当里集结起来遍布法国西部。据习惯于凡事迷信整数的内克尔估计，有多达 6 万人卷入了私盐买卖。这肯定有所夸大，但是在 1780 年到 1783 年间，沿着布列塔尼边境，在昂热一带，大约有 2342 名男子，896 名女子和 201 名儿童被判有罪。而在这些人中，每六个中只有一个是证据确凿的，其余五个都是并无真凭实据。

[61]

包税商对于他们自己，倒是要宽容大度得多。看守和吏员的薪酬虽然微薄，但是工作稳定，而且偶尔还有外快可以捞。在1768年的时候，包税局似乎就首次出台了一项缴费养老金计划，即从职工的工资中扣除一部分，而公司也相应地缴纳一部分，两者相加就是养老金总额（到1774年这笔养老基金已经几乎达到了26万利弗尔）。看守工龄满二十年之后，可以根据其级别和资历，享受一定数额的终身养老金。

从好、坏两方面来讲，包税这一行业都足可称得上是旧制度国家机关的缩影。在地方上，它的存在，能够促进各个不同行业的合作进程和商业自由，能够催生成熟的经营规范和企业，并建立起一套合理高效的管理机制，完善细致的运作程序，但也滋生了烦冗刻板的官僚主义和任意的军事暴行。而包税行业在巴黎的事务中心则完全是另一副样子：显赫光鲜，温文尔雅，颇具专业精神，最突出的一点是，这些人拥有巨额财富。包税商们深知，无论他们怎样遭到公众抨击，还免不了在剧院舞台和流行小册子中被讽刺，遭咒骂，但是他们始终是人们关注的焦点，垂涎的目标。他们住着最上等的豪宅，客厅中摆放着美轮美奂的艺术品，其中相当多的是法国风格的风俗画和静物画，还有那些手法大胆新奇的荷兰橱柜画。包税商人家的女儿，都打扮得珠光宝气，如同一件人前显耀的掌上奇珍，她们多半会嫁入世第豪门，尤其是那些司法界的贵族，这些贵族子弟们，一边滔滔不绝地谴责包税制度的罪恶，一边还在盘算着未婚妻能给自己带来多少嫁妆。

包税商们，并不是像是杜尔卡雷的舞台漫画中刻画的那样，是一些粗蠢不堪、庸俗至极的暴发户。那位启蒙哲人爱尔维修（Helvétius）就颇具代表性，在他身上既富有学者的大胆张扬，又不乏商人的沉稳谨慎。在他1771年去世后，留给他的遗孀，利尼维尔·多特里古伯爵夫人（Comtesse de Ligniville d'Autricourt）大笔遗产，巴黎当时最漂亮的那些公共沙龙，多是这位伯爵夫人的产业，整天都有一群裹着丝带，还取了不同名字的安哥拉猫围绕在她脚边。拉博德家族的煊赫，与之不相上下，他们是靠着在波尔多经营西印度那边的蔗糖生意发迹的。总包税商中排第三位的是让-邦雅曼，除了善于聚敛私财，他还是个多产的作家、科学家，写过很多关于医学、地理学、考古学等众多学术专题著作。不过在这些人中，最为杰出的还得说是安托万·拉瓦锡（Antoine Lavoisier），此人被一致公认为法国历史上最伟大的化学家。

拉瓦锡确实堪称英才，但是他也能将他的科学发明应用于那些明显背离时代的压迫性的东西上去，比如为包税商在巴黎周边建立大型关税墙，从这件事上，足可看出路易十六时代法国矛盾对立之尖锐。和很多当时的文人学者一样，拉瓦锡很快就成了一个走在时代前列而又不乏神秘的人，他在智识上是自由的，但是在体制上则身不由己，他富有公共之心，但却是在为损公肥私而恶名昭彰的私人集团服务。尽管如此，拉瓦锡相信，自己能够一面搞科研，一面做他的这份差事，两不耽误（实际上前者对后者至关重要），他是在真正的爱国公民精神引导下，通过经营包税业务，发挥其全部的才智，为国效劳。

当然，他日常的工作安排，不大会是一成不变、按部就班的，和那些懒散无聊、务求享乐，有一大帮逢迎拍马，死心塌地的仆佣围在身边的旧式贵族完全不同。每天一大早他便起身，埋头处理包税局文牍案卷，要么就是钻进自己的实验室，从6点一直忙到9点。午后到傍晚，他还要在包税总局大楼自己的办公室内参加会议，有时甚至不止一个会议，而他本人隶属于五个委员会（包括管理王室硝石和火药的委员会）。晚饭很俭省，吃完之后，他便回到实验室，继续工作，从晚上 7 点一直工作到 10 点。他还得每周两次找来科学界和哲学界的同仁和朋友，一起读报学习，并就当下的一些建设方案进行非正式讨论。他的家庭生活也很丰富多彩，充满情趣。妻子是个自学成才的优秀画家，而从雅克-路易·大卫为他们画的那幅精彩、生动的伉俪肖像来看，他们不但是生活上的伴侣，也是事业上的搭档。

像包税局其他高级官员一样，拉瓦锡不满足于从远处监督别人工作。他定期会去省局和仓库巡视。尽管他的出行很高调，带着 18 名随从（其中包括身穿制服的武装护卫）和一群职员和会计，但是这些旅行既漫长又累人，有时需要花费几个月的时间。我们知道，在 1745—1746 年的一次巡视中，一位名叫 M. 卡泽的税官查看了至少 32 个盐库、35 个海关和 22 个烟草商店，解决了包税局当地官员之间的纠纷，还尽可能多地检查了守卫们的哨所。拉瓦锡是不太可能不如他做得彻底的。

[63]

尽管拉瓦锡涉猎广泛，学识精深，堪称天才，但是在路易十六时期，集学者、官员、商人于一身的国家公职人员，倒也并不鲜见。不过，要三样兼顾还是要冒一定风险的。当一个科学家，可能会因人们对于科学兴趣的潮流变换而沉浮不定，在 1780 年代，在法国文化界，这是一个相当突出的现象。而他的收入来源，也可能受到国家政策快速调整的影响而发生改变，并不是万无一失的。尽管说起来金融家算是稳赚不赔，风险为零的投机者，但是实际上，他们和债券持有人一样，一旦出现意外情况，或者恶意拒付，则根本无力应对，而在 18 世纪 20 年代和 1770 年，就曾发生过这类拒付事件，造成大批金融家破产，市场完全失控。金融这一行不乏百万身家的富豪，但是赔个精光的更是比比皆是。

拉瓦锡和大多数的包税商一样，自己无力拿出足够的资金，坐享包税生意的丰厚利润，他得四处借钱，还得求助合伙人（也就是所谓的赌台收账人，这个词源自 croupe，意思是留给另一名骑手的马臀）。这些合伙人承担了一部分运营资本，而他还得从自己的工资收入和经营收入中拿出一部分来支付酬金。也就是说，他赚取的是扣除成本费用之后的差额，如果出现意外情况，他也只能听天由命。如果政府决定改变合同条款，或者干脆撤销合同，很快便会引发一场激烈的**包税券**挤兑风潮。所谓**包税券**，也就是特许包税商为了自我保障而发行的有价证券。这种事情在 1783 年确实发生过，当时的财政总监奥梅松（d'Ormesson）就试图废除《萨尔扎租约》（当时的租约都是以主承租人的名字命名的）。然而包税商一致拒绝承兑远期票据，声称政府已经破坏了合约，就应当承担相应的责任。眼看众怒难犯，当局只得退缩，宣布恢复原先的交易条款。

这次危机，预示着王室和总包税商之间利益与共的紧密关系开始逐渐紧张。一方面，较以往任何时候，王室都更加急切需要预支岁收，包税商在这方面一直恪尽职守，但是王室已经不想再出钱供养这样一支庞大的间接税征收大军了。从另一个角度讲，那些优秀管理人员越来越认识到，短期资金的反复注入，已经逐渐依赖于包税商，还有其他一些荷兰、日内瓦的借贷者了，这些人可以漫天要价。对于包税商而言，这个价格毫无疑问还算是有点利润可赚；对于借贷者而言，利润率实在是上涨得太快了，以至于到了 1788 年债务大约要消耗掉 50% 的岁入。正是在贷款方面，正如我们将要看到的那样，政府没有别的选择，只能放弃财政微调政策，而转向剧烈的政治改革来解决问题。这些政治上的解决手段结果就导致了革命。

四、最后的希望：马车夫

所谓的公家破产，完全是心理作用的产物。准确地说，就是政府认定，国家资源彻底枯竭，政府再也无力履行基本职能来维持统治，而这种观点，本身就带有很大的主观性。因为欧洲列强是从来不会进行破产清算的，不管他们陷入了怎样严重的财政困境，通常总会有等候多时的金融家不失时机地出手，帮助这些国家重振经济，当然这么做，是有一定代价的。而这种代价直到不久之前，才开始变为部分的主权转让，例如开始让渡给国际货币基金组织的裁决，或者说，在维多利亚的帝国扩张时期，英国人和他们的合伙人，强加在埃及和中国这些财政已经完全崩溃的国家头上的国际债务委员会。而1780年代后期的法国王室，当想要预支岁入却已无钱"垫支"填补新贷款时，生死时刻似乎已经来临了。而这些新贷款，也还是要用来偿还旧账的。在这个时候，再融资的技术手段，似乎也失去了效用。尽管当时并没有哪家国际金融机构做好了充分承担债务的打算，想要操控偿债条款，但是雅克·内克尔的复出，加之国际货币市场的介入，几乎也能达到金融机构同样的效果。不过这必须建立在国内政府部门获得更多人民的信任的基础上，这种信任，对于挽救政府信誉至关重要，也就是说，财政补救措施能否成功还得看政治改革的结果。

对于路易十六的每一届内阁来说，都必须要对改善王室税收途径进行改革，这已是众所周知的事。而实际上，早在路易十五时代，财政总监最要紧的职责便是为王室筹款，但是1750

年代特别是 1760 年代，他们为推进税制改革所设立的政治机构已经成为了绝对主义制度的一部分。在 1760 年代，路易十五不停地召开御临立法会，以一言九鼎的"宸衷即此"来提出自己的要求。而当时对此不准提出任何反对。

然而路易十六其人，倒是符合他无原则的和善脾气，上台之后一心想着要受到臣民的爱戴。即使是在面粉战争这样最为危急的时刻过去之后，他依然怀有这种可怜的激情，那还是在他在位的初年，暴乱分子蜂拥而来，堵在凡尔赛宫门口，后来总算是被挡了回去（事先出于安全考虑，已经让宫内人员撤离了）。因此，他将支持他祖父所采取的强有力的绝对主义政策的旧臣统统撤职，换上了一批改革派，或许靠着这些人能使政局为之一新，政治清明自由，并带来充足的财政收入。可问题在于，这些官员关于改革策略方面的意见都无法取得一致。不仅无法做到方针政策的统一连贯，简直可以说，无论在人员还是具体措施方面都是朝令夕改，把前任的做法推倒，另搞一套。当然，这样一来，也就没法取得任何积极成效了。

为了解决不断增长的政府开支，财政总监通常有三个办法：一是搞假破产；二是向国内外大财阀贷款；三是征收新税。路易十六的最后一任财政总监是泰雷神父（Abbè Terray），上述三种办法他都用过。而路易十六的第一任财政总监杜尔哥，却是对这三种手段都极力谴责。相反，他提出了自己的自由经济理论的观点，特别是重农主义者的理论，从名称上就可以很清楚地看出，他们是遵循"自然法则"的，因而可以说是无可辩驳的。

按重农主义"宗派"（sect）的观点，法团主义、陈规陋俗和保护主义，也就是国家所采取的强硬手段，正在阻碍法国的

[65]

生产力，扼杀法国的进取精神。国内到处都是关税壁垒；粮食作物和其他基本生活用品的流通也存在重重障碍；苛捐杂税多如牛毛，繁重难当：所有这一切，必须统统废除，才能给经济领域注入新鲜气息，激发市场活力。那种各行其是，互不相关的间接税，还有只在部分地区实施、其他地区无效的地产税，应该被彻底废除，以单一的地产税，也就是"单一税"（impôt unique）取而代之。这样一来，那些耕作者，也就是唯一真正创造财富的人，在提供产品上市的时候，能够准确地估算出他们的生产成本和目标，而按照通常规律，价格上涨就会使农村人收入一路走高，就这样土地就能产生资本积累。靠着这些积攒下来的资金，农民们就能买得起城里生产的制成品。这样一来，城市和农村互惠互利，皆大欢喜，农村耕种，工厂生产各得其所，从储蓄到消费，形成了统一的市场，在整个法国将到处洋溢着这种和谐美好的气氛。

无论如何，这只是一种理论上的说法。持这种观点的人中，最著名的就是那位宫廷御医魁奈（Quesnay），还有他那位水火不容、脾气火爆的对手米拉波侯爵（那位革命演说家的父亲）。非常奇怪的是，当年米拉波之所以会出名，就是因为他对资本主义和个人主义大声谴责，认为这些东西，已经对他单纯的头脑中仁慈美好的封建制度产生了损害。不过，后来由于他长期深入探访，也就是经过了他后来说的"击碎歌利亚脑壳"的钻研之后，他变了，成了彻底的自由放任主义的支持者。不管是好是坏，路易十五时期，确实有一批财政总监在1760年代着手取消了国内外的粮食运输限制，对于出售地点和价格，也不再硬性规定了。但结果却迅速造成了饥荒和骚乱。粮仓遭人抢劫，驳船滞留港口，商人们被迫以人们自以为"公道"的价格出售

[66]

货物。泰雷则将大多数限制措施予以恢复，重新要求商人领取了官方执照才能营业，同时必须在指定市场出售货物，于是市场秩序又得以恢复。

泰雷的全盘计划，其中一些可谓是匠心独运、极富远虑的，但可惜他和他的同僚莫普（Maupeou），却选择了非常愚蠢的实施途径，也就是通过王室成文法令的方式来推进其改革措施。当1774年，曾短暂担任海军大臣的杜尔哥出任财政总监时，这就不仅仅涉及经济自由，甚至还是关系到政治自由的问题了。而只有得到了由贵族构成的高等法院方面的支持，他才能推出一系列新政策，避免政府在破产、贷款和税收等问题上，再像过去一样采取专制武断的措施。他在国王的热心支持下，将高等法院从大法官莫普一手酿成的灾难境遇中拯救了出来。但是他也错估了形势，认为这些人都会出于感恩戴德和理性考虑，对他的改革计划表示支持。但是在路易十六时代的法国，问题可不这么简单。

这一改革沿袭了杜尔哥对于重农主义观点的支持，认为法国仅仅依靠经济自由化本身就能实现繁荣，而这种经济繁荣也将会使得政府的金融问题迎刃而解。实现的途径有两条。一是公众的信任，这种恢复经济总量的最为神奇的良方将会得以恢复，新增贷款的问题也会得到解决，因为旧账已经结清了，而且也已经足够支用了。商业和制造业将会进一步繁荣，营业额的增长会使国家的税收增加，进而使得亏空得以填补。这些理论，显然就是供给侧公共财政理论的发轫，而且和两百年后的理论相比，它的实现几率也基本相当，当然两者发生在不同的帝国，但是就财政超负荷运转这一点看，确有相似之处。

如果说，这样的说法听起来太过讽刺，那么我们应该马上说，杜尔哥并不是一个盲目乐观、毫无远虑的内阁大臣。他头脑冷静、善于自省，除了埋头工作，并没有太多其他的嗜好。对于人的本性，他的看法很悲观，但同时又对人性的升华始终保有很高的期望。概括而言，他属于启蒙时代后期的典型。他出生在一个著名的官宦世家，老杜尔哥是巴黎市长（prévôt des marchands），一生最辉煌的成就是担任巴黎的城市规划师，曾经为塞纳河右岸设计建造过大型排污设施。其子阿内–罗贝尔（Anne-Robert）在出任财政总监之前，曾在法国西南的贫困省份利穆赞当过多年的督办官，任内不辞劳苦，政绩卓著。他勤勤恳恳地为民造福，修建公路，倡导农民种植并食用土豆，而在过去，人们一贯看不上这种东西，觉得拿它喂牲口都不行，而且认为，相比煮熟的栗子和荞麦这些利穆赞当地的家常菜，土豆的营养价值也更低。

遗憾的是，他极为看重的那些观念，很不适合在利穆赞地区实施，特别是他发表的那些关于资本积累的思想，因为靠炒栗子或土豆来维持生计的地方很难积累下什么资本。一直等到杜尔哥当上了财政总监，才有机会将这些规划在全国范围推广。杜尔哥和那些只求保住官位、老百姓有口饭吃的财政总监大不一样，正如卡莱尔（Carlyle）所说的那样，"他胸怀和平变革的良计进入国王的内阁"，他在1775年将一份备忘录呈递到国王面前，从中不难看出，他通过经济和政治自由化来使法国产生变革的设想，涉及的层面有多么广泛，简直无所不包。"十年后，"他声称，"国家的面貌将焕然一新……不论是在思想启蒙、道德水准方面，还是在效忠陛下、热爱国家方面，法国会超越古往今来的任何一个国家。"

杜尔哥的主要办法就是，消除一切对自由贸易、自由劳动力和自由市场价格造成阻碍的东西，并对那些他相信未来前景看好的产业给予积极的鼓励措施。这种鼓励，体现在教育培训和直接资金补助上。那些头戴三角帽的严谨人士，被送去英国研究煤炭工业，同时以高级商会的名义颁发特别许可，在里昂搞机械丝织机，在鲁昂发展铅轧机（lead-rolling machine），而利摩日自然是发展陶瓷工业了。他还将他的那些博学多才的朋友孔多塞和达朗贝尔请进委员会，研究内河航行和污染问题，父亲的宏伟设想引领着他前进的方向，这位财政总监开始建造他的"杜尔哥机"了，按照设想，这东西能够捣碎马恩河与塞纳河口的浮冰。但是最后不但没有派上用场，花了大价钱造的这台机器却自己报废了。不过还算好，新的邮政和客运系统，也就是皇家邮驿所，终于成功创建起来了，邮驿所采用被称为"杜尔哥亭"（Turgotines）的轻便弹簧马车，这样一来，法国城际旅行时间一下子缩短一半，建立国内统一市场似乎不再是个遥不可及的梦想了。

[68]

尽管如此，杜尔哥把主要的打压方向，定在了阻碍自由经济实现的那些条条框框上。首先需要废除的，就是本地谷物税（巴黎、马赛除外），还有所有的零售、批发、运输行业的垄断。尽管这样做实际上是对泰雷的规范化供应体系的破坏，但是杜尔哥仍然延续了出口禁令，这一点非常明智。只不过，他的改革还是选择了最为错误的时间。1774年法国再度发生庄稼歉收，又一次造成了饥荒和物价飞涨，愤怒的矛头指向了那些囤购包买者，人们指责他们私存大量粮食，等待价格上涨。到了1775年春天，事态进一步发展，1760年代的骚乱再次发生：驳船滞留在河口碇泊地无法起航，谷仓和磨坊也都遭到了冲击，人们自定价格，强买货物。巴黎的法兰西卫队（*gardes françaises*）也没能阻止暴民对圣维克多修道院进行抢掠，因为当时他们正在把团旗送到圣母院祈求祝福。

　　面对这种对于自由贸易的粗暴破坏，杜尔哥采取断然措施。他调来了25,000名士兵进行镇压，并组建临时法庭，对带头闹事者处以绞刑，以儆效尤。当时有五千名群众蜂拥来到凡尔赛宫前，而皇家卫队指挥普瓦亲王（Prince de Poix）面对逼宫的人群，仓促作出保证，答应将面粉价格降至每磅2苏，但是事后普瓦却因为他的这番有欠考虑的允诺遭到了严厉责罚。那些地方上的治安机构，还有行政人员，就像上一轮放开谷物贸易一样，为了迅速恢复社会稳定，普遍无视杜尔哥的法令。而恰恰是公众情绪的平稳以及好于往年的收成，而不是戒严令，才是促使1775年春天社会秩序趋于正常的关键。而现在杜尔哥被那些恶毒不堪，对他的政策方针横加指责的小册子给激怒了，他相信（很多当代对他表示同情的历史学家也是如此），所谓的"面粉战争"完全是处心积虑设下的圈套，人们装出一副饥饿难当的可怜相，目的就是要让他的这届政府难堪。

　　杜尔哥还决定要放开肉类市场管制。在这件事情上，他没有仅限于在巴黎施行，而是将那些所谓的索镇和普瓦西交易场（Bourse de Sceaux et Poissy）中的一大批官吏、职员统统都解雇回家，在过去，牲畜贩子们必须根据他们的定价把肉畜卖给屠夫。按照旧规矩，屠夫在宰杀牲口之后，不得自行收储板油和牛油（照明用的蜡烛的重要原料），必须由专门的行会来取走，靠着这些油的垄断销售，行会从中获得了不少好处。而这一下子，他们也成了杜尔哥的牺牲品。而偏偏杜尔哥推出这一措施的时机不对，可以说成功实施的希望非常渺茫，因为在1775年的时候，发生了一场牛羊瘟，乡下的牛羊遭了大灾，执行杜尔哥政策的各地官员试图建立防疫封锁线，规定农民必须将在封锁线以内的牲畜屠宰掉，尸体上洒上石灰掩埋，这本也是出于好心，但是却遭到了当地人强烈抵制。尤其是在西南地区草场和林地一带，一到晚上，就有成群的农民便偷偷摸摸，千方百计想要牵着牛闯过防疫线。

而让杜尔哥的政策遭受最严重打击濒于崩溃的，则是《六法令》的出台。这一揽子改革方案的基本内容涉及废除行会，因为它的出现，将劳动力、商品的生产、销售完全限定在经过特别许可的集团之内，这些集团对培训、货物和服务实行独家垄断。这种行会制度，和杜尔哥关于市场决定薪资、供求等这些经济要素的想法，完全是格格不入。他的改革计划是想要将大多数行会机构统统取消，仅仅保留像理发店、假发店和公共浴室等行业的行会，而一旦被取消，原先的行会职员，就会要求得到一笔特别的补偿金。另外首饰店、药房和印刷所，也有各自不同的理由免于取消行会，他们的经营关乎公共切身利益（涉及人民财产、健康和文化知识），故而得以继续以某种特许方式保持原有制度。更糟糕的是，这一系列新法令，对以薪资谈判为目的，或是其他任何理由而举行的各种雇主和熟练工之间的集会，都加以严格禁止：这一原则在1791年的时候，也得到了大革命当局的认可。

另一项主要的计划，就是废止强制劳役，也就是徭役制度（corvée），这在以往一直是普通百姓对国家应尽的义务，而国家的大多数道路建设，就是靠这些服徭役的民夫来承担的。杜尔哥觉得，这种徭役制度在法国农村地区遭人痛恨，这一见解可谓英明，因为要承担徭役，恰恰就在急需人手，尤其是耕田和收割的关键农忙时节，家庭农场上原本稀缺的劳动力（而且常常是唯一的劳力）都会被强行抽走。徭役可以靠出一笔钱来免除，但是前提是农民手上拿得出这么多现金才能行，而事实上，绝大多数的法国农民根本负担不起。但是，这项改革计划中最为大胆，也最有争议的部分，就是涉及以财产税的形式代替徭役的做法，而这种财产税是要社会各界共同承担的。靠着这笔收入，国家要修筑道路就可以和承包商签订合同，并在条款中将本地劳力成本和国家拨付款项之间的关系都一一罗列出来。这么做，就是将修筑道路、运河所需的资金负担分摊到所有人头上，这样一来，就等于是剥夺了免税阶层的又一项特权。

[70] 这么一来，可以预见，对于强制劳役的废除必然会招致贵族阶层的强烈反对，他们通过高等法院集体加以声讨。除了削弱了特权，废除徭役还威胁到了诸如贵族要求佃农在自家产业内服同样劳役的权利，或许这正是杜尔哥的真实目的之一。他被迫去和掌玺大臣（实际上的司法大臣）米罗梅尼尔（Miromesnil）就特权的合法性问题交换了各自看法，这次谈话真可谓非同一般，但是确实产生了一定效果。米罗梅尼尔表示，特权是有依据的，是为了褒奖那些为了国王出生入死的军功世家而颁赐的免税权。"倘若取消了贵族的特权，国家原来的特性就会被摧毁。我们国家尚武的风气就会消失，转而沦为邻国的板上鱼肉。"听了这种荒谬的言论，杜尔哥恼怒不已，他提醒反对者不要忘记一个明摆着的道理："在那些贵族和普通百姓一样都要缴税的国家，他们的尚武风气也不比我们少……在对贵族和平民一视同仁的省份……贵族们仍旧英勇无比，效忠国王。"因此，他表示自己实在想不起来，哪个国家会有贵族免税的思想，"这种想法被聪慧的人视为过时之言，即便是贵族自己也会这样认为"。

其他一些人，出于同样自私的保护既得利益的缘故，也对取消行会的行动表示反对。杜尔哥搬出经济自然权利的高调哲学言论来为自己的改革措施辩护。"上帝让人类有所欲求，这样他们便不得不劳动；劳动是人类最基本、最神圣、最不可侵犯的属性。"但是对于反对者而言，这种做法彻底破坏了这种权利，而不是在保护这种权利，因为其中行会里的一些师傅，实际上根本就不是那种腰系皮围裙，满手长茧子的工匠的子弟。他们实际上是花钱购买市政府里的闲差和头衔的士绅，他们不愿意看到这些闲差和头衔以某种理论上规定的普遍利益的名义而消失。更何况，那些真正的手工匠人已经把自己来之不易的本钱投了进去，加之已经当了好多年的学徒，不但能保证他们成为技术工，学徒满师还能挣得工钱。和那些稳妥的好处相比，杜尔哥的这个新奇大胆的经济自由的美丽新世界，前景却很不明朗。

尽管如此，真正让杜尔哥改革被反对者抓住不放的，并不是其实质内容，而是他试图推行这些内容所采取的具体方式。因为很显然他一手恢复的高等法院实际上并不打算成为王室改革的驯服工具，所以杜尔哥恰恰又倒退到了绝对主义法律的执行上，而在莫普和泰雷时代，他曾对这些法律极为厌恶。他并没有穷追猛打，把谏议庭完全撤销，但是他还是敦促极其不愿意走绝对主义路线的路易十六，如果确有必要，就不要消极逃避，还是召开一次御临立法会为好。这种被一贯认为是霸道专横的会议形式，似乎显得尤为不妥，因为杜尔哥甚至还鼓励将权力下放到地方议会，并且还在1774年的时候，便在贝里（Berri）和上吉耶纳（Haute-Guienne）两省建立了这样的机构。杜尔哥将自己看作是最为开明的财政总监，而实际上，他却是

[71]

利用密札制度肆意抓捕人犯最无顾忌的一个，一些对他政策不满的人，最终生生地死在了巴士底狱中。

  这位内阁大臣失败的原因也正在于此，因为除了他在宫廷中的众多仇敌外，以前在内阁中的那些盟友，现在杜尔哥肯定已经指望不上了。到1776年春，他一直就御前会议上公开的宗派矛盾，在国王面前牢骚不断，并要求路易当他强大的后盾，给予他全力支持。但他的请求方式，却显得很不明智。

> 陛下，您还太年轻，对他人很难做出正确的评判。您曾经也说过自己经验尚少，需要人来辅佐。应该由谁来辅佐您呢？……有人认为陛下您性情软弱。的确，有些时候我会担心您的性格存在这种缺陷。但是，在一些更加困难的时候，我看到您显露出了真正的勇气。

  然而这种循循善诱的方式却并未收到效果。13天之后，杜尔哥就在被打倒的专制分子司空见惯的对专制的指责声浪中被解除了职务。随他一同离开的是站在他这边的一些人，他的那些改革措施也被弃置一边。行会虽然一定程度上遭到削弱，但依然得以保留；地方教区有权决定是否派出徭役，或者还是照章纳税。

  要想达到杜尔哥所向往的和平革命，还有很长的路要走。可以说，从名称上说，他试图借以一并解决法国经济和财政问题的宏观经济政策，就需要长期的实践过程才有可能获得实效。他的那位性情随和、老于世故的同僚莫尔帕，七十年来看惯风云，见多了一批批的内阁大臣年年有人来，年年有人去，他就曾劝过杜尔哥，不妨将他的改革计划暂时拖上几年，分阶段缓步实施，不要搞得过于紧张匆忙，试图一蹴而就。但是杜尔哥当时头脑发热，急不可耐地想要成功。年华流逝，时不我待："我的家族中，50岁便是寿终之年，"他这么回复莫尔帕。而更加紧迫的生死考验，在他看来就是政权的维系。不采取大刀阔斧的行动，他对国王说："（新一场战争的）第一发炮弹就会导致国家破产。"

五、最后的希望：银行家

包括杜尔哥在内的重农主义者，总是有很坚定的目标，但又都缺乏有效的手段。尽管他们才智卓绝，却没能看到，他们通过绝对主义手段强行奠立自由主义制度的过程中存在的矛盾。他们甚至把绝对主义政策美其名曰"合法的专制"，认为这是造就自由劳力、自由贸易和自由市场的乐土天国的必由之路。对于那种短期的混乱失序，比如说骚动和战争，这些在18世纪每天都会发生的现实问题，他们也没有做出充分的估计。这就难怪，尤其是考虑到杜尔哥关于如果卷入另一场战争将注定大难临头的悲观警告，当大西洋两岸真的爆发了战争的时候，法兰西王国转向了截然不同的应对政策。

[72]

不妨这样想，雅克·内克尔在财政总监克吕尼（Clugny）手下，按例当差之后不久便被提拔，实际上就是一个信号，表明政府已经从空谈理论转向注重实效。内克尔急于走上贷款解决财政来源，并实行行政改革的道路，而这二者皆是当初的杜尔哥极力回避的，从这一点上看，前述的观点确实没错。但是实际上内克尔作为国库总管，他带给他的政府部门的是一种不可思议的权威（因为他的新教徒身份，所以他不能担任总监）。这当中有某些秘诀，这回不是思想才智的高明谋略，而是靠新教银行。作为一个外来者，他左右逢源。天主教法国特有的劣根弊病和他不沾边，在别人眼里，他身上体现出来的大致上是新教徒的那种资本主义精神：正直、节俭、信仰坚定。同时，也正因为他是个外来者，所以他和国外贷款市场有着非常宝贵的人脉关系，而在当下，要想避免金融家族的盘剥敲诈，这些贷款市场越来越被看作是一种替代途径。

公众舆论眼中的内克尔，是一个融资奇才：能像魔术师从帽子里变出兔子一样，凭空变出钱来。他身上带有某种神奇的力量，就像发电大师富兰克林，或者说梅斯梅尔博士的磁力桶，梦高飞的热气球一样。他长相十分普通，但越是这样就越是有人极力为他吹嘘，把他和那些奢侈淫逸的银行家，或是道貌岸然的重农主义者拿来作对比。实际上，他就是以一副真诚严谨的公民形象出现的，婚姻幸福美满，沉浸在夫妻生活的情趣之中，这是在让-雅克·卢梭的虚构中才会有的事情。他的夫人苏珊在巴黎主持着一家最有影响的沙龙，通过济贫扶弱等慈善义举，多少也将新教徒的严谨做派带入了上流人群。当她在启蒙哲人的某次关于无神论的坦诚讨论中，禁不住潸然泪下时，在格里姆（Grimm）看来，这一幕实在是出乎自然，太过感人了。就在那些"平民戏剧"（bourgeois dramas）在巴黎的剧院中赚足了眼泪的时候，作者狄德罗却也随声附和，向内克尔夫人坦白说："真是可惜，没能早点认识夫人您。不然，您的纯洁、温柔一定会给我许多灵感，我会将它们写到我的书里。"

内克尔夫人活泼热烈的天性也多少遗传给了自己的女儿，热尔曼娜（Germaine），也就是将来的斯塔尔夫人。而这家人中女性光彩熠熠的一面，只是更凸显出了雅克坚毅果决、敦厚质

[73]

朴的优秀品质。若不是他被 1773 年出版的那部《科尔贝颂集》所带来的浮谀谄媚之词冲昏头脑的话，他原本必定会成为一个圣人。但他却没有。他甚至对自己的笃定颇为自负，正如《颂集》中的一句惊人之语所说："如果人类是按上帝形象创造出来的，那么除国王之外，财政大臣一定是最接近上帝形象的人。"

战争阴云迫近，内克尔颇感忧虑，他那无所畏惧、自信从容的气度让人感到安心，尤其是他的前任财政总监克吕尼，充其量也只能抛出发行彩票的办法来筹款。杜尔哥是在尽职为公、哲学思辨的环境中成长起来的，而内克尔则是来自一个商人家庭。18 岁时，他便从日内瓦来到巴黎，进了塞勒森银行（Théllusson et Cie），并在前合伙人死后，顺利接管了公司。银行接手了法国印度公司的烂摊子，不过当法国殖民统治在南亚次大陆遭到惨败之后竟然奇迹般地挺了过来，并且还在 1760 年代时，为陷于困境的法国政府提供粮食援助。正是这次经历促使内克尔在杜尔哥重新实行放宽管制政策期间出版了他关于谷物贸易的论文。这篇文章写的可真不是时候，明显把杜尔哥惹恼了，他写了同样的长篇大论驳斥内克尔。杜尔哥如此动怒，语气强硬，倒是让内克尔吃惊，他再三强调，自己完全是不偏不倚，站在谷物自由贸易的一般原则的立场上的。但是，他也主张时值荒年恶岁，政府应该为稳定物价和确保供应承担起责任。正是这一保留态度，在巴黎周边农村陷入动乱之时打动了他的读者。

内克尔保证，为推行对美政策注入资金不会导致杜尔哥所预料的严重后果，这一点对于当时已经被外交大臣韦尔热纳把持的内阁而言至关重要。于是接下来围绕内克尔的名誉凸显出来的问题是，内克尔能否实践他的承诺。直到不久之前，就普遍的看法而言，答案基本是否定的。内克尔那本著名的《致国王的财政报告书》(Compte Rendu)使得国家预算第一次对外公布，广为人知，但在人们眼中，这只不过是些虚情假意、明哲保身的宣传伎俩而已。也正是这种假装形势一片大好的做法，被看作是致使法国王室从顶峰跌落，走上了覆亡之路的原因。

[74]

内克尔之所以会下台是因为人们过高地估计了他的个人能力，对他寄予了不切实际的期望。但是近年来，通过深入分析，尤其是对内克尔在瑞士的科佩城堡居住期间的相关文献进行仔细研究，使人们对于他任内的管理状况作出了一些更为公允、同情的评价，乃至最后得到了完全令人信服的观点。从这些浮出水面的文件中我们可以看到，内克尔是个谨慎而又不乏决断的改革家，绝不是一个反复无常的贪官污吏。他和杜尔哥一样，都深知王室的兴衰成败取决于经济能否自由发展，尽管如此，他并不准备为解决眼前的王室债务而牺牲长期的经济发展计划。对于内克尔来说，高效节约的合理化管理和最大程度地增加税收来源才是最为重要的事情。

他也知道，要一下子裁光所有贪婪的机构是根本不可能的，于是就把整治的重点对准那些奢靡浪费最为严重，还有那些看起来对王室收入侵蚀数额最大的腐败部门集中的重灾区。就这样，他裁汰了48个拥有独立财源的征收直接税的总税务官，委派了12名税务官来接替他们的职务，并直接向他的部门负责。同样，财政部的6名尸位素餐、阘茸无能的财政督办官，也被统统免职；从"山林、水泽"等项收取赋税的税官中，被解聘的有304人；军事部门的司库和财务总管，被勒令分流的有27人。这些人成为了内克尔强大反对者中的急先锋。

在将这些冗余的部门成批裁撤之后，内克尔又向王室内廷下手。在他看来，王室内廷是最有精简余地的，可以借此省下一大笔开销。掌管国王饮食的御膳房，机构臃肿，就此不复存在。即便如此，凡尔赛也并未有一人因而饥肠辘辘，也没有因为撤销了御膳房，宫内之人就需要为了开膳而等候多时。总共406个内府官署，都是些场面上的差事，为了在特别环境中给那些朝廷近臣伺候穿戴，以显示其在自觉遵守的上下尊卑等级中各自所处的不同身份，在今天的人们看来，这纯粹是一种宫廷礼节。13名御厨，外加五名配膳侍理，全都走人；还有20名捧杯内侍（和四名持酒内侍不要混淆起来），炙胙馆内的16副"阳燧"都被拿掉了，十多位品酒师、一大批剪烛人、数百个盐传递，还有10个专门掌管普罗旺斯瓜果的特别侍从（最为可惜），统统都被打发了出去。总数大约506个官职被取消，节省下的开销每年可达250万利弗尔。内克尔的批评者们抱怨说，花这么大的力气精简，根本就是得不偿失，尤其是这位财务大总管还必须想办法在五年内拨出总数高达800万利弗尔的钱来补偿那些丢了官的人。但是这也就意味着，四年之后，为改革付出的这笔钱就结清亏欠，自此之后就能纯利盈余了。或许更为重要的是，这也意味着重新迫使政府革弊节用，刹住肆意封赏之势，因为现如今那些职衔禄位冗滥至极，早已沦为了朝廷佞幸的掌中玩物。路易十六倒似乎很高兴，"本王愿意以身作则，在王宫的每一处都推崇秩序和节俭，"他对一位近臣夸尼公爵（Duc de Coigny）说道，"如果有谁反对，那他的下场必定会像本王手中的杯子。"说到此处，国王将手中的高足酒盏掷于地上，算是做出一个强硬的姿态，而公爵大人对此所说的一句话，也让路易颇感欣慰"或许一点点被蚕食胜过被一下摔死。"

内克尔甚至还打算拿总包税商开刀，他毫不客气地将他们

[75]

比作是沼泽中肆意孳生的杂草。似乎从他的观念上，他早就想要将这样的一种承包制度来个彻底根除，将征收间接税的权责重新收回到国家手上。但是面对可能随之而来的行政开支的增长，他还是退缩了。更何况这样一来，国家就立刻会失去预支岁入（这种担心是可以理解的）。但是他已经下定决心，要从包税商手中为国家拿回大笔收益，而就在1780年"大卫承包"期满后，他便将其中的一些税收项目，特别是葡萄酒税和烈性酒税，转变为主要由国家直接征收。在这种征收方式下，税款仍旧通过第三方，但并不是在每个环节都设卡，不管总额多少，收税人只能在预先规定的总额之外，赚取一定比例的提成。这一招着实高明，因为这么做实际上切中了法国财政的核心问题，那就是：并不是包税制度本身让国家遭受了损失，而是因为从快速增长的国民总产值中捞取了丰厚回报的，不是政府，而是那些包税人。因为从那时起，问题就很清楚了，岁入的主要增长点，就在于间接税，而非直接税。

以较低的经营成本来获取财政收益的观念也开始扩展到其他明显有利可图的行业。皇家邮驿所（messageries royales）以前由杜尔哥以合约形式对外出租的邮政和运输业务，现在转由国家专营，并且也就是从1780年代开始，经营状况蒸蒸日上，发展极其迅猛。王室的御田和山林也被纳入国家经营的范畴了，路易十六时期，城区建筑迅速扩张，木材需求看涨，使得这些地产有了极大的盈利价值。

[76] 内克尔采取这些措施，目的只有一个，就是要寻求一种平衡，既能满足王室开销，又能确保正常岁收。他在《致国王的财政报告书》中提倡的也正是这种执两用中的理念。该报告于1781年对外发布，而其出版本身就引发了一场风波。皇家印书

局，还有巴黎最大的出版商潘库克（Panckoucke），决定刊印两万本（由多家出版社出版），照当时的标准来说，简直算是史无前例的计划了。而这样重要的一份公开报告，在短短数周之内竟然已经脱销了。很快，这份报告书便被翻译成荷兰文、德文、丹麦文、意大利文和英文，里奇蒙公爵一个人就买了6000本。新教牧师拉博·圣艾蒂安（Rabaut Saint-Etienne）有过这样的赞誉，说它"就像黑夜里突然出现的一束光"。后来成为拿破仑麾下元帅的马尔蒙（Marmont）也说，阅读这份《财政报告书》，让他获益良多。然而，尽管该书销量迅速攀升，成为最受欢迎的读物，却仍然没能挽救内克尔下台的命运。在1781年之后，再也没有新版问世了，于是该书就成了继任财政总监的出气筒，特别是卡洛纳（Calonne），说这本书满纸谎言，粉饰太平，明明已经是问题成堆，满目疮痍，却还说平安无事。

这些人攻击的要点，就是批评内克尔人为地制造了一个收支处于平衡状态的假象，实际上根本就是一派胡言，反映不出国家举借新债的情况。但是实际上内克尔从未试图刻意掩盖为筹措军费而背负的债务。《财政报告书》想要起到的是非常特殊的目的。它就是特意要让人们明白，和平时期，只要当期收入能够满足王室开销，那么像为了战争需要而筹措的"非常"贷款，是完全可能以非常优惠的条件获取的，要比18世纪下半叶通常的情况都要好。在这位睿智的瑞士人看来，一切都取决于政府是否能够获取公众的信任，拥有良好的信誉。有了这两样难以用具体数字加以衡量的法宝，就完全可以为了达到外交和军事目的，放心大胆地筹集款项了。而这也必定是关乎政府命运和民间舆论的大事。如果正赶上人们狂热支持美国战争的大背景，对此也就几乎不会有任何争议。

1786年发生了一场财政灾难，卡洛纳将其归咎于路易十六的应急措施，而这些措施实际上加速了大革命的爆发。其实这倒并不能直接归咎于内克尔5.3亿利弗尔的战争筹款，而是他的继任者在和平时期积下的欠款，另外一个原因，就是全盘放弃了他的节支政策。他的部门裁汰计划也让他树敌颇多，一些被撤销部门的官员对他十分嫉恨。在政府内部，那些内阁大臣，包括韦尔热纳在内，也对他的政策方针从施行方式到实质内容渐感不满。在1781年5月，内克尔迎难而上，要求国王让他进入御前会议，认为自己虽然是新教徒，但顶着大总管的头衔也并无妨碍。莫尔帕和韦尔热纳均表态说，如果内克尔升调御前会议，他们就双双辞职。结果到了5月19日，内克尔挂冠而去了。

[77]

接替内克尔的是若利·德·弗勒里（Joly de Fleury），上任不久便将内克尔革除的收税官和司库两项职务都恢复了；而卡洛纳则实际上是借着国王的名义，明目张胆、毫无顾忌地挥霍国库钱财，他出钱买下了朗布依埃（Rambouillet）和圣克卢（Saint-Claud），并大张旗鼓地扩建军事工事，比如在土伦建造军事基地，还在瑟堡规划大型军港。卡洛纳还是个经营管理的天才，摈弃了过去对陆、海军和王室用度造成多方掣肘的谨慎稳妥的财务政策（尤其是在军备采购方面）。R. D. 哈里斯说的没错，直到最后一笔以战时措施为名征收的廿一税在1786年到期的时候，卡洛纳才突然发现，日常收入和日常开支之间的关系，并不像内克尔留下的档案中所说的那样，实际上并未留有盈余，而是亏空了1.12亿利弗尔。这个情况让人措手不及，但是这并非内克尔的过错，而是他后任的错，而这些人也和卡洛纳一样，实际上并不知情。

后来内克尔为错过良机而喟然长叹：

> 唉，如果换个情形，我还可能有所作为。每每想到这，我不免心中隐隐作痛。我竭尽全力，在暴风雨中行舟……风平浪静的日子属于别人。

但是从某种意义上说，他和杜尔哥犯的是同样的错误，都是决心要将财政大权一人独揽，这让他在宫廷中的那些朋友们纷纷离他而去。尤其是，他坚持要在王室御前会议中取得完全的成员资格，不满足做一个局外人，不满足于仅仅做一个不合时宜的总管。或许这也并非没有道理，也不仅是关乎个人尊严。政府内部，他的地位正在下降，被奉行扩张政策的卡斯特里和塞居尔排挤。他贸然地想要让法国居间调停，结束美国战争，免得葬送了法兰西王国。这样一来，他便失去了韦尔热纳的支持。而他对于政府和总包税商的指责，又让他再树强敌。但是后来发生了一桩不同寻常的事情，使得内克尔坚持要求进入御前会议。

他始终认为，广泛的政治支持是任何真正的改革计划获得成功的必要条件。作为一个外国人，相比起杜尔哥和许多前任，内克尔突破王室和高等法院划定的条条框框直奔主题的决心更大。他已经在贝里和上吉耶纳建立了经过选举的省级议会，过去由督办官承担的任务现在转到了议会手中。这和杜尔哥所主张的自上而下的行政改革不同（杜尔哥计划在乡村议会中建立一系列的选举团，直接组成国民代表团），尽管内克尔的议会成员也保留了传统的三级会议的做法，但是第三等级，也就是平民阶层的代表，是首次以两倍于贵族和教士的人数而出现的。

[78]

但当他要在穆兰（Moulins）建立第三等级会议的设想不但遭到了抵制，甚至连波旁内务总管都对此提议不屑一顾时，他只好寻求国王的支持。他别无他途，只好向他的政敌米罗梅尼尔求助，让他将自己的这份规划在御前会议呈奏国王，但是这位掌玺大臣一口回绝。

内克尔直面坚守旧制度传统的顽固派的挑战可以说是司空见惯，但是他在《财政报告书》中提出的一项核心原则却是对传统最致命的打击，那就是公共监督制。一个批评者声称，君主政府的要旨便在于其深不可测，还说："想要治愈伤口，重振王权的尊严，陛下还要等一段时日。"但在内克尔看来，在法国建立某种责任制度才是解决一切问题的核心。有了他的左膀右臂，忠心耿耿的贝特朗·迪弗雷纳（Betrand Dufresne）这样德才兼备的贤士来管理，这种公开性非但不会成为金融管理的绊脚石，反而会成为国家财政繁荣的必要保障。这就是国家信用的重要所在。《财政报告书》的内容无所不涉，它的出版称得上是一次公共教育的预演。它语言风格简洁明了，力图推出一本人人都能读得懂的财务状况表，这足以证明，它是想造就一个真正参与国家建设的公民群体。

所以说，这绝不仅仅是关系到财政管理方式的问题。它源自于18世纪后期法国文化中某种深层的、能够撼动人心的观念。它从个人道德转变为公共道德，并造成了大革命的言和行中的难分难解的两个对立面。一面是公开透明，一面就是含糊不清；一边是襟怀坦荡，另一边就是虚伪掩饰；一边是热心公益，另一边是专谋私利；一边是直截了当，另一边却是虚与委蛇。大革命把旧制度时代包括偏重礼节、敷衍客套的各种规矩，统统都作为叛国行径。但是这套礼仪早已以宫廷阴谋的形式，使得国王对这位最为卓越的改革家不再予以支持。

在内克尔看来,保留君主制的神秘威严,实际上是为了死守着专制制度不放。这不但有违仁德,也是一种鲁莽之举。他觉得,英国和法国在贷款信誉方面的真正不同,就在于前者能够利用代议机构,比如议会(尽管很多地方有待完善)来体现统治者与被统治者之间的一种信任和承诺。"公民与国家的紧密联系,国民对政府的影响,"他写道,"对个人自由权利的保障,以及在危难之际百姓出于爱国情怀给予政府的支持,这些都铸造了世上独一无二的英国公民。"

但是如果说把英国的制度传统照搬到法国是愚蠢的,那么至少也应该同心协力朝这个方向做一些努力。他相信,自己被解职产生的最糟糕的后果就是,财政节支政策同政治自由化之间的这一结合还没来得及建立就已经被取消了。如果人们有朝一日觉得还得请内克尔出山,实施他的改革计划,如此或许还有一线生机,甚至也已经没有别的路可走了,那很可能是发生了痛深创巨的大动荡。而其他一些人,显然担心会出现最坏的结果。格里姆报道说,当内克尔遭到罢黜的消息传出的时候

[79]

> 人们会认为这是公众共同的不幸……当人们相遇时,他们默默无语,颓然对视,悲伤地握握对方的手。

第三章
备受谴责的专制

一、纪尧姆先生的奇遇

在1776年8月的某天早晨,一个身材肥胖,穿着相当破旧的绅士,站立在鹿特丹码头边。三角帽松松垮垮地套在假发上,可以看得出过去也曾颇为富裕,他一边抽着烟斗,一边专注地看着运河里的那些装载木材的驳船慢悠悠地朝着多德雷赫特(Dordrecht)驶去。这样平淡的景象,竟引得他神魂入定。他在日记中这样描述道:"我看到了平生从未见过的奇观:整座小镇漂在水上,小镇中有一间精致的木屋。"受好奇心驱使,在驳船又一次停靠的时候,他便上前询问,自己能否有幸一睹船舱,这时舱内走出一位有些年纪的妇人,迎上前来,令他更为惊奇的是,这位妇人竟然就是船队的船东,而这位妇人的接待方式,他这样写道:"老实说,她纯粹是把我当游客了。"

这位在日志中自称为纪尧姆先生的旅行者,或许算得上全法国最受人爱戴的人。他便是克雷蒂安-纪尧姆·德·拉摩仰·德·马尔泽布(Chrétien-Guillaume de Lamoignon de Malesherbes),三个月前,他还和杜尔哥同朝为臣,官居内务总管。对于马尔泽布,参观一艘由如此威严赫赫的女船家掌管的水上浮城，顿时让他将旧制度下的法兰西抛到九霄云外。这艘船就好比是荷兰共和国，代表着财货的自由，人身的解放，他感觉到亲切淳朴，又威严高贵，和他此前所在的万恶的凡尔赛宫廷简直有天壤之别。荷兰这个国度，实在是再适合纪尧姆先生不过了。和狄德罗、孟德斯鸠和阿尔让松（d'Argenson）这些在大篷车里望见荷兰的法兰西杰出人士一样，他也充满奇妙的幻想，觉得在这里，人们的言谈举止一直都那么真诚朴实，甚至掌权的高层人物也莫不如此。更何况，这里的人都是抽烟斗的，不像法国，清一色珐琅盒的鼻烟、带花边的绢帕，成天盯着些鸡零狗碎的事情。而在这里，没有人会对衣着打扮花太多的心思，这一点倒是和马尔泽布很合拍。他走路步子很难看，在宫里也照样如此，一年到头穿着棕色的外套，黑色的长袜，惹得人人侧目，就像是个小镇的药房掌柜，没有一点堂堂朝廷阁僚的派头。

他是个狂热的旅行家，因为经常遭到贬黜（对其独立不羁性格的惩罚），他有了更多的时间去尽情享受真正的消遣：研究植物学。就在杜尔哥蒙辱离职之际，他也向路易十六提交了辞呈，旋即离开巴黎远行，去了法国西南部，观看葡萄栽种，并来到波尔多西南的朗德（Landes）沙地松林。他还声称，此生真正的使命，就是成功推翻布封（Buffon）的博物学理论，他骂布封是流氓，是蠢货。第二件事，就是恢复自己的授业恩师林奈乌斯的名声。他完成四十卷本的《本草集》（Herbier），还在法国建起了门类最为齐全的科学园，这就是他借以完成这一伟大志向的有力保证。马尔泽布的那座庄园就是普普通通的一个园子，他还起了个好听的名字，叫作盆栽圃。庄园内植物学方面的工具书达到上千册之多。在他栽种的种类众多的植物中，

[81]

有弗吉尼亚山茱萸、宾夕法尼亚刺柏、加拿大云杉，还有生长在热带的橡胶树和巴西的坚果树。他甚至特别租了一趟班轮，从多佛港将一大片英国榆木引种过来。对于他，除了目睹巴黎监狱的种种惨状，最令他痛苦的则是亲见大片的林木被焚烧殆尽。1767年他在普罗旺斯某次信步远游时便撞见了一次。而在荷兰，他的百科全书式的思想得以自由驰骋。他对荷兰人以自然方式巧妙弥补自然灾害的文化理念简直达到了痴迷的程度，每到一处，都细细观察，不肯放过。成群的野兔对沙丘生态构成了威胁，但是荷兰人有办法，他们找到了一种浅根树，以此达到固沙的效果。甚至像海草之类的东西，都能用来加固堤坝。八月的某个暖意融融的早晨，马尔泽布在荷兰半岛最北端的某个地方，躺在一张干干净净的床上，透过窗户眺望着大海。此时的马尔泽布终于感受到了一种摆脱宫廷政治污秽的宁静。

他从来没有真正体验过从政为官的乐趣。两年后，当他来到瑞士之后，当地某位新教牧师想要给这位隐姓埋名、饱读诗书的争论对手找个挂名的助理牧师当当。马尔泽布准备起身离开，这位牧师却以为他在怀疑自己是否有权利进行这样的任命，便向他保证说："我可是官员啊。"对此，他的这位友人随口一句话，揭破了自己的身份，"我从前也是官员。"而实际上，马尔泽布对于自己的无官一身轻的轻松生活，是颇为享受的。早在1774年，他的老友，财政总监杜尔哥便邀其出山，就已被他拒绝。而就在他挂冠而去不久，有一次去一家酒馆，听到两个人正在交谈，为马尔泽布大人辞官一事怅恨不已。于是"纪尧姆先生"便上前加入了热烈的讨论，对马尔泽布因病离职的说法嗤之以鼻，坚持认为，马尔泽布只是不愿为官而已。

当然，这一切，多少有些矫俗独立的自嘲意味。马尔泽布是卢梭的崇拜者，也确实和卢梭通过信，并有意地贴近这位"尚礼君子"（honnête homme）诚之士的观念。他官居王家内务总管，却一直穿着垂及脚后跟的长袍，这倒并不是因为他昏聩邋遢，而是故意表现出对凡尔赛宫廷礼仪制度的不屑，偏偏不愿正儿八经地穿指定的官服。如果说精俭之道将蔚然成风，那么不妨说正是从他开始。在坊间传说中（或许多半是真的），他甚至有着更加不错的口碑。说是家里曾请来舞蹈名师马塞尔，来教这位年轻人学些规矩，结果马塞尔自己都失去了信心。他对马尔泽布的父亲说，此后生举止粗率不堪，长此下去，若想从公执政，显要门楣，断乎没有指望。和另一位"尚礼君子"本杰明·富兰克林不同，马尔泽布从不工于算计，丝毫不懂得人情世故。他遭际坎坷，忧烦不断，这一切都足以使他博得一代人的喜爱。他们认为忧伤惆怅乃是高贵之相。1771 年，在自家房舍不远处的林子里，马尔泽布找到了他夫人，总包税商格里蒙德·德·拉·雷尼耶（Grimod de La Reyniere）的女儿玛丽-弗朗索瓦的尸体。她的自杀手法实在老练，考虑得很细致，先是把一杆线膛火枪绑在树上，然后用蓝色的绸带裹住扳机，枪口顶着前胸，最后拉动击发。卢梭亲笔慰唁，对她极力赞颂，说："您的夫人从不虚情假意，从不欺诈别人。任何柔肠都会为她感到悲痛，这算是痛苦中的一丝慰藉吧。"

在马尔泽布家族内，存在着旧制度贵族的各种政治矛盾。因为从个人气质上讲，他不适宜出入宫廷场合，于是杜尔哥便让他负责王室事务。掖庭内那些佞幸小臣背后掩口窃笑，觉得他像是彩凤中的老鸹，而他却毫不在意，只当没听见。他凭借着无可争议的个人声望，来为内克尔的内廷机构全盘精简计划作着积极准备。尽管马尔泽布形象欠佳，举止不羁，却并未辱没家门。他出身于法国一个最为显赫的家族，没有什么太大的贪欲，但还是娶了一位富甲一方的阔小姐。当年这个家族凭借着红衣主教马扎然的提拔，地位隆升，渐成簪缨门户，跻身于司法贵族行列。和其他家族一样，他们不但在朝廷公府为官，也在独立的法院中行使职权，而当时的那些法院，已经成为了反抗绝对主义的非官方阵地。马尔泽布的父亲当上了巴黎高等法院的总检察官，他的表兄拉摩仰则是路易十六一朝最为果决的掌玺大臣。

马尔泽布刚刚进入路易十五朝廷办差时，专制王权并没有进一步强化，反而开始处处受到掣肘。进入高等法院的时候他年方二十，从 1750 年到 1775 年，他获得了在当时的众多时代精英们看来，对捍卫基本的自由极为要紧的两个职位。第一个捍卫的是读书的自由。从 1750 年到 1763 年，他担任新闻出版总监：有权决定哪些书应该禁毁，哪些书可以刊印。不消多说，他是鼓励新思想，抱着一切从宽的态度的，只要不是大张旗鼓地宣扬无神论，那些鼓吹弑君犯上，充满色情描写的小册子，在他手里，统统放行，准予出版。最重要的是，卢梭和《百科全书》的两位编纂者，狄德罗和达朗贝尔，都由于他从中保护才得以出版了他们的不朽名著。在 1752 年，御前会议对《百科全书》第二卷中的攻击耶稣会的内容表示愤怒，下令禁绝该书，谁人胆敢刊印、散发，一经查实，即行重罚。更糟糕的是，当时马尔泽布已经接到命令，要他将相关的原稿、印版，不管是装订好还是尚未装订好的，统统抄没。但马尔泽布没这么做，他不但将消息泄露给了狄德罗，让警察扑了个空，甚至还劝狄德罗将这些有大不敬内容的书藏到自己家中，他果然料得不错，警察搜查文书罪证，绝对想不到会藏在家中。

他还曾担任租税法院（Cour des Aides）院长，在此期间，他显然也是利用权位主动维护公民（当时通常的称呼）利益，同专制政权下的各种代理机构作斗争。租税法院院长的主要职责，就是针对行政判决机关，即海关官员、税务人员和包税机构专员，在涉及税务、财政制度决断不当时，听取民众投诉。这使得租税法院成为了旧制度时代最受民众欢迎的政府部门。租税法院的许多律师和文吏，和那些高等法院的大人物不同，他们都是出自低级贵族阶层，这就使得本来就以同情民众著称的租税法院更多地赢得了人们的好感。

这位院长若是发现有何决断不公之事，便会如猎犬一般穷追到底。某一次，有个从利穆赞来的叫莫内拉（Monnerat）的游商客贩，因为涉嫌走私被拘，投入比塞特（Bicêtre）监狱的地牢中，一关就是 20 个月，从未过堂受审。等到后来被放出来，他便想去租税法院上告，要包税局作出赔偿。不料这一告，反而让他再次被抓，幸得马尔泽布出面，拨乱反正，将包税局涉案官员绳之以法。此案引起了租税法院和财政总监泰雷的正面冲突，直至泰雷下令解散租税法院，事情才告收场。不过，虽然王室只暂时取得了优势，但这一事件却使人们相信，当法院在路易十六的扶植之下得以恢复，其作为民众保护者，反抗司法专制的威望，将从此一蹶不振。

租税法院还有第二项职能，也同样重要。和 13 个高等法院类似，它也有权对任何王室诏令进行"封档"，诏令只有获得了批准，才能形成律例，虽说国王也可以通过召开御临法院，绕过长期迁延不予登记的租税法院，强制推行。租税法院还有"抗谏"之权，和高等法院的情况一样。在 17 世纪君权益重，达到巅峰，租税法院的这种权力一度衰落，但是 1715 年路易

[84]

十四驾崩之后,摄政王又恢复了租税法院昔日职权,并借此一招,使其重振威风。实际上,这种"抗谏"是一种批评性质的规劝,或者说是一种抗议——通常是发表一通冗长的演讲——对他视作在其职权范围内违犯"宪律根本"的政策进行控诉。正如我们将会看到的,这种宪律到底涵盖哪些内容,也正是存在激烈争议的所在。但是,随着路易十五扩张性的财政政策伴随着每一次大规模战争的结束而变本加厉,这种"抗谏"的次数也相应地变得更加频繁,言辞更加激切。

尽管高等法院自称其提出的大多数抗谏,是对践踏"自由"的一种反抗,但实际针对的则是涉及"廿一税"等赋税所隐含的对特权的侵犯。不过自1759年之后,那些由租税法院提出的抗谏则要激进得多。马尔泽布利用其院长的权力,对国家的整个赋税制度进行抨击,尤其是估税和征收环节存在的有失公允的现象。首先,他附议孟德斯鸠,声称在中世纪的法国王权制度下,不经三级会议代表的同意从来没有征过税。其次,赋税总额不应当超出经过认可的国家实际所需,这是天经地义的规矩。而要想使得国家税收和必要开支之间保持合理的平衡关系,就必须引入某种公共问责制度。第三,不同阶层的公民之间,不同地区之间所存在的赋税不均的问题,必须引起重视。

1771年,他更是口出惊人之语。遭遇高等法院阻挠的大法官莫普恼羞成怒,敦请路易十五采取强硬措施。于是高等法院系统被一并撤销,改为委任执法官吏,而他们通常对国王的诏命——照办。在1771年2月的时候,马尔泽布以租税法院的名义发布了"抗谏",结果使得租税法院很快就被裁撤。但是就在这之前不久,他还曾指责国王将高等法院中法官尽行斥逐,有违基本的财产权。而这样做,最后也不过是步了迎合国王心意的议会的后尘。不过，这番劝戒，却是暗藏厉害。因为在其末尾，马尔泽布表示，因为借以保障"基本律法"的"仲裁之所"已然撤销，为避免陷于专制，"国民"如今别无他法，唯有吁请召开全民大会，可想而知，这里指的就是三级会议。"至少大会代表们公正无私的证词会让您看到，法官们是否如大臣们不断进言告诉陛下的那样会以身试法，今天我们捍卫的事业是否也是您的子民的事业，您的统治权来自子民，也是为子民服务的。"

[85]

这种带有存在前提，并以契约形式固定下来的统治基础，离路易十五宣称的绝对主义还远得很，他在那次御临法院的会议上正式宣布："我们的君主权只来自上帝。"到了三月，国王将抗旨不遵的租税法院院长召回凡尔赛，想要亲自宣布抗谏无效，借机将他羞辱一番。但是就在他要对马尔泽布进行当众侮辱之时，却发生了一件非同寻常的事情。当马尔泽布抵达寝殿门前时，一群衣着华美的纨绔子弟排成一列，居然执意要向这位身着黑袍的租税法院院长屈尊行礼，闪出中间一条路来，让这位打扮邋遢、身形矮胖的大人一路通行无碍，入宫见驾。一位马尔泽布的同僚后来回忆起这些人出人意料的恭敬态度，连称"讶异"，并说这样的"恭敬、周全……因为身着臃肿的礼袍，他们的举动更加引人注目……即便国王要求他们进寝宫，有时他们进去时也很费劲"。

马尔泽布希望有新政气象，希望路易十六能够脱离宫闱之羁绊。故而他非常不情愿地加入杜尔哥的内阁，因为他知道，自己和那一班他称之为媚主小儿的内廷佞臣，根本无法共事。为了避免他人误解，他在上任之前上了最后一道"抗谏"书，对法国政府从字面到实质，巨细无遗地批判了一通。这份雄辩的长篇大论,对包税商及其僚属极力攻讦,大谈特谈地产税的不平等,并强调公众监督和问责制度,从而放弃行政机关所死守不放的那种"事关机密,不可外泄"的旧观念。但是马尔泽布也拿这种思想施于自身,一再强调,这意味着打破地方督办官的官僚权力,代之以地方和省级的选举会议组成的政治机关。只有当国王可以依赖一个忠诚的国民代表体制的时候,政府才会被它视为可统御的万民看作是一个值得托付的机构,而不是一种强加的专制。

不用说,路易十六肯定没能明白马尔泽布的用意。他并未把这份谏议书看作是对改变政府根本职能的一种呼吁,却认为这是以条陈明细、冗长繁琐的方式阐述其施政主张,对此,路易倒也并不十分厌烦。而在同一年,杜尔哥也奏递了一份《市政备忘录》,要求削除政府的中央集权。其主张更加激切,认为下自地方村级议会,上达国民代表大会,统统要革除这种专权机制。但是这份报告却并未给国王留下太深刻的印象。马尔泽布规谏国王,要他在民众面前树立起一个全新的诚敬仁德、富于公心的榜样,但是路易对这一番话却大体上置若罔闻,也可能是因为莫尔帕先前在国王面前进言,鼓动他恪守古制的结果。所以尽管路易答应让马尔泽布本人探访比塞特和巴士底狱(这所最糟糕的监狱,条件之恶劣让他大感惊骇),但是却拒绝了这位大臣提出要随他一同前往的请求。当然,他也不会像马尔泽布所极力劝谏的那样,废除密札制度(国王可以凭此下令逮捕、拘押犯人,无需听审)。对于这位大臣所极为重视的公开默许新教派别的提议,他也只不过是给了个空头允诺,实际上也可以说是口惠而实不至。

当时对于路易十六登基加冕所抱有的巨大希望也很快消散

殆尽。而呈递劝谏书的马尔泽布，还有进奏备忘录的杜尔哥，都是全法国最为强势的人物，所以这两份报告自然也就成为了法兰西君主制道路的未来蓝图：提升地方作用，削弱中央集权，倚重选举团体，淡化官僚机构，政务公开透明，反对信息封闭，强调依法办事，杜绝人为专断。

在这之后不久，马尔泽布就因为拒绝将王后身边一位恶名昭著的宠臣派为大使，把王后给得罪了。但是他的朋友杜尔哥一朝下台，他便能够问心无愧地离开了，算是并未沾染上官场不正之风。他又回到了他的庄园，埋头关注播种芸植，晚上笔耕不辍，犹自披着灰色法兰绒长袍，头戴白色睡帽，搞他的长篇创作直至夤夜。他并没有对君主制完全失去信心。到 1775 年时，他又得胜还朝，受法兰西学术院延聘，他还发表了就职演说，表示对法国的前途充满乐观。而他或许自己也没有想到，自己和国王的命运，竟然如此紧密地联系在了一起。他将再一次担任辩护者的角色，而他为之辩护的，正是那位倒霉的国王路易十六。

二、主权重定：高等法院的挑战

随着时间的流逝，人们将会看到，马尔泽布根本不是革命者。如果不是一直被用在高等法院的辩论中，他对"专制主义"和"官僚暴政"的那些尖锐抨击，根本就无法想象。自 1750 年代后，高等法院对于王室政策的抵制，也变得益发激烈，充满愤慨。王室越是急于采取措施摆脱财政困境，向特权阶层和非特权阶层强制征税，高等法院就越是愤恨难平。而他们的这种火爆脾性，也绝不只是这些人一时的群情激昂，实际上是反映

[87]

了他们想要齐心协力,改变路易十四时代那种王权至高无上、无所约束的绝对主义政治格局,代之以更具"立宪色彩"的君主制度。在这种新制度下,他们就是合法权力的裁决者,"国家"的真正代表,对于政府权力的任何一次越界都有权监督。

在从绝对专制的君主制向"混合"的君主制嬗变过程中,高等法院也得益于政府自我认知的转变。为了和18世纪萌蘖的行政制度(主要是德意志,但还包括其他地区)新理念相契合,国王的官员们也开始习惯于向非人格化的国家实体,而不是国王个人表示忠心。那些督办官,通常都被看作是中央政府的特委吏员,也并不把自己视为王室权力的延伸,而更多地是国家机构的行政分支。杜尔哥的朋友韦里神父(Abbé Veri)注意到了这种变化。"我这辈人年轻时常挂在嘴边的话,"他说道,"(比如)效忠陛下,如今法国人很少再提了……哪会有人胆敢把'效忠国王'说成'效忠国家',因为这个词,从路易十四时期起就是个亵语。"

这种细微而重要的不同,倒并不能说是路易十五优弱不决。由于在其执政晚年,他同高等法院在宗教和赋税政策上矛盾日益尖锐,他也变得更为蛮横专断起来。而王太子在1765年夭折,也使得政局又一次变得扑朔迷离,极难逆料,虽然这时候,太孙殿下业已长大成人。在这样的复杂形势下,再次明确提出王权所依赖的不可更移的原则,似乎显得特别重要。鲁昂高等法院提出,国王已经在加冕仪式上宣誓效忠国家了,而路易却出言反驳,他打断了劝谏书的宣读,带着愤怒断然宣称,他作出了宣誓,是向上帝作出的宣誓。早在1766年,吉尔贝·德·瓦森(Gilbert de Voisins)就给他上了一道奏章,这为国王在3月3日对巴黎高等法院采取羞辱行动提供了借口。他

以一种决不妥协的态度将这种传统的专制观念发挥到了一个新高度。"主权归于我一人，"他坚持说，

> 法院（高等法院）的存在和权威是我赋予的，因此……只能以我的名义行使权威……并且不得将其反施在我身上。因为立法权只属于我一人，不需授权，也不需将其分割。所有的公共秩序也都是我带来的，因为我是它的最高守护者。我和我的子民同为一体。有人认为，国民的权利和利益与君主是分开的，但事实并非如此，我们休戚与共，这些只能由我来掌握。

[88]

路易十五的这番表述，是故意搬出高等法院的那一套理论为己所用，言语间透露出一股怒厉之气，凛凛生威。不过他出言驳诘，力图维护立法权的不可分割，其实就等于承认，这种长年不变的规则已经受到了挑战。因为至少从15年前，就是高等法院在一直积极尝试着创立一种行政立宪理论，王权被分割弱化，受到极大限制，专制制度几乎被完全取代。

究竟哪些机构该为这样的转变负责呢？法国的高等法院（Parlement）并非英国的国会（Parliament）在法国的对应机构。它们是由13个分别位于巴黎和其他省府中心的独立的法庭组成的，每个法庭都由一批贵族法官构成，人数不尽相同，少则50人，多则130人。其管辖的区域也千差万别，有的地处偏远，相当于地区法院，比如西南的贝亚恩，还有东部边境的梅斯也是如此。与此相反，巴黎高等法院的辖区十分广泛，从勃艮第北部，经法兰西岛和奥尔良，一路向北延伸至海峡沿岸的皮卡第，覆盖了法国中部和北部的大片地区。巴黎高等法院的

管辖权限也相当大，既可听审各类上诉案件，也能涉及各种各样的一审案件，所谓的"王室案件"——从"冒犯君主"（lèse-majesté）、煽动叛乱、道路抢劫到非法使用王室印章，从降低铸币的成色到伪造和篡改文件（在某些地方，官方文书最为要紧），凡此等罪，一律处斩。除此之外，他们还能对大多数涉及特权阶层的刑事、民事案件行使管辖权；对剧场演出和文学出版加以审查，并充当端正人伦，澄肃风纪的卫道士。不过，之所以其权限如此之大，难以节制，就在于这批人同时也是国王任命的官员，即地方督办官和行政官员，这些人手握行政大权，负责为城市提供物资，可以在荒年饥岁规定限价，规范市场、集市的经营秩序。

[89] 就是说，高等法院既是政府机构，同时也体现了一种社会风范。在法国那些活跃繁荣的商业中心，比如像波尔多，这就意味着可以通过一些手段，以原始财富来换取法律地位，捞取政治资本。而在一些相对沉闷的外省城市，比如第戎、格勒诺布尔和贝桑松，大批的书吏、录事、下级讼师、辩护律师，甚至书店掌柜，都投身于当地经济和社会事务的各个层面，这还没包括服侍他们，满足他们贵族享受的那批人：马车匠、成衣匠、假发匠、开饭馆的、做细木工的、教人跳舞的、穿下人衣服的家丁，等等。而那些衣冠大姓，即穿"长袍"的司法贵族，同他们的公民同胞之间，这种在社会层面上的团结一致的场面，每年的十一月都要上演一遍，届时会精心编排一些很壮观的场面，欢迎他们结束乡下的假期，返回城市。为了这场"红色弥撒"，这些人也脱下了黑道袍，披上了猩红衫；跟民兵们一起，在箫鼓追随之中，游行于城中的大街小巷；还有教士会迎上来，给他们作新年祝祷；之后还要经过一系列沉闷繁琐的虚礼俗套，

互相打躬作揖（通常人们称之为"达官贵人之舞"），来来回回折腾好久，最后才分别落座。

很多高等法院办公地，即审判厅所在的建筑，通常叫作司法宫，不过在巴黎，它还有另外一个名号，叫作法兰西国会大楼，这个叫法，更恰当地体现了其参与国是的姿态。国会大楼紧挨着圣母院和杜伊勒里宫，巨大的庭院中坐落着被时人称作俨然自立一统的城中小城。院子就是个大集市，回荡着行商小贩的叫卖声、说话声，还有做各种生意的，像什么卖丝带的，兜售柠檬水的，摆摊卖书报的，熙熙攘攘，喧闹不断。这些货摊中，有许多是专门卖廉价的印刷品和讽刺作品的，内容常常是诽谤政府，而且背后往往有内部司法审查人员的保护。各种街头闲话、流言丑闻交相传递，泥沙俱下，各种谈资，各类信息，如同浊流奔涌的河川，从法院大楼倾泻而出，传播到塞纳河两岸的记者和专靠造谣谋财的人群那里，被拿来当时下的新闻来发表。

而在法院大楼的各厅内，那些法庭庭长和审判员们利用各种象征性的表现手段，千方百计来维护他们在该领域的地位。光是那座宏伟的"镀金大厅"，就是专门要威吓人的，穹顶上处处描摹怪兽，边角都有卷纹花样，室内还陈列了各式兵刃，四壁挂着历代国王圣容像，和宣扬国法至上的历史名画。穿袍贵族都在装饰百合徽章的长凳落座，按规矩，仅有公爵头衔和其他那些配剑贵族（即军事贵族）和"血缘贵族"（王室家族及其世子）是不能进入法庭的。自1681年起，当时的院长波蒂埃·德·诺维翁（Potier de Novion）敢冒天下之大不韪，气定神闲地在王公贵族和宗室贵胄在场的情况下，依然戴着冠帽。自那时起，他们便开始享有这项特权。或许在我们看来，这根本无足轻重，但是在 18 世纪，这就等于是公然表示，他们在贵族队伍当中应当享有的地位是要比配剑贵族更高一层的，而不是相反。甚至连他们冠帽的装饰，也就是那顶黑色的方顶帽，饰以金色的流苏，也明白无误地显示了他们同国王之间亲密的关系。据熟知高等法院历史的古物专家研究，这是国王美男子腓力（Philip the Fair）特别颁赐给朝臣的御服标记。

这就难怪，那些穿袍贵族对于他们的这种集体荣誉会有如此强烈的认同，谁若试图侵犯他们在当地的权威地位，他们是相当敏感的。不可避免地，高等法院就成了通过谏议书来表达政见的讲台，王室的法令要想得到高等法院副署正式生效，就得通过这里的辩论。正是因为有了这样的要求，他们的理论家便认为，他们所主张的同意原则，已经使得君主制从一种绝对专制转变成为有限专制。这种观点是有其历史前提的。因为实际上虽然高等法院的历史最多不过追溯至 13 世纪而已，但他们提出的方案，却要古老许多。1740 年，拉布勒神父（Abbé Laboureur）在他那本《贵族史》（History of the Peerage）中就曾断言，"自古以来，法院是整个法兰西国家的象征"，一大群钻研历史的专家从古籍典章中细细搜考，想要证明，高等法院的历史其实可以上推至中世纪早期的法兰克人的民众大会。也就是说，它们的先祖，不仅曾和法兰克王国同时代，甚至可能历史更为悠久。有了 17 到 18 世纪那些立宪理论家所附会杜撰的大量宝贵史料，这些法国考古学究们将自由的发轫，定格在了早年法兰克土著居民召集部落会议的条顿森林内，那只能说是最简单的聚会，还骑着大马，挎着长枪呢。正是这些部落集会授予了酋长们权力，于是酋长们便成了"头等人之王"，也就是墨洛温家族。

这一切意味着，在他们看来，高等法院从来都不是王权的附庸（路易十五就是这样说的）。在整个中世纪，作为奠立王权的一项前提，国王承认其权力必须受到法律义务的约束。而对这种义务起到监督作用的机构就是各级高等法院，只有它们才有权裁定专制势力是否悄悄抬头超出合法王权的范畴，如果有，又是从什么时候开始的。这并不仅仅是在埋头考据的学者小圈子里流行的奇谈怪论。在孟德斯鸠的早期历史著作，1748年首次出版的《论法的精神》一书中就有相关内容，这也使其享有崇高的政治声望。孟德斯鸠本人就是波尔多高等法院的院长，也就在高等法院声称要保护"法国人的自由"，反抗国王税收政策的时候，他的这部著作一夜之间成为最受欢迎的畅销书，六个月内一连出了十二版。1750年4月，舍瓦利耶·德·索拉尔（Chevalier de Solar）向孟德斯鸠表示祝贺，说该书已经出到了二十二版了。拜永（Baillon）的某位才子这样写道："自上帝创造太阳以来，该书带给世界的光辉无与伦比。"

[91]

1762年，该书所获的荣誉达到了顶点。这一年，亚历山大·德莱尔（Alexander Deleyre）出版了一本专供辩论所用的精选手册，名曰《孟德斯鸠的天才》（*Génie de Montesquieu*）。而早在这之前，该书中的一些历史观点，已不仅仅是纯粹的理论了，而是成为了政治论战的有力武器。当王室寻求强行通过法令，置法院规谏于不顾时，那些地方法官们便在法院内掀起罢职运动，以示抗议。结果王室发出威胁，称如果他们不遵王命，便将他们流放发配。遭此当头一棒，艾克斯和第戎的高等法院院长援引孟德斯鸠的观点，声称地方行政官是一国君主同治下黎民之间起到沟通作用的载体，除非推翻宪法，否则不应废黜。1760年的时候，图卢兹高等法院的抗谏，语气尤为强烈：

建在法律废墟上的权力只会带来苦难……君主将不得不像统治他所征服的领土那样统治他的国家。

信奉这种观点的并不局限于穿袍贵族之内。和他们同一战线的佩剑贵族中，最积极的要数孔蒂亲王（Prince de Conti）了，他是国王的亲表弟，是个口才极佳、颇有才干的演说家。他手底下还有个秘书，名叫勒佩吉（Le Paige），可说是所有的亲法院的鼓吹家中最为足智多谋、立场最为强硬的一个了。而从深居普瓦图山沟乡野的退役骑兵军官勒扎迪埃男爵（Baron de Lezardière）的身上，则完全可以看到另一种贵族风范。他（几经犹豫）鼓励自己年仅十七岁的女儿波利娜（Pauline）努力实现自己的抱负，当一名研究中世纪史的专家，并成为一名政治理论家。这位姑娘长期埋头于枯燥的年表和史志中苦苦钻研，最终写成了多卷本的皇皇巨著，内容涉及法兰克君主制的建立，以及它同中世纪早期部落集会的关系。这已经超出了普通编年史的范畴了。纵观全书，通篇讲的都是法兰西政治体制合法性理论的形成过程。但是勒扎迪埃小姐最终完稿之时，大革命已经爆发，此书的权威性已经无足轻重。一家人四散流亡，天各一方，可谓凄凉至极，有的逃到英国，有的加入了保王军，还有的则在1792年9月巴黎狱囚喋血惨案中横遭屠戮。

和将来的事情相比，引起有关君主制性质激烈争议的这些问题似乎有些不可思议，或者说大多都很荒谬。1750年代，政府试图强行施行《唯一圣子》的教皇训谕，对任何无法证明自己信仰正统纯粹的人所得到的洗礼、婚礼和临终礼等一切宗教仪式都不予承认的时候，第一次被说成是"专制"。这么做的目的，就是为了根除天主教中的詹森派异端。詹森派所持的救赎

[92]

观念，要比通常认可的规范严格许多，而高等法院上层就有不少詹森派的信徒，尤其是在巴黎。但是问题是那些教士在实际布道中，却拒绝给那些明显作风很正派的信徒做圣事，这时高等法院就可以打着"人民"或是"国家"的名义，跳出来反对了。他们声称，耶稣会已经决定，为了实现罗马教徒的国际图谋，要夺取"高卢的"国教教会，通过这种举动，把法兰西王国变成外来的专制统治。1762年时，他们的势力达到极盛，成功迫使政府完全转变立场，肃清了法国的耶稣会组织。同样，当税收制度开始可能影响到特权阶级的利益时，高等法院便站出来以国民"自由权"卫士的面目出现——这招并没有骗过伏尔泰，他觉得这些人都是伪君子。

就是在路易十五在位的最后几年，这种激烈的冲突达到了白热化程度。1770年法兰西大法官莫普决定一劳永逸地解决问题，免得高等法院总跟政府对着干。他撤销了那些委任的要职，允许地方机构享有司法权，同时他还设立了一批直接听命于王室的新法庭。桀骜不驯的高等法院等于是被判了流刑。这里说的流刑，和西伯利亚的那种旧制度并不是一回事。在绝大多数情况下，地方法官被辞退之后，都舒舒服服地被送去乡间的休养所，在那里（根据他们的宴饮记录就可知道）他们每日都短不了十二道菜的大餐。尽管如此，那些为首的，有时候因为一道密札，确实会受一些牢狱之苦。甚至在莫普危机之前，高等法院发言人中口才最好的布雷东·拉·夏洛泰（Breton La Chalotais），根本没有经过必要的审讯程序，便被打入大牢，关了整整九年才最终被释放。

对于莫普搞的这套变革，起初人们是一顿猛批，口诛笔伐，称出台这种政策等于是拿"东方专制主义"强加于法国。1771

年，强烈抨击大法官本人和内阁的小册子，出版了不下207种。启蒙哲人德尼·狄德罗写信给自己在俄国的朋友说，这场危机"使宪政处于摇摇欲坠的境地……这次危机不会以一场抗议而告终，相反，它会愈演愈烈，直到吞噬整个王国"。

他说错了。不管他们如何同仇敌忾，可是实际上，这些司法贵族，其行为方式还是存在根本不同的。他们需要放弃很多东西：官职、地位、头衔和跟他们有关的并非微不足道的额外收入。于是乎，随着1772年到1773年这种抗议之声的渐渐消退，他们中的许多人也默然投靠了更为温驯听话的"莫普"法院，至于先前的那些同僚可能就会遭充军发配，他们就管不着了。而1774年国王猝然驾崩，这才使得之前一直运行顺畅的官僚政府改革尝试戛然而止。

意识到将来地位可能进一步被削弱，反而促使高等法院采取更加极端的措施来维护其宪法地位。特别是，通过那位最最厉害的宣传家勒佩吉的努力，他们拧成一股绳，体现出了空前的团结。勒佩吉声称，13个高等法院就是当初以宪法约束王权的统一体被随意分割后的余绪。而他们的抗辩权，也逐渐地转变为一种近似于代表权的东西。1771年，布列塔尼的雷恩高等法院最先明确提出召开三级会议，以此来检验政府部门的专制野心是否过于膨胀。这一要求，马尔泽布已经提出过多次了。

甚至在这样的紧张激烈的政治气氛中，那些反对者在演讲时也有可能出言不慎，说过头的。1775年，就在路易十六恢复高等法院之后，一位年轻的律师马丁·德·马里沃（Martin de Marivaux）想要讨好巴黎法院，给法院的工作人员寄去了好几本自己的小册子，名字叫作《法律之友》。对于不久前还遭受的残酷境遇，他们一定记忆深刻，如果他针对政府专制罪恶发表一通不痛不痒的谴责，多半还会受到鼓励。但是他批评独裁权力的理由，却非常独到，也非常危险：并不是援引历史先例，或者是宪法属于"根本大法"的论点，而是人的自然平等：

> 人生而自由。没有人生来就高人一等；强权不能赋予人这样的权利；立法权属于人民，也只能属于人民……

高等法院很快就认识到，这是卢梭《社会契约论》的乔装版，并作出合乎逻辑的判断，非但没有向这位年轻的狂热分子表示祝贺，反而下令公共刽子手焚烧他的书。

向国王发难还可能惹上其他的麻烦，并不是说会招来政府的报复，而是可能会引发危险的民众暴乱。在莫普危机最为严峻的时刻，出现了公开的招贴，威胁要发动民众闹事。最出名的那张上边写着"巴黎要招租；将大法官处以轮刑；要么召回高等法院，要么焚毁巴黎"。但是还有其他一些则充满了一种不祥的感觉，那是一种因饥饿而带来的愤怒，为生存而诉诸政治的标语：

> 面包只要两苏；恢复高等法院；要么处死大法官，要么起义反抗。

然而，高等法院的能力实在有限，根本不足以担当领导民众起来反抗王权的重任。如果他们算得上是反对派演说家的话，那么他们另一重身份则是判决绞刑（火刑和拷打刑讯逼供）的法官：他们支持社会安定，主张严惩暴乱。更何况他们自以为应该不负自由传播者的身份，人们不应该忘记，就是在高等法

[94]

院内，一纸令下，将犯有亵渎圣物之罪的年轻绅士处以火刑；他们也应该记得，就是在那里，还有多少像这样公众并不曾亲睹的酷刑虐杀的罪行曾经上演。而这正是伏尔泰所强烈反对的。他模仿他们抗辩的口吻，写了一篇讽刺的文字："'基本法'，这是腐败机构的基本法……这部基本法允许他们毁掉全省，允许把孤儿寡母的财产转到律师名下。"

高等法院在1775年恢复之时势必反对杜尔哥对其遏制王室立法的职权略加削减。但是对大多数人来说，他们已经懂得避免和王室进行全面对抗了，而在1771年出现的情况，又迫使他们作出抉择，要么起来造反，要么被彻底消灭。结果则是，为了庆祝他们回归而搞的仪式成了和谐融洽神话的表演，国王和法官们握手言欢，法官和人民亲密无间。有时候，这种庆典会出现难以想象的包容一切的气氛。就拿梅兹的那次来说，犹太人社团（没少受当地贵族的窝囊气）搞了一次特别宴会，宴会上的最大亮点就是从《以赛亚书》中搬来的一句希伯来语："他会还你法官，还你治安官，一切都如往昔一样，你的城市将会成为正义之城，忠信之城。"而在波尔多，归来的穿袍贵族们见到了一些向他们表达感激之情的商人代表团，包括本城的渔妇在内，法院院长带着谦卑和蔼的神色，在人群中走过。

在比利牛斯地区的波城（穿袍贵族在这里因信仰不同而产生的分歧最为严重），各类与众不同的表演颇具特色。除了照例会有的讲演、祝颂、赞美，在本城出生的亨利四世国王的摇篮也会被人群高高举起，在各条大街上巡游。地方督办官也会和高等法院一道，让游行活动尽可能保持克制，但是很快，场面就会失控，变成一场公众自发形成的虔敬膜拜狂潮。队伍举着摇篮在人们的身边经过，人群顿时肃穆无声，毕恭毕敬地跪倒在地，城门处门廊之下，特建华盖一座，人们满怀敬意追忆起亨利四世时代的轶闻旧事，将这位受人爱戴的波旁先王的事迹，极尽描摹之能事，和当今国王扯上关系。

高等法院在 1780 年代中期因为一种双重特性开始饱受指责。一方面，他们站在以宪法手段约束专断王权的立场上，这一角色不可或缺，地位愈益不可动摇。经历了数年的莫普危机，他们变得更为激进，他们的宣传家和史学家们实际上已经让那些关注政治的读者大众相信，他们所投身的事业，从根本上讲是完全正义的。如果说，他们对待路易十六和他的那些内阁大臣，要比对待国王的祖父更加恭敬有礼的话，那是因为这些法官们煞费苦心地想要避免惹恼了国王和他的这些大臣。当问题暴露的时候，他们可以像在参与推翻杜尔哥时充分表现出的那样，装出一副身临险境的模样。但如果他们真的给了专制政府以致命打击，他们自己也不见得能置身事外，安然无恙。这些人中受雇文人的过度热情，还有他们现在所沉迷的犀利刻薄的说话方式，以及有时候公众以一种发自内心的方式来对他们的事业表达一种热爱，都预示着，留给他们的回旋余地正在缩小。他们热衷于将自己贴近于某种代表机构，让一些问题始终处于危险的状态，悬而不决。如果确实有某种国民代表存在的话，那么如何来制定规范呢？正是因为有了这些让人尴尬的问题（特别是三级会议的组成和进程），贵族团结起来对抗王室政策的局面在 1788 年到 1789 年开始被打破了，那些在对抗"专制制度"中并肩作战的同僚，突然发现他们在面临前所未有的痛苦抉择，被迫站到了两边：要么做一个卫道士，要不就当一名革命者。在巴黎高等法院的缁衣演讲者中，像阿利格尔（d'Aligre）院长和若利·德·弗勒里院长这些人都将因此早早地

[95]

流亡国外，而那些出言直率的煽动家，比如阿德里安·迪波尔（Adrien Duport），将会就此开始革命生涯，而像德埃普雷梅尼（d'Eprémesnil）这样的立宪派，将会被送上断头台。

三、贵族义务？

就在上午，庭长埃诺（Hénault）还是法院法官，到了晚上，便成了贵族。就在上午，他还是一袭庄重的黑袍，谴责行政专制的种种罪恶。面对专制主义，无论是他还是他的同事，都不会胆怯退缩，他们会勇敢地承担起捍卫国家"根本律法"的重任。日落之前，他会等着他的 12 辆马车中的一辆来，然后坐上车返回圣奥诺雷街上他的那幢豪奢宅邸。他家的厨房被公认为巴黎第一，故而他可极尽口腹之欲，坐在绿色大理石桌边享

[96]

用塞夫勒瓷餐具中盛放的美食。自从餐室内新配了 28 张靠背椅，10 把安乐椅，他便有条件接待大批来客了，实际上他也确实经常宴请宾客。头顶上是波西米亚式的水晶吊灯，各种艺术收藏品令人瞠目结舌，墙上悬挂着意大利的历史画，还有华托（Watteau）和特博赫（ter Borch）的作品。

以革命者的感受而言，政治主张和社会生活之间不能保持一致就会成为一种道德上的罪过。那些大人物和贵族直到大革命前夕，通常来说都能安安稳稳地当他们的政治反对派的天然领袖，这对于当代读者而言，多少显得有些不协调。更具体地说，遭到司法贵族群起攻之，屡遭挫败，无法贯彻自身意志的王室，居然没有更果决地揭这些人在社交生活方面的致命疮疤，实在有些奇怪。

实际上，这恰恰是那些最富远见的大臣提出的建议。早在

1739 年，路易十五的公仆中，最有见地，也最有权势的那位阿尔让松侯爵雷尼-路易·德·沃耶（René-Louis de Voyer）就写过一篇论述，勾勒了一幅他自己称之为"国王的民主"（royal democracy）的政治构想图。阿尔让松在宫廷小圈子内有"野兽"的诨号（就像马尔泽布一样，他也厌恶宫内的环境），和大多数的内阁大臣截然不同。他狂热地迷恋英国小说，曾为菲尔丁（Fielding）的那本《汤姆·琼斯》写过热情赞赏的评论；但是他跟伏尔泰也是朋友，是 17 世纪作家、英国弑君分子阿尔格农·西德尼（Algernon Sydney）的忠实读者，甚至鼓吹利用热气球建立法国的空中力量。他在《关于法国政府的构想》中提出的改革计划非常大胆，故而直至 1764 年才在阿姆斯特丹得以出版，距离完稿之日，已经过去了整整三十年。有很多人推测，其真正的作者应该是让-雅克·卢梭。

但就是这位出身法国历史最为悠久的法官世家，路易十四掌玺大臣之子的阿尔让松，却抛出了这样的观点，认为法兰西政府和社会的一切罪恶，其根源就在于世袭贵族体制。因为他们缺乏责任心，使得地方各省腐败流行，积弊丛生；这些人视公府如私门，予取予求，让那些为政严明、一心为公的地方督办官无法施展其政治抱负。要想冲破其阻挠，他认为，唯一的出路就是为维系君主制而实行民主制度，因为"民主是君主制之友，正如贵族是君主制之敌"。如果高等法院真的要代表"人民"的话，他认为，就应该完全亮出政治底牌，建立经过选举的省级议会。甚至可以两年一次，通过非直接方式选举出国民代表，直接对选民负责。在此基础上，国王搬出凡尔赛宫，摆脱内廷的腐败之气，亲临杜伊勒里宫秉政，这样就能执掌一个真正的公民共和国，而不是统治着一帮俯首帖耳的顺民。"多么妙的想法，"阿尔让松说道，"……一个由国王庇护的共和国。"

在这样的国家中，不同的勋位等级依旧保留，但是世袭制度将被取消。只有为国家做出贡献，具有一定才能的人，才有资格取得贵族身份的资格，而且这种身份，也只是一种荣誉头衔。在一个平等的社会大家庭中，每个人享有同等权利，也负有同等的义务。在政府中担任职务的，都是一些正直诚实的国家公仆，他们不是靠出钱捞到官职，而是由政府任命，公民将会心甘情愿地交纳赋税作为必要的保障，因为他们实际上是把他们的一部分财产投入到了一个公共基金之中，可以说每一个人都平等地拥有这笔资产。甚至服兵役都似乎更多了一份荣耀，而不再被看作是一种负担，因为从这样一种身份的转变中，体现的是一种对于祖国这个概念的全新理解。

阿尔让松心目中那个焕然一新的法兰西竟神奇地预见到了1789年和1791年的大革命的政策措施，尤其是其强调公民和国王的和谐包容关系，主张取消两者之间的任何行政管辖机构。这并不是说，阿尔让松的这个乌托邦式的设想，只是把无数原子化的个体简单地聚拢在一起，就像瓶内装的一颗颗豆子一般，互相弹跳碰撞。根据他的理解，"国王的民主"不只是各部分简单叠加，这该是一个风俗醇厚的国家，每个人的利益都能和谐地融入一个新的公共社会的集体利益之中。

在十八世纪末将这样的奇妙想法转变为现实也不是一个遥不可及的幻想。玛丽-安托瓦内特的兄长、哈布斯堡的皇帝约瑟夫二世，就想象自己是这样的一个开明的专制君主，是一国之父。尽管他以君民之间应该不受任何阻碍直接沟通为名，不允许建立任何形式的地方或是全国的代表机构，但他还是针对本身的世袭贵族制，言辞激烈、毫不留情地进行了抨击。御笔如飞，似乎不知停歇，一道又一道的敕令颁布施行，规定平头百姓可以和贵族子弟上同一个学校，葬在同一片墓地，并且承担同样的纳税义务。遵守严格的兵役制度，是贵族确保自身身份的唯一途径，谁若逃避，就会被送去从事一些对公众有益的工作，比如清扫维也纳的各条大街。

这些大胆的举措并未收到更令人满意的效果，比缄默不语好不了多少，因为和路易十六一样，在1790年的一场席卷全国的暴乱中，约瑟夫二世的统治也走到了尽头。之所以落得个彻底失败的下场，一个主要原因是，长年以来，朝廷没有足够的官吏可以派往各地，无法有效实施其既定政策，也难以压服或是对付地方贵族。波旁当局情况不同，没有面临统治从斯凯尔特河到多瑙河这样一大片断续延绵的国土的难题，尽管如此，他们也还是要依靠地方精英来对各省进行有效管理，这方面的问题也同样棘手。承继自科尔贝和路易十四时代的中央政府的标准模式（在托克维尔的著名论述中多次重点谈到），是委任官员的制度，即督办官制，地方督办官一直是对御前会议的诏命、谕令无不兢兢照办，倘若地方法官和团体阻挠，必要的话便采取强制手段镇压。路易十五在位期间，一方面面临督办官和地方督军之间的直接对抗，另一方面还得对付那些桀骜不驯的高等法院，弄得苦不堪言。但是至少，地方上通同协作的例子也不在少数。地方督办官不管其真实倾向如何，并没有多少选择的余地。他的衙署吏员，从军队调动到防控灾疫，件件都要负责，所辖范围从省境干道、桥梁运河，到赈济院所、缉拿盗匪，可谓无所不包，而人数却少得可怜。以1787年为例，布列塔尼督办官贝特朗·德·莫勒维尔（Bertrand de Moleville），其核心公署只有区区10名书吏可用。确确实实，他有63名本乡的助

[98]

理官——同参——来辅助他的工作，但是这些人不但薪俸微薄，有些甚至一个铜钱都拿不到，而且也不是样样都倚靠得上。多菲内的卡泽·德拉博韦（Caze de la Bove）声称，在他的 65 名同参中，在他看来只有 20 个能胜任本职。

在这样的环境之下，那些督办官别无他法，只能尽可能地依靠和当地贵族合作的方式，还要看到底是城里的市政官员和议员，还是乡村的地方法官。很多时候，这是自然而然的事情，因为朝廷官员和高等法院的那些法官，到底不是不相往来的陌路人，这一点从他们各自的思想观念上就可以看得出来。他们都是担当国家公务的贵族，教育背景相似，甚至互通姻家，沾亲带故。拿著名的拉摩仰（Lamoignon）家族和若利·德·弗勒里家族来说，在朝廷部门和高等法院上层官员中，很多都是出自这两家。大法官一职，往往是由高等法院的死对头莫普家族的人担任，内廷官员中，长期以来也一直都可以见到莫普家族的成员。塞吉耶家族和其他许多类似的家族也同样如此。除此之外，路易十六时代的政府也认为，尽最大努力协调政府部门和地方精英的利益很有必要，政府改变了过去从不派任何人到拥有个人亲信和家族背景的地方担任督办官的做法。

[99] 波旁王室不愿意采纳阿尔让松的建议，以推翻世袭贵族的方式巩固政权，还有其他的原因。因为不管是路易十五还是他的孙子，都以波旁为"法兰西士绅第一家"为荣。在这样的一个头衔之下，存在着一整套关于王室合法地位的说法，完全排除了建立革命的君主国家的可能。尤其是，革命君主制这几个字，意味着王室存在的目的，就是要为这样一个关系庞杂密切的家族网络保驾护航，每个家族都被授予一定特权，俨然成为"小朝廷"，相互依托，构成了这样的一个家天下。针对杜尔哥

在1776年3月份颁布的法令，巴黎高等法院的助理法官塞吉耶（*Séguier*），说这种做法好比是用一根大铁链子将不同身份的人都绑在了一起：三大等级，或者说三大阶层的人；行会和社团；大学和研究会；商业和金融机构；法院和审判庭。而王室在最中间，拉着这条链子，使之不会断裂脱落，在这一点上，如果不能做到齐心合力，那么相互之间的一切微妙关系，以及所有的社会稳定因素，都将完全崩塌。

当然，在有些时候，路易十六也会一时兴起想要尝试是否可能改变将其君权视为特权之主宰的这一令人周身不快的概念。他对杜尔哥的改革，以及后来对内克尔废除卖官鬻爵的支持，实际上就是出于这一目的。但是在这些问题上，伴随着革新尝试而来的，往往是可耻的退缩，要不就是将革除之旧制恢复照旧。实际上涉及特权问题，王室的态度总是非常含糊。一方面，即使只是出于财政考虑，将君父的权威扩展到顽固不服从的社会领域符合国王的利益。我们知道，内克尔的政治理想，是要以直接负责的政府部门，来替代金融机构中那些腐化堕落的中间机构。但是从另一方面来说，国王对于这些特权阶层，在容忍默许的同时，也在扩充其势力存在，甚至在那些相同的金融领域内也是如此。一定程度上，是由于从内心来说，国王并不愿意割舍鬻爵制度，毕竟每年能给国库带来400万利弗尔实实在在的现钱。而且还因为每新设一官，便可能会鼓励更多人前来捐纳官位，有望涌现出一批忠君之士，非但不会削弱王室力量，反而会增强其统治基础。

从表面看，这么做显得太过短视。如果国王确实想要发挥出其作为君主的权威，那么以现代人的眼光看，他肯定致力于抑制而不是扩充这个特权团体和相关组织的规模。但是当代人的观点很大程度上受到了大革命政治语言蒙蔽,从而对于18世纪后期法国的特权制度的本质产生了错误理解。特权制度能够很好地发挥其一贯作用,恰恰是因为它并不是像后来大革命宣传中描写的那样,是一具政治僵尸,是一种陈腐封闭的制度,就像其名称所揭示的那样,对于优秀的新进人才一律排斥,对于任何社会和经济发展都采取扼杀的态度。

[100]

首先,特权并非贵族独享。通过在市政机构和行会组织任职,或是经由与享有特权的显贵人家攀亲,从平民一跃成为特权阶层的有数万人之多。更何况,正如我们已经看到的那样,特权阶级,尤其是那些贵族,并不总能凭借他们的特权而免于纳税。但是最重要的原因还在于,在18世纪下半叶,要想成为特权阶级已经越来越方便,贵族排斥新进的理由变得十分脆弱,不值一驳。这就是为什么总是无法找到所谓的公认的革命阶层,我们暂且叫他们资产阶级好了,他们在社会地位上升的时候遭遇挫折,于是下决心要推翻特权阶层。1789年的时候倒是真的会有这么一群人,但是他们的最主要、最有实权的成员也都是来自贵族和教士阶层内部,而不是外部。而且他们并不是反动的贵族,恰好相反,他们是现代的新贵族。

路易十六时代,晋身贵族的途径最为宽松开放。在一部关于法国贵族的社会和文化史的杰作中,居伊·肖锡南-诺加雷(Guy Chaussinand-Nogaret)认为,这种社会身份的同化根本不费吹灰之力,故而"贵族只不过是成功的资本家而已"。就拿贵族价值观的堡垒高等法院来讲,梅斯和佩皮尼昂的高等法院的全体法官中,新封的贵族占三分之二。在波尔多、波城和杜埃,这一比例达到总数的一半,在鲁昂和第戎则为三分之一。巴黎是个很大的例外,但是这也主要因为,当地按资历晋升的制度更加严格，法官都是从司法贵族内部进行提拔。只要是身在圈内，一路高升是没有什么问题的。整个法兰西，有四分之一的贵族，大约六千多家，是在18世纪受封的，再加上17世纪受封的贵族，总共占到了三分之二。正如肖锡南-诺加雷所强调的，这是一个新生社会阶层。实际上，如果劳伦斯·斯通（Lawrence Stone）说的没错，英国的贵族阶层是相对封闭、不够开放的社会精英的话，那么法国和英国的传统习惯可说是截然相反。在英国，是土地贵族阻碍了新来者的晋升之路，在政治和社会的顶端筑成了一座牢不可破的上流堡垒，而在法国，社会精英的组成是变动的，出身各不相同，不断地有新生力量补充进来，不断兼容新的经济领域。

在法国，要想被授予爵位有许多不同的途径。凡是对国家做出特殊贡献的，可以"特许证书"的方式直接获得王室封爵。军中将士、技术人员、地方督办官，以及人数越来越多的艺术家、建筑师和文学家都是以这种方式获得爵位的。如果有足够本钱，买一个像宫廷秘书这样的官来当当也完全可能。以这种方式走巴黎商会的门路跻身贵族行列的，至少在1500人左右。另外，一些外地乡绅，那些市镇长官、参事、市曹（*prévôts des marchands*，专司巡查市集，统管商户）、刑吏，甚至城中的书吏，只要在职满一定期限，通常不超过两年，统统都能得到贵族头衔。此外，操办过迎接圣驾、款待王亲的名流要人，或许能获得正式的御状，有了这个，他们便能升为贵族阶级了。

[101]

肖锡南-诺加雷还强调了18世纪下半叶在封爵的成文标准上的一个重要转变。能否获得提升，几乎无一例外都取决于是否曾经担任公职，有何特别才能，建立过何种功勋等条件，不再是和门第相关。因此，他认为，在过去一个世纪中那些被授爵的中产阶级，必须彻底抛弃自己的背景出身，将自己完全融入一个陌生、尊贵的新文化环境之中去，到了18世纪后期，这一社会融合进程开始向相反方向发展。贵族的位置被那些现代历史学家称之为具有"资产阶级"价值观的人所占据，这些人重视财富，投身公职，富有才学。这种转变代表了在法国历史的延续和发展中出现了一次中断。因为这样一来，就将那些至少在第一次世界大战之前，仍然在法国政府和社会中居于主导地位的人群的产生来源，推溯至18世纪。现在我们知道，这一精英群体，并非是大革命或者拿破仑帝国时代的产物，而是早在波旁王朝的最后数十年中就已出现了的，并不是由于大革命才使他们一路走到了19世纪，实际上和是否革命没有关系。在这种情况下，旧制度一词，较之以往，更像是一种误称。

如果说，法国贵族对于贵族队伍中出现新血统持开放态度的话，那么他们对待新思想和新行业，也同样是颇为通达的。说到旧制度的历史，有一个常被挂在嘴边的说法，称特权制度和商业企业是水火不容。但是只要对18世纪的法国经济（要比传统刻板的印象繁荣得多，有活力得多）稍加留意，便能发现实际上贵族们已经极大地渗透到金融、工商业等经济活动中去了，相比英国的贵族，绝对是毫不逊色。有钱的贵族生财之道五花八门，有的靠田产收取租金，有的靠国债赚取利息，还有的靠在城中的房产捞得好处。这类投资组合早已是尽人皆知了。然而，他们到底在金融、海上贸易，尤其是蓬勃兴旺的大西洋经济，以及最具创新性的工业企业中占有怎样重要的地位，并不怎么为人所知。在法国精英阶层中最优秀的那些人，实际上是在未来的国民经济中扮演极为重要角色的贵族资本家。

[102]

这对科耶神父来说是很平常的事。1757年，他的那本《商业贵族制度之发展及辩护》出版了。写作此书的目的，既是要克服贵族长期以来认为趋利从商低三下四的偏见，同时，也是为了反驳他的那位被他称为怀有伤感的新封建主义的拥护者舍瓦利耶·达尔克（Chevalier d'Arcq）。舍瓦利耶的使命是要让贵族阶层脱离腐朽肮脏、毒害心灵的金钱渊薮，回到淳朴爱国、尚武效忠的美德天堂。这两种理论将来都会影响到大革命那一代人，相比那位商人神父，人们可能对这位锐意改革的骑士更加充满崇敬之情。不过几乎毫无疑问，再没有人想要安穷乐贫了，谁都想过得潇洒，都想把本钱投到最赚钱的行业，赚取更为丰厚的利润。1765年，朝廷发布了一道敕令，取消了对于贵族直接参与经商和生产活动的最后一道障碍。

他们也确实参与其中了。贵族们通过筹集各方资金的方式，建立起了涉及领域十分广泛的大型商业机构，从采买马匹到创办将发酸的葡萄酒变成食醋的公司。还有一个大型公司是从事灯油生产的，巴黎和外省城市的街道照明设施统统由其垄断。贵族们尤其善于利用对外政策的便利为自己谋利，所以这就不奇怪了，为什么会有那么多在船运和军火方面的大家族，布列塔尼尤其居多。不过真正让贵族商人如蚁附膻、趋之若鹜的，还是殖民地贸易，虽然风险很大，但是回报率更为惊人，在西印度群岛经商的，要么赚得盆满钵满，要么赔得血本无归。

许多商业活动的投资者（正如那些承接王室借贷的金融公司一样）实际上是不参与生产经营的合伙人。但是也有相当一部分商业贵族，实际上亲身参与了那些法国工业企业的建设。比如，国王的幼弟阿图瓦伯爵，曾被认为是耽溺田猎赌牌，整日无所事事的浪荡王孙，就像通俗小报的记者所讽刺的那样。但与此同时，他还是一家瓷器厂和一家炼铁厂的厂主。对于炼铁厂，他亲自参与其间，对于高炉和重型设备等细节的合同签署都一一过问。一些著名的煤矿矿主，包括佩里戈（Périgord）的拉斯蒂尼亚克（Rastignacs）、诺曼底的普拉兰公爵（ducs de Praslin）、布洛涅（Boulonnais）的奥蒙公爵（Duc d'Aumont）和鲁西永的莱维公爵一家（ducs de Lévis）等等。勃艮第第戎高等法院的佐审官吉东·德·莫尔沃（Guyton de Morveau）是索伦河畔的查伦（Chalon-sur-Saone）一带最早进行焦炭试验的企业家，提炼出焦炭之后，可以提供给自己的玻璃制品厂当燃料。奥尔良公爵在科特雷（Cotteret）也有玻璃制品厂，并在蒙塔日（Montargis）和奥尔良开办了纺织厂；劳盖子爵（Vicomte de Lauget）则开办了数家造纸厂；拉罗什富科-利昂库尔公爵则投身于亚麻生产，这种例子俯拾即是，不胜枚举。而其中技术含量最高的，即是冶金业，完全由贵族资本家把持。温德尔（Wendel）就是个大型家族企业，他们在勒克鲁佐（Le Creusot）办起了大规模的冶炼工厂。出于某种难以名状的原因，这一家族往往被认为是纯粹的中产阶级，但是实际上该家族在1720年就受封为贵族了，簪缨家世之悠久，至少比起好多高层议员都毫不逊色。通过和两位总司库圣詹姆斯和塞里伊（Sérilly）的联手，该家族发展成为了西欧劳力和资金高度密集、实力极其雄厚的超大型企业。同时，建设企业所需的资产，包括建造蒸汽机，机械采煤以及从英国进口棉纺机械，投入到北部和东部的乡镇企业所需的启动资金和劳动力，也都是贵族资本家提供的。

可见，法国贵族在谋取财富的时候是无所顾忌的。他们汲汲于金权政治之中。近百年来，负债累累的年轻绅士和家财万贯的富家女嗣结婚的现象层出不穷，这并不是像肖锡南-诺加雷所强调的那样，被看作是委身低娶，而是绝好的金玉之缘。至少来说，那些富人和贵族在教育背景和生活习惯方面，在很大程度上追求相似，没有什么分别。外表光鲜还是寒酸，是取决于财富的多寡，而并非门第的贵贱。

当然，不是所有的贵族都能这样幸运的。每一个头戴扑粉假发，身穿丝绸长裤，视察炼焦炉和珍妮机的贵族企业家背后，就会有 10 个靠着在自家田产植苗种菜，日子过得清苦寒酸的小乡绅。约有 16,000 多个贵族家庭，至少占到总数的 60%，生活条件十分艰苦，有些甚至可以说是一贫如洗。在这些人群的最底层，还有那么一批人（大约有 5000 个家庭），实在是穷得叮当响，连一柄剑、一匹马、一条狗这样身为贵族最起码的行头都置办不起。如果运气好的话，他们可以从算是自家名下的小河里抓些鳟鱼，或是从林子里打几只画眉。很多人的生活条件和居住在他们周围的农民并无区别，有时还不见得有富农过得好。就拿一个居住在昂古莱姆乡间名叫安托万·德·罗曼维尔（Antoine de Romainville）的贵族来说，他也和他的邻人们一样，牵着 6 头牛，在又干又硬的田间亲自犁地。死的时候，留给儿孙的，不过是几把草编椅，还有一屁股的债。有些欠账多得还不上，只好被一直关在牢里，甚至沦为乞丐，去教堂中讨些粥饭来吃。

一些潦倒的乡绅，经济条件也不过稍稍好些，守着农田过活，还能收些租子。这些人大约占总人数的 40% 左右，过上城里人的生活，是根本没有问题的。他们必须得把孩子寄送到教会，或是让他们去当兵，这样的话，他们这一点家当才不会被分割出去。阿瑟·扬曾在波尔多（Bordelais）看见过这些没有继承权的乡村小贵族（hobereaux），这些穷乡绅翻遍衣橱，都找不出几件像样的衣服可穿，要是裤子拿去补了，就没法出门，只

[104]

好躺在床上睡觉。

科耶神父曾给这些贫苦的贵族出过点子，劝他们实实在在地脱离土地，像那些身处喧嚣忙碌的社会，能创造财富的人们那样，投身到市场中去，但这些话，都被当成了耳旁风。就算他们确实读过（本身不太可能），他们也更愿意响应舍瓦利耶·达尔克的号召，重新参军打仗，为国效力。出于同样的原因，那些死抱着特权不放的，也正是贵族队伍中最穷的那批人。在很多时候，这些人除了贵族特权之外一无所有。而对另外一些人而言，这些封建权利能够证明自己虽则穷困，但并不卑贱。出于对这些人悲惨境遇的一丝同情，1781年的时候通过了一部臭名昭著的《塞居尔法》，规定将军队中的委任限制在至少可以追溯四代的贵族家庭。这部《塞居尔法》经常被错认为是"贵族反动"的证据，实际上它的出现，至少证明了，越来越多的人急切地想要保留至少一小片公共净土，不受金钱的腐蚀，不被社会区分的普遍柔化所影响。

从另一方面来说，那些名流要人，也不在乎完全放弃他们的诸多特权。即使他们要想维护这些权利，主要也不是计较钱财，而更多地是出于维护一种集体制度规范的信念。在1788年和1789年，他们实际上在究竟是保留还是废弃法律所保障的传统身份上，已经产生了分裂，这种分裂是在不同的年龄层次，不同的信仰基础上产生的，倒并不是因为社会地位和经济条件的差别。在比较穷困的贵族中间，在反对废除特权方面，意见似乎更为一致。具有讽刺意味的是，正是选举进程的影响，才让上层权贵和低级贵族之间，破天荒第一次消除天壤之隔走到了一起，这样一来，这些数量众多的破落贵族也就能对这些有钱而世故的贵族少数派指手画脚，告诉他们贵族的集体权益究竟应为何物。在第一等级教士中间，也出现了这样的两极分化，正如我们将要看到的那样，其结果恰恰相反，那些穷苦的神父勉强那些有钱的顽固派主教们接受民主思想。但在这两类事例中，旧阶级的崩溃瓦解，并不是那些利益集团以外的群体因为受到排斥，无法享受特权而恼羞成怒，决心要以武力推翻这种制度。而恰恰是那些内部人士，对阿尔让松的贵族变身公民的设想满怀憧憬，于是自毁庙堂，并在其废墟之上，宣布了民主君主制的到来。

到1788年，贵族立宪制度的支持者孟德斯鸠遭到了贵族激进派的猛烈抨击。年轻的议会律师穆尼埃（Mounier）指责他，说他只要觉得有什么应该建立起来就一概加以维护。另一名评论者格鲁维勒（Grouvelle）甚至更直截了当地大肆责骂：

[105]

啊，孟德斯鸠，你曾是一名法官、一位绅士、一个有钱人。你在政府中身居有利地位，你觉得为政府说好话……再自然不过。

在所有的自我辩解、开脱的贵族声明中，安特雷格伯爵（Comte d'Antraigues）的最为著名，也说得更为干脆。他从征引上古漫无可考之先例，到罗列极其激进的自然权利之概念，宣称制度的合法性，只取决于第三等级，因为

它就是人民，人民是国家的根本；人民实则就是国家本身；其他阶层不过是政治上的分类，依据不可改变的自然法，人民就是一切……国家的一切权力都在人民之中，每个国家都是为人民而存在，且只为人民而存在。

尽管如此,那些一直被挂在嘴边的人民,却并不会遵照贵族激进派所宣扬的那些行为方式去做。如果说安特雷格伯爵一开始还算是个革命家,那么到最后,却变成了反革命分子。

第四章
公民的文化建构

一、招徕观众

1783年9月19日，下午大约一点左右，随着一阵鼓响，一只巨大的塔夫绸热气球摇摇摆摆地掠过凡尔赛宫的顶部，缓缓升上天空。气球高达60英尺，外面涂成天蓝色，描画着金色百合花。下部敛口处有个栅篮，里面关着一只取名为登天（Montauciel）的绵羊，还有一只鸭子和一只公鸡。忽然一阵狂风吹来，气球顶部裂开了一个口子，人们不禁为这些悬在半空的禽畜感到担心。不过还好，经过8分钟的飞行，这些动物都安然无恙。最后，气球降落在离凡尔赛宫数英里之外沃克雷松（Vaucresson）的林子里，人们发现，那只绵羊正在悠闲自得地小口啃着草叶呢，倒是公鸡和鸭子吓得瑟瑟发抖，蜷缩在角落里。这种说法，听起来实在有些像拉封丹的寓言故事，多少让人心里有点犯嘀咕，还有的报道则一口咬定，说落到地面的时候，公鸡摔折了脖子；还有的报纸上讲，那只鸡其实是被羊踢了一脚，右边翅膀略有些擦伤而已。渐渐地，人们的观点开始趋于统一，说得也比较客气了，"由此看来，应无大碍"。但另外一家报纸却这样评论道："然而，至少可说，它们受到很大

[106]

惊吓。"

不仅仅这些被送上天空的动物大吃一惊。多数报纸都说，亲睹盛况的现场观众达到十万人，而某篇报道甚至说达到十三万人之多。确切数字究竟是多少，已经没有详加考究的必要了，但是可以肯定，当天必定聚集了相当数量的人前来观看。为了方便人们观赏，在王宫前的广场上，还专门搭建了一个八角平台。人群中大部分是从巴黎赶过来的，艾蒂安·梦高飞（Etienne Montgolfier）在当地已经是无人不知了。就在当年8月，他还放飞了一个以可燃气体为动力的气球（不是最早用的热空气），比目前这个稍小些。有六千多个买了战神广场的特别座位的观众，冒着倾盆大雨前来观看气球表演，而就地站着观看的人数还要多得多。人们对于这次得到王室大力支持和衷心祝福的气球表演充满了期待。

[107] 　　到早上10点钟，所有通往凡尔赛的街巷、道路都已被车马填塞得水泄不通。步行者的队伍浩浩荡荡，本来坐轿子的，也只能靠两只脚，朝着内阁院（cour des ministres）艰难地前进。就像是朝圣者听到了一个口耳相传的奇迹，下决心非要亲眼看一次被大家称为前所未有的这场奇观。"你可以说有了奥维德，"有一篇报道这样赞叹，这番话等于是在宣告一个黄金时代的来临，"人们曾经以为的许多绝无可能的事如今都将实现。""最终，我们揭开了数世纪以来只能对之扼腕叹息的奥秘：人类今天也能飞行，因此动物王国的所有能力对人类本身而言都已具备；我们是地面、水中和天空的主宰者。"另一位飞行爱好者里瓦罗尔这么写道。但是也有一些冷嘲热讽的评论，对当下的气球热横加挑剔。《密信》（Correspondance Secrète）的作者（可能是路易·珀蒂·德·巴绍蒙），就阴森森地揶揄道："M. 德·梦高

飞的发明震惊了整个法国，它让老人恢复了活力，令村夫重新获得了想象力，也使女人又变得忠贞。"

从其他方面来说，气球飞行也可以说是前所未有的大事，它们的出现，使得法国的公共景观焕然一新。气球表演催生了新的观众群体，他们不大可能继续恪守着旧制度的那套繁文缛节。

凡尔赛的气球升空表演，本身就是对宫廷礼节的极大破坏。凡尔赛宫在当初建造的时候，就是考虑到礼仪排场要符合规矩，这样才能保持和维护绝对主义王权凛然不可侵犯的神秘地位。无论是从真命天子的象征意义出发，还是从建筑布局的实际考虑衡量，国王都是与外界相隔，处在宫殿的正中央。关于入宫面君，有一整套繁缛琐细的礼节规矩，准许进宫侍驾的贵族，依其品秩高低，与国王或近或远，或觐见或不见，都各有不同。宫殿之外，对着城区的那一面，就体现出这种刻意营造、精心安排的时空布局，任何外人，入宫往前走，面前是一个个渐次逼仄而又封闭的空间。从空间狭小的御马监和御膳房所在的大杂事房（Grand Commun），一直走到"大理石庭院"中央国王起居的寝殿，前来觐见的使臣都必须通过一道道上端带刺的铁篱或是格栅，每进一道门，才能接着来到下一段甬道。

就在路易十六刚刚登基的第一年，闹哄哄的人群便气势汹汹地朝着王宫逼来，要求保持面粉和面包的价格稳定，这种严丝合缝、层层相扣的礼仪制度，就这样被随便地抛到了一边。在 1789 年 10 月，王宫又一次被来自巴黎的受饥挨饿、满腔怒火的革命群众团团包围。但是六年前的这一次梦高飞的气球表演，看似并没有什么恶意，却是以一种极为唐突粗野的方式，使得苦心维护王室仪范的努力统统付之东流。因为这次活动，

[108] 毕竟不是在王宫后园,要是真的在御花园,倒是可以严密布防,派瑞士皇家卫队来往巡逻,但是现在是在朝臣的庭院中,开阔畅通,毫无阻隔。虽然为了防止气球损坏,并且保护梦高飞人身安全,设立了哨兵封锁线,但是并没有人考虑到要限制人数,或是按照旧制度通常规定的,观众都在指定的位置上排得整整齐齐的。要想在如此混乱的一大堆人中,依然保持王室高高在上的尊贵地位,也只有为紧挨着人群的王室成员专门辟出观赏区,除此之外别无他法。人们不再一门心思地去关注凡尔赛王室的特殊待遇了,观众的目光都自然集中在了气球上。地面上或许还是贵族老爷说了算,可是抬头看天,那可是老百姓的自由了。

皇家科学院这种封闭的官方科学已经黯然失色,而在大庭广众之下进行试验的科学表演成了主流。尽管气球飞行仍然带有某些王室痕迹,但是这种场面上的尊重却无法掩饰这样一个现实,即国王不再是众人瞩目的中心,他的位置被具有更强大魔法的发明家取代了。梦高飞兄弟二人,本是法国东南部维瓦莱(Vivarais)的造纸厂厂主。但是,和成千上万的法国文化人一样,他们也是业余科学家。他们经历过观众雷鸣般的掌声,也曾受到国王和王后的亲自祝贺,学术院也将他们奉为名人,经常拿他们和克里斯托弗·哥伦布相提并论,而实际上,他们倒是更像新型的公民英雄:平流层的富兰克林。当时有一段对艾蒂安·梦高飞的典型描述,说他是个地地道道不苟言笑,沉着冷静的人——有一种罗马式的古典风范,也不乏法国式的现代气息:衣着打扮,举手投足,都和那些轻浮虚夸的廷臣迥然不同。

他身穿黑衣，在实验过程中，沉着冷静进行指导。他的神情严肃、平静，似乎表明这位能干的医生一定能成功完成实验。没有人比梦高飞先生更谦虚。

梦高飞名望颇著，除了品德高尚，确是有用之才外，多少还有点特立独行，甚至个性叛逆的缘故。他在科学上的主要合作伙伴，物理学教授 M. 查理，是提出以硫酸产生气体的第一人，而最早的几次飞行，他都是采用燃烧浸湿的草木的办法制备气体的。查理非常渴望亲身体验升空飞行，但却遭到国王严厉禁止。国王从最初的报告开始就一直在密切关注飞行试验的进程。对于首次飞行可能遭遇的种种危险，他颇为忧虑，于是便下令找来两名囚犯，让他们坐到吊筐内，查理和他的同事们对此怒不可遏。据说他曾这样回应："也许国王能主宰我的生命，但他不能保全我的荣誉。"这番话，很快得到了那些评论家和爱好者的赞同，他们认为，载人飞行对现有制度提出了严峻挑战。走私就是一个非常迫切的问题，因为如果走私者利用气球运送违禁品，那么不管是海关检查站也好，关税壁垒也好，都会形同虚设。说不定，还会爆发空中战争。里瓦罗尔对那些担心过头、有些抓狂的人，不无讥讪地说，宗教已经开始失去吸引力了，对将来的人们来说，圣母升天什么的，也就不足为奇了。非但如此，甚至

[109]

似乎一切都颠倒了——文明的、政治的和道德的世界。他们目睹了军队在空中厮杀、血洒大地的情景。情人、窃贼可能会从烟囱进来，把我们的财宝和女儿带去远方。

那些最为特立独行的飞行家向来也是最年轻的：皮拉特尔·德·罗齐耶（Pilâtre de Rozier）是个内科医生，年仅26岁。和他一起的还有一个陆军军官阿尔朗德侯爵（Marquis d'Arlandes），两人在1783年11月21日完成了首次载人升空飞行。这是一次科学家和军人的合作，是技术知识和身体胆量的结合，这种后来成为航空和太空探索标准模式的做法，在当时已经形成了。但是皮拉特尔·德·罗齐耶和别的科学家不同，他始终对公众保持关注。作为洛林的梅斯当地人，他是为满足公众对新奇事物的渴求而在巴黎举办科学讲座的众人中最引人注目的一个。1781年，为了满足那些被皇家科学院拒之门外的支持者的需要，他在圣阿瓦街上专门开了一所科学博物馆。馆内收藏了大量科学仪器、专业书籍以及各类实验设备，业余人士可以参与，和学者公开讨论或者私下交流。女性也能加入，当然条件是有博物馆的三名成员引荐。报名者来自社会各界，身份、条件各不相同，总共超过700人，听皮拉特尔亲自讲解游泳技巧，看他展示防水服，从6英尺深的池子里钻出来，身上依旧是滴水未沾。博物馆的这些展品中有一项自带照明的夜间救援帽，皮拉特尔还亲自朗读他的著作《电与磁》。

皮拉特尔·德·罗齐耶在28岁那年成为了一名"献身科学的烈士"，从而最终获得了"公民气球飞行家"的资格。1785年6月，他尝试着从布伦飞越英吉利海峡的时候，气球突然爆炸，霎时"为烈焰吞没"。这次岸边也同样聚集了无数的观众，他们眼睁睁看着皮拉特尔和他的同伴，从1500英尺的高空，一头朝着克洛伊对面，紧挨着港口外侧的岩礁栽下去。舆论界万分震惊，对此进行了真实报道，内中详情令人不忍卒读。皮拉特尔的残骸散落各处，一只脚完全断了，从腿根上掉落下来；这位

[110]

青年英烈就这样"浴血而亡"。全国上下都将他作为"殉难义士"来对待。"据说他太爱惜名誉,"某位颂扬者这样说,"啊,身为法国人,怎能不爱它呢？"让-保罗·马拉从英国发文致哀:"所有人的心都为之悲痛。"于是在布伦和他的家乡梅斯两地共同举办了隆重的葬礼；国王下令铸造纪念章,制办了一批半身小像,并特别拨了一笔抚恤金给他的家人。为了应和卢梭或是某位悲情剧作家先前可能写到的场景,皮拉特尔的未婚妻在8天之后也香消玉殒了,可能是自杀殉情。

放飞气球被看作是高雅运动,操纵气球的都差不多成了传奇的半神,这种观点很快被广泛认可。当时精力最为充沛的一个气球驾驶者叫弗朗索瓦·布朗夏尔,他在皮拉特尔出事前四个月,就带着一名英国同行杰弗里斯博士,从多佛起飞,完成了首次海峡穿越。他的第三次气球飞行是以鲁昂为起点的,结果掉在一片野地里,农民们瞠目结舌,上前来问候他,都把他当成天外来客一样。只有当他脱去外衣,让他们在自己的身上要害处捅两下,这些人方才心满意足。不过,当地的那些有些见识的人,竟然也和村夫一般,对此惊羡不已。布朗夏尔被激动不已、争相一睹的人们包围了,众人还盛情款待,留他过夜,气球则一边充气。女人们看到这一景象尤其兴奋,她们对于那些时下的科学奇闻,倒是兴味盎然,敏于探求的,往往比男人更加热心。就拿这次气球飞行而言,布罗萨尔侯爵夫人（Marquise de Brossard）、布邦伯爵夫人（Comtesse de Bouban）和德让夫人（Mme Déjean）,就非要亲自体验下试飞的感觉。布朗夏尔系上细绳,连着气球,让她们小心翼翼地控制着速度和高度,就这么把她们带到了80英尺的空中。"看看这些女士们,"在新闻报道中,他不无赞叹地写道,"即便在那么高的空中，她们也丝毫不惊慌。"

从里昂到皮卡第，从贝桑松到巴黎卢森堡公园，这样的景象一再出现。在王宫广场相互竞争的两家咖啡馆，酒窖咖啡馆和国民咖啡馆，它们的大主顾们都开始聘请各自的气球表演队，就像是赌自己看中的赛马一样。巴黎的市场上出现了庆祝他们功绩的小雕像和歌谣。还出版了一些教人怎样自己动手做气球，或者是缩比气球模型的书籍。最贵的也不过 6 利弗尔，便宜的甚至只要 40 苏（不过是 5 个长棍大面包的价钱）。书中介绍的一种是用牛内脏鼓气做成的皮囊模型，球径约 30 英寸，用上等鱼胶黏合。书中还提醒气球爱好者，充填沼气切记小心。专家们建议人们，不妨照着水果的外形和颜色做一些小的气球，到晚上聚会表演，心血来潮，可以在底下绑上红葡萄酒瓶，放飞到空中。

[111]

但是观赏气球却远不仅是时髦的娱乐活动。成千上万的人前来观看，个个兴致高昂，纵情欢悦，满嘴说的都是卢梭所谓的高贵的充满感情的语言，没有那种上流社会的腔调。在这种浪漫的时尚中，恐惧和兴奋不可避免地相互交织，人们能够通过肢体语言来表达丰富的内心情感。当夏尔和罗贝尔两位先生的气球，在 1784 年 7 月飞过圣克卢的时候，"男男女女，"一个旁观者这样写道，"不论身份贵贱，目睹这场平生未见的盛况后，都惊呆到跪在地上。"更富戏剧性的是，靠近里昂的罗讷河畔的布鲁泰克斯平原上，观者如堵，忽然间，人群惊骇，只见皮拉特尔·德·罗齐耶、梦高飞和包括利涅亲王（Prince de Ligne）之子在内的 6 名乘员，转瞬之间遭遇致命意外，一下子从半空中直坠而下，消失在烈火浓烟之中。而他们的共同反应，便是"不由自主地张开双臂，似乎是要托住下落的气球"。当人们看到他们终于大难不死，从 300 英尺高的气球残骸中逃生的时候，吊篮被卸下来，很多参与活动的人如潮水一般涌来，把他们扛在肩上一路走着。"他们满身都是汗水和烟尘。他们一路走走停停，因为许多人都想要靠近、拥抱他们。"当晚在歌剧院上演的格鲁克（Gluck）的《伊菲姬尼在奥利德》现场，他们也被群众的欢呼声包围，而且更为热烈，更加充满激情。扮演阿伽门农的歌手做了一个月桂冠，梦高飞还是像平常一样，把它戴在了妻子的头顶，而皮拉特尔（互相谦让）却拿自己头上的那顶，戴在了梦高飞头上。

换言之，梦高飞、皮拉特尔·德·罗齐耶和布朗夏尔与如此众多的社会各界人群建立起了一种直接的不需要中介的同志情谊。那些前来观看表演的人们，从头到尾感受到了那种无拘无束的气氛，他们的行为举止，和那些旧制度的人已全然不同了。就拿里昂为例，与其他外省的市镇，尤其是那些高等法院所在的市镇一样，每每大规模召集群众，都是通过宗教和市镇游行来进行的。这些活动是有其特有的规矩和组织特性的，完全根据参与者的社会地位来决定，他们的穿戴打扮和随身之物，都是至关重要的因素。在神父或显贵的带领下，他们的仪式体现了他们在其中长大的团体和等级世界。

可是，魅力无穷的物理学彻底颠覆了这一切。作为一种表演，它完全出乎意料；观众乱七八糟，不讲什么次序的，人们都是自发前来，内心的激情得到彻底的释放。然而他们既不是暴民（un attroupement），也并非是随意组成的乌合之众。他们觉得自己正在见证的，是指引解放的大事件，预示了一个自由漂浮的未来，不管是巴黎夏日细雨霏霏，还是里昂正月大雪纷纷，在没有遮蔽的天空下，他们这一刻成为了亲密的伙伴。当

[112]

然它并不像卢梭推崇的新斯巴达体育健身运动（后来被雅各宾派确立下来）那样显得冷冰冰的，不过倒也同样体现了这位哲人对于自由节庆的想象：神圣的一瞥得以升华，难能可贵的是投身其中的体验，而不满足于仅仅只是一个看客。

吸引这么多人走到一起，共同的热情使他们忘记了身份等级差别的并不只有热气球这一样东西。旧制度的最后几十年由于层出不穷的文化现象而引人注目，大众和精英的品味开始趋向一致。参加林荫街区戏剧、流行音乐会以及双年沙龙展的公众，规模之大和成分之多样，足以使那些由国王认可的官方艺术形式所包含的传统的社会和法律地位的差别都消弭无踪了。流行小报记者皮当萨·德·麦罗贝尔对于1770年代末的沙龙展有过一段非常生动的描述，特别是谈到了在这样一个封闭空间内，不同社会身份的人肆意混杂的现象。摩肩接踵，人声嘈杂，各种气味掺和在一起，在庄严肃穆的卢浮宫卡雷（Carré）沙龙内，汇成一股沸腾的人流。楼梯上挤满了人，爬上去很费力，但是观众由此完全投入了"这条冒着热气的深沟，这股满是灰尘和噪音的旋风"。在此处，"空气肮脏，充满了身体有恙的人呼出来的味道……噪音大得要震破人的耳朵，听起来就像海浪在拍打海岸，"但是人们还是乐意看见"各类人物，不论他们的身份阶层、性别年龄，都在此处会聚"……

> 倨傲的纨绔子弟，（轻浮的）女人；操萨瓦方言干零活的伙计和（戴蓝绶带的）贵族摩肩接踵；卖杂货的集市商妇和贵妇的气息融到了一块儿，前者身上散发的浓烈的白兰地气味让后者忍不住捏住了鼻子；粗俗的工匠，出于

本能，发表了公正的评论，但是因为口音滑稽，逗得那些没有见识的美人们捧腹大笑，而艺术家藏在人群中，寻找其中的意义，并为己所用。在沙龙上，也有学生给老师讲课……因为在这场大聚会中，正是这些年轻的学生几乎总能做出最有说服力的判断。

最早的时候，沙龙一直是展示学术和机构等级的场所。这类展出是在学术院的支持下组织创办的，而学术院本身也严格分成三个不同的层次。在展览会的墙壁上，那些作品的排列就显示了风格上的高低上下：历史画挂在最高处，风俗画和静物画摆在最底层，这种规矩一直被小心遵守着。但是一波波观众闹哄哄、兴冲冲地蜂拥而来，吵吵嚷嚷，这些规矩也就成了摆设。在1760年代和1770年代，真正吸引观众并引起报刊激烈评论的，并不是像布勒内（Brenet）和拉格勒内（Lagrenee）那些官方艺术家盛大壮观的历史画，而是格勒兹的那些饱含情感的日常风俗画。

剧院是另一个正在冲破等级界限的场所。这一点更令人惊讶，因为从表面上看，巴黎的剧院被分成了两个截然不同的世界。迎合高雅品位和官方喜好的戏剧集中在那些有特别演出许可的公司，比如法兰西喜剧院和歌剧院。高档剧院的正面是立柱廊，这里会定期上演一些经典悲剧和一些被认可的莫里哀的喜剧。演员们以历史悠久的朗诵习惯和抑扬顿挫的传统腔调，慷慨激昂地朗诵亚历山大偶句诗。而林荫大道的那些下等剧场里的玩意儿，也真是土得掉渣，粗鄙到无可复加的地步了，那些庸俗下流的滑稽戏，里面粗口诨话一大堆，还时不时得插一些怪诞的噱头，高空钢丝，还有民歌小调，以此来吸引观众。

[113]

历史学家们往往把18世纪描绘成大众文化被死气沉沉的官方卫道士最终打败的时代。他们觉得,大众文化从一开始占据人民生活的中心位置,到让位于进步启智运动,已经逐渐边缘化了。事实上革命的雅各宾党人曾试图干这样的事。不过多亏了米歇尔·鲁特-伯恩斯坦(Michael Root-Bernstein)和罗伯特·伊舍伍德(Robert Isherwood)的研究,现在我们知道,在旧制度的最后数十年中,事情的发展方向正好相反。官方剧场正在丧失活力,从某种程度上讲,它渐渐失去了观众。而那些群众舞台,正成为人们主要的关注点。当时的很多人都已经注意到一个更令人印象深刻的现象,那就是,其实两者之间,并不是那么截然对立的,而是渐渐趋同。而一个全新的观众群体也正在逐步形成,上至王家贵胄、满朝公卿,下至工匠店主、商贩走卒,都如饥似渴地追求娱乐,找寻消遣。当《费加罗的婚礼》在法兰西喜剧院上演时,他们都一窝蜂地跑去看,而且能挤到舞台前闹哄哄的前排人群里站着看。要不然,他们也可以去圣殿大道给尼科莱(Nicolet)的大舞台捧场,那里杂耍、滑稽剧、哑剧样样都有,还带模仿秀,唱小曲,并配有情景小品助兴,每次只要12个苏,顶多也不过24个苏。(这里曾经有一只明星猴,叫蒂尔科,能够模仿著名的"严肃"艺人莫莱的表演。)

[114] 这种文化上融合交汇的例子不胜枚举。《巴黎日报》(Journal de Paris)每天都会刊登大剧院、喜剧院、意大利喜剧院这些"高端"演出场所的节目内容,但同时也会把杂艺场(Variétés)和诨俗戏园(Ambigu Comique)这种地方时下的演出讯息登在报上。雅俗两头不耽误的可是大有人在啊。诨俗戏园的创办人叫奥迪诺(Audinot),他本身就是歌手出身(父亲也是歌唱演

员），原先是在喜剧院唱，早在他自己的那个戏园子风风光光造起来之前就已经是凡尔赛的戏台上大红大紫的人物了。1770年代有一部轰动一时的大戏，多维尼（Dorvigny）的《挫败者》（*Les Battus*），描写了一个倒霉的家佣，名叫雅诺（Janot），头上被扣了个尿壶，本来想要诉诸法律，讨还公道，结果自己却锒铛入狱。到1780年，这出戏已经演出了一千场，该剧的主演沃朗日（Volange）也成了巴黎的名角，剧组还曾走入凡尔赛宫，专门为国王和王后表演。

　　实际上，王室对于这类舞台表演的热情比谁都不逊色。就拿阿图瓦为例，他就曾为那些极尽讽刺挖苦之能事，而且通常是淫俗不堪的流行小调填过词，新桥上就有小贩在卖这些歌本。尽管国王对于玛丽-安托瓦内特频频光顾巴黎各处戏院颇有不满，认为这是有失体统之举，但王后却依然故我，而且还把自己出场时观众的反应看作是自己受人民拥戴程度的晴雨表。听到掌声经久不息，自然让人心花怒放，但是到了1780年代中期，冰冷的沉默，甚至是更为无礼的态度，都让她一再感受到，自己已经被巴黎的公众疏远了。但是王后依然对集市上的粗俗土话，那些"女鱼贩腔"（*poissard*［其名源于"柏油"（pitch）一词］）很有兴趣，她还传召梦旦夕（Montansier）剧团，让他们到她的特里亚农宫，教她的那些宫里的戏班（包括阿图瓦）唱那些地道的粗鄙不堪的野山歌。戏班子里包括格拉蒙（Grammont）一家，这家人个顶个才艺非凡，称得上诸般杂戏无所不会的楷模了。他们一家就住在林荫大道，一开始是在尼科莱的戏班子里演走钢丝和小丑之类的，不过后来在凡尔赛演戏混熟了，他们后来还在革命军队中当了官，这支革命军队是奉命组建，执行革命法，将叛徒送上断头台的一支突击队。

虽然如此,真正使得这种文化融合制度化的却是沙特尔公爵(Duc de Chartres),是他把皇家宫殿改造成为全欧洲规模最大的政治、娱乐中心。这里是当年红衣主教黎塞留的私家行苑,与卢浮宫和杜伊勒里宫毗连,到了1776年,这片地被他的父亲奥尔良公爵购得。公爵天生是个不拘小节、挥金如土的人,加之不乏创业者的开拓精神,因此他头脑中一直在构思着一幅宏伟蓝图,打算将这一片大园子改造成一处咖啡馆、戏苑、商铺一应俱全,各类低俗消遣玩乐无所不包,四周带有拱廊的繁华胜地。他请来了曾经在波尔多设计过非常富丽堂皇的大剧院的建筑师维克多·路易来负责内部空间设计,但是可以想见,他的雄心实在是太过庞大了,资金不足,直到1784年,整个计划的大致模样才开始成形。与此同时,修建了一条木制长廊贯穿整个宫殿;人们称之为"鞑靼人的营地",这里很快便成了娼妓、扒手出没之地。走进去,只要花上几个苏就能大开眼界,看到400磅的德国保罗·布特布罗特(Paul Butterbrodt),或是一个光着身子(蜡质),据说已经死了两百年的"宫奴",但是保存之完好,堪称奇迹。

到了1785年,老奥尔良公爵死了,给儿子留下一笔钱,由他来继续完成他未竟的事业,而皇家宫殿总算是成功地将粗犷滑稽的大众文化带入了王侯将相、冠盖云集的首都巴黎。仅仅十年前,这里还是只能看得到正统艺术的王宫禁苑,而那些"下里巴人"的表演只能局囿在林荫大道,还有圣日耳曼和圣劳伦特的集市上。而把这种不入流的表演圈禁起来,让这种欢歌笑语限制在几个大的表演场地内,警察当局自认为,这样一来,至少是把潜在的危害控制在了一定的范围内了,如果那些正派人还是要频频光顾的话,那就该自担后果。看到竞争对手日渐兴盛，财源滚滚，那些高雅剧院依然不屑一顾，但是看到它们远离时尚街区，只能挤在狭隘的小黑屋子里，还是感到十分解气。

然而，皇家宫殿作为一个每日尽兴狂欢的乐园横空出世，却极大地改变了这一切。作为奥尔良公爵的私人行苑，这里可以不受警局巡查，而人们也将这种自由发挥到了极致。"这个迷人的地方，"梅西耶写道，"简直就是大城市中的一座奢华小城"。让沙特尔/奥尔良渴盼已久的博若莱剧院（以沙特尔的兄弟来命名）开张了，一上来就有3英尺高的牵线木偶，接着又来了一批儿童演员，而在杂耍游乐场（Variétés Amusantes）中，林荫大道上的荒诞戏和情景剧都悄然引入，剧场内挤得满满当当。各种档次的咖啡馆遍地开张，从正儿八经的富瓦（Foy）到腌臜不堪的弗拉芒山洞（Grotte Flamande）。人们可以逛逛假发铺，转转花边店；在货摊边买一杯柠檬水慢慢啜饮；要不就在沙特尔咖啡馆（现在的大味福）里下象棋或是玩跳棋，还能够听流浪的修道院长（想必是还俗了的）抱着吉他弹一首拿手的黄色小调；街上有一群雇佣文人，在散发他们写的时政讽刺杂文（通常写得很刻毒），他们都是在公爵手下当差的，不妨挑一些来细细品读；那些西洋镜、手影戏，让人眼睛都看直了；人们有的打台球，还有的围在一起看那门迷你火炮，中午当太阳光照在上边，它就准时开火。

在林荫大道剧场这样封闭狭隘的空间内，要想保持任何上下尊卑的等级区分极为困难，几乎是不可能的。尼科莱的剧场，差不多是40英尺长，36英尺宽，容纳400人都显得拥挤不堪。牛油蜡烛的光亮几乎难以满足社会演出的需要，而尼科莱的戏票本身就跟白捡的一样，自然三教九流各色观众把这里挤得里

[116]

三层外三层了。但就算是在皇家宫殿的那些大马路、拱廊街上，也有好多人在闲逛游走（甚至可以说是拉客），呆看张望，借以消磨时光，一眼看去，也根本分不清他们身份高低、贫富贵贱。混杂的人群中，一不留神就把那些鲜丽招摇的交际花当成是珠光宝气的伯爵夫人，以为她们戴的是货真价实的钻石项链，其实都是些足可乱真的仿冒品而已。那些年轻的兵卒，身着军装想要吸引姑娘的目光（军队里最近想出来的花样），新军装上反正也分辨不清勋章和军阶的高低来。地方高等法院的贵族法官们一袭缁袍，和下级讼师和低等文吏穿的差不了多少。很显然，当时的社会就欣赏这样不守规矩的胡乱穿法。路易-塞巴斯蒂安·梅西耶就把林荫大道的那些表演说得很不堪，认为这是在"正直的公民"中间鼓励弱智的消遣，而皇家宫殿的那些东西，却让他非常着迷，他看到的是"阶层混杂、熙熙攘攘"。马耶尔·德·圣保罗（Mayeur de Saint-Paul）甚至写得更加动情，他强调说："上到贵族太太下至风流荡妇，从精兵锐卒到包税局的末流小官，公民的所有等级都联系在一起。"

而在像法兰西喜剧院或者歌剧院这样的大雅之堂，尊卑高下自然是井然有序得多。不过决定因素（其实整个旧制度时期都是如此）并非出身贵贱、门第高低，而是财富多寡。而且，即使在那些"严肃"剧院，观众中中产阶级，甚至中低阶层的比例明显也在逐渐增大，后者中包括小店主，"正经"行当里出来的工匠师傅，有的是家具师，有的是钟表匠。每逢一些特殊的日子，比方说1781年时的王太子寿诞，就会有免费演出，于是剧场里熙熙攘攘的，看戏的人里，很多都是出身更贫贱的平头百姓。但是就算是平常时节，剧场正厅的廉价票也不贵，学生和法院文书乐得常来常往。那些经常逛剧场的戏迷往往受雇于一个职业"捧角儿",就能把自己这个座位买下来,这些人会根据主顾的要求,在演戏的时候找机会给演员鼓掌喝彩,或者起哄叫闹,而由于这些多半都是在正厅,那里的声音,决定了一出戏能否一炮打响。剧作家马蒙泰尔(Marmontel)和剧场正厅的客人没什么交情,虽然《贝利萨留》(Belisarius)的成功让他洋洋得意,可他也不得不承认,"在这群粗鄙之人当中,想必还是会有一些高明之人"。

"天之骄子"和"祖国赤子"是否紧密相联?去戏院看戏的,还有在游乐园里闲逛的,看似鱼龙混杂,但我们还不能就此认定,这就意味着法国旧制度统治秩序的崩溃,因为毕竟我们看到的这些,都是巴黎作为一个大城市最为闲适的一面。但在这社会人群融合交杂的大背景下,这里也确实使得大人物和小人物,特权阶层和普通民众之间的矛盾对抗不再只是孤立事件,而变成了一种典型的社会、政治活剧:一种与时代脱节的现实状况。故而从这一点上说,它们实际上是三级会议这出大戏在巴黎观众面前的预演。

[117]

与此相关的一个例子便是触及巴黎高等法院本身的那次著名的剧场座位之争。这场冲突标志着台上演着的精彩故事已经转移到了观众席上:成为贵族傲慢不羁,凌辱百姓的真实事例。1782年4月9日,在法兰西喜剧院包厢的露台上爆发了一场争执。争吵的一方是高等法院公诉人佩尔诺-迪普莱西(Pernot-Duplessis),另一方是国王的亲弟弟普罗旺斯伯爵的卫队长莫雷东-沙布里扬伯爵(Comte de Moreton-Chabrillant)。从法庭保留的案卷来看,突出原告是"一个各方面都诚实正直的男人,举止文雅、性情温和,人人皆知"。当晚他穿着一身暗黑的衣衫,也未戴假发。那军官打扮却大不一样,他本已来迟了,绯红的袍子，腰挎佩剑，帽插翎羽，好一副娇恩怙宠的武臣气派。以下就是关于两人争吵的庭讯笔录：

> 沙布里扬：你来这里做什么？
> 迪普莱西：我的座位就在这里。
> 沙布里扬：我命令你退下。
> 迪普莱西：座位我是付了钱的，我有权利坐在这里。我不走，我要留下。
> 沙布里扬：大胆！一个乡巴佬竟敢冲撞本伯爵（说到这里，他用力推了原告）。我，沙布里扬伯爵，可是国王亲弟弟的卫队长。在这里我说了算。这是国王的命令。来人，把这顽劣的家伙押到监狱里去。
> 迪普莱西：我不管你是谁。你这样的人是不可以把我这样的人无缘无故整夜关在牢里。

满口污言秽语的贵族赢得了露台战役的胜利，但是这场争斗的最后赢家却是主持正义的人们。沙布里扬真的叫来了卫兵，迪普莱西被揪着头发拖下了楼，囚禁了四个半钟头，直到演出结束才被放了出来。诚然，正如被告所说，伯爵没有想到，这么一个"粗狂无状"的人居然会是地方法官。但是这样做，起码是过于鲁莽了，居然敢这么羞辱一位朝廷命官。迪普莱西的律师布隆代尔把两面派的手法玩弄到了极致，一会儿是倨傲无礼的朝廷官僚，对基本法律权利不屑一顾，动辄以专断之手腕相压，一会儿又成了一个坚毅沉稳、谨遵法度的谦谦君子。他在法庭上说："为了公共利益，我们要维护公民的个人权利，使他能够在一个只要有财富，贵族和平民就享有平等地位的地方

（他特意强调这一点）免遭任何羞辱。"不消说，法庭作出了对迪普莱西有利的判决，责令伯爵当庭承认，他所侮辱的这个人是"一位值得尊敬的正人君子"，并拿出6千利弗尔作为赔偿，这在当时是相当大的一笔款项了。

像这样发生在戏院里的权利争夺的事例还不止这一个。1784年在波尔多，某次本地的市长和市里的议员们便在戏院门口被拦了下来，说是当地的督军有令，不得入内，市长一行坚持要进剧场，结果都被抓了起来。于是督军就要将市长（出身贵族）以触犯军法加以审讯。当市长以自己是公民，进入剧场是其正当权利为由进行民事申诉时，他又出动军队予以弹压。

政治便这样对剧场产生了影响，反之剧场本身也能成为开创历史篇章的舞台。其中最轰动的例子自然就是博马舍和他的《费加罗的婚礼》。该剧同样在恶劣的环境中艰难上演，也总是被看作是旧制度走向覆亡道路的一个标志。博马舍当仁不让地被塑造成捍卫言论自由的勇士，而国王则成了狂妄自大、惶惶不安的旧制度维护者。这部戏剧虽然情节简单，但实际情况却使其变得意味深长，就在《费加罗》的剧本完成创作，开始上演的时候，博马舍本身其实并不是处处受气的费加罗，而是一个家财巨万，颇有影响的贵族官僚。他借费加罗这个角色，在第五幕中对现有制度进行猛烈抨击，其重要意义并非是其出自一个下层文人之口，而恰恰是因为，这番话是从一个现有制度下的宠儿嘴里说出来的。

考虑到这种种因素，把博马舍说成毫无传奇色彩，只不过是另一位矫俗愤世、沽取虚名的贵族分子，同样也是错误的。18世纪末期法国社会阶层的模糊不清，给他非凡的一生留下了印迹。他当过地方官，也坐过牢，曾经入朝供职，还有过犯上作乱的劣迹，他曾办理外交，并充当过密探，后来还涉足商界，结果却折了本钱，办过出版社，投身公共评论领域，有时是以权威人士的口吻说话，有时却又站在旁观者的角度进行分析。他从一个出身卑微的手工匠人，到最后成为不可一世的贵族，一路走来，挫折不断，充满艰辛。许多次声名显耀、财源滚滚的人生飞跃有多么风光，随之而来的挫折与失意就有多么惨重。如果他刻意地拿这些人生的巨大反差来做文章，那也实属正常。他曾经多次出现在法庭上。有一次，是以辩护者的身份来驳斥他人的诽谤，他身穿黑色上装，黑色长裤（还故意在脸上化了妆，看起来显得很苍白），一副"正直之士"的装扮，可还是忍不住要显摆，把奥地利女皇玛丽亚·特蕾西娅送给他的特大号钻石戒指戴在了手上。在1787年的时候，他还一掷百万，聘请了崇尚前卫风格的建筑师勒穆瓦纳（Lemoyne），替他建造一幢拥有足足200扇窗子的豪宅。不过他选择的地段却是很不起眼的圣安托万郊区：巴黎手工匠人的聚居区，也是大革命期间无套裤汉激进主义的大本营。

[119]

要想理解为什么《费加罗的婚礼》有如此前所未有的感染力，为什么将它当作对残酷无情的旧制度的当头棒喝，那就得搞清楚，作者在塑造一个屡遭凌辱的"尚礼君子"和善良公民的时候是如何将自己的人生经历融入其中的。和卢梭一样，博马舍的父亲是信奉新教的钟表匠，但是和这位哲人不同的是，他把这门手艺发扬光大，成为行业内一个天才的发明家。他的师傅剽窃了他发明的双动斜面装置，于是博马舍便站出来揭露师傅的丑行，这一来，他很快便名利双收。22岁的时候，他就被路易十五召见，被授以宫廷钟表大匠之职。他和富裕的金融家帕里斯·迪韦尔内（Paris-Duverney）的亲戚关系，为他跻身贵族行列打开了方便之门，而他也在1761年不失时机地靠着钱财开道，获取了贵族头衔。29岁的时候，他便不再是皮埃尔-奥古斯坦·卡隆了，而是拥有了跟他的地产相同的名号：博马舍。靠着他的新派贵族的身份，外加先前的经历，他还当上了首席法官，在一个暗无天日、专门审理涉及违反猎物法的特别法庭内坐堂问案，对那些被带到他面前的可怜兮兮的盗猎者，不管是手法低劣的新手，还是技术老练的惯犯，都从不手软。

毫无疑问，正是凭借着《塞维利亚理发师》这出戏让他真正成为了知名的剧作家。尽管他后来又接连创作出了一系列作品，但都是些缺乏力度的创作，清一色是一本正经唱高调的东西：什么兄弟情谊啦，恋爱不成啦，荫及子孙啦，诸如此类的内容。当他开始声名鹊起的时候，他也成为了那些心胸狭隘的管家，还有投机剽窃的雇佣文人攻击的对象。而他本人对于一切赏心乐事都颇有兴致，只会招来更多的指责。可是尽管他名声不佳（有些可以说并不冤枉），贵族博马舍和公民博马舍倒是并不矛盾的。虽然他放荡不羁，又爱夸夸其谈，但与此同时，他又是一个不遗余力为美国人奔走呼吁的颇有胆识的政治宣传家。他用自己的钱，为起义者组建了一支舰队，甚至当法国不断增加的援助支出和王室私底下拨付的款项差额不断拉大时，也是他慷慨解囊，填补了缺口。还有一次，差不多也是这样的一桩大事，却更加要命，差点让他倾家荡产。他决定着手将伏尔泰遗留下来的所有手稿和著作都付印成书，而在他之前，巴黎大出版商和图书销售商潘库克已经对这样一个庞大的计划心灰意冷了。博马舍担任这套皇皇巨著的总编，与那些被冒犯的各方（包括普鲁士的腓特烈大帝）周旋，这些人倒是不在乎他们的书信被人公开，博马舍还在洛林成立了自己的出版机构，并

[120]

从英国买回了活字印刷机。他计划先凑齐三万名预订客户的购书款，这样就能弥补先前的开支了。结果可想而知，他只争取到了区区两千份预订，连工资都没法支付，印刷工于是便捣毁了他的机器，出纳也卷走部分现钞逃之夭夭了。四开本的书卖出了 72 册，此时整个出版计划已经彻底亏本，带来了巨大的经济损失。但与此同时，它堪称是文化史上的一项巨大成就，或许也是博马舍做过的最有意义的好事。

博马舍刻画普通人的才能有口皆碑，使得《费加罗的婚礼》引来好评如潮。该剧完全突破了等级差别，将各种风格熔于一炉。他把大众剧场的那种冷嘲热讽带入了法兰西喜剧院这样的大雅之堂。通过这部戏，露易丝·孔塔（苏珊娜）和阿赞古（费加罗）等一批演技纯熟的艺人迅速走红，他们的表演可称得上清新自然，恰如其分。当然林荫大道的那些戏班子，有很多戏就是抨击封建王权的虚伪做作的，但是以如此尖酸刻薄、喧闹欢腾的剧情表现出来还是第一次。这倒是很接近梅西耶在 1773 年所提倡的"人民的戏剧"，可以说近百年来绝无仅有。那些只看过莫扎特和达·彭特（da Ponte）歌剧版本的观众们不知《费加罗》里面大量原汁原味的插科打诨、嬉笑怒骂都被删除了。正如《密信》的作者所说的，博马舍的先辈们

> 以前总想着嘲弄小人物来取悦大人物。如今，可以嘲弄大人物来取悦小人物，观众中的普通人太多了，费加罗这一歌剧吸引了一大批各行各业的观众，对此没有人会感到惊讶。

毫无疑问，博马舍自然希望这部戏的上演丝毫不要受到官

方的干扰。但如果它们真要胡乱干涉，博马舍便抓住机会，将这作为一场野蛮的专制主义和追求自由的公民之间的斗争加以大肆宣传。他完全有资格摆这个谱，因为连玛丽-安托瓦内特和多数朝廷大臣都非常喜欢他的戏。博马舍把剧本赠与尚福（Chamfort，塔列朗的朋友），后者将它送到王后身边的宠臣沃德勒伊（Vaudreuil）手上。于是宫内一时间私相传阅，而对于现行制度的谴责越是不留情面，王后便越是喜欢。然而国王却并不觉得有什么滑稽有趣的地方。当《费加罗的婚礼》演到最出名的第五幕独白时，国王从座椅上轰然站起，以一种难得的口才和预见性说这部戏"实在是放肆！这部歌剧就该被禁演。如果这出剧不会造成危险的后果，那么就不需要巴士底狱了"。

[121]

演出计划被官方叫停，然而博马舍却想方设法要让它恢复演出。他非常巧妙地在这部戏里加入了一首流行歌曲，名叫"好斗鬼马尔博罗"，这首《好斗鬼》是一首讽刺性的短诗，带有一种夸大军功的意味（并不是靠真正的战绩），这首歌是路易十四历次出征期间问世的，当时有一个谣传，说他的死对头，敌方主帅马尔博罗公爵，已经死在军中。后来这首歌到了1780年代重又流行，而这一次唱这支歌，是嘲笑英国人在美洲和印度洋战场蒙羞，叙弗朗上将把他们打得落花流水，狼狈不堪。博马舍选取这首歌，就是将他在戏剧上的辉煌上升到与一场战役胜利同等重要的地位，谈笑间，强虏灰飞烟灭。在街头剧院和沙龙展会上，含义双关的俏皮话是通行语，这种弦外之音，听者当然心中有数。

虽然如此，通常来看，真正让王室权威受损的正是那些迫不及待想要让王室出丑的时尚贵族。剧本手稿被争相传抄，私下里在自由（和有些不那么主张自由的）贵族的各类豪宅厅堂中流行开来。有些贵族自家就有戏园子，警局无权查禁。由于担心这种私邸中的演出有可能会更加放肆不羁，而且让人更加尴尬的是，圣彼得堡的保罗大公会出钱赞助首演，于是便达成了一项非正式协议，这部戏可以在巴黎王后私人的逍遥宫内演出，这里是给歌剧院剧目提供彩排的地方。1783 年 6 月 13 日，数千人聚集在剧院外的大街上，放声高唱《马尔博罗之歌》，就在这出戏启幕开演前的半小时，宫中派来武装侍从，带着国王谕旨，下令公演取消。既然该剧"冒犯到陛下"，那肯定要有人锒铛入狱了。博马舍的反应就像临危不乱的费加罗一样。"好吧，先生们，既然此处不准表演。我向你们发誓，肯定有地方是可以的，也许就在巴黎圣母院里。"

公民和君主间公开摊牌，在当时还没有达到白热化的程度。博马舍同意作一些调整，当然都是些细枝末节、无关紧要的修改，国王的态度开始软化了，他毫不隐晦自己希望这部戏一败涂地。但是结果却令他大失所望。1784 年 4 月 21 日，该剧在新落成的新古典主义风格的法兰西大剧院（今天的奥德翁［Odéon］）开演。艺术欣赏水平颇高的年轻的奥博基希男爵夫人（Baronne-d'Oberkirch）就亲眼看到，大批人堵在剧院门前，想要得到数量稀少的余票，甚至还有人为此大打出手。她真的是被这出戏深深折服了，不带极端的情绪对那些批评家的指责进行反击，这些人觉得这出戏没什么了不起，不过是用最粗俗的东西来迎合低级趣味罢了。在 1789 年的回忆录中，她写下了这样的话进行驳斥：

[122]

> 也许，《费加罗的婚礼》是除伏尔泰的著作之外构思最为巧妙的作品。这部佳作宛如绽放在夜空中的烟花一般，

熠熠生辉。艺术的规则不断被颠覆。这也是为什么在四小时的演出中没有一刻让人觉得沉闷无聊。

但是她也敏锐地发现，一些贵族观众实在是有些麻木不仁，看见费加罗冲着阿玛维瓦伯爵发出愤怒的咆哮，居然放声大笑起来：

> 只因为你是个大贵族，你就自命不凡……生来就是贵族，财权俱备，你就高高在上，目中无人！但是，你为你所拥有的付出过什么吗？从出生到现在，你根本没遭过什么罪。在其他方面，你再普通不过。而我，该死的，为了在世上苟活，不得不用尽我的知识和手艺。

这段话引来了一致的鼓掌叫好，奥博基希男爵夫人跟着一起鼓掌，观众中的那些大庄园主们"打了自己几个嘴巴。他们受了嘲弄却还放声大笑，更有甚者，竟然让别人和他们一起笑……简直是愚蠢至极"。

尽管如此，也有人发现，一些贵族刚刚想喊"好"或者"再来"的时候，张开嘴僵住了，他们一下子明白过来了，这番慷慨陈词到底用意何在，那不是针对国王或者朝臣的，那就是直接冲着他们来的。而当《费加罗》在1785年1月走出法兰西大剧院开始上演，贵族们也开始发起反击。巴黎大主教首先发难，在布道坛上公开谴责，说这出戏极为恶劣；紧随其后的是作家叙阿尔（Suard），他摆出一副牧师的姿态，用尖刻的语气批判了一番。博马舍于是在《巴黎日报》上发表文章反击，文中极尽讽刺挖苦、鄙斥笑骂之能事，将对手批得体无完肤。在驳斥了这些"虎狼之辈"的肆意攻讦后，他转而说道，他可不想自贬身价，再去回应那些不足挂齿的蠹虫，因为这么做，觉得自己和"荷兰主妇"并无差别，每日里只晓得捶打床褥，抖落些虱蚤臭虫而已。

[123]　　3月6日，文章引起了国王的注意，大概他始终对有人拂了他的旨意耿耿于怀，在他看来，文中所指的这些虫类（并不是真正的虫害）就是人身攻击。仅此一点，就足以把博马舍投入大牢。路易是完全被这种羞辱气昏了头，他决心要给这个挖苦人的作家最严厉的指责，要给他带来极大的羞辱，而最有力的武器就是让他出丑。当晚，国王坐在牌桌边，在一张黑桃7的背后写下几个字，说博马舍不应当关在巴士底狱（这里通常是关押和朝廷作对的文人），而应该抓进圣拉扎尔监狱，一所关押犯错青少年的管教中心。暂时看来，他这句羞辱人的话，倒也不失机趣，算是削了博马舍的锐气。他不肯去监狱，因为他知道自己已经被好多讽刺段子拿来当笑柄，他再也没有恢复自信，无法再像以往遭遇挫折的时候那样，以一种风趣的姿态故作轻松了。在旧制度的最后几年时间里，他本人成为了激进派和反革命分子的替罪羔羊。

　　把博马舍关进圣拉扎尔，似乎这样就能让他再不敢毁谤，从此只求自保，但是《费加罗的婚礼》却依旧盛演不衰。这部戏风靡一时，成为巴黎"合法"剧场最受欢迎，持续演出时间最长的作品。博马舍树敌颇多，这些人看到他吃了苦头自然是拍手称快，他们相信，博马舍装出一副自由先锋的嘴脸，实际上却非常虚伪。但是博马舍也有许多"默默无闻"的朋友，他们认真地聆听着费加罗的倾诉，认为他是一个"诚挚之人"，哪怕他颇有才干，头脑聪明，可是只因为出身低微，故屡屡碰壁，才不得不屈服于达官贵人的淫威之下。如果说，在革命团体和普通群众中，有千千万万费加罗都怀着对阿玛维瓦的刻骨仇恨，打算报复的这种说法不免有些荒唐的话，那么当初的一些剧作家、小册子作者、演员还有剧场老板后来都成了断头台最积极的支持者却也是事实。

二、选定角色：自然之子

就在博马舍被拘禁在圣拉扎尔的前一年，他曾有一个雄心勃勃的推广计划，打算从他的《费加罗的婚礼》的剧本稿酬中抽出一部分钱来捐助一项有意义的事业：鼓励母乳喂养。他打算在巴黎为母亲们设立专门的福利机构，为那些为了不丢工作只好将婴儿送到乡下让人喂奶的妈妈们提供补助，以解决后顾之忧。

据巴黎的警察局长勒努瓦（Lenoir）粗略估计，每年新生的婴儿是两万名左右，而能够自己喂奶的母亲却只有十三分之一，而且差不多都是富人家的孩子，她们的母亲相信卢梭极力鼓吹的家庭母乳喂养的观点。其他一些经济条件允许的，都雇了奶妈上门喂奶，要不就把孩子送到乡下去。不过对绝大多数普通和贫困家庭而言，他们只能求助于公立机构，请那里的中间人（meneurs）帮着到巴黎近郊雇个奶妈。而最贫苦的人家，只好把孩子丢弃在教堂的台阶上，让他们被送去弃婴堂，这些孩子也被送到乡下奶妈那里寄养。以这样的方式被送走的孩子，有一半小命会葬送在这些乡下奶妈手里：这便是由农村赤贫所接济的城市穷人的命运。因为急于挣到给人喂奶的微薄收入，有些没有奶水的妇女就骗过中间人，她们会给孩子喂牲畜的奶，

[124]

或者干脆就用烤熟的面包（经常是发了霉的）加水冲泡成面糊，有时候孩子的嘴里被塞满腐烂的破布，坐在人畜粪堆上也没人管，还有的身上裹着从来不换的褓裸布，房椽子就当吊床，用个钩子挂住孩子来回晃荡着。有上万个孩子得了痢疾死去，彻底解脱了痛苦。多数情况下，负责把孩子情况通知父母的中间人（或者弃婴堂）会隐瞒孩子的死讯，把他们交来的钱私吞掉。

在读到农村保姆业婴儿频频夭折的相关报道后，深受触动的博马舍马上以费加罗的名义发起拯救乳母的行动。有一幅时代主题雕版画就是对他的这一宏伟计划大唱赞歌的，画面上的费加罗正在大行善事，慷慨解囊，那些受到赈济的奶妈们则表现出心满意足的样子，还有一些人尾随在他身后，向这位将她们从"乳母囚牢"中拯救出来的恩人招呼致意。边上还站着个哲人，向观众指明，这样一个欢快的场面，就叫作"幸福"，比这些人更高的地方站着"博爱"神，手里举着一块牌匾，上边镌刻着"乳母解放者"的字样。

博马舍在剧本创作上取得的成功已经让他巴黎的对头们妒火中烧了。他们自然是不愿意再看到头顶光环的博马舍借着慈善事业更加引人注目。但是里昂大主教却事先得到了消息，捐款85,000利弗尔在本地建一所"机构"，他自然是举双手赞成的。大多数报道都认为，这是一项伟大的成就，婴儿死亡率得以大幅下降。对于一直忙于应付外界对他行止放荡不羁指责的博马舍，将自己和搞慈善这样崇高的事业联系在一起，委实不失为精明之举。批评家们把他的作品大加贬低，称不过是些哗众取宠的鸡零狗碎，尖酸油滑，内容空洞，而这项计划则突出体现了蕴含其中的道德主旨：纯洁的婚姻对贵族贪欲和强权的抗争。费加罗自小被人遗弃，后来他通过某种方法找到自己的母亲,这是阿玛维瓦的悲剧中所无法看到的。差不多和1750年代任意一部言情风格的"平民戏剧"一样,正义战胜邪恶(还有才智打败地位)是永恒不变的结局,《费加罗的婚礼》也不例外。

另外,母乳喂养不仅仅关系到大众健康。提倡者确实一直在强调,母乳喂养对于降低婴儿死亡率,让法国摆脱人口衰减的威胁有着多么大的益处(总是官方的论调)。但是到底能否提高婴儿的存活率,究竟是用自然哺乳,还是纳入社会统筹,一直存在相反的意见,双方都试图从乳房的道德内涵来寻找有力依据。有一种主张,认为抵制母乳喂养的想法根本上是肉欲自纵者大行其道,家庭责任多被抛弃所致。人们认为,哺乳和性交是两个互相排斥的过程,一方面是避免母乳受到污染,另一方面是怕男性在行房时会感到恶心。因此,男性作家,包括卢梭和他的朋友内科医生特罗尚大夫,都把母乳喂养比例下降归结为女性淫荡放纵,要不就是生怕惹得丈夫不快。但是玛丽-安热莉克·勒·勒布尔(Marie-Angélique Le Rebours)在1767年的时候出版了她那本《给想亲自哺乳的母亲们的建议》,对于男性因为性习惯被打乱而心怀不满进行有力驳斥,并谴责那些产生强烈嫉妒心,以及因为孩子哭闹而暴跳如雷的男人。乳房究竟是半露在时尚低领胸衣间勾人魂魄的尤物,还是凝聚着母亲对孩子无私奉献的上天恩赐,如今成了一个争论不休的问题。有一部戏,是宣扬母乳喂养的种种好处的,叫作《真正的母亲》(怀胎七月的),剧中的女主人公痛斥自己的丈夫将自己作为泄欲的工具。"你的心思这么龌龊,竟然只把女性的乳房——自然的恩赐——当成女人胸前的摆设和装饰?"

色欲和母性,有时候也能通过特殊的方式合二为一,至少卢梭就有过这样的经历。在推广家庭母乳喂养的运动方面，他可是无人替代的权威人物。在《忏悔录》中，他承认（还有其他一系列事情）某次瞥见薄纱低胸衣内的一只胀鼓鼓的乳房，心中便萌生了冲动。同样，也是因为看见某个威尼斯的妓女乳头瘪了进去，这使得他对这个女孩子的看法发生了转变，从美艳非凡的精灵变成了淫荡可恶的怪物。而他和他的女监护人之间所发生的一切，则影响到了他的一生。在和德·华伦夫人（只比他大12岁）成为情侣之后，他仍然称呼她"妈妈"。同样地，让-巴蒂斯特·格勒兹（Jean-Baptiste Greuze）则是将家庭生活的诗歌和戏剧，通过绘画使之引起公众关注的最成功的艺术家。他的作品中所蕴含的道德内涵，受到德尼·狄德罗一再称赞，而他也非常善于把一些性感和纯真的东西捏合在一起，他的那幅在1780年左右画的《白帽》(*White Hat*)就充分说明了这一点。

[126] 对于大多数读卢梭著作的人而言，对于在法兰西喜剧院里听狄德罗的"资产阶级戏剧"，在公共沙龙欣赏格勒兹的家庭悲喜剧画作的公众而言，问题要简单痛快得多。代表宫廷趣味的洛可可艺术，因其过度追求繁缛无用的修饰，一味地在细枝末节、技巧风格上下功夫，把优雅华贵推向极致，于是一股逆向潮流在当时正逐渐显露出来。和这些虚无空洞、注重形式的手法不同，这种艺术已经把道德作为推崇的要素。在这个新世界中，心灵优于头脑；激情胜于理性；自然超越了文明；随性强于巧思；简单胜过了繁缛；天真压倒了老练；精神打败了智慧；淳良胜于时尚；它更接近莎士比亚和理查逊，而不是莫里哀或是高乃依；浑身洋溢着英格兰田园风光的气息，而非法兰西和意大利嘉树芳苑的奢华。它催生了一种新的文化表达，浸

淫于热情勃发的浮想之中，不但让那种轻佻纤弱、炫耀机智的洛可可艺术黯然失色，更让凝重恢弘、神圣庄严的古典主义文化相形见绌。曾被大肆滥用的字眼，比如温情，还有心魂，很快就被看作是敏感细腻的辞藻；而以往脱口便说的友情之类的词，也都被赋予了一种极度亲昵的感觉。还有些动词，比如沉醉，当它和愉悦或是激情这两个词放在一起，就带有绅士的高尚气度，不是那种无赖恶棍的臭德行。最要紧的一个词就是情感：这是一种感受强烈的本能直觉。拥有一颗多愁善感的心，才可能谈得上拥有高尚的道德情操。

将内心情感流诸言表，在当时已经开始被人们接受了。珠贝坠件上带着心上人的画像，或者是小挂盒里装着伴侣或者孩子的一缕鬈发，对于那些情感细腻的人而言，都是极为平常的举动。当青丝尚在，斯人已去的时候，往昔的记忆变得更为酸涩，而到了 1780 年代，当有孩子夭折的时候，人们已经不再像以往那样，听天由命，强压悲痛，更倾向于毫不掩饰地倾吐内心的哀伤。写情书也都是从卢梭的《新爱洛伊丝》(*Nouvelle Héloïse*) 里面抄来的句子，既满含激情，又肉麻夸张，紧接着便是一大堆倾吐衷肠、剖明心迹的话，《新爱洛伊丝》一书中女主人公朱莉·德·莱斯皮纳斯（Julie de Lespinasse）的 180 封情书中，有一封写得就颇有代表性，看来情绪激动："亲亲爱人，我爱你，是因我不得不爱，乃至于无休无止、心狂意乱、悲喜无常。"

在这种全新的情感表达方式中，流泪不再被看作软弱，而成了高尚的象征为人们所珍视。泪水之所以可贵，是因为（想来应当如此）它一旦宣泄便不可阻遏的缘故，是反映内心真实感受的面部表情。泪水能撕破粉饰的伪装，让一切虚情假意都暴露无遗。更重要的是，大哭一场恰恰能表明一种不失儿女本性的赤子情怀。故而卢梭小说中的男女主人公，都像他本人一样，温和善良，稍有烦恼，便会低声抽泣，或是默默流泪，甚至痛哭失声；剧评家在听到格鲁克时，沙龙评论家在看到格勒兹时，也会这么悲悲戚戚的。1765 年的沙龙展上，当夏尔·马东·德·拉库尔（Charles Mathon de La Cour）看到了画家那幅《为她死去的金丝雀而哭泣的少女》（*Girl Weeping over Her Dead Canary*）的第二版，他将少女搬上了舞台，年龄都做了详细规定（大约 11 岁），"她是那么甜美，谁见了她都会变得温存和善。"因此，她的泪水，带有一种童心未泯的烂漫，又有一种初谙世事的天真。在定下这样的基调后，他便开始以画家特有的细腻的笔触，来极力表现这种泪水盈盈的哀痛：

> 我们可以看见，她哭了很久，悲痛不已，整个人都要虚脱了。泪水打湿了她的睫毛，眼眶都红了，嘴巴还在随着滚下的泪珠抽动。看看她的胸脯，还依旧能让人感受到她抽泣时颤栗的样子。

他还说，"不论是鉴赏家，或是女人、纨绔子弟，还是学究、智者、无知者、蠢汉，看到这幅画都会萌生同样的想法，"因为在画中，"人们看到了自然天性，都会感受到画中少女的悲伤之情，首先想要安慰她。有好几次，我都注视了它好几个小时，沉迷在既甜蜜又温柔的悲伤之中"。

将观者直接带入画面所展示的情感天地，正是他所擅长的（同时，也正如迈克尔·弗里德所认为的，向观者传达情感背后的故事），这也正是格勒兹的家庭剧富有说服力和感染力的原因。"触动了我，也震惊了我，使我惊慌失措，令我战栗不安，也让我颤抖、哭泣、战栗、生气。"狄德罗这样说道。不管怎样，在他最具雄心的画作中——例如，1761年创作的那幅《乡村里的订婚》(The Village Bride)——格勒兹给众多观者带来的无疑正是这样的感受。许多同时代人报道了当时触动人群的那股情感的激流。当人们为这些作品蜂拥而来，围得水泄不通，正如狄德罗所说，如不奋力向前挤是很难看到的。画展中有两幅是一组画，一幅是《忘恩负义的儿子》(The Wicked Son)，还有一幅是《忘恩负义的儿子遭受惩罚》(The Wicked Son Punished)，说的是某个后生，置家人于不顾，前去投军，而回转家乡却来迟一步，家中老父已然撒手西去，马东·德·拉库尔这样评价道，他不知道是否应该建议格勒兹将素描加以润色，以油画的形式完成创作，因为"观赏（现在这个样子的）这两幅画，会让人心生痛苦。它们对人们的情感影响太深、太大，以至于观者不忍直视"。

这种前所未有的浪漫敏感的情绪爆发体现出一种巨大的文化转变，其重要意义不仅仅体现在文学领域。它代表着一种形诸文字，流于言辞的新表达方式，而这也将成为大革命时代的标准话语，不仅仅大革命的受害者，而且那些满腔仇恨的大革命发起者也完全接受。米拉波和罗伯斯庇尔的讲演，德穆兰和罗兰夫人的书信，还有共和政府精心组织的那些节日庆典活动，都传递出人们对精神，对人性的柔软，对真理、美德、自然和温馨的家庭生活的向往和追求。格勒兹画中宣扬的那些高尚情操，在大革命时期也被看作是基本的道德规范。"正是美德以本能的速度即可探明何者将有利于全体的利益，"梅西耶在1787年曾经这样写道。"理性可以用险恶的语言，使用迷人的色彩，描绘出最暧昧的想法；然而美德之心永远不会忘记最卑微的公民的利益。具有美德的政治家的地位应该居于聪明的政客之上。"而这也正是罗伯斯庇尔的观点，正如他一贯所说的，政治无非就是公共的道德。要有母性；要有和谐的夫妻生活，以哺育儿女的责任心，克服男女情欲；要尊敬长者，爱护晚辈：上述这些价值观，将会成为全体公民的道德理想。在这个价值体系中，私人空间和公共领域二者没有什么界限。而实际上，家庭生活有益身心，被政府看作是爱国主义道德情操不可分割的一部分。体现在绘画方面，最具典型意义的可能就是那幅《被深爱着的母亲》（*The Well-Beloved Mother*）了，这幅画是总包税商、多产作家拉博德（Laborde）请人创作的，意在让人看看他的家庭有多么和美，完全可称模范之家。画作在沙龙展出后，受到了狄德罗的赞誉，称此画"在两个方面都极为优秀：作为艺术作品和作为美好生活的典范。它赞颂人民，带着深深的情感描绘出了家庭生活的无比幸福和崇高价值"。

　　大革命的一代人，对于这种过度紧绷的情感表达方式可说是再熟悉不过了。格勒兹在1769年的时候，曾经画过一幅名叫《塞维鲁与卡拉卡拉》（*Severus and Caracalla*）的历史风俗画，内容是罗马皇帝斥责其子暗中作乱，作者希望通过这一题材，来诠释他对父子之间冲突的理解，但是却栽了一个大跟头。这幅画非但没有使他在学术院获得崇高地位，反而使他"风俗画家之资质"大受质疑，地位一蹶不振。但是尽管在1770年代，风格严肃的古罗马历史题材油画方兴未艾之前，他的名字已经渐渐为人淡忘，但1750年代和1760年代他的那些家庭伦理剧，却依然牢牢地抓住观众的想象，让-乔治·维勒（Jean-Georges Wille）和其他一些艺术家甚至还搞了雕塑，使其影响进一步扩大。

尽管格勒兹的画作、狄德罗的戏剧和卢梭的小说一道,有时被归为中产阶级艺术,但我们必须知道,喜爱他们作品的,都是社会最上层的人物。如果说,旧制度实际上是被崇尚理性的人暗中颠覆的话,那么实际上更多的破坏(正如其他各方面)是一种自我毁灭。《婚约》(The Marriage Contract)这幅作品,画的是一个新教教徒在举办婚礼,画面中有个公证人充当司铎,他站在那里,恰恰和铺张奢靡的王室婚礼形成了很好的对照。这幅画被路易十五的工艺大臣马里尼侯爵(Marquis de Marigny)出资买下。而他的妹妹,就是国王的情妇蓬帕杜夫人(Madame de Pompadour),也就是她在1752年阻挠卢梭的歌剧《乡村卜师》(The Village Soothsayer)在枫丹白露的首演。创作者用了很大的心思来设计场景,故意让演员打扮得很邋遢,"胡子拉碴,假发也没戴正"。舞台布景、故事情节和配乐都带有一种简朴粗犷的乡村风格,以此展现儿童般的自然天性压倒都市和宫廷文化的作品。《法兰西信使报》(Mercure de France)给予的高度评价可谓恰如其分:"非常真实,剧中的音乐抒发了难得的纯真气息。"

[129]

路易十六登基这一时期,这种痴迷陶醉的情绪仍然未见褪去。实际上国王的父亲,故太子据说听到卢梭对简朴的手工艺的赞颂,深为所动,就请来锁匠来辅导自己的儿子。而玛丽-安托瓦内特的教习,则是她的裁衣总管罗斯·贝尔坦(Rose Bertin)。在她的影响下,玛丽从来都不掩饰自己对相对简单的衣饰风格的钟爱,那种到处点撒鲜花,故作田园惬意的装扮,最能引来人们崇拜艳羡的目光了。她的朋友伊丽莎白·维热-勒布伦(Elisabeth Vigée-Lebrun),甚至还在肖像画中,故意把王后画成意态闲散，极为随便的样子，画上还摆放着草筐和圆帽。在小特里亚农宫内，景观建筑师米克（Mique）还给王后造了一个"田园村"（Hameau Rustique），里面放养着身上扎着缎带的母牛，另外还引入阿尔卑斯山的绵羊，并在园子里装上水磨，这样设计，确实是想要在王宫深院的奢华繁缛中营造出一种简朴率真的乡村风味，只可惜理解上谬误甚多。后来到了1789年时，会出现一些关于玛丽-安托瓦内特下流拙劣的恶搞，她妆扮成牧羊女，还自己煮鲜鸡蛋当早餐，而另一边，在法兰西岛的各条街道上，衣衫褴褛的农民却在沿路乞讨。

甚至更加让人吃惊的是，1782年，玛丽-安托瓦内特亲往巴黎郊外25英里的埃默农维尔（Ermenonville），拜谒卢梭的陵墓。因为如果说对于正在萌芽成长的公民而言情感算是他们的非正式信仰，那么埃默农维尔就是他们敬慕瞻拜的圣地。那里是家境殷实的骑兵军官和总包税商吉拉尔丹侯爵（Marquis de Girardin）给卢梭准备的最后一处"清净居所"，在此可埋头创作，或是悠然漫步，不受打扰，近乎隐居。卢梭喜欢这样的生活，也主张人人都过这样的生活。一直到死，卢梭都像个孩子一样，非要认吉拉尔丹和他夫人做他最后的"父母"。他是在1778年7月初去世的，尸身未寒，巴黎便流传着关于其对遗孀泰蕾兹的遗言的种种猜测：说是两人生养的五个小孩尚在襁褓之中，便已经丢给弃婴堂了，还有那本《回忆录》，或者叫《忏悔录》吧，剖明心迹，坦诚真挚，可谓是前无古人，某些社会名流，像狄德罗和埃皮奈夫人（Madame d'Epinay）等辈，都巴不得这本书被早点查禁。过了不久，有很多好奇的观光客开始陆续来到吉拉尔丹的庄园拜访。起初是《巴黎日报》的编辑，这些人对卢梭知之甚多，他们早就急不可耐了，一心要把卢梭的那些遗稿残篇搞到手。到1779年年中，生前饱受人们冷落的卢梭，已经被尊为万世不朽的圣哲。日内瓦竖起了他的塑像，乌东（Houdon）为他在巴黎建造了一个半身像；某家半官方的名人讣闻录还将他的肖像和颂词与伏尔泰、蒂雷纳（Turenne）和亨利四世等人的真容和诗赞列在一起；在巴黎，《乡村卜师》一剧又热了起来，吸引了大批观众前来观看。在1781年，出了一本卢梭编写的乐谱，名字就叫《安慰我生命的悲伤》（*Consolations for the Sorrows of My Life*），并且以其寡妻的名义，将卖书所得捐献给了弃婴堂。订户中就有王后和本杰明·富兰克林的名字。

[130]

早在1780年，《秘密回忆录》的作者就声称："法国人口中有一半都前往埃默农维尔参观因为他而成为圣地的小岛，仰慕他的品德和思想的朋友们每年都去那里进行一次丰富自己哲思的短途旅游。"吕克-文森特·蒂埃里（Luc-Vincent Thiéry）将埃默农维尔列入他的巴黎近郊乡村观光指南中。不过真正能为朝圣者提供全面周到的游览线路的，还得说是庄园主人吉拉尔丹侯爵本人。他那本《漫步》（*Promenade*）既是卢梭心路历程的缩影，也是一次精神世界的畅游。吉拉尔丹说得很明白，他的这个园子，不应被看作是封建领主的山庄别业，而是献给所有卢梭信徒的丰厚馈赠。"不需主人同意，大家可以随意进去参观。"他这样强调。这实在是太乐观了，竟然想要亲自为每一位"海外名流或者艺术大师"担任导游。

"这本书是写给你们——卢梭的朋友们——的。"吉拉尔丹带着一种平和真诚的语气写道。读他的游记，感觉就像是有一只温柔的手，引领着卢梭的追随者们穿越洋溢着道德芬芳的风光地带。不但要求参观者对于卢梭的著作和生活要有极为深入的了解("这里是他的小木屋";那里又是圣普里科斯一腔热情被浇了冷水,久久不能忘怀的地方),还要合他兴味。三四个小时的旅程,一开始是小村落,按照蒂埃里的话说,"看起来像是忠诚的恋人们居住的地方",之后便来到"一片树林,这里万籁俱寂,让人觉得偏僻孤寂,走到林子深处时不免有些胆寒",眼前豁然望见一所小教堂,供奉自然之神,神像倏然惊现于草甸之中,边上还立着石碑,是为了纪念哲理神灵。在这之后,为了增添"野趣",就只种些针松、雪松、刺柏之类的,边上峭岩绝立,飞瀑訇流。自此前行,可以看到一片池塘,池畔有一块石头,上刻《新爱洛伊丝》中彼特拉克(Petrarch)与朱莉(Julie)的诗句。而后或能寻得人迹,然终不过是匠心最精艺处,水磨、酒碾而已。尖塔倾圮多年,涧底肥鳞济济,"荷式"草茵牧放牛羊,颇为膘壮,前有旷野,每次到了特别的纪念日,园主就广纳乡民入园,令其作恬然之状,消遣自在,载歌为乐。

[131] 朝圣者瞻拜的神物,自然就是坐落于湖心白杨汀上的卢梭墓冢了。那里有一条长凳,显然是让母亲可以为幼儿哺乳,而其他的孩子们则可以尽情玩耍。朝圣者还可以仔细端详吉拉尔丹竖立的这方简朴的纪念碑,上边刻有这样的铭文:

> 杨树林内,宁静的树荫下
> 静卧着让-雅克·卢梭
> 慈母、长者、孩童,所有情真意切的人啊
> 你们的朋友在该墓中长眠

读到这里,必须得哭。"让你们的泪水肆意流淌吧,"吉拉尔丹这样写道,他的手臂环搭在瞻仰者肩头,"此刻的泪水最纯

净、最天经地义"。

有些极度虔诚的信徒,在追随这位天才孤魂的道路上走得更远。路易-塞巴斯蒂安·梅西耶和他的朋友日内瓦人艾蒂安·克拉维埃(Etienne Clavière)横穿整个瑞士,各处瞻拜卢梭生前到过的重要地方和结交过的名人。玛农·菲利庞(Manon Philipon)还是个小女孩的时候,就非常迷恋朱莉。她也偕同丈夫,未来的吉伦特派部长罗兰一起,踏上了瑞士之旅,探访了当年卢梭和泰蕾兹成亲时的证婚人。玛农并不满足于自己对卢梭的痴迷,还要自己的丈夫也向沃尔玛看齐,这个沃尔玛虽然上了年纪,为人刻板,但是对感情非常专注,朱莉也一心一意跟他过,这总比家庭教师圣普里科斯那样的傻小子要强。她在写给罗兰的信中,将这种认同说得很明白:"刚读罢朱莉,记不得是第四遍还是第五遍……于你我而言,或与彼等名流相处甚洽,彼等当能发觉,我二人与之性情相投,彼亦正同我二人脾气能合。"

《忏悔录》于1782年出版,引言部分承诺"展现人物各面情态,真切自然",这就更进一步拉近了卢梭和他的追随者的距离。卢梭在世的时候,据罗伯特·达恩顿(Robert Darnton)说,这些支持者们写信给他在阿姆斯特丹的出版商马克-米歇尔·雷伊(Marc-Michel Rey),问他身体可康健,起居可安好,就如同他是亲密的友人一样。除了他大胆承认抛弃自己的骨肉,并坦白他有手淫、受虐等诸多恶习,以及他和德·华伦夫人在三角畸恋中共同度过的岁月,其他什么也没有多说,但是无论怎样,他们对卢梭本性纯洁的笃信,没有因此产生丝毫动摇。他对自己各种邪恶的思想完全公开,毫无隐讳,这种惊人的坦诚与他的贤德之名相得益彰,更加坚定了他们的信念,把他看作是本世纪最高尚的正人君子。卢梭非常固执地认为，他遭到那些嫉恨他的启蒙哲人的僭害，这些人里，有他昔日的好友狄德罗、伏尔泰，以及梅尔希奥·格里姆等人。这种想法引起了许多文人的共鸣，他们也都感到自己遭受巴黎文学界的冷落，并认为之所以如此，乃是庸人不能相容，暗中排挤。他们也有着和卢梭一样的矛盾心态，既需要贵族资助，又对时风奢靡、理性沦微的现实加以抨击。

于是在下层文人中，卢梭就成了神灵（直呼其为神）。他受倾轧，遭冷遇，萍踪浪迹，漂泊四方，很快便成为了他们的一种慰藉，被他们看作是先知圣人。这些文人将他对于自然、美德和真理的承诺，看作是他们的福音。

历史学家们一直想要通过详细了解当时的人们，对于他那些严肃的政治理论著作，尤其是《社会契约论》的熟悉程度，来探讨如何评价卢梭对大革命这一代人的影响。尽管有越来越多证据表明，人们在大革命之前就已经读过，并且读懂了这本书，但是很显然，它从来不像他那本教育"传记"《爱弥儿》和《新爱洛伊丝》那样，拥有如此广泛的读者群。但倘使想当然地认为，这些著作对人们的政治信仰没有产生多大影响，那就是对"政治"这一概念理解得过于狭隘了。他研究人性美德和社会伦理的作品，和研究主权、人权的作品一样，都进一步加剧了人们对现状的反感，并确立了一种新的忠诚。实际上，他拥有一大群的年轻信徒。这些人都相信，集体道德的回归和政治面貌的重塑，都是完全有可能的。做到这一点，童年时代的天真烂漫就可以一直保持到成年，这样一来，美德与自由便能相得益彰。

至于如何达到这样的境界，在卢梭的所有著作中，人人皆知却偏偏写得含糊其辞。如果说,他一生对于发动叛乱并不特别反感,至少也在提出建议的问题上非常谨慎。他所树立的,并不是一张通往革命胜利的路线图,而是一套经典言论,借以表达心中的不满,也明确地指明了目标。最为重要的是,他提出了一种方式,使自己置身于朋友中间,那种归属感会让自我折磨——这正成为18世纪后期一种时髦的消遣——得以缓解。原本个人追求彻底自由,政府则急于加以束缚,两者之间存在不可调和的矛盾,现在这种对立不复存在了,卢梭用另一种政治形式加以取代,自由不再受到冷落,而是被寄予热望。个人权利可以服从"普遍意志",条件是,全体能够起到保护个人利益的作用,故而到那时,公民可以真正说一声(这就是该理论所主张的),他第一次成为了自己的管理者。

这种个人与集体达成的契约本身存在不可能实现的矛盾,而这种矛盾将会在大革命期间,以极端残酷的方式完全暴露出来。但是对于1780年代卢梭的信徒而言,建立这样一个现实可行的,将专横的"我"融入同志般亲密的"我们"中去的世界,前景一片光明。至少那部乐观向上、场面壮观的两幕剧《至福乐土的集会》(*The Assembly on the Elysian Fields*)中描绘的场景,给他们带来了希望。这部戏实际上也是对卢梭不朽灵魂的礼赞。自然,朱莉出场了,还有那个苦不堪言的伴侣圣普里科斯,手里还拿着一束玫瑰花;爱弥儿在深林中遭到一个狂热怪物的袭击,最后被真理之神给救了下来;另外还有一个场景,里面有一个哺乳的母亲,一个吃奶的娃娃,还有一个奶妈,都在极力夸赞代表母性的乳房。但是这个壮美场景中有一个局部的特写显得很不协调。在整部戏中,卢梭本人表现得异常沉默,完全游离于他创作的这部作品之外。而只有当他的这种情感通过公

[133]

共演讲的雄辩力量广泛散播开来,才成为了革命的语言。

三、慷慨陈词:古代回响

1785年8月的一个下午,《巴黎日报》的一名通讯员看到一位年纪约略二十五六岁的年轻人站在沙特莱大厦前的讲台上,正在对着人群发表演说。作为高等法院最新任命的助审法官(advocate-general),埃罗·德·塞谢勒这还是第一次以这样的方式行使自己言论自由的权利,而且对他的主题他越讲越起劲。此事意在触动那些"善感"之心。看上去,似乎这是一个出身寒门、白手起家的年轻人,现在希望通过捐助圣叙尔皮斯教区贫民的方式来感激命运的眷顾。但是无意之中,他却违反了举办这类捐助活动的官方规定,结果导致沙特莱法院宣布这些捐助无效。埃罗要做的就是坚持捐助人的索赔要求,在人群面前大声斥责法院取消捐助的荒谬可笑。但是更重要的不是他所说的内容,而是他说话的形式。因为不管对于那位记者也好,还是对那些普通听众也好,这都是一场在公共场合的口才表演,这位青年就是想要掂量掂量自己的本事,看看能吸引多少人,让他们自发地聚拢过来听自己讲话。

根据这同一篇报道,埃罗这次公开讲演可说是一炮打响了,更为难得的是,他没有那种舞台表演的夸张做作(尽管事实上这位未来的雅各宾党人,还是借鉴了女演员克莱龙(Clairon)小姐的经验):

> 这位年轻法官的话语雄辩有力,但毫不矫揉造作;他说出的话跟法律一样冷静、清晰;他能很好地控制自己的

感情，这样才能保持头脑清醒，发现事情的真面目。他将自己的信仰和知识徐徐道来……从不用无理性的演绎推理……他能聪明地运用恰当的语调表达自己支持的事业，所有听过这个年轻法官讲话的人都会对他的智慧欣赏不已。

即使埃罗所采用的是严肃刻板的执法人员的口吻，他的这一整套表演显然也是事先精心准备的结果。讲完后，人群中掌声如雷，而他也非常谦虚地挥手致意，表示要将这掌声和欢呼送给那些替他引荐介绍的前辈同僚们。这种演技真是高明，在今后埃罗也将借此在国民公会中理所当然地赢得很高的声望，甚至到最后，和他的难友丹东一道被押上断头台，依然如此。可是在1785年的时候，连那位老于世故的《巴黎日报》记者都被他打动了。"他（埃罗）把自己的成就归功于他人，没有人比这位才子更谦和文雅了。"有人由此想到了在里昂剧院中的皮拉特尔，也曾经把压满额头的月桂冠摘下来，戴在了梦高飞这位新时代的罗马英雄头上。

严肃过了，谦虚过了，接下来该真情流露了。走下讲坛，埃罗的一些同僚，那些高等法院的法官们，便上来和他拥抱，其中包括大名鼎鼎的演说家热尔比耶（Gerbier）。在公开场合，埃罗总是称呼他是自己职业上的"教父"。这位作家说，他的心灵"从未像在如此场景下这般感动"。

尽管埃罗非常精明地装出一副初出茅庐的样子，似乎不懂怎样合乎规矩地发表演说，可是实际上26岁时，他已经是个中高手了。和许许多多当时最富口才，最具抱负的激进人士一样，他也是贵族出身。他还是明登战役的烈士遗孤，跟拉法耶特的身世相似，他的父亲是个骑兵上校，带兵向英军发动无谓

[134]

的冲击，结果这一仗，法国将门豪族中的精锐折损大半，上校伤重不治，死在了卡塞尔，这一年埃罗刚刚出生。他的祖父是伏尔泰的校友，巴黎警察总监，曾禁止在公共场所斗牛，还曾组织人力将京城中那些臭烘烘的街道上的脏东西清理干净。在这种爱国主义和热心公益传统的熏陶下，早慧的小埃罗·德·塞谢尔自己下定决心，"要做文臣，不做武将"。他曾在奥拉托利会（Oratorians）接受教育，并且由于亲戚的提携，年仅19岁的他，居然已经受命担任高等法院的御前法律顾问（avocat du roi）之职。他多半研读过某本关于法院辩论的最新标准著作，诸如皮埃尔-路易·吉恩的《律讼雄辩术》（The Eloquence of the Bar, 1768）之类的。他最擅长为那些受人同情、被看作是"遭受压迫的受害者"的典型辩护，因此博得了相当不错的口碑。举一个例子来说，某次他接了一个遭丈夫遗弃的妇人的案子，雷恩高等法院根据丈夫的要求，判她出家修行，还有一件案子，是为一个私生女提供辩护，她亲爹想要侵夺她母亲留给她的财产。

[135]

1779年，埃罗又一次发挥了他文辞华丽的才能，这一次是参加学术院的征文竞赛，要为12世纪圣但尼教堂的伟大缔造者叙热神父（Abbé Suger）写一篇颂文。当时的埃罗不过20出头，即已经深受卢梭思想的影响（这也可以理解），不过，令人稍感意外的是，他还对博物学家布封推崇备至。1783年，他和他的贵族伙伴米歇尔·勒佩勒蒂埃（Michel Lepeletier，也是出身于司法界望族）一同前往苏黎世，开始了一段瞻仰伟人的朝圣之旅。尽管布封身边的那些人坚持说，因为罹患胆结石，剧痛难忍，这位大学者没法会见埃罗和勒佩勒蒂埃，但埃罗还是透露出消息，也可以说是通过出版著作的方式，详细披露了这次会面的详情。在书中布封被描写成一位气度威严的圣贤长者，身上保持着一种天生就有的单纯，还给这两位热情满怀的年轻追随者送去祝福。他身着一领黄底白纹洒青花的长袍：

> 他庄重地向我走来，张开双臂……说道："从你想见我那时起，我就将你看作老朋友了。"他长得仪表堂堂，神情高贵而平和；虽然已经78岁高龄，但看起来顶多只有60岁；更让人称奇的是，他已经16个夜晚未合眼，并且现在依然在受着剧烈病痛的折磨，但他看起来依然如孩童一样精神抖擞，安然自若，仿佛根本不曾生病一样。

埃罗在自我吹嘘方面很有一套，也算是个年富力强颇有才干的演说家（而且相当英俊），他在这方面的名望甚至连王后都有所耳闻。不管怎么说，他毕竟也算是供职高等法院的"御前"大臣之一。于是王后便在宫内召见他。很显然，埃罗骄矜自许的气质深得王后赏识，于是便特赐绣帨一条，作为赏赐。埃罗于是逢人便大肆吹嘘，说自己怎样大受宠遇，据说这条王后所赐的围脖，在他成为雅各宾激进派的数年之内，一直就这么戴着，直至自己被送上断头台为止。就在沙特莱表演之后一年，也就是1786年，他获得了一项殊荣，即在巴黎高等法院恢复职能重启新阶段的时候，率先搞一场所谓的"鼓动演说"。这次公开活动，场面颇为隆盛，埃罗的一个律师同行在《法庭公报》上这样写道："听众人数众多，大家都在急不可耐地等着他开始演讲。他的演讲在形式和美感方面都带有古代共和国演说家的风范……他不时被热烈的掌声打断，最引人瞩目的是，他的话语中充满了催人奋进的热情，并让听众意识到自己也无比强大，发现自己的力量所在。"

[136]

埃罗早期的辉煌成就或许得益于他的家庭出身、教育背景和社会交往。但是正如他在《对雄辩的反思》(Reflections on Declamation)中所坦承的那样，主要还是靠着系统的开发口才。凭借口舌之能，他可以在旧制度下步步高升，也能倚靠为人正直、清介中允的名声，成为公众关注的名人。尽管如此，将法律界视为一种普遍化的公共讲坛也是有其局限的，在遭受严峻考验之时，它就有可能排斥而不是吸收激进分子。很大程度上，这要看演讲者采取的是怎样的立场。埃罗，还有他那位日后投身革命的同事、1791年宪法草拟者之一塔尔热，在高等法院和王室发生矛盾冲突的过程中，在绝大多数问题上，都是坚定地站在法院这边的。一直到1788年末，他们开始在三级会议的形式和组成问题上和法院产生分歧。不过那位在1760年代为开创律师直接请命于民的新观念和新实践，极力奔走，居功至伟的西蒙·兰盖(Simon Linguet)，此时却反过来投入到反对高等法院的斗争中去了。

兰盖纯粹就是旧制度下开展公共活动的一个奇才。差不多对所有的政府部门来说，他都算是个刺头，革命政府后来搞的那套阴损毒辣的控告手段，疯狂暴躁的煽风点火，实际上是有所师承，都借鉴了兰盖开创的一套讲演和写作的风格。直到最近若干年来，兰盖在人们笔下，充其量不过是个行止偏狭的怪才，太过诡诈矫俗，因此不可能对旧制度匡济时政施加实际的影响。达兰内·盖伊·莱维(Darline Gay Levy)写的那本非常精彩的《兰盖传》，算是极力替他澄清事实，挽回声名。于是很快人们都意识到，法国政治生活中的方方面面，差不多都有兰盖的参与，他的才干与名望几乎无所不在。早在1760年代，少年老成的兰盖就当上了辩护律师，并因为接手了一系列轰动一时的大案而名声大噪，一时间众说纷纭，褒贬不一。这其中包括有德·拉巴尔骑士的那件案子，有人告发他毁坏耶稣十字像，于是巴尔骑士被判剜舌、斩首，身首分离，各自缚于火刑柱上焚烧。由于利用职业身份，对朝臣、地方法官蓄意攻讦，兰盖被剥夺了律师资格，于是他转行从事新闻业。在这一领域内，他尖刻猛烈地进行文字批判的天赋才能被发挥得淋漓尽致，和他慷慨陈词的本事相比毫不逊色。在他的文章中，有两点对于后来革命演说的直接启示是其他任何方面都无法比拟的：一是他留意用饥饿、贫困以及生存这些问题，来驳斥那些鼓吹"自由"的言论；二是在因一封密札入狱两年之后，他于1783年写下了充满激愤之词的《巴士底狱回忆录》。兰盖的这本回忆录极为畅销，书中清晰地勾勒出了旧制度专制主义黑暗阴郁的形象特征，一个凝聚着1780年代后期人们积郁已久的所有狂躁、愤怒和绝望的社会，称得上是一部绝无仅有的奇书。

[137]

兰盖确实是以律师身份作为公共喉舌的第一人，也正是他为后来者轻松地实现从法庭上慷慨豪言发展到针对政治问题各抒己见，提供了现实可能。他的那本出版于1762年的《亚历山大世纪的历史》，已经开始对古希腊为民伸张正义，大声发出"人心之呐喊"的律法雄辩家理想进行了回顾。相比较而言，现代国家已经在司法程序中，将公共讲坛的重要作用削夺殆尽，使之囿于秘而不宣的封闭环境之中，即使公开，也不过是走走形式，做做官样文章而已。一个天生优秀的演说家，就是要摘奸发隐，让其大白天下，遭受民众的谴责。

兰盖还进一步利用他打的那些官司来达到目的，借着自己在高等法院大判事厅演讲的机会，把前来听讲的群众发动起来，怂恿他们时而鼓掌欢呼，时而吹哨庆祝，时而捶胸顿足，就和剧场内的观众一样。他相信,他的这些案子(很少有打赢的)可以说是直指人心,触动灵魂的。在拉巴尔一案中,他每到动情处便停顿下来,让人听得荡气回肠,实在也值得格勒兹细心描摹一番。在论及拉巴尔同伴的那份供状时,兰盖直斥其为野蛮威逼下的伪证,还绘声绘色地称"这个不幸的孩子,屈从于法官的淫威……"除了拉巴尔的这件案子,他还为邦贝勒子爵(Vicomte Bombelles)的那位新教太太当过辩护人。子爵为了讨一个天主教徒做老婆,将其遗弃,她的孩子们也都被送入天主教学校照管。这场官司兰盖虽然打输了,但是却赢得了公众的称赞。他哗众取宠的这套伎俩让地方官吏极为反感。某位王室法官便训诫年轻的律师们不要"效仿他……无论是他对一切都以嘲讽进行掩盖的危害甚大的辩术……或者……他的胆大鲁莽,竟然挑唆公众,试图胁迫法官的判决"。

只要兰盖在政治上不和当局为难,他在大庭广众之下煽动破坏的这种行为,官方还是能够默许的。但是他的那本《民法理论》却没有站在和国王发生矛盾的法院一边,反而对"东方专制主义"采取赞许态度,认为其是最好的国家制度,因为只有采取专政,才能确保人民免受物资困乏之苦。他顽固地坚持这种蛮横的反动立场,甚至走向了极端,他替蓄奴制辩护,认为相比劳动力市场"自由放开"的做法,奴隶制能更好地协调个人社会义务和个人物质需要之间的相互关系。更有甚者,兰盖还对司法人员处理重大案件的个人资质和能力进行严厉抨击(其中很多人没有受过什么正规教育,他们都是捐班出身)。他打着王法公正、扶危济弱的旗号,直言不讳地对整个司法贵族制度进行抨击。同时,对启蒙哲人,他也毫不留情地一顿炮轰,认为也都是些自命不朽的清贵,这样一来自然树敌极多,人皆

[138]

群起而攻之。1775年的时候,他被法庭剥夺律师资格,于是他在审裁中替自己抗辩,不过此时却有500名听他演讲的支持者,舞刀弄枪地冲进了大判事厅,但结果他还是输了。"我可以像苏格拉底那样赴死",这位人民领袖虽然输了官司,但毫不屈服,他用同芦笛声一样悦耳的嗓音说:"但我不想让恶人们逍遥法外。你们声称是你们在审判我。对此我不否认,但是我会和你们一道走上天底下最至高无上的法庭——**公共舆论**——接受审判。"

他是有意识要把自己塑造成卢梭一样的人,遭迫害,遭孤立,遭排斥,却依然不能压抑内心的渴望,说出内心的感受,兰盖就这么成了一个不可思议的英雄人物,赢得了整整一代年轻作家和律师的崇拜,他们也都是迫不及待地想要做古希腊、古罗马的护民官呢。兰盖是雅克-皮埃尔·布里索(Jacques-Pierre Brissot)从外省到巴黎所寻找的第一个人。布里索也想怎样借着法律职业的功底,将那些成文的辩论观点变得让人可以听到。和自己想要效仿的楷模一样,他对于那些错综复杂的司法程序,也感到益发地难以忍受,也正是通过这些程序,他才得以进入律师这个阶层。对于自己的律师见习资格,他已经感到了厌烦,决心投身重建他心目中的古罗马共和国的律师制度。在这种制度下,律师有权直接在公共讲坛上,在集会群众面前,进行申辩,不再受任何行会等级的限制,也不必担心各种观点审查的掣肘。法官都由国家指定,选拔的标准完全立足于两点:一是为人正直,无可挑剔;二是能言善辩,口才过硬。布里索对于公正辩护的虚构的想象,实际上直接脱胎于兰盖的复古怀旧观念,那是一种"让人难以置信的全体国民的大集会,在那里,一个人可以对着两万人慷慨陈词"的场景。

兰盖和他的崇拜者们刻意强调语言表达的重要性,将之抬升到超越书面文字的地位,因为他们相信,语言的交流,毕竟不大会造成距离与隔阂。从这一意义上说,说话的声音,是一个人"不可分割"的一部分,而编写宣传小册子,出版专题论著,则更容易通不过审查,或遭到压制,即使可以流行,也会被官方修改删节。而口头演讲在人们看来,则在表达上更加自然随意,更能忠实地体现出演讲者独特的个性,因而,出版物中可能会有的强词诡辩、含混其词、瞒天过海这一套伎俩,便没有了立足之地。1770年代当兰盖来到英国时,他却失望地发现,英国议会的发言竟是这样的冗长枯燥、刻板、了无新意,和慷慨激昂、宣扬公德的那种新罗马讲演风格迥乎不同,他能非常敏锐地察觉到两者的差别。

这种卓越的美德,也逐渐得到革命者的高度推崇。实际上在不同公共场所的公开讲话,如革命俱乐部,各类会议甚至是兵营内,都将变得至关重要。在许多紧急关头,演讲者对于观众(不管人多人少)的影响力,往往决定了生死成败。革命演说家口中的滔滔宏论,让19世纪的浪漫主义历史学家们羡慕不已,他们欣赏这种充满表演色彩的、辞藻富丽的演说方式,并试图复原这些演讲作为他们叙述中的场景。而这反过来导致现代的历史叙述直到不久以前都多少忽略了口头演讲对于坚定民众信仰所起的作用。不过,米拉波那篇对王室干涉三级会议的驳论;德穆兰在1789年7月12日那天,站在皇家宫殿的桌子上发表的煽惑人心的讲话;圣-茹斯特在桑布尔与默兹(Sambre-et-Meuse)军团前的激励斗志的豪言,对于在革命开始阶段驱除人们的恐惧与愤怒,代之以兄弟般团结一致的情谊,具有至关重要的作用。从这一意义上讲,说"人民"诞生于雄辩之中也并不为过,反之则不然。与之相对的是,自己的声音如果不能让人民听到,就等于被判了死刑。罗伯斯庇尔确信,丹东就算声如洪钟,雄浑有力,只要不让他有机会对着一大群人说,就照样可以审判他。但是罗伯斯庇尔自己,也就是因为在国民公会的演讲遭遇惨败,他的声音被完全淹没了,这才铸成了他在热月九日的彻底倒台。

因此可以说,公开演讲就是一种公共的权力。而当律师之外,还有其他一些职业有机会锤炼自己的演讲能力。就拿埃罗为例,他就是跑到剧院里去磨炼自己演说的节奏把握和语调调整能力的。在克莱龙小姐的指点之下,他尝试着模仿古典戏剧中一些特定角色的说话风格,一个是莫莱(Molé),还有一个是德·拉里夫(de Larive),这两位都是以扮演庄重的男主角而出名的。另外还有相当一批革命家和演艺界有着很直接的关系,有些干脆就是演员出身,比方说科洛·德布瓦(Collot d'Herbois)、卡米尔·德穆兰、谢尼埃兄弟,还有无套裤汉出身的激进分子龙桑(Ronsin),诸如这样的,不胜枚举。从比利牛斯山区的小镇利慕(Limoux)来的菲利普·法布尔,在图卢兹科学院为了表彰他的雄辩,颁发给他金蔷薇奖之后,他便给自己改了一个更加夸张的名字,叫"野蔷薇法布尔"。这也驱使他走上了四处漂泊的艺术道路,他编过剧本,填过诗词,谱过歌曲,弹过吉他,还当过演员周游各地,在遭遇了一连串的惨痛失败后,最后在大革命前夕来到了巴黎。

讲坛布道是另一种重要的演练形式。在18世纪后期,教会方面曾向巴黎和其他各省派出福音派布道团,来遏制还俗渐成风习的趋势,他们也确实取得了不小的收获,而一些口才最好的大革命演说家也都有天主教背景。克洛德·福谢(Claude

Fauchet）是卡昂主教，就是这样的一个人，在圣母院他自己的"社交圈"聚会中宣扬他的社会平等理想；还有一个是格雷古瓦神父（Abbé Grégoire），他把宽容和平等的权利推而广之，主张犹太人也应当享有这些权利。

在世俗社会中，超越政治范畴之外的公开演讲的机会还有很多。学术机构也需要挑出一批人来歌颂吹嘘一番，不管是刚刚作古的学界英才也好，还是长眠已久的先贤大师也罢。对新近跻身其中的后来者致辞表示欢迎，也是起到同样的作用。巴黎的一些精英分子，就是靠着口才出众而名噪一时的。塔列朗的朋友尚福（Chamfort）就是个例子，他在1769年的时候获得过学术院的辩论奖，并在1781年当选为学术院院士，这在很大程度上靠的正是其出色的口才。在古典戏剧中，那些嗓音低沉的演讲总能博得人们的好感，但更加贴近现实的途径是进拉丁语课堂深造。差不多所有梦想在公众面前滔滔不绝、一举成名的有志之士，都要接受拉丁语的熏陶。

正如关于1786年埃罗讲演的报道所说的那样，对于那些演说家而言，最高的赞誉莫过于将他们和他们所追慕效仿的古代名人相提并论了。法国大革命对于古罗马共和国特别推崇，特别迷恋。他们特别喜欢从西塞罗的演讲，还有萨卢斯特（Sallust）、李维和普鲁塔克的史书中记载的辩论名篇中汲取灵感。以卡米尔·德穆兰来说，在历时短暂的大革命议会期间，他引用西塞罗名言的次数不下43次，布里索也同样通过普鲁塔克转引了10次。布瓦热兰神父（Abbé Boisgelin）在1789年当选为教士代表，而他早在这之前十年，就出版了一本关于古代辩论学的专著，他说过这样的一句话，来概评这位后人引为楷模的名士风范："当西塞罗在元老院侃侃而谈时，他是万民之父。"

布瓦热兰接着又对当下的辩论活动进行批评，认为相比之下，缺少了古人的那种严肃认真的精神，因为"现在已经没有优秀的辩论对手"。过了很久，这种情况才能得到改变。但是那些自觉想要振兴上古政治辩论传统的人，已经将辩论（雅典或者罗马共和国的形式）和谋求自由的政治实践结合了起来。"律师"于是成为了"人民的律师"或者说变成了"护民官"，革命议会中也开始流行这样的叫法，那些试图说服人民代表的声音也能得到公正的对待。

据说在古代某段时期就曾存在过划分积极公民的做法，而当代的革命者就是要通过演说的影响力来恢复这种制度。很有可能，他们在读书的时候便接触到了相关问题，在很多中学中，这都是主要课程。比如在路易大帝中学就是如此，罗伯斯庇尔便是其中的优等生，一些学生的身家背景还比较卑微，有的是小商人的子女，有的是店主的儿子，有些是熟练工的子弟。卡米尔·德穆兰还记得，也是在这所学校里，鲁瓦约神父等一批老师教诲，要学生们追效罗马共和国时代的英贤，培养率真简朴、朴实无华、勇毅爱国的品格。在学校里，学生们还要学习西塞罗的标准演说结构，按照先开场白，次陈述，再立证，后驳论，终结论的顺序步步展开。学校还教会他们如何在演讲中润色章句，掌握暗喻、转喻、惊叹、设问等修辞手法，所有这一切，都在后来的革命演说中派了大用场。

毋庸置疑，从这些古代的共和英雄中间，当代的革命者找到了激动人心的楷模，与此同时，在崇拜之余，他们也敏锐地认识到，他们生活的这个死气沉沉、固步自封的年代，正与罗马历史中所痛斥的那种纸醉金迷、奢靡无度遥相呼应。他们从萨卢斯特的《喀提林阴谋》一书中读到，在迦太基败亡之后，

[141]

"德行开始失去光彩……这是财富、奢欲和贪婪造成的"。相反，在共和国的鼎盛时期

> 无论是在家庭里还是在田野上都很注重培养好的德行……本性而非法律使得人人正直、诚实。公民们只会和敌人争吵、纷争、冲突；他们互相之间只会比较谁的优点更多。他们对神灵慷慨献祭，在家中节省简朴，对朋友则忠心耿耿。

这种私德与公德完美结合的观念听起来有点卢梭的味道，但这并没有妨碍它成为一种典范。同样，西塞罗心目中的新人，也就是那些凭借着良好的公民素质和优秀的辩论口才脱颖而出的人，为1780年代那一代人提供了他们共同的精神标志。

结果便是在古代共和派与现代共和派之间创立了一种强有力的身份纽带。玛农·菲利庞（即后来的罗兰夫人）只有九岁的时候，便带着普鲁塔克的书去教堂。后来她回忆道，"我的共和思想正是产生于那一刻"，阅读那段历史"激发了我的灵感，让我对公共美德和自由开始有了真正的热情"。而有些人确实深深地为其所折服，他们发现要想向现实妥协实在是太难了，几乎不可能。梅西耶二十多岁就在中学里教书，也是个崇慕古风之人，沉迷于共和国的强大庄严之后，发现"离开罗马后，自己依旧只是努瓦耶街上的一介平民，这让我痛苦不已"。

[142]

"罗马式的"爱国主义（因为很少是雅典式的）对于情感崇拜的某些主张也是一致的，但是在其他方面，它却是带有自身特色，和情感崇拜非常不同。举个例子来说，它不大会伤情悼物，宣泄内心感受，而是崇尚清心寡欲，内敛沉稳。它的这种

爱国主义，是非常注重自我修养的一种"坚韧"，或者可以说是一种阳刚气概：清俭、耐劳、坚毅不移，而不是那种柔弱、敏感、宅心仁厚的品格。体现在建筑风格和内部装饰上，新古典主义致力于去除虚饰，式样简素：柱头往往做成普通的多利克式的，而不会用那种线条繁复的科林斯式或者爱奥尼亚式的。而庞贝和赫库兰尼姆（Herculaneum）的一些古罗马的墙壁装饰画的公开展示（是由后来的极端雅各宾分子西尔维恩·马雷夏尔［Sylvain Maréchal］等人策划的）则掀起了一股模仿浮雕式样的仿古潮流。

有一些嗜古派真的就去了一些最为知名的名胜古迹，直接和上古英魂心息相通了。有些人甚至到了伯罗奔尼撒半岛，多数的则去往西西里、那不勒斯和坎帕尼亚。但是在这场朝圣之旅中法国游客往往要比英国游客少。多数情况下，是那些皇家绘画学院设立的罗马奖和在当地设立的学校，激励着那些法国画家在古典艺术的发源地酣情徜徉。路易十六的新任工艺总监（正式衔称为营造总管）安吉维莱（d'Angiviller）非常注重以奖学金的方式拔擢真正的精英才俊，和他的前任马里尼只是追随潮流的做法不同，昂吉维莱尔对于这项措施的执行可谓一丝不苟。1770年代末期，他又出台了一项新举措，鼓励新一代画家留意多创作紧扣共和主义的罗马主题，鼓励公共美德的历史题材画，宣扬热爱国家、坚韧不拔、正直诚实和勤俭节约的良好品质。

因此体现上述价值观的英雄人物，便被画成了大幅肖像，在沙龙画展上巡回展出。有得悉自己儿子涉嫌参与王党阴谋而大义灭亲的儒尼奥·布鲁图斯；有表现不屈不挠的爱国意志，敢于将手伸入熊熊烈火的穆奇乌斯·斯凯沃拉（Mucius Scaevola）；

有单枪匹马守卫大桥,抗击伊特鲁里亚人的霍拉提奥·科克莱斯(Horatio Cocles);还有两位,面对金银诱惑不为所动而彪炳史册,一位叫盖乌斯·法布里奇乌斯(Gaius Fabricius),另一位叫西庇阿。另外一些画是表现上古贤哲在临终之际依然不肯摧眉折腰的高尚气节,也同样让人颇为感佩,像苏格拉底、塞涅卡和加图,宁愿自行了断,也不肯向独裁者屈膝。

[143]

在其他一些推崇共和文化的国家中,许多这些可贵的品质已然成为官方自我标榜的人所共知的特征。建于17世纪中期的阿姆斯特丹市政厅的装饰中,布鲁图斯、盖尤斯和西庇阿这些人的雕像和油画比比皆是。不过到了1770年代和1780年代,当这些伟人形象出现在沙龙,尤其是雅克-路易·大卫的油画中时,他们却传递出另一层令人不安的信息:绘画与兰盖的雄辩术具有同样的力量。

在所有这些喻政言事的油画大作中,最为宏大的一幅作品当属大卫的《荷拉斯兄弟之誓》。这幅画是1785年在沙龙中展出的,时间略迟且规制巨大,超乎一般。围绕着这幅非同一般的画作,有过许许多多的相关论述,是否包含政治寓意,还是根本就是一幅普普通通的画,已经没有争论的必要了。它是一幅大张旗鼓颠覆传统,存心和学院派规范(甚至是那些为普桑那样的新古典主义者所尊奉的传统)一刀两断的作品,这一点毫无疑问。原先画师必须遵守"金字塔"的构图原则,即追求一种类似于浮雕的视觉效果,使得画面完全局限于狭隘的方框内,人物组合分成三块,彼此互不相关,非常生硬,而他创作中特意采用一种明净而凝重的设色技法,完全无视这些规则束缚,这一点也是不言自明的。但是这种形式上的大胆突破是否已经构成一种根本的创作体系并得到当时的认可,则尚有争议。

大卫毕竟是在为宫廷作画,是受昂吉莱维尔出资资助的,他整个的艺术道路走得始终很顺,在1780年代的时候,凭着自己的才华一下子平步青云,不费多少力气,很快便名利双收。一些官方大报,比如说《法兰西信使报》,还有众多的民间评论,像梅特拉(Métra)的《秘密通讯》,也对这位丹青妙手的作品一致称赏。但是我们对比博马舍,甚至卢梭的例子,便不难发现,这些在日后最具颠覆性的思想,当初很有可能是那些最体面的大人物和宫廷方面在支持的。

有一点毫无疑问,《荷拉斯兄弟之誓》在沙龙展上,在巴黎的评论界,都引起了前所未有的轰动。《信使报》写的满怀激情"这幅作品出自一位新的天才;从中可以看出画家具有高超的、大胆的想象力……"他之所以名望骤升,部分原因是内容本身生动有趣,有很强的故事性。在遭到库里亚提(Curiatii)攻击后,荷拉斯的三个儿子向敌营中的各自年轻的对手发出了挑战,要与他们决一死战,以此来拯救无辜良民免受战火蹂躏。但是历史上此事并没有这么简单。荷拉斯兄弟中的一人,娶了库里亚提的妹妹,而他们自己的妹妹卡米拉,又许配给了敌方三兄弟中的一个。此一战打得极其惨烈,罗马军中这三兄弟中唯有一人得以生还,而当他返回家中,看到妹妹为战死的夫婿悲悼服哀,爱国至深的他,盛怒之下便亲手杀了胞妹。

荷拉斯的故事,正好把1760年代和1770年代的情感类绘画中所展示出来的家庭美德,和下一代的爱国主义军旅史诗类主题很好地结合了起来。在大卫的头脑中有了一个新想法,这是先前的创作者从未想到过的,甚至在人们最为耳熟能详的高乃依的悲剧《贺拉斯》中都没有过。画面就抓住父亲要他的三个儿子郑重盟誓,为了国家舍生忘死,在所不辞的那一刻,那

[144]

柄凝聚着热情的宝剑，两面开刃，锋芒逼人。画面左侧和中央的人物坚毅阳刚，和右侧温婉的那一群人形成极大反差，那是几个哀痛欲绝的妇人，还有那些孩子，显得天真无邪的样子，笼罩在迫在眼前的悲剧的阴影之中。这种英雄遭难的宿命被渲染得恰如其分，让该幅作品的许多膜拜者拍手叫绝，他们毫不犹豫地运用到新古典主义的演说之中，而且还和卢梭的那种情感充沛的坦率风格联系起来。《巴黎日报》的文章，最为典型：

> 必须亲自看看这幅画，才能知道为什么那么多人爱慕它。在我看来……它设计精巧……格调庄重而毫无牵强感，着色逼真和谐……让人感觉它的画风清晰、鲜明，充满了力量感，（中间人物脸上的）坚毅阳刚与女人们的绵软虚弱形成了鲜明的对比。最后，如果用我自己和其他人的感受来评价，我会说在观赏这幅画时，我感觉到自己的灵魂都得到了升华，用卢梭的话来说，画面中展示的痛苦辛酸抓住了我的心，所有的细节都栩栩如生，以至于观者会以为自己来到了早期的罗马共和国。

当然，从这幅画里还看不出大卫后来的雅各宾主义倾向的明确证据（当然有些评论家还是作出了这样的联系）。虽然科学院的那些前辈（特别是宫内第一画师皮埃尔）都被这幅画的离经叛道搞得紧张不安，但是也没见大卫因此失去了昂吉维莱尔的好感，甚至宫廷也并未冷落他，反而提高了他的俸禄。如果说，荷拉斯张开的臂膀，会在将来成为立下革命誓言的标准姿势，就像后来大卫在1789年的那幅未及完成的《网球场宣誓》一样，那也是因为这个动作已经被大革命移花接木。而包括爱国、友爱、奉献在内，大革命政治言论所不可或缺的各种元素，也都在这幅油画中得以极力张扬，如果看不到这些，那同样只能说明太缺乏洞察力了。而对于最早去沙龙观赏艺术的那批人来说，在温暖的家庭怀抱中滋生茁长的公共美德，如今却已在记忆中淡漠远去，一种野蛮粗暴的反抗意念攫取了他们的心灵。

四、传播文字

设想一下，如果有个想要邀功请赏的佞臣将下列图书禁止出版：皮当扎·德·麦罗贝尔从伦敦散发的那些绘声绘色、满纸胡言的小报《英国密探》、卢梭的《忏悔录》、兰盖的《巴士底狱回忆录》、雷纳尔（Raynal）神父写的那本《两个印度的……历史》，该书充满着对欧洲殖民政策的攻击，挑动仇恨。那么他该上哪里去找这些书呢？其实不用舍近求远，凡尔赛宫的天台底下就有，那里有个书摊，摊主叫勒菲弗尔（Lefèvre）先生，只要会挑时候，带够了钱，想要什么书任你挑。勒菲弗尔和鲁昂印量最大的禁书印刷商罗贝尔·马许埃尔（Robert Machuel）有直接联系，他的妻子又出自书商巨头梅里戈（Mérigot）家族，所以勒菲弗尔对于站稳国王脚下这块风水宝地，开着这么家书店，不让政府查抄，看来似乎蛮有把握。可是1777年的时候，他玩过头了，犯了王室的禁忌，卷入到售卖诽谤王后的淫秽小册子的买卖，可能就是著名的《娘娘腔》（Anandria）这本书吧，此书把王后描写成搞同性三角恋。于是勒菲弗尔便被抓了起来，后来他从巴士底狱中被放了出来，自此以后不再卖书，改做更加稳当的生意，开起玩具店来了。

[145]

这些书刊的主要读者，就是那些宫廷显贵，正是他们在买这些严重损害自身权威的非法出版物，这听起来似乎让人震惊。凡尔赛城里有好多家书店，那里有一些专门做这一行的流动摊贩在出售这些书。有个叫德洛姆（Delorme）的，从国外批发图书，通过敦刻尔克港运入国内。他在凡尔赛拥有自己的销售渠道，而像他这样的书商还大有人在。宫廷贵族对于大胆的描写，那些又涉及政治背景，又掺杂色情内容的书籍的嗜好程度，可以通过某件事情反映出来。王室每过一阵子便会出去度假，他们驻跸的那些村镇也有这样的书店，特别是在贡比涅、枫丹白露和圣克卢。只要稍稍费些周折，那些达官显贵便能避开搜查，不必担心有牢狱之灾。这就等于说，那些狡猾的流动书商可以利用他们的身份做掩护，进行违禁书籍的走私。普拉兰公爵的车夫实际上就是个流动摊主。1767年的一次，一辆装载着马雷夏尔·德·诺瓦耶（Maréchal de Noailles）的军火的马车上，被搜出6个大包裹，里面全都是非法书籍。甚至连国王的幼弟，那位阿图瓦伯爵（他后来当上了国王，成为了查理十世，对妨害公共安全的文学作品采取十分严苛的措施），据说就一直在暗中保护那些专卖谤书的书商。

　　这些事例似乎正好能够证明托克维尔的观点，即旧制度只顾自得其乐、漫不经心地玩弄一些似是而非的概念，结果却引火自焚；这等于是费加罗综合征在文学中的一种体现。对于反革命作家而言，回过头来看1789年的这场灾难，这些鼓动造反、诋毁名誉的书刊杂志的背后有着更为险恶的目的，是那些目无神灵的伏尔泰、卢梭的追随者，还有共济会成员及奥尔良公爵之流背后酝酿阴谋的明证。如果不是皇家宫殿最后沦为最为臭名昭著的贼窝，何至于连警察都无权突击搜查那些地摊上的垃圾文学呢？

[146]

现代历史学家对任何可以用文学阴谋理论解释法国大革命的资料显然都是宁信其有的，这也可以理解。从当时被大革命当局正式列为圣典的卢梭的《社会契约论》中，他们找不到什么证据，于是放弃了革命暴动是由嗜好阅读不良读物引发的观点。罗伯特·达恩顿发掘出了一大批当时的地下文学，一大堆不分是非的色情诽谤，还有尖酸刻毒的讽刺小说，热烈激进的政治言论。这一发现，使得危险出版物起到腐蚀人心作用的观点重新抬头。但是尽管此说完全不假，那些编造材料的作者，确实是把一腔怨怒猛烈地发泄到了那些高级文人和政坛权贵的头上了。但是，如果说他们都是些"局外人"，也是一种误解。因为事实并非如此，他们正是靠着贵族激进阵营的有力保护，躲在皇家宫殿或是司法宫的庭院内，才能够看准目标，肆意展开抨击和谩骂的。这些激烈的言辞，就因为那些有钱人的背后支持，才对旧制度的权威造成了如此严重的破坏。

在一开始意气风发的时候，大革命当局废除了所有的书刊审查，取消了对一切出版物的控制。由此滋生了五花八门的印刷物，各种信息铺天盖地，相形之下，旧制度时代是无法与之相比的。实际上，王政最后十年，各类文学作品急速泛滥，匆匆如过江之鲫，转瞬即逝，报纸版面、文学期刊、宣传小册子，还有各种付印成书的民谣和歌集，花样繁多，不胜枚举。这种书刊杂志的变化，对于催生大批关心时局，乐于接受政治新观点的读者，自然是大有裨益的，大革命的新闻工作者，就是千方百计要想抓住这些读者大众的心，让他们成为自己忠实的拥趸。

在1770年代之前，政治新闻要从国外的渠道获取。在国内，只有两家官方许可的报刊：《法兰西公报》(*Gazette de*

France）和《法兰西信使报》。《法兰西信使报》的前身是一家创办于1630年的文学期刊。《法兰西公报》大量炮制神化君权的观点，一直中规中矩地登载一些难有争议的官方新闻；《信使报》则整版都是学术界无关痛痒的客套文章和纯文学的风花雪月。比较信实的国外新闻，多数来自荷兰的政府公报，主要是两周发行一期的《莱顿公报》(Gazette de Leyde)，这类报纸在荷兰的其他地方，比如阿姆斯特丹和乌得勒支，以及阿维尼翁的教皇属地，还有离边境不远的日内瓦和科隆，也有出版。报纸上都是军事和政治新闻，涉及北美和欧洲几乎所有的主要大国，它们没有那种信手拈来的逸闻趣事和小道新闻，俨然成为内容权威的时事报道专刊。更重要的一点，也正如杰里米·波普金（Jeremy Popkin）所指出的，这些杂志一字不落地全文刊载法国国内的那些"政治反对派"的长篇声明，像高等法院和租税法院的抗议书之类的内容。通过这些特别报道，负责编辑《莱顿公报》的吕扎克家族（和许多其他出版商一样，是胡格诺教派散布各地的一个分支），公然宣扬他们对法国立宪主义反绝对主义观点的支持。尽管如此，它们不但得到国内政府的默许，得以公开它们在全国的销售网点来吸引订户，甚至还利用皇家邮驿马车来把报纸分发到各地。据准确估计，《莱顿公报》的发行量在4000份左右，这在18世纪算是相当可观的了。

[147]

　　把报纸从纯文学小圈子的读物，改造为现代社会的一项有利可图的产业，神通广大的出版商夏尔-约瑟夫·潘库克（Charles-Joseph Panckoucke）贡献最大。他生在里尔，由父亲抚养长大，父亲是作家，凭借着自己的能力经营书籍买卖。潘库克在1760年搬到巴黎之前便开始投入到写作和翻译中去了。他在巴黎买了两家规模较大的图书出版和销售公司，还通过和一直以来籍籍无名的作家叙阿尔的妹妹结婚，进而跻身文学界，过了不多久便成为了巴黎图书界的巨子。对于这个作家小圈子，他倾注了前所未有的心血，曾经不远千里去费尔奈拜访伏尔泰，去蒙巴尔（Montbard）看望布封，对于这些文学大家自负高傲，他也能一概包容，有时候，对一些招摇撞骗、剽窃抄袭的恶劣行为也能听之任之，甚至为了让这些作家能有体面的收入，有几次还预支了稿酬。

作为报刊行业的从业人员，潘库克也同样颇具胆识。他创办了两家实力雄厚、颇有影响的报纸，一家是《日内瓦日报》（Journal de Genève），一家是《布鲁塞尔日报》（Journal de Bruxelles）。1774年，他聘请兰盖出任《布鲁塞尔日报》的主编。可以想见，有了兰盖这样一个诟骂时贤，惯于当面嘲讽时下学界和政界名流的主编，报纸的销量自然就一路蹿升，达到6000份。但是对潘库克而言，一方面他是个精明强干的商人，一方面却又对于社会责任充满渴望，常常陷入两难境地。他发现兰盖对他所钟爱的几名作家的诽谤实在是太过放肆了，于是在两年之后便将他扫地出门，改用兰盖最爱作为攻击对象的拉阿尔普来取代他的位子。于是兰盖跑到伦敦，开始办他自己的报纸，即《政治和文学年鉴》（Annales Politiques et Littéraires）。这份报纸可说是确立了讽刺谩骂的新标准，但与此同时，该报也不乏对艺术和科学的真实而生动的评论。令人惊讶的是，该报得到了政府的默许，没有遭到即时取缔，但与此同时，又并未给予它应有的高度尊重。该报从1777年创办，直至1780年兰盖被关进巴士底狱为止，总共出版了不下71期。这些报纸在巴黎是由一个有钱的布商勒凯纳（Lequesne）负责发行的。兰盖的自传作者认为，发行量可能一度高达2万份。

[148]

潘库克不满足于自己的现状。他创办了第一份日报，也就是《巴黎日报》，主要是刊列每日重要事件，另外配上短小的评论和官方通讯，他找来内兄叙阿尔做伙人，并让他担任主编。《法兰西信使报》是1778年创办的，是最能体现报刊业大刀阔斧的改革步伐的一份报纸。从一份沉闷古板的每日通讯，扩充为48版、内容包罗万象的大报：有欧美首都的严肃新闻，政府公报摘要，连流行歌曲（歌词带乐谱）、填字和谜语都有，此外还有音乐、戏剧和文学评论。1784年5月8日这一期是《费加罗的婚礼》的专刊，辟了16个版面，都是关于该剧的评论。靠着这一惯用手法，到大革命爆发前夕，《信使报》的发行量蹿升到大约2万份。如果当时他们的内部估计没有太大误差的话，那么潘库克的报纸拥有的读者达到12万人，而当时该报正在对路易十六政府行将垮台之前的种种萧条狼藉之情态加以详细报道。"这段时评"，一位评论家这样说道，"已经传到了全国各地，无论贵族还是平民，无论是在贵族的沙龙还是资产阶级的普通房间中，大家都在读它；宫廷权贵和市镇百姓，读它时都感到一样兴奋。"不仅仅是巴黎出现这样的情况，因为该报一半是销往全国各省的。

除此之外，还有其他的宣传媒体来满足法国人如饥似渴的阅读欲望。比如《密信》就是专事揭露丑闻并进行评论的（据信作者是梅特拉）。还有一本也是手抄本，叫《秘密回忆录》，绘声绘色地讲述了宫廷权色之秽事，还有贪腐行贿之奸私，而且什么事都尽量往教士头上栽。还有一本从伦敦进口的叫《英国密探》（或名为《顺风耳先生与千里眼先生的通信》[The Correspondence of Milord All-Ear with Milord All-Eye]）的刊印书，虽然无法准确地估算出其印数，但也是不停地讲述着相同的故事，在1780年代民众普遍带有猎奇心理的环境下，该书得以广泛流传。

通常人们总会有这样一种印象，路易十六统治时期的"低俗"文学就像是一个庞大的蚂蚁王国：精力充沛、意志坚决的信使带着宝贵的信息资源，汇成一条条长龙，各奔前程。当然整个法国，到处都有无数专事传播流言蜚语和观念体系的人，在四通八达的道路网络中畅行无阻，他们忙着打包送货，收赃行贿，来往奔忙。河网漕渠提供了极大的交通方便。有些人就是利用一些非正规的港口码头作为货运集散点的，比如地中海的阿格德（Agde）和布列塔尼沿岸的圣马洛。运到以后，会非常小心地溯流而上，沿途停靠各处驿站。如果要将禁书偷运出被法国领土包围的阿维尼翁，更得处处留神，加倍小心，不过，罗讷河上的渔船，倒是也能派上用场，可以靠这些船将包好的书和报纸沿河送往下游的塔拉斯孔（Tarascon）和阿尔勒（Arles）。另外在图卢兹还有一条道路，和御河相连，从那里可以折向西去，直抵波尔多。其他一些商贩主要是和东部边境做生意，从斯特拉斯堡一直到敦刻尔克，尽量避免在圣默努（Sainte-Menehould）和通往香槟、佩罗讷这些要道上和前往皮卡第的门户一带，遭到海关大站的拦截。

[149]

不管怎么说，在人们看来，这些小贩买卖做得挺红火，因为里昂、鲁昂、马赛、波尔多和几个主要城市，这种表面看起来"违禁"的书籍已经泛滥成灾了。在巴黎，不但皇家宫殿可以买着，甚至在新桥的货摊上，还有船运码头，也就是现在的旧书市场的前身，也都能搞到。虽然官方明令禁止，但小商小贩，还是在剧场、戏院的前厅里，公开售卖这些非法读物。在小咖啡店内、菜市场里，书贩子胳肢窝下夹着一大包书来回叫卖。而其他一些人，则是用最简单、最直接的办法，走街串巷，在大庭广众之下，散发兜售禁书。有些小贩还成了知名人士，有些人变得有权有势，比如像科尔曼（Kolman）、普吕当·德·龙库尔（Prudent de Roncours）和帕德洛普（Pardeloup）。但是最为炙手可热的头面人物却是一些女书贩，比较出名的有格朗德·雅沃特（Grande Javotte），她是在奥古斯丁码头的一个货栈上卖书的，她还有个合伙人名叫阿拉诺（Allaneau），是个寡妇，虽然都已经七十多岁了，可还是精气神十足。

官方人员参与这种非法勾当的比例大得惊人。有个名叫吉拉尔丹的小贩，他的货架上全都是那些对王后进行攻击辱骂的禁书，书摊就摆在杜伊勒里的腹心，密不透风的桔园巷内（cul-de-sac de l'Orangerie），绝对安全。苏碧斯府（Hôtel de Soubise）的大院（现在是国家档案馆）也是一个半公开的销售点，里面堆满了鼓吹危险言论的非法出版物，而科德利埃和雅各宾俱乐部在成为革命俱乐部之前，曾是宗教净地，所不同的是，那些无孔不入的卖宗教书的小贩也看上了这里。兰盖的《年鉴》，对朝臣、学者、潘库克和总包税商口无遮拦地大肆攻讦，但是审查他的人只有一个：巴黎警察总监勒努瓦（Lenoir）。他可真算得上是个谦恭有礼、不温不火的评论家了。

这到底是为什么呢？勒努瓦可能已经领教过了那些以王政改良家和批评家自居的人遭到了兰盖怎样的奚落挖苦（兰盖仍然标榜自己是个忠心耿耿的保王派，只是脾气有点暴躁）。但仍有理由相信，他认为这样有利于了解更为粗野，更为边缘的民意状况，不应该将其统统压制在地底下。换言之，他也和其他各级政府官员一样，开始接受公共舆论的这个*事实*，与其被当作无助的舆论对象，他宁愿尽一切努力，也要成为舆论的操控

[150]

者。还有其他一些人，比如说奥尔良公爵和他的儿子德·沙特尔公爵，对于这些舆论、闲扯甚至是造谣诽谤，有着更加开明的心态，他们将其看作是一个对付他们死敌的有力武器。但是他们暂时虽居于优势地位，却没能看到，自己这么做，却是在变幻无常的舆论环境下埋下了长久的祸根。就在他们运用欺诈手段，获取公众敬仰的时候，这些编造丑闻、明嘲暗讽的人，以为自己可以稳坐钓鱼台，殊不料，脚下的立身之地早被冲蚀大半，已是岌岌可危了。当一贯的恭敬顺从，每天都在遭到破坏，尤其是针对王室、官员和教会，以及学术界和司法界的攻击甚嚣尘上之时，再要想维持原先的普遍法则，实际上已经不可能了。

那些玩火自焚的人，可能也没有意识到，这些言论和宣传的支持者队伍竟会壮大至此。那些贵族老爷们端坐在客厅里，从扎着粉红丝带的包裹里取出禁书，那个时候的舆论传播，看起来是控制在安全限度之内的：只是巴黎时尚话题而已。然而今日之状况，到了明日，便是另一番模样。上流社会的舆论防护墙很快遭到了破坏。"巴黎人的阅读量是一个世纪前的10倍"，梅西耶曾这样评价。而这样的变化，是读者人群、发行总量和报刊种类趋于多样化所共同作用的结果。丹尼尔·罗什通过对遗嘱签名的研究，在关于巴黎成年人在旧制度末期识字水平方面得出了惊人的数据。以蒙马特尔为例，那里40%的立遗嘱人属于手工业者，或者是领薪水的普通职员，能够自己签名的男性和女性比例分别达到74%和64%。在圣奥诺雷这样的时尚大街，识字率达到93%，而其中三分之一的居民是普通大众。即使是手工艺匠人集中的圣但尼路，也有86%的男性和73%的妇女能够看得懂婚契，并能够签上他们各自的名字。

换句话讲，18世纪末法国的识字率要比20世纪末的美国高得多。只有在那些没什么手艺，做一天算一天工钱的人群当中，文盲才占较大比例。这些往往就是市场扛大包的、建筑工地干活的、还有搞搬运的、扫烟囱的、赶马车的，好多是来自外省的外来劳工。与之相反的是，那些家佣，虽然也都是从农村出来的，却都能读会写，看得懂他们的雇佣文书。17—18世纪由天主教布道团发起的"小学校"确实起到了明显的效果。在根据罗什的研究，1780年左右，35%的普通民众写的遗嘱中提到了书籍，其中40%是来自小店主和小商人家庭。

[151] 这些人所阅读的内容当然并不总是和公共舆论的快速变化有关系。毫无疑问，宗教与信仰方面的作品依然最为人们所熟知，其次是通常被称为"蓝色丛书"（Blue Library）的传奇故事和神怪小说，新桥的货摊上，还有圣洛朗以及圣日耳曼区的集市上，都能买到这些东西，价钱也很便宜。如果说这些书并不是直接从卢梭那里汲取灵感，那也有好几部流行文学作品传达了相同的意旨：原本天真无邪之人渐渐道德沦丧，大都市生活中纸醉金迷背后的罪恶，以及残酷血腥的争权夺利。以雷蒂夫·德·布勒托内（Restif de Bretonne）为例，在他写的那些从农村出来的少男少女来到大城市后迷茫困顿的故事中，绘声绘色地添加了风流韵事，毫无疑问，不管是在读书不多的，还是在受过良好教育的读者中间，这些小说都大受欢迎。

而使得普通法国民众开始逐步关心国家大事的正是那些不受审查的文学，也就是各类年鉴，还有招贴告示和海报。在巴黎，每天一大早都会有40个人专门将各种布告贴满全城的大街小巷。前线战况怎样，胜负如何；国王的诏敕说的是什么，政府出台了什么律令；年节喜事有哪些庆祝活动；还有哪里的垃圾污物要清理，哪里的公共墓地要拆迁，也都会定期通告。而每当发生紧急大事，这些招贴便会被撕掉，或者换上别的内容（这是违反有关规定的），变成了一些用幽默搞笑的手法，对政府法令和部门高官进行嘲笑挖苦的小广告。这些招贴画视觉感强，内容活泼，完全可以和巴黎人娓娓动听的口头创作相媲美，听上去好像是把所有歌曲的内容都唱了进去。而作为革命赞歌，《马赛曲》和《卡马尼奥拉》("Carmagnole")的重要性，只有在理解了路易十六时代的那些法国歌曲之后才能听得懂。林荫道上、河桥码头，那些流动小贩都在卖这些歌本，小酒馆里也都在传唱这些小调，内容自然无非是求爱表白，卖弄风情，还有严词拒绝之类的情歌，还有一些是歌颂美国独立战争好儿郎的，表现宫廷荒淫放荡、挥霍无度的，国王阳刚不举、痿痹无能，以及王后不守妇道、有失检点的。

这个文学帝国，有说的，有写的，有的是靠演讲，有的是靠唱歌，在旧制度的末期大肆蔓延，开疆拓土。虽然说最为激动人心的还是巴黎，但是也绝不是这个大都会独有的现象。当然在外省，可能没有类似皇家宫殿那样的所在，但是照样也有四处游逛的小贩，还有浪迹天涯的书商和如饥似渴的读者，这些都使得在波尔多、里昂、雷恩，还有马赛，这类报刊杂志和地下图书市场和首都一样红红火火。地方也有一些研讨机构：比如共济会地方分会、文学和科学学会、哲学社团和博物馆，这些都令当地的精英引以为豪。如果说还是有刻意保持反映社会地位差异的等级区分的地方，那么大多数的社团，实际上对于成员是敞开大门，一概欢迎的，而会员们在这里既感到被接纳，同时又存在一种遭排斥的心理，这在无形中塑造了他们的公共社会意识。

[152]

在文字表述之外——在露天的盛况中；在1780年代仍在上演的卢梭的小歌剧里；在格勒兹催人泪下的油画中——成群结队的公民们正在集结。实际上，到1780年代中期，无论是个人还是群体，公民的性格都已经成型。他们崇尚自然，心地温良，蔑视时尚，睥睨趾高气扬，全身心投入他们的爱国理想，对专制主义横行恨之入骨。最关键的是，他们都是公共美德的忠实信徒，在他们看来，一个人人都是兄弟姐妹的全新的共和制法国正呼之欲出。正是由于他们的团结努力，奋笔疾书，勤于著述，激情满怀，高歌壮言，这样一支年轻的公民生力军，亲眼看着他们的政府最终走向崩溃。

第五章
现代化的代价

一、旧政何等新潮

让利斯夫人（Mme de Genlis）有一段美好的回忆。有一次，她和她嫂子两个人打扮成村姑模样，改头换面去她们的领地采邑各处收牛奶。她们把能够拿来的牛奶都弄了来，驮在驴背上运回了家，然后统统倒进了一个可以容纳4个人同时洗澡的、在当地家喻户晓的大浴盆，两个青春少女便在漂浮着玫瑰花瓣的牛奶池子里尽情嬉闹了两个钟头。

这个可能就是塔列朗在哀悼消逝远去的往昔《甜蜜生活》的时候经常会想到的事情。这些轻薄浮佻的交游享乐，是弗拉戈纳尔（Fragonard）彩粉画中的构图，是黛安娜·弗里兰（Diana Vreeland）展示的服装，那是朦胧的光线，是夏日的花香，摇荡在轻松愉悦的历史迷雾中经久不息。有一些，当然是耽于幻想、自欺欺人，就像国王玩赏锁件，王后喂养绵羊这类轶闻一样。但是除了一个仙窟瑶穴般的法兰西，历史学家们更想告诉我们的是当时国家的最大现实：大批衰敝不堪的乞丐倒在路边；巴黎的街道上，牛碎羊杂满溢，屎尿脏水横流；封建地主对农民无情盘剥，不榨干他们最后一滴血决不罢休，穷人们只能喝栗子粥勉强过活；有人就因为偷了一袋糖，或者私运了一箱盐，被关进囚船中整日遭受煎熬；老爷的坐骑或者猎犬，把农人田里刚长出的庄稼给踩坏了也白踩，这是老爷们的"逐猎权"；每天早晨巴黎各处教堂的台阶上都放着一捆捆难闻的破布包，里面是出生不久的婴儿，上面都有字条，写得可怜巴巴的，求教堂给孩子施洗；主宫医院（Hôtel-Dieu）的育婴床上，孩子们四个并排地躺着，但是这些小孩，很容易因为痢疾而夭折。

对于很多后来献身革命事业的人来说，这些巨大反差不仅共生共存，而且是互为因果的。巨额财富和荒唐无耻是建立在无数人的悲惨和绝望之上的。路易-塞巴斯蒂安·梅西耶在他那本想象力无尽驰骋的未来主义著作《2440年》中，杜撰了另一个法兰西，这个法兰西竟然奇迹般地摆脱了专制制度和贫穷困苦，而且还有一个天性和善、施行仁政的公民君主。有一家画廊，里面很多都是讽喻主题的作品，用一个穿着俗丽的妓女来暗指18世纪的法国，那女人两腮浓抹，嘴唇鲜红，手拿两条玫瑰色的丝带，里边却裹着铁链。在底层社会

[154]

> 她衣衫褴褛、满身尘土。她赤裸的双脚陷在泥沼中，面部虽然看起来比较光鲜，但下肢丑陋不堪……她身后是一群又黑又瘦的孩子，他们一边吞着黑面包屑，一边向妈妈哭号着。

这些画给人的印象是无尽的绝望，如果要彻底地改变，就必须摧毁这个旧世界。"旧制度"这个词刚出现的时候，就带有浓厚的传统观念和衰朽老迈的含义。它让人觉得这是一个有

那么多地方落后于时代的社会，只能通过激烈的暴力手段，才能将它内在的强大动能释放出来。这个国家体制僵化腐朽、经济停滞、文化举步不前，充斥着极大的社会不平等，已经失去自我更新，迈向现代文明的能力了。大革命必须将它彻底摧垮，碾成齑粉，然后才能使其加快速度，踏上19世纪的康庄大道。在革命之前，一切的一切都是死气沉沉的；一旦革命，所有的事物都是充满活力的；在革命之前，是法团主义和共同体占统治地位，革命之后，是个人主义和社会（Gesellschaft）唱主角。总之一句话，只有发动革命，现代社会才有实现的可能。

尽管如此，关于法国大革命给现代化进程带来的滞缓影响是不是和促进作用一样大，依然存在争议。尽管不是在所有方面，但在最为激进狂热的年代里，大革命的确是开创了一种全新的政治形态，也就是向卢梭所说的"普遍意志"*（General Will）统治的制度性转变，它消除了个人空间和时间，建立了一种国家至上的军事社会形态，其无所不包的程度冠绝欧洲历史上的所有政权。只用了一年时间，它就创立实施了代议制民主；两年的时间，就以强制推行的方式实现了平等主义（尽管这只是一种大致的平等）。但是作为一个新兴的军事化国家，它却延续了整整20年的时间。

但是对于大多数历史学家而言，他们在写到大革命的现代性与"旧制度"截然相对的时候，并不是这个意思。他们头脑中的大革命，财富多寡取代传统习俗，成为了社会价值观的评判标准，由专业人士代替门外汉来掌管政府和司法机构，引领经济增长的是工商业，而不是土地。尽管如此，几乎可以说在

---

* 又译为"公意"。——译者

所有方面，这样伟大的变革，并不是大革命期间发生的，而是在18世纪后期。甚至大革命究竟是在极力阻碍现代化，还是在加速现代化，都还是个问题。在很多方面，它都取得了巨大成功。在1795年，法国的贸易总额比1789年降低了一半都不止；到了1815年它仍然只恢复到60%左右。直到大革命和之后建立的军事化国家都成为了昔日的过往，法国的经济和社会变革的势头才得以恢复。

特权的取消当然就意味着，法律上所有的差别对待都将一概取消，这些理所当然地会被视作迈向现代社会的先声。但是因为普通人也能通过花钱，或者凭借着自己的特长，获得各种头衔和名位，而不像过去那样看谁的出身更高贵，故而18世纪的各种特殊称号，看起来和19世纪甚至20世纪的荣誉头衔没有太多实质上的差别。这些和现代经济或是全新国家的创立肯定不会产生冲突的。同样，如果说大革命废除了旧制度下封建地产中的各种社会义务的话，那么这些实际上都是用钱赎买抵偿的，或者在"新制度"中，它干脆就变成了地租。

这样看来，所谓的"旧制度"，绝不是一个日暮途穷、行将衰亡的社会。在历史研究者来看，它非但不是垂垂将亡，简直是处处生机，充满了活力。国王的地位日益衰落，社会精英也逐渐对传统失去了兴趣，转而开始对一些新事物产生了好感。那些封建习俗和文化已经不能让他们全身心投入了，他们现在关注的是科学。卢浮宫的高大建筑中，除了法兰西学术院和绘画学术院以及各种碑文和奖章学术院之外，还有很多科学方面和最新成立的王室研究机构，以及医学学术院。而且，在1785年，就是王室首先提出要将科学院的分支机构扩展到矿物学、自然史和农业学的。如果艺术方面的天才，如雅克-路易·大卫，可以在卢浮宫占得一席之地，那么新一代的数学界楷模，比如从柏林请回的拉格朗日，也完全有资格名列其中。资质非凡的天才学者都很快得到提拔，获得了很高的地位和荣誉。当时最有创造才能的化学家富克鲁瓦，年仅29岁便在皇家植物园当上了教授，他也是当时科学院最为耀眼的明星之一；加斯帕尔·蒙日（Gaspard Monge），一个小商贩的儿子，刚25岁便在数学界成为大师，并被尊为现代解析几何奠基人。还有其他不少倍受尊崇，在学界颇有名望的人，比如天文学家拉朗德（Lalande）、矿物学家阿维（Haüy），尤其值得一提的，是在军事学院（Ecole Militaire）占有特殊地位的数学家拉普拉斯（Laplace）。

官方对于科学的兴趣，并不停留在纯粹的理论研究方面。王室和政府还寻找一切可能将最新的科研数据成果投入实际应用。军事技术方面，出现了格雷博瓦（Gribeauval）大炮和滑膛枪，与此同时，伟大的军事改革家吉贝尔（Guibert）提出了战略战术的革新，使得法国在之后的25年之内一直保持陆军的领先优势。巴黎的近郊，在旺沃（Vanves）、沙朗通（Charenton）和亚维尔（Javel）一带，有些工厂就是专门的化工企业：生产漂白剂中的硫酸盐，油漆用的铅白，合成易燃气体，等等。

政府和学术机构的合作秉承这样一条晚期启蒙运动的信念：实验数据的积累是通往消除贫困、无知和痛苦的新社会的第一步，这个观点尤为这方面的佼佼者孔多塞侯爵所认同。如雪片般的文件从首都巴黎散发到各省，意在探听下一步将采取何种行动的信息。例如，医学学术院刚刚成立，就给150名内科医生下发了一份通告，调查地方疾病的生态状况：季节发病率，污水、肮脏的街道、营养不良等诸如此类的致病因的作用。

卢浮宫还向诺曼底苹果酒制造商发送操作指南,告诉他们如何防止木桶腐坏;给索洛涅的农民灌输枯萎的燕麦不能吃的道理,告诉他们这会让他们得麦角中毒(伴随出现坏疽病和烂脚症)。另外还专门为令人敬畏的库德雷夫人(Dame de Coudray)安排了巡回讲座,向大家展示她发明的能按不同节奏收缩的机械子宫,另外还给各地的接生婆讲授基础产科学。帕尔芒捷(M. Parmentier)大力宣传土豆,认为这是一种能让法国摆脱饥荒的神奇作物。他的演说得到了官方支持,甚至王后也拿土豆花作为日常衣服上佩戴的胸花,算是她的一种不太得体的爱国举动。

只要是有益大众的公共事业,政府都乐此不疲。在对糟糕的屠宰店废水处理问题发布了15次备忘录之后,政府决定让一些屠户迁出圣雅各街区。它还试图通过在蒙福孔建立大型排污池,来限制随意倾倒污物,并且以保障公共卫生为由,不惜惊扰长眠地下的亡灵(他们会散发出有毒蒸气,被认为是对空气的一种污染),把巴黎教堂下的尸体挖掘出来,装车运走,拉到新建的拉雪兹神父公墓(Père Lachaise)集中掩埋。对于生者,1787年(刚刚)开始禁止刑讯逼供,杜尔哥解放新教教徒犯人的设想也在同一年得到了落实,各种名目繁多、让人摸不着头脑的关税,也都被单一税取而代之。

像这样的事例还有很多。如果我们以托克维尔的眼光来看,这里所罗列的官方积极行动异乎寻常的爆发可以看作是官僚机构干预作用弱化的进一步证据。但是这些举措中的大多数都产生了明显的积极效果,政府的仁慈也确实感动民心。甚至那些常遭诟病的地方督办官,都能为改变他们治下的民生状况贡献良多,惠及后世。雷蒙·德·圣索弗尔(Raymond de Saint-Sauveur)刚来到鲁西永上任的时候,发现省里西南一带,尤其是首府佩皮尼昂（Perpignan），仍然处于百业萧条、破败落后的贫穷状态。城里的余粮只能维持一个月，本来可以从加泰罗尼亚运来更多的物资，但是通往那里的道路早已坍塌。滂沱大雨将省内少得可怜的几座主要桥梁都冲垮了。于是他组织民工一起大干（有些人是从巴塞罗那雇来的），短短几个礼拜就把山路给打通了。他还赶在年底之前，修复了桥梁，建起了成排的沙砾筑就的防波堤，虽然这些防汛设施只是临时上马，但是确实非常有效，建在地势低洼地区，确实能够阻挡洪水的进一步泛滥。在之后的三年内，他建造了一批水井，通过7个公共水池供水，或者通过管道，给那些条件较好的人家供水（需要收取费用）。此外他成立了一支总数12人的救火队，其成员都是领取工资的固定工作人员。每年夏季的几个月内，还有专人清扫街面。另外还建造了公共浴室，搞了街灯照明，组织人员进行夜间巡逻。他创办了一个慈善工场来为穷人家的孩子提供培训（包括羊毛梳理、纺纱编织等课目），使他们成为"有用之才"。他曾两次骑着骡子在山区长途跋涉，遍地查访。有一次，他发现某个男子竟养了9个孩子，看到当地人根本不懂生育知识，他深感震惊，于是在佩皮尼昂建了一个接生培训班，省里每一个村都能分到一个名额，选派一名妇女免费学习接生知识。在一些小山上，他建造了温泉疗养院，可以为穷人治愈疾病，也能供富人疗养消闲。

这位督办官还有更加宏伟的梦想，他要将鲁西永变成一个繁荣的地区经济中心，一个从朗格多克直至加泰罗尼亚，不受国家疆界和语言差异限制的大经济区。通过王室发放补贴的方式建立起农业公社，在示范农场引进绵羊新品种加以培育。同时他也放宽了对于私盐交易的打击，并公开谴责关税过高，认

[157]

为过于严酷的稽查手段只能让走私团伙更加疯狂,更加不择手段。圣索弗尔的一些更加雄心勃勃的计划并未完全得以实施,但是他确实为他的公共工程争取到了政府补贴,没有给当地增加额外的税收负担。但是他做的这些事却没有人领情。和其他许多讲实干、为政清廉的督办官一样,他不得不在1790年的时候出逃,身后还有一大帮的革命群众紧追不舍。但是他所取得的成就是非常重要的。从这些微小的侧面可以非常清楚地看到当时政府的办事能力和注重实效的作风,这是旧制度末期政府的明显特征。

[158]　在所有这些公共建设中,路易十六都是一个象征性的核心人物。尽管他耽于畋猎,朝堂议政时不是口齿不清,便是干脆一言不发,而且对于王后和他的那些亲王兄弟也是一再迁就、百般纵容。但是有充分的证据说明,他对于大多数公共事业还是颇为关心,行动积极的。就在1786年圣诞节后的第二天,他参加的一次活动就让他觉得比巡幸瑟堡更有一种满足感。那天他去了一所为盲童设立的特殊学校,同时也是全世界第一所盲童学校,创办人叫瓦朗坦·阿维(Valentin Haüy),是卓越的矿物学家阿维的弟弟。国王亲自看到了启蒙运动的奇迹,看到了仁爱之心的伟大力量和技术创新的非凡成就。20个盲人小学生,有的生下来就是瞎子,有的是尚在襁褓之中就已失明,但是他们竟然可以大声地朗读课文,课本是特别印制的,能摸出纸面上凸出的字母,他们还能指认地图上标注的地名和标识,并为国王唱歌、演奏乐器。大一些的孩子还可以归类排字,纺纱织袜。让人印象特别深刻的是一个名叫勒叙埃尔(Le Sueur)的11岁男孩子,他是阿维的第一批学生,刚刚被发现的时候,还在可怜巴巴地讨饭,以此来养活自己和7个弟弟妹妹,现在

他成了班里的神童了，几乎能够无师自通，而且还能教别人。几个月前，音乐学院还首次为这个"博爱学校"举办了一系列慈善音乐会义演，给国王留下了深刻印象，使他深受触动，他特别捐出了一笔款项，并提供了奖学金。无独有偶，还有一个与之相似专门照顾聋哑人的学校，创始人是莱佩神父（Abbé L'Epée），他发明了第一套唇读法，让他的那些收养对象能够过上幸福的正常生活。

大恐怖将这些机构看作可耻的绝对主义假仁假义的遗存，也是教权统治下所散布的迷信思想的产物，他们就是要将这一切完全推倒破坏，使之成为一堆废墟，他们就是要将这些儿童最大程度上归还给全体公民的善意关怀之下（换言之，就是让他们乞讨和遭受迫害）。但是在1780年代的时候，人们却看到，传统上被视为下等贱民的那些瞎子和聋子居然也能成为一个快乐的人，能够承担劳动的人，这就足以说明，一个更加灿烂美好的时代即将来临。

尽管1780年代末期农业连年歉收，工业出现滑坡，但是法国经济前景仍然存在让人积极乐观的一面。即使不考虑农业生产积贫积弱的因素，它也在向前发展，变得更加先进，但是大革命的爆发却无情地破坏了这一进程。最乐观的估计是每年增长率1.9%左右。只有在帝国时期，军队一方面阻隔了英国产品对本国市场的冲击，另一方面又扩大了"大法兰西"的原料和资本市场，唯有那时的工业可以和旧制度的发展速度相比。

到1780年的时候，法国国内的货运、邮运和客运无论从速度、流量、还是频次上，都比20年前有了极大的提高。有了快捷而可靠的驿车（虽然相当颠簸），从巴黎出发，到图卢兹只需花费8天，而在1760年代，则需要15天的时间；到波尔多从过去的 14 天缩短到了现在的 5 天；去南锡 3 天就到了，不需要 1 个礼拜；20 年前去亚眠路上得花 2 天，现在也只要 1 天了。每天中午巴黎都有发往鲁昂的班车，次日中午就可到达。即使是由私营业主承包，国家仍然掌握客运和货运市场的定价权。比如说，去里昂班车的车内座位，连餐饮在内总共 114 法郎。最便宜的是车顶票，只要 50 法郎，但不管饭。另外，每位旅客都能免费携带重量不超过 10 磅的包裹。

[159]

良好的交通设施，四通八达的水上和公路运输网，确保了市场的延伸和扩展。如果说，对于英国这样的国内统一市场，法国还有些遥不可及的话，那么至少，它现在已经从极端保守的乡土观念中挣脱出来，开始奋发崛起了。到路易十六统治末年，农产品的 30%（所有产品中上市速度最缓慢的）是卖到产地之外，成为那里的消费品。虽然只不过是把一车车的鸡蛋、牛奶和蔬菜从农庄和村子里运到镇上而已，但是这却代表了农村经济的巨大改变，意味着自给自足的农民变成了卖菜挣钱的农商。境内关税也在逐步废除，到后来则突然完全取消，这些变化也必然带来巨大的改变，对于远程贸易更是如此，特别像是从洛林运木材到地中海港口，过去途中要缴纳 34 种捐税，需要停下来 21 次之多。

大革命前夕的法国国际贸易同样也正处于鼎盛时期，贸易总额在 10 亿利弗尔左右，主要集中在大西洋经济区繁忙的港口一带。波尔多的人口在 1760 年代仅有 6 万人，由于受到法国加勒比海地区殖民地贸易的刺激，到 1788 年时猛增到 11 万人。大量的货物在那里被运上岸，总价值也相当客观，87% 的蔗糖、95% 的咖啡和 76% 的靛青都很快从这里重新装船运走，赚取丰厚的利润。其他的一些港口城市，比如布列塔尼的南特，也从贸易繁荣中分得了一杯羹，靠着奴隶贸易和消费品买卖得了不少好处，所有这一带的港口城市，实际上都从这些重要的相关贸易和配套服务中，获取了可观的收益：有些是加工桅杆、船帆的，有些是修理远洋船舶的，有的则是存储海军的火炮，等等。在地中海沿岸，马赛的地理位置同样可说是得天独厚，它主要是和黎凡特做生意，当然还把朗格多克那些新兴工业区的羊毛制品卖到国外去。

甚至一直在英国急剧扩张的阴影下艰难生存的民族工业，也在旧制度末期开始得到发展。法国已经成为了欧洲大陆当之无愧的头号工业强国，尽管从产量的绝对数字上看比英国还是有所不及，但是某些领域的增长速度实际上已经处于领先地位。以人造棉和煤炭开采为例，年均产量增幅为3.8%。单在大型的昂赞（Anzin）煤矿一处，18世纪后50年产量增长了700%，在孚日，棉纺织品的产量增加了1800%。在冶金工业方面，从1720年到1790年间，产量增加了500%，而英国同期只增加100%。其他的数据也大致显示这样的一个比例。尽管历史学家推测说，1790年英国国内生产总值的25%是工业品，而当时法国的这一数字是20%（而且其中纺织品几乎占到一半）。如果非要说法国正在走一条和英国一样的飞跃式的工业化道路，这根本就是一句空话，但是有一点毫无疑问，在大革命爆发前夕，法国经济确实是保持急速增长势头的。

[160]

尽管这些数据让人印象深刻，但是这还不仅仅是量的问题。企业家的精神和技术上的精益求精，这些常常被认为正在从法国消失的东西，事实上在当时也随处可见。举个例子来说，从1760年代开始，科学院就着手编写一部名为《技术和工艺大词典》的多卷本巨著。书中采用了大量技法高超的精美版画，这是一套基础入门丛书，内容不仅包括传统工业技术的介绍，还涉及了最新的工业机械知识。虽然，一开始讲的是一些奢侈品工艺，比如陶瓷、玻璃和家具，但后面大部分都在介绍其他各类工艺流程，如冶铁、煤炭、织物印染、机械丝织和蔗糖提炼等。这套书中关于机械化棉纺织品加工的章节，是东北地区的皮卡第省生产总监罗兰·德·拉普拉捷（Roland de La Platière）负责撰写的。

在 1780 年代，每个月都有新的采取机械化生产的工厂出现，这些企业结合了雄厚的资金和先进的技术。有些还拿出钱来，投入到一些由于缺乏资金而失去活力的老企业中去。1786 年，成立于 1783 年的皇家矿业学校斥巨资建立了一家新公司，重新开挖法国比利牛斯山区的比戈尔（Bigorre）铜矿。而签订协议的合作方是典型的贵族结合，有的来自高层金融界（圣詹姆斯和帕什·德·蒙吉永），有的是颇具商业头脑的高等法院法官（弗朗索瓦-让·吕梅尔），还有像塞勒森那样的银行家。还有一个获得巨大成功的范例，是以佩里埃兄弟为核心形成的财团在沙约（chaillot）造的一个大型机械泵，建成之后，巴黎第一次能用上清洁的水源。

常有人说，法国实际上有两个，甚至当时最乐观的历史学家也认同这一说法。一个是正在走向现代化，不断向外扩张的法国，包括它的一些沿海地区和巴黎盆地，拥有大西洋和地中海繁荣的商业；东北地区，尤其是香槟和东部一带的纺织工业；加来海峡的煤炭开采；洛林地区的冶金炼炉和铸造工厂。这是一个靠着强大的资金和劳力支持，靠着先进的技术手段（虽然一开始其中的一些是从英国偷学来的），也同时靠着冒险投资和销售市场支撑起来的法国。但同时还存在着另一个法国，就在它的中部内陆：这是一个昏昏欲睡、精神萎顿，禁锢在传统的自给自足的经济模式下的法国，无论外边的世界如何熙攘嘈杂，这里永远是一派宁静悠然的气象，镇子由警察来治理，在偏僻穷荒，自耕农占大多数的中部地区，则是教士和政府共管。所以说，虽然有牟罗兹、阿扬日（Hayange）或者波尔多这样的城市，但更多的则是像图尔这样的地方，1783年的时候，当地的督办官就曾抱怨说，当地百姓"宁可游手好闲，也不愿劳心费力去经营大企业或进行大的投资"。

这种强烈的反差，很大程度上也是事实，但是它也掩盖了其他的一些重要的事实，这些发展趋势从一定程度上让沉睡的法国得以觉醒，使得工业和商业企业的扩张更加平稳。最明显的就是在旧中心城区的外围，农村乡镇工业的勃勃兴起。这些企业不受行会制约，企业主越来越多地把活包给农村的纺纱工和编织工（除了原材料，有时候还提供基本设备），然后以约定的价格来收购制成品。这就是说，在表面看来发展迟缓的中小型城镇经济之外，在乡村地区实际上还存在着一个批量化经营的商业化行为。在一段时间内，这被看作是对工业化进程起到阻滞作用的消极因素，但是实际上无论在哪里（莱茵兰就和法国的情况相似）都可以明白无误地看到，它是对现代化大生产的一种补充，并没有带来损害。当纺纱迅速向集约化机械大生产转化的时候，其他一些生产流程，比如编织，却依然保持了乡村工业模式。法国的佛兰德就是这样的情况，里尔遭受的损失却给鲁拜-图尔昆（Roubaix-Tourcoing）提供了赚取利润的机会。

在某些地区，这种半机械生产、半家庭制作的工业合作方式，对当地经济产生了极大的影响。在高等法院所在的城市格勒诺布尔城内和城郊，共有60多个手套销售商，他们雇用的男女工人达6000人之多，这些人负责裁剪、装饰、往皮子上喷香水，然后缝合，最后还在手套上绣花。一些大的店铺，雇佣的工人多达20名，但是多数是四五个工人在一个工作间里劳动。

其他一些中等城市，比如诺曼底的鲁昂，传统的主要产业——纺织业，却在18世纪的早期逐渐衰落了下去。有些资本家通过引进英国的工厂设备，创立了现代化纺纱厂，重新恢复了生产能力。但是其他的很多企业仍然雇佣农村劳动力来生产。城市本身就是多种经营，产品远销巴黎和诺曼底其他地区。在销售旺年，农村的手工匠人也能买得起本地的货物，这样就形成了销售市场，进一步促进了商业化生产。作为法国北部最为肮脏、有损健康的城市，鲁昂的成功并不值得羡慕，但是从经济发展的角度讲，它无疑是最为繁荣的城市。在旧制度末期，它一直在生产羊毛袜（另外还有人造棉）、帽子、瓷器、纸张、蔗糖、玻璃、肥皂、铜制品，提炼硫酸，并用新式的贝托莱（Berthollet）氯化工艺漂白亚麻。

正是这些小城市繁荣兴旺的商业活动景象让孔多塞侯爵这样的乐观人士欢欣鼓舞。尽管孔多塞迫不及待想要看到一个科学和理性的世界能够如日中天，扫荡一切前行中残存的羁绊，但他仍然相信，有路易十六这样勇于改革的一代英主，这样的变化就没有理由不出现。

二、未来愿景

旧制度的那种仁慈的资本主义，在《富翁里卡德遗训》（Testament of M. Fortuné Ricard）这样一部奇书中，竟如此一反常态地表现出一种对进化的欢悦之情，这在其他的作品中还从未有过。本书是流传极广的富兰克林的《穷理查年鉴》法文版的补充本，作者是里昂的一个文学和艺术评论家，名叫夏尔·马东·德·拉库尔。里卡德先生是书中的虚构人物，他一直记得，当他还是个孩子的时候，他的祖父便教会他读书、算术和利滚利的原理。"好孩子"，他边说边从衣兜掏出 24 利弗尔，"你要记住，只要你节俭、精打细算，一切皆有可能。你要不断投资，这样你在有生之年便可攒下足够的钱行善，这样你和我的灵魂在死后就都可以安眠。"

里卡德在 71 岁的时候，手里的钱从当初的 24 利弗尔变成了 500 利弗尔，尽管算不得一笔大数目，可他却要拿它派大用处。他先把这笔钱分作 5 份，每份是 100 利弗尔，按计划第一份用一百年，第二份则支撑两百年，以此类推，每一笔钱都会再生出一笔钱，这样就能积累一大笔资金去实现伟大的计划。第一笔钱，过了一百年只赚到了 13,100 利弗尔，于是拿出来搞一个有奖征文，内容是关于商业文明和宗教社会和谐共存的可能，谁的文章最有说服力就能获得这笔奖金。等到一百年后，积累的第二笔钱（170 万利弗尔）就足够设立 80 个年度奖金，颁发给那些在科技、数学、文学、农业领域成就最显著者（农业以产量论输赢），并且还有一个特别奖，也就是"善行义举"奖。第三笔钱（三百年后）将会超过 2.26 亿利弗尔，可以在全法国建 500 份"爱国基金"用以赈济贫困家庭，进行工农业投资，雇用"最诚恳和热情的公民"来进行投资管理。余下的部分捐赠给巴黎和各大城市用于博物馆的修建，每个博物馆延聘 40 名各领域的顶尖人才。环境虽不奢华，但非常舒适，拥有音乐厅、歌剧院、化学和物理实验室、自然历史书店、图书

[163]

馆、体验式的公园和动物园。图书馆和艺术展每天免费对外开放，工作人员还将对公众进行专业讲解。聘用标准是"必须提交证据，证明自己有好的德行，而不必有好的出身"，而且还要进行宣誓"美德、真理和公正高于一切"。

这些听上去就够振奋人心的了，可是和里卡德遗训中第四个和第五个百年计划相比，根本算不得什么。第四笔钱，在他看来，可用来兴建"举国极乐之地"，打算建造100个居民在4万人左右、环境优美、健康宜居、和谐共享的理想社区新村。等到积累到最后一笔钱（总数将达3.9万亿利弗尔）的时候，世界上大多数的问题基本上都能迎刃而解了。拨出60亿来还法国国债（照波旁家族这么花，问题也不大）；再拿出120个亿，敦睦四邻，以示诚意，其实这和后来与英国签订的友好协定起到了同样的作用。剩下的部分，存入公共基金，分给世界主要大国，但是有条件，那就是他们彼此之间从此永绝征战。如有违犯，入侵一方就要放弃他所能得到的这笔资金，作为给受害国的赔偿。此外还为法国专门留出一笔钱，有了这笔钱，一切难题都将一扫而光：贪官污吏给他们一笔钱，让他们走人。国家还将组建一支职业接生婆和教区牧师队伍，付给一定报酬；拨出50万份地，给那些没有土地的农民。还要在全国范围建学校，并专门针对年满7岁的女童，另建一批"天使收养院"，国家一直供养她们到成年，并提供培训，让她们学会些实用的家务活，到了18岁毕业时，还给她们一笔钱操办嫁妆。城里要建公园、广场，还有喷泉，烂泥塘都填平，污水池抽干，公墓迁到遥远而清静的山谷中。

这个精心构筑的理想国，实际上是把卢梭和孔多塞对于完美共和国的愿景拼凑到了一块儿，不过这不会是在革命或者暴力中完成的，而是要靠着单纯的复利累积来实现。这是一个集思广益、群策群力所造就的天堂一般的现代法兰西，不但造福本国，而且惠及整个世界。马东·德·拉库尔对于未来现代社会的愿景还是比较乐观的。不过这样的一个美妙设想，前提是有一个开明的政府不断地取得新成就，前途无限畅通。关于行政人员必须"拥有好品行，而非好出身"的明确规定，并非逆时而动，而是顺应潮流之举。

但是其他方面，现代化进程非但没被看成是福音，反而在越来越多人眼中成了不祥的祸根。让孔多塞这样的"现代派"兴奋不已的那些措施，资金和技术的集中，城市劳力和农村商业的互补，在其他评论家看来却是沮丧的和不祥的。更糟糕的是，他们对这些现代化进程义愤填膺，并由此转变了政治观念，成为了革命者。

这些悲观者当中很多本来是抱积极态度的，只是后来放弃了自己的观点。西蒙·兰盖，从任何方面来说，都是一个从大革命之前就对现代观念颇多微词，敬而远之的人，其实早在1764年的时候，就曾发表过他的第一部关于经济问题的备忘录。当时他提出要疏浚索姆河，还要通过皮卡第开挖一条人工运河，让亚眠和海洋相连。他也知道，这项计划肯定会遭到原本占有独特优势的阿布维尔（Abbeville）纺织厂主的反对。那是一个小镇，离索姆河口只有几英里路。但是他的想法，是要通过投资的方式让两个城市各得其利，相安无事，在经济上创造共同繁荣的局面，不再相互猜忌。他打算在荷兰搞一个样板，想要（可惜是大错特错了）让共和国当局出钱支持他的这些计划，别再搞那些只求好看，一无所用的纪念性建筑和高档的贵族公寓。尽管他的这个计划论证充分、道理十足，但是从现实的角度讲，是否能够获得认可，前景不容乐观。（实际上，要不是发生了大革命，在1780年代，这项计划差不多已经重新上马了。）

尽管有些沮丧，1760年代的兰盖至少是拥护商业性的现代文化的。10年之后，在杜尔哥组阁期间，他改变了自己的观念，针对自由谷物贸易政策展开无情抨击并因而遭到禁言。对于重农主义者念念不忘长远收益而不顾眼前急需，他提出反驳；对于工业社会未来的种种可怕形状，他描绘了一幅悲观的画面。回到阿布维尔，针对工厂主残酷剥削工人劳动，完全根据商业需要，对工人招之即来，挥之即去，兰盖翻转了重农主义者和孔多塞主义者将资金和技术与繁荣和幸福等同起来的立场。在任何两个城市"你都会确信，正是人们受雇在织布机上工作的地方饥民最多。里昂的织布机数量全国最多，因此它也是全法国挨饿人数最多的城市"。在这样一个冷漠无情的地方，倒是可以建造一所全新的医院，不过，它永远也不可能容纳下"所有那些五十年来辛苦织丝的工人……他们呻吟着倒毙在草席上"。他认为，工业资本主义，往往以天堂相许，以人间地狱相与。由此产生出新的工业财阀，使得乡野卜居的化外之民，都成了他在城里的仆役。他们注定了只能住在那些"棚户"之中，

[165]

> 他们的房子如同海狸洞；一群群勤劳的人如同牲口一般住在黑乎乎的洞里，他们吸进肺里的污浊空气不可避免对身体造成了巨大的伤害，无时无刻不在吞咽死神播下的种子；他们辛勤劳作，不眠不休，但挣的钱却难以让自己活命。

兰盖的这番言辞带有一定的预见性，他的解决之道（正如以往一样）非常特别，但并非毫无道理。比如说，针对长年困

扰法国的面包危机,他提出的对策是,让百姓放弃对日常谷物的依赖,养成以土豆、鱼类、玉米和米饭为主食的习惯。他甚至打算劝说人们去吃栗子(在人们看来,吃栗子还不如饿死),因为栗子便于贮藏,不但可口,且富有营养。

还有另外一些人,他们心中的革命火种,是出于对重商主义和现代都市的抗拒而点燃的。他们直接针对的并不是旧制度所维护的,而正是它所摧毁的。他们把头脑中所想象的一系列人物典型加以理想化:独自开业的手工匠人(唯独没有钟表匠,因为他们大多是钟表匠子弟),机器的出现,砸了他们的饭碗,他们只能流落四处给人磨刀或者扫烟囱,有的则在城市的残酷竞争中挣扎求生,沦为沿街叫卖的小贩;种地的农民被贪婪的封建主逼得没了活路,这些人靠着从农民身上榨取来的钱财,在城里购置豪宅,还有一些,则是借着绝对财产权的名义,大量兼并土地,让农民无处放牧牛羊,还封锁山林,不许农民进山采樵伐木。这套理论,和卢梭的主张遥相呼应。但是在1789年的时候,他们有了特别的理由,那就是为了广大人民的利益。就是因为上述种种原因,他们陷于贫困。对于这些人而言,君主国家的现代化洪流,没有改善他们的生活,反而让他们的处境更加艰难。他们所需要的,不是更加开明的社会环境,或是更加完善的公共设施,而是最起码的公平。

[166]

没有哪部作品比梅西耶12卷本《巴黎图景》(*Tableau de Paris*)更犀利透彻地表达了人们面对一个穷奢极侈和赤贫如洗极端分化的社会,胸中迸发出来的狂怒之情。梅西耶和兰盖一样,是个思想经历过转变的乐观派,只不过他的怀疑比乐观来得更加强烈一些。在他的《2440年》一书中,法国已经转变成了一个充盈着卢梭式美德的天堂国家了,它从凡尔赛的断壁残垣中，从巴士底狱的碎石瓦砾上重新崛起，一个谦恭节俭，仁厚圣明的君王统驭全国。才智杰出、于国有功的公民，帽子上都印着他们的名姓，但是世袭的贵族却从此不复存在了。所有这一切，就像出现政治魔术一样，全都实现了。"只需一声大喊，将大众从睡梦中惊醒……自由和幸福属于那些有胆量为之奋斗的人，"这就是那些漫游未来的人们所得到的箴言。而梅西耶后来很快认为暴力活动是神授天意，不可避免，但是在此书中似乎并未出现。

一方面沉迷于太古沧桑，必于轮回有所应的地质理论，另一方面受到了考古界发现的对应于不同早期社会的出土文物的吸引，梅西耶成了一个灾难鉴赏家。在流亡瑞士期间，他对法国，特别是巴黎，做了一番描绘。在他的笔下，法国朝着科技进步、商业繁荣的既定路线一路狂奔，朝着必然的国运归宿冲将下去，他把这看作是一种精神宣泄，为之叫好，虽然会造成可怕后果，但是大城市中穷人和富人实在是太多了，清除掉一批是很有必要的。"战争、瘟疫、饥荒、地震、洪水、火灾、抑或一场政治革命，是否会让这个超级城市遭受毁灭？也许这些力量结合在一起方能彻底摧毁它。"

巴黎对于梅西耶来讲，就是一个伐蚀心性，散发着血污、脂粉和腐尸气息，不停膨胀，而又芜秽纷杂的怪胎。它脑满肠肥，恬然自乐，和畜生并无区别，钻进充斥着凄惨和贫困的肮脏泥潭中不肯自拔。那里有让梅西耶特别痴迷的皇家宫殿集市，还有克拉马尔那个令人毛骨悚然的万人坑。林荫大道上，处处是示威游行的人流，还有各种滑稽可笑的闹剧，比塞特监狱里被定了罪的囚犯，顶着车轮被铁条碾轧的囚犯，真是蔚为壮观；花娼艳妓坐着金车宝辇招摇过市，老饕餮客满嘴山珍海肴已然厌饫终日。窖道、地沟,泛出阵阵恶心的臭气;塞纳河的每座桥上,都有人投水自尽。

面对着这个浸渍着金钱和死亡的城市帝国,路易·塞巴斯蒂安·梅西耶,这个卢梭城市地狱论的忠实信徒,站在一个时代的最高峰,预见到了战争的来临。他用充满浪漫色彩的想象,把目光投射到一个可怕的极端,勾勒出了一幅场面巨阔、风格夸张的灾异乱象图。法国发生了一场和里斯本地震不相上下的强大的地壳运动,霎时间山摇土崩,乾坤坼裂,"两分钟内,数百年来的建设成果都毁于一旦。宫殿、房屋尽数被毁,教堂被推倒,它们的穹顶摔成碎片……"对追求享乐的物质主义算总账的时候到了,也只有在这样的末日审判中,一个真正的公民共和国才能真正诞生。

[167]

第二幕

期望

第六章
身体政治

一、慕男狂,国之妨

在1770年代的时候,曾经流行过一种特大号项链,被称作"长河"(*rivière*)。名字倒也很贴切,项链盘过脖颈,从紧身胸衣前飘荡而下,长长地垂落腰际。在简约风格大行其道的年代,长河项链显得过于招摇了,多半只有皇家宫殿的那些个女戏子,才会毫无顾忌地戴在外边显摆,好让人家看看,她们身后的贵人出手何等大方。某晚在一家剧院里,一对年轻好友便看到一个装扮惹眼的交际花,穿着袒胸衣,前胸挂着这么一条长河项链。其中一个年轻人说道:"看看呀,这条'长河'垂得够低。""那是因为它要回归源头,"他的同伴回应道。

拿珠宝和色情开玩笑并不新鲜。但是在1787年,素来喜欢说长道短的《巴黎活景》(*Moving Tableau of Paris*)上刊出了这么一则笑话,谁读到了都对暗含其间的猥亵讽喻心领神会。之后的两年时间,王后的声誉一落千丈,陷入丑闻泥潭无法自拔,追根究底,就是因为一条缀着647颗钻石,足足2800克拉的项链。这根项链是由宫廷珠宝商伯默尔(Böhmer)与巴森格(Bassenge)专门为杜巴利夫人(Mme Du Barry)打造的,但是还未等完工交货，路易十五便撒手归天了。项链开价160万利弗尔，一般人倾家荡产也买不起，而开始的时候，玛丽-安托瓦内特就似乎真有买下它的意思。她已经从这家珠宝店订购了一对"悬灯旒"耳环，一副花钗，还有一个镯子。钱不够用，她就会一次次地去找国王，而多数情况下，国王也都会惯着她。王后还年轻，作为女人，她总是难以抗拒钻石的诱惑，对此奥地利大使极为不满，回国述职时禀告了此事，结果王后被母亲奥地利女皇连珠炮一般地数落："在这样的困难时期，如果王后还不管不顾地要这样奢华的东西，只会贬低自己的名声。"玛丽亚·特蕾西娅在信中这样说。

[172]

到了1780年代，玛丽-安托瓦内特似乎将母亲的教诲牢记在心了，她变得自觉许多，不再那么大手大脚，挥金如土了。不管怎么说，对于这条项链，她也一再婉言谢绝，说自己并不想买。珠宝商都快急疯了（或许他也知道，玛丽-安托瓦内特最受不了**平头百姓**在她跟前悲悲戚戚、哭哭啼啼的了），于是便在宫廷里演了一出戏，直哭得死去活来，又是呼天抢地，又是昏厥不醒，甚至抛出狠话，说王后如果不接受他手里这条项链，他便一死了之。可是任他如何折腾，也无济于事。哪怕王后不顾群臣劝谏，无视国库空虚之事实，这种大咧咧的设计也不对她的胃口。跟杜巴利这帮人打交道时，那种繁琐俗气的感觉，她实在是受够了。她把倒在膝下、痛哭流涕的珠宝商搀扶起来，好言劝慰了一番，建议他把项链上的钻石一粒粒拆分下来，能卖多少就卖多少。

洛可可风格的巨型项链分割得小些没有问题，但是珠宝商可不会这么做。实际上发生在它身上的故事才刚刚拉开序幕。一桩胆大包天的惊世骗局就是拿它做的诱饵。**钻石项链事件**已经成了一个醒目的标题，也算是一档子节外生枝的丑闻。国库入不敷出、农民忍饥挨饿、手工匠人怨声载道，这些最为真切的国家现状，最终导致了法兰西君主制度的覆灭。在读者大众面前粉墨登场的，就是这桩阴谋在1785年败露之后，浮出水面的几个主角，对于这个被腐败蛀蚀得千疮百孔的王朝，他们具有非同一般的象征意义：一个放荡、轻信、出身高贵的红衣主教；一个诡计多端、以瓦卢瓦王室后裔自居的女骗子；还有一个那不勒斯的江湖医生，自称来自阿拉伯，颇有神技、妙手回春；最后还加上一个满头金发、身份卑微的女裁缝，皇家宫殿的王后就是由她扮演的；倒霉的债主们紧绞着双手，敲打着关节；各色珠宝商，从巴黎的各处码头到伦敦皮卡迪利和邦德大街，无处不在，用天鹅绒袋子装着的颗颗钻石，流入了他们的柜台。但最终所有的矛头，都集中到了玛丽-安托瓦内特的身上。从此她在公众的心目中，从无辜的受害者，成了蓄谋复仇的妖精，从法兰西的王后，变成了"奥地利娼妇"（*putain autrichienne*），王室由此颜面尽失、狼狈不堪，简直到了无可复加的地步。

其实本来这一切都可避免。在东窗事发之前，王后本人显然是一无所知的。但是远在这桩阴谋形成之前，就有一种惶惶不安、令人崩溃的情绪困扰着王后，人们怀疑她参与了那些肮脏勾当，引诱别人走上不归路，好满足她一个人无休止的"奢欲"：这两个字倒也精辟，既说她追求物质享受，又点出了她的淫乱无耻。

不管怎样，哪怕真的是毫不知情，玛丽-安托瓦内特最终倒台也是自己一手造成的。正因为她天真烂漫、爱使小性子出了名，才让路易，这位罗昂（Rohan）红衣主教相信，要想保住职位，只要得到她的宠信就足够了，不需走国王的门路。德·罗昂家族一贯汲汲逐利，图谋不轨，他们在玛莱区（Marais）的宅邸，其奢华煊赫，极为壮观，故而向来遭王室冷待。出任驻维也纳大使的德·罗昂日子也很不好过，玛丽亚·特蕾西娅女皇，即玛丽–安托瓦内特的母亲，也对他敬而远之。

[173]

众所周知，德·罗昂希望王室能够接受认可他，而这也是让娜·德·拉莫特求之不得的。虽然生在偏远荒村，家境凄苦贫寒，拉莫特却自称祖上是瓦卢瓦末代国王亨利二世。靠着这本陈年黄历，她也在国王的妹妹伊丽莎白公主面前上演了一出昏厥的好戏，总算逮着机会将压抑多年的心事一一吐露，讲述她高贵的家族渊源。眼前这个忠厚可信的姑娘让伊丽莎白公主动了恻隐之心，在宫内对她礼遇甚谨，不敢怠慢。这一来，她取得了德·罗昂的信任，真的把她当成了女王的密友。只要从现在开始，主教把希望寄托在她身上，多多许她好处，保管能博得王后欢心，今后泽被恩荣，前程无限。自此德·罗昂如同飞蛾扑火，不可自拔，每次请托，他都会塞给让娜一笔钱，原来说是行善济贫的钱，却大抵流入了女裁缝的腰包。

这么一出闹剧，精彩的一幕与《费加罗的婚礼》别无两样。1784 年 8 月 10 日，让娜·德·拉莫特找来一个长着金发的（后来说不过是个烟花女子，也不完全公道）女帽贩子妮科尔·勒盖（Nicole Le Guay），让她披上穆斯林长袍，扮作王后模样，到了晚间 11 点，将她引入凡尔赛御花园内，藏身维纳斯小树林中。她拢目看去，只见大主教正在那里等得心焦，便上前去把一束玫瑰花送到他手上。这个节骨眼上她还得说一句"你应该知道我的心意"（德·罗昂后来想入非非，以为还有一句话），随后便循着原路匆匆走开，消失在夜色之中。盼望许久的恩遇终于降临到他头上,德·罗昂不由得欣喜若狂,飘飘欲仙,他对让娜·德·拉莫特更是深信不疑,完全被这个女人玩弄于股掌之上。掏出来的钱越来越多,源源不断地流入了别人的口袋。

正所谓眼见为实,到了11月份,乘着德·罗昂不在的时候,她让珠宝商把项链拿来(这两位都快急疯了)。等到大主教来的时候,便跟他说,王后很想要买下这条链子,钱分四次结清。为了让他相信,让娜伪造了一封密函,信上说要委托主教办成此事。身为外交使节的德·罗昂,本应该看得出来,王后的亲笔手书,落款不该是"法兰西玛丽-安托瓦内特",可是他这个人素来不会多长个心眼。1785年1月29日,珠宝商拿着项链来到皇家宫殿,很快交到了冒牌的王后特使手里(让娜的相好德·勒托所扮)。他把上边的钻石一粒粒摘下来,开始神不知鬼不觉地在巴黎城里到处销赃。等到众人疑窦渐增,发觉不对的时候,参与其事的让娜的丈夫早就带着项链跑到了伦敦,脱手后拿到了一笔现金,另有一些红宝石胸针、瓷釉鼻烟壶和一把芦笋银夹钳等物。

[174]

居然如此顺利,真是老天眷顾。让娜胆子渐渐大了,越发无所顾忌。现在手上有钱,她终于堂而皇之地成了"瓦卢瓦的德·拉莫特男爵夫人"。到了1785年春天,她还在奥布河畔巴尔(Bar-sur-l'Aube)买下一栋宅子,置办了亚当古典家什、各类珍玩器物、奥布松的挂毯,整整装了42车,一件件都搬进了门。而就在这时候,大主教还等着王后能够再玩点新花样,领了他的情,也该做出些善意的表态。可是他等到的却只有失望。圣烛节都到了,没什么消息,圣烛节都过了,还是没任何回应。一个礼拜又一个礼拜,一个月又一个月,毫无音讯。麻烦不止这些,说好的一笔笔款子,到现在一分都还没还,德·罗昂以为自己拿出来的40万利弗尔是用在了项链的首付上的。那个矫情的珠宝商伯默尔，对自己的尴尬境地一无所知，犹自心内窃喜呢。7月12日这天，他乘机朝王后手里塞了一张纸条，上面这么写道："举世无双的美丽钻石就应该由最伟大、最优秀的王后佩戴。"玛丽-安托瓦内特只当他又头脑发昏了，便随手把字条给烧了。

第一笔货款就将到期的前一天，让娜通知德·罗昂说，现在拿不出现钱，要他等到10月份。德·罗昂还想给珠宝商吃定心丸，这两位也是债主催逼上门。奇怪的是，眼看着戏法快要戳穿，让娜·德·拉莫特竟然告诉珠宝商，他们让一封伪造的书信给骗了。于是在8月5日这天，两人便去找王后身边的使女康庞夫人问个明白。很快，真相浮出水面，简直让人难以置信。15日这天，德·罗昂奉召来见国王。他承认，自己被一个号称是替王后办事的女人给骗了，并央求国王看在他一家老小的份上，不要张扬此事。路易听罢哪里压得住怒火，传令将大主教拿下，打入巴士底狱。

德·罗昂的律师绘声绘色地描述道，大主教在"铁窗"之内，日渐憔悴，可是实际上他是转到在监狱塔楼之外的一间替他精心布置的寓所内，在那里被关了9个月，其间名流贤达登门造访，络绎不绝。待客酒菜颇为丰盛，牡蛎和香槟都摆上桌来，大主教还从私人藏书中细细挑了几本来读，身边还跟着一帮扈从照顾他的生活起居，不让他受丝毫委屈。

虽如此说，可是提到巴士底狱四个字（特别是兰盖那本专门描写狱中血泪点滴的回忆录大获成功之后），就让人觉得德·罗昂一定是经历了天大的苦，遭了天大的罪。于是乎，各种小册子、大传单潮水一般涌来，说他是专制制度压迫下可怜的牺牲品。在巴黎高等法院的审判会上，塔尔热（Target）的辩护实在精彩，他利用晚期启蒙运动一个让人共鸣的观点，说什么大主教之所以被人整得这么惨，就是因为他"太过耿直"，说他本质如何单纯，性情如何温和，为人如何可靠，他就是出于仗义，迫不及待地想要替王后效力之类。这番话确实管用，再者有些也的确属实。没错，他就是个乳臭未干的傻小子，平时丝毫不知检点，一味拈花惹草。但是再怎么说，王室也不该这么不遗余力地治他的罪，所以到头来他还是被无罪释放了（差一点就被判刑）。群众爆发出雷鸣般的欢呼，简直欣喜若狂，没奈何，德·罗昂只好被押回牢里再对付一宿，等待人们的情绪恢复平静，才能顺顺当当地出狱。

涉及这些被告的案卷摘要，或者叫《备忘录》，被大批翻印成册，在民众中间广为散发，嫌疑犯的画像也到处流传，这场官司简直就成了老百姓的舞台，在这么多观众面前上演的，是如此荒诞的一出戏。不多久，人们就觉得，应该受到审判的，不是德·罗昂，也不是德·拉莫特和她的同谋，而是陈朽的制度本身。虽然那些嫌疑人争取无罪释放的机会，至少可说是十分渺茫，但高等法院的那些手眼通天，或是口才一流的律师，却都争抢着要接手该案，以此来迎合公众深切关注的目光。查阅当年的这些卷宗，历史学家不难发现，这些律师确实干得非常漂亮，把他们辩护对象个人品质的不同之处，都分辨得清清楚楚，对于每一个个案，他们都采取这样或者那样的方式，利用1780年代的一些固有观念作为理由，来替被告开脱。

该怎么替妮科尔·勒盖辩护呢？让娜·德·拉莫特倒还厚道，封了她一个"奥利瓦男爵夫人"（Baronne d'Oliva）。起诉状里说，她就是个操皮肉生意的女人，可是替她辩护的律师却说，

[175]

这是个脆弱可怜的女子，幼年父母双亡，后来寄住在靠近圣犹士坦堂（Saint-Eustache）的茹尔大街边上的一间小屋子里，靠着卖女帽来维持生计。她一心一意地跟着她那个相好的，德·拉莫特许诺给她15,000利弗尔的好处，才把她拉了来假扮王后的。不用说了，又是个命比纸薄的弱女子，活生生就是格勒兹画里的苦命人，被人家设下圈套给利用了，这里面究竟是些什么勾当她自己都搞不明白呢。后来传出消息，说她在巴士底狱中产下一个私生子，人们就更加坚信，她必然是无辜的。看看在法庭上，问她什么都答不上来，只会抽抽搭搭地掉眼泪。很清楚，她的律师布隆代尔说了，这孩子还算是有灵魂（de l'âme）的。就这样她也被无罪释放了。还有卡利奥斯特罗（Cagliostro），好个不要脸的牛皮大王，说是能和尼罗河跟幼发拉底河的神心息相通，居然就这么给大主教测算前程。他极尽摇唇鼓舌之能事，好让德·罗昂相信，自己已经得到了王后的宠信。他胡说自己降生人世已数千年，还有其他一些天花乱坠的鬼话。这些都是罪名，但是他居然孤注一掷，给自己披上启蒙派无神论者的外衣，突然改口说自己其实只有37岁。不过他仍然抓住人们对于东方文化的迷恋和向往，吹嘘他自小生长在麦地那，之后去过麦加，后来又到黎凡特，学了这一身的"技能"。他和他的老婆过去就曾被关进巴士底狱，这么一对堪为楷模的恩爱夫妻被活活拆散，怎不让人为之涕零，庭上的法官听罢这番陈述，也不由得为之哀恸，为之心碎。"天下最温柔、贤淑的女人被拖进了同样的地狱；监狱的厚墙和门闩将她和我隔开……她在哀吟，但我却无法听到。"他还说了许多其他煽情的话语。

连让娜·德·拉莫特都能替自己找到高明的脱罪之计。她的策略是追攀古人，夤缘旧事，坚称自己是所谓的瓦卢瓦王室的后代,还拿着记述详备的家谱夸示人前,表示自己所言非虚。实际上,她所说的可能也并非全然是空穴来风。1780年代,社会上兴起对于古代游侠骑士的膜拜之风,这股潮流和人们对于时下喜新厌旧、金钱至上、腐朽堕落、世风日下的现状的强烈不满有紧密的联系。而让娜·德·拉莫特生下来就落入这样的环境之中。她让人们相信,自己是旧社会的孤儿,一个从穷地方走出来的非凡女子,就像雷蒂夫·德·布勒托内的故事里千千万万个发人深省的堕落女孩,她也是因为天真无知才走上了歪路。说出来可能没人相信,她居然把自己的名声狼藉归咎于王后,玛丽-安托瓦内特实际上确实想要买下项链,她发出的好几封信中都谈及此事,这都是真凭实据,断非虚造(自作多情的德·罗昂为了保全王后的名声,收到的书信都一概烧毁,如今死无对证,谁晓得是真是假)。

眼下看来,这番话没有起到什么作用。让娜的丈夫被缺席审判,被判为终身苦役。她本人也被认定有罪,押往沙普提厄(La Salpâtrière)监狱服无期徒刑,此外她还要当众遭受鞭刑,并拿一条绳子勒着脖子,在身上烙烫字母 V(*voleuse* 的首字母,意为小偷)。这真是奇耻大辱,偏偏在这当口,大庭广众之下,本来要把印记烫在肩膀上的,可是行刑人手一滑,一下子在乳房上烙了很大一块。在场看到这一幕的每个人,恐怕对此也是终生难忘。两年之后,让娜越狱而去,跑到了伦敦,对王后进行大肆攻击谩骂,那里倒也有不少人想听呢。

整件事情中,最大的受害者还得说是玛丽-安托瓦内特(当然国王对此事揪住不放,也显得过于狭隘,有失公允,和大主教徒劳无益地维护王后脸面的大度形成了强烈对比)。但是让人难以理解的是,王后本人竟然被说成是挥霍无度、睚眦必报的

[177] 荡妇,说她简直是欲壑难填。德·罗昂落到这般田地都是她一手策划的,据说是因为王后暗送秋波,德·罗昂竟然毫不理会(想象力着实丰富),于是王后怀恨在心,指使德·拉莫特设下计谋,欲置主教于死地。当时流传的那本《毁谤录》(*libelles*)中,有些情节更是离奇到了匪夷所思的地步,说王后和让娜有同性恋行为,一旦找到了更让她快活的嬖宠,便把让娜冷落一旁。"我真是太快活了,"书中的王后直言不讳道,"我以为天堂的门对我敞开了,我以为自己已进入天国,因为那一刻的逍遥非人间所有。"

若不是宫廷中淫戏秽行俯拾皆是,风气浸败令人不齿,旁人便无从借题发挥,也惹不出这么多是是非非。虽然说揭秘宫闱丑事自古就有(有些是拜苏埃托尼乌斯[Suetonius]所赐,后来的阿雷蒂诺[Aretino]也著述良多),但是真正臻于成熟,是在路易十五统治末年,当时有关国王在凡尔赛敕立的娼寮牡鹿苑(Parc aux Cerfs)内的"风月故事",曾一度在阆闾坊巷为人津津乐道,只有多如牛毛的杜巴利夫人情史小说才能与之比肩,而其中的开山之作,则是由皮当萨·德·麦罗贝尔所著。由于杜巴利对于名声狼藉的泰雷、莫普和德·艾吉永的"三公政治"表示支持,那些对莫普不满的讽刺文人便在小说中把色情描写和专制制度联系了起来。鸡奸、男女私通、血亲乱伦、随意乱交等常见的情节,都被用作影射朝纲败坏的武器。在路易十五得了天花暴崩之后,就有谣传说是杜巴利夫人给他找来的一个姑娘传染给他的。

法国的政治制度和君王的玉体金身,在百姓眼中是不可分割的。人们可以在公开场合讨论国王的身体,每一个部位、每一个器官都对应一定的权力部门。历代法兰克国王都把墨洛温王室的长发梳成的平滑发绺看作是一种上天赐予的神秘力量。哪怕后来加洛林家族的"宫相"僭取了他们的权力,墨洛温家族还是得以保全,并被奉为至尊,他们照样可以留着自己长长的发辫,还能坐着牛车巡游四方,这样一来,就等于承认后继之君仍为正统。而在凡尔赛的宫廷礼仪中,王室的身体更是被看作金枝玉叶,至高无上,甚至那些侍从和宫女们,谁为国王拿去鞋跋,谁替王后取来亵衣,都要排出三六九等。路易十四的身材,真可说是壮伟非凡,卓然出众,赫立于百姓之前,不由得让人感到一种天资神异的独特气质。路易十四胃口极好,据说是因为食肠宽大,倍蓰常人(因为和路易十六的情况不同,他从未发福长胖过),而且其具体尺度也被作为尊贵之数,在其归天之后,按照惯例昭告天下百姓周知。

对于王族统治而言,至关紧要的莫过于一国之君腰身以下那一块了。相较欧洲其他王室,波旁家族在生儿育女方面可谓是成绩斐然。虽然太子频频夭折,但是架不住生养得多,故不至于断了香火。路易十五已经是路易十四的曾孙辈了,路易十六和前任也是祖孙关系。因先王新丧,大局未定,使得路易十六决心接种疫苗以防不测。当国王身上突然长出脓疱的时候,宫中还专门对外发出通告,说是一切顺利,效果良好。玛丽-安托瓦内特也将此消息禀告母亲奥地利女皇(对于整件事情,她也是由衷感到满意),对国王鼻子上出现特别惹眼的脓疱还评头论足了一番。就在他的子民对此事觉得欢欣鼓舞的时候,又出现了让人更加感到紧迫的期待。从社会舆论层面上讲,人们一致认为,君王作为一国之父,有三项根本职责:一是要让人人饱暖,衣食无缺;二是保家卫国,战场扬威;第三是绵延子嗣,传宗接代。路易在位这些年,前两样已经让人丧失信心了,但

[178]

是惹来最多非议的，还是在最末一件事情上的表现。

虽然国王夫妇在1778年的时候产下了第一个女婴，但是直到三年之后太子降生才总算让王室上下的期待得以满足。为此在市政厅举办了一场隆重的舞会；巴黎大街小巷烟火璀璨，大肆庆祝；集市妇女（market women）组成代表团，前往宫中向王后贺喜（18年后她们会再度造访，但是那时候已经是来者不善了）。人们如此开心也实属自然，因为多年来，王后能否生育，已经成为了一个让人说长道短、冷嘲热讽的谈资了（究竟始于何时，无人知道）。如果不排除包茎问题的话，路易和玛丽-安托瓦内特的房中之事，可说得上是极尽曲折。所谓包茎，也就是包皮失去弹性，造成勃起疼痛。王后对此不知所措，颇感不满；国王追猎野猪，射杀雄鹿劲头十足，回宫床笫奋战，自然就力不从心了。两人似乎都对约瑟夫二世无话不谈，皇兄前来看望胞妹时，还给兄弟利奥波德写了一封信，对于诊断结果进行了极为细致的讨论。

（路易的）勃起功能强健、良好，进入王后体内后，不动的状态下可以保持大约两分钟，抽出时没有射精，而是依然保持勃起状态和夫人道晚安；这确实让人费解，因为有时他每夜遗精，然而当他真的与王后交欢时，却又力不从心——他坦言，他是出于责任才这么做的。

内兄对于这等敏感私事如此关切，看来最后还是通过一次必要的小手术才解决了这一问题。到了8月份，也就是约瑟夫写信之后的两个月，玛丽-安托瓦内特就喜滋滋地写信给自己的母亲，明确地表示，两人现在的夫妻生活已经"至臻完美"。

[179]

但是，结合七年，王后不能有孕便足以让外界指指点点，非议不断了。这些口舌之扰，把玛丽-安托瓦内特初到法国的美妙回忆一扫而光。不过，给她带来最大伤害的根本问题，则在于她对于自身王后身份所采取的态度。她自小生长在哈布斯堡皇宫，处在繁文缛节开始被弃置一边、简洁高效的治国之风方兴未艾的环境中。她的母亲年纪轻轻便登基，母仪天下。当时的帝国风雨飘摇，形势艰危，被迫将西里西亚让给了腓特烈大帝。女王从血淋淋的教训中学到了开明专制的为政之道。王后的长兄约瑟夫，在宫廷礼仪规范大行其道之时却大搞破坏圣像运动，留下恶名。但是母子二人都很清楚，在当今世界，人们都已经把君主看作"国家公仆"，故此保持一种为国民利益甘于牺牲自我的姿态，至关重要。

但是玛丽-安托瓦内特来到凡尔赛没多久，就把这种兢兢肃肃的行事原则抛到了九霄云外。年方十五嫁为人妇，十九岁上封为王后。就像同龄少女一样，她沉迷于笔触伤感的文学作品，藏书中很大一部分是理查逊、卢梭、梅西耶，甚至还有雷蒂夫·德·布勒托内的著作。她对花草极为酷爱，个性开朗直率，不喜欢严肃刻板、死守规矩，当然在当时的社会，这也已被当作良好品格蔚然成风，深入人心。但是不管怎样，脸面上的王家仪范，起码还是要保持的。

差不多从一开始，王后就不愿意屈从她的公众形象的需要，丝毫不肯做出让步。宫女们的明争暗斗让她开心不已，谁都知道宫廷仪轨繁琐冗长，她甚至存心呵欠连天，唉声叹气的，每次要出席这种场合，都得光着身子待在冷冰冰的寝宫内，等着侍女替她来来回回地去拿宫里穿的贴身小衣和丝织束带。最过分的是，她变得越发任性，甚至连胸托和束腰都不肯再戴了。

几个小姑都很无聊，了无生趣，妯娌们也是工于心计，六亲不认的，更要命的是，她们一个个都怀了身孕。她们也慢慢看出来了，安托瓦内特根本没有像波旁家的其他女眷那样准备好尽自己繁育后代的职责，也不想装出低眉顺眼的样子，让国王由着性子逍遥快活。如果说有什么区别，那就是夫妻二人的角色完全颠倒了，国王粗拙内向、孤僻寡言，而他的王后却越来越喜欢交际应酬，全无半点禁忌。她的兄长看到她这种蔑视礼数的做派，颇感震惊。他写信给弟弟利奥波德说："她完全不管礼法，常常独自一人或和朋友一道闲逛，丝毫不顾忌自己的身份。她看起来有些不成体统，若是私底下有这样的举止尚可接受，但她没有履行自己的职责……"

约瑟夫很清楚，自己的这个妹妹是既要得到王室的特权，尽情放纵，又不肯放弃个人的自由。他也估计到，这样一来必定会招人反感，甚至到最后王后的位子都保不住。但是玛丽-安托瓦内特仍然一意孤行，坚持按照自己的意愿重塑王后形象。她把宫内派到她身边的总管诺瓦耶公爵夫人（Princesse de Noailles）丢在一边，自己选了一批亲信。这批命妇当中包括丈夫死于梅毒，年方十九岁便守寡的朗巴勒亲王夫人（Princesse de Lamballe）。另一位是盖梅内亲王夫人（Princesse de Guéménée），也和她同病相怜。还有一个最为不堪的，名叫约朗德·德·波利尼亚克（Yolande de Polignac），长得勾魂摄魄，却又蠢笨至极。本来这一切都算不上什么，但问题还不止这些，王后利用特权对身边的宠臣大行赏赉，不但封官赐爵，还往往一掷千金。力行节俭的马尔泽布得知王后恢复后宫的内府之制，实在吃惊不小，各署一年开支在15万利弗尔，朗巴勒夫人所得尤多。一旦获宠，则身边的三亲六眷、新友故交，统统都攀上这条内廷大船，紧紧抓牢不肯松手。说什么姑妈穷困潦倒，兄弟坐吃山空，家里还有恶毒到极点的爷爷，一年到头病歪歪的男爵，变卖了安德烈斯种植园的亲戚，所有这些人都捞到了好处，满意而归。而在王后看来，施恩于亲近之人，实在是再平常不过的事情，但若秉持公论，实在不啻于尸位素餐，人浮于事，正如他的小叔子普罗旺斯称呼她那样，就是位"蚀本娘娘"。

王后越是要摆脱束缚，争得自由，举止便越是越礼放肆。路易只会说一些粗俗不堪的笑话，他的兄弟普罗旺斯成天围着牌桌转，实在让她感到无聊，倒是那个排行最末的小叔子阿图瓦，真说得上风度翩翩，潇洒迷人，而且头脑灵活，颇为人们所称道（虽然有些过誉）。但是毫无疑问，而且，阿图瓦让她感到自己聪慧伶俐、雍容娴雅，——再看看她那双大大的眸子，还有弯弯向下的嘴唇，标准的哈布斯堡家族的下巴——简直可说是美艳动人。两个人经常在一起，过得非常开心，有时候结伴去看戏，一块儿去打牌，晚上还同去欣赏巴黎城内的宗教音乐演奏会（the concerts spirituels）。他们俩都狂热地支持作曲家格卢克（Gluck），对他的竞争对手皮契尼（Piccini）则抱有敌意；这两个人，说来也怪，还都是博马舍的忠实拥趸。叔嫂二人还在特里亚农宫创设了业余剧团，排练演出了卢梭的《乡村卜师》和《塞维利亚理发师》。

整天围在王后身边溜须拍马、逗她开心的**弄臣**可说是大有人在；比方说亚瑟·狄龙（Arthur Dillon）、洛赞公爵（Duc de Lauzun）、阿克塞尔·冯·费森（Axel von Fersen）、贝桑瓦尔男爵（Baron de Besenval），还有利涅亲王，其中最引人注意的，就得数沃德勒伊伯爵（Comte de Vaudreuil）。某次一行人外出游玩，去萨布隆原野上赛马，洛赞和王后两个一路调笑嬉闹，极

[181]

为出格，为此，他被斥逐出宫廷了。除了他之外，这些人里其他几个都不是世袭贵族出身。坊间对于他们早就流传了许多闲言碎语，说得毫不客气，因为他们显然都带外族血统，或是有国外亲眷：狄龙是爱尔兰裔的詹姆斯二世的死党，费森是瑞典的将门公子，利涅亲王则来自尼德兰的哈布斯堡家族。很明显，王后跟这些异国人士和朝中新贵在一起，要比和宫廷里传统的上层人士打交道更加来得自在。但是正是由于她的偏心，也使得她自己遭到了孤立和疏远。她入主后宫，随之而来的种种是非之争，最早就是从宫廷内部开始萌生的。沃德勒伊就是最为显眼的目标。此人出身于西印度的庄园主家庭，靠着从蔗糖贸易中赚来的钱，他在巴黎社交界过着挥金如土、奢靡无度的生活。他的相好就是女王身边得宠的约朗德·德·波利尼亚克。靠着这层关系，他不仅能得到王后的恩荫厚赐，还有一大把的高官美爵由着他挑选——许多都是能捞足油水、风光显要的肥差。只在1780年一年，他一人就担任皇家鹰坊总管、里尔市长和陆军准将（Maréchal de camp）三项要职。而他也确实毫不客气，一心只顾自己揽财获利。伊丽莎白·维热-勒布伦曾经在1784年给这位伯爵大人画过一幅浑身挂满勋章的肖像，他便保举勒布伦入宫，让她成了最为显赫的宫廷画师（她也确实当之无愧），她的兄弟入值御书房（secrétaires du roi）办差，一跃而成为了贵族，从此她那个做小买卖的男人，便一直都有高门显户、富贵人家的顾客上门来买他的货。沃德勒伊本人则对衣装极为讲究，他的穿着打扮成为了那个时代潮流的先行者，也是那个时代最有品位的戏剧票友（被人公认为是颇具灵气的阿玛维瓦［Almaviva］）。他负债累累，不得不靠攫取官位来填补亏空，常常是入不敷出，难以为继。沃德勒伊简直就是革命者心目中理想的反面典型，宫廷就是一张保护那些被娇宠过度、自私贪婪的婴儿的护栏。

看起来，这帮人是臭味相投，除了围在王后身边阿谀奉承，简直一无是处（或许费森有所不同，但那是后话了）。但是王后提倡不拘礼节、全无尊卑的宫廷风气，巴黎的三大剧院：法兰西喜剧院（Comédie-Française）、歌剧院（Opéra）和意大利喜剧院（Comédie Italienne），经常可以看到她的身影（显然有忤圣意），这些都注定会让专门传播丑闻的闲汉大事描摹，也足够那些色情画家肆意发挥了。真是要命，玛丽-安托瓦内特彻底颠覆了自己后宫之主的形象，完全暴露在舆论面前，丝毫没有做好迎接批评嘲骂的心理准备。在1780年代，"自然"是最流行的词汇，她也理所当然地认为，只要做什么都由着"天性"来，别人就会认为她是清白的。事实上她也确实是很懵懂无知。她不晓得那些对她来说再自然不过的事情，在老百姓看来却实在是太过放肆了。除了在私生活问题上存在的忧虑，人们之所以愤怒，更是出于一种发自内心的不安情绪。尽管玛丽-安托瓦内特根本没有考虑过这些，但是她的所作所为确实有悖男女伦常。只要国王名义上还是父权制度的精神化身，那么其配偶也自然就应当表现出恭顺、谦卑，并且柔弱的样子。当然纵观古今，并不都是如此，特别是在1780年代的"稗官野史"中，这样刁蛮使性（或者说是刚愎自用、特立独行）的女主角尤为多见，见怪不怪了——典型的人物比方说奥地利的安妮（路易十三的遗孀），还有名声更恶的凯瑟琳·德·美第奇（Catherine de Medici）——每个人都与当今的王后颇有可比照之处，堪为龟鉴。

[182]

王后毫不掩饰地展现出女性的温柔妩媚，这一点非常关键。

什么是可以做的，什么是受到嘉许的，有些事发生在国王的情妇身上并无大错，但是王后若是如此行事就不可原谅了。更糟的是，这种率真烂漫的女儿本色，都是由那些专司其事的女人们替她设计和展现的。替王后设计服装的罗斯·贝尔坦后来成为了法国地位至为显赫的女人之一。就是在她的鼓动下，王后脱去了沉闷古板的内宫礼服（非但是穿着不舒服，而且让她感到束缚了自由），改穿宽松简洁、精细棉质或麻质的白袍，由此一事，她便得到了王后的宠遇。长裙用箍托撑开，头发高高盘起，那种一本正经的装扮，只会在"周日宫廷"中出现。据德·拉图尔·迪潘夫人（Mme de La Tour du Pin）回忆，自此以后，对陈规旧俗公开表示不满已经渐成风习。自然，正是女王身边的另一位红人，伊丽莎白·维热-勒布伦用画笔描绘下的更为离经叛道的宫苑风貌，才招来了外界更多评头论足的声音。

虽说维热-勒布伦的大部分工作还算是体面光鲜，但是直至最近，她仍然被描绘成旧制度的一个无足轻重的艺人，不过是个靠画笔和调色板吃饭的待诏弄臣而已。怀旧伤感的传统画派和孤高冷傲的新画派都跟她两不相干。不过至少在当时，她的画被认为是独树一帜的。两年一度的艺术沙龙展上，至少公开展示了她的 40 幅画作。1783 年进入皇家绘画学院的仅有的两名女性中就有她（另一个是她的竞争对手阿德莱德·拉比耶-吉亚尔［Adelaide Labille-Guiard］），《秘密回忆录》一书中有一段描写，或许可以对她在画坛的声望和影响略窥一斑：

> 若是有人说他刚从沙龙出来，别人问他的第一个问题会是：你见到勒布伦夫人了吗？你认为她怎样啊？他们往往脱口而出：勒布伦夫人，她真是个奇女子！……她就是

智慧女神密涅瓦的化身，她的作品能最先吸引住观者的目光，使他们流连忘返，直入他们的内心，忘却了自己的存在，情不自禁地大声赞叹……这些画也是巴黎街头巷尾人们谈论最多、赞扬最多的。

就像她的作品一样，伊丽莎白·维热-勒布伦是个优雅端庄，妩媚动人的女子。他的父亲是个小肖像画家，母亲出身农家，靠给女客人做头发为业。维热12岁时父亲便去世了，从此对于画画，她基本上是靠自己揣摩。模特都是家里的亲戚，维热要他们尽量显得无拘无束，表情尽可能丰富一些，这样她才能运用其明快热烈的色彩，恰如其分地表现人物的姿态，并将画面整体处理得恰到好处。很快她便出名了，被人目为神童。年仅19岁的时候就被圣吕克画家学术院录取，并且在这一年和母亲的房东，一个叫勒布伦的商人结了婚，由此很快跻身巴黎上流社会，在这个舞台上尽情展现她的才华。除了在画廊之外，有时候就在城里的宅子里开办画展晚会。维热-勒布伦天生聪敏，加之能说会道，又美貌动人，这三样法宝在1780年代的巴黎是最吃得开的。很快，她就与那些冥顽守旧的学院派老夫子和欺世盗名、不学无术的三流画师划清了档次，赢得了那些崇尚自然、摒弃雕琢的观众的喜爱和追捧。在家庭晚会上的画作，都是花鸟鱼虫、色拉点心之类的应景之作。而在著名的《希腊晚餐》(souper au grec)中，她画出了最真实自然的勒布伦："去掉了他脸上的脂粉，梳直了头两侧的卷发，在他头上戴了一顶月桂花环"，在蜂蜜蛋糕里面放上科林斯出产的葡萄干，端上桌来，还画了塞浦路斯的葡萄酒。

这种故作高深的简约之风，也随着女画师的到来吹进了宫

[183]

廷。在她的（明显有些理想化的）回忆录中，勒布伦回想起了与王后即兴演唱格雷特里（Grétre）的二重唱。还有一次，玛丽-安托瓦内特命令6岁的公主和（实际上是等待）一个同龄的农家小女孩同桌吃饭，这让她对女王肃然起敬。除非是在正式场合，否则王后从不往头上扑粉，也不花费心思去做那些精巧繁复的发式，裙子也不用铁箍撑着。像时兴的那样把长发自然卷曲，披散在肩头，草帽上、宽边乡村女帽上还插着花朵。宽松惬意、轻薄透明的装束，就像是贴身内衣一样，丝毫遮掩不住女性的优美曲线，有时候象牙白的细棉袍子在胸部下打几个褶，随便地用一根丝带挂着。波利尼亚克公爵夫人本就是个公认的美人，美艳绝伦，再加上这身让人耳目一新的装扮，更增添了几分清丽成熟之美，就像是一串水灵灵的甜果。有时候，被画的人不习惯于过于放松的姿态，维热-勒布伦也总有办法，让她们的姿势不至于过分呆板。

　　由于讨厌当时女人们的服装，我想方设法让它们看上去更美丽别致，如果我能得到画像模特们的信任，我会非常开心，这样我就可以按照自己喜欢的样子描摹她们。当时不流行披肩，但我效仿拉斐尔和多美尼基诺画中的美人儿，用大围巾轻轻绕过她们的身体和双臂。

[184] 　　这套衣装展现了女性的天真无邪，让人想起格勒兹画作中女孩的姿态，很显然这里带有一丝撩人的气韵，从维热-勒布伦在项链丑闻的那一年创作的《酒神的女祭司》（Bacchante）便能看得很清楚。不过这幅充满色情意味的作品，其中某些构图元素也被融入肖像画创作中：开口大笑，皓齿流光，秋波俏转，

凝睇翘望。凯瑟琳·格兰特（Catherine Grand）的画像便是如此。她本是个被"贵客娇藏"的女戏子，后来成为了塔列朗的夫人。尽管如此，这幅格兰特肖像是个特例，画上的女人浑然就是性感尤物。在1780年代，维热-勒布伦完成了一系列画面宏大的女子肖像画，绝大部分竟然完全脱离了以暴露女性隐私为主的洛可可风格的窠臼。过去画中女子往往别过头去，裸出身子，现在她们两眼直白地凝视前方，带有一种大胆挑战、独立不羁的神色。画中往往是一群闺蜜好友，有时候画中还有孩子，好面露慈爱之情，揽儿入怀也表现得并无半点拘谨。作品拒绝媚俗取容的这种趋向，让当时的观众在心潮澎湃之余，也生出了些许担忧。

如果是给王后画肖像，有些地方就要特别留意了，必须在维热-勒布伦倡导的"自然"和宫廷画师的本分之间找到一个平衡。她第一次应召入宫是在1778年，当时年仅23岁，第一幅作品也是循规蹈矩，完全是传统的手法，王后脸部露出侧面的四分之三，头上用鸟羽作装饰，身上穿着一件宽大的**箍托长裙**（*robe à panier*），膨撑开来如同水桶。到了1783年，情况发生了变化，沙龙画展中的肖像画上，王后身穿简洁的平纹细布长袍，手里还拿着一支玫瑰。这种风格的画随后一再出现，很多是替各位大使夫人画的，还有私人客户的肖像。

肖像画并没有挽回王后日渐跌落的名声。反而倒是因为这些画的公开，更加坐实了王后在人们心目中无视礼数、自由散漫的形象。无论如何，在1785年沙龙展上，人们开始关切玛丽-安托瓦内特究竟应该以何种面目出现在公众面前这个问题。当年展出的是瑞典籍的宫廷画师维特穆勒（Wertmuller）的作品，内容是王后带着孩子们在凡尔赛的御花园散步。这幅画原本是要迎合时下流行的家人团聚的风潮，表现其乐融融的天伦之乐。但由于笔法过于生硬，结果引来一片严厉指责，认为是要用故意烘托出家庭温情的场面，掩盖王后个人的放荡不羁。于是这幅画被取走了，维热奉命重画来取而代之，她尽可能去贴近感受王后的丧子之痛，画中的王后和活下来的几个孩子坐在一起，背后是一张空荡荡的婴儿床。尽管画得非常庄重大气，可还是让那些正统的卫道士感到不安，对她的这种老套的家庭题材提出批判。因为既然要着力突出玛丽-安托瓦内特的母亲身[185]份，那么就不该把婴儿房布置在凡尔赛宫的镜厅前，不该让她身上裹着华贵的丝绒衣裙，因为这些给人的印象是，她还是高高在上的王后。这幅画在1787年艺术沙龙展出后，外界的评价褒贬不一。

这幅宏伟的肖像画展出的时候，沙龙是除了宫廷之外，能够亲睹王后真容的唯一所在。接二连三出现的粗野的色情描写带来了伤害，她也肯定感觉到了，于是她便逃避人们眈眈相逼的目光，不愿出现在公共视野中了。只是偶尔她会大着胆子去剧院看戏，而观众却报之以冷冷的沉默，甚至干脆是嘘声一片。与此形成鲜明对照的是，那些损人的黄色小调倒是唱得震天响，巴黎大小咖啡馆，还有新桥一带，到处都能听得到：

> 我们的堕落王后
> 同淫荡的阿图瓦王爷一起快活
> 无忧无虑
> 品尝禁果
> 但这有什么要紧
> 它能伤害了谁？

> 这对奸夫淫妇
>
> 让我们不得不信
>
> 法兰西的伟大君主
>
> 戴了一顶大绿帽
>
> 但这有什么要紧
>
> 它能伤害了谁？

另外还有对国王那话儿尺寸的估测，甚至有的书里还有关于功能的猜想，一些书还讨论到底多少人上过王后的床，某某先来，某某后到，等等。斯特拉斯堡还发行了一枚钱币，上面是国王的侧面，头上顶着"王八"的两只角。那些下流的文字就写得更露骨了。某时文段子唤作《夏洛与图瓦内特奸情记》(*Les Amours de Charlot [Artois] et Toinette*)，从玛丽-安托瓦内特的自慰宣泄开始，一直写到后来司空见惯的纵酒狂欢。

这么多的书刊中，最早的一本是《玛丽-安托瓦内特生平历史概述》(*Essai Historique sur la Vie de Marie-Antoinette*)，该书最早是1781年面世，1783年再版，之后每年都出一次修订本，内容及时更新，直至1793年她被处决为止。1783年在巴士底狱，执行公开处决的刽子手搜缴焚毁的就达534本。虽然如此，它仍然是最受禁书走私贩子钟爱的一本书，在巴黎流传甚广。它采用自白书的体裁，书中常常会出现一些尖酸刻薄的抨击，恰恰与日后革命政府的控诉如出一辙。

[186]

> 凯瑟琳·德·美第奇，克莉奥帕特拉，阿格里皮娜，梅萨利纳，我的行为已远超你们，如果人们想起你们的丑行还会忍不住打战，如果那些可怕的细节还会让人毛骨悚然、

眼泪滂沱，那么如果人们了解玛丽-安托瓦内特的刻毒、淫荡的生活，他们又会做何感想……野蛮的王后，不贞的妻子，无耻的女人，罪大恶极、放荡下流之人，这些才应该是我的头衔。

之后是"真人真事"，由本人亲口供述，承认自己的行为是"下作娼妇"之丑行：在1775年加冕礼的前夜，还跑去兰斯的"浓情洲"新门（Porte Neuve）鬼混，装扮成侍酒童女的模样，选了个精壮的"力神"，翻云覆雨，直弄了三个更次；还在特里亚农宫内让阿图瓦教她如何颠鸾倒凤；还任意和宫女试行淫戏，尤与波利尼亚克为频。文字中着墨最多的丑事包括：自慰、女淫，还有娈癖无度。挑这三样来说并不是随意而为，每一样秽行都是1780年代胴体文学突出表现的主题，不但笔调更加专业，而且可想而知，是一种庸俗化的描写：一种打着教化的幌子撩拨情欲的东西。在《毁谤录》中通过自白书的方式透露出来的玛丽-安托瓦内特的性趣味，和读者在比安维尔（Bienville）的畅销书《慕男狂或治疗子宫狂躁症》中读到的色情狂的种种症兆完全一样。"只要一看到英俊男子或美貌女子，我的身体便躁动不安，脸上会像着了魔一般荡漾出春意；我真的抑制不住那股强烈的欲望。"

《毁谤录》中的玛丽-安托瓦内特是一头性变态的母兽，和风流放荡的大主教睡觉，染上了脏病，加之女人之间的暧昧。后者常被称为"日耳曼恶癖"，这是身体政治中一种外国因素的体现。她颠倒阴阳，错乱变态，在人看来是政治上的诡诈使然。

1785年爆发了一次外交危机，当时她的兄长奥地利皇帝约瑟夫二世为了扩大奥属尼德兰的奥斯坦德和安特卫普两港的通航自由，试图强行开放斯凯尔特（Scheldt）河口。但是这样就会违反法国和荷兰共和国的双边合约中的条款，一旦开放，两国肯定会遭受损失。而且法、荷两国是美国战争中的盟友，这是一种战略的考虑，目的是对付奥地利，防止它蠢动，如有必要，不惜动用武力加以阻止。王后可能会积极干预，劝说国王调整法国的对外政策，这确实让人非常担忧。尽管这场危机后来自动化解了，但是那些仇恨王后的人将此事作为王后在朝廷培植亲信，替外邦效力的新证据，穷追猛打，一再攻击。此时的王后，成为了地地道道的奥地利的玛丽-安托瓦内特。

凡此种种与色欲相涉的妖魔丑化，什么美色内奸、什么弄权祸水、什么污亵朝纲，都被拿来作为争辩的话题，言语极为恶毒，而且毫无疑问，到1780年代末期，王室的尊贵和体面很快便大受污损，地位一落千丈。在大革命爆发的初期，当时王后积极干政，咄咄逼人，被普遍怀疑是要煽动起一场军事行动来对付国民公会，于是批评者花样翻新，造出又一个怪物来，把它和那早已令人作呕的丑恶形象拼凑到一起。1780年代中期开始流行"双翼女妖"——一只凶残贪食、利爪强健，两胁生着翅膀的孽畜——据说在秘鲁的圣塔菲真的发现了这种动物。这就是流行版画画家一直苦苦寻找的新鲜的创作模板。拿它来从头到底加工一番，不出所料，在1791年弥漫恐怖谣言的时候，王后这个新造型还会再次出现，爪子下攥着《人权宣言》。

[187]

对她形象的污蔑和诋毁实在是非常可怜的事情。她的王后之尊被剥夺殆尽，无论是自然属性和人格特征都一扫而空（连她自己的个人偏好在内），这一切只是为了表明，所有的女性都是有悖自然的，也是毫无人性的。到最后，"卡佩遗孀"被带到革命法庭受审，对她的肉欲罪名和政治问题分明是混为一谈的。《毁谤录》中对她的言语侮辱已经到了无以复加的地步，甚至骂她是"毫无道德，简直就是当代的小阿格里皮娜*"；还控告她和奥地利皇兄相勾结，还（在大革命之前）暗中送去一大笔款子，达 2 亿利弗尔之多，最终《杜歇老爹报》(Le Père Duchesne) 的主编，巴黎革命公社主席雅克·勒内·埃贝尔 (Jacques-Rene Hebert) 又加上了一个罪名，说她对自己的儿子进行性虐待，可怜的王太子当时仅有 11 岁。据说这个做母亲的和自己的小姑让孩子睡在她们中间（孩子亲口说的）。"结果，他最后习惯了这种最令人作呕的喜好。"埃贝尔想来，两个女人教会孩子玩弄生殖器，不单是为了自娱，而是有着更为阴险的政治目的。蒂索 (Tissot) 医生所写的《手淫》(Onania) 对手淫的严重后果曾经做过症状预测，基于这一点便指控两人是故意"腐化其身体，从而左右他的思想"。

面对这些污蔑，玛丽-安托瓦内特疲惫不堪，回应道："对这个问题我不想回应，因为这样的罪行连老天都不容。"不过当她在作最后陈述的时候，她还是表现出一个充满母性的君王之妻的一面："我想问问在座的母亲们——这样的罪行可能吗？"

二、卡洛纳其人

[188] 在 1787 年 2 月 14 日这天，塔列朗应财政总监卡洛纳的召见，前往凡尔赛。在自述中，他说自己此去，心情颇为复杂。一方面，能受到关照，自然是受宠若惊。卡洛纳已经劝服了国王，同意召开显贵会议，来商量制定出必要措施，将法国公共

---

* 小阿格里皮娜（15—59 年），罗马皇后，以淫荡、恶毒、阴险闻名。——译者

财政从破产边缘挽救回来。虽然它被严格设定为只具有顾问性质的咨议会，但是这次会议的召开（至今已经两次推迟，最终定在2月22日），却被看作法国历史上一段新时期的开始而受到普遍欢迎。在给塔列朗的信中，卡洛纳请他帮忙草拟一份备忘录，以供各位贵族代表在大会上讨论之用。意识到这是一个千载难逢的提高名望的机会，塔列朗绝不会拒绝如此重要的一次邀请。

另一方面，他也并不急着动身前往凡尔赛这么个乏味无聊，特别是冬天下起雨来阴沉沉的地方，毕竟住在巴黎，条件要优裕许多。朋友们谑称他为"佩里戈尔主教阁下"，对他而言，生活实在是过得悠哉游哉。甚至33岁的时候，他就给自己找了一个安乐窝过起了小日子，这是他小时候从未想到的——虽则说这是地地道道的叛教行为。他的相好，就是弗拉奥伯爵夫人（Comtesse de Flahaut，本身是一个总包税商的私生女），18岁时就和一个54岁的官员结了婚。小叔子安吉维莱伯爵是国王的营造总监（并总管官办文化事务），出于好心，他给年轻的伯爵夫人在卢浮宫置办了一处私宅。于是她请了一批帮闲拍马的画家和文人，在家中办了一个沙龙，同时这里也是她和塔列朗幽会寻欢之所。1785年的时候，她还给塔列朗生下了一个活泼可爱的儿子。尽管他的观念超脱是出了名的，但是那些精心筛选过，才被接纳进这个小家庭的少数贵客所形成的温雅亲密的小圈子，也是和这位大主教的公开身份格格不入的。美国贸易代理人古韦纳尔·莫里斯（Gouverneur Morris）曾经被阿德莱德·德·弗拉奥深深吸引，可是亲眼看到她和塔列朗两个浓情蜜意、如胶似漆的样子，顿感失望至极。

塔列朗常常与情妇和儿子共进晚餐，但是在贝尔沙斯大街（rue de Bellechasse）自己家中和朋友们很晚才吃早餐。他向来有着非常敏锐的洞察力，认识到巴黎社交界是一个群贤毕至、俊彩星驰的世界，在这片天空下是一簇簇的小星群，每个星群都按照自己的轨道运转着，有时候也会划过别的星群的轨道，有时候还会彼此碰撞到一起。成为群体中的被公认的核心自然十分重要，而他在而立之年就达到了这个目标。围绕在周围的当然都是熠熠生辉的明星。舒瓦瑟尔-古菲耶（Choiseul-Gouffier）曾经游历希腊，由此被尊为专家，声名鹊起，在学术院占得一席之地；纳尔博纳伯爵（Comte de Narbonne，路易十五众多私生子中，他是最聪明的一个），此人辩才极好，虽然修身不谨，但是拥有强大的社会关系；杜邦·德·内穆尔（Du Pont de Nemours），年轻的重农主义学者；还有美国英雄骑士洛赞公爵，王后以势相压，将他贬谪流放，非但没让他身败名裂，反而使得他声誉日隆；还有一个不可或缺的人物，就是物理学家蒙彼利埃的巴尔泰斯博士（Dr. Barthès），和他同样属于重量级人物的是瑞士银行家潘绍（Panchaud），雅克·内克尔的死对头。

[189]

　　塔列朗聚合起来的这个团体，看来倒是人才济济而又能取长补短，潘绍和内穆尔是冷峻苛刻的学者，正好弥补了过分油滑的洛赞和纳博讷的不足之处。即使是在一起讨论严肃话题，也没有那种故作深沉、一本正经的腔调。可能就是这份纵论天下，谈笑古今的从容，才让卡洛纳对塔列朗另眼相待，这其实也是他行事的一贯风格。他们两个本是近邻，也都曾经拜访过彼此的社交圈。当然仅有优雅的风度是不够的，如果不是因为塔列朗身上有一种独特的才能，即对于数据资料的把握能力，卡洛纳是不会对他如此看重的。在1779年被授予圣职的时候，他已经是兰斯的带薪教士，这笔收入足够他过上衣食无忧的生活，但是塔列朗的志向并不止于此，他看准的是天主教世界中他唯一觉得可以凑合的位子：教务主事。在这个圈子里他可以说是如鱼得水，一边做他的总务代理（副主教），另一只眼还紧盯着主教的职务，只要坐上这个位子，便能大捞一笔。他生来就是讲求实际、不知满足的，并和许多同等阶层的教士一样，将此作为人生信条，始终恪守不渝。

此外他也同样具有摄职从政的天赋，作为总务代表，他对涉及教会的经济利益实体进行了大规模的调查，从乡村助理牧师的薪俸收入，到全国范围内教会开办的各类医院、济贫机构的状况，都进行详细了解。有一次外出考察，他无意之中发现自己偏离了原先关注的方向，触及了一些和他日常报告内容毫不相关，但是却涉及公共事务中一些值得关注的问题。在布列塔尼看到的情况让他内心深受震动，有如此之多的妇女，丈夫出海没能平安回来，但是又无法宣布其死亡，于是他就考虑要重修法律，如果丈夫外出多年未归，音信全无，则准许她们另行改嫁。他在1785年的教士大会上提出这项议案，但是却遭到与会者强烈抵制，觉得非常不妥。但是，塔列朗能够掌握丰富的数据资料，对教会情况又是这般了如指掌，让很多人刮目相看。波尔多大主教评论他的长篇报告时，曾这样夸赞："天赋宏才、忱于公事、垂范后世。"教士大会为了表彰他的贡献，特别颁发给他24,000利弗尔的奖金。

依靠做事精明实际，为政懂得变通的口碑，塔列朗被卡洛纳任命为非正式的代理和私人幕僚。招募奥诺雷·加布里埃尔·米拉波，是他拔擢人才的行动中最为得意，也是最为苦恼的一次。米拉波是私生子，和脾气暴躁的老子一个德性，也是

[190]

性如烈火,遇事冲动,只因诸事上屡屡忤逆,被父亲上告,关入大牢不晓得多少次了。虽然比塔列朗年长六岁,可是初次相见,他便滔滔不绝地倒出一肚子的阿谀之辞,说是如何如何敬仰,恨不能五体投地云云。于是就给了他在柏林的宫中担任特使的差使。可是这个职衔并非正式的官方任命,米拉波对此极为愤懑,过了不久,他便突然态度大变,对自己的这位良师益友出言攻讦,指斥塔列朗:"他的才干和热情堪称后世典范,他非常乐意为钱财出卖灵魂,在交易中他总能占上风,因为这好比是在拿粪土交换黄金。"尽管有不和,但是在1787年时,两人在即将召开的显贵会议的重要性问题上却所见略同。米拉波写信给塔列朗,说他看到"各种有望重振王权的新气象,哪怕只是在议会中做一个最低等的秘书,我也会不停地告诉自己这是我的荣幸,一想到(他又特别补充说)我若有幸,可以率先……"他恳请塔列朗把他从遥远的普鲁士调回来,好让他投身于国家振兴、时代巨变的洪流之中。

禁不住耳边吹捧之词的怂恿,塔列朗对卡洛纳的召命作出了回应。对于经济复苏、公信重建的憧憬,对于改天换地、弃旧迎新的梦想遭到了现实的残酷打击,曾让他颇为不安。不过他确实对于卡洛纳这位他内心中的偶像抱有希望,希望他能够牢牢把握事态,踏踏实实地做一番事业。然而在一夜之间,他的这个最终的幻想也突然破灭了。

踏进卡洛纳的私人书斋,塔列朗发现,房中的各路神仙分属不同派别,实在是有些奇怪。其中包括皮埃尔·热尔比耶,巴黎高等法院的资深法官,著名的演说家,曾在莫普内阁中供职,如今被不咎既往、起复录用的原少数穿袍贵族中的一个。可能正是因为他过去的表现,让卡洛纳觉得他是个务实能干的可用之才，故而将他召到帐下。和他一起的还有一位年迈苍苍的三朝元老，自摄政时期便出任督办官，长年宦海遨游的加莱齐埃侯爵（Marquis de La Galaiziere），和塔列朗一同出道的杜邦·德·内穆尔也在其中，此外还有正在赶写呈送显贵会议讨论内容的卡洛纳的两名助手。坐定之后，众人便各自分得了一大捆用丝带扎紧的文书。卡洛纳称，这些就是原始材料，在座诸位就是要在此基础上拟定一份完整的改革计划，呈报议会获得其信任允准，或者说最起码也能让议会放弃阻挠。塔列朗一看，分到自己手上的是关于恢复谷物自由贸易计划的材料，不由得吃了一惊，他和其他几位也都知道，卡洛纳病得很重（友人说他是过劳咯血，反对者说他人品低下，遭了报应），不但改革进程受到影响，连议会的召开也因此延迟了（早在1月29日就宣布要开会了）。但是塔列朗没有想到，他居然要在短短一周时间，就将原始资料加工修改成为令人信服的工作报告，以此来消除人们对于显贵会议的疑虑。

[191]

他恍然明白了，这位多年来他一直认为是孜孜公务、精明能干的决策者，眼前的这位可敬的财政总监，犯了一个巨大的政治错误。他根本不知道他所提出的这个计划是一柄双刃剑。怪不得他会未经充分准备便草率行事。对于塔列朗来说，事情很清楚了，卡洛纳把议会当作一个只会乖乖从命的橡皮图章，会轻易地批准他规划中的土地税议案。

塔列朗一下子发现，卡洛纳原来是个不计后果的赌徒，这让他暗自叮嘱自己千万小心，因为他也曾和别人一样，以为财政总监是个面对危急状况能够应付裕如的理政高手。前任奥梅松试图进行财政改革，引发了一阵恐慌，而卡洛纳正是在1783年这个时候临危受命的。奥梅松是想恢复内克尔的旧制，将包税机构的一部分业务分割出来，并入国家经营的税务机关。另外，他还打算让1776年成立的，效仿英格兰银行却遭受诸如资金不足等问题的本国贴现银行真正发挥有效作用，允许它们发行自己的纸币，虽然发行规模有限，但是对于已经出现动荡不安的巴黎货币市场，却足以给广泛用于贸易结算的包税商通货带来竞争压力。卡洛纳为了安抚紧张情绪，重新恢复了总包税合同的全部条款，并且明确表示他将遵循现有财政规则，不会有所改变。他没有强行推广贴现银行通货，而是通过允许其纸币可用于结算税款，并且扩大其特许范围来提高银行的信用。最关键的是，他相信银行如果得以发展壮大，就等于表明了商业的成功，这样一来，从1785年开始，年终的分红就是和前期实际收益相挂钩的了（而不是短期投资所得）。

由于对既得利益者过于迁就，卡洛纳备受非议（特别是来自内克尔的指责）。批评者说，他带来的只是暂时的安宁，付出的代价却是未来许多年的灾难。而且在接下来的三年中他不改初衷，贷款5个亿来维持政府经济运转，几乎听不进任何人的反对意见，谁都没法就此和他讨论。

卡洛纳钱袋是有点底气不足，脑袋却绝非空空如也。虽然在其任内实行的各项政策，事实证明仍然存在许多不尽完善之处，终究彻底失败了，但是这些政策本身的原则性还是很强的。不管怎么说，那些一贯对他持批评态度的人，主要是内克尔之流，却恰恰忽略了一个重要的决定性因素，那就是，和平所需付出的代价几乎和战争一样惨重。内克尔的如意算盘倒是打得不错，以为在美国战争结束后，法国政府可以在今后相当长一段时间内，坚持走一条降低军费开支的道路。那位韦尔热纳知道事情没那么简单。此人一直活到1787年2月方才咽气，之前

[192]

在政府中一直握有重权。他知道1783年停战媾和是可以充分利用的大好时机，必须在此时将法国海军和陆军装备水平进一步加强，战备水平也必须维持在很高的水平，这一点非常关键。他的这一主张也得到了海军大臣卡斯特里和陆军大臣圣热尔曼的鼎力支持，此二人可都是锐意进取，勇于革新，颇有时代眼光的将才。叙弗朗在西印度洋上打了胜仗，迈索尔苏丹的实力也逐步增强，如果乘此机会与其联手，就能进一步巩固法国在南亚次大陆的影响力。韦尔热纳觉得，如果对这些问题不加以重视，那就会导致七年战争的悲剧重演。卡洛纳想尽办法贷款，却没能成功，为的也就是这项军事计划，而根本不是为了应付宫廷的巨大开销。诚然，身为财政总监，出钱买下朗布依埃和圣克卢两处宫院献于国王，确实欠妥，但是宗室一切账目，包括国王的那些花钱如流水的亲弟弟们，一家上下的开销也从未超过每年4千万的限额，也就是说，占国家年均6亿总支出的6%—7%。这个数字订得还算合理，大约是英国王室预算的一半。

要想负担起这么大一笔开销，卡洛纳该怎么做呢？他可不是靠寅吃卯粮，拆东补西，净弄些只顾眼前的权宜之计，跌跌撞撞走过来的。恰恰相反，正是靠了他对财政开支的有效监督，政府才保持了自塔尔热以来最为协调一致的、运作持久的经济政策。虽然他本人并没有什么金融学方面的知识背景，但他可以依靠来自三方面的顾问团来替他出谋划策。第一条途径就是咨询伊萨克·潘绍，这位日内瓦人一直从事政府信贷方面的工作，早在1781年就崭露头角，那些对自以为高明的内克尔大倒胃口的人对他却极为敬服。（巴黎是个广阔的天地，也给瑞士银行家们提供了无穷的机遇。）潘绍给卡洛纳的基本建议就是，避免对现有金融体系进行结构性破坏,而要在更好的条件下建立全新的信贷制度。特别应该注意避免直接打压总包税商的利益,而是要将那些养老金可能上调到5%的阿姆斯特丹各家银行吸引到竞争序列中来。进入1780年代,来自荷兰和瑞士的贷款比重陡然增加,这就使得当局在制定计划和支付条件上,有了更大的灵活性。

[193]

新的信贷模式为国家发展赢得了喘息的机会,不但可以解决眼前困难,还能够借此协调各方努力,改善国家经济基础建设和经济表现。卡洛纳的另外两个顾问团队就能大显身手了:第二代的重农主义者,以及一批才干出众、受过培训的朝廷官员对经济规划进行有效监管。卡洛纳手下的一批年轻干将包括莫利安(Mollien)、戈丹(Gaudin)、路易修士以及马雷(Maret),这些人后来在拿破仑时代都是政府要员,其中一些人(比如路易)会成为19世纪初法国理财界的常青树。如果谁以为这样一班"前朝遗老"肯定成不了大事,注定会在历史舞台上彻底消失,他们肯定会大吃一惊。这些神算家,这些活智库根本不是落后时代的老古董,而是未来的主力军。重农主义经济学家们和其他一些人,比如杜邦·德·内穆尔一道,制订了一整套经济新政策,这套苦心谋划的新财政措施是想在自由经营和国家监管之间寻求一种平衡。有些措施相当超前,需要做出非常谨慎的准备。虽然实际上这是作为一揽子税收计划呈交显贵会议讨论的,但是不应当否认它们所具有的特别重要的意义。

就拿"单一税制"而言,一旦实行,国内大大小小的关税壁垒都将取消,只收取一种关税。这非但不是摆出一副全然放手不管的姿态,而是比真正的经济民族主义走得更远(又比拿破仑的政策抢先一步),因为国内的贸易自由,要靠在边境口岸实施更高的关税水平才能得以完善。同样，在恢复谷物自由流通方面，也必须小心遵循内外有别的原则。因为国内贸易在得以放开的同时，对外出口（过去是处处受气，满腹委屈）也是和现行价格指数紧密相连的。一旦高过了一定水平，就会重新禁止出口。最关键的一点，眼下主要是和英国保持一种后来被称为国家机会主义的新经济关系。请来那里的工程师，到法国北部来安装珍妮纺纱机，还有克隆普顿（Crompton）的骡机。1786年末，从英格兰中部地区挖走著名的马修·博尔顿和詹姆斯·瓦特的机会陡然大增。他们真的访问了巴黎，可惜只是为了担任顾问，讨论用在马利（Marly）的抽水机械上的蒸汽机问题。

当合资企业真正蓬勃发展的时候，对于公司注入风险资金来更新设备，国家提供的财政支援成了一种新的筹资渠道。卡洛纳政府既有所予，必有所取。因为新政府头顶上是1786年和英国签订的贸易协议，各自向对方开放商品市场。不用说，法国葡萄酒和丝织品借机快速发展的时候，其他的纺织品和金属制品却遭受了来自英国厂家质量大大领先的同类产品的低价竞争，损失极为惨重。但是卡洛纳和他的幕僚们却似乎认为，从长期来看，这属于良性竞争，会刺激法国厂家效仿对手的成功经验。

一系列大胆的经济政策，尽管大多没有起到应有的作用，但本身都是不乏可取之处的。卡洛纳的这届政府（就像之前的杜尔哥）自始至终都认为，计划一经提出，政府便要奉行，不存在提出方案以供参考的问题。这可能就是为什么他身边那么多红人后来都成了拿破仑身边得力的官僚。他是在王政时代的专制传统下成长起来的，先是在老家佛兰德担当督办官，后来

[194]

又调往梅斯，大致相当于三镇之地，这一带是非常重要的经济和工业区，纺织业尤其发达。平心而论，卡洛纳对当地的发展给予了很大支持，但是他也确实属于德·托克维尔所说的家长集权制的官僚典型——总是东一笔西一笔地发补助，对那些勇于尝试使用机械梳毛机的工厂颁发奖金以资鼓励，就像校长夸奖勤奋上进的小学生一样。

作为财政总监，他在公关方面可说是乏善可陈。诚然他对于某些文人，如米拉波和布里索之辈，还是愿意拉拢的，但也不过是给个查访书报的暗探当当，或者是雇作枪手，炮制些歌功颂德的时文八股。（事实证明，米拉波并不能做到这种坚定不移的忠诚。）不过，在大多数情况下，他还是听从了韦尔热纳的意见，堵住反对派媒体的谩骂，封锁它们的走私路线，掐断敌对观点的来源。那些出版社的头目，如潘库克之流，适可而止地发一些不温不火的社论也就罢了（《法兰西信使报》相对比较平和乏味），只要同他们接触合作，还是能让他们乖乖听话的。

这种铁腕止谤的手法还是起到一定作用的，尤其是在卡洛纳秉政的初期。1784年，在他的权力达到顶峰的时候，他曾经让维热-勒布伦给他画过朝服肖像，从最后完成的画面上看，一副沾沾自喜、春风得意的样子。但是画家非常细致地通过对眼神的捕捉，以及散落在办公桌上一大堆的公事文件，生动地刻画了主人公思维机敏的特征。这幅肖像显示出卡洛纳为国操劳，俨然高坐的气度。只是到后来，无意间的发现，才揭示出这幅画辛辣的讽刺意味来。卡洛纳手里拿着一封信，显然是给他的唯一主上，当今国王的，而在桌子上最显眼的一份文件就是颁发给贴现银行的特许状——筹措"偿债基金"本该是作为节流之用，以降低巨大的国民债务本金的。不过真正将在1787年血本无归的将是卡洛纳,而不是债务。

一旦人们认准了卡洛纳是家财巨万、花钱如水的人,再来看他的肖像画,说白了那就是一份裁缝账单。当卡洛纳挥霍和富裕的名声变得不可摆脱,他的肖像就会被解读为一份美其名曰裁缝的账单。那里是一件绣着瓦雷讷西纳的花边,还有佛罗伦萨塔夫绸的外套。这些都是从万祖特(Vanzut)和多索内(Dosogne)那里定做的,这两位是最顶尖和最昂贵的巴黎裁缝了。还有从女王的珠宝商那里定做的堂皇浮夸的墨水盒,还有康提码头(quai de Conti)上的格朗谢(Granchez),在那里卡洛纳买了一个竹制的手杖,顶上带有一个精巧的金质圆头,这些都成了皇家宫殿的谈资。这幅画几乎可以闻到薰衣草香液的味道,这是他最喜欢的了。财政总监并没有存心要掩盖他对于奢侈品的品味和喜好。他让他的许多仆人都穿着全套制服,提供皮毛缝合的座椅,并不是仅仅要车内暖和,而且要让驾车的人在冬天也感到温暖。除了他从头到脚重新装饰一遍的财政部官衙,他能够选择住在两座豪宅之中的任何一座,或者住在圣多米尼克路上的宅子里,那里有很多他收藏的油画——有华托(Watteau)的、伦勃朗的、提香的、乔尔乔内(Giorgione)的、布歇(Boucher)的、弗拉戈纳尔和特尼耶(Teniers)的,无所不包。

他的私人厨房也是名声在外,或者说是臭名远扬,这要看此人在不在常客名单上了。首席大厨名叫奥利维耶(Olivier),手底下带着一大帮的勾汤师、糕点师以及其他各司其职的烹调专家,俨然就是一个大当家。有三个是专门料理烤肉的,还专门指派了名唤丁丁的小厮给他们打下手。卡洛纳嗜好香蘑,把菌菇装进佩里戈尔的篮子里,再塞上小龙虾、嫩山鹑。让人想不到的是，像那不勒斯通心面拌上意大利干酪或者瑞士干酪这种东西，一般人们觉得遍身罗绮的高等贵族是不屑一顾的，卡洛纳居然也喜欢。当他走出自己的奢豪至极的宅邸，前往王宫禁苑见驾时，脑海里一定在合计着又一场华美无比的宫廷盛会了。在他任内，凡尔赛最后的几场宫廷舞会，都是高雅绝伦的狂欢聚会，后世的旅游者若到此凭吊访古，肯定还能想见昔日的宫廷，金莲移步，歌舞升平的景象，大理石水池里都是香汁玉液，喷入贝齿口的水盆中。

只要有源源不断的贷款，国内经济状况保持稳定，这本也无妨。但是从1785年开始，形势全面黯淡。在阿姆斯特丹，政治危机加剧，有可能上升为一场革命，低息贷款今后能否贷得到实在是不好说。当年夏天发生特大旱灾，遭遇了最严重的一次饥荒。这就有可能要让法国消费者手里的钱变得一文不值，市场也会因此变得更加萧条。而在和英国签订了商业协定之后，英国制成品已经对市场造成了严重的冲击。

[196] 所有的负面消息和钻石项链丑闻交织到一起，费尽心思地对他蓄意贬低，完全抹杀了他料理国政的辛劳。尽管警察局尽了很大努力，想要遏制流言的传播，可是那些粗鄙恶毒的小册子和造谣中伤的假消息实在是太有市场了，而且俯拾皆是，到处蔓延，根本无从禁绝。在他们看来，卡洛纳在财政上大手大脚，某种程度上和宫内的奢侈浪费是分不开的，背后多半还牵扯着不可告人的阴谋谎言和放纵无度的丑事。正好在这时候，传出他送给维热–勒布伦夫人一盒香锭，每一锭用300利弗尔的票面裹着，于是消息很快便传得沸沸扬扬。谣传他和勒布伦关系暧昧，而勒布伦自己后来才找到真正的原因所在，卡洛纳的真正的情妇塞雷斯伯爵夫人（Comtesse de Cerès），曾经借了她

的马车去看戏，一整晚都停在卡洛纳的府门外，这才惹得流言纷纷而出，认定她才是卡洛纳的相好。

卡洛纳的很多重要创新措施都可以被随便说成有损于公共利益的阴险招数。在1785年的时候，他听取了某位中间商莫迪尼耶（Modinier）的建议，决定改铸市场流通货币，根据市场价格来调整金银比例。身为财政总监，他估计到会造成一定的混乱，便预留了一年的宽限期，直至旧币在流通中被新币取代为止。可是小店掌柜或者乡下的磨坊主，他们的床底下可还藏着一箱箱的老钱呢，这一年的期限简直就是变相的敲诈，等于是拿"劣币"换了"良币"。此外，新建的关税墙（巴黎不能和其他地方一样，享受境内关税豁免）也引起了人们的重重疑虑。拉瓦锡请来的是一位颇富创意的新古典主义建筑师，名叫勒杜（Ledoux）。栅栏门两侧装饰性的通廊上点缀着古典人物及相关内容，设计得美轮美奂，可是这并不能消除人们心中的怀疑（平面设计得有些古怪，更加深了人们的怀疑）。人们纷纷猜测，这堵新建的高墙将把巴黎人民禁锢在浑浊不堪的牢狱之中，呼吸不到新鲜的乡野气息，驱不散都市中传播腐败、堕落和疫病的瘴疠之气。有人甚至声称能够测算出，新造了这堵围墙后，损失了多少立方的新鲜空气。这也难怪，俗话说得好：巴黎筑高墙，墙内怨声起（"*le mur murant Paris rend Paris murmurant*"）。

此外，还有人指责卡洛纳自私自利。说他欺世盗名，根本不配称政治家，根本就是个投机暴发户。他的那个新印度公司（当初成立的目的，就是要充分利用法国在印度南部刚刚获得的机会）就是个空壳公司，专门坑那些容易轻信上当的人，骗他们手里的现钱，实际上根本别指望拿到回报。一些大项目、大

[197] 公司，比如他成立的一个专门建造蒸汽泵为巴黎提供纯净水的大型企业，实行暗箱操作，让那些内部投资方多拿好处。这些事情，桩桩件件拼凑到一起，卡洛纳已经面目全非，远不是维热-勒布伦的肖像里那个被刻意美化的伟大人物了。他是个扼杀言论，不容异见的酷吏，也是个欺压百姓，搜掠民财的贪官，他糜费国帑，花钱如水，对宫廷则是刻意逢迎，百般讨好。

名声已经败坏到这般田地了，为什么卡洛纳还要走这样一步险棋，居然想要召开显贵会议呢？难道他不知道，他的权威会因此受到全面挑战，完全暴露于公众监督之下吗？通常人们认为，那是因为他别无选择。实际上在1786年8月第一次向国王谈及此事的时候，也是持这样的观点。据他估计，当年的财政赤字将会高达8000万利弗尔（实际上后来统计结果为1.12亿利弗尔），占当年预期收入的20%。但是所需支付的积欠的贷款利息还远不止这些。更糟糕的是，内克尔在美国战争期间曾经允诺将提前还贷，这就意味着翌年就会有一大笔债款到期。当然到目前为止，要想另外举债也不是没有可能，但是早在1785年12月，卡洛纳在想办法筹集最后一大笔款子的时候就看出来了，从今往后，想要用当期和预期财政收入来预支贷款，是再也不能够了。这就是说，他现在不得不走一条他一直避免走的道路，就是制订新税标准，这样做主要是出于维护政府信用的考虑，并不是看重实际收益。

国王听他说要召开显贵会议，为新的税收政策寻求法律依据，便质问道："所为者何也，卿所行之策，与内克尔一般无二。"而实际上，正是因为内克尔对他处处掣肘，卡洛纳才被逼抛出这样的激进方案的。这位前财政总监在1784年发表了《论法国的财政管理》(*Views on the Administration of the Finance of*

France），对卡洛纳的政策大加贬损，特别是说他在国家承平之际大量举债已经到了不可自拔的地步了。第二年，正是项链丑闻闹得沸沸扬扬之际，远遁瑞士的内克尔又回来了，得到了充满期待的巴黎民众的热烈欢迎。卡洛纳决定要将国家遭遇严重赤字的真相公之于众，并告诉人们国家濒临破产，这就等于是对1781年的《致国王的财政报告书》中的乐观估计的彻底否定，收支"正常"，略有盈余也都是假象。而且，他认为根本不存在内克尔所说的盈余，根据他的计算，当年亏损就达到4000万利弗尔之多。

尽管民众敌意渐增，卡洛纳还是决定玩一次内克尔的把戏，寻求公众支持。他并不是塔列朗所想象的那样，只会玩弄一些低级的雕虫伎俩。杜邦·德·内穆尔等一批昔日杜尔哥残存的旧将，终于把他说动了，财政总监回到了公民君主制的老路上来了，德·阿尔让松在1740年代的时候就曾具体设想过，这样做，不用担心既得利益者的反对，也可以绕开高等法院的掣肘，在人民的支持下放手大干一场。

[198]

于是，这届显贵会议，实际上就是一次被称为大众专制的大预演。但是正如塔列朗所预见到的一样，早在它的第一轮会议之前，它就无可避免地开创了国民代表制度的先河。

三、贵族的例外

1787年2月22日，显贵会议最终在凡尔赛宫逍遥厅（Salle des Menus Plaisirs）召开。离国王年末的正式宣布已经过去了很久，这也使得卡洛纳的诸多政敌有机会发起一场反对他的运动。而在这样的重要关头，政府却无论在人员构成上，还是政治职能上,都正在走向完全崩溃的境地。韦尔热纳沉疴不起,在2月13日便一病而亡,财政总监就这么失去了最为强大的靠山。掌玺大臣米罗梅尼尔为自己先前不能参加讨论而愤恨不已,公开发难。原本卡洛纳还对前景信心十足,现在却一反常态地悲观起来,这让路易十六吃惊不小,但他还是表态将全力支持卡洛纳。在签署了批准显贵会议召开的诏令之后,路易十六还给卡洛纳带了个信:"我昨天高兴得夜不能寐。"然而原本兴奋失眠的路易十六却渐渐陷入了重重焦虑之中。会议日期的临近,即将来临的改革尝试,都让他寝食不安。韦尔热纳的离去对他打击甚大,他一直是把韦尔热纳当作相父,有什么问题都向他讨教。塞居尔伯爵在听到"陛下已然接受"的宣告之后发表的评论,路易十六肯定也有所耳闻。

公众对于卡洛纳的提议也从最初的满怀热情逐渐变成了疑虑重重。人们普遍怀疑:财政总监三年来花钱如流水,捞够了好处,现在却要把账算到老百姓头上。外边一些宣传小册子上讲,什么国家处于危难之中,无非是卡洛纳的借口,想要掩盖自己的行径罢了。最过分的是,那些讽刺艺术家也把矛头对准了这次会议。有一张非常著名的讽刺画流传甚广。画上有一只猴子,正在给打谷场上的鸡鸭鹅们训话:"亲爱的动物们,我将大家召集在此,是要商量一下吃你们时应该蘸什么酱汁。"更有甚者,不多时,同一主题的讽刺画又冒出来许多不同的版本。有一幅画也是画的一群动物,得到消息说要被屠宰了,那是如何苦苦求告都不管用,不过,它们倒还有权利决定自己是被蒸,还是被煮。财政部大楼各处大门口出现了滑稽模仿剧的广告招贴,上面写道:"本月29日,喜剧新秀会演。演出地点——凡尔赛宫。"开场戏:《虚情假意》(*Les Fausses Confidences*)和《强制同意》(*Les Consentements Forcés*)。

　　卡洛纳对于这些抵制早有预料。实际上他正是为了避免重蹈王室税制改革在高等法院遭到反对的覆辙，才决定召开显贵会议的，因为显贵会议实际上只是顾问性质的，上次召开还是在1626年。在他的议案中，包含了一个实行省级地方议会的计划。他希望通过建立省级议会，能够平息日渐高涨的要求召开三级会议的呼声。而且这样的显贵会议在会员资格限制方面具有优势，不会产生代表权的问题。而参加会议的144名代表的社会构成似乎也印证了卡洛纳的谨慎。与会代表包括7位亲王：国王的两个兄弟，加上波旁公爵、奥尔良公爵、孔代公爵、庞蒂耶夫尔公爵和孔蒂公爵，他们将分别担任各自的会议审议主席；位居其后的是7位大主教，其中包括强硬的内克尔分子，卡洛纳的另一个劲敌，波尔多大主教尚皮翁·德·西塞（Champion de Cicé），图卢兹大主教洛梅尼·德·布里埃纳（Loménie de Brienne）；再往下是7个世袭公爵、8个法兰西元帅、6个侯爵、伯爵是9个，而男爵仅有1人，各个高等法院的院长和包括巴黎市长和商会会长（prévôt des marchands）在内的高级官员。最出人意料的是，拉法耶特的名字也赫然在列。他做出的那些激进主义言行惹得国王和王后十分恼火，不过由于他的亲戚诺瓦耶特别打了招呼，就把他也算在内了。

　　从表面看起来，显贵会议不像是个革命党人的俱乐部，但是随着会议议程的逐步展开，不难发现，显贵会议虽然带有浓厚的贵族色彩，但是丝毫没有减弱其激进主义的气氛。与会者也并没有俯首帖耳，乖乖顺从卡洛纳的意思。高层人物中就有反对的声音。7个亲王中，只有阿图瓦伯爵表示将对政府的主张全力支持，而他的兄长，那位"国王大弟殿下"（"Monsieur"），更是对会议程序提出了尖锐的批评。至于其他几位，比如奥尔良公爵和孔蒂公爵，本来就是宫廷出了名的逆子贰臣，自然也跟在后边大唱反调。

然而，财政总监决不甘心自己就这么被打败。国王已经公开训谕，讲话不但间接提到了税收的重要性，而且强调了赋税分摊应当遵循均等的原则。卡洛纳在显贵会议上的讲话可以说充满了远见卓识，更显示了他不凡的雄辩之才。他总是能将自己在行政管理中所采取的实用古典主义说得头头是道。对此，国王在去年八月就已经见识过了。当时卡洛纳草拟了一份备忘录，标题大纲分成三个部分：

（1）当前形势

（2）要做什么？

（3）怎么做？

这种单刀直入，条理分明的奏折最对锁匠国王的胃口了。可是那些横挑鼻子竖挑眼的贵族可不是好伺候的，得弄得更加复杂严密些才行。靠着杜邦·德·内穆尔的帮忙，卡洛纳写好了议案。不过他的发言一上来却非常失败，表示要大干一场，对内克尔的政策进行调整，并且还对自己的政绩大大吹嘘了一番。他说道，自1776年以来，法国的债务总额累计至少12.5亿利弗尔，大部分花费在了"国家战争"上，与此同时，法国还建立起了一支精锐海军。不过讲到后来，卡洛纳却是在拆自己的台了，开始"肆意攻讦"起来。他认为私有财产和公共财产的界限太过模糊，还有扛着特权的招牌安然享受不公平的免税权的行为，都是罪恶的根源。要想改变这种严重的状况，要采取三个步骤。首先是财税公正问题，即取消多如牛毛、杂乱无章的直接税，实行全民分担的土地税。这种税根据农民的实际经济水平，甚至由于耕作季节的差异造成的收入涨落进行征收。其次是政治协商问题，即建立起从教区、大区直至省区级别的各级地方议会。议员由选举产生，并有权参与赋税的征估、分配、管理。第三个步骤，也是最后一个步骤，就是实现经济自由。取消徭役制度（公共工程的劳役），过去农民总是在农忙时节被强行抽调，现在只要花一笔钱就可以赎买徭役。更为重要的是，实行了单一税制，就不用大规模地打击走私行为了。重新建立起一个完整的国内商业市场，从黑暗到光明（*Ex tenebris lux*），国家从崩溃的边缘重获生机，找回尊严。最后，卡洛纳用一段慷慨激昂的讲话结束了自己的发言：

> 其他人可能还记得历代君主的格言："国王的意愿，即是法律。"（当今）陛下的格言是："百姓幸福，国王所愿。"

卡洛纳的这套主张，大部分是在杜尔哥学说的基础上加以发展的。地方议会的方案是由杜邦·德·内穆尔起草的，来源于10年前他为杜尔哥撰写备忘录时候的材料。（令他极其不满的是，米拉波居然剽窃了他的理论，且署上自己的名字对外发表。）尽管不是最新成果，但是这份改革方案依然显得非常大胆。鉴于高等法院阻挠议案的前车之鉴，卡洛纳肯定充分估计到了若贵族和教士阶层不能免税，就等于剥夺了他们的特权，必然会有人站出来反对。不过，结果并不十分让人失望，因为有一些部门对取消免税特权只是稍感不满，另外对于地方议会制度的合法性也只是提出了些许怀疑而已。

显贵会议的讨论过程中最让人惊讶的是，像财政平等这类几年前还不可思议的观念居然大获成功，轻松获得通过。维维

[201]

安·格鲁德（Vivian Gruder）的研究显示，这些贵族身上体现出了明显的社会特性（他们中很多是地主和农业商人），贵族特权对他们无足轻重。仅此而言，他们实际上早就该是属于一个"新的制度"了，且无论从哪方面讲都和"旧制度"没有什么瓜葛了。他们指望着能有一个恰当的时机，制订一部新的法律，来保护和巩固他们特有的诉求和利益。比方讲，对于取消农产品从产地到市场的通行费的豁免权，他们并不反对。甚至某些部门还提议取消所有租税的豁免特权，另一些部门提出，贵族身份（早就人人皆知）应该只是一种荣誉头衔，不能再作为任何免税的理由。

换言之，他们的激进主张和卡洛纳实际上完全合拍，在很多方面甚至走得更远。按卡洛纳的设想，作为替代徭役而征收的新税种应该针对那些先前服过劳役的农民，但是有三个部门却坚持认为这是公共工程税，理应由全体公民共同分担。对于新的地产税也存在不同意见，认为征税的不应当仅仅是土地，包括城市房产在内的其他各类资产也应当计算在内（很多头面人物都从房产中获益良多）。于是又有人提出，基于复合地产登记造册情况所制订的税率，应当定期修订，以确保评估的公平合理。另外还有一些提案，主要讨论的是对那些无钱纳税的贫困人口，尤其是整日工作的劳工，应当降低其缴税税率。

分歧产生的真正根源并不是卡洛纳的财税和政治新政震动了贵族阶层。问题一方面在于他的步子迈得不够大胆，不够彻底，另一方面，贵族们对于那些与改革措施相配套的具体措施不甚满意。对于土地税的争论并不意味着富有的地主阶层（他们的真实身份就是地主）在自己已经饱受威胁的特权问题上毫不妥协。显贵会议就像一场耗时漫长的地方学术讨论，贵族们聚集在一起，反复商讨针对农业生产的财政平衡采取不同措施的效果。杜邦·德·内穆尔在文中提到，那些人在讨论中显示出来的对于新观念的熟悉程度着实让他感到吃惊。当卡洛纳提出，应当在指定年份按农业总产量制订税额时，贵族们却主张，一旦种子、劳动力和生产工具成本下降，就应该按净产量征税。同时，他们也更加倾向于从基层教区开始设立征税区，每一级行政单位采用各自固定的税收总额，而不是随着产量增加而每年向上调整。按照新经济学说的观点，后者会对生产率造成不良影响。甚至当卡洛纳打算采取实物纳税制，他们也认为难度过大，最终还是要回到现金纳税的道路上来。

[202]

尽管历史学家总是习惯把显贵会议看作政权争夺过程中的一段短暂插曲，至多不过是对大革命的产生起到了推动作用，但是只要对当时的辩论内容稍加留意，就有理由认定，接下来将会发生一些具有非常关键作用的大事（显贵会议修正并通过的土地税制度，后来的革命政府基本上萧规曹随，并长期沿用，直到第一次世界大战才被废止）。征税和其他经济活动的关系被通盘考虑加以研究，并且代表们也一致同意，征税行为只有在某种代表讨论的条件下才能获得通过，这可是有史以来第一次。实际上，关于即将成立的省级议会的代表权限的设定，才是最让人不满，引发一大片反对声音的大问题。不出所料，拉法耶特主张，要将地方督办官手中的权力，即各种名目的征税权（不光是土地税）：包括公共建设税、军队宿营管理税，统统下放到地方当局。甚至很多贵族愿意遵从高等法院制定的原则，认为任何新增税目审议，必须通过三级会议批准通过才能生效。卡洛纳想要采取更加稳妥的措施，他提出在教区会议拥有投票权的基本条件是年收入不低于 600 利弗尔，而各省实际上却认为门槛还应该再降低些。当然这个和真正意义上的民主还是有很大差距的,但是至少有了这样的观念,即认为选举产生的机构,应该广泛地代表国民的"利益"。

众多国家精英分子志在公心,争当典范的一幕,实在让卡洛纳始料未及。这就好比驾驭犟骡拖曳重载,没想到这头骡子居然是匹快马,扬蹄绝尘而去,反把驭手摔进了水沟。维维安·格鲁德一针见血地指出原因所在,这些人身上具有土地所有者的社会特性才决定了他们对于放弃牵扯到他们家族各方面特权利益,以及种种不符合时代潮流的东西,至少从表面上不会有任何抵触的表现。而一旦该阶层的经济改造必然成为一种实现改革的现实手段,那么在这样的历史重要关头,他们也能同心同德,迸发出强烈的爱国热情,舍弃小我,顾全大局。一直是恪守本分、默默无言的他们,现在突然发现,不管是他们个人,还是整个阶层,都应当是掷地有声的——整个法兰西都在洗耳恭听。政治上的自我觉醒让他们兴奋不已,而且尽管通常情况下,贵族阶层被看作是落后分子、旧制度的余孽而受到鄙视,但是从政治觉悟上讲,他们是革命的先行者。这方面不乏例证。

贵族们很快就意识到,这些改革根本不需要这位财政总监的参与,甚至只有他下台,才能让改革获得成功。如今卡洛纳已经深陷丑闻泥潭,焦头烂额,人们觉得他是在玩两面三刀的把戏,想要骗得显贵会议的信任。到了三月份,卡洛纳的地产交易内幕被无情地曝光了,他曾撺掇国王将几处分散的房子换了不值钱的桑瑟尔(Sancerre)的地产。可想而知,卡洛纳和他的那些同伙,可以用较低的价格优先买到这些宅邸。关于交易所的事情,人们提到了印度公司,还有抛售大型供水公司的事情。原本被认为是温和支持者的米拉波，也一反常态，抛出了一份所谓的《揭发实录》，对这些买卖进行了详细披露，内容对卡洛纳更为不利。而作为七大部门中最忠实于阿图瓦的成员，拉法耶特从半路杀出，发表公开声明，谴责"此等可恶之投机"，他要求进行全面立案审查，一查到底，看看到底是谁从中得了好处，是谁"搜刮血汗，致民哀泣"。

尽管四面楚歌，财政总监还是打算最后一搏，以彼之道，还彼之身。他借用公众在辩论中指责他的那些措辞，玩了一个文字转换的把戏，在写给民众的告白中着重提出控诉和指责，认为是那些特权阶层在搞鬼，是他们在蓄意歪曲和破坏他的全盘规划，他们这是存心和人民作对。这番话听上去，倒像是1789年大革命演说辞，甚至是雅各宾派对"为富不仁者"的强烈控诉。卡洛纳对每个人头脑中存在的疑问作出了回答："还要付出更大代价？没错，必然如此。但是谁来付出？当然是先前那些付出不多的人。特权阶层肯定要作出牺牲，如果是出于正义，并且确实有需要的话。难道还要向无权无势的民众征税吗？"

就这么直接坦诚地诉诸公共舆论并没有挽救卡洛纳。事实上甚至适得其反，让他的处境更加尴尬。他是越来越不得人心了。在人们看来，这种最后的挣扎是为了在私人问题和公共问题上掩盖自己的罪责。更糟糕的是，很快连王室内部都不再宠信他了。国王发现了真实的亏空数字，比卡洛纳估计的还要高出3200万利弗尔，为此感到大为震惊，甚至怒不可遏。当然，这只是理论上的一笔数额而已，但是足以证明国王当初就不该对他如此信任。他又一次后悔莫及，自己怎么就耐不住性子，老是想要用最少的代价来解决问题，偏偏这时候王后又出来插

[204]

了一杠子，这可不是头一回，她今后还会一而再地干涉朝政。卡洛纳实在是背运得很，王后把他每次拂她意旨的情状都记得清清楚楚（特别是伸手要钱或者安插亲信的要求被拒绝）。当布勒特伊（Breteuil）向她解释说，只有卡洛纳离职，改革才能继续进行的时候，她听得非常仔细。自己被卡洛纳拖累到如此地步，路易十六越想越恼火，他直截了当地亮明了自己的态度，对于卡洛纳所发布公告的反馈意见，一概准予刊印。

尽管处境日益艰难，可卡洛纳还是极力替自己捞回面子。他提出自己可以辞职，条件是改革方案必须获得通过。不过，他也实在是没有资格讨价还价了，与他的前任杜尔哥和内克尔一样，一步步被诱入彀中，冷不防一道最后通牒击来，甚至连召开会议，要求把那些死对头赶下台的机会都没有。一开始似乎国王还想给他个台阶下，如他所愿把米罗梅尼尔给撤了，但是最后证明这只是权力极盛而衰的前奏。卡洛纳在4月8日被正式解职。

这绝不是简简单单的辞职，这时候走，对他而言简直是"颜面无存"，和杜尔哥当年的遭遇没什么两样。在这件事情中，国王把自己彻底撇清了，却把卡洛纳弄得狼狈不堪，声名扫地。某个宫廷观察家这样写道："此一来可谓皆大欢喜。"王后拔掉了眼中钉，不由得心花怒放，可以在政府里安插自己的一个亲信了。那些亲王贵戚也乐得看到一个连连高升的督办官又隐没烟尘。公众舆论更是一片欢腾，这个大投机分子总算滚蛋了，老百姓走上新桥，把他的肖像烧了泄愤。路易十六也毫不掩饰狭隘的报复行为得逞的畅快。卡洛纳过去经常拿来故意卖弄的圣心爵位的青绶，现在也被收回。他还被迫放弃了汉诺威的房产，作为后续诉讼的抵押保证金。在放逐的路上，卡洛纳的马车经常遭到愤怒的和嘲笑的人们的纠缠，就差没上来动手了。

卡洛纳是一连串法国政治家中因为采取冒进政策而下台的第一个。但如果就此认定他是个不堪大任，利用经济危机赚取眼前利益的庸才，则是大错特错了。实际上他是最早对政治后果有充分洞察力的政治家。无论他为人如何虚伪，他为处在法国历史停顿期的贵族阶层所勾画的蓝图，则是完全正确的。换言之，他所说过的话，以及他对未来的预测，远比他被大白于天下的幕后动机更为重要。在他离职之后，什么都已经可能发生。

他照例还想赌上一把，错误地以为被贬的时间不会很长（实际上这只不过是个开始，漫长的还在后面呢），还在为重返巴黎做准备。就在他名誉扫地的那段日子里，他还问过一个在他家附近的圣多米尼克大街上的修道院，能不能租借给他一个地方，够他贮藏一千瓶葡萄酒。可惜这些窖藏葡萄酒，他再也没有机会品尝了。

[205]

第七章
自毁前程
1787—1788 年

一、邻国革命

1787 年夏天,从巴黎向着东北方行进,两天之后便可能身处革命的中心。这场骚乱发生的地方颇让人迷惑:荷兰共和国山墙拱卫的广场和风平浪静的河渠,长久以来一直是政治稳定的象征。那种在后来的法国大革命中独有的自发性,以及后来有组织的暴力行为,在荷兰几乎是看不见的。在阿姆斯特丹,没有那样一车一车被判有罪的贵族分子和一篮一篮被砍下的头颅。但是 1780 年代在荷兰发生的这场政治动乱却并不因此而在革命色彩上有丝毫逊色。乌得勒支、莱顿和哈勒姆,由大批武装市民组成的民兵巡逻队——"自由军",在"不自由、毋宁死"的旗帜下进行阅兵和操练。白天他们搞宣誓仪式,夜晚开爱国篝火晚会。1785 年,在莱顿还举办了一场大型集会,数千名爱国武装人员聚在一起,进行《联邦法案》宣誓,表明要联合一致,共抗强敌。

他们所从事的到底是怎样的事业呢?乌得勒支的中心广场上建起了一座"自由神殿",正式宣告了君主制和贵族制的失败以及议会代表制度的胜利。同样是在乌得勒支,"自由军"发动群众，推翻市政厅当局的贵族统治，采取直接选举的方式，推举"人民代表"，与民兵自己的军官组成新的政府。1785年，在莱顿发表了一份非常激进的声明，从内容看，马上让人联想到美国的《独立宣言》，同时还让人觉得像是波尔多律师塞热（Saige）的《公民教义问答》（Catechism of the Citizen），甚至语气更加强烈。它强调说："自由，是共和国所有公民不可让渡的权利。地球上的任何力量，更不用说从人类攫取的任何权力……可以挑战或者阻碍人们享有他们如此渴望获得的那种自由。"同样，"主权无非就是人民的选举权。"

短短五年之内，荷兰政局发生了巨大变化，从开始时的上流精英把持天下，蜕变成了一种混乱冲动的群众活动。报刊媒体激进且根本不受审查，主要针对的读者是店铺业主和小职员阶层。其中最受欢迎的两份周报，一份是《尼德兰莱茵邮报》（Post van Neder Rijn），另一份是《克鲁伊耶政治报》（Politieke Kruijer），每期都各自拥有至少5000名读者，其内容涉及对奥兰治的威廉五世的谴责，说他是个成天喝得醉醺醺的蠢汉，他的那个普鲁士王妃，则是个妄自尊大的泼妇。很快，攻击的对象扩大到了那些顽固派"贵族"（也就是传统意义上的城市"摄政"阶层），这些人还准备搞任人唯亲的那一套，妄图保住他们在当地的寡头统治。他们还想方设法压制爱国报刊的呐喊，但是这样反而使得这些报纸编辑和出版者在一夜之间成为了无人不晓的英雄。《克鲁伊耶报》在阿姆斯特丹的主编赫斯普（Hespe）的名片极具个人特色，上边印着一副砸碎的镣铐，使得他顿时成了一个远近闻名的政治犯。抨击怒骂不只见于报端，甚至还出现在了绘画上：有些漫画对奥兰治党人和"贵族派"大加嘲讽，而同时在咖啡馆和小酒店中，那些针对爱国党的

[207]

"反制漫画"也粉墨登场。斗争双方都在各自地盘的建筑和招牌上加上了相应的标识：橘子树和绶带象征着对执政的支持，黑色的帽徽和爱国的卷尾狮毛犬则是反对党的标记。争论起来可能相当激烈，甚至污言秽语，粗俗不堪。如某一份爱国传单上，画着一只卷尾狮毛犬，正跷起腿来对着那棵橘子树撒尿。甚至家庭生活也在标语化的攻击面前退却了。鼻烟壶、雕花高脚杯、啤酒杯、瓷碟瓷盏上都印上了党派标语，甚至烤面包的木板和布丁盘上都刻上了宣传口号，于是，那些面包棍和布丁上可能会出现带有体现家庭立场的花纹图案。

这种充满了政治斗争的日常生活，恰如法国大革命气氛的预演。此外，这两场革命在其他许多方面也不乏相似之处：爱国激情从王公贵族转向了普通公民，而且都爱拿王后撒气，认为她是怀有罪恶企图的外敌，还都成立了各种俱乐部来"教育"群众要维护他们的权利，并特别注重在公共庆典和示威游行中表演"武装自由"的节目。尽管这场冲突的起因是抗议执政当局一手把持地方人事任免，但是通过激进方式表达这些政治诉求，却产生了全然不同的结局。新闻记者和自由军首领先是攻打奥兰治宫，矛头很快就指向了整个荷兰传统的官僚体系。当时的荷兰实行的是"执政"终身制，当权者即使被撤换，也是由同一集团的人接替。这一"贵族"制度，在一些论战性的文学作品中被描绘成一种"哥特式的大怪物"或一种"暴政"，与之相对的定期直选的民主制度，被认为可以用想象的与生俱来的元气，澄清弊政，重建共和。

[208]

尽管荷兰爱国者的言论表现出来的完全是标准的 18 世纪末普遍权利的那套话语，但是对处于旁观地位的法国人而言，这种零敲碎打的革命让人摸不着头脑，实在是太狭隘，太地方化了。荷兰人呼吁纪念已故的民族英雄海军上将德·鲁伊特（de Ruyter）和约翰·德·维特（Johan de Witt），法国人觉得这更像是一种历史的回声，而不是未来的预兆，更像是党派的争吵，而不是"贵族制"和"民主制"之间的战争。尽管爱国党人的活动从未像美国革命那样引起法国政府足够的重视，但是因缘反复，造化无常，最终还是让两国的命运缠结在了一起。

自从美国独立战争以来，荷兰共和国已然成为了法国的盟邦，韦尔热纳给抗英联盟拉进了一个尽管有些背运但却十分重要的成员。与此同时，阿姆斯特丹的贷款市场，也逐渐成为了短期贷款和年金收入的重要来源，大部分的资金是由同情爱国党的而不是奥兰治派的大财阀提供的。这种金元政策和"亲美的"爱国政策看起来似乎并行不悖，因为奥兰治王室传统上是站在英国这边的，它的处境越是尴尬，建立一个亲法的爱国党政权取代它的可能性也就越大。虽然说机会难得，但是这么做也是有风险的。发生在荷兰共和国的这场冲突，很快就演变成全面内战。随着巷战打得越来越激烈，凡尔赛方面的担忧也相应加重了。从荷兰返回的一个法国特使报告说："动乱已经发展到令人恐惧的地步，如果不阻止它，我们担心，它会演变成一场大暴乱，后果难以估量。"

到1787年春天的时候，武装冲突还在加剧。5月份的时候，发生了第一次激烈的冲突，战斗是在乌得勒支附近打响的。尽管规模不甚大，但爱国军占了上风。6月末，威廉明娜（Wilhelmina）公主企图从海尔德兰（Gelderland）的奥兰治派据点前往海牙去召集援兵，结果被爱国军士兵抓获，就在接近荷兰省东部边境遭到控制并拘押。她的兄长，普鲁士国王腓特烈·威廉闻听妹妹受辱，勃然大怒，又禁不住英国大使的挑唆，遂决意出兵干涉。

面对如此危机,法国该如何应对呢?路易十六毫不掩饰他对荷兰爱国党行动的反感之情,他根本无意助爱国党人一臂之力,不想出面干涉。韦尔热纳在2月份去世前,法国政府虽然显得谨小慎微,但是给荷兰的感觉是,如果英、普联手介入,法国方面肯定会出兵阻止,法国国内的一些知名的演说家也发出了这样的论调,认为自由事业是一个整体,不可分割,无论是阿姆斯特丹、乌得勒支、波士顿还是费城,都应一律对待。米拉波(在他最近的赞助人奥尔良公爵支持下)出版了一份呼吁书,题目为《致巴达维亚人民》(To the Batavians),谴责执政的卑劣行径。拉法耶特甚至还差一点亲自跑到荷兰边境,要求担当爱国军指挥官,结果却(厌恶地)发现,指挥官的位子已经另有他人,一个无能的雇佣军人萨尔姆的莱茵格拉夫(Rhinegrave of Salm)。

[209]

法国人显然处于进退两难的境地。如果对普鲁士的入侵听之任之,等于是在家门口受人羞辱,这样国家的信用和权威就会受到极大的损害;作出些象征性的动武姿态,散播一些战争谣言,或许能够产生足够的威慑,但如果要以大话压人,就必然面临是战是降的选择,这着实让人头疼。问题是国王根本不想打仗,故而贸然兴兵也过于鲁莽,整件事情的决定因素就是钱。尽管陆军大臣塞居尔和海军大臣德·卡斯特里认为,拿法国的荣誉和尊严做交易是可耻的,但是两人也抗不过新任首席大臣洛梅尼·德·布里埃纳。当年杜尔哥对于美国战争代价的估计让他思之再三,再说回头来看,也确实前景堪忧,这更加让他心灰意冷。布里埃纳警告说,这仗不管怎么打,都将让法国陷入经济崩溃。凡尔赛当局给驻海牙大使传递的消息让人沮丧——"分文没有"。

英国和普鲁士很快发现，所谓三万法军整装待发，齐集共和国南部边境纯属虚张声势。荷兰全民上阵也无济于事，武装爱国军在普鲁士军队面前一触即溃。一月之内，不伦瑞克公爵带领的普鲁士掷弹兵便打到了阿姆斯特丹和海牙，数千名受尽苦难的爱国党人逃到了法国，这样一来，又加重了法国的经济负担。这些人认为自己是光荣的流亡者，理应得到补助金（还真的得到了满足），拉法耶特对法国荣誉遭到玷污公开表示悲哀，称法国在美国大放光彩，却在荷兰声名扫地。

荷兰危机以一种毫无掩饰的方式将法兰西国家威信的丧失暴露无遗。到这般田地，似乎法国只有采取果断措施，否则在对外交往中就无法体现出其应有的大国地位。布里埃纳排除了动武的可能就等于默然接受了这样一个事实，即君主制已经成为了财政赤字的牺牲品。这也意味着，当局已经没有任何采取姑息缓和措施的余地了。再稍稍进一步地说，在这样的艰难时期，传统的绝对主义已经寿终正寝。现在只剩下两条路可走，无论选择哪一条，都不能让法国国王像当年路易十四那样大权独揽了。第一条路就是自上而下进行改革，必须是深入改革，以博取人民的支持，这样君主政府至少在宪法改革中能够占得主动权。第二条路有点凶险，那就是国王主动退位，将集中于国王一人的权力通过三级会议的方式分散给几个形式上类似于议会的政权机构。1787年的时候，一些观察家认为，这实际上已经发生了。对一场特别爱强词夺理的贵族大会，杜邦·德·内穆尔（Du Pont de Nemours）这样评论道：

> 五月一日，法兰西依然是个君主国，而且是欧洲的第

一君主国。五月九日……法兰西成了共和国,它的元首还保留着王朝时代的头衔和荣耀,然而,从今往后,为了让人民提供自己需求的东西,他必须召集人民,若无这一新的国民的一致同意,那些需求永远也不会被满足。法兰西的国王已经成了英格兰式的国王。

虽然如此,对于旧制度实际上已经形同朽木这一事实,并非所有人都愿意接受。王政时代引人注目的末届政府,即洛梅尼·德·布里埃纳当局,可以说是对开明专制做最后的坚持。它最终的失败等于承认了这样一个事实,代议制是改革的前提,除此之外,别无他途。

二、旧制度末代政府

要想维持下去,法国君主制需要的不仅仅是大刀阔斧、毅然决然的改良,还要有聪明的策略。对于前者,洛梅尼·德·布里埃纳很有一套,但是对于后者,显然就捉襟见肘了。更为奇怪的是,布里埃纳在显贵会议上属于反对派,曾对改革计划大加抨击,结果却接受了任命,批准了这些改革。一旦由旁观者变成了局内人,他也不可避免地受制于传统的假设:政府和政治是互不兼容的。从政府这方面来说,政治实际上就意味着反对,而反对就意味着要跟政府过不去。也就是说,要想通过精诚合作来推进改革是不可能的,只能争取突破万难,勉力前进。

[211]

实际上,布里埃纳并不是一味地排斥代议制政府,甚至对三级会议也并不反对。1788年秋天他便对政府做出承诺,最晚1792年就将召开三级会议,但是由于当时法国财政状况已经极为恶劣，他不愿等到三级会议召开再来祈求救援。财政第一，选举其次，都是他的当务之急（也确有道理），必须马上解决。（1789年后，革命政府同样也是这么认为的。）

他面临的主要问题是无法满足民众的期望。布里埃纳是卡洛纳身名俱灭、丢官罢职之后，意外上台的，先前还有一段短暂的间隔，年逾七旬的布瓦尔·德·富尔科（Bouvard de Fourqueux）被任命为财政总监，但是因为他被视为卡洛纳余党，故而仍然是那些贵族所憎恶的对象。布里埃纳则相反，他是左右逢源，两边得势。王后也兴致勃勃地向国王讲起了他的主张（考虑到这位财政总监曾经对冗官过多、内宫奢费提出过明确批评，王后这么做实在有些不可思议），教士们对于自己成为众矢之的，免税权遭到攻击，感到十分担心，现在图卢兹大主教入朝主政，无不弹冠相庆。舆论认为，自此以后，武断强硬的改革步伐将会放缓，推进手段也将更为谨慎保守，兼顾各方意见。国王在4月23日对贵族发表的讲话，实际上是把布里埃纳在一些重大问题上的立场重申一遍。"英格兰的国王从来没有说过如此亲民的话语，或者如此爱国的话语。"艾克斯大主教曾做如此断言。

这些并不都是妄加揣测，布里埃纳以他作为一名贵族代表时的提议方式，对卡洛纳的土地税制度进行了修改。他没有采用随产量高低而上下浮动的实物缴纳制，而是对税率进行了调整，设立了一个固定的金额总数，这个数额由当年实际财政需求来决定，按照比例进行分割，哪些项目应该缴税，缴多少，都写得清清楚楚，从而消除了过去人们心目中税额含糊不明、任意增加的不良印象。他同时也顾及贵族议员的意见，将纳税人群增加到全体公民（不仅仅是服徭役的），并就此取消国家征募徭役的制度。其他的一些卡洛纳当政时的议题，比如重建谷物贸易自由和海关联盟制度，直接进入新政府的计划项目之中，不再成为争议话题。

[212] 只要显贵会议对政府财政收支略加调查便不难发现，卡洛纳当初所宣称的严峻形势并非为了自身的利益而公开自曝内情。情况确实非常糟糕——当时亏空为1.4亿利弗尔（后来修正为1.61亿）。巨大的危机给布里埃纳带来了信心，和他的前任不一样，现在他可以以爱国名义统一舆论，让人们同意他采取紧缩财政的良方。另外紧密团结在他周围，执行其增收节支政策的这支行政队伍，颇具才干，擅长管理，而实际上，他们相互之间都是关系密切的朋友甚至亲戚。拉穆瓦尼翁是马尔泽布的堂弟，受布里埃纳之邀，放弃莳花弄草的生活，为民效命，担当掌玺大臣。马尔泽布的侄子拉吕泽尔内（La Luzerne）出任海军大臣，接替因为荷兰危机爆发而辞职的卡斯特里，布里埃纳自己的兄弟也在陆军部担任了对应的职位。

尽管台上的都是熟人，开始的时候，却并没有人指责他们任人唯亲、裙带成风。这部分要归功于这些人极高的个人声望和兢兢业业的工作作风。科雷蒂安-弗朗索瓦·德·拉穆瓦尼翁（Chrétien-François de Lamoignon）任巴黎议长，广受尊敬，人们觉得，这一届政府一定能够和向来不服中央的地方政府搞好关系。马尔泽布具有一种受人尊崇的英雄气质。1788年夏天，他再度出山，便拿出当年在杜尔哥手下的那一套，大幅压缩王室开支，将豪华气派的城堡、别墅抛售换钱，总共节省下500万利弗尔。马尔泽布甚至还要把宫廷最不可触犯的领域，即狩猎，拿来开刀。这么一来，放隼人、猎狼人和刺猪猎手肯定待不下去。他还将皇家养马场内大大小小的马厩精简合并，这一项又

第七章　自毁前程　1787—1788 年

节省了 200 万—400 万利弗尔，可是这惹恼了王后，因为在她看来，这等于是削夺了她的宠臣夸尼的职权。为波利尼亚克家族在邮局设立的闲差被彻底废除。年龄未满 75 岁的（一直广受批评）退休金也大幅削减。

所有这些都有助于提高政府的威信，使政府声称它将为普遍的利益而严厉统治的说法变得更为可信。布里埃纳作为社会知名人士，对存在的弊端直言不讳，始终保持其立场的客观独立，赢得了很高的声誉。他出身于满腹经纶、名声显赫的高级教士阶层（和纳博讷的狄龙和艾克斯的布瓦热兰一样），这些人阅历丰富、处事老练，且性格果决、才智超群。布里埃纳虽然相貌丑陋，深受皮肤病困扰，脸上常常因为蜕皮而留下疤痕，但是在人们心目中，他是个气度优雅、平易近人的君子，他和卡洛纳一样，聪明机智，却不像后者那样虚荣和狡诈。只有起草国民教育计划的那位剧作家马蒙泰尔不这么看，他认为他言语花哨，令人生厌；表情虚伪，难以让人信任。

布里埃纳并不仅仅是要做一个挽救财政危局的设计师，虽然这很重要。在他看来，自己的这届政府之所以获得认可，就在于它是一个触及法国人民生活各个层面的改革型的政府。在马尔泽布的努力下，政府推出了一项新教徒的公民权利解放政策（马尔泽布自己也是受到了本堂神父拉博·圣艾蒂安的影响）。对于这位高卢大主教而言，这真是一项伟大的成就。拉博则是希望能够给予完全的解放，让新教徒充分享受公共权利，能够自由地举行忏悔仪式，包括在小礼拜堂做公开礼拜。他还呼吁政府从此以后对新教徒开放，这就是要让路易十六在已经答应的条件基础上，作出更大的让步（当初在加冕仪式上，国王可是说过要铲除异端的）。可折叠的移动式布道坛暂时保留，作为见习

[213]

神甫的必备物品。但最新通过的这份议案,确实不再对"异端"实施刑罚,他们的婚丧嫁娶都得到官方的认可,归正宗的教徒也可以从事他们想干的职业。《南特敕令》撤销后一个世纪,胡格诺教徒总算重返公民大家庭了。

出于同样的开明司法原则,审判中残存的刑讯逼供、株累同党的做法也被彻底废止。夹靴、拇指夹和水管之类有悖于时代精神的东西,都在王朝末日来临的最后几年中被丢进火堆,在人们的欢呼声中化为灰烬。在高等法院代表(未来的革命派)塔尔热主导的特别委员会提议下,出台了强制延期死刑令,以便王室复审和减刑,当然,这种做法在塔尔热自己掌管的高等法院终究是行不通的。另外对于囚犯的管理,包括食宿和囚服也成为了改革调查的对象。

布里埃纳的所有同僚当中,威望最高的并不是某某部门的高官,而是一个真正大名鼎鼎的角色,此人既是实权人物,又是学术权威,可说是炙手可热、无人能及。此人名唤雅克,也就是吉贝尔伯爵(Comte de Guibert)。他是知名的剧评家,法兰西学术院终身院士,在克劳塞维茨出现之前,他一直被看作欧洲最著名的军事理论家,年仅43岁就成为法国学术界最伟大的天才。他有时候会一下子默然不语,沉着头若有所思。吉贝尔在人群中总是能让人一眼认出。集会发言的时候,他大讲科学,阐述哲理,还滔滔不绝地朗诵诗文,天南海北,古今内外无不涉及,简直听得众人瞠目茫然。"其人言谈,思骋千里,极为广博,更见激扬慷慨,为平生所仅见。"内克尔的女儿热尔曼娜·德·斯塔尔(她可不会被轻易打动)曾如此评价。

早在16年前,吉贝尔就因为《战术总论》一书声名鹊起。该书颇富远见,且惊世骇俗,读罢令人为之凛然。它极为睿智地预见到，将来的战争，再也不可能是那种彬彬有礼的君子游戏了，也绝对看不到腓特烈大帝时代那种步兵按部就班，一字排开的打法了。未来的战争双方，肯定会大规模征兵，卷入战争的人数也将成倍增加，国与国之间为了意识形态的分歧大动干戈，平民与士兵的界限也将日益模糊，军事冲突所波及的地区也将大大延伸，不仅仅限于前线地带，还会波及整个地区和国家。于是，他对军事后勤体系、野战炮兵和军事工程进行了一番改造，突出强调快速机动，出奇制胜，并要求不断提高战场适应能力，而按照过去老一套的军事教材的原则，这些都是离经叛道，大错特错的。1788年3月，他重新组建了骑兵团和步兵团，并将其编入混成旅进行集训，保持高度备战状态。这就难怪后来的吉贝尔要和"旧制度"割袍断义，也正是他作为真正的开山鼻祖（拿破仑将会爽快地承认这一点）所做的这些基础工作，才使得法国在以后的若干年内，军事实力始终位列世界前列。

"只需稍加设想，"他写的这段话，在当时以及后来都被大量引用，

> 如果在欧洲出现这样一个民族：它道德严明，全民皆兵，同时又有确定的侵略计划，而且锲而不舍——它知道如何打仗最省钱，如何用敌人的物资供给自己……这样的民族将会如秋风扫落叶一般征服邻国，颠覆我们脆弱的组织。

接替因荷兰危机而辞职的塞居尔而担任陆军大臣的是布里埃纳伯爵（财政大臣布里埃纳的弟弟），从官衔而论，他是吉贝尔的顶头上司，但是实际上，吉贝尔通过建立新的战争委员

会，很快就掌控了实权。委员会总共9人，包括现役军官、行政人员和战略专家：这也是后来总参谋部的雏形。吉贝尔相信，自己能够做到少花钱，出实效。他下令关闭巴黎军事学院，在他看来，这根本不是个正经搞训练的地方，那里出来的，只能是些娇生惯养的少爷兵。取而代之的是12所省级军事学院，给入学的乡绅子弟提供优厚的奖学金。波拿巴·拿破仑就出自其中的一所，恰好就在布里埃纳。国王的军事顾问组，也是装点门面的，自然也逃不过被裁汰的命运。还有那些专门为王亲国戚出行护驾的陆军荣誉上校，早已腐化堕落，没有什么责任感可言了。吉贝尔对整个法国军官队伍也进行了一次大刀阔斧的编制精简，他始终相信，机构臃肿、冗员过多，就失去了授衔的意义，也会腐蚀指挥机构。尤其值得注意的是，对于最容易滋生腐败的装备采购环节，他也让私人公司接管，并将整个流程置于国家部门的直接监管之下。其他各方面的改革还有很多，个别措施一直到大革命时期仍然沿用。

[215]

通过上述各项改革，吉贝尔节省下3000万利弗尔。他用这笔钱来提高普通士兵的薪俸，改变他们贫困的处境。但是如果就此认定，吉贝尔算是军队启蒙运动的先行者，那也是一种错误的看法。与此同时他明显也有很多阴暗的一面。如果要举例的话，那么他为陆军制订的一整套部队训练章程可以算是一个明证，条令虽然不能说是自以为是、随意而为，但也实在是过于严苛了。同时，对于什么人人平等这一套，他也不加理会。相反，虽然他打算从炮兵和工程兵中层和基层中发现青年才俊，但他仍然相信，在军队中担任要职的仍然应该是贵族阶层。然而这和他重建一支公民军队的理念互相抵触。他想要革除军队中贪钱爱财的歪风，培养一种古罗马式的爱国主义新风尚，勇于自我牺牲，敢于冲锋在前。他认为贵族子弟只要经历磨炼后脱胎换骨，就能够具备这样的优秀品质：不恃贵娇宠，不贪恋富贵，百折不挠，意志坚定，为国参军服役，贡献一生。

不管对于军官还是士兵，这样的计划实在是不讨人喜欢。军官对于其粗暴干涉他们军团的独立性不以为然，对于晋升高位的严苛条件也颇有微词。对于普通士兵而言，虽然薪饷提高了，但是条令中的严厉惩戒规定抵消了这些好处。军校里那些食古不化的战略家，对他那些疯狂得不着边际的战争观念，还有所谓能对虚弱不堪的敌人给予致命一击的神奇力量，都不屑一顾。他的改革措施简直是搞得人人自危，不得安宁，甚至可以说一度造成了士气低落。他的那一套理论，具有一种真正的革命气质，只不过被旧王朝的官僚机构所束缚。

布里埃纳政府的改革越是充满理想化，就越是不招公众待见。解放新教徒的措施尤其遭人憎恨，在法国西部和东南部一些信仰比较虔诚的地方，愤怒的民众走上大街抗议。（将来还会依然如此，成为大革命时期一个重要的转折点。）根据卡洛纳的提议，布里埃纳保留了省级议会，使之成为一个权力下放的试点机构，在1787年至1788年这段时期内，议会运行状况非常良好。但是在法国很多地区（虽说也不尽然），它们被看成政府的玩物：用来征税的工具。

尽管1787年春末的财政危机确实非常严重，政府出色的改革措施也确实得到了公认，但这都不足以平息对于传统政府运作方式根深蒂固的抵制。卡洛纳策划召开的显贵会议，本来是出于消除反对之声的目的，现在却因为对自身重视太多，反而把显贵会议本身置于最重要的位置了。代议制和同意原则成为了政府的常态，而不是一种辅助手段。卡洛纳通过将其观点提

[216]

交给公众，实际上是神职人员的布道坛，使政治成为全国关注的问题。潘多拉的盒子一旦打开，就不可能再关闭了，而导致前任政府垮台的这种争端，也是布里埃纳这届政府成立之初就要面对的问题。尽管显贵会议打算批准贷款方案，以避免政府破产，并且也赞成实施经济改革，但是在以土地税和印花税增收作为补充手段的问题上，他们是铁板一块，寸步不让。要想将这些措施写入法律，只有通过召开三级会议才能实现。在面临重重阻挠的情况下，布里埃纳在5月25日解散了显贵会议。

他现在的路线很清楚。只要直接召开三级会议，他就能够将这个君主国家转变成代议制国家，这样他就能赢得民众的信任，争取到公共资金来维持政府的运转。他还能尝试另一条途径，通过威逼利诱的手段，对预料之中的高等法院反对新税的声音进行压制。这两种策略都存在风险，显然，直到1787年夏天，究竟该如何行动才能有助于提高政府信用这个至关重要的问题，仍然令人茫然。就在人们需要国王出面发挥主导作用的时候，国王却痴迷于猎杀野兽和口腹之欲不能自拔，甚至人们看到他因为韦尔热纳的离世而伤心涕泣，哀叹不已。但是从这些神经过敏的无助表现中，布里埃纳很清楚地知道，路易是不打算接受一个能以普遍同意的方式推动改革的立宪政府了。

剩下的只有正面对抗这条路了。

三、高等法院的天鹅之歌

显贵会议的与会者都是经过精心筛选的，是要他们来希旨承颜，俯首听命，而结果看到的却是针锋相抗，扰攘不休，这一点非常具有典型意义。他们越是声色俱厉地提出批评指责，在小册子和大幅海报上就越是受到热烈拥护。现在政府的走狗已经成了人民的忠犬。很多已经到凡尔赛，对于税制改革至少还持中立态度的外省行政官员、市政议员和主教们，他们发现，只需拖延议案通过，便可以行使他们从未想过的更大的权力。他们参与政治竟然是以对抗，而不是合作的方式开始的，即使显贵会议解散了，这种独特的对抗方式却一直保留了下来。

政府计划最直接的拦路虎就是巴黎高等法院。布里埃纳政府在1787年5月到6月间向高等法院提交改革方案的时候，它正扩充成员以履行同侪法院（Court of Peers）的职能。增补的代表包括一些世俗贵族，很多人本身就是显贵，实际上都是地方的政界要人。高等法院提出强烈反对，倒也不是事先预谋，因为法院（包括补充进来的贵族代表）对于反对会产生什么样的后果，意见不一，形成了不同的阵营。高等法院院长阿利格尔代表的是年资较深的高级官吏，他实际上曾经对布里埃纳表明态度，说在贷款注册和其他一些显贵会议未解决的重要问题上，高等法院会给予一定的支持，特别是关税同盟和恢复谷物贸易自由等问题。一开始高等法院也确实是这么做的。就连被强烈怀疑为政府鹰犬，根本不能算是真正拥有自由协商权力实体的省级地方法院，都没能形成统一的反对意见。但是阿利格尔和那些倾向于政府的同僚，比如说塞吉耶，却面临着司法部门另外两股势力的反对，这些人纯粹是打口水战，想要凭借不烂之舌攫取政治上的优势地位。他们扬言，与政府合作就是背弃高等法院的传统。

更糟的是，其中比较强大的一股力量，来自地方高层。为首的是让-雅克·德埃普雷梅尼（Jean-Jacques d'Eprémesnil），此人虽然身材矮胖，但出语尖刻，咄咄逼人，大大弥补了形象上

[217]

的缺陷。他的政治态度趋向保守，甚至反动，但是却照样大受欢迎，甚至反而因为这个，让人更加迷恋。因为许许多多充满革命情怀的东西，恰恰是从遭遇挫败的反革命思想，而不是从自命不凡的改良派身上汲取力量的。对于攻击大法官莫普和路易十五时代财政总监的言论，德埃普雷梅尼在发言中给了驳斥。他一再引述和强调两人的主张，认为高等法院有责任捍卫法国的"根本大法"，反对内阁以"人民自由"为名提出的各项改革措施。但是他还有更加野心勃勃的计划，想要搞宪政重组，简单地说，就是"去波旁化之法兰西"。他不光要抵制有悖成宪的法令，还要在立法层面上占据主动地位，这个实际上就等于对政权的性质进行了重新的定义。而早在1777年的时候，他自己就明确提出，高等法院不应当干预政治。很大程度上正是他们的反对，催生了三级会议的召开，这也才是它创立新法的真正责任所在。但是十年之后，他的立场完全改变。布里埃纳肯定以为，眼下的财政危机会让德埃普雷梅尼这样的舌辩之士暂时闭嘴，至少等危机过后再说。但是高等法院的那帮英雄好汉却对这种政治妥协毫不领情。相反，眼下政府处境艰难，让他们觉得机会难得，可以就此将绝对主义彻底埋葬。如果成功的话，那就是一个兵不血刃，完全通过法律手段来实现的革命：一场法国版的1688年光荣革命。

但是这也只是一厢情愿，问题在于，并不是所有的人都有这样长远的想法，加入德埃普雷梅尼的反对者阵营只是他们的权宜之计。在高等法院，还有一批更加野心勃勃、为激进政策摇旗呐喊的年轻成员（包括埃罗·德·塞谢勒和他的朋友勒佩勒蒂埃·德·圣法尔若（Lepeletier de Saint Fargeau），这些人认为，三级会议不应当是新法国的终结，而是新法国的开始。这些人以 28 岁的阿德里安·迪波尔·德·普雷拉维尔（Adrien Duport de Prelaville）为代表，在高等法院大审判庭（Grand' Chambre）的高级地方官吏中属于少数派，但是在初级法院那些吵吵闹闹的出庭律师和辩护律师，即所谓调查律师（Maîtres d'enquêtes）那里，支持他们的却大有人在。迪波尔在当庭审员的时候，还只有 19 岁。他是拉法耶特的朋友，家就住在尚捷大道上，这里也是当时谈论时政话题的中心。谢兹·迪波尔（1788 年的时候，他放弃了自己的贵族头衔，打算和第三等级打成一片）的家里，讨论的并不是什么传统的特权、社会等级这样一些君主制国家强加于老百姓头上的东西。很多激烈的讨论，是关于塞热的那本 1788 年再版，被广泛阅读的《公民教义问答》中所谈到的问题。对于迪波尔这帮人来讲，新政权必须体现出代表制度的"国民"性，既然是"国民"，就意味着与特权和等级观念一刀两断，与社会等级制度划清界限。

只要高等法院本身成为了抗争的焦点，并因此成为政府的打击目标的时候，这两股势力就会暂时走到一起，装出一副团结一致的样子来。对于政府又想完成改革，又不打算在宪政改组上做出让步，实行权力下放，他们哪样都不能接受。而当政府接受他们的条件，同意权力下放的时候，两者的分歧便会骤然加剧，完全爆发出来。最终，公民和贵族之间，革命派和保守派之间，将会泾渭分明，阵营立判。英国驻巴黎大使已经看出，当前的这场运动，早晚会不堪收拾，自毁前程。要么高等法院的法官们激起政府的严厉镇压，要么高等法院屈服于更名副其实的代表机构。不管怎么说，"这是王权朝廷最后的喘息。"并不是所有的地方官吏，都对即将发生的事情一无所知。艾蒂安·帕基耶（Etienne Pasquier），拿破仑帝国的大臣，在 1788 年

[219]

时，还是个血气方刚的年轻律师。他在回忆录中这样写道：

> 大审判庭头脑清醒之士都对前景忧心忡忡。我永远不会忘记，当其中的一位老法官经过我的座位，看到我的兴奋之状时，对我说道："年轻人，在你祖父的年代就提过类似的想法了。"接下来，他又说："先生们，这可不是孩童们的游戏；法兰西一召开三级会议，可怕的革命便不可避免。"

但是这样的理性态度却湮没在德埃普雷梅尼激情涌动、雄浑豪迈的言辞之中。布里埃纳用印花税来补充土地税的计划让德埃普雷梅尼钻了空子。这让人容易联想到引发美国独立这一"神圣事业"的税收政策，而且经高等法院的那些雄辩家一番描摹，那就成了毫无道理的强课蛮征，说是不管社会上流还是底层百姓，那些做彩花的、售书的、开店的，还有行会人员，只要沾着纸张，都要受到影响。这样一来，政府就有采取高压手段的借口，好逼迫无拳无勇的老百姓乖乖服从。对于那些被查出没有花押的纸张，政府会设立各种罚款科目。德埃普雷梅尼勾画了这样一连串的画面：

> 想一想下面的场景岂不可悲：孤苦伶仃的小民，兢兢业业、繁荣国家商业的商人，……勤奋劳动、换取家庭安宁的聪慧的手艺人——他们突然惊讶地发现自己的命运被同一条锁链、同一个问题连结在一起，自己所处的情形岌岌可危……所要缴纳的罚金重如山，似乎要将他们压垮……清白者、有罪者，无人可以幸免……

以保护弱者自任的高等法院在 7 月 2 日当即驳回印花税议案。两周之后，土地税修正案也遭到否决。对政府而言，摆在眼前的形势很清楚：对于"但凡"要想使得法兰西重新充满活力所采取的改革措施，高等法院大多数人都会加以阻挠，因此，正面冲突看来是无可避免了。8 月 6 日，国王在高等法院召集了一次御临法院。炎炎夏日里，大审判庭挤满了人，数百名地方法官和贵族穿着长袍，汗流浃背。而纵然在这样的场合，国王在会议开始后不久便酣然入梦，他大概是真的把象征性的"卧榻"当成是睡觉的地方了。拉摩仰不得不拉高了嗓门，才能盖过国王雷鸣般的鼻息之声。他表示，高等法院原则上接受显贵会议提出的议案，这令他感到满意（实际上谷物贸易、徭役税，还有关税同盟等问题，已经签署通过了相关法令）。于是现在就等着新税法生效实施了。但依据循例，还要经过御前会议批准。

但仅仅隔了一天，德埃普雷梅尼便宣称，强制通过的法令非法，所以无效，他发表了正式的抗议书，表达他的观点。这份抗议书写得直截了当，毫不隐晦："依据法国君主制的宪法原则，必须征得缴税人的同意方可收税。"到了 8 月 10 日高等法院进一步激化对抗，提出要对卡洛纳行审判罪（当时卡洛纳已经远遁英国）。迪波尔抓住机会，对这个业已信义无存的前财政总监大加挞伐，把他说成名声狼藉、贪污堕落的罪恶根源，不仅有经济问题，政治上和生活作风上也不清白。他真的是十恶不赦、无耻之极，为了免遭流放，他当时还签署过一份保证书。迪波尔的这篇满纸诟骂的声讨书一经问世，便引起轩然大波，争议不断，而执笔者则是时事评论员贝尔加斯（Bergasse）和卡拉（Carra），这也是革命辩论史上非常重要的一刻。这是第一次在对某位特定政治家进行控诉的同时，牵扯到现任政府，即

[220]

使现任政府实际上并未参与其中。反对党为了迎合民众树立反面典型的心理需要,采取这种株连九族、打倒一片的做法,并发展成为他们的惯用伎俩,反正只要找到个恶人,便什么坏事都往他头上扣。在大革命期间,不但由此揪出了一批恶棍无赖,还整出了许多叛国者。这些人不单单是名望尽失,还被送上了断头台。

高等法院靠着逗动口舌之利,自以为得计。他们赢得了喧嚷不休的大批群众的有力支持,不仅仅是在大审判庭内部,司法部门那些搞勤杂的,包括抄写员、抗辩人、抬轿的轿夫、印刷厂的小工,还有街上的小商小贩,可以说整个司法宫里的人都加入进来,支持者队伍浩浩荡荡,吵闹声不绝于耳,人们对着英雄敬礼,朝着恶棍(比如阿图瓦伯爵)发出嘘声,还敦促地方法官乘胜追击,做出更加出格的事情。现在轮到他们去新桥、皇家宫殿和咖啡馆出演好戏了,每天都有人散发小册子,肆无忌惮地攻击政府的"专制暴行"。政府的公告只要一经贴出,就会被扯得稀烂,有些大街上还焚烧拉摩仰的肖像。随着民众的抵制行动益发大胆,布里埃纳和拉摩仰的地位一落千丈,焦头烂额,于是他们准备故技重施,采取反革命手段。他们事先精心准备,来了个出其不意、攻其不备,这些系统的反革命的策略后来在 19 世纪大行其道。首先他们派人关闭了那些"剧院舞台",把那些在台上卖力表演的角儿尽行斥逐,8 月 15 日这天,高等法院的法官集体被流放到特鲁瓦(Troyes)。然后在 17 日,瑞士卫兵将司法宫团团包围,各会议厅的入口和出口都被封锁,防止有人闯入,干扰强制执行。随后四处搜查扫荡,让反对者闭嘴噤声。印刷者遭到搜捕,杂志社也被关闭,尤为令人震惊的是,俱乐部或是集体聚会,凡是被认为有可能煽动反

[221]

抗政府的，都一概取缔、禁止。这就包括了那些颠覆分子的老巢：象棋俱乐部。

将法官流配特鲁瓦，加上动用军队下重手搞突袭，都没有对平息街头骚乱起到多大作用。但是毫无疑问，这使得那些地方法官的头脑更加清醒了。不管怎么说，那些本来就胆子不大，有些软弱的法官，开始留心阿利格尔和塞吉耶这些老前辈的谨慎忠告，瞻前顾后了。与此同时，在8月份的时候，发生了一个有趣的转变。省议会在督办官的主持下相继举行成立大会，大张旗鼓地宣传爱国主义，督办官也纷纷宣称自己是爱国人士，已经不是昔日君王的奴才，而成了人民的公仆了。由于这些地方议会的代表，一般是从基层的法律专业人员，还有公务人员、医务人员以及忠笃可靠的贵族中铨选而来，换句话说，属于知识阶层，故而从人员结构上说，是意在削弱高等法院宣称的代表着国家的权威，尤其是在税务问题上。这些地方督办官在宣布与过去一刀两断的同时，也强调了这场和平革命的重要性。"国家在召唤你们"，贝蒂埃·德·索维尼（Bertier de Sauvigny）在8月11日法兰西岛议会开幕式上慷慨陈词："……为了你们自己的利益，也为了展示你们的爱国精神，你们一定和我一样，立志实现赋税公正……纳税人承受的沉重负担让人忍不住落泪。"

德·拉·加来齐埃（De La Galaizière）8月20日在阿尔萨斯发表了一场引人注目的演讲，对这一时刻的重要性说得更加直白。他告诉与会者：

> 在我们这个世纪，在我们的国家，这是一个难忘的时刻……时光的推移，知识的进步，风尚和民情的变化，使

[222] 得针对政治制度的革命（他用的就是这个词）势在必行。在过去三十多年中，我们看到爱国思想已经悄无声息地扎根在了每一个头脑中。今天，每一个公民都渴望被号召起来争取共同的福祉。这样的风气怎么鼓舞都不为过。国王最希望看到的是他的臣民们的幸福。

在其他一些地方，也出现了当地督办官争相表现自己热心共同利益的场景。比如在卡昂，科尔迪耶·德·洛奈（Cordier de Launay）将路易十六比作梭伦和莱库古（Lycurgus），并宣称自己的心"为新的爱国激情而燃烧"。

这种官方出面的言辞鼓动，非常清楚地表明了政府离间高等法院和民众关系的企图。他们一再强调，税率评估对社会各界都是平等的，还拉拢一些原先可能会投靠高等法院阵营的人，政府试图通过这些来显示，改革是全民参与，而不是官僚机构的内部操作。他们的办法确实收获了一定的成效。在整个秋季，一切迹象表明，省议会已经热情饱满地恢复了工作，而高等法院方面的抗议则渐渐微弱，不成气候了。这样的变化，足以使巴黎的同侪法院采取一种更愿意和解的态度。

同时，政府内部出现了更加中庸温和的观点，试图出台一种妥协的方案，避免征税政策造成严重的政治分歧和对抗。马尔泽布在8月份也加入这一行列，这件事具有非常重要的意义，因为说到搞抗议活动，谁都没有他在行。他提醒他的同僚，不管他们是否喜欢，"此刻的巴黎高等法院，传达的是巴黎公众的声音；巴黎公众，传达的则是全体国民的声音……我们现在应付的是全体国民，当国王回答高等法院的问题时，他是在对整个国家做出回应"。马尔泽布也并不担心可能会召开三级会议，实际上根据他的预想，这不但不会有损于王室的尊严，反而有助于提高国王的威信。

这样一来，双方便有了协商一致的余地。但是就在9月份开始出现妥协迹象的时候，布里埃纳的出现，打破了均衡，改变了中间路线。新的土地税被废除，而它自始至终都是改革的核心问题，公共财政的重要重建也是以它为基础的。同时废止的还有印花税，这倒是无人为之惋惜。站在他们的角度上，布里埃纳现在所采取的，都是一些治标不治本的措施，而这本来正是他和卡洛纳原来想要极力避免的：重新开征传统的廿一税（和过去的廿一税一样，全民缴纳）。该项税赋将连征五年，等到停止缴纳的时候，三级会议也该召开了。而到那时，针对高等法院所采取的解散法令也该收回了。为了避免发生对抗，政府希望以此争取五年的政治和平，让国家财政得以修复。到那时，不仅会迎来黑暗尽头的曙光，而且会让王室如日中天，光芒万丈。11月19日，拉摩仰对1792年的前景向巴黎法院（Cour des Paris）作了一番乐观的展望：

[223]

> 身处三级会议中的陛下，周边簇拥着忠诚的臣民，他很自信地向他们描述着美好的未来场景：在自由的旗帜下，国家的金融、农业、商业尽得恢复，海军强大无敌，陆军也借助经济和军事的强盛得到壮大，滥权现象彻底根除，英吉利海峡上筑起了新的军港，彰显法兰西旗帜的辉煌［瑟堡！］，法律得到了改进，教育制度也日趋完善……

尽管有些思想激进的地方官吏，对政府提出的任何方案都不愿接受，但是法院的阻挠会达到什么程度，一直存在不同意见。结果，11月19日的会议没有取得任何成果。政府仍然束手无策。由于担心温和派地方官员遭到恐吓，政府再次派出警卫队驻守司法宫。重兵压阵，如临大敌，气氛非常紧张。德埃普雷梅尼和阿图瓦伯爵因为在庭院内停放各自的车驾，就闹到几乎拔刀相向。但会议采取的形式需要确保："皇家会议"（séance royale）能够确保各方畅所欲言，国王升坐高台，不再端居在不祥的华盖之下，而御临法院的华盖却给人一种凛凛逼人，威压群臣的感觉。

经过一整天纷扰不休的发言陈述，看来高等法院又将登记新的法令。但是此时却节外生枝，形势发生了转变，使得本来就非常脆弱的意见统一又生变故。可能是一再有人要求在1792年之前召开三级会议，让国王不胜其烦，他决心干脆直接强行通过新法令，不搞投票了。本来较不正式的"皇家会议"并没有真正的约束力，现在国王冲冠一怒，将其改为强制性的"御临立法会"。对于这个鲁莽的决定，人们大惊失色，一个个哑口无言。而最不可能发话的一个人首先打破了尴尬。站出来发话的，是国王的堂弟，奥尔良公爵菲利普。这真的让大家始料未及。波旁、孔代、奥尔良等整个王室家族（孔蒂除外），只要不是典礼仪式规定的公共场合，讲话都是词不达意、磕磕巴巴的。阿图瓦私底下倒是滔滔不绝，一套一套的，好几次在巴黎法院内为了维护皇家意志起而奋争，不过也还是期期艾艾，愠怒无言的样子。奥尔良公爵是皇家宫殿主要的地产所有人，喜欢身边聚集着谋臣和学士。这帮文人清客（包括米拉波和肖代洛·德·拉科洛［Choderlos de Laclos］）都是以他的名义发表宏论的，这就让奥尔良当仁不让地享有口无遮拦、大谈国政的名声。但是19日这天他半路杀出，无论对于诽谤他的人，还是

[224]

仰慕他的追随者，都无疑是当头一棒。他直面国王，抗声言道："陛下，我请求您允许我当着您的面，在法庭上说出我的看法：我认为新法令的登记不合法规。"

这是那些戏剧性场面中的一个，此言一出，空气都凝固了，他儿子在回忆录里大加渲染，把此事看作是第一个革命的场景。国王闻言，一开始当然是愤懑难遏，但转而又带着嘲弄的口吻说道："登记过程是合法的，因为我已经听取了你们的意见。"随后，他干脆将错就错，不假思索地又回敬了一句："好吧，我也不必在乎，当然了，这里的事归你管。"这句话真是不同一般，再伤人不过了：专制政府连承认错误的勇气都没有。

国王说完便带着几个兄弟转身离开了高等法院；而奥尔良公爵仍然没走，他似乎是有备而来，像在背诵文章一样，大谈这次的新政如何如何与法定程序不符。这番表演，使得他顿时成为受人爱戴的英雄，同时遂其所愿，他被抓了起来，并被贬回他的封地维莱科特雷（Villers-Cotterêts）去了。当地人把他奉为自由义士，这让他颇为得意。他的城堡甚至开始被当成另一座宫廷。另外有两个高等法院法官，据说也是因为出言不逊，双双被捕。

对于政府和高等法院任何方面的改革合作都有人要进行破坏，而奥尔良公爵的横加干涉成为了一个转折点。布里埃纳不想再大动干戈了，他认定，新税法的实施只要在9月份和高等法院达成的协议基础上更进一步，他不会有什么损失。廿一税肯定不是可以无限征收的税种，但它必须要满足政府每年具体的岁入额度。只要有不足，就会征收所谓的年度认购税（abonnements），也就是通过省议会征收的税款来补足余额。这总让人觉得，像是用一种隐秘手法，恢复征收已遭废止的土地税。

经过这样一番折腾,省议会作为保护人民利益的坚强堡垒的说法被彻底攻破。议会成员要么开始和督办官对抗,要么放弃和政府合作,转而开始支持高等法院。1788年1月,拉法耶特写信给华盛顿,说他很高兴在里永(Riom)的奥弗涅议会任职,并成功阻止了征收附加税的议案。他颇为得意地写道:"能够让人民满意,是我的幸运;深深得罪了政府,是我的不幸。"更有甚者,承认13个高等法院同为一体,被赋予捍卫法国自由重任的学说得到了很大的发展,以至于到1788年春天,巴黎高等法院发布了一系列公告,实际上已经向国王表明了态度。4月11日,高等法院告诉国王:"制订法律时,不能仅看国王一人的意愿。"4月29日,高等法院正式驳回请求,拒绝同意加征任何赋税,5月3日,更是坚持如果将来还要征税,那么前提条件就是召开三级会议。国王签署的密札都不再有效,任何专断独行、任意逮捕的诏敕也被视为非法。

政府方面可不会坐以待毙。4月17日,在一份为国王撰写的演讲稿中,拉摩仰将王室的权威描述为对抗部门利益的盾牌。说如果法院能绑架国王意志,"君主制会演变成文官主宰的贵族制,国民与国王的权利和利益都不能得到保障"。但是这种"大众专制"(popular absolutism)的策略不仅仅是要对反对派进行口诛笔伐。它最有力的武器就是进行大刀阔斧、摧枯拉朽的司法制度改革。这样做的目的,当然是为了一劳永逸地清除高等法院内的反对势力。要想建立一套民众举双手赞成的全新的司法制度,前提是必须废除旧政策。政府这一次的手段依然十分精明,采取了拉拢司法等级中地位较低的律师阶层(这些人的升迁之路被高级法官所阻挡)的策略。地方上的次级法院地位骤然上升,抬高到大裁判所(grands bailliages)的位置,自此以后大部分的刑事和民事案件,就将单独交由这些法院进行审理。而高等法院只能审理涉及贵族的纠纷和案值在两万利弗尔以上的民事案件,实际上等于沦为上层小团体的仲裁机构。同时,在政治上它们也被剥夺了法令生效的注册权,今后这项权力将被政府指定的中央"全权法院"("plenary court")接替。经过这样大幅度的职权削夺,许多高等法院运转所必须的职位,停止一切工作,实际上等于完全解散。而且还通过废除贵族对所隶佃农实行私人审判的"领地法院"("seigneurial courts"),进一步强调了改革常有的刻意反贵族的倾向。

拉摩仰还提出了囚犯关押和死刑程序的相关新规定。这些革命性的计划的目的,是要建立一种所谓的"开明司法";讲求快速高效、不偏不倚,对大多数法国人民公平对待,不受贪赃枉法的贵族控制。和同时代的其他改革一样,这是对法团制度的直接攻击,而且是政府自己下手,对旧制度进行的最为彻底的铲除。正因为如此,许多知识界的自由派精英分子,比如孔多塞侯爵,觉得自己被这种改革运动的价值观深深吸引,简直难以抗拒。出于同样的自由精神的感召,拉利-托伦达尔深信,这个"全权法院"比高等法院,更可能为法国带来一部"大宪章"。

[226]

尽管如此,任何认为改革是符合理性的评价,都被反对改革实施方式的怒吼声淹没了。这里面还牵涉到地缘政治的因素。这激起了更大的反对而不是赞同。旧式高等法院中心机构权限弱化,意味着它们丧失了对本省周边城镇的司法垄断,这就触犯了地方势力的禁忌。比如在布列塔尼,雷恩发现自己的特权被另外两个竞争对手——南特和坎佩尔——瓜分了。在整个法国，许许多多的小城镇在相互攀比竞争，形成了一批新的行政和司法中心，一些从权力交替中渔翁得利的专业人士乘机执掌大权。那些地方文吏心怀私仇，互相倾轧，有时候是笔墨相争，各不相让，整个大革命期间，这种现象一直没有停止过。

那些攻击拉摩仰的小册子，说他是受了莫普大法官的蛊惑，彻底铲除高等法院便是他一手策划的。这些攻击言辞中最为极端的，是描述布里埃纳和拉摩仰如何狼狈为奸、暗中勾结，酝酿着弥天毒计，想要摧毁法国的自由大业。在《大主教与掌玺大臣之间的对话》中，布里埃纳承认大裁判所的建立是要欺骗民众，让他们相信这样一来，公平和正义就能得到维护。但是只要高等法院被取缔了，他们接下来就会"把这些新的司法机构也彻底扼杀在摇篮之内"。

> 拉摩仰：但是社会公正会受到严重的影响。
>
> 布里埃纳：这有什么关系？……如果有人哀号，个人的哭声不是我所关心的事情。我们唯一需要担心的是高等法院的抗议……不过很快（非常向往的样子）主权法院（Sovereign Courts）便无法再发号施令。我的聪明才智可以使我稳步向前，不会受到那些讨厌的反对者的阻碍……

无论拉摩仰的改革对"公共利益"做出怎样的让步，然而反政府的论争数量之多、胆量之大，注定了这些改革必然会被它负面的政治影响所取代。政府对于公众对改革的接受几乎没有信心，于是决定快刀斩乱麻，以压倒一切之势，全力推动改革。5月6日当天，巴黎的两位反对派领袖德埃普雷梅尼和瓜拉尔（Goislard）双双被逮捕。两天之后，拉摩仰当着愠怒焦躁的高等法院司法人员的面，亲自宣布御临法院上颁布的法令即行生效。在整个法国，用武力强制的一幕在其他十二个主权法院的中心一再上演，军队进驻，劝说地方法官老老实实地离开，强制他们"休养"。

但是这些措施没有收到任何效果。无论政府对改革的积极意义如何大力宣传，或者是调动军队进行武力镇压，都不能遏制民众心头汹涌的怒火。这一情绪，从司法界最底层的抬轿子的轿夫，波及做假发的、给人抄写的小吏、小摊的摊主，以及执业律师和辩护律师，乃至上等贵族和高级教士。整个法国到处充斥着喧闹不满之声。对政府来说，最大的问题是政府的法令在各处都遭到抵制，外省情况甚至比巴黎更严重。6月19日，在比利牛斯省的波城，发生了严重的暴力示威活动，连司法宫大门都被冲破，人们强烈要求恢复高等法院的工作。由于未能及时从外地调来军队，钦命督统无奈之下，只能让地方法官复职，以稳定局势。在布列塔尼的雷恩市，督办官贝特朗·德·莫勒维尔索性一走了之，才总算是没有被乱石砸到。6月初，本来根据密札，高等法院法官应该走人了，可结果反而是督办官匆匆逃离。直到调来了大约8000名士兵，局势才在7月份稳定了下来。在贝桑松、梅斯、第戎、图卢兹和鲁昂，也有组织严密的抗议，反对政府把那些拒不服从的地方法官流放外地。在波尔多、艾克斯和杜埃（Douai），法院与居然屈服了的巴黎高等法院一样得以保留，但是它们还是声称，这些法令是专制主义横行无忌的体现。

现在看起来，这些高等法院似乎真的像它们一直鼓吹并假装的那样，成为了为民做主的护民官。可就在他们取得胜利的时刻，他们却显得犹豫不决了。民众激烈汹涌的斗争是他们煽动起来的，但是很多法官却对此惊惶不安。这些突发行动并不总是让人感到欣慰。随意冲击司法宫和地方市政厅，自发组织起来的人群在大街上和军队公然对抗，已经造成了社会秩序的极大混乱，让这些以确保国内稳定为己任的地方法官忧虑不已。波城的高等法院就爆发了充满暴力的示威活动，他们果然选在这个时候来发起对抗5月法令的活动，并宣称他们的抗议是完全出于正义，理由就是，它们造成了持续的混乱和对财产的破坏，而且如今很显然，"正规警察已不起作用。"

那些对此极为敏感的人甚至发现，出现了更加让人担心的情况，危机很快加深，已经不再仅仅是精英阶层之间的内斗了。在雷恩，英国大使得到消息，称老百姓中间正在流传着令人担忧的谣言，说出现了王室即将垮台的征兆。路易十六的骑马像，据说握着权杖的那只手低垂了下来，几个月内居然下垂了6英寸。到7月初，传来了更坏的消息。有人散布谣言说，在某个炎热的仲夏之夜，他亲眼看到，国王胯下的那匹石马，滴下了黏糊糊的血。

四、砖瓦日

而在格勒诺布尔，这些流血景象就不仅仅是想象了。6月7日那一天发生了暴乱，5岁的亨利·贝勒（也就是后来著名的司汤达）正在父母住的公寓里往外瞧，当时有个修帽的学徒受了伤，手臂搭在两个同伴肩上，被抬到了安全的地方。司汤达后来说，他一直对鲜血很着迷。他最早记得的那次，就是皮松·德·加隆夫人（Mme Pison de Gallon）的脸颊被咬了一口，当时她正在雏菊地里，想要让一个露出牙齿的小娃娃亲一口。

两年之后，当他把小脸蛋贴在窗上的时候，正好看见那个制帽工人的后腰有个洞，鲜血涌出，是让一个骠骑兵用刺刀给扎的。接着，他又看到，男人的衬衫和皮裤被血染成了殷红色。他表情非常痛苦，就这么被慢慢地拖入隔壁的房间，那是一个具有自由思想的富商皮埃尔的家。父母猛然发现自己的儿子在看这种场面，赶紧把他从窗前拉开，大声训斥他，好像他偷听了别人谈话一样。小亨利没有被吓到，不多久便又回到了原位窥探起来。他透过对面房子宽大的四方形窗户，望见那男子被抬上了六楼。等到上了六楼，那男子到底没能挺过来，还是死了。后来司汤达在他的自传小说残篇《亨利·勃吕拉传》中这样写道："此为革命第一滴血。"当天夜晚，他的父亲谢吕班·贝勒（Cherubin Beyle）给全家朗读了皮洛士（Pyrrhus）之死的故事。

表面看来，格勒诺布尔不大像是"革命摇篮"，但是后来却经常被这么叫。在司汤达的头脑中，家乡格勒诺布尔从未留给他什么温馨的回忆，他不知道究竟是自己的父亲，还是这片土地，让他心生仇怨。他后来写道："一想起格勒诺布尔，我就像患上了严重的消化不良病，虽然不要命，但令人反胃不止。"他这种内心的苦楚，是他所说的死板沉闷、眼界狭小的外省城镇带给他的感受。可是尽管格勒诺布尔不像波尔多这种地方有拥挤繁忙的港埠，钱财进出如流水，至少也不至于是司汤达记忆中的一潭死水。这么一座不大的小城，涌现出了许多启蒙哲人，比如马布利神父（Abbé Mably）和孔狄亚克（Condillac）。而且它位于伊泽尔（Isère）河畔，萨伏依阿尔卑斯山麓，依山傍水，独擅胜观，也是前往瞻拜大贤卢梭的必经之路。让-雅克曾在1768年寓居于此，悠游山间研访草木。一年之后，格勒诺布尔就有了足以自傲的文学杂志——《缪斯年鉴》(*Almanach des Muses*)，

[229]

一本模仿1765年在巴黎首次出版并获成功的同名刊物。不久之后,《格镇公报》(Les Affiches de Grenoble)面世,这是一份卖3苏的周刊,对于"举凡有兴致观瞻盛况者"颇有吸引力。司汤达的外祖父加尼翁医生,办了一座公共图书馆,面积不大,但颇为舒适,而且这里还建了一所新式的中心学校,专门培养那些颇有潜质的优秀学生。加尼翁博闻强识、学富五车,也是城里很有政治敏感的精英,他曾经发表过一系列科研成果,从闭尿症到奥弗涅火山形成的历史研究。安托万·巴纳夫发表了《诏敕要义》(L'Esprit des Edits),对拉摩仰的改革计划大加斥挞,批得一无是处,加尼翁必定也是热心读者,并且看后义愤填膺。

从很多方面来说,正因为格勒诺布尔平平无奇,它才成为大革命期间一个理想的城市暴动策源地。作为高等法院在多菲内(Dauphiné)的所在地,此处聚集了一大批的墨客骚人,落魄穷酸、热血沸腾的律师,还有很多小册子作家,教书先生和雇佣文人。对于高等法院的任何挑战都会威胁到他们的生计,也会让他们名声大挫。但与此同时,格勒诺布尔也是地区工业的中心,拥有4500名熟练工人,当地产的优质手套远销海外,甚至卖到了费城和莫斯科。这是除了梳麻工人之外,又一支重要的劳动者大军,手工匠人渐渐从老城中心区被挤到了伊泽尔河对岸的圣洛朗大街,后来又被赶到东南近郊的三一修道院(Très Cloître)一带。接连数年的经济繁荣带来了工作机会的增多,然而1788年,持续猛涨的贸易往来突然中断,加之大幅度的面包涨价,工人们忍饥挨饿,怨愤不已。他们要找第二份工作,就得和周边地区,像热沃当(Gévaudan)和萨伏依(Savoy)来的众多外来打工者竞争,去菜市场当脚夫,给人家里帮佣、当马车夫。

鉴于这样的紧张局势，政府选择在 6 月 7 日星期六集市日这天提出议案，就显得极不理智。高等法院的法官聚集到首席大法官阿尔贝·德·贝吕耶（Albert de Berulle）家中开会。而在 5 月 20 日，他们已经紧跟着巴黎和其他省份的同事，宣布五月法令无效。10 天之后，布里埃纳给多菲内的一名陆军中将克莱蒙-托内尔公爵（Duc de Clermont-Tonnerre）下命令，让他将格勒诺布尔的地方法官抓起来，流放外地，并且在 7 日当天，密札被正式送达。他还从皇家海军和奥地利军团调来两个团的兵力，随时待命，确保能把高等法院那帮人给顺顺当当地送走。为了不被群众阻挠，他们显然做了精心的准备。自然，法院里的人当天又出来闹事，煽动市场上的民众，还散发小册子，张贴海报，对布里埃纳和拉摩仰进行猛烈抨击。一开始他们搞演讲宣传，后来则是大呼口号，边骂边唱，最后干脆就发动罢工。早晨 10 点钟左右，店铺和商行都纷纷关张，手套匠人和梳麻工人走出作坊，从四面蜂拥而来。他们走到市中心，大步向司法官和贝吕耶在伏尔泰路上的私邸走来。他们的目标是不让政府把法官们带走，必要时就使用武力。他们甚至把为大法官准备的马车的马匹解开缰绳，带出法院的庭院。后来又来了一批人，将城市各道大门关闭落锁，防止官兵前来增援，之后是第三批人，他们自发组织起来，包围了督统衙门。

此时，卫戍司令克莱蒙-托内尔处境十分尴尬。这也是任何一个指挥官，在整个大革命期间和无数即将到来的革命关头所要面临的相同困境。是不是要派兵到大街上对人群进行牵制、阻拦，再不就是强行弹压？如果要去，是不是要全副武装？如果全副武装，那么什么情况下可以开火？要怎么才能确保万无一失，或者至少不让事态出现进一步恶化的可能呢？和所有进退维谷的指挥官一样，他做出了一个草率的决定，后来他才知道，自己亲自做出的这个决定，反而不经意地导致了暴力事件的发生。

士兵们带上武器，分成小股部队，被派到暴乱发生的现场，但是他们接到命令说不得对人群开火。他们不能形成局部人数优势，无法震慑暴乱分子，反而进一步激怒了群众。很多格勒诺布尔当地百姓爬到自家房顶，掀开瓦片，袭击毫无防备的士兵，一时间飞瓦密如暴雨，砸到了卵石路面上。当士兵们抖擞精神准备迎战时，两支部队的反应截然不同。奥地利军团的士兵遵守指挥官布瓦西厄（Boissieux）的命令，没有开枪，甚至布瓦西厄本人脸上直接被瓦片打中，也坚持不开枪。皇家海军的士兵可没那么好的耐性。在格雷内特广场，司汤达家的正前方，他们中的一个排开始还击了，子弹打中了一个12岁的男孩，男孩因为大腿炸烂，失血过多而死。也就是这时，那个前文提到的制帽工，也挨了致命的一刀。牺牲者的血衣被拿到街上展示，大教堂警钟长鸣，引来了从各村赶来的更多的农民，他们都听说了，自己的朋友和家人是来格勒诺布尔赶集的，却遭到了军队的进攻。

下午3点左右，克莱蒙-托内尔和督办官卡泽·德拉博韦正在紧急磋商应对之策，既要避免血腥镇压，又不能束手投降。他们想办法通知了高等法院的人，如果法官们尽快离开，他们就撤走军队。事到如今，法官们或许也想见好就收，可是这个决定却被愤怒的人群淹没了。没胆量大开杀戒的克莱蒙-托内尔匆匆撤离行辕，欢呼雀跃的人群接管了城市。督统的宅邸遭到了洗劫，一开始是抢酒窖里的藏酒，最后还从自然史展架上找到一个老鹰标本，被拿来做了战利品。府里的椅凳家什被扔到大街上，放火烧了个干净，镜子也都被砸得粉碎。阿尔贝·德·贝吕耶和他的法院同僚被欢呼的人群扛在肩上，戴上六月花环。32岁的贝吕耶英风傲骨，受众人拥戴一直是他的梦想，但是现在如愿以偿，他反而犹疑不决，不知道这是否真是他的本意。他被披上镶有貂皮绲边的绛红色法袍，一路被人抬着，看上去威风凛凛，高歌猛进，直奔司法宫而去，那里的窗户灯火通明，人们纷纷要求召开特别会议，法官们肯定还没闹明白，现在到底是谁指挥谁。现在这种架势确实让他们觉得不舒服，可今后几年，这种事情还会一次次地发生。

最终，人们举酒相贺，喝了个杯底朝天。圣安德烈广场的最后一个炮仗也落到了地面，人们对布里埃纳和拉摩仰这两个丧门星的恶骂渐渐停息了下来。高等法院里的那些高级法官，对于这场胜利更多的是忧虑，而不是喜悦，很多人匆匆忙忙地离开城里，免得再闹出更大的乱子。但是其中的一些比较强硬、比较年轻血性的灵魂人物，比如说皇家法官（juge royal）让-约瑟夫·穆尼埃（Jean-Joseph Mounier）和安托万·巴纳夫，却把这种混乱失序和王室当局赤裸裸的无能视为一个可以从中渔利的机会。

于是，砖瓦日就成为了大革命的一个分水岭。它标志着王室权威扫地，军队软弱无能，面对持续不断的城市骚乱竟然束手无策。它也警醒了那些想要从无序状态中渔翁得利的革命精英，如果要想挑起暴乱，就要面临难以估量的不良后果，而且很可能作茧自缚，反过来害了自己。此外，更重要的是，它为未来的整治行动提供了一个先例，此后接过革命任务的，将是一批更加年轻气盛，思想更加激进狂热的人，这些人会毫无顾忌地煽动群众。

[232]

一个礼拜之后，穆尼埃开始有步骤地发表相关言论来阐述他的观点。他认为应该集中力量，将零星无序的骚乱活动变成大规模的政治运动，争取主动权。当时的穆尼埃未届而立之年。他是一位布商的儿子，就像1789年那一代年轻人一样，他并不是对旧制度感到失望的中产阶级，而是轻而易举就能平步青云的人。他在当地大学研读法律，他的那些同学给这个阴沉着脸、自以为是的小伙子取了个绰号，叫加图。后来他当上了出庭律师，还在1782年和一个家境殷实的宫廷采办的女儿结了婚。第二年，25岁的他便成了贵族，捐了23,000利弗尔得了个皇家法官的差使。换句话说，按照他的社会经历来看，绝对不应该朝着一个革命者的方向发展，除非他自己有非常强烈的信仰，要让法国重新焕发生机，成为一个公民做主的国家，公民忠于君主，而国王又充分尊重公民代表。指引他走向这条革命道路的很可能就是司汤达的祖父。正是这个在小镇颇有影响、无所不在的学者，把自己家藏的政治和哲学书籍借给穆尼埃阅读，这也给他的知识结构奠定了基础。20年后，当他流亡魏玛的时候，他将极大地考验歌德的耐心，帮他消解伊曼努尔·康德在他头脑中的重要性。

他在1788年夏天的目标，完全突破了传统保守派的目标，已经不仅仅是要恢复高等法院了。6月14日，他不顾克莱蒙·托内尔的禁令，在市政厅组织了一次集会，与会的各阶层代表超过百人：有的是教士，还有第三等级的代表。实际上第三等级人数最多，面也更广。除了3名市议员：格勒诺布尔的市长大人，加尼翁医生，还有一个是穆尼埃的父亲，再加上一些律师、公证人、医生（以及一些商人）；这些人都是典型的第三等级的政治代表。会议草拟了一封请命书，直接递交国王，要求恢复高等法院，撤销新政计划，同时还要求召开多菲内省一级的三级会议，明确指出要用"自由选举"的方式产生与会代表，三级会议中第三等级的代表数量要和前两个等级的代表总和相当。这是第一次提出这样的原则要求，有非常重要的意义，对以后的三级会议产生了至关重要的影响（本届会议也提出了同样要求）。尽管对于这条原则仍然存在犹疑，穆尼埃的演讲还是对会议产生了影响，最后在一阵"兄弟同心"的热烈掌声中，议案得到了通过。这一条原则，后来被巴纳夫看作是"民主革命"的基石。

[233]

格勒诺布尔会议上还出现了其他一些对于未来非常重要的展望，它们将来也会成为典型的革命主题。首先是将反对派视为叛徒。那些敢在拉摩仰的政府内接受官职的，据称都将被"定为叛国者"，并依此罪论处。其次，新的政治秩序是因为有了人民的支持才得以建立，就必须对人民的疾苦和物质上所受的不平等待遇给予关注。会议并没有提出非常大胆的激进主张，没有要求建立捐款基金来周济那些失业者和困顿无助的手工匠人。但是这些护民官已经将社会事务同政治问题相挂钩，这本身就是一个重大的进步。最后，会议对整个多菲内地区周边城镇和乡村发表了一个措辞坚定的呼吁，召请他们到格勒诺布尔开会，议定新代表名额。

这次会议之后，直到第二次会议召开之前，格勒诺布尔已经淹没在爱国热情的洪流之中了。第二次会议不在格勒诺布尔，而是选在了维济勒城堡（Château de Vizille），这里也是商人克洛德·佩里耶（Claude Périer）的私宅。市政厅的议员每天都要接待各地的代表团，收到大量的请愿书。这些代表中有些直接来自选民队伍，参与政治事务对他们来说还是头一遭。比如说,格勒诺布尔皇家王太子中学的男生们表示:"我们现在还年少,但终有一天我们会成长为公民。"而正是在这种责任感的驱动下,他们要体现出他们前辈的团结精神。此外还有更加大胆出格的请愿书,是呈递给国王的,署名为"身份卑微但勇敢无畏的臣民:多菲内省的全体妇女",它们提醒国王,几百年来,妇女们一直在影响着"国民的情绪……(此外)我们心中无不燃烧着爱国的烈火,时刻准备做出最大的牺牲、付出最大的努力……"

> 您想通过展示自己的力量,用强制、士兵的刺刀和枪炮让我们胆怯,但我们不会后退。尽管我们身上只穿着单薄的衣衫,头上只缠着丝帕,我们有勇气和他们对抗。只要一息尚存,我们的意志和内心就会要求重新设立法官,恢复我们的权利,重建可以保证能够制定出真正法律的种种条件……

通常人们认为,大革命其实在整整一年之前就已经开始了。像此类公众言论已经处处渗透着卢梭关于美德的修辞。不光是男性公民,还有女性公民的参与。

克莱蒙-托内尔的难处在于,他把自己看作是这些公民中的一分子,但他割舍不下为国王的尽忠之心,又要对得起自己仁慈的良知。他很快就被撤职了,取代他的是一个手段狠辣得多的人物,年过八旬的老帅沃(Maréchal de Vaux)。7月21日,他派兵布防,严密监视着这些"代表"的举动。当天来自多菲内各城市的各等级代表(虽然大部分仍然在格勒诺布尔当地人控制下)徒步动身前往佩里耶的维济勒城堡。大街上是成排的士兵，但是今天，和砖瓦日完全不同，人们看上去只是去开会的，态度很友好，气氛也没有那么紧张。而看似凶狠的沃元帅，实际证明也不比前任强硬多少。眼看着集会大势已定，他的反应是："既然这样，我就闭目不管了。"在维济勒的491名代表中，50名是教士，贵族人数不下165人，算是一支重要的力量，另外还有来自第三等级的代表276人（其中187人是格城当地人）。莫尔格伯爵（Comte de Morgues）当选为主席，穆尼埃则坐稳最重要的职位，当上了秘书长。

就像先前在市政厅的会议一样，穆尼埃为准备纳入议程的讨论内容是煞费苦心。尽管如此，仅过了一年，他就毫不客气地对国民议会大加指责，认为他们是在僭夺君权。在1788年7月的这次，穆尼埃算是搞了个重定宪纲的演练。这件事上他根本就是名不正、言不顺，不具备任何合法权威，只有那套他声称是得自"律法与民众"的授权，这纯粹就是一种含糊其辞的惯用规则，不管发生什么意外情况都能照搬套用。另外，即使他并不认为维济勒会议是将来的国民议会的雏形，但是三个等级之间合作默契，浸淫于爱国宏论之中所感受到的兴奋，也将在一年之后的凡尔赛再度上演。

在维济勒大会上，穆尼埃没有使用在高等法院辩论的那一套，而是更侧重于引述孟德斯鸠的言论，他现在重点强调的是历史上延续至今的权利。很快，他甚至提出了更加叛逆的思想，对所谓的"不可稽考"或者"切为根本"，据说一直为王室所践踏的传统宪法，他也一概否认。但是即使是在维济勒会议上，他提出的反对理由，相反却是建立在自然权利和政府成立的前提是为了保护个人自由这一原则之上的，这显然是一个全新的理论，是以"美国"原则应用于法国。"人的权利"，他说："完全来自自然，与（历史上的）传统惯例无关。"他认为，在显然没有任何宪法的情况下，就应当新造出一部来，而且是由三级会议来制定。在会上，穆尼埃大声疾呼："当国家的福祉受到威胁时，人人皆应关注它……如果召开议会的目的仅是为了捍卫国家的安全，那它任何情况下都不应被视为非法。"他再一次痛骂那些从布里埃纳那里接受官职的人是"叛徒"，认为三个等级应当联合起来，保护所有遭受政府迫害的人。此外，只有当真正的人民代表，即第三等级代表人数翻倍，达到和另外两个等级总数相当的时候，这个代表机构才有权批准任何征税项目。

所有这些原则都在会议上获得了正式的重视。巴纳夫，这个头脑最为清晰的时政观察家，就敏锐地觉察到，这次会议的重要性就在于，它使那些死守司法系统老规矩不放的反对意见产生了动摇。司法贵族设置了重重危机，使得政府的改革计划无法施行，但是他们也失去了对政局的掌控。在多菲内，代表制的问题已经推到台前，成为了头等大事，其重要性甚至超过了三级会议。同时关于"祖国"的修辞在特权阶层风靡开来。他们支持第三等级人数翻倍，赞成共同辩论和投票。这些都是很关键的问题，也正是这些问题，使得这个国家在政治上分裂成为不同的阵营。

尽管这次会议根本没有获得批准，但是路易十六还是在 8 月 2 日允许在罗芒召开多菲内三级会议。他开始从他自己政府所坚持的强硬立场上步步退却了。另外，还有许多其他自发召集的会议，通常都由贵族把持，已经产生了代表团，并被派往凡尔赛，要求召开省一级或者全国性的三级会议。其中某个来自布列塔尼的代表团，在 7 月 12 日抵达了凡尔赛，但是国王拒绝接见。于是在巴黎的全体布列塔尼大贵族在西班牙宫（Hôtel d'Espagne）召开大会。结果造成 12 名会议领导人被送入巴士底狱，其他一些人，包括拉法耶特（就因为母亲的籍贯，他也以布列塔尼人自居，实在是过于牵强），也都很快失去了宫廷的宠幸。从雷恩来的另一个代表团也被送进了监狱。但是路易没能取得最后的胜利。从路易十五开始的这场国王和高等法院之间的冲突，直到国王驾崩方才停歇。而他的孙子，却让波旁王朝彻底灭亡了。甚至在 6 月份的时候，他那个感觉敏锐的妹妹伊丽莎白夫人，就已经感觉到了国家将亡的气息：

> 国王一直在退让……他总是担心出错。一旦第一个冲动决定被通过，他除了担心造成不公外，再无其他顾虑……在我看来，无论是管理政府还是教育孩子，如果不是百分之百确定正确，人们都不应该说"我想要"。不过，一旦说过这样的话，就应该毫不松懈、坚持到底。

这种紧张不安、游移不定的情绪会一直持续到他的统治终结。路易改变了决定，做出了退让，他接见了另一个布列塔尼代表团，向他们保证，会允许他们在当地召开三级会议。一周之后，8 月 8 日，这个政治态度一下子变得斩钉截铁，不可更改了。整个国家都在翘首企盼，等待着 1789 年 5 月 1 日在凡尔赛召开的三级会议。在会议召开之前，拉摩仰的全权法院被暂时中止运行，直到新的法律获准通过才能恢复工作。就像在法国其他地方一样，这一消息在格勒诺布尔赢得了热烈欢迎；全城烟火齐放，窗户结彩张灯，人们大唱赞歌，举着火把上街游行，表达对国王的拥戴。当然，对于他的那些大臣，人们并不领情。

越来越多的迹象表明，布里埃纳和拉摩仰的政策不可能获

[236]

得强行通过了。然而两人依然恋栈不去。甚至直到7月份，他们的官职仍未尽行削夺。在高等法院所在的中心地区之外，新的一批地区法庭正在建立起来，尤其是，在里昂和瓦朗斯都设立了这样的大裁判所。对于第三等级中的某些代表，那些正准备和贵族统治一刀两断的人，这也是颇具吸引力的。布里埃纳也并不认为，三级会议召开之时，就是政府走向末路之日。他的这一观点非常正确，对于召开三级会议，他一直都是赞成的。和批评他的那些人的分歧只是在于什么时间召开（这一点并不重要）。他将之视为进一步将君主制"推及大众"的一个机会，可以让人民"畅所欲言"，做到下情上达，这也正是三级会议应当承担的职责。他的这一招非常精明。贵族士绅和"爱国党人"之间关于代表制形式已经开始出现分歧。更进一步说，就是采用什么样的政治体制才能挽救业已摇摇欲坠的绝对君主制，而他就是要利用这一矛盾从中得利。

不过王室通过诉诸民众来敲打政敌，在人们看来，至多是绝望的挣扎，至少也缺乏诚意，就像卡洛纳要求公共舆论支持，以及王室在以后的大革命过程中不断做出类似的诉求一样。这些办法无法挽救布里埃纳。实际上，形势很快就明朗化了。法国的最高当局正在迅速解体。人们认为，要想建立一个具有实效的政府，布里埃纳就必须下台。这期间发生过局势失控的情况，当时政府调动了手头所有的军队分赴各省省府，最远甚至派到了雷恩和艾克斯等地，在当地执行危险的隔离任务。但是导致布里埃纳下台的直接原因，主要倒不是因为他执行五月法令不力，而是他几乎一夜之间失去了公众信任。

5月，教士会议召开。政府还想靠它捞上一笔意外之财，指望它如以往一样，投票通过巨额的财政捐款，但是最终实际数额却小得可怜。显然教士会议这样做是要在政治上和高等法院保持高度一致。到了8月份，情况更糟糕。月初的时候，审计总长戈雅尔（Gojard）告诉布里埃纳，国库只剩下40万利弗尔了，换句话说，只够政府一个下午的开销。听到这个令人震惊的消息，布里埃纳第一反应（可以理解）就是想知道，这样严重的情况，为什么戈雅尔直到这时才如实相告。他直到退休之后，才想明白这个问题。越来越多的人巴不得他布里埃纳早点下台，而很有可能戈雅尔和他们是一伙的，这才故意等到形势万分危急的关头说出真相，这样一来，财政总监大人再想杀出重围，可就万万不能了。

这条计策果然奏效。如今布里埃纳只剩下最后的一步险棋，那就是保住军饷开支，否则的话，国内秩序将会迅速失控。当下的危机很清楚。政府发行的债券急剧贬值，不管是总包税商也好，还是国家赖以维持中期债务的其他金融寡头也好，都无法在货币市场上预先筹措资金。实际上，能够确保获取贷款的担保也已经大不如前，根本无法确保稳妥的投资。更何况，为了弥补当前赤字，已经寅吃卯粮，预支了好多年的国家岁入了。

这不光是经济上的赌博，更是政治上的冒险。即使是在表面看来走投无路的情况下，也没有出现过整个君主统治的基础完全依赖于潜在借贷来渡过难关的先例。相反，他们仍然记得，即使在莫普任内，也又是打压，又是拖欠（那也毕竟是手腕），而现在不同了，三级会议肯定能为他们的投资做出更有效的担保，要比王室靠得住。

1788年8月，法国政府面临的困境还远不只这些，国家实际上已经到了财用告罄的绝境。实际上是布里埃纳政府的垮台，法国还没有彻底破产。他的继任者内克尔使出浑身解数到处借钱就是明证（内克尔有办法向他交易所的同事和巴黎大企业借钱，总算筹到了足够资金，能够让政府维持到三级会议召开）。不过政坛巨变是给他带来好处的。布里埃纳在任上的最后几个星期，手头只有很少的应急贷款。这些钱对于缓解目前的财政压力起不到多大作用。8月16日，政府想要通过发行金圆券的办法来筹措资金，利息为5%，但是没有固定还款日期。还款额超过1200利弗尔的，3/5以现金支付，另外2/5就给这种票券。不足1200利弗尔的，现金还款稍稍高些，以此类推。

[238]　　实际上，这是企图用纸币来搪塞债券持有人。不过这被看成是荷兰危机在财政领域的重演。1787年9月，因为无力承担相应开支，法国当局已经放弃了一项外交政策。而1788年8月这一次，由于不能达成一致，她又不得不放弃一项财政政策。

五、终极游戏

"信用之死"是当时流行文化的一个古老的主题，很多小册子都对这个可怕的结局额手称庆，册子上都画着一个面露狞笑的骷髅，手里攥着一文不值的钞票。1788年8月16日，巴黎信贷银行正式宣布破产。它的消亡，一下子把巨大的政府债券市场抛入了恐慌的深渊。和1933年的富兰克林·罗斯福借款报告书不同的是，敕修政令监测文告所说的"并无大碍，毋庸忧虑……"这些话并不能消除人们的疑虑。贴现银行被债券持有人团团包围，要求政府偿债。由于担心发生暴力行为，银行被迫关闭。骚动持续了三天三夜，直到政府发布了两项公告，为这些债券提供担保，才让局势暂时得以平静。但是要想让民众对于政府的信任稍稍得以恢复，使得政府不至于就此垮台，似乎只有一次性结清。在布里埃纳的政府班子内，有人甚至考虑请内克尔再度出山，让他进入内阁，这简直是不可思议的事情。但是如果代议制政府能让法国得以复兴，那么要想让最为强硬的绝对主义典型人物来完成这一使命，也是几乎不可能的。无论如何，欢迎内克尔归来的锣鼓已经敲响，可是，内克尔可不打算和这个声名扫地的大主教一起共事。8月25日，布里埃纳正式辞职。同一晚，上万群众聚集在皇家宫殿，人山人海，欢声雷动，还有人听到这个消息之后，高兴地放起了焰火。

接下来的一周，巴黎又到处充斥着仇恨的宣泄，疯狂上涨的面包价格让人们的怒火难以遏制。每晚都有人焚烧布里埃纳和拉摩仰的草人，新桥上，亨利四世的塑像也遭到了恶意破坏，人们不再对着这个民众偶像鞠躬致敬。一个英格兰目击者这样写道：

> 一日，我晚上外出，看到多菲内广场上在焚烧大主教塑像，火光和窗户的灯光将广场照的通明；广场上人山人海，成千上万的人惶惑不安，人声嘈杂，愤怒狂暴。

29日，人们找来一个穿着布里埃纳主教袍的人偶，搞了一场由拉摩仰的大裁判所对他进行的模拟审判，最后判他在亨利四世的雕像面前正式悔罪，随后将其模拟像焚毁。到处都点起了一堆堆的火，有时候找不到引火之物，有人干脆就抢夺卖橘子女贩子的货摊当柴烧，与此同时，人们把桥上的哨兵轰走，占据了岗亭。

这真的让法兰西卫队和分批派来弹压骚乱的部队感到很头疼。布里埃纳离职的当晚就派来了正规军，前来清理多菲内广

[239]

场。接下来的数天内,还派来了骠骑兵,对手拿棍棒、藤条和石块的群众发起冲击。29 日,局势完全失控,指挥官下令朝天鸣枪,这才驱散了闹事群众。但是不管如何,当局保持巴黎局势稳定的能力,已然遭到了严重挑战。

在格勒诺布尔,为绝对主义举行的葬礼带有一种离奇的戏剧性。9 月 12 日,老态龙钟的沃帅终于一命呜呼了。刚刚来到格勒诺布尔的时候,他还扬言要用千道栓、万把锁,将司法宫守得严严实实的呢。老元帅的遗体被放在大教堂的赤焰厅(*chapelle ardente*),黑色的墓棺周围点着数百支蜡烛,呛鼻的烟味让小亨利·贝尔气都透不过来了。他盯着这个石棺,瞠目结舌。老帅这一死,再也没人把他的命令当回事了。那些被派来在送葬队伍上列队击鼓的鼓手们,抱怨不该把蒙住鼓面的黑布裁剪掉。他们一本正经地说,应该替他们每人做一身裤子。搞成这样,都是那个抠门的富婆,元帅的女儿,克扣了本该属于他们的酬劳。

之后又有人死了,这回更麻烦。10 月 8 日,大教堂内举行的是高级教士、格城大主教艾·德·邦特维尔(*Hay de Bonteville*)的大殓。大主教脸上盖着一块布,谁也不准去揭开。很快人们就知道为什么了。原来前一晚,主教大人走进自己在埃贝伊(*d'Herbeys*)城堡的书房,将所有的来往公文都一把火烧了。他在手枪枪膛里装了 3 枚子弹,随后把枪顶进嘴里,扣动扳机,自杀了。尽管他声称自己支持格勒诺布尔的爱国人士,但是显然暗中和布里埃纳和拉摩仰私通款曲,替他们办事。他是穆尼埃想要从国民队伍中铲除的"赖小人"之一。在罗芒召开的一次多菲内三级会议预备会上,已经在政府中失去靠山的这位大主教，发表了一些显然有欠考虑的话。他给穆尼埃写了好多封信，恳求他（以三级会议秘书身份）将他的这些话从备忘录中删去。不过穆尼埃是个公事公办、毫不含糊的人，他并不认为艾·德·邦特维尔当时是情绪极度紊乱（其他人都察觉得到）才这么说的。"你让我彻底绝望，"大主教在信里这样写道。过了几天，他就真的寻了短见。大革命的美德战胜了人性的弱点，这也是有史以来第一次。

[240]

大主教的死带有一种惩戒的性质，这在格勒诺布尔引起了广泛关注。根据当地爱国党人的观点，这么一个恶棍，一个奸臣，就该得这样的下场。实际上，随着旧制度一步步走向自我毁灭，有自杀倾向的人也在迅速增多。马尔泽布在林子里发现了他妻子的尸体。1789年的时候，他的侄子拉摩仰也自尽了。这么一个勤劳公事的人，就因为尽瘁太过，终于支撑不住了。人们最后发现他的时候，他已经在自家庄园中被枪射杀，原因很可能是猎枪走火。忧恸难当的马尔泽布，自然也只能接受官方的调查结果。但是在政界，拉摩仰确实连一个朋友都没有，于是自然就有人说，他是自杀身亡，想要保住脸面，也唯有如此了。

布里埃纳的结局也好不到哪里去。虽然他早早辞职，没有像卡洛纳那样落到人人痛恨的田地，但是也同样是不招人待见的人物。在他任职期间，他从图卢兹主教的位置，升任巴黎东南的森斯（Sens）大主教。后来他曾回到森斯，以躲避政治风浪。然而，卡洛纳已经跑到了英格兰，成为了一个反革命急先锋，布里埃纳则竭力让自己接受爱国信仰的熏陶。在1791年，他成为了旧制度中少数几名作出"公民宣誓"的高级教士之一。为了进一步表达爱国热情，他甚至将自己红衣主教的法冠还给了罗马教廷。但是他最终还是没能逃过大恐怖。1794年2月，他在自己家中遭到逮捕，随后被就地软禁。他乘着自己一个人的时候，吞下了足以致命的大剂量鸦片和曼陀罗。这些东西，他平时都是拿来当皮肤镇痛剂的。

但是不管怎样，他总算看到了旧制度自行灭亡的那一天。

第八章
民怨沸腾
1788 年秋至 1789 年春

一、1788 年，而非 1688 年

当财政补救措施不是靠出让利益和买卖官职，而是以政治让步作为代价的时候，可以说君主制就已经崩溃了。在 1788 年 8 月的时候，国债持有人和捐款人已经不愿再像以往那样，预先支付国家岁入了。这清楚地表明，官僚政府已经不能获得信任了，人们现在相信代议制政府。布里埃纳是最后一届竭尽全力想要出台很多改革措施，同时又不改变根本结构来维持政权的一届政府。显然它除了一味使用武力扑灭反抗者外，别无他法，这是致命的。从此以后，另一种全新的信念占据了上风：爱国主义自由比改良的专制制度能产生更大的经济效益。

其实这两者之间并不存在什么必然性，甚至并无内在联系。在其他时候，别的政权，包括拿破仑帝国时代的法国政府，都恰恰会得出相反的结论，恢复到现代官僚制度的道路上来，重新起用 1780 年代的勋旧老臣。而且在 19 世纪，实力雄厚的金融家，特别是罗斯柴尔德家族（Rothschilds），通常更加倾向于把钱贷给威权主义的，而不是自由主义的政府。但是 1788 年有个重要的纪念日，即光荣革命 100 周年，而自伏尔泰和孟德

斯鸠时代起,光荣革命就成为了引领法国开拓自由之路的一盏明灯。通过这样一种有条不紊的方式,实现了绝对主义到立宪君主制的权力交接,法国评论家从中看到的,不仅仅是一个理想的政治典范,还有英国财政制度之所以取得成功的根源所在。英国议会深受公众信任(也就更能吸引公共资金),这就是为什么它成为一个比国王的行政机构更加可靠的坚强堡垒。这种观点正确与否几乎无关紧要。重要的是要相信自由和清偿能力是天生的伴侣。(只要看一眼独立后美国的财政历程,就足以让这些乐观主义者产生怀疑,不过在1788年没有人会对这些事情在意,特别是拉法耶特。)内克尔受命接替布里埃纳的那天,政府财政基金便增加了30%。自始至终,内克尔都坚持认为,公共核算制度是国家财政生存发展的关键。因此由内克尔提议并主持的三级会议就给人们带来了一丝希望,有了这个,就会有足够的出资人,贷款就能得到保证,政府就能维持运作,军饷问题也能得到落实。

财政大权的转移首先并不是一个纯粹的政治信念的行为。不管巴黎、日内瓦,还是伦敦、阿姆斯特丹,都觉得在承担债务的能力方面,新政权要强于旧制度。尤其是现在,很显然,国王无法强制通过必要的改革来恢复其为所欲为的专制统治了。但是那些在圣日耳曼郊区的沙龙内做出这项决策的人,作为社交动物,和高等法院那些人属于同一个阶层。从传统上讲,他们是将自身利益寄托在对国王的忠诚之上的,并没有将自身的利益和司法贵族自动捆绑在一起,哪怕是1770年代在莫普危机这样的非常时期依然如此。对国王效忠,就能指望当上总包税商,或者别的贷款承包人什么的,从中获取丰厚回报,还能拿到额外的补贴,获得尊贵的地位。但是到了路易十六统治时代,先是杜尔哥,再是内克尔,然后又是布里埃纳,长期以来的这种效忠关系的合理基础遭到了改革的严重透支而不堪重负。换句话说,国王想要通过更加直接的方式获得岁入,并且想在这段时期内,从法国经济增长中尽可能多地获益。他们要想获得成功就必须是彻底的成功。如果只是部分成功,那和满盘皆输也就没有不同,因为这样就要重新依靠那些金融家。这些人对于维持君主制如今已经没有什么兴趣了。

从这一点看,由三级会议产生的政府会成为更加可靠的债务承担者。广泛的舆论支持,将为增加新税收扫清障碍,这样也就为进一步追加贷款增添了一份保障。自由主义的优点因此将会是自我补充的。但是要想出现这样令人可喜的局面,法国就必须爆发一场1688年式的光荣革命(孟德斯鸠的说法),也就是说,要在绝对主义的宫廷和由大人物把持的议会之间,平稳顺利完成实质性的权力交接,即让金融界和司法界的贵族掌权。在发生这一重大变化的同时,还需要一份法国版的《权利法案》,剥夺专制政府的司法独裁,即密札制度以及类似的权力,并保障人身和财产安全。此外,和平集会和出版自由也将会得到确认。那些贪污公款、牟取私利的政府高官(卡洛纳时代形成的积弊仍然难以根除)应该向国民代表做出交代。新政府言行一致,这些都将一一贯彻落实。在任命部长大臣方面,国王仍然拥有无可辩驳的权力,他能够提出议案,也有权否决某项法律的通过。但是政府的合法性,自此以后将要服从公众的监督。

这便是宪政改革的愿景,在这场改革中,法国的权贵将会占据高层。当初德埃普雷梅尼和那些高等法院的法律界的巨擘煞费苦心,力图阻挠布里埃纳的改革计划,就是为了实现这个梦想。但是他们最终迎来的,却是一场革命。他们精心策划了王权的败落，但是却没能坐享其成，取而代之，反倒是最先成为了牺牲品，而且是主要的打击对象。

这种情况究竟是如何造成的呢？一直以来，最权威的解释是，已经准备好抢班夺权的贵族被半路杀出的另一支政治力量——中产阶级——搞了个措手不及。由于这些人想要提升社会地位，却遭到阻挠，也无法在政府中谋得高位，于是这些第三等级的人掌权之后，不仅推翻了君主制，甚至连整个旧的"封建"制度一块儿摧毁，并在19世纪坐上了统治阶级的宝座。

这种解释完全出于主观想象，在此无须赘述。创造一种替代贵族保守主义的政治形态并非来自精英阶层之外，而是出自精英阶层内部。而且它甚至也绝不是出自像穆尼埃那样新近获得贵族头衔的新贵族的发明。最早将真正意义上的政治贵族和第三等级画等号的，是高级贵族安特雷格伯爵。在这些政治家的影响下，人们树立了这样的信念，三级会议不能仅仅是在君主制度中装点门面，而应该真正体现它所宣扬的代表性。这就好像威廉三世背后的支持者中，也包括了一个有权有势、能言善辩的派别，致力于议会改革的大业。

这一关于代议制的早期争论对一般假定的"后继精英"的凝聚性有决定性影响，它意味着，内部出现了深刻的分裂，而不是一般认为的新生的政治阶级紧密团结在天然的领袖周围（就如1688年英国革命一样，1776年的美国独立革命也基本相同）。那些持激进观点的一方，不但乐于，而且简直是急不可耐地想要发动民众力量，并使用爱国与叛国这样极端对立化的语言来赋予他们的意识形态以合法性。

这是一种怎样的意识形态呢？首先，它的激进主义可以通过它不是什么来判定。它否认历史性，拒绝承认过去的神圣性。

这本身就是对路易十五时代以来反对绝对主义的神圣语言的令人震惊的背离。它强调要建立一部**全新**的宪法，不能只是将其从萎靡中拯救出来。这种新的政治建构所依据的标准必须是合乎理性，且体现爱国精神的。这些都是一些存在严重漏洞、定义模糊的政治用语。长久以来，在革命者中存在的意见分歧，使得这些应该优先考虑的问题，不但没能互为补充，反而相互抵触。"理性主义者"，也就是那些支持现代思想，主张人民君主制，拥护自由的经济和法律秩序的人，比如巴纳夫、塔列朗、孔多塞，还有天文学家西尔维恩·巴伊，他们都曾深受晚期启蒙思想的熏陶。他们信仰自由、进步、科学，主张财富资本化和行政公正化，他们秉承了路易十六时代开始的革新除弊的风气，令人信服地预见到，在大革命步入正轨之后，"新贵族"必将脱颖而出。他们不但言辞合理，而且性情沉着。他们头脑中构想的是一个建立在议会代表基础上的民选国家，有实力破除对现代主义构成阻碍的一切事物。这样的一个国家（多半仍然是君主制）将使得1780年代的法兰西不再启衅战端，并至臻完美地实践其政治承诺。

尽管如此，理性在1788年和1789年的时候并没有形成话语的垄断。要想调动民众的愤怒情绪，使之能够成为一种操控群众力量的手段，就不能采用客观冷静的语言，而必须采用激昂热烈的说话方式。虽然冷静的头脑对于保持宪政改革的平稳是颇有助益的，但是煽动革命激情的那些人可不会停歇下来。他们不是受到理性或是现代思想的指引，而是受到热情和正义的驱使。对他们来说，启蒙运动和现代法国社会的许多方面一样，充其量只是祸福参半。"我们已经接受过启蒙，"律师塔尔热这样写道：

但是若想争取和捍卫一个伟大民族的利益,我们需要的是爱国主义、公正无私和美德。每个人都必须忘掉自我,必须将自己看作整个群体中的一员,不要在乎个人的生活,与其他一切小的团体精神一刀两断,只归属这个伟大的社会,成为祖国的赤子。

一个可以被测量、可以被教导、可以被管理、可以被资本化、可以被个体化的社会,远远比不上一个道德淳朴、正直无邪的社会来得重要。其政府的基本原则是要公正,而不是理性。他们要用自然的居所替代文化的拱门。这样的祖国将成为公民的共同体,对儿女同胞百般仁爱,对国家公敌毫不留情。这是一个洋溢着友爱亲情的社会,就像其缔造者卢梭一样,四周被敌人包围,某些最阴险者则披着友好的外衣。公民最为崇高的任务,就是要撕下这些危险分子的假面具。于是从一开始,革命的修辞就被调到了紧张的高音调,或欢欣鼓舞,或怒气冲天。

[245] 其语气与其说是理智的,不如说是发自肺腑的;与其说是现实主义的,不如说是理想主义的;当把法国人区分为爱国者和叛国者时,它显得那么雄浑有力,当发出严厉的惩罚时,它又是那么激荡人心。

从18世纪社会矫正的意义来讲,最让人满意的可能就是史无前例地将普通法国人拉到了政治运动中。也正是由于他们的参与,才将政治危机转变成了一场血光四溅的大革命。保护穷人,惩治叛徒,历来被认为是君主制国家应尽的职责。但是作为现代性的使女,君主制政府似乎放弃了它的保护义务。举个例子来说,它没能以合理的价格确保粮食供应。就在眼下的1787年,它实行了现代自由贸易原则,许多商品价格猛涨的态势没有得到改善，囤积居奇的投机者也未受到应有的惩处。以某种不可思议的原则为名，它干了其他许多有违良心的事情，反倒让它本应对付的仇敌感到惬意。南方的，还有靠近东南一带的新教教徒翻身解放，反过来骑在正派的天主教穷人头上作威作福。英国的纺织品也都允许进入法国，把诺曼和弗拉芒的纺纱工和编织工的饭碗都抢走了。这一切，想必都是特意要和人民作对而酝酿的阴谋。

在1789年的时候，激进派政客通过巧妙的修辞技巧，给原本便已满腔怨怒的人民心头增添了新的怒火。从另一端也提出了一套控诉的语言，借此区分谁是敌人，谁是朋友；谁是爱国者，谁是卖国贼；谁是贵族分子，谁是国民。令人惊讶的是，当初为许多无视百姓情感的改革措施摇旗呐喊的，也是这帮人。他们对此根本就不在乎。人们相信，国民公会将会主持公道，伸理民怨，并让造衅作孽的这些人受到应有的制裁，故此对他们的这种翻云覆雨的行为并未提出质疑（时候未到）。这样一来，凡是声称反对国民议会的人，都被认为是没有爱国之心，而那些极力赞成召开国民议会的，都被视作人民的朋友。就在他们选出三级会议代表的同时，国王本人业已同意他的臣民倾诉出心中的不满。这只是进一步证明了他们最初认定的事实而已。这看起来只是一个试探，能让他看出到底谁是真正的爱国党，谁是浑水摸鱼的冒牌货。

体现社会区隔的旧制度的等级秩序依然故我，这一现象被打上了与爱国主义相悖的烙印，宪法改革彻底丧失了最后的机会（和英国的情况正好相反）。更糟的是，在人们看来，社会区隔就是造成广大民众受苦受难的根源所在。一旦"贵族"两字成为了国家公敌的代名词，这就意味着任何人企图在新的政治体制中保留等级差别,都等于是把自己隔离于公民之外。这些人实际上不属于国民范畴,早在流亡海外之前,就已经是外人了。

通过这种方式重新组建效忠关系的可能性取决于四个方面的因素。在这样的重大关头,所有这些因素都促使法国没有选择渐进式的发展模式,而是朝着革命的方向一路前行。

首先,在贵族和教士精英内部必须有一个锐意进取,持不同政见的群体,他们决心放弃自身特殊地位,愿意担当起公民领导者的角色。还有谁能更好地在自己人中区分,谁是真正的一心为公,谁是只图私利;谁是忠诚爱国,谁会叛变投敌呢?同样,这些人还必须极尽挑唆、鼓动之能事,甚至还要引导民众对那些不属于公民范畴的人群,采取暴力手段当众加以惩罚和迫害。

其次,那些想要维护等级尊卑社会秩序的人,已经没有足够的力量来保住他们的地位了。为了撼动王室的专制基础,群众已经被发动起来上街游行。然而一旦走上街头,显然这些人将不再俯首帖耳了,特别是还有演说家和各种宣传小册子,不断鼓励他们更进一步,采取更为大胆的行动。整个1788年下半年到1789年春季,高等法院一再想要成为公共秩序的维护者,并试图依靠国王的军队来改善社会治安——想起他们不久前的态度,真是令人难堪。

第三,政府由于没有能解决三级会议的人员构成这个至关重要的问题,使它的处境更加尴尬。当然布里埃纳在7月份的时候就已经全盘考虑过这个问题了。当时他就提出应该召开会议,广泛地征询"意见"。他一直想要利用他早已洞明的地方法官内部的意见分歧,使那些支持真正的"全民"代表制的人有机会宣称,是他们而不是那些保守派反映了国王的真实愿望。

最后,国王公开表示,希望他的臣民在选举出代表的同时,表达出他们的不满,这样就将社会困境和政治变革结合在了一起。而在1688年的英国和1776年的美国,却未发生此类情况。后来的事实证明,这是一个重要的差别。从这个意义上讲,就算社会结构不是革命萌芽的因素,社会问题却会成为革命爆发的导火索。

人们若是对卢梭时代以来的那些爱国言论的实质详加剖析便能发现,大革命的爆发是不可避免的。因为其以情动人、无所不验的特点对于解决任何民间疾苦,都是最为合适不过的了。有的农民中了圈套,还不出高利贷,有的当兵的役龄被狠心的军官买断,只能拿到微薄的饷银,还有就是那些编织工,因为搞不清市场行情,丢掉了饭碗。卖花卉的女掌柜,竞争不过那些打游击的小商贩,生意惨淡;穷困潦倒的乡村小神父,碰上了家财万贯的豪门大主教,只好忍气吞声,这一切的问题,都能迎刃而解。一旦所有这些人,甚至更多民众得知,这样一个具有普遍爱国情操,具有更高政治觉悟的真正的国民公会会给人民带来满意的生活,他们便会不惜一切代价,将旧制度彻底推翻。而1788年末和1789年初发生的,就是这种情况。一方面是爱国思想的鼓动,另一方面是由饥饿、激愤引发的社会动荡,就像是两根电线相接,擦出火花(借用革命家们最爱说的比喻)。在触碰的一刻,闪出一道炽热的光芒。只不过,在这样的光明之中,哪些人将走向毁灭,哪些事将从此消亡,尚难逆料。

[247]

二、大分裂，1788年8—12月

对凡尔赛宫廷而言，这是他们度过的最后一个印度之夏了。1788年8月10日，朝廷举行的最后一次隆重的正式接见接待的是迈索尔苏丹蒂普·萨希卜（Tipu Sahib）的使团。在一个大陆之外的塞林伽巴丹（Seringapatam）宫殿中，却依然对法兰西的帝国权威充满信心。带有波旁王族御用徽章的百合花旗帜，依然在印度洋海军基地上空傲然飘扬，法国机械天才还为苏丹制作了一个装发条的老虎，这只老虎只要一上发条，就会张开血盆大口，将一个英国近卫步兵团士兵一口吞下。难道法国就不能真的帮帮这头吃肉的老虎，铲除大英帝国这个祸害么？

这可不是布里埃纳优先考虑的问题。国王向使团礼节性地作出了允诺，但是并无实质性举措，甚至还不如向荷兰人作出的保证来得有用。之后他赏赐给使团六驾马车，并在歌剧院内为他们安排了最上等的雅座，德·拉图尔·迪潘夫人对他们按照东方式样摆放在包厢外的黄色拖鞋极为羡慕。这些人坐得非常靠近舞台，有时虚幻缥缈，有时又现实真切，令人难以分辨。

马尔泽布可不会为这样的问题而烦恼。这一年夏天的某个傍晚，有人发现，他和拉法耶特两人正在海关关墙外一家小咖啡馆内喝咖啡。这里现在是巴黎岛，那些乡村风味的咖啡店，桌子、椅凳都露天摆着，很对马尔泽布的胃口。库尔蒂耶（La Courtille）和猪肉馆（Les Porcherons）的酒栈，在天热的时候也会出现门庭若市的场面。但是在蒂埃里的旅游指南上，还列了长长的一大串店名，什么"法兰西故事"（La Nouvelle-France）、"小波兰"（La Petite Pologne）、"巨石"（Le Gros-Caillou），还有"让蒂利父子店"（Le Grand et Le Petit Gentilly），这些都很对他的胃口,而且离他女儿家也不远。在那段日子里,他就喜欢在那里吃饭。

这一天晚上,他特地把拉法耶特找来,让他帮着招待两位从国外来的客人,一位是年轻的英国人塞缪尔·罗米利(Samuel Romilly),还有一个是日内瓦人艾蒂安·迪蒙(Etienne Dumont)。他们坐着多佛的班轮,及时赶到凡尔赛,想要一睹裹着头巾的蒂普的使团,在宫殿之间滑行的样子。罗米利是个少年老成的年轻律师,他深受那些非国教科学院和伯明翰月光社(Birmingham Lunar Society)在苏格兰各个大学传播的"先进"思想的影响。他头脑中充满各种新的构想,并被在谢尔本勋爵(Lord Shelburne)位于博伍德(Bowood)的宅邸内举行聚会的辉格党自由派正式接纳。故而谢尔本许多在法国的朋友,包括莫雷莱神父(Abbé Morellet)和马尔泽布本人,也都成了罗米利的朋友。这些人凑在一起,畅谈"美国思想"中的爱国主义和自由精神,彼此志同道合,隔着海峡尺素往还。

罗米利非常倾慕马尔泽布身上那股"热情率真"的气质。马尔泽布显然十分陶醉于天伦之乐,这使他更易于和人亲近。和自己的孙子们嬉戏打闹,老头会把假发一下子扔到客厅另一头,然后躺在壁炉边的地毯上,让小家伙手脚并用,喜滋滋地爬上他的大肚子。打破长幼尊卑的做派,在进步的辉格党圈子里逐渐流行起来,而且也成为了他们中最卓越的社会风俗画家托马斯·劳伦斯的家庭绘画中的主题。但是这种作品往往有一种矫揉造作、追求时髦的气息,这让罗米利这位虔诚的胡格诺派信徒颇感不快。迪蒙与他如出一辙,是一个流亡的牧师,来自民主革命的日内瓦,而这场革命在1782年的时候已经被韦尔热纳镇压下去了。作为1787年新教徒解放的斗士,马尔泽布早已

[248]

备受推崇。而当他带领他们开始例行的改革者巡视，参观比塞特监狱和沙普提厄监狱时，他们更是为他坚忍执着的精神深深感动。而将老一辈人和年轻一代联系起来，一同投入到这个人道主义的同盟中来的，还有其他的一些因素。作为威廉·威尔伯福斯（William Wilberforce）这位反奴隶贸易运动的福音派领袖的朋友，罗米利也参加了废奴运动，并将此后大半生都投身其中，他的那些在巴黎的朋友们，也都参与到了"黑人之友社"（Société des Amis des Noirs）的事业中去了。

对于那些年轻的崇拜者，马尔泽布可以当之无愧地被称为是"人民代表"（"man of the people"），尽管他拥有贵族头衔，还在政府中担任公职。他那直率豪爽的举止、光鲜亮丽的衣着、粘满鼻烟的袖口，让拉法耶特甚至米拉波都为之侧目。在小酒馆中，他打算开一个玩笑，说明平平无奇的相貌和民主大人物之间存在的反差。"你听说过拉法耶特侯爵吗？"他问酒店老板。

[249] 他以为对方会回答："当然了，谁不知道他呀"——如果听到这样的答案，他便会说，这个喝得满面通红的同伴就是拉法耶特。不过更让人乐不可支的是（拉法耶特除外），老板回答："怎么了，先生，我没听说过。他到底是谁呀？"

领导和被领导的关系，或者按照人们常挂嘴边的，护民官与人民的关系，将会成为大革命期间最为关键的问题之一。但是在1788年的夏季和秋季，似乎不存在什么问题，至少对于罗米利和迪蒙所加入的这个圈子是这样。尽管看到历史轮回重演，原本一腔诚挚的改革运动在专制政治面前撞得粉碎，马尔泽布顿时心灰意冷，但是对三级会议的憧憬却在支撑着他，让他重新满怀激情，满怀期待。更重要的是，关于成立一个真正的"国民议会"，义无反顾地和1614年制订的旧规程一刀两断，他也是最早持赞成态度的人之一。根据旧的三级会议的规定,召开、商讨,到投票表决,都是在各自的等级中分别进行的。而多菲内的三级会议,已经破除了先例,穆尼埃和他的那些同事已经作出决定,如果他们召开省级三级会议,他们必须作为一个单一整体,以个人代表名义进行投票。在7月的时候,就在最初召开全国三级会议之前,马尔泽布就曾给国王上书,措辞特别直截了当,正告国王要同样毅然决然地迈出大胆的一步,这样就能为建立一个真正的万民拥戴的君主国家打下坚实基础。

> 向陛下推荐的这个三级会议究系何物?……这是古代的野蛮人留下的余孽,是同一个民族的三部分人自相残杀的战场,它意味着所有人的利益同共同利益的冲突……它是颠覆国家,而非复兴国家的手段。它是用旧药方来医治当前的弊病,导致的是毁灭。就让它存在于我们的记忆里好了。我们需要为百姓提供的是可以让他们惊喜和满意的制度……一个十八世纪的国王不应该召开一场十四世纪的三级会议;他应该把已经变得更加文明的全体人民召集在一起。屈从于宪法的国王会感觉受辱,但提出制订宪法的国王则会获得最高荣耀,并会得到人民的最真诚最长久的感激……

这种彻底摒弃历史先例的做法,是大革命的第一个重要的转折点。9月25日,也就是巴黎高等法院在人民的欢呼中恢复工作的两天之后,法院公开宣布,三级会议应完全按照1614年的形式来召开。一夜之间,高等法院在对抗拉摩仰内阁时期所积累的巨大声望便荡然无存了。昔日群众眼里的英雄德埃普雷梅尼，被人说成是不屑一提的小丑。巴黎盛传的多菲内事件，已经预见到了这种可能性，抢先一步和传统的三级会议划清了界限。

此外，法律镇压的机构，也在今夏高等法院演讲者的明确号召下基本上解体了。作为高等法院的传统武器，审查制度也已被取消，这使得街头巷尾的政治宣传单如潮水一般泛滥。到了9月，小册子出得越来越多，平均每天都有差不多10种。其次阿德里安·迪波尔、于格·德·塞蒙维尔（Hugues de Sémonville）和居伊-让·塔尔热（Guy-Jean Target）为首的能说会道的少数派，他们自己也坚持要搞新的三级会议，让第三等级的人数至少和其他两个等级总数相当，并且要求按"人头"或者个人单独计票，这样的话，任何想要阻止民众决议获得通过的企图，都会因为人数不足而遭到挫败。实际上，他们正在筹划的，并不是以法人团体，而是以公民身份为基础的全新的代表制度。任何一个团体，如果想要自绝于公民大家庭，想要搞特殊化，或者想要在代表中获得不成比例的席位，就会立刻使自己陷于孤立，处在"非我族类"的境地。

然而，吊诡的是，"第三等级"这个名词，完全是贵族公民的发明创造。11月，有一群人，一开始称呼自己为三十人社，后来又改称宪法俱乐部。他们每周两次在迪波尔家中聚会，讨论即将实行的代议制的性质，经常一谈就是4小时甚至更长时间。该俱乐部的成员，也并不都是清一色的激进分子。德埃普雷梅尼也在其中，还有一位，是他在高等法院的"立宪派"同僚，萨巴捷·德·卡布尔（Sabatier de Cabre）。他们声称，那些依靠财富获取权位的富人阶层会产生腐蚀破坏的作用，会彻底颠覆人民代议制度，因此极力主张应该特别保留贵族阶层的地位，作为对抗这些有钱人的坚强堡垒。但是迪波尔的这个俱乐部中的多数却毫不让步，坚持认为第三等级的代表至少要和前两个等级代表人数总和相当，而且三级会议也应该采取共同商议、共同投票的方式召开。

该社团中有相当一批人是被称为"公务员"的人，被看作是爱国名贤。他们也早已将自己率先定位为介乎领袖和公民之间，颇具善心的好好先生。拿议员塔尔热来说，他已经和他的那些保守顽固的同僚割袍断义了，现在成了受到群众拥戴的司法官吏们的神。他第一次伟大的法院审判演讲是一部多愁善感的史诗，不愧是卢梭最无病呻吟的发明。他的讲话，涉及皮卡第的萨朗西（Salency）的村民，选择他们的"玫瑰女王"的权利问题。那些正统派的贵族批准通过，允许举办这样的乡间民俗活动，奥尔良公爵的相好德·让利斯夫人还前往萨朗西，走到玫瑰女王节的人群中，演奏竖琴助兴。而当地的领主却站出来说，选谁当玫瑰女王，得由他说了算，村里的乡老们没这个资格，并且还把这件事直接告到了巴黎高等法院。塔尔热在法庭上拿它说事，称这是无辜小民与权贵上层之间力量抗争的经典案例。在1788年，他就曾多次谈论同样的话题，每次都上升到国民政治的高度。

拉法耶特，还有他的同宗诺瓦耶，即拉罗什富科-利昂库尔公爵，吕内公爵（Duc de Luynes）和洛赞公爵也都是公民代表的身份，他们的演讲更加具有影响力，因为他们实际上是贵族出身。而且对于他们中的很多人而言，漫漫征途从美利坚的土地上就已经开始了，现在只不过是第二阶段而已。他们是和朝廷截然对立的贰臣，是和特权水火不容的贵族，他们是政府高官，却想要以国民爱国主义，取代忠君报国思想。然而，尽

[251]

管拉法耶特加入了国民公会，但是却并不是对民众政治没有丝毫担忧。高等法院试图拉拢拉法耶特，还把这位"两个世界的英雄"封为荣誉议员。这一举动让他在三十人社的同伴孔多塞感到忧虑，他深知，拉法耶特最大的弱点就是经不起旁人的吹捧。他在给美国人菲利普·马泽伊（Philippe Mazzei）的信中这样写道：

> 如果你去拉法耶特的府上，要把贵族派来的妖魔都赶走，它们装扮成高等法院顾问或布列塔尼贵族的样子来诱惑他。为此，你需要在口袋里装上一小瓶波托马克河的河水，用大陆军步枪上的木枪托做个喷壶，借自由、平等、理性之名进行祷告，这三者也是三圣合一。

迪波尔集团中其他一些人，包括塔列朗，却是以一种满腹狐疑的眼光看着拉法耶特；一贯性子暴烈，出语惊人的米拉波，这时正好丑闻缠身，又是桃色事件，又是贪污受贿，还惹上了外交官司，已经心力交瘁了，无暇顾及其他。克拉维埃和潘绍这些日内瓦银行家，昔日的卡洛纳盟友，如今早就信奉1782年的民主思想了；莫雷莱神父和西哀士；还有普罗旺斯本堂牧师拉博·圣艾蒂安，以及像那位未卜先知的路易-塞巴斯蒂安·梅西耶等人，都是同样的态度。这一群自封为"协谋善事"的人，其中还包括了那些当初在卡洛纳的改革计划班子中出谋划策的人，比如杜邦·德·内穆尔和路易神父。

尽管在很多细节问题上他们彼此意见相左，但是俱乐部中的大多数人都对制定一些基本原则，以从根本上结束高等法院争吵不休的状态表示接受。他们对于高等法院力图维护的那一套长期沿袭下来,并已经成为"基本宪法"的东西,完全不予接受。拉博·圣艾蒂安还特别补充说,真正唯一的"根本大法",就是人民的福祉是最高的法律。塔尔热强调说,那些好古派也只好爬上查理曼和加洛林王朝的故纸堆,苦苦求觅可以引为援例的资料,就此一事,可见实在是有必要重草新章了。

在巴黎之外,各省还存在一些骚动的中心,城里的一些第三等级的拥护者,效仿穆尼埃在多菲内的做法,就省三级会议的构成问题和当地那些更保守的贵族展开斗争。布列塔尼地区的较量最为激烈,南特和雷恩的年轻律师(当初为支持高等法院搞街头示威,他们已经滚打锤炼出了丰富经验),靠着滔滔不绝的演说和群众抗议的压力,要求对代表资格从根本上进行重新界定。英国的农业作家阿瑟·扬在9月份访问南特,发现这里"如法国所有城镇一样,也在解放的事业中燃烧"。从他听到的人们的谈话中,"可见在法国人中,经历了怎样的巨变。"布列塔尼各地城镇在1788年涌现出大量的阅读俱乐部和政治委员会,在集会中人们发表演说,都对那些地方贵族格外珍视的古老的许可制度进行嘲骂奚落。律师沃尔内(Volney)在他的刊物《人民哨兵报》(The Sentinel of the People)上这样写道:"我们的父辈做过什么,怎么做的,为何做的,与我们有何相干……?人的根本权利,社会中人与其他人的自然关系——这些才是一切政府形式的永恒根基。"雷恩的法律教授让·朗瑞奈(Jean Lanjuinais)写的《爱国反思录》,则对保守派的无理阻挠进行更加无情的嘲弄:

> 黑奴们啊,你们的处境与牲口无异,然而并没有进行变革! 亚洲君王的子女啊,根据习俗,你们中最年长者要

扼杀自己的弟弟们,然而并没有进行变革!布列塔尼百姓啊,你们的生活艰难困苦,贵族们却尽享荣华富贵,然而并没有进行变革!

朗瑞奈坚称,当下要紧的是制定一部顺应现实的宪法,而不是抱残守缺,奉古崇旧。"1614年的衣服现在穿还能合适吗?这就好比让一个成年人穿孩童的衣服。"同样,特权一词,本来在王室和高等法院斗争中等同于自由,如今却注定了要和自由完全对立。从政治的正直出发,现在需要的是取消特权,而不是维护特权。

在法国大部分地区(甚至有时候在桀骜不驯的布列塔尼一带),贵族已经打算作出一定的妥协,部分接受他们内部的激进派和那些真正的第三等级发言人提出的要求。大多数的特权阶层已经准备放弃他们免税权这一最为重要的特殊社会待遇。这一点在地方上申告冤情、提出诉求的陈情书中可以清楚地看到。其实这种豁免权早就形同废纸,所以根本算不上什么重要的牺牲,特别是对那些富裕的贵族来说更是如此。他们不过是故意唱高调,算是他们主动作出的让步而已。但是将贵族完全融入国民这个更为广泛的联盟中,对于这样的要求分歧要大得多,不管是一省之内还是各省之间都是如此。贵族们一再表示,等级的区分应该得以维护,因为这一制度毕竟存在了这么多年,但是越来越没有人愿意听这些陈词滥调。

于是到了1788年末,过去的许可就没什么说服力了。高等法院律师皮埃尔·拉克雷泰勒(Pierre Lacretelle)甚至还说,那些碑碣石柱、典章旧制没有一把大火烧尽,实在可惜(1793年大革命当局就会上纲上线地动真格了)。与此相反,孔多塞和迪波尔集团中一些志同道合的朋友认为，制定新宪法，应该以理性为指导。"真正的原则，应交由理性决定"，安特雷格对此表示赞同，这将表明，政治自由和法律面前公民平等是这种新秩序的恰当基础。但是作为让-雅克·卢梭的朋友，安特雷格接下来的话却激进得多，说是国家与人民实为一体：

> 第三等级就是人民，人民就是国家的根基；事实上人民就是国家；其他等级只不过是政治上的分类罢了，根据不可变更的自然法，人民就是一切。一切都从属于它（人民）；保证它的安全是国家法律的第一要务……国家的所有权力都来自人民，国家存在的目的是为了人民……

安特雷格的这套人民主权理论，只是一时兴起信口说说而已，不会坚持多久。在当选为三级会议代表之后，他便开始为自己的这番话感到后悔。他虽然一度是头号民主派，可是后来却成了一个反革命急先锋。但是他的小册子却一连出了14版，其中的思想被概括成了这样的一句至理名言："第三等级不是一个阶层，而是国家本身。"

一旦这样的革命主张成为人民的基本共识，那么维护各个等级不变就披上了地方主义、自私自利的色彩，有缺乏爱国热情，漠视民众关切之嫌。而由于国王已经要求听取这些意见，那么这样一来还会有抗旨不遵的罪名。内克尔一再强调他的政府是临时应急的，并且迟迟不肯在将第三等级人数翻倍，以及按照人数投票这样关键的问题上表态，这就造成了一种关起门来争论不休，而不是切实解决问题的政治真空状态。12月5日，当巴黎高等法院开始退让，改变最初的强硬态度时，这种真空

[254]

进一步放大了。高等法院现在表示赞同塔尔热的观点，承认在三级会议制度上确实并无先例可援。而相反，"理性、自由以及民意"将是决定这一新政治形态的三大因素。

内克尔的过渡措施是否可行，需要召开第二次显贵会议来研究，以便在三级会议的会议形式问题上给出指导性意见。第一届显贵会议比人们想象的还要激进，但是第二届却恰好相反。支持"国民"立场的只是一小部分。更糟糕的是，除了重要人物奥尔良公爵，以及颇让人感到意外的国王的胞弟普罗旺斯侯爵没有参加，那些王室宗亲们在12月5日起草的一份备忘录中声称："国家危在旦夕"，因此

> 政府原则将会发生革命性变化，这是群情激愤的结果。过去被奉为神圣的体制，数百年来使君主国长盛不衰的体制现在成了让人困惑的问题，甚至被认为不义而遭到谴责。

他们还说，向占据多数的代议制观点妥协，将把法兰西推入极端的危险之中。如果第三等级的"国宪革新"大行其道，那么国王的去留，也就完全由装扮成全民意志的公意决定了。

这份亲王备忘录并不是没有意识到，按照这样的发展道路，君主制将在漫无目的的乐观主义状态中被卷入危险的境地。但是对于那些第三等级的小册子作者来说，这是在"人民君主制"的创建进程中进行阴谋干涉的铁证。随着争论渐趋激烈，政府方面更不愿提供什么指导意见了。在12月27日，出台了一项极其简略的法令，没有任何开场白，更是让人感到困惑。法令反对显贵会议的提议，声称第三等级的代表肯定要增加一倍。但是法令没有提到强制性共同议政和人头计票的问题，如果作

出这样的决定，就是在嘲弄那些对第三等级采取宽容态度的做法。而内克尔却认为，这种混乱无序可能会很快过去，三级会议最终会达成一致意见。

所有这些笨拙的摸索、踌躇不决、含糊应付，和第三等级的爱国党人形成了强烈的反差，他们可说是观点清晰，意志果决。有些人一开始就口口声声说要为民做主，结果当代议制摆在眼前的时候，却极力阻挠，更别说大张旗鼓地支持了。跟这些人相比，第三等级代表完全不同。当前的任何事情，都可以转换为爱国者与特权者的修辞。约瑟夫-伊尼亚斯·吉约坦（Joseph-Ignace Guillotin）医生（过去曾是耶稣会士，并且是内科医生）代表《定居巴黎的公民》(Citizens Domiciled in Paris) 起草的请愿书中，他就是以两者之间的这种鲜明差别为依据，要求将第三等级代表人数加倍。巴黎的六业行会采纳了他的这篇文章，在他们的支持下印发了 6000 册。高等法院试图阻止其发行，并在 12 月 8 日开始拿吉约坦本人开刀。他被带到法庭受审，但是示威的人群站在他一边，大吵大嚷，威胁恫吓，他胜利地无罪释放几乎已成定局。

第三等级还有另一个特征，正是这个特征使得第三等级宣称自己真正代表了新生的国民的主张，在 1788—1789 年的严冬时节得以加强，这就是劳动。很多专门谈到第三等级身份问题的小册子，都谈及贪婪索取的特权阶层和勤劳生产的平民之间巨大的反差，平民（roturier）一词，让人首先联想到的是劳工的挖掘铲。南特市政官员起草的一份三级会议备忘录，特别强调了这一点：

第三等级耕种土地，建筑房屋，经商贸易，从事或管理制造业，使王国兴旺发达、充满活力……是时候给予这个伟大的人民它应得的地位了……

孚日山区有个叫蒙福尔下阿热维尔（Hareville-sous-Montfort）的小村庄，他们的陈情书上把两者的不公平说得更加严重。其中说到，贵族声称效忠国王，"无非是想从国家手中捞取丰厚的利益"，然而"第三等级长年累月，日夜劳作，耕田种地，用自己收获的粮食填饱所有人的肚子"。

这时也开始出现了大量印刷品，画面上是土地耕种者身上，背负着两大特权等级，表达的也是同样的涵义。

最终，西哀士神父的《第三等级是什么？》这本言辞最为尖锐的小册子，在有用之人和无用之辈间划上了清晰的一道鸿沟。"什么才是国家繁荣的要素？"这是他在演讲中提出的第一个著名的问题。应该就是"个人的努力，公众的作为"。也正因为有了第三等级，前述的这些条件才得以具备。因此，第三等级绝不仅仅是个"等级"而已。它就是国民本身。那些声言要脱离国民范畴来搞特殊地位的，就等于承认自己是寄生虫。第三等级本来应该是一切的基础，可是却长年遭受不幸，利益屡被侵害，完全没有政治地位。只有当特权统治阶级已经极度腐朽无能，国家社稷危如累卵之时，西哀士非常谨慎地表示，他们才能"有所作为"。

[256] 第三等级在成为一个社会现实之前首先是一个概念，一个需要论证的观点。西哀士的小册子对它做了最精彩的论述：说服力强，明晰易懂——显然是无可辩驳的，除非召唤出那些唬人的历史幽灵来。它不但提出了新的国家政体的组织和架构，还对那些想让自己游离于其外的人发出了警告。"不可能说清贵

族和教士们在社会秩序中应该占据什么样的地位，这就好比在问某种损害、折磨病人身体的恶性疾病应该被给予什么地位。"

三、饥饿与愤怒

1788年7月13日，从诺曼底地区的鲁昂往南远到图卢兹，法国中部的相当大一片区域突遭雹暴袭击。苏格兰园艺家托马斯·布莱基（Thomas Blaikie）亲眼目睹了这场天灾。据他描述，雹子大得出奇，好多野兔和山鸡都被砸死，榆树的枝条都被劈断了。对于更多的人而言，毫不夸张地说，这场白色的冰珠雹子实在不啻为巨大的灾难。阿尔萨斯、勃艮第和卢瓦尔一带的葡萄秧都被打烂了；奥尔良一带，田间抽穗的麦子都死了；卡尔瓦多斯那里的苹果还没熟呢，就被打得坑坑注注的；法国南部的橄榄树和橘子树尚未长高，叶子就掉光了。在西部的博斯，5月29日刚刚躲过一场雹灾，可是7月的这第二波打击却是在劫难逃。在巴黎南部的法兰西岛，果蔬正待成熟之时，被风卷残云般砸个稀烂，农民们写道："昔日景色迷人的乡村，现在成了不毛之地。"

在法国许多地区，干旱又接踵而至。等到旱灾过去，又碰上了自1709年以来最为严寒的冬季，据说那一年，连路易十四酒樽中的波尔多红酒都结成了冰。80年后，人们牙齿冻得咯咯作响，便重提当年之事。据说鸟儿们都被冻僵了，缩在枝头一动不动；塞文山的狼都出了窝，悄悄地游窜到朗格多克的平原地带；塔恩省和阿尔代什省这些地方的荒村僻野的贫民，只能剥了树皮煮成烂糊来吃。摆在眼前的现实情况确实非常严重。河里结冰，水磨没法运转，就不能把谷物轧成面粉。漕船只能停航，那些供应短缺最严重的地区也就得不到物资救济。连遥远的南部地区，图卢兹西边的上加龙省都积了厚厚的雪。从 2 月 26 日开始，一直到 4 月 10 日，差不多每隔一天就要下一场雪。1 月份的时候，米拉波曾经这样形容，说普罗旺斯是灭绝天使降临。"各种灾难接踵而来。到处都能看到冻死、饿死的人，所有的水磨都被冻上，有的人坐在麦子堆里活活饿死。"

[257]　　冰雪消融，也带来了灾难。1 月中旬，封冻的卢瓦尔河骤然消融，洪水倒灌田野、牧场，冲垮了简陋的堤坝，甚至漫至布卢瓦和图尔的街道。

在这之前 80 年，也发生过一次大灾荒，有明确的历史记载可查：饿殍遍野，委积于路。1789 年和当时的大灾荒相比虽是小巫见大巫，只不过是缺粮，却也够糟糕的了。这场天灾发生前，在 1787 年曾经有过一次好收成，但也不是什么大丰年。在通常情况下，4 磅的长面包占法国普通人食物总量的四分之三，日常开销的一半用于购买面包，而眼下面包的价格已经从 1787 年夏天的 8 苏，涨到了 1788 年 10 月的 12 苏，到次年的 2 月的第一周，已经卖到 15 苏了。四口之家每天至少要吃两个长面包，但是通常一个普通劳工，每个礼拜只能挣 20—30 苏，打短工的石匠最多也就 40 苏。面包成倍涨价，柴薪钱也跟着翻番，让许多人一贫如洗。据一些教士估计，1788 年一年中，巴黎接受救济的人数达到 10 万人，占该城总人口的五分之一。一些像奥尔良公爵这样的贵族，为了表现乐善好施之意，据说还卖画筹款，周济贫民，但是这些个人义举毕竟是杯水车薪，要想让千千万受灾群众捱过严冬，还需要大量的食物和薪柴。

这一灾难给不同的人群带来了不同的触动和影响，使得他们的生活状况都普遍下降到维持生计的水平，而原本人们以为自己可以免受这样的遭遇了。乡下的无地临时工很多是来自外地的流动工人,庄稼收成被毁使他们失去了宝贵的工作机会。本来他们抛妻别子,沿着他们熟悉的路径,想趁着收获季节,在人家的葡萄园、麦子地或者是橄榄园里找点儿活干,打算干完之后返回家乡,自己再弄一小块地种种。可现在这样一来,说不定就回不去了,只有奋起抗争,否则就只有一块儿饿死。而对于占农村人口的很大比例只有小块地的分成佃农(the *métayers*),眼下正是最后一道还债的鬼门关,贷主催逼愈紧,日子也正是最为穷蹙的时候。田地太少,没法养活一家人,他们只好从封建领主(the *seigneur*)那里买一些剩余的闲田和一些种子、农具和役畜,等到有了收成还得拿出一部分还给领主。背着这样一个包袱,就别想积攒什么余粮了。他们不但自己耕作,本身也还得消费粮食,而面包和木柴的价钱也水涨船高,这么一来,他们本来指望粮食价格慢慢上涨能带来些好处的,现在也都落了空。整个一季不是霜,就是雹,庄稼全都毁了,再加上还得缴纳封建地租和国家赋税,债主眼看着就要上门催讨了。还不上就得把田没收,佃农就彻底沦为无地可种而眼下又找不着活儿干的贫农了。在相对富裕些的地方,比如凡尔赛周边的乡村,据乔治·勒费弗尔说,被迫离开土地的人家占到当地农村人口的三分之一。在下诺曼底一带,这一比例高达四分之三。故而他们也只能加入到人数不断增长、贫苦无助的流民队伍中去,拖着疲惫的身躯,朝着那些教堂蹒跚而行,想要讨一口吃喝,或者到大城市去碰碰运气。

[258]

就算进了城,也根本别想得到救济。外地打工的,已经把各种零散的工作机会都占了:集市上扛大包的、给人赶马车的、扫烟囱的、卖水的,都有人在干。但是农村的危机却不断加深,逐渐影响到其他领域，造成了全国性的经济萧条。老百姓购买力下降，导致了产品市场萎缩，而在1786年和英国签订贸易协定之后，大量廉价英国商品潮水般涌入国内市场，已经给本土产品造成了严重的竞争威胁。手工匠人丢了生意，农舍中小件的织布活计也都就此断了来路；大城市里的市政工程骤然停工，引发大批建筑工人下岗。一些大的工业城市，比如里昂和鲁昂，失业人口分别达25,000人和10,000人。在亚眠这个受到英国货冲击更直接的城市，这一数字高达46,000人。

面对这样的普遍破产，处在风暴中心的内克尔仍在竭尽全力地采取措施补救。他正式颁布了1787年布里埃纳公告中通过的粮食出口禁令，实行大幅增加进口的政策，斥资近5000万利弗尔从国外购入小麦和大米。但是这些进口货物却在运输上碰到了困难。地中海爆发的俄土战争切断了该国经由黎凡特通往法国的运输线，波罗的海一带也在打仗，使得从波兰和东普鲁士运送补给的传统方式也受到了阻碍。在北部，大冰凌堵塞了塞纳河口，勒阿弗尔这些港口码头也全面封冻，船只根本无法装运。由于其他国家此时也遭遇了同样的困境，都在千方百计地筹措粮食，互相争抢，故而物资运送到法国的成本必然会提高。河面结冰，驳船航运的速度放慢，十分艰难。等到通过荷兰和奥属尼德兰两地，波兰小麦和燕麦总算运到北部和东北地区的时候，也大都霉烂了，轧出来的面粉都发黄，闻上去都有一股让人恶心的酸味。

总而言之，在这个时候让法国老百姓陈诉怨愤恐怕不是什么好事。尽管老百姓缺衣少食，满腹委屈，但是"君父"（在很多的陈情书中就是这么称呼的）的高大形象仍然是近乎神圣，能让他的臣民们有了找人倾诉的机会。故而不论怎么艰难，

1788年到1799年这个跨年的冬天，仍然不应该被看作是对已经开展的大规模政治改良尝试提前敲响了丧钟。但是在民众的心里，这确实就意味着，实行新宪法就得把老百姓饿空的肚子都填饱。这就给爱国主义和代议制度提出了比两者所能给予的更多的要求。就好像自由不是解决财政偿还问题的灵药，何况眼前更为艰巨的任务，是要让数年来衣食匮乏的民众吃上饱饭。

一旦把注意力转到平民身上，粮食和自由之间相互依存的关系就显而易见了。人们相信新的政治制度能让老百姓得以维持生计，而搞旧的那一套则不行。之所以产生这样的错误想法，是因为人们相信，那些盘剥人民的旧制度，就是倚仗着手中的权力，人为地制造供应危机，好从中渔利。在那些饥岁荒年中，定期发生的粮食短缺就是谷物投机的信号，每到这时，市场上的粮食就会断档，于是粮价一路飙升，等到涨至可从中获得最大利益为止。后来出台了一项政策，谷物市场全面放开，不再搞特许销售，也不再限定专门的粜粮市场，但是这却给了漫天要价的米商更多的可乘之机。这些被广泛接受的观点认为，人们应该把这笔账算到那些投机者和囤积者的头上，而且还有一些政府高官经常涉嫌和他们沆瀣一气，有些地方上的陈情书甚至要求判处他们死刑。在大革命一开始，把迁延日久的粮食危机归咎于贵族分子的顽固，认为这是他们设下的圈套，想要迫使人民屈服，还有些道理。但是之后的大革命政府却担了过错，被认为缺乏爱国之心，不肯积极严惩反动派，这才造成人民陷入了长年遭受饥馑的恶性循环之中。只有在收成好转，粮饷充足，法国士兵攻城破国势如卷席的时候，这一问题才暂时不会暴露。

人民怨恨的根源在于遭受饥馁，这是大革命爆发的主因。

但是这也使得人民从一开始就对大革命提出了不切实际、过于美好的期待。

一开始，国王向他的臣民发出呼吁，让他们在各自的教区和市政区内召开会议，选出代表，并将他们的所有难处和对未来的愿望都——写明。当时人们确实满怀期待。从某种角度讲，这样的举动更进一步地坚定了人们的一贯想法，只要百姓有难，国王总会出手相救。但是像如今这样，那么多老百姓把希望都完全寄托在国王身上，还从来都没有过。在接下来的大革命期间发生了那么一些惊天动地的大事，使得人们对于1789年2月到4月间，在全国范围内发生的这场轰轰烈烈的试验，都变得不怎么关注了。不管是在法兰西还是别的什么地方，都没有发生过这样的尝试，在立宪制度的典型大英帝国，也肯定没有发生过这样的事情。25,000多份陈情书的内容被编进代表提案中，这绝对是前所未有的。

当然，并不是所有陈情书都能反映未受压抑的民间呼声。1月24日御前会议上提出的三级会议的选举机制，确保了在贵族和教士代表采取直接方式选举代表的同时，第三等级代表的产生过程变得极为复杂、曲折。地方上召开的议会，依然采用中古之旧称，叫做辖区大会（*bailliages*），大致上是100名投票者中产生1名代表——只要是年满25岁以上的纳税人都有投票权。（表面看起来，一些地方的议会中也出现了寡妇的身影，这也有力地证明了，国王的法令中，对代表性别并未作出特别规定。）这样，选民的总人数达到了600万左右。不管它如何复杂繁琐，如何缺乏可操作性，但至少直到那个时代，它是世界上政治代议制的探索尝试中，参与人数最多的试验。

这些初级议会多数情况下是在乡村教堂召开的，一方面起草陈情书，一方面选出更高一级的议会代表。在一些地区，这种"全体大会"随后选出了代表，但往往要经过几个阶段的缩减才最后选出去参加凡尔赛三级会议的代表。这种选举程序决定了，三级会议必然是那些口才出众、娴于政务的知识阶层才可能在层层筛选中脱颖而出。在实际操作中，这就意味着，绝大多数当选者都是律师和公务员这样当地学术团体和哲学社团（sociétés de pensée）中的一些中坚力量——其中有少数的是内科医生、公证员，还有接受启蒙思想的原先的神父（比如西哀士），间或还有成功跻身政坛的商界人士。

从另一方面讲，地方议会完全不受任何官方的威胁恐吓。内克尔非常重视恪守自己的政治承诺，在选举过程中保持不偏不倚，保证完全不受任何审查。比方说，对于那些主持议会的地方省市官员而言，中央政府从其外派的官员，上至督办官，下至税差，或残虐横暴，或庸劣无为，在议会中受到强烈谴责，这种情况十分普遍。这些控诉都桩桩件件录入最后诉状。不管陈情书透露出怎样的寄托，各自有什么不同的特点，它确实极其完整地记录下在当年冬末至来年早春，当法兰西人民作为政治民族得以再生的时候，他们内心的真实想法。

陈情书发出了两种不同的声音。大多数发出的是爱国团结的声音，异口同声，往往来自所有三个等级。他们谈及的主要内容和政治以及法律问题有关，语气措辞都是具有现代思想的法国城市阶层的风格。来自乡村和城镇手工艺人的陈情书，言辞更为尖锐犀利，格式千篇一律，完全按照第三等级上书请愿的那种口吻，显得规规矩矩的，但是其核心内容涉及税赋、司法，还有民兵为害（在所有的乡村陈情书中，"祸患"［fléau］一词最为常见）以及猎物法等；换言之，都是基本生存问题。

[261]

第一种语言，即政治变革的语言，是如此的标准化，这并没有什么奇怪的。有人特意想要把1788年秋天在小册子中反复谈到的大多数重要问题，重新汇集整理，编印成书。西哀士给地方议会出了一册普及读本，并靠着奥尔良公爵承付的一张支票，在法兰西岛印发了数千册。这种指导性的小册子，以本堂神父们作为重点推介使用对象，不但建议（极力推荐）应该谈些什么内容，而且连应以什么先后顺序和表述方式记录在陈情书中都写得明明白白。还有一些陈情书，因其本身的原因，后来成为了著名的自由宣言书的范本，其中最为出挑的，就是杜邦·德·内穆尔为内穆尔的第三等级起草的大量文件。

陈情书的内容从头到尾都一样。三级会议是全体国民的团体集会，只要是国事需要，就应当定期召开。有的主张三年一届；还有一些更大胆，坚持新宪法不出台，会就一直开下去的立场。有一部分陈情书，更是把立法权和国民议会等同起来，并且强烈要求效仿英国人的做法，搞三权分立。几乎所有的代表都同意实行新的税收制度。人身自由、思想自由、言论和出版自由，也都应当得到保证，这就意味着密札制度必须废除，还有任何形式的司法专制（比方讲军事裁判所）和几乎所有的审查制度也都应当取消。无数的陈情书中都提到了对私人通信的干涉，认为这是对个人自由的直接侵犯。

在财政问题上，意见也同样一致。王室的债务将被合并为国家债务。每年都会有强制公布的预算，政府的每个部门都被列入预算。那些贪渎的职位将会被撤销（尤其是在财政方面），没有一个纳税人，可以依仗地位或所谓的特权免除任何一项国家义务。就算要保留贵族身份（大量贵族陈情书中谈到这个问题），也应该只是保留荣衔，也就是拉博·圣艾蒂安所说的"国家中用来装饰的那部分"。

自由派精英的陈情书，无论是前两个等级的还是第三等级的，就这样将他们在辩论学院讨论的标准议题转化成了国家事务。他们中很多人都认为，应该制订一部国民教育规划。而像博彩、赌场和其他一些腐蚀人心、诱使民众背离严肃的自我修养的无聊东西，应该统统取缔。还有相当数量的人，也致力于推行自由主义的经济学说，主张废除行会和限制劳工人身自由和流动自由的做法；取消对纳税人进行盘剥压榨的国内关税壁垒，关闭所有的包税机构。吊诡的是，在几乎所有方面，反倒是贵族的（内穆尔的贵族除外）陈情书更加接近"资产阶级的"样式，他们把人身自由放在和经济自由同等的地位。虽然乍一看，他们的主张有些惊世骇俗，但是考虑到他们中的许多人都投身商业、工业、金融业或者科技领域，就没什么可奇怪的了。不过大多数贵族陈情书都自称赞成那个"资产阶级的"基本信条，法律面前人人平等。

正是这种对法兰西未来前途的愿景，延续了大量1770年代和1780年代的现代化风气。原本的社会等级会逐渐消失，融入普通公民的大家庭中去；在富有良知的社会精英的带领下，通过推广科学、普及教育，广大人民将会从贫困、疾病和蒙昧无知的状态中摆脱出来。开明进步的个人主义思想将会大行其道，并由此产生一批繁荣的小农阶层，通过理性的耕作方式，生产出足够的剩余农产品，卖给消费者，换取工业产品。这样反过来有利于形成一支劳动大军，可以劝服他们对进入企业工作不再存有戒心，抱有抵制情绪。精干正直、认真负责的政府行政机构，将会对这个转型的领域进行公正、严格的监管。爱国主义和奉献精神将被奉为楷模，王室在这方面将会起到无可替代的带头作用；文化事业也将取得前所未有的进步。与此同时，这样一个焕然一新的时代，将不但属于法兰西人民，也属于全人类。

有数量惊人的贵族赞同这样的观点。它们被记录在那些主要城市的陈情书中：在居住在巴黎的4000名贵族的陈情书中；在波尔多和鲁昂这样的大城市和艾克斯、索米尔、格勒诺布尔、布卢瓦、奥尔良这些较小的省府的陈情书中。甚至在一些最偏远的地方，比方说穆松桥（Pont-à-Mousson）的摩泽尔的贵族以"哲学启蒙之理性"为名，坚持认为所有的本阶层财税免除制度，都应当予以废止，所有公民应根据他们的纳税义务而得到公平的对待，不论什么样的个人特权都应被取消。尽管贵族代表认为，为了取缔那些贪赃枉法的政府职位，有必要建立起某种形式的清偿机制，但是这只能根据国家的利益逐步地去完成。

并非没有反对之声。选举制度产生了自相矛盾的结果，那些人数大得多的贫穷落后的贵族也将获得代表席位，这些人从未受到过现代文化的熏陶，只是靠着他们的爵衔维持体面的社会地位。在布列塔尼主要就是"佩剑贵族"。1789年1月，这些人在雷恩街头和支持第三等级方案主张按人头而不是等级投票的人群发生了冲突。由于在身体的对抗和政治的竞争中都败下阵来，他们根本拒绝参与三级会议的选举。另外一些地方，贵族团体对于抛弃门第家世，融入公民国家的想法并无兴趣，他们固执己见，主张按等级投票，并选举那些支持他们观点的人作为三级会议代表。以科唐坦的库唐斯（Coutances）为例，当地的代表都尊享有勒克莱尔·德·朱涅（Leclerc de Juigne）、阿沙尔·德·邦武卢瓦（Achard de Bonvouloir）、博德拉·德·索特维尔（Beaudrap de Sotteville）和阿蒂尔·德·维拉努瓦（Arthur de Villarnois）这些显赫的名字。尽管对于"三大等级同心戮力"这样泛泛而论的口号，他们也表示认同，但是他们也明确表示，他们应该作为"独立有别、自由平等"的实体，各自举行集会、磋商和投票。

巴黎的一些贵族发出了强烈抗议，认为选举规则已然迫使他们和原来"公社"内第三等级的那些公民同胞拆开来。这些人一方面与多菲内、普罗旺斯和朗格多克的贵族公民有许多共识，另一方面又与布列塔尼、勃艮第、弗朗什孔泰和上诺曼底的贵族世家存在不少相同的观点。有很多的显贵会议中，最终以微弱多数，通过了以人头而不是以等级来投票的方式：以布卢瓦为例，双方的比例是 51∶43。很多贵族的社会人格处于城镇现代人和封建庄园主之间，他们主张，在一些关乎国民命运的事情，比如征税权、宣战权、媾和权，这些应该三个等级一同商讨并投票决定；但是涉及各自等级的事务，应当依然保持各自的独立性。还有一些人（比如内克尔）仍然不改初衷，准备让三级会议自身作出选择，这样一来，"若是国家需要"，他们便将最后共同投票决定。布卢瓦的三级会议就这样重新搞了一次投票，仍然坚持按照等级分别投票的人数锐减到了 25 人，而准备接受"妥协"的中间方案的代表增加到了 68 人。如果把那些在陈情书中同意以这样的方式就"国家大事"进行人头计票的地方三级会议，和那些原则上已经同意按人数投票的三级会议加在一起，那么可以说在 1789 年的时候，大多数法国贵族（大约占到 60%）还算是倾向于成立真正的国民议会的。

于是"第三等级"作为一桩联合的政治事业形成了。它最初是那些自由派贵族设想出来的，并因他们这些精英自身内部的深刻分歧而变得可能。教士阶层内也有这样一批高级教士，

[264] 他们对乡村本堂神父（在该等级的会议中，具有广泛代表性）的抱怨抱有同情，准备同他们联合起来，反对一个权力过大的教会贵族阶层。但是毫无疑问，选举本身的过程给新人带来了机会，他们可以自称是第三等级的代言人。这些人多数从事法律职业，或是公共官僚机构中的职员。教士集团内部发生了更加激烈的争斗，因此乡村牧师站在了教区等级制度的对立面。如此一来，这两大集团都从那些掌握他们前途的上层人物手里解脱了出来，他们甚至明确表示贵族不应该成为他们在三级会议中的代表，哪怕那些贵族是出于善意。

安托万·拉瓦锡蒙羞的遭遇，便是这种分隔的典型事例。尽管作为一个总包税商，他遭人厌恶，而且将巴黎围了个严严实实的新关税墙又正是他设计的，这就使他更加招人痛恨，但是与此同时，他也是一位新农业改革的先锋。在他的努力敦促下，皇家农业委员会得以建立，并由他担任秘书。他从私人俸禄中拿出一大笔钱来，在被公认为全国最为贫瘠的索洛涅的农田中进行改良试验。这里位于中央卢瓦尔河谷南部的潮湿地带，多沼泽，排水差，而且气候恶劣，种下去的燕麦总是出现枯萎的现象，农民们只能吃那些被麦角菌侵害的麦子。这样轻则引起麦角中毒，得了这种病的人，会产生幻觉。更多的则会产生动脉麻痹，最后导致四肢坏死，而当时很多的法国内科大夫却认为这是一种"蚁走感"：病人感觉就像蚂蚁在啃食自己的肉体。

拉瓦锡在1788年向委员会提交了一份长篇报告，其中详述了他在弗雷希内（Fréchines）的实验农场艰苦工作十年所取得的成果，他先是用了三年的时间，试图建立一个紫苜蓿草场，如果取得成功，他还打算种上三叶草和红豆草，然后引种土豆和野甜菜。他还找来西班牙公羊和母羊，还让尚特卢（Chanteloup）的母牛和本地种牛杂交，想要培育出耐力更强的家畜。可是花了十年努力，尽管取得了一些可喜的进展，但是他的结论依然十分悲观，想指望这些成果在普通佃户之间推广，显然是无稽之谈，因为"到了年末，（由于赋税缠身）耕种者都已经揭不开锅，能活下来就属幸运了，哪怕贫病交加"。

对于卢瓦尔和法兰西岛的一小群改良派地主来说，拉瓦锡是个英雄。显然，他非常渴望通过获取第三等级代表资格，把自己归为爱国公民的行列。这从技术上看也是完全可能的，因为朝廷颁布的法令中已经有详细规定，四名初选代表中，只需要两名代表必须是第三等级出身。但是自由派贵族虽然表现出善意，却摆出一副恩赐者的态度，想要借此机会从中渔利，这在第三等级大会中产生了极大的反感。拉瓦锡显然至少参加过一次这样的会议，因为在拉沙佩勒-旺多穆瓦斯（La-Chapelle-Vendômoise）的教区会议记录上有他的签名记录，但是在他的原籍教区维莱夫朗科厄（Villefrancoeur），那里的第三等级会议却粗暴地将他拒之门外，认为以他的社会地位而言，没有资格参选。

[265]

自上而下来看，似乎团结一致压倒一切，而站在自下而上的角度，举目所见处处皆是冤屈，所在都有不和。那些知识精英们在报告中的话，充满了启蒙主义的乐观情绪，而广大人民的报告，却满含哀痛。他们的悲鸣中，带着伤感，带着愤怒，他们的吁求，并不是要求索理性和自然，那种天经地义的人间至道，他们是要向那位君父发出恳求，希望他能够替他们申冤理枉。在靠近皮蒂维耶（Pithiviers）的阿兰维尔（Allainville），一位当地的诗人将致力改良的国王的"仁善"之心比作一只辛劳授粉的蜜蜂。同时他还恳求国王，能够让农民们摆脱那些盐税收税人的追逼，"这些榨取人民血汗的人端着金质高脚杯，畅饮着不幸之人的泪水"。

由本堂神父、公证人员，或者是当地的律师执笔撰写这些申诉冤情的书面具状，确保其内容涵盖了政治改革的一系列标准议题。在3月份的数周之内，很多这些小镇的誊写员走乡串村，帮助当地村民组织开会，并提供标准的撰文样本，所以人们会发现，邻近几个村子中的陈情书有些措辞完全相同。但是也有些地方存在显著差异。通常这些陈情书，开始都是以一个私人信差的角色出现，向国王介绍本村的风光和地貌，之后便解释其地苦弊之根源所在，除了风水地望欠佳，更兼本乡的男爵老爷作祟。比如在卡布勒雷（Cabrerets）村，西南多山，被洛特河一分为二，今天有许多游客经由此地，前往卡奥尔一带品尝黑葡萄酒。可是在1789年的时候，村民们的眼里可没有这种诗情画意。陈情书中这么说道，当地的村落"地处世界最可怕、最恶劣的角落，这里布满悬崖峭壁，崇山峻岭高不可攀，只生长着一些矮小的灌木和其他可怜巴巴的植物，几乎没有牧场……平心而论，卡布勒雷地区必定是王国中最贫穷、最糟糕的地方。"通往外界的几条小径也不适合骡马行走，故而从这里走到卡奥尔需要6个小时的模样。这也难怪，很长时间没有一个乡村牧师愿意到这里来。故此，这里最缺乏的东西非常简单，根本和革命无关，就是一条像样的道路和一所教堂。

还有一些地方，不但地形和气候条件恶劣，而且由于人为的破坏，境况尤为悲惨，有些乡村陈情书在回顾了客观处境之后，便转而指名道姓，一个个地数落那些仗势欺人的本村恶霸，认为这些人是造成当地民不聊生的祸首。黑名单的最前头，无一例外的是那些收税人，包括官府和领主的税吏，还有各色庄院的管家，强制的逼租人。在塔恩的孔贝鲁热（Comberouger），这些人的薪水是每天30苏，他们拿了钱，便对当地人威逼恐吓，要他们缴纳租税，有时候看到什么东西是自家缺的，便肆意夺走。

收取盐税的税吏是最为可恨的。连盐都要收税，这简直是一种倒退。有一份陈情书说得好："食盐经常是穷人们唯一可以下锅的东西。"虽然说得有些夸张，但也情有可原。阿登（法国东北地区）的蒂永维尔（Thionville）郊外有个叫坎芬（Kanfen）的小村落，住着74户人家，他们的陈情书显得理由充分，报告中解释了村民之所以在农场里每天给人打短工，实在是不得已，因为不管是放牧、种粮，还是进山砍柴，代价都太高了。他们一个礼拜拿到手的钱，有时候只有5苏，根本买不起被课税的高价盐来吃。所以他们只能去搞私盐，买一次够吃八天的，拿了之后便"战战兢兢返回"，而多半那些盐税小吏已经在树篱之后埋伏多时了。偷买私盐的会被半路拦截，然后被逮捕，强令其缴纳盐税，如果无力缴纳，就只好被带走，也不通知家人。"若是抓着个妇人，"

> 他们便不顾廉耻，搜查她的全身，对她百般侮辱……如果去搜查房屋，他们天一亮就会开始行动……这不是老实人的做法，他们更像一群手持马刀、猎刀和钢头棍子的强盗。若是有女人睡在床上，他们照样搜查床铺，丝毫不管她们是否在生病卧床，也丝毫没有廉耻感，直到将整个床都翻了个个儿。你们不妨想想如果这样的一群匪徒来到孕妇家中会发生什么。他们经常会导致胎儿的死亡。

还有其他许多事，也被农民们视作"苦难"：磨坊主们拿走谷物作为加工费，并无确数，完全随心而定；农民设下套子，捉那些吃庄稼的野兔，猎场看守人便会放狗咬他们；还有那些"流民"（通常是流落到此，并无正经营生，只求找个仓房栖身，讨口吃食），据他们说，现在也是大批滋生，各处泛滥。在阿尔萨斯和洛林，以及摩泽尔，针对犹太人的不满情绪已经非常普遍，人们认定犹太人就是在靠高利贷压榨农民。在布列塔尼，那些受国家保护的烟草专卖商也备受谴责，他们手里控制着一批主顾，可以由着他们肆意敲诈，拿到钱后便随便拿一些发霉的存货把他们打发了事，如此"更有可能导致这些不幸的人中毒，而非给他们慰藉。"同样来自布瓦斯（Boisse）的陈情书，则将偷马贼单独列为某类有罪之人，光是罚做苦役，根本不足以威慑他们，应该统统杀头。在南部和东南部地区，广大农民忍饥挨饿，教士们却靠地产吃得满嘴流油，这些现象引起了尖锐的抨击。在卢瓦尔的中部翁赞（Onzain）一带，陈情书的要求更为大胆，认为全体宗教人员都是不事生产的社会蠹虫，应该下令将这一阶层完全清除。领主法庭的官员和警察，因黩武蛮横，粗野残暴，尤其遭人厌憎。

[267]

对于这些群体的痛斥，完全是自发的，但是也受到了一些宣传的鼓动，而那些带头人，却恰恰也属于他们控诉的那些群体。奥古斯丁派教士迪卡斯特利耶（Ducastelier）就在讲话中对那些教区牧师和修道院长发出极为猛烈的抨击。他在《教堂内的黄金》一书中发出呼吁，要求教会"归命返朴"，这样才能重新达到"原初的圣洁"境界。"法国的财富中有一半勉强养活着两千万人民，另一半则被教士和榨取人民血汗的人吞噬。"教士们必须完全成为"国家公民"。同样，来自沙特莱的一个贵族出身的地方法官安德烈-让·布歇·德·阿尔吉,也把领主法庭比作"寄生在人民的身体上,吸干了他们血液的吸血鬼"。

要想补救几乎所有这些时弊,与其放开自由政策,不如采取保护措施。(只有盐另当别论。)在几乎所有第三等级的陈情书中,都提到了有必要回到过去,主张现代意义上的财产权应该更多地服从于传统公社责任。凡是谈到遗产法的,差不多都是坚持要求在所有的继承人中进行土地均分(实际上,正是由于这种传统的遗产分割法,已经造成了遗产根本无法养活继承人的情况)。粮食贸易也应当重新制定规范,只有那些获得官方特别许可的,才能经营粮食销售,而且必须是在政府指定的粮市内。诺曼底的弗朗克维尔圣母院(Nôtre-Dame-de-Franqueville)教区甚至还提出小麦价格应当定在"贫者能堪"的水平上。拾穗权也应当得到保护。对农民惯常放牧牛羊的公田的圈禁,应该设法加以遏制,甚至可考虑全面禁止,另外排水池树立篱桩,改造成草地的行动,也应该叫停,因为这也使得村民无法饮牧牲畜。

传统用作放牧的林场,还有按例收取的拾柴税,引起的争议更为激烈。以勃艮第为例,海军发展建设(尽管它距离海边很远),城市建筑工业,还有最为重要的是让贵族阶级获利良多的欣欣向荣的冶炼业的需要,都让木材价格飞速猛涨。从1760年代以来一直从中得利的林场土地管理层野心勃勃,根本顾不上什么心存善念,甚至也不愿尊重传统,他们两眼只盯着丰厚的投资回报。领主们雇用了私家守林员,把那些蚕食嫩苗的牲畜轰走,并对主人进行追查。

在靠近卡奥尔的勒蒙塔(Le Montat),村民们认定,变革只能让情况变得更糟。收成还不如一百年前;封山清林,砍伐

[268]

树木，让他们无法放牧牲畜，没有了牲畜，也就没有了粪肥来浇地，而土地本来就已经几乎被割占殆尽了。收入水平下降了，各种租赋捐税和生活必需品的价格却都翻了倍。结果，那些蒙塔的农户们"发觉成为了自己领地内的陌生人，不得不开始背井离乡、四处流浪……让我们怀有希望，让我们为之叹息、劳碌的幸福，已经离我们远去……我们已经连续几年遭灾，庄稼没有收成；数不胜数的赋税越积越多，远远超过了我们的能力所及……"他们所要求的，只是

> 有一点自己的东西，能让我们就着泪水和汗水吃几片面包糊口，但许久以来连这点幸福都是奢望……我们手中最后的一把面包屑也被夺走，对未来我们已经完全丧失了希望；留下的只有绝望和死亡，然而您的（国王的）慈父般的声音已经听到了我们的心声，使我们欢呼雀跃。

勒蒙塔位于法国西南中央高地（Massif Central）最干旱贫瘠的腹地。在**小田耕作区**（*pays de petites cultures*）的中心地带，无数百姓靠着少得可怜的薄田，勉强过活，成百上千的人，放弃了他们在山脚下租种的份地，沦为外出逃荒的无地劳工。但是在**大田耕作区**（*pays de grandes cultures*），那里分得的田地更多，供应城镇消费的商业作物也更普遍，交通设施完善，土地更为肥沃，田里的产量也高，可农民们还是有同样的抱怨。这仅仅是因为在这些地区（比方说法兰西岛、博斯和卢瓦尔河谷，法属佛兰德和阿图瓦），农民们都比较富裕，私财颇多，又多少读过些书，因此对18世纪下半叶的发展进步，对他们安逸舒适的生活所构成的威胁，反应更为敏感，更为强烈。他们对圈占

公共用地、池塘排水系统、树苑林场的抵制,或许更多地应该被看作是同封建领主之间争夺资源的行为,不应简单地认为是源于盲目的保守思想。而它是基于集体原则和集体行动之上的,不是纯粹的个人主义。远在1789年之前,反抗地主侵吞私占的斗争已经在村大会和当地法院展开了,在那里政府的合法代理人往往越来越一致地站在他们这边反对封建领主。结果,当呼吁递交陈情书的风潮过去之后,那些通常富农出身的村长,就已经将冤债分判停当,检验实力,来对付那些本地贵族了。他们越来越觉得,在维护公社权利的斗争中,国王会站在他们这边。

[269]

而同样是这些村邑"头领"(在法属佛兰德,他们就被叫做 hoofmannen),他们自己都难免被人责难。比如在博斯和布里,他们正从圈禁和瓜分公田中获取私利。陈情书中关于这些富农的上述行径,都有一大堆严厉的控诉。在沙特奈(Châtenay)、巴耶(Baillet)、马尔利(Marly)、布里的塞尔旺(Servan-en-Brie)等许多的案例中,那些颇为富裕的农户被直斥为是造成多数人赤贫的罪魁祸首,并要求对农场的面积进行限制,使得田地不超过四部犁能够耕作的范围。"是时候阻止那些富裕地主的野心了,"福斯(Fosses)的陈情书上就有这样的话,谴责那些借高利贷给穷人的农场主,他们的真实意图就是要让穷人无力赎回抵押,好侵吞他们的财产。在靠近文森(Vincennes)的维勒龙(Villeron),人们明确要求制定一部相关法律,好让"小农户像先前那样保有自己的土地,也让周边的居民有活可干"。

就这样,农村的旧制度陷入矛盾冲突之中,而且这些冲突还将延续到大革命时期。从一方面讲,通过农业社团、实验农场(就像拉瓦锡在索洛涅的极度贫困地区率先搞的那个)和自由贸易政策,政府致力于实现一种重农主义的未来愿景:现货市场,合并批量,资本积累,提高生产价格,种植饲料作物,这是典型的理性化的"英国式"农业。但是眼下对于税收(通过公社机构更容易征收)和社会稳定的需要,又迫使政府采取完全相反的措施,朝着保护主义和政策干预的道路上走下去。

而从这些陈情书中同样可以很明显地看出,法国的许多乡村地区,实际上需要更多的而不是更少的政府监管。一届又一届的地方议会都要求改善治安状况,打击那些牵牛偷马、流窜行窃、私印伪钞的违法分子。在卢瓦雷的克卢瓦埃(Cloyes),甚至还有人要求对时下游方郎中泛滥的现象进行整治,这些江湖骗子简直无所不在,所到之处,人畜皆受其害。不管是大田耕作区,还是小田耕作区,村里都存在助理牧师奇缺的状况,有些地方连一个都没有,即便是有,也要求改善工资,并且还需要建立学校,修桥补路,为贫苦无依和年老体弱者开办收容院。这些陈情书中的共同主题,就是期望将社会权力从私人手中,从包税商、领主法庭和地方神父手中转移到王室,乃至国家的政府部门手中。这样的话,到底谁有权利掌握河道、荒地,农田到底该完全开放,还是以篱笆圈围起来,就完全由王室(或者国家)来秉公而断。如此一来,在一个关切民生的统治者和一个办事积极、握有实权的当地社群之间展开协作,便指日可待了。

乡村陈情书中所谈及的这样一个地道的家长制国家,和死守有悖于时代潮流的封建权利残余的做法彼此格格不入,这看起来似乎是不言自明的。克莱热神父和杜尔哥的同事邦塞尔夫(Boncerf)等一些作家都曾无情批判过这些封建权利,特别是,有人以此为借口盘剥地方百姓,老百姓只要交了钱,就能免除部分封建劳役。某个弗朗什-孔泰的封建领主就宣称拥有这样的权利，他认为自己率领着他的封臣逢冬狩猎是天经地义的，"他可以让他们打开自己的私处，好让他在他们的肛肠里暖脚"，在克莱热看来，这些话根本就是在骗人。在勃艮第和尼韦尔奈（Nivernais），这种咄咄怪事依然存在，比如每杀一头牛，便要将牛舌割下，供城堡主人享用。在孚日也有类似的规矩，只要是杀公牛，便要将牛睾丸割下，交给本地的领主。更让人愤懑的是永久管业权（mainmorte）依然没有完全消亡，农民出卖土地，仍旧需要获得领主的允准，而且如果要将田产过继他人，也只能过继给和他同住的直系血亲。当然这些都是些封建制度的残余，在法国其他地方早已废止多年了。

通常情况下，领地的经营者将这些传统特权转变成一些抵偿所谓的各项杂役所要缴付的收费，有磨粉钱、酿酒钱、渡河钱、卖畜钱，另外每年还要交一笔代租税，以此获得在名义上所谓地主的土地上耕作的特权。这种劳役和形诸法律的税费已被强制地固定下来，形成了一种商业惯例，并用最新的档案文件（这在18世纪的法国，可不是什么自相矛盾的说法）和新的专业研究者，让这种要求变得理直气壮，尽管在诉诸法律时，争议颇多（正如它们日益受到质疑）。

于是，从一开始，大革命就迅速与其最初的理想背道而驰。它的领导者想要实现自由、放松管制和劳动力的自由流动；渴望实现商业化和合理的经济行为。然而那些真正促使人们采取暴力行动，并想当然地以为得到了国王的恩准的困窘恰恰来自于相反的需求。无论是城市的工匠，还是乡下的农民，都同样适用。数量惊人的陈情书都对机械化和工业生产流程向工厂集中进行了抨击，不仅仅有来自城市本身的不满，那些依靠棉花纺织过活的农村地区更是抵制得厉害。对那些无需专长，缺乏管理的集市和市场上的零卖，更是坚决斥责。各个行当都有沿街叫卖的货郎，游走四方的小贩，在人们眼里，他们无照经营，以次充好，他们的货价格便宜，因为他们无须像正规商家那样缴纳行会捐，也不需要经历数年的考察期才能拿到官方执照。

确实，这些观点也在意料之中，考虑到城市的基层三级会议都是由行会和市政委员会组织召集的，所以主要体现的，也都是那些工匠师傅的想法，很少会听取那些学徒工的意见，实际上也确实如此。但是如果因为雇主和雇工在别的一些事情上，特别是在最低工资问题上，经常产生矛盾，就想当然地认为，他们在不受管制的劳工所带来的威胁这个问题上**必定会**意见对立，那也是过于天真了。在多数大城市中，长期存在的矛盾，发生在当地常住工匠和那些流动劳工之间，比如说那些开店的裁缝和做了小件在临时货摊上售卖的零工，就是一例。即使是在劳动力市场是流动的巴黎，也不清楚女花商和女帽饰商的陈情书是否代表了工人以及行会赞助人的声音。她们非常担心的是，"现在人人都以为自己会做花束"，因此"那些肆无忌惮的女人们"正在"用她们乱七八糟的做法，使本分的女花商们陷入极端的贫困"。被这些自由摊贩逼到绝境的，并不是行会里的那些男爵夫人，而是"寻常人家的主妇，她们一天要花30苏给家人购买吃食"。对那些住在巴黎郊外，趁着花店打烊的日子进城，以低于议定价格出售花卉的流动女贩，花店老板尤为反感。他们要求，禁止任何人从复活节到圣马丁节（11月11日）这些天内，在凌晨4点之前卖东西，而在其他日子里，也不得早于上午6点开张。

在小一些的外省城市，比如英吉利海峡一边的勒阿弗尔港，这些强烈的仇恨表现得更为明显。在同样抱怨薪水微薄的陈情书中，船厂的木作行会对船主采取按天计酬、临时雇工的做法提出了强烈的反对。同样，出售咖啡-柠檬和酒醋的店主对于那些无照经营者也十分不满，这种人的货是趁着船舶卸货的空档顺手偷来的，然后就随便摆个货摊便宜卖。而制帽商们坚持认为，每周两次的勒阿弗尔露天集贸市场，实际上正把制帽行业推向绝境，因为"一些人根本没有这方面的知识，却慢慢混入这个行当，公众遭到了这些人的诓骗"。此外，城中偷窃、酗酒、暴力斗殴日益猖獗，在他们看来，凡此种种，都是人心浮躁、风教沦微的结果。

在一些城市和乡村的结合地带，这些冲突尤为尖锐。通常情况下，城里人在对来自偏远山村的农副产品进行市场监管时，总是遇到各种困难。但是有时候，那些"围城而外"的村子里的农民，感到自己成为了商业盘剥的牺牲品。所谓的污泥事件（affaire des boues）（最好译成"粪肥生意"），对巴黎的西部和南部地区的许多小公社，如今许多都成为地铁站点，比方说旺沃、伊夫里（Ivry）、庞丹（Pantin）和拉维莱特（La Villette）来说，是最主要的关切。长期以来，这些人烟纷杂的小村庄也对巴黎的屠宰行会颇为嫉恨，因为他们有权在自己的田地里放牧。在这样的垄断之下，环绕巴黎周边的地区，实际上就承担了满足巴黎人口腹之欲的重任。当地的农民养殖家畜不能自己吃，也不许拿到城里卖。

但是，他们可以种植甘蓝、洋葱、胡萝卜和豆子。而作为对他们把草地让给屠户的补偿，政府允许他们到城里的街上免费拾粪：拿来浇沃园里花卉的粪肥价值不菲。陈情书中有这样的不满，说从1770年代后期以来，在农民运送这些宝贝出城

[272]

的路上会遭遇多处收费关卡，这就等于破坏了原先的免费补偿的承诺。遭受了这样名目翻新的盘剥不说，还不许他们向那些在他们草场放牧的肉店老板收取一分钱。在他们看来，要想进行补救，就该恢复传统的做法，按照早已达成的协议条款来办，而不是允许各方对现行使用土地的费用随意做出调整。他们还威胁说，如果当局无动于衷，他们就干脆用自己的方式，把那些屠户的牛羊给清除干净。

许多其他经济现代化的进程，也引发了人们的愤怒情绪。有个叫德费·德·拉努埃尔（Defer de La Nouerre）的企业家，组建了一个大财团，把塞纳河的支流伊韦特（Yvette）河段改造成一条新运河，这一举动引起了沿河两岸巴黎居民的强烈反对。这项计划会让圣马塞尔郊区的供水难以保证，让戈布兰（Gobelins）的挂毯濒临绝境，最糟的是，会让16家磨坊无法加工面粉。1788年2月，巴黎高等法院对该企业发出停产通告，并让德费对在前期开工中造成的损害进行补偿，责令其将河道恢复原貌。但是不管是布里埃纳还是内克尔当局，都对这项工程颇有好感。由于其地位问题悬而未决，受到影响的各方提交的陈情书，充满愤激之辞，生怕项目得以恢复。

正是这些意图高度明确，充满地方色彩的不满情绪，使得那年冬天民怨沸腾，一直持续到1789年的春天。就像提交高等法院的案子一样，它们被作为处于萌芽中的资本主义，同社会群体利益之间冲突的孤例来对待。这些事件被编成陈情书，并作为三级会议代表选举过程中所要考虑的因素，可以说对第三等级的政治化进程产生了极大的推动作用。至少从这一意义上讲，国家政治中，地方各式各样实际利益上的不满意见所占的比重，已经和高调的制宪措辞不相上下了。中央和地方的不同利益，上层人士和基层群众的各自得失，这些问题在整个大革命期间都将始终存在，并不总能够取得一致。

尽管从那些自由派贵族的陈情书中，可以看到一幅法国快步实现现代化的诱人图景，只要摆脱种种制度的局限，1770年代到1780年代的宏伟变革将会臻于完美，就像蝴蝶破茧而出，但那些第三等级的陈情书，却往往是要想恢复旧制度，重新变回蝶蛹。他们提出的诉求根本就是凭空幻想，国家由一位明察秋毫、仁厚公允的君王来统治，任用那些谦恭朴实、兢兢业业的教士来实施管理。在这么一个臻于至治的共和国中，行政机关能做到无所不在，却又无影无形，如果必要，就参与地方社区事务（就像很多陈情书提出要建立的加强治安警察部队），但是注意保持不越权，以防侵害地方利益。这样的一个政府，将成功地在公民与公民之间、公民与政府之间建立起公正和互惠的关系。

最重要的是，这将是一个不存在现代生活腐败现象的法国。无数的第三等级呈递的陈情书都要求取缔赌场和博彩，甚至还有人想要让咖啡馆也都通通关门，这种地方都是乌烟瘴气的，很多年轻人都赔得倾家荡产，还有很多浮浪子弟出没其间。对那些花花世界中的败类，那些做买卖赔了本的，放高利贷牟利的，还有囤积粮食高价出售的，这些人再怎么严惩，比如拿烙铁烫，都不为过。有很多人提出要取消街头小剧场——林荫大道剧场，这种热情如果卢梭看到了，心里都会暖融融的。似乎他们遵循的是梅西耶在演讲中发出的警世之言，他们希望刺破城市生活的毒瘤，将这些沉渣浮秽荡涤干净。

当然，这些愿望都是不可能实现的。但明知不可为而为之，正是革命的一个极好的定义。

四、死兔子和破墙纸，1789年3—4月

法国大革命最先惨遭横祸的是兔子。1789年3月10日到11日，讷维尔（Neuville）的村民们，自发组成小队，手拿棍棒、镰刀，在草丛和林子里到处搜寻这种满地乱窜的可恶小东西。他们带上狗，如果所获颇丰，便会发出"呜，呜"的叫声，通知捕猎小组的其他成员。要是一无所获，他们就设下套子来抓，也不管什么严酷的狩猎法了。长期以来，禁猎森严，农民们只能强压怨气，俯首听命，不敢越雷池半步。

在整个法兰西岛，以及法国北部其他地区，从阿图瓦的瓦西伯爵领，到蓬图瓦兹的孔蒂亲王领地，都发生了类似的领地入侵事件。农民们根本不把保护鸟兽的狩猎法放在眼里，那些不近人情，以武力迫使人们就范的"猎场看守人"，也不再能吓退村民们了，钉头靴踩进了禁苑树丛，翻过篱笆和石墙，把田里的草都割去，搜寻山鸡和野雉，还有沙锥鸟、丘鹬的窝，鸟蛋都打碎了，有的小鸟都喂了狗。兔子洞都被捣毁，把野兔子从岩缝里揪了出来。有些村子更是胆大妄为，为了抓捕更加值钱的猎物——那些最贪吃嫩苗的小鹿，甚至挖坑埋陷阱。最蔚为壮观的攻袭捕杀行动发生在那些很小的城堡，也就是那些鸽子棚里。农民们发现，从空中发动突袭，偷吃他们谷粒的，就是从这里被放出来，吃完了又逍遥自在地飞回他们的庄园的鸽子。有一份陈情书，甚至称它们为"飞贼"。洛林的一个区，要求将鸽子赶尽杀绝的陈情书就不下19份，另外还有16份陈情书则坚持认为，家鸽和信鸽应该最起码在播种之后十五天之内禁闭笼内，不得放飞。

这已经很难称之为盗猎了，因为这些捕杀行为都不是偷偷

摸摸进行的。许多时候,打死的猎物就挂在杆子上,像战利品一样拿到村前村后巡游展示。一开始这些私猎团伙会碰上骑马的"猎场看守人",可是农民人多势众,而且不达目的决不罢休。恶劣的气候让他们的庄稼地在冬天颗粒无收,他们可不想到了春天,庄稼又成了兔子的口中食。在一些地方,比如尚蒂伊附近的孔代亲王的私家庄园内,闯入其中的村民肆意滥捕,根本无视狩猎法的存在。3月28日这天,他们撞上了那些护林的"猎场看守人",当场被开枪打死。

面对这样大范围的违法行动,有关方面顾虑重重,束手束脚,不敢实施一整套强力措施加以镇压。很快,政府方面便对眼前发生的一切干脆就来个视而不见。在瓦西的林子里,村民们组成盗猎团伙,肆意捕杀当地伯爵领地内的飞禽走兽。埃尔布莱(Herblay)的滥捕滥杀情况尤为严重,团伙的头目名叫图桑·布歇(Toussaint Boucher),这个名字实在很贴切,他曾坐过牢,但很快就被放了出来。他手下这帮人什么挨鞭子、烙火印、驱逐流放的都不怕,护林人什么的更不当回事,反正这些猎兔杀鸟的人,就觉得自己打猎是天经地义,国王恩准的,道理在自己这边。法兰西岛有一份陈情书,甚至坚称这么做是"国民的普遍意志,这些猎物应该被统统消灭,因为它们吃掉了公民们的三分之一的口粮,这也是我们善良国王的意愿,他爱他的子民,是他们共同利益的守护者"。

最为疯狂的是,砸毁鸽棚成了最让人痛快的事情。那些遭残害的鸽子被丢在乡村庄园的草地上,到处都是,对于法国的封建领主们,这是一个再直白不过的信号了。发生盗猎骚乱,清楚地表明人民从开始的出言抱怨已经发展成暴力行动。似乎现在宫廷察访民情给人造成的印象就是,过去那些非法行为,现在都被国王特别照准了；他的法律，往大了说就是国家的意志，完全凌驾于特权的私吞占用之上。捕杀鸟兽不仅仅是出于绝望，按照1789年的精神，它也是一种爱国行为。

捕杀封建领主的猎物，不管怎么说，总要比直接针对人身的暴力活动要好些。引人注目的是，在1789年发生的所有乡村暴动中，一系列动物或无生命的物品被当作发泄内心积怨的对象。人们找一些替罪羊开刀，把一些模拟像拿到新桥上去焚烧，捕获的白鸽就掐死在笼子里，要不就是用死的东西出气，比方讲把马车扶手或者教堂长凳上的布套给撕烂，这一切都起到了相同的象征作用：向自由的献祭。

差不多与此同时，还爆发了针对运粮车队的袭击，用的也是同样的手法。就像在1775年的"面粉战争"中一样，暴乱者相信，只有他们是在忠实地履行国王的旨意，而当局是在假传君命，胡作非为。于是出现了这样的谣传，说国王已经下令，一塞提埃*小麦的价钱从42利弗尔降到24利弗尔，似乎要实现这样一种原始的公正，统统把数字前后对调一下就行了。面包也要搞合理定价，降低到每磅2苏，而目前市面上差不多要4苏。投机倒把的、囤积居奇的，还有那些偷奸耍滑的磨坊主、牟取暴利的银行家，他们都是和国王作对的，也是人民的公敌。三级会议选举所造成的权力真空更是加强了人们的这种观念，使得那些带头抢劫驳船、马车和面粉仓库的暴乱头子更加肆无忌惮。在其中闹得最厉害的是妇女。在维罗夫莱（Viroflay），女人们在凡尔赛通往巴黎的道路上设卡盘查，有车队经过一律拦

---

* 塞提埃（sétier），法国古时的谷物容量单位，在巴黎，1塞提埃小麦约合12蒲式耳，约重240磅。——译者

下，凡有粮食或者面粉的，统统扣下才放行。在茹伊（Joüy），另一场妇女的集会要求谷物以大幅低于市场的价格出售。邻村一个叫比尔（Bure）的富农存粮最为丰实，此人倒也识相，说爱给多少价钱，看着给就好了。在巴黎周边广阔的乡村地区，从拉雷讷堡（Bourg-la-Reine）到朗布依埃（Rambouillet），情况都大致相同。

在 1789 年初春，这种民众介入的行为波及的地域，要比 14 年前的时候扩大了许多。从 3 月中旬到 4 月中旬，整个诺尔省，从康布雷、瓦朗谢讷（Valenciennes）到敦刻尔克和里尔，都发生了对面包店和粮仓的袭抢事件。在布列塔尼，自从 1 月在雷恩发生街巷混战以来，暴力活动持续不断，甚至向一些更小的城镇，如莫尔莱（Morlaix）和瓦讷（Vannes）一带蔓延开来。从 3 月 30 日到 4 月 3 日，妇女们在贝桑松发动了一场暴乱，强迫对谷物做出最高限价，并进而砸毁了拒绝服从的高等法院大楼。

[276]

在乡村地区发生的这些混乱局势，涉及地域之广，破坏程度之烈，到了必须动用军队的地步了，要不然就要酿成一场全面起义。但是在各省城镇迅速蔓延的骚乱活动，让军队捉襟见肘，力不从心。逐渐地，就只有靠当地社群想办法力求自保了。早在 1788 年 4 月，特鲁瓦就率先垂范，成立了一支城市民兵，直接对地方当局而不是国王的军官负责。一年之后，在为了选举而召开的会议上，对这种迫于形势的权力下放给予了强力支持，马赛、埃唐普、奥尔良和博让西都成立了志愿民兵自卫队。这是君主权威最终倾塌的一个重要时刻。首先，它的出现，表明国王作为精神之父，已经无力养活他的臣民了。此外，它也非常清楚地表明，国王连保护他们的能力都没有了。

当然，在巴黎，由于愤怒和饥饿交织在一起，产生的后果最为危险。当局不允许巴黎以多菲内为榜样,以联合"公社"(巴黎中世纪的称号)的形式进行集会。巴黎的20个贵族选举大会(还有许多的教士选举大会)在递交陈情书之前,就已经正式发表抗议,认为这样一来,他们便得不到爱国大家庭的祝福。然而与此同时,在全国其他地方,大约有六分之一的公民,由于纳税资质的原因被剥夺了公民权,而巴黎的纳税门槛更高,达到6利弗尔,使得这一比例达到四分之一。当时的一份颇具代表性的小册子愤然抨击这种设定门槛的做法:"我们的代表,代表的不是我们。根据这样的安排,我们根本不可能选出自己的代表,巴黎被分成了60个区,从哪个方面看,都像是60群绵羊。"

[277] 巴黎的工人因此率先在很短时间里便体验到了国民代表的幸福,然而之后却又备感疏离,深受打击。除了工业萧条之外,封冻的塞纳河让那些靠水吃水的人们,那些码头工人、驳船船夫和沿河来往的木材搬运工都断了生计,这种恶劣状况一直持续到了来年春天,石匠、木匠、刷墙工都加入了失业大军。当天气在4月份稍稍转暖,12,000名最需要找活干的,便被送去蒙马特尔的小土堆刨坑;其他一些到码头去做清洁工,或是去疏通河渠。但是这无异于杯水车薪,根本无法改善大批失业劳工的悲惨境遇。

在面包店里,人们买得最多的4磅的长面包价格在12至15苏之间浮动。在2月份的时候,有27家面包店因为擅自涨价,超过规定的14苏半的上限,被罚50利弗尔。于是面包行会马上出来抗议,称鉴于供应短缺,加之批发价格上涨,要卖14苏半指定赔钱,除非短斤缺两,要不就是铤而走险,往面包里添加别的替代品来抵充重量。报纸上还出现了这样的报道,说现在有人拿自己的衬衫来换面包,还有一次,一名妇女甚至把紧身内衣脱下来，跟店老板换了一条面包。在这样的情况下，《穷人陈情书》应运而生，呼吁设立法定最低薪水标准，并保证那些没有丧失劳动能力的男女劳工能够维持生计。还有一份迪富尔尼·德·维利耶（Dufourny de Villiers）写的《第四等级陈情书》，也谈及同样的问题，敦促对富人抽取高额税款，来赈济穷人，过度的贪欲使这个社会已经到了"人不被当人看"的地步。

到4月末，也就是一拖再拖的巴黎第三等级预选会议开幕之后一个礼拜，人们的苦懑和猜疑终于达到了极限，一场激烈的冲突爆发了。事情起因于圣安托万郊外的一个谣传（很快便传到了巴士底狱以东一带），称雷韦永的墙纸厂要把工人工资降到15苏一天。而雷韦永和跟他一样遭谣言中伤的硝石厂老板昂里奥都大为恼火，声称纯属谣言。雷韦永是巴黎一个颇有善心的工厂主，他支付给工人的日工资最高达50苏，最少也有15苏，在冬季天寒无法开工，日子最为艰难的时候，他也没有大批解雇工人。不过，他确实属于典型的资本主义企业家，因此那些圣安托万郊区为数众多搞单干的手工匠人和技术工人，都对他颇为嫉恨。

雷韦永的生意完全是靠白手起家开始的，颇具典型意义，在旧制度末期并不鲜见。起初，他是个造纸作坊的普通学徒工，后来，他离开了这个完全由行会把持的行当，投身更加自由的新兴行业——墙纸制造。他找了个有钱人家的女儿，靠着老婆带来的嫁妆办起了自己的工场。1789年的时候，有个破产的金融家把一间大房子的底楼卖给了雷韦永，那些家什具也归这个自力创业的企业主了，雷韦永便把它们都搬到了楼上几层的寓所内。除了油漆、粘胶和磨光，雷韦永还拥有了自己的造纸设备，掌握了整套相关技术流程。就像梦高飞的个人经历一样，

[278] 造纸厂和科学领域的关系也是密不可分的,正是在雷韦永的工场内,皮拉特尔·德·罗齐耶开始了他的一系列气球试验。雷韦永本人对化学也有一定造诣,发明了制作牛皮纸的工艺,这是他在布里(Brie)的工厂里试验成功的。到了1784年,他雇用了400名工人,并且委托戈布兰(Gobelins)最好的画家来替他设计图案。由于其在墙纸生产领域的卓越成就,雷韦永还得到了特别金质奖章。他甚至还成功地将生产线扩展到了英国。

正是这种现代型的企业,让郊区一带的手工艺人感到了威胁。这类劳动力大量集中,并雇用没有学徒背景的童工,采用一体化的工艺流程,这一切都足以让雷韦永成为众矢之的。更要命的是,他的那幢私宅蒂东维尔(Titonville),正好矗立在蒙特勒伊路和圣安托万郊区路的十字路口,非常惹眼,其内部陈设富丽堂皇,藏书汗牛充栋,尤其是那个被他如愿弄到手的大酒窖,贮酒足有2000瓶之多,更使得它远近闻名。

雷韦永之所以会成为牺牲品,就是因为他对于现代经济缺乏正确的领会。在一次圣玛格丽特区选举会议上,他确曾说过这样的话:"既然面包是我们国家经济的基石,"那么就应当取消对它的分配限制,并允许其低价销售。这样一来,工资水平可以降低,制造成本可以压缩,进而可以促进消费。

作为商会的宣传本也不错。但是拿这番话和昂里奥与之如出一辙的一些论调结合起来看,很自然地就会让人觉得是在发出降薪警告。但是最早爆发示威游行的,却不是在雷韦永的工人集中聚居的圣安托万郊区(这些人中参与暴乱活动的极少),而是在河对岸穷人更多的圣马塞尔郊区,住在那里的主要是酿酒厂和制革厂的雇工,这两个行业的生产都必须依赖门前的这条比耶夫尔(Bièvre)河,而河面封冻让他们的生产大受影响,难以为继。

好几百人，手提棍棒，一路直奔圣安托内，嘴里大声叫骂"杀死富人，杀死贵族"。他们执杖而前，吵吵嚷嚷地向雷韦永的工场去。巴黎当地最喜欢多事的一个人，书商西蒙·阿迪（Siméon Hardy），跑进当时已经达到500多人的一支队伍中，他手里举着一个吊着雷韦永模拟像的仿制绞架，还有一张布告，上面写着"依据第三等级的法令，裁决并判处上述的雷韦永和昂里奥二人绞刑，并把尸体焚烧于公共广场"。这群人抵达格雷夫广场的时候，人数已骤增至3000人，他们试图阻断交通，并打算树立一个火刑柱，然后前往雷韦永在蒙特勒伊路上的宅邸。

当时位于大主教区（Archevêché）的巴黎全部60个投票区的选举人大会，已经组成了一个非正式的行政机构。大会派出了3名颇有胆量的志愿者去和示威人群对话，其中的两个是纺织厂的老板。"你们是什么人？为何要阻止我们绞死雷韦永？"人群中有人质问。纺织厂主沙尔东学着戏台上那种一本正经、宽宏大度的口气回应道："我是你们中好几位的衣食父母（意思是他们的老板），也是你们所有人的兄弟。""好吧，既然你是我们的兄弟，拥抱我们吧。"（拥抱是当时表示友好的一个举动，而那些雅各宾积极分子处在政治生涯的鼎盛时期，都不肯互相拥抱）"我相当乐意，"沙尔东说道，"不过你们得先放下手里的棍棒，"接着他便解释说，雷韦永和昂里奥都是正直的爱国者，人民的朋友，这番话似乎收到了安定人心的效果，示威人群渐渐散去了。

但是危险还未就此结束。他们在去雷韦永府邸的路上，被一支50人的法兰西卫队给拦了下来，于是示威者转而奔向昂里奥的家，把那里里里外外翻了个底朝天，屋里的家什全都被打得稀烂，砸碎的东西被丢弃在大街上焚烧。

第二天，也就是4月28日，事态进一步恶化。闹事者人

[279]

数几乎与前一天一样多，带头鼓动的是个 40 岁孕妇，圣安托万郊区一个临时工的老婆，玛丽-让娜·特吕莫（Marie-Jeanne Trumeau）。她和另一个叫皮埃尔·让·马里的 24 岁年轻人，他在受审记录中被列为"作家"，一起怂恿人们像昨天一样，继续示威闹事。当他们跨过塞纳河，来自圣马塞尔的增援队伍又迅速壮大，那些干水上营生的，包括失业的码头工，还有在河上推木筏的"流民"也都加入了进来。这些人和之前的酿酒厂工人和皮革厂工人，以及圣安托万地区的工人一起，组成了一支人数在 5000 至 10,000 之间，令人望而生畏的大部队，而在雷韦永家门前，法兰西卫队组成人墙拦住了他们的去路。

这场骚乱可能不光会造成财产损失，还会产生更加严重的后果。暴乱分子人多势众，可能会让巴黎的治安警察无力应付，而且这场骚乱也对文森的赛马构成了威胁。因为不管是那些住在玛莱区或者圣日耳曼区豪宅里，养着善跑如飞的骟马和牝驹的有钱人，还是更多地在马身上下注的人，要去赛马场，都必须经过圣安托万。骚乱一来，确实造成了严重的交通堵塞，他们向着那些坐在豪华马车内，对第三等级缺乏好感的人出言辱骂，挥拳挑衅。只有大众英雄（家养良马极多）奥尔良公爵受到的待遇与众不同。人们和他打招呼，叫他"人民之父"（虽说另外还有一个），他于是停车驻马，和善地挥手致意，并当场讲话，呼吁所有的朋友们保持克制。人群中有人提出异议，说他们本是善良之人，可是天杀的老板们却要克扣他们的工钱，这样工人每天只能拿 15 苏，奥尔良知道，此时只有一个办法。他拿出大袋大袋的钱来，朝着人群抛洒过去，就在人们感动鼓掌的时候，他便匆匆离去了。

[280]

显然这样一来，紧张气氛得到了缓解。但是人群并未离开，蒂东维尔门前的卫兵依然没有撤走。他们一直留在原地待命，直到数小时之后去赛马场的观众回城为止。他们尽量让人流向王座广场（Trône）的关卡那里疏散，这也是非常明智的做法，但是奥尔良公爵夫人却不肯，偏要从原路直接前往皇家宫殿，卫兵只好分拨一些人来为她护驾。这下可大事不好了，好几千名群众随之跟了过来，一下子潮水一般涌入雷韦永的工厂。老板和其家人赶紧从花园小路离开，这才算勉强逃脱。之后他们便奔向巴士底狱，打算躲藏其中。短短两个钟头之后，家里和工厂内便被扫荡一空，只有地窖里的够几千人喝上一阵子的酒没有被抢走。花园里烈火熊熊，很多的纸契、文书、胶水（极好的引火之物）、颜料、家具、油画都被烧个干干净净。

等到大队法兰西卫兵特遣队、城防巡逻队和正规军总共数百人，带着火炮，敲着锣鼓开进来的时候，一切都太晚了。石头和瓦片雨点一般砸了下来。一开始，他们只是对天鸣枪示警，但是却没能吓退人群，于是他们就开始直接朝人群射击。即使平时一脸冷酷的费里埃侯爵，此时正好看到了这一幕，也把此情此景称为大屠杀，尽管实际死亡人数，统计出入很大，有的说只有25人，有的讲高达900人之多。但是可以肯定，在冲突中至少有300名平民受伤，而且很可能死亡人数也并不在这之下。

为了表明政府决不会手软，有两个参与抢掠的人被判有罪，一个是搬运工，另一个是毛毯工，并在30日当天被处以绞刑。三周之后，又有一批闹事的，总共7人接受了审判，其中一个名叫马里的人，是替人写信的。这7人脖子上挂着"滋扰治安"的牌子，被游街示众，然后一齐处决。马里的5个追随者也被强逼着观看了整个行刑过程，其中一个是年仅15岁的修锁学徒工。之后，将他们5人肩头上烙上"GAL"字样，并把他们送到苦力船上服劳役，GAL 的意思也就是苦力船。而那位玛丽-让娜·特吕莫则由于雷韦永本人出面说情，才得到从轻处罚。

从种种方面来看，雷韦永骚乱都是即将有大事发生的明确信号。只有一点例外，法兰西卫队中很多和暴乱者同样出身的士兵，还是遵从军令，并未让自己脱离正规部队（三个月后他们将脱离正规军）。不过已经出现了一些不同的迹象，他们也感到自己受到了当局的凌辱，特别是那位下令为奥尔良公爵夫人开道的士官，居然受到了降职处分。于是他们凑起些钱来弥补他的损失，并且一致谴责那位下令让他们朝人群开枪的军官。

雷韦永骚乱是比 1792 年大叛乱之前任何一次革命暴动死伤人数都要多的流血事件。所以很显然，它给巴黎的统治秩序带来了强烈的冲击。过去一度认为，由正规的 6000 编制或者这么多的杂牌部队，足以拱卫巴黎，现在这种观点显然站不住脚了。需要派驻更多军队才行，虽然很多高层精英对此仍然将信将疑。这场暴乱也使得评论家的意见分歧进一步加剧，一部分公民贵族对这种流血冲突惊恐不安，而另一些人，比如戍守斯特拉斯堡的皇家骑兵上尉，他本来正在玛莱吃晚餐，突然听到一阵吵闹声，他便跑去看到底出了什么大事。结果看到的并不是什么惨祸，而是"约一千五六百名国家败类，不顾廉耻，自甘堕落……喝多了白兰地，正在呕吐，场面污秽不堪，叫人恶心"。

目睹此景的军官们，只能匆忙逃离，因为有人看到有两名军官的制服上有圣路易的徽饰，这引起了群众的愤怒。但是真正让这位骑兵上尉感到愤怒的是他们竟敢随随便便地乱用"内克尔万岁，第三等级万岁"这样体面的第三等级标语，作为他们的战斗口号，实在是"无耻之极"。雷韦永骚乱的真正意义在于，它暴露出，如果革命是建立在民众力量基础上的话，那些以人民领袖自居的人，其实有多么的无能。圣安托万和圣马塞尔郊区的那些工艺匠人受到鼓动，认为他们遭受苦难的根源，就在于那些"劣绅恶党"，还有各类根本无视国家利益的人，只要是奸贼窃位，国家便永无宁日。换言之，什么荒年歉收之类的，完全是个阴谋。其言下之意就是要人们揭穿这些伪装，把这些罪有应得的人铲除干净，这样那些受穷挨饿的老百姓才能有口饭吃。

而在那些对此惊惶不安的巴黎第三等级代表方面，他们却怀疑，那些闹事者，都是朝廷密探雇来的，故意要他们制造混乱局面，让代表们难堪。不管怎么说，雷韦永本身也是代表中的一员，和他们一样，都是代表了自由主张的现代人，也是本行业资本家中的楷模。但是，正是这种"自鸣得意"使他成为革命暴力打击的对象。诚然，1789年4月事件的主谋是一群倒霉鬼，根本不懂得怎么说话，但是同样还有一些有权竞选的人，他们却处心积虑地想要利用这种社会存在不公的言论大做文章。巴黎的大街小巷，小册子已经风行起来，把民众排队等待粮食救济联系到政治问题上去。其中有一本叫做《无人说过的话》，写这本小册子的人，本身并不属于所谓的"第四等级"，而是高等法院的一名律师，名叫德拉艾（de La Haie）。他认为，生计问题，应该是三级会议的首个议题，而真正的公民的头等大事就是"将正在议会门口痛苦呻吟的公民同胞们从死神的手中解救出来"。他还讲述了一件事，说几周前他从选举会议出来，碰上了几个因为是穷人而被拒之门外的公民：

他们只想问一件事：

> "先生，他们关心我们吗？他们是否考虑降低粮食价格？我们已经断粮两天了。"

1789 年的巴黎，革命呈现出两种不同的情绪。一种是现代人的情绪，比如西尔维恩·巴伊，他是天文学家，科学院院士，住在夏洛特（Chaillot）的市郊，对他而言，选举大会是一种政治的复兴。

> 当我置身于区议会内时，我认为我能够呼吸到新鲜的空气。这确实是政治秩序中的重要现象，仅凭公民身份便可……这个议会，虽然是由国民中的一小部分人组成，但在此感受到的却是全体国民的力量和权利，但它不会因为这些权利和力量就要求成为权威机构。

而《一个爱国者的四个呼吁》一文挑战的正是这种权威。要想对抗这种权威，作者认定，公民们必须武装起来，越快越好。要想取得胜利，就必须将贵族分子驱逐出去，这样一来，人民才能被"从可怕的阴谋诡计中解救出来"。"对即将饿死的人大谈和平、自由有什么意义？对于已变成白骨的人民来说，再好的宪政又有何用？"

这就是第二种革命的论调。在革命的第一年，这两种不同的观点彼此融洽，在第三等级中协调一致，同是公民，同是兄弟。但是过不了多久，贵族走向衰亡，人民依然忍受饥寒，到那时，严重的争吵便会走向公开。

第九章
临时拼凑一个国家

一、两种爱国者

费里埃侯爵致费里埃侯爵夫人，1789年4月20日

亲爱的，我已经抵达奥尔良了，所以我想花上几分钟时间和你聊聊。这趟旅行我一点都不感到累，而且天气也非常好。桥塌了，对旅行造成了不便，快八点时我们还是过了河，到奥尔良过了夜。晚餐我胃口很好，睡得也很香。我的同伴为人都很好。沙特尔侯爵比我之前了解到的和蔼得多得多，尽管他的想法有些出乎常人意料，但是他的推理能力很好。圣莫尔曾经发生过一次暴乱，最后调动了100名安茹军团的士兵才得以解决。在图尔，面包5苏一磅；在布卢瓦则要花五苏半的价钱。民众人心惶惶，害怕死于饥荒……我们在博让西买了一桶酒，并把酒转运到了凡尔赛。不包括关税和运费在内，我们就已经花了195利弗尔，但是至少我们能保证喝到优质、不掺假的葡萄酒。

你最好在集市上卖一些小麦。谁也不知道将来会发生什么。不要忘记接济穷人，根据需要来做些慈善……

我们可能明晚抵达巴黎，住在雅各布街，至于是哪家旅馆我还没确定。

先聊到这儿吧，再会，亲爱的！不用担心我。我深知你对我情深意切，也知道你不会轻易惊慌失措。我自己感觉不错，这才是最重要的。至于其他的，自有上天安排。但是我必定会不受阻碍，履行好我的职责，不会全然地支持或反对什么，而是要根据我的想法行事。

亲亲我的塞拉菲娜宝贝和夏洛特宝贝。告诉她们，爸爸很爱她们。请代我向梅塞利耶问好，我周四会写信问候他。

[284]

这是一个脾气温和的中年乡绅、业余文人夏尔-艾利·德·费里埃-马尔塞（Charles-Elie de Ferrières-Marsay）给他的妻子亨丽埃特写的一百多封家书中的一封。从春季一直到秋末，妻子一直待在普瓦图的庄园内照料收割的事情，之后便去往巴黎过冬，和丈夫团聚。整整两年来，费里埃一直忙于公务。而当他最后在制宪议会完成任期时，法国政坛已经完全变了天。国王和王后试图逃往边境，却未能成功，含垢忍辱地回到了巴黎；看起来和王后的兄长奥地利皇帝发生战争是不可避免的了；那些要求建立共和制度的示威者在战神广场（Champ de Mars）遭到枪杀，纷纷倒毙。让费里埃颇感沮丧的是，他的兄长也加入了流亡国外的行列，在大恐怖时期，费里埃诚惶诚恐地给当地的公社寄去了整整6麻袋的封建地契和租约，还有国民公会下令查禁的各类文书，"使其能依法焚于自由树下"。

未来革命的那个凄凉之秋，确实会发生那种小小的补偿。但是在1789年，费里埃作为普瓦图的一名贵族代表，在前赴三级会议的路上,心底却是充满了春日一般的憧憬。车驾缓缓经过时所看到的硝烟弥漫的惨景,并没有破坏他天真如孩童一般高昂的兴致。其他一些人,和时下忧郁的文化更加契合,他们从卢瓦尔河上坍塌的渡桥或许已经看出了更多端倪,这并不仅仅只是给旅行者带来不便而已。就在1月冰雪很快消融的时节,正当从索米尔开出的公共驿车开始过桥的时候,第一个桥拱塌了下来,幸亏驾车人反应及时,迅速弄断了第一匹马的缰辔,让它纵身跃入河中,才使得余下的桥拱一个接一个坍塌的时候,车内的乘客得以保全性命。

图尔大桥曾是旧制度典型的现代建筑:当初精心规划设计这座桥,就是为了便于贸易和人员的往来。而从投入使用到最后发生灾难,不过十年的时间。那个时代充满生机的乐观精神大多也在费里埃沿路的行程中逐渐崩塌。抵达巴黎的时候,费里埃非常兴奋地和妻子一个劲地聊着晚餐、剧场和他时髦的镀金纽扣。和许多外省人一样,他对于皇家宫殿极为迷恋,又去看马戏,又去逛书店,还一头扎进人挤人的咖啡馆里听政治演说。但是他很快便意识到,眼前的这一切既是令人兴奋的,同样也是十分危险的。他告诉亨丽埃特,某一天晚上,他跑去歌剧院观看格鲁克的《伊菲姬尼在奥利德》,"当我沉醉于使我热血沸腾的甜蜜情感时,圣安托万郊区正在鲜血横流"。让他大为惊恐的是,有个世交好友,鲁瓦神父,被指控为煽动雷韦永骚乱的带头人之一。在他离开奥尔良四天之后,某处谷仓遭到了冲击,还有人手持短斧抢劫加尔西都会女修道院,为首的是一些船工,还有石匠以及其他的手工工匠和他们的妻子。就像在巴黎和全国其他许多城市一样,有人被打死,有军队的介入和有公民自行组建的自卫武装。"所有的事端使得我们这个可怜的

[285]

王国风雨飘摇,陷入了恐怖又可憎的境地。"惊魂未定的侯爵这样写道。

在凡尔赛,他心绪恢复了平静,毕竟重要的日子就要来临了,人们对这一天实在是寄托了太多不切实际的期冀。费里埃自认为算是开明人士:他有理性,且乐善好施,热心公益,最重要的一点,颇有绅士气质,一副文质彬彬的样子。他是诗人杜·贝莱(du Bellay)之后,他将哲学和科学的探究与文学的表达结合起来。他的处女作,名字就叫《有神论》(会给人造成误导,因为该书之中,充满了自然神论的观点,而且在书中,某个乡村神父竟然说出"神学,不外乎就是研究文字的科学"这样的话,实在令人难以置信),1785年首次出版,一年之后,又有一本著作问世,书名叫作《社会与自然秩序中的妇女》。他的一些在索米尔议会中的贵族友人,也都是和他志趣相投、崇尚理性的人,故而也就不奇怪,他们的陈情书,是贵族等级中比较自由的那一派的主张。在其序言中,它便强调所有公民在法律面前一律平等的原则,他们所忧虑的,不是普通平民的代表权而是教士阶层的代表权过重,而且和所有第三等级的陈情书一样,他们也一再坚持,除非建立了某种基本的公民自由和政治自由,否则政府无权征收任何赋税。

而为了顺应这种贵族阶层的个人主义,议会决定,就到底是按照人头还是等级进行磋商及投票,并不做硬性规定。不可思议的是,"确立宪法"似乎具有魔力一般,指引着他们朝着正确的道路前进。就这样,普瓦图的贵族似乎成为了那个"混杂"的团体,其行为完全由偶发的政治事件所决定。

不管怎么说,在费里埃为三级会议的开幕忙着准备的时候,这些事情对他而言并不重要。他发现,在贵族中间,弥漫着对内克尔的刻骨仇视,觉得很多麻烦就是由他挑起的,费里埃对此深感震惊。而令他感到疑虑的是,他的那些代表团的同伴们,比如加利索尼埃伯爵(Comte de Gallissonnière),居然就这么随随便便地倒向了宫廷保守派这一边,和原先在索米尔的言行判若两人。但是就在大会开幕之前的几天,他便已经全身心地投入到"欢乐而又近乎荒唐"的活动之中,为了其盛大隆重的场面而奔忙了。

在给亨丽埃特的一封信中,费里埃曾略带自嘲地对自己华贵的装束炫耀了一番:"黑色丝绸外套……金丝银线的背心;蕾丝镶边的领结,羽毛装饰的帽子。"一干人如行"大丧"(他决定把自己也算在内),羽冠随国王亨利四世时的样式,前檐翻起。光是这顶帽子,便花费了不下180利弗尔,侯爵颇有怨言(对于占教士等级大多数的乡村神父,相当于其平均年俸的三分之一)。但是从本能上他也清楚,衣着打扮,与其他各项礼仪一样,绝非小事。它是整个盛大场合的一部分,就是为了使得人们暂时抛却怀疑。无论是参与者,还是旁观者,敬畏、欢悦之情油然而生,不再心存疑惑。他们故意这样设定规程,为的是要让自己觉得已经和一个焕然一新的法兰西的庆祝仪式融为一体了:过去、现在还有将来一一展现,和谐一致,就如同奥维德的某种变形一般。就好似14年前的加冕仪式上,那一轮奋力跃出天际的红日,再次升腾而起。

[286]

对于费里埃来说,这样的策略肯定管用。在开幕式上,他始终保持着爱国激情。在5月6日,他写信给亨丽埃特,语气中饱含着对于法兰西理想的近乎神往的一种热爱——"法兰西是生我养我的地方,在那里我度过了最快乐的青春时光;同样也是在那里,我开始有了自己的道德情感……"很显然,对于5

月2日国王给予代表们的那次极为冗长的接待，他并未放在心上。相反，他的心早已像云雀一样在骑着高头白马，身披百合团花紫鹅绒袍的圣使吹响的银号短曲中飞升。5月4日周一，他见到了路易十六，巴黎圣母院金鼓相迎，好不风光，唱诗童子齐诵《求造物主降临》时，国王偕其家眷在朝臣簇拥下，登基坐殿。然后他跟在身着镶有猩红色和金黄色菱形图案的仿古战袍的瑞士百人卫队身后，一路向着圣路易教堂而去；后边跟着的是皇家养鹰人，骑在马上，腕子上架着蒙了眼罩的猎鹰。之后是他们这一干人，身着镶花袍，头戴羽毛冠，远望去如银河滚滚，大街两边的楼房外，一路都悬挂着哥白林的织毯。

就在他徐徐前行，耳边不时传来"吾王万岁"的欢呼的时候，费里埃头脑中理性的声音却响了起来，他的思绪一下子变得忧郁起来。"法兰西此时无限辉煌。但是我对自己说，那些只追求一己私利的破坏分子、野心家、图谋不轨的人，会成功地摧毁这一切重要、高贵的事物，让所有的辉煌像过眼烟云一样烟消云散吗？"不过，当他来到圣路易教堂时，他还是为眼前奇妙壮丽的一幕所折服了。

透过美丽的窗子，可以看到最漂亮的女士，她们头戴各式各样的帽子、羽饰，衣着款式不一的礼服；每个人脸上都流露出招人爱的温柔神情，眼中带有微醺的笑意，她们拍掌，姿态娇柔，对我们笑脸相迎，即便我们已经在她们的视线中消失，其目光仍久久跟随。啊，我亲爱的法兰西，我亲切而友爱的同胞们。我永远和你们站在一起。在此前，我没有祖国，从今往后，我便拥有了祖国，它对我而言永远珍贵。

尽管如此，费里埃隐隐感到不安的，也正是这些引得他爱国壮志高飞，豪情骋怀的方式，实际上却浇灭了第三等级所共有的爱国之心。从历史上看，这种弘扬众志一心的共同体神话的公共仪式，往往故意搞得盛装斑斓，旗幡招展，这样一来恰恰突出了那些实际上被排除在权力之外的群体。而在文艺复兴时代的威尼斯，或者17世纪的阿姆斯特丹，那些公共游行的日子里，社会团体和民兵组织穿着相同的服色，在这样的欢庆盛会上竞相展示。通过这样的融合，神话远不止是穿着奇装异服的一个借口：它能够激发并且凝聚一种忠忱的爱国之志。

但在5月第一周的凡尔赛，恰恰发生了与之截然相反的事情。三级会议的开幕，并没有被看作三个等级为了共同的报国理想和衷共济的大会，只是被视为一种宫廷仪式的扩充。它不是兼容并蓄的，而是有所排斥的；不是空间开放的，而是封闭隔离的。它没有反映18世纪末期由于财富和文化的渗透，法国原有的等级关系实际上早已遭到破坏的社会现实，依然不识时务地搞等级分明的那一套。内克尔可能早就有这样的担心了。就像1775年杜尔哥一样，他对于开场仪式，只想走走过场，并把举办的地点放到巴黎。而当国王对此表示拒绝时，他又受到庆典操办人和那些确立历史先例的法律制定者的专业知识的掣肘。其实这些绝大部分是骗人的。亨利四世的时尚礼帽更多来自1780年代对于亨利四世时代的热衷，而不是对于1614年的服制探究的成果。当时为了仪式的需要，对传统进行了新编另造，就像是19—20世纪英国的加冕礼是完全的胡乱拼凑，硬把君主国套上一种帝国的光环。

这一切的结果，则完全使得三级会议的形式和内容产生了严重的冲突。前两个等级愈是招摇显赫，便越是同第三等级拉开了距离，越使得后者想要将整个旧制度都一同推翻。从一开始，他们便遭受无端轻慢，自尊心大受刺激。当国王在议事厅召见特权等级代表的时候，第三等级的代表们却被带入了另一个房间，排成两人一组的长队，从国王面前经过，就好像受一肚子委屈的小学生似的。他们穿着寒酸，而教士和贵族们则衣饰光鲜，恰成对照。从头到脚一身黑，恰如彩凤中的乌鸦，又活脱脱是舞台上中产阶级滑稽可笑的形象：千篇一律地穿成药剂师的模样。然而其中的一些人却从富兰克林的"尚礼君子"（ honnête homme）装束中得到灵感，他们懂得如何将这种羞辱转变为自身的优势。有个从雷恩来的老先生，名叫米歇尔·热拉尔（Michel Gérald），就拒穿指定的黑白两色的套装，而是一身棕褐色的斜纹布上衣，坐在逍遥厅中，第一眼看去，就是"热拉尔老爹"，活生生的农村人的淳朴敦厚的样子，就好像是照着莫罗的那些卢梭著作中的版画像来打扮的。

[288]

但是在第三等级代表中间，存在着另一种强烈的颐指气使的优越感，使得他们无法真正平等无间，融为一体。光是论块头，米拉波就已经卓尔不群了：体形彪悍，浑如铁塔，黑色外套和裤子，紧紧地绷住满身的横肉。他本已十分高大，加之招牌式的大片的长发向后梳，高高地盘起来，堆成尖耸古怪的乱鸦云鬓。背后看，一缕缕的头发垂落下来，被肩膀下面吊着的塔夫绸衣袋子裹着。有人把这个首如飞蓬、凶神恶煞般的人比作从头发中汲取力量的参孙。还有一些人，比如阿德里安·迪凯努瓦（Adrienne Duquesnoy）觉得他如同一头猛虎，一旦高声讲话，咆哮怒吼，看上去尤显得面目狰狞。米拉波对自己行止粗野的名声自然心知肚明，将之发挥到了极致，走路时都向后甩着脑袋，竭力装出一副目空一切的架势，每一个看到他的，还有那些伸长了脖子想要一睹其风采的人,都觉得他有一种率性纯真的人格力量:离经叛道,行为大胆,在外在包装和传统躯壳下,隐藏着一颗狂野不羁的心。他脸膛巨大赤红,像是喷涌的火山暂得平静,表面结了一层厚厚的坑坑洼洼的粗皮:满布着黑黑的小洞,还长了一脸的疤,高低不平。(这副奇异的相貌是拜母亲大人所赐,非要相信什么草药郎中的话,给他涂了一种复方油膏,说是能治天花出的水痘,结果就彻底破相了)热尔曼娜·德·斯塔尔(Germaine de Staël)对于这样一个敢于当面骂他父亲内克尔虚懦无用的人,本不该有什么好话的,连她都承认,一看到这么一副惊如鬼神的面孔,便不由得人两眼发直,再也无心旁骛。

奥诺雷-加布里埃尔·里克蒂,正式头衔是米拉波伯爵,但却是第三等级的代表。他早已深知应当如何利用自己的这副尊容,以及同等重要的,他的成长史。他的父亲维克多,就已是那种贵族悖论的践行者,他自称为"人类之友",一改其普罗旺斯人特有的那种封建家长制作风,转而研究社会关系学说,并一下子变成了重农主义者。"人类之友,"他儿子揶揄道,"对妻子对儿子都不好"。米拉波长大之后,便一直对他这个让人不得安生的老爹嗤之以鼻,两个人如同仇敌。他恨自己的父亲,但恨归恨,在很多方面他还是和自己的父亲非常相似。老米拉波喜欢上了自己妻子的侍女,把她安置在家里,妻子便去告他,于是他干脆将自己这个受尽折磨的妻子扫地出门,连一件衣服都不让她带走。尽管儿子因此谴责父亲,母亲却也并不喜欢他,甚至还拿手枪要射死他,幸亏没有打中。小米拉波染上了寻花问柳的恶习,积年不改,风流艳史可说是蔚为大观。他成了卡萨诺瓦第二,不过从某种意义上说又有所不同,卡萨诺瓦被当

[289] 作无情无义，只顾发泄肉欲的色棍，多属误会，而米拉波则比卡萨诺瓦更卡萨诺瓦，只要身边颇有些姿色的，他是见一个，爱一个，私生活混乱到了极点。尽管他容貌奇丑，却依然在情场上游刃有余，就好像塔列朗虽是个跛子，也照样能把女人搞到手。他甚至还靠这个来满足自己的邪念，加之他嗓音洪亮，那种浓情似火，渐入佳境的嘶吼，也是营造浪漫气氛的绝佳法宝。总之，与他父亲一样：崇高而又可怕。

米拉波入伍后，参加了1769年法国入侵科西嘉，扑灭当地自由运动的战争，拿破仑·波拿巴也正诞生在那一年。但是他老子维克多却出来干涉，米拉波不能再当兵了，余下的青春，便只能在流浪生涯中打发了：写点煽动人心的小册子；带着富婆私奔出逃，要不就是勾引有夫之妇；还欠了一屁股的债，连普罗旺斯的那些贵族子弟都为之咋舌：反正是变着法子让他老爹七窍生烟。不过在旧制度下的法国，当爹的要是发起脾气来，兴许就把儿子告进大牢，最早的时候，维克多就以品行不端为名，把加布里埃尔送进了在法国南部的伊夫城堡（Château d'If）；后来又有一次，他带着索菲·莫尼耶一起跑，结果还是在阿姆斯特丹被抓住了，无奈之下，这对小情人在文森城堡劳燕分飞。尽管后面的这次，从1777年到1781年，一关就是整整三年，可是米拉波并不觉得如何痛苦难捱，因为可以有自己的私人住所，加之又有红粉相伴，还拥有私人庭院，他（自然）就可以动脑筋想要把牢头的妻子骗到手。

而最后将米拉波从这样的堕落生活中暂时解救出来的，是一个荷兰姑娘。她同样也有着曲折的身世，是荷兰著名作家翁诺·茨威·范哈伦（Onno Zwier van Haren）的私生女。父亲把自己的姓打乱变成内拉（Nehra），就算是女儿的姓，这样假意算是遮掩，实际上是不打自招。米拉波跟这位叫亨丽埃特·阿梅莉（米拉波管她叫"还撒谎"（"Yet-Lie"），让人颇为不舒服）的女孩一路游荡，从荷兰去了伦敦，又回到巴黎，接着前往柏林。这个来自水乡泽国的女孩浇灭了米拉波心头的躁动的邪火，他生平第一次成了一个习惯低头沉思，不乏自知之明的人。米拉波的政治理念比通常理解的更像是博采众长的成果：也就是那种杂糅百家的世界主义。从荷兰人身上，他学到了爱国者的辩论技巧和铿锵豪迈的共和主义思想；从英国人那里，他体会到了代议制的行政模式；通过那些日内瓦瑞士人，他很好地吸取了新闻工作者的实践经验。但是他赖以与人沟通交流的那种单刀直入，那种逢场作戏的天赋，确实纯粹是得自他老子的遗传。

在 1789 年，他和"Yet-Lie"彻底吹了，但他最终还是从父亲咒骂的阴影中走了出来，成了普罗旺斯人眼中的共同的父亲："国父"（*le père de sa patrie*），而且这也成为了他在公开场合的名号。在那个特别料峭寒冷的一月，他回到了老家，打算作为贵族代表参加三级会议的选举。而普罗旺斯作为行政省份，被允许通过省三级会议来进行选举。这项安排引起了自发的抗议活动，在上一年的五月份，朗贝斯克（Lambesc）镇的镇长便已经召集了"民众大会"，以示反对。多菲内的一系列事件给了他们鼓舞，秋天的小册子运动也为他们增添了动力。12 月，超过 200 人联名签署请愿书，驳斥三级会议垄断该省代表的权利。

改革运动之所以能够发起，正是由于在贵族和教士等级内部有支持者。地方三级会议则冥顽不灵，死守陈规，坚持要将未获封地的贵族排除在他们的等级之外。而在教士集团内，村一级的助理牧师对私财万贯的大主教也极为痛恨，可以想见，

[290]

这些主教的位子，统统都是那些上流权贵之家占据着。该地区大量的新教教徒也站在助理牧师这边，他们也对主教集团充满仇恨。而在城里，那些市长和"执政官"（consuls），绝大多数也都是特权阶层中相对富裕的人家，这些人又招致熟练工和行会师傅的一致敌视。

最后，但并非最不重要的一点是，普罗旺斯正面临着严重的食物短缺，那些无疑该为这场危机负责的恶人，都一概成为了民众发泄愤怒的对象。和法国其他地区的老百姓一样，当地人也坚信，唯有产生新的公民代表，问题才能得到解决。米拉波很快便觉察到这些关键问题的重要性，急不可耐地将自己标榜成为民请命的贵族先进分子。甚至在艾克斯的三级会议游行队伍中，他就正式宣布了自己的这一角色，并故意远远地跟在贵族队伍后边，拉开距离，走在了第三等级队伍的前头。

在大会上，米拉波先是对会议人员构成的合法性提出诘责。这样的会议，到底代表了谁的利益？那些贵族不能代表广大没有采邑的贵族；那些教士也不能替教会中地位低下的牧师做主，至于第三等级，也不过是一小撮市长大人，很多人本身就是贵族出身，为了保住官位，对特权阶层也是唯唯诺诺，奴颜婢膝。"我为特权等级感到悲哀，因为特权会终结，但人民是不朽的。"他在讲话的末尾发出了这样的威胁。大会主席听到这样激昂勃发的话语，和公众旁听席如此狂热的欢呼喝彩，感到惊慌不已，他宣布会议推迟，试图堵住米拉波的嘴。可是这也无济于事。短短24小时之内，米拉波发表了一份56页的《告普罗旺斯人民书》，很快就在艾克斯的大街小巷流传开来。

当局借口米拉波的封地或地产证书有问题，禁止他参加三级会议，但是这自然就使得他更加受到群众欢迎。他走到哪里，人们便欢呼雀跃地团团围拢过来，一遍遍呼喊着他的名字，以普罗旺斯的舞步像蛇一样环绕在他的轿椅周围，用啸笛和响鼓来为他演奏。在马赛，人们不顾亵渎神灵，往他的脚上洒棕榈叶，还把许多的月桂冠套在他的额头。年轻的妈妈们把襁褓中的婴儿送到这个法国头号浪荡子怀里，让他又搂抱，又亲吻。在朗贝斯克，教堂敲钟向他表达敬意，壮汉们把分量沉甸甸的米拉波高高地举在肩头。"我的朋友们，"他到哪里都是这句话，"人生来可不是为了驮着别人，你们已经给予了太多支持。"

沉浸在这种阿谀吹捧之中的米拉波，头脑非常清醒，他知道如何利用这种情绪。他和那个为他的选战活动四处打点的律师布雷蒙-朱利安（Brémont-Julien）一起，特地拼凑、塑造了一个公众人物的典型：一位保民官的形象。在艾克斯（当地罗马古风颇为盛行），他把自己比作遭到贵族迫害的格拉古兄弟（the Gracchi）中的提比略。在马赛，他自己编写了宣传册，声称是出自"一位马赛公民，致他的一个朋友米拉波先生与雷纳尔"。在对雷纳尔，这位对欧洲殖民主义进行猛烈控诉的作家，进行了一番客套的评论之后，米拉波接下来便有些犹疑地进行了一番这样的描述：

> 这位好公民是他那个时代最能言善辩的。他的声音响彻民众大会，就像滚滚惊雷压过了咆哮的海浪。他的勇气比才能更令人震撼。没有人能让他摈弃原则。

尽管如此，仅凭夸夸其谈，还不足以让米拉波赢得人们的信任。他可能曾经热血沸腾，但是头脑却足够清醒，危机面前，依然能保持镇定。他知道如何利用他在普罗旺斯城市和乡村拥有的巨大威望来控制混乱的局势。到了3月末，在普罗旺斯多数地区，政府已经失去了支配力。主教们最先成为攻击目标。14日，锡斯特龙（Sisteron）的主教在马诺斯克（Manosque）的乱石袭击中仓皇逃离，勉强脱身。在里耶兹（Riez），主教被扣为人质，府邸也遭强占，缴付了55,000利弗尔的赎金，才得放还。但是土伦的主教则连选择的机会都没有，他的私宅被人纵火烧毁，而大批的海陆两军士兵，隔岸观火，见死不救。对于乡村庄园的袭掠，更是成为了家常便饭。"本地地主、宅院，遭明火执仗，公开抢劫。"督办官德·拉图尔这样写道。高门大院内的财物，被悉数抢去，还说是国王的旨意，国王对此甚为欣慰！

[292]　23日这天，马赛的市政厅和督办官行署都遭到了严重破坏和洗劫。米拉波骑快马从艾克斯火速赶到，接替六神无主的军事总督德·卡拉曼（de Caraman）行使职权，此时的他，可说是临危主事，得以暂操权柄，独裁大计。他下令运粮船停在港内，不许起锚，并着手组建公民武装（这在法国是破天荒头一次），并把红玫瑰花结作为革命当局的标识，分发下去。本城到处都是他的语录、政令和训诫，并被印了出来，张贴到集市上，这里过去一直是张贴国王法令的。

此外，这些布告的语气，完全是一种崭新的政治语言：一种兄弟式的平实口吻。他们心目中的英雄，再也不是"伯爵大人"，就叫"米拉波"，他是在和"人民"直接交谈。他的讲话，不是那种照本宣科的发言，而是直抒胸臆，发自肺腑，就好像是某人对着一帮酒醉的朋友讲道理。这真是一番明晰易懂的话语，那就是卢梭理想中的"尚礼君子"的谆谆之言啊。米拉波的表达尺度把握得实在太到位了，他不但敢于站出来平息马赛人的怒火，而且还敢为征税辩护：

> 我的朋友们，对于过去三日在你们引以为豪的城市所发生的事情，我想说说我的看法。请听我说，我只是想帮助你们，并不是欺骗你们。你们都是老实人，大家所求的无非就是善行；但不是每个人都知道需要做什么。即便知道个人利害关系，人们也会经常犯错。首先，让我们想想生计问题。我亲爱的朋友们，当下小麦遍地高价，马赛的小麦又会便宜到哪去呢？马赛城和其他地方一样，为整个国家和我们好国王的开销纳税付银。钱款从这抽点，从那抽点……

两天之后，艾克斯也像马赛一样爆发了骚乱，于是军队朝人群开枪。大主教是个布列塔尼人，吓得不轻。"百姓们深恶痛绝，他们威胁要杀了我们，扬言要撕碎、吞食我们的心。"于是米拉波又被召回，前去安抚民心，他又在艾克斯建立了公民武装，恢复了当地秩序，赢得了百姓信任，并以平价赈发粮食。自然这些措施均收到了良好的成效。他在艾克斯和马赛当地都以高票当选第三等级代表。他对马赛市民花言巧语地恭维一番，免得当地人对他心生反感，并最终决定，以艾克斯代表身份赶赴凡尔赛参加三级会议。

照米拉波自己的说法，他不仅仅把这看作一种荣耀。他确实深受爱戴。这个家族的黑绵羊，已成为了人民的白骑士。他的反革命兄弟对他衔恨在心，处处轻视，但所有普罗旺斯人，却都成了他的好兄弟。作为儿子，他遭到父亲的仇视，无论如何都不能讨得他的欢心，但是他却赢得了全国人民的爱戴，被

[293] 尊为国父。"世人像对待父亲那样敬重我、听我的话。"这次他这样写道,"妇孺们的泪水浸湿了我的双手、衣襟,沾湿了我的步履。"

二、新秩序的诞生,1789年5—6月

在这样的紧要关头,主要的希望就寄托在第三种爱国者,也就是国王身上了。在乡村陈情书中,他被刻画成"新奥古斯都",认为他"会再造黄金时代"。但是路易和当年的奥古斯都可不一样,他对自己英明神武的禀赋越来越缺乏自信。随着三级会议一天天临近,他的忧虑也在增加。王后和阿图瓦对他接纳和认可内克尔这样可恶至极的人大加斥责,而他本人也并非真的相信内克尔具备化解危机的才干。只有游猎、宴饮、造锁这样的消遣才能让他纷乱的心绪稍稍得以平静。有一次,他差点打滑摔倒。那天他要登临观星台,可巧大理石庭院的石板瓦屋顶正在修缮之中,于是他只好走活动扶梯。当他走到第五级的时候,梯子出现了滑动。当时距离地面的落差达到40英尺,幸亏有个工匠反应极为灵敏,一把抓住了国王的胳膊,把他拽了回来,这才化险为夷,使国王免于突遭横祸,摔成重伤。

国王对这个救驾功臣感激不尽,自然也就厚加赏赐,赐年俸1200利弗尔。王室对于这样的忠勇臣民态度鲜明,而相比之下,对于宫廷的种种礼仪约束究竟是该保留还是该取消,却颇为头疼。他的大司仪,23岁的德勒-布雷泽侯爵(Marquis de Dreux-Brézé),对此无能为力,而大多数朝廷大臣主张一切祖宗仪轨皆应谨遵恪守,免得给人造成一个错觉,三级会议这么一开,就可以翻了天了。于是国王便同意维持旧制,墨守成规,

要求任何三级会议成员在御前陈奏,必须屈膝行礼,这个往大了说,也不过是有些失策而已。

但是在最为关键的时刻,本来安排得十分稳当的会议流程,却出现了极大的偏差。在逍遥厅的首日演讲结束之际,路易把头顶上那顶白羽为饰、中镶美钻的"亨利四世"样式的海狸皮帽摘了下来,不失优雅地轻轻挥动了几下,算是向与会者习惯性地致意,随后便又把帽子戴回了头上,贵族们便觉得,这表明自己的地位还是要比没有特权的第三等级要高,于是纷纷效仿。而第三等级的代表,一方面对这些繁缛礼数有些摸不着头脑,另一方面又受到那些挑拨是非者的影响,干脆也将帽子统统扣在头上,这个举动实际上可是破了礼制的,犯了大不敬的罪过了。他们实在是被搞懵了,有些人是一直戴着没脱,有些人是戴上去又脱了下来,看到这种情景,路易只好再把皮帽摘下来了。美国政府代表古韦纳尔·莫里斯看在眼里,觉得好笑,这场面着实滑稽有趣。但是王后却气得脸色煞白,宫廷里坏了规矩,乃是不祥之兆,要出大事了。

如果国王接下来说的一些场面话能够切实打动与会代表的话,脱帽之辱恐怕本来算不得什么大事。但是国王的话却没有收到这样的反响。他的讲话极为简短,甚至可以说是心不在焉,敷衍了事,似乎又是激情满怀,又是愤恨交加,非常奇怪。当国王说到"这是盛大的一天,值得众人期盼"的时候,他还恨恨然地说:"革新的渴望实在是太过夸张。"如果他是真的语带双关,那也是因为他想要拥有自己的发言权。无疑这里存在着情感上的矛盾,与他本身的个性相抵触,人民的欢呼声给他带来鼓舞,但是这些欢呼声背后真正的意义却让他胆战心惊。然而这样的冲突,无法和他的政府内部的争斗相提并论,主要是

[294]

因为内克尔乐观开明，而掌玺大臣巴朗坦（Barentin）则是顽固不化，两人之间存在极大分歧。除非严格遵守三大等级互相严格区分，此外一切的会议形式，巴朗坦都不予考虑。

在国王讲话之后，就轮到了巴朗坦发言了。他仍然以很不情愿作出妥协的口气，说是在出版自由的问题上，可以进行讨论，但同时又摆出一家之长的架子来，警告说要提防"危险的革新"。但幸亏他说话的声音，有些地方完全听不见，故而才没有对和解的前景造成太大的破坏。而内克尔和往常一样，显然是有备而来，长达120英尺的逍遥厅所带来的听觉效果难题，他事先已有应对之策。关于财政方面的讲话持续了整整三个小时，这样也无妨。开头半小时，他是自己在念稿子，之后他便把演讲稿交给了皇家农业委员会秘书布鲁索内（Broussonnet），让他来读，内克尔是特意这样做的，原因就是，布鲁索内嗓音清晰洪亮。但是这一次他可是大大失算了，效果非常之差。连着两个小时，一直不停地报烂账，叹苦经，将2.8亿的财政亏空说得如何如何可怜。代表们来这里，本来是想要听到一个富有雄心远见的立法构想的慷慨之言的。他们要听到的是内克尔的财政拯救计划，不是要听内克尔来给他们一笔笔地算账。而且更糟糕的是，现在越来越多的人觉得，财政总管是将这次会议仅仅看作一种行政辅助手段，而并没有要对政权进行根本性改造的意思。

就在内克尔讲个没完的时候，国王一如往常，拼命地想要忍住困倦，可还是哈欠连天。代表们也开始烦躁不安，有人咳嗽，有人打盹，有人打喷嚏，还有的干脆呼呼大睡。德·拉图尔·迪潘夫人坐在贵族旁听长凳上，觉得浑身难受，实在是无事可做，只能背靠着后排开会者的膝盖休息。对于热尔曼娜·德·斯塔尔而言，本来以为这是一个尊仰君父的圣地，可现在却越来越令她沮丧，据在她近旁的人观察，她眼中分明已经泪水盈盈。

尽管开始的时候让人失望，但是国王的个人影响力仍然是政府可以利用的一大资源。无论国王走到哪里，他说的话都能得到人们的信赖（也实在没有太多别的办法可想），他的发言经常被热烈的掌声打断，鼓掌的并不都是那些特权等级的代表。非常荒唐的是，民众暴力活动以国王的名义搞起来的，大革命也是由他下令发动的。

而这正是米拉波期望的结果，因为即使他当不成贵族了，他也绝不会是民主派。哪怕是在普罗旺斯，面对着簇拥在周围的支持者，他也从不隐瞒他的忠君思想。他一再强调，他所为之奋斗的，是一个全新的君主制国家，一个并不是以等级制度和特权思想为基础的国家，而是一个被广大民众接受、支持的君主制国家。历史学家通常对他的这个观点嗤之以鼻，认为这是为了掩盖他追求个人私利的借口。非要否认米拉波在 1789 年那会儿没有极度膨胀，或者认为他只是将自己看作这个君主制国家的首席大臣，都是不切实际的。但是如果认为他的这个人民君主制完全是个荒唐透顶的想法，也未免过于幼稚了。不管怎么说，阿尔让松在将近半个世纪之前，就开始酝酿这样的一个君主国家了——国王精力充沛，励精图治，非但不是在维护特权阶层和贵族的统治，反而是要推翻这种旧制度。像这样由国民投票产生的充满着爱国情绪的君主制国家，在波拿巴的帝国中曾经实现过。但是我们至少可以这样说，米拉波肯定不喜欢波拿巴·拿破仑的专制行为。他深受谢尔本-辉格（Shelburne-Whig）观点的影响，深信君主制存在的基础，是那些立法选举

[295]

产生、并对立法部门负责的政府机构。由于他的这种立宪观点带有明显的英国色彩，故而他的那些公民同事，对此不屑一顾，认为根本不值得探讨。

如果说米拉波是代表中当之无愧、无人能及的知名人士，那么从政治才能的角度说，像他这样杰出的政治人才还不止一个。在阿德里安·迪波尔家中聚会的大多数三十人社成员，包括塔尔热、拉梅特兄弟、西哀士修士也都入选代表行列。拉法耶特是作为奥弗涅的贵族代表出席会议的，其他一些公民贵族，像拉利-托伦达尔和克莱蒙-托内尔，也都和他一样，是以第二等级代表的身份参加这次大会的。在教士阶层中会看到塔列朗的身影，他总算是升了职，当上了欧坦主教，平生第一次，也就只有这么一次，在他的授职礼上做了弥撒。还有一位是更加富有野心的尚皮翁·德·西塞，波尔多的自由派大主教。还有一些与会人士也为把这次三级会议开成一届真正的国民会议做出了重要贡献，他们很多是第三等级代表：有来自多菲内的穆尼埃和巴纳夫，来自尼姆（Nîmes）的拉博·圣艾蒂安。

[296]　　这样的一支核心组织，不乏学识渊博、雄辩绝伦之士，可以说人才济济，但是他们来到凡尔赛之前，还是经受了一场极为严格的政治磨砺的，先是1788年的夏季，爆发了叛乱活动，接下来在秋季和冬季的时候，传单遍地开花，选战热火朝天。一些代表，比如穆尼埃和米拉波，已经和街面上那些愤怒的人群正面打过交道了。甚至表面上看来不谙世故的天文学家兼科学院院士巴伊（他的专长是研究木星周围的卫星），因为主持过巴黎的第三等级选举，都可以声称自己拥有极为良好的政治素养。巴黎的60个街区，根本无视朝廷授命的代表名额，自行其是地组建了一个选举团，总共有407名成员，要比政府规定的

人数多得多。另一个自行其是的表现是，大会成立了非官方的公社组织，而这种做法，是王室政府早已明令禁止的。巴伊在市政厅主持召开委员大会，不经当局批准便开始行使巴黎市政府职权。

当然这并不意味着，对于建立一个全新的法国，在一切根本战略性问题上，在第三等级内部已经达成了高度一致。米拉波就是这样一个引起分歧的主要人物，早在需要将相关问题提交讨论之前，他就强调了自己支持国王否决权的立场。但是在一些具体问题上，比如三个等级的代表之间如何相处，倒是非常一致的。米拉波在这方面起到了重要作用，他深谙这种因循守旧的态度所造成的破坏性效果。在会议开幕之后的几天内，代表们同意，除非是和其他两大阶层一起，否则就不进行身份验证，也不展开任何研讨。这种做法必然会引起尴尬，因为局势很快就明朗了，尽管有少数辩才出众的贵族代表（包括要求国王自降为普通代表，引得龙颜大怒的奥尔良公爵），但是他们在人数上处于完全的劣势，绝大多数代表拒绝脱离他们各自的集会团体。

实际上，贵族阶层的立场似乎已从原来的多次集会中采取的更加灵活与温和的路线，变得更加坚定了。尽管他们都做好了准备，要完全放弃免税权，但是眼看着乡村地区暴力活动的不断增长，对于他们原先本来在陈情书中承诺的废除地方封建义务，他们也开始游移不定起来了，生怕他们由于自身的退让，给民众袭掠田产庄园开了方便之门。打算将他们的集体一致意见融入全体大会的贵族代表甚至更少。以安特雷格伯爵为例，当初就是他第一个站出来，发出第三等级就代表国民这样惊世骇俗的呐喊，而今却在会议形式这样的问题上固执己见，不肯

[297] 松口。他坚持认为,除非召开不受任何约束的立宪大会,否则代表们就必须受到 1614 年三级会议条例的约束。本来贵族态度的集体转变,或许会对凡尔赛当局天赋神权的巩固起到一定作用。爱国党人的选举大会充满了喜庆气氛,每个发言者都要在阐述自己的观点时,争取表现得比别人更加宽容大度。许多贵族都觉得,一个自由的法兰西,已经是众望所归,呼之欲出了。他们被召集到这里,在这样一个处于王城大内的高雅庄重、绅士派头十足的环境之中,正在创造着历史,也被这种氛围深深感染。对于那些出身王室帝胄,清贵至极者而言,感受尤其真切,他们往往是仅凭着一大堆的家族勋章,便顺利当选为会议代表。他们对于像奥尔良这样正督促他们成为"良好的爱国公民"的时髦的"年轻上校"所作的反应,就是要竭尽全力,和大都市的这种纸醉金迷作斗争。他们,不是皇家宫殿上穿着讲究的纨绔子弟,他们代表着法兰西的热血和土地。

这些骑士式的友爱之情——一种哥特人的公民多样性——甚至影响了像费里埃这样的现代斗士。虽然说,他对于究竟是按照人数还是等级来投票并不关心,但他也坦白地告诉妻子,他不会因此而抛弃他的那些贵族弟兄的。甚至拉法耶特在听到彼岸弗农山庄刺刺不休的嘈杂之声,也颇感压抑。在那里,义父华盛顿冷眼看着这些冲动鲁莽、反复无常的法国佬的荒诞表演,也大摇其头。

然而,对于教士而言,情况则大有不同。而这也成为了最终打破僵局的关键。当那些小选区中,第二等级频频产生一边倒的、极为保守的投票结果时,第一等级却经常与之相反。因为在法国,和别的社会群体相比,教会中贫富分化最为分明,矛盾最为激烈。这不是什么抽象的社会公平,或是天赋权利的问题，而是涉及基督教传播机构生死存亡的问题。启蒙主义所鼓吹的那些套话，说要让整个法兰西坚定不移地走世俗化的道路，根本没有考虑到基督教信仰在全国广大地区具有多么根深蒂固的影响力。(在所有的大革命的失败教训中，"非基督教化"运动的失败是最为沉重的，也是最不可避免的。)这并不仅仅是因为法国教会只是在苟延残喘，裹足不前。相反，它正经历着又一次周期性的剧变，神父、牧师们对主教掌控大权的社会现实提出了挑战，他们的主张体现了原始福音的真正精神——谦卑、无财产、通过慈善和教育工作来传播福音。

相互之间的悬殊差异，极为惊人。像斯特拉斯堡的那些最有钱的主教们，每年都有 50,000 利弗尔的进账。而那些最寒酸的，比如鲁昂的布雷欧泰（Bréauté）教区神甫，也就靠固定薪俸过活，地产、补助什么的一概没有，一年也就在 300 利弗尔上下，而领俸神甫（curés congrués）的标准津贴也仅有 700 利弗尔而已。以纳韦尔的圣叙尔皮斯为例，除去职务开销，本人和仆役的衣食用度，每天只剩下 5 苏，相当于巴黎非技术劳工日薪的四分之一。卡西耶神父（Abbé Cassier）同样写道："如果一个牧师足够幸运，经过二十年的辛勤工作和苦苦挣扎，他将能攒下四五百利弗尔钱；作为教区最穷苦的人，他可以考虑用这笔钱，再加上自己教堂的资产，在教会的院子里为自己规划一块墓地。"

[298]

并不是所有的乡村牧师，都过着这样令人绝望的窘困生活。至少有一半人，就是那些有额外好处的神甫（curés bénéficiés），可以从什一税，或者能产生年收入的小块地产的直接耕种或者租赁中，获取额外的好处。但是在三级会议中，那些乡村的堂区神甫仍然是大多数法国人民最为权威的代表。对于第三等级经常挂在嘴边的人民,他们要比那些律师、公务员还有专业人员这些第三等级的构成人群贴得更近。从另外一个重要方面来说,他们也可以声称是为自己的选民代言申诉,因为在4万乡村牧师中,大多数(或许占到70%)是从所在教区或者地区出来的。这与贵族家族形成了强烈的对比,他们瓜分了许多主教辖区,并将晚辈亲属派往这个或那个教区,除了最原始的所有权关系之外,其他一概不考虑。

比如说,自1786年以来,塔列朗就一直在苦苦等待,巴望着老是中风发作的布尔热大主教能早点一命呜呼,他好鼓动他的朋友和亲戚替他造声势,让他取而代之。但是这个老家伙每次都能起死回生,让人气不打一处来,到后来好不容易死了,可塔列朗的后台卡洛纳也离职了,接替他的是不讲情面的布里埃纳。于是他不得不继续干等着,直到出现又一个机会,当时里昂正好有个理想的空缺,对他来说,来得正是时候。在任的欧坦主教去了里昂,最终塔列朗还是在1789年1月16日,双膝跪倒,极力做出一副虔诚肃穆的样子,宣誓将严守使徒圣彼得的传统,并要"维护、捍卫、加强、提升神圣教会的权威、荣誉、特权和权利"。第二天,他便如愿披上了欧坦主教的披肩,据说这是上古遗物,乃以最早一批教徒在草场中所牧圣羊之皮所制,更要紧的是,荣任此职,就有22,000利弗尔的进项。再加上他先前在圣雷米的薪水,外加普瓦提埃的俸禄,一年总有5万利弗尔的收入。荣升当晚,这位圣彼得的守护人,依然回到卢浮宫内,和他的情妇阿德莱德·德·弗拉奥共进晚餐。

塔列朗不需要到欧坦近处活动,便能让权位与财富暴增。在3月12日,也就是他特意要在大教堂搞一次正式登拜仪式之前,他又一次宣誓,要保持对于"欧坦新妇"的忠贞。圣周就在眼前了，真正决定塔列朗面貌的，是政治日程而不是宗教安排，因为塔列朗非常急切地想要通过欧坦的教士选举当上三级会议代表，为此他在教士全体大会和主教区大会上所作的陈情书，事先做了充分准备。这是他对法兰西形象的典型描述：理性、自由，并且是立宪主义的，几乎和宗教精神没有什么关联。为了确保在4月2日能够顺利当选，他极力施展出一个好主教的全部能量，力劝见习教士们虔心祈祷，还试图不出差错，严谨无误地举行弥撒（可惜没能办到），他还抗颜为师，给奥拉托里大学作一次布道演说，题目是"道德于民众领袖之影响"。在他当选三级会议代表之后十天，也就是4月10日，他便就此失踪了，离他来到欧坦还不到一个月。那天是星期天，恰逢复活节，可是他却不顾一切地要逃避主持弥撒。

很难想象，塔列朗对于教会的概念，会和凡尔赛教士阶层中占三分之二的乡村牧师有怎样巨大的差别。如果要将这位欧坦主教看作一个道德沦丧之徒，那就犯了个很大的错误。他经受了考验，具备了担当教士阶层总代言人的资格，对教会的理解，按照他自己的话说，那就是"现代"。教会的神职人员是国家信仰领域的公务员，担负教化职责和社会义务，由他们来履行道德监管的职能，以此来满足民众对于精神信仰的渴求，但与此同时，又不能介入政府管辖领域，专擅越权，干涉司法。如果说这么做，和他当选主教时的宣誓内容不符，那么今后一个世纪的大多数时间内，在督政府时期，在波拿巴主义的政权下，这种主张将会成为正式的规章条文。

然而，它离卢梭在《萨瓦牧师》一书中所主张的那种社会福音的理想还有很大距离，卢梭是提倡单纯的心灵完全弃绝金钱和礼制文明的污染，更好地引导那些自然之子，过一种道德更加纯净的生活。法国宗教史上，有很多教派都提倡这种严格意义上的虔敬行为：比如詹森派、"里切尔派"（Richerism），还有或明或暗奉行新教主张的长老会派。然而，在那些充满愤怒的城市或乡村神父撰写的陈情书中，这也是不得不谈到的问题。不管是修道院的，还是圣公会的教士，也不论是世俗的，还是教会的贵族，只要是有钱人，一概是他们的敌人。他们为穷苦无依、忍饥挨饿的人，为背债度日、流落四方的人敲响警世钟，并要给这些处于最为悲惨境遇的人供一口果腹之食，找一处栖身之所。

[300]

他们在选举委员会中占有人数优势，加之其信仰理论和第三等级的言论不谋而合，这使得那些乡村牧师敢于和教会中的高层人物正面交锋。"大主教阁下，你们是什么人？"沙利的牧师这样质问，显然是想挫一挫对方的锐气。"我虽是无名小卒，只是一名小小的牧师，但是我的头衔将永远不会抹去。"在贝齐耶（Bézier），某一次共有310人的代表大会上，260名堂区牧师对阿格德主教群起攻之，让他备受惊吓。而那些主教，或是他们提名的人，根本就没法选上。另外一些人，眼见得自己不得不与一群教会中的乌合之众共事，都难掩沮丧之情。"接受此委托，我内心并非不会反感。"吕松（Luçon）的主教对自己和另外五个本堂神父一同参选，说了这样的话，已经算是相当客气了。

与主教和大主教着紫色和红色长袍相反，堂区牧师们也学着第三等级代表的样子，穿上了黑衣，以主动表达一种藐视之意。他们中的很多人都和第三等级代表有着同样的主张，要求在宣誓书这类重要问题上，将教士等级从中等阶层开始，一分为二。

在5月5日开场会议之后整整一个月内，三级会议因为宣誓书的问题一直停滞不前（照米拉波和他的同僚的想法，应该如此）。一旦仪式结束，第三等级代表就可以在逍遥厅内想坐在哪里，便坐在哪里。但是他们还是特意把第一、第二等级的位子留着，指望在这天代表们能回来，进行共同审议。18日，他们发表了一份三大等级共商大计的正式呼吁书，坚持认为三大等级实际上无非是一个整体被强行分割成三个部分，因此必须继续保持下去。

费里埃实在是感到无聊，烦闷得很。"我们的等级一事无成，"他在15日写信给亨丽埃特。"我们每天早上9点集会，下午4点散会，时间都花在了无用的闲聊上。"尽管他已经站在了自由派队伍中，但是随着时间的推移，他也对第三等级的"勾心斗角"感到厌烦不已，认为他们应当为会谈陷入僵局承担责任。他甚至和阿图瓦、波利尼亚克家族，还有沃德勒伊，这些举止优雅、让他佩服得五体投地的贵人共进午餐。"沃德勒伊伯爵与我已成好友。"他激动地告诉亨丽埃特。迪亚娜·德·波利尼亚克夸了他几句，他便成了她的仆从，甘愿鞍前马后地效劳了。在写到其自由言谈时，他评论说，他们的家，已经成了"自由之家"。

米拉波却对自由有着截然不同的概念。就在费里埃抛弃民意的时候，米拉波却忙于塑造公共舆论。5月7日，他开始出版《三级会议日报》，这是一份专门沟通会议进程，并对主要内容进行分析点评的报纸。大标题有这样几个字：万物新规则业已形成。政府很快就下令关闭了这家报纸，而这么一来，却冒出来另一份新报纸，而且大受欢迎，叫做《米拉波先生告选民书》。通过提升自身地位的方式来和政府对抗，并不是偶然想出来的办法。他的策略似乎产生了最终效果，使得内克尔官复原

[301]

职出现了转机,同时也取得了国王和议会的共同信任。好几个星期以来,不管在公开还是私下场合,他都对内克尔痛加指责。但是在5月的最后一周,他的朋友,原圣多明各总督,三级会议中唯一的高级官僚马卢埃(Malouet)发现,尽管两人性格不合,可是他们在议会中的立场却相差不远。两者都主张三大等级共同宣誓,也都提倡建立人民君主制。但是梦想的风筝飞起不多远,却一头栽到了地上。米拉波走进了内克尔的办公室去见他。"好吧,先生。"内克尔一直在看报,头也不抬地说,"马卢埃先生说你想跟我提一些建议,愿闻其详。""我只是给你问个安而已。"米拉波没好气回敬了一句,一转身走了。

尽管各等级都派出特别代表,来进行协调磋商,然而他们也只不过是使得第二等级和第三等级之间的分歧进一步加大而已。6月3日,巴黎代表终于入座就位,名单最后一位是西哀士,他的存在使得议会中激进派的力量大大增强,这些人现在已经习惯以"平民"自居了。而这种激进化也就意味着,内克尔费尽心思提出的折中方案,也就是将选举中产生意见纷争提交一个由三个等级共同组成的委员会解决的做法,遭到了破坏。在6月10日,就在会议阅读一项协议,准许西哀士发表动议的时候,米拉波从旁打断。该项声明以贵族方面拒绝作出让步为由,断然排除了达成妥协的可能,提出在继续进行点名之前,先向前两个等级代表发出一份最后通牒。这等于强迫他们要么承认僵局、要么做出让步。尽管从早在一年前的格勒诺布尔以来,地方上发生了一系列这样离经叛道的行动,所以这一回也并不是首创之举,但不管怎样,这也算是一次革命者自我授权的行动。

近来,在对内克尔在1789年的一系列事件中所扮演的角色进行周密分析之后,R. D. 哈里斯提出了这样的观点,正是由于这种极为不合理的主张,这种要求将第三等级地位抬升至高于前两等级的做法,使得一切妥协的努力都白费了,将法兰西推向了革命道路,失去了和平变革的可能。他认为,对于无拳无勇的少数派而言,这是多数派的一次凶险的任务操演。另一种选择是采取松散的政府组织形式,类似于英国的模式,设立上议院,保留贵族阶层,同时设立"众议院",以此组建成一个低级的代议制实体。

不过,对于这样一种早已过时的制度,徒增羡叹也是于事无补。毫无疑问,这样的方案从理论上来说,内克尔或者像马卢埃这样的温和派是能够接受的。但是这却完全忽视了选举制度的发展过程,忽视了选举委员会的慷慨陈词,也没有考虑到,目前人们的主要期望,已经寄托于大胆得多的政治改革之上了。它再也不是对现代的君主制进行适度调整的问题,而是整个社会的重生再造。公民制,对于许多像格勒诺布尔的巴纳夫、阿拉斯的罗伯斯庇尔这样的代表而言,正如卢梭所强调的,是不可加以分割的。它是在个人和公众意志之间一种无上崇高的互相依存的体现,实际上也是使得两者和谐一致、融为一体的唯一途径。固然,正是由于这种"对于理想和自然权利的……莫名其妙、不可名状的吁求"引起了阿瑟·扬的极度反感,但是这也正是大革命的真实呐喊。

以美国制宪会议的方式,通过贤明睿智之士的深思熟虑来设计可行的政府形式,这种时刻(无论好坏)尚未到来。对此所抱的幻想实际上是对在法国发生的政治进程缺乏了解,这是一个始终充满了强烈戏剧性的过程。这或许可能糟糕透了,就像旁观者对委员会会议上发生的那些事不停鼓掌叫好一样,阿瑟·扬对此始终不能习惯,他一直觉得这样的举动"粗鄙至极"。

但是也正是通过这样舞台化的表演,浪漫主义的夸大其词,跌宕于欣喜欢悦与悲伤恐怖之中的动情鼓噪,那些改革的倡导者才能调动起民众的积极性。而那些言之有据的理性争论,则完全是不着边际的。"巴黎人民,"艾蒂安·迪蒙这样评论道,"怒气填膺,如装满易燃气体的气球。"

矛盾的是,作为这个伟大时刻的主要操纵者,米拉波有时候会被这种放肆无礼的自发行为弄得很尴尬,"孩子们多放一天假,不用在这一天受到老师的责罚,因此心情欢快至极。"为了让会议表面上有序进行,他怂恿他的日内瓦朋友迪蒙,将罗米利关于英国议会制度的文字记载翻译出来,但是他这个提议却招来了人们谴责的怒潮,说这是要拿过时的外来习俗来奴役国内人民。

所有这一切的考虑,在6月13日这天都被扫荡一空。当天,有3个教区对西哀士的会议点名作出了回应。由于第一等级在支持分别宣誓的问题上,是以133票对114票的微弱优势险胜的,眼下就显得非常关键了。这三人都是从普瓦图来的,和费里埃是同一个省,为首的是舍里尼(Cherigny)教区的雅莱(Jallet),他的虔敬和爱国已经是远近皆知了。雅莱的父亲是封建庄园主家的园丁(和高洁神圣的花花草草打交道!),三十年来,他一直被奉为圣贤楷模,他长年济困扶弱,自己却一直过着极为清贫的生活。他实在是穷得可怜,一开始连去往凡尔赛的川资都凑不齐,后来是靠着别人的捐助,路费和生活费才算是有了着落。走进了逍遥厅,他便自报家门,于是人们争相高呼喝彩,他的同事们也都走了过来,一遍又一遍地和他拥抱,把他举在肩上,像欢迎凯旋的英雄一般把他送到座位上。

14日这天,点名活动还是依然在进行,更多来自布列塔尼和洛林的牧师纷纷到场，其中包括格雷古瓦，恩贝梅尼尔（Embermenil）教区的牧师，犹太人权利斗争的胜利者。到了19日总共有一百多人加入了三级议会，这时候大会提出，要为这个新集体另行命名。关于名称的争论，其实在两天前就开始了，并很快就让代表们不同的政治个性暴露无遗。西哀士，依然是十足的激进派调门，坚持认为，既然大会代表了全体公民之"96%"，那么"共建国家的举措"就容片刻不得迟缓。而他给这个团体起的名字，就根本谈不上有什么创意："名人信士代表大会"。穆尼埃的更加谨慎，叫做"少数缺席情况下召开的多数代表大会"。米拉波提出的名字很有代表性，就叫"人民代表大会"，直截了当，省却了许多佶屈聱牙的累赘，但是由于过于直白，缺乏内涵，因此遭到了多方指责！在当晚10点的会议结束之前，终于在多数代表的支持下，通过了"国民议会"这一新名字，并且也是在米拉波的提议下，宣布现行的一切赋税即行废止，未经国民议会批准，一律无效。

这是国民议会自行宣布成立的时刻。90名反对，490名赞成。然而在爱国热情如洪流猛涨的情势下，他们对于自建旗号的法案的担忧，却根本没有人理会。一贯头脑冷静的阿瑟·扬，此时也不免热血奔涌起来，就像亲身经历了这样的政治巨变一样激动万分。

2500万人民从长达200年的黑暗专制政权中挣脱出来，开始得到了更加自由的宪法的庇护，他们的代表在众人瞩目下公开集会，集会的目的是唤起人们心中热烈的情感、灵感的火花和对自由的热爱，驱除任何敌视国家的思想，总是怀抱要为伟大的国家带来福祉、为数以百万未出世的

[304]

后代带来幸福的崇高思想。

三、生动写照，1789年6月

在6月4日这天，王太子夭折。死时年仅七岁，这已是第二个夭折的王子了。太子生于1781年，那时巴黎庆贺的焰火漫天怒放；市政厅大摆筵宴，煞是壮观。无论贵贱，不分贫富，八方宾朋，一概款待。而当太子死讯传出，整个法国都未见得如何关注，市政厅除了名字不变外，从里到外都是革命政府的署地了。当时8磅的棍子面包涨价涨到前所未有的地步，而据说葬仪拨用的款项达到60万利弗尔。费里埃要去默东给遗体布洒圣水，临出门漫不经心地跟夫人说："你看看，我的夫人，王子们无论出生还是夭折都是这么费钱。"

据众人说，太子聪明可爱，毫无疑问，国王夫妇爱如掌珠。但是太子身体一直不佳，后来慢慢查明了症结，是结核病，右边的整个肺都烂了。长期来病魔不断侵扰，毁蚀孩子的身体，而太子就这么忍着。他日渐消瘦，形销骨立，肋条和髋部呈不规则三角形，向躯体外突出。太子离去之时，父王和母后简直濒临崩溃，加之当下政局狼藉，容不得太多个人的悲欢，但愈是这样，便愈让人不堪承受。无论如何，由于协调委员会的解散，路易的精神受到了打击。他本来非常看好委员会的工作，并以个人名义草拟了一份嘉奖信。现在他的太子、未来的储君又夭折了，这个打击实在是要沉重了许多。他干脆不问政事，并且在一周的正式停灵期间，自己也走出了凡尔赛宫，来到马利御苑（Marly-le-Roi）的乡村小屋，一个人沉浸在悲痛之中。第三等级的代表团照例来到此地，致以哀悼，但是这位一国之主此时，却只是个一家之长，他只想沉浸在悲伤之中。当他听说那些代表非要谒见不可，便回应道："他们之中难道没有为人父的吗？"

后来他总算从悲伤中解脱了，靠着身边亲人的支持和抚慰勉强振作了起来。当然这也是考虑到他的统治利益。有消息传到马利，说三级会议自封为国民议会，并宣布当前税收政策不合法。这两件事，可都是犯上的大事，阿图瓦和王后相信，如果王室要想彻底把握自己未来的命运，那么现在就该行动起来了，他们这样想，也不是没有一点道理。假如要采取某种立场，有两种可能的行动：一是直接采取军事行动，但是这样的话，目前国王手里的兵力不够，二是强调国王的合法权威，同时允诺实施获得一致通过的改革方案。即使是后一种选择，连对布里埃纳改革前景极为看好的内克尔，都觉得这么做除了酿成灾难，没有丝毫用处。但是阿图瓦却已经将他毫不客气地赶了出去，说他让主上陷于困窘不堪的境地，并公然表示，自己决心要将他扫地出门。在 6 月 19 日的那场重要会议召开之前，阿图瓦一边走进内阁，一边大声咆哮，说内克尔来自异国，还是个暴发户，没有资格立于朝堂。

[305]

内克尔则在三名同僚，蒙莫兰（Montmorin）、圣普里斯特（Saint-Priest）和拉吕泽尔内的支持下，提出了一揽子的改革计划，这些都是在对大量陈情书进行认真整理和总结的基础上所做的决定。重点是履行"爱国职责"所做的姿态，比如废除特权阶层的免税权。对于那些已经引起争议的问题，内克尔倾向于采取"混合"投票法，可能他希望将温和派贵族从反动派贵族当中分离出来。代表们在一些"国家"大事，比如三级会议的会期等问题上，可以共同投票，但是分属不同等级的事务就不能采用这种公投方式。5月底，内克尔当时就在研究这个计划，他想要像先前激进的第三等级领导人那样，要求国王就其核心内容作出一个严正"声明"。但是已经晚了，现在国王的妥协已经没人要听了。在这份改革中，他非常隐晦而含蓄地对等级社会加以保留，这和17日产生的普通公民的国民议会是截然抵触的。所以这个计划注定了不能被这些人接受，加之每天都有教士加入三级会议，就更不可能了。

但是对于宫廷内部的保守分子而言，这项方案已经是过于激进了。阿图瓦和王后两人毫不掩饰内心的憎恶之情，斥责他让当今圣上冠冕蒙羞。他们竭力劝说国王，告诉他必须让内克尔滚蛋。也就在路易似乎被内克尔的方案打动的时候，王后突然插了进来，她和国王说了些什么。等国王再回到会场的时候，他对计划的态度发生了大幅度倒退，坚持要求将计划提交到政务扩大会议上作进一步研究，这让内克尔大惊失色，措手不及。取得一致的统统都是一些恫吓性的内容，这让内克尔不得不想到了布里埃纳推行改革的下场。国王出席了这样一个全体参加的皇家会议，就是和三级会议唱对台戏，既要体现自己在改革问题上宽厚仁和的一面，又要通过对7月17日的僭越行为进行黜止，来表现出他凛然难犯的威严。

[306] 对于这么重大的一届盛会，凡尔赛方面的礼宾司是应该事先做好充分准备的。必须要布置一个高座讲台，代表席位也得根据第三等级的要求重新调整，确保能够容纳得下全体成员。但是由于17日发生了这样的事件，这就意味着逍遥厅（Salle des Munus Plaisirs）不光再是专门让国王享乐的王家私产了。实际上，它已经变成了由国家所属的公共场所了。

所以当国民发现，他们没有事先得到提醒，便被那些做皇家会议准备工作的内侍拒之门外,就觉得这是故意刁难,绝不是无心之举。门口还派了武装卫队把守着,并贴出临时通告,简单地宣布了皇家会议的召开。从司仪官这里发出的便笺,到开会之前才交到了巴伊手上,上边也没有另选会场的明确指示。看起来这很可能是想要解散会议的第一步措施。代表们就这么站在大雨之中,从一开始的懊恼,慢慢地变成愤怒。巴黎12月请愿运动的英雄,好心的吉约坦大夫猛然想起,他有一个朋友,在凡尔赛老街(rue du Vieux Versailles)上有个网球场。于是600名落汤鸡代表排着队,兴冲冲地直奔网球场,后边还跟着浩浩荡荡的一大队人马。

尽管是敕建,也就是说,御用的网球场,但这个并无遮盖,空荡清寂的网球场和他们刚才去的那座装饰奢华的宫殿形成了鲜明对照。在那里他们有一种蒙得恩赐,寄身于皇穹巍宇下的感觉,而这个地方,正如卢梭曾经说过的那样,洗净铅华,尽释繁缛,人人都是平等公民,相互之间都是兄弟。在这个地方,他们就完完全全是他们自己。涂抹着沥青的球馆内,往日里都只见网球飞跳,今天却回荡着代表的话音。一张普通的松木桌,还是从隔壁裁缝那里讨来的,现在它就算是议长巴伊的讲台了。观众们涌入底下的回廊,从窗子探出脑袋来看。肯定是有好戏看了,可是,这是一出什么戏呢?

西哀士认为,代表们应该全部迁往巴黎,让凡尔赛彻底地成为一个虚设。但是真正提出另一种替代方案的却是穆尼埃,他不需要知道如何临时扮演权威(但是他也参与了对那些最为激进的方案的阻拦)。"这有损他们的权利和尊严。"他这样说,并声称国民议会成员已经得到警报,有人想要撺掇国王采取手段进行取缔、镇压。为了反抗解散威胁,他们应当"向上帝和祖国宣誓永不分开,直到我们选民要求制定一部可靠的、公平公正的宪法"。这个表态真是太高明了,议会不知不觉地与它的所在地脱钩。在这之前,法国政权机构颁布命令,一直被限定在这些机构的所在地,也就是司法宫、政务厅、审判庭等。但是穆尼埃这么一来,把国家这艘航船驶离港口,向着抽象的汪洋一路进发。自此,在哪里开会,哪里就是国民公会。

什么样的肢体动作,能够和这个伟大时刻的豪言壮语相得益彰?这些人有一个共同的信念,他们终于开始着手创造一段能和古罗马相媲美的历史了。于是参与者都做出了霍拉提的姿势,这是雅克·路易·大卫想出来的一个动作。他们相信,这是一种甘愿为国牺牲的表白。为了突出自己的议长地位,巴伊站在裁缝的桌子上,一只手放在心口,——这是卢梭提倡的真诚坦率,心口如一的标准动作,然后另一只手进行现场指挥。所有人都张开右臂,手指伸直,600 名代表此时成为了新时代的罗马公民,跟着朗读巴纳夫修改过的那份宣誓词。在大卫的画作中,只有一个人,也就是喀斯特劳达(Castelnaudary)的马丁·德·奥什(Martin d'Auch),他满面愁容地坐着,两手紧紧交叉前胸,完全是一副抗拒的姿态。阿瑟·扬一眼就看出了大革命这个动作的根本含义,它的意思是"拥有一国所有的权力。他们一举便把自己变成了查理一世时期的长期议会"。

次日,政务扩大会议在凡尔赛召开,这已经比原定日期推迟了一天,直到 23 日才召开,这样便让皇家会议有了更多时间来举行讨论(有人担心,是为了等援兵的到来)。网球场宣誓让国王兄弟对内克尔的敌对情绪进一步加剧。阿图瓦骂内克尔骂得尤其凶,甚至毫不隐晦自己想要将他除之而后快。第二天,情况更加糟糕。尽管内克尔得到了同僚的支持,这些亲王御弟还是决定,不管议案的内容是什么,只要侵犯到各等级各自的利益,就一律拒绝。根据这种观点所秉承的原则,没有什么可以宣布为"全民共有",就议会范围而言也是如此。站在特权阶层利益上的让步,比如说放弃免税权,也只能出于自愿,而不应是用一般立法的方式加以规定。所有这些,都将以"法兰西宪法"不可损害为由,得到保护。

这种对国家公共意志的否认,实在是严重的倒退,完全回到了1780年代的改革计划之前,回到杜尔哥时代之前,让法兰西完全回到荒唐透顶的纲纪伦常和上下尊卑的时代。实际上除了在镜厅之中,那太阳王五英尺长的银色烛台照耀之下,曾有过专制主义的快乐天堂的存在,这样一个法国从来都没有真正存在过。

路易十六想要把自己变成路易十四吗?在6月22日最后一次会议前,他问过支持内克尔的两位大臣,蒙莫兰和圣普里斯特,想要听听他们的意见。两人都认为,寻求对抗是不可能得到任何支持的,要想阻挠只能动用武力,但是国库没有钱发军饷。而且,蒙莫兰说,这样一来,以后再让三级会议投票增加税收,就再也不可能了。那么还有什么办法可想呢?圣普里斯特竭力劝谕国王,未经正式允许,擅作更张之举无论怎么可恶,若要定下主张,还是要以"现时情势为重"。"国家这艘大船有被颠覆的危险。"他这句话写得并不夸张。他一针见血地指出,自古以来,都是法无常法。一旦时势所需,应有一变,则必须学会接受,因为"日下万物,莫能居常"。这句老话说得实在是太过无情,因为路易当国,就是从一轮旭日自法兰西大地冉冉升起这一瑞相开始的。

[308]

一切都于事无补。三名议员——巴朗坦、德·拉加莱齐埃

（de La Galaizière）和维代奥·德·拉图尔（Vidéaud de La Tour），共同草拟了一份讲稿，供国王参阅选用，对阿图瓦和普罗旺斯的强硬立场表示支持。于是国王就抛开内克尔的方案，以他们三人的意见为准。这样一来，国王本人在次日会议上违背众意便不可避免了。

尽管这是皇家会议，不是御临立法会，但是现场却分明是一种君王临政，一言九鼎的中古朝会的气氛。议事厅上，武士环侍。第三等级还是备感屈辱，他们只能从侧门进去，而其他两个等级却早已各自落座，这实在是没有道理，但也是最后一次了。此外还强行将他们和教士代表分开，甚至不允许他们和投身自由、新近加入他们阵营的波尔多和维埃纳大主教坐在一起。内克尔所有试图调和矛盾的方案都遭到了否决，正式宣布的时候，他本人并不在场。轮到国王发言了，明显让人觉得紧张压抑，这都是5月5日的开幕会议上所没有出现过的。国王说道，自己是"普天下臣民之父"，他有责任结束阻碍三级会议进行的那些不幸的分歧。接下来逐条宣读会议章程，总共15条，其用意实在是昭然若揭，就是想要保持三大等级的现状，并宣布17日的"非法"行为，以及根据选民授权对代表所施加的限制措施"有违宪法"，都是无效的。接着国王又发表了一番个人评论，包括自赞的评语："本王敢说，从来没有哪个国王能为国家如此鞠躬尽瘁，这绝不是我在凭空想象。"

这真是自食苦果。接下来的35项改革方案只是想稍加抚慰罢了，可是实在是聊胜于无，并无多大用处。第一项不言自明，称不经人民代表同意，不能征收任何赋税，而与此同时，代表制本身尚未获得决议通过。而类似这样的悬而未决，预作保留，文中斑斑可睹。出版自由可以在不对宗教、道德，或是"公民尊严"造成危害的情况下获得保证：实际上就是承认现状。密札制度基本废除，但是如有犯上作乱，或者行为不轨的，依旧可以此旧例治罪。（米拉波想必会报以讪笑了。）免税制度也就此终结，但条件是特权阶层同意放弃，否则所有的封建义务和权利都将得以保留，并作为不可侵犯的财产权的一部分加以保护。

最后，国王发表了训谕。假使议会对他所做的努力"置若罔闻"，那他不得不"为了人民的幸福选择孤军奋战"，"我将不得不认为只有自己才是人民的代表"。那么如果有必要，在万般无奈的情况下，他将把自己变成一个"开明专制之主"。因为当下，"我命令你们，现在直接休会，明天在你们各自的议院里继续开会"。

但是这种事情没有发生。21日，正当内克尔的计划在皇家会议上遭遇阻挠之时，国民议会依旧在召开。现在他们的阵营更加强大了，共有150名教士和47名贵族加入其中。他们把自己的意图说得很明白，就是要和他们的公民朋友站在一起。阿图瓦就是要小孩子脾气，他已经提前把网球场租出去了，以防有人拿这里做会场，但是在穆尼埃的精神感召下，幸好有圣路易教堂出来帮忙。于是代表们决定，在皇家会议结束之后，立即去那里开会。

国王和朝臣们带着满脸阴郁，一言不发地离开。他们前脚刚走，木匠们就走了进来，将那些会场布置的讲坛和平台，统统拆去。当工人们在周围噼里啪啦抡锤拆卸的时候，第三等级的代表旁若无人地就地坐着不走，再一次将这里变成了国民议会的会场。在巴伊的主持下，他们坚定不移地维持原先所做的所有决定。米拉波在瞬间抓住听众注意力的本事，在议会中可说是无人能及，特别是硬逼着他的那些同僚，承认代表们具有不可侵犯的人身权利。他声称，不管改革计划有多少好处，但是它却是通过最为野蛮粗暴的方式强加在人民头上的。"你的命令"不该是将自己制定的法律强加给人民，而是要"命令"人民接受"国家的不可侵犯的祭司们"制定的法律。对于这种权利的侵犯，就是犯下了"危害国家罪"（lèse-nation），这个词也算是他的新发明。

就在这个时候，年轻的德勒-布雷泽侯爵，也是特别奉国王诏命，为第三等级会堂作布置的礼宾司主持，鼓足勇气再次重申了国王的诏令，要求代表们立刻离开。他是冲着巴伊说的，但是头发蓬乱的米拉波却从旁杀出，把这个穿着讲究，头戴礼帽，自以为给这些"白身布衣"之人下令有失身份的毛头小子给顶了回去。当时米拉波正患肺炎，身体不舒服，也非常虚弱，可能无法像往常一样，把嗓门扯到最大音量。但是关于米拉波究竟是否亲口说过"去告诉那些派你来的人，是人民的意志把我们聚到了一起，我们不会分开，除非是牺牲在刺刀下"之类的话，史书记载颇有出入。

尽管如此，究竟怎么说的并不是问题所在。法国大革命将会充满着这些一幕幕的舞台活剧，通过这些颇有戏剧性的场面，使参与其间的各色人等所表达出的强烈情感，都被看得通通透透。也只有通过这样的戏剧化的放言无忌的行为，能把其中的内容传达给千百万人民群众，让他们也为之欢喜雀跃，让他们也为了共同的目标而投入其中，自觉地忠于革命事业。这，也已经成为了一种新的信仰。

对米拉波的横加干涉，巴伊心里着实非常反感，觉得这是无端地挑动暴力对抗，但是他还是再次宣布了国民议会继续会议议程的决定。德勒-布雷泽慢慢地向后走去。他退缩了,头上依然戴着帽子,完全合乎朝仪规范:专制的凡尔赛朝廷告退礼节就是这样的。对他而言,只不过是撤离此地而已。而在路易十六的反应来讲,则是屈膝投降,就差没有当场说出口而已。有人把国民议会的决定禀告了他,他耸耸肩说:"那行,他们想留就留下吧。"

和1787年夏秋时一样,国王的所作所为非常愚蠢,先是以君主之威,试图以武力威逼,但是真到了需要诉诸武力的当口,他却畏葸不前。他越来越不敢确信,自己到底是像米拉波所希望的那样,做一个民众之主,还是像在兰斯大教堂涂油礼上,做红色王旗拥护之下的神权君王。现在问题非常紧迫,内克尔没有出现在皇家会议上,这显得颇为蹊跷。在凡尔赛市中心,一场大规模的民众骚乱即将爆发。将近傍晚,人们看见几百名代表,脸上带着众志一心的表情,来到财政总署(Contrôle-Général),很快又有5000人加入了进来,高喊着"内克尔万岁"。往日里丝毫不把民众放在眼里的玛丽-安托瓦内特,此时却早已吓得魂不附体。人群闯进宫苑,法兰西卫队也未加阻拦。王后于是便去见内克尔,央求他不要辞职,也同样是好话说尽,百般挽留。

既然强硬政策明显已遭破产,内克尔便同意留任,条件是,国王允许实施他最初提出的三大等级合并一体的做法。从国王那里出来,内克尔走到了代表们中间,身边被那些兴高采烈的市民簇拥着,他以他特有的方式,想要让欢乐的人群安静下来。他对代表们说:"如今你们已经非常强大,但切记不能滥用职权。"就在民众为胜利而喜悦的时候,国王却悄然离开,去了马利,马车夫从吵闹不休、气势汹汹的人群中奋力突围,才得脱身。

[311]

但是还是时不时有人想要以王室威权强加于人民。在皇家会议次日，巴伊来到会议大厅，发现依然和前一天一样，森严壁垒，军队得到命令，不准一名贵族或者教士代表入内，也不许民众代表进入。很快那位负责带兵的军官便转而站在了国民议会这一边，他的那些手下，也热情地上来和代表们打招呼：“我们也是公民。”巴伊心头的怒火，顿时烟消云散了。这位"爱国神父"于是便从后边的通道，进入了逍遥厅。在维埃纳大主教的带领下，他们又回到了国民议会的怀抱。当天晚些时候，已经被认作人民公敌的巴黎大主教坐着马车仓皇逃窜，在人们飞掷过来的石块中艰难脱身。

第二天，也就是6月25日，47名贵族代表也最终加入了国民议会，于是在国民议会的会议记录上，又增添了动人的一幕。在他们之前，已经有多菲内的8名贵族代表中的2名，先行投身于国民议会的大家庭，另外的几个，也在第二天由他们发起的**好友伴会**（*en bonne compagnie*）中和他们站在了同一个阵营中。这些人中为首的有斯坦尼斯拉斯·克莱蒙–托内尔，还有好多是去年秋天的迪波尔俱乐部成员：辩论祖师爷拉利–托伦达尔、艾吉永公爵、吕内公爵、拉罗什富科–利昂库尔、亚历山大·德·拉梅特、蒙莫朗西·德·卢森堡，甚至连国王的堂弟奥尔良公爵菲利普也参与其中。这些人可不是什么政坛新贵，他们都是身份最为尊贵，公卿世家阶层的中流砥柱：他们中的一些人，都是在英法百年战争中为国捐躯的名将之后；还有一些人的祖上，是跟随着少年天子太阳王在弗朗什–孔泰和佛兰德挥师征战的老臣；还有一些是带兵的将帅，一方的统领，奉命巡抚的大钦差。但是现在都一律成为了公民。

只有拉法耶特不在其中。他的缺席实在是太过显眼了，因为他已经加入了自由派贵族的行列。当局在皇家会议之后，派来一支军马，准备震慑弹压那些第三等级代表，但是由于这些贵族代表亲自出面，被挡在了半路。拉法耶特应该属于另外70人的贵族阵营，他们起初也是投票支持三个等级联合集会的，但是后来却都感到，自己受选民委托，应该保持各自不同的等级区分，除非国王下旨。当然也存在这样一种可能，如果国民议会准备对此认真考虑的话，可以说服绝大多数的代表，在一些涉及贵族事务的问题上保留部分各自的身份特点。但是如果这么做，就等于是让国民议会推翻先前议会刚刚达成的前提共识，即单一公民身份的不可分割性。而现在却冒出一支贵族出身的"代表团"，议会根本拒绝听取他们的意见，理由是，如果他们的意见获得接受，那么就等于是满足了那些想搞特殊的人的需要。

[312]

到了6月27日，国王最终一声令下，三级会议还是解散了，而当初要求召开的也正是国王自己。他给两个特权等级代表发布了谕旨，"敦促"他们联合起来，"以遂寡人为民父母之愿"，此时他还并不想对6月17日和20日的法案做出无条件的让步，在由国民议会产生的政权内部消除三大等级的差别。甚至直至下午两点钟，最终三大等级的联合在肃穆而勉强的气氛中获得了通过，也并没有出现欢乐和解的场面。一些贵族和教士依然认为国王在诏书中的意思，是要在涉及共同利益的问题上，采取审慎磋商，从长计议的态度。

所有这些保留，都被会场外人山人海的民众欢庆热潮淹没了。凡尔赛的各条街道灯火辉煌；到了下午，空中爆竹声声炸响。载歌载舞的人们挤在院子里、街道上，一路走向王宫，口中大喊"内克尔万岁"比喊"吾王万岁"倒是更加起劲。受到这种民众热情友好气氛的感染,路易和玛丽-安托瓦内特也乘兴而出,站在了路易十六的寝宫露台之上,向下俯瞰着大理石广场。莫里哀和吕里(指挥)曾在这里为太阳王演出。他们想要做出开心的样子,路易甚至还想对着人群挥手致意。但是真正吸引人们目光的,却是王后,倒不是因为她的尊贵高雅,而是她的那种谦卑低调。据说,儿子的夭折带来的伤痛已经使得她头发灰白,她就干脆像老百姓一样,把长发披散在肩头。人们没有看见她戴着什么珠宝首饰。她转身走入房中,强忍泪水,把她的两个孩子抱了出来,这让人们感到非常惊讶。爸爸、妈妈还有两耳金发翻卷的两个小孩子,静静地站在人们的面前,而人们便扯起沙哑的嗓子只顾欢叫。这样的事情今后还会多次遇到,但是很少有像现在这样亲切和睦的了。虽然如此,至少在此际,他们所看到的一切,正好应和了当天下午早些时候巴伊所说的那句话的全新含义:"现在这个家庭完整了。"

费里埃侯爵在 6 月 28 日星期天,给德·梅戴尔夫人(Madame de Médel)写了这样一封信:

> 我亲爱的妹妹,我有句话想对你说,因为或许你还在为我和伊韦塞(d'Iversay)担心。我们这里差点发生最惨绝人寰的灾难,几乎重演圣巴托罗缪之夜大屠杀那样的悲剧,政府软弱,凡事都选择隐忍……到最后,朝廷会议上,第三等级取得胜利。当天晚上即使我们已经接受了宣诏,国王也仍然不得不对它进行修改。周五,以奥尔良公爵为首的 50 名贵族加入了第三等级,尽管大部分他们的选民明确禁止他们按照人头进行投票。因为我的陈情书中对按等级

投票或按人数投票只字未提，所以我其实更有理由去做同样的事情，我也完全不在意审议的方式……但是我不认为在危机时刻我会抛弃我的阶级。人们可以在皇宫中公然谈论屠杀我们，在我们房上画上标记，作为他们屠杀的对象，我的房门也被做了一个黑色的记号"P"（意思是被禁止之人）。大家觉得有可能屠杀会在周五夜里或周六进行。老实说，整个凡尔赛都是他们的帮凶。

朝廷觉得，它随时有可能遭到武装暴徒的袭击，据说，这些人已经从巴黎出发，正在来这里的路上。法兰西卫队士兵们抗命不遵，整个连队都开了小差，跑回王宫，在那里他们可以享用酒水、冰块，还举行了凯旋游行。幸运的是，自己的名号被用来阴谋祸乱的那个人（奥尔良公爵）毫无胆色，不敢为虎作伥。所以，周五晚上和周六晚上都相安无事，27号周日那天，国王通过我们的议长德·卢森堡先生给我们下旨，要我们加入第三等级……

现在这里看起来风平浪静；然而法兰西卫队士兵们不再听军官们的号令；部队倒戈的现象比比皆是，这一切都预示着一场大革命即将爆发……用来庆祝1789年三级会议的将只有一面浸透鲜血的旗帜，它会被传到欧洲各地……

再见，我亲爱的、善良的妹妹；目前的局势令人不安。假使有一人（能靠得住），我也不会觉得情况如此令人绝望，但大臣们都是些无能之辈。

替我拥抱梅戴尔。

你的哥哥

查理-埃利

第十章
巴士底狱
1789 年 7 月

一、宫院两重天

凡尔赛宫建成后便和巴黎作对。

城堡花园中，走下廊台，这第一眼看到的喷泉便颇有些来历。在圆池中央立着的是拉托那，怀中抱着她的宝贝儿阿波罗。只因天神朱庇特向她大献殷勤，天后朱诺妒火中烧，于是拉托那只好仓皇逃离。飞到中途，正打算下来喝口水，不想报复心极强的天后，竟招来一群农夫群起而攻之。见到心上人遭此困厄，朱庇特连忙出手相救，施展法术，将那些农夫全都变成了青蛙。雕刻家正是抓住了这个瞬间展开创作的。那些蛙儿个个体大如猫，都朝着女神拉托那的方向，或蹲坐，或跳跃，无奈遭天神变化，只能呱呱乱鸣。其中一些尚未脱尽人形，肢躯仍在，只是脑袋上眼珠鼓出，一副扩口咧腮的模样。

对于太阳王而言，这段神话倒是与其本人身世相合。当年弗龙德（Fronde）起兵叛乱，他的母后，奥地利的安妮，只好带着小阿波罗——路易十四逃出巴黎。长大成人之后，路易十四暗下决心，将来决不再受制于巴黎百姓和权贵了。虽然凡尔赛宫最初只是一个狩猎行苑，间作假面舞厅和欢宴之所，但是过了不久，国王就让这里成了他发号施令，君临天下的政治中心。他的首相科尔贝为修造卢浮宫花费甚巨，满心希望路易能在那里处理国事，结果却是白忙了一场。路易是太阳王，就必须营造一个丘壑、流水的世界，用大理石和玻璃镜堆砌成一个新天地。君王为星辰拱绕，周而复始，日夜更替，游于其间，浑忘却尘世之嚣杂，深宫雅乐，暂不闻群蛙之聒噪。

这套办法着实管用，整整一百年间，巴黎和凡尔赛一直是互不相干的两个世界。就算国王在凡尔赛有时不得清静，那也是被当地镇上的居民或乡下的农人打扰。从巴黎到凡尔赛得走六个钟头，一般的老百姓都视为畏途。非但路程遥远，耗费不少时间，况且走着也不太平，要到西边的大路，就必须经过布洛涅森林（Bois de Boulogne），沿途不时有盗贼和野妓出没。

如果是坐马车，则只要两个小时，最多也就三个小时。到了路易十六一朝，朝廷显贵政治活动的重心渐渐移到了城里，不再拘囿于凡尔赛宫。他们的府邸，多集中在圣日耳曼区，或者奢华的马莱区，有歌剧院，城里的戏园子以及**圣灵音乐会**（*concerts spirituels*）供他们遣兴流连。有了这些去处，宫廷娱乐相形之下就显得单调乏味了许多。在双年艺术沙龙内陈列着最好的艺术品，私家宴席间往往是妙语如珠，雅谈不绝，迪波尔和内克尔的府上，也经常是高朋满座，胜友如云。最为关键的是，凡尔赛的游廊与厅堂，已不再是国家政令初颁之所在，议政中心移到了巴黎的司法宫和王宫大厅。故而，那些依爵位排定高低座次的宫内朝臣，逐渐出缺空席、人员不整。米拉波曾经说过："即使处于专制的束缚中，巴黎也始终保持思想独立，以至于暴君不得不敬重它。其艺术和文学潮流引领了哲学的发

[315]

展,哲学又主导了公共道德的风向。"

公众将国王从凡尔赛挟持回来之前,皇家宫殿已经压过了凡尔赛城堡,在各个方面都和它针锋相对;实际上成了足以与之抗衡的劲敌。在城堡的中心是一栋阁楼式的建筑,在那里,国王的主宰地位通过房间的布局确立下来,每个房间彼此纵向排列,这样在觐见过程的每个阶段便可以根据典礼或礼仪的需要或停或行。南北伸展出长达半英里的翼楼,完全是附属建筑,是理论上的全能君主的政府机关和宫廷内府所在。而皇家宫殿完全是个露天庭院,四周为廊柱环绕,采用类似于威尼斯的圣马可广场那样的开放式布局。在建筑方面可说是平平无奇,乏善可陈。平日里,很多闲逛的,游览的,走马观花的,读书的,买东西的,闲聊的,打情骂俏的,小偷小摸的,吃吃喝喝的——实在是惬意得很——暂时还能保持秩序,或者根本就没什么秩序。凡尔赛宫是法国全国戒备最为森严的地方,而皇家宫殿作为奥尔良公爵的私人领地,是绝对禁止警察出现的,除非主人邀请。如果说礼节繁缛的凡尔赛宫极大地保留了传统的等级制度,那么狂野不羁的皇家宫殿,则将这一切全然颠倒,整个搞得一团糟。凡尔赛宫主张的是共同遵守的纪律,皇家宫殿则为公众偏好无政府的倾向大开方便之门。

在朝堂之上,甚至在政务会议上,字字句句都需斟酌小心。但是在皇家宫殿,那就百无禁忌了,甚至说得越出格越好。阿瑟·扬就曾在福倚咖啡馆这样的地方看到:

[316]
> 演讲者们或站在座椅上,或登上桌案,望着下面的人群便开始激昂澎湃地高谈阔论。众人对一切话题都充满热切,常常掌声雷动,场面难以思议,而演讲的内容远不止

于民生疾苦以及当今政府暴政这样的内容。

他简直被那些脱口而出、不假思索的民主谈论惊呆了。在凡尔赛，从路易十四时代开始就有精心准备的烟火表演，是特意向国王陛下致贺的，但是在皇家宫殿，奥尔良公爵特别优惠，通常要卖5利弗尔的甩手炮、钻天猴、金蛇焰，这里只要12苏。在6月27日庆祝各等级联合的庆典上，巴黎上空烟火穿彻云霄，色彩斑斓，与此同时凡尔赛宫上空却冷冷清清，气氛凝重。

皇家宫殿无疑成了自由的王国。6月28日这天，参与哗变的一些法兰西卫队士兵，跑到广场那里对人们宣布，他们绝不会对人民开火。在13日那天，有两个人穿着平民服装，走进国民议会，控诉他们的司令官沙特莱公爵（Duc du Châtelet），结果被轻骑兵抓住，连同他们的十几个同谋一起被送入修道院监狱。消息传出之后，四百多人来劫狱，还为这几个士兵搞了一个欢庆的节日和公众晚宴。奥尔良公爵腾出好多空房，让人们尽情狂欢，还让那些"百姓兄弟"保护着那几个反叛的掷弹兵睡在"杂耍游乐场"的地板上。第二天从他们在皇家宫殿的新居日内瓦大楼放下了几个篮子，那些有良好祝愿的人可以给两位英雄送上他们的礼物。当然他们也不敢太过大胆地藐视当局，市政厅和国民议会的选民出台了一个折中办法，让这两个卫兵答应回到监狱关一个晚上，然后再被赦免。

皇家宫殿里，狂饮烂醉，人声嘈杂，气氛达到了高潮，难怪巴黎大革命在那里爆发，但是骚乱更多的是出于一种绝望，没有什么欢喜可言。7月份的时候，面包价格涨到了警戒线水平，这已经不仅是供应短缺，简直等于是饥荒了。法国城市的供应状况，已经糟糕到快要发生一场粮食大战的地步了。6月末，在第二大城市里昂，暴乱分子假借国王旨意，强行要求以零税率的价格销售粮食。在巴黎，城市周围的关税哨卡也遭到冲击，造成严重破坏，这种事此后频频发生，以至于只能派兵驻守在那里。另外农贸集市，以及护送所有运送谷物和面粉的队伍，也得有军队看着。在周三和周六，当那些面包行商在菜市场（Le Halles）和其他指定摊点出售面包的时候，更是险象环生，面包商不把最后的存货卖完不能离开，而此时，饥饿的人群会一拥而上，打算讨个便宜，这个时候最容易发生暴力事件，面包往往会被哄抢一空。

[317]

7月初对穷人来说，还意味着另一场严峻危机。因为7月的第一个周末是个鬼门关：是清偿包括房租在内所有欠账的日子。理查德·科布说得好：7月的限期至为可恶，10月还好些，正值秋收，面包价格回落，1月年关，严冬大寒，通常债主也会宽限几日，偏偏7月谷子将要收割，面包价格处在最高位置，人们手头正是最紧的时候。每逢要还债的前一晚，也就是7月7日，一家人通常都会出去躲债，房客也会乘机逃之夭夭，有时候还会裹上条床单，从高高的窗台上连滚带爬地下来。故而7月份是人心惶惶，出门避灾的日子。

所以当内克尔被即刻解职，并遭国王斥逐的消息在7月12日周日传到皇家宫殿的时候，顿时掀起了轩然大波，恐慌、愤怒之情传遍各处。因为内克尔不单是第三等级得胜的灵魂人物，更是成为了人们心目中的精神之父，替他宣扬美名的报刊不计其数，说只要哪里有他，哪里就能丰裕兴隆，萧条失业，有了他就有工作机会，荒年饥岁，有了他就吃得上面包。他正直端方，名声素著，在人民心目中树立了光辉形象，绝不同于那些手段卑劣，无所不为的贵族。这些人为了把他赶下台，竟然不惜故意酿成一场大饥荒。(这些虽是吹捧，但也并非全然虚誉，内克尔确实曾经拿自己的财产作为抵押，获得阿姆斯特丹霍普银行担保的船运谷物。）

饥荒并非起于天灾，而是一场阴谋的结果，这种观念在法国有着根深蒂固的传统。但是像1789年那样，波及范围如此之广，激起民愤如此之烈的例子，却是从未有过。如果那些减少市场供应，伺机抬高价格的面包商和磨坊主是坏在明处，那在他们背后，则必定存在一个更为恶毒的贵族阴谋团伙，这些人就是要让内克尔声名扫地，狼狈下台。所以内克尔一走，那些小册子就说，这些家伙就是要拿人民群众作为这场阴谋的牺牲品，不把国民议会整垮了不算完。某本小册子的作者还说："贵族老爷濒临垂死边缘，还如此处心积虑地与天下百姓为敌。如此歹毒的心思，也是千百年来绝无仅有的。"

不过有时候，这种阴谋论到最后被证明还是确有其事的。[318] 当然，这并不是说要存心让老百姓饿肚子，迫使他们乖乖就范，但是把内克尔搞下台，并且解散国民议会之类的企图还是存在的。比如说7月9日这天，在凡尔赛和皇家宫殿，就分别发生了针对内克尔的一些事，反映了两种截然不同的态度。这天内克尔走进皇家会议的时候，阿图瓦亲王上前来冲着他挥舞拳头，还骂他是"外国叛徒"和"卑贱小民"，不配在皇家会议中占得"一席之地"，应该卷铺盖走人，滚回原先的"小城市"去。会议过程中，亲王更是出言不逊，奉劝内克尔干脆悬梁自尽为妙。也就是同一天，在皇家宫殿上，一位贵妇人，因为朝着可敬的首席大臣的肖像恶狠狠地吐口水，让人在屁股上狠狠揢了几下。

部署在巴黎和京畿之地的军队越来越多，似乎也证实了这些恐慌和猜疑的真实性，当然到底来了多少，外界的猜测可能有所夸大，不过其中显然是有德国和瑞士籍的士兵。（甚至还有一些是来自说德语的洛林地区的法国本土士兵。）外国军队和武装匪徒勾结在一起，在人们看来，肯定会流窜到乡村一带，暗地积蓄力量准备进攻城市，替专制势力报仇出气。

成建制的军事调动，也并不是猜疑虚构出来的。路易十六在6月22日向前线军团下达了第一道开拔命令，当时他还期待着，能够在皇家会议上宣布解散国民议会。当这条路行不通的时候，他便在6月26日，召集了更多军队。到了7月16日，巴黎和凡尔赛地区经过几次增兵，军队人数已经达到了2万人。很多部队至少三分之一是外国雇佣兵，其中好多是操德语的。国王表示，调动军队是为了应付巴黎城内和周边可能出现的混乱局面。但是对于王后、阿图瓦，以及布勒特伊领导的那些急切想要看到内克尔倒台的内阁大臣而言，展示军力的目的，就是要让国王恢复行动自主权。

但是这项计划进行得并不顺利，那些指挥官们有些操之过急，生怕出现操控失灵的情况。当然他们的担忧也是有一定道理的，1780年代法国陆军开小差的人数不断上升，达到了每年3000人之多。初犯会遭受到残酷刑罚：10人一组被50名带着铁手套，手拿通条的士兵痛打，但这并未让他们退缩。7月2日英国大使写了一份报告，说萨利斯-萨马德瑞士军团的两名士兵就受到了这样的刑罚，罪名是和两名法兰西卫队士兵图谋反叛。那两名同伙已经被绞死了。

[319] 最严重的问题在于，不满情绪绝不仅在士兵中间弥漫着，这股风头甚至渐渐影响到了下级军官。如果说旧制度哪里最能体现贵族垄断和提升无望等激烈的社会矛盾的话，那就是军队

了。吉伯特的改革，虽然可能是让官兵的薪饷有所提高，但是也引入了普鲁士军队的严格纪律，而且对于"老"贵族，无条件地保留其军籍。虽然塞居尔的本意是要维护那些上了年纪、境况窘迫的贵族们的实际利益，但还是引起了人们极大的不满，对于那些刚从大学毕业，进入军队服役的富家子弟，是极大的伤害。那些牢骚满腹的职业军官，那些尚未授衔，将所有希望都寄托在军队晋升上的士官，全因为这项新政策断送了前程。这就能很好地解释，为什么在下级军官中，会掀起一股强烈的反贵族的言论风潮。

正规部队的一些普通列兵，可能更加把自己看作第三等级的公民阶层。据塞缪尔·斯科特说，他们中超过80%过去是从事过其他行当的，相当一部分是来自城市的手工业者。也就是说，皇家陆军的士兵，压根就不是农民子弟，而更接近于教区的手工劳动者，就是刚刚把雷韦永的工厂给抢了一票，过不了几天就会成为巴士底狱的"征服者"的那些人。军队和人民之间这种暂时的团结在7月14日事件中起到了非常关键的作用，超过50名正规军士兵加入了人民的队伍，参与了对这座堡垒的进攻。但实际上在这之前，军队不愿意用武力来镇压夺粮和强买行为的报道已经十分普遍了。

这种生来便有的友爱精神在法兰西卫队身上看得更为清楚。直到让·沙尼奥（Jean Chagniot）里程碑式的研究之前，人们曾普遍以为，当时的卫队士兵要更老，混杂于巴黎寻常百姓间，还常常为了贴补微薄的薪饷而做些买卖什么的。但是现在我们看到的完全是另一番景象，显然他们非常容易受到大革命宣传的影响。许多的卫队士兵年纪还很轻，来自各个地方省份，尤以亚眠、卡昂和里尔等北方城市居多，绝不是非常固定的。18

世纪早期士兵开店铺、摆货摊还是不加禁止的,但是到了1760年代和1770年代实行一系列改革措施之后,便断了这条门路。他们中做上门女婿的,有时候还要靠老婆养活。但是底层官兵,也就是作为区区1200人的警察队伍的有效补充的这样一支生力军,却都是草根出身,潦倒不堪,还经常违抗上命。低级军官中,尤其是那些中士更是这样,有个上了年纪的长官曾经抱怨道:"如今人们大谈平等,军中各岗位和级别混为一谈,这真是太不幸了。"卫队中士让-约瑟夫·卡托尔(Jean-Joseph Cathol),奥弗涅一个公证人的儿子,后来曾说道,他在1788年开始读到那些"揭穿教士、贵族恶行"的报纸后,很快就沾染了这种粗野狂蛮的政治习气,并把它带进了军营。而那些并不怎么关心政治的士兵们,只是在喝酒的店铺里,或者到皇家宫殿闲逛的功夫,才随大流地感受一下这种剑拔弩张的气氛而已。就像在7月12日这天,凡尔赛的赖纳赫团的一个军校生,碰上了两个卫兵,身边还带着两个女的,卫兵显然是喝高了,对着军校生说:"跟着我们两个,保你在巴黎拥有享不尽的荣华富贵。"

不管有多少种因素掺杂在内,对于法兰西卫队而言,雷韦永暴动是一个惨痛的转折点。自此以后,部队军心摇荡,对上峰号令极为抵触,不愿遵从。同时,他们逐渐开始名副其实地要做他们本地的爱国者了。7月6日在凡尔赛,他们差点和派来镇压城里居民的说德语的轻骑兵动手打起来,7月8日,一个叫让-克洛德·莫内的彩票贩子,因为在士兵中散发煽动性宣传册而被逮捕,其中的一本是以"法兰西卫队老兵"的角度来发出吁请。上边写着:"在官兵面前我们是公民;在奴隶面前我们是法国人。"

影响很快变得两极化。一方显然就是"奥地利王后"和她的一班宫廷宠臣，由荣军院附近，驻扎在战神广场的匈牙利骑兵和德国骑兵给他们壮胆，听说磨刀霍霍，准备一口气占领皇家宫殿。另一支部队驻扎在圣但尼，准备从蒙马特尔山丘（Buttes de Montmartre）朝城里开炮。内克尔的主要对手布勒特伊，似乎就在朝会上放言："如果我们迫不得已焚烧巴黎，整个城市将会陷入火海之中。"现在看来，他们兵多势众，也有足够的手段。另一方则是坚决同这个邪恶计划斗争，以法兰西卫队为首的本国官兵，一旦民众生命受到严重威胁，其他部队随时准备前来增援。6月30日，就在"毗邻巴黎，对欲从政的人们可谓近水楼台"的南基斯（Nangis），阿瑟·扬听卖假胡须给他的人说，只管放心，"法国士兵决计不向人民开枪，"他又加了一句，"如果他们真的开枪射杀我们，那也比饿死要好。"

米拉波也赞同这个观点："法国士兵不是毫无感情的傀儡，他们将我们视为亲友、家人……他们认为不该不顾对象是谁就发动攻击。"他是预感到事情不妙，才在7月8日国民议会发表上述观点的。有一次他还非常具有预见性地发表了讲话，对于迫在眉睫的内战进行了一番形象的描绘，虽然，他说巴黎一带进驻官兵多达35,000余人，显然过于夸大，不过路边、桥头炮声隆隆，还有他所说的正在挖掘的炮兵阵地，人们总不能视而不见。尤为糟糕的是，四处流传着明目张胆的弥天大谎，说是死不悔改的旧制度邪恶势力要和新人之间决一雌雄。对于那些做了蠢事的人，他发出了这样的妙问："他们是否预见到自己的所作所为定会威胁到君王的统治？他们可曾研究过各民族历史，了解革命究竟如何开始的？"

他这番话着实戳到了国民代表的痛处。代表们一直持观望态度，既感到不安，又无可奈何，军营一座座兴建起来，最初

[321]

是在大理石宫（Cour de Marbre）那里，然后带有大廊柱的橘园也造了一所兵营，这座橘园乃是芒萨尔（Mansart）督造，外观模仿了古罗马的圆形竞技场。如今那些多利克廊柱边上，枪炮火铳堆积如山。米拉波滔滔不绝的一番话，说出了人们心里不断加深的忧虑，故而他在台上讲，台下时不时爆发出热烈掌声，在他汗涔涔的脑袋瓜顶上回荡。掌声平静了下来，他又当场谈到了国王，可以说是直击要害，"这种危险的情势……超过了人们的预期……出现在巴黎城中的军队必将导致不安和动乱……以维护公共秩序为由进行的第一波暴力杀戮，最终会带来一系列严重的恶果。"他还要求路易下令撤走部队，消除目前的紧张气氛。

7月10日，也就是2天后，国王作出了答复。他试图安抚那些议员的不安，声称招部队来是敉平由于雷韦永暴乱造成的巴黎扩大的暴力无序状态的，他们是起到"保护"作用的，而不是恐吓议会的。所有这些都是为了发动军事政变准备好的一贯借口。国王甚至还提出了一个无理要求，说如果当下形势使得努瓦永（Noyons）或者苏瓦松两地的议会在凡尔赛的工作无法维持下去，那么就要撤销这两个议会。

只有最易受蒙骗的保王党才会相信他的话。事实上，就在米拉波发表讲话的当天，也可能正是被这番话给刺到了痛处，路易十六终于下定决心，打算尝试一下强硬手段：抬出军队来迫使国民议会改弦更张。王后和亲王们一直在背后怂恿他，而他这次却采取了更加毅然决然的措施，其大胆程度出乎预料。看起来，有人向他灌输了大量如何做才是对他和对王室最有利的措施。内克尔的自以为是已经让他十分恼怒，而在6月23日那天这位总监大人的傲慢无礼，更让这种恼怒的情绪慢慢变成了一种憎恶。除了追逐野猪、鸟雀和雄獐的兴趣依旧不减，他还决心维护和弘扬波旁王朝的威严。

国王首先需要得到布勒特伊的首肯，后者已经被指定为内克尔在内阁的接班人了，之后内阁也将接替国民议会的工作。诏令颁布之后，国王在 10 日这天通知了各位亲王。尽管他们要招来的军队 16 日才能到位，但是国王既然想要自我决断一回，谁也不想给他泼冷水。而且这个周末正是发动兵变的好时机。国民议会在周日不开会，可以迅雷不及掩耳之势将内克尔逐出国去。

[322]

11 日周六这天，总监大人正要开始准时享用下午的正餐，这时，海军大臣拉吕泽尔内送来一封国王的手谕。内容非常简短，开门见山，就是要内克尔自己一声不响地辞职走人，离开凡尔赛，也别再待在法国了，干脆就回他的瑞士老家。内克尔把手谕塞进口袋，对他的妻子简单地交代了几句，叫上了一辆他往常夜里出行的马车。五点左右，马车里装上了一个手提箱；内克尔夫人照旧穿着晚礼服，走进车内，后面跟着她的丈夫。按理说，马车应当是向南朝着马孔（Mâconnais）方向跑，经过里昂，抵达瑞士边境。但是它却朝着北边走，直奔布鲁塞尔，到了那里已是次日了。内克尔下了马车。他写了一份信给荷兰霍普银行家族，让他们放心，虽然自己被解职了，但是他们为了即将到来的谷物提供的抵押贷款依然有效。

这真是一位"尚礼君子"的气度，和那个脾气暴躁、惶惶不安的将他解雇的国王形成了鲜明的对照。

二、波澜壮阔：巴黎战役，1789年7月12—13日

屈尔蒂斯的蜡像博物馆里到底有什么好东西，让观者络绎不绝，趋之若鹜，这个问题其实很简单，比方"显贵之家"（Le Grand Couvert）这组雕像，表现的就是国王一家和王后的兄长约瑟夫二世享用晚餐的情景。这件作品是展览馆中最为精彩的一件。此外还有一些名人和英雄，比如伏尔泰和海军中将德斯坦（d'Estaing）。每一尊雕塑都是彼得·克洛泽（他的德国名字）亲手做的，画也是他自己画的，他可说是一个靠招徕观众获得事业成功的典型了。马耶尔·德·圣保罗曾经写过一本书，专门介绍教堂街（boulevard du Temple）的那些玩意把式，字里行间充满了对这种哗众取宠、下里巴人的粗俗把戏的不屑，他觉得屈尔蒂斯是白手起家的暴发户典型：头脑机灵，颇具天赋，最为关键的两个字就是"勤奋"。市场在哪里，他知道得很清楚。每位参观者仅收费2苏，这一来屈尔蒂斯蜡像馆总是门庭若市，

[323]

三教九流，各色人等打着呵欠，排着长队前来一睹为快。高超的技巧让观众惊叹，人们想象着自己对伏尔泰抿嘴偷笑，为卢梭伤心哭泣的样子，偷看一眼铺床叠被的玛丽-安托瓦内特，欣赏之余，还能买一尊小的"英雄汉"或者"浪荡子"的蜡像带回家，没事的时候看上一眼，常会发出会心的一笑。

取得初步成功之后，蜡像馆逐步发展壮大，屈尔蒂斯大受鼓舞，故而当皇家宫殿在1784年对外出租商业地块的时候，他二话没说便果断出手。屈尔蒂斯租下了7号沙龙，里面还是摆满了那些文人学士，功臣名将的蜡像和一些宫廷生活的场景模型，这些可都是让他在林荫大道与圣日耳曼和圣劳伦特集市上大受欢迎的玩意儿。为了吸引层次稍微高些的观众，他搞了一

个分隔栏，票价分成两个档次：前排12苏，后排2苏。在那里，他还得面对强大的竞争对手：400磅的保罗·布特布罗特，还有一个流氓也同样难以对付，此人骗售蜡模，名字叫作"美丽的朱丽玛"，据说此人死了两百年，依然奇迹般地保存了下来，从头完整看一遍只要几个苏。但是屈尔蒂斯知道该如何赶上潮流，立于不败之地。他请来一个表演口技的，每天从中午表演到下午两点钟，下午五点钟表演到晚上九点钟。他也颇识时务，拉法耶特、米拉波、塔尔热这些风云人物，在他的蜡像馆里全都有。当然还有奥尔良公爵和内克尔总监。

所以6月12日礼拜天4点钟左右，当他看到上千人报国心切，吵吵闹闹，直奔他的7号沙龙，他马上就明白这些人是为何而来。他爽快地交出了奥尔良和内克尔的半身像，也趁着机会说上两句，那副声情并茂的样子，法兰西剧院的一流演员也不过如此："各位朋友，内克尔大人曾经在我心里，若他现在仍在我心，我愿意剖开我的胸膛把他献给各位，然而，我手中只有内克尔大人的一尊蜡像，现在将它交给大家。"他可太会演戏了，欢呼的人群于是拿着头像到处转悠，凯旋而还。

整整一天，皇家宫殿都沸腾着激动的人群。国王和他的谋臣还觉得选在礼拜天向民众宣布内克尔被贬黜是非常恰当的（他们也知道，消息瞒得再紧，早晚都会被抖搂出去），而现在宣布能让国民议会措手不及，没有时间作出反应。可是反对者通常会自发地聚集在皇家宫殿——礼拜天也是这里组织各类表演的最佳时间。观光的、闲逛的、演说的，把这里挤得水泄不通，还有从外地来的乡下人（hos des murs），和从郊县赶来的手艺人。这天下午大约3点钟光景，约莫6000来人，围着一个年轻人，此人面色苍白，长着一双黑眼睛，头发杂乱地披散在肩上，站在咖啡馆门口的桌子前神情激动地高声叫喊着。

年轻人名叫卡米尔·德穆兰（Camille Desmoulins），年纪仅有 26 岁，是皮卡第的吉斯一家名门大户的公子。父亲是当地辖区的陆军中校，省吃俭用，送这个少年老成的孩子去巴黎读书。而他的其他几个儿子，能混上个小军官，凑合着找个对象就知足了，德穆兰的一个姐姐，最后还是免不了当了修女。而德穆兰本人，则进了路易大帝高级中学（Lycée Louis-Le-Grand）念书，并由此结识了来自阿拉斯的马克西米连·罗伯斯庇尔等一批出类拔萃的年轻人——这些人里，既有出身贵族的，也有普通的平民子弟，有些甚至是手工匠人的儿女，学校内一时俊彩星驰，英才辈出。和他们一样，卡米尔也醉心于西塞罗、塔西佗和李维的著作，血液中翻动着罗马的情怀。

尽管他的父亲希望他进入法律界，德穆兰却想要靠偶尔舞文弄墨谋生，并把写一部《三级会议颂歌》作为目标。1789 年 6 月，他那篇《自由法兰西》获得了以"天字第一号自由著作出版商"自诩的莫莫罗（Momoro）的认可。虽然直到巴士底狱陷落后数天才获得出版，但德穆兰小册子中的雄辩之词，真是触及灵魂，催人泪下，在当时的皇家宫殿一带，是最受追捧的。它第一行就开宗明义，那就是让人聆听，不是让人默读的：

> 来听啊，听听巴黎、里昂、鲁昂、波尔多、加来和马赛传来的声音。从国家的这一端到另一端，到处都是同样的呼声……人人都渴盼自由。

是他的话语，而不是他的目光，才集结起这样一支自由信仰者大军的。眼睛只不过是吸引人们的注意，而真正指引方向的，却是他的喉舌。年纪轻轻的德穆兰，已经是皇家宫殿演讲者中的老手了，他尤其喜欢用一些色情方面的话题来加以诱导，作为王室和贵族生活腐化的罪证。在他笔下，王室千方百计要使人们堕落，"让青年一代置身于烟花柳巷，让他们的周边围满淫秽的娼妓，从而达到腐蚀国民意志，败坏国家精神的目的。"

不能再让这种马基雅维里式的阴险企图得逞了，光是在首都就有超过3000人准备放弃他们的安逸生活，团结起来，"仅仅只需要一声号令，他们便会加入神圣的爱国者的行列"。他们已经开始接管发表演讲的舞台。"只有爱国志士才可以发声，堪称害群之马的敌人已被严令噤声。如果他们胆敢出来演讲，就会立即背上叛国罪，受到国家的严惩。"

德穆兰充分发挥学校读书期间对于经典名作的模仿才能，把他的演讲结束语设计成英勇战士（Virtue Militant）的风格，但为了增加特别效果，他把他在沙龙和舞台上的新古典主义历史题材油画中所突出表现的为国献身的元素，统统加入其中。要显得血迹斑斑，这样更显真实。德穆兰把自己比作倒下的英雄奥梯亚德斯（Otyrhades），就是那个在缴获的军旗上，用鲜血写下"斯巴达得胜"的英雄，他这样说道："我平生一直怯懦胆小，但现在我感觉自己如同脱胎换骨，我乐意为如此伟大光荣的事业献出自己的生命，即使肝脑涂地，也要用我的鲜血写下"法兰西已获自由！"这几个大字。"

[325]

所以6月12日在福倚咖啡馆人群面前演讲，德穆兰早已事先准备停当，对于如何做到激励人心早已是胸有成竹了。他给父亲留了一封信，大约在三点钟的时候，来到了皇家宫殿，和他的那些同伴一道，鼓动人民拿起武器，反对罢免内克尔，抵制这种背信弃义的行为。"他是国家的中流砥柱，必须要留任。"

说到激动处（顺乎自然，并非做作），他跳上了桌子，此时头脑中"思绪万千，颇为郁闷"，接下来的演讲便有些语无伦次。他认为应该为内克尔立一座碑，以志尊崇，不能让一纸诏令就这么将他撤职。"拿起武器，拿起武器，（扯下一片栗子树叶）大家都戴上绿色的帽徽，它是希望的象征。"正在这时，德穆兰想必看到有警察走了过来，至少他是这么说的。尽管只是怀疑，他却可以装出一副罹遭暴政戕害的样子。他警告说，圣巴托罗缪之夜的血腥屠杀就将重演：这种观点已经成为了爱国党人的老生常谈了，加上马里-约瑟夫·谢尼埃（Marie-Joseph Chénier）那部非常走红的《查理九世》在1789年上演，也为这种说法推波助澜。他一手指着前胸，一手挥舞手枪（另一个将在国民公会上成为标准的舞台动作），他公然藐视那些暴政的走卒："是的，是的，正是我鼓动同胞要奋力争取自由，我们宁可死掉，也不能成为奴隶。"

听众的反应很让人鼓舞。德穆兰一夜成名，成了英雄，人们上前紧紧拥抱他，大声和他打招呼"好呵！"永远都有亲吻和火热的誓言围绕在身边。所到之处都是大声叫喊和致意的人群，只要有绿色的东西就抓在手里，缎带、树叶、整条树枝：差不多汇成一支初具规模的军队，一支还在寻找枪炮和英雄的军队。

然而英雄却正日渐寥落：内克尔去了布鲁塞尔，奥尔良公爵在自家的圣罗伊（Saint-Leu）的业余剧院里排戏唱曲（一听说巴黎发生了骚乱，他的一个名叫吉罗（Giroux）的朋友，便急匆匆跳上马，顾不得脱去独眼巨人的装扮，便急急忙忙地飞奔报信，结果差点让人痛打一顿，大伙儿觉得他的独眼造型就是巡捕密探的活招牌），不过还好，屈尔蒂斯能够提供蜡质真人塑像。听演讲没法满足，可以买一尊蜡像带回去，而且举止得体，不失分寸，哪怕真人就在眼前，也未见得这样让人由衷喜爱。

舞台已从人们见惯的地方搬到了露天大街上。那可绝对是动真格的，绝不是儿戏，这真实的一幕幕很快就压过了纯粹的轻松娱乐，观众们现在必须全心关注大革命的发展了。于是就在格雷特里的《阿斯帕西》(*Aspasie*)刚要开演，大约3000多人突然闯入了歌剧院，宣布今天是痛失内克尔的伤心之日。其他的演出场所，特别是皇家宫殿和在坦波尔林荫道这里，自行关门，不再接待观众。附近的交易所也宣布，周一停牌一天。次日，这种破天荒的财政预警信号，使得本来就日渐上升的危机感更为强烈了。和德穆兰一样，参与其中的每个角色都突然觉得自己是落入了天意的安排，注定要出现在这光辉灿烂的历史瞬间。他们做的都是了不得的大事，一言一行，都会被当代的史家巨细无遗载入青册。当游行队伍达到6000人之众，人们穿上黑衣，头戴黑帽，手里举着黑旗来应和这样悲悼的场面，这种自我意识益发显得突出了。

光是发表演说，喊喊口号，敲几下钟，没有暴力活动的话，政府不会把这个当作什么大事。但是对于当时正担当巴黎及京畿卫戍任务的贝桑瓦尔男爵来说，显然区区6000人的杂牌警察部队是应付不了大规模骚乱的——1000人是卫兵，其余是巡逻保安队、弩兵、穿着礼服长裤的火枪兵和一小撮骑警队（驻防城外）。正规军驻守在圣但尼、塞夫勒、圣克洛德，城内主要驻扎在荣军院、军事学院、路易十五广场以及爱丽舍校场。就在内克尔解职的消息传到巴黎的当天上午，女人们还在战神广场上和贝岑尼（Berzcheny）军团的那些匈牙利轻骑兵欢快地跳舞，不过几个小时，军人们便纷纷列队，做好战斗准备。路易十六

[326]

桥上调来了四门大炮,一年前在格勒诺布尔,今年春天在法国无数地方出现的问题——这些武器如何使用,何时使用——到1789年7月依然存在。

旺多姆广场上剑拔弩张,一触即发。率领皇家阿勒曼德骑兵团驻守路易十五广场(没多久便改名为大革命广场,也就是今天的协和广场,一个人人都觉得索然寡味的地方)的朗贝斯克亲王(Prince de Lambesc)接到命令,让他带领军队驱散广场上的人群。但是骑兵有规定,只能用刀面还击,于是规定造成了必定的结果,马匹被困在中心,无法机动。由于寡不敌众,骑兵只好撤出路易十五广场,人群从旺多姆广场涌入杜伊勒里花园。在那里和军队发生了冲突,那个手拿屈尔蒂斯造的奥尔良公爵半身像的人被倒拽在马匹背后,拖到了路易十五广场。越来越多的骑兵努力闯进御花园,人群高喊着"凶手"冲向四周带围栏的高台,从那里找到什么东西都往底下士兵身上砸,什么椅子,建筑遗址上的石块,还有可以敲碎的雕像,都下雨一般的朝下扔,打惊了马匹,有些士兵也都受了伤。

这场冲突持续的时间特别长,足够在城中不胫而走地传播"德国佬和瑞士佬杀我同胞"的流言,法兰西卫队各分队赶赴现场投入战斗,同朗贝斯克的军队直接照面,这可是第一次一支有组织的正规军和国王卫兵面对面交锋,卫兵下决心要反击进攻。谁曾想卫队兵力居然占尽优势,骑兵部队居然节节败退,全部撤出了杜伊勒里宫,从这一点上看,这场交战,等于是帮着夺取了巴黎的政权。

先是马雷夏尔·布罗格利,然后又是贝桑瓦尔筹划、整备了数周的时间,可是根本没怎么打上一仗。很显然,路易十五广场上遭到围攻的部队需要支援,但是前来支援的瑞士萨利斯-萨马德军团却打得极不顺手,简直是费力不讨好。太阳渐渐西沉,军队坐上仅有的两条小艇,沿着塞纳河撤走了,架在船头的枪支,还在对着右岸开火威慑。法兰西卫队在那里已经巩固了他们占领的阵地,在整整两小时的惨烈战斗之后,他们试图借着沉沉夜幕的掩护,重新集结队伍。但是守在街道据点里的法兰西卫队却开枪射击,火光大亮。在半夜一点钟时,萨利斯-萨马德军团的指挥官认为,该阵地实在没法坚守了。当贝桑瓦尔回到现场,他做出了一个更加大胆的决定,宣布撤出这一地区,向着塞夫勒桥撤退。

顾不得身后混乱不堪的局势,国王军队就这么从城中撤走了。军火店和兵器店只好把滑膛枪、马刀、手枪和肩带之类的军器上缴。一个老牌的军火店向国民议会提出申诉,说他们的店铺已经被强行闯入 30 多次,损失了 150 把剑,4 把大刀,58 把猎刀,10 支手枪枪托和 8 支火枪。

拿上这些武器,甚至还操着菜刀、匕首和棍棒,北城头的这群人便一路出发,前去捣毁那些令人痛恨的东西,那些他们受限制和桎梏的象征:总包税商围墙和它的 44 处围栏。这种称作围墙的建筑,是拉瓦锡技术上的最后一件杰作,围墙高 10 英尺,周长 18 英里,每隔一定距离就是一个克洛德·勒杜设计的专门的关税检查站。人们对于科技和建筑毫无兴趣。这堵围墙让他们想到高昂的花费、蛮横的警察:一切一切痛苦烦恼,忍饥挨饿的根源。好几个地方都被砸破了,随后便这样轻而易举地将它彻底推倒了,石头可以拿来当武器,对付军队。40 个检查站遭到洗劫,大门和办公桌椅,还有文件档案,税务记录统统都被烧毁。在打砸的人群中,有 15 个人后来在 1790 年的时候,供认自己是走私犯,正如雅克·戈德肖(Jacques Godechot）

所说,此时他们神气得意,根本就没想到已经将自己逼上了绝路。人群中多数是从北郊来的,其中一些是石匠,所以完全可以这么说,一些参加了这些围墙建设的人,现在正在一起帮着拆毁它们。

第三个目标,当然就是面包,或者至少是谷物和面粉。圣拉扎尔修道院(博马舍受辱的地方)不光光是个监狱,还是个商品货栈。它早就名声在外,说修道院内到处都是脑满肠肥的教士,坐在大大的谷堆上边,自然它也不可避免吸引了人们的关注。人群中很多是一贫如洗和饿疯了的巴黎人,冲进去就抢,看到什么能吃的就抓。大批囤粮被抢走,还有葡萄酒、醋、油,25桶格鲁耶尔(Gruyère)奶酪,更不可思议的是,还有晒干了的公羊脑袋,也不知道是真是假。

一夜之间,在横行无忌的暴乱和破坏之下,巴黎已经不再受国王管辖了。如果次日贝桑瓦尔还打算带兵前来收复失地,并动用血腥手段镇压闹事人群,那么夺回巴黎还是有希望的。可是昨夜这场灰头土脸、混乱不堪的战斗,已经对他带兵作战的威信产生了动摇。他身边的副官告诉他,自己手下的士兵,甚至包括那些瑞士兵和德国兵,都指望不上了,他也实在不想再去攻城了。

13日周一,他面临的情况比前一天自发的暴动更加严重。就在前一晚的11点钟,一些选民聚集在市政厅开了碰头会。他们决定次日一早便在60个区的总部召开紧急会议。要想通知传达到各处,最好的办法就是敲钟报警,而且为了渲染气氛,还要放炮,还要擂鼓。就这样,教堂钟声大作,火炮隆隆轰鸣,四周响成一片,市民们都闻声而动,开始履行自己的爱国义务了。

在市政厅内，最为紧要的问题就是如何控制局势，目前国家的安定统一已经受到威胁，再这样下去就会陷入无政府主义的泥潭。解决之道就是，效仿法国其他城市，以选区人员为基础，组建相应管辖权限的民兵组织：所谓的选区人口，换言之，就是那些还没有彻底一无所有的人。每个区动员 800 人参军，这样总数就达到 48,000 人。尽管考虑到该支部队毫无作战经验，需要法兰西卫队对他们进行指导和训练，但是这毕竟是一支规模庞大的队伍。这支队伍拥有足够实力，能够担负起对内对外两重任务，一方面，它可以应付可能发生的武力镇压，另一方面，如有必要，还可以派它来打击任何违法暴力活动。议案中所体现出来的权力转换的关键之处，就在于识别徽章的规定。由于统一制服暂时还来不及发放，徽章就只能戴在大衣或者帽子上。绿色很快被废除了，因为人们发现它除了代表希望，还是阿图瓦伯爵家丁号衣的颜色。用巴黎的主色调，青红相间来替代，倒是可以更加显得名正言顺，虽然是严肃的官方选择，倒也夹杂着一些浪漫主义的元素。德穆兰从他爱国诗人的眼光看，说制服上的红色，是为自由抛洒的热血，蓝色，代表了天道纲常，终将得到上苍护佑。第一个戴上这种徽章的是公民屈尔蒂斯，就在民兵组织正式成立的当天，他便自告奋勇参了军。

[329]

开始时，他们手里的那点军火，实在是起不到多大作用，只不过是装点门面，造些气势而已。在靠近杜伊勒里宫附近的敕办什物库（garde-meuble）四下乱翻，倒是被他们找到了古时的大戟和长矛，一柄据说是开国明君亨利四世的长剑还有一门暹罗国王送给路易十四的镶银大炮。此外还有一些重武器，可惜很难搬动。遵照贝桑瓦尔的命令，几天前弹药便已搬到巴士底狱去了。众人命令朝廷任命的巴黎市长德·弗莱塞勒（de

Flesselles）交出市政厅的枪支，可是他只拿得出三把火枪。不过他另外想到了一个办法，在靠近卢森堡的加尔都西修道院，还有沙勒维尔枪炮厂可能会有，但结果却什么都没找到。到了晚上，人们已经很难再相信他说的话了。他答应去问戍守荣军院的松布勒伊司令（Sombreuil），能不能交出他手上的3000支火枪，但是却迟迟不去，推脱说先要得到凡尔赛方面的许可。

最后，在圣尼古拉斯桥旁的一艘驳船作坊中，找出了35桶火药。13日晚上，负责值勤的巡逻队总算分到了足够的武器和弹药。和前一晚全然不同了，同情大革命的中产阶层走在大街上，看到试图突围的工人们被民兵缴了械，心里感到安稳了许多。当时甚至对打劫的歹徒实施绞刑，以儆效尤，蜡烛、油灯再一次点亮了千门万户，十街八巷。

[330]

第二天一早，巴黎上空低云密布，战斗胜利了。由于对前一晚得到的答复不满意，大批民众，大约在8万人上下，聚集在荣军院门口。就在几天前，他们在荣军院的80名同志已经打入军营，其余的人故意磨洋工，对松布勒伊下达的将军营中3万支枪械悉数破坏的命令采取消极对抗的对策。20个被指派来做这件事的老兵，虽说已非盛年，但即使没有爱国激情的驱使，在6小时内卸下12支火枪，对他们也不费吹灰之力。一系列谈判失败后，群众仗着人多，冲破了入口，松布勒伊仓皇逃走，仅以身免。要塞非但没有阻挡住入侵者，反而提供了一个便于固守的据点，而且更重要的是，没有人想要到战神广场搬救兵。总共发放了3万多支火枪，大多是随机分给各人的，火炮也一样，都是胡乱配发的（大多没带保险销）。

但是这还算不上是决定性的胜利。尽管有些部队已经出现兵卒变节倒戈，指挥官懈怠失职的现象，仍有谣言流传，说是很快就会有军队开来,蒙马特尔山上将会传来大炮的怒吼。可是如果没有弹药,这些枪炮又有何用?到哪里可以弄到火药,让人民能够在巴黎攻无不克,现在成了人人皆知的秘密了:巴士底狱。只要去那里,就能搞到手。

三、死尸复活?巴士底狱的神话与现实

巴士底狱有明确的所在地:圣安托内路232号,乍一看,就好像是一个人满为患的大型宿舍,驻防部队和三教九流的囚犯充斥其间,根据贫富状况和社会地位的不同,关押的地方也有所不同。监狱外边的庭院(除了在7月暴动期间),平常一直是对外开放的,人们可以进来和站在岗亭里的看门人闲谈,在人挤人的店铺里转悠,要么就看看典狱长的菜园子操持得如何。

但是与此同时,这里还是一座堡垒,整座建筑由八幢圆塔构成,塔身砖墙厚达5英尺,它比军火库要更加高大,突兀地耸立在巴黎近郊。那些描述攻克或者推倒巴士底狱的作品中,它都无一例外地显得比实际尺寸更崔嵬高大。它的多棱堡离地至多不过73英尺,但是大型建筑遗址专家于贝尔·罗贝尔(Hubert Robert)却把它画得如同巴比伦花园一般,直插天穹。在他的作品中,那些城墙简直如同悬崖绝壁,若没有超乎常人的勇毅,根本不可能攻破这座堡垒。

[331]

和很多一开始便对它着迷的人一样,于贝尔·罗伯特自己也终将在大革命时期老死于囚牢之中。但是在1789年的时候,他却对浪漫主义美学产生了狂热的迷恋:那种在埃德蒙·柏克早期的伟大作品中体现出来的庄严压抑、阴森摄魄的气氛让他如痴如醉。他向姜巴列斯塔·皮拉内西(Giambatlista Piranesi)学习

视觉艺术，掌握了砖石结构古建筑崩落倾塌的构图技巧。因此，很有可能他曾经和皮拉内西做过同样的噩梦：悠游于臆想中的，实际上是并不存在的监狱，在那里，现代世界中的机械装置的发明就是为了把人囚禁起来加以折磨的。在他的作品中，巍峨耸峙的巴士底狱，在战场上卖力地跑来跑去的小人的映衬下，更像是一幢庞大的哥特式城堡，显得极其阴郁惨戚，诡异逼人。人一旦被关进来，就别想活着出来，准会悄无声息地彻底消失，从此与朗朗乾坤再无相关，直到最后在大革命期间，尸骨才被掘墓人从地底下刨出来。

上面都是关于巴士底狱的种种传说。可是实际上，巴士底狱的历史并没有那么恐怖，也要比这个生动有趣些。它始建于14世纪末，最初的目的是为了抵御英国人的入侵。一直到了查理六世的时候，才下令将它改为国家监狱。但是真正使它恶名昭彰的，却是红衣主教黎塞留，凡是被他关进这里的政治犯都永远神秘消失了。在整个波旁王朝统治时期，那里绝大部分的囚犯未经任何审讯程序，只是凭着国王颁发的密札便给抓了进来。一开始是那些反对国王或者大臣的阴谋家，都是出身高贵之人；另外就是宗教罪犯，有的是新教徒，还有到了18世纪出现的天主教"痉挛派"，也被抓了进来，罪名是散布异端。此外还有两类重要犯人：一是作家，凡是谁写的内容蛊惑人心，伤风败俗，有碍人伦的，谁就被认为是危险分子，就得下狱治罪；二是少年犯，通常都是年轻人，都是应家属的请求，才把他们关进来的。

监狱里条件差别很大。待遇最为恶劣的是地下单人牢房，泥泞潮湿，虫子又多，到了路易十六时代就不再关押犯人了，但是仅仅加盖了一层屋顶板的"冰室"的条件也不见得好多少。

冬天雨雪交加，夏天烈日熏烤，让人简直无法透一口气。对于大多数囚犯而言，这里的条件总算要比其他的监狱好得多，特别是和比塞特的恐怖相比（从这一点上讲，和20世纪那些暴政下的人间地狱相比，这里真的称得上天堂了）。专门有一笔款子拨给典狱长，用于不同级别的犯人的日常开销：高等法院的推事一天15利弗尔，有钱的平民一天9利弗尔，普通囚犯3利弗尔。但是非常具有讽刺意味的是，那些把监狱的暴行肆意夸张到匪夷所思地步的"耍笔杆"的文人，享受的却是每天19利弗尔的最高待遇。这里甚至允许典狱长手下人明目张胆地拿回扣，大多数法国人做梦也没有过这样滋润的日子。

大多数犯人关在八角形的牢房里，两头大概16英尺宽，这些牢房集中在第5到第7层之间，处于塔楼中间位置。到了路易十六时代，每个犯人都有一架挂着绿色哔叽布帘的单人床，还有一张或者两张桌子，再配上几把椅子。囚房里有一个炉子，有时候是个烟囱，好多牢房在靠近墙根的地方有三级台阶，犯人可以从这里走到一个带着三条铁栅栏的窗门口。大多数犯人都能把私人物品带在身边，并且可以在牢房里养个小猫小狗，好抓个老鼠或是虫子什么的。那个一直关到巴士底狱陷落前一个礼拜才被释放的萨德侯爵，就一直充分享受这种特别待遇。他带进来（包括其他东西）一张桌子，一只五斗橱，还有供他换穿戴的"必需品"：全套的衬衫，丝质的马裤，黄褐色礼服，各式的晨袍，靴子和鞋子若干双；他特别钟爱的柴火盆和拨火钳；四幅家人肖像，白色石膏墙上的挂毯，垫子和枕头都是天鹅绒的里子，厚厚的褥子铺在床上，真是又暖和又柔软；帽子各式各样，可以细细挑选一番；三种香料——玫瑰水，橙子水，可以往身上洒的古龙水，另外还有好多蜡烛和油灯。之所以非

[332]

要带这些东西,因为在1784年的时候,他获准搬进来一大堆各类书籍,总共133卷,包括休谟的历史著作,费奈隆(Fénelon)的全集,菲尔丁和斯摩莱特(Smollett)的小说,《伊利亚特》,还有马蒙泰尔(Marmontel)的戏剧,库克和布甘维尔写到南海的旅行文学,还有《名媛传》(Histoire des Filles Célèbres)和《埃米尔历险记》(Danger d'Aimer Etranger)。

如果说这些囚犯当中谁是真正的罪有应得,那就得说是萨德侯爵。在他被抓捕归案之前,他所犯下的罪行实在是让人憎恶不已,不过他在这里过的日子却是另一番景象。差不多每个礼拜,他那个伤心欲绝的老婆都会前来看他。因为读书写字过分劳神,他的视力持续衰退,这时候还会有眼科医生定期来替他诊治。和其他犯人一样,在这所"自由"监牢中,他可以在四周带有高墙的花园里随意游逛,或者爬到塔顶上去四处走走。但有时他得寸进尺,对着底下路过的人大声欢呼,有时候还恶狠狠地从嘴里蹦出脏话(1789年次数特别多),放风的时间才有所缩短。

食物也是监狱里的重要事项——也根据社会地位的不同而有所区别。如果是因为1775年的"面粉战争"关进来的普通囚犯,估计只能喝上稀饭和菜汤,有时候能够排队排到咸肉或者是带肥油的火腿,甚至还能吃到可口的面包,品尝到葡萄酒和奶酪。也不见得说非得是贵族出身,才能吃到好一些的饭菜。作家马蒙泰尔回忆起"菜汤鲜美,牛肉多汁,清汤鸡腿,渗出油脂(这个在十八世纪算是好东西);小盘煎炒腌洋蓟,或是菠菜,克雷桑梨子甚好;新采葡萄亦美,勃艮第陈年葡萄美佳酿一壶,上好摩卡咖啡"就垂涎欲滴。

没有人愿意住进巴士底狱。可是一旦住进去了,享受到种种优厚的待遇,可能让人觉得还是过得下去的。在里面还能够抽烟喝酒,到了路易十六时代,同囚室的还可以打牌,并满足布列塔尼贵族的要求,增加了台球桌。一些从事文学创作的犯人甚至考虑轮流入住,以此标榜他们反对专制暴政的清白之名。那位莫雷莱神父便是这种人物,他曾经这样写道:"我看到文字的光辉照亮了我监狱的墙壁,如果遭到迫害,我就会更加出名……在巴士底狱呆六个月是一个极好的选择,绝对可以让我名利兼得。"

从莫雷莱的自白书可以看出,当关于巴士底狱的事实变得越来越像一个时代的错置的话,那么关于它的妖魔论在界定当局的反对者上就变得越来越重要。既然王室已经(并非全然捏造)被写得如此独断专行,极力掩盖其黑暗勾当,对老百姓生杀予夺,为所欲为,那这个巴士底狱,就真的是这些罪恶的极佳象征。完全可以说,如果它不存在,那也必须发明出一个来。

从某种意义上,它实在是被一批批曾被关押于此的文人一再夸大编造成这个样子的,这些人在这所监狱里受了苦倒是不假,但是所有的描写都比他们在狱中的真实经历有所夸张。写得倒是曲折生动,读来让人欲罢不能,这样的一个集中了旧制度下种种弊政危局的极端反动机构,就这样被他们成功塑造出来了。摩尼教中禁锢与自由的冲突;隐晦和坦诚无私的反差;残酷折磨和人性本善的矛盾;剥除人性和强调个体的对抗;开放的天空和禁闭的灰暗都被用作浪漫主义预言的基本元素,成为了反巴士底狱的文学作品特有的语言。抨击的声音实在是太强烈了,所以当这个监狱被攻占,却总共只释放了7个人(包括2个神经病,4个造假币的,还有1个和萨德很谈得来的贵族公子哥儿），实在是太煞风景了，决不能让这些事实破灭了人们奇妙的想象。正如我们将要看到的，革命当局将要利用宣传手段，重新塑造巴士底狱的历史，通过文字、图片和物证，来更加充分地印证人们奇思妙想出来的神话。

1780年代是监狱文学的黄金时代。几乎每年都会有相似题材的作品问世，标题躲不过是些诸如《巴士底狱揭秘》(*La Bastille Dévoilée*)之类的东西。情节通常都是怪诞诡谲，孤险阴森的，就是要让人看了之后毛骨悚然，心跳加速，产生一种紧张刺激，又充满期待的快感。正如莫妮克·科特雷（Monique Cottret）所说，这类小说勾起了人们对地下死尸复活的恐惧，当时这类可怕的传说是非常流行的。而在18世纪末（不光是法国），这也是个让人痴迷不已的话题，人们可以委托一些专门的机构，他们会派人钻入某人的墓地，查探动静，以确保没有活人被草草埋葬。

在所有最伟大和最称得上风靡一时的反对巴士底狱的书中，兰盖的《巴士底狱回忆录》一书将巴士底狱描述为一个人间坟墓，在一些最为激烈的章节中，兰盖将这种监禁看作一种死亡，更痛苦的是，那些被官方消籍的人都清楚地知道，自己的身份已经被彻底抹去了。

兰盖的回忆录因其个人所遭到的背叛而怒火中烧。据他说，他在1780年的时候被从英国骗回国内，在那里他一直在出版他的《政治年鉴》了，出版社当时认为他不会因此受到迫害。可是刚一回到法国，他就被突然带走，说他攻击马雷夏尔·杜拉斯，就将他关进了巴士底狱。他在狱中所遭受的痛苦，远远超出了莫雷莱、马蒙泰尔和萨德。有些事情在巴士底狱的档案中无法得到印证，不过并不能就此认定他在说谎，书中这样写道：

两张被虫子蛀坏的床垫；一把只有几根细绳绑成的藤椅，一张折叠桌……两个瓷盆，其中一个用来饮水。还有两块铺路石用来生火。"（过了一阵子，看守给他拿来火炉，他还埋怨说没给他把铜火钳拿来。）螨虫和蛾子的卵破了壳，他可就惨了，床垫上、内衣裤上都是密密麻麻的"蝴蝶"斑。

条件恶劣，环境肮脏姑且不论，精神上的痛苦超过了身体所遭受的折磨，这使得兰盖极度不堪忍受。他在小册子中发挥了极大的想象来表达这种痛苦。这本回忆录实际上也就成了西方最早的监狱心理学作品。对当代读者来说，可能这种预设伏笔，频频打断了读者的阅读兴趣的写作手法，让人不胜其烦。米歇尔·福柯（Michel Foucault）猜想可能监狱中对囚犯分门别类，区别对待，是最让人感到压抑屈辱的，但事实却绝非如此。兰盖最为反对的就是监狱搞一刀切。"进到这个巴士底狱，和送死没有什么区别，"他哀叹道，"它使所有被它吞没的人都平等起来：既有沉思着毁灭自己祖国的亵渎者，也有仅仅因过度热衷于捍卫自己的权利而有罪的勇者"（也就是他自己）。最糟糕的是不得不与那些因道德败坏而被监禁的人共享同一空间。

监狱中的一切管制措施，尽管表面看来是要磨平犯人桀骜不驯的野性，但是仍然显得十分邪恶，它夺走的，是犯人的自我意识：从浪漫主义的角度出发，"我"这个字就是生命本身。举例来说，在交代时，一些有潜在危害的东西，包括剪刀、钱财都会没收，由狱方保管，什么时候出狱，什么时候再还给本人，这个和现代的监狱程序非常相似。之所以要没收东西，原因也跟囚犯讲明了，照兰盖的话说纯粹就是对人格的侮辱：就是要把有头脑的成年人慢慢地降格为连生活都没法自理的小孩子。他总算搞清楚这一点了,而且后来碰到的那些道德卑下、脾气暴躁的狱吏也证实了他的猜测。打个比方,就算是在监狱大院里头溜达溜达,四周高墙耸立,空间狭小逼仄,也照样有看守一步不离地跟在身后。

更可恨的是,犯人不能和别人随意交谈。对于作家而言尤为痛苦,特别对那些刑期未定的人,更是如此。抓捕没有警告——通常在晚上,从居住地被绑架的受害者于是就被剥夺了所有告诉他朋友或是墙外的家人他的现状的方式。对大多数囚犯来说这不算什么,但是有时候兰盖甚至无权写任何东西,这种无助感实在将他压抑得非常难受。厚实的大墙,使得交谈或者听到别的囚犯说话也不可能,突然感到不适,想找个医生也没人搭理,更加增添了这种人间地狱、生不如死的感觉。于是巴士底狱成了活着的人和不存在的人之间的一个分界线。当监狱理发师被带到他面前,兰盖冷冷地说了一句妙语,非常有名:"师傅,你手中有剃刀吗?为什么不把这监狱修葺一番?"

四、爱鼠之人

如果兰盖的书让成千上万的读者产生一种灯光尽灭的共鸣,那么另一个人则独辟蹊径,给他的读者一种逃出牢笼的神圣感,但也同样受欢迎。从这个意义上讲,这个被称为"骑士"的拉图德的自传,是对兰盖的回忆录的最好补充。

这个叫拉图德的人原型是个名叫丹瑞的士兵。在奥地利王位继承战争结束之后,他回到了巴黎,却发现自己连一个安身立命之处都没有,前途一片渺茫。像很多出身卑微的冒险家一样,他想到了邀宫廷之宠的办法来改善自己的处境。不过他采用的是一种非常独特的冒险方式。1750年的时候，他写信给蓬帕杜夫人——很多个人冒险家都打她的主意——说很快就会有人寄一个邮包炸弹过来，让她务必当心。丹瑞对此非常有把握，因为邮包就是他寄的。这个肤浅的把戏很快就被识破了，非但没有拿到拯救国王宠姬的赏金，反而弄得自己锒铛入狱。几个月后，拉图德被转押到了文森城堡，并从那里开始了第一次越狱。

拉图德在书中描述了他刚获得自由的情形，怎样越过田野、葡萄园，径直朝大路走，然后躲在巴黎一个叫家什房（chambre garnie）的装饰豪华的房间里，这段描写让人觉得真实可信，而又充满趣味。不过真正让人大感意外的还在后头。他摆脱了被人发现的恐惧，决定再给蓬帕杜夫人写一封信，说他一念之差做了蠢事，求她开恩，饶过自己。因为他当时认识一个像魁奈（Quesnay）医生这样有头有脸的人，委托他帮他转交这封谢罪书。

这真是一个致命失误。拉图德太过天真了，以为人人都有恻隐之心，一时疏忽，竟然连落脚点都写在信上了。才过了一天的时间，他又被送回了巴士底狱：这对他确实是个不小的打击，但是他并未彻底绝望。这个天真无邪的人很快就懂得了人世间的险恶。几个月里他通过掏空监狱教堂的墙洞，搞了个秘密信箱。他还和狱友阿莱格尔两个人花了半年时间编了一个绳梯，打算借助它越狱逃跑。这可不是一件容易的事情，想要做成，需要付出很大的牺牲，因为绳梯的横木是发给囚犯过冬的柴火，另外把衬衫，床上的褥子撕扯成碎布条，再打成结重新缝合，也需要艰苦耐心和万分仔细。最后做成的梯子长度总算是够了。他们还从搁板桌子的横档上拆下铁条，制成一把粗糙

[336]

的刀子，带着对这件自由工具的渴望，给它取名"雅各布"，而白色的绳子则是"小鸽子"。他在回忆录中将自己吹捧为巧匠能人：一个节俭的、勤劳的、聪明的、心地善良的人——就和让-雅克的罪过一样。

在2月25日夜晚，他们爬出了囚室的烟囱，"几乎要被烟灰呛死，差点被烧焦，然而最终幸存了下来"。然后他们将烟囱隔栅拆掉，爬到了塔楼的顶上。从那里他们把300英尺长的软梯放了下去，放到一个护城河里，在这里，拉图德说，他对自己不得不扔掉这些帮助他逃跑的工具和梯子感到内疚痛苦："此乃人类工业与美德之可贵结晶，亦缘于对自由之热爱。"但此时两人尚未逃出牢笼，本来指望下雨，能够避开岗哨，但是现在雨停了，哨兵们像往常一样，正提着灯笼四处巡视。唯一的退路只能从下面走了，于是他们唯一的逃生希望就是一点一点地将墙上的砖块搬走，尽可能不发出声响。当他们最终挖出了一个足够他们钻进去的大洞，却在黑暗中一头栽进了一个下水道，几乎被淹死。

[337]   经过了好一番折腾，两个人靠了一个裁缝的帮助，在圣日耳曼修道院躲了一阵子，然后在海岸低地诸国各奔东西。在安特卫普，拉图德碰到了一个萨瓦人，对方滔滔不绝地给他讲了一个故事，说的是两个人如何逃离巴士底狱。其中一个据他说，已经被抓回去了，另一个至今"逍遥法外"——目前正要派出自由过境警察四下捉拿。最终在阿姆斯特丹，拉图德又一次被警察逮住了，警察用皮马具结结实实地把他捆了起来，可说是"羞辱至极，连奴隶都不如。"就这么重新被带回了巴士底狱。算起来他仅仅在外自由了三个月。

这一回，羽翼尽行裁去。拉图德被关进了更为恐怖的地牢里，要逃跑势比登天。可就在这么个噩梦般的囚牢中，他却找到了新的伙伴：老鼠。和他所受的残酷对待相比，老鼠要招人喜爱得多。他用小块的碎面包逗弄它们，让它们把自己盘子里的东西都舔舐干净，这时哪怕抓挠这些老鼠脖子和下巴也不打紧。他还给每一只老鼠取了名字，这里头有一些，比如那只叫拉皮诺-伊龙代尔（Rapino-hirondelle）的雌老鼠，还会像小狗一样装出可怜相，有时候还跳过来、蹦过去地求他赏一小块面包。地狱中的温馨生活真是再滋润不过了，拉图德还用铁栅做了一支粗糙的笛子，时不时的，他可以对着这些喜欢啃咬的朋友装模作样地吹上一曲，或者是在它们爬在残羹剩饭上啃得带劲的时候，来上一段加福特舞曲。根据回忆录中所写，26只老鼠，组成了这么个"小家"，拉图德像个学究似的观察他们的生活规律——看它们交配，看它们繁育，看它们打架、嬉闹，内心充满了卢梭所说的保育员那种温柔呵护的感情。

寒来暑往，年复一年。拉图德一直在忙着他的法国执戟队和长枪队的改良计划，这个计划肯定能让战争大臣感到满意，他心里很有把握。没有纸，他就在面包片上写，先用口水把面包片沾湿，然后弄平，待干之后，用血液加水稀释后就当墨汁蘸着写字。后来当他被拖出地牢的时候，失去这些老鼠朋友让他颇感悲伤，不过很快他又和鸽子成了好朋友，直到某天典狱长心血来潮要好好教训一下这些小东西，一声令下把这些鸽子全给宰了。拉图德后来在1765年的时候又一次试图越狱，不过最后还是失败了，因为他确实心地单纯，这可真是要命。他孤身一人走进某个政府大臣在凡尔赛的官邸，本以为此公素以宅心仁厚为人称道，哪知晓又一次被送回到文森城堡。只是到了新君登基之后，马尔泽布对他的情况比较熟悉，把他转到了沙朗通（Charenton），一个专门收容精神错乱病患的疯人院中安置。在里面他还碰上了当年和他一起逃跑的狱友阿莱格尔，被禁闭多年的他神智彻底失常，看到拉图德，竟以为是上帝，走过来又是哭又是拜的。

到了 1777 年，拉图德终于被释放了，但是很快又因为《复仇回忆录》一书吃了官司，这使他再次被捕，先是关到了小沙特莱，然后又转到了比塞特。在牢里他继续写书，记述他受到的种种苦难，其中一篇让一个专门兜售小册子和杂志的穷书贩勒格罗夫人（Mme Legros）相中了。为了解救拉图德，她四处活动，到达官贵人那里去登门求告。最后总算有人愿意替他陈情上诉，此人就是内克尔夫人，后来甚至还见到了王后。在 1784 年拉图德最终被释放，尽管他名义上被判"流放"，不准再踏进巴黎，但是，实际上不仅可以继续待下去，每年还能拿到 400 利弗尔的王室津贴。和阿莱格尔不同，拉图德凭借着自己的智慧在监狱里熬过了 28 年的时光，没有吃太多的苦头，反而迅速走红，被法兰西学术院奉为名人，杰弗逊亲自向他问好，他还成为了公共基金的受益人。

拉图德的故事在大革命前就一版再版，故事给人的感觉是，受过良好教育的"尚礼君子"在专制主义极其残酷的迫害下顽强地挺了过来。它和兰盖的回忆录以及其他相关的著作，比如《巴士底狱解密》等，对于正在酝酿的革命运动有着一定作用，当局不能用密札随便逮捕人犯了，也不能对那些所谓危害公共秩序的人采取就地关押了，并最终导致了巴士底狱被彻底摧毁。这些革命运动和城市景观改造规划可谓不谋而合，这么一来，这些中世纪的城墙和要塞被统统拆除，正好腾出空间来改建成公园和广场，还能有供人悠游散步的地方。在 1784 年随着布勒特伊提出的关于限定密札逮捕制度的备忘录获得通过，建筑师布罗尼亚尔（Brogniard）便开始考虑建造一个带廊柱的圆形开放广场。1789年6月，这个计划被再次提出，最后获得了皇家建筑学院的认可。

就在被公民的军队攻克仅仅几个礼拜之前，政府既已出台了新的备忘录，下令将巴士底狱拆毁。在它的原址上，将会是宽敞的开放式广场，广场上还会树立一根纪念柱，估计是用青铜铸造的，比原先的塔楼还要高。地基上面铺上石块，还要模仿最新的罗马美学风格，在上面建一个喷泉。只需简单地刻一句铭文"路易十六，公民自由的修复者。"便能让子孙后代看得明明白白了：仁慈战胜了暴政。

这场和平的胜利没有实现。当王室打算用军事力量将其意志强加于人的时候，作为自由支持者重获合法地位的可能性就完全破灭了。相反，它的塔楼，它的大炮从炮眼里直伸出来，成为了顽固不化、怙恶不悛的信号。所以，尽管正如历史学家一再强调，这上千号人是因为想要得到枪炮，而不是为了搞破坏，才云集到前院的，实际上，无疑也是巴士底狱那种强大而邪恶的神秘力量才把他们调动了起来。

萨德侯爵就是其中的一个。他可会利用机会了。他的老婆每个礼拜都会去探监，跟他简短地谈两句刚刚发生在凡尔赛的新鲜事。于是每隔固定的一段时间，就像每小时准点新闻公告一样，萨德都会从窗口开始大声播报，说什么监狱的典狱长德·洛奈准备动手把囚犯统统处决，时候一到立刻动手，一个不留，所以广大人民可一定要及时将他们搭救出去，否则就太迟了。德·洛内本来已经神经高度紧张了，就在7月5日这天，把这个爱无理取闹的家伙转到了沙朗通疯人院，跟癫痫患者和精

[339]

神病人关在一起。萨德受此奇辱，气得暴跳如雷。

于是萨德便这样走上了革命道路。

五、1789 年 7 月 14 日

贝尔纳-勒内·德·洛奈（Bernard-René de Launay）自小在巴士底狱出生并成长，他的父亲就在这里当过典狱长，而他本人，也注定了要在 7 月 14 日这天死在监狱塔楼的阴影之下。贵族革命家萨德曾经对这位"僭称"侯爵的典狱长大加嘲讽，说他的祖父不过是个"随侍左右的仆役"罢了。实际上这位典狱长也确实不过是旧制度的一名最为普通的小吏，可以说兢兢业业，尽职尽责，当然也有些过于严苛，不过比起贝里耶典狱长这种死板到家的酷吏，那还是要好些，那位贝里耶可把拉图德害得够惨的。

7 月 14 日这天确实气氛紧张，让人感到不安。维系巴黎王室权力完整性的重担，无形中全部压到了他的身上。贝桑瓦尔男爵实际上已经带兵从城中撤了出去。荣军院的司令官给他送来了大批军火，总共估计 250 桶弹药（大约 3 万磅重），然而他手下兵力薄弱，防守部署捉襟见肘。应一个紧急增援的请求，7 月 7 日，他得到了从瑞士萨利斯-萨马德军团抽调的 32 个人，加入到驻守在荣军院的 82 个老弱士兵中去。老兵们平常在郊区驻扎，都是些得过且过的兵油子，平时闲散惯了，也不愿意为了这个城堡死扛到底。更要命的是，在被围困期间，城内的粮草只够维持两天，而且连一滴水都没有。可能也正是因为这个，巴士底狱才最终支持不住，缴械投降的。

在外边的庭院前面，聚集了大约 900 人，都是巴黎本地人。

其中一些可说是有钱有势,比如桑泰尔(Santerre),他是著名的霍腾西娅(Hortensia)酒坊的老板雷韦永(Réveillon)的朋友,这家酒厂卖的英国清啤和烈性啤酒非常著名,在巴黎颇有口碑。还有相当一部分逃兵和法兰西卫队士兵。但是绝大多数是住在圣安托内郊区的手工业者,有细木工匠、打家具的、做帽子的、替人开锁的、缝皮子的、做衣裳的。另外还有不少人是卖酒的——据《巴士底狱壮士录》记载,共有21人。据说都是低档酒肆的掌柜,平时也搞一些红酒外卖,那种地方通常都是街谈巷议和政治传闻满天飞。其中一个名叫克洛德·肖拉(Claude Cholat)的掌柜,在诺耶路(rue Noyer)上开了一家酒铺,店里还印一些构图简单的版画,上面描绘的都是当时时事新闻的内容,曾经名噪一时。这些攻打巴士底狱的人中间,有600人的基本情况我们现在已经清楚了,外省移民约有400人之多,由于7月14日这天,4磅长棍面包价格又涨到了一个新的高度,他们中很多人全家都要挨饿了。

这种人是非常容易受到大恐慌情绪影响的。当晚谣言四起,说军队马上就会开来,还有的说,官兵已经从塞夫勒(Sèvre)和圣丹尼斯开来,准备前来镇压巴黎的暴乱活动。巴士底狱看来是囤积了大量弹药,塔楼上布设了15门8磅火炮,在内院还有3门炮对准大门。此外在城墙垛口还布置了12门大炮,可以发射15磅重的弹丸,荒唐的是,过于紧张的德·洛奈居然把所有可用于攻城投掷的东西,比如铺路石和烂铁块统统都收集起来了,必要时候可以拿来教训一下那些闹事的暴徒。

一开始,人们只不过是不让大炮投入战场,并且把弹药搞到手。为此,市政厅派出了两个代表去和典狱长谈判,当时正值早上10点左右,监狱方面便请他们进去吃"早餐"。哪怕以旧制度末期的习惯来衡量，一顿饭吃这么久也实在是不多见。人们一开始就起了疑心，为什么德·洛奈只允许两个代表进去，并提出要拿三个被"绑架"的士兵作为交换。这顿饭吃的时间也太长了，城上那些大炮似乎很不安分，动静颇大，更是让人觉得蹊跷（实际上这些火炮是从垛孔中撤下来）。派出去的第二个代表名叫蒂里奥·德·拉罗齐耶（Thuriot de La Rozière），是从圣路易-拉科尔图里（Saint-Louis-la-Culture）区总部派去的，他被带去见德·洛奈，转达了具体的要求。火炮和弹药必须全部撤下来，移交给代表巴黎市府方面的民兵。巴士底狱必须有一支民兵部队进驻。德·洛奈对此答复说，除非他接到了凡尔赛当局的命令，否则不可能，不过他还是把蒂里奥带到了堡垒顶楼，让他放心，大炮都已经撤走了。

[341] 　　大约在十二点半光景。双方仍然没有谈出个结果来。蒂里奥提出的基本要求一条都没有被接受。尽管他一再劝说那些老兵们，至少能和群众达成一些和解，德·洛奈手下的军官仍然坚持说，没有接到上级命令，将堡垒拱手交出是军人的耻辱。蒂里奥决定回去向市政厅的选民们复命，看他们就谈判细节还有什么进一步的指示。这些人本身是很不愿意激化矛盾的，大约在一点半的时候，蒂里奥就打算和另外一个选民埃迪斯·德·科尔尼（Ethis de Corny）一同回到巴士底狱，带着军号和话筒，向群众宣告大炮将被撤下的消息，突然这时，市政厅那里传来了爆炸声，震天动地，随即从巴士底狱的碉楼中传来火枪射击的爆裂之声。

　　原来，就在他离开的时候，人群等得不耐烦，便越过界限冲了进去。人群中发出"拿下巴士底狱"的大声叫嚷，听得格外清楚。900多人突破了毫无防御的外院，片刻之间民众情绪就失控了。有个造马车的，以前当过兵，他和另外一些人爬上了一家香水店的屋顶，这里的屋顶和巴士底狱的内院直接毗连，但是没能找到打开大门的钥匙，于是他们砍断了吊桥的铁链。吊桥轰隆一声坠落下来，站在底下的人猝不及防，当场压死一个，好几百人就踩着他的尸体涌了进去。在这个时候，守卫的士兵对着人群大喊，喝令他们退回，否则就将开火，但是下面的群众误解了，以为是欢迎他们上前来。于是群众走近了之后，士兵们开枪射击。事后双方都指认是对方开的第一枪，但是当时一片混乱，谁也不知道实际上是自己人砍断了吊桥，都以为监狱方面故意放他们进去，然后关起门来，好让火枪集中扫射。

人们想当然地认为，这又是一次背信弃义、狡诈使坏的行为——表面上以礼相待，热情招呼，实则笑里藏刀，暗中捣鬼，欲置人于死地。阿图瓦伯爵，还有迫使内克尔离职的那些人；乘着追猎野鹅的机会派人搜罗军火的德·弗莱塞勒；还有那个王后，看上去倒是慈眉善目的，实则背地里一直伺机报复，她和那些人们牢记在心的恶棍都是一丘之貉。眼下则是德·洛奈，他也不是好东西，放下吊桥就是为了能够瞄准射击。人们感觉"受了骗"，不由得怒火填膺，这就使得从选民中派出更多代表（实际上有好些位）来化解冲突，或是达成某种形式的停火，都已经不可能了。

战斗正式打响了。大约下午 3 点半的时候，法兰西卫队和一些逃兵也赶来增援，其中有一些是参加过美国独立战争的老兵。特别应该提到两个人，一个是王后的步兵旗牌官雅各布·艾利（Jacobs Elie）少尉，另一个是王后浣衣坊的总管皮埃尔–奥古斯坦·于兰（Pierre-Augustin Hulin），正是在他的指挥协调下，原本混乱不堪的蛮打变成了组织有序的围攻，他可以说是功不

[342]

可没。就像一些在1789年一系列事件中的主角们一样,于兰曾参加过1782年的日内瓦革命。他在前一天碰上了斯塔尔夫人,于是下决心要"为你的父亲向那些想要杀死我们的混蛋报仇"。这话可能听来鼓舞人心,但在斯塔尔夫人听来,却实在不怎么中听。

当天早上,于兰和艾利在便从荣军院搞到了足够的武器装备。其中包括两门大炮,一门是青铜的铸炮,另外一门是暹罗国的镶银大炮,是前一天从御林军仓库中偷出来的。这门大炮是当年路易十四赏玩之物,不料却被拿来葬送巴黎旧制度。

大家决定大炮直接对准城门轰击(因为炮弹打到8英尺厚的城墙上会跳开,不管用)。开始进攻前,先在几辆推车里装满了可燃的畜粪和稻草,由桑泰尔点燃产生烟雾,来掩护围攻部队的机动,这些东西必须从城门通道口搬走。艾利冒着生命危险,和几个男子服饰用品推销商,通常被人称作"生力军"的那几个人,一起完成了任务。重炮被用火炮拖车拖了回来,装上火药,然后瞄准。

在攻城大炮和防守一方之间,剩下的唯一一道屏障,便是那扇木门,或许双方相隔仅有百英尺。一旦攻破这道门,一场血战残杀便不可避免。但是如果进攻者看不到城防炮的位置,那么防御部队就知道,其实他们所处的位置有多么危险了。手下的这些老弱残兵已经不想再打下去了,德·洛奈自己也渐渐丧失了斗志。毕竟,城中没有粮草储备,无法长期坚守,所以现在他满脑子想的就是投降,这样兴许可以不失体面,也能保证卫戍部队的性命。他手里还掌握着一张王牌——那些炮弹。在他最为绝望的时候,他恨不得将这些炸药统统点燃,把圣安托内城郊这一大片城池夷为平地,也绝不投降。可是禁不住有人苦劝，让他不要意气用事，于是他改了主意，打算要挟起义者，这样至少可以确保不失体面地全身而退。

因为找不到白旗，便扯了一块帕子挂到塔顶，之后巴士底狱的大炮停止了轰击。大约五点钟的时候，典狱长写好了请降书，粘在通往内院吊桥的板缝中，上边说，如果不接受的话，就引燃炸药。桥板放了下来，跨在护城河两端，有人还站在吊桥的一头，想要把桥给稳住。但是第一个上去的，却掉进了壕沟，第二个人倒是把请降书给找到了，他的身份成了一直争论不休的话题。请降条件遭到了拒绝，人群的愤怒在不断上升，于是于兰打算趁着吊桥放下的时机，用那门暹罗大炮轰开城门。

[343]

胜利者冲进监狱，释放了所有7名罪犯，夺取了火药，解除了守卫部队的武装。那些瑞士卫兵，小心翼翼脱掉军大衣还没多久呢。他们一开始被错误地当作囚犯，并未遭到伤害。但有些残疾士兵却遭到了野蛮对待。有个叫贝卡尔（Béquard）的，就是他和另外几个人劝说德·洛奈投降，避免了炮弹被引爆，可是就在贝卡尔打开大门的那一刻，手被剁了下来。人们都认得他这个犯人的看守，于是就拿着他的断手到街上示众，那双手上还拿着钥匙呢。到了深夜，他又被别人当作开炮的炮卒，连同另外的几个看守，活活吊死在格雷夫广场上，30个瑞士士兵被排成一排，被迫观看了整个行刑过程。

此役人民军队总共83人阵亡，另外15人伤重不治而死。监狱方面只有一个伤兵死在战斗中，3个是受伤的。这个巨大的不平衡足够解释人群为什么要大开杀戒，滥杀无辜了。德·洛奈自然也难逃厄运。所有的仇恨达到极点，剩下的对于卫戍部队的仇恨都倾泻到他的身上。指挥官的附属物——一把剑，还有司令棒——被野蛮地抢夺了下来，他被人押解出来，朝着市政厅走去，经过大批人群，所有这些人都相信他是想要发动一场丧心病狂的大屠杀的，现在失败了。于兰和艾利上前阻止，才没让人们当街将他杀死，尽管他不止一次被击倒，被毒打。在一路上他被包围在辱骂和唾沫中。在市政厅之外，人们激烈地争吵，就他应该怎么迎来末日纷纷发表自己的看法，包括把他托在马尾巴后边，拖过卵石路面。有一个叫德诺（Desnot）的面粉大厨，提议说，如果把他放在市政厅会更好——但是这个时候，德·洛奈已经饱受折磨，大声叫道"只求速死！"并急速甩动他的靴子，一下子踢在德诺的腹股沟上，一时间，匕首、刀剑、刺刀劈头盖脸地砸过来，他的身子滚到排水沟里，被一阵乱枪射杀。

　　从脑袋被高高举过人群那一刻，巴黎的大革命就已经开始了。它们更多的是英雄的蜡模头像，拿在手上，算是象征性的指挥官。此外，革命运动还需要另外一个极端的反面典型相映衬：更多坏人的脑袋，用作战利品。有人把一柄剑递到了德诺手上，却被他扔在一边。他拿出小折刀，割下了德·洛奈的脖子。过了不久，轮到了德·弗莱塞勒，这个商会会长（Prêvôt des

[344] marchands），他的罪名是误导民众寻找武器。他刚在市政厅露面，便被射杀了。两个脑袋都被挑在枪尖上，在满大街欢呼、欢笑、歌唱的人群中间忽上忽下，时高时低。

　　九天后又有两个脑袋被割下来示众：一个是巴黎督办贝蒂埃·德·索维尼，还有一个是政府的大臣，打算接替内克尔职位的弗隆（Foulon）。人们认为正是弗隆暗中搞鬼，才造成了饥荒，所以人把他的脑袋砍下来，还在他嘴里塞了稻草和粪便，好让大家都能看清他的罪恶行径。在年轻的画家吉罗代（Girodet）看来，这一幕实在是动人心魄，可以创作一副非常不错的通俗画。于是队伍经过他面前的时候，他把这一场面仔仔细细地勾勒了出来。

除了真正的战斗伤亡（正如我们看到的，十分有限），正是这种把替罪羊抓来杀头示众的情景，组成了一种革命的神圣仪式。用抽象物体，比如自由之神之类的来庆祝，还让一些人雀跃许久，可是血淋淋的一幕突兀于眼前，都被吓得晕倒在地。还有一些人神经比较粗大，不那么容易被吓着，他们站在时代前列所签下的这份生死合约，是要用暴力方式巩固他们的政权。从中尝到甜头的人想当然地认为，他们能够随心所欲，收放自如，可以通过严格的人员筛选来对这股力量进行引导。格勒诺布尔的政客，1789年国民议会地道的狂热分子巴纳夫，在被问到，为了保卫自由，弗隆和贝尔埃是不是非死不可的时候，他的回答，后来被革命当局利用，并且也成为了他被送上断头台的理由：

"那么，他们的血便真的干净么？"

六、巴士底狱的身后事：爱国者帕卢瓦和新福音书

7月17日印刷的《巴黎革命报》第1期上，发表了一篇关于这次起义的专题报道，乱七八糟地写了一大堆。文章的高潮部分是围绕巴士底狱来写的，让人感觉是一场欢乐的家庭欢聚，玩疯了的孩子还在激烈拼杀的战场上欢蹦乱跳。

> 妇女竭尽全力支持我们，在每一次枪炮的间隙，孩子们都会跑出去捡拾子弹，一旦开火，便欢快地四散躲藏，并将捡到的子弹交给我们的士兵。

跟着娃娃们登场的是老爷爷。监狱的解放让那些风烛残年的老人获得了一线生机,暴君把他们关在这里,日复一日,渐入迟暮,他们都已经忘记了自己是被囚禁的犯人了。"牢门被轰然打开,蒙冤的犯人们和垂垂老者被释放出来,他们为自己能够重见天日感到无比欣喜。"实际上,事情可没有这么感动人心。里面总共7个囚犯,4个是打铁的,已经依照律例审问过了。还有那个索拉热伯爵,跟萨德是一路货,行为不端,放纵无度,是家里人把他送进监狱去的,没想到这下意外释放,真是天赐良机,让他喜不自胜。他还得以免费入住奥拉托(Oratoire)的鲁昂旅馆,然后消失得无影无踪,家属后悔不迭。剩下的两个是疯子,上面很快传令,要把他们带回沙朗通疯人院。但是其中一个叫马若尔·怀特的(在法国的资料中显示是英国人,但是英国方面资料说是爱尔兰人),一副长须曳至腰间,倒是个非常不错的革命宣传工具。银髯飘摆,身材枯瘦,对于那些想要看到地牢里出来无数个拉图德的看客,这活脱脱就是个受苦受难的化身。所以人们把怀特叫作 majeur de l'immensité,还把他像战利品一样拖到巴黎大街上游街展览。他冲着人群友好地挥手致意,样子十分虚弱,因为他早已神志不清,一直把自己当作裘里斯·恺撒。

以上这些都是巴士底狱铁腕力量的象征,这些从监狱内部搜集来的辛酸悲惨事例,足以证明"专制主义"是造成这一切的根源,在对这座堡垒进行彻底抄掠之后,人们把对于它阴森可怖的极端想象发挥到了新的境界。残存的古代铠甲被说成野蛮血腥的"铁胸衣",专门用来把人压扁夹紧。此外还有一个带有锯齿的机器,说穿了无非是一部印刷机上的零件,却硬是说成折磨犯人的碾轮。圣雅克路的印刷作坊就拼命地印这种小册子，正好满足了人们迫切想要知道新鲜事的需求，投合人们对于恐怖遐想的猎奇心理，什么立地骷髅、拷打刑具、铁面囚徒等，都刻画得活灵活现。

16日这天，传说和现实真的不期而遇了。当时拉图德故地重游，来到了当初被关押的地方。让他大吃一惊的是，人们居然把当初他用来逃生用的绳子和横梯什么的都拿到了他的面前，原来所有这一切，那些卫兵在33年之前就发现了，它们都被留心收藏起来。今天作为礼物在这样一个重要时刻被正式还回来，成为了他这个越狱名人的"理应被索取之物"。在当年秋天举办的沙龙展上，这些东西和一张容光焕发的拉图德肖像摆放在一起展览，此画的作者是安托万·韦斯捷（Antoine Vestier），画面上这位大英雄正在指给人们看他当初逃跑的路径，他把他的那架梯子作为革命英雄的纪念品大肆炫耀。

就这样，巴士底狱到了最后，反而要比它当初作为一个国家执法机关重要得多了。它成了一个有血有肉的象征，成了一切邪恶的化身，也就是大革命所要消灭的这些邪恶的根源。原本它几乎是空荡荡乏人光顾，无人问津的历史陈迹，现在却一下子成了"专制魔窟"，所有那些对巴士底狱被攻克感到欢欣鼓舞的新国民公社的成员们都聚集到了这里。那些亲身参与或是亲眼目睹巴士底狱战役的人们，还有那些主持仪式的神父，他们可都是宅心仁厚的好人，是给黑暗的城堡带来光明的使者。

堡垒的陷落带来了前所未有的机遇，而从中获利最多的就要算是比皮埃尔-弗朗索瓦·帕卢瓦（Pierre-François Palloy）了。他将注定了会作为一名企业家，同时也是现代史上规模最大的拆除工程的现场监督而被载入史册。尽管他也请来了一些回忆录作者、诗人和版画家来帮忙，但正是帕卢瓦对巴士底狱崇拜

[346]

政治作用的理解,将巴士底狱变成一个国内,乃至国际上解放人类的象征。他拆除了这座建筑,重构了一个神话,通过包装、营销和分发,提供给全国各地的观众和顾客。

帕卢瓦知道得很清楚(这方面不是他一个人),法国大革命提出了全新的时代要求:这是人民群众的伟大时代。这就需要一种截然不同的表达方式。那种吉本和伏尔泰所采用的表达手法,闲庭信步的轻松节奏和冷眼旁观的嘲讽口吻显然已经过时了,必须要用充满激情的尖锐犀利的笔触——要有时事效应,产生轰动作用——历史被即时炮制出来,成为读者生活的一部分。从细节不断展现的当代历史中深入挖掘素材,读者可以参与进来,并加入自己的切身体会,实在不行听来的,或者是看到的事情也行。这就需要一种全新的表述风格,字里行间都是那种让人血脉贲张的夸夸之谈,充满爱国激情的豪言壮语。老学究坐在扶手椅子里回顾百年沧桑的那种口气是肯定不行了,新的历史必须是直接取自于劳动阶层的亲身记忆——有些甚至是当天发生的事情,或者仅仅相隔一个礼拜。最后还有,就是要让远在千里之外的读者也有一个直观的印象,就要运用能够勾起回忆的东西,反正是实实在在摸得着的——或者说是纪念品,如果有必要的话,可以投入批量生产,这么一来,人们看到这些东西,轻轻摩挲把玩,就如同真实地感受到波澜壮阔、惊心动魄的伟大革命岁月了。让-弗朗索瓦·雅尼内(Jean-François Janinet)的《版画史》(*Gravures Historiques*),从1789年11月开始问世,一直到1791年3月停印,每逢礼拜二出版,就是采用了新闻纪录片的报道形式,每份只要8苏,重大历史事件都用版画的形式描绘下来,再配上整整8个版面的文字说明。由此可见7月14日有多么重要,光是报道这一天的内容,就要排满 8 个版面的内容。

那么这个"爱国者帕卢瓦"究竟是何许人也？实际上他也是一个自力更生的资产阶级的代表，是在旧制度城市经济繁荣的背景下发家致富的。他挣钱绝不是靠着革命的力量。他的母亲和父亲都是家庭酒水作坊出来的，但是他们想办法让儿子进了满是自由派贵族的达尔古中学。就像他们一样，帕卢瓦进入军队服役，在 20 岁上，他当了一个石匠的学徒，这在别人眼里看来实在还不如当兵，但其实这一步走得非常聪明。一年之后，他和师傅的女儿结了婚，跻身于建筑行业，这在 1770 年代甚至在 1780 年代早期，可是巴黎最有利可图的行当。帕卢瓦在巴黎的圣日耳曼区修建了几栋私宅，还建造了总包税商围墙（后来又是他帮着拆除的），还有在索欧新建了肉类市场。他本人也很快从普通石匠，升为工厂领班。到了 1789 年，他已经聚敛了高达 50 万利弗尔的巨额财富，拥有三栋房子，其中一栋是从老丈人手里继承得来的，还有几间店铺和当时还没开发的地产。他拥有世界级成功人士的标志物——一辆马车，高档家具，收藏颇丰的大型图书馆——和许多巴黎人都喜欢套用罗马典故一样，用那些具有灵感的典故来套用现在的这一代。这一年，他才 34 岁。

[347]

和其他很多参与革命的人一样，帕卢瓦并不是个怨气冲天的失败者，而是一个在旧制度的资本主义下获取成功的典型。这个倒也并不妨碍他同"祖国"事业之间的紧密联系。在 7 月 14 日的时候，他当时已是圣路易岛（Ile-Saint-Louis）的民兵司令，这个地方正好能够听到巴士底狱的激烈喊杀声。据他说，正当他赶往前线，来到艾利上尉身边的时候，一颗子弹恰巧嗖地穿过了他的帽子。军官名单上他的大名被拼错了，成了"帕雷",不过他还是顺利拿到了一张能够证明他是当天900个人中一个的"英雄奖状"。

在得到奖状的第二天,帕卢瓦就意识到了,自己是"英雄",又是个建筑工程师,同时还是富有经验的工人领袖,完全有资格从中分得一杯羹,这对他来说实在太重要了。于是在15日这天,他带着手底下八百来号人跑到巴士底狱,只等那些代表点头同意,便要动手拆掉这座堡垒。这么做实在是操之过急了,一下子成了众矢之的。建筑学家们都已经计划好了,巴士底狱要作为推翻暴政的纪念性建筑保存下来,另外还有一些志愿民兵军官(不久后加入了国民卫队)则认为,他们对这座建筑拥有特别监管权,但是真正使得拆除计划得以进行的是因为代表们产生了焦虑,担心王室军队会从地道里钻出来,重新占领巴士底狱。这种谣言是从文森城堡一带慢慢传来的。巴士底狱这座古堡实在是太过神秘了,连米拉波这样意志刚强,眼见为实的高人也深受影响。故而住在附近的居民纷纷前来报告,说是听到地底下传来呻吟声和说话声,米拉波便决定亲自走一遭,看个究竟,他带着以前这里的一个看守的儿子,走进单人牢房和地下囚室,敲打几下墙壁和狱门,看看是否真的有什么地道一直通向东边,和樊尚暗中相连。

[348] 在确定一切正常之后,米拉波便放心大胆地走到塔楼顶端,去参加一个搞得还算不错的庆典,他对着下边的人挥手示意,还站在城垛上摇晃着铁锹,拿起一块石头朝下面热情鼓掌的人群抛过去,其他的几个贵族,如博马舍和吕西尼昂侯爵(Marquis Lusignan),也纷纷如法炮制。许多传单被到处抛洒,被焚烧或者是被人收藏当作纪念,白天是篝火,晚上是爆竹烟火。那些看守也都成了爱国人士,给人做囚室导游,当讲解员。

他们对那些囚室的秘闻趣事添油加醋，以顺应当时人们千篇一律的想象。妇女们都把自己关在囚房中一个晚上，第二天一早便向人吹嘘，说自己和那些与拉图德为伍的老鼠、蜘蛛和癞蛤蟆过夜了。

别人都在变着法儿搞庆祝活动，帕卢瓦却有自己的事情要做。当然他必须取得市政厅常务委员会，也就是现在的市政府执行机构的批准，才能开展这项工作，而且，他也只是五名指定负责监督拆除工作的专家之一，另外还有几人专门负责木工，细木工以及铁器之类的东西。但是他很快就从五个人中脱颖而出，成为最为显赫的一个，因为其他的工作细小而又琐碎，而帕卢瓦手底下的队伍人数占绝对优势，最多的时候，几乎有上千号人。他本人收入是一个月 150 利弗尔，分给手下人也不少：工头一天是 45 苏，副工头 40 苏，挖土工 36 苏，特别是在 1789 年夏末的当儿，当工作特别不足时，工钱也水涨船高，这份工作就特别实惠了，特别是圣安托内当地，还有塞纳河南北两岸的毗邻地区，随便找个人打零工都能有人乐意。

帕卢瓦不仅提供就业，支付报酬，他同时也开创了最早的企业制度。工地上的每一个人都必须持有身份识别卡，这种识别卡由他亲自设计，分成三种颜色：企业业主戴白卡，现场监工佩蓝卡，普通工人用红卡，每张卡上都画着一个圆球，周围是代表王室的百合花，另外还有第三等级的标记，边上刻着的那句话也非常鼓舞人心：**团结一致，争取自由**（*Ex Unitate Libertas*）。很快这些身份识别卡就成了稀罕物，据说有些藏家出 12 利弗尔收藏一个。在工地上，帕卢瓦虽是老板，却装出一副和蔼可亲的慈父模样。他为工人们举办各类聚会，还和进来玩耍的孩子嬉戏打闹，并特别注意不让他们被碎石瓦砾砸着。每当他要发号施令，便会挥舞手杖，摇动铃铛，把手下人召集到身边。在这里他既担当督问审查之责，又行使生杀予夺之权，那些酗酒斗殴的一经发现，严惩不贷，谁要是手脚不干净，抓住了就得罚钱，甚至有两个犯事的竟被活活吊死。在工程完工的时候，帕卢瓦清点了这次的人员损失，计有：闹事作乱4人，事故伤亡15人，参与谋杀8人，伤害他人2人。显然，在他看来，这些发生在工程中的事情，都属正常现象。

[349] 尽管受到了诸多杂事的打扰，工程还是以飞快的速度向前推进。到了7月末，承重的拱顶和主梁都被炸掉，整个7月都是在由上往下拆，地面也很快被挖完了。监狱里原本有个报时的大钟，做成被镣铐锁住的囚徒模样，也被送进铸造厂回炉了，到了8月的时候，雕刻家迪蒙（Dumont）拿到了400利弗尔的报酬，负责将圣安东尼、查理五世、查理六世和让娜·德·波旁的石像砸碎，这些石像原先都是圣安东尼门前的装饰。

到了11月末，巴士底狱就被拆得差不多了。现在工人们心里都渐渐感到焦虑，都迫不及待地想要早点完工。帕卢瓦也有他自己的打算，他不能单单把这里拆成一片废墟就完事了。力气活是干得差不多了，可巴士底狱这篇大文章的创作灵感才刚刚萌芽。

这其中有些牵涉到新的建设工程。市里让他先拿一个方案出来，先在新桥这里，正对着亨利四世雕像的地方，搞一个看台，在这里架上一门巴士底狱的大炮。进入冬天后一连几个月，几支前期工程队都一直在对护城河和城壕进行清理。但是帕卢瓦的主要精力放在如何将巴士底狱提升为一个政治宣传游览区，景点内有完善的导游服务，还要举办历史讲座，请参与7月14日这场伟大战役的战斗英雄来做报告。有个叫米林根

（Millingen）的英国人，早在1790年的时候，他那当外科医生的父亲就带他来参观过这个著名的历史遗迹了。

> 成千上万的人都挤在一起观赏巴士底狱遗址。我的父亲带我到这里观看了这座象征暴君权力的废墟。在靠近沟渠的地牢废墟中，到处都是水鼠、蟾蜍和其他的爬行动物，仍然可以看到那些不幸的囚犯曾睡过的石头，那些注定要被全世界所遗忘的囚犯们被活埋在这座牢笼中。在他们生前绑缚他们的铁链依然还被铆钉钉在石头床上，从中可以看出他们的肢体曾受过多少的折磨。

从戏剧性效果的角度看，最重要的是要体现出巴士底狱阴森可怖的特点，还要烘托出攻克这座堡垒之后，群众欣喜若狂的气氛，这样就会不断吸引爱国人士到此，掀起一阵又一阵的爱国热潮。帕卢瓦一开始只是给自己手下的工人举办这样的仪式，这些石匠就成为巴士底狱的英雄。在2月23日，废墟中央树立起了一个完全由铁球、锁链和镣铐做成的"祭坛"（也是大革命庆典中第一个祭坛，以后人们纷纷效仿）。次日，圣路易教堂举行了一场宗教仪式，之后又有700名工人当场宣誓，表示要忠于宪法，并且还用一个精巧独特的机关设计，让一个经过改装的拷打犯人的刑具自动破开，然后从里面绽放出许许多多的花朵（都是人造的，可能也是按季节变化来吧？）。紧接着这个奇幻的舞台变化之后，700名工人手拿着用建筑遗址上残留的石头塑造的巴士底狱模型，一路浩浩荡荡向市政厅开进。

建造巴士底狱模型并不是来自帕卢瓦自己的主意，而是他手下的一个叫作达克斯的石匠想出来的。不过采纳一名石匠的

[350]

精彩创意，并将它变成一项重要的产业，倒也符合帕卢瓦的一贯风格——他说过，这项计划将会获得圆满成功，实际上他也确实做到了。1790年春天，事态的进一步发展也让他把巴士底狱项目继续下去。到了当年4月末，陆陆续续地在地基下方发现了一些人体残骸，人们自然马上就说是在关押期间死亡的囚犯的遗骸，戴着镣铐拴在墙上，连狱卒都记不得这些犯人到底是谁了。种种迹象表明，他们很可能是早在文艺复兴时代就已死去的看守的遗骸，可是这么一个编造惊悚故事的绝好机会，实在是让人不忍放过。于是尸体被郑重其事地发掘出来，选在6月1日这天，装进了4个棺材（尽管没有人分得清哪块骨头属于谁），然后运往圣保罗公墓入土安葬。布道的卡昂主教克洛德·福谢是个激进分子，他利用这些干巴巴的骨头将自己装扮成革命的以西结，欢迎"新的'天启之日'"到来，那累累尸骨，都在为法兰西的自由高呼，历经数百年余年的压迫和苦难，他们终于等到了自然轮回，民族重生的那一天"。

帕卢瓦自己的几桩事，在这场战神广场举行的盛况空前的联盟节（Fête de la Fédération）的光彩之下，一度也显得黯淡了许多。但是7月14日是个吉日，有助于保持公众对巴士底狱的兴趣。早在一周年纪念之前，再现那段光辉岁月的各类戏剧便纷纷登场，还有相关的绘画和雕塑也大量涌现，另外还创作了许多诗赋和歌谣，这些对于他的这个项目都是起到积极作用的。来自各省的数十万国民卫队，聚到巴黎参加这个伟大的爱国联盟庆典，这绝不是小事情，至少要给他们安排一次巴士底狱遗址的朝圣之旅。为了招待他们，帕卢瓦还在巴士底狱遗址搞了一个巨大的舞会，设置了光彩夺目的照明设施和烟火表演，点缀着三色旗大穹帐，还带着一个巨大的醒目标志，写着"让我们在这里跳舞"(Ici l'on danse)。

但是对于数百万的法国人而言,攻克巴士底狱仍然是很遥远、很陌生的事情。而为了把他们拉进这个爱国活动中,帕卢瓦拼凑整合了一套巡游革命多件套。他派遣了身负各自使命,打扮与众不同的"自由使徒",前往法国的83个省份。在他们中间有帕卢瓦年仅十岁的儿子,福谢,畅销书《七天的工作》(1789年7月14日重新创造世界)的作者迪佐(Dusaulx),还有帕卢瓦另外一个朋友蒂东·贝热拉(Titon Bergeras),此人今后将会用他浑厚的锵锵雄辩震惊整个立法会议。而只要有机会,拉图德就会亲自带上他的绳梯,给他们讲自己受审的故事。

为了顺利请到这些使徒,帕卢瓦准备了246箱纪念品。这也是达克斯灵机一动琢磨出来的,凡是能想得到的东西都想到了,而且都是利用巴士底狱残存下来的碎片,投入批量生产。手铐和脚镣,还有其他的铁器,可以做成墨水池;各种文件纸张可以裁成扇子,上边印上攻克堡垒的前后经过;石料能做成巴士底狱模样的镇纸;或是鼻烟壶、纪念小刀之类的。甚至连太子殿下都收到了大理石做成的巴士底狱形状的骨牌。这些可以拿来卖钱,或者免费赠送给各省的爱国党人,但是它们都是箱子里的奖品,怎么分送,怎么搭配,都由帕卢瓦说了算。

每一份是三个箱子。第一个里面是"主件",一套缩小比例的巴士底狱模型,每一处细节都展现得很完美,有可以打开的大门和隔栅,吊桥也可以活动。一部微缩的拉图德的梯子会吊在合适的塔楼顶上,还有一个袖珍的绞刑架会带上吊绳,放在院子里增强效果(实际上巴士底狱从来没有动用过绞刑)。在战争场面的布置上则是微型的火炮、弹丸和白旗。钟表刷成神圣的投降时刻:5时30分。第二个箱子包含了木头做的底座和一个雕版木

[351]

刻的国王肖像；第三个是一些"骷髅"的绘画和它们得以迁葬的图片，此外还有领导革命的贵族们，比如拉法耶特，还有巴伊等人的肖像。另外还有巴士底狱的炮弹和胸甲，拉图德的自传，一份改造巴士底狱的规划图以及不同时期的诗歌，这些都是帕卢瓦自己创作的。第三个盒子里放着最后一件东西，巴黎老百姓人人有份，那就是"一块硬皮，约2—3英寸厚，做成了监狱地下牢房的样子，那真是命运悲惨的囚犯的血汗结晶"。

此次新的福音布道的观念可以通过从其中一个使徒的经验中窥见一斑：此人叫弗朗索瓦-安托万·勒格罗，是个演员。勒格罗拿到了旅费和33个箱子便出发了，他的这趟行程简直堪称历史壮举。他是1790年11月前往勃艮第的，穿过梅仑、欧塞尔和第戎，然后掉头南下，直奔普罗旺斯。在里昂，他帮助捉拿叛国的阴谋家，但是在萨隆（Salons）附近，他的骡子车队被匪徒袭击。勒格罗奋力杀死一名匪徒，但是手枪声音把自己的马给惊了，于是这匹马脱缰惊跑，把他摔倒，断了一条腿。当他来到土伦的时候，身边的钱都用完了（帕卢瓦给的零用钱是一天9利弗尔，还是分批寄来的，怎么也不够用），他被迫重新回到原来的剧团去，干回老本行演员。尽管他在伏尔泰的戏剧《扎伊尔》中，如他所说，没有达到"本人预期之效"，可是当他搭船去科西嘉岛的巴斯提亚，也就是他非凡旅程的最后一站的时候，看来已经攒够了钱，好完成他的使命了。他走完全程，总共用了10个月，整个行程将近1500英里。

如果说使徒们筋疲力尽，帕卢瓦本人也并不轻松。非但没有从大革命中捞到钱财，实际上这场似乎让他乐此不疲的新福音传布，是让他亏了本的。不断有人前来索要纪念品，甚至直到1792年，远在"纽约的圣坦慕尼（St.Tammany）社团"都有人慕名来讨，而帕卢瓦还要花钱在新桥附近造一座"自由博物馆"，那可是他梦寐以求的，千年永固的宏伟建筑。

然而从政治角度来说，魅力正在消退。通过巴士底狱所烘托出来的爱国团结的神话，在1792年遭受了严峻的考验，许多帕卢瓦的英雄偶像很快就名声扫地了。米拉波的半身像就是他用巴士底狱的石头做的，1791年4月在米拉波的葬礼上还特地公开展示了出来，可是过了一年，米拉波东窗事发，被人揭发出他生前为王室出谋划策的丑事；还有拉法耶特，帕卢瓦曾经用巴士底狱的四条门闩做了一柄剑给他，结果就在当年，他也投靠了奥地利人。最要命的是，他的每个箱子上都有国王的肖像作为装饰，而国王企图逃跑，结果被抓了回来。甚至直到1792年7月，也就是王室正式垮台的一个月之前，帕卢瓦依然抱有幻想，最好国王会作为王室代表，出现在巴士底狱原址上建造皇家立柱的奠基仪式上。

1793年12月的某天，他前去看望他的老友——公民屈尔蒂斯，此公正在忙于赶制路易十五的情妇杜巴利夫人的头像，那是专门留给那些爱国人士唾骂泄愤的。帕卢瓦一眼就认出了另一个天才。对眼前这个惟妙惟肖的头像，他大感惊异，屈尔蒂斯则用很专业的口吻告诉他，没错，这个头像做得特别好，因为他能够有幸亲自去往吉伦特党人的坟头，仔细端详刚刚被切下来的头颅。尽管感到不寒而栗，他还是坐了下来，就地创作，尽力表现受到最后致命一击时人物的神态细节，可以说这是他做得最好的蜡像了。

三周以后，帕卢瓦自己也进了拉福斯监狱，他还是自称为共和派戴奥真尼斯·帕卢瓦（Diogenes Palloy），虽然成了阶下囚，却坚持认为自己是冤枉的，是让一帮搞阴谋诡计的人给陷害了。1794年2月8日,这个让法国相信随着巴士底狱的拆毁,永远不会给法国的自由抹黑的人,从被他称为地牢的地方写了一封信,称自己是无辜的,而且很爱国,因此不服而抗议,还非常热心地建议巴士底狱模型该如何分发给那些刚刚"解放"的监狱。3月17日,他总算被释放了,不过尽管他转过手来协助共和派的欢庆活动,但是在7月份的时候,他所看到的情况,还是让他掩饰不住内心的失望和沮丧:"巴士底狱遗址是个神圣的场所,它是自由诞生的地方,但直到现在,我仅将它作为象征性的庆典之所……此时公民们希望看到不同的景象,他们还布置了断头台上的'小窗'。"

七、巴黎,法兰西之王

1789年7月14日,路易十六的日记本上依然只有两个字——"无事"。历史学家总是据此认定,路易十六是个对政治现实视而不见、消极逃避的昏君。可是实际上,这倒是和荒殆朝政并不相干。日志与其说是一本记事簿,倒不如说是他对终生酷爱的狩猎活动中每一次猎获物巨细无遗的流水账。最为钟爱的消遣总是被或这或那的杂事烦扰打断,于是"无事"两字就成了他身处困境、心绪愁闷之时,最富深意的表达方式了。

诚然,从根本上说,悲剧是他自己一手造成的。不过除了巴黎之外,在国内其他地方,他还是很受拥戴的。甚至在网球场宣誓之后,他本也能够像米拉波和内克尔希望的那样,顺应时势,建立一个真正的立宪君主制度。可惜这样的良机都被白白浪费了。而且,路易显然是个懦弱无能之辈,这在皇家会议中已经暴露无遗。有时候,他又是个偏离正道的保守分子,正如内克尔解职前的军事准备。

14日晚上，拉法耶特的妹夫，也是革命追随者的诺瓦耶子爵，向国民议会报告当天巴黎城内的大事。国民议会决定，派人将报告内容告知国王，可是国王却先行一步，宣布他已经决定命令驻扎在巴黎中心的部队撤出来，退往塞夫勒和圣克卢。对发生的事情他表示很难过，他不相信是有人向士兵下达命令，才造成流血惨案的，但是他并未如议会所愿，召回内克尔。深夜时分，两个巴黎的选民来到这里确认诺瓦耶子爵的报告，但是显然，国王对于事情的严重性仍然没有充分的了解。

深夜11点左右，拉罗什富科-利昂库尔公爵，当时也是同拉法耶特一个圈子里的人，来到寝宫要求见驾。这段逸闻趣事可谓流传甚广。公民贵族第一次向路易告知巴士底狱的陷落，国王的反应是："这是要造反吗？"利昂库尔回答："不是的，陛下，这是场革命！"尽管路易已经从诺瓦耶和其他选民那里得到了叛乱的消息，但是这样的对话是完全不可能的，利昂库尔对于德·洛奈和弗莱塞勒之死绘声绘色的描述，倒是可能让路易感觉到，这次武装暴乱可以说是来者不善。他在首都的军事力量已经彻底垮了，想要用武力压制国民议会的企图也成了泡影。

[354]

第二天，国民议会决定派两名代表去见国王，要求解散布勒特伊内阁。就在他们要离开的时候，米拉波又一次突然发作起来，大声咆哮，说那些放荡的外国势力的走狗正努力想要将自由法国的本国国民的权利踩在脚下。

> 告诉国王，王子、公主和他们身边的男女亲信们同围困我们的外国势力早已有勾连……他们通宵达旦地掠夺金银财宝，暴饮暴食，他们不敬的歌声预示着法兰西即将被

奴役，国民议会即将被摧毁；告诉国王……朝臣们在和着野蛮人的音乐莺歌燕舞，当年圣巴托罗缪大屠杀之前，就曾有过相似的场景……

在宣布国王驾到的时候，他也差不多没有停止讲话。之后米拉波坚持要求观众不要再自发鼓掌，敦促大家保持一种冷眼相待的态度，至少知道国王此来的意图再说。"人民的沉默对君王来讲就是教训和警示！"他说。但是其实他用不着这么如临大敌，因为国王出现的方式非常出人意料。他并没有冠盖相从，仪仗相遮，似乎不再是国王了，这实在让人迷惑不解，料想不到。他是步行到此的，没有带队列或者随从，甚至连个穿马裤、套假发的卫兵都没有跟来，在他的两边是他的兄弟普罗旺斯和阿图瓦，一左一右，而两个人在思想上也是如此。国王对议会作出保证，剩余的部队将会撤离战神广场，至于是否有人想要威胁国民议会，路易坚决否认，声称绝无此事。

尽管国王从头到尾没有表明要召回内克尔，但是总算明确了停止军事威胁，这已经足够为他在议会赢得掌声了。消息传到外边集结的人群耳朵里，众人还是不停地鼓噪示威，一边狂喜雀跃，一边却又出言不逊，要王室一家到宫中露台与群众相见。大概在下午两点钟左右，88人组成的一支大部队，分别乘坐40辆马车，前往巴黎报告喜讯。在前面开路的是国民议会副议长拉法耶特。行程将尽，从路易十五广场至市政厅这最后一段完全只能步行，简直就是在城里搞一次凯旋仪式。在一栋大楼前，拉法耶特面对戴了爱国徽章的群众发表了讲话，说是主上为谗言蒙蔽，如今迷途知返，仁心再现。于是众位选民纷纷宣誓，要效忠君王。41年之后，拉法耶特将会重新站在这里对着群众讲话。于是当场就有人提议（此人是拉法耶特的朋友布里索·德·瓦维尔［Brissot de Warville］），然后在现场民众的正式要求下，侯爵答应担任新的巴黎民兵司令。巴伊则成了巴黎市长。还在巴黎圣母院搞了一个感恩赞美的仪式，拉法耶特郑重宣誓，将用生命捍卫自由。

国王亲自走到议会，表现出悔过之意，这就意味着曾经让人生畏的波旁王朝已经日薄西山，行将灭亡了。7月16日早晨，皇家会议最后一次依照旧例召开。这回要商议的可是性命攸关的大事。马雷夏尔·布罗格利态度非常明确，如果军队散了，想要对抗来自巴黎的进攻，简直就是痴人说梦。那么事到如今该如何是好呢？王后和阿图瓦想让国王驻跸省级首府，最好是临近普鲁士或者奥地利边境——比如说梅斯——这样一来还可以在那里重整王室军队。而布罗格利比较现实，他提醒国王，军队的指挥体系已经迅速瘫痪，若要长途跋涉的话，他无法保证国王的人身安全。

那就只能束手就擒了，天可怜见！

国王的幼弟，还有他手下一批人，无法忍受王室遭此羞辱。7月16日晚，阿图瓦和孔蒂亲王、孔代亲王、他的朋友波利尼亚克家族和王后在维也纳还是公主时的老师韦尔蒙（Vermond）神父一起，离开了凡尔赛，逃往边境。出现这种集体流亡，表明革命宣传册上关于宫廷的种种猜测都是确有其事：外国势力设下了圈套，想要围攻法兰西，国家和人民利益遭到严重威胁。现在人们对于王室更加恨之入骨，外国军队就是他们引进来的，这些人就是要倚仗着雇佣军，重新扶持他们上台，恢复昔日统治。阿图瓦已经把话挑明，他就是要借助忠心报国的军队，联合另一支目前尚未确定的队伍（最有希望的可能是奥地利军队）

共同对付革命。尽管如此，他不可能指望再用 15 年的时间来完成这次征服。

第二天，7 月 17 日，路易十六自己也动身前去谢罪。拉罗什富科-利昂库尔早就催促他前往巴黎，做出和平姿态，但是直到开过了这次让人丧气的皇家会议，他才走出这不得不走的一步。不管怎么说，他现在都得以政务为重了。重新起用内克尔，解散布勒特伊内阁的消息一经公布，民众一片欢呼，战神广场上的部队已经整理行装，准备离开，退回到塞夫勒去了。回到那里，很快就有 75 人开小差溜走了。

[356]

每次猛然奋起，想要果决自断，往往因为软弱无能而功亏一篑，却还力图保住脸面，路易后来也一直如此。考虑到万一此去不能复返，朝中大事不可一日偏废，他预先做好了安排，并没有显出张皇失措的样子。他立下遗嘱，把国事委托给普罗旺斯伯爵——诸位亲王御弟中，只有他一人愿意留在国内，当他的亲军中将。国王带上全家，简简单单地穿上燕尾晨装，没有任何惯常的仪仗和排场，便出发前往王宫教堂。拉车的八匹乌骓骏马也并没有什么修饰装扮。车驾前是一彪禁卫，而那些临时编凑、制服上缀满徽章的凡尔赛民兵护卫队，人数要多了许多。在他们之后，是 100 名国民议会代表。凡尔赛城里的居民很散漫地跟在后边，一边唱，一边大喊"国王万岁"，要不就叫"国民万岁"，手里挥舞着铁镐、火绳枪和修枝刀。

当时的人们觉得，似乎老天爷都站在革命队伍这边，故意和国王过不去。队伍一路前进，头顶是刺眼的太阳，太阳王的幻想终告破灭。路易十四营建了凡尔赛宫，在这里躲开京城的羁绊。在这方土地上，他可以快意山水艮岳，抖尽帝王威风，纵情恣肆地做他的太阳王。1775 年路易十六在兰斯加冕的时候，人们也曾以为，他又重新开创了如日当空的启蒙盛世。可是最终太阳还是被打翻在地，滚入尘埃。

那么，现在他在人们眼中，到底是什么样的国王呢？所有的人都觉得：不是路易十四，而是亨利四世。波旁王朝的开国之君亨利四世，在他手里终结了宗教战争，然而自己却被一个天主教狂热疯子刺杀身亡。对于亨利四世的崇拜，如今已经风靡各处，他身上不乏一代明主的所有美德，仁厚素著、天资聪睿；他平易近人，亲和百姓，是布衣天子的表率，一直受到法国人民的衷心爱戴。人们希望路易身上也具备这位先祖的品质。和其他君王相比，在通俗歌曲和诗赋中的亨利形象要完美许多，被描绘成最为理想的一国君父，宁可杀了自己的儿女，也不会做对不起老百姓的事情。当时新立的一座大型纪念碑就是表达了老百姓的这种思想感情，希望能够在路易十六身上看到当年亨利的影子。还要有一个宽大的殿堂，周围摆列两层立柱。殿中是这位已故国王的塑像，"他就如同站在孩子们中央的慈父一般……穿着自己喜欢的朴素衣衫"。塑像底座会有铭文："献给全人类都爱戴的亨利四世。"在盛大的节庆中，还要给路易带上一顶王冠，并开口对他说："这位就是君王的楷模。"

[357]

所以，在沙约门（Porte de Chaillot）和路易十六唱喏见礼，巴伊便旁敲侧击，故意提起了路易这位常为人津津乐道的先祖的名讳，特别讲到了1604年时他进巴黎城的典故。将城门锁钥交到君王手上，是入城凯旋仪式的一部分，市长大人甚至在遵循古礼的基础上又稍有改进。他说："这些是曾经献给亨利四世的城门钥匙，他当年征服了自己的民众，现在则是民众征服了国王。"显然路易并没有听明白他这话的意思，不晓得反过来有什么区别。

之后还有一套连一套隆重的銮驾通关入城式,都是重新修订过后的仪规。法国文艺复兴时期的瓦卢瓦诸王——弗朗索瓦一世、亨利二世和查理九世——都以拱门受到迎接,宣称其是高卢人的赫拉克勒斯,高卢和日耳曼之主(有时甚至依照查理曼时代的旧例,尊称皇帝)。而拉法耶特却一身平民打扮,佩着青红两色的本城徽章(不吉利的奥尔良家族的标记),上前见驾施礼,街道两厢国民卫队持枪而立,君臣二人一路走来,便到了路易十五广场。队伍后边还跟来了一群集市女贩子,节日里才上身的白衣裙也穿了出来,还披着红蓝缎带,簪着时样鲜花。来在市政厅前,卫队拔刀出鞘,左右斜叉,恭迎圣上驾临——半是欢迎,半是挑衅——路易抬头观瞧,刀尖之上乃是他最新的尊称:

路易十六 法兰西人之父
自由民众之君

路易勉强算是接受了这一杜撰的王号,举步走上市政厅台阶,巴伊递过来一枚徽章,路易接了过来,别在帽子上,此时号角齐鸣,礼炮隆隆,人群中爆发出阵阵喝彩之声。之后路易在大礼堂(Grand Salle)发表了简短的讲话,声音小得几乎听不见。他还想说,自己对拉法耶特和巴伊的任命感到甚为满意——这件事他同样也做不了主——然后他又在露台上公开同民众见面,帽子上还戴着那枚徽章。

大约在晚上10点,路易抵达了凡尔赛。聊可自慰的是,今天总算没有发生流血事件,但他已是满身疲惫,茫然不知所措了。他关切地问起他的妻儿老小,倒是他们显得更轻松一些。

他们的人身安全似乎越来越成为他操心的事情。他的宫廷等于是被撤销了,他的那些王家气派,也被一概褫夺,到头来,他路易十六不过是一家之父。为了保护他们,他承诺还要做一个"法兰西慈父"。革命君主国的空想家们还声称,他的第二个身份只是第一个身份的延伸。悲观派(在1789年还是少数)心里清楚,将来这一家子还得窝里斗。在这样的一场结局难料的争斗之中,形势还很不明朗,尤其是路易十六,究竟会将后半生押在哪一方身上,现在还很难预料。

第三幕

选择

第十一章
理智与非理智
1789 年 7—11 月

一、鬼影憧憧，7—8 月

1789 年 7 月来到诺曼底的孚日温泉（Forges-les-Eaux）游泳的时候，德·拉图尔·迪潘夫人（Mme de La Tour du Pin）还是个 19 岁的姑娘。在生第二胎的时候，身体受了很大的损伤，家庭医生于是坚持要求她疗养一段时间。聪明善良的亨利埃塔·露西（Henrietta-Lucy）出身于英属爱尔兰信奉天主教的狄龙（Dillon）家族，1688 年英王詹姆斯二世退位的时候，家族中便有人背井离乡搬迁到法国。到了露西 1770 年出生的时候，狄龙家族在法国当地已是将帅豪门，手底下还掌管着一支兵马。和他们结交的都是本地最有权势、富甲一方的名门望族。受到家庭开明教育的熏陶，露西和许多同龄人一样，曾仔细研读过理查逊和卢梭的书籍，甚至还包括笛福的著作。她的曾叔祖，著名的纳博讷大主教发现这孩子聪明过人，便请来了沙普塔尔（Chaptal）（后来拿破仑的内政部长）来当她的家庭教师，专门辅导她的自然知识。后来她在化学、物理、地质、矿物学各个方面都成了才识渊博的专家，有资格以访问学者的身份，到塞文（Cévennes）去考察狄龙家族的煤矿和硫矿了。

她还曾在王宫中受到王后接见，并由此跻身当时炙手可热的法国巴黎自由贵族的社交圈。拉利-托伦达尔是她的远房外甥；嫁给拉图尔·迪潘后又和德·拉梅特兄弟成了亲戚。在旧制度最后一段快乐时光中，她曾这样写道："在欢笑和畅饮中我们走向毁灭。"看得出，她依然头脑清醒，行事谨慎。

到了1789年夏天，革命的浪潮悄悄波及了她的家人。她的公公就不是一般人，人们都在传，说是内克尔会任命他当国防大臣（后来果真官拜此职）。她的丈夫带兵驻防离家40英里的瓦朗谢讷。由于对娇妻的安全渐感担忧，他撇下部队，和妻子在诺曼底团聚（差点就走不掉了）。一家人在一块儿过了最后几天清净安宁的日子，对那些后来在大革命中幸存下来的人来说，这段假期让他们终生难忘。

[362]

在7月28日这天早晨，露西正准备像往常一样出去骑马，突然听到楼下大街上人声嘈杂，十分喧嚷。村民们站在那里伤心悲泣，紧绞着双手，不停地祈祷，哭喊"他们战败了"。人群中有个"绿衫褴褛"的汉子骑在马上，那匹坐骑口吐白沫，两肋出血，看上去都被骑垮了。此人的一番话可把村民们吓坏了："他们不到3个小时就能到达这里！在加耶方丹（Gaillefontaine）他们大肆抢掠，焚毁谷仓。"说完这些紧要话，他便急急纵马而去，又驰往新堡（Neufchâtel）报信去了。

所谓"他们"，是指那些奥地利士兵。据传他们正借由荷兰入侵法国，但是当初巴士底狱被攻下来之后，好几个礼拜都人心惶惶的，那时候人们担心的是可能会从布雷斯特或者圣马洛入侵的英国登陆部队，还有从东北边境发动进攻，由阿图瓦伯爵率领的瑞典军团，要不就是准备在波尔多大肆劫掠的西班牙士兵。他们通常被称之为"贼寇"，是阿图瓦伯爵和一帮亲王，多半还有其他贵族出钱拼凑起来的杂牌军，目的就是要对先前第三等级的那些野蛮粗暴的行为进行血腥报复。要真是这样的话，那后果可真的不堪设想。这些"贼寇"穷凶极恶，无所不为：奸淫妇女，杀人分尸，连谷仓带村屯都烧得个干干净净。

因为丈夫独自去了温泉，露西只能独自想办法安抚这些情绪不安的村民们，让他们相信那里并没有在打仗。她丈夫的驻地就在奥属尼德兰前线，如果部队调动，他不会不知道。但是福尔日正好处在风口浪尖，东北25英里，就是接连发生粮食暴动的鲁昂地区。上级下令在利尔敲响警钟，提醒民众注意一切危险的迹象。在去往教堂的路上，露西看到教区神父正打算拉动钟绳，她意识到一旦钟声敲响，就会造成极大的恐慌，于是赶紧上前抓住了神父的袍领，一边极力阻拦，一边晓以利害，劝说他不要敲钟。必定是福尔日的温泉让她恢复了力气，当她丈夫正好回转，发现两人兀自扭作一团，抢夺钟绳。于是德·拉图尔·迪潘答应和妻子一块儿去一趟加耶方丹，因为据说奥地利人已经在那里安营扎寨了，如果能平安返回，自然就能消除村民的恐惧。

这一天让人紧张不安的事情还在后头。当走到加耶方丹的时候，碰上了一大群拿着火枪的农民，上来盘问两人是否军队没有驻扎在福尔日。在得到了相反的消息之后，这些当地人似乎相信了，稍稍心安了些。可就在这时，人群中有个人一直直勾勾地盯着露西看，他觉得眼前的这个女人就是王后。霎时间露西陷入了危险的境地；后来有个锁匠大笑着说，王后的年纪绝对要比这姑娘大一倍，块头也抵得上她两个。夫妇俩这才脱身返回孚日的家。而整个村子里的人还都以为两口子肯定被奥地利人关了起来，再也回不来了。

[363]

像这样的事情在法国东部地区还发生过很多次,从北部的埃诺和皮卡第,经过香槟、阿尔萨斯,一直到最南边的勃艮第和弗朗什-孔泰,都屡见不鲜。在法国西部,当时人们把这种事情称之为"大恐慌",从普瓦图一直波及凡尔赛的乡村地带。治安警察只有区区4000人,就算在往常,应付这样大规模的群众骚乱也还是力不从心。更何况现在中央政府已经名存实亡,发生这样动摇人心的大事,整个法国已经陷入了四分五裂的境地,城镇都成立了自治机构,并纷纷组建地方防御部队,把男女老少全部发动起来,严密防范西班牙或者奥地利匪兵的侵扰。

有的时候,恐慌持续几个钟头就会过去。比如在距离克里尔(Creil)很近的沃城(Vaux)的小村落里有这么一户人家,15个孩子里最大的一个女儿玛丽-维克图瓦·莫内(Marie-Victoire Monnet)带着她的三个妹妹藏身在马棚顶上的草垛中。母亲塞给她们一条长面包和四分之一块干酪,村民们估摸着敌人至少要围困好几天,这点干粮应该足够支持了。另外还传说,匪兵已经把临近村镇的男人都杀光了。谷仓里又昏暗,又闷热,粉尘飞扬,三个小姑娘在里面待了三个钟头光景,面包和奶酪也都吃完了,一开始还心存恐惧,时间长了渐感无聊,甚至最后还觉得有些失望。于是姐姐玛丽带着妹妹们大着胆子从上边爬了下来,周围并没有看到任何打砸破坏的痕迹,于是她们回到了小屋子里,结果发现,她们的母亲还有其他几个孩子也都感到纳闷,居然没有发生任何烧杀抢掠的暴行,实在是怪事一件!

其他地方则真的要气氛紧张得多。像里昂和第戎这样的大城市(显然都是东部城市),数千名武装志愿兵把守各处桥梁、城关,数周来丝毫不敢懈怠。生怕一旦放松警戒,贼兵便会从天而降。当然他们还得提防城里的情况，防止有人哄抢粮仓和面包铺，并确保朝廷大臣免遭暴力袭击。这种情况还是第一次遇到，可真是"国难当头"了：本来新政府的激进措施已经够严苛的了，现在更出现了这样的紧急状况，更是名正言顺，有恃无恐了。

控制本地军火，组建宪兵部队，都是出于临时革命委员会的需要。因此后来的各个时代的保王派历史学家都认为，这场大恐慌本身就是一场阴谋，是奥尔良公爵这些阴谋家一手策划的，目的就是要在法国搞军事管制，好让传统势力永无翻身之日。与此同时，王室成员，乃至整个贵族阶层都被打倒，划入敌对阵营，属于外来势力，这些人一门心思要恢复旧日江山，重新骑在人民头上作威作福，一旦得逞将有大批法兰西优秀儿女惨遭屠杀。

实际上，当时偏执疯狂的状态，是大革命政治活动的明显特征，这个不是从大恐怖时代开始的，而是从1789年就开始了。但同样明显的是，所谓精心策划的阴谋，则纯属主观想象。正如专门研究这方面的历史学家乔治·勒费弗尔指出的，从所有的表现特征来看，大恐慌属于下意识的无端恐慌现象。

这种事情过去也曾发生过。那是在1703年，当时路易十四的军队眼看着被入侵者打得节节败退，全国大部分地区又发生了严重饥荒。当时谣言四起，人心惶惶。人们相信，英王威廉三世派出了新教教徒准备到法国大肆抢掠，不管男女老少，都将遭到疯狂报复。尽管政府一再声明，威廉三世一年前就已经驾崩了，可是一味地这样说，也根本不能解决问题，当时的群众已经处于歇斯底里的状态了。到了1789年，又发生了大恐慌，传播的方式也一样，跑来一个玩了命骑马的报信人，说得

[364]

绘声绘色，言之凿凿。临近几个村落正在发生大屠杀，绝对千真万确！对这种话，人们通常都会相信，因为大家觉得，像酒铺掌柜，送信的邮差，还有那些当兵的，这种人总有机会接触到内部消息：换了是那些有头有脸的人物，那就更让人深信不疑了。利默日附近有个叫罗什舒阿尔（Rochechouart）的地方，在7月29日那天，有个叫隆若·德·布吕耶尔（Longeoul de Bruyères）的人驰马冲入镇子来，大声嚷嚷，说他亲眼看见老人、妇女还有孩子被残杀，"实在是太恐怖了，到处都是鲜血和战火……各位还是尽早逃命吧……这也许是我们最后一次说再会了！"

他看见的究竟是什么，我们永远都无从知晓。他说的"屋宇焚毁"，很可能是烧毁那些庄园文书和封建地契，那年夏天发生了好多这样的事情，但是一般不会在7月末那种极度紧张的气氛中成为引发一连串骚乱的导火索。正如拉法耶特所说，地方上很长时间得不到邮驿马车送来巴黎的消息，这时候突然来了个什么人，自称是"送信的"，或者说"亲眼看见"了什么事情，那么人们就多半会相信他的话。更何况，政府也发表声明，承认确实有"贼兵"存在，并且说都是英国人找来的雇佣军，这些家伙胆大妄为，十恶不赦，存心要扰乱法国新生政权的社会秩序。

于是乎，在昂古莱姆刮了一场沙尘暴，有人就说是土匪来袭，在北部的圣欧麦尔（Saint-Omer）和南部的博凯内（Beaucaine），当落日余晖映照在城堡窗户上，人们看到了就以为是贼兵正在焚烧财物，并引发了恐慌。24日在香槟南部，说是发现匪军，于是发动三千多人前去追剿，凑近了仔细一看，原来不过是一群牛而已。

第十一章　理智与非理智　1789年7—11月

这种反应非常普遍。正如德·拉图尔·迪潘所体会到的，没人有耐性去核实消息准确与否。警钟敲响了，每个人都从田间地头奔回到了村子里的空地上。开始招募民兵了，人人手里都拿上武器，如果实在没有称手的家伙，镰刀或是草叉子也能凑合着用。女人和孩子要么疏散到各处，要么找地方躲藏起来，另外还得专门派一批人去邻村报信，并协助那里的防卫工作。这支队伍就这么出发了，装束参差不齐，武器更是花样百出，说是去打土匪的，自己倒是更像土匪。

这支匪兵看不见，摸不着，在1789年的时候，倒也没有搞出什么新花样来。其实大恐慌只不过是民众出于对流民群体的极度担心而已——流民嘛，都是目无法纪，不服管束的，这种看法很多村民都有，而且城里人，包括政府官员也是这么认为的，可以说在18世纪的整个法国，这是一种普遍观念。奥尔文·赫夫顿（Olwen Hufton）的著作中，对于这段移民大潮的历史有过生动的描述。那些最穷困的山村里，实在过不下去了，好多劳动力就走出深山老林，来到人烟稠密的平原地区，赶上收割农忙时节打个短工。有些地方，比如中部地区的奥弗涅，还有靠近西边的利默日和比利牛斯省，以及孚日、汝拉、莫尔万和萨伏依这些东部省区，男劳力都外出打工去了。著作中很多路线都标得清清楚楚。这些人一路上有时靠乞讨过活，有时也偷人家园子里的果子吃，或是看见鸡舍没有锁好，顺手拿几个鸡蛋，在衣食无着，风餐露宿的流浪生涯中，好歹算是一种补偿吧。有时候一家老小都漂泊在外，毕竟伸手要饭这种事情，孩子出面总是最能见效的。

有些人从此就再也不回老家了，他们留在了大城市的移民区，和当地人住在一起。但是1780年代末期发生了大萧条，很多地方不再雇人帮忙收割庄稼，到城里打短工给人盖房子的工作机会也减少了，甚至在集市上也找不到活儿干。再加上食品价格暴涨（靠微薄的报酬根本填不饱肚子），好多小农业主背了一身的债，沦为一无所有的贫农。赫夫顿描述了这种过渡经济期所造成的贫困者的两种不同的生活轨迹：第一种是离开城市，回到日渐萧条的乡下去找点事情做；第二种就是为了同样的目的，投身城市。

生计日趋艰难，最终把人逼向绝境。一些依赖乞讨为生的人便凑合到了一起。求人施舍逐渐和强取豪夺没有什么区别了，至少在政府眼里看起来就是这么回事。游民会逐步沦为游丐，最终成为长年漂泊的流浪汉。犯罪团伙的数量在1780年代似乎日益庞大起来，偶尔也会闹出些大乱子来，于是坏事传千里，这种消息很快不胫而走，广为人知。但是官方对于这种贫困阶层的犯罪状况的描述，却使得民众对于那些比穷光蛋好不了多少的底层贫民产生了疑惧之心。村民有一份田地可守，碰上1789年那样的好光景还能坐享丰收（大大好于往年），这一点和他们想象中的死对头可不一样。这么说起来，在7—8月间发生的地区冲突，就该是那些多少还留有一些家当的人，和那些在人们眼里身无长物、穷得彻底的人群之间的冲突。

但实际上并非如此。引发大恐慌的那些暴力事件，大多数不是由无家可归、来路不明的流浪汉首先挑起的。而正是那些和他们同样出身，在当地安家落户的村里人。这一年的春天，一连发生了好几起骚乱，都是针对封建庄园的，很多田猎所获，以及记载各类应纳赋税和劳役义务的文书档案，还有其他表明人身依附关系的物件，比如贵族老爷的风向标，教堂里面装饰鲜亮的靠背长凳，都遭到了抢掠和破坏。在一些界限分明的地方，比如诺曼·波卡基（Norman Bocage）、皮卡第、勃艮第、弗朗什-孔泰和阿尔萨斯，袭击城堡庄园的现象很普遍。有的时候，比如在靠近马孔（Mâcon）的塔列朗兄弟名下的塞诺赞（Senozan）的城堡，房子整片都被夷为平地，但是在破坏中出人命的事情极为少见。带着农民搅闹生事的，都是有名有姓的人物，多是些有钱的地主，甚至在很多地方是本地的官吏，说白了也就是民间代表，甚至在多数场合，他们还打着国王的旗号，说国王不仅仅认可，甚至鼓励他们拒绝缴纳任何封建捐税。在封建统治秩序基本上名存实亡的弗朗什-孔泰，一群手拿武器的农民在路上放火烧毁了一个庄园，试图向特里科尔诺男爵（Baron Tricornot）证明："我奉国王的旨意前来，不过你不必担心，名单上没有你。"在马孔内（Maconnais），当地佩罗讷（Péronne）教区神父说他亲眼看见一张手写的文书，署名是国王，允许农民闯入庄园，要求封建义务中规定的土地所有权，如果眼下得不到这样的文书规定，他们可能还会继续烧掠破坏，逍遥法外。

暴力行为不见得是有罪的——谁要胆敢抗拒，弄不好倒是算是犯法——整个夏天法国很多城市的粮食暴动情况也一样。7月21日这天，在瑟堡和斯特拉斯堡，人们要求面包价格降低到2苏（差不多是现行市价的一半），说这是国王的旨意，要确保他的老百姓吃饱肚子。不管在城里还是乡下，谁要是被认为违抗君命，就会成为暴力泄愤的对象：据说那些市政官员，大量囤积谷物和面粉，引发价格暴涨；还有那些匪徒和贵族，存心要让老百姓吃不上饭，谷物尚未成熟，便被他们收割走了。这一下子真是火上浇油，在城市里那些已成为众矢之的的人，不但家中被洗劫一空（特别是地下酒窖），有时候还丢了性命，比

[367]

如在圣但尼就出了这样的事。在乡村，人员伤亡比较少。但是封建主的管家常常被痛打一顿，然后才放走。

结果，当地的权力指挥机构被完全破坏，而且很快组建了新的军事机构，受命控制混乱的局势。但是眼下这些真正的混乱状况一旦传扬出去，可想而知，必然会局势大乱，盗匪横行。住在城镇里的人已经从报上读到了发生在乡村的抢劫和焚烧的报道，就觉得那些流亡者和贵族们正在用恐怖手段对付第三等级，而且威胁正在一步步向城里逼近。村子里的老百姓听到城市发生了骚乱和破坏，想当然地认为巴黎和其他城市里那些拉帮结伙的亡命之徒，正气势汹汹、浩浩荡荡杀奔乡下来了。在这么个疯狂的年代，相互成见都很深，一个人在城里是一副模样，到了乡下又换成了另一副嘴脸。

经营铁器生意的天才科学家弗雷德里克·迪耶特里克（Frédéric Dietrich），就趁着7月21日的这场大破坏，将斯特拉斯堡的地方长官克林兰（Klinglin）给赶下了台。然后他自己取而代之，成了市政当局一把手，并赢得了当地民兵武装的拥护。但是在乡下，还有一个出身第三等级的人，名字也叫迪耶特里克，他是个男爵，又叫罗托（Rothau）爵士，有人到他家威胁闹事，要他放弃自己的封建权利，他经营的铁匠铺，还有锯木厂（为铁匠铺提供燃料），更是成为了打击的目标。农民们一贯享有的采伐林木的权利就这么眼睁睁被剥夺了，这些锯木厂自然就成了发泄满腔怒火的对象了。

大恐慌的真正重要性，就在于它暴露了法兰西政府核心存在的权力真空。当然，由此而使得法国各地派系林立，冒出来无数个行政公社，这是其一大弊端，这种各自为政的武装割据，并不是大多数法国人希望看到的。许多史料记载都显示，人们真正渴望的是秩序的恢复。(那些始终打着国王旗号,意欲采用暴力,或者威胁使用暴力的人,可见的对于王权衰败所形成的权力真空,有多么深刻的预见。)同样,也正是这些人,得意洋洋地朝着奔逃而去的总督车驾扔石头,可是内心却同样渴望家长专制能得到一定恢复,好让他们得以饱暖,免受欺凌。从这一意义上看,1789年的暴力事件,并不是为了促成革命,而是为了寻求保护,至少在巴黎以外,情况就是这样。

如果说这些激烈暴动,还有群众武装,最初并不是为了发动革命,然而它们确确实实促成了后来的革命。无论是农民还是城里人,都敏感地意识到,当他们焚烧庄园文契,拿着刀闯进鸽棚的时候,实际上某种界限已经被打破了。他们也相信,自己正在重新确立最为根本的道德法则,新法则会在国民议会上获得通过,并被国王批准生效,禁锢他们的一整套旧制度将被彻底取代。摆脱束缚固然可喜,但那很可能是要抓进去坐牢的,如果他们被诱入歧途该怎么办呢?或者那些长年以来一直瞒上欺下的高官显贵卷土重来,又当如何呢?一旦发生这种情况,它们的命运必然十分悲惨。

正如勒内·吉拉尔(René Girard)在总结历史教训的时候所说的,惨死的威胁如在眼前,让人不寒而栗,要想消除恐惧,就是将其施之于某个具体的第三者,把恐惧完全转嫁到这个替死鬼身上。换言之,那些社会团体发现,他们有可能面临先是从他们得以发展壮大的队伍中被分裂出去,继而又被那些无视他们利益,而又言辞缓慰的议案所彻底葬送的危险,而对这一后果应当负责的,就是那些个人和小团体。在1789年的法国,就有很多人是这么死的,有些纯属冤枉,有些则罪有应得。对于明火执仗冲入封建主庄园的马贡(Maconnais)当地村民,莫尔万和汝拉山村里的樵夫和烧炭工人可能就是他们的死对头，而对阿尔萨斯农民来说，犹太人才是最应该被彻底消灭的对象。他们的房子被洗劫一空，然后一把火烧掉，犹太人遭到残酷迫害，被大批屠杀。那些与世无争，走南闯北的小商贩，无非就是卖些鼹鼠皮、兔子皮，或者兜售假药骗几个钱花，可现在却都背上了放毒者的罪名。苦役犯也赫然登上了大恐怖罪魁祸首的黑名单；据谣传，过不了多久贵族就会将他们放出来，据说预示着一场可怕的报复，甚至有的农民声称看到了被释放的奴隶，看到他们背上和肩上的 GAL 烙印。

最危险的是那些一看就不那么地道的法国人，不是祖国公民，而是外国人，不折不扣的异类。阿图瓦和孔代在 7 月 16 日前就跑到国外去了，这下他们境外阴谋集团头目的身份就彻底暴露了。据传他们带走了价值几百万利弗尔的黄金，好雇佣外国军队来采取报复行动。最糟的是，坊间消息说，王后玛丽留下来作为内应，意图彻底搞垮国民议会。游历过勃艮第和弗朗什-孔泰的阿瑟·扬说，连那些一贯聪明、颇有见识的第戎人和贝桑松人都坚信王后正打算整垮国民议会，甚至还要鸩杀国王，好让阿图瓦篡位。还有一个故事流传更广，说是她已经给维也纳的皇兄写信，要他发兵五万，攻打法国。

持续的不安与焦躁，营造出一种建立在胡乱猜疑和偏执妄度之上的政治气氛，这种氛围在整个大革命期间都挥之不去，始终笼罩在人们的心头。有一种观点认为，从 1789 到 1791 年，直到断头台建起之前，法兰西一直是一片其乐融融的自由净土。实际上这纯粹是主观上的美好意愿而已。从一开始，通过暴力活动才得以上台的革命政权，就通过简单粗暴的方式，在爱国者和敌人之间、公民和贵族之间划定了界线，两者之间泾渭分明，不可能存在中间分子。

阿瑟·扬感到失望，同时也颇为恼恨，自己不得不和那些喜欢在护照上做文章的芝麻绿豆官打交道，这帮人死板透顶，无法通融，简直不可理喻，在过去可从来没有发生过这种事。一次又一次，最后实在被弄烦了，于是乎，他只好通过文字来抒发他的苦恼："这些护照是新政府的新官们出台的新事物，是用来证明他们并非空有其名的。"一个英国人，跑到法国来到处走，究竟意欲何为？当地政府摸不透（如果要搞农业和科学研究，那么为什么要骑着马在鲁昂和索恩的山间公路上跑？），这就自然要受到极大的怀疑，再说他笔记也狂乱得很，这就是为王后，或者阿图瓦，或者维瓦莱（Vivarais）的安特雷格伯爵充当间谍的证据。走到贝桑松的时候，他被拦了下来，说他没有护照，等阿瑟拿出护照给他看，对方却不承认，理由是他在城里找不到可靠的熟人，就这么着双方发生了激烈的争执。这位萨福克农场主火冒三丈："这是我生平第一次迫不得已与你们第三等级的大人们打交道，我对你们的行为实在是不敢恭维！"这名官吏耸耸肩，反唇相讥："先生，我不关心。"出离愤怒的扬使出了文人最后惯用的一招，发誓要在下一本书里把吵架的事情原原本本写下来，气势汹汹的狠话，似乎也没有让这位官员感到害怕："先生，此事与我毫不相干！"

巴黎滔滔不绝的精英分子的革命演说，以及粗暴的怀疑和政治上的冷漠无情和误传谣言，以及混乱的暴力和他在各省遇到的种种问题，都一再给扬留下了深刻印象。当他看到一群叫嚷的暴民冲击斯特拉斯堡城堡的时候，他发现他很难将眼前的景象与他在巴黎和凡尔赛晚会上从各方听到的豪言壮语联系起来。

[370]

实际上，正在发生的这些事，使得一些最为热心改革的忠实信徒变得心绪不宁。就拿德·拉图尔·迪潘的亲戚拉利-托伦达尔为例，他朋友的索尔西城堡（Château de Saulcy）就遭了难，从此托伦达尔的政治观念日趋保守。他描述了德·利斯特奈（de Listenay）带着女儿逃出着火的城堡的情景，还有舍瓦利耶·安布利（Chevalier d'Ambly）被人拖进一个粪坑，头发眉毛都被揪了下来，有好几个随从都被吊在井上，人群吵吵闹闹，讨论该如何处置他们。斯坦尼斯拉斯·克莱蒙·托内尔一家也在瓦维利耶（Vauvilliers）的暴力动乱中被人给抓住，结果军队赶到，打死打伤20名农民（有些严重受伤），公爵夫人也从她藏身的干草垛里被拽了出来。

8月4日的国民议会上，在贵族代表和教士代表中间，充斥着一股对于前途的忧虑，却分明又满怀着浓厚的爱国主义情怀。除了像勃艮第、布列塔尼和弗朗什-孔泰这些传统势力的坚强堡垒，法国各地的封建统治长期处于衰败之中。在乡村大部分地区，商业社会的制度已经得到确立，而当这里的封建统治秩序被彻底推翻之后，没有理由不把商业社会的那一套制度维持下去。那些人通常在8月4日会议上先提出设想，然后就在会上要求彻底根除他们传统上所属的社交圈子。这些人大都是来自上层传统世家：像沙特莱公爵、艾吉永公爵，他们可都是家资巨万，放弃部分磨坊的所有权，减少民役的征用对他们来说算不了什么。而且多年以来，这些贵族一直在向爱国自由主义事业提供切实帮助，已经蔚然成风。追根溯源，还是他们1770年代在美国独立运动期间的服役经历使然。因此，人们不应当将他们投身于轰轰烈烈的民族解放事业，看作故作姿态的愚蠢举动，或者对现实不满，想要从旧制度的废墟中挽回些什么。

突然出现这样的情况，显然出乎人们的意料，因为国民议会首先要公开讨论的当务之急，不是搁置，而是如何维持现行税率，直至新的税制立法通过。拉法耶特的小舅子德·诺瓦耶子爵，于是就拿在地方上争论的话题，插进他的大段革命演讲中，表示"国家正面临着重大的选择，要么整个社会土崩瓦解，要么建立一个能够成为欧洲各国膜拜效仿对象的政府。"要想成为欧洲楷模，就必须让老百姓看看，国民议会有多么关心民生福祉。正因为头脑中有这样的想法，他主张，所有公民都有与自身经济条件相适应的纳税义务，他还主张废除一切封建义务（条件是赎买），并完全废除任何残余的人身奴役制度，比如永久管业权和徭役义务。

诺瓦耶的朋友，法国最大的地主之一——艾吉永公爵，也对此表示赞同。艾吉永特别提到法国发生了"种种恐怖之情状"，并且说这样下去会发生暴动，因为农民长久以来积郁了太多的痛苦和烦恼。要想体现出国民议会对于权利平等的认可，最好的方式就是废除那些引得民怨沸腾的"封建野蛮行径"的残余。

这么一个自我觉悟的时刻，来得有些突然。当然在这之前，也就是从巴黎和平时期开始，在贵族队伍核心已经发生了文化上的革命，算是一个铺垫了。自由派贵族中的先锋人物一直表示要摒弃封建"旧思想"，与这些形同虚设的头衔决裂，而以"公民"这样的高贵称号为荣。8月4日晚，他们终于抓住了这个实现他们主张的机会。在诺瓦耶和艾吉永带头之后，世袭公侯、各级主教都纷纷放弃了自己原先的头衔，兴高采烈地降格为一介平民，就好像参加入会大典的主教，紧张激动，暗自窃笑一样。

布列塔尼有个乡绅叫勒冈·德·凯加尔（Le Guen de Kergall），他就觉得这些头衔是一种屈辱，"要求把男人们像牲畜一样绑在犁上"，并且"强迫他们整夜翻搅沼泽，以使牛蛙停止喧嚷，防止它们的叫声惊扰到那些骄奢的老爷们的美梦"。沙特莱公爵（可能是被国民公会中如此多的教区神父吓坏了）还提议取消什一税；沙特主教和圣法尔若侯爵（Marquis de Saint-Fargeau）计划废除所有的猎物独享权，允许农民对于任何毁坏他们庄稼的鸟兽，直接猎杀取食。博阿尔内子爵谈到了犯罪判决的绝对平等权的必要性，认为无论是在民事部门任职，还是在军中服役，凡是公民，都应一视同仁，结果发现布拉孔侯爵（Marquis de Blacon）早已捷足先登。后者宣称，多菲内三级会议，大名鼎鼎的首善之区，已经建立了这么个制度，这位埃罗·德·塞谢勒在巴黎高等法院的同事圣法尔若侯爵不但提议取消所有贵族免税权，还取消了1789年之初的所有政令。

[372]

随后就是撤销各省的自治权力。过去作为法兰西宪法不可分割的一部分，顽固抵抗针对旧制度的改革计划的地方特别权力和特殊法规，现在被彻底废除，一扫而空，扔进历史的故纸堆中去了。旧的行政区的代表，勃艮第、阿图瓦、朗格多克、多菲内、阿尔萨斯、弗朗什-孔泰、诺曼底和利默日的代表，都当场表示，愿意牺牲他们的特权。然后就是一些特权城市，比如里昂、波尔多、马赛、巴黎等也纷纷效仿。政府里的贪污腐化、子袭父荫也都被一概废除了，这些"自由权利"都是遭到莫普和布里埃纳谴责的，认为都是一种潜在的祸患。还有各种教士的兼差薪俸被取消了；塔列朗担任大修道院长收入颇丰，现在也一起被取消；还有拉法耶特的私人卫队，也统统没有了。而已经迷失在迷恋崇拜情绪之中的费里埃也说，这是"沉浸爱国欢悦之良辰"。

在这股公而忘私的革命浪潮中，巴黎大主教不失时机地提出，要搞一个感恩礼赞来庆祝这一历史时刻，其他人则主张每年的8月4日搞一次国家庆典，并制作一批纪念章来铭记这一时刻。拉利-托伦达尔，这个最先投身革命的自由战士，从一开始就一直在这种浪漫狂热的举动中保持着较为清醒的头脑。他给他的朋友，正在主持会议的利昂库尔公爵，紧急递送了一张便条："这帮人已经精神错乱了，还是休会吧！"但是利昂库尔公爵没有这种魄力，也没有这么傻，居然要宣布休会。结果，当清晨的阳光透过逍遥厅的窗玻璃的时候，代表们依然不停地欢笑啊，拥抱啊，歌唱啊，完全沉浸在爱国主义的狂热庆贺之中。在托伦达尔想来，既然是提倡平等了，君主制度也能够得到些好处。

故而最后他站起来，勉强表示，自己也"沉醉兴奋之中"，他还想借此机会更进一步，要求代表们不要忘记，正是因为国王相请，他们才有机缘会集于此，正是他一声召唤，代表们才能欢聚一堂，倾心相谈。不管怎么说，国民们都把路易十二那位仁德之王称为"人民之父"了，那么在国民议会中，他就应当被尊奉为"法兰西自由的中兴之主"。

8月4日晚成为了一个自我奉献的盛会，将自己的某物献给国家已经成为了一颗爱国主义的正直之心的展现。那些没有封建头衔或者大修道院长职位可以放弃的人，可以通过各种捐资方式为手头拮据的政府提供资金。比如在9月7日，一个画家夫人代表团，由穆瓦特夫人（Mme Moitte）带头，包括大卫夫人、韦斯捷（Vestier）夫人、维安（Vien）夫人、韦尔内（Vernet）夫人、佩龙（Peyron）夫人和弗拉戈纳尔夫人，都

[373]——来到议会,捐出她们的首饰,作为他们的爱国奉献,看上去似乎(正如画家们本人一样)她们也开始过这样一种崇尚古风的道德人生了。因为放弃这些珠宝,首先让人想到的是关于科尔内利亚(Cornelia)的生动故事。她是格拉古兄弟的母亲,当有来访贵族问她,最珍贵的财宝放在哪里,她自豪地说,最宝贵的财富就是她的孩子们。穆瓦特夫人和其他妇女精心打扮,穿戴了白色,头发简单地包裹着头巾,仿佛从罗马历史油画中走下来一样,她们把珍宝描述成一文不值的东西,"国家召唤她们去为国奉献,此时若穿金戴银,自然会觉得羞愧难当。"政府对她们的行为表示嘉许,并通过投票的方式表示感谢,之后还让她们享受前往卢浮宫参加火炬游行的殊荣,并直接从油画院的学生中挑选出荣誉护卫队,还配上了一支乐队,演奏那首著名的乐曲《家庭温暖谁能及?》。

引领这次爱国捐献运动的是妇女们。贝勒−夏瑟(Belle-Chasse)小修道院的修女捐献了银器;玛索勒侯爵夫人(Marquise de Massolles)捐了耳环;帕热夫人(Dame Pages)还从销售所得中捐出了3000利弗尔。年仅九岁的吕西勒·阿蒂尔(Lucile Arthur)捐了根金链子,还有她的两个金路易的储蓄,并写了封信,请国民议会务必收下,因为拒绝的话,会让她"伤心过甚"。甚至连妓女们也捐出了她们最值钱的东西。拉博·圣艾蒂安在9月22日读了一封落款为"从良娼妓"给大会写的信:"先生,小女子心怀诚挚的爱心,积攒下了这些物品,还托您捐献出去,以表示我的爱国之心。希望我的这番举动能被各阶级的姐妹们效仿。"

妇女们当仁不让唱主角,男人们也开始投身其中,为民众幸福做出自己的贡献。卡米尔·德穆兰的报纸《法兰西和布拉班特革命报》将每一件捐献物都详细载明，以此表达地方在爱国行动上和巴黎一条心。里昂的一群年轻人捐出了珠宝，还送上了一首诗给"国家的元勋们，可敬的议员们。"有个英国士绅的11名仆人送上了120利弗尔，波寇博咖啡店（Café Procope）的顾客（就是后来德穆兰和丹东，以及印刷匠莫莫罗喝酒的地方）将他们鞋子上的银扣解下来，做成四对扣子的一条链子，装在木桶里送往大会。可以预料，接着在巴黎发生了"解银扣"的风潮，进而风靡到各个省份的城镇，被逮到在鞋子上有什么装束，就等于证明自己有罪。

因此，法国大革命从一开始并不都是强行索取，也有自愿奉献的。但是不久的将来会发生什么，就取决于国家的第一公民路易十六能够为国家做些什么奉献了。在政府急需钱财的时候，他的臣民还须缴税的时候，他将王室桌子上錾着的银抠下好多去铸造钱币。不管怎么说，当年的路易十四，还在战费吃紧的时候，下令将镜厅中的银制家具都熔了铸钱呢。但是相比较而言，人们对路易十六的要求更多。那些应民吁请而放弃的，是他的特权本身，并不是现成的银锭，故而要捐出去，不管怎么说，都是一件更为痛苦的事情。

[374]

二、劝说之功，7—9月

八月法令是对路易十六作为一国之君是否真正爱国的第一次严峻考验。如以往一样，他有两方面的考虑。他写信给阿尔勒（Arles）大主教，说他认为"这两个等级的人们高尚、慷慨，令人敬佩。无论是对整个国家，还是对国王，他们都做出了很多的牺牲。"自己表示满意。同时他也一再强调，即使"这种牺牲是好的，但是我不敢苟同。我不会允许我的神职人员和贵族遭受掠夺，我决不允许那些欺压他们的法令被通过，否则某一天法国人民会指责我的不公和软弱。"

直至不久前，人们还是用积极善意的方式解读路易的这封信的，认为其内容表明，对于8月4日的这种改弦更张，路易大部分还是支持赞同的（据说他主要担心是，如果为削夺世袭官职和封建岁贡支付足额补偿金，会让人们认为这是出于财产权的考虑，而非自愿放弃。这种想法或许多半是有的，可是像"前两个等级"以及"朕躬""寡人"这样的称呼，虽属无心，却显示出，在《人权宣言》所倡导的政治环境下如何调整适应，是他面临的真正的困难何在。

尽管在国民议会之前出台的各种草案，所强调的东西各不相同，但是就新宪法赖以确立的基本原则达成了一致。第一，政权建立在国民议会的基础之上，因此实际上是由国家决定了国王，而不是国王决定国家。第二，"人人生而平等"作为无可争议的自然法则被正式提出，这显然消除了在任何等级社会中以制度形式固定下来的人与人之间的差别。第三，政府的目的只有一个，那就是推进它统治下全体人民的福祉。从这一点上说，它的根本任务就是保护不可分割的公民权利——人身自由不受侵犯。

除了这些基本原则之外，真正达成的协议寥寥无几。7月成立的宪法委员会中的主要职位被一小撮人把持着，但是就是在这样相对封闭的小集团内部，也很难取得共识。矛盾的焦点集中在：君主制在新的法兰西国家政治中应该扮演什么样的角色。

在这样一些重要的原则上发生争执，使得拉法耶特极为失望。他是在7月11日第一个草拟出《权利宣言》并提交给大会讨论的。毋庸赘言，他深受美国民主模式的影响，而且他觉得自己这份声明可以说是普遍适用、放之四海而皆准，只会缓和分歧，而不会加深裂痕，可以让法国民众深切体会到处于社会大家庭中的温暖关爱。他的老师华盛顿，作为美国新总统，当然不便发表具体的意见，从商业或者政治判断力方面施加影响。但是美国驻法大使托马斯·杰弗逊就没有这方面的顾虑了。他花了一个夏天读完了拉法耶特的若干宪法草案，并根据美国的经验加上了自己的看法，其中有一条建议，就是可以利用定期休会的空隙，召开一个宪法修正会议。

一开始的时候，拉法耶特的时机还是把握得很准的。他的提案是在内克尔被解职的消息公布的前一天提交大会的。当国民议会掉过头来应对这些问题的时候，很显然，三大等级联手合作所达成的融洽关系已经一去不复返了。各方分歧逐渐明朗——一方面是以穆尼埃为首的，包括拉利-托伦达尔，克莱蒙-托内尔，还有波尔多大主教尚皮翁·德·西塞和原海军司令马卢埃等实用派，他们担心无论是什么样的《人权宣言》，肯定会使得民众对于现实可行的宪法内容产生不切实际的幻想。"一方面给人民灌输空泛的自由的概念，另一方面却对他们的义务和责任只字不提，没有什么比这更危险的了。"拉布拉什伯爵如此评论道。他们懂得这个道理，可是拉法耶特却不能理解。由于不存在君主制问题，对美国人而言，要将普遍原则应用于现实法律要比法国简单得多。拉布拉什曾在7月9日说过这样一句似乎有点不识时务的话："我们要记住，法国人不是从丛林深处走出来的原始居民，不是要去构建最原始的联盟。"照这种理论，不必寻求什么"自然"法则，还是立足现有物质基础，制定一部新宪法，成立一个新国家，这样更好。现有的一切并不都是肮脏不堪，腐朽透顶的。这个主张如果能够被接受的话，与君主制须臾不可分割的特权制度也将得以保留。国王可以自由决定官吏任免，可以把持外交政策，而且一旦有必要，有权解散立法机构。那么既然国王可以成为独立于立宪政府之外的一个权力分支，就必须允许国王在有充分理由的前提下，可以对立法机构行使否决权。

和同一阵营的其他人相比，穆尼埃的理论显然更加成熟，他也坚持要搞二元立法机构。从一开始他就声称，终身参议员的人选应该由国王来亲自指定。为了确保自己的这个原则被广泛接受，他打算采用拉法耶特提出的美国式的参议院制度，参议员每六年选举一次。为了达到这个目的，他对《人权宣言》中关于人人生而平等的陈述进行了一番极为细致的修改，也就是说，他同意继续颁发荣誉头衔，如果这些头衔真的有实际意义的话。

英国君主立宪制的大部分原则精神也很快得到了认可。就在短短数年之前，就曾经有人对这种原则进行提倡。但是到1789年的时候，爱国主义狂潮席卷全国，尽管穆尼埃声称新宪法将克服英国立宪制度的不足之处，要想推进这一制度的确立仍然困难重重。

但是和相对保守派别意见相左的是队伍更加庞大，成分更加复杂的党派，西哀士、塔列朗、拉梅特兄弟、巴纳夫、阿德里安·迪波尔和布列塔尼人勒沙普利耶（Le Chapelier），都属于这个阵营。当初在三级会议正式召开之前，这些人在凡尔赛组建了一个布列塔尼俱乐部，以便协调各自立场。俱乐部成员除了更加激进的发言人之外，还包括持有和穆尼埃相似观点的保守分子。但是到7月末，各方分歧逐步加深，终至于俱乐部无法保持基本一致。布列塔尼俱乐部逐步蜕变为一个有组织反对君主立宪派的重要阵地。尤其是，西哀士把穆尼埃对于一个成熟国家的全盘设想推倒重来。君主立宪派主张通过明确三权分立的方式来保持宪法的稳定，而西哀士却强调宪法的协调统一；对穆尼埃而言，危险来自专制立法机构的权力太弱，西哀士的观点正好相反。

暗含重重危机的，不光是无关紧要的制度上的细枝末节。18世纪后期文化中有一个思想领域的严重错误。穆尼埃和他的"英吉利党"取法孟德斯鸠的理论，而追根溯源，则是亚里士多德的学说，通过多样性权力分配和保持力量均势以求得各方满意的平衡。而他们的对手，不管注重新古典主义的缜密无误，还是推崇卢梭的理论结合实际，都是整体论者。对他们来说，国家政权是个整体，不可分割。面对对手的指责，他们反驳道，他们要建立一个大多数人的专政。他们主张，新政府将采用单一政体模式，在道德精神上将脱胎换骨，与肮脏腐朽的旧社会彻底决别。西哀士本人，肯定受到了卢梭社会契约论的影响。当"普遍意志"高于它包含的意志总数时，从理论上讲，它就不能伤害到至高无上的自由。从这个意义上说，公民们就不会做有损于自身利益的事情了。

在穆尼埃听来，这种论调不但幼稚，而且虚伪。要想切实防范多数人的暴政，重建管理国家的行政权威，唯一的出路就是给予国王一个"绝对"的否决权。在他看来，如果认为王室对于改革支持与否无关紧要，那就等于宣布共和国徒有虚名，甚至可能会挑起内战。但是很多代表同时指出，给予国王非确定性否决权，将会严重损害宪法精神本身。在他们的劝说下，西哀士放弃了他对于否决权持一概否定态度的立场，重新回到了内克尔"延宕"否决权的方案上来。国王凭此有权两次延迟足票通过的立法提案，但是如果是第三次，否决就没有效力了。

保王党和反对者之间发生争论的事情还是在凡尔赛被捅了出去，各家政治媒体兴致勃勃地展开了报道。而媒体普遍对穆尼埃的观点持敌视态度，尤其是卡米尔·德穆兰的《法兰西和布拉班特革命报》也跟在后面，大造声势，将支持否决权的人一律视作"王党权贵"，说他们不遗余力地想要维护旧制度的特权，苦苦支撑这个傲然凌驾于万民之上的君主政权。事实上，就人数而言，西哀士阵营中取得公民身份的贵族和穆尼埃阵营中的不相上下，德·拉梅特兄弟身上的纨绔习气，不见得比克莱蒙-托内尔或者拉利-托伦达尔逊色多少。但是由于在巴黎缺少宣扬其政策主张的喉舌，保王党就这样不明不白地被涂抹成反对爱国运动的人，成了亲英分子：他们对人民缺乏信任，公众偶有惩戒行为辄出言相责，而对那些与之勾结的恶党大奸却视而不见，听之任之。

所有这些事情归结为一个大问题：暴力活动和合法性之间到底有什么关系？这个问题伴随着大革命的始终，因为连续几届政府都在反对派以爱国正确的名义下而情愿批准采用惩罚性的暴力行动面前垮台了。只有当国家恢复了权力垄断——正如1794年所做的那样，这个问题才不存在。至少从这个意义上说，罗伯斯庇尔是第一个成功的反革命分子。穆尼埃则生怕立法机关的独立性受到人身伤害的威胁。他实在健忘，当初要不是砖瓦日，他在两年前怎么敢这么藐视格勒诺布尔当局？

在1789年盛夏，群体性的暴力狂欢活动可谓来势汹汹——人们把他们认定为十恶不赦的人吊死在路灯上，首级割下来挑在矛尖游街示众，并从中得到极大的满足。这让穆尼埃这样的温和派感到极大的不安。克莱蒙-托内尔十分慌张,他不断地提出新方案,而当这些新方案呈送到国王面前时,不由得让人心生疑惑,觉得可能会发生宫廷政变,要将国民议会踢出巴黎。让他们担心的,并不仅仅是普通民众那种惩恶复仇的天性,还有演讲中和报纸上,字里行间流露出对示威行动的怂恿情绪。毫无疑问,当时一些措辞尖刻、发行量大的报纸,可能是最先捕捉到这种恶意辱骂情绪的。比如,马拉的《人民之友报》就照例将那些他看不惯的政客扣上罪名,说他们不但犯了错误,简直是毫无人性的吸血鬼,还用了当时很流行的一个词汇"敲骨吸髓"来形容,说对于这些人,就该迅速地把他们从政治体制中清除出去。

在当时新发行的报纸中,最成功的要算爱丽舍·卢斯塔洛(Elysée Loustalot)的《巴黎革命报》了,该报所持的论调或许也更为刻毒。实际上卢斯塔洛1790年就死了。刚出道时,他还是个27岁的律师,但已经对全新的新闻报道技巧表现出极高的天赋。他非常倾向于加上所谓的目击报道,发表激情洋溢的综合评论,最重要的是,他开创性地在报纸中附送带有时事插图的印刷品,这确实是个绝妙的主意,迎合了那些追求新潮的读者的趣味。他在8月初的报纸上写道:"描写巴黎发生的革命,是源于神圣的号召,我们要做的不是对事实进行枯陈描述,而是要深究事件的本源,探求变革的缘由,掌握每天发生的让所有民众都感兴趣、激发民众情绪的事件之间的异同。"这些话,可能已经成为现代大众新闻学的圭臬了。

对于读者究竟想要看什么,卢斯塔洛知道得很清楚:尽可能少写些枯燥乏味的原则争论,多登些当前大事的图片报道,这样就能给巴黎,特别是其他省份的读者带来一种直击现场的感觉。他对自己报上刊登的大量暴力活动装出一副深感震惊的样子，但字里行间却对细节进行大肆渲染：弗隆的首级，被挑在枪尖上，嘴里还塞满了稻草，尸体在卵石地上一路拖行，最终残碎不全，四分五裂，"以此来告诉暴君们被激怒的民众会采取什么样的复仇手段"。弗隆可不是被随意找来的可怜的替罪羊，而是一个恶贯满盈、死有余辜的恶魔。他"生性残忍、野心勃勃，他活在世上只会招人痛恨，只会给不幸的人们带来祸患"。

[379] 对于7月22日这一幕，卢斯塔洛自然不会错过，报道可谓图文并茂。当时弗隆的女婿贝蒂埃·德·索维尼被群众抓住了，亲眼看见岳父的脑袋，之后自己也被吊死，尸体被大卸八块。卢斯塔洛写道，前行的队伍中短笛横吹，锣鼓喧闹，"人民以作恶为乐"的时刻来了，贝蒂埃被带到市政厅，人们把他岳父的脑袋摔在他脸上，他吓得浑身颤抖，或许这是他生平第一次良心发现，感到悔恨不已，当下早已唬得魂不附体。

在这之后，为了追求更加轰动的文字效果，卢斯塔洛开始采用现在时态，让读者有一种现场目击的感觉，市政厅内代表无力阻止人们抓走囚犯的一幕，他是这么描述的：

> 此时贝蒂埃已死于非命，身首异处。有一人走上前去用手径直探入，剖开贝蒂埃的胸膛，露出了跳动的心脏。我该怎么述说呢？此人在为父亲报仇，向那个杀掉他父亲的恶魔报仇。他的手上满是鲜血，就在这庄严的法庭里，在众目睽睽之下，走上前呈上一颗热腾腾的心脏，这是多么恐怖的一幕啊！暴君，睁开你的眼睛看看这可怕的景象吧！真是令人不寒而栗，好好看看你们将会被怎样处

置。如此精致地沐浴在香水中的身体，如今却被拖行在泥浆中和卵石上。暴君们，统治者们，这是多么可怕的教训！你们是否相信法兰西人民拥有如此磅礴的力量？不，你们的统治要结束了。未来的统治者们，如果你们也打算作恶，现在就开始发抖吧。

法国人民，你们消灭了暴君！你们的复仇之举虽然不堪入目，令人胆寒，然而你们最终将会自由。我亲爱的同胞们，我深知这令人反感的场面如何扰乱你们的灵魂……但是想一想奴隶一般的生活是何等屈辱，倘若这报应落到有罪之人身上该是何等痛快！再者，请想一想，当为你们修建的圣洁的自由神庙拔地而起时……等待你和孩子们的将会是何等的喜悦、满足、幸福。

想当然地认为在血腥暴力和追求自由之间存在直接的必然关系，通常被认为是喜欢反攻倒算的雅各宾派的一贯做法，是大恐怖的标准理论。不过这种观点早在1789年就出现了，并非到了1793年才有。只不过在大恐怖时期，死亡率比1789年更高，尸体更多而已。自第一年开始，暴力活动就不单单造成了灾难性的不良影响，而那些开明的爱国者大可以视而不见；大革命就是借此一点点地积聚能量的，这也是大革命的革命性之所在。

这个让人魂飞魄散的消息，法拉耶特最先知道。如今他可是公众眼中的红人，贝蒂埃的内脏挖出来就是专门献给他的，可他却置之不理，只是简单地回应说：他和市长大人现在公务繁忙，没时间接待太多来访的"代表团"。但是贝蒂埃被当场处决，国民卫队司令官却无力阻止，这确实是个不祥之兆。如果

[380]

不想让巴黎大革命迅速蜕变为血肉横飞的无政府混乱状态的话，除了崇高美好的《人权宣言》（当时拉法耶特仍然在和杰弗逊共同探讨）之外，看来还需要点别的什么。

西尔维恩·巴伊必然也看到了这些他无法回避的暴行。他一贯是信奉启蒙的，相信人性本善，但是面对如此这般在路灯下招摇着的，人心中最为残暴、禽兽不如的一面，内心一定极其反感。巴伊必须要尽快采取一系列措施，来确保巴黎政府的稳定，免得受到区选举委员会激进派的危害。由于在市政厅的选举人议会继续保持不变，在春天还有60个"袖珍共和国"中的选举人也建立了起来，每次开会都要争吵一番，对已经在巴伊的市政委员会上得以通过的议案常常是横加挑剔，尤其是牵涉到今后五年首都政治建设的两大中心问题：食品供应和治安状况更是如此。但是要说滔滔不绝地讲大道理，没有哪个派别能和左岸的科德利埃派相提并论——这些人都是以雅典民主制度的代表自居的：认为自己是最正宗的自由世界的一分子，选举出来的代表必然要顺从自由的意志。当地的记者和酒馆演说家们，正是以自由为名，对市政厅和凡尔赛所做的决定提出批评，这使得西哀士想让国民议会拒绝承认这个"专横之令"。如果代表们在每件事情上都得留心听取选举人的意思，那么国民代表大会就等于是不停地穿梭于区县之间充当传声筒，只是一个形同虚设的机构。巴伊想要让这些松散的组织朝着卢梭的原始民主的方向发展，为此他计划建立60个选民组，每组派2名市政代表，在市政厅内形成一个团体，也就是后来的公社。不过一旦酒店客栈一宣传，街头小报一登，加上人们一直怀疑政府正在阴谋哄抬面包价格，要想从中央实现巴黎政治管理就几乎不可能了。在是否给予王室否决权的问题上争论达到白热化的时候，卢斯塔洛正式向国民议会提出暂时休会，同时还就此问题，向国内各级法院征求意见。

为了防止出现组织权威彻底丧失，可以采取某些措施。但是即使在大革命表面自由的时期，那些政治家们很快就发现他们很难在无政府的混乱状态和高压统治之间，找到多大的回旋余地。为了防止秩序完全失控，他们只能几乎原封不动地重新建立国家权力机构，这样一来，多半是要成为大恐怖活动的工具。在国民议会上，沃尔内（Volney）和阿德里安·迪波尔在 7 月末建立了两个执行委员会，专门用来在两个重要领域集中政治决策。第一个叫报告委员会（Comité des Rapports），在皇家政务会之外有权任免地方官员。这样一来，正如费里埃所警告过的那样，市里哪些革命活动是合法的，哪些是不合法的，都由他们说了算，换言之，这已经足够挑起一场内战了。

第二个就是搜查委员会（Comité des Recherches），实际上这也是第一个大革命期间成立的治安机构。这些人大权独揽，无所不为，和旧制度那些遭人痛恨的行径相比，毫无两样：私拆邮件，广植党羽，任意闯入民宅进行搜查，自行设立审讯机构，鼓励爱国党一旦发现可疑线索，即刻报告。该委员会的 12 名成员（和将来的救国委员会人数相同）甚至有权不经审讯，就逮捕那些在他们看来有损国家安全的危险分子。不过说起来，这也总要比群众自发的暴力惩罚好一些。根据马拉报纸上的一篇文章所讲的，量刑的尺度会有所区别，有些被判处发配远方，有些则是就地审讯。但是不管如何，它都算得上是费里埃所说的那种"公堂可畏"，被带到此间，谁都会不由得汗毛倒竖。

在巴黎，如何继续做革命力量的主人，而不是无助的仆人，这个关键的两难问题最后摆在了拉法耶特侯爵面前。从 1789 年

[381]

夏季到初秋这段时间里，他可谓威风八面，春风得意。人们似乎刚刚发现，他不过才32岁，谈不上有什么从政资历，参加美国大革命的经验似乎用不上，对在巴黎大街上和市郊地带发生的焚掠事件不见得有什么启示性的作用，要知道，拉法耶特头脑中的自由并不复杂，只需要发动一场改良运动就行了，谁是英雄好汉，谁是奸恶之徒，似乎也是一眼便能分清。但是保守的奥弗涅贵族实在让他失望至极，可还必须根据他们的指示在三级会议中恪尽职责。他仍然幻想，这些人对于公众利益的共同关注，会激发起团结友爱的精神，一切分歧也终将烟消云散。

这种其乐融融的场面，在他任职期间，从未在巴黎街头出现过。相反，他倒是每天看到饿殍遍野的悲惨场面。每个人都疑神疑鬼，怒气冲天，动不动就闹出人命来。形势所逼，拉法耶特很快就学会了怎样和劳工谈判，怎样居中调停，同时又当好民兵司令，又处理好政治谈判。如果说他以失败告终，一点都不奇怪，而他最后居然成功地控制住了首都的局势，这可真是一个奇迹。

[382] 他最关心的事情还是谷物和面粉，还有面包能够及时投放到指定的销售市场，并且要确保将价格控制在一定水平线之下，这样才不至于引发骚乱。在8月第1周的周末，4磅重的长条面包价格已经从14.5苏下降到了12苏。1789年有望迎来一个远胜于往年的大丰收，这也同样有助于缓解市场恐慌的气氛。可是老天无情，偏偏这时候作弄人，干旱使得磨坊里的石磨再次停转，这么一来，城里面包房里的面粉经常断档。结果在当年的夏末和秋初，针对面包店的暴力活动频繁发生，抢掠面包的事情时有发生，而且很多带头闹事的都是妇女。对这些每个礼拜靠工资过活的城里人，拉法耶特和巴伊只能耐心劝说，告诉

他们市政委员会相关机构没有纵容涨价行为，也没有故意要搞什么"饥荒阴谋"，让粮食供应一直这么紧张下去。

所以说，经济不景气，一直严重影响着社会秩序的恢复。接连不断地有手工业者组织上街游行示威，要求增加工资以弥补物价上涨带来的生活问题。卢浮宫两次开会讨论都发生了激烈的争吵，在这之后，见习裁缝的日均工资总算从 30 苏提高到 40 苏。还有那些卖假发套的，这些人也对革命政府心怀愤懑，因为大革命让他们没有了用武之地（不戴假发对很多爱国党人而言，是出于紧缩开支的需要，当然罗伯斯庇尔是个例外），而对于那些贵族，他们也同样不满，因为他们挑剔多变，让人头疼。有一件事是最引人关注的，大约 4 千多名家庭仆佣，那些费加罗和苏珊娜们聚集在爱丽舍宫的空地上，要求废除禁止扈从和仆役应征国民卫队的法律规定。

许多类似的要求，集中反映了手工业革命者意气用事，心胸狭隘的特性。家庭仆佣坚持要将萨尔人踢出他们的职业队伍，还有一些手工业组织要求关闭蒙马特尔山上的公共救济院，因为有一本小册子上说，那里雇了一批穷汉，整天忙着训练操炮技术，而火炮正对着山下的城区。这一来拉法耶特弄得里外不是人——不管是要他关闭慈善作坊（ateliers de charité）的人，还是因为作坊关门，卷铺盖离开，只好回到本城近郊的救济院去的那些穷苦的建筑工，都对他颇有怨言。

确保市政府财政来源非常必要，否则保留下来的作坊肯定也得关门，这也进一步引起了人们的不满。国民卫队必须在剩下的一些海关关口巡逻把守，因为像烟草之类的物品，仍然需要征收关税。不管怎么说，拉法耶特毕竟做了一些提高个人声望的事情，成功地消除了他大力加强治安所引起的公众的不

[383] 满。尤其是他的朋友布里索帮忙,在他的《法兰西爱国者报》(*Patriote Français*)上用整整一大版,图文并茂地描绘了一个令人感动的场面,用今天的话说,等于提高了"曝光率"。这是关于拉法耶特走访圣安托瓦内特郊区的人家的报道。那些在7月14日攻占巴士底狱光荣负伤的战斗英雄们就住在这里,他们连吃饭都成问题,也得不到基本的医疗照应,面容憔悴,衰弱不堪。所有这些实际活动,倒是并没有任何刻意设计的痕迹,他显然正在走入王室当局所放弃的阵地,至少有几个月拉法耶特成为了精神之父,整个城市的父母官,城市的法律仲裁者,治安防范和军事权威的象征。虽然方方面面的管理还远远算不上完善,但正是出于对他,还有对市长巴伊的信任,革命政权的威信才得以树立。

没有国民卫队的话,这一切都是空谈。拉法耶特需要对分属60个城区的各支联队施加足够的控制力,使他们不至于沦为街角帮派互相争斗的工具,做这种事情他倒是得心应手。早在7月16日,当时的科德利埃卫队长官乔治·丹东抓了一个倒霉鬼,抓住了就让他四脚趴地地走,就这么带到市政厅,此人名叫苏莱斯(Soulès),人称"巴士底狱二当家",他居然声称,没有特别许可,任何民兵不准进入。苏莱斯实际上是市政厅选出来,在巴士底狱暂时担任看守的人。最后因拉法耶特的直接出面,才把这个惨遭凌虐的可怜虫给救了出来。

国民卫队通常只能两头打压,各打五十大板:既要对付保王党的阴谋,又要对付无政府暴民运动,而拉法耶特在很大程度上需要巴伊和内克尔的支持,才能保证国民卫队里面都是他完全信任的、各方面都靠得住的人。这支部队的核心,是4800名领取薪饷的卫兵,主要是以前的法兰西卫队成员,还有从皇家陆军前线连队开小差跑出来的逃兵,以及临时组建的准军事部队,比如武装法律学院学生和司法界的文书。到9月中旬这支部队已经配发了6000支燧发枪,可以说是装备精良,真正成为了国民卫队的中坚。为了防止在队伍中产生优越感,拉法耶特将这些精锐分散到60个区,每个区分配一支领饷连队的士兵,另外四支是无薪饷的志愿连队,这样一来,至少形成了一支人数达到3万,比较像样、强悍高效的首都执法队伍,比旧制度任何一支警察部队都要干练。

卫队士兵成分复杂,来源不一,要将他们拧成一股绳,并不是一件容易的事情。五花八门的军队制服就引起了不小的争论。原法兰西卫队成员是否应该保留一些与众不同的外在特征?那些肩扛马刀的法院律师真的有资格穿着奢华惹眼的大红银袍招摇过市么?谁可以佩戴肩章呢,该设计成什么样的呢?

[384]

拉法耶特想让他的战士们都穿上统一的制服,彻底改变这种装束上杂乱无章的现状:军服必须是代表国家的颜色,蓝外套配上白色翻领,袖章、领章、背心和护腿也都是白色的,但镶边什么的则是红色的。这么一套漂亮的行头可不能白送,还有枪支、弹药之类的也都得出钱才能配发,这就表明,参加国民卫队的,其实都是城里的富人阶层。(1789年的时候,连丹东上尉也是一个颇为殷实的有产者,虽然是靠了夫人娘家的帮衬。)

差不多从一开始,拉法耶特就致力于在国民卫队中确立一种强烈的集体意识。8月9日是星期天,他让部队穿上制服,第一次在公众面前集体亮相,大队人马挤在连队教堂内唱歌,拉法耶特指挥官亲临圣尼古拉校场。在外边的街道上,歌剧院的歌手和阔步前进的军乐队在前头开道,充当这支公民卫士的先导。下午，在皇家宫殿，好几个城区的营部士兵，踏着"军鼓之声"，在街上游行。而每一个新组建的营都有各自专用的军旗，军旗是在部队各自所属社区的同名教堂内受到圣礼祝福的。拉法耶特很想尽可能多地参加这些仪式，如果实在走不开，就让巴伊代劳。或者碰上9月初在索欧的"爱国者大典"，他就让奥尔良公爵夫妇带着孩子们去。27日在圣母院举行了一个盛大的祝祷仪式，开始是全体营部士兵参加的大阅兵式，从各自的街区兵营一直游行到市中心，然后到大教堂前，来自卡昂的激进派修道院长，"社会宗教"的神父克洛德·福谢，将为自由武装致布道词，歌颂他们的丰功伟绩。

　　拉法耶特对于容易触动感情的象征物所产生的心理作用，天生就有着极为敏锐的感受。他深知，当那种维系人们恭谨待上的传统纽带崩裂之际，用一种新的爱国主义集体观将他们重新聚集起来，十分重要。因而，强调"朋友""兄弟""公民"之类的外在形式，可能甚至比来自国民议会的法令更加有用。故而他设计了三色帽章，作为爱国党人特有的徽章。他极力避免给人造成错觉，说国民卫队是奥尔良公爵的私人武装，另外他还在象征巴黎的红色和代表奥尔良家族的蓝色中，添加了波旁王室的白色。很快这种图案便到处都是了，不光是卫兵头顶的三角帽上有，而且一时蔓延流行。女公民们喜欢在纯白的衬衫上拿它做腰带的点缀，不再佩戴银环扣了。它还能装饰手杖，或者是表带，成为女公民喜欢的纯白衬衫上的腰带衬托，代替银色的扣环装在手杖上。此外，那些生产凸纹细布的厂家也大发其财。在某些省区，它很快成为了和巴黎国民议会保持高度一致的象征。7月26日，布雷斯特的一个女演员就裹着这一身装扮，唱什么白色象征纯洁无瑕，红色代表君王爱民，蓝色则

[385]

是1789年法国人民所经历的普天大庆。梅西耶还写了一本小册子，就叫《国家帽徽》，认为这是新一代国民卫士精神风貌的体现。拉法耶特则把自由世界的主题进一步发扬光大，他还预言，这样的帽徽，将会"传遍全世界；这样的体制，对军民皆适宜；它定会战胜欧洲的旧体制，专制政府若不效仿它，必定难逃被剿服之命。"

毫无疑问，拉法耶特很乐于扮演新的国父角色，而他也看到了这个角色作为一种精神支柱所起的作用。他也深知大革命中打家庭亲情牌的价值。他的妻子阿德里安娜和女儿阿娜斯塔谢（Anastasie）在很多军旗祝福仪式上都陪伴在他身边，一家子当场为穷人募捐。9月22日圣艾蒂安-迪蒙特（Saint-Etienne-du-Mont）为穷人举办了一场特殊餐会，他们在诗歌中隆重宣布拉法耶特的夫人有喜了，因为侯爷一家都是慈悲为怀的大好人。阿德里安娜一下子成了大众母亲。某一天，有人预测，他的孩子们将被尊为"救国英才"之苗裔。同样，为了表示敬意，索邦区的卫兵还想让司令官10岁的儿子乔治·华盛顿·拉法耶特在他们部队里挂个陆军少尉的头衔，但侯爵本人表示反对，认为无论如何这么小的孩子当军官为时尚早，倒是可以让他当一个普通的火枪手（在训练日和阅兵式上，卫队中的儿童连也是一大特色）。可是连队方面一再相求，父亲终于让步了，摆出一副十足的罗马人的姿态："各位，我的儿子不再只是我一个人的，他属于各位，也属于整个国家。"

在整个8月和9月的大部分时间，通过军事遏制手段结合对爱国领袖的个人崇拜，巴黎顽强地抵制着反革命分子和无政府主义两个方面的威胁。比如说，在8月30日这天，有个激进的贵族分子圣于吕热侯爵（Marquis de Saint-Huruge）（最近刚刚从沙朗通精神病院释放出来,在里面的时候,他和同为王党分子的萨德在同一个操练场)想要组织一支游行队伍,从皇家宫殿出发,一直走到凡尔赛进行示威活动。他事先拟定了一份60名"绝对否决权"支持者的名单,目之为"叛徒",打算将他们清除出国民议会。此外,他还要求王室永久返回巴黎。拉法耶特对这次游行早有准备,派出了一支国民卫队分遣队,把圣于吕热给抓了起来。

虽说这样的威胁是小菜一碟,但是拉法耶特仍不敢掉以轻心。面包店周围常常是民怨陡起,因为虽然价格控制住了,但仍然供应不足,买面包的队伍常常排成长龙。有人还威胁店主,要把他们"吊天灯";卫兵出现在需要救济的地方维持秩序,人人都在抱怨,认为城里的高官正在搞一场阴谋,想要饿死人民。9月3日有个屋顶见习学徒,因为数落拉法耶特的不是,并扬言要吊死他,结果被抓了起来。

这件事情充分说明,今天还头戴花环,端坐白马的英雄,到了明天可能就成了罪犯或受害者。从根本上讲,拉法耶特和巴伊能否组织巴黎人民前往凡尔赛,取决于国民议会,还有内克尔的阁僚,甚至还有路易十六本人的表现。当然眼下国王对于自己即将成为立宪制度下的君主,其态度如何还不得而知,但是拉法耶特却对皆大欢喜的结局充满期待,尽管这种心情他不会在外人面前流露。不过他对国王和王后的态度,至少还是掺杂了个人感情因素在内的。他在1789年希望能为路易十六做的,也正是他在1830年之后希望为路易·菲利普所做的:塑造一个披着三色旗外衣的公民国王。

很快又会有一次阳台亮相,而这样的事情以后还会出现多次,实际上成了拉法耶特惯用的一种伎俩。但那不大像是充满爱国意味的加冕仪式，倒更像是一次勤王救驾，宫廷喋血和满堂喝彩也仅仅一步之遥。

三、妇人之争，10月5—6日

玛丽-安托瓦内特对于接待从巴黎来到凡尔赛觐见她的集市妇女已经司空见惯，极为从容了。每年8月25号圣路易日，受邀来到凡尔赛行宫的"良民"代表中总能见到妇女的身影。她们会事先将周身上下洗得干干净净，闻不出菜市场上的气味，然后换上节日里才穿的白色衣裙，来到宫中向国王和王后叩首问安，鞠躬致意。她们还会把鲜花献给王后，并表达对她的衷心爱戴，然后再说上几句。这些话当然都是礼仪官事先关照好的。但是有时候，也会出洋相，随口说上一段集市上标准的"女鱼贩腔"。

[387]

"女鱼贩腔"(*poissard*)这个词来源于法语词"柏油"(*poix*)。但是作为一种"语言风格"，它并不是像历史学家亚历山大·帕克斯·穆尔描述的那样，是对语法规则的一种侮辱，它实际上算不得一种真正的方言。"女鱼贩腔"通常省略元音，整体结构支离破碎，词句顺序不甚讲究，还往往强行押韵，很适合用来写模仿戏弄，恶言诅咒，骂起人来合辙押韵的打油诗，或者是那种粗鄙不堪，威胁恫吓，冷嘲热讽占了一多半的互相斗嘴。"女鱼贩腔"形式的歌谣和笑话在街坊里巷，酒肆市廛颇为流行。不过在旧制度末期，在追求新鲜刺激的贵族中间，"女鱼贩腔"作为一种独特的民间文学，倒也很受欢迎。那些人在圣日耳曼集市上，听着杜歇老爹轻舞剧中那些满嘴烟味、臭不可闻的嘴巴里喷吐出来的咒骂，禁不住哈哈大笑，乐不可支，哪知道勒内·埃贝尔（René Hébert）的《忿激报》上的政治化身就是要来取他们的项上人头！奥尔良公爵就在他的私人剧院里定期表演"女鱼贩腔"的剧目，而在1777年的时候，王后还专门找来一群卖鱼妇和一些女摊主到特里亚农宫来，教她的业余戏班子学说地道的粗话。

到了1789年，"女鱼贩腔"突然就不再是逗人一乐的表演了，当时出现了像《大市集鲱鱼妇之愿》这样的早期革命歌曲，充满了挑衅的口气。因为它的最后几行非常辛辣地模仿了集市妇女在通常的宫廷表演中所习惯性流露出来的恭恭敬敬的腔调。

> 如果老爷们还来找麻烦，
> 那么魔鬼会让他们全部玩完。
> 既然他们对金子贪得无厌，
> 干脆把金子融成水往他们嘴巴里灌。
> 这就是卖鱼女子的真诚心愿。

当然在1789年的时候，还是会有女商贩——卖鱼妇或是集市妇女——老老实实遵守节庆娱乐的规矩。到了圣路易瞻礼日上，她们走在向凡尔赛进发的1200人的游行队伍的最前头，在国民卫队护送下，戴上了用薄纱包裹起来的花束，上边镀上金字："向最优秀的国王路易十六致敬。"她们还经常参加向巴黎的主保圣人圣热纳维耶芙（Saint-Genevieve）致意。这样的游行大都在夏末举行。

但是除了夸张的衣服和装束，巴黎的劳动妇女做出的事情越来越没有规矩了。作为直接负责将面包端上餐桌的人，她们对面包的短缺相应也会更为绝望和愤怒，尤其是在经历了一场丰收之后，这种短缺似乎更难以理解。10月份支付租金和赊账还钱的日子眼看着就快到了。在9月份的时候，对于那些被怀疑缺斤少两、囤积居奇的面包店的冲击抢掠次数也在增多。磨坊主推说粮食供应不足，女人们则仔细搜寻，越发的肆无忌惮，胆大妄为。9月16日的时候，在巴黎西部的夏乐区（Chaillot），她们拦下了满满五车的谷子，直接把它们带到了市政厅。17日爆发了一次针对面包店的示威活动，不久她们又在三堂殿（Trois Mairies）截下一辆载货马车，并将它直接拉往当地政府。

没有证据表明，在得知巴黎饥荒的情况下，玛丽-安托瓦内特曾说过"教他们吃糕饼"之类的话。然而由于长期以来外界对宫廷一直有种种猜测、疑虑和嫉恨，使得这些不足采信的谣言也转化成了有力证据。再加上人们对巴黎本地官员感到不满，认为他们应该对老百姓遭受的苦难负责。人民群众的生存危机到了9月末进一步加剧，政治局势同时也在持续恶化。在普通老百姓看来，两者之间肯定存在着某种联系。

在9月10日，穆尼埃的君主立宪派在宪法的基本原则问题上惨遭失败，国民议会投票结果产生，单一内阁立法机制获得849票，高票通过，赞成双阁立法机构的仅有89票，另有122票弃权。第二天，内克尔-拉法耶特的"延宕否决权"以673票赞成，对325票反对，11票弃权的明显优势击败"绝对否决权"，获得通过。

但是国王本人会最终同意自己的权力被纳入宪法管辖么？最后，大会的发言人坚信，他们有权制订宪法的"基本法律"，如果有必要的话，可以不顾国王反对强行通过。但是他们还是倾向于国王恩准。在9月19日那天，当国王对于《人权和公民权宣言》，以及《八月法令》的答复最终公布后，达成和平协议的机会看来变得十分渺茫。尽管对于那些已经获得通过的内容，国王大部分予以支持，可是却设定了相当多的保留条件，并试图恢复诸如什一税、封建捐税以及官位世袭等旧制度，所以这份诰令的口气根本不像是同意，而更像是一口回绝。在9月21日，国王宣布他已经下令"公布"这些法令，这一举动使得不支持颁布的行动更加显眼。路易十六最为考虑欠妥的地方在于，他坚持在封建权利方面，优先考虑外国人，尤其是在阿尔萨斯拥有领地的日耳曼王公的利益，他这么做简直等于是授人以柄，使得记者可以理直气壮地抨击他优先照顾外来统治者，把本族爱国者的权益放在次要地位，这么做实在太不明智。

[389]

在皇家宫殿的咖啡馆里，在政治俱乐部，还有抨击时政的报纸上，所有这些似乎都是等同于要发动新的宫廷政变的信号，或至少是作出这样一种姿态。"否决权"遭到了严重误解，在公众心目中，它是非常邪恶的东西，往往意味着又要开征新税了，或者是要为饥馑阴谋撑腰。戈尔萨（Gorsas）的《凡尔赛信使报》上有一段两名农民之间的对话插图：一个消息灵通的农民问一个伙伴："你知道否决权是什么吗？"答曰："我来告诉你吧，你的碗中盛满汤，国王命令你把汤泼掉，你只能照办，这就是否决权"。在公众怀疑达到这种程度的情况下，很可能就有一批对马拉的《人民之友报》中的号召作出回应的听众，号召把好人和恶人一分为二。"睁眼看看"，他向读者发出了这样的呼吁，"不要再漠不关心了，对议会进行大清洗吧，只留下正义之士，除掉那些贪官污吏，那些坐吃王室俸禄之人，那些奸诈的贵族，那些图谋不轨的小人，以及那些佯称爱国之人。他们给国家带来的，只有奴役、穷困和荒芜。"

这些怀疑中最糟糕的部分，似乎已经得到了印证。因为尽管提案没有获得通过，可穆尼埃还是被选为国民议会议长，而且战争大臣圣普里斯特决定将佛兰德军团调集到凡尔赛。不论是军队规模也好，调动本身也好，都绝不可能和7月份那次咄咄逼人的军事行动相提并论，这次只是为了防患于未然，一旦有新的武装示威的话，可以及时保护政府和凡尔赛的王室成员。不用说，恰恰是这次军队集结，本来想要防止出乱子，结果反而引出了乱子。

所有魑魅魍魉都在10月2日这天粉墨登场了。在当天，卢斯塔洛的报纸报道了前一天晚上王宫侍卫设宴招待佛兰德军团的消息。这种接风宴本来是军中常事，不过这一次排场特别大，居然在歌剧院（Château Opéra）搞了这么大一个摊子。在眼下这样惹人注意的节骨眼上，这么做本身就很不明智。这种宴会在旁人看来，就意味着向王室做出忠心不二的表态。当场表演的格雷特里的通俗剧，其中狮心王理查德在十字军东征被俘之后，在军人中流传的一段唱词："理查德是我的君主，但所有人都弃他而去。"王室成员也应众人之请，临时出现在宴会上，这是在同类场合中不多见的。王后在每一张酒桌前招呼应酬，把4岁的太子举得高高的，接受士兵们的瞻拜，并且还为他们的健康举杯祝福。酒宴散后，发生了好几次混乱，连队士兵喝得醉醺醺的，大吵大闹，宫廷侍女开始向士兵分发黑白两色徽章，两色中的黑色代表王后，白色则象征国王。

第二天在卢斯塔洛的报纸上，马拉的《人民之友报》，德穆兰的《法兰西和布拉班特革命报》上，本来小事一桩的效忠仪式被说成"纵酒狂欢"，围绕着这四个字还新编了一大堆关于王后的性丑闻，凭空想象出很多荒诞可笑、大吃大嚼的场景，以及一系列莫须有的叛国勾当。不过这些淫逸放纵、狂饕无度的

[390]

行为，和那最为可耻的一幕相比，还是有所不及。据说在席间象征爱国的徽章居然被踩在了脚下，这个举动纯粹是出于无心，但是却被添油加醋，大肆宣扬（戈尔萨的《凡尔赛信使报》对此事进行了详细报道）。实际上是当时有个军官走出来说："各位，请摘掉彩色徽章，佩戴黑色徽章更合适。"不出所料，这件事在巴黎果然引起了轩然大波，要知道那里对帽徽不尊重是和亵渎圣灵和圣饼一样的罪过，而且据说王后竟然支持他们这么做。后来人们还了解到，王后在接见某国民卫队代表团的时候，在宴会上"大展媚术"，显然在众人眼里，这是对国家的公然侮辱。

10月5日上午，饥饿与愤怒又一次交加袭来。这一次轮到妇女带头发难了。就在前一天，圣厄斯塔什的妇女们就将一个被控短斤缺两的面包店主拖到了市政厅要求发落。幸好那里有人相救，才没有被私刑处死。还有一次在群众演讲中，某个卖菜妇女公开谴责王后，认为她应当为广大人民的忍饥挨饿负责，并要求在场的群众组织一次游行，前往凡尔赛，要求分得面包。5日上午，圣玛格丽特（Sainte-Marguerite）教堂钟声大作，某妇女带头击鼓，组成一支队伍，人们大声喊出了小册子上的标题《我们何时有面包？》，队伍一路前行，沿途还有其他地区的妇女加入进来，这些人中很多都是手拿棍棒、长条、刀子，当她们在市政厅汇合的时候，已经达到了六七千人。

除了要求面包，她们还坚持要求惩办王宫侍卫，因为在凡尔赛宴会之后，黑白帽徽便充斥巴黎大街小巷，到哪里都引起哄闹，骂声一片。眼看着市政厅的局势就快失控了，真是匪夷所思，拉法耶特居然只保留了当地区区一个营的兵力保护格雷夫宫，人群直接和拉法耶特的私人代表马若尔·埃尔米尼

[391]

（Major Hermigny）不期而遇。但是他手下那些人明确表示，不会向集市妇女们开枪，于是一场大规模的抢劫行动开始了，总共损失了700支步枪和滑膛枪，再加上两门本来用以保护市政厅的火炮。最后，从附近地区赶来增援的男人们也出现在了人群中，扬言要把这幢房子抢个精光，把所有的文书档案统统烧毁。好在巴士底狱志愿分遣队的一名上尉斯坦尼斯拉斯·马亚尔（Stanislas Maillard）出来劝阻，这些人方才作罢。马亚尔和他手下的那帮人可不一样，他是真正的战斗英雄，据他所说，他就是那个跨过护城河吊桥，拿到德·洛奈投降书的人（不过，很有可能不是他，而是军衔比他低的于兰）。

正是凭借着这份功劳，马亚尔名声大噪，赢得了妇女的信任，连拉法耶特都不曾得到过这样的礼遇。当时有几个人小声抱怨，甚至有人大声嚷嚷，扬言，如果司令官拒绝他们的话，就把他也吊死在灯柱上。马亚尔砍断了倒霉的勒菲弗尔神父（Abbé Lefèvre）的脑袋，此人因为拒绝把大炮上缴给妇女们，也不肯带她们去凡尔赛，结果就被吊死在灯柱上了。这支游行队伍真是声势不凡，此番带去的不仅仅是鲜花，还有大炮、长矛和火枪，一行人就这样冒着大雨前往王宫。她们一路沿着码头前进，一路吵吵嚷嚷，大声歌唱，说什么要去接"亲爹"路易，这就是"女鱼贩腔"歌谣的特点，到底是满怀深情的颂扬，还是怒火满腔的咒骂，实在是分不大清楚。

市中心人越聚越多，拉法耶特整整花了两个小时才赶到市政厅，当时已经十一点左右了。他得知妇女们已经出发了，而且国民卫队也发生了严重的骚乱，士兵们正打算上路去凡尔赛宫。因为国民卫队中原先有些属于法兰西卫队旧部，他们想要重新担当起保卫国王的义务，加之引起舆论大哗的宴会丑闻也让他们有了更加充分的理由，取代国王身边的侍卫担当御前护卫。拉法耶特马上意识到，国民卫队一旦前去，要比那些女商贩前去严重得多，非但于事无补，还会被扣上巴黎方面挟持天子、百官，控制议会的帽子。于是他竭力劝阻那些掷弹兵不要前往，他一再提醒，他们刚刚还在教堂里宣誓要效忠王室，可是争吵来，争吵去，都好几个小时了，毫无用处，显然广大士兵心意已决，哪怕没有指挥官的命令也要执意前往。即将发生的是，国民卫队的纪律完全奔溃，打破了他自7月以来努力建立的有序和负责任的和平形象。更有甚者，拉法耶特本人也遭到了部曲胁迫，显然，如果不答应他们的要求，非但自己这个司令官会被赶下台，甚至有可能会被他们谋害。

[392]

尽管拉法耶特一生中做过不少错事，可是他绝对不是一个懦夫。部队至少应该在面子上保持令行禁止，这个比他本人的性命更加重要。他立刻想到，也只有亲自跟着他们一起去，他才有希望确保这些士兵的所作所为是有利于王室和议会安全的。事已至此，别无他法，他还要尽力让这支部队披上一层合法的外衣，要从巴黎市政当局那里得到"准许"。很快，出发的命令下来了，为了让议会和政府提前得知消息，他派出快马飞报朝廷，大约下午四点左右，兵力庞大的一个满员旅——总共15,000名卫队士兵，冒着狂风暴雨，向凡尔赛王宫进发，拉法耶特骑着白马在前头开道。有人看见这副场景，便说："是被他的属下劫持了吧。"

当国民卫队才刚走到巴黎郊区的时候，妇女大军已经到凡尔赛了，其中有两个女人还跨骑在大炮上。和往常一样，她们碰上了一群佛兰德军团的龙骑兵，如今人们送他们一个雅号，唤作"纵酒士兵"。妇女们本来以为肯定会被拦下，但是大大出乎马亚尔和妇女们意料的是,对方居然大声欢呼"与汝同袍",口口声声说要和她们并肩作战。在凡尔赛,有更多的妇女加入她们的队伍。其中有一女子,胯下一匹黑马,头戴羽毛装饰的帽子,身穿血红色骑装,一手挥舞手枪,一手举着佩刀,此人便是泰鲁瓦涅·德·梅里古(Théroigne de Méricourt),这身打扮显然经过精心设计,目的就是要惹人注意。19世纪的作家根据她的形象创作了大革命的"亚马逊女战士"典型,那种性别和政治上获得双重解放的女性。

尽管根据各类信史所载来看,泰鲁瓦涅是个绝色美人,但是她在10月5日之所以一枝独秀,不可或缺,是因为她是作为大革命的一个标志性符号,作为妇女无所不能的象征出现的,也是"玛丽安娜"的原型。正如我们将会看到的那样,她未来的人生,将在一段非同寻常、悲怆艰辛的革命旅程中度过,具有非常生动的典型意义。她是否正如澳大利亚狱医所判断的那样,患有现代恶性"革命狂热症"值得怀疑,但是在光鲜亮丽的外表之下,却是一个平庸俗套的历史片断。这位"亚马逊泰鲁瓦涅"的真名叫作安妮-约瑟夫·梅里古(Anne-Joseph Méricourt),出身于富裕的列日(Liège)家族,后来家道中落,便只好靠着耍小聪明和出卖色相为生。在巴黎她成为了佩尔桑侯爵(Marquis de Persan)的情妇,还和阉人歌剧演员唐杜奇(Tenducci)成了朋友。在热那亚她又和别人姘居,后来辗转回到了法国,在1789年的时候,就像其他许多人一样,她改名换姓,从一个27岁的妓女摇身一变,成了机敏善辩,令同时代许多男子都自叹不如的政坛明星,她不再是一个受人摆布的弱女子了,她是一个完全自由的女性。在凡尔赛,当那些唱着通俗小调的人群(后来就是这些女商贩让她身败名裂的)经过整整

[393]

六个小时,一路劳顿,满身泥泞地开进城里,个个饥肠辘辘,怨气冲天,正是她上前去,和宫廷守卫进行交涉的。

嘘寒问暖,好酒相待,妇女们一肚子的火气顿时烟消云散。凡尔赛国民卫队司令、市政府代表,还有内阁的各级官员,都上来招呼。只是当她们试图冲进宫苑的时候,才被上了锁的铁栅门拦住了去路,佛兰德军团和瑞士卫队前后夹击,将她们挡了回去。倒是在国民卫队面前没有遭遇太大的阻拦。穆尼埃让马亚尔讲清楚此行究竟所为何来,马亚尔就照本宣科地念了一遍《我们什么时候有面包吃?》的话:"贵族老爷们是故意要饿死我们。"他还说,就在当天早上,他就听说有个磨坊主得了200利弗尔的好处,人家让他不要再出产面粉了。"是谁?说出他的名字。"代表们大声喝问,但是还未等马亚尔往下说,已经有几百名妇女冲进逍遥宫偏殿,声称按照卢梭的建议,她们要行使"罢免"她们代表的权利。这些妇女穿的绒面呢衣服都被淋湿了,闻上去一股泥浆和雨水的气味,和那些做工考究的高级外套和长裤挤在一起,刀子和棍棒搁在空椅子上,打湿了印着立法争论的纸张,有些妇女看见了巴黎大主教,叫喊着反教士的口号(这种口号在巴黎很流行),骂他是"饥荒阴谋"的源头祸首。某个教士代表还不识相,想要上去缓和一下尴尬气氛,打算不识时务地想要安慰她们,教士代表不识相地想要吻一个骂人妇女的手,却被她一把推开:"我的手怎么能允许狗来舔呢。"

穆尼埃想让妇女们相信,国王和政府正在想尽办法保证巴黎的正常物资供应。但是显然妇女们更希望找国王和大臣们当面问个明白。而民众游行的消息传到凡尔赛的时候,路易十六正在默东(Meudon)打猎,获悉此事后急忙往回赶,恰巧就在游行队伍抵达之前回到王宫。他鼓足勇气,总算同意接见少数几个妇女代表。17岁的卖花姑娘皮埃雷特·沙布里(Pierrette Chabry)因为娴于辞令,气度高雅而显得比较出众,于是便被选出来作为陈情代表。可是在关键时刻,这姑娘却因为神经过度紧张,终于支持不住,晕倒在路易十六的脚下。看到有人和自己一样,在公众场合开口说话便痛苦不堪、精神崩溃,国王不由得心生怜悯。他让姑娘嗅了嗅盐,扶她站了起来。然后继续说道,自己已经明确颁布旨意,命令耽搁在巴黎城外各路的粮食尽快运到。当这几个妇女代表回身出来之后,人们还是不敢相信,纷纷怀疑沙布里是不是被国王买通了。但是人们对于慈父一般的国君尚存敬爱之心,不管怎么说,总算亲睹御容,再加上一路上的奔波劳顿,实在也折腾不动,一开始的那股子怒气也渐渐消散了。

形势仍然非常紧张。拉法耶特的骑手来到国民议会警告说,到达凡尔赛的游行人数已经形成一支小规模的军队了。很少有代表当一回事,他们自认为当初还真的有先见之明,现在果真应验了。当然也有少数像巴纳夫这样的,早就劝谏国王常住巴黎。还有米拉波,是他把坏消息透露给穆尼埃的,可后者对整件事嗤之以鼻,就好像已经置身事外,对于自己在大革命中如何收场毫不在意似的。

在六点钟左右,路易同意接受《人权宣言》和《八月法令》,不再提出反对意见,也不再设置障碍。然后他向大臣求教,如何应对方为上策。圣普里斯特认为要么一走了之,要么死扛到底。内克尔对此都不赞同,认为这样做就会授人以柄,别人就会说是国王向革命党人挑战,不支持革命。国王一方面担心妻儿老小的安全,一方面极其不愿以任何方式逃避责任,感到两处为难。最终决定不动声色，静观其变。

快到半夜的时候，国民卫队才总算赶到凡尔赛城门口，队伍六人并排，开始进城。但由于人数众多，小步快跑也整整用了一个小时。直至来到凡尔赛，这些赶集的女人们才有了一个明确的念头，可是那些国民卫队的士兵早就打定主意，非要带着国王一家返回巴黎，让他们一直待在那里不可。于是接下来纯粹就是巴黎国民卫队和国王侍卫之间的激烈厮杀了。夹在中间的是凡尔赛的地方国民卫队，上级命令他们和巴黎的战友同仇敌忾，并肩战斗。王室的卫队意识到自己已经孤军奋战，成了众矢之的，于是就转入防御，坚守不出。大约到了九点钟光景，四周仍然有零星交火射击，主要是保护国王和王后安全的。王室侍卫撤退进宫院周围的据点，有的则龟缩在王宫里面。

[395] 在午夜时分，拉法耶特告诉国民卫队，他们此次前来不带有任何强迫的色彩，并且承认，他前来凡尔赛逼宫也是出于无奈。只要国王让佛兰德军团遣散回家，然后让法兰西卫队取代国王的贴身侍卫，并且国王陛下本人放出姿态，能够对国民军的帽徽作出一些宽容尊重的表示，便可恢复太平无事。尽管官兵们都不愿意让拉法耶特孤身冒险，生怕他落入圈套，而国王只答应他单独觐见，否则免谈。当他一步步走入国王寝宫，两边的大臣对他怒目相视，议论纷纷。站在楼梯上的是他的岳丈，侍卫司令阿延公爵（Duc d'Ayen），如果国王下令，他会毫不迟疑地向他的这个女婿开火。当拉法耶特走过去的时候，他听到有个大臣掩口悄声说道"克伦威尔到了"，他马上反唇相讥"克伦威尔决不至于空身前来！"

这位两个世界的英雄，满身泥泞地走进王宫大院，依然是一副游行阅兵的派头。"臣冒万死，觐见陛下。"接着，他不再惺惺作态了，说只要国王准许法兰西卫队担当"护驾"，确保巴黎粮食供应，移驾京城，自此常驻"先王所在宫殿卢浮宫"，眼下这种危急状况就可以化解。路易答应了前两个请求，至于返京常住，他答应考虑，言下之意是，必须首先和妻室商量一番再做决定。于是拉法耶特出来，把会谈结果传达给了国民议会，也和自己手下官兵通了气。尽管后来的历史研究表明，紧接着的一系列变故之所以会发生，主要应该归咎于拉法耶特当时尚未睡醒。可是实际上他可一直没合眼，直至凌晨五点，确信两支卫队相安无事，这才放心。整整一天都阴沉沉的，现在总算一轮红日朗照当空，侯爵大人回到了祖父府邸，倒在长椅上睡着了。

可他别想睡得踏实，噩梦准得把他惊醒。约莫到早晨五点半光景，一群手拿武器的暴民发现了内宫庭院的某条通道。不知道究竟为什么——可能是突然在哪里发现了一股匪徒吧，王宫侍卫司令分派了一大股兵力，调到禁苑的另外一侧，把守在大特里亚农宫（Grand Trianon）的周围。这一来，内阁院（Cour des Ministres）的巡逻力量薄弱了许多。可能有个宫内卫兵在内策应，人群突入大理石庭院（Cour de Marbre），径直向通往寝宫的楼梯上来。一个士兵后来说，他听到有人大喊道："把那可恶的女人（指王后）的心脏掏出来，砍下她的头颅，把她的心肝炸成肉酱，即使这样也难以解恨！"一名卫兵向冲上来的人群开枪，有人被打倒了，而这名卫兵被当场打死。王后寝宫外担任第二警卫的米奥芒德·德·圣马里耶（Miomandre de Sainte-Marié）试图上来和他们理论，根本无济于事，于是他便对着里面大声呼叫，王后万分危急。结果他也被打翻在地。不过，倒是幸亏他及时呼救，玛丽听到外边有人叫喊，还有开枪

[396]

之声，吓得魂飞魄散，提起拖鞋赤脚飞奔，一边大声哭喊："朋友们，朋友们，请救救我，救救我的孩子们。"王后沿着走廊逃到了国王的寝宫，但是路易自己也去找孩子们去了。王后疯了一般地捶打紧锁的房门，敲了整整十多分钟，底下的人群吵吵嚷嚷地冲进了镜厅，气势汹汹地搜寻这个"奥地利娼妇"，寡不敌众的卫兵也被打得节节败退，殿内枪声大作，弹雨横飞。最后玛丽-安托瓦内特绝望的哭喊和砸门声终于被听到了，一家人总算在牛眼殿（Salon de l'Oeuil de Boeuf）聚在一起。太子和他的姐姐一直在哭，而父王和母后则在一边尽力安抚他们。如果格勒兹能把这一幕动人的情景当场描绘下来，那他一定能成为艺术沙龙中的翘楚。

在此危难重重之际，国民卫队最开始的几个连队，在后来成为了共和国最善战的将军之一的拉扎尔·奥什（Lazare Hoche）带领下，冲进人群，及时护驾，才使王室免遭不测。在外边，被打死的两个卫兵的首级已经高挂枪尖，四处示众。米奥芒德·德·圣马里耶的脑袋，则被一个身穿仿罗马长袍（平时用作画室的道具）叫作尼古拉斯的画家模特拿在手上来回摇晃。到处都是大笑、欢呼和掌声。到了黄昏，战利品被带回了皇家宫殿，放在花园里展览，就好像公民屈尔蒂斯的蜡像作品一样。

突如其来的变故惊醒了拉法耶特，他来不及备马，便直奔凡尔赛宫。走到半路，撞上了一群拿着家伙的暴民，这帮人见到侍卫就上前追打，还打算把人就地处决。拉法耶特喝令他们住手，可是其中一人转身朝着拉法耶特冲了过来。还想发动国民卫队杀了拉法耶特。盛怒之下的拉法耶特揪住他，想要把他抓起来。但是他也知道，眼下救人要紧，先要劝说他的手下人放了那些卫兵。于是他便努力劝阻手下人，并告诉他们，自己已经向国王保证过了,国民卫队不会闹事。

走进牛眼殿,拉法耶特发现王室成员一个个抖如筛糠,吓得不轻。他们都知道方才距离死亡仅仅一步之遥。国王渐渐恢复了镇定,对巴黎的卫兵(绝大部分是法兰西卫队士兵)说,自己的侍卫在冲突中遭到攻击,这些人完全是无辜的。他说话的语气很平静,从头到尾都没有停下来。令他意想不到的是,那些卫兵都当场表示,要效忠圣上。真是荒唐,就是他们非要回到凡尔赛,结果差点让王室成员送了性命。此情此景触动了路易十六,他同意携家眷走到阳台上,对那些聚集在大理石庭院的群众保证,说自己愿意返回巴黎,托身于万民忠爱亲善之中。底下人群的掌声刚刚平息,路易十六便又旧事重提,说什么他的侍卫受到侵犯,实属无辜云云。关键时候,还得说是拉法耶特,凭着对政治气氛极其敏锐的感知能力,他迅速抱住身边一个还没授衔的侍卫军官,将一枚三角帽徽硬是扣在他的帽子上,总算是欢欢喜喜地收场了。这么一来,国王的卫士成为了国民的卫士。

[397]

此外,那个"外人"还有待于获得民众正式认可。不论怎么说,眼下形势依然万分严峻。拉法耶特请王后单独走到阳台上与群众见面。显而易见,在经历过刚刚那些事情之后,玛丽-安托瓦内特实在不敢奢望自己还能赢得人们的尊敬,对这个要求避之犹恐不及。"你难道没看到刚才这些人是如何对待我的?"她问道。"是的,夫人,我看到了。"拉法耶特回答。"请走过来!"于是王后硬着头皮,领着她的孩子们走了出来,可是下面的人大吼道:"不要把孩子带出来!"克勒泽家族显然已经没有什么魅力可言了,但是拉法耶特的话还是有人听的。于是王后只好把王子和公主重又带回里边,随后孤身一人,走到阳台上和底下的人群相见。随后，只见拉法耶特走到王后身边，躬身屈膝，吻了吻她的手，据拉法耶特自己说，这个动作纯粹是一种自然反应。

这么做实在影响太坏，简直荒谬之极。只能再清楚不过地表明，拉法耶特只不过是一个假装爱国者的王室走狗。可是这个动作却产生了神奇的效果。人群中爆发出"王后万岁"的呼声，自从发生了钻石项链丑闻，这倒还是第一次听见。当然，人群中也有人是冲着司令大人欢呼的。

三个小时以后，拉法耶特调拨了6万人左右，浩浩荡荡，离开了凡尔赛。前头开道的是国民卫队，王室的御辇在最中间，由拉法耶特亲自护持，内克尔的内阁大臣、国民议会代表、法兰西王室的其余人员在后跟随。在他们之后是一大队的马车，还有推车，上边驮满了从王宫的库柜里凑起来的面粉。士兵和妇人们扛着长矛和刺刀，尖刃上挑着长条面包，一路上还放声高唱，说是"抓住面包师，连同他老婆，以及他儿子，一起带到巴黎去！"

每次走到城门口，巴伊都要给路易递上锁钥，然后王室成员前往市政厅，那里已经安排下御座迎接他们的到来。国王夫妇和孩子在阳台频频向人们致意。最后在晚上八点，一家人总算住进了杜伊勒里宫。王太子觉得自己的寝宫实在太寒酸了，但是第二天，王后在给奥地利大使梅西·德·阿尔让多（Mercy d'Argenteau）的信中这样写道：

请放心，我很好。我们忘记自己身处何方以及如何到达这里，但对人民的情绪应该感到满意，尤其今天早晨，如果不缺粮食的话……当地的百姓，地方的民兵，集市的妇女，他们都和我交谈，想和我握手，我也伸出手去与他们握手。这里的人都十分友好地待我，今天早上大家还诚心挽留我，我说国王和我能否留下取决于他们，我们只愿一切仇恨都不复存在，任何杀戮流血的场景都会使我们惊慌奔逃。

老百姓这边，那些"女商贩"唱道：

带上全部的枪炮，
意气风发前往凡尔赛官，
妇女也要把面露，
谁敢说我们无勇谋。

如今无须行远路，
我们也能把国王见，
我们对他的爱无人能及，
只因他住在了我们的官墙里。

同一天，国民议会接受了塔尔热的提议，路易的正式尊号定为"法兰西国王"，而不再是"法兰西和纳瓦拉国王"。这个新的概念意味着王国不再是谁的私有财产。但是对于塔尔热，这个新的头衔也有学术上的双重意义。路易成了中世纪法兰克国王的化身，是法兰克人领土上的领袖，而法兰克人这四个字本身就有自由的含义。尽管如此，他如果想要成为自由之王，就免不了要失去个人自由，不得随意出官。

十二英里之外，在德·拉图尔·迪潘夫人的监督下，路易十四的殿宇打上了木板封条，重重宫门挂上巨大铁锁，好让打劫的人无从下手，还有一些卫兵站在门口守卫，默默地巡视庭院。空荡荡的镜厅天花板上，勒布伦的太阳王仍然驾着马车，迎击新近崛起的荷兰人。大理石扶梯上已然留下了坑洼不平的枪痕。凡尔赛从那时起便已成了历史的陈迹了。

第十二章
信仰的行动
1789年10月—1790年7月

一、历史活见证

1789年10月23日，国民议会约见了当时世界上年岁最大的老者。此人名叫让·雅各布，当他被引入会场时，手中还攥着受洗证明，上面清楚标明出生年份是1669年。也就是说，他当时已经120岁高龄了。人类学家曾经猜测，说有一个人比他年纪还大：那是个苏格兰佃农，名叫约翰·梅尔维尔，查理一世1649年被斩首的时候，他尚是个在襁褓中的婴儿。不过雅各布蓬松的白发，苍老的双眸，足以证明他没有说谎，国民议会正式封他为"人间的老寿星"，真是实至名归。老人脸上皱纹交错密布，如同沟壑纵横，似乎写满了历史的沧桑。他出生那会儿，年轻的太阳王刚刚开始建造凡尔赛宫，就算他没有看到它是如何衰败，并被最终拆毁，他也确实亲眼看着它是如何一步步变得奢华繁复起来的。他孤身一人在汝拉的一座荒山上生活，只有山顶的皑皑白雪记录了他的岁月，那些封冻在封建时代旧制度中的记忆。所以代表们称呼他为"活化石"——汝拉山的奴仆。就如他用清晰得让人惊异的咕哝声宣布的那样，他来到巴黎为的是要致谢，他已经是自由人了。正如法兰西本身一样，他已经是垂垂老矣，但是在革命阳光下却重获新生，或者用1789年的时髦词说是经历了一次新生的祝福。作为回应，代表们每人捐献至少3利弗尔，祝愿他健康长寿。

其他的老年人和雅各布比起来，只能算是后生小辈。他们也声称大革命让他们感到一股全新的血液在旧的静脉中流淌。吕克伯爵，一个真正的狂躁的贵族，发誓说大革命治好了他的风湿病。年过九旬的卡利埃（de Callières）骑士似乎也返老还童了，他创作爱国歌曲（其中有一首不太出名，歌中唱道："爱情虽然可贵，但自由比它价高百倍。"），还激情满怀地成立了一支特别的国民卫队老兵营，规定参加者必须年满60周岁以上，而且每人必须蓄须（有些人想要用假胡子代替以确保进入，结果被识破成了一场空）。在革命庆祝活动和各种仪式上，也为这些老弱不堪的爱国者专门留位子。他们常和孩子们坐在一起，以此来象征着法国从中世纪的衰朽中解脱出来，获得全新的生机，拥有孩子般纯真灿烂的未来。所以当一个11岁大的男孩戴着他的银色带扣，拿着作为"爱国小礼物"的洗礼杯出现在大会上要求参加辩论的时候，人们满足了他的要求，还夸他慷慨大方，那都是受到出身市民的父母的良好熏陶的结果。

在国民议会成立的第一年，举行了各种形式的爱国活动。虽然说国民议会做的都是实际工作，它的第一要务是在法国推行新的行政系统和代议制度，但与此同时，这里也是个政治大舞台，可以慷慨陈词，可以矫情饰貌，甚至有时候，还会通过赛诗、朗诵、音乐等艺术形式，将大革命的主题精神尽情展现出来。由于国民议会和旧制度的一切格格不入，对于历史和先例也采取一概否定的态度，故而其宣称的这些立法原则必须是普遍适用，放之四海而皆准的。在立宪论坛（如今国民议会的自称）前出现的某些面孔充分地反映了这种普适性。比如，在1790年7月初，两名来自瑞士弗里堡州（Friboug），被罚到战舰上做苦役的犯人，在大会正式亮相。法国不但将服苦役作为对本国犯人的一种惩罚，还一直把这个当买卖来做，为欧洲其他国家想要驱逐出去的不法分子提供服刑场所。议会当时还不敢作出取消本国犯人苦役判决的大胆决定（原因只有一个，在地中海和大西洋码头仓库一带，苦役犯一旦被宣布释放，将引起人们的普遍担心）。与此同时，议会又急于表明态度，声称自己不愿继续充当欧洲"专制制度"下专横可耻的"奴役"工具了。两名瑞士囚犯受到了议会代表亲切鼓励，议长还同他们热情拥抱，其中一人还被取名为胡搭诺，真是突如其来的造化啊。他们被簇拥到街上，作为英雄在街上游行，他们的锁链被挂在普雷蒙特雷教堂（Eglise des Prémontrés）的椽子上，以激励和警示后人。为了表示庆祝，还专门排了一出戏，名叫《老实囚徒》，当晚便在法兰西剧院公演。

这些盛大的表演场面，可不单单是在革命的舞台上才能看到。它们是这些代表自我信仰的支柱，让他们坚信本民族在世界上并非孤立无援，而是全世界所有"受压迫"的各族人民中的一分子。而法国正是这些民族获得解放的希望所在。1790年6月19日，来了一个所谓"世界受压迫民族"的代表团，领头的名叫阿纳卡西斯·克洛茨（Anacharsis Cloots），一行人自称是"为天下人请命"，全都穿着各自民族服装，有德国的、荷兰的、瑞士的，甚至印度的、土耳其的、波斯的，身上还佩着三色肩带。他们聚集在国民议会门前，说他们已经"恢复人类间的原始平等"，还保证说"全天下的百姓都被法兰西的伟业所鼓舞，那些渴望自由的人一定能很快打碎暴君压迫他们的枷锁"。

[402]

听完这番话,议长梅诺(Menou)便非常委婉地进行劝解,让他们还是早些回去,不过口气并不生硬,话语柔和,满含鼓励。他说他们应该成为新时代的开路先锋,回到各自的国家之后,应当从统治阶层里面培养支持者,要教导他们向一代圣君路易十六学习,做一个重建自由的维护者。

在怀疑论者看来,整件事情都很可笑。费里埃侯爵写信给他的妻子,说代表团衣着五花八门,无疑都是从歌剧院里面租来的行头,不但场面非常荒诞,而且那套理论都是些说教之辞,所谓的友谊啦,博爱啦,还有所谓的世界大同,这些个大道理,不止克洛德·福谢一个人写过、讲过。福谢是个从卡昂来的教士,他的布道词刊登在尼古拉·德·博纳维尔(Nicolas de Bonneville)的《铁嘴报》(*Bouche de Fer*)上,讲的都是一种卢梭式的基督普世论观点,这是他所谓的"社会圈"的构成原则,他强调这一"社会圈"不是一个俱乐部,而是分散在地球表面各处的公民的联合体。在大革命之前,整个世界一直是由血缘关系、门第出身来决定的,人被划分成三六九等。现在人们可以依靠基督教教义中强调的最基本的原则,也就是博爱精神,来大胆寻求并得到真正的自由和友情。福谢这样解释,这个群体之所以选了这么一个标志物,就是因为它体现了团结一致的力量。造就这么一个伟大的"家庭契约",靠的就是与理性结盟的真理向道德的回归。其他一些当时颇为走红的演说家和作家,也都对福谢的这种民众情感主义深表赞同,比如持基督普世说的素食者罗贝尔·皮戈特(他把博爱的核心理论推及动物身上),还有贵格会的大卫·威廉姆斯(David Williams),这两个人都是来自由的圣地朝拜的英国人。

尽管如此,对于大多数代表来说,福谢所倡导的爱和兄弟情谊的千年至福王国，只是一座被他吹得天花乱坠，飘荡在革命土壤上空的空中楼阁。而他们认为，自己的工作需要的仍然是脚踏实地的行动。目前那些构成制宪议会的成员——真正有资格进行制度改革的实权人物，都不是那种各方面追求完美，沉溺于抽象理论的人。但即便是他们对普遍意义上的宗教原则并不认同，不同意让所有人成为兄弟，团结在博爱的怀抱中，可是他们至少设想过，法国人民可以受到一致对待，因为他们受到同样的物质和精神追求的鼓舞。比如说，孔多塞同意卢梭的基本理论，也就是人人生而平等，只是由于被赋予了非法暴力的专横的社会化制度，才把人同自然的平等权利分隔开了。这种后期启蒙主义观点要求他们揭去那些"哥特式的"历史的层积物，即对风俗、习惯和司法权限任意的分割，因为这些都是古代征战杀伐的产物。应该用理性的、平等的制度来加以取代。这些制度下，人与人之间就是公民与公民的对等关系，同样受到法律的约束，服从同一个政权的统治：他们自己的政权。

这个理念的关键部分，已经在《人权和公民权宣言》中得到明确阐述，特别是塔列朗所制订的第六条原则，宣告了法律面前人人平等，每个人都能凭借自身的才能在公共部门担任职务，获取相应的头衔。落实到具体政策上，就是要求议会将那些七拼八凑、陈陈相因，充满法国旧制度气息的司法权威统统裁撤，让法兰西统一在全新的政治框架之下。要说起对这项事业投入之积极，没有人可以与两位理性主义的干将，教士西哀士和塔列朗相比了。塔列朗首先提出了统一度量衡，西哀士则紧随其后，提出要用 80 个面积相当的地图坐标方格，将法国重新划分，替代沿用至今的省区分界，他还管这个叫"省"。

来自鲁昂的前高等法院法官图雷向国民议会提交了一项毫

[403]

不妥协的关于政治算术的议案，其前提是认为将法国划分为不同的、任意重叠的税收区、教区、军事管辖区和司法管辖区，与"代议制政府"是不相称的。必须要进行合理化改革：应当对这片"六合之土"，也就是六角形的法兰西，进行面积测定，然后用方格进行等分。或许是受到共济会员数学公理的影响，革命立法者对3这个数字极为迷恋。在图雷代表提出的规划中，总共划分了81个"省"，每一个是324平方里格（1里格约合3英里），多余部分就是巴黎。每个"省"都可以很方便地化为9个区，每个区下辖9个公社。每一级行政区划都建有代表制的议会，政府就是由各级议会选举产生。

这套方案非常激进，代表了旧制度条件下很多空想主义的大体构思。早在路易十五时代，阿尔让松就首次提出了"省"的概念，并将严格的步调统一和政府权力下放相结合，这种设想一直得到重农主义者杜邦·德·内穆尔等人的赞赏。只要措施得当，法国最终会走上通过科学实践安邦治国的道路，把那一大堆荒谬透顶、沿袭已久的"偏见"清扫干净。

对于高度标准、尺寸统一的单位分割法设想，并不是每个人都赞同。米拉波善用理性思维，但也丝毫不乏浪漫情怀，他批评起草委员会是胡用"几何法"和"先验论"，并主张采用更加科学合理的划分标准，也就是人口分布方式，取代过于简单的地理划分。根据这一主张，可以对当地山川河流、峡谷林地的具体情况加以综合考虑，这样特定地域就拥有共同的特征。很快这个提议就得到了大多数代表的认同，但尽管如此，他们在关于省区的疆界划分上仍然争吵不休，但要是用坐标方格法来划分，这些问题就不存在了。最典型的就是贝桑松，把它从法兰西伯爵自治领降格为杜省（Doubs）的地方首府，就引来了众多不满。米约神父（Abbe Millot）受地方委托，和布弗诺（Bouvenot）律师二人，作为特别申诉代表，抗议说临近的单元体，比如上索恩（Haute-Saône）已经开始自行瓜分贫瘠的低地了，而杜省四周，却是群山环抱，岩原兀立。难道贝桑松注定要和周边的竞争对手，像隆-勒-索尼耶（Lons-le-Saunier）这样一夜繁荣的小镇一样，变成一个屋宇倾圮、茅棚成片，街道和广场上野草丛生，根本无法居住的鬼地方吗？

这种不满在法国经常出现，领头者却是天文绘图师卡西尼伯爵（Comte de Cassini），经过了好几个月的争论，初步决定划分为83个行政区（恰恰不能被3整除），按照其所在的地理位置进行命名。从诺曼底、普罗旺斯和布列塔尼中，划出了芒谢（Manche）、卡尔瓦多斯和塞纳河口（Bouches-du-Seine）；加尔（Gard）、瓦尔（Var）和罗纳河口（Bouche-du-Rhône）；莫尔比昂（Morbihan）及菲尼斯泰尔（Finistère）。这种命名方式体现的是一种官僚政治的独特意味，到今天依旧如此：感性手法加上经过修正的理性主义。

此外还通过一些具有重要象征意义的手法，那些把广大人民分为三六九等的外在差别也完全消除了。到1789年10月时，代表们正式取消了代表各自阶层的装束打扮，到了1790年6月19日，则又迈出了更为大胆的一步，取消了所有的世袭贵族头衔。而在前一年8月，各类封建徭役被统统取消的时候，人们还普遍猜测，贵族的各种形式将会作为荣誉性质的特征得以保留。可是现在，制宪议会却宣布这些东西根本不符合公民法律地位平等的原则。所有体现社会特权的标记都明确规定加以取消：仆役和马夫所穿号衣（旧制度末期的社会精英们对此非常关注）；封地内的靠背椅和风向标什么的也都不复存在了。自此

[406]

法国：大革命时期诸省及其省会

以后，没有哪个公民，可以拿他管辖或者属于其名下的某处地方作为其名衔了，唯一可以继承的身份标识，就是父亲家族的姓氏。

这些革故鼎新的措施最大的特点就是，仍然是由昔日的贵族阶层大唱主角。尽管从人数上来说，贵族在议会内部并不居于垄断地位，但是负责起草宪法，并将法国纳入新的国家体制的执委会，确是由人数相对较少的知识精英垄断的。很多人在革命之前就相互熟识，其中相当一部分人曾经在君主旧制度下的军队、司法部门、政府或教会中任职，或是在政府部门和宗教领域担当要职。有一点很明显，那就是制宪议会绝不是资产阶级性质的。

甚至于有些第三等级代表，都是从贵族出身的人当中筛选出来的，除了大名鼎鼎的米拉波，还有像埃德蒙·迪布瓦·克朗赛（Edmond Dubois-Crancé）这样的人物，既是巴朗仕（Balans）的庄园主，又是坐镇维提-勒弗朗索瓦（Virty-le-François）的军事长官；埃唐普（Etampes）的第三等级选举代表拉博德·德·梅雷维尔（Laborde de Méréville），就是在一家大财团的分支机构里面做事的；此外还有让-穆然·德·罗克福（Jean-Mougins de Roquefort），是普罗旺斯的德拉吉尼昂（Draguignan）第三等级代表；还有布里尼安（Brignan）的庄园主路易·德·诺里萨尔（Louis de Naurissart），也成了利默日的第三等级代表。出身高等法院的不下38人，其中3个还是法院院长，都急不可耐地要将旧制度统统扫进历史的垃圾堆。自然，陆军军官代表数量也相当庞大，和贵族分子不相上下。新法兰西的缔造者大多是旧制度下的官僚。

很显然，在1789年春天凡尔赛事件中的不凡经历，使得他们超越了出身差别的考虑，紧密地团结在一起。他们休戚与共，新近共同的斗争经历把他们维系起来，但是或许也有文化习俗的因素在内，他们都阅读同样的著作，尽管对于他们各自具有的价值可能存在认识上的分歧。这也很自然，比如对于王室应该给予哪些权力，取消哪些权力这些问题上，他们都会搬出孟德斯鸠的理论来各陈己见，就像他们在法院抗辩中所说的一样。不管他们用什么样的方式论辩，套用成法也好，以情动人也好，要不就是引经据典，或者干脆就是吟风弄月，总是不乏热心听众。即使你借用的是普鲁塔克或是西塞罗的哲言名句，也很快就能被人理解。他们的立法福利计划听上去好像地方上的学术讨论：对司法制度进行改革；选择性地废止法团经济；大规模的教育普及；建立一个社会效能占主导地位，而不是传统偏见至上的法兰西。他们都热爱理性，同时也是美德的信徒。更重要的是，他们都以爱国者自居。甚至可以这样说，他们构成了一种新贵族，其最重要的凭据是拥有一套政治语言，其最显著的特征是对他们出身的等级进行具有标志意义的讨伐。

[407]

尽管有这么多共同点，也不能保证政治观点上就能保持一致。事实上从1789年下半年到1790年，那些背景相似的，还有深交多年的代表之间，逐渐出现了严重分歧，如今更是政治立场截然对立。原巴黎高等法院推事阿德里安·迪波尔，还有原院长米歇尔·勒佩勒蒂埃（过去叫圣法尔若），一个个都是强硬的君主制度的反对者，费里埃管他们叫"左翼分子"——这也是欧洲首次使用这个称呼。这群人当中后来还多了地地道道的贵族世家德·拉梅特兄弟，两人曾和拉法耶特一道在美国当过兵，但是面对他们指挥的这支国民卫队，他们却深感畏惧，疑虑重重。

巴纳夫是这群人中让人印象最深的一个，也是最不妥协的一个演说者，这批人基本上控制了宪法之友会，议会迁往巴黎之后，他们就在圣奥诺雷路上一所雅各宾党人的修道院内聚会。不过一些来自三十人委员会以及后来改组成的凡尔赛的布列塔尼俱乐部的昔日战友，却另立门户，成立1789年俱乐部与之分庭抗礼。其中就有米拉波、西哀士和塔列朗。虽然说雅各宾派非常想要成为公众的表率，并愿意接纳非代表成员参与他们的讨论。但是这些1789年党人作为一个选择性很强的小团体，还是非常排外的，把自己的社团看作早晚筵间纵论国是的一种延续，并且在上一年的冬天，便真正使得第三等级形成了自己的政治力量。现在他们的目标更加现实，或者说，正着手解决建立国家实体所需要碰到的种种问题。巴纳夫和拉梅特兄弟认为，王党分子的蓄意破坏和对于革命原则的篡改，是对大革命的最大威胁，而米拉波和塔列朗却觉得最严重的伤害，莫过于无政府状态和经济崩溃，濒临破产。雅各宾领导层怀疑1789年党人都是些图谋不轨的反动权威；而对方却把拉梅特兄弟和巴纳夫丑化成毫无责任心，只知夸夸其谈的人。

当然政治个性上的差异所造成的矛盾已经相当尖锐，而且在整个大革命期间都将一直存在，但是棘手的问题远不止此。（忽略这些个性上的对立，看不到它是大革命政治生活中的重要问题，是现代相关历史编纂中一个很大的疏漏。）大革命中哪些居前，哪些在后，发生这一切的根源，这才是争论的焦点。对1789年和1790年时的雅各宾分子来说，确保自由可靠的代表制，对人民负责的国家机构，始终处于核心地位。而他们的那些温和派反对者，很多人，比如说杜邦·德·内穆尔和塔列朗，则致力于对君主制度下各级部门进行改良——大革命的关键就

[408]

在于建立一个更为强大、更有活力的法兰西。公民们越是感到代表他们利益的那个国家变得强大，就越是会从心底里感到满足，感到振奋。但是大革命这么些年来，这些根本性的争论丝毫未见平息。

官方政策日渐模棱两可，问题就变得更加严重。背负期望过多的内克尔显然也没能利用宪法的权威，来解决法国持续不断的金融危机。《人权宣言》也同样回天乏术，没能消除国家破产的威胁。到了8月份，内克尔总算达到了议会的要求，凑齐了8000万的资金熬过年关，保住了起码的权威。但是到了9月末，形势依旧十分危急，他在立宪会议上提出了一个议案，要求多增收岁入总额四分之一的附加税。年收入不足400利弗尔的公民则免予缴纳；税款以借贷的方式进行征收，偿还期限长达四年，由政府计入每个财政年度的资金循环，逐步分批偿还。

可想而知，该提案在议会引起了轩然大波。在立宪会议正式规定立宪代表不得担任政府部长之前，一直视内克尔为眼中钉的米拉波曾一直希望自己能够取代他的位置，坐上智囊机要部的头把交椅。看到这个日内瓦人遭逢大败，米拉波自然十分得意。他写信给艾克斯的代表，说所谓的银行破产，是用来吓唬议会的借口，目的就是要议会接受新的税收方案，大大加重普通老百姓的负担："破产的只是巴黎和其他城镇的大资本家，他们强行索要的过高的利率对国家造成了巨大的伤害，因此我认为让他们破产不会有太大的坏处。"

可是仅过了几个礼拜，他的想法就完全变了。尽管仍然对内克尔的计划保持怀疑，但是现在米拉波说破产是一个可怕的大灾难，会让那些贫苦无助的寡妇和老实本分的工匠们蒙受损失："这税收如果不是最残酷、最邪恶、最不平等和最具破坏性的，那是什么导致了人们的破产？"他赞成人们想办法避开破产的损失，并提出了一个可供参考的方案，也就是专门针对那些最富裕阶层的强制性贷款计划。米拉波这套咄咄逼人的巧辩，正好能蒙住议会的那帮无知之徒。这显然是在演戏，一副慷慨激昂、义愤填膺的样子，似乎已经暴怒之极，忍无可忍了。虽然米拉波所说的都是钱财方面的损失，并没有谈到老百姓付出的生命代价，但是他那种引古及今的痛批疾诉，却开了风气之先，引出了更为过火的夸张描述。部分代表听了米拉波的演讲，也上台发了言。罗伯斯庇尔就是其中的一位，他呼吁采取更具针对性的制裁措施，并且警告说，如果畏葸不前，只能自酿苦果。

[409]

做出选择吧！少数人的死确定能使大众获得解救吗？……对这些心怀愧疚的家伙不要留情，使劲地打击他们，让他们陷入万劫不复的深渊……什么？你恐惧、畏缩了？他们只不过是不足挂齿的小人物而已，都是些懦弱胆小的人……

对于那些冷眼旁观，只知道沉思而没有行动，任由数不清的罪恶之事吞噬法国的人；以及那些认为此次的动乱和痛苦会像往常一样自行平息的态度冷漠的利己主义者……你们这些人难道认为数量庞大的饥饿的民众会让你们安享太平，还像过去一样尽情享用无论是质还是量都丝毫不受影响的美味佳肴吗？不会的，你们必将走向毁灭，你们毫无顾忌地燃起了大众的怒火，在这场大火中，你们"荣耀"不复，也不可能再享受任何一种令人厌恶的乐趣。

最后他说，如果这些代表"同最腐败的政府的堕落行径相比，都有过之而无不及"，还是拿着最初的那套法案来敷衍塞责，那么他们就再也不配得到人民的信任，人们将会看到，宪法中所有的自由承诺，无非是画饼充饥而已。

值得注意的是，米拉波的观点中有些是事实。除非采取果断措施，满足国家当前最为迫切的需要，否则新政权的改革将只是一句空话。但是议会代表们对于被公然指责为"懦弱无能"和"自我主义"并不在意，后者是摘引自卢梭的名言，当时已经成了一顶带有侮辱色彩的政治帽子，大恐怖时期，就是有人故意将这种罪名套在别人头上，置人于死地的。另外，他们觉得米拉波有激化群众矛盾，抬高自己的嫌疑，并想借此机会获取王室的好感。

这些怀疑其实都是有根据的。因为从他反对有限否决权，以及支持王室拥有宣战和媾和权这两件事上，就能清楚表明米拉波依旧是个死硬的君主主义者。他看不到自己这个立场和他对于满足人民诉求的信仰方面存在什么矛盾，因为这就是所谓的"平民主义君主制"，在他看来对法国再合适不过了。他生前也是遵循这条原则行事的，但在死后，人们将会发现，他竟然是个不择手段、诡诈多端的伪君子。早在10月的时候，他就通过他人穿针引线，向国王毛遂自荐，成为国王重振权威最得力的谋臣。他炮制出的一些策略真是让人震惊不已。比如，他曾经向王室提议，可以乘人不备，逃往京城势力鞭长莫及的鲁昂，并昭告天下，说自己之所以如此，并非为了故意破坏革命，而恰是出于维护和巩固改革成果考虑。

这实在是个太过冒险的主意，而且脱离实际。但是想出这么个法子，不单单是要提升米拉波自己的地位（尽管曾经肯定是相当重要），这样做还能给大革命的行政当局赋予有效的权力。另外，这位演说家也晓得，这样的事情，到底是无政府主义，还是暴虐的专政，全看嘴皮子功夫。

二、叛徒

计划实在过于草率了，谁肯出手帮米拉波的忙呢？毫无疑问，他会向1789年俱乐部里的那些同僚求助，要他们联起手来，将内克尔赶下台，并组建一个代理政务的救国政府。不过他选的这些人可实在靠不住，等于是把当年的卡洛纳才俊智囊团重新捏合到了一块儿，包括像：杜邦·德·内穆尔、塞居尔、潘绍和塔列朗等这样一些人。可是拉法耶特却是个例外。这位将军越是受人尊崇，米拉波心里便越是嫉恨，他还给拉法耶特取了绰号，叫什么"吉勒斯·恺撒"（Gilles César）。但是他也不得不承认，获得拉法耶特的积极支持，对于他正苦心筹划的"政变妙法"获得合法地位不可或缺。目前来看，所有这一切中最关键的一步，是选塔列朗作为财政部长。

或许只有像米拉波这样经常负债在身的人，才会觉得这项任命非常合适。只因平日里的奢侈嗜好所涉颇多，故而塔列朗在钱财方面，绝非两袖清风。教会财产由他保管，账目也由他经手，这可说是尽人皆知了。也正由于他对秘密资金了如指掌，所以他才放心大胆地用借长债还短债的手法，替革命当局解决开支问题。他和米拉波观点相似，认为如果不想让新生的法国成为一个仅凭过激的宪法主张维持下去的政治怪胎，就必须放权给政府，让政府能够养活自己。他与生俱来的天赋配合后天所受的培养，让他能将官场政治、理性主义同伏尔泰的政治思想结合在一起。国家不能光是靠具有共同信仰、志同道合的高素质公民凝聚起来的，他想要建立的是一个焕发活力、充满理性的国家，敏锐的判断力才是第一位的，而不能让感情用事的处理方法占了上风。但是他也能理解使得米拉波之所以非同一般，有异常人的种种力量到底为何物，为什么会让他常常失去基本的理智。和他的朋友一样，他也好赌，而且总是想办法在比较有把握的事情上下赌注，可是这种事情去哪里找呢？

就在1789年10月的第一个礼拜，当时的米拉波正试图和王室搭上关系，而塔列朗也在打教会财产的主意。当时他还在欧坦主教的位子上，不过，出于稳妥的必要，他还是提出了辞职，只是在法衣内还戴着一枚精致的十字架，他也只是偶尔瞥上一眼，才能够回忆起当年身居主教之位的日子。朋友们管他叫"主教大人"，脸上总是掠过一丝狡黠的浅笑，似乎是没什么恶意，只是打趣而已。当然和他们中的大多数不同，他从来不是一个玩世不恭的人，遇事喜欢思考，可是朋友们眼中的他，却是个头戴主教冠的伏尔泰。他离经叛道，是贵族中的逆子贰臣，拿自己出身的教士阶层开刀，这种事他们根本不会感到奇怪。

10月10日这天，在财政问题上，争论再一次发生了，塔列朗宣布，有鉴于国家出现了严重的财政危机，则"国家危在旦夕，唯有猛药可医"。眼下正有一副良方，有一笔深藏未露的财富无人想到过，那便是教会名下的财产和土地。"为国计"则必须拿来一用，好为新的贷款提供抵押担保，要不就干脆变卖，以应国家燃眉之急。此话说得极为轻巧，但正如霹雳炸响，惹得他的教会同僚怒火填膺。他装出一副斯文和气的样子，说什么此事无需多加讨论，因为"很明显，教会人员与普通民众不同，他们不是通常意义上的业主；对于田产他们只有使用权，但不可让渡给别人；之所以给予他们田产，不是让他们获取私利，而是让他们完成自己的职责。"

塔列朗插手这件事，绝对是说得通的，因为这并未给人留下简单粗暴的反教会的印象。虽然在神职人员中，他会被斥为犹大、撒旦的牧师和敌基督的野兽（还有其他一大堆的骂名），但实际上，他并不是一个和教会过不去的主教。他倾向于现实、功利的政策，在具体安排上，教会实际上有独特的社会功能，给那些头脑简单的信徒以帮助，让他们能从精神上得到抚慰，和国家保持步调一致。对于这一点，他在10月的讲话中已经说得很清楚了，国家肯定会确保牧师阶层过上体面的生活，他们的收入水平将比目前乡村助理牧师的工资待遇高得多。这些人将会被培养为品质高尚的国家公务人员。

他的这种理性措施可真是皆大欢喜，并不像他的政敌们所竭力描绘的那样孰不可忍，塔列朗可借以标榜道："所有善良且具备良好判断力的人都会欣然同意。"他的这些关于教会的看法，和后期的启蒙主义的明确主张倒是如出一辙。尽管伏尔泰本人是持自然神论的，但他还是认为，宗教如果在法律上不再具有强制约束力，那么它对于公共道德的维护，就具有不可或缺的作用。在卢梭看来，对于"上帝"的崇敬，是对天赋美德之根源的认同，也给予了国家和立法者极为宝贵的人格精神。但是在这两位学者看来，教士跳出尘世，高高在上，还搬出这么些戒律教条，使得教会脱离了普通百姓，这是祸国殃民、欺罔世人的行为。他们认为应该打破教会自行设置的种种特权门槛，让它真正融入公共领域中为广大人民服务，成为一个造福于民，而不是禁锢重重的机构。雷纳尔神父说得更直白："在我看来，国家不是为宗教而建，相反，宗教是为国家而创设。"

[412]

至少在其他国家，已经出现了务实主义天主教的尝试了。在1780年代的时候，玛丽-安托瓦内特那位雄略出众的皇兄，奥地利的约瑟夫二世，已经拟定出一套计划，准备把那些行乞和打坐的男女修道院一并关闭禁绝，命寺内出家人一概还俗，让他们成为"有用之民"，和塔列朗一样，他也认为，应该采用非强制的手段，招募教会人员进入国家的基础教育机构中工作，广大人民应该在学校里学习识文断字，不应该被灌输那些清规戒律。他也想要把天主教教产用作国家掌控的公共基金，从中拨付社会慈善行动所需款项，比如救济穷困家庭，让孤儿享受教育培训，开办医疗机构和精神病院。神职人员可以领取工资，对这些资金进行管理，但条件是，他们必须承认自己是国家工作人员。

不用说，这些政策的出台，立即引起了罗马教皇的反对。但是对皇帝而言，可能正好借这一冲突来凸显出教职改革的爱国主义特性。同样，法国人的改革计划中，那些想要将神职人员融入统一的国家政治体系中去的人，也说自己的做法是国家主权的自然延伸。1789年8月，国民议会以侵害国家主权为名，把一笔上缴给教皇的"圣职首年收入"（上供教皇的费用，以褒奖每年前往罗马的朝圣者）给扣压了下来。塔列朗和米拉波希望，通过宣布教产收归国有（米拉波就是在10月13日的国民议会上用这样直接的方式，实现了他们的目的），能够激发起当年"高卢同胞"的爱国热情。早在1765年的时候，就是凭着这股劲头，把那些耶稣会士都赶了出去的。他们知道，在教会内部会有人和他们形成统一战线：比方说格雷古瓦神父就是一个，他就不觉得剥夺教产是打家劫舍，反而是个机会，可以将腐败的教会改造到原来纯粹传播福音的道路上去，教会本来就该是

图1. 安托万·卡莱,《身着加冕礼服的路易十六肖像》

图2. 雅克-路易·大卫,《荷拉斯兄弟之誓》, 1785年

图 3. 伊丽莎白·维热-勒布伦,《玛丽-安托瓦内特和她的孩子们》

图 4. 安热莉克·阿莱，《米拉波伯爵肖像》

图 5. 安托万·韦斯捷，《拉图德肖像》，1789 年

图 6. 一个参战者，葡萄酒商店店主克洛德·肖拉所见的《巴士底狱之围》。典型的民间印刷品，当天的所有事件都被压缩在一个画面中。

图 7. 用巴士底狱砖石制作的《巴士底狱模型》

图8. 路易-菲利贝尔·德比古,《作为国民自卫军司令的拉法耶特》,1790年

图9. 佚名作者的素描,《"去凡尔赛!去凡尔赛!"》;巴黎女商贩向皇家宫殿进发

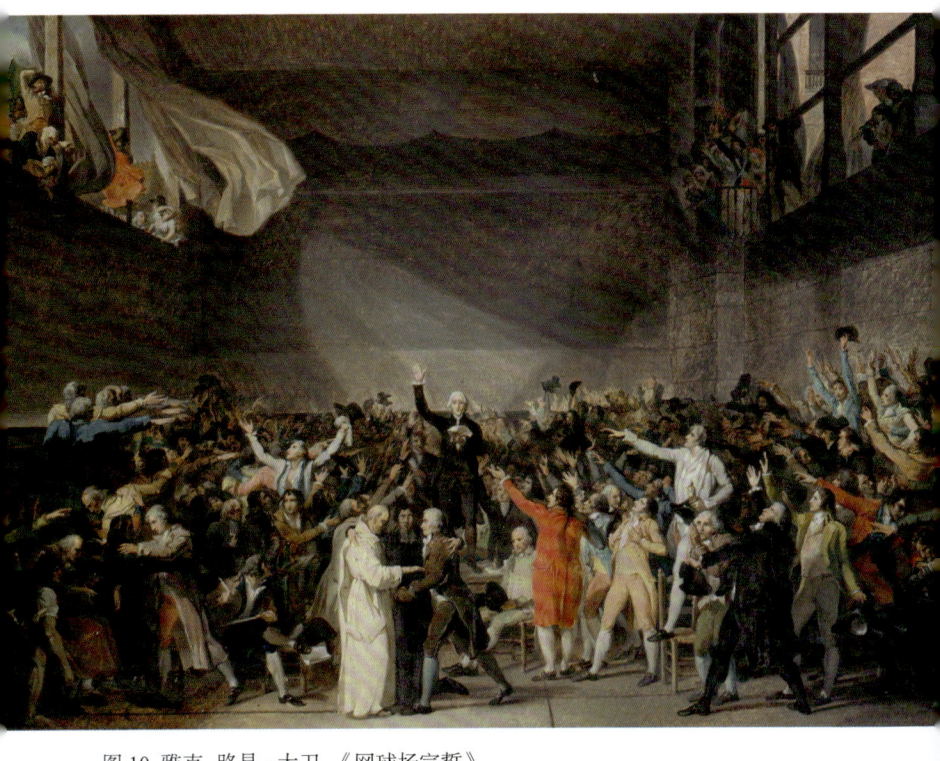

图10. 雅克-路易·大卫,《网球场宣誓》

图 11.《皮埃尔·韦尼奥》(右上)

图 12.《路易十六为国家的健康干杯,1792 年 6 月 20 日》(左上)

图 13. 雅克-路易·大卫,《勒佩勒捷头像》(右下)

为了虔诚的信仰而设立的。很多的文学作品，有些是詹森派的，还有一些是里切尔派的，也都主张建立一个更加简朴，更加清廉，能将世间的污浊荡涤干净，甚至能和其他基督教派别和平共处的天主教会。大革命之前出现了一些这样的出版物，比如1787年有一本叫《公民神父》的，里面就刻画了当时的教士的典型生活方式：

> 这些人的生活堪称小康，享受着尘世间可及的一切快乐；他们享用精致的美味佳肴……频繁拜会好朋；在自己的豪宅里接待宾客，外层的衣衫是修士的长袍，里面则身着时尚华服；欣赏精美的书籍和画作……打猎、赌博，过着豪奢和享乐的生活。他们虽自称基督的贫儿们，但其实人们知道，他们实际上是家财万贯的富人。

[413]

话锋陡转，作者接下来谈到天主教教区神父因贫苦无依、艰辛劳作而形容憔悴、委顿不堪，他们倒是当之无愧称得上是基督徒先辈的衣钵传人。塔列朗强调乡村教士的物质生活，目的是希望将他们拉拢过来，共同对付那些主教和修道院里的神职人员，在他看来，这些人才是他的主要敌人。至少他的话，还是有人相信的，多米尼克·狄龙，这位当选为普瓦提埃的第三等级代表，老波桑热（Vieux-Pouzanges）的教区神父，对此表示同意，"时下艰困，若捐弃教产可使百姓免担新税，便当即刻施行"。

要是塔列朗真的指望教会达成一致，全力支持他的计划，那么他注定将要大失所望。议会在8月4日轻易取消什一税的做法，把很多乡村副牧师给惹怒了，这些人可是在6月的第三等级的胜利中出过大力的人。尽管在制订出新的财政方案之前，什一税仍将照常征收，但是实际上，根据他们从各自教区得到的情况，只要废除什一税的消息一经公布，就根本别想收得上来。出乎预料的是，反对的声音不只来自一个方面。修士西哀士虽说和他的朋友塔列朗相比，天主教的观念更加淡薄，竟然也公开反对米拉波在 11 月 2 日提出的解决方案，他倒并不是出于宗教信仰的原因，而是认为这项计划违背了《人权宣言》中对于坚持财产权不可侵犯的承诺："你们宣称原属于教会的财产现在为国民所有，但我却依旧怀疑这话的真实性……我不认为一句简单的宣言就能改变权利的本质……为什么你们要让这些可憎的情感侵袭你们的灵魂，并让不公正、不道德的东西来玷污革命最美好的一面？为什么要偏离立法者的角色？为什么要对神职人员下手？"

[414]

西哀士一反常态，言辞激烈，不难看出塔列朗和米拉波的提案已经激起了轩然大波。让情况变得更加糟糕的是，本来很多教区教士已经站到革命队伍这边，成为了积极分子，可是现在呢，多数人感到被人出卖，成了牺牲品，当了冤大头。演说者声称，他们之所以反对国民议会的那些新政策，并不仅仅是捍卫自己的既得利益，而是因为他们拥有坚定的信仰，认为自己应该是置身世外、不关俗务的，现在教会降格成为国家的普通机构，这让他们感到愤懑难平。他们也并不否认，他们的物质生活水平，有可能是得到了提高，如果要放弃他们在国家监督之下的自治地位，可能会付出很大代价。另外他们还担心，对于新教的宽容，会让天主教会自古以来一直享有的特权地位受到削弱。在 11 月 2 日，国民议会以 510 比 346 票的优势通过米拉波的提案，之后几个月见证了一系列关于教会"国有化"

的激烈争论。

就拿艾克斯大主教布瓦热兰来说，本来是积极支持大革命的，现在虽然仍然拥护革命，但是充其量也就是个温和派，态度显得不冷不热。一开始是采取消极对抗的策略，援引代表教士利益的代议制原则，声称对于这些提案，应该专门召开全国性的宗教会议讨论。但是，这项主张却被认为侵犯了议会制国家的权威，遭到了驳回，布瓦热兰情绪变得激动了。他在1790年4月14日的一次国民议会上措辞强硬地说："你想用剑击退圣坛前的牧师吗？我们既不能也不必遵守你们打算颁布的法令，并且我们保留对所有权益提出上诉的权利，这些权益是法律、传统和法国天主教教规赋予我们的。"（他实际上也是当初劝说国王签署《教士公民组织法》的大主教之一。）

改革者发现，支持他们的人，恰恰是那些激进的巴黎反教权主义者，是他们避之犹恐不及的人。在投票决定"国家财产"去留的这天，那些因为反对而出名的教会代表都被百般嘲弄，人们朝他们身上扔东西，还把他们赶出国民议会。同时还出现了一些幽默画、流行曲和"女鱼贩腔"小调，旧瓶装新酒，对教士、教皇和主教们，极尽嘲弄笑骂之能事，当时一个流行的模仿类滑稽作品欧菲力（O Filii）这样唱：

> 我们的教皇是蠢货，
> 神甫是流氓，
> 我们的主教大人是无赖，
> 哈利路亚！

还有一首歌，内容是说一些贪财好色的教士打算武装起来，在圣巴托罗缪日之夜对市民进行大屠杀，这实在是个老段子了，靠着马里-约瑟夫·谢尼埃那部大红大紫、广为人知的戏剧《查理九世》而为人津津乐道。戏里的红衣主教和主教，就被描写成处心积虑想要置好人于死地的阴谋家，很显然，谢尼埃是想要尽力贴近大革命的时代潮流。这部戏里的国王一角，是法国顶级演员塔尔玛（Talma）扮演的，他塑造的这个人物非常成功，既有如凶神恶煞，又蠢笨至极，人物本身倒是无所谓是非对错，但是发生在他身上的事情确实离奇曲折，简直让人忍无可忍，厌憎至极。教士和主教组成的一个特别代表团提出抗议，要求政府和国王下令禁演，因为这部戏实在下流无耻，恶劣透顶，为1789年所仅有，而这个要求居然还被批准了。不过，全剧落幕后，广大巴黎市民头脑中还是留下了深刻的印象，教士的形象和反对公民权的形象完全等同起来。

由于"国家教会"的狂热支持者遭到了教士的强烈反对，他们就想着如何用正当途径和下流手段相结合的宣传攻势，来达到他们的目的。在12月19日这天，他们决定通过巴黎市政厅代理的方式，把价值4亿利弗尔的教会财产卖掉。这样政府就能拿这笔钱作为保证金，筹到一大笔贷款了。实际上，这也是国家没收教产行动的开始。教区助理牧师和主教对这一举动纷纷表示谴责，他们站在布道坛上发表声明，威胁说谁要敢出手买，就把谁逐出教会，并且警告说，神圣的财产可能会就此落入新教教徒手中，甚至有可能被犹太人得到，圣母在上，这种事情想想都是罪过啊。与此针锋相对的是支持拍卖的小册子，提醒群众说，国家缺少资金，世俗"贵族老爷"和教会的"上层人物"应该负主要责任。这是和粮食阴谋同等性质的金条阴谋，那些逃到国外的人和修士们相互勾结，将大量金锭银锭和

第十二章　信仰的行动　1789年10月—1790年7月

纸币偷运出国，或者私藏起来，让财政资源在流通中耗尽。

而与此同时，一些对这些小册子做出回敬的祈祷文，也突然涌现出来，这次骂战的目标是1790年2月13日立宪会议关于收回对修士誓言承认所作的重大决议。改革支持者最后表示，要将好逸恶劳的修士修女们改造成对社会有用的公民。修道院要敞开大门，允许封闭在内的人走入世俗社会。对于这个突如其来的机会，男女修士的反应大相径庭。真正决定还俗的修女很少，除了在巴黎的圣女马德莱娜（Sainte-Madeleine）修道院的几个修女，她们倒是准备发起一场运动，抗议贵族出身的修女院长蒙莫朗西·拉瓦尔（Montmorency-Laval）的"专制"。更有普遍性的是巴黎加尔默罗会（Carmelites）发布的抗议宣言，"如果世上有幸福，我们就在圣所的庇护下享受它。"同样，并不是所有的修士都想要跳出修道院的。圣马丹代尚普的本笃会修士在1789年9月就搞了一次投票，放弃他们的财产，靠接受国家发放的津贴补助生活，但是在1790年又决定仍保留他们的修士誓言。尽管如此，变化最大的，却恰恰是在12世纪修道院大量重修的核心地区：克莱武（Clairvaux）、克吕尼（Cluny）和西托（Citeaux）的那些西多会的大修道院里。壮丽恢宏的哥特式修道院聚餐堂、图书馆和教士宿舍，本是自给自足，用以对抗尘世腐败的屏障，可是其间大批的削发的市民，如今都走出寺庙，重返世俗社会。

国家对于教会自治权的干涉，在教士生活的方方面面都可以感受得到。当局在12月份拍卖第一批财产之前，就派出专员到各个教区牧师会礼堂，监督封存地契，防止非法透露或者秘密转让给第三方。在1790年3月到4月间，派驻到男女修道院的佩戴三色肩带的卫队士兵更多了，他们来是为了检查国民议会的法令是否已经贯彻传达，并且得到了修院长们的切实遵守了。

到了2月份的时候，全体神职人员都已经被革命当局收编了。当月9日，洛林地区的助理牧师，就是那个主张解放黑人和犹太人的格雷古瓦神父，提出了一份报告，指出在凯尔西（Quarcy）、鲁埃格（Rouergue）和塔恩地区，农民正在参与暴力活动，因为他们认为8月4日的法令免除了所有应付给地主的租税和徭役，而没有注意到最要紧的一部分，也就是国民议会在私人耕作与当前所谓的租赁义务之间所做的精细区分。这种误解，格雷古瓦认为，主要来自于不懂法语的地区，那里的人所操的是当地土语，以及南方的朗格多克方言。不过在萨尔拉（Sarlat）道格纳（Dordogne）山林地带，这位主教以个人名义出版并刊印了一批书面材料，对各项法令进行解释说明，并利用布道宣传的机会消除了人们的错误认识，可以说树立了一个积极的榜样——所有都是以一种牧师布道的方式进行的。

首先，格雷古瓦的结论是，大革命的一项基本任务，就是要通过积极开展法语普及运动，并辅之以各类宣传，来加强国民统一意识，在这方面他是总负责。而就目下来说，需要招募教士来帮助人民，特别是农村地区的人民，理解革命立法。第二天，塔列朗就提出，最好的办法就是让他们在布道坛上宣读法令，利用这样的机会消除谣言对人们造成的影响。提议并未像预想的那样激起强烈反响，因为自路易十四开始，国王让牧师对着教众当场宣读朝廷敕令也是常事，这样做的好处是，可以利用礼拜天做弥撒的宝贵时机，仅凭一人之呼，便能让各庄农户举家云集。但是借助教区这样特殊的场所，进行战争宣传，污蔑异端，毕竟和将布道坛变成革命公告处的性质完全不同，

[417]

连太阳王也坦承，他无法强迫那些教士替自己宣传政令。

大革命当局在将教会纳入公共教育体系的道路上，走得比君主制时代更远，不但以撤销教区相威胁，还扬言要剥夺教士作为"积极公民"所应享有的投票权。实际上，这等于是在贯彻雷纳尔神父的政策，即国家掌握公共道德的最终决定权，教会所做的到底是有利于，还是有损于公共道德，由国家说了算。"神职人员只能依靠国家而存在，""巴纳夫说，所以国家（如果愿意如此）可以将其摧毁。"为了对抗这种不平等的从属关系并通过政治恐吓加以巩固的做法，教会出版机构发起了一场精神领域的反宣传战役。天主教保王党的《使徒行传报》，还有巴吕埃尔神父（Abbé Barruel）的《天主教日报》这样的定期刊物，都否认政府拥有策划教义宣传、礼仪规范和圣餐程式方面的权力，而对于政府要求教会融入国家的世俗性功能机构的要求，他们坚决不肯让步，强调神权的特殊性和独立性。

巴吕埃尔的报纸不光刊登了修道院方面理直气壮反驳大革命立法的长篇大论，还声称收到了广大乡村助理牧师的来信，信里对来自国家机关的恐吓威逼大加抱怨，这些信至少有些贴有邮票，应该不是弄虚作假。有人这么写道："耶稣基督曾说，我的房子也是祈祷者的房子……我们的庙宇不同于市集，也不是城镇的大厅。巴吕埃尔回复道："基督的使徒并不是凯撒的臣民；教会内宣布的真理，一定是有关基督律法和福音戒律的真理。"

自古以来罗马天主教会和欧洲国家政权之间的矛盾冲突一直存在，这次发生的争论，当然也只是新一轮的对抗而已，不管是实用机会主义，还是在要求教会服从世俗社会的态度上，和亨利八世的改革总管托马斯·克伦威尔比起来，塔列朗都没有太大的进步。在空泛的教士自主权问题上,卢梭已经取代路德成为新的理论权威。但是法国情况比较复杂,显然人们并不愿意,甚至国民议会的多数人都不想放弃受到偏爱的天主教。只有当他们被逼迫太甚的时候,比方说4月10日这天,多姆·热尔勒(Dom Gerle)坚持要求国民议会宣布罗马天主教为法国的唯一国教,形势才猛然恶化,急转直下,但是立法人员仍然希望,天主教方面就算不能唯命是从,起码也要乖乖识相,再说教皇在阿维尼翁有一块飞地,当时正好处于要和法国"统一"(实际上是被合并)的威胁之下。

而事情却是,从1790年春天一直到夏天,教会内部开始对巴黎当局产生离心倾向,对大革命政府的长期压迫也感到不满,这种情绪越来越强烈,明显可见。从谭旋(Timothy Tackett)所绘制的图表看,这种对立态度有明显的地域性,非常独特。反抗大多数集中在西部和西南部,还有就是东部从孚日经由阿尔萨斯和洛林,一直到佛兰德和皮卡第一带的地区。还有鲁昂谷地和法国南部,根据图上的标记,既是反教会区,又是激进的天主教的地盘,革命派的提案在塞纳河谷一带,接受程度较高,巴黎和最贫困的中部地区,那里薪俸稍稍高一些的助理牧师,可能会在这中间起到决定性因素,甚至在一些特定区域,乡村和城镇之间的忠诚度也会有霄壤之别。以巴耶(Bayeux)的诺曼镇为例,奥尔文·赫夫顿发现,当地的教士抵触情绪更加强烈,但是在一些邻近的乡村,那里的教士似乎更加世俗一些。

塔列朗的欧坦全体教士大会(当然自从他颁布法令之后,在当地就再也见不到他的人了)的观点非常明确,并开始和自己的主教产生了正面冲突。他们对他实在是失望至极,对他在1月份——和臭名昭著的罪人米拉波一起——递交给国民议会的那份打算解放西班牙和葡萄牙的犹太人的提案感到十分不满。这些都可算是早有预谋，背叛教会的主教和迫害基督的高利贷者，还有同样让人唾弃、惹人憎恶的资本家勾结在一起，掠夺教会财产，装进自己腰包。在大教堂的祭坛前宣誓："我将会如捍卫新娘的贞洁一般，用生命捍卫欧坦的教会。"他就是这么履行他庄严的承诺的么？有好多寄往当地报社的信件都称他是犹大、叛教者、福音传教的杀手。塔列朗只是把佩在胸前的十字架稍稍往背心里塞了塞。

在立法者这边，他们倒是非常欣赏这些被寄予厚望的公民神甫，他们待人和善，能够顶住来自教会的指责，在宗教责任和世俗职务之间能摆正关系，是非常可贵而杰出的人才。比如有个叫皮皮纳（Pupunat）的，从安省东部靠近南图尔（Nantur）的埃塔布列（Etables）教区写信给国民议会，说当地官员不让他阅读法令条文，而他一直觉得"将威严的国民议会颁布的法令的精神与基督教教义密切结合在一起是他的职责所在"。

国民议会逐渐觉得，像皮皮纳这样的人实在是少之又少，而他们过去还想当然地认为，忠诚可靠的公民神甫团队是遍地开花，水到渠成的。为了弥补这方面的缺陷，大会在两个方面下了功夫。首先，指派专门的宪法宣讲员，作为国民议会正式的通政使，可以考虑让他们在布道坛上直接宣读法令规章，当然这只是作为一种参考手段。其次，教士虽然并不承担这项义务，但他们仍然必须要按照规定，宣誓效忠国家和相关法律，严格履行其所承担的神圣职责。效忠的内容与公职人员和普通士兵几乎完全一样，不这样的话，他们的忠诚度就要打上一个问号了，但是对于教会人员，这就等于是屈从于世俗权威。种种迹象表明，当《教士公民组织法》在1790年提交国民议会的

[419]

时候，在大多数立法者看来，这就等于是把他们彻底融入了领取薪酬、鉴定合格并且接受监督的全新的国家公务人员队伍中了。不论怎样，米拉波说过，因为"宗教已归属公民"，故而那些高级教职人员也就该和士兵以及文官一样，是国家公仆。而且助理牧师和主教名额，也应当参照类似治安法官和区级法院的方式选举产生，教区的数量和各省的辖区一致。

孟德斯鸠神父（Abbé Montesquiou）作为立宪会议主席，可说是声望卓著，他认为这不是革故鼎新，简直是赶尽杀绝。他在 4 月的会议上曾经质问道，该法是不是"将要成为一种要求人类自己做祭品的异教崇拜"？该法是要牺牲神圣的教士吗？该法是不是"丝毫不顾及国民议会的存在，甘心成为灭绝天使"？

《教士公民组织法》不单是法律制度的一个组成部分。它也是一场圣战的开始。

三、演出的公民

1790 年的时候，走遍整个法国，只见自由树在乡村的田野中绽出嫩芽，在市政厅前的公共广场上吐出新花。有时候，他们是真的树木：五花八门，有一些是小树，甚至更小的树苗，刚刚经过修剪，或者被移植到了别处。尽管如此，叶片枯萎，枝柯凋落的情况随处可见。原本以为春回大地，万木复苏，结果并非如此，于是就用砍削剥皮的杆子取而代之，看上去非常像过去那些带有象征意义的五月柱。柱子上头扎了好多的三色装饰带，成为村子里效忠大革命的焦点，此外它还是一个标志性的宣告，表示该地区再也不是属于封建主的所有物了，人民从人身关系上也不再依附于封建主了。

在一些特殊的庆典上，这些树木还会作为宪法自由事业的献礼：市长会带头宣读誓言，当地的国民卫队分遣队齐声附和；这棵树会得到当地牧师的祝福，学校里的孩子和当地的吟游诗人还要咏歌、吟诗，为之增色，而请来的吟游诗人，至少是当地文学会的成员。在这根公民桅杆的周围，还会有人跳圆圈舞：新的政治秩序倡导的是一种博爱精神，让不同等级、不同阶层的人如兄弟一般，紧密团结在一起。

巴黎革命政治家通过更加具有共济会色彩的方式所宣扬的那种和睦融洽的美梦，也是这些自由树所要表现的内容。对于祖国的忠贞和奉献，似乎彻底颠覆了传统意义上的虔诚，对于行会的、地方的、本阶级的忠诚和在神父面前所做的真心忏悔，现在都没有了，由一种包含一切、对于新的政治大家庭的奉献代替了。但是名义上是不分阶级、来者不拒的激进主张，实际上需要将一部分人排除在外，这样就能划定出明确的界限，让内部人士产生一种归属感。于是，凡是有融合的场景，就必定会出现与之相反的拒绝场面：那些站在反人民的顽固立场上的人，坚决不允许他们将这种等级观念带进革命大环境，他们必须被剔除在外。画家雅克·路易·大卫就至少画了两幅这样的油画：代表马丁·德·奥什，拒绝参加网球场宣誓，坐在那里蜷着身子，失魂落魄的样子，两臂在胸前紧紧合抱着，而其他人都在宣誓，都把手伸了出去。另一幅图更是充满警世意味，画面中可以看到布鲁图斯几个儿子的尸体，他们是被自己的父亲下令处决的，因为他们背叛了罗马共和国。

渐渐地，为了对这些被排斥在外的人群加以区别，就把他们划为可能会叛国求荣的"贵族"，哪怕他们只是平头百姓，而有时候控告者自己倒是出身贵族。也没什么想不通的，原先的贵族，之所以能够控告一个出身低微的捐客为"贵族分子"，就因为他过去给这位总包税商跑过腿、打过杂。这种荒唐讽刺的社会现象，有时候会造成古怪可笑的争执。1790 年 4 月 27 日，《凡尔赛信使报》报道了发生在两个贵族之间的骂战。以凶悍好斗出名的圣吕日侯爵和拉达韦斯骑士（Chevalier de Ladavèse）在靠近圣奥诺雷路附近狭路相逢，圣于吕热看见仇人，便怒骂道："你这个劣等的贵族。"那个骑士也毫不示弱地回骂："你这个蛊惑人心的政客！"身穿国民卫队上尉军服的圣于吕热随即拔出佩刀，骑士也亮开了他那根内藏利刃的手杖，要不是边上有另外的贵族拉开的话，肯定就是一场好杀。那位吕克伯爵，已经年逾古稀了，据说靠着一种叫作平等的药剂，治好了他的风湿病。这就是 1790 年的时代精神，老伯爵就是凭着身上的两枚荣誉勋章，才把两个互不买账，准备对着干的家伙给镇住的：他那身军服，是奥拉托（Oratoire）区的民兵制服，还有那枚一直别在三色肩带下面的圣路易十字勋章。

　　两个死敌不期而遇，都自称爱国革命者的代表，对方才是"贵族"，这类纠纷在社会各界人士中都一再发生，实在是屡见不鲜了。甚至有同胞相阋的，就像米拉波兄弟两个，就互相诟骂，不是哥哥说弟弟狂热愚昧，就是弟弟骂哥哥反复无常。个人恩怨上升到了政治高度。还有雅克-路易·大卫，他的政治热情差不多都倾注到画板上了。法兰西学术院拒绝了他的请求，没有为他死去的学生德鲁瓦（Drouais）追授各种荣誉，他觉得这不仅仅是对他个人的侮辱，更是封建统治阶级腐化堕落、顽固不化的毛病在作怪。而且竟然不把他这个法兰西学术院罗马分校的校长放在眼中，真是岂有此理！大革命时代涌现了太多的新名词，大卫可以尽情地挑出来公开表达他的不满。这么一来，图文并茂，言形相合，艺术家和他的艺术品完全融合到了政治之中。

大卫的朋友塔尔玛是个演员，和大卫可说是如出一辙，个人生活和演艺事业，都完全消耗在政治宣传活动中了。早在三级会议召开的那年春天，他就竭力将自己打扮成一个爱国积极分子，利用惯常讲评的机会，也就是借歌剧院里演员通常在演出前后例行说客套话的当儿，朗读了一段马里-约瑟夫·谢尼埃写的热情洋溢的发言，拼命鼓吹大革命功德无量，他说道："凡是心存根深蒂固的偏见，对过去奴役人的制度念念不忘的人，我都把他们看作敌人……只有爱国的、忠于法兰西的人，才能成为我的朋友……威严的国民议会代表着你们所有人，在它的努力下，封建旧制度的残余很快会被清除得干干净净！"

塔尔玛觉得，官办的戏楼剧院不但已经是陈年旧迹，这些剧团本身的艺术手法，也都显得矫揉造作，动作僵硬，而且过于程式化，舞台上那些王侯将相、才子佳人简直荒诞可笑，情节也跳不出老框框，永远是那么庸俗无聊，远远脱离了丰富多样的社会生活，毫无深邃严肃的现实意义，而舞台本来就能够，也应该对这一切加以表现的。怪不得让·雅克觉得一个民风淳朴的国度，就不应当有戏园子这种东西，怪不得唱戏的到现在还没有投票选举的资格！

就这样，塔尔玛把大卫的罗马故事画搬上了舞台，放到了伏尔泰的《布鲁图斯》这出戏当中，其实在这出戏中，他扮演的保民官普罗库鲁斯（Proculus）总共只有17句台词。身上佩着大卫的钱币和老式挂件，再穿上古时的曳地长袍，头发剪短，往前梳成卡庇多利尼的布鲁图斯的式样，就像他朋友在油画中表现的那样。"啊，他的样子太丑了！"他的一个比较老脑筋的舞台同行孔塔小姐（［Mlle Contat］博马舍的苏珊娜），在第一眼看到这个罗马人打扮的塔尔玛时说："他看着就像是一尊古时候的雕像。"经这一番改头换面，塔尔玛正式登台了，他这是故意要让团里那帮头戴假发、套着长裤，依然一副拉辛和高乃依行头的大牌下不来台呀。为了造成强烈的视觉反差，达到让人眼前一亮的效果，他在脚上绑上皮绳，大腿则裸露在外。

他的这副造型果然如事先预料的那样，引起了强烈的反响，暴露了剧团里面资深演员在表演上的贵族化倾向。秋天，他获得了表演谢尼埃的《查理九世》的机会，这更是加深了剧团的不和。到了1789年末，当时的政治气氛下，对于演一个残忍的昏君，剧团里没人有什么兴趣了。塔尔玛最想演的角色轮不上，就被分派去演国王。为了演好这个配角，塔尔玛可以说是全身心投入，用饰演莎剧闻名的基恩（Kean）的那种极度罗曼蒂克的表演法，并大胆运用化妆术，将自己的面部形象彻底进行改变。他的查理九世有着薄薄的嘴唇，长长的眯缝眼，简直和蒙古人一样。大卫被深深震撼了。他告诉塔尔玛，他看上去真的像是卢浮宫里富凯（Fouquet）的肖像。在这部戏的高潮部分，塔尔玛让国王看上去憔悴不堪，委顿蜷缩，沉浸在深深的自责当中，就像一个死期将至的卑鄙小人：

  我已经背叛了国家，背叛了法律的尊严。
  老天定会将我当作一个典型案例，让其他国王引以为鉴！

整整三十三场演出，场场爆满，主教们虽然施加压力，最终让这部戏自此停演，但是塔尔玛还是借着《查理九世》这部戏奠定了自己戏剧界革命家的地位。他现在也跻身政治舞台，忙着和一些上层人物打交道了，特别是和那位地道的业余艺术家米拉波甚是相得。在巴士底狱陷落一周年纪念会上，他的政治生涯迎来了一次大的转变，在一部戏中扮演让·雅克·卢梭的灵魂，戏里的行头都是仔细照着老的人像画里的衣服的样子来的，很具有怀旧气息。然而过了一个星期，也就是7月21日这天发生的一幕，才是政治和戏剧真正亮相交融的时刻。当晚米拉波组织了一批普罗旺斯人，给禁演的《查理九世》捧场叫好。可是剧团经理诺代（Naudet）跑上台来，说是不能演了，因为女主角病了，其他的几个主演也都不舒服。他的这番话，立刻招来了暴雨一般的嘘声和怒骂。正在此时，塔尔玛从后台走了出来，告诉大家，韦斯特里夫人（Mme Vestris）嗓子还可以，能够坚持演唱。其他地方要是实在不行，就用念白来代替。于是第二天晚上，该剧如期上演，那些国民卫队的观众们也欢呼喝彩，总算心满意足。

事情并未就此完结。尽管台上台下都颇有人缘，塔尔玛还是因为无组织、无纪律，在1790年9月被国家剧院暂时封杀。而剧团里的爱国党派领袖迪加宗（Dugazon），却站在舞台上发表政治讲话，声援塔尔玛，称赞他是人民表演艺术家中的优秀典型。演出结束之后，观众们欢呼喝彩，高唱革命歌曲。他们踩在座椅上，爬过前排的凳子，走上舞台，有的还跑进上等包厢。迪加宗夫妇和塔尔玛被迫匆匆离开，如英雄一般义无反顾地走了，直到后来市长巴伊出面，才将他们重新接了回来，继续演出。9月28日，《查理九世》又一次上演了。

通过动员观众冲锋在前，替他们打赢后台战争，塔尔玛和迪加宗打破了戏剧和政治两不相干的传统。正如大卫将他自己的画看作某种意义上革命的一分子，塔尔玛也觉得，自己的三

[423]

寸不烂之舌，是借以激发公众良知的武器，能够有效化解领导者和群众之间的隔阂。自此之后，演员也就成了革命庆典上的常客，街道变作了政治表演的舞台。比如某次，迪加宗要搞一次示威，以示对法兰西喜剧院一直存在的各种等级特权的不满。他找来八名演员，穿成古罗马家仆的模样，抬了四个大篮子，里面装得满满的都是塔尔玛的道具，像头盔呀，长袍呀，还有铠甲之类的，然后让这八人罗马队列迈着古典行军正步，缓缓走到皇家宫殿。而他本人，则在广场上慷慨陈词，对贵族们大加谴责。

至少在巴黎，这种参政议政的现象很快就变得极为普遍了，甚至于不但反对旧制度下的陈规陋俗，并且为了自身生存，也对 1789 年新政权中出现的那些条条框框进行抨击。革命领导层的那些激情演讲也起了推动作用。什么国民啊，祖国啊，公民啊，都被混为一谈了，似乎每个法国人，无论男女，都在这个更多包容的政治大家庭中有了自己的一席之地。报纸杂志也不再是只用那些高雅文明的笔调，来反复地鼓吹那些普世皆准的妙策良方，而是经常夹杂着市井街巷、酒肆茶坊的俗语。城市和乡村到处涌现出的这种不切实际的空想，也成了公众头脑中的期待：种田用不着交租；教堂中没有主教和修士；军队里也没有征兵的军官；国家也从不向百姓征税。国家就处于这样一个奇怪的过渡时期，一个由议会制定法律规章的阶段，更是增强了人们这种脱离现实的盼望。

不久之后，这种深埋于法国大革命中的矛盾个性会进一步导致公开的敌对行为。因为，虽然对于公民社会的太平盛世的渴望，最初是出于反现代主义分子发动街头民众的一种过激行为，但是那些已经从他们的暴力活动中捞到好处的人，则想要将法国变成另外一种样子。他们要建立一个现代的、更加现实的强大国家：一个带有高卢特色的立宪君主制政权，而并非是民粹派当道的民主国家。

为此目的，他们规定种种限制措施，搞差别对待，为参政资格设立了各种约束条件，这和他们自己提倡的统一团结的梦想完全是背道而驰的。比如说《人权和公民权宣言》，就似乎只是针对所有的法国男性。到了1791年的时候，女演员奥兰普·德·古热（Olympe de Gouges）很自然就将它进一步推广，产生了《女权和女性公民权宣言》。然而从一开始，这部宣言就备受嘲笑。但实际上，这应该是一件很有意义的事情，把妇女纳入保障权利的对象，本身就体现了大革命的庄严承诺。立宪派非但不准备考虑妇女作为参与政治进程的积极分子，甚至拒绝其他要求加入公民行列的人群。那些从法属安第列斯群岛回来的代表可以理所当然地利用《人权宣言》中的原则条款，使他们在殖民贸易中获得更大的自由，但是这些规章制度却非常蛮横地拒绝给予黑奴同等的权利。积极支持新教教徒担任公职的阿尔贝特·德·博梅（Albert de Beaumetz）在12月24日对此作出解释，说相同的权利也不可能推及犹太人身上，由于"他们在政治和宗教上都是被诅咒之人，因此犹太人无法享有同样的权利"。

立宪会议所设定的参政条件，仍然存在对普遍权利的承诺的公然违背。在《人权宣言》中，明明已经确立了全体公民权的概念，现在这些代表却认定，某些人比另一些人更具资格。只有年满25岁以上的本国男性公民，在境内定居超过一年，不是家庭仆佣，或存在任何人身依附关系的人，在支付相当于3天含税劳务薪酬的费用之后，才可以在初级选举委员会中拥有投票权。再往上一个选举级别，条件更加严苛。想当选举委员会委员，就需要支付相当于10天工资的钱；要获取立法机构代表资格，就必须支付相当大一笔的银马克，相当于一个工人50天的工资收入。

这样一来，就将很多人都排除在外：乡村的短工和农场的杂役，还有家庭仆佣，都被剥夺了选举权，很多熟练工人也都没有投票资格，所有这些在1788年到1789年的暴动中起了关键作用的社会群体，还在翘首企盼他们能迎来政治上的大解放，会有一个巨大的改变呢。虽然如此，产生的选民人数依然达到400万之多，是欧洲有史以来进行代议制尝试涉及人群最为广泛的一次。可是在那些议会中显然属于少数派，鼓吹要进一步推进民主的人看来，这种种限制，显得畏首畏尾，伪善之极。"它们喻示着，"阿图瓦代表马克西米连·罗伯斯庇尔说，"平等的制度遭到了破坏。"德穆兰在他的《法兰西和布拉班特革命报》上重述了这句诘责："谁才是真正积极的爱国公民？"他提出了这样一个尖锐的问题，"那些占领了巴士底狱的人，那些在田野里工作的人才是真正的公民；尽管朝中宫廷大臣和神职人员拥有田产无数，他们也只不过是些废物罢了。"

德穆兰学的是卢梭的口气，称呼上就想巴结讨好，显得读者是自己的私人朋友，管他们叫"订户吾友"。在他的报纸中，他试图展现出一种革命时代农村城市化的至臻完美的景象，说科德利埃区是"无与伦比"的，还宣称他认识那里的每一位农民，一会儿把这片"自由乐土"称作"小斯巴达"，一会儿又叫它"小罗马"，还说那里住着不懈不倦的爱国者，为了商榷国事，可以深夜不眠，并随时准备采取行动，粉碎市政厅反动统治者的阴谋。"若不是心怀宗教般虔诚的情感，我是不敢踏足其中的。"他在1790年1月写道，"对正人君子来说，这个地方神圣不可侵犯。"所谓"正人君子"在他看来当然就是记者，除了他本人之外，还有数不胜数的贤才，包括马拉、卢斯塔洛、弗雷隆（Fréron）和埃贝尔，此外还有杰出的出版印刷人莫莫罗，以及剧作家法布尔·代格朗蒂纳（Fabre d'Eglantine）。这批人里，个性最为鲜明，有领袖之才的就是律师乔治·丹东（Georges Danton）。他在1790年1月的时候，曾提议组建一个五人"自由督导团"（连他自己在内），以后没有这五人的联署确认，任何逮捕令都无效力。

而那位马拉，从物理发明家转行当了记者。喜欢骂骂咧咧的马拉，在自己的报纸《人民之友报》上发表了关于自由受到限制的文章全文，对"国家公敌"内克尔、拉法耶特和巴伊不停地发表谴责。在1月22日，当局试图抓捕他，派出了两个连的骑兵和数百名国民卫队，封锁了马拉工作和居住的法兰西歌剧院附近的街道。尽管丹东主张采取非暴力方式进行抵制，但他还是把区议会发动了起来，声称"自家地头"正在遭受"侵犯"。当他发现逮捕令是为查特莱（Châtelet）——一个正在改革中的管辖区——发出的，于是他决定向国民议会提出上诉。经过一番询证，还是给驳了回来。与此同时，马拉已经在想如何逃跑了，不久之前他刚出版了一本小册子，嘲笑市政当局大动干戈地来抓他，轰动一时。据他说，派来的士兵多达两万之众，装备80门直射炮，30门臼炮，浩浩荡荡地来抓捕他这位人民之友。他们向区议会大楼开炮，还在房顶部署军队，一旦马拉乘坐气球逃逸，就射穿它（马拉是飞行爱好者）。

让德穆兰备感痛心的是，科德利埃的人民共和国的历程辉煌而又短暂，就这么随着巴黎政府格局重组而付诸东流，巴黎

[426] 的60个区减到了48个区。"唉，我钟爱的科德利埃派呀，"他发出这样的悲叹，"别了，这里的钟声；别了，讲习台上的座椅；别了，还回响着著名演说家们的唇枪舌剑的论坛。"他实在是哀伤过早了，因为虽然科德利埃派的"领地"被几个不同的区议会，主要是歌剧院和圣安德烈艺术学院瓜分殆尽，但是作为左岸最重要的政治俱乐部，它依然被保留了下来。科德利埃派开始用极少的捐款，从劳动群众当中招收会员，这些人可能会让吵嚷着要求党员能够代表人民利益，来反抗大城市压迫者的声音得到平息。

说是说要团结，不要分裂，但是由于在国家体制问题上，比如在教产出售的事情上出现分歧，最后酿成了分裂和冲突。市级和区级所采用的选举制度让事情变得更加糟糕。因为这种选举实际上是当地政要贪腐相继，滥用职权，牺牲地方利益来满足中央政府无休止的权力支配欲望的温床。只要代表制存在一天，这个问题就一天不会根绝。在矛盾达到最尖锐的时候，就会出现中央当局和最不听话的外省直接兵戎相见的情况。法国南部出现的暴力活动，就是一个爆发极其严重事件的信号。新教教徒在冲击当地国民卫队的时候，遭到天主教群众的袭击，这些人都是受教士和守旧的当地政府唆使的。情况最严重的是在蒙托邦（Montauban），有5名卫兵遇袭身亡，50多人受重伤。

正是为了和凶暴好斗的地方主义势力做斗争，国民卫队中一些可靠的成员下定决心，要通过一次表现友爱忠忱的公开活动，将全国的武装力量都统一起来。让他们团结在三色旗下，许下庄严的承诺，组成一支无坚不摧、充满爱国热情的战斗队伍。

四、神圣空间

革命的法兰西要么做一个活力重现的欧洲强国,要么做一个由四万个选举公社组成的一个联邦。领导层必须决定,到底是更多地借鉴英国式的君主制,即宪法的分权下放严格控制在合乎中央利益的框架内,还是效仿美国,国民政府只是一个让各地选民达成一致的代理机构。但在1790年时,地方和中央关系还是能保持和谐融洽的,彼此也算相安无事。这种友爱团结的气氛,在巴士底狱攻占一周年之际举行的巴黎联盟节大游行上达到了高潮,这一切都体现出个人意愿融入全新的集体观念中去的情景。全体伸出右臂,指向中心;数千人异口同声,庄严宣誓,忠于宪法;忏悔中存在的分歧,在革命大家庭中也都烟消云散了。正如完美联合会分会的演讲者曾说过的那样,大革命将会成为"一个广阔的天地。在这里,所有善良的法国人都将成为兄弟"。

尽管新革命宗教的表现形式,也就是对联盟的崇拜,有故意做作的痕迹,必然不能长久,但是这样的安排本身就有意义,倒未必是要实现这样的目标。1790年的革命高潮让人热血沸腾,这些场面宏大、让人瞠目的表演,其影响力比任何错综复杂的政治制度变革都有过之无不及,甚至直到近些年,史学家仍在对这种变革孜孜不倦地加以研究。要是以为这些仅仅是些精心安排的可笑仪式,无非是戒心十足的政客们想要掩盖他们政权根基尚浅的事实,那就大错特错了。来自法国很多地方的大量无可辩驳的证据都表明,1790年的许多"联盟"不但是自发组织的,而且参与这种热火朝天的爱国联欢演出的普通群众非常之多。尽管真正的组织者都是国民卫队成员,现在算是家境殷

[427]

实的"积极公民"。这么多人参与其中,既是演员,又是观众,足可见 1790 年的革命是真正的"人民革命",要比 1793—1794 年间把这四个字常挂嘴边,却用强制手段推行的雅各宾主义好得多。

联盟运动源于对革命宣誓的痴迷。路易十六御驾亲临,并最终完成向公民君主的角色转换,是在 2 月 4 日这天。当日他身着一袭简素的黑袍,站在国民卫队前,开始宣誓:"维护和遵守宪政自由,它的原则既是公意所许可的,也与我的本意一致。"同时,他还保证,要将王太子培养成为一位"真正的立宪君主"。巴伊在答词中,也向国王许下祝词,说从今后"陛下将成为公正王路易、善良王路易、睿智王路易,是真正不起的路易大帝"。紧接着,已经在上一年的秋天主持过好几次类似仪式的拉法耶特,提出要和国民卫队一起,重新进行爱国宣誓,誓言的内容是要保卫宪法、保卫国民,以及保卫国王和自由。

无论这些礼节仪式如何繁缛,怎样重复,似乎这些仁人志士都不会对模仿大卫的霍拉提誓言产生厌倦。他们伸出的手臂已经感到酸痛,但是他们早已浑然忘我,全神倾注于爱国意志之中。对于这种精忠报国的宣誓活动,他们非常热爱,而据说这种爱国仪式是有意设计得和传统庆典有所不同,避免和旧制度扯上关系的。1789 年 11 月 29 日是第一次举办这种大型活动,在鲁昂河畔,从多菲内和维瓦莱来的 12,000 名国民卫队成员共同宣誓:"苍天在上,我们诚心诚意地宣誓。"不论是这河水,还是其他任何艰阻,都不能阻挡他们维护宪法自由的共同决心。次年春天,在马赛、里昂、拉罗谢尔和特鲁瓦,也相继举行了这样具有历史意义的欢庆仪式。1790 年 3 月 20 日,在卢瓦尔河边,来自安茹和布列塔尼的国民卫队士兵,以"神圣的博爱"

为名，宣誓放弃过往省区之间的竞争对抗，"我们不再是布列塔尼人或安茹人，而是法兰西人，是同一个帝国的公民"。

在斯特拉斯堡，来自法国东部地区从上马恩（Haute-Marne）到汝拉，总共5万名莱茵联盟的国民卫队士兵聚在了一起。另外还请来数千人，裹上厚厚的革命忠义人士的行头，作为此次庆祝活动的临时演员。400名妙龄少女穿上洁白的衣裙，由一队勾画三色标识的彩舫载着，在伊尔河水波之间高下飘荡，时隐时现。船队一直前行，最后来到河塬（Plaine des Bouchers）上竖立着的巨型"爱国祭坛"边。两百个小孩子以一种象征性的方式被国民卫队收养，成为了"国家未来"；渔夫们对着莱茵河行礼，向水里的鱼儿致敬，感谢它们为自由事业所做的奉献。农民爱国者走在队伍最前头，世界各地的小朋友组成的一支支队伍推着犁耙，老爷爷们则肩扛着长短镰刀。宗教忏悔仪式也得到了统一，这个最为要紧，找来了两个蹒跚学步的幼童当替身，一个算是新教教徒，一个充当天主教徒（从一个宗教改革比较彻底的城里找来的），在一起接受普世基督洗礼，教父教母也是来自两个派别的教徒。还当场替两个宝宝取名，一个就叫"社员"，一个则是"国民"。

而在里昂，联盟节是通过现场音乐会（mise en scène）的形式来举办的，刻意凸显出新古典主义的风格特征。罗纳河的左岸，建造了一所协和教堂，多利克柱根根矗立，足有80英尺高。柱头上端堆耸起一座约莫有50英尺高的假山，直插云天，整座教堂顶部有一尊硕大的自由雕像，一手擎着长矛，一手拿着弗利吉亚的无边软帽，模仿古代罗马仪规，做出释放奴隶的姿态，其实这是照着古钱上的内容学来的。庆典是在5月30日举行的，但是一时间满城都是来自各地的兄弟团，有布列塔尼的、洛林的、马孔的、普罗旺斯的,热闹了整整两天,每支代表队都有个性鲜明的地方打扮,但是都佩戴着巨幅的三色肩绶在人前炫耀,好让人家看看他们有多亲密,多团结。庆典当天,5万人在礼炮和音乐声中,集结到河边来观看400多面国民卫队的军旗,还向大革命致敬,然后一起加入到队伍中宣誓,数万人齐唱赞歌,嘹亮的歌声激荡在瓢泼大雨中,久久不息。

[429]

生活在20世纪的人,很难对如此大规模的民众表演产生共鸣,也无法理解这种手足情深、欢聚一堂的场景的意义。数万人团聚在一起,激动万分,欣喜若狂,齐刷刷地摇晃旌旗,挥舞手臂,我们看得太多了,那些为了消除冷眼嘲讽和无端猜疑而唱的单调颂歌,也实在是让人听得够够的了。但是,无论这种实践多么幼稚,毫无疑问,参与者都强烈地感受到,它是将内心的恐惧转化为外在的喜悦,用一件伟大的团结的外衣来掩盖革命的新生事物所激起的令人沮丧的鲁莽感。大雨瓢泼的早晨,身边数千人,彼此素不相识,却以兄弟相称,还有什么比这更来得让人暖意融融呢?

从各地的联盟庆祝,到更大规模、更加豪华的巴黎联盟节盛会,是必然会跨出的一步,可以把来自法国各地的公民战士和大革命的组织力量紧紧联系在一起。由圣厄斯塔什区的国民卫队想出这么一个"总联盟"的主意,似乎也顺理成章。卫队成员代表会当着立法人员的面宣誓效忠。6月7日,酷爱这种大场面的西尔维亚·巴伊正式做出了举办巴黎联盟节的决定,尽管塔列朗对这种大型活动的疑虑丝毫没有减少,可还是向立宪会议做了具体规划安排的报告。因为他非常敏锐地认识到,这种盛会能够产生巨大的心理震撼效果。他在报告中提到两点,一是整个过程必须庄严肃穆,充满敬仰和荣誉的气氛,另外就是不要奢费过多（最终花费是 30 万利弗尔）。

战神广场是军事学院到室外进行日常训练和出操游行的地方（就在一年前，布罗伊在这里驻扎过军队），现在就选择这里作为节庆现场。为了和向往罗马革命的主题相联系，整片场地按照圆形竞技场的样子来布置。台阶总共 30 级，入口一侧建一座华美壮观的三券凯旋门。场地中央是"祖国祭坛"，也就是举行庄严宣誓的地方，但是"第一圣君"究竟置于何地，一时难以定夺，让他站在祭坛中央显然不妥，不能过分突出他的个人地位。后来决定造一座亭榭，让王党分子（行政官员）和议会代表（立法官员）都容纳其中，表示彼此独立，而又相互关联。

直到 6 月 21 日，立宪会议才批准这项活动。要腾出并布置这么大一片场地，只剩下三个礼拜的准备时间了。届时将至少容纳 40 万名观众，可是这会儿碎石遍地，得先拾掇干净，然后盖上厚厚的一层土，铺平压实。还要挖很大的一个坑，深达 4 英尺，相当于中央祭坛的高度，而且现场没有排水设施，6 月末大雨来袭，竞技场大面积被淹，尤其是靠近凯旋门的那块儿，成了一片泽国。另外还需要运大量的沙子和砾石，用来加固场地。其他的筹备工作也同样艰苦复杂，而且时间极为仓促。马里尼街（rue Marigny）和其他好几条街道必须拓宽，才能容得下三马并行。联盟节游行队伍所行经的街道，也得铺上细沙。

这实在是过于棘手，让人想打退堂鼓了，但是唯有如此，才能将狂热不羁的革命热情得到有效的控制。没过多久，中心城区和西部一带就出现了熙来攘往的景象，人们开始有条不紊地忙碌起来了，简直就像个蚂蚁堆。那时候出现的一些文艺作品，比如散文、绘画什么的，都突出了争分夺秒、人人参与的社会化大劳动的精神内涵，连修士都加入了进来，贵妇人则用

[430]

无边帽压着盘起的秀发，同工人和兵士们一起干活。在梅西耶看来，此时的巴黎，和深烙在记忆深处、怎么看怎么讨厌的厩肥堆已经截然不同了。臭猪圈变成了神仙地，这是人类的盛宴，这是用共同的汗水净化的道德家园。

> 正是在此地（战神广场上），我看到了15万来自各个阶层、各个年龄段的男女构成了一幅我从未见过的场面，他们其乐融融、共同劳动、来来往往、欢快愉悦……巴黎人民将八日的辛苦劳作变成了有史以来最感人肺腑、别开生面的节日，他们是何等优秀、何等出色的公民啊！这样的场景旷古未有，连最冷漠的人也不能不为之感到震动。

爱国的劳动者大军，把最有权势的上流人士和最为贫苦的底层百姓都捏合到了一块儿。吕内公爵夫人（Duchesse de Luynes）那辆别致的桃花心木独轮车，就是同队的一个卖花姑娘给装的轮子。一群修女和修士正在辛勤忙碌，梅西耶看到海军英雄凯尔桑也在其中，脸上洋溢着"自由豪情"，显得"光彩照人"。他正推着一辆独轮车，就和当初驾着"贝勒-普勒号"为国杀敌，"决战疆场"的时候一样意气风发。梅西耶满含激情地写道，人们通过这次活动重塑自我，非但没有产生厌烦情绪，反而觉得劳作是如此充满乐趣的事情，人们干劲十足，豪气干云，连那些运水的、划桨的，还有市场上扛大包的，相互间都在搞劳动竞赛，看看谁干的时间最长，老兵们证明了自己的实力，"只要他们斗志昂扬，他们的双臂就会一直坚韧有力"。每一行的从业者一边工作，一边展示着他们特有的标记，印刷工的帽徽上写着"印刷业，自由的第一旗帜"；屠宰工的口号更

[431]

狠:"颤抖吧,贵族们,屠宰能手们在此!"

劳动现场则是一派村野人家悠闲安逸的气象。有一处是展现分工协调,劳动默契的,父亲挥镐奋战,母亲负责装车,才4岁大的孩子被93岁的爷爷抱在臂弯,像模像样地唱着《都会好的》,惹得全家人哈哈大笑。社会各界和谐融洽,先进典型层出不穷,我为人人的思想已经渗透到日常规范之中,这么多人在一起,没有听说发生过一起暴力事件,或是别的违法犯罪。梅西耶说他亲眼看到一个年轻人来到岗位上,脱去了外套,将一对手表就放在上边,别人提醒他,别把东西落在那里,他却学着卢梭的话,很认真地说道:"人不会不相信自己的兄弟。"小车推来了,葡萄酒和啤酒都是免费的,酒桶上还有这样一句标语,很感人:"兄弟们,除非你真的渴了,否则不要喝"。

连国王一家都受到了这种良好风气的感染。就在联盟节前一个礼拜,路易将御书楼和草木苑对外开放,招待来到巴黎的国民卫队的将士们;他还亲自到场检阅,卫士们举起铁镐,组成了一道门券,迎接圣上驾临。在接待地方代表团的时候,国王说,他很想让整个法兰西的人民都知道"国王是人民的父亲、兄长、朋友;他和人民休戚与共,人民的福祉让他幸福,人民的灾祸使他痛苦。"他要这些公社成员,将他这番心意和看法带回去,传达到每个乡镇,要让最荒僻穷厄的"村寨和人家"都听到。

这么个喜庆的日子,天公偏偏不作美。有的老百姓觉得应该怪那些贵族绅士,是他们出尔反尔,根本就靠不住。天刚放亮,5万名国民卫队就来到坦波尔林荫大道集合,来的还有1789年巴黎的选民,现任的公社代表,某个儿童营,还打着"祖国希望"的旗号,像卡利埃骑士那样的大胡子老兵,一些陆军和水兵连队也都到了,最后是来自各省代表团,包括扛着罗马军旗的里昂国民卫队。省区执旗的殊荣,给了每个团年龄最大的士兵。雨一直没停,到了8点,队伍八人一排并肩行进,这时就渐渐成了瓢泼大雨了。身上的制服已经完全湿透,皮靴踩在水里嘎吱嘎吱地响着,但是人们依然精神抖擞,毫不在意,他们向西一路走着,沿着圣但尼路往前,又到了圣奥诺雷路,横穿过整座巴黎城,一路上礼炮齐鸣,伴着乐队演奏的军歌,响成了一片。虽然天气糟糕,却依然人山人海,队伍所到之处,欢迎的花朵漫天洒来。女人们和小孩子也跑了过来,带着点心和饼子来慰问战士们,跟着他们一起大唱《都会好的》。

　　走到路易十五广场的时候,国民议会的代表也加入了人群,队伍浩浩荡荡,越来越多的人跟在后面,最终在大约下午一点钟,到达了荣军院。圆形竞技场上矗立着一座三券拱门,足有80英尺高,顶上还有一个观景平台,黑压压地坐满了观众,让人看着都觉得悬。40万人一起呼喊,迎接队伍的到来,起初还很微弱,渐渐嘹亮高亢,直上云霄,那些乡下掌柜、律师,还有药剂师,穿着簇新的蓝白卫队制服,湿淋淋地站在那里,不由得激动万分,浑身颤抖。场地中央就是"祖国祭坛",表面是人造大理石,点缀着一些有宣传色彩的图案。祖国祭坛的一边是一位代表着宪法的妇女,另一头是一名武将,象征着祖国,他们手臂前伸,行了标准的爱国礼。喊出的口号是:"人人生而平等,使人产生差别的不是出身而是德行;在每一个国家,这一法则都是通用的,所有人,无论他是谁,在它面前都是平等的。"祖国祭坛的对面是诸贤塑像,以昭国民公会宪令之不朽,有这样三句"箴言相授":

　　　　国家、法律、国王

> 国家，代表的是人民
>
> 法律，代表的也是人民
>
> 国王，法律的守护者也。

到了3点半钟，塔列朗开始了他的弥撒和祝福仪式。他的责任是说一段标准的开场白，要将忠孝思想和爱国内容融入其中，虽然必须和标准的礼拜仪式不一样，可毕竟也是十分正规的，足够让他紧张了。作为欧坦主教，他已经因为庆典给搞砸而名声大坏了。所以在这个晚上之前的一个晚上，他在朋友苏瑟瓦尔（de Sousseval）的家里，穿戴着主教的服饰，把壁炉当圣坛，搞了一次排练。米拉波演唱了赞美诗的部分，一旦有错误就打断他朋友，对塔列朗的性格来说，他搞得过分学究气，太专业了。后来传出了一则杜撰的故事，说塔列朗在战神广场曾恳求和他在祖国祭坛上一起发言的拉法耶特，别再让自己忍俊不禁，扑哧发笑了。但是实际上种种迹象表明，两个人对待此时都是非常认真的。就在两天前，也就是7月12日，国民议会刚刚颁布了《教士公民组织法》；塔列朗是活动的主要发起人，他深知必须要有一种让人耳目一新的革命宗教，能够带来澎湃的激情，甚至给人一种神秘的热情，正是靠着这种热情，才能将拥护者和大革命紧紧相连，这也正是天主教赖以维持的根本原因。当塔列朗正在忍受米拉波的节奏的时候，巴黎圣母院正在上演一部半高雅、半渎神，气势磅礴的大合唱，名叫《攻占巴士底狱》。演员都是来自梦旦夕剧团，歌手则是从歌剧院和意大利歌剧院请来的，甚至还找来尼科莱和林荫大道的诨俗戏园的艺人，来扮演好斗的爱国党人。除了一个宗教合唱团的全班人马，还搬来了军乐队，动用了大炮，并朗诵圣经中

[433]

的章节，声音都要把耳朵震破了。这种东西在塔列朗看来对大众士气的振奋很有好处。

但是在湿漉漉的天气中，他要想保持场面的庄严就非常困难了。老是有风，一次次把香给吹灭了，他的长袍浸透了，沉甸甸的，似乎重达千斤。从法冠滴下的雨水淌到了他的优雅的鼻子上。联盟活动的这位大主教还在严肃地视察绵延不绝的国民卫队行进队列开进竞技场。"这些家伙，为什么不快些走？"他对助手路易神父说，这位路易神父，后来在帝国时期，乃至复辟时期，都自封圣职，当上了财政部长。最后，一切都准备就绪了，塔列朗开始做弥撒，并且为军旗祝福，举起他的手臂亲切地放在飘动的旗帜上。"歌唱吧，抹去欢乐的泪水！"他对民众说道，"因为法兰西今日迎来了新生！"

接下来就看拉法耶特的了。不管怎么说，国家要以他马首是瞻，这位公民战士不但是国家之将帅，亦是英雄之楷模。作为一个众望所归的舞台总指挥，拉法耶特心里很清楚，立宪君主制要想维持下去，就需要体现爱国意志的表演。在1789年10月的时候，他就开始在巴黎执行严格的军事管制，防止出现强暴不法，有失公允的事件，有个面包商就因为被错判为短斤缺两，结果当场遭私刑处置。但是他还是把这次庆典搞得很特别，他让国王站出来，充当孤儿们的教父，说上一段文辞优美的表白，来展示他仁慈的父爱。在4月份的时候，他还曾把科西嘉独立英雄（1769年法国镇压了科西嘉独立）保利将军请到巴黎，让他看看，他的同胞在新法国根本不用怕他们的"兄弟"。两人还一起参观巴士底狱，还一起检阅了国民卫队，以示团结。

并非所有人都认为拉法耶特是当世英雄。德穆兰和卢斯塔洛的报纸都暗示,联盟节已经被刻意搞成了自我吹抬的庆典。但是很少有迹象表明,这些批评有损于拉法耶特在省级国民卫队中所受的极大拥戴。1790年7月14日5点钟,他成了万人瞩目的焦点。他跨骑着白马,自圣坛出发,从分列两边的卫兵中间的空道驰过,直奔御亭而去。到亭前后,他勒缰下马,向国王请命,获得俞允之后,便开始当着聚集在周围的联盟公社战士的面宣读誓词。他走回圣坛,非常逼真地模仿塔尔玛的舞台动作:张开双臂,伸向半空,就像自己真的是个牧师一样,然后右手提着宝剑,在圣坛上碰了一下。接着,他开始学古代十字军骑士的样子开始宣读誓词。因为只有离他最近的那些人才知道他讲什么,其余大多数人根本听不见。于是他向下面各个连队诵读的时候,底下就有一群传声筒替他朗读,终于,人群中爆发出异口同声,如同雷震也似的呐喊:"吾谨此宣誓。"随后,一长串礼炮轰鸣,从广场的尽头处直传到了另一端,喊声渐渐平息之后,路易十六就开始第一次以新头衔称呼自己了,发誓说自己作为"法国国王"定当"行使宪法赋予我的权力,支持国民公会颁布的法令。"边上的王后,凤冠上的鸵羽都被雨水打湿耷拉了下来,她对着欢呼的人群,把穿着国民卫队制服的王太子举得老高。

卡纳瓦莱博物馆收藏着一幅画,表现的就是这一高潮部分,当然力度还是不够。不过至少这幅画,并不仅仅是画那些头面人物,除了头顶大号法冠的塔列朗;一身戎装的拉法耶特;左下方那些盔帽统一的巴士底狱战斗英雄们外,现场的环境气氛也有所烘托。为了展现出罗马时代的至理箴言的内涵,让这些元素更好地服务于政治需要,画家在拉法耶特的宝剑碰到圣坛的一刹那,让一道天光刺破沉沉黑云,直照而下。还专门谱了

一首"女鱼贩腔",在联盟节后传唱甚广:

> 雨水顺着我的后背淌下,淌下,淌下,
> 从战神广场我一路回家。
> 为何我情愿被浇湿衣衫,
> 一切都是为了自由大业。

庆典持续了一个礼拜,在巴黎的那些招待活动,让大批的国民卫队渐渐感到厌倦了,他们不用花钱,聚在一起成日里大吃大喝,实在也有些倒了胃口。在 14 日晚上,很多人去了巴士底狱的舞厅玩,里面是帕卢瓦设计布置的,打上灯光,挂起彩布,还搬来了 83 棵树,每棵树象征法国的一个省。到了将近周末的时候,他们还能听到更多的德索吉耶(Desaugiers)的大合唱《攻占巴士底狱》(*Prise de la Bastille*),或者来到在王太子广场举办的特别庆典,没完没了地向可亲的亨利四世的亡魂致敬。18 日是最后一天,塞纳河上会有非常壮观的水面表演,结束时音乐舨船和骑马比武。这些节目内容,都和过去迎接亲王大公的传统一模一样。只不过现在亲王大公换成了老百姓自己。

那些远道而来的外乡人,在自由喷泉之畔畅然宴饮,对自己见证博爱盛世的来临更是深信不疑。议会代表朗读了《世界和平宣言》,还说法国将永久放弃对外侵略,这些话,他们也都亲耳聆听到了。"我如何才能充分描绘那些被骄傲点亮的欢乐面庞?"老学究约阿希姆·海因里希·坎佩(Joachim Heinrich Campe)这样形容道,"凡是我遇见的人,我都想将他们拥入怀中……因为我们不再是不伦瑞克人或是勃兰登堡人,所有的民族差异都不复存在,所有的偏见都化为乌有。"威廉·华兹华斯

（William Wordsworth）坐船到了加来，正赶上联盟节当天，他的感受和坎佩差不多。走在鲜花装点的凯旋门下，四周洋溢着欢乐的气息，就像沐浴在烂漫春花的芬芳之中。

年轻的海伦·玛丽亚·威廉姆斯低头看着湿漉漉的大街上，卫兵们在整座巴黎城内大步行进，7月14日的这场最为"宏壮之景"正是她盼着看到的。纯真的信仰绽放出的，是狂烈的喜悦。"老人们跪在街上，感谢上苍让他们能够活着看到眼前这个欢乐的时刻；百姓跑出家门，手捧各种食品点心，送给军队的士卒；女人们则围着士兵，将婴儿高高举起，发誓要教导自己的孩子从小便热爱新宪法，让他们知晓其原则神圣不可侵犯。"

如果说这实在很愚蠢，那也情有可原。历史上不同时期的文化传统，都被一波接一波的，比之联盟节毫不逊色的集体主义文化扫荡得片甲不存。不过，仍然不乏头脑精明、讲求实际的人，他们知道营造这种场面的重要意义，但是从来没有指望通过片刻的热情来凝聚一股经久不散的团结的力量。塔列朗就是如此，这种活动就是他带头搞出来的，同时他也是一个善于两头下注的人。14日直忙到晚上，他才总算可以把湿漉漉的法衣脱去。待身上干透，便叫了一辆马车，直趋拉瓦尔子爵夫人（Vicomtesse de Laval）府上，牌桌上的赌金已经摞得老高，一切都已准备就绪了。他优雅地弹嗽一声，坐到位子上，随后便开始赢钱了。这一晚上手气真的不错，把桌上的钱都抓了个干净，"收获太多，口袋和钱包再也装不下"。或许这正是个好兆头，上天眷顾这位操办联盟节的主教，要让他交好运呢。可要是万一上苍的恩赐，还有这些言之凿凿的誓言都打了水漂，这些白花花的真金白银可都得搭进去的。要知道塔列朗对于纸币，可从来都不怎么相信的。

第十三章

分道扬镳

1790年8月—1791年7月

一、巨变

[437]　　1790年9月30日早晨,一支人数不多的队伍一路开进,神情严肃地朝着格勒诺布尔司法宫而去。走在前头的是刚刚当选的市长巴拉尔侯爵。他先用铁锁把大楼的橡木大门给锁上,然后贴上政府的封条。门上还钉了一张通知,把立宪会议的法令写在上边,就是说国家的旧法院自此废除,取而代之的是选举产生的法官和审判团。同时宣布格勒诺布尔高等法院无限制休庭,实际上已经正式宣告解散。

令人震惊的是,最终推倒旧制度,至少在形式上推翻了旧制度的人,自己昔日也是高等法院的推事。在格勒诺布尔,巴拉尔作为普通公民,远比巴拉尔·德·蒙费拉侯爵这个名字更让人熟知。由于他的一个同事弗朗基埃(Franquières)侯爵声称身体不适,谢绝推选,于是巴拉尔就当上了市长。那些本地乡绅如果想同革命队伍摆脱干系,往往以健康状况不佳为由,谢绝担任公职,但是这位弗朗基埃可不是故意推脱,他是真的有病,仅过了几个月就死了。巴拉尔于是接替他担当公职,俨然以当地爱国人士的领袖自居,而这些爱国人士也已经决定,要阻止回到家乡的穆尼埃把格勒诺布尔变成一个和立宪会议分庭抗礼的反革命大本营。这下巴拉尔不但入选伊泽尔行政班子，而且担当了新的区级法院的院长，就在原先高等法院召开高级会议的同样的房间里落座。在他所在的法院，还有另外四个原高等法院的大律师：年龄最长的是迪波尔，还有热尼西厄（Génissieu）、勒迈特（Lemaître）和热内武（Génevou）。而伊泽尔的行政首脑则是奥贝尔-杜巴耶（Aubert-Dubayet），也是一个退役的陆军军官。

发动革命推翻旧制度，并不意味着非要搞一次彻底的人事变动。当他们作为一个整体被大革命最终终结的时候，好多在君主制度下曾经担任官职的人，共同将身份转化成国家和人民的公仆，这个过程并没有太多问题，都还比较顺利。实际上他们最热衷于迫害他们的昔日同僚。在1792年夏天，正是原先的蒙费拉侯爵夫人，现在的公民巴拉尔，在格勒诺布尔市政会议上，热情洋溢、慷慨激昂地讲了一大通，要求立即囚禁玛丽-安托瓦内特，并为王太子指派"爱国导师"。

正是因为存在着延续传统和割裂传统相互混合的情况，加之多菲内的贵族阶层在加速推动旧制度终结的进程中做出了突出贡献，难怪当地的《爱国信使报》刊登的那篇纪念格勒诺布尔高等法院寿终正寝的祷文，严肃中带有几分轻蔑，尊重里透着一些勉强：

> 这些高高在上的机构，这些高大的建筑，它们的存在莫名其妙，因为它们既不为君主服务，也不为人民服务，而且内部组织极为混乱，它们只可能存在于政治原则要么混乱不堪、要么人民对其存在误解的国度。从这里我看到

宫殿的大门紧闭，像一座堡垒一样伫立在那里，这些机构无数次触怒国王，在这里法国人民的自由……找到了庇护所。

新旧相混的事情在法国层出不穷。至少在表面上看起来，这种转变实在是有点过于突然了，简直是横扫一切，摧枯拉朽。从整体上说，各个高等法院已经完全被立宪会议颁布的法令给取代了，过去的大法官辖区的权限，也被新选举出来的治安法官和区一级、省一级的审判庭给瓜分了。同样，混杂凌乱的政府机关，还有参差割据、重叠交错的民事行政机关、军事当局和教区，现在都被统管一切的职能部门给囊括了。更重要的是，那些昔日由朝廷直接委任的官吏，从市参议员或"参事"到地方监察官和御史（maîtres de requêtes），现在统统靠边站，由那些选举出来的官员担任实职。1790年的那位尽心尽职的积极公民，正为选举的事情整日忙得不可开交，先是应邀参选当地的市长和议员，之后投票选举区级和省级官员，完了就是治安法官和法院法官，等到这些都忙完了，转过年来还得应付立宪大主教和当地助理牧师的事情。

大革命政府的第一波选举后产生了一批新机构，出现了很多"新人"，很多是医生、工程师，还有律师，甚至还有店掌柜和零售商，这些人将会在大规模扩充的官僚体系中发挥一定作用。政府报告中吁请只见增多，不见减少，至少为了应付这些，政府方面，或者说那些革命贵族，也必须竭尽全力。和格勒诺布尔的情况一样，对于有着丰富管理经验的人员需求骤增，必然使得全国许多地方主动前来应征充职的，是那些曾在旧制度时代在官府衙门任过职的人，一般而言，他们所占的比例并不

[439]

大，但是很多身居要职，比如说市里，或者省里的一把手，实际上许多人是过去的贵族。历史学家给出的那张1790年至1791年的政府官员职务表的同时，忽略了这样一个事实：由于当时贵族两字已经等同于"叛贼"，故而很多昔日的"参议员"现在都将自己的头衔简化为"律师"，实际上，他们的本职也确实是律师。而很多情况下，是由于法律颁行之后，削除了他们的世袭封号，他们当然也就放弃了他们的贵族头衔，于是，德埃普雷梅尼成了普普通通的 M. 杜瓦尔先生，他的左派政敌于盖·德·赛蒙维尔（Huguet de Sémonville），现在就叫 M.（在拿破仑时代，M 代表男爵）赛蒙维尔先生。

对法国大大小小各省级新政府机构进行一番仔细研究，便不难发现这些前朝遗老到底是如何被巧妙安置进来的了。以贵族统治根深蒂固的图卢兹为例，很多贵族在新政府中很顺利地东山再起，当选地方官员。代表国王利益的总检察长名叫米歇尔-阿塔纳斯·马尔佩尔（Michel-Athanaze Malpel），他不光是以前的首席法官（capitouls），而且是其中最有钱的，老婆从娘家带来的嫁妆就有8万利弗尔。市政委员会（capitoulat）被解散，由新政府机构取而代之，新政府内也有一个执政官，此人名叫皮埃尔·迪皮伊（Pierre Dupuy），区级法官是艾蒂安-弗朗索瓦·阿巴内尔（Etienne-François Arbanère），此人过去也是高等法院检察官。而在另一头，法国最西部，加来的夏奈尔港，两名资深的皇家检察官，尼古拉·布朗卡尔·德斯·萨利尼（Nicolas Blanquart des Salines）和皮埃尔·德·卡尔庞捷（Pierre de Carpentier）也双双入选，分别担任区级法院院长和市长之职。卡尔庞捷后来通过轮选进入了司法界，接替他职务的也是市长办公室的人，气势逼人的雅克-加斯帕·勒弗（Jacques-

Gaspard Leveux），海军部财务主任的儿子，他父亲这个位子在那年头可是最赚钱的肥缺了。勒弗不但顺利当选市长，而且还实现连任。由于他坚决维护地方利益，历经大恐怖时期、督政府时期、执政府时期、帝国时期也没有受到冲击。在路易十八在位时，还被授予荣誉军人的头衔，直至终老。

这些并非个别现象。在巴黎，旧政府时期的议员总共有300人，至少占总数20%。只在菲耶·德·圣托马斯（Filles de Saint-Thomas）一个区，《法兰西爱国者报》的编辑布里索，还有前议员拉克雷泰勒和塞蒙维尔（Sémonville），财政官莫利安（Mollien）以及包税总局的高官奥尔梅的特吕代纳（Trudaine des Ormes）都当选为代表团成员。在里昂，前自由派贵族帕勒内·德·萨维（Palerne de Savy）坐上了市行政一把手的位子，而他的前任安贝尔–科洛梅斯（Imbert-Colomès）也是个自由派贵族。反对他们的民主爱国党的第三股势力，为首的人叫罗兰·德·拉普拉捷（Roland de La Platière），也是贵族子弟，家中有人在亚眠附近担任地方官，在博若莱（Beaujolais）的蒂济（Thizy）拥有乡间别墅，并在罗纳河畔的某个码头一带，拥有一套城镇私宅。

从社会学角度讲，这些人并没有多少不同。特别是在一些像里昂那样的商业中心城市，贵族阶层和一些俗气的富豪早已没有分别。不过更重要的是，他们都属于同一个文化圈子：都是学术界人士，也是共济会会员。他们都积极支持那些颇为乐观的晚期启蒙主义规划，科学技术被看作能进一步带来繁荣，使得政府更加完美所必不可少的因素。从这个角度讲，他们代表了对于旧制度的文化传统的一种延续，而不是一种割裂。罗兰本人，实际上过去是宫廷的将作监，也是技术福音的鼓吹者，他对于发明创造的兴致始终不减，甚至还产生了从人的尸体中提取脂肪来制作肥皂的念头，而且不带丝毫恐怖和为难。在里昂的社交圈内，有他的同事、竞争者，甚至还包括政敌，其中就有著述颇丰，在性病治疗领域颇具名望的议员普雷萨万（Pressavin）；曾在1784年出版了一部经典的启蒙主义著作"教育（意思是对于教育的渴求）作为解决一切弊病之近因"的朋友朗泰纳（Lanthénas）；还有另外一个内科大夫维泰医生（Dr. Vitet），他是本地产科学校的负责人，另外还帮着推广博马舍在里昂建立的母乳喂养基金会。和罗兰一样，维泰是个革命积极分子，比前任市长帕勒内·德·萨维要热心，但是帕勒内好歹也算是里昂学术院的院长，他的前任英伯·科勒梅（Imbert-Colomès）是个植物学家，并且还当过济贫总医院的院长。

从文化上说，他们是合作关系，但是并不能就此改变他们在政治理念上水火不容的态度。实际上这种合作关系还导致了他们在学术上互相倾轧和仇视。但是必须要搞清楚，哲学社团、学术院、还有那些博物馆，往往能成为学习交流的平台。借助这样的媒介，不同社会背景的人可以互相论战并宣称他们属于同一个理性王国，这方面里昂也绝不例外。此外，1790年到1791年那批人中的学者和外省启蒙哲人所占的显著地位证明他们的普遍信念，即在路易十六时期已经推动（效果参差不齐）的现代化事业，进入大革命时代被大量传承了下来，并在许多方面获得了进步。巴黎各区代表中，包括建筑师兼文学家卡特勒梅尔·德·坎西（Quatremère de Quincy），还有科学家哲人，像朱西厄（Jussieu）、孔多塞和天文学家兼制图师，及在确定区界划分中起了决定性作用的卡西尼伯爵。谁能比皮埃尔-约瑟夫·德斯·安德鲁安（Pierre-Joseph des Androuins）更有资格做加来的国民卫队代表呢？他是著名的载人飞行爱好者，布朗夏尔和杰弗里斯（Jeffries）在飞越海峡之后，就是他第一个盛情邀请这两位气球驾驶者到家中做客的。

我绝不是要将大革命早期革命当局对于法国人的日常生活和制度的影响一笔抹杀。实际上有很多重要的部门都在革命政府的命令之下一分为二，最主要的就是教会组织和皇家军队的军官阶层。但是没有令人信服的证据表明，那些军官、牧师、前朝官员，还有公证人和律师，他们选择支持或是反对革命，选择当爱国者还是流亡者，是社会因素决定的。

这尤其是因为，从1789年开始，直到大恐怖开始这段时期，从社会角度讲，大革命的成果很大程度上显得过于保守。这段时期大多数立法活动产生的效应，对那些在旧制度末期混得不错的人产生了直接的益处（尽管在1787年到1789年的大萧条时期，他们一度陷于困顿），为他们做出更大的业绩提供了机会。正是那些已经能用财产和资本，而不是特权，来衡量自身的经济利益的人，以及更多的则是转向认同这一观念的人，在大革命中找到了更大的成功机会。这不等于说，大革命是他们积累财富，更不要说是促进资本主义发展的必不可少的条件。但是在开始的两年时间内，或者说，也只有在这两年时间里，它对于过去数十年的经济发展几乎没有产生什么阻碍作用或是开倒车。

那么在乡村工作报告中遭到严厉谴责的，确切地说，是那些贪婪无艺的富农（coq de Village）和其他一些有产者（部分人是贵族），这些人趁着拍卖教产的机会大捞一把，立宪会议的政策让其中的大头都被出价最高的买家拿走了，农民们只能凑成一个竞买集团（北部地区就是如此）才有可能买得起一块地，比如在塞纳-瓦兹（Seine-et-Oise）的皮瑟-波尔多（Pusieux-Poutoise），可耕地都被卢梭的朋友吉拉尔丹侯爵和圣马丁修道院给占据了。后来修道院要拍卖，吉拉尔丹手下有个最黑心的佃农托马森（Thomassin），只有他拿得出 69,500 利弗尔的钱，买下 55 公顷的良田，其他的被邻村财力相当的富户和皮瑟的鸡鸭贩子买走了。吉拉尔丹本人自然成了革命的拥护者，他还和另外一个富农合伙买了 15 公顷的地。

[442]

废除领主制，也并不像 8 月 4 日那个冲动的夜晚给人的感觉那样顺畅无阻。这一次，理智占了上风，一大批具有后期启蒙主义思想的封建法专家，被召集来制定相关法律，来对哪些属于完全废除的"私家"权利（比如永久管业权），哪些属于"立约"权利，进行权威区分。毋庸置疑，后一种权利，也就是被确定为合法财产的，如果双方达成一致，便常常可以用相当于年产值 25 倍的价格被赎回，这样的价格门槛显然就将一些人排除在外了，只有那些最为富有、能最大限度地利用法律获取好处的农户，才能买到手。这个过程就是：封建领主完成了向地主阶层的蜕变，这是进入该世纪后半叶始终运行无碍的一个演变过程。

同样，不难想见，乡村的权力结构变化甚微。比如诺曼底的圣旺港上奥蒂厄区（Authieux-sur-le-Port-Saint-Ouen）公社，当地 40 个村子的选举会议推举他们的教区神父当市长，还组建了一个理事会，在其中担任职务的，都是当地拥有土地的富农，还有酒吧老板和掌财教士这样的人。

为了保住大革命成果，城市也走了一条相同的道路。对法国城市产生影响的大部分立法内容，都是和杜尔哥和卡洛纳制订的政策相配套的，为的是将法国进一步推向资本主义扩张的道路。杜尔哥改革行会曾受到阻挠，现在他的政策形诸法律，而到了1791年初，行会干脆被完全取消。正当手艺学徒工为摆脱行会束缚而欢呼雀跃之时，那些木匠、蹄铁匠和制帽商还接连搞了几次罢工，而议会却搬出了《勒沙普利耶法》，宣布禁止任何形式的工人联盟和集会。当时并没有出现大量关于此事的讲演和文章，可见《勒沙普利耶法》更多的是为了保护市民公共利益，而不是出于对自由贸易的意识形态层面的偏执，即反对以罢工的形式搞宗派主义，这一点在国家制度中也有体现。

同样，在旧制度的最后几十年内，关于经济现代化的最佳捷径，也出现了大量的疑虑和分歧。立宪会议内关于保留国内谷物贸易自由或许达成了一致意见，但是阻止法国舶来品登陆的决心也同样坚定。自从1786年和英国签订商业协定以来，诺曼底的几个纺织品城市在英国货的竞争之下受到严重冲击，这些城市一直在奔走游说（实际上是想禁止所有的商品进口），想要撤销该项法令。而与此同时，一些商贸中心，比如波尔多等地，它们和英国人的葡萄酒生意做得红火得很，想尽办法要保留这项协议。而一旦涉及殖民地商业，那些波尔多、南特还有鲁昂的商人却都口径一致，毅然决然地要求取消自由贸易，并且称要保留强迫殖民地货物装船后运往法国的做法（和安第列斯群岛的种植园主唱反调）。很自然，所有这些派别都用政治语言来为他们自相矛盾的立场寻找正当理由。但那些所谓的"自由"还是"爱国"的论据，其实总不过是些为了遮掩顽固维护本地区利益的一层遮羞布而已。

由于没收教产遭到了强烈反对，在1789—1792年间，革命政府在促进社会力量的转变方面，并未采取大动作。它只是使得长久以来渐渐形成的潮流得以更快发展而已。用选举手段取代直接任命，把那些一直不得其门而入的专业人才引进来，扩大了政府的统治基础，其实哪怕是在大革命以前，也并不是绝对闭门不纳，只不过后来的那些演讲，非把它说得滴水难入而已。至于说那些精英阶层，那些贵族和教士们，也是通过政治信仰和地区团体的不同，而不是根据社会阶层的区别而分属不同阵营的。那些死守着只有在等级制度下才能存在的尊卑秩序的人，都付出了相应的代价，被指斥为与人民为敌，只得流亡海外或者参加武装叛乱。相反，那些能够重新做人，改头换面，成为护民父母、国家公仆的人，还有那些能够抛开特权思想，并顺利获取财富的人，实现了人生的重大转变，从贵族摇身变成了社会贤达。土地所有者、国家公务员、省区的行政长官，还有职业法官和医生，还有金融家和企业主们，组成了一个炙手可热、权倾朝野的利益集团，他们将会在下世纪的法国占据主导地位。

二、辩论泛滥

这并不意味着法国大革命的第一阶段没有发生任何直接的变化结果。为了保护自由言论、自由出版和自由集会，《人权宣言》中写入了很多体现自由民主的内容，形成了一种新的政治文化，对于粗犷放肆的风格完全放开，没有什么界限和束缚了。这一点绝对是到目前为止大革命最为惊天动地的创举。因为尽管早在旧制度之下，一些作家和记者，比如兰盖和梅西耶等人，已经开始采用嬉笑谩骂的文风写作，并加以锤炼，使其成为了主流，但还是在取消了审查和检举制度之后，广大人民才第一次能听到那些政治争论的话题。

[444]

结果造成了全国上下，辩论成风。巴黎发生的事情，只要三四天就能传到东部和南部边区，大革命将信息国民化推向了一个新高度，政治无所不在，人们要想避开政治，就只能远遁他乡。那些卫戍部队的士兵，也想要和普通公民打成一片，甚至能够有权参加俱乐部集会，乡间的教堂也变了样，大门都被当作告示牌，布道坛成了正统敌对派的战场，林荫道剧院的露台上，挤满了打短工的手艺匠人，精神十足地哄骂叫喊，对着演员大唱爱国歌曲，但是最为蓬勃嘹亮的却是那些有关政治的长篇演讲，简直是无孔不入，淹没了一切的声音。

　　通过辩论调动人民的情绪，甚至根本不考虑对个人隐私的基本尊重。实际上隐私的存在本身就值得怀疑，它们实在是迹近诡诈，行同阴谋，和那些被认为是贵族主流情调的东西太过相似了。爱国情操的考验细致入微，甚至连深闺密室也不放过。诸如弗雷隆的《人民演说家》一类的报纸喜欢报道（或编造）革命者莱斯特拉塔斯（Lysistratas）的故事，她每次与丈夫交欢，得趣正浓时却云雨骤止，正色规训夫君，不该立下效忠拉法耶特的誓言。"算了，到此为止吧。"住在巴黎圣马丁路上的一个女公民曾厉声尖叫，"我已经让你多次享受我的身体，但从今往后，除非你跟我一样，和那些荒淫贪婪的人划清界限，否则我再也不会让你碰我一下。"与此截然不同的是那些爱国者的婚姻，被认为是道德高尚的理想国度的坚实基础。1790 年 12 月，布里索在卡米尔·德穆兰的婚礼上，语带讥讽地说了一句算是祝福的话："在享受幸福的同时，他们的朋友们还会一如既往捍卫公共利益。"爱国伉俪们的夫妻生活，自此迈步登高，多生多育的英雄母亲，因其对国家贡献更多，特别受到推崇。据说有一个奇女子，生了至少 25 个小孩，便获得了一份殊荣，特准她拿着国旗，参加 1791 年 5 月鲁昂圣母大教堂的特别庆典。

连孩子都被拉了进来，加入这无休无止的公共道德表演里去，雅各宾派还鼓励组建相应的青年组织，即宪法青年之友会。有时候，还允许成员参加在巴黎举办的"母亲俱乐部"会议。法国各地都成立了"希望营"，让 7—12 岁的男孩子穿上制服排成队，参加军训操练，背诵《人权和公民权宣言》中的章节，让他们的父母看着自己的掌上明珠穿上小号的国民卫队军服，从他们身边迈步走过。像里尔就有一个老兵，过去叫西厄尔·德·布瓦拉贡（Sieur de Boisragon），现在叫舍瓦劳（M. Chevallau），训练了一支童子军，总共 80 人（和其他地方一样，也是以波旁政权的名字同音字命名，叫作皇家棒棒营，可谓一语双关）。他还跟当地的教区神父们一起，组建了一直儿童"联盟队"，队旗祝福和入队宣誓什么的，也是一样不落。"我俩为祖国而生。"恺撒·拉沙佩勒（César Lachapelle）那时候才 8 岁，还有一个叫纳西斯·拉比西埃（Narcise Labussière）当时也不过 9 岁。"我们生命中的最后一声叹息只会为她发出。"他们还会对着国民议会高高在上的那些代表宣誓："我的父母和老师不断向我们讲述法令中所蕴含的智慧，举国上下人人都在夸赞您所做出的贡献与功劳，当全法国人民都为您献上祝福时，我们又怎能麻木不仁……不，先生，认可和赞誉是没有年龄之分的。"

这种激励人心的话语并不只是在演讲、庆典或者书本中出现。各种手工艺品上到处可见，像陶瓷盖碗、咖啡杯盏、锡镴酒具上，都带有爱国标记，一只唱响自由的高卢雄鸡雄踞在已成了残垣断壁的巴士底狱上；还有国民卫队军旗，以及至高无上的"法律、王室、宪法"三者相融的字样。在茹伊的奥博坎普（Oberkampf）的印花棉布厂，最早生产的是家具上的织物，

[445]

图案是美国独立战争的内容，现在则转而描绘1789年的宏大场面，由此可见，政治宣传力度之大，不光形诸文字，在很多美术作品中也大量出现。圣雅各大街上的雕刻大师们在大革命之前曾经推出圣徒、民间英雄和士兵等很多人物造型，均大受欢迎，现在几乎是一刻不停地大量印制明显带有政治色彩的宣传品。国家图书馆收藏着数万件这样的印刷品，连没文化的大老粗都能看懂其中闹革命的内容，而且，这些宣传品还被分发到距巴黎很远的省，与此同时，也树立了英雄和恶棍的模式化形象。像内克尔、拉法耶特、米拉波这些人的声名起落，荣辱沉浮，差不多都能看得出来，只要把人物的身量比例做一番夸张调整，就能体现出公众对于此人的评价结果。

其他一些群众喜闻乐见的艺术形式，也通过同样的表现手法，用以鼓吹这些可贵的美德，各革命派别之间互相竞争，也在大力提倡这些良好品格。年鉴作为一种宣传媒介，在当时是最受欢迎的。比如西尔维恩·马雷夏尔，就因为在大革命之前印刷的他的《君子年鉴》（Almanach des Honnêtes Gens）而锒铛入狱，现在他的这本书可以自由出版了，他的《爱国者版画》又一次采用了现实情节和虚幻社会的平等相结合的风格。剧作家兼演员科洛·代尔布瓦的《佩尔·热拉尔年鉴》（Almanach du Père Gérard）荣获了雅各宾派的大奖（受到包括孔多塞和格雷古瓦等人在内的委员会成员的赞扬），他的作品，被认为能够将使徒般神圣的政治宣教，同至为简单的艺术手法相结合并表现出来，唤起农民的觉醒，而他们的作品针对的就是农民。佩尔·热拉尔是雷恩的立宪会议代表，常穿一件普通的棕色斜纹粗布外套，看起来活脱脱就是大大咧咧、简单直率的典型的乡下汉子，是卢梭宣扬的社会道德的楷模。科洛营造了一种氛围，充满着乡野村俗，土得掉渣，乐呵呵的农民形象，通过这种方式来阐发宪法这个字的意义所在，用一个名叫尼古拉的农村棒小伙的身子骨来打比方，"胃口好，精气足，体格壮，这些是对宪法最好的比喻。"

歌舞、杂耍，再加上露骨的粗口诨话，就是这么一个花样百出的表演场，变成了进行爱国宣传的有力工具。《月球上的尼哥底母或和平的革命》在法兰西歌剧院上来就一口气演了90场，创了个纪录，观众也真可说是三教九流，无所不包。教堂街和皇家宫殿常见的那些花招绝活都使出来了，还利用观众对于气球的狂热迷恋，把戏里面的主人公，农民尼哥底母，这么一个兼有高卢人的单纯和波尔维尔（àla Bourvil）的狡狯的人物，给送上了月球。到了上面他碰遇上了一个非常仁慈又十分可怜的国王，让一个泼辣凶悍、挑剔刁蛮的王后给欺负得苦不堪言。尼哥底母回到法国之后，便画了一幅人间的天堂，那是他自己的祖国，国王思想开明，通情达理，不受他人摆布，非常爽快地接受了革命，给整个国家带来了繁荣和欢乐。

政治宣传甚至还影响到了发型的潮流。比如布里索的《法兰西爱国者报》就在1790年发表了长篇大论，鼓励人们留短而直、不扑粉的头发，认为这是爱国者最为得体的打扮。理由是，道德高尚的英国圆颅党人最喜欢的发型，反过来说，长头发，还卷波浪，那就是不折不扣的腐化堕落、讲求虚荣的贵族骑士的装束。作者还拿古罗马为例，说那些荒淫的暴君，比如恺撒和安东尼，整天就是在那些烫发钳上面大做文章，而卡西乌斯（Cassius）和马库斯·布鲁图斯（Marcus Brutus）则是"拥有高洁的灵魂，并令独裁者感到恐惧。"都是留的往前梳的短发，和塔尔玛戏剧中的人物一个样。"这是唯一适合共和派的发型：简单、经济、省时、省事，因此能确保人的独立性；它使人不断内省，勇于挑战浮夸的时尚之风。"

用发表编者意见、政治说教和警世育人的典型排版设计，来培养不但有好奇心，而且有高度道德责任感和警惕心的读者，这样的报纸绝不止布里索一家，在所有能用来塑造成熟的政治支持者的媒体当中，报纸杂志可能是最有效力的。1789年之后，各大报纸的发行量陡然增加，这本身就非常惊人。在大革命之前，整个法国只有大约60家报纸——而且如杰里米·波普金所说的，外来的法语报纸占了相当大的分量。但是到了1792年8月，光是在巴黎就接近了500家。当然并不是所有的都是重量级的大报，或者又能维持下去，又保持较高的发行量。但是最为成功的几家报纸，比如卡拉的《爱国年鉴》(Annales Patriotiques)，发行量肯定达到8000份了，还有塞吕迪神父（Abbé Cérutti）的乡村小报，也是极受追捧的，办这份报纸的初衷是为了给广大农民提供一种初级的政治读本，所以发行量更加庞大，雅克·戈德肖甚至预测，通过政治俱乐部渠道进行广泛征订，塞吕迪的报纸可能真的会达到读者20万之多——当然，这个数字纯属编辑的乐观估计。

政治报刊的大量涌现，给人印象最为深刻的，不仅是它成倍增长的发行量，还有文风多样、笔调新颖、版式美观等优点，包括布里索的《法兰西爱国者报》中乏味而有价值的关于选民的报道，以及可读性更强的《人民演说家》生动有趣充满恶意诽谤的报道。有些报纸，比如马拉的，就是通过一味地猛烈抨击和没完没了地夸夸其谈来吸引读者的，该报还经常直接透露出叛国者和阴谋家的老巢，来为他们掀起声讨和恐怖的浪潮制造声势，就好似是政治的探索家配备了可以借此控诉对手的

"魔杖"一样。其他一些报纸,当时还比较稚嫩,比如埃贝尔的《杜歇老爹报》便是,此外有一些报纸,出现时间极其短暂,可说是昙花一现,比如笔墨狂放凶悍的《爱国裁缝报》,存心装出一副老于世故的腔调,模仿地道的下等酒吧的口气,学着那些酒店和集市上直来直去,满嘴放炮的人的话,整日一头扎进烟酒堆里这么熏着,口舌还不肯停歇,又是赌咒发誓,又是大惊小怪,废话连篇,骂的就是"奥地利荡妇"(也就是王后)。这些人呼吁请愿的口气也是气势汹汹的,比如"爱国裁缝"就是,把定期来他这里量体裁衣的客户叫作"劣绅吊死鬼"。

最成功的报纸,往往在政治上被用作劝谕的工具,通过它来坚定那些摇摆不定的人的思想,向那些未开化的群众宣传革命道理,还向听不懂议会法令的人提供信息,告诉人们"纯粹"爱国者和"假冒"爱国者到底有何不同。塞吕迪的《乡村小报》就是爱国农民的启蒙读物,不但教农民如何消灭果园中腐烂树木的枯萎病,还教会人们怎么对付那些不肯在圣坛前宣誓效忠的守旧教士。他的报纸经常是一副热心公益的口气,一遍遍地重复着勒基尼奥(Lequinio)的爱国祝词:"代表着公平与正义的上帝,您一定欣慰地看到我国的善良民众恢复了应得的权利,尽管有愚人恶人的阻拦,但是权利仍旧被保留了下来。兄弟手足之间不再相互残害,因为他们担心会被敌人打败。"塞吕迪还在报上登载那些革命信仰的长篇宣传节选,这些人往往是选择在他们的后院,努力宣扬大革命如何功德无量,其中有一篇这样的文章,是某位校长写的:

[448]

> 每个星期天,农民们都会聚集在我家附近的小花园里,我们一起坐在土堆上。我为众人诵读乡间小报,他们围绕

我坐着,听得非常仔细认真,有不明白的地方,他们会让我重复讲解。我向他们解释了我所知道的一切,但我知道我无法把所有事情都讲清楚,而且有些地方也难免有错误。

根据迈克尔·肯尼迪研究雅各宾派的历史著作所描述,《乡村小报》是他们的俱乐部订阅的选择之一,尤其是地方省份。而且可以肯定,大多数的男人,有时候还有女人,是在民众社团中学到那些革命政治宣传的。一开始,宪法之友社是借用雅各宾派的圣奥诺雷修女院搞集会的,声势并不大,不过是延续了凡尔赛的布列塔尼俱乐部的传统而已。俱乐部面向广大公众吸纳会员,每年的会费降低到24利弗尔,可以按月或者按季度缴纳。雅各宾党在巴黎建立了一个让普通市民和受权代表在相互信任的气氛中讨论公共事务的平台。故而当时虽然还不像1792年之后那样,成为一个狂热的平等主义的大熔炉,这个社团也已经自然而然地对所谓大革命最早的基本原则,即政府所采取的实用主义和"温和主义"展开了批评。

1790年春天,在一些外省城镇,比如第戎、里尔、斯特拉斯堡、格勒诺布尔和马赛这些地方,志趣相投的爱国者力图寻机东山再起,借此扭转乾坤,揭露和控诉当地顽固分子的阴谋(有时候就盘踞在当地行政机关内部)。他们纷纷组成自己的社团,通过写信的方式和巴黎的"兄弟朋友"取得了联络,"中央"对此作出积极回应,派出了革命活动家,对当地的这些基层组织进行支持和鼓励,组建起一个被称为"捍卫宪法之神圣同盟",特别是在一些城市里,在那些人们认为伟大事业正处于困境的艰难之地更为要紧。有时候这种斗争会出现错误,演员博尔迪耶就因为煽动民众闹事而被绞死;但大部分情况下,工作进展得非常顺利，很快就有大批热心者云集响应；他们中有律师、仆人、官员，自然也有当地以前的革命者和爱国的教区神父。

[449]

在1790年8月之前，巴黎的雅各宾俱乐部一共是1200多人，全国各地的分支机构有150个，一年之后，猛增到400多个。根据肯尼迪的观点，之所以能够快速扩张，原因只有一个，那就是在18世纪的时候，人们对于俱乐部性质的社交活动，实在是太过热衷了。同时也表明，从18世纪下半叶开始蓬勃兴起，大行其道的共济会组织所秉承的团结一致、平等相处的组织原则，已经被雅各宾派所借鉴。同样，他们还学到了共济会的一整套礼仪规范和神秘的象征主义手法，将革命政治的寓意用共济会的标记加以体现，比如警惕的双眼、石匠的水准仪（突出表现平等的含义），还有共济会所钟爱的三角形。在那些具有博爱精神、品格高尚的人中间，所谓对于信仰的高度忠诚，实际上也是在共济会基础上老调重弹。而最大的区别在于，雅各宾派对保密制度十分痛恨，而且他们往往认为，俱乐部是一所对于公共道德有劝善作用的学校。

从机构形态上说，雅各宾俱乐部处在教会和学校之间，他们常常是在废弃不用（到后来干脆是强取豪夺）的修道院，有时候是在当地政府大楼，甚至在小剧场或者小酒馆里开会，会场的布局几乎是千篇一律的，前面放了一张给演说者准备的讲台，走到低低的上座区，还有给社团主持人专门安排的座位。非俱乐部成员也能入内旁听，但是和正式成员之间用一道很矮的栏杆或者横贯大厅两头的绳子分隔开来。尽管这样，位于老图书馆的巴黎俱乐部却是沿着周围的墙壁来安排座位的，演说者和听众彼此都能看得很清楚。墙角边还点缀一些表现精诚团结必要性的标志物：一些自古以来可奉为楷模的著名人物的半身石膏像，比如儒尼乌斯·布鲁图斯，还有加图，另外更多的是当代英雄：让-雅克·卢梭、本杰明·富兰克林、米拉波（在远离巴黎的那些省的雅各宾俱乐部，人们对他更多地是抱有一种质疑，而不是崇拜）。半身像的中间，还有一些加框裱糊的《人权宣言》的抄本，通常边上就是伟大的革命纪念日浮雕，内容大多是从《法国大革命图册》中摘取的。

但是雅各宾派更多地是通过声音，而不是视觉形象，来形成特别的感染力的。他们演说者的金石之声，在俱乐部的大厅四壁铿然回荡，或慷慨陈词，或争锋相辩，要不就是对于立法条文的宣读品评——模仿巴黎俱乐部和国民议会演说名家的套式表演。每个省级俱乐部都有自己的明星，学着那种满腔爱国义愤的声调，或是西塞罗滔滔不绝的阔论高谈，甚至还能在演讲中多次转变风格：米拉波的辛辣高亢，巴纳夫的清新活泼，罗伯斯庇尔的缜密细腻。就在波尔多和里昂这些大的地方俱乐部，将会涌现出一批新生代革命政治家，未来的立法议会的西塞罗和加图——朗泰纳，伊斯纳尔、韦尼奥和让索内——正是从这里成熟起来的。

甚至在雅各宾派发展的早期，他们中很多人还是"温和派"（有些是公开的，有些是隐藏的保王党）的时候，雅各宾党人已经挑起了与当时的地方和国家当局相抗争的重任。他们有意识地将自己打扮成革命理想的卫道士。他们会坚定不移地奉行他们的爱国义务，哪怕是走到了立宪多数派的对立面，甚至不惜和选举获胜的当地官员作对。然而他们的激进好斗纯粹停留在政治层面，而不是一种社会行为。如果他们是民主党派的话，都是相对比较富裕的阶层，大部分就是国民卫队的军官、职业人士、作家和记者，还有相当一部分是商人，这些人所占的比重要大大高于地方行政机构。其中手工艺人约为20%左右，大多数是独立的技艺精湛的手艺人。

缴纳24利弗尔会费的中间层选民，为雅各宾左派提供了一个发展空间，可以建立政治组织，来吸纳那些不符合最高等公民身份而被大革命拒之门外的人。尤其是妇女和赚取周薪的工人（尽管就我所知，还没有哪个团体组织是为人数最多的群体，即家庭仆佣所建立的）。而重振雄风的科德利埃派把这看作他们的既定目标，他们将入会费降低到了只要1利弗尔甚至4苏的标准。某个英国观察家曾这样描述，说在他们的集会上，都是一些粗野吵闹的小流氓，"穿着是如此肮脏邋遢，乍一看人们会以为这是乞丐们的聚会"。但是随之而来迅速冒出了几十个这样的小社团，一哄而起地效仿科德利埃俱乐部的这种来者不拒的做派。最著名就是"少年社"（Minimes），"穷人社"，特别值得一提的是由教师克洛德·当萨尔（Claude Dansard）创办的爱国儿女友谊会。这些俱乐部对女性也都一概欢迎，尤其是兄弟会（Société Fraternelle），像露易丝·罗贝尔（她是布列塔尼贵族革命家克莱里奥和《国家信使报》编辑的女儿）、巧克力商人的千金波利娜·莱昂（Pauline Léon）、泰鲁瓦涅·德·梅里古，还有大名鼎鼎的埃塔·帕尔姆·达埃尔德斯（她还是荷兰执政官派来的间谍，女权主义忠实信徒），每个人都是组织中的骨干分子。正是在这些俱乐部中，建立女子军队的提案，比如在1791年时去杜伊勒里宫担当保卫王室的任务，在1792年时成立前线军团，还有那些被一直重点提及的要求，才第一次被奥兰普·德·古热和埃塔·帕尔姆作为女性应有的参政权正式提出。雅各宾党的一个典型主张是，妇女应该统统待在家里，对此他们极为反感,桑泰尔酿酒厂的评论说,"本地的男子更愿意到家之后看到家中收拾得井井有条,他们不愿看到妻子刚从议会返回,但凡从那里返回的女人们是不可能温柔贤惠的。"

就在这些受人欢迎的政治组织中,社会平等和民主自治的理想被推向极致,但在这段时期内,巴黎只不过吸收到了两三千名会员。也就是在这些地方,关于阴谋论的种种说法花样最多,对国内叛变者的控诉最为猛烈。马拉和弗雷隆的报纸在雅各宾党人看来太过粗俗,但是科德利埃俱乐部却拿来大声诵读,博得极大的赞赏。雅各宾党就在一轮轮的辩论中,走出了将在以后几年的战争和大恐怖时期挑大梁的新一代政治家,而那些民间社团中,将会涌现更多的激进派骨干分子,他们反对那些政客的精英意识和胆小怯懦——最为突出的一个,就是失去腿脚的佩潘-德格鲁埃特(Pépin-Dégrouhette),一个失意的剧作家,又是个执业律师,还是巴黎市场搬运工的代言人。

同样就是在这样的俱乐部里,法国大革命两重性的本质才彻底暴露出来。对于斜插短刀的图案和布鲁图斯半身像的评头论足一时蔚为风潮,还狠狠敲打桌案,扯着嗓子唱《都会好的》(王孙与公子,皆应被吊死),这都和兰盖跟梅西耶著作中蕴含的反资本主义、反现代社会的愤世思想不谋而合,而这种思想的萌蘖,是大革命之前就已经有了的。卢梭当年就是操着沙哑的嗓音,发表了这样狂躁残忍的讲话。大革命已经使得俱乐部成员们相信,经济地位和社会地位的普遍平等指日可待,但是眼前他们所看到的世界却依然如故,葡萄酒和烟草还是要缴税,要想打工挣钱,还是得向老板磕头求告,在投机者的榨取之下,手里的这点纸币越来越不值钱。政府和议会还是"大老爷"的天下,还有"榨干了人民钱财的贪婪的金融家、愤世嫉俗的迁腐之人、傻瓜，以及骄横不可一世的人"。有这些人在，工作难以为继，政令无法贯彻，就是让-雅克再世，也会被他们排挤出去。

这些"吸食人民血汗钱的人。"赫然相对的便是"制鞋人雅克"，一个1790年12月的《巴黎革命报》炮制出来的楷模，"一位受人尊敬的工匠，他召集了众人坐他家的灯下虔诚研读国民议会的法令，他不仅自己细心领悟，还带领众人一起认真思考"。只要那些当权者有足够的魄力，对他们充分信任，放手让他们来推广卢梭所提倡的治国之法（他们自己是这么标榜的），这种"尚礼君子"的热情就会给民主事业带来希望。这当中最为独特的一项议案，提倡者不是别人，正是当年的吉拉尔丹侯爵。1791年6月，他提出，国家立法机构制定的每一项法律，都应该进行广泛的全民公决。这些公民投票，显然体现了传统习俗和革命理论相结合的原则，因为在他看来，他们都是古法兰克马背议事者的后裔，也是卢梭所说的万能的"普遍意志"的集大成者。吉拉尔丹对群众履行公民职责的积极性抱乐观态度，因为他甚至想要在每个礼拜天让老百姓腾出时间专门投票，而通常在这天，人们不是祷告，就是饮酒，要不就一边祷告，一边饮酒。

吉拉尔丹想出来的这种国民投票的乌托邦，从来没有得到制度化，还有《巴黎革命报》所吹捧出来的公民工人楷模，也没有任何广泛传扬的可能，甚至在国民公会中，根本没有引起广泛反响。但是他们那种必然不满意的高谈阔论，他们长期以来迷恋于宣传鼓吹、暗中捣鬼和当场格杀那一套，能够激起民愤，笼络大批群众，这就能够在关键时刻决定形势的发展变化。而到最后，这股始终搞对抗的势力将大革命完全带入了难以为

[452]

继的死胡同，因为它的那套纯洁政治根本就不可行，无法应用到法国政治生活的实际需要中去。它鼓励地方上的小范围民主，对中央政府权力采取排斥态度；还通过对经济活动的强制干预，来保证物资供应，而不是鼓励资本向国家和市场流动；它提倡无限度的言论和集会自由，反对规范合理的政务处理；简而言之，就是频繁地动用简单粗暴的惩罚性措施，而不是靠井然有序的执法手段。

对于以后几代从夸夸其谈向安邦治国过渡的政治家而言，他们面临的尴尬，正是因为他们没有能力来兑现自己许下的美好诺言，最终使他们的统治难以为继。大革命作为一场起义暴动，没有定期热血贲张的革命激情大爆发是不可能成功的，但是大革命作为一个政府组织，如果不能慎重理政，做到有所为、有所不为，就不能继续生存。

整整一代的革命从政者第一次发现这样一个令人沮丧的两难境地，从某种意义上说，革命自由必须要以革命恐怖为代价。但是等不到最终结果的发生，它们都会灰飞烟灭。

三、米拉波果报

[453] 1790年7月3日，米拉波在圣克卢公园的某一处满地黄叶的角落里亲吻了玛丽-安托瓦内特的手。他就像是个衣衫褴褛、勇敢无畏的骑士一般，信誓旦旦地作出保证："王后陛下放心，王权保住了。"尽管王后曾说："咱们的形势不会恶化到要求助米拉波的地步。"但当这张麻子脸鞠躬弯向她的臂膀的时候，王后还是努力克制自己，没有把手缩回去。如何对这位丑八怪说上几句得体的恭维话，她甚至事先进行过专门练习。据康庞夫

人回忆，王后开始时是这么说的："在极力想推翻君主制的寻常敌人面前，我可能会采取不明智的举措，然而如果有米拉波这样的人在……"

米拉波觉得，这位发际缕缕灰白、面无血色的夫人显然把他打动了，她决不是在巴黎到处流传的淫邪不堪、下流打诨的小说中像梅萨莉娜这样不知检点的妇人。王后的坚毅果决和判断能力也给米拉波留下了深刻印象，和优柔不决的国王相比较，更是有霄壤之别。"国王只能依靠一个人——他的妻子。"米拉波这样评价。慢慢地，米拉波冷静了下来，陷入了沉思，自己这般冲动，可能让他想到了10月6日那个鲜血淋漓的早晨，在凡尔赛宫的露台上拉法耶特机敏果断，挺身而出的那一幕。可是如果要让米拉波效仿这种勇敢行为，那一定是让人十分丢人的。从米拉波内心来讲，这种妄自尊大的碌碌之辈，实在是不足挂齿，更何况还是个口齿不清，词不达意的蠢材！尽管他一直担心，那两个掷弹兵已经认出在公园里散步的这两个人是何许人也了，但最起码，四下里并没有一大堆的围观者。

圣克卢是个消夏避暑的地方，国王一家可以在此逃避对杜伊勒里宫每天没完没了的搜检，以及巴黎新闻界的尖声诟骂。两个月来米拉波一直在拿国王的钱，但是他做这一切已经是心安理得，问心无愧的，从来没有想过他可能已经被出卖了。更重要的是他在为国王出谋划策，教他如何重建权威，这些都得拿钱来换。米拉波坚信，如果国王想要从反革命和空头民主中得到解救，他的这些忠告和建议是必不可少的良方。

五月份和王室签下的这份和约，对他而言绝对不是可有可无的，还在这份和约墨迹未干的时候，原先欠下的208,000利弗尔的债，突然就一笔勾销了。他这辈子肩上有两座大山，一是他父亲，另外就是他的那些债主，这下子都烦不着他了。他的父亲叫维克多，一个专横跋扈，患有中风病的老头，还自称"人类之友"，就在巴士底狱攻克的前两天一命呜呼了，可还是不忘对他这个不知道被他抓进监狱多少次的长子戏弄一番。临了干脆剥夺了继承权，把家产统统留给了小儿子，一个死硬的保王党分子。在米拉波眼里，这个大腹便便的蠢货，怎么看都不顺眼。他竟然还恬不知耻地给反革命报刊《使徒行传报》写文章，说巴不得找个机会好好让他的大哥出一番洋相。而在爱国刊物上，他被人称为"酒囊米拉波"，非常可笑的是，这个绰号正好暗含了加布里埃尔自己的诨名"霹雳米拉波"。当他发现一些下层士兵正图谋反抗上级军官，便把所在的佩皮尼昂（Perpignan）的都兰军团的战旗和旌节给偷走了，算是他打算为整肃军纪出一点力。后来他还是被逮个正着，战旗在他的皮箱子里被搜了出来，人也被抓了起来，倒是他兄长出面干涉，利用议会代表的人身豁免权，才把他弄了出来。可是他居然连一个谢字都没有，干脆一走了之，跑到了莱茵兰，还打算在那里组建一支"轻骑敢死队"。后来有一次他喝醉了酒，和一个贵族寻衅吵架，结果被那个贵族一剑刺了个透心凉。

米拉波老哥现在可以称心如意地过他的快活日子了，每个月6000利弗尔的补贴，对于他梦寐以求的高档生活，绝对是必不可少的。他从塔尔玛的朋友女演员朱莉·卡罗（Julie Carreau）的公寓搬了出来，住进了城里丹亭大街（de La Chaussée d'Antin）上相当豪华舒适的大宅子。他甚至还请了个大厨，此人凭借着高超的厨艺，让卡米尔·德穆兰这样至为狂躁的人都没了脾气（有人认为他的菜太辣了，一个口味敏感的女客曾经这样说："与米拉波共餐，几乎吐血。"）。此外还雇了男仆，专

[454]

门伺候他穿戴镶嵌宝石纽扣的礼服,米拉波就喜欢这样,就是要让雅各宾派人物两眼发直。更有甚者,他居然还聘了个秘书,薪水是宫廷付的,此人的名字倒是很好听(对抄写员来说是这样),叫作孔普斯先生(M. Comps),大量的备忘录和演讲稿,他都非常仔细尽心地抄录下来。人们背地里暗骂,说拉梅特兄弟哪天不高兴了,把他给底下人穿的号衣给剥了去,新马车上锃亮的家族徽章也都摘下来,看他还怎么臭显摆。另外,米拉波现在还成了地主,拥有一座漂亮的带花园的百年老宅(尽管没有出过一分钱)。这房子以前是哲学家爱尔维修(Helvétius)在阿尔让特伊(Argenteuil)的私邸。

米拉波和王室之间的裂痕本来似乎很难修补,不过他的朋友拉马克伯爵(Comte de La Marck)却把这事撮合成了,此人是住在法国的比利时贵族,买了房子,还当选了三级会议代表。他向奥地利大使梅西·德·阿尔让多保证,说米拉波非常愿意为国王效劳。于是到了1790年3月,宫里便放出口风,试探他的反应。到了5月末,和宫里签下协议,答应出力的米拉波,便在立宪大会上开了第一炮,要求保留国王宣战和媾和的决定权。

对于米拉波来说,在红书公开的敏感时刻,拿王室的钱是冒很大风险的。而红书就是专门审查和揭露旧制度之下秘密津贴的记录,在社会上引起很大轰动。他突然手头阔绰了起来,日子也比以前滋润了许多,很难逃过公众的注意。可巧在5月21日那天,他摇唇鼓舌地拼命宣传,竭力保全王室对外宣战的权力,更是让人觉得十分可疑。不久之后,拉克鲁瓦(Lacroix)写了一本小册子,声称已经发现了他的"变节行迹",在巴黎流行一时。米拉波之所以毫无顾忌,不顾后果,只能说明他相信自己的行为天经地义,并无不妥——自己拿的是资政酬劳,出谋划策也完全出于公心，完全符合他所秉承的政治原则。

米拉波的理论核心就是要建立一个君主立宪制国家，承认1789年攻克巴士底狱的既成事实，但主张国家不应完全为立法机构所操纵，从而沦为徒具形式的施政工具。正如在给拉马克的信中所说的那样，他更加倾向于"建立起秩序，但不是旧时的秩序"的主张。也就是说，他的政治主张的前提，就是王室避免采取任何反对革命的轻率举动，而且应该彻底放弃保留高等法院这样的社团机构的幻想。在他看来，不受羁绊的社会性审判无法避免，自由的出版机构也肯定会出现。国王应该更多的寄希望于《教士公民组织法》，把它看作高卢主义的合理延伸，以及避免满盘皆输的一张救急底牌。但与此同时，国王必须成为一个握有实权的裁决者，享有完全的官吏任免权——并且他不顾1789年11月7日的议会法令，仍然强调，这些高官部长都要对立法机构负责，因为他们是立法机构选举产生的，作为宪法的左膀右臂，他们不能这么一直保持敌对，争斗不休。他认为，除非国王采取断然措施，恢复一些关键性的政府职权，否则立法机构自行其是、独揽大权将会成为铁定的事实。"人民最终将会习惯另一种类型的政府制度，但彻底失去效力、逐渐被人诟病、开销甚大的王权，会很快化为泡影。"

米拉波在两份文件当中表露了自己的上述立场，以及政治和战术上的巧妙暗示。一份是发表在1790年10月，另一份是12月23日交给外交大臣蒙莫兰的备忘录，详细了许多。这份洋洋洒洒的"一瞥"实在是堪称杰作，倒并不是因为它在理论上有什么高深的见地，而是因为它对大革命的政权性质做出了极具前瞻性的判断。可以说在列宁之前，米拉波是对革命形势分析和相关侦测研究的分析天才，他有着极为深邃的洞察力，能够看清楚在那些动人心魄的演讲背后的实质问题,可以说绝大多数的革命演说,都不外乎是由这些东西构成的。在谈到他所说的国民议会上的"躁怒",也就是常常因为派别争端,使得政府难以决断的问题时,他将这称之为情不自禁地扭捏作态(他自己倒是为这种描述做了最好的演绎)。"这里有演讲者、旁观者,有剧院和花坛,还有大厅和回廊。当富有才华的演讲和它的目的一致,它会给予赞许;如果二者相抵触,演讲者就会遭到羞辱。"国民议会赞成这样的观点,认为成功的政府必须要有自己的报刊替它宣传造势,必须价格低廉,发行量大,这样才不至于把言论的阵地拱手让给势不两立的政敌。

米拉波还另外列举了恢复王权的种种阻碍。他先是说到了国王本身决断无能;接着说到王后行动处处受制;最后谈到巴黎一直存在的人身威胁,以及这些威胁背后的挑唆和煽动。为了扶持主上重掌朝纲,他需要坚毅果敢的能臣(就像他自己),或许还需要塔列朗、勒沙普利耶和图雷这些人的帮忙。至于那个和米拉波素不相能的内克尔,最终还是在9月份辞官而去,他的那套财政妙方注定是不能奏效的,实在是有愧于救时英杰的美誉,辜负了人民对他留任复职的期望。但是像圣普里斯特和德·拉图尔·迪潘,这些内克尔的党羽却仍然还在,而米拉波需要对政府班底进行更为彻底的调整。米拉波的策略实在称得上是胆识不凡,精明老到,他提出从雅各宾派的那些狂热的激进分子里面选拔政府官员,这样他们肯定会将政敌统统清除出去。而且他断定,这些人一旦掌权(真是料事如神),国家的客观现状和现实需要会迫使他们做出改变,使他们的观念趋向于中庸。"雅各宾派如果在各部掌权,"他说道,"就会失去雅各宾派部长应有的本色。"

如果要挽救路易,另一个重要人物也必不可少,那就是米拉波的头号死对头,让人无法容忍的"急力士凯撒"——拉法耶特。联盟节的现场活动成了这位将军的个人舞台表演,可谓是名利双收,国王完全被撂在一边,当了他的配角,看到这些,米拉波实在咽不下这口气。要是换成是路易站在祭坛上,处于万众瞩目的中心,朗读誓词,这就是明确向人民表示他正式接受大革命的立场态度。可他的角色被设定得模糊不清,人们依然是议论纷纷,说其实国王出席这次庆典是迫于无奈,内心并不情愿。于是国民卫队就得重组,确保其指挥权牢牢掌握在政府手里,以防国王摆脱巴黎军队的控制。

[457]

巴黎混乱喧闹的政治环境无法得以改变,最好的办法是让有人出面带头。政治运动越是狂暴不羁,就越是符合无政府主义和激进主义的要求,这样它所宣扬的以"国家"名义对各省进行统辖便会使得地方政府的离心倾向加大。巴黎的暴动最终使得政府机构彻底瘫痪,这样的事实会让地方政府相信,强大高效的公共权力机关还是必要的,他们就会对首都政府的独裁专制产生厌憎。后来的结果着实体现了米拉波的预见极为深远,而更让人惊讶的是,那是在统一国家的政权神话刚刚在战神广场臻于圆满的时候出现的。

对付议会的野蛮行径,手段也和这差不多,实际上是用国民议会自己的策略施诸彼身。他要让大会彻底分裂成两大阵营:一面是冥顽不灵的反动分子,一面是惹人厌恶的狂热党徒,这样就能让大会名声扫地。当大会最终拖垮政府,国王就有机会采取积极行动,重新召集选举,选出一个临时立法机构,受权对米拉波称之为殃及社稷、无从着手的宪法条款进行修改。这一招也确实是够精明的,他认为这样做不容易落下公开反对革命的把柄。他主张，新议会中的代表，权力应该仅限于在他当前所在的选区，这一来，就把巴黎俱乐部中那些从阿拉斯或者马赛来的激进派代表排除在外了。在会址尚未确定之时，这些二级议会将会组建自己的军队，这样就能摆脱对国民卫队的依赖。

米拉波的计划包含着天才的妙算，同时也充满了疯狂的冒险。一方面，雅各宾派组阁替代立宪会议的想法听上去绝对不切实际，但是从另一方面说，米拉波凭借着清晰敏锐的眼光，看到了将会在革命时代决定百姓拥护度的那些因素。比如，税收政策就始终是个问题，在这件事情上，"必须无情地扯开遮掩它的面纱"，因为：

> 给人民的承诺超过了应有的限度；给他们承诺的是永不可能实现的希望；让他们摆脱了一种不可能再恢复的枷锁，无论多么紧缩和节约……新政权的开支实际上会比旧制度更重，而在最后，人们将仅凭这一事实来判断革命——它收的钱多还是少？人民是不是更加富裕？他们的工作机会增加了吗？这样的工作报酬更高吗？

这一判断真是洞若观火。这番言论出自公认的革命演讲大师之口，更让人感慨良多。很显然，他并没有被自己的夸夸其谈所迷惑。米拉波对于海军舰艇强行佩挂三色旗一事的支持，投入了极大的热情，因为他懂得，当前关乎存亡的，并不仅仅是"鸡毛蒜皮"的小事，而是被他称之为"表征话语"的东西（又是一个在20世纪让人担心的预见）。他坚持认为，象征性的标记在任何地方都是最有效力的，它所代表的意义不是团结，

[458]

就是密谋；不是忠诚，就是轻蔑。如果允许海军军官挂白旗这种标准的反革命颜色的标帜，那就是对革命当局的公然挑衅和藐视，是非常草率的行为。"相信我，不要在看似安全的危险中睡去，"他对参加国民议会的人说，"因为当你们醒来将会发现一切都不可收拾。"此外，米拉波还预见到，巴黎方面将革命纯洁推而广之，强加在其他地方政府头上，将会使矛盾进一步公开化，除非政府的措施非常谨慎小心，否则内战不可避免。

虽然说他对于君主立宪的责任制抱有期待，并寄希望于阁僚大臣忠于立法机构，这样的幻想未免有些渺茫，实在不容乐观，但是考虑到1791年的历史人物的天性，对法国而言，该方案倒也不能说是一无是处。从国王到皇帝，再从皇帝到总统，走马灯一般，隔一阵子轮换一位，之后两百年的法国历史，大致便是如此，也再次证明了他确有先见之明。

仅在两件事上——尽管是最重要的——米拉波有负于他惯有的精明。第一件事，是他替王室效力，以幕僚功臣自居，在政治上替王室出谋划策，这个角色让他有些飘飘然。当然他还没有那么天真，会指望路易一收到他连篇累牍的锦囊妙计，便立刻奉行。有人甚至怀疑长年孤立无援、压抑愤懑的国王意志已经极为消沉，是否真会抽空读一读这些条陈密奏。不管怎样，米拉波认为，将计划陈述清楚，以此拯救国家是自己的职责所在，他也相信，自己这一套备案，日积月累，总有一天会让路易明白，在束手待毙和抗拒革命之间，还有别的路可走。王室现在的前景实在黯淡得很。米拉波越是沉溺于身为君主制的导师的梦想，王后身边那些人就越是感到一种降服死敌的快感，他越是对日益势众的雅各宾左翼反对派无情狂吠，宫廷就越是对他的这种化解敌方阵营的行为感到满意。

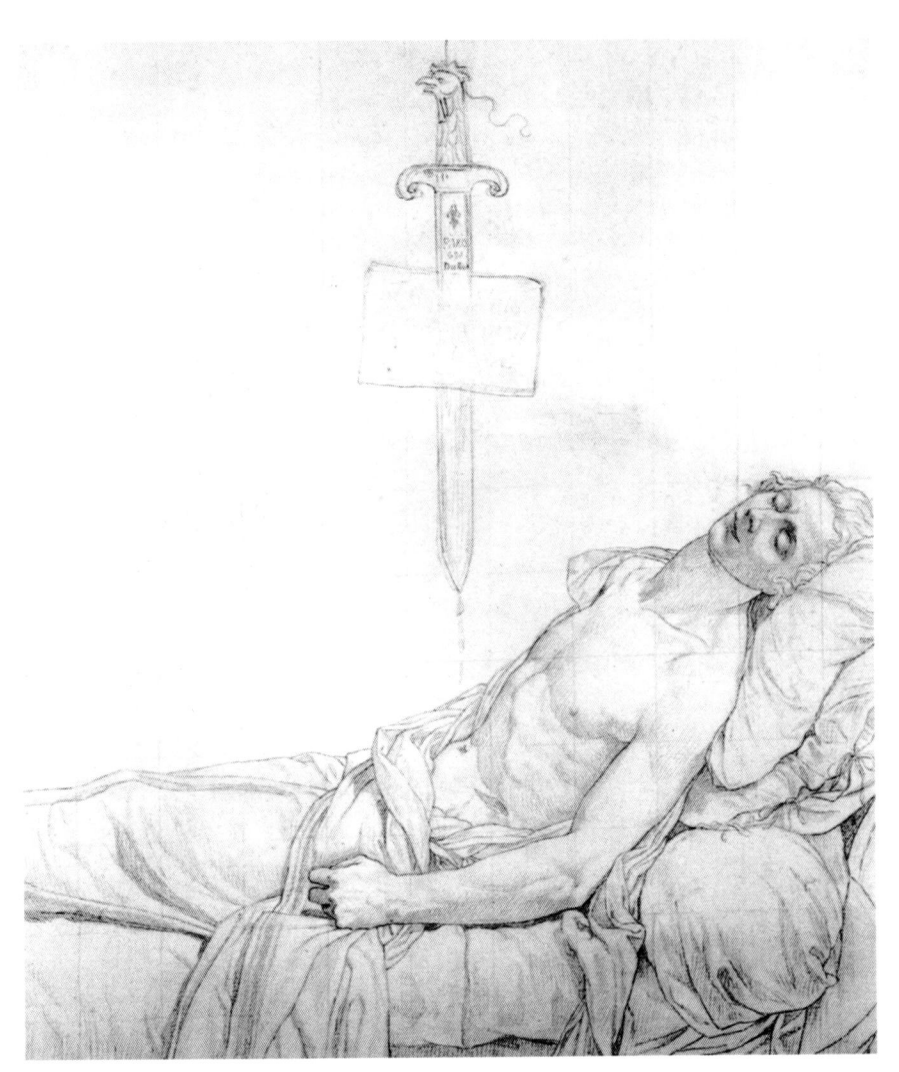

图 14. 阿纳托尔·德孚日（仿雅克-路易·大卫），《遇刺的勒佩勒捷》

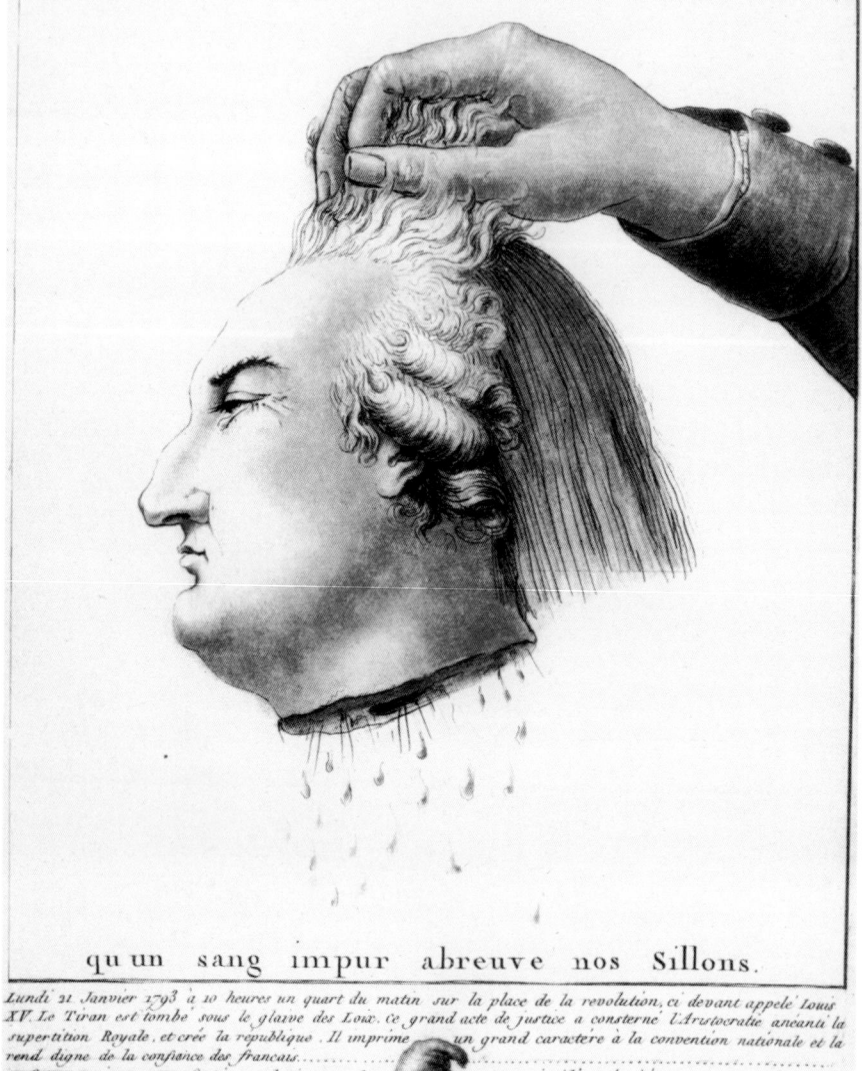

图15.《供加冕的杂耍者反思的事项》。作品底部的文字摘自罗伯斯庇尔写给他的选民的信,内容是宣称处决国王已"给国民公会打上了一个伟大的烙印,使其值得法国人信任"。

图 16. 约瑟夫·博泽,《马拉肖像》

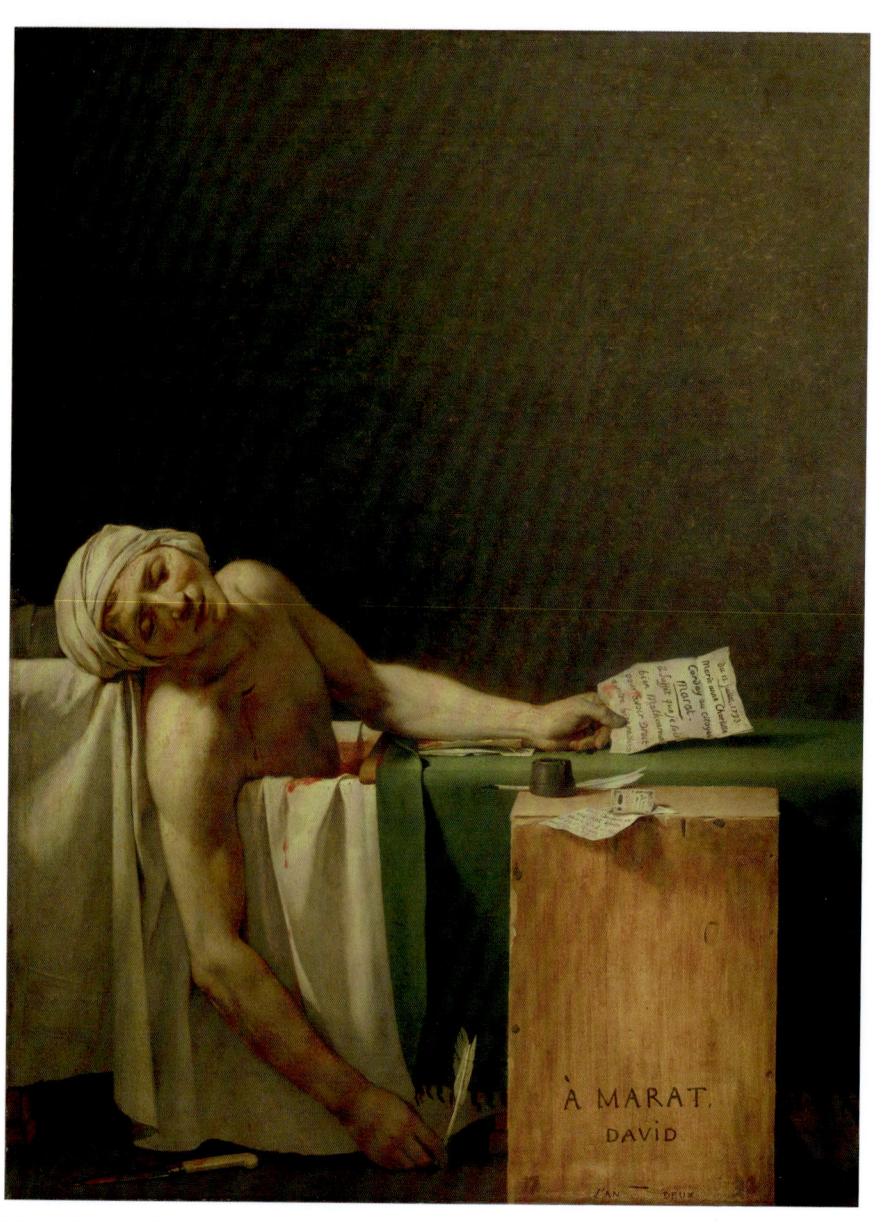

图 17. 雅克-路易·大卫,《马拉之死》

LA FRANCE RÉPUBLICAINE.

Ouvrant son Sein à tous les Français.

图 18. A. 克莱蒙特（仿布瓦佐），《法兰西共和国》

图 19. 德·布雷恩，在孔西耶热里古监狱身穿丧服的《玛丽-安托瓦内特肖像》

图 20. 诺代,《最高主宰节》

图 21. 佚名,《罗伯斯庇尔》

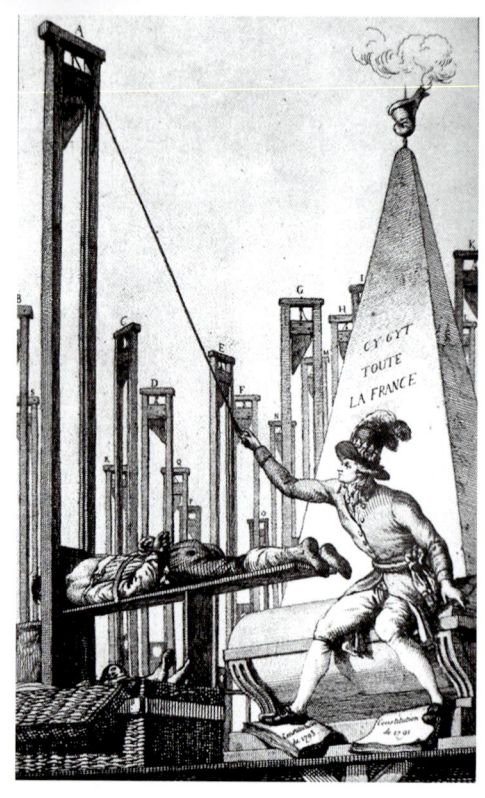

图 22. 佚名,《罗伯斯庇尔将刽子手送上断头台》

第十三章　分道扬镳　1790年8月—1791年7月

即便如此,要想把国王改造过来也是绝无可能的。1790年,路易十六仍然把不准自己未来的政策走向,在对革命进行消极干涉方面远没有王后来得坚决果断。至于他最终完全没有把革命引向米拉波所建议的发展道路,原因也是和宗教有关。在这个至关重要的问题上,很难说米拉波是太过迟钝,未能参透玄机,还是他极度权欲熏心。反正他已经迫不及待地同意在1789年11月的议会中开响当头一炮,力挺塔列朗的计划,因为当时创建国家教会的立法已经进入了具体实施阶段,且已经得到了各界的积极支持。在普罗旺斯,他见到了许许多多的新教教徒,不但财力雄厚,而且作风正派,具有正直公民的良好品德,在经济问题上也是清清白白,可以称得上是新政权的坚强堡垒。在波尔多和阿维尼翁,那些犹太人则给他一种富有商业头脑,且博闻多才,学风浓郁的感觉,相比之下,天主教的专制制度实在是荒谬透顶,让人唾弃。他最欣赏的那位银行家,巴黎的潘绍,似乎既是新教教徒,同时又是犹太人。

除了其他一些问题,《教士公民组织法》很大程度上也是关乎国家统一和社会团结的大事,和抽象意义上的人性具有同等重要的地位。米拉波认为,法国的价值体系,不应该盲从于高高在上的意大利主教,对他们的一切指示乖乖照办,主教的权威,本来就建立在十分荒唐可笑的基础上,他居然宣称自己是圣彼得的继承人。当艾克斯大主教布瓦热兰发表了他的原则说明,教皇庇护六世则表示拒绝和立宪派有任何合作,实际上还威胁说要将那些共同参与选举主教和教士的人逐出教会,这时候如果再服从,问题的性质就更严重了。到了1790年11月,事态益发紧张,代表瓦代尔把教士对《教士公民组织法》的抵制说成一大阴谋,说有一些教士正在敦促军队攻袭国民卫队,怂

[459]

怂恿他们公开反抗当地政府。（革命宣传册上有关于这次暴乱的报道，上面画的是教士手拿十字架，为那些攻击国民卫队的人们祝福，就像洛林红衣主教为谢尼埃的《查理九世》的匕首祈祷一样。）为了取得主动，瓦伊代尔提议，所有教士都必须在八天之内做出宣誓，只效忠于宪法。在11月26日的讨论中，期限被延长到年末，虽然延长了期限，但是仍然可以看出，这是一个独断专横，企图凌驾于国家之上，来检验其权威的决定。

在这件事情上，米拉波的态度似乎无可指责。他对议会中的那些主教代表（44人中有40个拒绝效忠宪法）进行谴责，认为他们是伪君子，他们嘴上说要防止分裂，实际上却怂恿他们的教徒抵制国家法律。莫里主教提出所谓主教只接受通过教区代牧传达的上帝旨意，米拉波就加以驳斥，认为教会划分出来的主教区，只是"教内督辖"的概念，是出于管理的方便，并无任何神圣性可言。从这一点上看，教皇的权威只不过是写成条文的政治权限而已。他的嘲讽愈加无情，听众的掌声也愈加热烈。他的这些观点，完全和他的内心想法相吻合，也跟精神上的公民教士格雷古瓦主教和拉莫莱特主教（写了很多相关发言）。但是正如米拉波在给拉马克的信中提到的，如果国王正在寻找让地方议会不满的事由，这倒是个绝好机会。

但是对于路易十六而言，认可米拉波的嘲讽实在是让人难以接受。经不住一些自由派主教，比如波尔多的尚皮翁·德·西塞和维也纳大主教的一再劝说，头脑中反复地痛苦挣扎，他总算是签署了《教士公民组织法》。但是罗马方面的责难越来越折磨他的良心，更何况这种指责也完全说得在理，不仅仅是议会内部莫里和布瓦热兰在煽风点火，外界的社评和招贴也在推波助澜，连连发难。他还是喜欢把自己想象成基督徒国王，在兰

[460]

斯接受膏礼：宣誓维护使徒信仰者。签署这份议会法令时，他心情十分沉重，也非常担忧，法令要求传统教会做出选择，要么当叛国者，要么当异教徒，要么被剥夺公民权，要么被开除教籍，在议会中，人数大致是对半开，在西部、西南以及阿尔萨斯－洛林一带，赞成新法的比例可能更高一些。

这部法令，注定是要路易在公众前作假，在人背后产生内心的忏悔。而玛丽－安托瓦内特则将立宪主教授职仪式（由塔列朗主持，他已经辞去主教职位）看成渎神闹剧，在玛丽的劝说下，路易也开始向御用牧师倾诉告解，以忏悔寻求解脱。但是在1791年2月，这场戏没法在公众眼前演下去了，国王的两位年老的姑姑阿德莱德和维多利亚，公然和法律对着干，声称要去罗马度圣周。米拉波极力谏阻，要求国王加以阻拦，因为这样做，不光等于对胆敢违抗自己法令的行为公开袒护，而且也会让人以为是国王自己想要出走国外的前兆。德穆兰和弗雷隆两位记者甚至坚持认为，国王的两位姑姑如果非要到罗马花钱，就应该放弃她们每年从内务府支取的一百万利弗尔。巴黎各区警钟齐鸣，召开了各类会议，商讨如何应对，甚至考虑如有必要，就采取强制手段，阻拦两位姑姑离境。但是国王却按兵不动，没有任何出面阻挡的意思，就这么着，两位表面装着大慈大悲的老妇人，在这么人心惶惶的时候，居然毫无顾忌地带上20名轻装随从，在凡尔赛国民卫队司令贝尔蒂埃（Berthier）的护送下，头也不回地出发了。他们的贝勒里芙（Bellerive）庄园被愤怒的女商贩给抢占了，而她们的马车，直至抵达阿诺伊公爵领（Arnoy-Le-duc）的时候，才由一个激进的爱国市长下令予以拦截。

在米拉波看来，她们的出行实在是太过冒失了，造成了严重的政治后果。但是他也强烈地认识到,大革命当局已经规定了行动自由是人的绝对权利(他的父亲就多次动用密札制度剥夺他的这项权利)。如果王姑们并没有触犯法律,那么就没有理由剥夺她们的这项基本权利。他成功地说服了议会,让他们达成了意见统一。到了2月28日,事情变得更加棘手了。此时议会正在讨论通过一项法令,对那些动机可疑的出国移民者进行限制,提案的内容是要建立一个由国民议会指定的三人委员会,由它来对出入境人员进行核查,并负责确定和追查那些可疑之人,委员会有权限令他们回国,并要求给予那些逾期不归者以叛国罪处罚。

米拉波非常清楚地知道,这是决定大革命当局原则的关键时刻。他告诉大会,他深信这种限制,是和权利宣言,以及宪法所保证的自由活动原则相违背的。但是他的辩论策略实在太过糟糕。他想要在辩论中占上风,甚至根本不当场读一读这项议案,却坚持要把他写给普鲁士国王的一封信念给代表们听,内容是关于他和国王就此事展开的讨论,他的观点是认为人不可被强制束缚在某一个地方,因为他们并非"田土与牛羊"等物。尽管他并不反对通过某种方式实现治安管理,但是他仍然坚持,治安措施应该通过合理的法律程序加以严格规范。否则,他认为,将会导致专制主义抬头,至于正在酝酿中的那部法律,在他看来简直是"愚蛮透顶"。

在20世纪代议民主制度下,人们在读到他的讲话的同时,即使对于其中不可否认的事实视而不见,也不会对他那种形于言表的高贵品格无动于衷。(他一再打断对方讲话,想要在辩论中占得上风)。他说得一点不错,这确实是法国大革命的重要转折。此刻,三级会议的召开还不到两年,法国就沦为了一个警察国家。米拉波还没有那么天真，会对真正的阴谋和反革命图谋熟视无睹，特别是在法国南部，反革命分子四处活动，极为猖獗。就在同一天，也就是2月28日，有人发现，在杜伊勒里宫的国王寝殿内，有一帮军官暗藏刀剑，据他们说，是要"护持圣驾"，但是在米拉波看来，这桩桩件件，都让新政权有充分理由，为了维护自身利益，让旧制度蒙羞。

辩论蜕变成原始提案的支持者和米拉波的拥护者之间例行过场的恶意吵骂，而米拉波则想要发布一项声明，宣布任何限制人身活动自由的法律无效。他曾因为某事备受指责，有人认为他是在向大会下达命令，对此他满不在乎地作出回应，称"我一生都在同专制主义做斗争，并且会一直抗争下去"。面对左派的牢骚之声，他像一个动怒的小学教师一样，大吼大叫："你们三十个人，都闭嘴！"这句话让巴纳夫听了特别屈辱，也伤了拉梅特的自尊心，因为这句话，就等于把这些自称为人民利益的代表所提的要求，缩水成了一个不引人注目的派别的人数。

米拉波的这番公开批评，没有得到原谅。当天晚上，曾经请他吃过饭的老朋友，艾吉永公爵甚至不让他登门。后来，当阿德里安·迪波尔在给雅各宾俱乐部揭露某成员的无耻行为时，惊讶地发现，米拉波居然气定神闲地走入雅各宾俱乐部内。"对自由危害最大的人离我们并不远，"他声称，"实际上他就在咱们中间，众人曾对其寄予厚望。"亚历山大·德·拉梅特手指着米拉波，一口一个"叛徒"地骂着。"对，米拉波先生，"亚历山大·德·拉梅特大发雷霆地说，"我们不是今早的30个人，我们是150人，而且是众志成城，牢不可破。"米拉波被控试图毁掉雅各宾，而他去年11月还担任过雅各宾派主席；还控诉他对成员兄弟妄加诽谤，损坏他们的形象；另外还谴责他完全背叛了革命事业。

这些指控让米拉波感到极为恐慌，他极力为自己辩解，表示既然忠于雅各宾派，就同样忠于大革命，虽然这件事情上，确实和雅各宾派成员有不同看法。要是在两年后，胆敢公开表示对雅各宾派有不同意见（尤其是和罗伯斯庇尔），那就性命难保了。但当时的米拉波正处于权力顶峰，根本不当一回事。他在国民议会依然高高在上。1月份的时候，他还当上了模范议长，故而特别要当心，保持客观公允，不偏不倚，而他对于移民法却持反对态度，并出面干涉，这表明他对于那些抱有君主制思想的人仍然具有实际影响。他最新的编剧搭档，日内瓦人所罗门·雷巴（Solomon Reybaz）正在竭力证明自己的天赋，米拉波脑子里装满了宏伟计划，最为雄心勃勃的一个，便是他正在和塔列朗筹划具体实施步骤的国民教育法。

过了一个月，米拉波死了。

3月25日的前一晚，米拉波一直都和两个舞女鬼混，但是再怎么纵欲过度，都不如两天之后在阿尔让特伊那次剧烈难忍的肠绞痛对他的健康损害更大。去巴黎的路上都一直忍着，他要去给自己的朋友拉马克帮忙，为他在加来海峡的昂赞大煤矿问题上所作的妥协进行辩解，避免人们将该矿划归"国家"财产。雷巴兹曾写了一段非常出色的颂词，称赞这位工厂主的大无畏举动，细致地刻画了烟雾迷蒙的煤矿通风管道，还有数百万英雄豪杰如何葬身于贪欲的深渊。到了拉马克府上，面色难看、痛苦万状的米拉波一下子瘫倒在了地上。你可不能就这么去啊，他的朋友说。我得去，不去不行，这位人民公仆回答道，于是灌下一瓶匈牙利葡萄酒。他算是撑住了，强打精神来到议会，开始发表讲话。他的同事们看到的，是一个幽灵似的米拉波，面色惨白，汗水涔涔，因为病痛难忍，卷曲的头发根根竖直，浑厚的男中音变成了狂傲而沙哑的低吼。最后他对拉马克说道："你已经赢了，而我快要死了。"

这可一点不夸张。在阿尔让特伊休息了几天，他觉得好得差不多，可以回到巴黎去了，甚至还惦记着哪天晚上抽空去意大利剧院（Italiens）去听女主角莫里切利（Morichelli）演唱。可是那天刚听到一半，他就浑身发抖，提早离开了，甚至等不及坐在咖啡馆等马车来，便跟跟跄跄地朝家走去。他的友人，外科大夫卡巴尼斯发现他已经极度虚弱，摇摇欲倒，咳嗽里都带出血了。他得的到底是什么病呢，从此以后这个问题一直众说纷纭。当然啦，按照弗雷隆和其他一些新闻界的政敌话里话外的意思，他就是得了性病才不行的。后来搞了一次验尸，来调查他是否是被下毒致死的，结果说是他死于淋巴心包炎，再加之肝脏、肾脏和胃部的炎症，事情就变得非常复杂了。但是不管到底是什么原因导致的死亡，米拉波倒是也知道自己快不行了，便决定轰轰烈烈地撒手离去，这对他来说倒也算死得其所。前来探望的客人走进门内的时候，好多人面露哀戚，在他家四周不肯离去。探望者中有一个就是塔列朗，刚刚被教皇开除教籍，逢人便讲这件事，很开心的样子。一个爱说笑的小丑揶揄道："好一位神父，真是可敬可佩！"如此风谈雅谑，加之各显机锋，塔列朗和米拉波足足聊了两个钟头，他们的交情可不一般，这么讲话早就成了习惯。米拉波说："病人本不应多说话，但如果能有亲朋围绕陪伴，死了也开心。"

塔列朗后来的说法有些不近人情，他说米拉波自己"于身后之事早有安排"。也许他是想到了朋友听到隆隆炮声的时候所说的话了："他们难道已经开始为英雄举办葬礼了吗？"不过米拉波死时的这张床倒是非常有名，大卫创作的赛内加和苏格拉底的油画中出现过，真正的大手笔，足以看作18世纪后期斯多噶新古典主义的理想范本。米拉波当然也想诸事安排妥帖，好友与仆人围绕身边——道别，然后再撒手而去。他还叮嘱拉马克万不可留下书面凭证，要么丢弃，要么烧毁，以免祸及自身。虽然他仍然欠债未还，入不敷出，却依旧给自己和叶丽姑（Yet-Lie，Coco）所生的私生子留下了24,000利弗尔的遗产。

楼下房间里，他的秘书孔普斯一下子无法自控，抓起刀子准备自寻短见，随主人而去。可是米拉波对这样的闹剧似乎浑然不觉，他靠在软绵绵的垫子上，让花园里暖和的阳光洒在在他身上，到了4月2号这天，米拉波告诉卡巴尼斯（Cabanis），说他想要刮一刮脸，因为"我的朋友，今天就是我的死期，当一个人到了这一步时，所能做的就是往身上涂满香液，头上戴满鲜花，让音乐萦绕，安然等待永远不会醒来的长眠"。

四、通过仪式

米拉波尸骨未寒，各类传闻便萦绕在棺椁四周。他所在的巴黎分区检察官下令验尸，在此过程中，流言就已纷纷而起了，说是英雄虽死，然阳具坚挺，高高勃起。由此可见，他真不愧是个"风流鬼"，而米拉波的好色之癖，早可以说是路人皆知，他儿子对此的解释是"身不由己"。他死前最后的话，实际上是请卡巴尼斯医生给他用些鸦片，好稍减轻些疼痛，但是对于极度哀恸的广大群众而言，他们想听到更加具有积极意义的遗言。于是就说他弥留之际依然坚毅从容，用一种让人捉摸不透的口吻，对自己墓志铭的内容作了交代："君主制度已随我一同死去，派系斗争会将其遗骸全部吞噬。"这番表述，实际上是被篡改过的，出现在很多纪念册上，刊印了很多份，并很快分发到巴黎各处，给那些心灵受到极大创伤的群众带来了些许安慰。在一幅博雷尔（Borel）的画中，米拉波的悲观言论，却成了信念坚定的誓言，在其床边，就在《人权宣言》和《教士公民组织法》文卷的上方，镌刻着一行字："无论在哪里都要和派系斗争斗争到底。"法兰西举国悲痛，死神已从背后悄悄袭来，顺着米拉波所指的方向看去，真理之神正将幕布掀开，画面右侧纷争扰攘的场景让人唏嘘不已，画家由此表现"党派斗争"之下，君主、神职人员和人民互相争斗，混乱不堪的状况。

噩耗传至立宪大会，大伙儿的心顿时被一种震慑人心的失落感揪紧了，连平日里的死敌，对米拉波毫不吝惜挖苦之辞的巴纳夫，也不由得黯然神伤。当贝特朗·巴雷尔提议，不能仅仅派一名代表前往吊唁，应该让全体大会成员一同出席葬礼的时候，到处是伤心哭泣之声。塔列朗是最后一个见到米拉波的，死讯也是由他来传达的，现在他必须站出来说上两句："我昨天去见了米拉波先生，他家里已有很多人，我心中的悲痛超过旁人。眼前的景象十分悲凉，让人感受到死亡的凄冷，知道死神即将降临。"米拉波对他讲了最后一番话，这真是从死神嘴里夺来的宝贵礼物，一个公共人（a public man）的临终遗言。

呜呼哀哉，接下来发生的事情，就和这样一个令人震悼的场景有点不相称了。塔列朗读了一份冗长枯燥的讨论稿，内容是关于继承法的，由所罗门·雷巴执笔，不过至少这显然是米拉波在行将离世之前所考虑的问题。他在病榻淹留之际，依然鞠躬尽瘁，为了重大的现实问题据理力争，用全然不同以往的一种语调,尽心尽责地阐述了自己的观点:兄弟手足之间的公正平等(也就是不可分割、不可剥夺的平等继承权),要比遗产的自由分配更为重要。很显然他自己受遗产分配不公的侵害,一直耿耿于怀。

第二天大会照常开会,单为讨论米拉波葬礼事宜。在往常,周日是很少开会的。每位讨论者都情绪激动,街上的人们个个悲痛难抑,整个法兰西都沉浸在哀伤的气氛之中。不难看出,虽然大革命政府的天职是致力于遵照抽象原则,制定具体法律制度,但是对于恪守原则、堪为典范的杰出人物,也同样是非常重视的。现代的历史著作(有些好的著作例外)已经不愿意承认这一点,似乎这么一来就等于承认,19世纪出现的关于大革命是大人物的历史舞台的观点。于是大革命就被描述为不是个人力量的结果,而是社会结构矛盾和制度性机能失调所致。但在当时,新罗马主义的风潮让人们对于"美德规范"这套东西极为迷恋,浪漫主义者更是对开拓精神大力推崇,这些都表明,大革命这样一个具有重要意义的宏伟时代,如果缺少了对英雄和殉道者的膜拜,这些革命原则是没有办法被理解接受的。模范人物暴露出一些缺点也无伤大雅,荷马不也是犯了很多错误么?不管是英雄还是神仙,犯这样的错误不也是很自然的么?就拿米拉波的例子来说,走完了42岁的人生道路,最终也会和其他人一样死去,不同的是,他是当时第一位被抬高到永世不朽地位的人。

为了契合从七年战争以来方兴未艾、蔚然成风的对爱国英雄的崇拜,各方一致认为,应该建造一所"法兰西的威斯敏斯特教堂"。其实修建先贤祠的计划,早在大革命爆发之前便有了。1770年代就有这样的计划,评出了一系列的杰出人士，虽然这些人当时均已作古，但是却已功垂后世：蒂雷纳（Turenne）、科尔贝、拉摩仰。这样一座具有纪念意义的"伟人堂"本身就有非同一般的意义，和教堂地下室的诸王墓地不是一回事，看重的是人品德行，而不是门第出身，讲究开拓进取，不在乎传统规范。现在帕斯托雷侯爵（Marquis de Pastoret）又提议建造先贤祠，那么笛卡尔就该是最有希望名列其中的一位，当年连着几代国王想置其于死地，结果这位独立哲学家只得远走高飞，亡命他乡。还有伏尔泰和卢梭这两位，也都遭过牢狱之灾，曾经流落异国，自然也当名列其中。

苏夫洛（Soufflot）设计的供奉圣女热纳维耶芙的教堂此时仍未完工，但确实漂亮，而且看着也很合适。因为它采用朴素简洁的新古典主义手法，很好地突出了圣贤哲人和爱国政要的美德。担当此次设计任务的建筑师卡特勒梅尔·德·坎西就觉得这栋建筑非常理想，正是因为它与圣但尼任意拥挤的哥特式教堂地下室诸王墓地比起来，处于另一个极端。正如莫娜·奥祖夫指出的，规定的空间不能让人联系到死亡，因为它是一幢纪念性的建筑，人们到这里是来瞻仰永生的忠魂英烈的。它必须是一个展现丰功伟绩的地方，不应该是一片死气沉沉的墓地。

[466]

作为大革命的第一功臣，米拉波在先贤祠中应该被摆放在什么位置，引发了一系列的难题。"伟人"不但要具有超凡的政治和哲学成就，还应该在个人和家庭生活上堪为道德标杆。不过他亡故之后，人们表现出来的巨大哀痛，淹没了人们对他的怀疑，甚至连罗伯斯庇尔和巴纳夫这两个一直揭露米拉波身上罪恶的人，都表示支持把他列为第一。

于是，葬礼就成了充满爱国热忱的大规模敬悼仪式。在米拉波的遗体送到先贤祠的那一刻，整个过程达到高潮。4月4日

6点左右，浩浩荡荡一列士兵开始从他的居所出发，走在最前面的是国民卫队的护卫队，有的骑马，有的步行，战士们倒提来复枪，军鼓也都蒙上了黑纱。队伍中间是个深灰色的骨灰坛，里面装着米拉波的心脏——那正是他无与伦比的正直、热情、忠诚的精魂所在。在护送灵柩的人后边，还是国民卫队，有若干个营的老兵，还有一大帮孩子（现在这种场合通常都有这种儿童队列）；之后是巴黎市政府和省政府的代表，也就是原来米拉波所在地区的代表；立宪大会的人差不多也都来了；更加让人不可思议的是，尽管他已经背叛，但是雅各宾派还是**几乎一致通过**，提出哀悼一个月，以此纪念这位前任主席，并且决定，每年的6月23日，都要将米拉波反驳德勒-布雷泽的讲话大声朗读一遍。在行将结束之时，队伍便直接散开，融汇到巴黎的巨大的人流当中，好多特地来到这里，想要走近亲睹英雄遗容的人，也彼此走在一起，据说约有30万人。一股巨大的仁爱的洪流涌过街道，夜幕降临之时，人人手拿火把。"看起来仿佛大家要随他一起进入亡者的世界。"尼古拉·吕奥给他的兄弟的信中这样写道。

行进到圣厄斯塔什教堂的时候，天色将晚，队伍稍稍停顿了一会儿，好让塞吕迪神父替逝者做一个赞颂祷告，这和米拉波有悖正统的信仰显得并不合拍。之后人群迈着沉重的脚步，继续向前进发。安魂弥撒的音乐是戈塞克（Gossec）专为葬礼谱写的，管乐也是特别配器的，幽咽低徊，凄迷哀婉，在肃穆庄严的队伍中飘荡。到了子夜时分，终于来到了圣热纳维耶芙，人们将这位演讲大师的心脏放在灵柩台上，紧挨着哲学家的坟墓。

[467] 　一些文学作品和美术作品，把这次送葬描述得更加夸张。

第十三章 分道扬镳 1790年8月—1791年7月

有一出现编现唱的戏剧，名叫《米拉波抵达至福乐土》，实际上就是把莫罗·勒热纳（Moreau le Jeune）的雕塑作品搬上了舞台，剧中有个伯爵，卢梭亲自接见，富兰克林给他带上花冠，伏尔泰、孟德斯鸠和费奈隆设宴为他接风。在另一个世界中，连演讲方面的前辈大家，比如德莫斯梯尼（Demosthenes）和西塞罗，都对他大加赞许。只有布里索反对在他的报纸上没完没了地给米拉波歌功颂德。他对亡者知之甚深，知道他一定会把这些歌功颂德的内容从证词中删除，因为他的"坟墓不因谎言而受到尊重"。

米拉波不仅在巴黎，而且在其他各省都成为群众敬奉的对象。在兰斯当地还为他搞了一个安魂弥撒。波尔多的圣母教堂里，人们把这位伟人的石棺安放在了四根立柱之上，旁边还镌刻着这位"英勇的赫拉克勒斯"一生的丰功伟绩。米拉波这边被捧上了天，国王的声誉可是一落千丈。对于两位王姑私自外出，他采取纵容姑息的态度，在爱国报刊看来，这么做意味着对于教皇，他即使不是心气相通，至少也是报以宽容姿态的。3月份的时候，教皇正式发表了对于《教士公民组织法》的谴责，于是各条大街上，人们都在焚烧他的模拟画像。庇护六世在原先的大教堂宣布，大主教接受宪法授职，就是犯了渎神罪，他还要求凡是立誓的教士必须在40天之内宣布放弃自己的效忠誓言，否则以开除教籍论处。经过这番折腾，路易大病一场，不但发高烧，咳嗽都咳出血了，这实在是少有的事情。一想到自己在1790年圣诞夜的宣誓，他就悲苦万分，自己是在遭受强逼的情况下立誓效忠宪法的，他后悔自己就这样变节屈从了。他原来的私人神甫，因为也是宣誓了的，便被他撤换了，接替他的是一个不肯宣誓效忠宪法的虔诚的教士佩尔·埃贝尔（Père

Hébert）。国王决定，自此以后绝不和进行过宪法宣誓的教士来往。随着圣周的临近，最好的选择，似乎是前往圣克卢一游，在那里做祈祷，就不会受到愤怒的巴黎反教权主义者的打扰了。

这么做更多的也是出于现实考虑。1791年春天的时候，首都的气氛便有些不对。各类民间团体经常挑动起民众激愤的情绪，抗议工作机会太少，还对那些所谓撕下假面具的叛徒、反革命进行强烈谴责。人们一再威胁，说要让公共救济工厂关门，这些工厂雇佣的男工和女工大概三万人左右，每人每天只有20苏。也就在杜伊勒里宫发生"匕首事件"的同一天，一帮来自桑泰尔酿酒厂的工人就打算去文森城堡搞一次示威游行，因为据说当局准备把那里改造成为又一座巴士底狱。结果一批人被抓了起来，严刑拷打。但是局势仍然非常混乱，一些满师出徒的手工匠人精心组织了一波又一波的罢工行动，抗议工资过低，他们中有做蹄铁的，有做木工的，还有做帽子的。

[468]　　饥饿和贫困带来的不满情绪，夹杂着对于教会的仇恨和偏激的爱国情绪，终于在复活节前一周，也就是4月18日星期一这天猛然爆发了，因为当时各处都在传，说是国王夫妇打算逃离圣克卢。就在前一天，科德利埃俱乐部就通过了一项决议，认为路易十六既然藐视《教士公民组织法》，那就不配再被尊为"法兰西自由中兴之主"，并且还正告他，注意自己乃是"法国最高官员"，同时也是"受法律管辖的第一臣民"。以他为例，简言之，就是挑动叛乱的始作俑者，并且"想让整个法国都处于动荡不安的境地，想让百姓都遭受内战的祸乱。"国王患病期间，弗雷隆的报纸对议会正式表达对国王病情的关切是这么评价的："1200名议员不顾自尊和身为国民代表的颜面，连续八日焦急地打探着国王的大小便情况，他们甚至亲自趴在马桶上查

看，马桶仿佛就是最华丽的宝座。"

国王和王后正打算走到宫门口乘坐马车，不料愤怒的群众已经拦住了他们的去路。于是玛丽-安托瓦内特建议，不妨可以采用在院子里套好挽具的四轮双人马车，然后由拉法耶特带领国民卫队护送他们出行。可是，指挥官正打算护驾出宫，他手下兵卒却抗命不从，并且又像1789年10月5日那次一样，当面出言威胁，无论怎样晓之以理都不管用。整整一个钟头三刻钟的时间里，国王和王后就这么坐在马车中，忍受着车窗外粗俗的吵骂。就外边的群众和士兵的言行，和那幅名叫"狼狈为奸"的杂交怪兽图的恶毒相比，算是客气许多了。那上面画着的是一头长着犄角，半人半羊的怪物，脑袋上还扣了一顶绿帽子，后半段身子和一匹长着女人脸，插着羽毛的土狼连在一起。此时，路易也想讲两句，说自己惊奇发现"我赋予了法国人民自由，自己的自由却被剥夺了"。一个国民卫队的掷弹兵尖锐反驳道："反对。"旁边还有个人，说他体胖如猪，贪得无厌，每年消耗老百姓两千五百万利弗尔的血汗钱。王后弯腰坐着，靠着车厢内壁，脸上流露出痛苦和惊慌的表情，一开始是害怕，渐渐地由害怕变成了沮丧，之后索性就听天由命了。拉法耶特知道，今天只能包羞忍耻，暂且退让了。于是马车调头折返，玛丽-安托瓦内特和路易退回到寝殿，两人发现，比之过去，他们更加像是囚犯了，真是命苦。第二天国王又向国民议会提出，依照法律，他有权在首都周边20英里以内地方活动。同一天，布里索的报纸上登载了一篇书评，对一部作品进行颂扬，这本书是个叫路易·拉维孔特（Louis La Vicomterie）的人写的，书名就叫《自克洛维至路易十六以来历代法国国王罪行录》。

根据路易十六自己的记述，正是这种让人痛苦的遭遇，使

[469]

他决定酝酿一次更加周密大胆的逃跑行动。米拉波这一死，少了一个颇具睿智的规劝者，建立真正的君主立宪制的梦想也随之化为泡影。国王心中对于信仰的歉疚与不安，加之对于自身和妻小安全的极度担忧，都促使他试图采取更为隐秘的行动，逃亡境外，而玛丽-安托瓦内特从很早开始，就坚信这是让君主制度摆脱危机和耻辱的上策。一直有谋臣在劝她尽早抽身离开，其中资历最深的，便是已经藏身瑞士的前任阁臣布勒特伊。流亡英国的卡洛纳也早已露出了反革命急先锋的真面目，他也认为这是上上策。最重要的是，拉法耶特的表兄，梅兹的驻军司令布耶侯爵（Marquis de Bouillé）提议，最好将戍边将士都召集起来，如此则可确保此次外逃万无一失。去年8月，在南锡瑞士古堡（Suisses de Châteauvieux）的卫戍部队的一起兵变，就是他毫不留情地采用高压手段，才得以镇压下去的，从这以后，没有再发生针对军饷和亲善权的士兵哗变了。士兵犯法是要送交军事法庭的，惩罚往往极为严酷。参与南锡事变的军人，1个被判轹刑，另有24个被绞死，41个终身服苦役。在玛丽-安托瓦内特看来，这足以证明布耶此人忠心可嘉，堪当大任。

最后选定靠近奥属尼德兰边境的蒙梅迪作为接应地点，那里驻扎有四个日耳曼皇家陆军团和两个瑞士皇家陆军团，可以为国王掌旗开道。蒙梅迪距巴黎大约200英里，是最近的一个边防哨所了，走快些大约需要两天。从另一方面说，王后的兄长利奥波德皇帝还能派出重兵，以防有人劫持圣驾。甚至还能借此机会让国王重操权柄，再振君威，就像1787年那次，普鲁士近卫军帮助威廉五世在海牙复辟一样。参与这次密谋的阿克塞·费森是法国陆军瑞典团的军官，为了王后甘愿献出生命，对于王室的悲惨境遇，他也是感同身受。有很多报纸连篇累牍地发表评论，刨根究底，想要证明他和王后之间确有奸情，这些猜测让诋毁王后名誉的人产生了淫荡无耻的联想，而她的支持者们则感到极度愤慨。在这段时间内，王后一直举止严谨，神色凝重，对于连续不断的监视也并无怨言，说她红杏出墙，简直是疯话，怎么可能呢。但是不管怎么说，关键点被忽略了。费森的这股热忱，出于一种骑士精神，加之他勇于献身的禀性，使他脱离了男女情欲的私念。他想到的，只是如何拯救这个饱受伤害的女人的自由与尊严。"她犹如天使一般，我要尽力安抚她。"他这样写道，似乎给她买大包大包浸渍了玫瑰香油的瑞典小牛皮手套，也算是一种安抚了。

[470]

要确保逃亡成功，事先需要周密计划，再有就是足够的运气。可是这次外逃，具体安排上已经出现了问题，剩下的，就只能听天由命了。费森是个有头脑的人，他建议王室乘坐轻便的快速马车，这样国王和王后可以分成两路走，能减少被怀疑的可能，但是王后坚持要坐宽敞的四轮大车，这种车虽然载得下全家老小，但每小时只能跑 7 英里。革命政府已经将他们逐渐贬损到普通公民的地位，那么在大势已去的时候，带上仆人出逃不是非常合理妥当的么。给宫中的女教师图尔泽尔夫人分配的角色是"科尔夫男爵夫人"，用这个名字开出一系列前往法兰克福的假护照；王后穿着一袭黑色外套，看上去非常刻板，倒是俨然成了家庭女教师（王太子换了个很好听的女孩名字，叫阿格莱 [Aglaé]）；而国王的妹妹伊丽莎白夫人则假扮成乳娘，头上还戴着一顶帽子；国王本人头戴一顶圆帽，戴上了假头套，穿着平常的衣服，扮作男仆"迪朗"。约在 6 月 20 日午夜时分，他骗过了卫兵的盘查，偷偷地溜出了王宫，那些卫兵显然把他当作夸尼骑士（Chevalier de Coigny）了，几个礼拜以来,他一直小心翼翼地乔装改扮,掩饰自己的真实身份,还大摇大摆,来去无碍地自由进出。过了黑灯瞎火,无人值守的甬道不久,玛丽-安托瓦内特一行险些和驾车例行内宫警戒的拉法耶特迎面撞上。情急中她赶紧调头,将脸蛋仅仅贴着墙壁,以免被认出。她故作镇静,但是难以掩饰内心恐惧,结果王后在杜伊勒里宫长长的廊道内迷失了方向,最后好不容易找到了马车,车内的其他人早已等得焦急万分,因为已经过去了半个钟头了。

此时已过凌晨两点,总算老天眷顾,一丝月光都看不见,马车穿过圣马丁桥,直奔东北而去。过了关卡,费森骑马在前开道,并渐渐放慢骑速,好让王室一家不用中途停下,便能从一个车厢换到另一个车厢。由于第一辆马车落在了后边,于是将六匹驿传快马套上挽具,顶替上去。最初的一程是费森担当驭手,他还一再要求国王,让他就这么一路送他们出关,但路易至少也懂得,堂堂法国国王让外族的一介武夫引领着前往边境,实在是有失体统。于是费森只能就此告别,消失在茫茫夜色之中,并表示会在布鲁塞尔和他们会合。

天至黎明,一行人稍稍松了口气。马匹前后接替,一切如计划进行。到了克莱耶(Claye),侍女们跳上了跟在后边的一辆双轮轻便马车,跟王后坐在了一起,可是这么一辆看上去沉甸甸的四轮马车跑得如此飞快,车厢黑绿相间,车轮涂成黄色,显得处处与众不同,而且行李不停地左右摇晃,引起了人们的怀疑。抵达莫城(Meaux)的时候,距巴黎已经26英里,一行人开始享用早餐,只有些时令牛肉,还有藏在肉冻里面的青豆和胡萝卜可吃。虽然如此,他们此时心里却相当轻松。"一旦我坐上马鞍,我便会获得新生。"国王一开口,便又像在凡尔赛那

[471]

时候一样,忍不住满嘴粗话了。他对于特为此行准备的地图研究得十分入迷,更可看出他已恢复了常态。马恩河畔的乡间原野,繁荣富庶却又单调无趣,偶有三两农舍点缀其间,快速地从身边驰过,经过沙隆(Châlons)附近的一个邮局,局长的老婆给他们送来了清炖肉汤,她虽然认出了国王,但是出于深切的同情,并未声张,这实在是够帮忙的了。

车驾行不多时,从桥上飞速驰过,却又陷入了困境,一只轮子撞在一根石柱上,把连动杆给碰断了,一下子马失前蹄,栽了下去。修好辕具重新上路需要半个钟头的时间,如此一来,加上先前的耽搁,就比原先商定的派军队在蒙梅迪接应的时间大大延后。布耶嘱咐年轻的舒瓦瑟尔公爵,在王室车队经过索姆-韦勒桥(Pont de Somme-Vesle)的时候,带兵上前接应,直至安全送到蒙梅迪。可是这么一大队骑兵突然出现在索姆-韦勒桥边,引起了当地人的恐慌,人们以为调来这些军队是为了强行收税的,于是村民们和农人们成群结队地赶来阻拦。左等右等,焦急万分,可是车队还没有来,舒瓦瑟尔还得一再向百姓解释,军队只是需要押运一批"珍宝"前去圣默努,沿途要走很远。等到下午 4 时 30 分,比预定时间晚了两个钟头,王室一行总算赶到了,而舒瓦瑟尔也慢慢意识到,这次的出逃计划看来是要泡汤了。和他一起等待的还有一位大人物,王后一刻也离不开的人,也就是她的发型师莱昂纳尔(Léonard),也算是从维瑞·勒布伦夫人和罗斯·贝尔坦当红的时候便服侍王后的老人了。匆匆离开之后,舒瓦瑟尔给了莱昂纳尔一个通知,让他通知其他各路接应的军官,告诉他们出了点问题,而他将会和布耶会合。他又等了一个小时光景,然后领着他的人进了阿贡内(Argonne)的林子,在那里他们不出预料地迷了路。

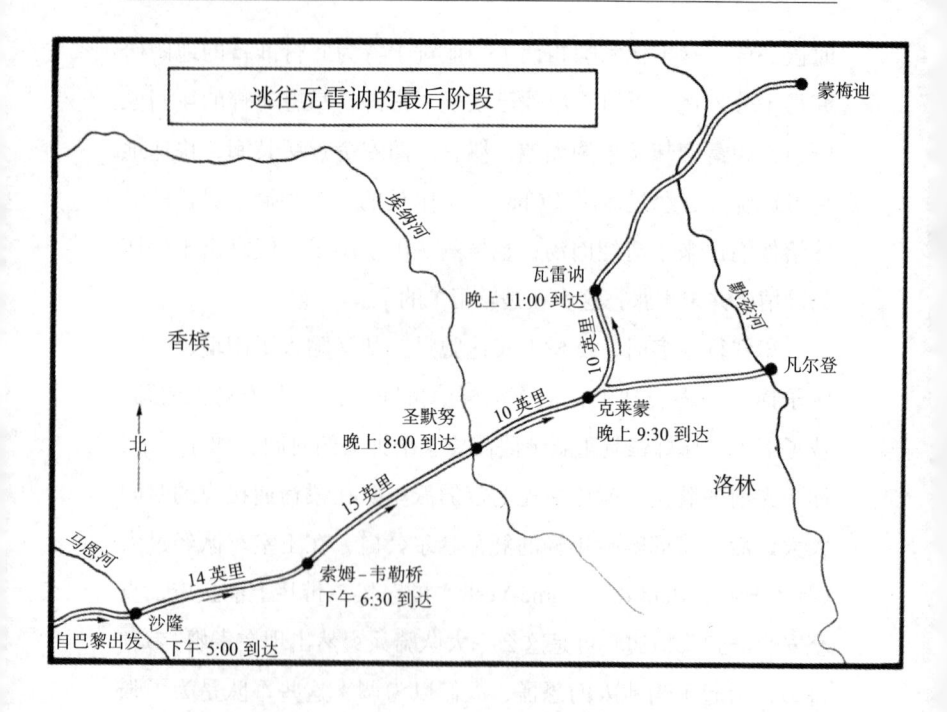

```
┌─────────────────────────────────────────────────┐
│         逃往瓦雷讷的最后阶段                      │
│                                    ● 蒙梅迪      │
│                                                 │
│                    瓦雷讷                       │
│                    晚上 11:00 到达              │
│                                    ● 凡尔登     │
│              圣默努          克莱蒙              │
│              晚上 8:00 到达  晚上 9:30 到达      │
│                                                 │
│                              洛林                │
│    香槟                                         │
│                                                 │
│        14 英里   索姆-韦勒桥                     │
│                  下午 6:30 到达                  │
│  自巴黎出发  沙隆                                │
│            下午 5:00 到达                        │
└─────────────────────────────────────────────────┘

　　从这一刻开始，此次行动的关键协调性已经丧失了。国王从巴黎出逃的消息已经传到了圣梅尼奥尔，当地的国民卫队怀疑一队骑兵支持、鼓动了这次逃亡行动，将他们全都缴了械。邮局局长德鲁埃在骑兵部队服役的时候见过王后，还在镇上认真讨论过王室出逃的问题，他认出这些人身份的概率应当最高。[472] 把这个蜷缩在马车角落里的胖乎乎的"男佣"和 50 利弗尔纸券上的国王头像做个比较，一切都清楚了。

　　说好要来的军队，连个人影都没见着，村里的邮局局长两眼逼视，目光中更多的是仇视和猜疑，而不是同情。路易清醒地意识到，6 月 21 日将是他这一年中最难捱的一天。行者夜间到此，必得报上姓名，否则不得过关。麻烦事还不止于此。在离蒙梅迪仅仅 40 英里的瓦雷讷（Varennes），武装护送部队的一
```

名 18 岁的上尉罗林，眼见手下兵卒人困马乏，涣散怠惰，只好答应给他们找地方歇息，将近 10 点半左右，他接到命令，让他整顿队伍准备护驾，可是现实的问题在那里摆着，要将这些倒头大睡或是寻欢作乐的军士从小酒馆和旅舍拖出来集合，根本就不可能。

当路易赶到了瓦雷讷，开始四下寻找换乘的接力驿马，而前来接应的卫队不知道跑到哪里去了，可此时邮局局长却在后面赶了上来。此人以前当过骑兵，骑术精湛，脚程极快。当地的戒严级别也提高了，在镇长不在的情况下，本地检察官索斯拦下了马车，关凭路引看上去十分齐全，但是德鲁埃一口咬定，说他们千真万确，就是国王和王后，说是谁要放走了他们，便是犯了叛国罪，索斯这才总算被说动了。眼看着整个城镇差不多都被惊动了，人们纷纷举着火把赶来，卵石路上都是端着步枪的当地民兵。索斯让王室一行人在他家里等，这家还开着店面，平时兼卖香烛和吃食。王室一家被安排到楼上的卧室，孩子们累了一天，倒在床上便睡。在大约午夜时分，一位上了些年纪，名叫德泰（Destez）的治安法官（juge de paix）被领了进来，他本人家就住在凡尔赛。一眼看见国王竟在此处，登时惊得目瞪口呆，不由自主跪倒在地。"罢了"，路易回应道，"我就是你们的国王。"

这不是一种长期以来教化养成的一种自然反应么？此人定是顺民，绝非公民，亲睹天颜过于激动，不由得双膝跪地，说破天机，这可真是要命。

且说巴黎那边，发觉国王和王后跑了，人们都惊慌失措。"一天后我们的王国便会陷入战火，敌人很快便会出现在我们眼前。"查理·德·拉梅特不由得连连惊呼。拉法耶特担当安全警戒，出了事第一个应该负责，安居车内的路易看到护卫官日子难捱，显然有些幸灾乐祸。雅各宾派内部不管是丹东还是罗伯斯庇尔，都借机抓住不放，主张追究将军的责任，而且还话里话外说他可能暗中帮着王室逃跑。"拉法耶特侯爵阁下，"罗伯斯庇尔咄咄逼人地说，"你要用你的人头担保，如实向国民议会汇报国王的事情。"

消息传到了国民议会，很快有了一种说法，认为有心怀不轨之徒挟持圣驾，想要以此来造成先入为主的舆论阵势，防止出现共和主义暴动。不过，雅各宾派和科德利埃派的报纸传媒，在出逃时间发生之前，就已经刊登了相关报道，指出有部队和军火向北部和东部调动，非常可疑。报道引起了人们的愤慨，认为这种做法很卑劣。弗雷隆的报道最有代表性，认为整件事情就是王后为首的奥地利委员会在后面操纵，和拉法耶特串通好了策划的阴谋，路易只是他们手里的一个可怜巴巴的棋子而已。

> 他已经逃走了，这位无能的国王、伪善的国王，和那个可恶的王后，贪得无厌、嗜血残忍的王后一同逃走了。这个恬不知耻的女人简直是法国的灾星，她才是整个阴谋的幕后黑手！

愤怒难遏的人们来到了巴黎的大街上，把那些带有国王名字的店铺和酒馆招牌统统砸烂。还有那些公证人事务所，凡是用百合花做招牌的，赶紧给拿了下来。还有人在杜伊勒里宫门口贴了一张布告，上边写着"此房待赁"。那些温和派政客的反应最为典型，他们对于立宪君主制存在的信仰已经出现了根本动摇。孔多塞就是个很好的例子，转眼之间就成了共和主义的信徒，在当时共和派几乎都是激进的科德利埃派，孔多塞还和布里索与汤姆·潘恩暗中商议，准备寻找适当时机，最终推翻君主制。公民费里埃并不是个激进分子，他给妻子写了一封家书，破天荒地用革命者的声音发出谴责，似乎他这位公民费里埃从此和"贵族"划清界限。

> 我的爱人，这就是那些胆大妄为、罪恶滔天的贵族们的阴谋诡计。他们利用国王的软弱让他做一些有害的事情，他们为了一己私欲，为了报复，毫不惧怕将国家置于最恐怖和凶险的内战之中，将他们口口声声爱戴的国王置于丢掉王冠的险境中，使国王一家不得不承受最可怕的后果。这次就同以往一样，他们不会成功，他们所做的罪恶的事情，迟早会报应在他们自己头上，他们应该为自己的行为付出代价，对此我不会有任何怨言。有这样的国王和王后真是耻辱之极！在我看来，一定是我们之前触怒了上天，他才会派这样的王后来祸害法国。

玛丽-安托瓦内特和她的丈夫可以说是自作自受，有苦难言。他们等于是被幽禁在卖蜡烛的检察官的楼上房间内，第二天一大早，国民议会派来两名特使来见他们，要他们回巴黎去。王后认为，这种命令的口气简直是大不敬，傲慢至极；路易也宣称："从此法兰西不再有国王。"在6000名武装村民和国民卫队的挟持下，他们离开了瓦雷讷，根本不敢提出要让布耶派兵来把他强行解救出来。只有一个人，狂热的保王党分子，迪·瓦尔·德·当皮埃尔（du Val de Dampierre）伯爵，敢冒天下之大不趑，想要上前来说两句贴心话，他骑着马来到国王马前，打算躬身施礼。卫队上前来将他拖开，他也基本上没有反抗，于是一群农民涌过来，将他给活活砍死。这个心狠手毒，声名狼藉的领主，谁不认得。

就像1789年的7月和10月，王室一家被迫前往巴黎一样，1791年这次灰溜溜的铩羽而归，更是再清楚不过地表明了，昔日王室高高在上的神秘与威严，如今已荡然无存。在凡尔赛，一切人等和国王、王后的亲疏远近，都有严格的规矩，每日起居，皆有仪范，断不可错。可是这些禁忌今天在埃佩尔内（Epernay）早就无人理睬了。国民议会的代表，一个是热罗姆·佩蒂翁（Jérôme Pétion），另一个是巴纳夫，两人一头钻进马车，不经许可便坐在国王和王后中间。国王夫妇开始进餐，两个人便也跟着一起吃；路上佩蒂翁要解手，马车便只能停了下来，巴纳夫想看看王太子书读得怎样，于是太子便一遍遍地把自己纽扣上"不自由，毋宁死"这几个恰合时宜的箴言读给他听。满脑子净想好事的佩蒂翁甚至觉得（他自己的回忆录就是这样记述的），伊丽莎白夫人一看见他，便深心相许，故弄风情，整个人倒在他身上，要亲近于他，而另一方面，王室一家"的简朴和其乐融融。"令他惊奇，教他感动。

就在马车打道回府，准备重返禁囿的时候，王室出逃的消息也开始在各处流传开来。不过三四天的时间，连最偏远的乡村都知道了，传言所及，尤其是在边境地区，可说是群情震恐。从巴荣纳（Bayonne）传出谣言，说西班牙人已经做好了入侵准备，即刻便要兴兵。布列塔尼沿岸还部署了海防哨，防备英国人真的会派40艘帆舰，载着5000海外流亡军杀回老家。就在国王被截获的事情传到梅兹之时，附近不远的雅各宾党人便发布公告，号召所有市民拿起武器"护佑家邦，唯赖同胞"，此外还有各种不实之言，说奥地利士兵为了报复国王被劫走，将瓦雷讷城彻底摧毁了。

一些讽刺画中流露出来的不屑，缓解了紧张不安的气氛，很多是拿国王的贪吃说事儿。有些画上的路易正在进膳，国民卫队怒冲冲地闯进来抓他，国王只好束手就擒。这类漫画中有一幅笔工稚拙，却带有强烈英国讽刺艺术风格，画上的路易在专心啃一块烤肉，正在这时拘捕令到了。他便骂道："去你的，待我安安静静吃饱了再说。"正在镜子面前顾影自怜的玛丽-安托瓦内特，催促丈夫道："亲爱的路易，你那两只火鸡还没吃完，六瓶酒还没喝完吗？你知道我们必须去蒙梅迪用餐了。"王太子在一边，正对着尿壶较劲，旁边有人还在夸他，墙上挂着一幅巴士底狱陷落的图，旁边的一张王室诰令已经倒了个个儿。

王室马车接近巴黎的时候，车厢内的空气突然如死一般的凝重。当时正来到京城近郊的庞坦（Pantin），便已有妇人们朝着王后大声恶骂。车驾等到进了巴黎，也和1789年那时截然不同，连一条留给车驾通行的道路都没有。没有人欢呼雀跃，因为国民议会已经事先关照过了，要傲然相对，掌握分寸。到处都贴着这样的布告："谁若鼓掌欢迎国王，必将遭到痛打""谁若侮辱他，会被送上绞刑架！"雅各宾党人建议，在车辆经过之处，市民们不脱帽，以此表示抗议。在大街上，国民卫队把步枪朝天交叉，表示对王室的轻蔑。甚至人们要求拉法耶特（为了国王和他本人的安全起见）公开对国王进行斥责，正告他，如果他要将自己的利益和人民的利益分开，那么他首先效忠的应该是人民。"你们的确很信守原则。"路易非常胆怯地回答。这次穿越法国的赎罪之旅是最后一次了，通过这次外出，他才

[476]

真正认识到这些立宪的原则精神是如何广为传扬，深入民心的。

王室回到了巴黎，国民议会则陷入了两难，对于这次失败的逃亡究竟该如何处理，始终举棋不定。路易在动身之前留了一份很长的声明书，内容已经被公开朗读过了，所有的报纸也都报道了国王逃走的消息，路易本人也无法自圆其说，谎称自己是被"绑架"了。这份声明看似巧辩，实则欠妥。全篇一大半是对议会强加于王室的种种限制进行理直气壮的批驳，很大一部分是一字不落地照搬了米拉波的观点，而现在巴纳夫、迪波尔和拉梅特兄弟也抱有同样的看法。有几段抗辩的话让人印象深刻，路易对王室在国家机器中应该处于一个怎样的地位提出了疑问，他看似被赋予了一个合法角色，但实际上不具备任何权力来行使他的职责。地方法官既然是以国王的名义行使司法权，国王却连委任和照准的权力都没有，甚至颁旨宽免，或是恩赦罪徒的权力都被一概剥夺，这算怎么回事呢？让他的臣僚出面对外交涉，而他在外派大使和谈判媾和这种事情上都无权拍板，这如何使得？如果对这些政治俱乐部统统来个大清洗，或者按照雅各宾党人一直推行的政治信仰的标准来对军官进行评判，那还有什么军纪可言？要想把这样一个"土地广袤、人口众多的法兰西"治理得井井有条，而行政部门却被那些反复无常、疯狂激进的报刊和俱乐部观点左右，如何可能呢？

这些完全是合乎法理的问题，说到了点子上。正如路易自己所说的，这些问题已经逐渐引起了议会中"有识之士"的思索，但是他所说的那些人（比如穆尼埃，还有后来的西哀士）渐已声名狼藉，于是他便开始犹豫观望起来。米拉波的对头，迪波尔、巴纳夫以及拉梅特兄弟，到后来甚至还有吉伦特党人，会相继走上同一条道路。罗伯斯庇尔和救国委员会最终会认识

第十三章 分道扬镳 1790年8月—1791年7月

到这个问题,并且下定决心重建国家权威,在1793年末强行压制民意,打压俱乐部政治。没有什么比这更能证明路易在这份声明中提出的核心观点了。

尽管如此,非常不幸的是,国王的这份声明也被涂上了性格狷急的色彩。他在1789年就经历过这样一次人身威胁,从此后,很明显他如果要想对巴黎人民履行他的职责,就只能是在他被软禁的情况下,而且还必须保证他家人的安全。他抱怨道,2500万的王室开销不足以"显耀国威",而且自1789年10月份搬入杜伊勒里宫以后的日子,和他们本应享有或者说他们一直习惯享有的权利相差甚远。他问法国人民,是否他们真的希望以"无政府状态和俱乐部专制统治"取代"已经让法兰西繁荣昌盛1400年的君主制",但实际上正是他禁止他的大臣们不经他同意签署任何法令,才使得无政府主义根基更为牢固。

且不论这份声明是怎么说的,让一个匆匆奔往边境的流亡国王用这种方式说出口来,没有人真正会把它当回事。但是大多数议员对于究竟该如何做出反应,也都感到茫然。科德利埃派在21日对全体成员发布了一个特别声明,要他们进行庄严的"杀死暴君"起誓,反对国内外一切针对自由的威胁,"无论他们身在何处"。丹东早就说过,拉法耶特要么是个叛国者,要么是个低能儿,他居然让王室就这么逃了出去。现在他对路易也是这样的话。他提出,用特别选举产生代表,组成政务委员会,迅速取代国王,但这一计划却应者寥寥。孔多塞通过《通报》翻译了汤姆·潘恩的一篇声明,文章认为"路易·卡佩"擅离职守,等于让法国具备了合法成立共和国的条件,但是这番理论遭到西哀士的反驳,他强调,在君主制度下,人们将更为自由,因为"要想把受专制迫害的民众解救出来,君王是不可

[477]

或缺的。"甚至罗伯斯庇尔在雅各宾会议上也回避了这个问题，他宣布宪法已经给法兰西带来了世界上最美好的两样东西，创立了一个"有君主的共和国"。

即使如今国王地位大不如前，名誉一落千丈，绝大多数法国人仍然抱有幻想，认为是由于"奥地利委员会"暗中撺掇，路易才走上歧途的。远在境外的布耶发表声明，威胁说如果谁敢动路易一根毫毛，就会付出惨痛的代价，这就让人对阴谋集团的存在更加确信无疑。不管怎么说，正如马塞尔·雷纳尔所指出的，向立宪会议上书，请求实行共和制的情况并不多。

还有什么中间道路可走呢？或许国王可以选择让位于王太子，自己当个摄政王什么的？那位"奥尔良先生"，现在他就喜欢人们这么叫他，敏锐地感觉到自己的机会来了，便赶回巴黎，并想要通过作家肖代洛·德·拉科洛（Choderlos de Laclos）从中牵线，和雅各宾分子搭上关系，来证实自己的爱国热情。在当时，奥尔良主义，似乎已经成为了一个替代波旁统治的可行选择了。但同时，越来越多的人担心，如果废黜路易，就可能和奥地利发生战争，这也是议会中大多数人一直极力想要避免的事情。7月中旬，议会宣布，国王在政府中仍然处于"地位未定"的状态，直至议会任期届满再做决定。现在就等着将整个的宪政计划呈送国王，由他来定夺可否施行。但是作为政治体制中的一个人治环节，路易十六确实显得多余。孔多塞就曾对给予国王便宜行事的特权提出谴责，认为既然它已经失去了存在的意义，仍然保留就过于虚伪了，他还把这个观点进一步加以发挥，搞了一个辛辣讽刺的小品，说的是发明了一个傀儡国王，一举手，一投足，都代表着国王的意思——到底是否决还是怎么的——而真正的权力，则掌握在了那些操纵开关的人手里。

就在王室回到巴黎之后的两周，与之完全相反的一趟行程，使得神权笼罩下的绝对主义完完全全走向了宪政的畅通无阻。在1790年的时候，伏尔泰死在了某位革命派贵族查理·德·拉·维莱特（Charles de La Villette）的家中，维莱特对雅各宾党人发出呼吁，要求保留这位哲人的遗体来供全民瞻仰。这个问题非常棘手，因为伏尔泰将要下葬的赛利耶修道院，已经准备好要拿去拍卖了。"您会允许这珍贵的遗骨成为个人财产吗？"德拉维莱特反问道，"你会允许它被等同于'国家财产'出售掉吗？"（所谓的"国家财产"，是塔列朗对那些售卖后作为国库收入的教产的委婉称呼。）

不管怎么说，维莱特也算是先贤祠计划的主要倡导者之一，而且和伏尔泰一样，是享有高度声望的立法委员——"光荣的大革命便是他的杰作"。于是他们也同意，伏尔泰的遗体理当运回巴黎，归葬于"伟人堂"内。这真是太及时了，因为在1791年春天，对伏尔泰的崇拜正方兴未艾。塔尔玛正在排演《布鲁图斯》，用非常传统的表演手法来展现人物，还加上了一个场景，正好能够紧扣大卫1789年的大时代油画，让演员若有所思地坐在"母亲"罗马投下的阴影之中，后来按照他的命令被正法的几个搞密谋的保王党儿子，就在杂草窝里呱呱坠地了。6月21日在科德利埃俱乐部，正在举行诛杀暴君宣誓的时候，首先特别提到了布鲁图斯的伟大事迹。当鲁克丽丝（Lucrèce）被塔尔坎的几个儿子轮奸的消息传到执政官耳朵里，他立下毒誓，一定要"要用匕首杀死塔尔坎全家"。当无道的国王试图返回罗马之时，他就当场将城门关上，不让国王进城。"多么伟大，多么凛然啊！"弗雷隆评论道，"法兰西同胞，为什么你们当中没有布鲁图斯那样的人啊？"

[479]　　7月11日对伏尔泰的神话再造,就是把名声扫地的君主制彻底打倒,刻意地烘托他的"罗马"节操。伏尔泰曾经对弗雷隆的父亲十分反感,还亲口说过这样一句话:"毒蛇如果咬了弗雷隆,这条蛇一定活不了。"对此弗雷隆也只不过说过一句牢骚话,称他是"乖张烈性"的哲学家。但他还是被这个纪念馆精心营造的古色古香的氛围给震慑了。遗体装在一辆普通的拖车上,从塞纳河畔罗米利(Rommilly-sur-Seine)一路运来,上边盖着一块蓝布,每到一站,都由公民显贵和官员亲自迎接。车行到巴黎近郊,在国民卫队的护送下,来到巴士底狱废墟前,这位两次囚禁于此的圣人,看到这所监狱终于被捣毁,应该会含笑九泉。他就是要硬挺着,等到这所监狱的砖墙都被拆除的那天,才肯咽气!棺材就放在白杨木和柏木的栅栏后边,由国民卫队和穿着素白古装长袍的少女轮流换岗。

　　前往先贤祠的有一辆纪念性的马车,有两层房子那么高,这是卡特勒梅尔·德·坎西和雅克-路易·大卫等人组成的一个小委员会想出来的。它的轮子是仿古罗马式的,由青铜铸造。石棺是特级的斑岩所凿,高出三阶,顶部是一副古色古香的床榻,伏尔泰的遗体便横卧其上,做出安然入睡的姿态,他的脸部自然地呈现出和蔼的神态,就和乌东的半身像中的复制品中表现的一样。在他的边上是一把打碎的七弦琴,垫子后边,不朽之神把一顶缀满星珠的王冠戴到他头上。灵柩车四角画着守护神坐像,面容哀戚,火炬倒持。四面还镌刻着伏尔泰名著中的箴言,包括布鲁图斯的话:"我宁可死掉,也不愿为奴。"四匹白马身上只盖着一面三色大旗,在前面拉着车。

　　跟随在后的一干人都是见惯的面孔,雅各宾分子、社会各界的代表、巴黎公社代表,还有国民卫队,有意思的是,队伍当中还包括在伏尔泰的作品和生活中出现的代表人物。帕卢瓦用巴士底狱的石料加工制成的23尊模型，被放在了显眼的位置，还有一大帮人，穿上了古罗马的衣裳，佩戴着伏尔泰书中最奢华的装饰品。塔尔玛的剧团中也来了一批演员，他们是让·卡拉斯（Jean Calas）家的代表，依据此人供词，他谋害了自己的儿子，最后被斩决，而为他辩护成为了伏尔泰最出名的一桩讼案。还有圣安托内郊区的一些群众，手拿着人物彩旗，上边画着一些堪与伏尔泰比肩的名贤俊哲的头像，比如富兰克林、卢梭，还有米拉波。

那是典型的巴黎7月的天气，天正下着雨。但是队伍一路走走停停，沿着几处"站点"一路径往先贤祠的途中，吸引了数十万人前来观看，每到一处伏尔泰的凯旋场便不走了：歌剧院里，女演员唱着戈塞克和谢尼埃特别谱写的颂歌；在法兰西剧院，唱着《参孙》中的咏叹调，鼓动"人们醒过来，挣脱枷锁，恢复先前的荣耀"。就这么从下午三点一直唱到晚上十点，最后伏尔泰总算被抬进了先贤祠，成为三圣中排名最末的一位。而且这样的三位组合，也确实有些奇怪。不过在许多方面，比起做笛卡尔的室友，这位老牛顿主义者更适合做米拉波的室友。

据说庞大的游行队伍通过御桥的时候，路易十六正从楼上的窗内暗中偷看。在通俗小报和号外另印的画片上，常拿丢人现眼、名誉扫地的国王，和这个被人尊为神灵来膜拜的圣哲来作比较。当时有一幅非常典型的风俗画，寓言人物"法梅"（Fame），一边以传统方式朝着伏尔泰的先贤祠敬礼致意，一边用截然相反的态度，对着被推翻的君王一阵猛轰。这种天差地别的鲜明对比在这幅画中体现得淋漓尽致，伏尔泰的不朽英名和"失足遗恨"的身名俱灭——也就是遭到可耻失败的瓦雷讷逃亡——形成了强烈对照。哲人一部戏剧中的格言,即"君王只是一个称号而已,作为受法律管辖的第一臣民,他必须恪守公平与正义",加强了对比。雕像的底座也各不一样,一个下面放着一张琴,一个边上却杂草丛生。

这种直截了当,不留情面的对比,并不完全出于组织这次"伏尔泰节"的那些人的本意,就算是有那么一点,他们更加记挂的还是如何将民众被激发出来的共和与民主的怒火,尽可能地压制下去,而不是将矛盾进一步激化。5月9日开始正式禁止任何"联名上书"形式的请愿活动,6月底还通过了禁止工人"联盟"的《勒沙普利耶法》,这些都表明了,对于将可能造成分裂的民众政治进行严格限制,各方形成了某种默契。于是,伏尔泰石棺上那一行给予拉法耶特和巴伊很大启示,让他们反复强调的铭文,现在轮到巴纳夫和迪波尔来认可执行了:遵章守法之必要。游行队伍的旗幡上第一个纪念的,是个名叫德西耶(Desilles)的士兵,他因在南锡试图将王室军队和暴动军队分开而被杀,因为他"中正仁和",故被追认为殉道者。

多数历史著作的观点认为,这些想要把共和思想融入革命团结的幻想,最终收获的只是失败。7月16日,弗朗索瓦和路易丝·罗贝尔的代表民众社团的中央委员会,流传着一份请愿书,宣称路易十六已经"弃职而去",有鉴于此,加之他"背盟判约",实际上已经逊位。这些联名者表示,除非有国民提出与此请愿书相反的意见,否则他们将拒绝承认他为国王。第二天在战神广场的祖国祭坛上,举行了一次征集签名的游行。17日早晨,在祖国祭坛下发现藏匿了两个人,人们马上便认定他们是有不良企图,当场将他们吊死。拉法耶特成功地劝说巴伊宣布了戒严令,于是5万名手无寸铁的示威者,其中很多是住在城里最穷街区的底层贫民,和国民卫队迎头相遇,雨点一般的飞石向国民卫队砸来,他们便开枪还击,一些人被当场打死,据官方统计,总共死亡13人,而某位游行组织者则声称,达到50人之多。

在革命洪流滚滚的年代,发生在战神广场的这一事件,不但被看作起义先声,而且是1792年至1793年间群众性共和运动的导火索。但是实际上1791年8—9月间,事情的发展却全然不是这样。与之相反的是,立宪派试图将革命从他们称之为"无政府状态"的迷途中拉出,引入正轨,而且似乎已经获得了成功。4月18日,国王想去圣克卢却遭到阻拦,拉法耶特要求巴伊通过戒严法,被后者拒绝。不过到了7月,巴伊却转而同意了,而当时对民众运动的镇压,正如将军所期望的那样,达到相当严酷的程度。罗伯斯庇尔实际上已经说服雅各宾党人不要支持那份"退位"请愿书,而党内关于此次危机,也分裂成意见相左的两派。新近受洗的斐扬派分子无论在人数和影响力上都占据极大优势,为首的是巴纳夫、迪波尔、拉梅特兄弟等人。罗伯斯庇尔和佩蒂翁发现,圣奥诺雷的党总部,听他们讲话的只剩下了百来号人。接着,科德利埃俱乐部和其他一些民众团体也都被完全取缔,它们对巴黎手工匠人进行宣传的几个中心据点也差不多被完全拔除。罗兰夫人写到,拉法耶特的卫队四处活动,凡是搜到小贩在卖马拉的报纸,便上前夺来撕碎,根本不给任何赔偿。

另一方面,传统的保王党——黑党(Noirs)——由于国王出逃遭遇惨败,他们的政策在议会中也就此一蹶不振。随着米拉波去世,加之战神广场血案后拉法耶特声名狼藉,宪法卫士的头衔落到了党内三巨头:巴纳夫、阿德里安·杜波特和亚历山大·德·拉梅特头上。三个人都是旧制度时期司法机构中的舌辩之士,并且都接受国民政权,而不是民众政权。到了1791年9月,他们终于有理由相信,革命政府稳步发展的机会比过去要多得多了。13日这天,国王全盘接受了《教士公民组织法》,没有提出任何异议,次日,他真正地成为了"法兰西国王",实际上等于是退出了政治舞台。

就在两天前,两年一度的沙龙展在卢浮宫展出。中央位置摆着三幅巨大的油画,这都是雅克-路易·大卫的作品,似乎是在诉说一个报效国家,精诚团结的革命神话。作品极有说服力,超过了任何一个议会讲演者。最中间是沉思的布鲁图斯,这幅画是从路易十六那里借来的,仍然归国王所有,路易倒霉就倒霉在布鲁图斯上了。左边那幅画的是霍拉提,紧邻着这两幅的,是三级会议代表的画像,他们模仿他们的罗马兄弟的样子,举起手臂于网球场宣誓。最后这幅耗时费力的巨作,还只是打了个素描底稿,不过,深褐的单色勾勒倒是恰恰能够表现出一种肃穆凝重的视觉体验,非常适合于表现忠贞挚爱的庄严氛围。从很大程度上,它也进一步强化了主题,使得构图的重心向着爱国行动的中央部分倾斜,光线完全集中在主持宣誓的西尔维亚·巴伊的头上。

到现在,这幅素描所宣扬的和谐,很快成为了过眼云烟。画面的中央是三种信仰的和谐统一的象征:新教教徒拉博·圣艾蒂安;方济各会士多姆·热尔勒(实际上当天他根本不在网球场),还有一个是爱国者格雷古瓦神父。不过多姆·热尔勒在1790年4月10日就提出,要将天主教作为唯一的国教,已经成为了大革命的敌人;新教徒卫道士和天主教叛乱者在法国南部和罗纳河谷互相攻杀;而当格雷古瓦进一步蜕变为国民公会会员的时候,圣艾蒂安已经从无休止的民众暴力中脱身而出了。画面中所有臂膀都指向巴伊,而他,也很快失去了对政府的控制权。西哀士,人们在演讲台上总能见到的国家主权的理论家,已经随着公民宪法的出台而遭到了冷落,刚在不久前,他还发表了一篇文章,对汤姆·潘恩的共和宣言进行驳斥。如果说巴纳夫(位于画面右侧)那副时不我待的神态让他特别显眼,那么马克西米连·罗伯斯庇尔(在1789年6月的时候,此人还是无名小辈呢)也毫不逊色,他的手臂交叉胸前,用这种肢体语言,表达出对卢梭式的忠诚和坚贞品格的信仰。

但是在这幅画里,最能体现大卫对于革命的乐观态度的,莫过于三个不同角落中出现的那些旁观者了。政客们不停地向人民发出呼吁,他们是观众,也是学生和模范公民:他们强健有力,爱国至深,虽然无所顾忌,但也绝不是逼人太甚的嘴脸。他们大部分代表了雅各宾党人的政治审美观:如同一尊古代雕塑,摆出的是米开朗琪罗壁画中的姿势,是一些戴着弗里吉亚帽的无套裤汉。右上角还有一群人(好像是大卫的几个孩子),自然而然地融进了一种既柔弱又青春的情感表达之中:体现了过去的苦难,也体现了对于未来的憧憬。

因为大卫要在作品中体现革命风暴的宏大气势,所以套用一些陈腐不堪的表现手段也是情有可原的,被风吹卷的帷幔就显得非常直观形象。左上角那柄清晰可见的雨伞,象征着旧制度的习俗和传统已经被彻底推翻。而就在一道闪电击中皇家教堂的这一瞬间,持伞人面部的表情也正说明了这一点。强大的政治风暴涌入了网球场的上空,在明亮的十字中心,和紧张不安、专心致志的各派代表的姿态神情完全交融。

某评论家这样点评画中人物:"由衷地热爱自己的祖国、热爱美德和自由。处处都有如古罗马的加图那样的人时刻准备为它们献出生命。"而左下角那位知名的异见者马丁·奥什的出现,只是为了更进一步说明,这是一曲革命团结的赞歌。但是大卫一直没能完成这幅作品,因为仅仅一年之后,这些东西凑合在一起,只不过是个虚幻的假象而已。在球场的人物处理上,米拉波与观众的距离比谁都近。可是后来米拉波的丑事被人揭发,声名扫地,于是到了1793年,他在先贤祠的遗骸被挖出来,草草改葬了。巴伊和巴纳夫后来也是死在断头台上的,西哀士算是手眼通天,身段灵活,一切从实用角度出发,保住了性命。大卫自己则签了文书,入了治安委员会,算是对马拉和罗伯斯庇尔死心塌地表忠心,又达到了新的境界。

善于描摹风月的浪漫主义诗人,比如安德烈·谢尼埃(André Chénier)和威廉·华兹华斯这两个对于那时的戏剧抱有好感的人,仍然将大革命描写成一场风卷残云的动乱。但是已经不再是那种激荡人心,除残去秽的狂风暴雨了;它变得深不可测,威力无穷,朝着无所谓是非对错,任意破坏的道路上发展下去了。那种清新甜美的气息已经嗅不到了,代之而起的是一股臭浊难闻的味道,那是战争吹来的风。

第十四章
《马赛曲》
1791年9月—1792年8月

一、大功告成？

1791年9月18日,一个拖曳着三色绶带的热气球,升入了爱丽舍宫广场上空,这也标志着国王已经正式接受了宪法。尽管仍带有一丝担忧,路易还是在四天之前来到制宪议会,宣誓说"对内要维护宪法,对外要保护它不受外国的攻击,并用全部力量、使用一切手段确保它的实施。"王后还提醒他,要他说得简短扼要,这样显得更加威严庄重,而他也力图表明自己接受了议会提出"重建秩序"的决议是附有条件的。不过在整个会议过程中,他一直坐在一张和议长高度相当的扶手椅上,显得非常引人注目,这使得保王党右派分子颇感羞辱。至少有150人公开表示,一个"遭禁国王"迫于压力签署的法令,他们是绝不会照办遵从的。而与此同时,左翼人士对于一些人认为瓦雷讷逃亡事件纯粹是一出闹剧的说法也同样不屑一顾。

不过,还是有相当一部分人持中间立场。费里埃就是其中之一,他相信国王已经吃到了苦头,也汲取了教训,今后一定会坚决信仰并拥护宪法,避免再受到反革命势力和无政府主义的伤害了。所以不管怎么说,此时人们完全沉浸在欣喜欢庆之

[484]

中，完全听不进一点质疑反对的声音。圣母院里也唱起了感恩赞美诗；歌剧院里演了一出表现幡然悔悟的应景戏《俄狄浦斯在科罗诺斯》，国王和王后也到场观看，和过去的态度完全不同，这次人们都向他们热情致意。此时间，灯火通明，烟花齐放，夜空都亮如白昼，在公共舞会上，人们举杯畅饮，为宪法酣然相贺，憧憬着美好的未来。

被宣布为大革命"福音书"的完成，标志制宪议会长期的劳苦总算告一段落了。尽管有因离会、退出和一些替换所带来的改变，但从很大程度上讲，制宪议会仍然保留了1789年5月来到凡尔赛的三个不同等级代表的原班人马。现在他们的努力有了成果，其开门见山地宣称：

[485]
> 从此不再有王公贵族、祖传地位、封建等级、世袭官职、爵位、教派、特权，这些都已成为历史。公职人员中也不再有贪赃枉法、子承父位的现象，法律面前人人平等，任何特殊的个人或群体都不能凌驾于法兰西普通法之上。

这真是政治史上集体人格的一次最惊人的巨变；从基于礼仪上界定的社会等级和法团组织转变为单一国民主权的统一实体。不过建立这样一种制度的概念，当然并非是提出召开三级会议之后的两年内才开始有的。从各个方面来说，宪法都是一个启蒙主义构想的实现过程，是阿尔让松关于"民主君主制"梦想的具体实现，前提就是将贵族清除出政治生活。

既然宪法已经确立，制宪议会的长期艰苦奋斗也总算熬到了头，越来越多的人想早点宣布大革命业已成功。5月份的时候阿德里安·迪波尔就已经说过这样的话；勒沙普利耶也是这么宣布的，9月份的时候他提出了一项法律，准备对各大俱乐部的活动自由予以限制；而议会中的多数派也批准了一项决议，宣布大革命"正式结束"。法国应该从永无休止的"蜕变"状态向政治制度的相对稳定过渡，这一点巴纳夫比谁都更关心。早在他坐在路易和玛丽-安托瓦内特之间，和太子殿下亲切交谈并且开心玩乐的时候，就已经确信加强君主权力的必要性，认为法国中央政府机关不应当始终受到民众暴动的威胁。实际上他对于这些问题的看法，倒是和米拉波十分接近。不过，由于他曾攻击过的米拉波如今被官方尊为国民议会中的"圣贤"，那么现在他就只能站在左翼立场上，对米拉波进行迂回包抄。现在老对手已经去世，他可以自由采纳他的许多告诫性的意见。拉法耶特也不再是绊脚石了。甚至在国王出逃之前，这位将军就已经和拉梅特兄弟关系十分热络了，加之拉法耶特在6月这件事上弄得狼狈不堪，拉拢过来也丝毫不难，如果需要，可以借助他动用军队，来彻底结束大革命的暴乱阶段。

随着这两个可选择的权力中心遭到有效的压制，巴纳夫实际上取得了那些对推动立宪君主制感兴趣的人的领导权。他得到了那些雅各宾分子中跟他关系最近的元老派，像迪波尔、勒沙普利耶和拉梅特兄弟的支持，还有如今在斐扬派中占绝对优势的那批人，也站在他这边。他们的政见都很一致，认为如果巴黎各个小派别再这么不断的人身恐吓，那些俱乐部和报纸再这么无限制地争论下去，最要紧的是陆军和海军风纪再这样民主化，"新"法国便难以保全。同时他们相信，保护国家免于受到任何反革命阴谋，或是武装侵略的破坏，也是非常重要的事情。春季发生的罢工和劳工暴动，也让他们相信，要想实现杜尔哥的革命现代化蓝图，就需要建立起相应的保护机制——自

[486]

由经济秩序,来对抗革命派手工业者,以及他们在科德利埃俱乐部和福谢的真理之友会"社会圈"中的支持者所主张的社会集体主义。

针对这些挑战,巴纳夫精心制订并出台了一系列的应对措施。在瓦雷讷事件之后,消除了共和主义的威胁,他便和王后私下谈判,并相信王后会满怀感激地倾听他的建议。他要劝说她永远放弃同任何反革命武装保持来往,并确保她的兄长不要对流亡者进行支持;让国王劝说他的兄弟们回到法国来。作为补偿,他准备着力对宪法进行修正,以加强王室的权力。在整个八月和九月,巴纳夫和玛丽-安托瓦内特一直保持活跃频繁的通信往来。王后在信中这样说:"宪法不符合现实,十分荒谬。""并不是。"他反驳道:"它十分贴合君主制度,"并说只要国王和王后试图树立"自信,并且受到人民的拥戴,"法国所有的问题都会迎刃而解;"法兰西国王的地位安如磐石,不是欧洲别国国王所能比的。"

尽管巴纳夫在议会中竭力加强行政权力,情况仍然没有太大的改变。他没能让两院议会制获得通过,借助由议会选出的各部阁僚,它将最有可能摆脱宪法各分支之间的僵局。(这一点,他现在倒是认同米拉波的看法)。但不能说他是白费力气,一无所获。按照新法,国王可以选择自己的外交大使,而且他还是官方承认的最高军队统帅;他手下的那些部长大臣,也都可以在议会上为政策辩护。甚至有些看上去比较体现民主的补充修正案,比如取消白银标准(相当于五十天的标准工资)作为财政衡量标准,被载入法律,这些实际上也都是权力集中的体现。公民选举权扩大了,可以参与地方行政部门的选举,比如参选治安官,但是候选人真实拥有的地产权也成为了进入选举团和担当代表的前提条件。实际上这就等于缩小了候选人群，真正能够跻身其中的人反而减少了，确切地说这是一种社会策略，反映了18世纪70年代和80年代的文化精英的边界，而且它也产生了那些19世纪长寿的"显要人物"。实际上这就意味着，在一些相对贫穷的省，比如阿韦龙（Aveyron），政治权力就掌握在少数符合条件的公民手中，数量仅有区区二百人。

这项计划并非一帆风顺。在9月29日，也就是议会正式寿终正寝的前两天，勒内·勒沙普利耶代表宪法委员会发表讲话，试图尽快通过一项会对法国政治生活产生极为深远影响的法律。该法律是要逐渐侵削政治俱乐部的力量，让它们重新变成私人机构或者获准"指导"公民的组织，让它们用最为和风细雨的方式，对立法通过的政令予以宣传普及。任何方式的请愿活动，任何对于政府行为的批评性审察，还有，最关键的一点是，任何对于议会代表的攻击，在当前的特别时期，都将被看作是妨害治安和侵夺公民权的犯罪予以处理。基于同样的理由，各个组织之间的串联也会被看作是对合法上台的现政府的阴谋威胁而遭禁止。换句话说，对于斐扬派来说，这是一件重要的武器（和迪波尔所推出封杀媒体的法律一样），是用来镇压民众暴乱的。

在勒沙普利耶看来，这条法律完全是正当的，他振振有词地对革命展开分析，赞扬这些俱乐部在"风雨飘摇之际"能够"集思广益，形成舆论中心"，但他同时坚持，目前"大革命已然终止"，这些"自发性机构"必须让位于被赋予代表的，受到一致接受的人民主权这一关键原则。"大肆搞破坏的日子已经过去了，"勒沙普利耶宣称："所有人都宣誓要效忠于宪法；所有人都渴求秩序与公共安全；所有人都希望革命早日结束：这些如今都是爱国的明确表现。"只有那些"冥顽不化或野心勃勃的人",他们为了各自的目的,想要操纵俱乐部大权,煽动对诚实公民的诽谤,只有他们会反对这项法律。

勒沙普利耶的高谈阔论被一个熟悉的声音给打断了,高亢有如金石,说话人身材瘦削,一头漂亮而倔强的卷发,戴着钢丝边眼镜。似乎是勒沙普利耶对于政治俱乐部支持者的中伤,让马克西米连·罗伯斯庇尔不由得勃然而起,他坚持认为自己是有感而发,不得不说,因为这样的法律提出来,实际上已经和宪法原则相抵触了。不过随后他便滔滔不绝讲了一大堆,明显让人觉得,对于这次交锋,他绝对是有备而来。因为他巧言善辩,使得那些代表自动放弃了在新立法机构中参选的资格,故而这也是他们最后一次听他演说了。还有外边的那些热心政治的国民们,也同样对他的讲话印象深刻。他的观点非常鲜明,大革命还没有完成,否则的话,这项事业就会消亡,就会被断送。

[488]

当时他正处于政治生涯巅峰期。在 1789 年去参加三级会议的时候,他身边就带着两件黑外套,一件是羊毛的,一件是丝绒的;那个时候他在阿拉斯的第三等级代表中排名第五,是不折不扣的小字辈。在这之后,他总共作了不下一百五十场演讲,光是 1791 年的九个月里,就演讲了六十场,面对议会中的尖锐诘责,保守派报纸的无情嘲弄,他顽强抗争,最终成长为革命左翼队伍中崭露头角的领军人物。他秉承纯粹的信念和坚韧的斗志,投身于思想游移不定,操守翻云覆雨而臭名昭著的政治舞台,取得了成功。他在演讲中声称,自己坚信只有正直诚实、品格上无可指摘的人,才能为公共利益负责,这引起了那些聪明人开心的一笑,但是随着时间的推移,这种笑声逐渐变得愈发让人不舒服。

这些为人真诚的道理，是他当律师的父亲教导的结果，也是他恪守戒律信条和从让-雅克·卢梭的生平事迹中学到的，同时他对拉丁历史和雄辩术也充满了浓厚兴趣，在巴黎路易大帝高级中学的比赛中曾数年获得大奖，人送绰号"罗马人"。罗伯斯庇尔曾获得一笔奖学金，进入一所最著名的演讲学院继续深造，投身在当地一位大主教门下学习，这位大主教算是一位典型的旧制度下的统治精英。在那里学习的几年时光，锻造了他的性格，促使他终身以政治为奋斗事业，而且是卢梭推崇的高度热忱的道德政治，即国家于改良中须成为一所培养美德的学校，重振个人之操守，集体之圭臬，非此则不足令国人为之尽忠。他早年在阿拉斯打过几场官司，曾经为 M. 维塞尔的避雷装置辩护过，还在 1788 年的时候，替一个被自己家里人通过密札弄进监狱的陆军军官当过辩护人，罗伯斯庇尔将他的委托人变成了普遍原则的化身：摩尼教善恶两极争斗的牺牲品，自由和暴政之间斗争的替罪羊。他最擅长用这种高举正义大旗的愤怒声讨来进行辩护，一开口就显得十分夸张，正如平常那样，带着威胁的语气，却故作平和。但他的讲话却在议会大厅之外热情冲动的群众中找到了知音，那都是些同龄人，是年轻气盛的西塞罗，风华正茂的加图，他们一直在翘首企盼着一个集众多优秀品质于一身的共和国能早日步入正轨。早在 1789 年的 8 月，罗伯斯庇尔就收到了这么一封信，写信的是他的一个拥趸，叫做安托万·圣茹斯特（Antoine Saint-Just），当时还籍籍无名：

在专制主义和阴谋横行的年代，您力挽狂澜拯救国家，您的种种奇事让我对您就像对上帝一样敬重；先生，我请求您带我一起解救我们贫困的地区，虽然我不认识您，但我知道您是个伟大的人，您代表的不仅仅是某一个省，你代表的是整个国家和全人类。

在制宪议会的两年里，罗伯斯庇尔竭尽所能，不负重任，对于每一件他所关注的事情都能坦率地说出自己内心的想法。支持者越少，他就变得越雄辩，比如在促进给犹太人以自由，以及解放黑人奴隶，废除死刑判决，剥夺国王一切否决权等方面，他都功不可没。1791年危机发生的时候，由于丹东远赴英国，很多激进媒体都被关闭，靠着自己坚定不移的信念，尤其是明确提出暴力革命合法性的做法，他对革命事业的延续和发展，起到了定鼎之功。斐扬派将雅各宾分子拒之门外，正好给了他一个无人反对，畅所欲言的讲坛。他利用这个机会，给他的政敌扣上各种罪名，将没完没了的政治派别的纷争的错误，都归咎于他们的头上，因为他知道，地方各省所属的上千个政治俱乐部，最渴望的事情，就是重新联起手来。

他几乎没有完全属于自己的私人生活，因为按照他的信条，公和私对于真正的爱国者，应该是没有分别的，融合于单纯无私的行动和道德规范之中。但是他对于家庭关系的处理，反倒是被拿来作为典范而四处宣扬，弄得尽人皆知。从1791年中期开始，他便和迪普莱一家合住在圣奥诺雷路上的一套房子里。迪普莱是个木匠，还做细木活，不过他可不是个穷苦的普通工人，除了他住的这栋房子，他在巴黎还有两处房产，工厂里雇了十来个熟练工。实际上，他是个念过书的手艺人，拥有卢梭在颂词中大加赞扬的技能，属于克鲁兹风俗画中所交口称赞的那类人。马克西米连·罗伯斯庇尔住着一间很小的屋子，一张写字台和靠背椅算是陈设。他每晚只简单地吃些饭菜，之后就给迪普莱的女儿们朗读高乃依或是卢梭的著作，一边手里还剥着他极爱吃的橘子。

罗伯斯庇尔通过这篇发言对勒沙普利耶进行了驳斥，发言的风格是他独门自创的，极有代表性。最特别之处，就是立足于他个人的生活和政治立场，来对普遍原则进行阐述。这种关于自我的演讲也引起了具有讽刺倾向的人的批评，但是又和卢梭提倡的忏悔自责的方式契合得恰到好处。听来深沉入微，激情澎湃，比那些故作镇静，略显得有些造作的演讲要直截了当得多。讲完一段，便要表白一番，称自己宁愿慷慨一死，也不愿忍辱偷生做一个实用派。他说这些话的时候，常常是声情并茂，字正腔圆，听上去就像在吟咏高乃依或者拉辛的诗赋。他甚至借鉴了戏剧表演的手法，每说到特别动情之处，便停顿许久，好让他这句话的重要内涵得到充分领会。

[490]

对于勒沙普利耶，乃至所有的温和派，他反诘道，这些人真正想要的，无疑是和最核心的宪法原则直接冲突的，这些原则就是和平集会的权利，对于公共事务畅所欲言的权利，通过写作或者刊印的方式和其他志同道合的公民进行交流的权利。勒沙普利耶愤怒地打断他的讲话，说是"罗伯斯庇尔先生对宪法一无所知。"但他却不予理睬，还是老调重弹，把让-雅克的那一套搬了出来，要"撕去"伪君子的假面具。勒沙普利耶明着是承认这些俱乐部所做的贡献，背地里却在搞破坏，而且等于是破坏宪法所保证的自由，他怎敢如此妄为？大革命难道就这么完结了，真的如此么？"我不明白你说这话的用意是什么？"罗伯斯庇尔说道，装出一副困惑的样子，因为他相信，如果大革命真的结束，那就意味着宪法已经真正坚若磐石了。可是放眼望去，强敌环伺，国内的、国外的相互勾结，联起手来打算破坏宪法。于是他的情绪进入了一个巨大的高潮，他一次又一次地使用"我看到了"这个短语，似乎他看到了祖国面临的危险，其中很大部分是因为"一些人打着为革命奋斗的幌子，实际上是以君主的名义为个人谋求权力"。接着，他又是老一套的英雄就义式的豪言壮语，可谓最富想象力的爱国偏执。

> 如果我不得不使用另一种语言，如果我不得不停止对国家恶贼的训斥，如果我必须为国家的灭亡欢呼鼓掌，去按照你们的命令做事，那么在自由被毁掉之前，先让我死去吧。

最后，罗伯斯庇尔俨然一副古罗马怀有深仇大恨的护民官的样子，说道：

> 我知道我的直言听起来有些刺耳，但这些人（他轻蔑地挥挥手）将公共利益置入覆灭的危险，只有我用严厉的话语评判他们，才能使好公民们感到一丝宽慰。

[491] 在制宪议会内部，也发生了一场争吵，但是就法律获得通过而言，斐扬派已经获得了足够的选票，尽管这些法律从来没有切实执行过。而罗伯斯庇尔发表的这番讲话，却使他成为公众心目中的英雄。就在第二天，议会寿终正寝，他和城郊劳动阶层的偶像热罗姆·佩蒂翁一道，被潮水一般的欢呼人群举在肩头，在街上巡游。他一路被簇拥到阿图瓦，人们从一开始的喝彩狂呼，渐渐将他奉若神明，他的马车不管走到哪里，都会

被人们团团围住，花瓣纷纷如雨，洒落在他的头发上。既然议会的讲坛已经将他拒之门外，他干脆就回到巴黎，自己创办了一家报纸，继续发表他的观点主张。这份报纸就叫作《宪法保卫者》，看上去倒也不是那种漫无边际、夸夸其谈的出版物。

二、自由的"圣战"

取代制宪议会而成立的立法议会，通常被看作是一种革命的间歇，是从立宪君主制到雅各宾大恐怖之间的一段毫无进展的原地踏步。和其前身相比，立法议会人员构成普遍认为没有什么鲜明的特征。它所发布的公告和法令，也都是充斥着忠心爱国之类的陈词滥调，既没有制宪议会真实的冲突，也缺乏国民公会火爆激烈的吵骂。事实根本不是这样。有一件事很能说明问题，单纯从政治天赋和学识才干上说，立法议会是大革命各个时期的革命议会中最为突出的。它的辩论充满歌剧的紧张感相形之下，其前身的辩论场面就显得苍白无力得多了。而它将法国引入的那场战争可以说是自决定召开三级会议以来，大革命唯一最重要的大事。

立法议会来到巴黎，是由有权投票者中的极小部分成员投票决定的：总数不超过10%。实际上从最早的三级会议选举开始，革命变得越是激进，它所依赖的选举基础也就越是偏狭有限，这业已成为了一个规律，国民公会便是从更少的投票中产生的。通常来说，立法议会的成员是从各省的政治家中产生的，他们靠着与仍然把持着市和大区行政权的在任显贵唱对台戏才声名鹊起的。当然在制宪议会中，新制度已经告别了那些自三级会议以来一直牢牢把着代表职位不放的贵族和教士。但是立法议会中，也确实还有一定数量的革命贵族，比如孔多塞、新教骑士德·若古（Protestant Chevalier de Jaucourt）、鲁维埃侯爵以及凯尔桑伯爵，另有一些拥护宪法的大主教，如里昂的拉莫莱特（Lamourette）和卡昂的福谢。

除此之外，新的立法议员和之前的制宪议会成员也没有多大差别，历史学家总是花费大量精力去证实这两者有"何等"浓厚的资产阶级特性，结果却总是收获甚微。因为值得注意的是，在这些立法议员中，商人、工厂主、金融家要比制宪议会的时候少了许多。当然要从职业构成比例的角度对这个团体进行剖析是没有意义的，尤其是当时像"律师"（名义上这些人又占了大多数）这样的范畴掩盖了在财富和地位上的巨大差异。这些人组成的这个团体，实际上是一种文化的共同体，所以像拉扎尔·卡诺（Lazare Carnot）这样的陆军工程师可以和蒙日这样的数学家，还有写了大量关于气球的军事用途的文章的化学家吉东-莫尔沃（Guyton-Morveau）很娴熟地讨论技术性问题。其他的知识分子也同样引人注目：爱国品味的裁定者、先贤祠的设计师卡特勒梅尔·德·坎西；爱国者帕卢瓦的朋友，来自卢浮宫碑铭部门的博学多才的迪佐；还有翻译了理查逊那些文笔极为流畅，风格特别伤感的小说的弗朗索瓦·德·纳沙托。还有两位来自斯特拉斯堡的代表，他们不仅是学者，还是迪耶特里克学术圈的成员，他们是数学教授阿博加斯特（Arbogast）和历史学家科克（Koch）。

11月末，约半数的立法议会成员公开了他们的政治立场，其中属于雅各宾分子仅为136人，斐扬派成员则有264人。尽管对于巴纳夫和他的朋友来说，这给他们从春季到夏季一直在搞的遏制和牵制活动提供了可能，但是还绝没有赢得决定性多数，因为剩余的400多名代表坚决拒绝加入任何一个派别。而斐扬派前几个月中，要求他们效忠之所以遭遇惨败，主要的阻力来自于团结在记者雅克-皮埃尔·布里索周围，颇有影响力的一小撮杰出人士。

布里索的报纸《法兰西爱国者报》是巴黎卖得最好的报纸（尽管读到上边相当乏味的套话，有时候会奇怪为什么会这么受欢迎），在1780年代的时候，布里索还只是个雇佣文人，给警局当过密探，如今却俨然成了一个操控舆论的行家里手。他本是沙特尔一个烤饼师的儿子（和热罗姆·佩蒂翁是从小就认识的同乡），布里索和罗伯斯庇尔不同，他对于艰难贫困的生活有着非常深切的感受，他曾经在伦敦欠了一笔债，为此蹲过大狱，后来又靠写东西勉强糊口，并成为一名献身自由事业的职业说客。比如说，他曾经为西印度黑奴解放运动而奔走，并且在比利时、瑞士等地因为出版小册子而麻烦不断。但1788年在波士顿的时候，他觉得自己在那里终于发现了"只有拥有自由的人才会拥有质朴、善良、尊严等优秀的品质"。三年后，他已经成了一个忠诚的共和主义者，认为自己的目标就是在立法议会中不断推动迫使国王暴露出他作为祖国之敌的真实面目的议案，从而处处挫败巴纳夫的温和主义。想办法让王室力量边缘化，并最终使它彻底瘫痪。尽管他一直坚定不移地奉行他的既定战略，也最终加以贯彻，但是巴纳夫也是个做事不择手段的人，和他相比毫不逊色，他仍然在私底下为王后献计献策，建议她如何最为有效地对付共和党人的进攻。

[493]

如果仅凭布里索自己的力量，他还没有足够的说服力以获得必要的选票，来颁布旨在让斐扬派部长们难堪的激进措施。非常滑稽的是，这些人每次出席立法议会的时候，便会坐在主席台前的小凳子上。而布里索的支持者，是一帮以前从未在一起共事过的演说家，至少肯定没在法国共事过。这些人都是过气已久的人物了，个中原因也不甚光彩。在19世纪诗人兼政治家拉马丁（Lamartine）的多卷本纪传体著作《吉伦特派史》中，他们首次被描绘成受害者。大恐怖时期，他们很多人死在了断头台上，对于仇视雅各宾派的历史学家来说，这就是自由共和派的宿命，他们注定是要死在那些颠倒是非、无法无天的暴徒手中的。但是如果抹除了吉伦特派（或者开始的时候所称的布里索派）狂妄的一面，实际上也是对他们的损害。因为这等于无视他们政治结构上的复杂特性。随着对大革命的历史研究从政治分析转向社会分析，吉伦特派似乎也失去了其特定的意义，就其社会地位而言，已经和雅各宾派没什么分别了。那些分析大革命期间"党派"的学者对此感到失望，这群人无非就是一群泛泛之交的朋友，平时聚在旺多姆广场多登夫人的家里，或者更有趣地在布里坦尼克酒店罗兰夫人的宅第吃顿饭、喝个酒而已。但是在1792年，这样一个随随便便在一起吃饭的，或是有几个志同道合的朋友聚在一起，就算是一个真正的政治组织了，比任何机构完全的所谓主流"政党"都要正规，这群人里，有三个都是来自法国西南部同一个地方的，于是便取名叫吉伦特派。更何况，马克西曼·伊斯纳尔（来自瓦尔省代表普罗旺斯大区的增选议员）、皮埃尔·韦尼奥、玛格丽特-埃利·加代（Marguerite-Elie Guadet）和阿尔芒·让索内（Armand Gensonné）都相互见识过各自非凡的口才。当罗伯斯庇尔就像让-雅克一样，决意孤军奋战，做一个朴素孤独的先知，这些吉伦特分子则是你来我往互相争斗，就像一个四重奏弦乐队一样，华丽的言辞抑扬顿挫，澎湃相击，时而如怒涛翻涌，时而似细浪低回。

更重要的是，他们都把讲台设立在阅马场，这里以前是皇家骑术学校，和杜伊勒里宫一墙之隔，现在是议会所在地，为了来听这些宏论，代表们的长凳和公众的旁听席都挤满了人。

这种动听的演说音调很难重现了，因为哪怕在最富想象力的史书当中，这种声音也完全湮没无闻了，就算翻读那些纸页泛黄的议会档案能让人内心震撼，也同样感受不到这种声音了。但是必须承认的是，对于专门研究世纪之交的大革命演讲的历史学家而言，这种真实感是不言而喻的。阿方斯·奥拉尔就是其中一位。他相信这些讲演会产生潜移默化的作用，久而久之，会对大革命进程产生决定性的影响。这种影响，超过了食物骚乱、物价上涨，或者是雅各宾派的宣传，胜过了一切的一切，它们让立法代表从政客变成了战士。当1792年4月，法国向"匈牙利及波西米亚国王"宣战的时候，议会中真正的多数派相信，他们自己所说的他们的"圣战"正处于成败的重要关头，不仅仅关乎法兰西的前途，还决定着全世界大多数人的未来。巴纳夫的稳定政策的首要前提——保持和平——实际上已经破产。

但是早在这之前，事情就很清楚了，巴纳夫的计划和"三巨头"的另外两位迪波尔和亚历山大·德·拉梅特，已经陷入了严重危机。尽管立法议会的普通成员肯定不是雅各宾派，但是他们对于君主制从一开始就表现出一种不信任的尖刻，这让国王及其政府的处境变得非常艰难。和大革命其他时期一样，相应的礼仪规范也有着非常重要的象征意义，所以路易破天荒第一次来到议会，此举意味着一种退位仪式。议会提出要求，不允许给他摆设特别座位，当然也没有御座了。遭此无端羞辱，杜伊勒里宫威胁说干脆就不来了，于是国王在10月6日获得了

[494]

一个很平常的座位，上边画着百合花图案，当然就位于议长边上。国王进入会场的时候，发现代表们都已经站了起来，而且使他更加沮丧的是，当他开始发言的时候，这些人全都故意失礼地坐下，戴上帽子，并提醒国王做同样的事看到自己的丈夫，这位在兰斯大教堂里额头涂抹克洛维圣油的君王，俨然像个公证人似的，坐在代表面前朗读文件，玛丽-安托瓦内特的内心就益发觉得刺痛。

尽管给巴纳夫的回信写得彬彬有礼，但是王后对于他们要求她尊重宪法的忠告，并没打算放在心上。巴纳夫向她保证，只要她真心诚意认清形势，那么政治和平就一定能够到来，而玛丽-安托瓦内特的反问却不无道理，说如果这种理想状态最终没能实现，那么王室方面能够采取何种强制措施。巴纳夫凡事都尽可能往好处想，而她却已经做好了最坏的打算。当布里索派很快占据了议会中的要职，并且提出了更加狂妄大胆的立法提案，使得王室一旦动用否决权，就会陷于更加孤立的时候，看来王后的担忧更加贴近现实。

有两个议题至关重要，都是布里索派提出来的，都具有明确的爱国的重要意义。第一个议题是关于那些顽固派教士，他们至今仍然没有就《教士公民组织法》所要求的忠诚进行宣誓。巴纳夫意识到，教会分裂可能带来的悲剧性的混乱隐患，已经在法国大部分地区愈演愈烈，于是他试图把制宪议会中的那些惩戒色彩比较浓重的条款加以软化。为了应付法国南部和西南部实际上已经失控、极有可能升格为内战的骚乱活动，也为了应对频繁发生的天主教保王党建立的武装割据势力，立法议会实施了更为严格的宗教政策：拒绝宣誓效忠的教士，将立即停发薪俸；合法的教士则将被允许婚配；到了11月29日，那些依然藐视国民法律的教士只剩下8天的时间，到时候再不宣誓效忠，将以阴谋叛国罪论处。这项举措让罗伯斯庇尔都感到头皮发麻，他意识到，这样做最终不可避免会发展为一场双方都拒不妥协的宗教圣战。他在自己的报纸上发表文章，宣称要"使民众成熟"，毕竟需要"时日"，他们久而久之会坦然面对那些还俗结婚的教士。但是来自战云密布的瓦尔大区的马克西曼·伊斯纳尔，却在会上提出了质疑，改变了大会的基调，他宣称："法兰西的每个角落都被这个阶层的罪行玷污了……当教士没有德行时，他就会成为最邪恶肮脏的人。"他坚持认为，对这些教士要施以惩戒，而不是迫害他们，因为只有圣徒和殉道者才能称得上是迫害，而"大多数那些阴谋家和伪君子之所以要去传教布道，只是因为他们失去了财富。惩戒这类人既是伟大的正义之举，也是为愤怒的人类复仇。"

不必说，对于这样一个把忠笃可靠的天主教徒宣判有罪的法案，国王是不可能批准的。9月的时候，他对于"统一"（实际上就是"吞并"）教皇在阿维尼翁的飞地就非常不赞成。这件事已经引起了一次凶残的小规模战争，闹得最凶的时候，有个叫做"杀头鬼"茹尔当的，领了一帮武装暴徒血洗阿维尼翁监狱，把关在里面的温和的政要名人和贵族杀戮殆尽。另外像阿尔勒这样的城市，却掌握在天主教保王党势力手中，这些人也同样心狠手辣，他们撺掇民众对宪法出言不逊，并侮辱国民卫队的制服。路易极不情愿做任何使得本已严峻的形势进一步恶化的事情，哪怕这样会落入敌人设下的圈套。巴纳夫正在竭尽全力做出艰难决定，他让巴黎那些拒绝宣誓的教士以宪法保护信仰自由为由，向国王提出申诉。一旦提出申诉，王室如期动用否决权，从而引起了巴黎，还有里昂和马赛这些反教权主义

[496]

中心的暴力示威。

　　第二个议题，也与前述问题相关，那就是流亡者问题，斐扬派将在这个问题上失策。自从国王从瓦雷讷被迫返回之后，移民国外的步伐明显加快了。费里埃曾经向他的夫人哀叹道，这已经成为了军队中的一股"歪风"；三分之一的军官离开了部队，去了国外。因为显而易见的原因，数量庞大的流亡贵族和教士聚集在边境地区，像阿尔萨斯，还有从孚日山脉到阿登山地一带的东部边界；在比利牛斯山区主要是在西南和东部的鲁西永与普罗旺斯；西边则是布列塔尼。但是这些地区也正好是最易遭受外国入侵的敏感地区，来自那里的立法议会代表往往是最为激进的，觉得自己是身陷重围的爱国者，周围到处都是图谋不轨和通敌的人。现金投机造成了指券贬值，并进一步引发通货膨胀，人们把这笔账也算到移民者头上，这是常挂嘴边的"饥荒阴谋"的最新说法。在移民者的几个主要聚居区，一开始是都灵，然后是在科布伦茨，人们都在揭发他们的罪恶，说他们会尾随着专制政权的军队，入侵法国，反动军队会挥动屠刀，把善良的爱国者和他们的一家妻小统统杀光，血洗他们的城市。正如我们将要看到的，《皮尔尼茨宣言》实际上是王后的兄长利奥波德皇帝在8月份发布的一份自卫防御的文告，但是到了法国这里，就被看成是对人民政权和国家安全的直接威胁。

　　10月31日这天，立法议会发布声明，称凡是在1792年1月1日之前仍然待在被视为敌方军营中的流亡者，就将以阴谋罪论处，判处死刑，家产抄没。11月9日，继上述这条严酷的法令推出之后，又对国王的胞弟普罗旺斯伯爵发出传讯，敦促他两个月内返回法国，否则剥夺其继位权。最终，又在11月29

日，就是实行最严酷的宗教立法的同一天，颁布了一项新法律，要求所有的王亲国戚一律返回法国，并明确表示，即使流亡者的财产由留在法国的家人保管，也会被充公。面临如此猛烈的冲击，不但国王本身的基本权利难以维持，甚至全家的性命都没有保障。巴纳夫在信中不但提议动用否决权，而且认为非此不可。他在给王室的信中写道，其他任何举动，都等于承认自己无能，彻底认输，而且在整个欧洲眼中，将有辱国王这个名号。但是在动用否决权的同时，还必须以他本人的名义起草一份口谕，呼吁那些亲王能够返回祖国，并且明确表示，无论在何种条件下，他都不能容忍在法兰西的土地上，发生流亡者在背后挑起的武装入侵。

[497]

这条建议得到了严格的采纳。路易甚至出现在12月14日的议会上，发表了一大通对于欧洲君主国可能发动的任何武装干涉的爱国愤慨，真是让议会大感意外。布里索派对国王激情四溢的讲话感到不可思议（这在巴纳夫意料之中），而路易之所以如此言辞凿凿，斩钉截铁，自有他的道理。他的背后有一位心腹大臣给他指点迷津，此人叫做贝特朗·德·莫勒维尔，过去做过地方监察官，通过他的一番话，国王意识到，战争政策或许能让他从中渔利，因为他处境艰险，已经容不得再有任何闪失了（或者他自己这么想）。如果战事进展顺利，那么就给他作为三军统帅，进而独揽大权提供了机会，就能积蓄足够的兵力，来恢复他在国内的统治地位。一旦前线吃紧，法国就会遭受外国干涉，同样也能帮助他重登王位。当然，所有这些要以他放弃斐扬派的和平政策为前提。种种迹象表明，他在1791年12月的这番盘算，得到了王后，甚至还有他妹妹伊丽莎白夫人的交口称赞。王后对于斐扬派主张的妥协政策一直非常不满，现在眼看着计划要告吹了,她暗自得意,给阿克塞尔·费森写了一封信:"我笃信我们很快会对[美因兹和特里尔的]选帝侯宣战。这些蠢材!他们竟然不知道我们可以坐收渔利,因为……如果我们发起战争,所有强国都会卷入其中。"

就在12月7日这天,国王任命了纳尔博纳·拉拉(Narbonne-Lara)伯爵为战争大臣。巴纳夫一直在为这一任命不停地敲边鼓,因为他以为纳尔博纳在政府成员中,是个比较听话的斐扬派,但是这位新大臣可是个精明人,刚上任不久便摸清了宫廷的政策底牌。他不但没有推行和平政策,反而加紧备战。按照人们普遍的观点,阿图瓦和孔代已经在科布伦茨建立了自己的小朝廷,而要对付当地的日耳曼特里尔亲王大主教,不过是牛刀小试。流亡军队至多不过区区4千人马,根本不堪一击,不值得大动干戈。但是作为一个恰逢其时的开战理由,已经绰绰有余了。纳尔博纳要求立法议会拨款2000万利弗尔(用硬通货,不是指券)作为特别军费补贴。就在当年年底,纳尔博纳就显示出了一个人民政权的战争大臣的应有风范,不但亲临前线视察防御准备工作,还领导在武装营地举行爱国仪式。

如果这看上去就好像拾人牙慧,照搬拉法耶特那套逢场作戏的陈词滥调,也并没什么好奇怪的。出了瓦雷讷出逃事件之后,这位大将军的声望便一蹶不振,10月份竞选巴黎市长又遭羞辱,惨败在热罗姆·佩蒂翁手下。于是他干脆辞官不做,回到了奥弗涅故宅。之后他还一直四处疏通走动,想要谋得个军队统帅的职位,好挽回些他的声誉。和特里尔选帝侯之间的这场小规模爱国战争看来就是个十拿九稳的机会,而且纳尔博纳都已经打算请他出山为国效力,现在是万事俱备,只要英国人能保证在这场冲突当中处于中立就行了,而1月中旬派塔列朗去

[498]

伦敦执行这一趟非官方任务，就是要让对方做出这样的承诺。

路易·德·纳尔博纳和塔列朗是故交，哪怕纳尔博纳后来和塔列朗的前女友、内克尔那个颇为出众的千金大小姐热尔曼娜·德·斯塔尔成了情侣，两人的关系还是非常亲近。斯塔尔夫人对塔列朗有过一段非同寻常的征服，她能言善辩，热情大方，不过有时候说起话来也会尖酸刻薄，和塔列朗不相上下。乍一看，她是个身材高大，气度优雅的贵妇人，当然很大程度上是因为戴着穆斯林的头巾，披着仿东方风格的长袍。两人分享着彼此的风趣幽默，加上热尔曼娜纯真热情的禀性一度使他们成为幸福的一对，不过后来他们虽然做回了朋友，关系反而更加密切和坚固了。看来纳尔博纳举荐塔列朗出使伦敦，并不是为了争风吃醋，完全是一片好心，而且他心里非常清楚，这位昔日的主教大人，有折冲樽俎之才，比当主教要称职许多。

这是大革命时代第一次承担最光荣的外交任命，也是塔列朗完成使命最为顺利的一次，因为威廉·皮特政府已经作出决定，卷入欧洲冲突不符合英国利益。尽管如此，塔列朗在英国还是感受到了一种趾高气扬的眼光，很多人都对这位声名狼藉、行为可鄙、信奉伏尔泰思想的革命派大主教爱理不理的。和米拉波一样，塔列朗一直以来都认为只有英法两国达成谅解，法国才得以生存，但是他一腔的热忱却在彬彬有礼的英国外交界四处碰钉子，尝尽了辛酸。尤其让他感到屈辱的是，他在军界的朋友比龙（就是以前的洛赞公爵）因想要给部队购买战马而被逮捕下狱，交付了赎金才获释放出来。但不管怎么说，他总算见到了格伦维尔，连皮特首相都见到了。首相是在1792年1月末接受他的拜访的，态度十分冷淡，塔列朗尽量想要缓和气氛，便拐弯抹角地提到了两人10年前在兰斯邂逅的情景，但

[499]

是场面还是显得十分阴冷尴尬。由于塔列朗没有得到全权委任，所以根本不能和英国政府签订盟约或任何其他有用的东西。这就是问题所在。

在1792年最初几个月，这个问题无论如何还没有那么紧迫，因为当时战争威胁一度已经降低了，很大程度上这要归因于利奥波德皇帝一直保持谨慎态度，而非法国方面突然发生一百八十度转弯，转而寻求和平途径解决问题的政策。

如果宫廷和立法议会的主战派，都在寻找一个有利于自己的好斗的对手的话，奥地利皇帝可能是最不合适的。玛丽亚·特蕾西娅的这个小儿子天资聪明，兄长约瑟夫留给他的是个叛乱四起的烂摊子。境内各个省份，从尼德兰到匈牙利，都对约瑟夫二世不同寻常的十年经略期间的压制贵族，追求功利的政策不满，并公开起来反抗。随着约瑟夫驾崩，许多不得人心的政策，比如土地税之类的，被一概废除，但是要想让哈布斯堡王朝渡过难关，利奥波德还需要更加高超的治国谋略和切实可行的理政智慧。况且，他在外交方面的挑战主要来自东方，而不是西方：东边的沙俄和普鲁士已经对波兰磨刀霍霍，打算继续瓜分这个可怜的王国；在黎凡特，和土耳其的战争也进展不顺，形势正变得糟糕。

因此，利奥波德本人对于天下大势的看法，很多方面和孔多塞不谋而合，和阿图瓦则分歧甚大，阿图瓦一直不遗余力地鼓吹用兵，想要靠武力来完成复辟大业。利奥波德和托斯卡纳大公一样，是个典型的开明专制君主，他颁布诏令，禁止拷打人犯，废除死刑判决，并开始采用编纂法典的方式，将伟大的米兰刑罚改革家切萨雷·贝卡里亚（Cesare Beccaria）所倡导的精神内涵形诸定则。因此，他犯不着花费巨大代价，从法国身上学习并获得创建一个现代国家的机会。

但与此同时,他也不能完全对他妹妹和妹夫所处的困境坐视不管。他和玛丽-安托瓦内特有25年没见了,而他对于自己这位胞妹无所用心的缺点,担忧更甚于约瑟夫。但是1789年10月发生的那些让人痛心的事情,也使他意识到,王后和她的一家人,每时每刻都在经受生死考验。相反,他觉得如果自己出兵,反而会让他们的处境更加危险。所以整整两年,他始终保持高度警惕,关注着事态发展,并嘱咐大使梅西·德·阿尔让多劝慰他的这位妹妹,想让她心绪平静一些。对于阿图瓦不断在旁撺掇帝国应担当起对抗革命的主要责任的话,他则不予理会。只是当他得到了错误的情报,以为王室一家已经成功地逃出巴黎,脱离了危险,他这才屏息静气地给王后写了一封信:"我所拥有的一切都是您的,钱、军队,一切。"

[500]

很明显,国王和王后非但没能恢复自由,处境反倒是比以前更加令人绝望,"奥地利委员会"("Austrian Committee")一直在为国王出逃一事饱受巴黎媒体的指责,利奥波德的态度又冷淡了下来,变得谨慎起来了。但是现在各国已经不再保持消极态度了,而是非常积极地对此给予关注,它们都有一个共同的观点,即欧洲列强有义务对法国进行遏制,不让它对君主制造成威胁,防止它发动一场血腥的战争,造成不可挽回的后果。这就是7月份帕多瓦通告(Padua circular)的宗旨。接着在月末,哈布斯堡家族和自己的宿敌普鲁士霍亨索伦王室重修旧好。8月末的时候,利奥波德在萨克森的皮尔尼茨温泉会见腓特烈·威廉国王,不请自来的阿图瓦也加入进来。但是之后从发表的共同声明来看,似乎两国君主出于对法国王室的人身安全考虑,反对进行武装干涉。

《皮尔尼茨宣言》声称，法国君主的命运是各方的"共同关切"，并且敦促法国方面恢复王室完全自由。并且威胁说，倘若法国方面对上述警告置若罔闻，继续做危害国王和王后的事，两国就会考虑采取一致行动。这份宣言只是一次小小的提醒，没有说得非常决绝，意思很明白，利奥波德强调的是所有列强协调一致是首要前提，唯有如此才能考虑采取行动。因为当时众所周知的是，不存在英国同意任何此类计划的问题，所以这份宣言听上去冠冕堂皇、滴水不漏，却没有让奥地利承担任何义务。如果没有奥地利的参与，普鲁士多半也不可能独自挑起这副担子。一切都表明，这份声明的挑衅口气，是要为法国境内企图巩固君主制地位的斐扬派助一臂之力，以欧洲国家发动武装干涉来恐吓共和派。这从以下这件事上就可得到证实，利奥波德和他那位年过八旬的顾问考尼茨，已经考虑接受巴纳夫提出的宪政的解决方案。如果这种做法可行，考尼茨写道，那么照着流亡分子所设想的贸然行事搞破坏，就会成为一个"至为荒唐之举"。如果不可行，那倒更好了，完全是不战而降，没有人会说是"奥地利委员会"在背后施加压力。

[501] 这项宣言可说是阴险狡诈，是典型的18世纪的外交谋略（或者说，自古如此）。但它实际上打算要做的而非它表面所说的使《皮尔尼茨宣言》与革命爱国主义阵营的辩论式表达形成了极端的反差。尽管外交语言自信使时代以来就习惯要诡计，先把表面文章坐在前头，哪里是大唱高调，哪里是真实意图，只有收到外交文书的人才能从中看出端倪。与之相反，公民的语言却是着意要显得明澈如水，坦诚直白。根据大革命所遵奉的更高的自决的道德法则，甚至王公诸侯之间签订的协议也站不住脚。教皇凭什么说他有权统治阿维尼翁呢？还有那些德意

志帝国的公侯，又有什么资格宣称对阿尔萨斯拥有主权呢？当地公民可从来没答应要让渡自己的领土。正因为心中存有这种更高的道德标准，《皮尔尼茨宣言》一望便知，是对人民主权的公然侮辱，是发动反革命战争的第一步。"一场针对法兰西的自由甚至全人类的自由的巨大阴谋"正在酝酿，原军事谈判代表、雅各宾派积极分子埃罗·德·塞谢勒如是说。但是大革命的伟大光芒将会显幽烛隐，彻底穿透那些残暴的统治者掩盖其险恶用心的障眼伎俩。

1791年和1792年的战争危机，常常被现代史学家（很多人对外交史并无多少兴趣）看作是大革命期间不合常理的一个现象，是一件非常愚蠢的事情，唯一说得通的解释就是布里索派想要攫取斐扬派权力所耍的手段。但这些都是从工具主义的角度来对革命战争进行的阐释，这些人没能看到，爱国战争实际上是大革命代表的几乎所有事件的逻辑终点。毕竟，它曾是作为美洲的爱国行动的结果而开始的，后来又通过暗指罗马，继续将自身界定为通过政治变革重振国家权力。从刚一开始革命的话语就表现出一种神经质般的不服从，按通俗的理解就是有些偏执狂。故而在1789年的时候，谣言满天飞，称奥地利已经兵临边境，英国舰队已经杀奔布列塔尼而来，西班牙的刽子手也即将浩浩荡荡涌入鲁西永。而且更加严峻的问题是，法国国内似乎有人给侵略者做内应，这些人只看重一己私利，置祖国安危于不顾。正因为新的掌权者被称为"国民"，那些被看作是敌对分子的贵族、顽固派教士，还有那个"奥地利"王后，就都被蔑斥为异族，哪怕他们的证件明明是和那些自我标榜为"爱国者"的人来自同一个国家。

更大的矛盾是，革命政府即使想要走务实路线，也因为政

[502] 治哲学中的普遍主义的掣肘而变得难上加难。《人权和公民权宣言》,以及对于宪法是天赋权利的主张,都是建立在普遍适用的基础之上的。怎么允许某个地方的人生来便有自由,另一个地方的人却享受不到这种权利呢?所以尽管1790年宪法通过了《和平宣言》,明确表示停止任何对外征服战争,但该项声明还带有一种居高临下教训野蛮无知的未开化世界的口气。"吹响了一个伟大民族觉醒的号角已经响彻世界的各个角落。"倡导国际自由的专家阿纳卡西斯·克洛茨就是这么说的。因为这种匡扶天下的豪言壮语充满了不切实际的大话和空话,过去一度无人理睬。但是从1791年下半年开始,国际形势趋于紧张,民众的情绪从温和友善的世界主义,转变成为自以为的正义事业而不懈奋斗。"法兰西民族已经成为世界上最重要的民族。"伊斯纳尔宣称:"他们的行为必须符合他们的天命,当他们还是奴隶时,便英勇无比,现在他们自由了,还会胆怯懦弱吗?"

大革命之前,布里索已经成功地将自由兄弟组织(brothers-in-freedom)拉进了他自己的"高卢-美国协会"(Société Gallo-Américaine)中,于是向世界传播自由的使命对他而言就是责无旁贷的了。与之相似,他的同事和朋友,艾蒂安·克拉维埃在当时已是日内瓦民主派中的卓越人物,他们发动的打倒共和国贵族的起义,在1782年就被韦尔热纳扑灭了。当时在巴黎也已存在"自由阿洛布罗基人"(瑞士人)和"巴达维人"(荷兰人)俱乐部等组织,他们都将自己看作是国际反"暴政"联盟的一员,迫不及待地要将武装部队派往国外,为了他们各自国家的解放,和法国人民并肩战斗。

10月14日,已经成功控制立法议会最关键的外交委员会的布里索,发表了一篇颇有分量的长篇演讲,重新强调了所有这些重要议题。实际上这是一次加长的控诉会,历数了法国人民利益受到绝对主义列强损害的种种例证。尤其是奥地利,表面上,从1756年两国签订盟约以来,它一直是法国的盟友。他列举了一系列的政策失误和丧权辱国的例子,吸引了人们的注意。他勾画了一幅遍及欧洲的庞大阴谋态势图,这些国家想要彻底孤立法国并削弱法国的国力。他巧妙地提出了一连串的问题,用一些让人迷惑的孤立事件拼凑出了一个完整的轮廓:如果不是为了达到更加邪恶的目的,为何俄国会和土耳其在东部边境突然媾和?为何自1780年代访问法国以来,一直充当王后耳目的瑞典国王,突然要动员军队?一向水火不容的奥地利和普鲁士,居然会在皮尔尼茨携起手来,这是为什么?所有这些问题的答案,就像一把匕首,直接刺向了旧世界中人类唯一一个真正自由国度的心脏。

布里索在议会的演讲,有一种震撼人心的力量,并不是因为它完全信赖新的革命极端主张,把享受自由和"遭受奴役"的国家区分得泾渭分明,而是由于很大程度上,它诉诸一些非常传统,甚至是保守的概念,关于国家利益的概念,特别是提到了法国的"尊严"乃至"荣耀",这样一些通常牵扯到路易十四那个时代的东西。就是这样的一些所谓"新"的爱国理念,实质上是对于许多更为古老的历史主题浪漫化的重新演绎,热血啦,尊严啦,还有土地啦,这一切都显得那么激动人心,让人热情难抑。故而当布里索最后大声疾呼"敬告诸君,须为尊严复仇,否则永蒙羞辱"的时候,人们报以热烈的掌声,不光是他的支持者,连那些处于中间位置的大多数独立代表都为他叫好。

[503]

路易也同样认可开战主张(尽管出发点和布里索截然相

反),他现在可以对那些试图以全民武装(the People in Arms)来取代君主制度作为法兰西爱国主义象征的人作出积极回应了。这就是为什么他要在12月14日出现在议会现场,下令解散科布伦茨流亡者大营。就好像事先商定好了的,特里尔的选帝侯对这份最后警告居然乖乖照办了。但这却成为了媒体和议会发起新一轮爱国运动的前兆,他们的矛头直接指向奥地利人,认为他们正在边境集结军队。证据就是,维也纳方面已经向阿尔萨斯的富豪权贵下达了强硬指示,勒令他们必须服从在尼德兰(比利时)的奥军司令本德尔将军的指挥,如果法国人胆敢入侵特里尔选帝侯的领地,必将助其一臂之力。正如 T.C.W. 布朗宁(T.C.W. Blanning)在他的那本关于战争爆发起因分析非常入理的著作中所说的,考尼茨之所以会发出狂妄的战争叫嚣,是因为他完全错判了法国的政治形势。奥地利人自以为斐扬派上台是《皮尔尼茨宣言》的功劳,犹自弹冠相庆,他们还继续施加压力,认为这样会给法国政府帮上忙,摆脱拉法耶特-纳尔博纳集团和布里索党人的前后夹攻,而实际上显然是适得其反。

1791年最后一周,以及在1792年头两周的时间里,布里索派领导人在雅各宾俱乐部发表了一连串的精彩演说,演说的内容被印刷成册,分送各省。与此同时,他们还表现出对本德尔将军的不屑。在流行的讽刺漫画中,他是个残暴无耻的家伙,遭到肆意嘲笑。演说家也拿他说事,安慰人们不要害怕敌人的报复行动,并号召组建人民军队,让全世界看看,自由的洪流是不可阻挡的。圣诞节那天,埃利·加代激情难抑,顾不得尊严体统,从议长席位上一跃而起,跳上讲台:"1789年若是法国自由之肇始,1792年元旦便是世界自由之元年。"两天之后,演讲才华唯有米拉波堪与媲美的皮埃尔·韦尼奥发表了那篇扣人心弦的发言。那是大革命时期所有滔滔不绝的演说中最铿锵有力，最振奋人心的篇章。他描绘了流亡者杀气腾腾，寻仇上门的可怕景象，还有那些极端狂热的教士给他们鼓劲助威，这些人沆瀣一气，相互勾结，已经杀到了边境。

  1500年来傲慢、野蛮的封建专制的幽灵冥顽不散，如今想从每一个国家、每一位君主那里攫取钱财、抽调兵力卷土重来，重新征服法国。您已经决意不会被它征服，但对如此无礼的挑衅还没有明确表态。您虽已摆脱了专制的束缚，但绝不能在某些外国暴君面前如此屈膝，将整个复兴伟业拱手让给那些腐败的强权政府。

接着，韦尼奥发表了愿意牺牲自我的爱国誓言，这在今后将成为革命讨伐行动的标准主题。"是的，自由法国的代表们对宪法无限忠诚，宁愿被埋葬在自己殿堂的废墟下，也不会要求你们（人民）做出投降这种有损于人民和他们自身尊严的事情。"他的结束语，是一番类似颂歌一般对法兰西军队尊严的呼唤，从中我们可以看到后来拿破仑·波拿巴更加绵软无力的竞选演讲的影子。演讲结束，整个阅马场，包括公众旁听席，到处都有人挥动帽子，他们呼喊着效忠口号，掀起了一阵爱国的喜庆狂潮。

  所以，你们已光荣地在巴士底狱废墟上插上了三色旗，立于旗下，受最崇高的激情的引领，什么样的敌人敢攻击你们……跟随你们伟大的命运去追求你们的事业吧，它召唤你们去惩罚那些把武器放在你们手中的暴君……团结和勇气！荣耀在向你们招手。迄今为止，国王们都渴望拥有罗马公民的名号；现在就靠你们来让他们羡慕法国公民的名号了！

于是对于布里索派来说，战争就如罗兰夫人所说的那样，将成为"一所美德学堂"，就像对于勇武阳刚的古罗马军团一样。在雅各宾派中，唯一一个公开发出不同声音，对这个看似不容置疑的决断表示反对的重要人物就是罗伯斯庇尔。一开始，他也赞成这一开战论调，认为可以借此逼迫国王摊牌，但是纳尔博纳迫不及待想要出兵打仗的态度使他冷静下来，觉得应该三思而后行。他一针见血地指出，发动战争，可能正是宫廷里[505]这些人求之不得的，因为这样将会形成一个军事独裁的局面。针对其他地区的人民将会翘首企盼自由新天的说法，他的观点也非常具有前瞻性："没有人会热爱由枪炮送来的自由。"后来他成为了欧洲有史以来最为强悍的战争动员机构的掌门人，他抛弃了自己当年的这些观点。实际上这些话，才是他所有说过的话中最为真实可信的。

1792年1月25日，在布里索的外交委员会的说服下，立法议会向维也纳方面送去了一份照会，实际上这等于是最后通牒。要求皇帝对于他和流亡者之间的勾当作出解释，并且承诺不再向他们提供援助，自己也绝不和法国的敌人订立盟约（1756年两国协议中就有相关条款）。法国方面得到的答复也非常强硬。考尼茨错误地坚信，不到万不得已，法国绝不敢擅动刀兵，他们根本没有做好战前准备，不敢真打。当然他的这些猜测，不能说都不对，法国军队确实不具备发动一场大规模战役的条件。但是考尼茨所依赖的普鲁士方面的情报，对于法国的混乱状况也有些过于夸张。1月1日,那些流亡国外的王公贵族被正式宣布为叛国者,他们的土地和头衔都被当局剥夺。1月17日,维也纳也发布一份照会,不仅要求归还日耳曼族裔在阿尔萨斯的土地,让王室恢复自由,而且破天荒第一次,提出要将阿维尼翁和康塔交还教皇。2月7日,奥地利和普鲁士正式结盟。

要求奥地利针对1756年条约作出满意答复的期限是3月1日。(实际上,整件事就像是一场决斗挑战,而在当时,即使是在那些公开场合把决斗斥之为"封建残渣"的革命者中间,决斗仍然非常普遍。)在同一天,利奥波德驾崩了,继承皇位的是他的儿子弗朗西斯,此人生性古板、庸碌无能,比起已故的皇帝更为臣僚所摆布。这些大臣要比老迈保守的考尼茨反应要强烈许多,他们更急于正面回应立法议会的挑衅,何况御前会议每次讨论制定出法国军队详细的布防图,转眼就被玛丽-安托瓦内特透露给他们。事实上,是法国的内阁危机促使奥地利人下定了决心。这一次奥方的态度变得咄咄逼人,而外交大臣德·莱萨尔(de Lessart)的回复却相当软弱,3月1日,对议会宣读了这份带有羞辱意味的照会,倒霉的外交大臣就坐在主席台前的一张小凳上听着。布里索派的反应是严厉抨击斐扬派无力反抗普奥联军,这么做,实际上不仅是向莱萨尔兴师问罪,而且也是对变相卖国的海军大臣贝特朗·德·莫勒维尔的控诉。纳尔博纳也加入了声讨队伍,结果国王在3月9日将他解职了。过了一周,韦尼奥也因为莱萨尔的弹劾,挂冠而去。

路易辗转挣扎了约一个礼拜,渐渐感到绝望,他想要成立新内阁,可以让日渐嘈杂刺耳、甚嚣尘上的反对之声有所缓和。最终,他或许是想到了米拉波的忠告,通过和对手合作的策略,将他们一一铲除,于是他建立了一个布里索和他的朋友完全能

[506]

够接受的政府班子：由指券的创始人克拉维埃出任财政大臣；前督造官罗兰担当内政大臣；此外，夏尔·迪穆里埃，这位路易最为器重和宠信的昔日瑟堡指挥官，也在3月1日这天当上了外事大臣。迪穆里埃算是其中的异类，他更多的是属于斐扬派人物，而不是布里索派，但是这位年过半百的老将身经百战，而且在政治上摸爬滚打了许多年，能够挺过这次危机。

在维也纳方面看来，这样的人事变动等于是直接宣战，而且王后新派来的那位密使，带来的也是坏消息。此人是工程师戈格拉（Goguelat），他也是陪着舒瓦瑟尔公爵等在半途，打算接应那辆开往蒙梅迪的"四轮马车"的可怜人中的一个。在皇室会议上，他表示战争毫无疑问已然迫在眉睫，玛丽也认为自己很可能会受到审判。在4月的第二个礼拜，奥地利5万大军被调往比利时边境。

4月20日，路易十六来到议会，听取迪穆里埃关于当前法国形势的政府分析报告。迪穆里埃告诉在场代表，自1756年来，奥地利当局一直妄想"奴役"法国。让索内已经说了，协议的解除是一件鼓舞人心的活动，和捣毁巴士底狱一样大快人心。很快，有人提出开战，但是罗伯斯庇尔和一些和他持同样观点的代表却反对这样做。其中有个叫贝凯（Becquet）的，来自上马恩省，他警告说："如果开战，我们会得到好战、不安分的坏名声，会成为扰乱欧洲和平，无视条约和国际法的民族。"但是他的警告，却还是被响成一片的爱国宣誓淹没了。阿纳卡西斯·克洛茨就被这种以救世主自居的狂热想法占据了头脑。

> 这是全世界的危机。上帝使人类摆脱了原始的混乱；法国将使人类摆脱封建制带来的混乱……自由的人民当属

人间之神……[国王]利用奴隶士兵和勒索来的钱财不断挑起亵渎神灵的战争,我们将和身为自由人的士兵一起,用爱国人士捐赠的钱财发动一场神圣的战争。

布里索将这场战争称为"一场实现世界自由的圣战",其中的每一个士兵会对他的敌人说:"兄弟,我不是要割断你的咽喉,我是要向你展示通往幸福的道路。"可是这支军队的总指挥,却一点都看不出有什么幸福的。路易十六就这么正式对外宣战了,声音绵软无力、颤颤巍巍,似乎是在读自己的死刑判决书。实际上也的确如此。

[507]

三、《马赛曲》

宣战之后 5 天,斯特拉斯堡卫戍部队正在准备布里索所谓的"实现世界自由的圣战"。公共晚宴上,有很多军官都到场了,其中不少是自由派贵族,比如德·布罗伊(de Broglie)、德·艾吉永和克莱贝尔(Kléber),另外还有几个是当地爱国名流,其中最为显赫的就是市长大人,原来的迪耶特里克男爵。席间相互敬酒,排演了一些大家喜闻乐见的战争节目,都是表现专制制度走向灭亡,自由家邦国运长久的主题。有人问年轻的陆军工程师,如今已是一位巴黎小有名气的作曲家鲁日·德·李尔(Rouget de Lisle),能不能专门为踏上征程、奔赴前线的爱国将士创作一首新歌,毕竟节奏过于跳跃的《都会好的》("Ça Ira")和行军步伐不大合拍。

鲁日·德·李尔有过类似的创作经验。他是弗朗什-孔泰(Franche-Comté)当地一个小户乡绅的儿子,获取到梅济耶尔

（Mézières）的军事工程学院读书的资格，并在那里碰到了拉扎尔·卡诺和普里厄·德·拉·科多尔（Prieur de la Côte d'Or）。尽管作为一个工程兵，其才干绰绰有余，但他还是利用搭建桥梁、打造炮架的间隙，写了一些轻松欢快的小调卖到巴黎，居然还挺火。在经过五年的业余写歌创作的磨砺后，他决定到首都去碰碰运气，在那里他和格雷特里成了朋友。他的曲风也逐渐趋向严肃；那首《自由颂》就是他写的，虽然用在联盟节上，作为宪法被正式接纳的庆典音乐是斯特拉斯堡本地作曲家伊格纳茨·普莱耶尔（Ignaz Pleyel）的版本。

靠着天生的多样禀赋，这位通晓音乐的工程师居然谱写了《莱茵军团战歌》（"Chant de Guerre de l'Armée du Rhin"）。大战在即的氛围使他颇受鼓舞，香槟的酒劲，更使他意气风发，从4月15日晚上一直写到4月16日，当天上午便跑到迪耶特里克面前卖弄了一番（三天之后，这位市长自己第一次开腔，呕哑嘲哳地唱了一遍）。

这首歌，就叫《马赛曲》，它一直流传了下来，而普莱耶尔、戈塞克、梅于尔（Méhul）和格雷特里联合创作的那些歌却都被渐渐地淡忘了。这确实是一部伟大的作品，是最能和皮埃尔·韦尼奥声情并茂、抑扬顿挫的演讲相媲美的一首歌了，从旋律到节奏似乎都自然而然要让人脉搏加快，热血奔涌。迪耶特里克的妻子和戈塞克将它改编为军乐团和声配乐，更是给人一种大气磅礴、饱含激情的感觉，像是一首洋溢着爱国情调的宗教赞美诗。它将人民战士的真挚情谊刻画得如此生动，仅此一点，无论是过去，还是将来，《马赛曲》都是无与伦比的。

[508]

所有关乎大革命的那些激情洋溢的主题——家庭、热血、土地，都被赋予了各自的声音。第一段是表现家庭的情节。祖国正在召唤她的儿女，拿起武器保护她的"挚爱之民"（vos fils, vos compagnes），教训那些打上门来、贪得无厌、嗜杀成性的强盗。壮丽辉煌的旋律突然间跌宕直下，转作不详的低吟，似有恐怖袭来，巨大的号角发出声声召唤"各位公民，举起武器吧"（Aux armes, citoyens），如此循环往复，伴着背景的合唱，延续了整整五段乐章。乐曲通篇都有流血、杀戮的画面，给人以强烈震撼和莫大的激励。"血染军旗"（étendard sanglant）在"祖国儿女"（enfants de la patrie）之后冉冉升起，就这样，"暴君的血污"（sang impur）将"浇沃着这片土地"（abreuve les sillons）。恐怖主题贯穿整个画面，但这也真切地反映了当时的一种情感。不久之前，一个年轻的学生给父亲写了封信，讲述了自己志愿参军的理由："只有在用尸骨做成床垫的床上，我们的自由才能安睡……我愿成为万千具尸骨之一。"

《马赛曲》当时并不是南方的革命歌曲。这首爱国歌曲之所以后来一直叫《马赛曲》，是因为当时有一群来自蒙彼利埃要去巴黎的驻地参加联盟节的国民卫队士兵，中途将这首歌带到了马赛。等他们到了首都之后，当地的革命民兵把这500名来自马赛的士兵看作是"二度革命"的英雄，自然也就把这首歌和他们之前来的地方联系了起来。但是准确地说，它是东部和北部边境的一首歌，并不像《都会好的》那样，充满着雅各宾派那种自信得意，吹嘘要把贵族分子统统勒死。正相反，它表现出对于残暴的统治阶层的极大蔑视，因为这是大革命第一次打算和专制君主的军队进行一场正面较量。

我们不知道那些首次对抗专制的士兵从里尔出发，奔赴比利时的图尔奈的路上，嘴里是否真的哼唱着鲁日·德·李尔的这首歌。但是如果真是这样，那对他们而言可不是什么好事。无论是这首歌中洋溢着的一往无前的乐观主义精神，还是急剧膨胀、好大喜功的布里索派的美丽动听的誓言，都存在着令人尴尬的矛盾，这一场持续23年之久，让150万法国人付出生命代价的战争，首战即是一场大败。

尤其让人震惊的是，三条主要战线上担当重任的统帅，皆是在美国取得最终胜利的战役中的威名赫赫的法国宿将。拉法耶特被派到了马恩河的中部前线，吕克内尔将军驻防阿尔萨斯前沿，还有罗尚博（Rochambeau），这位约克镇和萨拉托加大捷的英雄，被派到了最紧要的北部战区，比利时前线。尽管纳尔博纳的前线巡视被吹得天花乱坠，人们对于实际情况产生了错误的概念，但是罗尚博很清楚，队伍无论是满员率，还是战备水平，甚至是军容风纪，都远远没有做好和奥地利人正面开战的准备。1790年发生的南锡哗变，就是军团等级体系瓦解的一个信号，而且并没有通过镇压而得到抑制。实际上，在瓦雷讷事件之后，军官流亡数量逐步上升，明显使得下层普通士兵更多了一份疑虑，他们认为不能信任那些军官，这些人会借着统兵打仗的机会，做出卖国投敌的勾当。

这些猜疑给带兵攻打图尔奈的分区队司令泰奥巴尔德·狄龙（Théobald Dillon）带来了杀身之祸。他是露西·德·拉图尔·迪潘的表哥，是地道的自由派贵族，具有爱国思想，而且才干突出，对于流亡者极为憎恶。但是和很多职业军官一样，他也非常同情拉法耶特，不信任布里索当局。更准确地说，是迪穆里埃将他召来，让他来打开比利时战场的局面。这位外交大臣相信，比利时人正在等待时机，一旦法国动手，他们便会发动反奥地利的大规模起义。图尔奈这一带通常被看作是防御比较薄弱的一环，而狄龙的任务，就是对它发动一场普通的远征。为此调拨给他5千人马，多数是正规骑兵，当然还有一部分是新招的志愿兵。应该说，这些兵力已经绰绰有余了。

但结果却碰了个头破血流。在拜雪（Baisieux）打头阵的骑兵遭遇了敌人的火炮打击。很快便谣言纷起，说是奥军从四面八方对法国发动了进攻。本来是一次有计划的战术撤退，结果很快变成了让法国人蒙羞的全面溃败，而带头脱逃的，不是那些志愿新兵，反而是那些正规骑兵。结果在带兵回撤时，被敌军追击，狄龙情急之下藏身一户农家，但是他犯了一个致命错误，他脱掉了那身军服。由于先前爱国党人进行了广泛宣传，说是有间谍和叛徒在这一带，这个农夫觉得在自己家里喝着肉汤的人就是一个奸细，于是他马上向戍守在杜埃的军队报告。这位倒霉的将军就这么着被抓到了里尔，城里的老百姓、士兵和国民卫队把他从马车里揪出来，抽他嘴巴，最后就在碎石道上，用刺刀活活戳死。狄龙的尸体被挂在灯柱上边；左腿切下来当作战利品在镇上巡街示众，余下的被扔进了篝火堆。

不但在图尔奈遭遇了大败，比龙的军队也没有对蒙斯发动攻击，情势更加惨淡，尽管比龙将军这次保住了性命，但是将来还是要被押往刑场受一刀之苦。奥地利人并没能抓住对手士气消沉的有利战机扩大战果，故而从战略上讲，法国人没有遭受大的损失。但是这次溃败却产生了严重的政治分歧。右翼阵营的许多线列军高级军官，现在都认为自己也面临着和阵前小挫的狄龙同样的性命之忧。北部战区最高统帅罗尚博选择了辞官而去，有些人也步其后尘，纷纷解甲归田；还有一些将官，干脆就流亡国外。那些留在军队中的，就如拉法耶特，他们相信，部队要想维持下去，就得重整军纪，部队这样，巴黎也是如此。实际上，他也正在考虑动用武力，来扑灭首都的骚乱。

[510]

早在5月份,他便写信给奥地利大使梅西·德·阿尔让多,说他考虑双方暂时罢兵,好让他先集中精力对付巴黎的那些激进分子。

但是,拉法耶特的敌人可并不是傻子。甚至在5月份交战的暂歇期确证了他们的怀疑没有错,前线的那些指挥官,和奥地利人打仗没什么兴趣,和他们斗,倒是劲头十足。尽管1789年7月12日民众在攻打旺多姆广场和杜伊勒里宫,和那里的守卫发生冲突的时候,皇家阿勒曼德骑兵团抗命不遵,几乎没有肯上前镇压民众的,但是这也并未驱散人们的疑虑。罗伯斯庇尔曾经在雅各宾会议上说:"我不信任那些将军,他们中的大多数人都在怀念旧秩序。"人们认为有些钻营投机之徒,混进指挥官队伍,在故意搞破坏,这种抱怨很快就扩展到经济和社会领域。人们认为一些怀有政治目的的人,有预谋地进行货币投机,才造成指券贬值,并使得食物价格不断暴涨。1791年的收成算是差强人意,但在法国部分地区,特别是南部和东南部,物资短缺非常严重。重农主义者搞的放开国内粮食市场的政策,这时候就起到了作用,而现在大革命政府就用这种办法来改善这些地方的物资供应,但是为了确保高价出售,需要迁延足够长的时间才能投放市场。自由主义经济学家推出这样的政策,是希望借此能够为农业发展积攒足够的资金。但是完美的理论往往不久便产生了严重的后果,造成了极大的恐慌和混乱。本来从1789年以来,对驿车、驳船、仓库发动的袭掠,已经有所减少,现在重又猖獗,而且来势汹汹。此外还有一些误传,说"饥荒阴谋"是反革命分子企图让老百姓没有饭吃,被迫屈服,于是针对人身和财产的袭击便再次增多,根本无从禁绝。最后,法属西印度群岛上黑人暴乱,蔗糖供应中断,城镇居民已经消费惯了的东西，比如咖啡什么的，都贵得出奇，让人望而却步。结果就造成1792年春天冲击副食店的事件。

不满和怨愤的积聚，使得民众政治运动的领袖和导师有机可乘，从去年夏天开始，他们便饱受压制，只能噤声不语，现在他们终于要打破沉默了。现在拉法耶特正在前线忙于战事，眼下的巴黎市长不是脾气暴躁的巴伊，成了好好先生佩蒂翁，激进派报纸和民间俱乐部很快就在1792年春天重新组织起一批追随者。马拉的《人民之友报》和科德利埃俱乐部很快又重操旧业，他们不但对宫廷无情讪谤，对故意破坏的"奥地利委员会"口诛笔伐，而且针对富人，那些现在被说成是"资产阶级"的人，更是大加挞伐，说他们自绝于人民，忘了自己亏欠人民的大恩大德，当初为了自由冲锋在前的是广大群众。现在更胜于往日，各处都发出新的强烈的不满之声，要扫除一切叛国分子，严惩投机者。雅克-勒内·埃贝尔的《杜歇老爹报》，还用酒馆茶肆中的下流诨话，诋辱当权者。此外来自巴黎最穷地块，市场搬运工、临时工聚居的圣尼古拉教堂的本堂神父雅克·鲁（Jacques Roux），也提出要尽快采取措施，惩罚那些对爱国人士忍饥挨饿的负有责任的人。

这些关于基督教-平等主义的争论，实在是老生常谈，完全没什么新意。但是由于他们言语无所顾忌，因而大受欢迎。他们退回到了梅西耶的观点，反对资本主义，反对现代主义，鼓励行会，憎恶资本经营方式，而这曾是革命怒火最重要的根源之一。大革命即将真正开始进入最为激进的阶段，那些从1770年代开始就在制宪议会和改革事业中居于主导地位，受过良好教育的精英分子和社会名流将被暴力打倒。从爆发之初，就是靠这种气势汹汹、野蛮粗暴的反金钱价值准则来动员人们拿起武器来斗争的。**无套裤汉**一词，本身就是对手工作坊的一种浪漫称呼，因为这种观点强调的是，在社会道德方面，无套裤汉与穿丝袜和长裤的人（罗伯斯庇尔就常穿）势同水火。实际上，1792年和1793年这些个无套裤汉民兵领袖，往往都不是贫民阶层出身，倒多是从殷实的军火商或者专业人群中选拔出来的。实际上其中的一些领导人，比如酿酒商桑泰尔，已经不只是吃穿不愁了，根本就是个富翁。尽管如此，他们仍然积极鼓励选民们提出一些与经济个人主义完全相悖的要求：由政府来规范谷物和其他食物的价格；按照票面价值强行推行指券；并要求针对任何涉嫌囤积居奇和投机倒把的行为，进行严厉惩罚（包括死刑），但究竟什么是囤积居奇和投机倒把，在自由经济制度下是很难定义的。当年6月在里昂出版的一本小册子总结了这一计划的共和主义家长制，它要求建立全国统一的粮食价格，并美其名曰"保证物资充盈之捷径"，装出一副无辜的样子，消除人们的疑虑。

不断膨胀的军事爱国主义，给了无套裤汉提出政治诉求的时候多了一份特别的力量。现在的国内敌人不是抽象意义上的阶级敌人，而是一贯以来披着法国人外衣的奥地利人。更确切地说，就是那些十恶不赦、无孔不入的"奥地利委员会"才造成如此严重的灾难。前线士气严重低落，也进一步加剧了国内的恶劣状况，导致食物供应陷入中断。没完没了地想要把那些叛徒卖国贼、假冒爱国者揪出来施以严惩，激发了雅各宾派和科德利埃派之间"撕破面皮"（典型的卢梭式的偏执）的偏执行为。在1792年春夏时节，出于分辨真假爱国分子的需要，要求爱国者统统在显眼部位佩戴专门标志，以此来验明正身。

最重要的就是**红帽子**（*bonnet rouge*）了。这种象征着自由的打扮绝不是法国大革命时候才有的。罗马钱币上就能看得到，上面那些被释放的奴隶，在获得自由那一刻都会接过弗里吉亚帽子，红帽子出现在传统绘画、雕塑和徽章上的年头也不短了，至少可以上溯至16世纪的荷兰人起义。在通俗作品和高雅艺术领域，少说已经持续了足足两百年了。这种帽子外形浑圆，带有宽边，顶部扁平。18世纪的英国绘画中，就经常出现这种式样的软帽：比如贺加斯（Hogarth）就给激进党人约翰·威尔克斯画过一幅栩栩如生的肖像画；1770年代庆祝美国独立战争的雕刻中也有；还有就是1780年代的荷兰爱国党人的运动中也可以看到；最后在1790年特别是在里昂的联盟运动中的许多意象里。1792年的时候这种帽子又被赋予了新的含义，特别是加入了文化色彩；人们现在不光是希望能够一眼识别出来，还希望真的买一顶戴在头上。在1791年那会儿，当时大卫描绘的网球场上脸谱化了的公民代表，头上戴着的帽子更多的只是个象征物，还不是真正的头部装饰物。仅仅一年之后，就完全不是这样了。罗伯斯庇尔自然从来不会在他那扑过香粉的假发上边套上这种东西，但是它开始在雅各宾派中流行起来了，不管是成员还是旁观者，在那些觉悟更高的群众和区级议员中间，这种红帽子简直就是"必备穿戴"了。甚至一些部队的长官，都要求获得佩戴红帽子的权利，不再戴他们的军用三色帽了。

因为国王曾经逃亡瓦雷讷，故而现在的《杜歇老爹报》习惯叫他"路易-虚无者"或者干脆就是"假冒-乌有先生"，而当6月20日这天，随随便便的把一顶红帽子扣在他的头上，自然就成了一个历史性的时刻，他已经成了一个无足轻重的国王。路易·卡佩降到了普通人的地位，被褫夺了仅存的尊贵的荣衔（立法议会长期以来一直在争论要不要继续称他"陛下"），只好

[513]

反过来为真正当家做主的人民的健康干杯了。

　　这一切之所以会发生，是因为军队现在掌握在"可靠"的爱国党人手里，不再是被雅各宾分子斥为卖国贼的人手里了。在制宪议会即将届满的前些天里，迪波尔和勒沙普利耶提出要对俱乐部、请愿活动和报刊杂志进行限制，但是市长佩蒂翁对此非但不予理睬，甚至还鼓励将武器分发到各区级议会，因为他相信，这些都是他的支持者，那些布里索派用来对付任何武装政变所必须的。一开始实际上还有一个带有自由象征意义的标志，那就是长矛，追溯起来差不多和红帽子一样久远，堪称历史遗物了。巴黎的一个区甚至改名就叫"长矛区"，埃贝尔还挑动他的读者："善良的无套裤汉们，拿起你们的长矛，把它们磨尖，去消灭那些贵族吧。"尽管言语夸张了些，但是这种修长尖锐的冷兵器，对于民众暴力活动而言，却并不是可有可无的附属品。到了6月，区议会开始允许"消极"公民不需要特批便能加入国民卫队了。他们得到的装备却并不是样子货，除了滑膛枪、步枪，甚至有时候还有火炮。

　　与此同时，5月份的时候议会正式知会国王，要他在5月底解散他的6000禁卫军，这些部队大部分驻扎在杜伊勒里宫。保留这支部队其实也是巴纳夫提出的策略之一，就是要安抚国王，让他看到立宪君主制度是有足够的力量来维持其权威，反抗频频发生的暴力活动的。当然路易也只好跟王后说，她最钟爱的天蓝色制服和正统的国民卫队的深蓝军装格格不入，第一眼就带有浓厚的外国雇佣军色彩。路易同意正式解散禁卫军，主要是出于他想投票否决某项法令的实施，即只要有20名以下的积极公民的同意，就能够驱逐顽固派教士，这实在可以说是贪小失大之举。过后不久，他还否决了战争大臣塞尔旺（Servan）关于建立一个由 2 万名各地联盟军组成的大兵营的建议。按照设想，这些人并不是专门来庆祝 7 月 14 日的典礼活动，还将接受"军训"（周期不定），之后派往前线。

具有讽刺意味的是，罗伯斯庇尔也反对组建联盟大兵营，他能看得出来，这是政府的一个计谋，目的就是要利用地方部队来对抗政治上更为激进的巴黎人民的盟友。而在科德利埃俱乐部里，也在精心酝酿一场新的起义，国王小心翼翼，也是最后一次想要坚持自己对于宪法的主张，却招来骂声一片。他反对联盟节的观点也被见诸报端，在人们看来其用意昭然若揭，足以证明他正盘算着从杜伊勒里宫这座"老巢"内炮制一个强制通过的议案。罗兰夫人给她的丈夫口授了一封信，就以他这位内政大臣的官方身份，对路易的胆大妄为提出强烈谴责，她警告道："现在不是退缩、拖延的时候。革命已经按照人民的意愿开始了，只能用流血牺牲来继续巩固革命成果，直到智慧阻止这仍可能避免的邪恶发生……我知道真言逆耳，您不乐意听，然而我也知道，正是由于人们很少能够听到真言，才有必要进行这场革命。"

对于这番警告，路易根本不予理会，非但没有撤销各项否决，甚至因为罗兰夫人这番言论，更加促使他决心要在两天之后将布里索派内阁全部解散。路易的态度之所以突然出现如此巨大的转变，是听了迪穆里埃的意见，最好是将政府牢牢地控制在自己手里。如果这一步成功，他还会要求国王撤销自己的否决，这样就能最大限度地消除各区群众闹事的苗子。但确切地说路易并不能领会这种策略性的偏离。

6 月 20 日这天，在民众社团领袖各阶层的动员下掀起了一场示威游行，领头的是桑泰尔，还有丹东的朋友屠夫勒让德尔

[514]

（Legendre），另一个是老牌的宣传家和强硬的共和派、诨号"美国佬"富尼耶，原先的圣于吕热侯爵，还有一位叫让·瓦莱，他和桑泰尔一样，都是出身富裕的小资产阶级（本人是个邮局文书），赞成雅克·鲁的社会平等主义观念。在获得重组的科德利埃俱乐部里，这些人个个都是响当当的人物；许多人还是其他俱乐部比如爱国儿女友谊会的成员。此外还有部分妇女共和运动的领袖，比如泰鲁瓦涅·德·梅里古，荷兰女权运动人士同时兼有特务身份的埃塔·帕尔姆，巧克力商人的女儿波利娜·莱昂，也都参与到发动群众的行动中来。这种事情对他们是驾轻就熟。就在当年的春天，雅各宾派组织了一次南锡哗变入狱士兵获释的庆祝活动，他们也都亲身参与了（右翼分子针锋相对，搞了一个悼念在食物骚动中被杀的埃唐普市长西莫努的活动，进行反击）。

　　但是南锡囚徒的庆祝活动之所以秩序井然，就因为它是雅各宾派授意举行的，而且庆祝程序的具体安排、音乐表演、讲话发言事先都仔细编排过。而 6 月 20 日这天却完全不是这样。表面上，工匠阶层和贫困阶层（并非同一类人）的人们只是想在杜伊勒里宫广场种一株自由树。这不但是对布里索派下台进行的抗议，也是对日薄西山还在负隅顽抗的王室的一种象征性讨伐。眼睁睁看着自己的同僚从政府中被扫地出门，佩蒂翁极不情愿对这次抗议示威采取镇压行动，哪怕这会让王室人员面临一定的安全风险。

　　巴士底狱和沙普提厄汇集了两股声势浩大的人群，之后又共同涌向杜伊勒里宫；为首的是桑泰尔，他已是武装无套裤汉卫队的非正式司令官。下午一点半左右，人群来到阅马场，要求立法议会允许他们朗读陈情书。而这种靠武力撑腰的请愿活动,正是勒沙普利耶制订的法律所明文禁止的,但是面对群众恫吓的直接威胁,加之像韦尼奥这样的吉伦特派仍然对政府被解散一事余怒未消,代表们也就不愿继续拦着群众了。而就在争执不下的当儿,人们已经在嘉布遣花园种下了高大挺拔的自由树,一株白杨,并最终获得允许,对着议会大厦高唱《都会好的》。

在这次喧闹凶悍的游行之后,发生了一件真正标志着路易十六大势已去的事情。当时庞大的人群聚集在一起,自发地围在宫内几处园囿的在周围,而实际上领头的那些人已经不想再往前去了。瓦尔-德-格拉斯(Val-de-Grâce)团的炮手从一早上就和示威人群一道开进,把大炮都调了来;他们把各处宫门尽量打开,以免造成人员挤伤,酿成事故,脑袋里却在盘算着一个更加阴险的计划。人群霎时如潮水一般,涌入无人把守的王宫,四处搜寻国王,而此时的国王还在牛眼厅,身边只带着几个手无寸铁的卫兵和随从。

这是他的至暗时刻,也是他最辉煌的时刻。他硕大的身躯退到窗龛内,时而斜靠着椅子,时而又站起身来,直接面对那些民众领袖,显得出奇的镇静。在他的面前,黑洞洞的火铳和白森森的军刀来回摇晃着。有些记载提到了一个细节,说一杆长矛上挑着一颗牛心摇来摇去,并称这是"一个贵族的心脏"。路易刚刚学着卢梭的样子,向他的禁卫军剖明心迹,表示自己并不害怕那些杀进宫来的队伍。他抓住其中一人的手,放在自己胸口说:"看,它并没有狂跳吧。"尽管如此,当天下午无疑是一次极大的心理折磨。人群大声叫嚷"撤销否决,让它见鬼去吧",在路易耳边炸响,似乎是千百万人异口同声发出的呐喊。据说以屠宰为业的无套裤汉勒让德尔当着他的面骂道:"陛下,您必须听听我们的声音;您就是个恶棍。你过去总是欺骗我们,现在依然如此。您真是用尽了手段,人民已经厌倦了您的表演。"

每次遭受这样的侮辱,路易的反应看上去倒不失聪明。他出现在人群中,头上戴着红帽子,而且还说祝愿巴黎和全国人民身体健康。保王党们大感震惊,后来每每忆及此时,都认为这是预示着路易王位不稳的一个征兆。但是这场激烈的冲突过后,他依然态度强硬,不肯撤销否决,拒绝收回解散布里索内阁的敕令。他表现得既仁慈优雅,又不失尊严,多少缓和了极度愤怒的情绪,当然也防止了暴力的发生。下午的时间太长了,再如何气势汹汹、火力凶猛的攻击和羞辱,都持续不了太久。已经晚上 6 点了,差不多一整天没见到人影的佩蒂翁突然现身,他挤开众人,来到国王面前,说自己刚刚得到消息,才知道国王"身陷这般境地"。这样的话,恐怕没人会相信。"这就奇怪了,"路易应道,"已经过了好几个时辰了。"在滔滔不绝地唱了一通高调之后,佩蒂翁总算是把人们劝走了。晚上 8 点钟,路易在房间里又和玛丽-安托瓦内特重聚了,她也一直在那里忍受着辱骂。受了这样的精神刺激,他们都感到疲惫至极,好在现在一下子放松了,总算是一种安慰,他们的孩子毕竟毫发未伤。但是很显然,发生了 6 月 20 日这样的辱君事件,王室头顶最后的一道光环也褪去了。除非采取一些激烈的行动,否则君主制的权威为将不复存在,更不用说实行君主立宪制了。剩下的就是一场对力量的残酷考验。

结果会如何,还很难预料。国王和王后仍然拥有一批支持者。20 日的事件流传开来,举国皆知。各地表示效忠王室的请愿书雪片一般飞往议会。甚至一些分区议会对这次行动进行了批判。佩蒂翁和检察长曼努埃尔（Manuel）甚至因为玩忽职守，被大区政府暂停公职。布里索的那些同事，对于王室遭到侵犯，并没有感到如何欣喜，更多的是一种惊慌，他们开始积极地和王室私下谈判了。就在关于要不要让王太子脱离他的家庭，以确保他受到"爱国教育"的问题上争论正酣之时，加代前去觐见王后。王后领着他来到隔壁房间，让他看睡在帘子之后的太子殿下，艾利·加代看到这个无辜纯真的孩子，大动了恻隐之心，他低下头发梳得根根齐整的脑袋，弯腰俯下，轻轻地捋着太子脸上的头发，亲了亲他的眉毛。"太子如果想保全性命，您务须从小教会他热爱自由。"他提醒王后。

而从其他渠道提供的支持则没有得到那么友好的回应。28日拉法耶特为法国政治前途作了最后一搏。他来到立法议会，要求切实实行斐扬派的一贯措施，将那些政治俱乐部和报馆出版社统统关闭，并禁止请愿活动。但是代表们并不赞成，因为他们怀疑这是发动政变的前兆。只可惜拉法耶特不是波拿巴，他没法预先集结重兵，确保他的话得到遵从。实际上，他确实想要调动国民卫队，但是却惨遭失败。在议会里除了有人以不辞而别，脱离军队相威胁，他没有听到让他满意的回应。更让他始料不及的是，或许是因为近来与吉伦特派过从甚密，王室方面也不施援手，作壁上观。王后多年来一直对拉法耶特怀恨在心，她之所以在巴黎市长选举中支持佩蒂翁，就是要看到拉法耶特遭遇挫败。这一次王后变本加厉地捅刀子，事先给佩蒂翁通风报信，告诉他，大将军正打算集结国民卫队。

原本打算助一臂之力，却不想遭到冷眼相待，见诸报端的都是一些冷嘲热讽和幸灾乐祸的话，拉法耶特只好回到了他在

[517]

阿尔萨斯的军事驻地。在 8 月 10 日王室倒台之后，他在犹豫之下做了最后的努力，号召色当市长和他手下的军官前去出席一个他最熟悉的仪式：宪法宣誓。但是他就是无法让自己跨出一步，去发动一场内战（内战开启和他无论如何不沾边）。当新的巴黎当局暂时罢了他的职，他便穿越边境，投入了奥地利阵营，并在之后的五年，被关在对方奥尔穆茨（Olmütz）的监狱里。对于那个在村子里游逛，要和自由的鬣狗倾心交谈的小男孩来说，这真是一个可悲的结局。不过这还不是拉法耶特，这位自由革命鼓吹者政治生涯的终点。

大将军逃之夭夭，要想将正在迅速走向分化的力量重新得以聚合，就只有寄希望于立法议会了。但是 6 月 20 日的辱君事件，非但没能让立法议会作出决断，反而是加剧了分歧。那些力求自保的代表们开始对议会辩论持逃避态度，故而在 8 月份起义达到高潮的时候，800 名代表中到场的还不满四分之一。吉伦特派领导层在一些问题上也产生了分歧，比如是否要把命运与分区激进派捆绑在一起，以防彻底失去对罗伯斯庇尔派的影响，还有是否要动用武力来捍卫法律秩序。7 月 5 日这天，议会发布了"祖国在危急中"的倡议。但是通过暂停正常的法律程序，以获取应对紧急状态的权力，对于政府政策的合法化，却是一步险棋。尽管正如罗伯斯庇尔仍然担心的，它们可能证明冲击俱乐部和区议会有正当的理由，但是这种做法，也可能被人利用，反施彼身，成为推翻政府和议会的理由。

[518]

里昂的宪政大主教拉莫莱特对任何现实的和解方式都失去了信心，现在他想要反其道而行之，试图以情动人，以此博得代表们的认同。他对坚决反对搞两院制的右派和坚决要求成立共和国的左翼发出了同样热烈的吁请，要求进行一次"永久友谊宣誓"活动，相逢入怀抱，一笑泯恩仇，就算成了。代表们最后一次表现出亲热的样子，他们站起身来，彼此寒暄、拥抱，挥舞着帽子，宣称"祖国得救了"，然后紧紧拥抱着，亲吻着，喜悦兴奋之情在彼此的心间洋溢。在这样热烈奔放、无拘无束的气氛下，议会进入了下一个议题，也就是是否允许子女未经父母同意，私订终身。讨论进行到一半，被一个市政府代表粗暴地打断了，他刚刚得知，佩蒂翁和曼努埃尔因为要对6月10日事件负责，已经被大区政府停职，于是他大声叫嚷，说是要和这两位并肩战斗。

刚刚还拥抱亲吻，现在又互相对骂了。参加联盟节的代表陆续来到巴黎，而他们各自的议会提出要求建立共和国。马拉的《人民之友报》对穷人发出了正面呼吁，问他们为何"单单富人独享革命成果，而你们虽赢得革命，却几无所获，并没有获得多少权利，重捐苛赋一如往常，征丁驱役与土耳其人、普鲁士人一般"。参加联盟节的国民卫队士兵，主要是来自布列塔尼、法国南部（Midi）和东部，这些革命警惕性最高的地区的爱国者，对这番话给予了积极回应。实际上，他们中的很多人也正对科德利埃派的观点犹疑不决，而有些人已经脱离科德利埃派，投入到更加激进的爱国者阵线之中，对于最强硬的共和派观点的激进分子，这些人是很好的拉拢对象。泰鲁瓦涅·德·梅里古和波利娜·莱昂甚至还向他们提出，要组建一支装备长矛的娘子军。

就这样，巴黎断然走上了一条危险的道路，变成了一个大兵营。每天都有好多个团的全副武装的国民卫队，在公共广场上游行示威，大唱《都会好的》。游行的高潮部分，是由激进分子夏尔·巴尔巴鲁（Charles Barbaroux）搞的，他从春天以来就一直用心地准备，到时候在 7 月 30 日这天，会有 500 名来自马赛的国民卫队士兵来到广场上，齐声吟唱鲁日·德·李尔的那首圣歌，也正从那时起，他们有了自己的新的名称。雅各宾派那边，罗伯斯庇尔看起来已经对没完没了的民众起义采取默认的态度了，他建立了一个机构来进行协调。此外还在市里的公社政府设立了起义者中央委员会，由各分区代表，包括富尼耶、桑泰尔和激进派记者卡拉在内的这些人组成。将各方力量聚集起来，组成一个具备发动和平政变的附属民众武装，这事由丹东负责，他现在终于得偿所愿，跻身于政府要职了。更重要的是，现在他当上了公社的检察官，身居高级立法代表的席位，处在政府要害部门，令行禁止，悉听其便。当联盟代表（特别是来自马赛的）和忠诚的国民卫队互相诟骂的时候，有错的一方也并不会得到怎样的追究，每年巴黎都会上演这样的庆祝活动，在闹哄哄的气氛中达到高潮，非要热火朝天地持续到 7 月末，方才散去。

[519]

本月最后一天，莫贡塞伊（Mauconseil）分区对巴黎民众发表讲话，宣称"当前最神圣的职责和最重要的法律就是忘掉法律、拯救国家"。敌人杀到了家门口，过不了多久，路易十六就会对开门揖盗，献城投降，向欧洲最为凶顽的暴政屈膝。"长期以来，一直有个无耻的昏君将我们的命运玩弄于他的股掌之间……不要再数着他的错误、罪行和伪证自我麻痹了，我们应努力推翻这个专制的巨人……齐心协力宣告这个暴君的倒台，让我们一起高喊：路易十六，你将不再是法兰西的君主。"他们声称，分区的"普遍意志"将不再承认他是他们的国王。

这份声明产生了一个精神上和政治上的净化作用，各区议会认为，这样一来就能建立全新的秩序。三天之后，全然对立

第十四章 《马赛曲》 1791年9月—1792年8月　735

的一方也发表了一份声明，让情况变得更为错综复杂，立宪君主的合法性正在逐步消失。早在夏天，普鲁士人就以皇帝盟友的身份卷入了战争，而且在7月份的时候，便气势汹汹地一路不停地打了进来，他们以指挥官不伦瑞克公爵的名义发表声明，讲到了他们兴师问罪的意图，而执笔者却是流亡的德·利蒙侯爵（Marquis de Limon）。这份声明要求法国人民起来反抗"压迫者的邪恶阴谋"，并且还说，谁要是胆敢一意孤行，顽抗到底，就要"将进行一场堪称典范的、令人难忘的复仇行动"。但是究竟如何严惩，却没有加以详述。声明同时还谈到，如果再敢扰犯杜伊勒里宫，巴黎将会沦为孤城，"以兵戎相见"。

很显然，这份声明产生了适得其反的作用。它恰恰给了骚乱组织者一个等候已久的良机，将政治分歧上升到全面冲突的高度。《不伦瑞克宣言》实际上是告诉巴黎人民和他们在联盟代表中的地方支持者，他们肯定要为他们现在的所作所为付出代价，绝不会逃过惩罚；因此他们即使走得再远，结果也无非如此。现在要做的，就是要阻止那些在内部的敌人，不让他们的叛国企图得逞。盘算来盘算去，最终定下一个简单的念头：若不杀人，便被人杀。

[520]

正是这种被追逼到无路可走的想法，彻底打破了实力的均衡。原本就准备在6月末在分区议会发动起义，但是由于准备不足而草草收场。《不伦瑞克宣言》让巴黎的军事力量对比发生了重大改变。当地的国民卫士开始脱离原来的部队（这些人和1790年的时候不同，他们心里不愿意看到自己的城市成了联盟部队的地盘）。他们被雅各宾领导下的一个"联络局"（"Bureau of Correspondence"）总指挥部接收了去，领头的是各省的军官，最著名的是阿尔萨斯人弗朗索瓦-约瑟夫·韦斯特曼。

尽管马拉试图将8月10日起义的爆发说成是群情激奋、无可阻挡的自然结果，实际上却恰恰相反。这次革命比以往任何一次都要酝酿得久，或更加迟疑不决。国王的各级政府部门简直是摆设，根本没有任何权威和效力可言了。最高层的立法议会此时也已四分五裂，根本无力实施各项法规，更不用说履行维护宪法的承诺了（已经不止发誓多少遍了）。国民卫队也是陷入混乱和分裂中难以自拔，不知何去何从，更多地是留意巴黎邻居，避免发生针对人身和财产的侵犯，对政治斗争的结果则很少关注。那么，起义者面前的拦路虎到底是什么呢？大多数的法国人，无论是男是女，他们的观念起到了关键作用，或许有人反复向他们灌输宪法至高无上的信念，可能或许也相信这些，但是现在却是全副武装的少数首都激进分子就算他们的代表了。更严重的是，2000名正规军，其中有一半是国王的瑞士近卫军在杜伊勒里宫被挖出来。

这种事情，从来没有人提出过质疑。但是当8月9日夜10日晨丧钟整夜长鸣之时，很多人都忧心忡忡地来到市政厅。吃过晚饭，卡米尔·德穆兰和妻子来到丹东的寓所，想要给他们一家打气鼓劲，结果一进门，却发现丹东的夫人加布丽埃勒坐在那里哭成了个泪人。露西亚只记得自己当时"笑得像个疯婆子般"，把丹东夫人带到街上，让她透透空气，可是当她们回来时，却发现屋子里挤了一大群人，每个人都争先恐后，互不相让，言谈表情都夸张得很，似乎真的是处在缔造历史新篇章的极度紧张之中。但是在这些让人颇费思量的宣言背后，却隐藏着一股难以遏制的兴奋和慌乱，让每个人都急不可耐。卡米尔拿上了一杆枪，对他的妻子保证，自己将会一直和当仁不让的伟人丹东在一起，说罢便消失在夜色之中，妻子忍不住动情大哭了起来。

市政厅内成立了"起义公社",把市政委员晾到一边,直接对国民卫队下达命令。公社由3名代表组成,原则上是按照48个分区的"普遍意志"的原则来选派的。但实际上当然是东城区和左岸中心区的激进的区议会完全垄断的,这些人也就是最早的科德利埃俱乐部里的那些人。包括罗伯斯庇尔、雕刻家塞尔让(Sergent)、比约-瓦雷纳(Billaud-Varenne)和弗朗索瓦·罗贝尔。丹东就算不是个发号施令的头号人物,至少也是个关键角色,虽说晚上各个分区议会发动起义遭到失败的时候,他实际上早早地就回转了家门。

在10日一大早,忠诚的国民卫队指挥官德·芒达(de Mandat)就制定了防御部署,试图封锁塞纳河上的各处桥梁,防止圣马塞尔分区武装分子和右岸援军兵合一处,而这一切,似乎也进展顺利。国王志骄意满,刚过清晨,他便来到戒备森严的大院巡视部队。然而将士们的态度冷热不一:瑞士卫兵真诚热烈地鼓掌欢迎,而巴黎国民卫队却喊出了"国民万岁"的口号作为警告,这让国王心里颇为不安。大区总检察长勒德雷尔(Roederer)生怕到人们会不顾一切地冲上前来,便劝说他离开了宫苑,在立法议会的主要位置上安排下自己的人。尽管路易已经做好了厮杀一场的准备,可是当勒德雷尔向他和王后禀告,说"巴黎各处"都可见到游行队伍,他的坚毅果决便跑得无影无踪了。他带着家眷,努力保持一副威严架势,穿过了庭院,此时耳边却涌来了阵阵怒吼声"莫要否决!""今年落叶甚早矣。"国王对一边的勒德雷尔说道,这句话说的既是命运的渺茫,又像是一句无关痛痒,却颇有深意的双关语。

阅马场上,一小撮代表留在那里不走,就是为了抢先发言,

[521]

宣告君主国家从此一去不复返了，国王只能就这么等着，人们得替他和他的家人找一块地方，让他能够听到辩论，又有隔离设施的保护。最后他和他妹妹伊丽莎白、玛丽-安托瓦内特和他们的孩子们被带到了如鸟笼一般狭小的速记室（Logographie），这里是为记录会议进程的记者们准备的。窗栅的阴影遮住了他们的面庞，就如同身陷牢房一样，他们就这么等待着、无望地等待着，等待着命运的降临。

过了大约两个钟头，战斗渐酣。很显然当天的冲突从一开始，就必然会是自大革命肇始以来最为惨烈，无所顾忌的一次了。新公社把德·芒达侯爵叫去市政厅，说是要他对拒绝撤出国民卫队防御据点的行为作出解释。但是到了那里丹东就对他一通呵斥，他便被带了下去预备关押起来，然而在半路上却被人杀害了，凶手可能是另一个公社成员安东尼·罗西尼奥尔（Antoine Rossignol）。由于中央政府已经屈服让步，起义队伍没有遇到任何抵抗就渡过了塞纳河。酒商桑泰尔带领左岸的士兵抵达杜伊勒里宫的时候，右岸士兵在亚历山大的率领下也赶到了那里，此时他们从人数上已经超过了守军。

接下来的大屠杀很大程度上是错误的印象造成的，就和1789年7月14日那次一样，说是事先设了一个圈套，就等着进攻者来钻。当王室逃往议会大厅的时候，国民卫队中传出消息，称对方已经准备要投降了。瑞士卫兵在劝说下，态度也变得友好了，其中一些人好像已经放下了武器。受此鼓舞，国民卫队便冲入宫苑，但是没想到迎面一阵密集的子弹射来，打得他们在宫内四散奔逃。残兵重整队伍，在韦斯特曼和富尼耶的率领下进行凶猛的反击报复，他们高唱《马赛曲》，重又冲开一条血路，如入无人之境，杀进宫来。

最后还是靠着人多占了上风。路易也很清楚这点,便下令瑞士卫兵放下武器,以免遭到更多损失。可能他也记得,在7月14日那天,在唯一的替罪羊德·洛奈被杀之后,原先遭到出卖的悲愤情绪便得到了缓解。

但是8月10日这一次却截然不同,瑞士卫兵准备抵抗到底,以死效忠,他们集结队伍,退守宫内,可是对手的攻击十分猛烈,进攻者只要发现了他们,上来就大肆屠杀。这真是杀红了眼的疯狂时刻,连从布雷斯特来的,叛军中最为积极好战的一支联盟军,就因为他们的红色军服和瑞士卫兵的制服十分相似,竟也遭错杀,这可真是要命。有些手疾眼快的,看看情势不妙,脱掉制服,扔下枪支和弹带,撒腿奔逃。有些人为了不让后边的人撵上,干脆从宫殿高高的窗台上往下跳,直接摔到下边的石板上。

然而直到中午,他们仍然无处藏身,追兵不依不饶,将他们抓住后,统统杀戮殆尽:用刺刀刺,用马刀劈,用石头砸,还有的是被乱棍活活打死的。女人们剥去他们的衣服,身上的东西看见什么就拿走。杀人者砍下了他们的四肢和手脚,还把生殖器剪下来,往他们张开的嘴里塞,或者干脆扔给狗吃。残剩的尸骨则统统扔进篝火堆,其中一个火堆一直延烧到王宫边上。其他还有六百个被屠杀士兵的余骸被胡乱装上推车,拉到公共石灰池里草草掩埋。罗伯斯庇尔认为这是"这是人类历史上最光荣的一场革命"。

但是8月10日的杀戮行动并不是大革命历史上一桩偶然事件:实际上这是一个合乎逻辑的结局。从1789年开始,甚至可能更早的时候,政治家们就喜欢使用暴力威胁的手段,甚至真的动用武力来获取挑战政府权威的资本。流血事件并不是大革命附带产生的悲惨结果,而是获取权力的必由之路。在《马赛曲》的歌词中,在吉伦特党的精彩发言中,都能听到祖国处在关乎存亡的危急关头,诸如此类的豪言壮语。似乎流血牺牲的目的是为了保卫大革命,才是真正死得其所,这真是与革命的初衷背道而驰了。原来的手段成了追求的目标。

第十五章

污血

1792年8月—1793年1月

一、"杀戒大开荐自由"

8月第三周的某个时间，杜伊勒里宫前的卡鲁索广场（place du Carrousel）上竖起了一架断头机。这台"机器"，人们通常都这么叫，可不是一个新玩意儿了，1792年4月的时候，就在格列夫广场（place de Grève）的老法场上零星地用过几次。指券伪造者在当时是特别遭到民众痛恨的，把他们拉来砍头因此也就成了大事情。围观者看惯了那些没完没了、声泪俱下的忏悔游行仪式，众目睽睽之下高声认罪，行刑惊心处，犯人一下子被腾地揪起老高，悬挂着的尸体暴露在光天化日之下，偶尔还有漫长而痛苦的轮刑的折磨，对他们来说，断头机实在是太没劲了。它的效率倒是挺高的。只听咔嚓一声，铡刀轰然落下，有时候连人头都看不见哪里去了；行刑者成了一部微不足道的机器，就好比下人扯动铃绳一样。

不过这种刑场上冷酷的简练，正是断头机设计者所追求的效果。早在1789年12月，国民议会代表约瑟夫-伊尼亚斯·吉约坦医生就提出了这么一个改良的斩首刑罚，从而与《人权宣言》所颁布的所有公民地位平等相匹配。和过去那种看客和犯

[524]

人同等对待的野蛮做法不一样，它采用的是一种精确的外科手术的方式，整个过程在转瞬之间即告完成。而且砍头不但能免遭不必要的皮肉之苦，也让普通囚犯能够以尊严的方式受刑，在过去，只有特权等级的犯人才有资格以这种方式接受处决。现在好了，罪徒家人也不用受到牵连，背负沉重的耻辱了，最为重要的是，按照以前的惯例，死囚是要抄没家产的，现在也都取消了。

有一件雕刻作品特别漂亮，表现的就是这种吉约坦研制的人道机器，给人一种庄严肃穆、宁静安详的感觉，而不再是那种阴森可怖、明正典刑的景象。行刑的地方选在风光秀美的乡村，因为这位仁厚的医生想让刑场远离城镇，在他看来，那里到处是肮脏混乱的贫民窟和粗俗刁蛮的暴民。而动刑本该是清净淡泊，甚至可能是令人欷歔感叹的，要知道，过去满身横肉，手脚麻利的刽子手，现在也都变得神经脆弱、多愁善感起来了，铡刀落下的一瞬间，他们赶紧转过头去，看都不看一眼。这个仁慈的忏悔者呢，则活生生就是卢梭《忏悔录》的主人公。看客寥寥无几，被严格地挡在外边，栅栏边上还站着一个面无表情、冷若冰霜的卫兵。

[525]

这种斩首的刑罚，显然是将后期启蒙主义的理念发展到了极致。以罗伯斯庇尔为代表的一批立宪代表，更加倾向于贝卡里亚的提议，主张彻底废除死刑（弑君或者叛国两罪除外）。如果非得保留不可，那么处决的过程必须是快速有效，讲究人道，而且还得有较高的实用性。早在1777年，马拉就建议采用一种效率更高的死刑执行方式，既能有效震慑犯罪，又不会带来太多痛苦，而吉约坦医生向议会描述的这种装置，似乎就非常符合这些特殊需要。对此他有过如下描述（和在《三级会议日报》

中所说的一样）——"伴随着机器轰鸣，只见人头落地，鲜血喷涌，此人便一命归西了"——听了这番话，众人大多只是有些略显不安地大笑几声，并没有认真加以考虑。而他的其他几项改革措施在1790年得以实施之后，过了不到两年，他的这台"机器"便开始投入使用了。

1791年6月3日，雅各宾激进分子，原勒佩勒蒂埃·德·圣法尔若侯爵提出，所有的死刑犯应一视同仁，统一使用斩首的方式加以处决，这样所受的痛苦也就完全一样了。不过当时还没有明确提出用机械方式执行死刑。而只是当公共行刑人夏尔-亨利·桑松（Charles-Henri Sanson）对此提出保留意见以后，才使得斐扬派政府在1792年春天重新考虑使用这种机械装置。而桑松的顾虑是（他对自己的这个行当感到特别自豪），砍头是很不吉利的事情，会产生比绞刑多得多的各种让人头疼的问题，尤其是会造成案件大量积压。此外，刀刃可能会变钝；行刑者可能手法生疏；更何况那些个社会败类临到砍头，哪还会指望他们潇洒镇定，从容赴死。而发生上述情况，都必将给他的工作带来极大的困难。

丹尼尔·阿拉斯（Daniel Arasse）在他那篇精辟的论文中指出，可能因为没有受到立宪议会的重视，吉约坦医生深受打击，甚至一度放弃了自己的这个发明。但是外科医学院的终身秘书路易大夫却及时出手，挽救了该项计划（《百科全书》中关于死亡的条目就是他撰写的），在向立法议会提交的专业性的意向书中，他作出保证，该装置能将颈部韧带连根切断，从而确保行刑在瞬间完成。4月份的时候，样品的制作任务落到了一个名叫托比亚斯·施密特（Tobias Schmidt）的德国钢琴匠人身上。过了一个礼拜，样品完工了，并于17日在比塞特监狱大院内，找来几具尸体进行试验。虽然结果让人满意,至少有一位目击者觉得,尽管执法机构需要这样一套装置,但是从人道主义角度出发,当场看到它还是不由得让人"毛骨悚然"。

吉约坦医生显然一直感到气愤难平,这么一种冷冰冰的机械装置,将和他的名字连在一起——尽管刚开始的时候,这种装置是以最近的推广者名字命名的,叫做"路易砧"或者"路易杀头机"。他坚持认为,自己的设计已经至为"博爱",极尽人道的了。当然,因为它是一种能够体现不偏不倚,惩戒公正原则的刑具,所以才用它在1792年4月25日处决了第一个罪犯,抢劫犯尼古拉·佩尔蒂埃(Nicolas Pelletier)。推翻君主制之后,在竞相成为其受益者的当局看来,断头机是一种能够对暴力惩罚重新加以适当约束的理想手段。当8月21日又一次用它来砍掉国民卫队行政秘书路易·科洛·当格勒蒙(Louis Collot d'Angremont)的脑袋(此人被控参与王室的"阴谋")的那一刻,它便又回到惩戒性和表演性相结合的老路上来了,而这也正是提倡"溥仁博爱"的吉约坦和追求外科实用的路易力求避免的。之所以选在卡鲁索广场动刑,据说是因为那里就是作恶之地。当局也极力鼓动公众前来现场亲眼目睹他应得的下场,领略这种通过速斩速决的严厉无情所体现出来的法律的公正。

所有这一切,都是特意要逆其道而行,与那种以"大众正义"("popular justice")为名的暴行,换句话说,即与自发且草草地处以私刑,严刑毒打,乱刀刺死的残暴做法截然区分,尽可能拨乱反正。当然这也体现了当局伪善狡猾的态度。在1789年,即大革命刚刚开始的时候,这种自发的报复行为和不问情由的街头杀戮,不但是其特色,还成了大革命取得胜利的要素。像巴纳夫这样的政客愿意容忍这种行为的存在，只是到头来却发现，他们自身和他们的政权都深受其害，这使"大众正义"是"主权人民"合法自我表达的一部分的观念延续下来。在大革命的各个阶段，那些当权派想要恢复政府对惩罚性暴力的垄断，却发现自己敌不过反对派政治家的阴谋诡计，为了他们自己的目的，这些反对派不但认可，甚至成为这种群众暴力行为的组织者。事实上，武装力量现在牢牢地掌握在非官方的代表群众意志的民兵手中，想要确保政府权威，就只有走军事对抗的道路，而这本身似乎等于是进一步给了街头暴力更多正当的理由。于是革命政府的核心问题变成了，如何设法让民众的暴力代表政府，而不是与政府对抗。要做到这一点，如果没有最极端的极权主义控制，即使是雅各宾派也没有绝对把握。

[527]

8月10日君主制度刚刚被颠覆，问题便很快显露出来。原先立法议会的一些残余分子又在"临时执行委员会"中重新掌权，这些人都是被国王解职的吉伦特派官员，包括罗兰、克拉维埃和塞尔旺，除此之外还增加了两名雅各宾派成员：数学家蒙日和司法部长丹东。丹东曾经挺身而出，出面搭救了一批被抓的瑞士卫兵，使他们在11日那天在街上免遭滥杀。但是他也认为，要想遏制住民众"报仇雪恨"的冲动情绪，建立某种制度化的清算方式就非常必要。起义发生后才几个礼拜，权力中心已经完全不在议会这边，而是转移到市政厅内的"起义者公社"了，公社向它的两位高级官员——也是刚刚恢复职位的市长佩蒂翁和检察长曼努埃尔——下达指令。在公社内部，要求组建特别军事法庭，对8月10日那天的"犯罪分子"进行宣判的呼声尤为强烈（当天所发生的事情，现在也照例被说成是王室阴谋）。于是就在 17 日成立了一个特别法庭，其成员由新任巴黎国民卫队司令桑泰尔亲自指定；不管是审判过程还是判决结果，都明确不允许任何形式的上诉。

第一个在特别法庭的判决下做了刀下之鬼的就是科洛·当格勒蒙。还有保王派记者迪罗祖瓦（du Rozoi），随后是国王的度支总管阿诺·德·拉波特（Arnaud de La Porte）。但是在公社内一些激进分子，如罗伯斯庇尔、马拉看来，这样的审判还是太少，让人颇为失望。他们要求至少做到不经过任何相关司法程序，就能通过广泛调动警察部队，对可疑分子进行拘捕、审讯和羁押，通过向立法议会争取，他们甚至已经获得了这个权力。负责此项工作的机构被称为"警戒委员会"（Comité de Surveillance），由丹东在科德利埃区那段时间的两个朋友，雕刻家塞尔让和律师帕尼斯（Panis）在其中担当要职。尽管不能过分夸大地认为，在 1789 年大革命自由的美梦出现的那段日子里，立宪会议建立了执行委员会，就此恢复和旧制度并无两样的警察、密探之类专事任意拘捕的暴力机关，但是也就是在 1792 年 8 月，一个真正的革命警察国家已经在巴黎形成了。

[528]

在 8 月 17 日到 9 月初监狱大屠杀的两周内，一千多人几乎毫无确凿的罪证即遭到逮捕，投入监牢。其中绝大多数是从神学院、大学还有各地教堂中抓来的顽固派教士——有些人穿着便服，藏身私宅也被揪了出来。此外还有两类搜捕对象，一类是凡是上书请愿反对 6 月 20 日示威游行的，还有一类是任何反对将临阵脱逃的拉法耶特判处死刑的。所有的保王党报馆都被勒令关闭，编辑人员和印刷工人悉数逮捕下狱，出版设备也被全部捣毁。另外一些并不构成多大威胁的"主权人民"的敌人也被强行逮捕，国王和王后身边的侍从和宫女差不多被全部带走,其中就有以科尔夫男爵夫人(Baronne Korff)的假身份帮助王室逃往瓦雷讷,结果一路上吃尽苦头的女总管图尔泽尔夫人。内宫一干人中,最大的一条落网之鱼是玛丽-安托瓦内特的老友伊丽莎白·德·朗巴勒亲王夫人。自波利尼亚克一派得势以来,伊丽莎白就一直遭到王后冷落,但她却依然忠心耿耿,实在令人感佩。后来波利尼亚克姐妹在1789年跟着阿图瓦逃往边境,她便下定决心留在王后身边,替她操持家事。尽管外边一直不停在流传她的淫秽丑闻,骂她是同性恋婊子,可她仍然尽心竭力,不改初衷。她的金色卷发已不复昔日光彩与活力,可脸蛋依旧是一张无与伦比的天使脸蛋,好像一直是给格勒兹的"大眼睛"肖像画摆着造型。王室一家在驯马场的速记室待了三天,又被送到了圣殿监狱,伊丽莎白仍然在王后身边服侍。卫兵来到这里将她和其他一些仆人带走,告诉她们,对她们只是例行审讯而已,但是伊丽莎白和玛丽-安托瓦内特害怕她们从此再也不能相见了。带着诀别的留恋,两人深情拥抱在了一起,外界的报纸照例是一通毁谤,说简直是放荡至极,全无廉耻。

从某个时候起,拘捕行动就变成了不分青红皂白地胡乱抓人,简直可以说荒唐至极。巴黎工匠崇拜的英雄,被人们视为聋哑儿童再生父母的西卡尔(Sicard)神父,居然也被抓了起来,和许多教士一起,关在修道院监狱里。30日,聋哑学校组成了代表团来到议会,请求放人:"这位指引人们、给人们提供生计、如同慈父一般的人,竟然被当作罪犯关押起来。他公正无私,为人善良,内心纯洁。"他们还说:

> 是他教会了我们知识,没有他,我们将与动物没有差别。自从他被带离我们以来,我们感到无比悲伤。请把他还给

我们，只有这样才能让我们心安。

被此情此景所打动，某代表提出替西卡尔顶罪，但是却引起了有关革命司法公正不可分割的争论，另一个成员勒基尼奥坚持认为不应该有特殊对待的情况，于是这一小撮可怜的群众被打发走了。为此西卡尔还差点丢了性命。

最终，这场治安行动给了一些人清算旧账的机会。自从在科恩曼（Kornmann）事件上双方针锋相对，博马舍要维护这桩复杂案件中妻子的尊严，马拉则要替受害的丈夫讨回名誉，两人便结下梁子。这位剧作家在圣安托万郊区的大宅子多次遭到闹事群众威胁，还好没有罹受太过严重的损失。现在他收到了公社的指控，说他购囤大量武器，居心叵测（大多数是买来用在美国战场上的）。有人还造谣，说他是个十足的军火贩子，博马舍的家在王权颠覆的同一天被里里外外搜查了一遍，本人也在当月 23 日遭到逮捕。市政府审理下来，发现证据不足，便要放人，并正告他以后要自称公民卡隆，正在这当口，旧日的对头走了进来，于是又将他发送到修道院监狱，不过他还是正好逃过一劫，在大屠杀开始前四天被放了出来。

在 8 月 28 日，应丹东要求，被美其名曰"登门拜访"的行动得到了批准，表面上是为了收集武器对付敌人对祖国的围攻，但常常是借机搜查可疑分子或是可以定罪的材料。告示上说："正值国家危难之际，所有物品都属于国家。"这种家访，通常不是在深更半夜，就是一大清早，为的就是逮着家里的所有人。十个甚至更多的人破门而入，霎时间满屋子的刀枪、火器。对于大多数老百姓，这自然是极为可怕的经历，不过至少也有一些人觉得这体现了一种常备不懈，警钟长鸣的爱国热忱。比如朱利安·德·拉·德罗姆夫人（Mme Jullien de La Drôme）就是如此，她还把父亲给她的猎枪主动上缴，但是却被婉言拒绝，后来她写信给丈夫："我极力赞赏此种拜访和人民监察的制度，直欲大呼'善哉！国民万岁。'"在她看来，对这种拜访感到害怕的人，"不是蠢汉，就是罪犯"。朱利安夫人的住家，就在巴黎某个抓捕人犯最为频繁的地方：圣女日南斐法山丘（Montagne Sainte-Geneviève），看到神学院学生被人一路推搡，嘲骂奚落，投掷烂泥，还有人上前捆他们嘴巴，对他们拳打脚踢，她觉得颇有兴味，"这真是壮观的场面，我们成功地维护了曾经被侵犯的公共福祉！"

围捕行动可说是大刀阔斧，风卷残云，终至于惹得议会的残余分子打算对起义者公社及其下属的治安委员会采取反制措施。议会在 8 月 30 日那天提出，要将起义者公社解散，由临时选举所产生的新机构取而代之。但是这一提案却惨遭失败。因为尽管开始的几周内，这种蛮不讲理的搜查和逮捕行动让许多相对不那么热衷打打杀杀的城区颇为恼火，但是这种直接对起义者公社的挑战又导致它们纷纷退缩。罗伯斯庇尔、马拉和其他一些激进的雅各宾分子对此提议纷纷提出谴责，认为这是要开历史倒车，否定 8 月 10 日的大革命成果，目的就是要包庇那些坏分子和叛国者，让他们逃脱应有的制裁。一时间反对者气势如火燎原，加之又面临分区武装分子的人身威胁，议会在两天之后便知难而退了。新公社即将组建，与此同时，全体具备选举资格的男性公民也将投票产生新一届国民公会（基本上按照罗伯斯庇尔在 7 月 29 日提出的路线），一个崭新的。想必毫无君主色彩的立宪制度也将就此确立。

如果当时不是因为面临潜在威胁，前线军情极为严峻，那么紧急治安机构的设立不见得会被接受。在和盟友奥地利皇帝达成战略上的一致意见后，普鲁士国王的军队在8月19日跨过了法国边境。四天之后，防御重镇隆维（Longwy）在遭到炮轰后，稍作抵抗便献城投降。30日，凡尔登要塞也第一次遭到普鲁士军队的包围，当然在以后乃至整个现代史进程中，它还会多次遭到围攻。如果它被攻陷，那战局将非常悲观，也就意味着从马恩河谷通往巴黎的道路被完全打通。

形势紧迫，首都震动，空气中混杂着惊恐和摩拳擦掌的兴奋。去年春天奥地利战役旷日持久，让巴黎人民渐生麻痹之心，以为"爱国战争"形势大好，法军必能长驱直入，说不定还一路驰骋，在比利时的亚麻田和小萝卜地上溜达溜达了。可是风云突变，现实粉碎了美梦，敌军似乎已经近在咫尺了。更有甚者，曾几何时，大革命当局还对《不伦瑞克宣言》不屑一顾，可是眼下要是入侵一旦得逞，那么敌人肯定会进行疯狂报复。实际上，可恨至极的条顿人卷入战争的传闻已经流传了开来：村里的妇女会被先奸后杀，小孩会被用刀活活刺死，然后扔进火堆——这真是让人胆战心惊的战争噩梦。为了早作准备，临时执行委员会作出了立即征兵的决定，招募总数3万名志愿军派往前线，并在城墙外修建新的鹿砦加强防御。

当埃罗·德·塞谢勒（现在是立法议会的主席）又一次发出了"祖国在危急中"的宣告之后，巴黎就成了一个凝聚着友爱气氛的舞台。大街小巷之中军靴橐橐，久久回荡，战鼓咚咚，敲响《将军令》（la générale）。盈盈泪光中，心上人彼此依依惜别，志愿者纷纷来到亨利四世雕像前的新桥上登记入伍。瓦托·德·利勒（Watteau de Lille）的《义勇军作别》这类画作和格勒兹笔下的《忘恩负义的儿子》截然不同，表现了年轻人服

[531]

从祖国需要,毅然投身战场的豪迈,而没有那种责任面前只想逃避的情绪。格勒兹画中恶毒的招兵军士,在1792年的版本中,换成了另一种形象,头戴插有羽饰的平顶带檐筒状军帽的掷弹兵靠在门边上的剪影,让人觉得既踏实又可靠。

成功完成这些组织协调工作的就是丹东。他是一个具有大无畏精神和纯洁信仰的人,坚信整个巴黎,整个法国一定能经受住战火的考验,也正是这种信念,使得他具有超乎寻常的影响力。8月末他在执行委员会上的宣言,或许就很好地说明了,什么是坚强果敢,什么又是惊慌失措。敌人兵临城下,形势万分严峻,他就从这一事实入手,成功地促进了革命者内部的紧密团结。

> 敌人准备对我们进行最后的猛击。在隆维取胜的部队,已经开始威胁蒂翁维尔(位于奥地利-比利时边界)、梅兹和凡尔登三地,他们打算打开一条通道直取巴黎……公民们,世界上任何一个国家都不可能不经战斗便获自由。你们当中潜伏有叛徒;若把他们除掉,战斗很快便可结束。

这段话结尾部分说到的"叛徒"是最能打动人的。它一直是革命话语的一大特色,把那些在国家内部,专与自由为敌的人描述为外国的武装力量,为国际专制主义势力的非神圣同盟卖命的第五纵队。布里索分子在1791年发言中讲的那一套,和1789年的讲话如出一辙。战争迫在眉睫,那些臭味相投的"暴君豢养的唯利是图的爪牙",那些已经叛国投敌的流亡者,以及藏匿于巴黎大街小巷,专门从事破坏活动,至今仍未落网的歹毒之徒,似乎对于国家危害更大。正是1789年的那帮"盗匪",

现在又成了急于反扑的贵族招募来的可恨帮凶。据说目下各所监狱之中，便酝酿着一项恶毒的计划，新近关进来一批反革命分子，包括瑞士卫兵、顽固派教士、保王党作家，极有可能会挑动牢里的其他犯人，来替他们的罪恶计划出力卖命。

制定相应对策就成了当务之急，因为到处都在谣传，一旦志愿军开赴前线，监狱里就会发生暴动。城里空虚，毫无防备，爱国党人的家中妻小便会横遭屠戮，《不伦瑞克宣言》就曾发出过这样的威胁。甚至可能是这样的情况，如果说公社成员并不真信这些传闻，那么他们确实相信，身体健全的男子可能正是因为担忧，故而不敢前来应征。

这该如何是好？弗雷隆的《人民演说家》说得一点不含糊。

[532]
  我们要打的第一仗将发生在巴黎城内，而不是城外。聚集在这个不幸的城市里的所有王室强盗将在同一天灭亡。各地的公民们，你们扣留了逃亡者的家属作为人质，到时就让大众找他们复仇吧；焚烧他们的城堡，他们的宫殿，把叛徒煽动内战的地方夷为平地……**让监狱里装满阴谋叛乱者**……在他们接受审判的地方再与他们相见吧。

在这种口号煽动下做出的判决，实际上就等于委婉地发出了就地处死的命令。马拉毫不犹豫地发出了号召："善良的公民们快去修道院捉拿教士吧，尤其要留心瑞士卫兵的军官及他们的帮凶，用剑将他们刺穿（*passer au fil de l'épée*）。"有一种严肃的观点认为，马拉这番话是一种比喻的说法，或者说，采用了他在文章中所特有的那种关于惩罚的夸张手法。但是他怎么能确定他的读者和信徒已经将夸张的口头表述和纯粹的文字指示区别开来呢,这实在难以理解。尤其是眼下他已经暂时停办《人民之友报》,而忙于刊印他的评论,并通过张贴布告的方式散发到全城各个角落,俨然就带有一种半官方声明的权威性。

再来看另一张布告:《向主权人民报告》,这是丹东的一位好友,诗人兼剧作家法布尔·代格朗蒂纳写的,但是底下没有署名。下面的这段,可以说将一场前线的生死大战,和在巴黎的先行展开的打击之间的联系分析得最为透彻了:

再说一次,公民们,拿起武器!希望法兰西的所有国民都能警醒,带上长枪、刺刀、擦亮大炮和短剑,每个人都应成为部队的一员。让我们清除这些为暴君充当爪牙的无耻之徒。让叛徒们的鲜血作为我们为自由之战而开的第一场杀戒,这样我们在对付共同的敌人时,不会有后顾之忧。

凡尔登陷落的消息在 9 月 2 日便早早地传到了巴黎。当时的分区议会上,代表们已经预计到了最坏的结果,有些地方的议会,比如波潘库尔(Popincourt)分区就通过一项决议,要求"一定要在公民们出征之前把阴谋作乱的人都杀掉"。其他一些分区议会,比如哥白林(Gobelins)议会,那里的雅各宾派领导人是桑泰尔,他们就坚持要求将流亡分子和保王党人的家眷统统暂行拘押,作为人质来阻止普鲁士的暴行。

在整个大革命期间,可以说没有任何一个党派的暴行,能和之后所发生的一系列事情相提并论。历史学家们被这些恐怖行为所困扰,在他们的专业论述中缺乏思考这一问题的训练在这一点上,他们不是转移视线,就是避重就轻,把这些看作是孤立事件，认为这些跟任何对大革命动因的严肃分析都"毫无关联"。20世纪英语世界学者的研究传统，在几乎所有的其他方面，对于大革命历史的编纂，都做出了很有影响且数量巨大的贡献，却在这令人尴尬的事实面前保持沉默，留下了恶劣的败笔，恰似某位倒霉的赴宴宾客，在大学的公共休息室里遇到了无法解释的意外情况。

在法国，直到最近，关于9月大屠杀的文字描述，除了那些反革命的殉教传记，剩下的主要就是皮埃尔·卡隆（Pierre Caron）的那部大部头著作。这本书自觉地着手清除记载中的那些圣徒神话。卡隆声称，只要对当时的历史资料进行详细的筛选，就能够正本清源，去伪存真，滤去那些充满偏见的说教内容，对这段特殊历史时期做出较为"客观"的论述。而这样的一本书现在仍然被许多历史学家奉为至宝，虔诚地加以引用，成了一部体现智识懦弱和道德自欺的不朽之作。卡隆实际上先入为主地偏信那些反映大革命官方观点的理论，对于出自受害者本人（比如西卡尔神父）的陈述却置之不理，认为他们从根本上就是"可疑"的，他口口声声说，要对和学院派的权威资料不相符合的目击证人的记述进行考量评估。他极力要将这起事件强行套入"客观历史解释"这张普洛克路斯忒斯之床，还表示这些大屠杀行为，总之是不应该有具体某某人为之承担责任的。屠杀很大程度上是超越个人之力的历史力量的必然产物：是由群众性的恐慌造成的，并且，他经常流露出这样的观点，对于8月10日的死难事件进行报复也是完全正当的。总体的效果是为了让大革命史学家感到安慰：邪恶在学术上的正常化。

很显然，杀死至少1400人连眼都不眨，是某种病态的恐惧情绪造成的,当时的战场形势岌岌可危,加之又盛传着监狱暴动的末日言论,这些都加剧了恐慌的气氛。此外还有一个因素就是采取强制措施清理污染的需要,这是梅西耶对于大城市下水道的肮脏污秽进行血泪控诉的合乎逻辑的结果。对这些有待处理的垃圾废物的来源,他都分别做了详细的说明:奢侈无度的贵族,腐化堕落的教士,生病染疾的娼妓,还有那些宫廷的走狗。但是要想清除所有这些人类传染源,并不是像卡隆所提议的,搞一些泛化的不加区分的大规模动员所能完成的。恰恰相反,弗朗索瓦·布吕什在一篇观点非常大胆,颇具深见的文章中就曾指出,杀戮行为由特定的,可以辨识的人类专门机构来实施的。而且描述这类行为的无论什么样的资料都不缺乏,历史学家如果愿意便可以对此加以关注对那些坚持认为控诉揭发并不是历史学家本分的人,我们可以这样回答:为了合乎主流学术观点,而有所选择地假装遗忘,也不是历史学家的本分。

  首先,那些显然本可以采取措施阻止杀戮,却故意视而不见的人并不难找。其中主要是内政部长罗兰,还有丹东。罗兰的确对"自由的儿女们千万不可因此玷污了自己"的"过分做法"感到不安,但那只是在9月2日之后;而在当时,他始终保持一种谨慎的沉默。丹东的冷漠或许更加该骂,因为他在各区之间具有如此强大的影响力,且手里还掌握着治安委员会。诚然,在屠杀发生的当天,他正在做一生中最重要的一次演讲,他相信如果不能将坚决果敢灌输给法国人,尤其是巴黎人民,那么真地将会出现一场彻底的分崩离析、四分五裂。他很可能是对的,特别是因为罗兰正全力支持将政府办公机构迁往图尔。不管从什么角度说,他的演讲都是一篇气势磅礴、掷地有声的

[534]

战斗檄文，同时也是一幅积极备战的令人鼓舞的自我写照，一份令人安心的胜利宣言：

> 国家必须得到拯救……一切都要行动起来，每个人都要充满斗志……一部分人上战场，一部分人修筑防御工事，另一些人拿起长矛，保卫我们的城市和乡镇……巴黎将负责协调这些行动……敲响警钟并非是要人们进行警戒，而是号召人民冲锋陷阵、为国杀敌。若要战胜他们，先生们，我们必须勇敢，一直勇敢，更加勇敢，只有这样法兰西才能得救！

这番陈辞，在当时的报章上，被称为是丹东爆发出的响亮的"人类之声"（他的对头们称他"下层人的米拉波"不是没有道理），足以振聋发聩。但在同时，这位司法部长明知巴黎将要发生暴力事件，却熟视无睹，假作不知。当时这位部长正在市政厅和一帮公社成员开会，监狱督办官格朗普雷（Grandpré）跑来跟他说，他担心犯人得不到有效保护，可能会被人加害，丹东却淡淡地说："我对这些囚犯没有兴趣，让他们自求生路去吧。"一句话就把督办官打发了。9月3日，据布里索报道，丹东公开宣称："不处决一些人难以平息巴黎的民怨……杀掉这些人是非常必要的……人民之声就是上帝之声，这是我所知道的最正确、最符合共和理想的箴言。"

甚至在事态已经变得明朗，骇人听闻的大屠杀正在发生，先是在修道院监狱，随后在其他各处的监狱呈蔓延之势的时候，在2日当天下午，公社当局也仅仅是指派了几名特派员去了解一下情况。但是这些人也并没有被授权来阻止杀戮，倒是给这些野蛮暴行竭力寻求法律依据，套上一个冠冕堂皇的理由来加以掩饰。这些人包括7月14日在巴士底狱护城河边以英雄自命的斯坦尼斯拉斯·马亚尔，以及1789年10月5日事件中的那位妇女领袖。马亚尔现在是由强悍的壮汉组成的准军事武装的首领，代表着最激进的无套裤汉的利益，喜欢成天耀武扬威，摆出一副不可一世的架势。他还是抓捕行动的小头目，也是干得劲头十足，有声有色，现在又奉命对犯人进行当场"审判"，在旁人看来，这种审判，不过是给大肆杀戮的行为披上合法的外衣。

第一波大屠杀发生在修道院监狱。仅仅只是为了躲避在布西街上遭到群众的暴力袭击，24名教士由武装人员保护，从区政府被押送到这里。刚到监狱，却碰上另外一伙人（可能就是先前袭击过他们的那帮人，现在还添了帮手）上来要求对犯人进行就地"宣判"。于是草草地搞了一番可笑的审讯之后，囚犯们便被从台阶上带了下去，推进了庭园。刽子手里拿着短刀、板斧、短斧、佩剑，还有一个名叫戈丹的屠夫（他倒是本行就是杀猪的）干脆就拿了一把木匠的锯子。一个半钟头内，19人被刀砍斧剁，大卸八块。剩下的5个人就这样眼睁睁目睹眼前惨烈的一幕，5个人中包括西卡尔神父，后来有个国民卫队士兵出面，才救了他一命，此人名叫莫诺（Monnot），是个杂货店老板。埃罗·德·塞谢勒后来曾经在议会中阴阳怪气、虚情假意地对莫诺赞扬了一番，说什么此公所救之人，乃是"于国大有裨益之人"。

第二天晚些时候，关押着另外150名教士的加尔默罗会女修道院发生了同样血腥的暴行。过去是修道院的僧侣，如今加入雅各宾派的若阿基姆·塞拉（Joachim Ceyrat）把人犯集合起来，然后挨个点名，叫到之后则是极为简短的讯问，随即当场"宣判"，最后用各种普通的兵器进行杀戮。被开枪射杀已经算是幸运的了。一些人犯拼命地想要逃出女修道院庭园，有的爬到了树顶，有的攀上墙头，跳到外边的街道上；还有一些躲进了小礼拜堂，可还是让人给揪了出来，用粗棒子一通乱打，还拿刀子猛戳。屠杀进行期间，卢森堡分区的特派员让-德尼·维奥莱特（Jean-Denis Violette）赶到现场，迅速加以制止。之后的审判才稍微正规了些，也确实将部分囚犯判为"无罪"，但到当天深夜，共有115人惨遭"复仇之斧"的屠戮，这些人中有阿尔勒的大主教，还有桑代和博韦的两位主教，以及保王党人夏尔·德·瓦尔丰。

接下来的几天内，修道院监狱又遭多次血洗，行刑者到后来提到了他们的这份**差事**，显然他们都得到了具体工资标准的许诺。陆军军官茹尔尼亚克·德·圣梅亚尔（Jourgniac de Saint-Méard）不知道自己到底是如何侥幸生还的，他把自己的经历称为"煎熬的三十八个钟头"，而这段叙述也成为了这次大革命屠杀行动最有价值的记载之一，屠杀者动手时那种"彻底的、阴郁的默然"，越发让人不寒而栗。修道院监狱中大约三分之二的犯人都被处决了，包括国王的侍从尚普洛斯（Champlosse），前大臣蒙莫兰，还有两个治安法官，一个叫比奥（Buob），另一个叫博斯基永（Bosquillon），这两人是因为曾经试图控告在6月20日带头闯入杜伊勒里宫的那些人，而被判定犯有"戕害自由罪"。逃过一劫的人当中包括高等法院的出庭辩护律师马

[536]

丁·德·马里沃,早在1771年的时候,他就曾借用卢梭的人民主权的灵丹妙药,抨击掌玺大臣莫普的"专制主义"。而在1792年,他也总算是彻底领教了"普遍意志"的厉害了。

9月3日凌晨2点30分,公社的总委员会接到秘书塔利安(也是特派员之一)报告,称尽管已经发放了安全通行证对在押犯进行保护,但是在各个关卡有太多身体健康的公民在执行军事任务,以至于根本无法确保犯人的安全。这显然是一个毫无诚意的花招,使得议会中的少数成员可以在暴行犹未得到制止的时候,仍理所当然地摆出一副彼拉多式的公正面目来撇清自己的干系。另一个特派员吉罗(Guiraut)公然表示,"通过复仇人民也是在伸张正义"。这话更是摆明了替自己开脱。他还告诉立法议会,说是在另外一所叫比塞特的监狱,已经出现犯人即将暴动的迹象,形势已经非常严峻,故而必须把这股苗子彻底打下去,免得进一步恶化,危及整座城市。

但是真正发生在比塞特监狱的,却是对未成年犯人大规模的蓄意屠杀。修道院监狱、加尔默罗会女修道院监狱和圣菲尔明(Saint-Firmin)大修道院的另一处囚牢中,两个多礼拜以来被陆续抓进来的,绝大多数都是教士和政治犯,而同样发生了大屠杀的比塞特,还有拉福斯和沙普提厄监狱关着的,则是普通囚犯、乞丐和依据旧制度时的习惯,应家人诉求被关到这里的犯人。在比塞特被杀的162人中,有43人年龄在18岁以下,其中15岁的有13人,14岁的有3人,13岁的有2人,12岁的1人。据记载,监狱的典狱长,一个叫布瓦耶(Boyer)的人,是这次残杀本监狱犯人行动的积极参与者。此时在圣贝尔纳监狱,另有70名嫌疑犯坐等大难临头,被送到囚船上处死,在沙普提厄被杀掉的妓女超过40人,死前很可能遭到刽子手的肉体蹂躏。

[537] 　　在拉福斯监狱,朗巴勒亲王夫人一边诵经祷告,一边安慰王后身边那些惴惴不安的侍女,聊以度日。临时法庭的人集法官、陪审员和处决者于一身,这次又来了,问她知不知道"八月十日密谋",她回答得十分勇敢,说自己根本不晓得当天有什么密谋。这些人让她做出宣誓,一是效忠自由平等,二是宣誓与国王、王后和君主制不共戴天,对于第一个宣誓她照做了,但是第二个要求她却不肯答应。审讯室的门被打开了,她看到一伙人拿着斧子和长矛等在那里。随后她被推入了一条小巷子里,不过几分钟便被砍死了。身上的衣服也被剥下来,和其他的衣物丢在一堆,这些到后来统统都要被公开拍卖的,她的脑袋则被割下来,挑在矛尖。梅西耶等人的一些描述,坚持认为她死前遭到了强暴,下身也被切下来向公众展示,对于这些传闻,卡隆带着潜心研究档案史料的专家口吻,断然表示没有可能,根本不足采信。但可以肯定,她的头颅确实被作为战利品,沿着巴黎各条大街被送到了圣殿监狱,人们冲进了国王的每个房间,还要王后到窗前来,好好看看她的这位女伴的首级,"如今你晓得人民是如何惩治暴君了吧!"玛丽-安托瓦内特一见此景,当场昏厥,总算没有再遭骚扰。不过内侍德·尚布尔·克莱里(de Chambre Cléry)却透过窗缝,看的真真切切:朗巴勒亲王夫人金黄卷发的脑袋被挑在半空,晃来荡去,着实让人魂飞魄散。

　　对于皮埃尔·卡隆而言,发生这种事情让人遗憾,但是此类"过激行径"确实也无法避免,属于集体歇斯底里时刻所犯下的罪行。他还把公开展示朗巴勒头颅的行径说成是"那段日子里司空见惯的事情",似乎那只是一些民俗画中描摹的场景而已。而且他不遗余力地贬斥那些有关其他暴行的传闻,认为它们是明摆的胡编乱造,或者是出自保王党的殉道者传记。很多事情,比方说沙普提厄监狱蹂躏妓女;糟践肢解朗巴勒亲王夫人尸体;强迫松布勒伊夫人把一玻璃杯的血全部饮下,来赎回她父亲的性命,这些多半都被认定是不足为凭的杜撰。卡隆之所以否认的理由是,这些事并不见于"革命当局"的史料记载,而他只相信官方档案的真实性,另外还有部分原因,是他不肯相信,那些人,尤其是那些以"主权人民"之名行事的人,会犯下这等下流淫暴的罪行。不过他写下这些观点的时候还是1935年。10年之后,欧洲大陆发生的一切,再一次让人们从幻想中醒悟过来即使进入了现代社会,也不能保证这样的残暴行为就此不会发生。

巴黎大约有一半的囚犯是在9月的大屠杀中遇害的。在一些地方,比如修道院监狱和加尔默罗会女修道院监狱,被杀的犯人高达80%,甚至更多。有些立法议会的成员感到茫然无助,显出悔意,甚至感到绝望,甚至在公社内部也有这样的情况,比如曼努埃尔,在谈到他个人目击过的场景时,就用了"惨不忍睹"这个词。但是起义者公社从来没有查办过这些杀人者,很多公社成员实际上对这些行为持褒奖态度,认为这是为了肃清内奸的必要之举。传递给各个省区的革命狂热分子的信号也非常明确,因为在接下来的两周内,那里又发生了一些同样的当场审判,就地处决的事件,几乎所有的教士和有保王党嫌疑的人都被斩杀殆尽。有40名囚犯正要从奥尔良被集中押往巴黎，立法议会考虑到他们的人身安全，后来决定将他们转送到索米尔（Saumur）。可是巴黎分区议会中的头号激进分子，绰号"美国佬"的富尼耶，却领着一帮武装人员，强行将犯人押送到最初计划前往的监狱。在凡尔赛，包括斐扬派外交大臣德·莱萨尔在内的一整批犯人都被处决了，很明显这是事先精心策划好的。

用了好几天的时间，几处屠杀现场都被仔仔细细地冲洗干净了，地上还泼洒了醋酸，虽然在一些监狱，比如拉福斯监狱，某些血迹是无法被擦掉的。贝里古（Béricourt）有一幅画极为真切地表现了对大规模屠杀管理的日常化。画的右下角有一个官员，佩着一条三色旗的肩带，正在对尸体的处理进行检查，边上还站着一个人，负责做登记。他们右手边站着的那位，从他戴的头盔判断，应该是位巴士底狱英雄，与此同时，还有另外一个人，正面无表情地看着被切下来的头颅。那些在运尸马车上忙着的人们，显然干得都非常投入。

在立法议会最末几天，及之后取代其职能的国民公会成立之初的几个礼拜，自身也远非清白的吉伦特派政客们力图利用这些死者作为把柄攻击他们在雅各宾派中的政敌。布里索更是相信，他和他的朋友已经被列入对方必欲除之而后快的黑名单了，只是侥幸逃过一劫，他这么想也不是一点没有道理的。

正因为搞大屠杀很快就成为国民公会党派斗争的一大特征，所以上述屠杀在派系的辩论中往往只是被看作另一段插曲而已。这种表述，或者讲，把它看作是一种对战争的恐惧所造成的心理失常，使得大屠杀事件被搁置一边，视而不见，除了哗众取宠，或是专注于逸闻野史的历史学家会感兴趣之外，根本不值得认真探讨。但是有一点可以很好地证明,九月大屠杀比任何其他事件都更能暴露法国大革命的核心真相,那就是为了达成一定的政治目的,就必须发起这样有组织的杀戮。故而不管推倒了国王的法兰西在建国原则上是如何纯洁高尚,革命政府从一开始,便把公开杀戮作为确保民众忠诚的基础。

当时至少还有一位亲历者,真切地认识到了在大革命艰难时期人心之险恶,道德之肮脏。雅各宾派代表克洛德·巴西尔(Claude Basire),这个地地道道的罗伯斯庇尔激进分子,曾经在给某位红颜知己写过一封信,虽然不完整,甚至最后也没有寄出,但却抒发了他内心求得解脱的那种心绪:

[539]

> 过去这些日子,我们眼前发生了种种丑恶的景象,所幸你美丽的眼睛没有被这些景象玷污……米拉波说,从细处看,没有什么比革命更可悲、更令人厌恶的了,但它对帝国复兴的影响却是无与伦比的。情况也许就是如此,但作为一个政治家,在这样的动荡和可怕的危机中需要勇气,需要保持头脑冷静。你了解我的内心,你了解我精神上所受的折磨和糟糕的处境。一个有感情的人[理智的人]必须用斗篷遮住头,匆匆路过地上的尸体,把自己关在法律的殿堂里[立法机关]。

布吕什说的不错,巴西尔只有在无法逃避,不得不走出这座官方自我保护的大楼时,才突然停笔不写了。他是被指派去维持监狱稳定的六名特派员之一,步行来到修道院监狱,"忍不住暗暗发牢骚,一行人走得太慢了",走近牢前,看到"只有火把和蜡烛发出一些光亮，在黑暗中闪烁着，像鬼火一般，"他停下了脚步，他的叙述也突然就此中断。好像眼前的事实，对于一个脆弱的心灵而言，实在难以接受：普遍意志果然玄妙得很，竟是从鲜血和尸骸的祭献中伸张出来的。

二、歌德在瓦尔密

炮弹发出的是怎样的声音？"如陀螺嗡鸣，似流水潺湲，若鸟雀啁啾"，这是歌德的描述。9月20日这天，他就站在林木葱郁的阿贡涅的山头上，试着进行观察，一年前就是在这里，慌里慌张的路易十六被拦了回去，最终还是没能逃走。歌德的赞助人，魏玛公爵卡尔-奥古斯塔接到了任命，担任普鲁士军队某军团指挥官。部队在夏末的时候缓慢地开进法国境内，这位诗人兼哲学家也随军前往，不过他更多地出于对科学的探索，而并非出于对政治的热衷。对于空幻浪漫的平等理想和陈旧过时的正统法则，他都不认同，无论是革命运动，还是反革命运动，在他看来都是对理性秩序的野蛮干涉和破坏。不过一场围攻行动和长途行军却无疑是一段新鲜刺激的难得经历，让歌德欲罢不能，陷入了深深的思索，为今后创作皇皇巨著《颜色学》（*Farbenlehre*）一书奠定了坚实基础。尽管卡尔-奥古斯特觉得十分奇怪，在整个凡尔登炮击过程中，只要有可能，他便一直都在边上观察，想要努力发现，战争到底有些什么样的颜色。

[540]

在瓦尔密，站在一座山脊上，俯望排成新月形的法国炮兵阵列，那时候他看到的是一片殷红。当炮弹在身边炸响，焦土横飞，秋叶腾烟，"就好像人身处炙热的地方，热量渗透到了全身，只觉得浑身畅快。我的两只眼睛并没有疲惫、浑浊，然而就好像周围有一种棕红色的色调，使得周遭物体被映衬得分外显眼。四周的鲜血没有让我感到不安，但一切似乎都淹没在了血光之中"。

傍晚时分，如歌德所说，这种"炽烈"在他身上冷却了下来，他毫发无损，骑着马回到了普军大营。可是此时他发现，军队士气十分低落。"还是在那天早上，他们毫不怀疑可以包围整个法国部队并将他们一网打尽……但现在人人都独自闲逛，没有人看周围的战友，要么只是在诅咒或发毒誓。"实际上，普鲁士人几乎没有被打败，而且如果细算伤亡人数，甚至可说是占了上风的，阵亡及重伤者刚过百人，而法国人是其三倍。但是从不伦瑞克的高级军官到普通小卒，普遍承认，普军的进攻行动遭到了极其沉重的打击也没错。军队拼命向前突进，仍未能阻止迪穆里埃和克勒曼两军在19日顺利会师。法军的几个师此时背对着东面站到了普军的身后。原本不伦瑞克可以选择强渡马恩河，然后快速挥师西进，就此直捣巴黎，可是他却让自己处于最为被动挨打的位置，让一支占据有利地形，人数众多的部队切断了后路。如果坐等威胁解除，然后前进，那将是个致命的败着，特别是全军深陷伤病困扰，行动能力严重降低，且九月份天气恶劣，一路上基本上是在泥泞中摸爬滚打。

而对于法军而言，此处就是曾被迪穆里埃称之为他们的"温泉关"（Thermopylae）的地方，面前是普军，身后就是巴黎。自始至终，这位将军的基本策略就是，反攻奥属尼德兰，以此阻滞普军进攻，但是这个方案却遭到巴黎执行委员会否决，直到不伦瑞克撤兵而去，直接威胁消失为止。20日这天，克勒曼带兵攻占了瓦尔密制高点一座大风车下的一处据点，而当时他的部队，多数是正规军而非志愿兵。法国人冒着普军的猛烈炮火死守阵地，并对敌人展开了猛烈的炮火反击。战士们排成单列纵队，带着一股子普鲁士人百折不挠的劲头，奋勇无前地朝山上冲去。尽管耳边炮弹轰鸣，枪声呼啸，掷弹兵还是听到了法国士兵在高唱《都会好的》，还有人大声呼喊"祖国万岁"。

[541]

不伦瑞克无法将对方的炮兵驱出有利阵地，只好取消行动，停止发动新一轮的进攻。此时双方均已伤兵满营，粮草短缺，彼此都处在对方和后方保持联系的交通要道上。迪穆里埃非常明智地让克勒曼继续撤退，一直退到圣默努（国王就是在这里被邮政局长认出来的），然后下令破路清野，以防普军再度来攻。不过还好未有敌人前来。而眼见军队消耗过半，不伦瑞克决定撤退，为防不测，一路上小心翼翼，严加防范，可是这样一来，全军士气彻底崩溃。歌德很快就意识到了，对于这场战争也好，还是对于大革命也好，这都是一个重大的转折点。深夜时分，意志消沉的士兵们围拢一圈，他坐在他们中间，想要点燃一堆篝火，可不知怎么的，就是烧不起来。在众人心目中，他是个随军智者，于是便问他，觉得这一天过得如何。"我习惯用谚语振奋军队的精神，让士兵开心。"他在战地日记中这样写道。但是尽管他说的都是无可置疑的客观事实，却并不能让士兵们的心里宽慰多少。"从此时，在此地，世界历史开启了新纪元，你可以说你见证了它的诞生。"

在巴黎，甚至在瓦尔密战报传来之前，对于这个崭新的时代就有了一个正式的官方称呼。从9月20日那天起，就是在国民公会开幕的当天，所有的国家正式文件都带上了"法国自由元年"的字样，21日正式宣布共和国成立，由此步入了一个新的历史时期。国王和家中妻儿都被关进了圣殿路的中世纪古堡，关于王室的陈年记忆也在巴黎被慢慢抹去。围攻杜伊勒里宫的次日，一大群志愿兵帮着将胜利广场上路易十四雕像从底座上推倒。如今一个月过去了，拥有主权的人民也有了他们自己的值得大事庆贺的军事力量了。目前的这支部队，是由吉贝尔和塞居尔两人重新组建的，虽然有来自大革命以后新生力量的补充，还有极少数志愿兵的加入，但实际上，瓦尔密大捷绝大部分应该算是旧式的王室军队的胜利。可是，随着克勒曼麾下的士兵高唱《马赛曲》和《都会好的》的故事到处流传，它就成了一场武装起来的公民打败专制主义武装走狗的胜利。

迪穆里埃没有被天下无敌的自我吹嘘所陶醉，事实上，他一直遵循务实冷静的战略原则。他也基本沿袭了拉法耶特的两项战术目标：一是迫使普鲁士军队退出同盟，二是巩固加强军事力量，在必要的时候，可以用来对付巴黎的暴乱分子。瓦尔密之役是普鲁士人最为脆弱的时候，可以乘此时机和他们进行接触。但是宣布成立共和国的消息传到前线，国王腓特烈·威廉的谈判立场马上变得坚定了起来，扬言除非让路易十六在8月10日之前重登王位，否则绝无言和的可能。对此，法方表示，除非普鲁士军队完全撤离法国，否则决不考虑继续谈判。这下子，和谈骤然破裂，但是普军并未遭到法方猛烈袭扰，便一瘸一拐地狼狈撤退，先是从前线撤兵，之后又撤过了莱茵河。

[542]

这下子，余下那些小帝国的军队就直接暴露在中部的比龙野战军司令屈斯蒂纳（Custine）将军的兵锋之下了（克勒曼已经推进到梅斯，迪穆里埃正挥兵北上，直取比利时）。到10月底，辚辚车马载着亲王-主教、储君选侯、帝国骑士和大臣公卿及随身之物，从莱茵河左岸的施派尔、沃尔姆斯和美因茨纷纷撤退。跟在后边是一些显贵家族的管家、刑官、乐正、驭左、猎师——伺候这些位穷讲究的陋邦僻邑的老爷都绰绰有余了，这副阵仗他们早就习以为常，不可一日或缺了。

法国人开始进城了，所到之处，大多只有寥寥无几的几个开明人士、新闻记者，还有一些大学教授跑来欢迎，暂时得安排这些人来担任解放事业的看护人。虽然他们发布公告，向当地百姓许诺，要将他们从"专制"和"奴役"之中解救出来，还他们以自由，但是他们真正得到的，却永远都是无休止的索取和超额的补偿，以此作为自由的代价。这也成为了今后二十年法国占领别国的一个基本模式，但在这头一遭里，它却着实令人感到意外。当时支持法国人的美因茨大学图书馆馆长格奥尔格·福斯特（Georg Forster）对屈斯蒂纳抱怨说，"如果我的同胞们一开始便被告知'我们要来拿走一切'"，那么他们本来不会被欺骗得那么惨。

法军开始不断向外扩张，矛头不光对准德国，还开始染指萨伏依，把那里的尚贝里和尼斯都给"合并"进"祖国"的版图了，迪穆里埃说服了国民公会，得以继续进兵，对奥属尼德兰发动攻击。他满心希望反抗哈布斯堡王朝的起义者能够再度揭竿而起，配合他的军队一道采取行动，早在1789年那场起义中，独立的比利时国家已经初现雏形。但是内在的决定性因素并不在于人们希望看到奥地利人倒台滚蛋（尽管也是非常渴望），而是迪穆里埃投入这场战役的绝对优势的兵力。不管是人员数量还是火炮配置，他都大大强于对手，几乎达到了 2∶1。在 11 月 6 日这天,他对蒙斯城背面,驻扎在热马普(Jemappes)高地上的敌营发动了攻击,在正面宽广的阵线推进的同时,他还派遣了另一彪军队迂回包抄,阻止敌人撤退。由于遭到了奥军骑兵的反击,特别由于志愿兵防线不够稳固,法军自己的阵地几乎失守,然而每一次都挺了过来,重整旗鼓,抖擞再战。当奥地利人发现法军已经杀到身后,坐着小船渡河而来的时候,热马普已经大半撤空了,只留下三分之一的军队,约莫四千人,战死的战死,重伤的重伤。蒙斯在 11 月 8 日向法军敞开大门,一个礼拜之后,迪穆里埃的得胜大军从布鲁塞尔的皇家广场上列队开过。

在法国,战局真正发生扭转,从焦虑不安的防御行动朝着布里索许诺过的"向普遍的自由进军"发展的,是热马普战役,而不是瓦尔密战役。和第一场战争中版画艺术家的轻描淡写的情况截然相反,这次对奥作战取得大胜,相关祝捷创作也确实是层出不穷、铺天盖地。梦旦夕剧团的演员,在旧制度下都是在凡尔赛宫演出,如今则专门演爱国新剧,重现大革命的历史场景,鼓舞巴黎人民的士气。热马普战役之后,他们亲自前往战场慰问演出,把两军鏖战的情景搬上舞台,剧中搬来了真家伙大炮作道具,还有演员非常逼真地穿上奥地利士兵的白色军服,丧魂落魄、四散奔逃的场面。演员通过戏剧形式的夸张和虚构,深深地打动了战士们,使他们真正认识到了他们打赢的这一仗,具有怎样重要的历史意义,剧团回巴黎之后,又将这部《热马普之战》带给了首都的观众,引起了热烈反响。

国民公会也被这种狂热的无敌神话冲昏了头脑。尽管罗伯斯庇尔一直反对动武,并怀疑迪穆里埃是想利用独立的比利时作为基地，对巴黎发动进攻，但是热马普大捷的消息让每个代表都喜笑颜开，信心大增，他也无可奈何。连茨瓦布吕肯（Zweibrücken）这样的蕞尔小邦都发来了国书，寻求法国保护，作为回应，国民公会在11月19日，作出大胆表态，保证向"普天下欲重得自由之国度"提供帮助。和国民公会做出的所有表态一样，这种从未有过的"宣传法令"在两个方面起到了作用。从措辞上看，它也是欧洲历史上第一份革命战争的宣言。但是我们必须始终牢记，大革命很大程度上是国民自尊心遭受伤害而引起的，同时也是出于振兴法国爱国主义传统的需要。故而尽管政府成员中也包括一些像艾蒂安·克拉维埃这样的外国友人，让人觉得这场战争是一场关乎改变信仰的观念战争，但是从头到尾，国家利益差不多始终是第一位的。当布里索在11月26日发出警告说："要等整个欧洲都燃起熊熊大火，我们的心才能平静。"他心里却在盘算如何进行战略扩张，以盟约的方式扶植一批卫星国，建立起一片前沿的缓冲地带，大革命政权就处在这层缓冲区的后面，被保护得严严实实。

[544]

比利时要是独立，不就是一片很好的缓冲区么？到了11月末，国民公会的一些代表心里变得很焦虑，他们担心比利时会成为迪穆里埃的军事封地。人们已经察觉到，他在对外谈判中正在自行其是，另搞一套，比方说，他曾经向一些天主教会作出保证，一旦他们答应提供无偿贷款，就对他们的财产进行保护。为了阻止这一行为，国民公会在12月15日通过了一项在欧洲人看来激进得多的法令，要求法国军事当局在占领的土地上贯彻执行大革命的根本法规，包括彻底铲除封建政权。就好比"人权"已经被广为接受，成为了生来享有的基本权利，那么消除大革命政权在地域上的局限也就是天经地义的了。迪穆里埃和丹东都认为,这些局限是地理上的障碍自然形成的:像比利牛斯山、阿尔卑斯山,还有莱茵河、英吉利海峡和地中海莫不如此。这就意味着"解放"的政策正混同为一种兼并政策,还美其名曰"联合"(réunion)。比如在瑞士边界的波朗特吕(Porrentruy)地区,即后来的蒙泰里布勒省(Mont-Terrible),和萨伏依的尼斯地区,就是这种情况。

然而这仅仅是宣告了"天然边界",并不意味着法国军队会自缚手脚,画地为牢。相反,只要他们仍然受到君主同盟的威胁,或者(正如宣传法令现在批准的)只要那些在专制主义制度的枷锁下呻吟的人民对他们发出召唤,无论何时,无论何地,法国人民都会随时同那些敌人斗争到底。这种进攻绝不拘泥于传统的方式。从前的贵族布里侯爵(Marquis de Bry)就曾提议成立一支由1200名职业的自由斗士组成的诛君队,派往世界各地,专事暗杀各国君主和将帅,暗杀对象走到哪里,刺客就追到哪里,实际上,这等于是世界上第一个国际恐怖组织。

正如歌德提醒我们的,这的确是世界历史上的一个新时刻。

三、"凡为君者必不清白"

至少有一张革命宣传画以骇人的清晰性表现了法兰西第一共和国的诞生。画上有一个婴儿,正从凶悍的无套裤婆娘的宽大裙摆底下钻出来——图中的文字告诉我们:这便是一个生而自由的公民(citoyen né libre)。可是他身量太大,并从一生下来明显带有一股子杀气。不过大革命从其一开始,也不乏以婴

[545]

儿作比喻并取得良好效果的例子。例如，9月11日，在奥恩省的国民公会代表选举就被比作是一场新生儿受洗仪式（和默尔特省一样）。整个选员大会被视为那名女婴——某年轻志愿者的女儿——的教父，而主持仪式的却是一位吉伦特派的退休军官，叫做迪弗里什-瓦拉泽（Dufriche Valazé）。仪式总共募集了300利弗尔作为礼金，奖励给女婴的母亲马德莱娜·许凯（Madeleine Chuquet），她为了纪念这次荣誉，特地为孩子取名选举者阿鲁伊丝·亚森特（Aluise Hyacinthe Electeur）。

举行选举应该代表一种类似政治清白的行为：也就是将人民的主权归还人民，以便人民可以重新设定赋权的形式。选举并不是要就国王的地位问题进行全民公决（关于这一点在8月13日颁布的法令中已有述及），确实有一些保王党分子参与了选举大会的工作，但是在8月10日的革命中，他们已经被看作是一股危险的政治力量而被彻底肃清了。不管吉伦特派对于巴黎的无套裤汉的武装动员采取何种保留态度，他们也不想跳出来公开反对发动起义的决定，让自己背一个反对革命的罪名。所以这一届政府操控在罗兰和他的朋友手中，他们披着立法议会的合法外衣，发出了详细的指示，要求在拥有投票权的适龄选民的基础上，召开初级的选举大会。

然而，虽然是民主选举，结果却不那么民主。明摆着人数是不可能恢复到原来的水平了，700万有投票权的选民参加投票的似乎不可能超过6%。于是，只能又一次在人数不满的情况下选出了一个更为激进的政权。当然人们不愿意投票，有很多充分理由。北部和东部全面交兵，激战正酣，匆忙间省议会只能撤离会场，以免被战火波及。在一些大城市中，政治气氛异常紧张，参与政治选举需要有极大的魄力，冒极大的风险。巴黎选举大会是在9月2日，也就是监狱大屠杀发生的当天举行的，地点选在雅各宾派总部，这可不是最中立的地点。此外，首都地区的投票，和其他10个省的情况一样，是当众宣布的，选民很容易遭到公然威胁和恐吓。即使像人们所说的，尽管有不断的吵闹叫喊，当地投票进程一直保持高度透明，但是巴黎方面要想让24名激进的雅各宾分子全部进入候选人名单，可能性依然很低，这些人包括罗伯斯庇尔、马拉、罗贝尔、桑泰尔、丹东、法布尔、德穆兰，还有演员科洛·代尔布瓦。而在法国其他地方，收割田里的庄稼要更加紧迫，更加现实，人们没有对投票选举产生太多的关注。

[546]

不管怎样，因为投票人数少就认定这是对8月10日革命的无声抗议，是一种误解。阿利松·帕特里克（Alison Patric）曾花费大量精力研究国民公会选举，他认为在整个过程中，吵吵闹闹的旁观者公然干涉的行为并不多见，武装人员插手其间更是罕有所闻。更何况，举行选举的时候，全国大多数地区对于巴黎大屠杀还一无所知，即使听说，也对滥杀无辜的情况并不了解。更重要的是，根据当时官方的宣传，说是当天巴黎人民发动起义，粉碎了保王派军队的叛乱，这种说法已经被普遍接受。但是真正是到了年末，国王受到审判，最后还被处决，全国各地的不满情绪才进一步加剧，更加倾向于公开造反。

我们甚至可以认为，这些选举就是投票赞成承继前制，而不是割裂传统。国民公会的749名代表中，至少有205人是立法议会代表，另外83人在立宪议会中占有席位。尤其是前者的改选，似乎表明了对这拨立法议会代表的偏信，这批人刚刚经历了君主立宪制，同样，这些人也能作为立宪会议在路易十六的把持之下，自身难有作为的活见证。剩下的由一些在当地政治事务中的重要人物组成，通常是口头上对现政府不满的那些人。

国民公会的构成人员相对比较年轻。其中三十好几快四十的人是人数最多的一档年龄段，大约占四分之一，但是那些热血青年共和派原班人马也并不是初出茅庐之辈，他们正当青春迟暮之际，正是政治生命的旺盛阶段。国民公会中律师的人数，比其前身更有过之。各级律师所占比例达到47%，这个倒是越发重要了，因为人们认为国民公会的基本职责就是审判。其他一些比较有代表性的重要群体包括，55名爱国教士（包括9名新教徒，拉博·圣艾蒂安便在其中，以及福谢和格雷古瓦在内不下16名立宪主教），51名政府公务人员，其中就有在瓦雷讷截住了国王的邮政局长德鲁埃，另外还有46人是内科医生。而像雅克·舍瓦利耶这样家境贫寒的农民代表可能不止一个，与之形成天壤之别的是，过去的亲王，皇家宫殿这块地的主人奥尔良的菲利普，眼下叫做平等者菲利普。

[547]

大跨度的年龄范围、相差甚远的职业背景和从政资历，并不能完全说明问题。而代表中有为数不少的记者、作家和小册子的写手，通过他们的出版物获得了很大的社会反响，这一点本身，要比他们的绝对人数更加说明问题。比如《爱国年鉴》的吉伦特派主编卡拉，他获得的选票足够他在至少8个不同的省区当选了（罗伯斯庇尔也只不过可以在2个省区当选而已）。这些以文字为业的代表，也和弗雷隆、马拉、德穆兰和布里索（他的名望，当然已经远远超出了《法兰西爱国者报》的读者范围了）他们一道，在论辩国是的大讲堂内，把他们办报写书的能耐全都抖搂出来，煞有介事地提出批评和指责，要是对方是像韦尼奥这样的吉伦特派更加欣赏的那种滔滔不绝、口舌如簧的类型，常常会出现意想不到的戏剧性的一幕，甚至会出言不逊，马拉和加代就曾挥动拳头互相威胁，厉声怒喝，响彻了整座议事大厅。

于是从一开始起，国民公会中少数敌对的代表之间，便极尽挖苦打击之能事，互相攻击。在早先的立法议会成员中，敌对阵营的力量最为强大，占尽优势，在立宪会议中则稍稍次之。诚然无论从哪方面看，这些政治集团和现代的议会政党都大相径庭，但是我们仍然不要被他们恶毒的敌对情绪蒙蔽了，在那些狂热分子的核心层，坚贞的信仰业已动摇，产生了两极分化的局面。就像当初在立法议会那时候，他们为了表示自己的激进立场，故意坐得很开。支持罗伯斯庇尔的一方坐在靠墙那头较高的长凳上，可是议长的座位已经移动过了，搬到了大厅的另一头，如此一来，非常滑稽的是，这些人现在坐到了议长的右侧了，于是便得了个绰号，叫做山岳派。一开始，谁都不愿意去坐斐扬派坐过的位子，似乎坐在那里就会背上保王党的恶名似的。但是不久之后，它成为了驯马场的地盘，也就成了吉伦特派重要头目和主力成员聚集的地方。坐在较低处，面向辩论席的是独立代表，通常被人称为平原派。这些人投票并没有固定的偏向，而是具体情况具体分析，根据是非曲直来决定支持哪一方。尽管如此，他们也并不是缺乏个性、毫无主见的一群人，这些人当中包括混迹多年、机智多谋的西哀士和能言善辩的律师贝特朗·巴雷尔，后来就是此人的介入，彻底改变了国王的命运。

尽管无法用社会根基，职业背景，甚至有无政治经验来区分雅各宾派和吉伦特派，这并不意味着他们只是围绕着罗伯斯庇尔和布里索这样的知名人物，本身并无个性差别的团体。在一些大革命的根本性问题上，两者存在在许多深刻的分歧。相当一部分吉伦特派来自临海和港口城市，不单是波尔多、布雷斯特和马赛，他们中多数是反对巴黎独霸大革命话语权，对外发号施令的。罗伯斯庇尔则正相反，不厌其烦地在雅各宾派会议上，在国民公会上，对巴黎大加赞扬，认为那才是永不枯竭的革命动力来源。但是尽管是处于占主导地位的顶峰时期，山岳派也是偏重于大城市，在中低层则是广泛来自全国各地的雅各宾派。而往往是所在的省份越偏远，便越是自认为处在拥护他们所坚持的纯粹革命信仰的雅各宾小团体的中心。在巴黎的时候，他们曾一度坚定地站在那些特别热情激扬、团结一致的集体的一边。自然，吉伦特派试图充当各省自由战士的计划，很可能遭到他们的反对。而就在吉伦特派敦促成立一支特别卫队来保护国民公会免遭暴力恐吓，马赛代表巴尔巴鲁试图发动公民朋友也来保护议会的时候，矛盾便正式公开化了。

吉伦特派始终突出自己宪法卫士的独特地位，对闹事者野蛮残暴的行径坚决予以反对，这倒并不完全是惺惺作态。大屠杀的花样在不断翻新，变得越来越无所不用其极了，于是他们也利用一切机会，将问题归咎到起义者公社身上，还说雅各宾分子应该为此负责。由于国民公会主席和秘书一职，整整三个月来一直由吉伦特派把持，故而在这期间，议会演讲的出场次序，甚至讨论会的议程设定，也都由他们说了算。但是他们这种一手遮天的做派实在是太嚣张霸道了，结果不结盟的平原派不但没有向他们靠拢，反倒是敬而远之。不可否认，一些雅各宾分子确实直接参与了谋杀行动，但是吉伦特派中的一些人，比如说罗兰，也并不能脱尽干系。韦尼奥和让索内这两名代表知道，他们只是侥幸地从刀子底下躲过了暗杀，自己和山岳派政敌必有一场恶斗，不是你死就是我亡。不过他们也做得也太张扬了，简直是狂热到了极点，常常把穷凶极恶的嘴脸彻底暴露出来，给人的印象就是汲汲于私人仇怨，全然不顾国家大局。

关于这一点，在10月29日的卢韦（Louvet）的《哨兵报》（La Sentinelle）上某篇针对罗伯斯庇尔的无情抨击的文章中显露无遗。卢韦借用了西塞罗责难喀提林（Catilines）的论调，指斥罗伯斯庇尔搞个人崇拜，将自己凌驾于民众之上，谋求专断，国民议会中数百位饱读诗书的拉丁舌辩之士没多久便对这种论调熟稔于胸。罗伯斯庇尔则在11月5日发表讲话，进行反击，针对卢韦所指的妄自尊大逐一进行辩驳。在讲话中，他将政治和哲学原则加以抽象化，把大革命中的"自我"从原先的卑贱低下，缺点甚多的小人，抬高为一个德配天地、无可挑剔的圣贤。他还暗示道，确实有一个无耻的投机分子，拼凑了一堆天花乱坠的鬼话，多半是将清高孤傲和勃勃雄心混为一谈。恰恰相反，他这个人生来便十分谦逊，故而只知道虚心地做以史为训的纳谏者（说到这里大家开怀大笑，敬意油然而生，丝毫没有嘲讽的意思，可见在气势上他已经完全占了上风）。在替自己洗刷了罪名之后，他又开始为大革命的过度杀戮进行辩解。说那些指责屠杀的人，难道没有认识到，用传统价值观来衡量，大革命从1789年爆发之初起，就已经是"横行不法"的了吗？

[549]

不正是依靠人民的拥护，才支撑到现在吗？用过时的政治伦常来评判是非，根本就是毫无道理，自相矛盾的。照此理论来推，岂不是要将民众起义与生俱来的正义性也一并剥夺了吗！他问了一个非常机智的问题："你们是想来一场不革任何人的命的革命吗？"

在瓦尔密、热马普战役结束后，围绕国王的审判这同一问题展开的争论，国民公会差不多投入了全部精力。不用说，眼下国王一家老小被囚圣殿监狱的状态不可能无限制继续下去。只要他没有被起诉，那么8月10日的行动，更别说9月21日宣布共和这件事了，就仍然会受人谴责，至少是没有一个公开的法律依据。部分吉伦特派成员就在起义之前刚刚向王室示好，即将开始的审判让他们感到不安，极力设置绊脚石阻止这一进程。但是对于列席国民公会的各级律师而言，这一步必须要走：他们已经和君主制一刀两断了，因为国王罪恶滔天，甚至出卖国家，被明正典刑也是他罪有应得，简直是人人得而诛之。

首先是成立了两个预审委员会。第一个委员会由迪弗里什-瓦拉泽负责，专门对那些堆积成山的抽屉、箱子和麻袋进行搜检，看看里面能不能找出足可作为呈堂证供的东西。第二个

[550]

委员会效率比较高，负责人是图卢兹律师马耶（Mailhe），就程序问题先期提出报告：在1791年宪法中曾经确立的国王人身安全神圣不可侵犯，那么现在能否对他进行审判，如果可以审判，那么放在哪里审更为妥当。一些实际问题也开始浮现出来，宪法对于何种情况下可以逼令国王下台有明文规定，（挑动内乱，举兵反叛；流亡国外，无意回归等等）但同时也有这样的章程，即惩戒唯止于废黜。而路易已经被迫放弃王位，那么从严格的

法律意义上说，（如辩护律师所提出）作为普通公民，路易只能对他在退位之后所犯的罪行受到法律的追究，而现在人被囚禁于圣殿监狱内，实在是不可能做下这等恶行的。

马耶负责的委员会在 11 月 6 日向国民公会提交了报告，对敏感棘手的问题采取回避态度，强调普遍适用原则，不把严格的司法程序作为重点，宪法中国王人身不可侵犯的权利，是由主权国家授予的，自然也能由主权国家随时收回。也就是说国王无论作为公职人员，还是普通公民，都可以出庭受审。出于同样的原则，作为现政权的载体，国民公会不但可以，而且应当承担起审判机构的角色，因为无论是普通法庭，还是由它指定的特别法庭，都无法全权审理如此重大的案件。再者，关于最终判决，应该能够体现每一个代表的态度，反映议会整体的投票结果，这样才能充分履行他们在政权体制中所负的责任。

一方面是抽象的原则精神，另一方面是具体的司法规定，由此形成的尴尬和矛盾，在一个礼拜之后都凸显了出来，当时国民公会开始讨论马耶的委员会提出的报告，由前高等法院推事埃罗·德·塞谢勒担任会议主持。一小撮代表就坚持认为，国王是不可侵犯的，其中叫得最响的就数莫里森。（他表示，对于那些主张"凡是同我意见不合的人都是叛徒"的人，他也极为反感。）但是人数更多的议会成员，包括部分吉伦特分子和许多平原派代表，譬如格雷瓜尔都认为"绝对的不可侵犯的权利是荒谬的，它会纵容一些人行恶，那些人知道自己不会因为犯罪受到任何惩罚。若国王已经恶贯满盈，却还宣称他不可侵犯，"格雷瓜尔接着说，"若他已经违反了法律，却还赋予他掌管法律的权力……不仅有违自然，也是对宪法的亵渎。"

[551] 但是对于完整审判原则最为猛烈的抨击,不是来自右派而是来自左派,是来自法国大革命中最著名的演讲处女秀。演讲者是路易-安托万·圣茹斯特(Louis-Antoine Saint-Just),1789年他曾给他崇拜的偶像罗伯斯庇尔写过信,年方25岁就成为了国民公会最年轻的代表。因为写了一首题为《奥尔冈》("Organt")的长诗,这才被请到巴黎,实际上多数人认为那是一首"淫辞"(这还算说得客气了)。他明显是学罗伯斯庇尔的样,努力摆出一副少年老成的样子来,可是他又喜爱打扮,这样本就故作深沉,古板严肃,现在更是让人心生厌恶了。那满头黑发梳成一绺绺的,披散在肩头,一只耳朵上还耷拉着一个金铛,他非常注意举止,总是习惯性地显露出一股子傲岸凛然,拒人于千里之外的神气来。

他的发言,其实是对罗伯斯庇尔关于大革命行为的客观道德标准的理论作了一番让人心惊胆寒的总结。把国王押上审判席,就等于是承认国王有可能是清白无罪的。如果那样的话,那么8月10日的大革命本身就有问题了,国民公会是最不愿意承认这一点的。现在问题是,并不是这个公民,这个全体人民中的一员,到底是有罪,还是无罪,而是跳出国家政体的范畴,纯粹从自然属性的角度,他就不能为人们所容。就拿路易来讲,他就必然会成为一个"暴君",因为"凡为君者必不清白",故而对共和国存在的价值而言,既然生来就是要消除一切暴政,就不可避免地要将他消灭。要做的就是立刻褫夺其所有人权,如医者开刀切去赘肉一般,将他从国民政治中完全割除。国王唯有死,共和方得存,就这么简单。

这些论断实在让大多数代表难以接受,不过圣茹斯特的演讲确实在国民公会内外给人留下了深刻的印象。这无疑使得吉伦特派十分被动，因为如果再要模棱两可，不置可否，那就是对共和国本身的不满了。但他们还是虚晃一枪，表示成立共和国的法令要以全民公决的方式来通过。但是到了 11 月的后几周，局势很清楚了，他们现在只能再退一步，接受审判，争取影响其判决结果，要不就发起一场运动，就上述两件事分别搞全民投票。这样至少能够避开雅各宾派的立场，罗伯斯庇尔不是已经反复强调过了吗，早在 8 月 10 日，人民已经作出了判决。现在只剩下一件事，那就是让国王听听人们对他的控诉，尽快地得到制裁。从原则上说，其他任何的选择，都是与共和国本身背道而驰的。

11 月 20 日罗兰在国民公会上的一番精彩表现，让吉伦特派狼狈不堪，迅速作出让步。他不无得意地透露道，他从国王的一个御用锁匠嘴里得知了一个秘密，发现了深藏于铁函之中的大量涉及代表们活动情况的文件资料，这让那些代表们颇为恼火。他神秘兮兮地暗示说，这些文件要是被抖搂出去，很多山岳派分子可都得倒霉了；也就是说，在国民公会尚未整理过目的情况下，罗兰竟然私自打开了铁函，这让包括很多平原派在内的代表，都感到气愤不已，于是各种指责便四散而出，说他可能已经将部分证据给隐瞒了下来，或者进行了篡改。但当其中的细节被慢慢披露出来之后，显然确实存在很多重大罪证。国王给布勒特伊写了很多封信，信中将宪法说成是"荒谬已极、至为可恶"。代表们终于知道，他接受宪法只是表面敷衍，内心毫无诚意，都是被逼无奈所作出的姿态。而一份公开宣传册，则揭示出真正藏在幕后的黑手就是米拉波，他在给路

[552]

易的信中不断教唆他如何夺回威权，再掌乾纲，还有他本人给国王出谋划策拿了多少好处，现在也都大白于天下了。于是在 12 月 5 日，罗伯斯庇尔开始充分施展他"烛奸发隐"的独特本事了，他提议将米拉波的遗体迁出先贤祠，那些纪念胸像也该一并砸毁。

这一最新发现表明，王室确实是在玩弄两面三刀的伎俩，真是罪有应得，必须尽快对国王进行审判，实在没有什么理由再拖延下去了。在巴黎的各个分区会议上，人们甚至把经济危机的账也算到国王头上，认为他应该为食品价格暴涨承担罪责。传说他故意在凡尔登和隆维的仓栈中囤积了大量金银和粮食，实际上是留给普鲁士人的。以阿纳克萨格拉·肖梅特（Anaxagoras Chaumette）为首的公社代表，在国民公会上表示，正是因为没有追究路易所犯下的罪行，才酿成了物价飞涨，指券贬值的恶果。"现在是让污血流淌来巩固人民自由的时候了！"狂怒者雅克·鲁在格拉维利埃一个挤满了市场搬运工和街头小贩的贫民区这样说道。面对铁函所揭露出来的罪证，吉伦特分子还在推诿不决，梅兰·德·蒂永维尔（Merlin de Thionville）已经出离愤怒了，他在 12 月 3 日的国民公会上大发雷霆，还说他真恨不得在 8 月 10 日那天亲自下手弄死路易，此言既出，顷刻引来一片责难之声，议事大厅内顿时混乱不堪。两天之后，终于作出决定，另外一个委员会将草拟一份控诉状（acte énonciatif），并通知国王本人，同时还会就审判的程序作出决定。

所有这些义愤填膺的行动所针对的目标，此时却置身于沉思冥想的平静中，几乎听不到外界的纷扰。此时的他，已被囚禁在圣殿古堡的高墙之内（以前属于他的兄弟阿图瓦），连读报的权利都被剥夺了，城外一浪高过一浪的仇恨与愤怒，他也浑然不觉。上下两层房间都划给国王一家住，还派了13个人专门伺候他们，此外，立法议会还非常大度地给国王安排了一名贴身近侍。国王要求看书，于是便给他找来了一大堆书：古罗马历史，信徒祷告指南，布封的博物志，塔索（Tasso）的诗集，还有波舒哀（Bossuet）的布道经卷，此外，还能到塔楼上去查阅马耳他骑士团的旧书库中的古籍。

安逸的环境聊可慰藉，但是花样百出、点点滴滴的轻慢和侮辱却冲淡了这种愉悦，实际上卫兵都受到关照，要让路易再多吃点苦头，让他放明白一些，谁都不会再拿他当陛下看待了。这些当兵的就是存心当着他的面，神气活现地戴着帽子不肯脱，屁股坐在椅子上就是不挪窝。下午散步的时候，也不许他佩戴勋章。出言辱骂更是家常便饭，可想而知，王后和伊丽莎白夫人（她自愿要求被允许一起坐牢）对此更是感到羞愤难忍，比国王更加难受。据克莱里记载，某一次，一个卫兵，还是个英语教师，跟着路易来到书桌前，坐在窗前，待在国王身边就是不肯走。玛丽-安托瓦内特的女红也被没收，理由是怀疑她正在织秘密代码，想要偷偷夹带出狱。公社还生怕国王在刽子手眼皮底下耍花招，连他的剃刀都一并拿走，强行指定专人来替他剃须。小事情上故意和他过不去，路易干脆就蓄起了络腮胡，表达自己的不屑，后来他们总算又同意路易自己剃胡子了，只不过要在卫兵的监视之下。墙上那些看守的涂鸦，可能更加气人：都怪里怪气的，一个戴着王冠的细长条的东西耷拉在绞架下面，这还有个说道，叫做"路易在空气中沐浴"，要不就是一个胖子躺在一台断头机前,名堂叫做"啐口袋",大屠杀期间,拿这种杀人机器开玩笑的例子还有很多。

寻常人家的平静与温馨,驱散了这种微不足道的羞辱,克莱里写得如此动情。每天清晨,一家人聚在一起吃早餐,彼此拥抱亲吻,庆幸又多活了一天。用罢早饭,上午多数时间,国王和王后分别辅导儿子和女儿的功课。会挑一段拉辛和高乃依的文章,让太子(现在应该叫"王子"了)来朗读,或者是背诵,当然啦,上地理课是父子俩最开心的时候,要给18世纪的法国各个新的省份涂上颜色,还得划分边界(倒是不带一点政治偏见)。中午时分一家人可以在圣殿花园中闲走一阵子,克莱里还和孩子们玩滚铁环和掷球游戏。下午2点左右吃午饭,每天这个时候,国民卫队司令桑泰尔都会过来检查他们的房间。

[554]

到了晚上,玩一阵子毽球和羽毛球,临上床前,根据路易的要求,他会给家里人读一段罗马历史故事,而往往读到惊心动魄、痛苦不堪、让他们触景生情的段落,便会停顿下来陷入沉思。他们相聚在一起的那间大屋子,墙上贴着《人权和公民权宣言》。虽然严酷的历史近在眼前,还有近日来早晨七点钟的时候,塔楼窗子外一个小贩大声嚷嚷着要砍他脑袋的消息,可是每天已经成为规律的虔诚的宗教祈祷,抚平了伤痛,给人以抚慰。早上醒来第一件事就是祷告,晚上睡觉前最后一件事也是祷告;每逢宗教节日,国王都恪守戒律习俗,在牧师不在的情况下,他还得负责全家的精神信仰。在他内心深处,他仍然自认为是加冕礼上被授予的基督教君主。但是眼下,他也比以前任何时候都更加清楚地意识到,自己应该履行作为一家之长的职责。这一回他们是彻底被赶出政治舞台了,王室一家最终成为了普通公民。

四、审判

12月11日,马尔泽布写信给国民公会主席,要求出任国王的辩护律师。这封信写得很具个人风格,措辞颇有胆色,却又保持低调,不事张扬,似乎对自己贸然提出为国王考虑的话感到歉疚。不过信的字里行间也暗含讥刺,"我没敢奢望您这么重要的人物(即主席)会对我的事上心,但我曾经两次应召参加他的御前会议。当那个位置还是万民向往的时候,他是我的主人,现在许多人都认为这个位置极其危险,但我仍然应该为他效劳。"

他说的这些人中间,就有曾在旧制度法国享有盛誉,辩才出类拔萃的大律师塔尔热。虽然此公曾在钻石项链丑闻中为罗昂红衣主教辩护,让王室狼狈不堪,但自此以后,他跻身国民议会,成为了君主立宪制的衷心拥护者,替法兰西君主(法国国王)起草了信仰自白书,以此完成了和平过渡。本来他该是替路易辩护的最佳人选,可事到临头,他竟然避之犹恐不及,好像别人要鸩杀他一样。他找出一大堆的理由,诸如年事已高(其实比马尔泽布还要小了14岁),体弱多病,又加之俗务缠身来加以推脱。他表示自己感到颇为歉疚,但实在是无能为力。尽管如此,一年之后,在大恐怖时期,人们却发现,这头巴黎高等法院的雄狮塔尔热,却摇身一变成了巴黎分区革命委员会的秘书。

[555]

智识上的同道好友,人品修养却如此不堪,大革命期间,马尔泽布感到心灰意冷，颇为失落。在其漫长人生中，他始终相信，理性主义能够起到净化人伦风俗的效用。故而后来在所有出版审查官中，他是最有主见、最为谦和的一个，在他看来，无论是从道德教化考虑，还是从实际意义出发，出版审查制度都缺乏充分的理论依据。1789年春天，在从垮台的布里埃纳内阁中抽身退出之后，他完成了一部皇皇巨著，一本论及出版自由的备忘录，但他实在是书生气十足，竟然把书交到了死心塌地的旧制度，文化警察埃默里（d'Hémery）的手里。但是，接踵而来发生的打击，却并未动摇他的信仰，他依然坚信，出版自由是绝对必要的，当然并不是靠滥用伤风败俗的方式来加以实现。而那种因循苟且，对暴力行为妥协退让则是更为有害的，由此造成了对1780年代自由联盟的极大破坏。

那些能言善辩，同席进餐的昔日好友，用万道光芒照亮破败的法国，还用成堆的宪法拯救危亡的有志之士，如今安在呢？拉法耶特投敌叛国，成了奥地利人的阶下囚；米拉波也已身败名裂，和王室暗通款曲的旧账已经被揭发了出来。塔列朗呢，远在伦敦，煞有介事地以共和政权特使身份，办他的外交事务，可是谁也不指望他还能回国交差。此外，还有那个杜邦·德·内穆尔，就在他逃脱的那个礼拜，监狱大屠杀便发生了，险些遇害。拉罗什富科公爵可就没那么幸运了。给他的罪名是，他曾在巴黎省一份草拟好的文件上签字表示同意，促请国王动用否决权，阻止驱逐顽固派教士，于是他被暴民用残忍的手段杀害了。马尔泽布将拉罗什富科的遇害归咎于孔多塞，认为是知识界相互倾轧，嫉贤妒能的结果，这未免有些冤枉了。马尔泽布的孙女婿托克维尔（作家托克维尔的父亲）曾经听他亲口说过，他宁愿给敌人辩护，也不会替孔多塞说话（很快孔多塞就要急需律师了），哪怕他身陷危境。

在这无尽的悲痛和困惑中，他仍然要奋力挣扎，努力保持自身一贯的正直与坦诚，竭尽其所能，用一种不失尊严的方式度过自己的余生。马尔泽布并不是一个自甘消沉，听天由命的人。尽管已经 71 岁了，形容苍老，饱经风霜，却依然焕发着斗志，充满着力量，连罗伯斯庇尔也敬畏三分，认为那并不是一种达官显贵的骄矜之气。再者，自 1789 年来，也并不是样样事情都教人沮丧、令人悲哀的。总算在活着的时候见到了孙女嫁了人，跟夏多布里昂（Chateaubriands）的布里吞家族攀了亲。他憧憬了很久，并且积极筹划着要和年轻的作家弗朗索瓦-勒内去美国西北部探险，这个勒内，在布雷斯特看到法国海军，激动得不了。两个人一块儿查阅白令海峡的和哈德逊湾的地图，研究海象和鲸鱼的骨雕艺术品。"我如果再年轻些，一定跟你同去。"老人坦承道。

至少现在，他可以抽空研究一些瑞士的花花草草了。女儿弗朗索瓦已经随夫君移民瑞士了，1791 年春天马尔泽布也来到洛桑（Lausanne），和他们住了一阵，还采集了些阿尔卑斯山的植物样本。真是讽刺，就因为在这段时间里，和所谓的"流亡女蒙布瓦西耶"调笑玩闹了一阵，居然在大恐怖时期惹来杀身之祸，以至于被披枷戴锁押上公堂。他是在仲夏时节才回到巴黎的，仍然住在忠烈路（rue des Martyrs）上的家。尽管我们还不知道他对瓦雷讷逃亡事件是怎么想的，他确实非常记挂着国王的处境，每至周日刚起床便跑去杜伊勒里宫侍奉他，置"刀斧森森，来者不善"于不顾。

[556]

想要在国民公会上替路易十六说话的，还不止马尔泽布一个。戏子出身的女权主义者奥兰普·德·古热，这位《女权和女性公民权宣言》的起草人，竟也挺身而出，实在是出人意料，她虽然是革命积极分子，但觉得路易实在没什么错，比那些历史上的暴君都要无辜，看得出，她很想证明，妇女身上的"侠义之风、豪迈之气"丝毫不让须眉。国王还是婉拒了她的好意，但是当他得知除塔尔热外还有一个人选，原先高等法院的文官弗朗索瓦-丹尼斯·特龙谢（François-Denis Tronchet）愿意出山，显得十分高兴。同意是同意了，自己的退休生活被打断，还是让特龙谢颇有怨言，只是他不能拒绝为一个"命运悬于律法的刀剑之下"的人效劳，所谓的律法刀剑，说得更直白就是断头的铡刀。

一切所能得到的帮助，对路易来说都是需要的。只有在罗贝尔·兰代（Robert Lindet）以二十一人委员会名义起草了一份控诉状向他当面宣读之后，路易才被允许请律师。兰代是贝尔奈（Bernay）的诺曼镇镇长，虽然他曾在 8 月 10 日出手搭救了一名瑞士卫兵军官，还算是心地仁厚，但是在多数情况下，他只会附和山岳派的意见，在大恐怖时期，救国委员会中唯一一个拒绝在丹东死刑判决书上签字的人就是他。不过，他的那份控诉书（*acte énonciatif*）可真是赶尽杀绝，毫不留情，从头到尾痛说革命史，把国王所干的那些勾当一桩桩都给抖搂了出来，国王是如何处心积虑想要秋后算账，如何花言巧语，如何公然抗法，很多具体事例现在都可以从铁函内的档案文件里得到确凿证据，要想反驳他的指控可是相当困难的。国王实际上反对召开三级会议，只是财政状况完全处于崩溃边缘才不得已而为之；而且他也确实打算动用武力来粉碎各阶层的联合、镇压因内克尔被解职所导致的巴黎示威游行；他还尝试潜逃国外；还曾经违背当初许下的誓愿，和国外势力秘密接触谈判，妄图恢复自己的统治权威。它是一份可以给他量刑定罪的历年来的丑行记录，说明国王根本是在虚与委蛇、阳奉阴违。当然，材料当中没有提到来自革命当局的暴力威胁，所以说，这个不能算是真正具有效力、能够反应大革命历史真相的审判，兰代的控状所披露的都是国王没法辩驳的一系列犯罪事实。

11日早晨巴黎市长尚邦（Chambon）来到坦波尔宫，说是要提审路易·卡佩，"我不是路易·卡佩，"国王愤怒地反驳道，"这是我先祖的名字，我从未用过此名！"路易今天不会怎么发火，但这算是一次，而且尽管遭到了嘲弄，却依旧恢复了极为沉着冷静的态度。他穿上一件橄榄绿的丝质外套，站到了国民公会大厅前，此时大厅两廊都挤满了围观旁听的民众，在得到巴雷尔的准允之后，他才可以坐下来，正如国民公会清楚地意识到的那样，这就等于是一个最能象征凡尔赛宫廷翻天覆地变化的标志，搁在过去，来到这里，在国王面前入座次序的排定，是有非常严格的规章制度的。

路易从头到尾听完了对他的指控，便开始对巴雷尔的问题作出了回答，他完全否认自己在1791年之前或者之后做过什么违法勾当，控词中说他前往圣克卢未成，那次实际上是企图逃跑，他认为这项控告荒唐之极。至于说他在1791年对一些法律议案进行否决，他回答说，这是立宪大会赋予他的权力，并且还否认对杜伊勒里宫的防御力量进行加强，目的是要"攻打巴黎"。在整个陈述过程中，他显得相当平和，认为道理在自己这边，所作所为无可指责。只是当巴雷尔一口认定，他应当对"巴黎血案担责"之时，路易才忍不住勃然而起，激愤万分地出言反击。现场一些人看到此时他已然落下了眼泪，但路易决心不让控诉者看到自己丝毫的软弱，于是马上抬手托腮，并在前额做了一个擦拭的动作，好像只不过是擦掉不断流出的汗水，这个骑马场实在是太闷热了。他这套辩解中最薄弱的一环，是由于他自己的无心失误造成的，那就是他拒不承认那些从铁函中取出的文件是他亲笔签署的。

[558]　　从为他制定律师到 12 月末全面审判，路易每天都在为如何为自己辩护而做准备。公社打算再给他一点厉害尝尝，便拒绝了他再想见见孩子的要求，这条规定实在是不近人情，毫无道理，国民公会可能是想给他一点安慰，允许他偶尔见上一面。不过王室一家的生活规律就此打破了，每天都是律师进进出出的。国王已经同意马尔泽布为自己辩护的提议，另外特龙谢也决定，让他的一个年轻的同僚出来帮忙，此人名叫罗曼·德·塞兹（Roman de Sèze），他声音洪亮，言辞犀利，似乎在波尔多酒馆这种地方特别游刃有余，国王也实在找不到更好的一支辩护团队来给他帮忙了，不过这些人在具体方法上却并不完全合拍。有一段材料提到，早在 1788 年，马尔泽布就和国王讨论过大卫·休谟关于查理一世倒台的论述分析，所以他建议路易就法庭提审他的权力提出疑问，特别是要对国民公会对于他们所任命的法官和陪审团的使命发出挑战，并对通过革命政府规章制度所建立起来的法律程序进行反驳。当然这么做，也就意味着对 1792 年革命政府的合法性不予承认——罗伯斯庇尔已经预料到了这一点——但是至少在马尔泽布看来，这样的观点是很有

内在说服力，是有道德依据的。

但是国王却十分固执，偏偏要以己之短，攻彼之长，坚持宪法赋予自身不可侵犯的权利，以此为基准点，为自己作为一个具有良知、恪守诺言的公民国王的行为进行辩护，差不多就像在 11 日的自诉中所说的一样，将上述罪名逐一加以批驳。他相信公正的审判将会证明自己的清白，所以干脆就没有照着德·塞兹结束时所讲的那一大堆话来为自己辩护，在他看来，那些话实在是矫揉虚饰，做作过头了。

圣诞翌日早晨，路易又一次被带到了国民公会的审判席前。尽管已经四天没睡了，德·塞兹做辩护词的时候，依然神采飞扬，精力充沛，他再三表示，目前国王的地位已经得到了确定，现时代的宪政下属机构根本无权对他进行起诉。其所作所为已经使他遭受逊位之惩罚，不该再度受审，更何况那一帮人在他应受何种惩罚的问题上，早已定下了结果，并大肆宣扬。接着他又从相反的角度，对兰代的指控进行了辩述，认为路易的行为并非是精心策划的骗局和阴谋而是面对威逼胁迫的合法反应。他称这是直到 8 月 10 日为止国王的一贯态度。他是这么开始总结陈词的："各位公民："

> 如果这时有人告诉你，有一群人受到别人蛊惑煽动，全副武装杀了过来，根本就不在乎你是神圣的立法者……你又能怎样呢？……你会指控是他造成流血冲突吗？他和你一样为了这天大的灾难而哀痛不已，这件事情令他悲痛欲绝。他深知自己虽然不是造成流血事件的罪魁祸首，但该事件有可能起因于他。他永远不会原谅自己。

[559]

最后，德·塞兹描述道，少年天子于登基之初，满腔热忱，立志改良，完全是秉政至仁，也不乏治国良知。当然他说的这些，很大程度上确是人所公认的。但是这位辩护律师却犯了个严重错误，照搬了路易最常用的口头禅，说正是他，"赐予"法国人民自由——这种话在1789年说出来，恐怕没有几个会产生共鸣。德·塞兹最后说的话，和差不多大革命期间的所有形式雷同的长篇宏论一个样，都是要上升到历史高度"历史如何评断，还请各位三思"。

德·塞兹提出要由后世子孙来做出裁定的做法，看来不会对绝大多数代表判定路易有罪产生多少改变。但是这并不是说，他激情四溢、掷地有声的陈述，还有他沉稳寡言的人格尊严，毫无半点用处。很显然，不单是山岳派坚持不懈地在量刑、取证，还有处置问题上所花的功夫帮了他的忙，而且路易在法庭上的表现，也让公众意见受到了影响。辩护词作为官方法案被印制成册，很快和兰代的控诉状一起，被广泛地分发出去。甚至还出现了打着国王的旗号的骚乱活动，比如在鲁昂，就发生了一起暴力事件。

部分吉伦特派分子敏锐地察觉到了公众意见开始出现了游移，这说不定是他们打败山岳派的唯一机会了，于是他们大造声势，将公审的舞台转移到了国民公会之外。其实在这之前，一些代表，比如凯尔桑，就曾提出要搞一场所谓的"请命于民"的运动，甚至对审判进行抵制，但是现在韦尼奥和布里索却利用了这次运动，这样万一国王难逃一死，也好有个脱身之策。为了表明他们这么做丝毫不是出于保王党人的私心，其中的一名成员比佐（Buzot），再次对已经投入山岳党阵营的平等者菲利普展开攻击。他提出要将那些妄图复辟君主制的人统统处死，这样一来，包括马拉在内的雅各宾分子都将处于令人痛恨的地位。因为他们必须出面力保这位国王的表弟。在裁决和判罪的问题上，吉伦特派同样也采取了非常微妙的斗争策略，同意进行一次民意投票。卢梭的至理名言现在被两个党派争相引述，作为有利于自己的理论依据。吉伦特派的一些演说家，比如像韦尼奥，声言国民公会没有资格剥夺属于人民的权威，"委托权"仍然在人民手中。也就是说，从逻辑上讲，应该重新召集投票产生国民公会的44,000个基层议会商议，才能决定国王的命运。也唯有通过这种方式，国民公会才能让人信服，才算没有违背"普遍意志"。布里索还特别指出，在讨论中要把国际关系也考虑在内。全欧洲都在盯着法国的一举一动，他这么说，倒也并不夸张。那些反法国家都迫不及待地跳出来横加指责，说国民公会早已沦为了独裁政党的玩物了。要是通过这次投票，能够完全体现出人民高度团结，行动一致，不正是对谣言最有力的驳斥吗？

贝特朗·巴雷尔在1793年1月4日所作的这番辩驳，可说是最为切中要害，同时也是最为连篇累牍的讲话了。对于那些不用承担义务的平原派代表，这番话更显得掷地有声，代表了一部分雅各宾领袖的观点，也并不带有那种一党之见的偏激。巴雷尔让国民公会真正认识到，议会的根本职责，乃在于彻底埋葬君主制度。国民公会应该勇于担责，不要因循苟且，将皮球踢给广大选民就算了事，何况这么做肯定会引发严重的党派纷争。必须做出选择，要么国民公会发挥政府机构应有的职能，要么就彻底放弃权力和责任，听凭国家陷入无政府状态和自相残杀的状态中。他的这番话，并不如马拉说的那样血肉横飞、丧心病狂，但是对于迷恋于他们的集团威权的那些人来说，确实很受触动，深以为然。事情摆在眼前，他们毕竟是堂堂的人民代表，是用共和理论武装起来的。怎么能够在需要郑重承诺他们所认同的原则观念这个节骨眼上退缩呢？

但是不管是什么意见，路易是生是死，尚无定论。1月4日开始在韦尼奥主持下进行投票，有三个问题需要决定：国王是无罪还是有罪，究竟该怎么判，另外就是诉诸民众的问题尚未解决，究竟该怎么办。很快人们就发现，三个问题的先后顺序至关重要，因为一旦国王被认定有罪，并且应予惩罚，那么再要诉诸民众裁夺，就会被看作是一种孤注一掷的拯救，而不是公允的意见咨询。就像在民意咨询一事上一样，对于前后顺序，吉伦特派内部也产生了分歧。有些党员，比如马克西曼·伊斯纳尔，他的观点就和韦尼奥与加代非常接近，在所有问题上和山岳派都一样。意见双方隔着大厅对骂互责，韦尼奥只得宣布休会，到后来总算达成了妥协，就是将诉求民众的事情放到判决结论揭晓之后，最终定罪之前。

[561]　　1月15日早上，开始按人头点名，随后投票开始，法庭上749名代表开始唱名表决。这个费力劳神的办法是马拉提出来的，说用这种方法，可以让"叛国分子"自我暴露，因为这样一来，他在遭到驳斥的时候，就不得不跳出来为自己的观点进行辩解。提问仅仅涉及是或者不是的表态，有些性格倔强的代表，像上马恩的立宪大主教、卓越的科学家拉朗德拒绝就此作出抉择。但是没有人主动投票赞成路易的无辜，投票认为有罪

的总共为693人（有些缺席）。如大卫·乔丹在他那本关于审判的很好的研究著作中指出的，当进行到第二轮投票的时候，它的倡议者意识到自巴雷尔的讲话之后，在他们的阵营中出现了带有敌意的摩擦。甚至一些不断表示原则上支持的，但是却投票反对他们很可能会赞成的结果。在最后这件事投票结果是424票对283票。

三轮投票中，1月16日开始的有关最后判决的投票，自然是最富戏剧性的。刚开始，曾经带着雷恩的地方法官公开对抗布里埃纳所颁法令的朗瑞奈，本来是帮着打倒旧制度，现在却想要搭救君主制的化身。判决国王，兹事体大，必得三分之二多数通过方可。这个提议遭到了从比利时战斗前线回京的丹东的有力反驳，说当初废黜国王的时候，国民公会可是从未想到过什么三分之二，现在突然冒出来这么个规矩，凭空臆造的痕迹也太明显了。

议会代表们为这桩官司从晚上8点，一直忙到次日上午9点，都没顾上休息，据梅西耶说，很多旁听的一边看，一边喝着冰水，吃着橘子，硬是撑过了冬日的长夜。让国民公会吃惊的是，当轮到马耶投票的时候，他竟然也投票支持死刑，不过，随即他又抛出了究竟该何时执行的问题。实际上，他是想争取到一个死缓的判决，而其他一些代表，包括韦尼奥，也表示赞同。然而，如此一来，虽然吉伦特派可以在死刑问题上作出肯定回应，但是却产生了严重后果，最起码马尔泽布在听到他的投票决定后，简直是五雷轰顶。轮到巴黎代表了，名列榜首的罗伯斯庇尔最先发言："我不认为屠杀百姓、赦免暴君的人有人性。"

巴黎代表中最后一个是平等者菲利普。他如今已是司法界的头面人物了,可以每天早起时分将贴身内衣带给国王,在对他表哥的死刑定罪的表决中,他投的是赞成票,理由是"他们是危害人民主权"的人,落此下场是咎由自取。

将近破晓之时,形势也趋于明朗,死刑判决肯定是会被通过了。共有 721 人出席会议并参与投票,赞成无条件死刑者 361 人;赞成先行监禁,待战争结束再判流刑的 319 人。另有 2 票支持终身监禁,同样还有 2 票是战后处决(可能是想用国王当人质)。有 23 票是赞成以马耶的方式处死,但是对于是否缓刑,则主张搞一次辩论再定,8 票赞成死刑,并主张驱逐所有波旁家族成员(包括那位平等者)。赞成用这种或者那种方式处死的多数票,不是 1 张,而是 75 张。

韦尼奥宣布判决结果之后,国王的辩护律师便被领进会议厅作最后陈述。三个人都不允许坐下,13 个小时里面一直在边上站着,直到投票结束。特龙谢首先朗读了路易写的一封信,信中对这种"认定我有罪,并且让我无法申辩的判决"表示不能接受,并要求就代表们做出的宣判结果向全体国民提出申诉。他绝对不是以任由法官定夺的哀求语气在说话,信中透出的是一种傲慢的口吻,这使得特龙谢和德·塞兹想要再提出,路易十六的命运应当由三分之二的多数的国民来决定,变得困难重重。

此时的马尔泽布早已身心俱疲,沮丧万分,他只得发出恳求,想要唤起人们的恻隐之心。但是此际心潮难平,无法自持,思维也一片混乱。他先是抱歉,说自己实在不晓得从何说起,泪水在眼眶里强忍着,声音有些哽咽:"各位公民,请原谅我这会儿口齿不清……我要说的是……如果你们不允许我见到他们，我就有可能会失去他们……．所以明天可以吗？"

有些代表坚持认为，偌大年纪，为了这么一个不值得同情的主顾，在大庭广众下悲悲切切，真是丢人现眼。但是很多人看到老人当众落泪，也不禁为之动容。泪水毕竟是心神所聚，一直是人们心目中道德纯净的源泉。然而他抽噎呜咽，说不出完整的话来，终于有人忍不住开腔，打破了沉默，这个人自然就是罗伯斯庇尔。马尔泽布为国王落得如此下场而悲泣，这一点他能够理解，但是他坚决拒绝就诉之于民的问题进行进一步讨论。于是，这个话题就再也没有被提起。

五、两人之死

当天上午，马尔泽布满怀悲凄，来到圣殿监狱。他通告了国民公会的投票结果，称仅仅是5票微弱差距通过，说到此处又一次难以自持，痛哭流涕，扑倒在国王脚边。路易担心老人家的身子骨胜过关心自己的性命，他将老人轻轻扶起，两个人便紧紧抱在一起。马尔泽布随后原原本本地讲述了投票的情形，只有讲到奥尔良投票之时，国王似乎才显出一丝悲戚。今晚将是君臣二人最后一次相见了。有一段资料记载了国王对他讲的一番话："我们将来会在一个更美好的世界重逢。然而现在就要离开你这么好的朋友了，真让人伤感。"这话怕多半是后人伪托的，因为据克莱里说，路易实际上很想再见到马尔泽布，但是以后的几天，一直没有看见他，这令国王心中越发烦闷。其实老人多次要求面见国王，但是每次都在门口被拦下，说是有

[563]

公社和国民公会的特别命令。

这多少有些残忍。其实在接受审讯之前，路易已经听天由命，做好了最坏的打算。他倒不是想要竭力辩解，否认那些指控以求自保，而更多担心的是他的家里人（倒是一贯如此）。自从12月2日一别之后，这种担心越来越强烈，这种种的焦虑和不安，都能从马尔泽布在场的情况下由他口授的遗嘱中感觉得出来，而这天正是圣诞节，肯定不是简单的巧合。这份遗嘱怎么也算不上是一份政治文件，尽管他坚持认为自己是无辜的，并表示他宽恕他所有的仇人，以及那些"那些我无意中冒犯的人（我实在不记得曾经故意冒犯过别人）"。遗言通篇充满了虔敬的口吻，重申他谨守至高戒律，遵奉教会权威，并将自己的灵魂托付与全能上帝，求得他的宽恕。绝笔信中大部分还是提到了家里，恳求玛丽-安托瓦内特原谅他，如果因为自己的不幸让她伤心的话。对于公共媒体上那些至今仍未停歇的各种无聊可笑的诽谤，路易显出一种男子汉的大度，明确表示"我从来没有怀疑过她具有温存的母性"，甚至，如果"在我们交合的过程中让你产生不快"，则要请她原谅。

对于儿子路易，国王这样写，倘若他"不幸为王"，他应该"全心全力为国民谋幸福，他应该忘记一切仇恨和怨恨，尤其是与我所遭受的不幸和烦恼有关的事情；他执政时应该遵守法律，只有这样才能给国家带来福祉。但与此同时，除非国王拥有必要的权威，否则国王将无法执行这些法律并行善，国王将被束缚住，举步维艰，这反倒是对国家有害无益。"

从这些话，可见得他总算认识到，自己从甫登宝座到黯然逊位，一直是处在进退两难的境地的，怎么可能施行善政却又不失君威？怎么可能在人民缺少自由的时候给予他们安乐？大革命对此同样无能为力，处死路易也不是办法，说不定这是卢梭留下的最要命的一份遗产了，这也是明摆着的事情。或许正是他在走向生命终点之前，那种与生就有、不可化解的矛盾心情，深深刻上了他的面庞，那是一种庄严肃穆而又略带痛苦的表情，就留在了约瑟夫·迪克勒（Joseph Ducreux）在圣殿监狱为国王创作的那个半身像上。

国民公会也在1月18日到20日这几天内，进行了最后的努力，试图替国王争取缓刑。汤姆·潘恩（Tom Paine），因为和埃德蒙·柏克作对而名声在外，并由此被选为代表，出于对大革命的过度乐观，他回到了巴黎，但是却几乎一句法语都不能说，他通过翻译邦卡尔（Bancal）提出建议，说路易可以送往美国，在那里将他改造成一个正直的公民。那些本来对于潘恩的回国激动不已的山岳派代表，看到他和吉伦特派打得火热已经心生疑忌了（可能是因为他们的英语更加流利的缘故），现在听到他的这种武断主张，都大惊失色。马拉大发雷霆，咆哮着说，潘恩没有资格说这样的话，他是臭名昭著的贵格派分子，贵格派分子都是反对死刑的。不过引起更多重视的倒不是他的提议，而是孔多塞对于斩首判决的抨击，这真是一番长篇大论，分析得细致入微，颇有道理，属于贝卡里亚（Beccarian）派。最后时刻宣读了马耶的修正案，尽管两方非常接近，但还是输了，380票对310票。

不过这也足矣。12日晚，由格鲁维勒率领的一支来自国民公会的代表团，来到了圣殿监狱，向路易宣读了议会的决定。路易听后，提出三个要求，一是暂缓三天，让他作好受刑的准备，二是选爱尔兰教士埃奇沃斯·德·费尔蒙特（Edgewoth de Firmont）作为他的临终忏悔牧师，最后，他还想见见他的家里人。他的第一个请求被拒绝了，但是后两个愿望还是得到了满足。在当夜 8 点 30 分左右，国王一家终于又团聚在一起了。事先没有人告诉他们国王会被处决，所以当路易告诉他们这个结果的时候，女人和孩子顿时陷入了巨大的痛苦之中，克莱里在一扇玻璃门后将这一幕看得清清楚楚。一家人在一起待了大约一小时三刻钟光景，他们不停抽泣，互相亲吻，努力想要彼此慰藉，小男孩紧紧抱住父亲的膝盖不放手。终于还是要走了，生离死别，痛何以堪。路易答应，说次日早上 8 点，他还会来看他们的。"为什么不在 7 点呢？"王后问道。"说的对，为什么不在 7 点。"就在他们要离开的时候，女儿罗亚尔公主突然扑倒在父亲怀里，昏死了过去。于是一家人赶紧将她唤醒，最后一次拥抱诀别。

[565]　　在改名为大革命广场的地方，断头机已经竖起来了，这个地方如今就是协和广场。最早的时候，广场的得名是源自于矗立在那里的一尊非常巨大的路易十五骑马像，不过路易十六在胜利广场受到冲击的当天，骑马像就被推倒了。站在观众和兵士头顶六英尺高的平台上，桑松可以看到顶端截断的底座依然留在元初。为了应付各种情况，以防有人同情国王而组织示威活动，革命公社布置了大量兵力，还采取了多重防范措施，整个巴黎都成了一座兵营。城门业已关闭；还专门抽调了 1200 名士兵，组成特别护卫队，护送路易的马车前往断头行刑处；街面上里外总共四层军卒。上述行动由桑泰尔总负责，在一些沿街行进线路上，还有京内其他一些紧要之处，甚至布下了一门

门大炮。

寒冬凌晨，天色微明，路易便被克莱里叫醒了，到了6点左右，埃奇沃斯前来为他做临终祷告。简单地穿戴完毕，他便拿出当年的结婚戒指，并一个装有一家人头发的小袋，嘱托内侍交给王后，显然他不想同他们再相见了。御玺则放在看守处保管，这个将来是要给太子作为传位凭信的。公社代表来了，路易问他们，是否可以不让克莱里剃去他的头发，因为他不想光着脑袋在断头台上受辱。自然这个要求也没有得到满足，对于下刀的刽子手而言，都是砍脑袋，没什么不同。大概在8点光景，桑泰尔也来了，闲扯一会儿，听到路易自己说出"去矣"两字，桑泰尔也不由得黯然心酸。潮湿雾气笼罩下，车队在巴黎的各条街巷之间一路前行，走了整整两个钟头。空气沉闷地教人窒息，就像被捂紧在厚厚的毯子中一般，革命公社下令各家各户将窗门和百叶帘统统关紧，人们悉是如何兴奋激动，只能苦苦压抑着，更增添了紧张的气氛，平日里，不管到哪里，他们一直是嬉笑怒骂，毫无禁忌的。

马车驶出不多时，巴茨男爵带着4名追随者便冲上前来准备劫走国王，嘴里还大喊道："想救国王的人跟我来"。可是众寡悬殊，根本无济于事。这些人都是当场受到鼓动的，其中一个原先是王后身旁的秘书官，试图跳出来拦挡车驾。大约在上午10点左右，队伍终于来到断头机前。桑松和他的跟班站在平台底下，打算脱掉路易的衣服，并缚紧他的两手，可是路易却说，他想穿着衣服，并想让双手松开。显然对死前安排，他表现得非常敏感，觉得临刑前应该作最后一次挣扎。但是埃奇沃斯传话过来，拿他的苦难和救世主耶稣相比，说不管身遭何等样羞辱,都该听天由命,安之若素。

[566]　　通往断头台的台阶很陡,路易不得不靠在牧师身上,才能走上去。他新剪了头发,显得很精神,剃头师傅的手艺很熟练,桑松家族就是靠这个出名的。路易还想对着广场上两万多名群众发表最后讲话:"我被指控的所有罪行均不属实,我是无辜受难。我宽恕那些我给我带来死亡的人们,并且我祈祷这种流血事件不要再在法兰西发生……"此时桑泰尔下令击鼓一通,国王余下的话,都被锵锵鼓声淹没了。路易的身子被支在木板撑的架子上不能动,板子朝前一推,脑袋就套进了圆洞托架内。桑松拉下了绳子,12英寸宽的刀锋猛然坠落,沿着滑槽倏然而下,一下子就砍到底了,于是,根据往常的惯例,刽子手拎起筐子里犹自滴血的头颅,举高了给众人来看。

　　人们的反应很平静,视作浑闲之事,这正是一些看到这一幕的人感到难以忍受的。露西·德·拉图尔·迪潘听到城门在一大早便匆匆关闭了,便知道毫无希望了。他们竖起耳朵细听,是不是有火枪声响起,会出现什么骚动,这样或许还有救。但是除了浓雾中的沉寂,什么都听不到。10点30分光景,他们听到,城门又打开了,"城中恢复往常气象,一切如初"。

　　梅西耶也在看。人们曾经还指望他会想到要替国王说几句好话,因为他多次非常措辞激烈地预测到,大逆不道的弑君恶行就将在法兰西上演。但是他也没想到竟然是用这种手段。他不惜用最为狂怒的文字,来发泄他对现实情况与日俱增的厌憎。虽然他根本不奢望在大革命期间,国王会有什么好结果,他还是在国民公会上投票反对死刑判决,一方面是出于对国王的同情,因为他相信,同时也预见到,路易的死将会在整个欧洲引发一场难以逆料、后果不堪收拾的大规模战争。如此惨无人道的庆贺场景，人们似乎还为砍下脑袋而欢呼雀跃，这让他走过此地的时候，倍感震惊。

> 他的鲜血流淌，八万名手拿武器的人们欢声雷动。……我看到四国学院（Quatre-Nations）的学童们将帽子抛向空中。他血流不止，有人用手指、笔或纸去蘸满血；其中一个人还尝了尝鲜血，说道"咸味很足"（这里他暗指国王就是家畜，家畜在出售前会被赶到盐沼里增肥"，站在断头台上的刽子手，把国王的头发分成小缕，用缎带系好发售给众人，每一缕都带有他衣服的碎片或是这场悲剧事件的其他血腥的印记。我看到人们从我身旁经过，他们手挽着手，笑着，聊着，像是奔赴盛宴一般。

鉴于梅西耶本人偏好稀奇古怪的事物，他的记载大致是真实可信的。在获得官方许可下，桑松将衣服上的一些饰物和处决遗留下来的纪念物卖了钱，算是对他的额外犒赏。虽然缺乏可靠的文字凭证，但是正如重大历史变故中的那些殉难事件一样，很多资料提到了旁观者看到君王流血殒命，涕泗滂沱，伤心欲绝的情景。如果确实有这样的事，那这是不是就是丹尼尔·阿拉斯所暗指的，是一种死生颠倒的洗礼呢？或者说是对一同参与这样救赎之牺牲的渴望：一种被所有人共同分担的死祭，是不可能被任何一个人踩在脚下的。

但是在巴黎不止国王一人被杀。就在路易准备好上刑场的前一天，这帮谋划弑君的代表中就有一人在皇家宫殿的一家酒吧内被人刺死了。而且，受害者米歇尔·勒佩勒蒂埃可并不是国民公会的无名小卒。他和卑鄙无耻的菲利普·德·奥尔良这样的机会主义分子绝对不属于一路人，而他投靠好斗强硬的雅各宾阵营，恰恰说明旧制度多么不得人心，完全是毁在了自己人手里。要知道勒佩勒蒂埃可是司法界贵族的精英人物，不光是参议员，还是高等法院的院长。他和埃罗·德·塞谢勒也是朋友，在公共教育委员会中，他也算是出类拔萃的，曾起草过一个雄心勃勃的计划，准备推行免费的基础义务制教育。他充分发挥自己的法律专长，对于刑事法典进行改良，并且还计划施行相对稳妥、分级征收的惩罚性关税，并用一种贝卡里亚方式来对应区别的罪责。比如，他主张保留对预谋杀人的死刑判决，认为这能对不良之徒有强大的心理威慑。

对于这些事情的考虑并没有对勒佩勒蒂埃自己的遇刺产生多大的影响。前王室贴身侍卫中一个叫帕里斯的人，走进烛光摇曳的酒吧间，笑眯眯地来到勒佩勒蒂埃身旁，猛然间拔出一柄很大的攮子，一连刺了数刀，在这位代表的胸膛上扎了一个很深的大口子。

烈士的尸体在外边的灵车上展示了四天，车身下据说刻着的就是他的遗言——"暴君已经灭亡，我死也瞑目"（尽管不清楚国王是否死在他前面）。雅克-路易·大卫画了一幅画，采用是文艺复兴时期的那种圣母怀抱圣婴的题材，在这里显得非常夸张，勒佩勒蒂埃的伤口暴露在外，看上去很严重，也很神圣，尸体还悬着一把刀。头部的画法也是如此，明明是面貌奇丑，鹰鼻暴目，却被画成了一个标准的古罗马美男子。葬礼也是大卫筹备的，遗体就躺在旺多姆广场拆空的底座上，上边原本那尊路易十四的雕像，也早被弄掉了。大卫还设了长长的一段台阶，通往顶部一个很小的平台，这样那些前来吊唁的爱国党人，就可以走过冒烟的两个巨大的骨灰坛，一步步走上去，来到棺椁架边，在罗马式的床榻边看到这位为国捐躯的烈士。在他的脚边，一支长矛被垂下来的一面看似还沾着鲜血的旗帜给遮盖住了，那是他遇刺的时候穿的那件衬衫，一月的阳光照在上面，变成了黑褐色。"我甘为国流血牺牲。"下边还有一块碑，上边刻着这样一句话："唯愿有助于巩固自由与平等……"

在罗伯斯庇尔慷慨激烈地对烈士大肆颂扬一番之后，遗体便被抬了下来，沿着大街一路前行，由那件神圣的衬衫引导着。人群中第一个是勒佩勒蒂埃的兄弟费利克斯（Félix），队伍首先去往国民议会，然后再到雅各宾俱乐部。勒佩勒蒂埃的女儿在会上被宣布将"由国家抚养"，虽则实际上根本没这个必要。梅西耶告诉我们，她父亲留下来的遗产差不多有 50 万锂。到后来，这位**国民之女**（fille de la nation）却蜕变成一个热心的保王党。作为弑君者的女儿，她备感羞耻，甚至超过了父亲遇害的痛苦，她把大卫的那幅画给藏起来了，要不然就是给毁掉了。甚至那幅画创作之后保留下来的雕版，也被她弄坏了。目前保留下来的只有一个复制品，上边还留着女儿在父亲已经受伤的形象上增添的致命打击。

当共和国美化首义烈士的时候，国王的身体也逐渐变得毫无意义了。过去说的是"国王死了，但帝王精神永存"——现在则全然颠倒。如今广大公民成为了不朽的英雄；杀国王正好能够铲除君主制。这样做的意图，就是要把路易·卡佩的所有痕迹擦得干干净净，仅仅留下一抹身后的泥尘。处决之后，脑袋被放在他的两腿之间，装进一个篮子里，埋入了马德莱娜（Madeleine）公墓。这是一副普通棺木，给最贫贱的死人睡的那种，上边还撒上了一层生石灰。墓穴往下开挖据说深达 10 英尺。八个月之后，由于担心遗物被人拿去变卖，公社又下了一道命令，要求国王穿过的衣服，以及所有从圣殿塔拿到的物件，都必须拿出来公开销毁。

法兰西国王，从当初的天日化身，不断变换角色，一会儿是自由奠基者，一会儿是法兰西国王，又被人骂瓦雷讷肥猪、暴君卡佩，最后在巴黎的土地上化为乌有。那些整治他的人，存心要让他永远褪下神秘的光环，让人觉得弑君犯上也不过如此。过了没多久，情况已经发生了很大的变化，在塞夫勒还能买到迪普莱西（Duplessis）构图设计的小咖啡杯，上边是桑松提着路易的脑袋，杯子上镶着细致的金边。善良的共和党人啜饮着咖啡，让人们看到他普通大众的一面，同时又让人感觉到他们在政治上与众不同的个性。

这就是问题所在，尽管在十九世纪的时候还是有人试图复辟，君主制却随着国王被杀而永远成为了过去。但是导致这一结局的矛盾，并没有在 1 月 21 日之后随之消失。因为人民政权，也就是被指定取代王室进行统治的继承者，再也不能像路易十六那样，在自由和权力之间取得平衡。

第四幕

美德与死亡

第十六章
人民之敌？
1793年冬春

一、艰难处境

究竟是什么让塔列朗如此招人反感，尤其是英国人，要把他比作下三烂的畜类呢？听说他已于1792年9月到达英国，老霍勒斯·沃波尔（Horace Walpole）从草莓山写了一封信，信中称他是"蜕了皮的毒蜂"。当他得知有人看见塔列朗和德·让利斯夫人在一起的时候，他便又将两人比作是"淫妇和长蛇"，尽管他相信"他们这种烂果子，没人愿意去品尝"。

可能是塔列朗总是一副气定神闲的神气，又好挖苦人，故而这么不招人待见。不过那些英国人再怎么贬低挖苦，都比不上拿破仑说得更难听，此公看到塔列朗那副清高孤傲，慢条斯理的德性，就按捺不住一肚子的无明业火，他干脆就叫塔列朗是"长筒丝袜里的一坨屎"。但是塔列朗作为教士中的败类，也谈不上有什么政治节操，十足一个品行卑劣的放荡公子的恶名，在他出入于英国上流社会的高层交际场所之前就已经存在了。不管是在当时，还是后来，他完全不是这样看待自己的。而他参与创建君主立宪制的种种举动，是最遭人诟病的，但他倒是认为这些能体现其始终不渝的真正秉持的信念。外界对于他的个人政策的误解，令他觉得尤其遗憾，因为在1792年的初秋，他仍希望能为阻止两国间可能发生的战争做出自己的贡献。

这至少也构成了在8月10日革命之后，提出申办外交护照前往伦敦的托词。他还告诉执行委员会，自己将会继续努力，恢复今春开始的外交斡旋，力促英国保持中立。如今法国和普、奥两国同时处于敌对状态，对英外交似乎便成了关乎存亡的空前要事了。而从塔列朗的回忆录中可以清楚地看出，8月10日的暴力活动使他相信，曾和立宪革命扯上关系的公民贵族，如今不但成了政治累赘，甚至还有性命之忧。

[574] 君主制正式倒台后不过几天，塔列朗的很多昔日好友都落了难。斯坦尼斯拉斯·克莱蒙-托内尔一回到家，就发现房子被彻底查抄，洗劫一空，说是要查什么秘藏武器库，一帮暴民在后面追杀，他只好逃到四楼的布里萨克夫人（Mme de Brissac）家中。但结果还是在那里被开枪打死，死尸直接从窗口扔到了街上。路易·德·拉罗什富科则是在福尔日莱索（Forges-les-Eaux）被抓到的，在吉索尔（Gisors），那帮人把他从马车上拖了下来，当着他妻子和母亲的面，用石头砸他，然后挥起马刀和斧子，把他砍得血肉模糊。他的堂兄弟，鲁昂卫戍区司令德·拉罗什富科-利昂库尔，想要召集部队勤王救驾。但是手下人却冲着他高声大喊"民族万岁"，于是他就只好跑到阿布维尔（Abbeville）附近，强行征用了一条小船，匆匆逃离诺曼底。他和仆人两个人藏在渔网和木柴垛之下，船夫虽百般不愿，但被手枪抵着，只好驾着船，开进浓雾之中，朝着对岸英国的大致方向一路划去。他们好几次都似乎迷失了方位，这让他那个仆

人总感觉船是在朝着法国的方向漂回去。最后小船终于在靠近黑斯廷斯（Hastings）的某处靠了岸，二人寻见一家酒肆，便走进去讨要几坛子烈性黑啤酒来喝。一路劳顿过甚，加之几盏黑啤下肚，不多时莱昂库尔便倒头睡去，醒来时，却发现自己躺在一间黑魆魆的小屋内。一时间，恐惧袭上心头，他担心自己是不是真的又回到法兰西了。后来他慢慢感到安心了些，便大着胆子，在东盎格利亚（East Anglia）住了一阵子，曾经受他款待的阿瑟·扬居然不念旧情，将他好一顿申斥，说正是他未能恪尽职守，才落得这般田地，实在是咎由自取。樊妮·伯尼（Fanny Burney）则认为他是一个落魄的浪漫派，"整天愁眉苦脸，郁郁寡欢"，因此见礼寒暄之后，才会对着这位贝里圣埃德蒙兹（Bury St Edmunds）的市政官喋喋不休地讲同一件事情，说1789年7月的时候，就是他正告路易十六，他面对的乃是一场革命。

　　塔列朗性子没变，依旧是沉着冷静，不慌不忙，同时他还是尽最大努力来确保自己快速地全身而退。在8月31日，丹东召他去司法部，也就是如今被称为长矛广场（place des Piques）的地方，来拿他的护照。半夜时分，巴雷尔正好在那里撞见他，只见塔列朗一副若无其事的样子，他穿着皮裤和长靴，头发在后脑扎成个辫子，似乎准备好要受车马颠簸之苦了。但是丹东的办公室当晚并未发放护照，接下来几个晚上也仍然没有动静。塔列朗就怕哪个傻瓜开玩笑，或者存心使坏，当众喊他一声"主教大人"，那可就糟了。故而在监狱大屠杀的整整一个礼拜内，他都担惊受怕，直到7号这天，万分宝贵的文件总算发了下来。他来到了海峡港口岸边，成群惊慌失措的教士一直在那里徘徊不去，试图找寻前往英国或是爱尔兰的机会。短短一个月内，就有七百多人从迪耶普（Dieppe）和勒阿弗尔坐船离开。

尽管塔列朗被安顿在了肯辛顿的伍德斯托克大街，但是官方地位一直不能确定。由于国家已经变成了共和国，法国大使馆递交圣詹姆斯宫的国书已然作废，故而内政大臣格伦维尔等人的态度，甚至比春天时还更冷淡。更何况，在10月初他写给巴黎的备忘录中所主张的实用主义和但求自保的策略，和国民公会渐渐滋长的救世主自居的趋势不相符合。"我们已经知道，"他非常乐观地写道，"对于自由开明的人们来说，唯一合适的政策是让他们拥有管理自己事务的主权，而不是以可笑的借口将其强加于他人。幻想着一统天下的统治（这里他指的是渴望征服的王权）从此在法兰西已经不复存在了。"

实际上新时代的光荣梦想，和旧时期的勃勃野心，并没有多少分别，可以说是方兴未艾。时下夸夸其谈的言辞甚嚣尘上，声势渐高，塔列朗那一套实用主义的中庸之道，必定是叫人生疑的。国民公会在12月5日宣布，在铁函中发现了牵扯到他和王室度支总管拉波特的秘密材料。而他昔日的助手德勒诺德（Desrenaudes）倒是颇有胆气，在一本公开出版的备忘录中，否认塔列朗和宫廷有任何暗中勾结，而被发现的这份证据材料，本身就是模棱两可，不足采信的。尽管如此，塔列朗依然被列入流亡者名单。同时还发出缉捕令，配上体貌特征的描述，要求公民留心一位"非左即右"的跛子。

塔列朗一直以来都被排斥在外，现在干脆连国籍都被剥夺了，但是，他还没有到举目无亲的地步。尽管伦敦社交界中的保守派都对他避之不及，但对于辉格党人中的激进派，那些对立宪革命充满执着热情的人,他有着极强的吸引力。查尔斯·詹姆士·福克斯(Charles James Fox)和剧作家谢里登(Sheridan),以及伦敦革命协会(为庆祝1688年光荣革命而得名)的铁杆支持者对他都十分推崇。在福克斯家的宴会桌上,塔列朗发现这位英国演说家能和自己耳聋的私生子以手语交谈,不由得为之动容,百感交集。

自从来到英国,他便经历了这样一个非凡的时刻,整个国家处于政治喧嚣之中。在苏格兰和爱尔兰,公开对大革命表示同情的俱乐部和社团,已经变得桀骜不驯,呼吁召开大会。在一些外省城市,比如谢菲尔德和曼彻斯特,每个礼拜都会举行集会,要求进行宪法改革。人们还朗读汤姆·潘恩的《人权论》第二部,极力要求建立一个福利国家。小册子的发行量可能已经达到成千上万本了。在首都的伦敦通讯协会(London Corresponding Society),也已经给巴黎的国民公会发去了友好问候。和这股危险的不满情绪截然对立的,是某个被称为保护自由和财产协会的保王党组织,正在各些郡县进行志愿武装人员的训练。

[576]

塔列朗很可能已经发现,和在法国一样,两方的极端观点,都让人十分反感。他对于事情的看法,和那个富有灵感的讽刺画家詹姆斯·吉尔雷差不多,不管对英国的雅各宾派同情者,还是法国支持无套裤汉的贵族,吉尔雷都非常形象地一概指斥为野蛮人。路易被斩首的那时候,吉尔雷发表了《法兰西自由的巅峰》,上面真的画了一个光屁股的无套裤汉,坐在一只大吊灯上,底下吊了几个教士,对于大革命的前途命运越来越悲观的塔列朗,与此画的观点正不谋而合。他的老朋友舍尔波内,现在已经是兰斯当侯爵了,依然给那些流亡的法国公民贵族提供极为热情的帮助,塔列朗给他写了一封信,讲述了最近发生的那些令人厌恶的事情:

> 在一切都被扭曲、败坏的时代,暴虐横行,血污遍地,依然忠诚于自由的人寥寥无几。在恐怖与反抗之间挣扎了两年的法国人已经习惯了被奴役,只会说那些不会招致灾祸的话语。棍棒和长矛已经使人们不再自由、主动,而是习惯于虚伪和卑鄙;如果允许人们养成这些坏习惯,更换暴君就会成为他们唯一的幸福。如今,上至雅各宾派领袖,下到最诚实的公民,都屈从于断头台的淫威,因此,社会中充斥着罪恶与谎言,污秽则是连接二者的纽带。

生活中除了烦闷就是忧愁。塔列朗在伍德斯托克大街安顿下来,开始了平淡的生活,搬来前他小心翼翼地选了好多的书,先送到住处来,他成天埋头阅读,加之又有阿德莱德·德·弗拉奥(Adelaide de Flahaut)红袖添香,给予慰藉,每天上午,他便集中精力撰写奥尔良公爵的传记,高兴了,写一点自己的回忆录。阿德莱德那本《塞西尔·德·塞南热》(*Cécile de Senange*)也已经完稿了,让塔列朗帮着她校正。到了下午,他有时候会去半月街(Half-Moon Street)拜访让利斯夫人和奥尔良公爵16岁的女儿,她也叫阿德莱德。母女二人生活清苦,只能靠编织草帽这样的活计度日,草帽上边给弄上伊丽莎白·维热-勒布伦的肖像画,倒也显得蛮时髦的。

枯燥无聊的流亡生涯中只有一件事是让人欢快不已的。塔列朗每隔一段时间,都会坐上邮车出城,先到沃辛路(Worthing Road),然后向南一直去往萨里丘陵(Surry Downs)。在北距多尔金(Dorking)大约五英里,靠近米克勒姆(Mickleham)村的地方,有一栋热尔曼娜·德·斯塔尔包租的乔治时代的宅邸,唤作杜松厅(Juniper Hall),这里是1789年俱乐部残存成员聚会的所在,也是和她那个朝三暮四的相好纳尔博纳的相会之所。尽管她本人直至1793年1月才来到英格兰,这所房子却一直都对想要流连于此地的巴黎故友敞开大门,对他们中很多人来说,杜松厅简直就成了摆脱穷困潦倒和无聊乏味的天赐福地。这些逃难的朋友中有拉利-托伦达尔;马蒂厄·德·蒙莫朗西(Mathieu de Montmorency);博梅茨(Beaumetz);若古以及他的那位红颜知己,令人难忘的沙特子爵夫人(Vicomtesse de Châtre);斯坦尼斯拉斯·吉拉尔丹(他自然要求给他看看当地唯一一处和卢梭回忆录相关的地方);以及拉法耶特1789年时的副司令阿尔布莱(d'Arblay)将军。从莱瑟黑德(Leatherhead)到赖盖特(Reigate),萨里社交界中有些人令人反感,有些却魅力非凡,彼此之间泾渭分明。如果说在费查姆(Fetcham)和西亨布尔(West Humble)还有人说长道短,那么在米克勒姆当地,诺伯里公园的洛克一家却经常款待这些法国移民。在那里,他们还见到了音乐学者查尔斯·伯尼(Charles Burney)博士的千金苏珊娜·菲利普斯夫人。

在11月的时候,菲利普斯夫人40岁的姐姐樊妮(Fanny),第一次前往拜访便对这样一种社交和文化的异国情调着了迷。她写信告诉父亲:"这个群体多彩迷人,令人神往,是其他地方不可想象的。"父亲还担心学了那套法国做派,对女儿家名声不

[577]

好，不过他实在是有些杞人忧天了。和大多数在兰斯当圈子之外的人一样，樊妮一开始很不喜欢塔列朗，但是很快就被他的个人魅力所吸引。"真是让人想不到，塔利朗先生竟然让我发生这么大的变化。如今我认为，这帮人中，塔利朗是最风趣、最有魅力的。他见多识广，诙谐幽默，活跃气氛的能力惊人。"给她印象最为深刻的是，这些人显然对于萨里本地士绅热衷的骑马消遣不感兴趣，他们有一种毫不装腔作势的活力，不管是历史掌故（特别是关于他们自己的），戏剧表演，诗词歌赋，哲学思辨，任何话题，他们都能极为投入地进行讨论。

更让她印象深刻的是，这些人对于热尔曼娜·德·斯塔尔的那些智力游戏中暗示的线索，可个个都是心有灵犀，一点就通。大家听她朗读她自己写的《卢梭的申辩》中的段落，还有她那篇为自杀行为辩护的短文，名字叫《激情于幸福之影响》，写得非常生动。多数时候，塔列朗对于行文章句都非常赞赏，但是对于她用歌咏方式来朗读却颇有微词，评价得很不客气，说她就像是在读诗。而最让樊妮讨厌的是，拉利还要表演他自己写的一出历史剧《斯特拉福德之死》。吃饭的时候，她就发现拉利在小声念叨着台词，以便待会儿能够背下来。就在朗诵即将开始的时候，阿尔布莱突然不见了。等了好一会儿还没来，热尔曼娜就说，还是先开始吧，可是塔列朗坚决不同意，"他若知之必感不快。"说完就一瘸一拐地走去寻他。

樊妮以为，塔列朗强拉阿尔布莱（不用猜，此公当时正怀揣酒瓶，躲在什么地方逍遥快活呢）来听拉利的表演，是想表现他的好心，可见得她对于这帮人，实在是缺乏了解。她承认"时而鬼嚎，时而嘶吼的表演……实在是让我厌烦"。但是她从

[578]

来没有想过，塔列朗是故意捣蛋，要把这个当兵的排除在外。而当这些人听到国王被斩首的消息，所表现出来的深深的哀伤，也让他动了恻隐之心，可是她根本没有注意到，这些男男女女之间酒色争逐的复杂微妙的关系。若古和沙特子爵夫人公开住在一起，纳尔博纳和热尔曼娜也是出双入对。热尔曼娜27岁，虽然谈不上是国色天香，却也出落得美艳如花，个性奔放外向，好像一股浓香扑面而来。对纳尔博纳而说，这似乎已经超出他的预想（就在去年11月，她在日内瓦给他生了个儿子），对于她写来的那些谴责他道德沦丧的要挟信，他也极为反感，信中发出威胁说，如果他一意孤行，非要慷慨赴难，去巴黎为国王讨回公道的话，她便一死了之。后来纳尔博纳对斯塔尔夫人渐渐冷淡了，她便又开始与塔列朗交往，既是为了激怒纳尔博纳（并未成功），也是为了帮他摆脱阿德莱德·德·弗拉奥，显然她不喜欢这个女人。

在达夫·库珀（Duff Cooper）令人难忘的人物塑造中（他本该清楚的），似乎《危险关系》已经被搬到了《理智与情感》的场景中了。很长一段时间内，英俊潇洒的阿尔布莱也让樊妮神魂颠倒，她对于这一切阴谋诡计都毫不知情，对于伯尼博士又一通烦人的劝诫和絮叨，她怒气冲冲地回应道："我认为只要你能和他们一起待上一天，就会知道君子之交是这般的纯洁，这堪称最高洁的情谊了。"而当最后，事实摆在面前时，她惊呆了，心寒了，并断然拒绝了一直保护着她的热尔曼娜。阿尔布莱后来和善良的樊妮结了婚，从这个暗门子中脱身出来，就此度过余生，成为了英国地主乡绅中希奇可贵，令人着迷的人物。

相比较和樊妮·伯尼结婚，有好多事情或许更加糟糕。在三月份的时候，塔列朗境遇突然变得更加困顿。身边钱已用尽，无奈之下，只好把自己的藏书拿到旧书摊上变卖，这样也不过得了区区 750 镑。他离开在伍德斯托克的小房子，搬到了肯辛顿广场一个更小的居所里。当月的 13 日，他正式被法国政府列入流亡者名单，这不单涉及他本人，而且还意味着他的家庭财产也被共和国一并没收了。最终在 5 月份的时候，根据《外国人法案》（Aliens Bill）的规定，政府有权要求不受欢迎的外国人即刻离境，塔列朗也接到通知，他作为一个政治上不受欢迎的人，必须马上离开英国。热尔曼娜业已回到瑞士，认她儿子阿尔贝去了，当初生下来刚刚五周，她就把他扔下，到萨里和纳尔博纳住在一起。尽管她也一直在帮着塔列朗找一处更近些的住所，但塔列朗也知道，不管是在日内瓦还是在佛罗伦萨，他都不会受到欢迎，虽然他自己也曾经想过搬到佛罗伦萨去住。或许只有在美国，才有他的存身之地。他手上有兰斯当写给乔治·华盛顿和亚历山大·汉密尔顿的介绍信，于是他登上了去往美国的"威廉·佩恩号"轮船。可是船开出不久，便在索伦特海峡遭遇强风暴，差点沉没，塔列朗吓得魂飞魄散，生怕自己被狂风巨浪冲到法国海岸。不过还好，该船最后还是安然度过了鬼门关。在恢复开航之前，船只需要驶入法尔茅斯港（Falmouth）修理。在那里，他结识了另一位落难英雄，两人便叙谈起来，海阔天空地交流起这个无知的世界是如何忘恩负义和不领善情的。于是在这位退役将军本尼迪克特·阿诺德的陪伴下，前主教莫里斯·德·塔列朗踏上了去美国的旅途。

看起来，塔列朗原本打算在 39 岁的时候结束公务生涯的愿望是难以实现了。他向阿德莱德·德·弗拉奥保证，说他肯定会回来，并且叮嘱热尔曼娜，替他继续留意着在日内瓦湖畔找一所宅子。但是眼下他肯定要为和英国开战而遭受牵连了，他始终认为，这场战争必定会对法国的国家利益带来灾难性的后果。他唯一的希望是，迪穆里埃能够沿袭斐扬派的策略，利用在前线的军事声望来抗衡巴黎的雅各宾分子。将军确实也采取了这样的策略，但是历经1792年到1793年的整个冬季，实现的希望变得越来越渺茫。原本他打算，在热马普战役之后，会建立一个独立的比利时共和国，这样尼德兰南部便能摆脱奥地利人的统治，同时又不会刺激英国人卷入战争。这就意味着，需要支持比利时两个富有野心的政治团体中比较保守的"国家至上派"，反对民主共和派。这样的一个与比利时精英阶层合作的计划，是经过周密安排所作的决定。这些精英分子是反抗奥地利运动的领导者，同时为了尽力拉拢大多数群众，他们引入了法国的反教权主义思想，使之在欧洲最虔诚的天主教人群中得以传播。

实际上，要让比利时忠诚地依附于法国，这样做才是唯一的机会，因为，正如迪穆里埃所理解的，反抗奥地利当局的动力，就在于尼德兰各省抵制帝国当局推行改革，力图保护传统制度的政治诉求。但是对于国民公会的激进派而言，则怀疑是斐扬派和反革命分子私下妥协达成的默契。迪穆里埃也受到指责，说他为了拥兵自重，建立自己的政治地盘，不惜抛出让比利时人获得"自由"的空头许诺，甚至和本国真正的革命志士恩断义绝，并暗中勾结当地的贵族、教士和军阀。以他提出的比利时本土军队为例，那就是靠教士的贷款来供养的，而达

[580] 成的条件是，他们将不会受到法国教会立法的约束。对于迪穆里埃而言，这似乎是个很英明睿智的折中方案，而对于康邦（Cambon）和他在国民公会中的批评者而言，这种效仿当年恺撒的独裁阴谋由此已经昭然若揭，铁证如山了。

12月15日出台的法令，明显是想将迪穆里埃的权力移交到国民公会代表手里，以此来阻挠他的自治政策。革命法令的所有效力，包括涉及教会的条款，都会在比利时各省强行实施。1793年3月末，由于军事和政治策略全面失败，迪穆里埃对国民公会表达了强烈的不满，认为国民公会全然无视当地的敏感问题，将比利时战役彻底葬送了。他声称，比利时人民正在"遭受了种种磨难；他们心目中的神圣的自由权利受到了侵犯；他们的宗教情感也被人肆意侮辱"。僭权专擅的"大会"批准了对埃诺省的合并，而这个大会的成员，不过是布鲁塞尔的二十个自我授权的个人，迪穆里埃说道。作为付给"自由"的补偿，布鲁塞尔的各处教堂都已经被搜刮罄尽。"从那时起，您就将比利时人视为法国人，但即使他们就是法国人，收取他们钱财的时候也必须让对方心甘情愿才行，强取豪夺在他们的眼中与冒犯神灵没有两样。"

迪穆里埃对法国针对比利时政策的谴责，当然也并不是没有私人目的的。国民公会不允许他在尼德兰建立军事基地，而战场失利，则彻底粉碎了这一美梦。尽管有他个人的偏见，但是他对于法国革命帝国主义开始抬头的描述，还是完全准确的。

不管怎么说，可以肯定，法国当局制订的吞并计划，这种咄咄逼人的扩张政策，都最终迫使英国人一步步卷入战争。皮特和格伦维尔所遵循的严格中立政策，甚至在法国王室被推翻之后依然保持不变。甚至到了 10 月末，他们仍然觉得没有充分的理由来改变这一基本立场。但是法国却置 1648 年签订的《威斯特伐利亚和约》于不顾，在 11 月 16 日做出了开放斯凯尔特河通航的决定，这在英国人看来，就是一个迫在眼前的严重得多的挑衅了。当荷兰长期反抗西班牙统治的独立战争结束后，照顾到荷兰人对于防止港口城市安特卫普在经济上和战略地位上重新崛起的关切，斯凯尔特河便被封闭禁航了。自 17 世纪末荷英两国结盟共同对抗路易十四以来，斯凯尔特河一直保持禁航状态，这也已经成为了两国在共同抵御法国向荷兰进行扩张所达成的一项政治互信了。单方面地撕毁条约（包括向下游派遣一艘法国炮艇）似乎很明显是对英国人能否履行对盟友的承诺，是否有决心维持现状的一种最有效的试探。除此之外，另有迹象表明，所谓的"自然法"和"天然边界"的说法，也会被拿来作为凌驾传统外交惯例之上的借口。就在 11 月 27 日，自 10 月中旬便被孟德斯鸠的部队攻占的萨伏依，在"阿洛布罗热大会"召开投票驱逐萨丁国王之后，以"联合"的方式，正式被划归为法国的一个省。一天之后，大会主席格雷古瓦，对来自英国的友好讲话表示欢迎，宣布"毫无疑问，法国人民向大不列颠国民议会表示祝贺的时刻就要到来了"。

[581]

12 月 1 日，皮特政府通过了一项法案，向英国民兵组织发出动员令，一方面是为了应付国内的混乱局势，一方面是为即将到来的军事对抗作战前准备。但是目前它最需要考虑的，并不是国内革命，而是荷兰共和国的问题。因为虽然招募到了一批忠心耿耿的民间武装，让政府颇受鼓舞，可以借此遏制在英格兰境内爆发的革命浪潮（对于苏格兰和爱尔兰则没有这样的把握了），但 1787 年普鲁士派兵保住的荷兰执政府，此时却摇摇欲坠，濒临倒台，这让英国政府头疼不已。爱国党政策重新抬头，将会给法国人绝好的可乘之机。不但所谓的"天然边界"会向北延伸，越过默兹河，而且迪穆里埃盘算已久的重建昔日十七省大尼德兰的图谋，也将被诉诸现实。不管发生上述哪种情况，英国在条约中关于维护奥兰治王室的承诺，就会成为一句空话。

顾不得共和政府有多少让人厌恶，英国政府开始积极备战了，当然其目的并不是为了干预法国内政。在热马普战役的前夕，格伦维尔实际上非常聪明地估计到了，共和主义的反对派所能做的最糟糕的事情，无非就是要引起一场干涉战争，而这必然会再次招来一场爱国救世信仰。"我坚信只有长期的同室操戈会影响到法兰西秩序的重建，无论这一秩序采用何种形式。"虽然如此，维持欧洲力量平衡和稳定也是迫在眉睫的要紧事，必须要让法国革命造成的混乱无序完全局限在法国国内。令人感到意外的是，乔治三世也持同样的看法，他对他的内政大臣说："只有和平才可以使法国大革命永远立于不败之地，因为到那时欧洲各国都必须承认新的共和国。" 12 月，格伦维尔邀请俄罗斯女皇叶卡捷琳娜加入到共同行动中来，要求"法国军队撤回去，他们的行动不能越出法国领土的界限，停止侵略他国，放弃损害其他国家的行为，以公开和明确的方式保证不再挑起麻烦，不再煽动针对本国政府的动乱。"他补充说，如果给予这种保证，欧洲列强"可能会淡化对法国的敌意，会放弃已经采取的措施"。

参加过美国独立战争的海军英雄凯尔桑在 1 月 1 日发表

了一篇措辞激烈的讲话，和国民公会所认可更加务实的防御策略相差甚远。在他看来，不列颠帝国之间爆发冲突，是值得一试的，也是不可避免的。凯尔桑的讲话中，充满了团结友好的渴望之情，不仅梦想着在苏格兰、爱尔兰，甚至英格兰的那些"无套裤汉"都已经摩拳擦掌，准备起义了。就像布里索在一年前坚信奥地利和普鲁士的腐朽专制不堪一击，凯尔桑也对国民公会说，大英帝国外强中干，完全靠脆弱不堪的外债和一小撮银行家的合力才勉力支撑。英国在南印度和加勒比地区的力量十分薄弱；议院苛刻求全，耽于细务，首相人格卑下，国王狂悖无状。只要事先运筹周密，待时机成熟出兵征讨，定能受到广大英国市民阶层的热情欢迎。故而在"在伦敦塔的废墟之上（显然是把它看作英国的巴士底狱了）……法兰西人民将和被解放的英国人民签订条约，这个条约将会引领两国走向光明的未来，进而在全世界创建自由"。

即使是这样一种传统的以救世主自居的反英爱国言论的老调子，实际上也并不是在向英国政府发出最后的示威，而英国方面则根本不可能和革命政府领导的法兰西进行有效谈判。但是路易十六被处决还是让伦敦方面大感震惊。皮特评论说这是"全世界有史以来最恶劣、最残酷的行为，实在是罕见至极"。格伦维尔也写信给在海牙的英国大使，剧院的观众在闻知噩耗时，都要求降幕志哀，不光是大多数英国精英阶层对这种丧尽天良的举动切齿痛恨，英国政府也感到，自己是在和无法无天、丧心病狂的暴行作斗争，这使得任何进一步的讨论都失去了意义。

这就只剩下一种可能，塔列朗在1月28日就对格伦维尔说，让迪穆里埃便宜行事，必要的话，独立于国民公会之外行使外交职权。实际上，迪穆里埃似乎非常愿意听取外交部长勒布伦的意见。驻伦敦大使肖夫兰（Chauvelin），奉命转告格伦维尔和皮特，11月19日国民公会法令中做出的"解放"承诺，并不是给起义暴动开出的空头支票。这从很大程度上表明，"一旦"他们通过自身努力获得自由，那么这些"人民"可能就自然而然寄希望于法国能够出兵保护。但是乍一看不值一提的斯凯尔特事件，却成为了双方争执不下的焦点。法国方面认为，开放其自由航行是完全正当的，属于"天赋权利"，不容谈判；而英国方面则坚持认为，关闭航道涉及对国际条约的遵守。如果可以由着法国人性子来，什么时候想改就改，还自以为国家之间的是是非非都得由他们说了算，这还了得？于格·马雷带着迪穆里埃的和谈方案来到伦敦，在格伦维尔看来，这是使的缓兵之计。在2月1日，还没等特使对该计划作出解释，国民公会便已经向大不列颠和荷兰共和国宣战了。

[583]

这一行动很快就被证明是个巨大的错误。迪穆里埃一直有这样的考虑，一旦开战，应当尽量避免在地形复杂的西兰进行两栖登陆战。但是他认为更为稳妥的路线，即经由荷兰布拉班特南线发动进攻，几乎是同样艰难，因为这样一来就势必要包围马斯特里赫特（Maastricht）、海特勒伊登贝赫（Geetruidenberg）和布雷达的堡垒据点，之后才能渡河进抵荷兰南部。更为凶险的是，法国的战线已经拉得太长，即使面对荷兰的入侵，也显得捉襟见肘。带着热马普的噩梦，1792年响应爱国倡议报名入伍的志愿兵，已经回了老家，陆军兵力削减了一半。普奥联军发现对手前沿薄弱，便乘机在摩泽尔河与莱茵河的法军和驻扎在比利时的迪穆里埃主力之间,成功打入了一个楔子。

随着美因茨被围,对于进攻荷兰共和国的计划,霎时变得扑朔迷离,前途难料了(普奥联军数量之多,也实在超乎想象)。经过了一个礼拜的围攻,迪穆里埃终于在2月26日这天,在布雷达广场种下了一株自由树,南线的米兰达将军却在马斯特里赫特前线被牵制住了,奥地利派来了大部队前来增援。3月1日,迪穆里埃得到战报,说敌人的一支部队,几乎两倍于己方,达4万之众,已经渡过鲁尔河,杀到了背后。迪穆里埃闻讯,慌忙丢下马斯特里赫特撤退了。次日,尚未整顿军马,便和敌军遭遇,志愿军被奥地利骑兵冲得七零八落,到了天色将晚时分,法军伤亡3千余人,奥军则只有40人。

之后整整一周的时间,迪穆里埃一直试图挽回不利局面,而之前他对国民公会说得较为委婉,自称是被"将了一军"。他带领远征军撤离荷兰,重点增援米兰达的防御阵地,并且突然采取行动,和比利时达成了和平协议。雅各宾俱乐部遭到封锁,革命政府的法令也被宣告无效,国民公会还收到了一封怨气冲天的控诉文书。这真是波拿巴主义的前兆啊,但是法国当局显然有些措手不及,而对于比利时来说,这一天又等得太久了。和后来的波拿巴主义一样,收缩的政策意味着,没有前方的军事胜利,一切免谈。18日在尼尔温登(Neerwinden),迪穆里埃的部队攻击奥军首遭失利,在对方的反击之下,一败涂地。而远征军将士此时满脑子想的都是早日从荷兰撤退,于是数日之内,全军上下,斗志全然崩溃。

迪穆里埃和科堡(Coburg)在23日这天举行了关于法军

[584]

撤出比利时的谈判，提出的条件是确保他的军队不受攻击。奥军司令同意了这些条件，因为显然迪穆里埃还打算靠这支军队去对付国民公会。第二天，少数当地人带着一丝遗憾，眼看着法国军队撤出了布鲁塞尔，到了月底，全部法军都离开了比利时国境。接下来发生的事情更加糟糕。战争部长伯农维尔（Beurnonville）将军被派往前线监军，对迪穆里埃的行为进行调查，结果他连同随行的其他特派员一起，都被抓了起来，绑送奥地利人。4月初的几天，迪穆里埃试图劝说部属叛变，投靠进军巴黎的同盟国军。尽管正规军中很多人不信任国民公会，但他们的不满远没有达到要叛国的程度。于是在4月5日这天，迪穆里埃便效仿当初的拉法耶特，带着几名高级军官，骑马来至奥军阵前，一行人里有一个是菲利普-埃加利特的儿子沙特尔公爵（Duc de Chartre），也就是未来的路易-菲利普。

主帅投敌的消息传到巴黎，似乎印证了那种最夸张的阴谋论传说。那些喜欢事后大发宏论的人，特别是雅各宾分子，便说整个远征荷兰的战略就是迪穆里埃精心设计的，想要把军队拱手送给奥地利人。就和当初巴士底狱的塔楼上假装竖起白旗，还有杜伊勒里宫设下圈套暂时停火一样，都是背后有着精心的谋划的。就是要让爱国人士上钩，让他们白白送死。在革命的文化环境中，贵族都一概被抹黑，说他们生性偷奸耍滑，就喜欢搞阴谋诡计，这一次的阵前叛变，似乎也是与旧制度时第五纵队搞阴谋破坏活动一脉相承的。

有些人对迪穆里埃的爱国热忱产生了怀疑，他们发现，法国西部边境的防御问题，责任都在他身上，这一点都没什么奇怪的。因为就在法军在尼尔温登的弗拉芒沼泽遭逢挫败的同一周，旺代省又爆发了反对共和政权的血腥叛乱。

二、圣心所在：旺代之乱

马什库勒（Machecoul）那个粮食交易的小镇子，离大西洋约有12英里地。1793年3月11日，刚过清晨，年仅七岁的热尔曼·贝蒂（Germain Bethuis）就被一阵隆隆闷响，好似怒潮翻滚的声音吵醒了。在孩子听来，声音并非来自西边的海上，而是从北面传来的，就在圣菲利贝尔（Saint-Philibert）村方向。动静越来越大，他都有点害怕了。到了冬天，晚上会搞妇女儿童的聚会，村里一些上了年纪的女人们曾说起过，若是天上乌

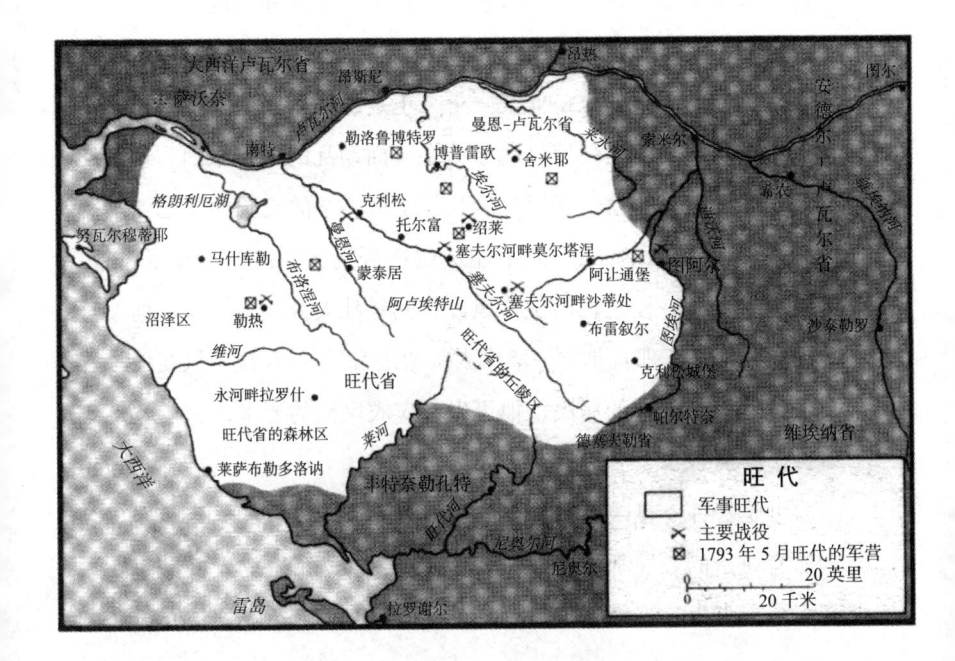

[585]

云翻涌，形状凶恶怪异，呈现的色彩也不自然，那是有血光之灾，要打仗了。热尔曼瞥了一眼旺代清晨的薄霭，觉得呈现在眼前的正是这样一幅特别的景象，那层薄霭比烟雾更加暗淡，非常缓慢地、低低地掠过田野，向城中袭来。热尔曼的父亲今年32岁，是个公证人，也是区政府的成员，此时他还在床上躺着，儿子跑进来叫醒他："爸爸，有一片黑云，正呼呼地往城里飘来。"他这么说道。此时太阳驱散了薄雾，那分明是密密匝匝的一大群农民，足有数千号人，手擎草叉、剥皮刀和长短镰刀，不少人手里还握着猎枪。热尔曼后来回忆说："光是他们的狂呼大喊就足以让人胆寒。"

父亲赶紧起身，去找那几个国民卫队士兵，而这几名士兵也已慌慌张张地跑了出来集合在一起。面前的队伍有三千之众，卫队却大多是年迈老卒和半大孩子，因为马什库勒当地应国民公会要求，遵照2月24日的法令，根据30万兵员总额的计划，承担了相应的征兵任务。而实际上，正是那些到安茹南部村子里征兵的官员，才是促使该地区爆发全面动乱的直接原因。现在马什库勒城里，就看年迈的区长、本地大学的校长加希尼亚尔博士（Dr. Gaschinard）能不能镇住这帮气势汹汹的恶徒了。他充分施展了一校之长的优雅风度，同暴乱人群周旋抗争，据贝蒂后来回忆，那真是"一段感人肺腑之言"。校长说，只要他们保证不伤害镇上的居民，他可以答应农民们的要求，交出教堂钟楼的钥匙。

可是警钟一旦敲响，这就成了一个不可能遵守的承诺。周围所有村子的农民都汇聚到了马什库勒，汹汹攘攘的人群迅速膨胀，扩大为一支暴民队伍。被派到马什库勒来监督抽签入伍的莫泊桑命令士兵要坚守阵地，可这时手下人却多半临阵脱逃，不知去向。莫泊桑想要上前去和暴乱头目理论一番，却被一支长矛刺穿心脏，当场毙命。此时混乱的状况已经到了失控的地步。任何被指认为当地官吏的宅邸都被暴徒闯进去洗劫一空。屋内只要发现有人，便将其拖到街上毒打，直到猎人们发出"哈拉利"（hallali）的呼声，这是猎物已被包围的信号。立宪派教士勒托尔（Le Tort）被人从教堂里拖出来，脸上被刺刀来回割划，就这样整整十分钟，最后被活活折磨死。当场暴死街头的超过了40人，还有400人在遭到围攻后，被驱赶到卡尔瓦伊莲娜女修道院关押起来。

起初，贝蒂的父亲藏到城里郊区的朋友家中，躲过了暴怒的人群。有人劝他赶紧逃走，但是他却不肯丢下家里的妻儿老小，更何况自己身体也有病，于是干脆就回了家，依旧上床睡觉。不多久，他便和其他人一道被投入临时监狱，凡是抓来这里的，都是当场审问，随即便被处决。犯人们被胳膊底下的绳子绑成一串，这还有个恶毒的叫法，唤作"大串珠"（rosaries），就这么被拖到镇子外边的农田里，强迫他们挖坑，然后就地枪决，他们也就正好掉落到自己亲手挖出来的墓坑中去了。内科医生缪塞（Musset）就曾两次被抓到队伍中，两次都暂缓执行，但是最终还是没有逃脱"大串珠"的命运，在最后一刻被处决了。而贝蒂对自己的命运渐感绝望，便自行从二层楼窗口跳了出去，结果跌断了一条腿。他妻子向旺代司令沙雷特（Charette）求情，希望准许找个大夫替他男人瞧病——可能就是缪塞。尽管沙雷特来到马什库勒的目的之一，就是要对目下滥杀无辜的暴行实施干预和控制，但他还是一口回绝，"这人挨不过几个时辰就会死了，请医生干什么？"

贝蒂和其他500多个马什库勒的公民一起，被旺代叛乱者用最血腥的手段屠杀了。小镇的名字在共和派的修辞中成了叛乱者野蛮和非人行径的代称。直到今天，法国的历史学家和读者在这件事情上形成的分歧之大，超过了大革命时期几乎其他任何问题。对于不研究法国的历史学家来说，立刻会产生这样一种印象，在马什库勒发生的这些令人毛骨悚然、厌恶至极的暴行，与共和政府之前残忍的报复行为何其相似。就像9月大屠杀，这些血淋淋的行动从开始阶段已经失去了控制，人们自发要求对那些犯下了无可饶恕之罪，以及构成直接威胁的人，即那些隐匿在温馨家园中的外来者，实施公开而残忍的惩罚。就像9月大屠杀一样，民愤的爆发很快就得到了指导，控制，甚至被赋予了某种虚假的法律形式。在马什库勒，和马亚尔不相上下的是那位检察官苏许（Souchu），此人主持判决犯人死刑的案子的审理。沙雷特的地位就相当于丹东——既是军阀，又是法官，表面上要动用威权，制止杀戮，实际上则根本不愿出手，而且也确实无能为力。

旺代暴乱确实野蛮，而镇压行动也同样血腥，这是革命战争的善恶二元论所决定的。加希尼亚尔博士那一番"感人肺腑之言"，是想让双方都各退一步，认识到彼此都是法兰西人，是同胞兄弟。但是他们却慢慢对于禽兽行为习以为常，如同凶神附体一般残暴，变得毫无理性，天良丧尽，他们将对方视作邪魔，彼此到了水火难容的地步。暴乱之前的一个月，当地革命俱乐部，丰特奈勒孔特（Fontenay-le-Comte）的"自由和平等之友协会"主席，编挂毯出身的拉帕腊（Laparra），对那些顽固派教士和贵族是这么形容的：

> 这是个毁灭法兰西的多头怪物。我们对它的痛击（将国王处死），已经斩断了它最主要的那颗头，然而这个怪物还没有死，它想把整个宇宙都吞到肚中。

在敦促国民公会进行更多的示范式处决时，拉帕腊对他的这个话题越说越起劲："对于这些臭名昭著的祸首，下手需要再狠一些，他们毫无怜悯地撕扯着他们自己母亲（法兰西）的乳房……把复仇的斧头砸在他们身上，这样做可以以儆效尤，这些恶人的死可以让他们愚蠢的走狗们得到教训……把他们扔下去，把他们从塔尔皮亚岩石*（Tarpeian rock）上扔下去。"按照他的设想，共和国每个省的首府，处决这么两个吃人的恶魔，就能开个好头了。

在杜隆的乡下，叛乱分子也是以同样的口吻，对共和派进行强烈谴责："他们杀死了我们的国王，赶走了我们的神父，卖掉了我们教会的家当，吃光了我们所有的东西，现在他们还想夺走我们的身体……不，我们不许他们这样做！"

双方都把敌对者大肆丑化，描绘成毫无人性的妖魔鬼怪，谴责对方挑起战争，犯下了何等残忍的暴行，旺代预示了新一波的农民暴乱。大革命的军政和民事特派员，碰上了对当地情

---

* 意大利罗马卡比托利欧山南侧的一个陡峭悬崖，在古罗马被用作处决犯人的场所。杀人犯、叛徒、作伪证者和偷窃的奴隶，如果被定罪，就会被从悬崖上抛下摔死。——译者

况更加熟悉的牧师和有权势的高级教士领导的虔信的农民,不管在哪里,他们都遭到了同样顽强的抵抗。继1793年法国西部发生叛乱之后,意大利北部也同样爆发了"玛利亚万岁"骚乱,在1799年,又发生了卡拉布里亚(Calabrian)的"圣信军"(Sanfedisti)和比利时农民暴动,西班牙在1808年也发生了同样的事件。每一次共和派政府都得到城市居民,通常是专门职业者,以及一小拨热心的政治家的拥护。这些政治家因在那些对他们的信条基本上漠不关心的地区受到孤立而言辞显得尤为尖锐。

莫日地区是个以莱永河(Layon)为分界线的次级行政区,查尔斯·蒂利有一本研究该地区的经典著作,其观点是莱永河不仅是地形学上的界河,也是社会学上的分野。在北部和东部,是相对人烟密集、经济繁荣的索米尔河谷地区(Val-Saumurois),那里的农民和城里人有着共同的利益,能够从革命当局变卖教产的立法中获得好处。那里的识字率较高,对于宗教的态度比较温和。农村和城市没有太过激烈的对立。而处于西部和南部的莫日地区情况则截然相反,那里的乡村闭塞萧条,人烟稀少,河流浑浊,榛莽丛生,只有靠着独轮小车才勉强能推出一条小路来。那里稀疏分布的几个小镇,像绍莱和舍米耶,纺织业主利用当地人想利用农闲时间打零工补贴家用的想法,以低工资雇佣农民工,这些工人的生活条件也都非常艰苦。他们其实只能说是城市中的农民,而算不上是真正的城里人。自然,和索米尔河谷地区全然不同,在莫日的这些乡村地区的人们,就把城市看作是剥削者,看作是敌对者。

与此相反的是,在那些商业化程度更高的地方,农民和中产阶级步调一致，共同反对贵族阶层和拥有巨额财富的教会，而在莫日和真正属于旺代的几个次级区，比如树木繁茂的森林区和贫瘠的沼泽区（Gâtiné），立场的划分，可以说更多的是垂直的，而不是水平的。它们将一种具有内在凝聚性的乡村文化和一种被大革命赋予了各种国家权力的外部的城市世界彼此对立起来。在那个农村的世界，当地的贵族比起法国的其他地方似乎更加安分守己，也不那么招人嫉恨。在1789年的时候，当地的暴力活动很少，相隔也很远。因为这些乡村之间相互不通信息，当地的教会和本堂神父，就有了超乎寻常的极大的影响力。他们给人施洗，主持婚礼和葬礼；他们教孩子读书识字；救助贫弱之人；每到周日，他们还为居民提供使他们能够彼此感受到他们同属一个共同体的唯一场所。

正如让-克莱芒·马丁在最近的也是最均衡的对这场叛乱的论述中所强调的，在法国的其他地方，对于《教士公民组织法》的狂热抵触也已广泛蔓延，与安茹南部和旺代一带相比，也并不逊色。但是这些地方，却都没有以这样一种方式，集中爆发这样一场突如其来的暴力骚乱所需的诸多因素。在佛兰德、皮卡第，还有诺曼底部分地区，拒绝立誓效忠的教士比例相当高（比方说诺尔省的8个区中，宣誓效忠的教士只有190人，拒绝宣誓的达到1057人）。非常吊诡的是，城市中拒绝宣誓的比例往往高于乡村，那些乡下的带薪本堂神父，在大革命期间过得要比旧制度时期更舒坦。法国南部的情况也是如此，那里接受《教士公民组织法》的比例，在普罗旺斯一些乡村中高达80%，而像阿尔勒这样的城市，却依然保留着保王派的天主教传统，唯有靠着军队的力量才能勉强控制。阿尔萨斯和洛林的情况和佛兰德和皮卡第类似，宣誓效忠的教士依然遭到极大的仇视，但是由于处在交战区域，周边分布着一些军事重镇，当局可以迅速抽调兵力遂行镇压，以防暴乱演变为全面起义。甚至在情况和旺代最为接近的布列塔尼，只要将那些叛乱头目逐个消灭，并对任何形式的民众集会采取严加惩戒的手段，那么就完全能将德·拉鲁埃里侯爵（Marquis de La Rouërie）的保王党密谋扼杀在萌芽之中。

旺代的情况刚好相反，孤零零的几个共和政权和雅各宾爱国主义的城市代表，被抛入到狂热虔信的农民的人海之中。此外，正如迪穆里埃在整个1792年都想要告诉政府的那样，该地区缺乏有效的军事布防，如果发生严重的抗议活动，根本无力应付。更何况，该地区的沙朗（Challans）和绍莱两地在1791年就曾发生严重骚乱，特别是1792年8月的时候，在沙蒂永（Châtillon）和布雷叙尔（Bressuire）也发生过两次暴乱，已经表现出某种强烈的不满，这样的疏忽大意就更加显得不可思议了。但是也有迹象表明，当局是将这些骚乱作为孤立事件对待，处理起来和法国其他地方由于革命政府让他们在1789年的期待落空，为发泄不满而引起的农村骚乱没什么两样。1792年夏天，在上布列塔尼，中央高地（Massif Central）西南部的凯尔西以及普罗旺斯的偏远内地又发生了新一轮的农民扎克雷起义。这些地区爆发的骚乱，都是那些没有从变卖教产中得到实惠的穷苦农民发起的。在一些地方，圈起公用田以放牧牲畜的篱笆都被拆毁了，而在其他一些地方，人们要求将公田分给村子里最穷困的人家。

尽管如此，这些冤屈和不满，在各个不同的小耕作区，却

第十六章 人民之敌？ 1793年冬春

带有各自的地方烙印。在1789年起草陈情书的时候，那些穷苦的农民们，聚集在教堂里听他们的本堂神父宣讲，相信公正的社会制度将会让他们的生活发生不可思议的变化。而实际情况却是，大革命当局不但没有改弦更张，而且实际上是变本加厉，加剧了乡村地区相对富足的人群和贫困人口的差距。面对着1792年民众不断增长的愤怒和暴力，当局采取了典型的软硬兼施的应对策略，就是立法上作出象征性让步，并有选择性地进行镇压。推翻君主制之后，立法议会在其存在的最后几周里已将1789年制定的详尽的领地使用费赎买计划弃置一边，并最终将其彻底废除。但是既然农民们好歹已经不再缴纳这些费用了，那么这对于地产所有者赖以自我补偿的高额地租而言，也就没有起到什么作用。几个连的国民卫队和小股的正规军被用来镇压动乱，哪里爆发骚乱就到哪里阻止事态升级。

没有哪个地区的局势，会严重到发展成为像1793年春天旺代发生的那种百姓群起响应的起义。旺代地区，同样也有乡村的社会底层，但是像马塞尔·福舍（Marcel Faucheux）这样的历史学家，却不得不花费很大的精力去证明，社会的不满才是决定叛乱分子效忠于谁的关键因素。（马丁已经指出，绍莱地区很多受剥削的纺织工，一开始是站在共和派这边的，而并没有倾向于旺代叛军。）这场叛乱让人最为震惊的一个特点，就是其参与者社会构成的广泛性，以及将各个属于不同经济阶层的民众连接在一起的那种纽带关系。天主教大王军并不都是底层农民，还有相当一部分是富裕的牧场主，还集中了小店主、磨坊主、车夫、铁匠这样大批的乡村中的各色人等，这些人曾被看作是大革命当局在乡村地区的代表。如果说有些代表，比如靠

[591]

近潘伯夫（Paimboeuf）海岸的渔村中的渔夫，是和地方社区关系比较密切的，那么还有一些小船船主和驳船船夫，因为工作，经常穿梭于旺代沼泽区的湖泊河流之间。参与者中还有马车夫，比如说旺代将军卡特利诺（Cathelineau），以及行商，这些人具备各自行业的相关知识，故而对于采取哪些进军路线了如指掌。莫日之所以远近闻名，并不是因为它地处偏僻，有着与外界隔绝的处女林地，而是当地放牧的牛羊，是巴黎索镇市场上肉类的供应来源，那些牲畜贩子对于东北方向，径直通往卢瓦尔的大小路径都一清二楚。还有一点也不同寻常，冲突双方都有贵族出身的。旺代叛军的贵族指挥官中，德·埃尔贝（d'Elbée）和德·拉罗什雅克兰（de La Rochejaquelein）可说是大名鼎鼎，莫日地区国民卫队司令是从前的贵族西厄尔·德鲁埃（Sieur Drouhet），圣路易五等勋爵，曾经和拉法耶特在美国并肩战斗。在莱萨布勒-多洛讷（Les Sables-d'Olonne），当地共和派军队的军事指挥官是博弗朗谢·达亚（Beaufranchet d'Ayat），一个路易十五和布歇最喜欢的裸体模特奥墨菲小姐（Mlle O'Murphy）的私生子。

与其探寻一种关于社会议题的统一模式，它将根据某种别的事物来"解释"一场宗教叛乱，倒不如直接听听蒂罗（Turreau）将军的评论"她是一场真正的圣战"来得更有道理。根据谭旋等人的最新研究成果，处于这场风暴中心的安茹和下布列塔尼的教士们，实际上是法国教士阶层中最不愁吃穿的一批人，那里的带薪本堂神父和靠着什一税自足的教士，比其他地方的教士都要富裕。相当一部分人拥有一个不算太小的农场，不但能养活自己，还能略有收入。那些小镇上的世俗教士，往往能够从丰厚的捐赠中得到好处，故而，西部的吕松（Luçon）、昂热和南特的主教教区，成为法国最富有的教区之一。而正因为拉罗谢尔在17世纪的时候，成为了独立新教运动的最后几个坚强堡垒之一，自然也就成为了天主教布道团的众矢之的。比如路易·格里尼翁·德·蒙福尔（Luis Grignion de Montfort）在18世纪初创建的圣灵布道团（Saint-Esprit）就获得了很大成功，成为西部很受欢迎、很有影响力的传教团体。于是，毫不奇怪，在教会的特权阶层和人数少得多的被排斥的乡村助理牧师之间，存在着一种非同寻常的团结关系，这些乡村助理牧师，在法国南部和诺曼地区是立宪派教士的天然候选人。

同样非常值得关注的是，在法国西部的教士队伍中，来自乡村的占了很大比例。能在教会中谋得高位，享受丰厚的物质生活，这对于农民出身的那些乖巧聪明的男孩，自然是个很有前途的差使。很多人在设有主教的市镇学完了神学课程，取得了牧师的资格，然后便回到当地的村子，或者说至少是原先的出生地。他们不但可以当牧师，为教众带来精神指引，还可以在当地中学或者是高等院校当教员，在这里，教员总是不可或缺的，此外他们还可以做一些救济病弱者和贫困者的工作。就这样，比起其他很多地方，旺代的教士完全可以标榜自己是真正的祖国之子。相比之下，那些立宪派教士，那些替代他们职位的人，倒更像是外来者。在这里，人们大多称他们是**僭越者**（intrus），或者更通俗一点，就叫闯入者（truts），侵入者（trutons），意思就是不受欢迎的人。那些旺代的叛乱者满怀激情地保卫家园（和其他地方一个样），实际上就是那些和他们作战的无套裤汉自己的镜像。只不过，两者之间关于谁是真正的

[592]

外来者，到底将谁消灭会为和平与自由铺平道路的问题上，意见是完全对立冲突的。

在南部的安茹，强行推行大革命当局的教会政策，几乎一开始就被看作是一种侵犯。那些遵守布瓦热兰所颁教皇原则的教士们，拒绝进行效忠宣誓，并打算放弃他们的助理牧师的职位。很多人真的就追随他们的主教移民西班牙，还有的走得更远，到了爱尔兰和英格兰。这样就造成了该地区教职人员迅速减少，导致一些外省当局规定，如果没有人接替，那些顽固派教士必须继续留在教区，曼恩-卢瓦尔省（Maine-et-Loire）在1791年7月就制订了这样的政策。这种务实的让步，却是火上浇油，让地方上的雅各宾好战分子怒不可遏。他们给巴黎的立法议会递交了请愿书，谴责教士们的阴谋诡计，并要求对他们采取严厉的惩罚。1792年实行的将顽固派教士强行驱逐的做法，已经使得冲突进一步激化。当局批准了搜查逮捕教士的行动，国民卫队有权破门入室，强行搜查，进屋之后，每一件家具、摆设，都被翻了个底朝天（甚至没有不被动过的东西）。搜查到哪家，哪家就得每个礼拜上缴工钱和搜查费。不用说，对于那些因为遭到冷遇而心怀不满的人而言，这一下更是强烈地感到一种被排斥的感觉。但是尽管存在这种威胁，很多教士还是藏身谷仓或草垛中，有时候则躲进原始的茅屋内，甚至山林洞穴之中，当地的那些虔信宗教的信徒会给他们送来吃的东西。

除了千方百计地窝藏并保护这些顽固派教士，使得他们免遭当局迫害，人们也在想尽办法要狠狠地整治一下这些闯入当地的不速之客。在一些教区，新的助理牧师来到教堂门廊前，发现原来的顽固派教士穿着法衣，带着所有教堂里的捐钱盘，所有的信徒都排队跟在他身后，就这样离开了。而带头和他们过不去的，往往就是镇上的镇长，一般总是认为，他们是守法的好人。新的助理牧师来上任时，很多人假装丢失了教堂的钥匙，不给开门。祭坛的幕布也不翼而飞，新来的牧师连块干净的幕布都找不到，除非自己肯动手搓洗。有时候钟也是破的（可能是农民们故意搞坏的），他也找不到一个能修的匠人。要想上任就职，立宪派教士需要整整一个排的国民卫队压阵，卫兵也只好从人群中努力地劈开一条道路，大声叫喊着"不要亵渎神灵，不要自找晦气"。

　　国民卫队刚一离开，这位外来户就不但要面对令人尴尬、空空荡荡的教堂，还得忍受没完没了的骚扰。默莱（Melay）当地的立宪派教士是蒂贝尔家族（Thubert）的人，共和派市长的儿子。只要他一出现，便会遭人起哄、嘲笑，还有人会踢他。不但是身体伤害，更有人格侮辱，他抱怨说，他手下的那个教堂司事，不但在做弥撒的时候故意缺席，有时候还爬到钟楼上，用鹅卵石砸他。乡村传统的狂欢娱乐，包括拿人像来吊死寻开心的玩闹，也都用来捉弄这些可怜的外来者。在圣奥班就搞过这么一次，助理牧师被画成头上长角的妖怪的跟班，蒂贝尔则是戴绿头巾的倒霉教士，家里的房门被铁锤哐哐哐地狠狠砸了一晚上，在其他教区，哐啷作响的罐子，还有尖厉的下流音乐，足以让教士们一夜难眠了。那些被外来者占据的教堂，连一些基本规矩都没人遵守，人们把垃圾带进来，有时候甚至把排泄物和无人收拾的死尸，都堆在门口。而有时候，说不定会有妇女们自告奋勇，带头把这些脏东西清理干净。举个例子来说，巴黎人佩尔（Peyre）被任命为拉梅苏尔-艾弗雷（La Maysur-

Evre）的助理牧师的时候，惊讶地发现，很多女人一路跟着他走进教堂，一边还在后面把他留在石板上的足印扫去。洗礼盘子被积极地清空并被重新装水，以免他们被不信教者污染。

从根本上讲，这是一种坚决拒绝的策略。大革命把结婚变成了一种民事行为，但是和洗礼以及葬礼一样，也可以举办宗教仪式，作为结婚登记的补充。拒绝宣誓的教师明确表示，这种"民间"仪式，不能算作真正的信仰依据。也就是说，凡是举办民事婚姻，以及在立宪派教士主持的仪式上受到祝福的新人，都会被教会看作是生活在罪孽之中的人。同样，由立宪派教士主持的临终仪式，作为一种赦罪方式，也是无效的。在这种情况下，教民们拒绝参加这种活动，就不仅仅是一种政治上的抵制，也是对他们灵魂的一种救赎。顽固派教士常常给教民提供详细的指导，让教民们知道，他们走了之后该怎么办。葬礼应该选在村庄之外，按照一定的程式举行。如果立宪派教士发现，便会阻止人们参加。有些教士甚至还会告诉信徒们，他们不在的时候，弥撒该如何举行。比如马蒂厄·波诺（Mathieu Paunaud）在离开圣-伊拉热-德-莫尔塔涅（Saint-Hilaire-de-Mortagne）之前，就向他的教众保证："无论天意指引我到何方去，我都会为你们祈福。"这样的话，哪怕他们的"好神父"不在身边，他们也会一切照常，到了10点钟，便聚集在一起，轮流诵读祈祷文，他们也知道，神父也在这个时候，和他们一样在敬奉上帝。最后还搞了临时小教堂，搞传统的弥撒仪式，这种临时教堂有时候是在顽固派教士的藏身之所，或者是偏远的农舍，窗户常常拉上帘子，主持的牧师们，也都受到人们的严密保护。

很显然，要将具有如此顽强抗争传统的旺代拖入到一场目标更加一致的暴力活动中去，不需要太多的引导。1793年1月，在濒海一带的莱萨布勒-多洛讷当地的检查官（procureur-syndic）比雷（Biret）写信给省里的行政长官，说："至于道德，我相信到目前为止，大部分人民……完全被狂热主义和国内敌人的破坏活动所蛊惑……至于政治，这些人也完全理解不了。在我看来，大革命对他们来说就是一连串不公正的事，他们不停抱怨，却不明白其中原委。"处决国王，显然使得情况更加糟糕。在莱萨布勒举行的一次集会上，比雷报告说："有些人竟然将那些把路易送上断头台的立法者们称为'强盗'、'恶棍'。"在整个二月，所有的报告都谈到了那些越来越无法无天的情绪上，人们高喊的口号是"教士万岁、宗教万岁、国王万岁（当然现在是路易十七那个孩童）；爱国党去死吧！"

征兵通告将所有压抑已久的愤怒和怨恨彻底激化成暴乱。非常有趣的是，雷纳尔·塞舍尔（Reynald Sécher）发现，旺代实际上已从小城镇招来了一批人，至少已经完成了自己的征兵任务。这可能是那些因为倾向于共和政府，或已在当局任职的人，为了有足够的军力自保，让自己安心，或者有些出于理智，想让自己远离这片是非之地。不管怎么说，这种象征性的强制征兵，已经足以引发一场暴动，而其实当时并未正式征召，不过是对志愿者发出呼吁，要他们整顿行装，而且为了避免人数不足，规定通过抓阄的方式进行征募。而在前一天，也就是1793年3月6日，当局还发布了一道命令，要求关闭那些不接纳立宪派教士的教堂，然而结果也收效甚微。

第一阶段的起义，是从3月10日开始，延续到12日。村

[595] 子里,还有近郊的一些地方,人们自发组织起来,对镇长、治安官和检察官的办公地点和宅邸进行冲击,而且还气势汹汹地将国民卫队的小股部队进行分割包围。后来在马什库勒,又发生了一次这样的事件,不过这次没有造成严重伤亡,在圣弗洛伦-勒-维尔、圣帕扎内(Sainte-Pazanne),还有圣伊莱尔-德-沙莱翁(Saint-Hilaire-de-Chaléons)和克利松,也都发生了恶性暴力事件。从这第一阶段的暴乱中涌现出一批起义领导者,一直以来,他们都被看作是和当地革命政府相抗衡的反对派,比如猎场看守人、退伍老兵斯托夫莱(Stofflet)就是一个。他们赶走了敌人,还顺势夺得了武器,人群汇合在一起,组成队列向城市开进,沿路之上,队伍的规模就像滚雪球一般愈发壮大起来。

在这一阶段,旺代的骚乱和法国其他地方,从诺曼底的卡尔瓦多斯到勃艮第的科多尔(Côte d'Or)和中央高地南部的多姆山等地发生的反抗征兵的暴动,似乎没什么两样,当时布列塔尼的卢瓦尔以北一带,暴乱最为严重。但是政府事先把精力完全集中在这些可能发生反革命叛乱的地区,当局也拥有足够的兵力,能以雷霆万钧之势迅速捣毁叛军老巢。旺代则恰恰相反,当地的官兵力量非常薄弱。比如在沙朗那里,爱国卫队只有200人,而在3月12日叛乱爆发时,他们要面对上千名暴乱分子。等到援兵赶到,暴乱已经演变为大规模起义了。最终在3月的第三周,派往旺代的共和派士兵达到了5万人,其中只有总共不到2千的极少数人是旧式皇家军队"线列军"的老兵。剩下的全都是毫无经验的志愿兵,部队给养极差,且装备不整,对面临的严峻形势叫苦不迭,面对叛匪表现得极为恐慌。

在 1793 年春夏之际，没有一支法国军队像在旺代的蓝军那样，那么容易陷入恐慌和崩溃。可能是他们担心遭到马什库勒共和派同样的命运。实际上，他们中的许多人分散在 50 人或是数百人的小部队中，正好给那些丧心病狂的叛乱分子集中歼灭的机会，根本起不到威慑对方的作用。

当共和国意识到形势严峻的时候，叛军已经攻占了好几座中心大城市，尤其是绍莱、舍米耶和丰特奈勒孔特这样一些重镇。3 月 14 日，斯托夫莱带领部队与另一名猎场看守人出身的将军托内莱（Tonnelet）和货车小贩卡特利诺（Cathelineau）所部会合。他们向公民-侯爵德·博沃（de Beauveau）率领的共和派军队喊话，劝其缴械投降无果，便开始猛烈开火射击，蓝军被彻底击溃，德·博沃也受了重伤。

尽管已经取得初步胜利，但是从当地贵族中延纳一些颇具影响力的人物，看起来也是十分重要的，有了这些人的支持，就能招募更多的军队共图大业。这并不仅仅关乎他们的社会地位，因为他们招来的这批人，有相当丰富的战场经验，随着战役逐步展开，他们的作用便会发挥出来。他们向庄园和领地派去代表，这些代表通常不得不克服当地士绅对叛乱前景的复杂态度。其实，许多地方上的士绅（21 岁的亨利·德·拉罗什雅克兰除外）并没有强烈的保王党思想，倒是表现得非常克制，充满理性，让人印象深刻。那些曾经逃往科布伦茨的，对所见所闻感到憎恶，便又回到了国内。其他一些如德·埃尔贝，最初是大革命的铁杆支持者，当时已经被选为博普雷欧（Beaupréau）的第三等级代表了，他投票支持立宪派主教佩尔蒂埃（Pelletier），但是立法机构却不问情由，将其驱逐出境，

[596]

这使得他对共和政府心灰意冷。另一位贵族出身的叛军主将邦尚（Bonchamp），甚至曾经告诫过叛军将士他们的行为会有多么严重的后果："你们感觉不到我们正处于危险之中吗？我们在做什么？我们在挑动内战。我们在与谁作战？与我们国家的同胞啊。"毫无疑问，真正激起旺代贵族斗志的，是一种地方主义情绪：狭隘局限的同乡之情。流亡者和蓝军在他们眼里是一路货，都被打上了入侵者的烙印。要想挽救法国，恢复昔日荣光，只能依靠本地的杰出人物，只有他们才能担当起捍卫家园，反抗掠夺的重任。因此在后来的指挥作战中，就带有非常强烈的个人主义和狭隘的地方主义色彩。一些部队首领，比如沙雷特、萨皮诺·德·拉韦里耶（Sapinaud de La Verrier）和埃尔贝，就经常被当作崇拜的对象，实际上他们往往是被浪漫化的父权主义者，典型的18世纪贵族军阀。他们都从各自所在的地面上拉来一支队伍：邦尚手下的是圣弗洛朗的兵，沙雷特的部队，则是从马什库勒以及北部的南特地区（pays nantaise）征召来的；埃尔贝的亲兵，是他从莫尔塔涅的乡村一带拉来的；拉罗什雅克兰的队伍，来自布雷叙尔和沙蒂永。他们充分利用宗派的那种认同感，来树立绝对权威和忠诚，坚决反对协同作战，一致对外，而旺代军如果有更大野心，不甘于做朝不保夕的反叛联盟的话，团结是必不可少的。

在整个冲突期间，教士并没有像传统历史文献所认为的那样，积极投身战场。这样的沉默冷静，实在是出人意料。当然也并不是所有的教士都如此。攻克绍莱的部队，不但遭遇了斯托夫莱的抵抗，也碰上了巴博坦（Barbotin）神父同样猛烈的反击。其他一些人，如贝尼埃（Bernier）神父，特雷芒蒂讷

（Trémentines）的卢梭，拉瑞博迪耶尔的沙米奥（Chamuau of La Jubaudière）以及圣弗洛朗的格吕热（Gruget），也确实率领农民投入了旺代起义，起到了重要作用。当然叛军不会放过每一次机会，来对这场战争的神圣性进行公开宣传。在攻占了舍米耶之后，巴博坦成为了"天主教大军随军牧师"，负责在战前进行弥撒忏悔。旺代叛军经常在行军途中高唱圣曲和颂歌，军团队伍前面还有人扛着圣母玛利亚的大纛旗，还把圣心摆在十字架顶端，作为佩在身上的徽标。3月末的时候，他们还创作了一首专门针对《马赛曲》的歌，开头是这么唱的：

[597]

> 来参加天主教军队，光荣的日子到了
> 剿灭共和派
> 鲜血四溅污染了旗帜
> 普瓦提埃军队在这里，分兵列营你们最强
> 向前，向前，向前，蓝盔将士们
> 把鲜血洒满我们的疆土

尽管如此，如果以为旺代叛军不过是迷信巫神的一大群乌合之众，那就大错特错了。叛乱分子一上来并未采用什么复杂的战术，却已经连克数城，在绍莱之战中，大队的步兵稀稀拉拉地在狙击兵行列中间走着，而当时的骑兵，也刚刚组建不久，队伍后边还拖着一两门山炮。但是刚刚打了一个礼拜的仗，便从溃败的共和军手里夺来了大批储藏的弹药，迅速壮大成为一支正规军。他们还给一些大炮取了名字，最有名的就要算"玛丽-让娜"了（这是两个小女孩的名字，他们的父亲就是炮手，

一路推着火炮前进），该炮的火力相当惊人，有时候炮弹炸开的时候，响声如雷，烟雾弥漫，令敌人闻之丧胆。骑兵约莫在1500—2000人之间，多半连双皮靴都没有，干脆就穿了双木屐，胯下的坐骑高矮参差，五花八门，什么牲口都有。

旺代叛军最重要的优势在于，他们对于地形了如指掌，所采取的战术手段，也非常适合当地特殊的地理条件。比如在卢瓦尔河下游，他们便利用武装快船，沿河巡逻，拦截对方的弹药和运粮船只，不让这些物资落入共和派守备部队手里。遍布榛莽的低矮山丘上的风车也被派上了用场，叛军通过一整套的特定叶轮操控，作为交流暗号，向边远部队传递消息。整个旺代地区，不上阵作战的大多是女人和孩子，有的留守农耕，有的饩劳军兵，还有一些以给部队干活的方式，为战争贡献着自己的力量。

这种战争样式，在现代战争中，当然已经屡见不鲜了，但是对于当时的共和派军队，特别是从比利时前线，或者美因茨围攻中抽调过来的部队而言，他们根本没有做好相应的应对准备。他们身着制服，队列严整，完全被困守于驻地，处于孤立无援的境地，虽然能够对战区范围内的大城市起到控制，但是却无力深入城市进行巡逻搜查，而那里的一草一木，却都暗藏杀机，显然要将村中的普通百姓和叛乱武装区分开来，也是不可能的。那些参加过镇压旺代叛乱的法国将军们，十五年之后，还会在西班牙半岛战争中遭遇到和当年同样的困难，他们管这个叫做"小型战争"（"la petite guerre"），西班牙语就叫 guerrilla，意思是游击战。

但是真正给巴黎的国民公会敲响警钟，让他们意识到一场大规模的全面内战正在逼近的,并不是这种非正规的游击战。在绍莱和丰特奈勒孔特的几场战役,都是开阔的乡村和平原地带的遭遇战,旺代叛军不但兵力占优,而且火力也更猛。19日晚,马尔塞(Marcé)将军领兵两千余人,在尚托奈(Chantonnay)以北的大莱河(Grand Lay)沿岸苦战了六个小时。马尔塞将军分明听到,战场上有人在声嘶力竭地吼唱《马赛曲》,他以为是来了援军,但这实际上,是叛军阵营里传来的"天主军万岁……"。这场战斗最后呈一边倒的态势,丧魂落魄的蓝军落荒而逃,向南一直败退到了圣埃米娜(Sainte-Hermine)和圣埃尔芒(Saint-Hermand)。南部平原和旺代沼泽区的所有村庄,包括吕松、丰特奈和尼奥尔(Niort)那里的城镇,都落入了叛军手中。22日,灾难又一次在战区最北端上演,驻守沙洛内(Chalonnes)的300名蓝军,面对将近2000人的旺代叛军,只得四散奔逃,辎重军器丢失大半,十八门大炮,也被叛军缴获。

到了四月初,可以说包括努瓦尔穆蒂耶(Noirmoutier)岛在内的整个旺代地区,除了北部沿海一带,统统落入了叛军手中。在皇家贴身护卫队军官萨皮诺·德·拉韦里耶的极力要求下,叛军组建了一个联合司令部,另外还选举产生了教区委员会,专门组织武器和军粮的征集和配发,另外,他们还发行了印有小国王路易十七头像的指券,旺代的大议事会还以这位幼主的名义,颁布军令,制定法律。叛军甚至还雄心勃勃地建立起了初级的野战医院体系,拥有完善的药物储备,并配备了护士嬷嬷。

由于叛军都是非正规的志愿人员组成的,因此最严峻的问题是，如何保持部队的凝聚力，特别是清除旺代地区的共和政府势力这一初步目标实现之后，这一问题更为突出。指挥官们都承认，眼下只是取得了暂时的胜利，要想保住自己的根据地，就必须夺取更多的物阜民丰的经济重镇，并最终推翻共和政府。虽然在战争初期，他们纯粹是为了家乡的解放，然而一旦投身内战，就不可避免地会有更加宏伟的战略目标。当然，出于同样原因，随着战线拉长，他们愈是远离他们的根据地，丧失原先的特殊地域优势的危险也愈大。一开始，在4月中旬，他们遭到了严重的挫折。但是在五月初的时候，图阿尔（Thouars）守军的有条件投降，让他们获得了大批补给品和弹药。丰特奈勒孔特在5月陷落，并在6月9日攻克了索米尔，堪称辉煌之至。但是他们没有进一步向东边进攻，沙雷特集中兵力包围在卢瓦尔河的另一侧的南特，结果一无所获。

尽管如此，在5月末的时候，叛乱形势依旧非常严峻可怕。旺代叛军把前来镇压的共和派军队打得大败，开始作着积极准备，打算搞一个独立王国。他们俨然摆出一副执政者直面外敌走狗的姿态，由贝尼埃神父负责起草，并以大议政会（Grand Council）的名义发表了《告法兰西人民书》。它不仅是一份大革命时期的声明，也是关于大革命的有用资料，它的重要性，非但在于其论辩缜密入理，还表现在，它采用以彼之道还诸彼身的手法，以大革命的自由理论来驳斥大革命当局。这份声明比其他任何书面材料更为有力，使得人们对其控诉内容的真实性深信不疑，燃起了心中反抗的怒火。

上苍已经向我们宣告了最神圣，最正直的事业。[我们用的标志］是耶稣基督十字架的神圣标志。我们知道法兰西真正的愿望，这也是我们自己的愿望，即恢复并永远保存我们的圣使徒和罗马天主教。我们要有一位国王，他在内犹如父亲，在外则是我们的保护人。

爱国党，你们是我们的敌人，你们指控我们发动叛乱推翻了我们的祖国，但正是你们颠覆了宗教和政治秩序的所有原则，你们是第一批宣称叛乱是最为神圣的职责的人。你们用无神论取代了宗教，用无政府状态取代了法律，用暴君取代了如同父亲一般的国王。你们责备我们是宗教狂热分子，但你们的虚假自由已经带来了最为严厉的惩罚。

国民公会内，弥漫着愤怒和沮丧之情，贝特朗·巴雷尔（Bertrand Barère）却独独不以为然，对于他斥之为"乖戾的旺代人"的行径嗤之以鼻。

三、"微不足道的商品"，3—6月

三月的下半月，法国共和派政府接连遭遇了一连串的沉重打击。一个礼拜之内，国民公会先是得悉尼尔温登一役失利，随后又听说军队在卢万（Louvain）附近再遭败绩，之后便闻知屈斯蒂纳突然从莱茵兰战场后撤，最后传来了旺代爆发叛乱的消息。战报接连传来，都是讲共和派军队对敌作战如何一触即溃（尤其是在旺代）；志愿军士气低落，军纪涣散，趁机溜号者有之，临阵脱逃者有之；三色大纛陷于污淖，被随意踩踏。德拉克洛瓦从比利时前线回到巴黎，愁眉紧锁，一脸颓丧，就像瓦尔密大捷之前的几周一样。法军已经撤到了瓦朗谢讷，他警告说，如果此城失守，那么同盟军便将长驱无阻，直逼巴黎。不光是山岳派，许多代表也都认为，连遭惨败没有别的解释，只有一个原因：阴谋。那些跟着马尔塞将军的残兵逃回的旺代特派员，斥责马尔塞，说他是"胆小怯敌，无能之至"，还有更不堪的，说他是"无耻偷生，助贼谋反"。他的儿子，还有那位代理副帅韦尔特伊（Verteuil），另外还有一个被认为是前者之子，也叫韦尔特伊的（实际上是远亲），统统以"叛国通敌"的罪名遭到拘捕。巴雷尔觉得，这是一个反革命弥天毒谋的凿凿铁证，他要求将马尔塞交拉罗谢尔军事法庭严审。还有那位和拉博·圣艾蒂安一样，属于三级会议漏网之鱼，后来投靠共和派的朗瑞奈（Lanjuinais），坚持要求细细搜查，贵族分子、顽固派，一个不留地抓出来。

眼看的前线兵败如山倒，当此之际，国民公会中几乎每个人都承认，必须强化国家权力。没有快速有效的行政决断机制，没有统一贯彻的法令体系，法国就会离心离德，土崩瓦解。这也是大革命开始以来，立法机构第一次着手创建强力的中央权威机关，这些国家部门可自行履行共和派职责，无需反复请示"主权实体"。在3月6日这天，公会派出80名议员（从4月开始，称之为"特派代表"）前往各省，去做协调工作，确保中央政府的方针得以落实。实际上，他们相当于革命年代的王室督办官，是流动的主权化身。他们的主要职责，就是直接负责举行审判，惩罚嫌犯。3月11日，巴黎建立特别革命法庭，对那些被控犯有反革命罪的嫌犯进行审判。鉴于旺代和布列塔尼叛乱的教训，3月20日，国民公会采纳了康巴塞雷斯

（Cambacérès）的提议，对任何担任公职（包括教士和贵族），以及被查出私藏白色的王室帽徽，或者煽动叛乱的，都一律送交军事法庭审判。一旦被判有罪，24小时之内执行枪决。第二天，全国每个公社都成立了监察委员会，任何一个公民，只要觉得身边谁有嫌疑，都可踊跃告发。可以想见，这部法律很快就成了很多人为了琐碎小事挟嫌报复的工具。

最终，在4月6日，国民公会决定将总防御委员会撤销，这一机构1月刚刚成立，当时总共是25人，是专门配合国民公会其他几个委员会的工作的。撤销之后，在其基础上，成立了一个编制更加紧凑，仅有九人的救国委员会。尽管这算是大恐怖时代一个关键的政府机构，但是它的组建，并不是雅各宾派提出来的，而是伊斯纳尔的主意，很多吉伦特派（韦尼奥不在其中，他说得很不客气，认为救国委员会，和威尼斯宗教裁判所都是一路货）都觉得这样的机构不可不设。但尽管如此，一开始，罗伯斯庇尔对于救国委员会和革命法庭，都持怀疑态度，认为这些都是官僚体制的工具，会被吉伦特派操纵，用来对付山岳派。

"让我们实行恐怖吧，以便消除人民的恐怖。"丹东在为成立革命法庭辩护时，在国民公会上这样说道。因为九月大屠杀的记忆犹在眼前，这个观点显得理由非常充分。共和派一直在寻求机会，想要做到自改革失败的布里埃纳以来，历届政府一直没能做到的一点，也就是重新夺回国家对暴力的垄断权。想要达到这一目的，有一系列的工作要做。首先，正如丹东所承认的那样，政府必须把平息民愤，对一些象征着阴谋诡计的东西进行清算惩罚的权力，牢牢掌握在自己手中。政府需要做好准备，如果他们不允许擅动私刑的暴民，还有临时拼凑的杀人帮派，将手上抓到的嫌犯进行审讯，那么政府自己就必须在大庭广众之下行使那些权力。其次，没完没了的派别之争，是最让街头和分区闹事者两方求之不得，乐此不疲的了，结果很可能是政府夹在中间两头受气，狼狈不堪，这种状况也必须结束。3月份自前线返回之后，丹东便大胆地站出来，一边顶住越来越多的诽谤者为迪穆里埃辩护，一边还向国民公会发出呼吁，要求吉伦特派和山岳派停止内斗，否则这样的无谓消耗只能让政府的力量遭到削弱。

这种对革命力量方向的调整，在当时显得尤为紧迫，因为除了战事不利，共和政府在1793年冬末和早春，又一次面临财政和经济危机所带来的政权垮台的威胁。这一次危机，可并不是恶劣天气造成的。相反，共和政府面临着一个让人头疼的事实。大革命的爆发，是源自财政危机，但是新政权现在并不见得就比旧制度有办法；甚至可以说，因为可供采取的缓解危机的措施更加贫乏，所以更加不如。由于受到回报率递减规律的制约，出售教产越来越无利可图，而且因为其催生了纸币的发行，出售教产更是成为祸国之策，根本不能于国有益。1793年真正的危机，是一种特殊现象，自此出现了一个新名词：通货膨胀。君主时代的直接税被"单一财产税"（*impôt foncier*）取代，给国库带来巨大损失。而且，历届革命政府都不愿意致力于增加财政收入，以免落得个总包税局的臭名声。靠着"爱国捐"也似乎没能弥补公共收支账上经常出现的亏空和欠账。

这样一来，要想负担战争开支，除了大规模发行指券，便别无他法了。因为军费承包商和一些军团只接受金属货币，硬通货储备的消耗非常迅速,为弥补亏空,只得加快增发纸币的频率。这样,相应地,对于国内经济造成了严重的不利影响。因为随着纸币通货的票面价值的下降,提供货物和服务的供应者就不愿意拿货物来换贬值了的纸币。受到限制的供应于是就进一步提高了价格。肥皂块在1790年是12个苏,到1793年初卖23—28个苏。毫不奇怪,国民公会在2月23日接待一个愤怒的洗衣妇代表团(一个在巴黎很有势力的选民团体),她们要求政府出面限定价格。食品,蜡烛和柴火是更加严重的问题。未经精炼的蔗糖在1790年是每磅12苏,现在涨到了原来的三倍;咖啡的价格从30苏左右涨到了40苏。2月25日,愤怒的人群大规模冲击了巴黎的杂货店和零售店,这种冲击从最贫穷的分区开始,比如格拉维利耶区(Gravilliers)和伦巴第区(Lombards),但是很快几乎波及首都各个角落。依照"人民征税"(taxations populaires)的传统做法,人们并没有抢掠商店,而是将他们认为是公平的价格强加在零售商头上:通常是现行价格的40%。但是因为店主们还得支付批发商的货款,还有船运费用,所以正如在给国民公会的报告中所如实反映的那样,这些商人,实际上在遭受损失。

杂货店骚乱遭到了国民公会各派的谴责。马拉认为这些人一心只顾着他所说的那些"奢侈品",也就是咖啡和蔗糖,显然这就是贵族阴谋的铁证。罗伯斯庇尔对这些暴乱分子予以严厉谴责,指责他们把目标指向那些"微不足道的商品"贬低了起义的神圣价值。但是即使当时有一些公会成员,包括圣茹斯特在内,都意识到,造成这次混乱的原因就是通货膨胀,而国民公会似乎想不出什么补救措施。大革命给法国带来的改变要比我们通常所设想的少得多。而且有些事情不见得比旧制度做得更好，比如说，革命政府也习惯采取应急措施，从而限制了长期财政的合理性。生存危机迫使政府给所有的项目提供补贴，从巴黎的面包价格（1793 年初期是每天 100 万法郎）到自 1792 年联盟营地（camp des fédérés）沿袭下来的公共援助计划。为了筹措到这些开支，贴现银行假意"借"一笔资金给政府，但是实际上却是发行更多纸币，这样一来，问题就出现了。

战争的突然失利使得所有这些问题都更加棘手。在占领比利时和莱茵兰之后，革命政府终于走上了另一条为战争政策提供资金的道路：勒索。它并不是很符合革命精神，而且和人民军队对被征服国家所许下的一大堆的自由和幸福的承诺也互相抵触。另一方面，也有人认为：那些得到解放的人们，就不能为此作出些牺牲么，那是法兰西人民浴血奋战换来的呀。于是便开始在被占领后建立的"自由"革命政府的默许下，在被征服的领土上征收"补偿金"，作为得到自由的代价。从 1793 年开始，这种自行解决开支问题的扩张政策，似乎成为了法国政府长年实施对外政策解决资金短缺的捷径，在今后二十年内成为了惯例。而迪穆里埃远征荷兰北部之所以被看作上上之策，就是因为荷兰经济发展势头很猛，一旦得手，可以捞到丰厚的回报。对于这次冒险用兵心存疑虑的罗伯斯庇尔，实际上对即将到来的荷兰革命所需付出的代价作出了一个估计，不多不少正好 1 亿利弗尔。

满怀喜悦的期待，却在前线形势逆转之下，碰得头破血流。共和政府非但没有积累起资金，却突然沦落到必须动用本国资源，来应付前线战费所需的地步了。最简单的应对之策，自然就是再次大规模发行指券。这次批准发行的总共8亿，另外从上一年10月以来已经印了4亿。流通总量已经上升到31亿了。这样做，后果可想而知，货币加速贬值。故而到了2月份骚乱发生时，指券的票面价值已经下跌了50%。于是供货商更加不愿意出卖手里的货物了，通货膨胀的威胁骤然上升，局势很可能会失控。

这一前景给新生的共和政权带来了明显的危险。当时的农村地区，到处是没有从革命立法中得到实惠的不满的穷人，已经处于严重混乱无序的状态之中。在博斯和勃艮第，运送谷物的驳船和驿车被拦了下来。城中的消费者，眼睁睁地看着基本食物价格迅猛蹿升。面对着这种自1789年来从未出现过的不稳定威胁，在1792年末，国民公会已经开始进行辩论，恢复王政时代的短期经济管制措施的可能性。有些人提出，国内粮食自由贸易的政策，可能不得不作一些调整，这样才能以不会引起骚乱的价格确保稳定的市场供应。而作为内政部长的罗兰，却坚决反对任何形式的市场干预，无论付出何种代价。相反，他试图利用政府的高压力量，来对付任何敢于采取暴力来扰乱市场，或者操纵市场的人。在这件事上，他得到了大批吉伦特派发言人的支持，甚至连圣茹斯特都站在他这边，圣茹斯特在11月29日发表了一篇特别讲话，把货币供应和价格上涨的关系阐述得极为透彻。"自由贸易，"他一再强调，"是丰足之源"，但他同时警告说，**贫困**造就了大革命，但反过来**贫困**也能够摧毁大革命。

[604]

关于最后一点，圣茹斯特和罗伯斯庇尔完全一致，但是采取什么措施来应对危机，两人存在严重分歧。这位年轻的政治家更为关心限制货币的供给（他所阐述的经济观点表明，他对于经济运行机制的把握，远比他的恩师所说过的任何观点都要深刻）。罗伯斯庇尔则正好相反，他更注重的是大革命政府应该严格遵循社会平等的原则，也就是将他希望引入政治的美德统治的模式套用到经济生活中去。12 月 2 日，他起草了《生存权》的大纲，后来很快成为了雅各宾派修辞的金科玉律。按照他的观点，财产权不是绝对的。实际上，只有全社会生存所需物资的多余部分，才能依法投入商品流通中去。那些通过直接剥削生存资料，从而赚取利润，破坏了这一公理的人，实际上等于是在犯罪。"垄断以谋取暴利杀人和普通行刺杀人没什么两样，为什么不同样将他们绳之以法呢？"罗伯斯庇尔振振有词地反问道。

然而，雅各宾派还没有准备好将这种带有惩戒色彩的平等原则作为官方学说。这方面他们在巴黎所获得的支持倒是不如那个由演说家和政客组成的松散群体，这些人被统称为"忿激派"，"忿激"一词原意只是表示革命激情。这其中有两个人特别关键，一个是雅克·鲁，另一个是让·瓦莱（Jean Varlet）。鲁是巴黎最贫穷的圣尼各老堂的教区牧师，那里到处都是廉价的出租房屋和阁楼。1793 年的冬天，那里穷困的市场脚夫、运水工，还有丢了饭碗的建筑工在饥寒交迫中艰难求生。1792 年的 5 月，鲁发表了一篇布道演说《拯救法兰西与自由之途径》，在演说中，他极力鼓吹社会平等观念，对个人聚敛财富进行谴责，演讲中还发出了惩罚叛国者的强烈呼吁。或许正是由于他热衷于打击卖国行为，因此，作为路易十六最后时日的公社代表，他做出了一个相当有悖于基督教原则的行为，拒绝给失势的国王请来牙医医治牙痛，也拒绝将他的遗嘱转送其家眷。

即使在那些公社中最为激进的人，比如说肖梅特和埃贝尔中间，鲁作为一个教会的说教者是可疑的，但他传达的信息本身却再明了不过了。他认为大革命已经被那些追求一己私利的奸商所把持利用了，直到今天，人民依然在忍饥挨饿，和旧制度相比，毫无两样。现在是向那些发国难财的叛徒们宣战的时候了。那些搞商品垄断的、囤积居奇的、投机倒把的，统统应该处以死刑，如果政府不肯进行这些惩罚，那么人民就应该自发组织起来，对这些"吸血鬼"再来一轮大屠杀。政府应该积极行动起来，将其纳入日常工作来做，履行其职责，为人们解决生计，保证物资供应，让老百姓买得起生活必需品。

让·瓦莱也发表了几乎同样的观点。正如历史学家们反复指出的那样，这个以穷人之友自诩的人，实际上是靠着一笔遗产度日的年轻公子，生活过得相当富足。不过，政治见解是否激进，和社会出身基本上没有什么关系。1793年的时候，巴黎各个分区的多数激进分子，都不是手工工匠，而是专业人士，或者说得再宽泛些，是"知识分子"：律师、画家、印刷商、剧作家、演员，还有报社记者。但是他们虽然本身并不是穷人，但也绝不因此而否认他们信仰的忠诚（当然也不能完全保证都是如此）。特别在瓦莱看来，这种种情状，都令人愤怒。这些人最想要得到的，是鲜血和面包，能用鲜血换来面包，就像1789年时候那样，人们一度认为获得了自由，就能少挨饿了。

他被雅各宾派拒之门外，这个组织不待见他，也不许他利用国民公会作为讲台，来鼓吹发动一场针对富人的起义，于是瓦莱就拿了个轻便的小桌，带进了距离国民公会仅一步之遥斐扬平台（Terrasse des Feuillants）。随着商店里的物价渐渐上涨，他的听众人数也在逐渐增加，因为他尤擅于在两类人之间进行引人激忿的对比，一类是"有钱的自我主义者"，靠着投机挣来的钱，可以让自己沉溺于奢侈生活，还有一类是靠着自食其力，淳朴高尚的无套裤汉。在雅克·鲁的社会福音书中，无套裤汉过的是一种近乎圣人的生活，他们既勤俭节约，又富同情心，两种品质相辅相成，结合成一种大公无私、坚忍不拔的精神品质。那些资本家，还有大商人，从本质上说，即使不是真的犯了罪，也总是处在叛国的边缘，只有淳朴正直的手工工匠才是无私爱国的典型。至少有那么一幅匿名作者的版画，将无套裤汉神圣化了（实际上是采用了圣热罗姆那种偶像传统的画法），工人本就吃得很朴素，却还和他养的小动物分享，同时他依然紧握着那支长矛，做好了对付敌人反扑的准备。其他的一些画，则是颂扬了无套裤汉为家庭作出奉献的精神，画的是一家子其乐融融地围坐在桌子边，读着政治教育课本，尤其是卢梭的著作。

历史学家往往把忿激派看作是无足轻重的说教者而一笔带过，认为他们的那些想法，要不是在1793年夏季被雅各宾派最终采纳，根本就没什么意义。诚然，像鲁和瓦莱，还有其他一些忿激派，很难被称为是富有远见的政治思想家，更算不上成功的革命战术谋略家，但是他们偏激的思想，确实非常贴合普通人当初拥护大革命的诸多缘由。他们倾向于父权制，不喜欢经济自由，更看重价格管制，而并非自由市场，更要紧的是，他们试图以公开惩罚的方式来对付剥削阶级。2月11日，一个民众社团代表团提出，对于那些胆敢将240磅一袋面粉卖到25

法郎以上的商人，初犯判处 6 年监禁，再犯就一律处死。用这种严刑峻法来惩罚剥削行为，对于无套裤汉们来说具有很强的吸引力。

他们也不打算仅止于泛泛地谴责一番。相反，他们为那些分区俱乐部和议会提供背后支持，发起一场揭发吉伦特派罪恶的运动，指责他们应该为破坏共和国的一切邪恶行为负主要责任。就因为吉伦特派在背后耍阴谋诡计，才使得法军战场失利；迪穆里埃一门心思要想卖国求荣，而他们就是迪穆里埃的幕后主使；这些人一直坚持顽固立场，反对考虑采取任何国家干预措施来缓解穷人的困境，比如制订最高限价。他们还一直试图包庇叛国者卡佩，以图消除罪证，掩盖他们和卡佩勾结，在 8 月 10 日之前策划的种种卑鄙恶劣的阴谋。在判决时，他们假惺惺地提出所谓"吁请人民"的做法，这一企图失败后，他们并不死心，还在搞他们的卖国勾当，企图将国家拱手让给那些贵族将军的同谋。由此看来，要想真正建立一种公平正义道德高尚的统治，首先要做的，就是将吉伦特派从政治舞台上彻底消灭。此外，瓦莱还掌握了一份名单，这是巴黎的格拉维利耶（就在鲁所在的教区）和莫孔塞尔（Mauconseil）等一些比较激进的分区拟就的，上边开列了 22 名国民公会成员的名字。他宣称，逮捕这些人是最紧急的公共事件。

就忿激派本身而言，除了一味责骂对手，也做不了什么更多的事情。但是到 1793 年 3 月的时候，他们确实对更倾向于使用暴力的分区派（sectionnaire）产生了影响，这些分区派当时正打算自行和公社联手，建立另一个权力中枢。巴黎的大革命似乎已经显示出一种无穷无止的能量，能够不断地催生起义组织的策源地,一旦前一个组织被当地政府招安,就会有新的一个接替上来。故而,就像1792年在市政厅成立了大革命公社,与当局分庭抗礼,并最终强行取而代之一样,那些民众团体和分区领袖们,也开始在巴黎圣母院隔壁,原巴黎大主教的宅邸——大主教府(Archevêché)集结开会。这些会议从一开始的非正式会面,渐渐变成了巴黎的坎兹-凡特(Quinze-Vingts),波平库尔(Popincourt),人权(Droits de l'Homme)这些最为好斗的分区的代表的定期会晤。只要经济危机仍然严峻,战局持续不利,那么,动员足够的武装分子,向毫无防卫的立法机构发号施令的可能性就不能排除。

然而,当务之急是要说服那些突击部队,还得来一场革命日,他们的根本利益已经面临阴谋分子的威胁。另外还要让那些不愿意参与任何威胁"国民代表"安全行动的山岳派改变他们的这一立场。瓦莱和主教区的委员会非常天真地以为,到了3月中旬,这两样条件都能实现。在9—10日,他们就试图发动一场武装暴动,结果只不过是砸了两家最主要的吉伦特派报馆:布里索的《法兰西爱国者报》和卡拉的《爱国年鉴》(本身已经够吓人的),之后很快就失败了。两个重要的目标都没有实现:一是没能消灭那22名提名者(就是要求采取民众投票对国王进行宣判的那些人),二是没能释放那些因为2月杂货店骚乱而被抓的人。但是至少在一个方面,它还是取得了成功,那就是:国民公会的吉伦特派和山岳派之间,产生了如此严重的对立,以至于当丹东大声疾呼,在祖国面临共同敌人的情况下应该保持团结一致的时候,并无人理睬。

四、农神和他的孩子们

在3月13日这天,皮埃尔·韦尼奥来到了讲坛上,发表了一篇讲话,这篇讲话措辞有力,更不乏政治胆略,即使和他标准的讲话相比,也是格外引人注目的。开始照例是对贵族的狡诈进行谴责,说无政府主义者正在暗中进行反革命活动,讲完之后,他开始对2月骚乱中被定罪的那些人得到特赦,表示强烈不满。因为胆小怯懦,将国家律法弃之一旁,"对于共和国的敌人来说,背弃理性并摒弃一切道德观念是一项重大的成就"。之后他又做出了一个非常著名、但非常可怕的预言。"因此,各位公民,革命就像农神一样,会接连吃掉自己的孩子,它最终只会导致专制的发生,随之而来的是重重灾祸,这一点不得不让人担心。"

他还说,国民公会被强行一分为二,各自对于法国的未来,持有全然不同的看法。"一部分人认为大革命在法兰西成为共和国的那一刻就结束了。因此,他们认为革命运动应该终止,并迅速制定法律,让人民过上安宁的生活,让革命成果永远保存。相反,另一部分人认为要始终警惕暴君们的联合给我们带来的威胁,他们认为,我们应该继续增强防御力量,将革命持续进行下去,这一点至关重要。"

韦尼奥就这么讲了一阵子,似乎双方观点的积极因素,他都已经考虑到了,然而事实上,他只是在准备对分区派的暴力活动进行强烈谴责,特别是针对3月10日的蓄意破坏活动。他继续谈到了吉伦特派的主题,指出目前巴黎群众的目无法纪的行为已经失控,这给"国民代表"带来了危险,他把那些拥护分区的狂热分子,描述成是"闲散的人,没有工作的人,无名之辈,他们对这个分区甚至对这座城市本身常常一无所知……他们实在是愚蠢至极、懒散至极。"他们喜欢沉浸在自己的呐喊中,很容易受人蛊惑而堕落。谈到他们搞的那个中央革命委员会,韦尼奥说:"现在专制已经不复存在,还要什么革命呢?……它是要摧毁整个国民代议制度。"韦尼奥接下来甚至直接指名道姓,提到了那个波兰人拉佐夫斯基(Lazowski),这个人的名字,他念不清,因而让人听起来更像一个外国人,还有一个是德菲厄(Desfieux),他说此人在老家波尔多"百般使诈,败尽家财",因而臭名昭著。

他在讲话的过程中,山岳派不断发出"污蔑!"的怒吼打断他,事情很清楚,吉伦特派的新闻报馆被砸,此外,凡是和雅各宾派或者民众团体观点不同的言论均遭封禁,这是让韦尼奥最感恼火的地方。他把暴徒打砸报社,和穆斯林狂热分子焚烧亚历山大港的斐洛图书馆拿来比较,这些狂热分子为他们的行为辩护说,那些书不是古兰经就是关于其他内容的。第一种行为纯属多余,第二种行为则后果严重。这种强加在共和国头上的自由,实际上就是为暴政大开方便之门,使野蛮行为无所羁縻。韦尼奥说,那些要求平等的呼吁,让他联想到了"古代的暴君(普洛克路斯忒斯),他给囚犯安排了铁板床,如果犯人身材高大,超过了床的尺寸,会被残忍地砍断手脚"。说到这里,底下嘘声四起,他接着说,"这位暴君也热爱平等,但这是一种恶棍无赖的平等,他们一发怒,就会将你撕成碎片。"

[609]

他最后说:"公民们,让我们从以往的经历中吸取教训。我们可以通过军事胜利推翻各个帝国,但是我们只能通过展示我们自己幸福生活的盛况来为其他民族树立革命的榜样。我们要推翻王权。让我们证明，我们知道如何通过共和国来实现幸福的生活。"

我之所以详细引述韦尼奥的话，是因为他的这段发言，代表了他试图远离纷争，审视整个革命全貌的一种愿望，这在当时非常难得。他说这番话，自然也是带有党派的目的。他知道，自己和自己的朋友们，正受到各个分区的造反派的攻击，因而也想在这场争斗中夺回主动权。虽然他的话，是代表了吉伦特派的言论，但这无损于他所陈述的事实。除了其他考虑，他还试图为立法机关辩护，对那些无休无止的针对立法完整性和独立性的攻击进行反驳。

很显然，这也是试图跳过巴黎市民的那些首领，直接诉诸共和政府的一次尝试。韦尼奥和吉伦特派察觉到，在一些外省的大城市，比如马赛，还有他的家乡波尔多，那里发生的动乱正在使权力向雅各宾派的对手们倾斜，于是他们便开始积极推动这种刚刚萌芽的联邦主义。他们已经提出，从各省抽调武装卫队来保护国民公会；如果议会的安全无法得到保证的话，还计划在5月份的时候，重新启动米拉波当年的计划，将议会迁出首都，搬到布尔日那座主教城市去。

对于山岳派来说，所有这些建议，听起来不啻于是对他们的权力基础发出挑战。长期以来，罗伯斯庇尔一直没有和主教府的革命委员会联手，但现在吉伦特派主动挑衅，促使他和一些雅各宾派领导人走向了合作。抛开别的方面不说，从他们试图将忿激派，甚至像埃贝尔、肖梅特和昂里奥（Hanriot）这些激进人士，排除在起义时间和强度的决策之外来看，他们将实行一种更积极主动的政策。要说雅各宾的领导层真地相信那种将吉伦特派与前线失利、金融投机还有里通外国联系起来的阴谋论,也并非不可能。在内尔温登战役之后,他们更加确信,法国已经处在迪穆里埃发起的军事政变的威胁中,而且这场政变还得到了吉伦特派的支持。

于是,在4月的上半月,在国民公会和雅各宾派内,都出现了一系列声明,其中山岳派主张将社会平等作为爱国革命的奋斗目标。丹东(他曾以个人名义向吉伦特派发出倡议,但是被断然拒绝)宣布支持向富人强行贷款以补贴面包价格的原则。其他一些忿激派的计划如今也获得了青睐,包括依法可以执行的指券兑换率以及仍然通过从富人头上收税的方式,发展公共建设项目。4月10日,罗伯斯庇尔作出表态,转而支持忿激派的原则立场,只要受到普遍意志的召唤,人民随时可以以"召回那些背信弃义的命令"的方式,直接行使民主权利。

到此时,很显然,国民公会内的一场力量的角逐即将来临。吉伦特派决定试试自己的手腕,便打算把攻击的矛头对准与他们最水火不容的死敌,此人便是刚刚继任雅各宾派主席一职的让-保罗·马拉。只要一有机会,此人便会从他高高在上的座位上跑下来,和他们对骂,甚至有时候还用身体猛撞讲坛的护栏。"聒噪的癞蛤蟆,"一次加代在激烈的互骂中怒声咆哮;"卑鄙小人",马拉反击道。还有一个代表提出,以后这位人民之友发过一次言,就把他的讲台消毒一次。马拉毫不示弱,对这样的揶揄马上加以回敬,把他的那些对头一顿数落:"伊斯纳尔是个大骗子,比佐是个伪君子,拉苏尔斯是个疯子,韦尼奥是个奸细。"

趁着各省的特派代表不在场的机会，吉伦特派从马拉的文字作品中竭力搜罗证据，证明他违反了国民公会团结一致的原则，挑动对国民代表的暴力攻击。从马拉写新闻报道的风格看，找到这样的证据并不难。吉伦特派草拟了一份19页的起诉书，送交大革命法庭，控诉书中有些内容，直接引自他为《共和国日报》撰写文章的段落，他自称热衷革命专政，说为了挽救千百万无辜者的生命，让数百人丢了脑袋，他感到遗憾。他不停地谴责那些和罗兰有瓜葛的人，包括克拉维埃、布里索等，多数是吉伦特派首领，骂他们是"政客"（在马拉的字典中，这是一个极具侮辱性的词），"王室的帮凶"，"一切自由和平等的敌人"，"江湖骗子"，"每天都试图将我们进一步埋葬在无政府状态中并企图挑起内战的穷凶极恶之徒"。国民公会采用了每个人唱名表决的方式对起诉书进行表决，这也是马拉本人在审判国王时一直坚持采用的方式，结果以221票比93票通过，但是有128人外出公干，238人因故缺席。

之后的事态发展，导致了吉伦特派的惨败，使他们处于极为不利的处境。马拉在躲避缉拿之后三天，最终投案自首，被关在了巴黎古监狱的一间大号囚房中，在狱中，许多的公社官员代表，还有其他的一些市民都来探望他，热切地向这位人民之友致敬，表示对他的衷心拥护决不改变。24日这天，当他走进审判厅的时候，聚集在两边的旁听者中爆发出潮水一般的欢呼声，并一阵一阵地不停响起，弄得马拉不得不亲自出面，要求他的支持者们安静下来。他完全是自己替自己辩护，反应机敏，信念坚定，声称从他的文章中摘引的许多似乎可资证明其有罪的段落，并不都是空穴来风；但是他从未鼓吹"杀伐劫掠",相反一直鼓励采取积极措施,来阻止这种罪恶的发生;他还声言,自己并没有号召解散国民公会,但确实说过,国民公会应当为其所言所行承担责任,抱定不成功便成仁的决心。审判席上的法官,虽然是在3月份的时候由吉伦特派批准通过的,但显然对于这位被告也产生了同情,另外卡米尔·德穆兰的亲戚,公诉人富基耶–坦维尔(Fouquier-Tinville)似乎对于自己的这场审判也并不积极。这些人内心也都认同马拉的观点,觉得他的控诉不无道理,是在为国效劳,就此来说,他的做法无可厚非。

法庭最终宣判无罪,马拉取得了完全的胜利。人们将月桂冠戴在他头上;米什莱这么形容道,当他被人举在肩上,一路前往国民公会的时候,他的"大黄脸子"神采飞扬,还咧着嘴开心地大笑。欢呼的人群沿着议会的过道上上下下不停奔走,高呼欢唱。4月26日这天,雅各宾派还为他举办了一场特别的庆祝活动,很多人都来向他们心目中的英雄致以祝福,甚至有一排长凳因为坐的人太多而被压垮了。

如果说,对于马拉的审判对吉伦特派来说是一场集体的灾难,那是有点过于轻描淡写了。他们有意和他过不去,无视其作为国民公会代表所享有的豁免权,认定他是在滥用自己的特权。实际上,马拉曾许多次地发表措辞强硬的讲话,声称"国民公会之内",存在叛徒,他们蛮有把握地相信,这桩案子是证据确凿的。而现在既然起诉失败了,撤销其豁免权等于是打自己的嘴巴。一些激进分区,比如说西岱、瓦莱任区长的人权区和忠告区(Bon-Conseil)等处,又是递交请愿书,又是派出代表团,其实他们早在开审之前就发出了要求"二十二人"(对于无套裤汉来说,这个数字已经成了丑恶行径的代名词)下台的呼声,如今他们更是意志坚决地找上门来,要求国民公会照办了。

5月初,吉伦特派进一步退守一隅,他们强烈地反对对谷物做最高限价。特别是夏尔·巴尔巴鲁,坚持认为不管怎么定,最高限价将会使得物资供应更趋紧张,根本不能起到缓解作用。如果定得过高,没有农民会以低于最高限价的价格出售他们的货物;如果定得过低,他就根本不愿意拿出来卖,这样一来,消费者很可能会蜂拥而至,尽可能多买些回去,这样很快又会造成市场供应短缺。再者说,如何针对不同地区制定不同的价格标准呢?如果实行全国统一粮价,那么扣除了运费,卖粮统统赚不到一分钱;如果推行浮动粮价,那么会使得走私活动大肆猖獗,导致旧的间接税形同虚设。有鉴于此,在实行这样一套制度的同时,又如何能够不需要大批包税商的介入呢?"你们是要像从前处理烟叶、盐巴那样,在城里挨家挨户搜查,把人民所有的小麦都搜刮走吗?你们是要将法国人民武装起来同室操戈,让一个群体战胜另一个群体,成为拥有粮食最多的胜利者吗?"

巴尔巴鲁反对的理由,确实是出于对最高限价可能产生的问题的精准预见。但是实行最高限价,已经成为了无套裤汉的一个战斗口号。5月1日,某个来自圣安托万郊区的代表团来到国民公会,强行要求国民公会接受最高限价,并同意立即设立扶贫基金,即从所有超过2000利弗尔的收入中抽取一半,另外就是征召那些被认为是"富人"的人当兵。代表团还威胁说,国民公会要是不答应这些条件,他们就马上发动起义。就在次日,国民公会就规范粮食贸易问题,进行原则性投票,4日颁布了新的法令,直接倒退到旧制度的家长制作风。由各省当局根据当前四个月的平均水平,每天一次,规定最高粮价。省里的印刷所,又开始刊印征用单、收缴单,还有市场许可证、磨坊许可证,这些东西早在1780年代早期就很少再看到了。这是法国大革命期间,安全需求压倒自由呼声、对家长专制政策的吁求打败个人主义价值观的典型事例。

5月中旬,山岳派和吉伦特派之间的生死之战已经进入了白热化的阶段。而且,由于前线法军连遭败绩,形势进一步严峻,很多原先中立的平原派代表,就像当初在国王的审讯和判决问题上所做的那样,开始偏向于雅各宾派这边。一方面,武装无套裤汉的示威游行,对他们造成了一定压力,另一方面,他们也感到吉伦特派在维持积怨方面是咄咄逼人的一方,这些都促使他们中很多人作出了最终的选择。但是直到5月末,国民公会内部力量的天平还在左右摇摆。伊斯纳尔在16日当选主席,两天后,加代声称,有人正想要搞分裂国民公会的阴谋。因此,必须在布尔日召开新一届议会,宣布解散公社,并把各分区的参与密谋的头目揭发出来,予以逮捕。为了纠正这种过激行为,公会组成了"十二人委员会",前去调查民众社团和分区委员会对国家立法机构造成的威胁。而这个调查组,很快就转变成对瓦莱和克洛德-埃马努埃尔·多布森等忿激派领导人进行检举清算的组织。不过当调查组的打击目标进一步扩大,矛头开始对准雅克-勒内·埃贝尔(此人在《杜歇老爹报》上对吉伦特派的攻击谩骂,让马拉都相形见绌)时,在公社和主教府委员会中,非但没有人反对,还有人积极响应吉伦特派的这一举动。让埃贝尔感到惊恐的是，他甚至被迫和无耻的讨厌鬼瓦莱分享同一间牢房。当公社向国民公会提出抗议时，伊斯纳尔大声叫嚷，语气听起来像是不伦瑞克公爵："我要以整个法兰西的名义告诉你们，如果这些无休止的起义会损害到国家的议会，巴黎将会毁灭，人们只有在塞纳河两岸才能寻找到这座城市的遗迹。"

于是，去解救这最近一批"忠义之士"，成了各分区民众集会上的战斗口号。正如理查德·科布在回忆中提到的，研究无套裤汉的历史学家曾十分热衷于将这些人描绘成，似乎他们总是成群结队地四处走动，像工人组成的木偶军团一样被部署在各处。而现在根据我们所知道的那些积极分子的人数来看，民众参与的程度要小得多。参加过这种分区"民众集会"的成年男性很有可能不足 10%，而当危机爆发时，人数可能达到一二百人，危机一过，参与者迅速减少到五十人左右。巴黎无套裤汉运动的鼎盛时期，真正参与革命活动的狂热分子，至多不过两三千人。深入民众团体的是他们，起草请愿书的是他们，在国民公会门前舞枪弄棒的是他们，而当他们的同伙在各自的分区受到敌对分子，或者是"温和"多数派挑战时，他们便会虚张声势，彼此"示好"。而即使是在巴黎本地，他们也没有把持全部四十八个分区。只有在从城北的普瓦索尼耶（Poissonnière）和圣但尼郊区，沿着东边一直向南经过极端好战的圣殿区、波平库尔区、蒙特勒伊区（Montreuil）还有坎兹-凡特区，继续往南穿过市中心直到城南的圣马塞尔郊区的哥白林区和天文台区（Observatoire）这一狭长地带上的二三十个分区，民众运动才能得到可靠的支持。

即使是在忿激派的核心圈子之外，其领导者也很少有手工匠人，靠工资过活的就更少了。后来在反吉伦特派起义中担当关键角色的克洛德-埃马努埃尔·多布森，本人是个律师，也是巴黎某法院的首席法官，热心的共济会成员，1790年以后还是国民卫队的军官。而 J-B 卢瓦（J-B Loys）则是马赛的律师和商人，他曾检举自己的两个兄弟是保王党，而他本人也在攻打杜伊勒里宫的战斗中光荣负伤。这些好战派中的重要人物，有两个原先还是贵族，一个是鲁斯兰（Rousselin），他跟瓦莱一样，曾经在塔列朗专门为贵族子弟开办的达尔古中学读过书，另一个叫路易-亨利·"西庇阿"·迪鲁尔（Louis-Henri "Scipio" Duroure），此人是爱国党人中的叛逆，和家里的英国保姆生了一个孩子之后，他投身革命运动，但却还是舒舒服服地每年拿着 2 万多利弗尔的收入。

[614]

虽然如此，我们不能想当然地认为这些人就是无套裤汉中的纨绔子弟。他们都居住在他们所代表的街区，住所和手工匠人的并无分别。这样的话，他们中的许多人，就可以比罗伯斯庇尔更加近距离地接触"人民大众"，罗伯斯庇尔还从迪普莱家的客厅非常随意地向他们招呼致意。尽管在革命信仰的不屈不挠方面，这些人无疑只占少数，但是在发生危机的几天之内，这些好斗的激进分子便能发动上万人的武装群众。这次起义的组织，取得了完全成功，至少革命队伍中的上层领导即使不能亲身参与，也至少表示同意他们的行动。要想从核心的狂热分子之外，再招募更多参与起义的群众，像埃贝尔这样的公社领导人的号召，还有丹东或者罗伯斯庇尔的演讲，以及马拉发表在报上的文章，都是必不可少的。

发动一场决定性的革命日，还需要对于存在的危险具有良好的洞察力。在伊斯纳尔威胁要鼓动各省起来反对巴黎之后，在 27 日，发生了一次无套裤汉暴力冲击国民公会的事件，最后迫使代表们取消了"十二人委员会"的调查。但到了第二天，吉伦特派却要求重新投票，声称一些旁观者也混进代表团成员中了，搞非法投票，便将昨日的决定给推翻了。不过，埃贝尔和瓦莱肯定是要被释放的了。最重要的是，迟至 3 月末，罗伯斯庇尔还坚持国民公会不可侵犯，现在似乎却对发动起义开了绿灯。在 26 日的雅各宾派会议上，他吁请"人民投身革命，打倒那些腐败的代表"，并在当周多次讲到有必要发动一场"讲道德的起义"。

尽管罗伯斯庇尔力图避免去年秋天的无端杀戮事件重演，但是究竟这种"讲道德的起义"和别的起义有什么不同，他的解释很模糊。多布森、瓦莱和主教府的革命中央委员会一旦带头发动，这次起义就有了自身的发展势头。在原关税员弗朗索瓦·昂里奥的带领下，一支无套裤汉武装部队簇拥着主教府委员会的领导人来到了公社。此人刚刚接替桑泰尔的位子，当上了国民卫队司令，之后又被派往旺代去了。敲鼓手和卫队士兵进入总委员会的大楼，宣告它已经被"主权人民"撤销了职权。总委员会只要接受一系列关键性的革命措施，包括对富人收税；逮捕吉伦特分子和罗兰、克拉维埃和勒布伦这一批高级官员；组建独立的无套裤汉武装以强制执行包括对各省区的最高限价等一系列革命法令；给武装起来的劳动公民每天 40 苏的津贴，这样的话公社就可以恢复。

这些要求随后被传达到了国民公会，理由是，主教府革命委员会发现有人在酝酿反对自由平等的阴谋，如果要挽救革命，就必须发动一场新的起义。虽说之前罗伯斯庇尔在雅各宾派会议上,已经多多少少透露了些消息,但是国民公会内,特别是那些平原派代表,对这种以命令口吻所宣布的事情并不在意。被列入驱逐和逮捕黑名单的吉伦特派领导人,在31日凌晨,听到钟声敲响,便开始进行战斗准备,但是他们没有接受卢韦撤离巴黎的建议,也没有在各省树起反雅各宾派的大旗。他们非但不想承担全面内战的责任,而且在3月10日起义失败之后,他们相信自己仍然在国民公会中占据着压倒性优势。总之,他们仍然坚持自己原来的立场,对昂里奥的恐吓行为进行谴责并要求为代表提供武装保护。就在双方争持不下的时候,那些站在走廊附近的无套裤汉士兵,摇晃着长矛和火枪,大呼小叫,怒目而视,韦尼奥就这么莫名其妙地屈服了。他打断了罗伯斯庇尔没完没了的公诉人发言,插话道:"你可以住嘴了。"罗伯斯庇尔马上回敬道:"我自然会说完的,而且结果与你不利。"最终,这些要求被提交到救国委员会讨论。

事情显然并没有结束。两天之后是周日,也就是6月2日,郊区一带,还有城外村庄中的群众都涌入巴黎,汇成一股巨大的人流,手里都拿着各种家伙,包围了国民公会大厦。比较可靠的估计大约是在8000人左右。他们聚集到这里,就是要听听救国委员会发布的报告,以及代表们作何反应,显然如果要求得不到满足,就会付出惨重的代价。里昂在29日发生反对雅各宾派市政当局的叛乱的消息已经传到了巴黎,给革命委员会所声称的当下正面临反革命阴谋的论调提供了有利的证据。

从一开始就很清楚了,国民公会就算不是非常渴望,至少也是愿意照办的,这样既可以避免大开杀戒,又不至于将所有的实权统统拱手让给革命委员会。救国委员会代表德拉克洛瓦勉强算是同意为城里的部队提供每人一天40苏的军饷，但是巴雷尔又提出新要求，认为那些吉伦特派顽固分子应该被绞死，不能只是抓起来判个几年就了事。

这显然很难让无套裤汉满意，随着谈判进程的继续，他们的怒火也在上升。代表们被推来搡去；布瓦希·德·安格拉（Boissy d'Anglas）的那条精致的围巾，也被人从脖颈上扯了下来；格雷古瓦神父要去上厕所，四个武装士兵便一路挟持。正在大厅外边指挥卫队的昂里奥收到了公会主席埃罗·德·塞谢勒的口信，要他停止对议会进行的恐吓，他便答复道："告诉你们他妈的那个主席，让他跟议会一起去死吧，如果1个小时内还不交出那22人的话，我就让你们一起上西天。"此时大炮也跟着拖到了阅马场门口，表明他可不是说着玩的。

巴雷尔想尽办法要维护议会的权威性，或者至少给人一种政治自由意志的假象，他提议，代表们全体离开辩论大厅，走到外边的武装人员中间。他以为，这样一来就能冲淡士兵和政治家之间紧张对立的恐怖气氛。于是一百多名议员像小学生一样，焦躁不安地在埃罗·德·塞谢勒身后排好了队伍。他们来到明亮的太阳底下，发现昂里奥跨在马背上，身后是一排排留着小胡子，气势汹汹的卫兵，挥舞兵器，看上去来者不善。埃罗敦请昂里奥遵守诺言，打开阅马场的出口。司令官回答说，他相信主席本人是忠信可靠的爱国者，但与此同时，却提出要他"以项上人头"担保，将22名恶徒在24小时之内送到。埃罗可没想到会要他做出这样的保证（更没想到还是要拿脑袋担保），于是大炮弹药上膛，直接对准了议会大楼。这些可怜的代表们,在士兵们的眈眈怒视之下,围着大楼外花园曲径,来回寻找抽身之路。可是每个出口的门都有更多的卫兵把手。最后他们只能退了回来,发现有好多的分区代表,和山岳派代表一起,坐在长凳上。

这是一个重要的时刻。国民公会代表中弥漫着一种沉默,这沉默之中,夹杂着沮丧、懊恼、恐惧和尴尬。跛子乔治·库通首先打破沉默,他坐在他的轮椅里发言,提出建议说,既然代表们已经和卫兵们打成一片了,他们也知道,他们现在还是"自由"之身,那些善良的人们不过是要铲除那些恶贯满盈的罪人,他们肯定可以继续他们的起诉。于是他便开始宣读一份控告克拉维埃和勒布伦,以及其他29名代表的起诉书,其中的10人,就在十二人委员会之中。投票结束的时候,韦尼奥站起身来,对国民公会这种饮鸩止渴的做法表示嘲讽的蔑视。

这一切发生的时候,埃罗·德·塞谢勒都一直坐在主席的座席上。从这之中,可以看出大革命当局是多么没有头脑。就是这位年轻的巴黎高等法院院长,就在1780年代的时候,还被奉为司法辩论的楷模。和他已故的朋友勒佩勒蒂埃一样,他已经成为了一名雅各宾党人,如果有必要,他随时都可以对自己所属的贵族阶层的罪恶,进行一番官样措辞的谴责。这并不是在恶意造谣。种种迹象表明,埃罗成功地用公民护民官的形象,取代了他那贵族精英的形象。但是他在1793年6月2日他所捐弃的,却正是所谓大革命是建立在法律,或者说,实际上是建立在代议制基础上这一假象的最后一层伪装。关于这些,他在1789年就曾断言,大革命的成败就取决于此。

对于当天情形的判断,或许已被党派的激情搞得迷雾重重,在大革命之后的一百年里，这种激情将历史学家分为了后世翻版的吉伦特派和雅各宾派。前者还被阴差阳错地充当了19—20世纪才受到关注的自由主义者和社会民主主义者的共同象征。浪漫主义历史学家，比如拉马丁，将吉伦特派奉为他在政治上的先辈；在象征着他们政治上彻底灭亡的葬礼上，他写下了自己的散文。后一个世代的马克思主义历史学家们觉得，这种举动，体现了资产阶级在表达爱国情操时的那种令人厌烦的无病呻吟和忸怩作态。而近年来，关于这次暴动的一些非常精彩的论述，甚至也迎合马克思主义者阿尔贝·索布尔（Albert Sobout）模仿罗伯斯庇尔的谴责口吻，说吉伦特派遭此灭亡实属咎由自取，因为"他们已经公开声讨国王，然而到给国王定罪的时候却畏缩不前；他们已赢得人民支持推翻君主制，然而又不愿意和人民共同治理国家"。

并不是只有那些赞成"吉伦特派的新自由主义神话"的人，才能看穿这一弥天诡辩。就算是倾向于建立共和国，也不一定非得支持砍掉国王的脑袋才觉得过瘾；因为是不是要砍头，而不是到底有罪没罪，是存在争议的。更别说是建立新的国家代议制度，每当这一制度选择重拳出击行使自己权利的时候就要求代表们接受莫里斯·斯拉温（Morris Slavin）美其名曰"参与式民主"的做法。罗伯斯庇尔显然是这场起义的受益者，不但兵不血刃，政敌便被彻底铲除，而且并未引起政治动荡，但就连他也对这种隔三岔五对政府发起的冲击非常恼火。因为无论什么时候，只要分区政府愿意，民众就可以按照卢梭的理论，行使他们"收回委命"的权利。

常有人说，正因为形势极端严峻，法国人觉得，为了保住

[618] 大革命的成果，进行一些大清洗还是必要的。前方战场上节节败退，国民公会内部争吵不休，这种情势下，共和国是难以长久的。实际上这也是丹东的一贯主张，虽然他声称，对6月2日的议会暴乱活动，他也"满腔愤慨"。但是，怎样的革命是值得捍卫的呢？一个在穷凶极恶的强势威逼之下法律无能为力的革命；还是一个可以被一小撮巴黎武装分子公然侮辱国民代表的革命？

然而，对于这样一边恶意威逼，一边屈膝忍让的可悲事件而言，其背后还隐藏着一个严重的问题。法国大革命从1788年爆发以来，就一直是仰赖暴力和骚乱才取得了成功。每一次取得了进步，那些从革命力量中获取好处的人，都试图要让那些将他们扶上台的人们交出武器。到头来，每一次他们都沦为了阶下囚，而不是受益者。只要巴黎人民继续采取这种混乱无序的武力手段，这种情况就会一直继续下去。6月2日以来，雅各宾派一直在试图结束这种危险状态，或许这么说也并不过分。和他们的前任不同，雅各宾派会毫不犹豫地恢复到1789年释放出来的暴力革命状态。革命民主将会以革命统治的名义，被彻底扼杀。

第十七章
"恐怖乃当今之政"
1793年6月——共和二年霜月（1793年12月）

一、烈士的鲜血

在被逐出国民公会之后，吉伦特派的领袖便在巴黎遭到了软禁。很多人对于自己在政治生活中遭到排斥公开表示轻蔑，选择了坚守阵地的方式进行抗争。但是另外一些人却企图一走了之。其中的两个，一个是热罗姆·佩蒂翁，还有一个布雷东·凯尔韦勒冈（Breton Kervélegan），他们均成功躲过了看守的眼睛，从自家二层楼窗户跳下去逃走了。而更多的一群人，在5月31日发生起义之后，便做好了最坏的打算，早早地离开了巴黎，试图挑动地方各省来对付首都，恢复他们的威胁。

到1793年6月第一个礼拜的时候，他们似乎已经接近成功了。尽管巴黎多数区还被激进的山岳派控制着，但是在一些外省重镇，情况正好相反。在波尔多，露西·德·拉图尔·迪潘就曾看到特龙佩特庄园（Château Trompette）的小山坡上，有上千名年轻人在操练，他们都是被布瓦耶·丰弗雷德（Boyer-Fonfrède）和罗歇·迪科（Roger Ducos）这般代表鼓动来的，此外，吉伦特派市政当局也在背后出钱支持，他们想必构成了那

[619]

支被动员起来反抗巴黎专制的"联邦派"军队的精锐。而让吕西担心的是,别看每晚炮声震天,剧院内鼓噪连连,并不代表面临真刀真枪的考验,这些人就能众志一心,同仇敌忾了。马赛也发生了同样的情况,5月份的时候,马赛各区策动了一场针对激进的雅各宾派市政当局的叛乱。之后成立了一个新政权,由马赛当地的吉伦特派领导人巴尔巴鲁和勒贝基(Rebecquy)的拥护者控制,这些人中很多都是本埠的商界精英,波尔多的情况也是如此。雅各宾俱乐部纷纷关闭,中央委员会被勒令解散,一些领导人也被逮捕下狱。

虽然这些大城市发生叛乱的最为直接原因是当地政治气氛紧张,但在波尔多、马赛、土伦、蒙布里松,以及在5月29日发生了最严重暴动的里昂,起义的动机实际上都是一样的。在上述所有这些事变中,那些以"天然的"政治和文化领袖自居的人——律师、商人、官员;学术权威;共济会地方分会成员;国民卫队军官——已经随着君主制的倒台而被踢出了市政机构,通常是用明目张胆地操纵选举和武力威逼的方式来将他们挤走的。地方上的雅各宾政权虽然遭到省地方当局抵制,但却得到国民公会的"特派"代表的支持,于是,他们就以搜查私人住所,强行向富人贷款,关闭反对派报刊和社团,以及选择性拘捕等形式实行小规模的恐怖统治。

里昂的这次激进的进攻行动,是由一个叫约瑟夫·沙利耶(Joseph Chalier)的人领导的,此人装模作样的本事,大革命时代任何一个政客都不能望其项背。他带着巴士底狱废墟上的一块石头来到了里昂,并组织了一场庆祝活动,每一个投身革命的人都要下跪亲吻这块圣石。对于那些以经济萧条为借口,拒绝工人上工的丝绸业主，他摆出了一副更为恶毒的嘴脸，威胁要把他们都杀头。2月初的时候，他召集各俱乐部开会，一上来就以死相逼，强行要求进行宣誓，勒令所有代表忠于会议作出的每一项决定。然后他又宣布，要在里昂成立一个革命法庭，并声称"祖国在危急中，需要用九百人献祭，先把他们拉到莫朗桥（Pont Morand）上砍头，然后将尸体抛入罗讷河。"

沙利耶这么一闹，甚至将自认为是正统雅各宾派的那批人都给排斥了出去。他们担心自己很可能已经被列入"温和派"的黑名单，性命难保了，于是便和区里的各派反对势力广泛结成联盟，包括特派代表阿尔比特和迪布瓦-克朗塞曾试图缴械收编的国民卫队，这一点尤为关键。5月29日，温和的分区派和国民卫队冲入市政厅，将沙利耶和一批市政官员逮捕入狱。里昂的联邦派暴动和其他地方的一样，其引人注目之处在于，尽管是城市的商业和其他各界精英在各个分区的指挥部领导了这次行动，但是如果没有无数身份低微的普通公民的武力支持，也是不可能获得成功的，而这些普通公民，往往就是雅各宾分子认为站在他们这一边的那些手工匠人。虽然很多丝织业的熟练工持观望态度，可是很多小店店主却卷入了这次叛乱，甚至还应征加入了联邦派军队。在马赛和土伦，码头工人和军械厂工人都成了叛乱支持者。所以说，这并不像雅各宾派历史书上说的那样，仅仅是一场阶级斗争。吊诡的是，巴黎的那些指责温和派政府延续了经济危机的说辞，诸如工人失业、指券贬值、食品短缺、物价上涨之类，在外省的各大城市，转而也能成为攻击雅各宾市政当局的武器。比如在土伦，有一个人在七月份就因为说了"我们需要一个国王，因为国王统治时面包每磅只要 2 苏"，便被抓了起来。同样在当地兵工厂，工人们也向国民公会发出了同样的声音，要求"城镇安定，家家有面包吃。但现在纸币贬值，你们的政治纷争又无休无止，我们老百姓既不得安宁也无粮糊口"。

如果人们认为，那些手工匠人和店铺业主真的被说服了，相信那些自称为无套裤汉的医生、教师和雇佣文人，要比商人、律师这些公认的精英在某种程度上更贴近他们的利益，那么眼下民众如此支持富裕的温和派，确实是一种让人难以理解的现象。没有理由将提出这一主张的雅各宾派修辞太放在心上。但是就算他们真的相信那一套，强烈的地方情结，加之对于巴黎人霸道做派同样强烈的憎恨，显然也会将这种强加的团结彻底瓦解。对于人们来说，沙利耶这种人最可恶，最该死，他们是"外乡佬"，是他族异类，更可恨的是背后还有国民公会派来的代表撑腰。在这个意义上，这股由 1789 年到 1791 年大革命释放出来的强大离心势力，就只有靠武力才能使之逆转。

里昂叛乱爆发的当天，巴黎也正在清洗吉伦特派分子。消息传来，进一步增强了反山岳派的动力，而且不仅局限在法国南部地区。布列塔尼地区的雷恩，就是反对派的重要根据地，而且诺曼底的一些主要城市也出现了起来响应的苗头。6 月 10 日，吉伦特派逃亡者中最有影响的一群人便在卡尔瓦多斯省的天主教城市卡昂公开露面。之所以选择这里作为立足点，是因为相对而言，此地离巴黎较近，另外或许还考虑到他们中的一位，比佐，就是诺曼底人。他是罗兰夫人的相好，随身还带着她写的满满一袋子情书，以及她的一绺青丝和她那张俊俏脸蛋的小像，他那位长期遭受痛苦的妻子也跟他一起来了。同行人中还有其他一些重要角色，比如夏尔·巴尔巴鲁，加代，记者戈尔萨和卢韦，内科医生萨勒（Salle），朗瑞奈与逃出樊笼的佩蒂翁和凯尔韦勒冈。到本周晚些时候，第三批代表也加入进来，于是这些人聚在一起，在卡昂市中心区的总督府建立了他们的政治据点。

他们的近期目标是要建立一支北方联邦派军队，由本市在制宪议会中的代表德·温普芬（de Wimpffen）将军担任司令。另外还计划和其他几个起来暴动的联邦派中心城市联合起来，发兵直取巴黎，这样就能和占有支配地位的雅各宾势力相抗衡，并最终扭转乾坤。尽管联邦派和保王派绝对不是一路，但是共和派军队镇压旺代叛乱所显示出来的无能，让他们相信，保王派作为一支牵制力量，对他们是有利用价值的。首都和周边城市充斥着不满之声，从西部的诺曼底和布列塔尼，横跨旺代地区，直至吉伦特和南部的普罗旺斯，往北直抵罗讷河河谷和里昂，以及弗朗什-孔泰，那里的贝桑松的联邦主义倾向非常强烈。他们希望，这样的一个包围圈会逐渐收紧，像绞索一样，死死地勒住众叛亲离的山岳派分子。

[622]

在卡昂当地，这种大张旗鼓反抗雅各宾派的征讨计划，似乎搞得有声有色。在 15 日这天，吉伦特派和省当局起草了一份声明。声明宣布："[巴黎] 公社阴险歹毒，到处杀人、攫取黄金，还逮捕我们的代表。国家代议制已不复存在。法兰西同胞们！我们自由的国度已被践踏。纽斯特利亚（法兰克人对北部法国的称呼）自由的民众怎能够忍受这样的暴行，要么让这些强盗受到处罚，要么我们就一起奔赴死亡。"在 22 日一个民众集会上，卡昂绝大多数的分区也都发表声明，反对无休止的

"无政府状态"。国民公会打算召回德·温普芬,后者却回应说,他要亲领六万人马,前来巴黎恢复公正,重建自由。

不过,目前他们的力量仍然比较弱小。7月7日,在卡昂的大校场(Grande Cour),联邦派部队进行了一次阅兵式,人数还不足2500人:其中800人来自厄尔和卡尔瓦多斯;500人是从邻近的伊勒-维莱讷省调过来的;布列塔尼大区的费尼斯泰尔省和莫尔比昂省来了800人;剩下的则是来自芒什和马耶讷。队伍合着军乐的节奏,大步前行,夏日的午后,这实在是一道非常好看的风景,可是用来打内战还差了点。尽管吉伦特派希望摆出这么个阵势,能吸引大批群众踊跃参军,可是下午阅兵式根本没有产生什么效果,只招募到区区130人。

来看阅兵式的人群中,有个年纪25岁,十分标致的女子,名叫夏洛特·科黛·达尔蒙(Charlotte Corday d'Armont)。从她在卡昂暂住的那幢房子,直接走到吉伦特派作为司令部的总督府也不过数步之遥。吉伦特党人经常在阳台上对着那些同情他们的群众发表讲话,她也已经聆听了很多次了,并且在20日这天,有人将她介绍给了能说会道、积极活跃的普罗旺斯的夏尔·巴尔巴鲁。夏洛特·科黛可用不着别人来对她进行思想转化,她早就对雅各宾分子恨之入骨,视如仇敌,她相信,这些人在5月31日和6月2日的所作所为,已经使得共和国彻底沦落到最为低级落后、愚不可及的田地。

[623]

她希望看到的是一个欣欣向荣的共和国。尽管是小户乡绅人家的女儿,出生在一间庄院木屋中,可是夏洛特绝非保王派。恰恰相反,她和罗兰夫人一样(对于其在大革命历史进程中所扮演的强硬干涉的角色,她非常崇拜),曾经细心研读过卢梭的著作和标准的罗马史，并且幻想大革命政府将会竭尽所能，让人们的道德变得更为高尚。她搞刺杀不是要给路易十六报仇——实际上，在审讯过程中，她明确否认了自己和那个杀害了勒佩勒蒂埃的王室卫兵帕里斯有什么共同之处，她行刺的目的是要为吉伦特派和联邦派的正义事业助一臂之力。她后来在狱中给巴尔巴鲁写信，说自己的这一义举，肯定对德·温普芬将军大有裨益，是任何战场上的胜利都无法比拟的。

当年发生了一件事，使得夏洛特对大革命当局产生极大的反感。卡昂的圣吉勒（Saint-Gilles）的教区牧师，贡博神父（Abbé Gombault）曾在1782年给当时奄奄一息、临盆待产的夏洛特的母亲做了临终忏悔。因为他是顽固派牧师，所以一直得不到生活保障，当局还一直威胁说要把他充军发配，于是他就在1793年4月逃到了城外拉德里朗代（La Delivrande）的林子里，想要躲避追捕。可是最终搜查队带着追踪犬还是把他逮到了，并在4月5日把他拉到皮洛里（Pilori）广场砍头，他也成为卡昂第一个被送上断头台的遇难者。当月晚些时候，卡尔瓦多斯省给国民公会写了很多信，其中有一封是控诉雅各宾集团的霸道行径："政党之间的分歧是灾祸的根源。马拉、丹东、罗伯斯庇尔等人盘踞在你们的思想中，煽动你们，以至于你们全然忘记整个民族都正在遭受痛苦……"对于山岳派的攻讦言论在卡昂已经公开流传，四处张贴，夏洛特是很可能读到过的。埃罗省的一个代表佩兹纳斯（Pézenas）就曾对最为臭名昭著的马拉进行过攻击，这个故事在卡昂广为流传，也可能就给她留下了特别深刻的印象。

让马拉人头落地,共和国才能得到拯救……将这个杀人成性的人清除出法兰西……在马拉的眼中,只有血流成河才能得到太平局面;如果是这样,他必须流血,必须断头,只有这样 20 万其他同胞才能幸免于难。

于是夏洛特·科黛便认定,这就是她的职责所在,她可是古典戏剧家皮埃尔·高乃依的嫡传后代,看来也就得投身其间,成为悲剧性角色中的一个,她要担当起爱国斗士的使命,以妇人之躯,为国除害,慷慨赴死,干一番轰轰烈烈的大事。在 7 月 9 日,一个闷热难当的下午,她给在阿基坦的父亲寄去了一封信,求他原谅,未经允许,做女儿的私自离开卡昂,搭上了"勤奋"(*diligence*)号去了巴黎。

而此时她要下手的对象,正卧病在家,一直待在科德利埃大街上的私宅内。马拉身体一直不好,到后来还患上了恶性皮肤病,经常会出疹子,皮肤就会像给烤焦了一般溃烂、结痂并生疮,要想减轻这种关节炎皮癣的病痛,就得躺在冷水浴盆中。每次发作的时候,马拉都会躲进铺着瓷砖的浴室中,伏在小木桌上继续工作,桌子是用翻转过来的木箱子临时改造的,就靠在他的鞋子形状的浴桶边上。这年仲夏极为酷热,日子必定是更加难捱了,马拉已经好久没有出席国民公会了,这在往日是很不多见的。7 月 12 日这天,就在夏洛特·科黛到达巴黎的次日,两名代表便上门来探望病情。其中一个是画家雅克-路易·大卫,他进来之后,只看见大卫正在不知疲倦地"草拟国家安全构想",手臂吊挂在浴缸之外。在房间墙壁上挂着一幅共和国分省地图，还有大革命的一些标识、徽章，在两柄交叉手枪之下，赫然写着"死亡"两字以作铭言。或许看到这让人警醒的题字，有些触目惊心，大卫便上前向这位人民之友表达祝愿，希望他早日康复。马拉回答说："能否再活十年，不是我担忧的事情；我有生之年唯一的心愿是能够在去世前说这样一句话：'很高兴我们的祖国得到救赎。'"但是夏洛特·科黛的出现，要让他这个愿望落空了。

虽然人躺在很低的浴缸里，但是让-保罗·马拉却处在权力和影响力的顶峰。因为吉伦特派还是没有给他定罪，他最终安然无恙。在被大革命法庭开释的当天，某位妇女将一个玫瑰花冠套在他的头上。一个月之后，又取得了更加喜人的胜利，他亲眼看见自己的死敌在国民公会上遭受打击和排斥，并在法庭上被人追逼。他所倡导的大革命专政制度化机制已经建立，街头暴民混乱吵闹的打砸行为，将被国家惩罚的制度手段所代替。对于那些忿激派，他几乎是和吉伦特一样深感厌恶的，这些人在6月2日那天也没得到什么好处，瓦莱本人甚至被挤出雅各宾派，马拉在国民公会发表讲话，人们肃耳静听，他在起义者公社，也受到广泛的尊敬，在各区议会，沐浴在恭维和关切的春风之中。他似乎已经成为了他梦想成为的那个人：人民的朋友，革命的圣徒，揭露阴谋的人，让伪君子原形毕露、无地自容的人。

从一个游遍欧洲各地，想要让自己对光学、航空和电疗理论的知识得到承认的医学家和科技界人士一路走来，想必是十分漫长坎坷，就像雅克-路易·大卫一样，他的政治生涯是一段苦涩的人生磨难。大卫的遭遇是，当年的绘画学院拒绝展出他

[625]

的得意弟子德鲁瓦（极具天赋的画家）的作品，通过这件事大卫算是看清了，这就是贵族小圈子操纵的一个领域。从这之后，他很快就调转枪头，支持推翻不能适应革命民主形势的旧制度。这位投身政界的画家获得了国民公会代表的头衔，并且成为了治安委员会委员。马拉曾将自己的火流体理论，看作是对电学的巨大贡献，可是皇家科学学院居然不承认他的理论成就，这比大卫的经历更让人寒心，因为大卫只是纯粹的艺术争论，而他的遭遇，却直接影响了他的事业。在1780年这次变故之后，上门找他看病的少了，他成为了一个庸医，一个骗子，这真是一个悲剧，而鲁昂科学院给他颁发的奖项，也不能弥补他的损失。

这段耻辱的经历让他痛苦万分，马拉重新调整了自己的人生定位，他不再迎合时髦的贵族人士，转过头来大加诛伐。他也不再追求公众注意，反而躲进小楼，自成一统，住到了科德利埃区，非常容易接触到那些报纸印刷厂。他从约翰·威尔克斯那里看到，如何突破常规局限，如何用讽刺挖苦、狂热激烈的新闻工具来吸引群众对政治的关注。但是马拉又有自己的独到之处，他能用个性化的语言表述，和其他的大城市的文化元素紧密结合。从兰盖和梅西耶身上，他学到了夸大事实，危言耸听，用激烈火爆的措辞占尽口舌之利，来揭露那些表面浮华、内里龌龊的政坛黑幕。读了他的身世回顾，人们了解了马拉的过去，他出身一个撒丁岛耶稣会和日内瓦的加尔文主义（是他母亲这边）家庭，自小就被灌输了极为严格的救世主思想。他还深受卢梭的那种偏执行为的影响。这不但让他对那些以为自由事业大功告成，安享太平的人猛烈抨击，也能用这种方式反击对手（比如拉法耶特）的责难，为自己捞取政治资本。他总是将他的政敌比喻成叛国者、阴谋家或者胆小鬼，以此来激怒对方，然后就带着自由传播者的姿态得胜而归。"言论之绝然自由，"他曾经说过这样让人印象深刻的话，"唯有妄图为所欲为之人，才视若仇敌。"

天降大任与他，要使他成为一个社会边缘的人，要他抛弃机智优雅的形象风度，摈绝趋附时俗的美色争逐，一心一意投入对真理和美德的探索。理性这东西实在不能相信，正如他自己在1793年6月所写的一篇文章中谈到的，说大革命几乎被那些以"启蒙哲人"是瞻，抛开激情的人给毁掉了。在卢梭看来，礼仪规范不过是"欺世盗名之徒"搞出来的腐朽不堪的东西。"假装取悦每一个人，实在是疯狂之举，"他在1793年的一篇文章中这样写道，"但在革命年代，刻意取悦每一个人的行为就是在卖国。"于是他就反其道而行之，尽量做得让每个人都憎恶，成了他坚持的个性。马拉把这种咄咄逼人、寸步不让的对立发挥到了极致，而他的个人形象也非常贴合这个定位。他的双眼并不是在一条水平线上，但是长在这么一张宽阔、扁平的脸上，却显得黝黑乌亮，炯炯有神。当时一些对鸟兽面相学特别着迷的人，对他到底和哪种鸟相似，产生过不同意见。他的朋友和拥趸将他比作一只雄鹰，而他的敌人，则把他看成是一只啃腐尸烂食的老鸨。他就以这样的面目示人。他丢弃了他要在某些场合故意装出简朴随意而穿的那些正儿八经的衣服；露着脖子，黑发乱蓬蓬的；有时肩头还耷拉着一条旧的貂皮围脖。这绝不是一个真正的穷汉的装扮，但穿在这位喜欢逢场作戏的人民之友身上，还是挺合适的。他的行止粗率，不拘小节是出了名的，

[626]

他也深以为荣。在 1792 年的 10 月，他就满巴黎地搜寻迪穆里埃，要和他见个高低；在演员塔尔玛搞的一次宴会上，他也是口无遮拦，对这位将军出言不逊。他可以揭露一切真相，什么都逃不过他的眼睛。他的眼睛闪烁着警觉的光芒，他拉高了嗓门大声说话，告诉人们，该醒悟了，再这么沉睡下去就要大祸临头了。

马拉选择作革命的耶利米，一位空想家、预言家，同时也是一个报丧天使，对于他的这一个性定位非常关键的就是殉难牺牲的挑战。就像罗伯斯庇尔和许多其他的雅各宾分子，他始终是宁死也不在原则问题上妥协；宁愿牺牲自己，来承受"扼杀自由者"的仇恨的宣泄。尽管每当真有危险迫近，他往往是溜之大吉，这也似乎并未玷污他甘愿为自由事业而从容就义的美名。他去国民公会开会，常常随身带着一把手枪，人们私下便有怀疑，说与其是为了防身，不如说是一件做戏的道具。当吉伦特派正在考虑对他进行指控，他便在讲话的时候用枪抵着自己的太阳穴，扬言："如果有人为了发泄私愤，故意用法令加害于我，我就自尽以证清白。"他还经常在其他场合，宣称自己是"人民之声"，正在被"打压"，被"绞杀"，或（更经常的是）"遭暗算"。

7 月 13 日上午 8 点，夏洛特离开她在胜利大街上的暂住地，来到皇家宫殿。这天正逢星期六，公园和游廊内人流如织，摩肩接踵，更甚于平日，好多都是从偏僻乡村远道而来，特地为了参加将在 7 月 14 日举行的特别活动：一场纪念巴黎拥护新宪法的庆典。她从两侧廊柱间径直走了过去，那些柱子上都缠绕着三色绶带，还装点着其他的一些共和国的徽章标志：板台都是木匠搭建的，突出了平等的主题，象征自由的红帽子也是随处可见。明朗的天空下，男人也好、女人也罢，很多都在啜饮柠檬汁，稍解劳乏。实在是炙热难当，让人连气都透不过来，空气火辣辣的，仿佛在整座城市的上空凝滞了一般。她在小贩那里买了一张报纸，上面说到了莱昂纳尔·布东在国民公会上发出的对吉伦特分子执行死刑的命令。走到街边的一家商店的时候，她停了下来，把那顶白色的卡昂女帽给摘下来，换上一顶装饰着绿色缎带，看上去更加时髦的黑帽子。这样一来，在场的人都将看到并记住她的这个头饰了。之所以选绿色是不是因为它是1789年的流行，是卡米尔·德穆兰所说的自由象征的缘故呢？反正夏洛特·科黛这一次要让它变成反革命的标志色了，当局后来规定不许在任何场合作为穿戴。在二月咖啡馆（Café Février）附近的刀剪铺子里，她又买了一把厨房木柄餐刀，刀刃有5英寸长，藏在衣服下面。

听说马拉病了，她感到十分失望。原本她计划好在国民公会上，睽睽众目下当着全体"国民代表"的面手刃马拉。不过谁都知道，对于任何需要帮助，或者告发某人的访客，这位人民之友向来是来者不拒，所以她决定亲自登门去了结此事。很可能在搭上一辆马车之前，她徘徊了很久，抵达马拉位于科德利埃大街上宅门外的时候，已经将近11点30分了。她向着马拉房间走去，但是在楼梯道口被马拉未婚妻西蒙娜（Simone）的姐姐凯瑟琳·埃弗拉尔（Catherine Evrard）拦住了，让她回去，说马拉身体很不好，谁也不见，还是等到他完全康复的时候再来。她听了颇感失望，便给马拉写了一封信，说可以给他透露那些逃亡的吉伦特党人在卡昂策划的密谋的详情，这样就可能引起马拉的兴趣。信上还说，希望务必给予回复，不过由于紧张，居然没有留下地址。

晚上7点钟时，她又一次前往马拉住宅，除了随身的那把刀，还揣着一封信，信上央求马拉能够见她一面。来的时候，正逢新鲜面包和当天报纸送上门的当儿，故而她走到楼梯顶头，便被西蒙娜给叫住了。夏洛特执意要见马拉让她产生了怀疑，两个人便争执了起来。夏洛特故意提高了嗓门，可能想要让马拉听见，她是带了诺曼底叛军的情报来这里的。"让她进来罢。"浴室中传来声音。于是她走了进去，只看见马拉泡在浴缸中，头顶上如往常一样缠了一条湿布，胳膊耷拉在木桶边上。两人谈了大约一刻钟的卡昂局势，西蒙娜一直在边上照料着。后来马拉让西蒙娜去多拿些瓷土药剂来，溶解在浴水里。为了证明自己纯粹的雅各宾派的政治信仰，在马拉要她说出阴谋策划者名字的时候，她当场便说出了非常详细的一长串名字。"很好"，马拉说道，"用不了几天，我就让他们全部都上断头台。"

她的椅子紧挨浴缸边上。她只消站起身来，弯下身子靠近他，然后从衣领里掣出刀来，迅即猛刺下去。就这一刀，正好从右肩锁骨之下扎了进去。马拉大叫一声"我，我亲爱的呵，"便沉入水底。西蒙娜·埃弗拉尔冲进房间，惊呼道："天呵，你竟将他刺死了！"只见伤口处鲜血迸出，颈动脉都被割穿了。"天哪，你干了什么？"面对这个女刺客，她说不出别的话来。负责替马拉送报的洛朗·巴斯（Laurent Bas）也跑进房间，抄起一把椅子朝着夏洛特扔了过去，可是没砸着，最终他上前将她扭翻在地，后来还对法庭供述道："我当胸按住了她。"

当晚极为闷热，窗户通通都是开着的。马拉的惨叫声传遍了整条大街。听到叫声和哭喊之后，对面街上的牙医克莱尔·德拉丰德（Clair Delafonde）立刻丢下手里的活计，飞也似地穿过小院子，直奔上楼来。他把马拉从浴桶中扶了起来，想要用布条和床单给他止血。过了几分钟，住在附近的一个叫菲利普·佩尔唐（Philippe Pelletan）的外科军医也赶来帮他。可是不管两人用什么办法，鲜血还是从应急绷带中汩汩涌出，这血腥的一幕，倒是在马拉的演讲中经常有生动的描述，"我们必须用暴君的鲜血来巩固自由"，他经常这样说。现在流血满地的，却是他自己，而由此带来的却是恐怖，而不是自由。本地的警察局长盖拉尔（Guellard）也赶到了，他循着血迹走进浴室，然后又来到隔壁的卧房，看到佩尔唐站在尸体旁边。人们告诉他，这位人民之友已告不治。

使命业已完成，夏洛特面无表情地等待着命运的降临。她当场就被抓住了，本也不想一走了之，甘愿承当一切后果，于是清晰冷静地解释了她的杀人动机。那是她的愿望。她对盖拉尔平静地解释说："眼看全法国即将爆发内战，她认为马拉是这场灾难的罪魁祸首，她愿意为国家牺牲自己的生命。"一个包括另外6个官员的委员会，继续在马拉寓所内检查，其中有德鲁埃，就是认出路易十六在圣默努的邮局局长，当他们在啜饮饮料的时候，当着这些人的面，夏洛特·科黛承认，她是从卡昂到巴黎的，预谋好了要杀马拉的（对调查者而言，显然很失望），这只是她一个人的计划。

消息很快在圣日耳曼教区传开，愤怒和极为痛苦的人群聚集起来，要将这个女刺客撕扯成碎片，一个女人甚至说，她真想把这个女魔头大卸八块，一块一块嚼，吃了她的臭肉。德鲁埃只是提醒人们，如果他们将这个主犯当场杀死，可能会失去"这个阴谋的线索"，这才劝止了。

在修道院监狱，也就是九月大屠杀发生的地方，夏洛特被关进了一间小号房，这里以前关押过布里索和罗兰夫人。她坐在草荐上，抚摸着一只黑猫，并给治安委员会（国民公会警察委员会）写了一封信。似乎她所焦虑的，并不是被褫夺去一人承担的身份。她抗议由于谣言造成克洛德·福谢被捕，此人是个吉伦特派代表，卡昂的立宪主教，被认为是个同谋。不但他们没有同意她这个计划，她坚持说，自己从未尊敬，甚至尊重这个人，她始终认为他是个轻薄无义的狂信者，并无"人格之坚毅"。相反，在问讯中有好多次，夏洛特着重强调了自己的毅力和决心，并且她相信，通常人们总是误认为女人无法做这种行动，而这正好成为了她的优势。显然这是她的荣耀之处——是对革命无一例外只能由男性参与的一种有力驳斥——她确信无论在身体还是精神上，自己都足够强大，完全能够胜任这样的爱国暴力行动。

三次过堂受审，两次是大革命法庭庭长蒙塔内（Montané）主持，一次是法院总检察长富基耶-坦维尔主持，她竟冒出这样一番惊人之语，而审判者们都尽力想从她嘴里套出话来，好证明吉伦特派猖獗至极，密谋杀害马拉确有其事。从她表面无比镇定的情绪之下，可以感觉到她那双灰眼睛喷射着复仇的怒火，而且带有一丝女性特有的恐惧的表情。她的背后，就一定是有一只强大的黑手在操纵么？"这件事清楚表明，"雅各宾派的乔治·库通表示，"这个刺客就是个魔鬼，大自然给了它一副女人的皮囊，她一定是比佐、巴尔巴鲁，萨勒这一众卡昂乱党派来的密使。"但是不管问什么相关线索,都遭到了坚决的否认。但她在 17 日和蒙塔内最后的一次谈话中,至少承认自己读过吉伦特派报纸,抓住这个机会,就能用这番供词来激起人民的义愤。

蒙塔内:你是从**那些**报纸得知马拉是无政府主义者的吗?

科黛:是的,我只知道,他正在将法兰西引入歧途。我杀他是为了拯救 10 万民众,除此之外,他还囤积稀缺物品;在卡昂他们曾逮捕过一个为他采买物品的人。革命之前,我就是共和派,我一直充满"动力"。

蒙塔内:你所说的"动力"指什么?

科黛:抛掉个人利益,愿意为国捐躯。

蒙塔内:在刺杀马拉之前你是否演练过?

科黛:哦,这畜生(即蒙塔内)居然把我当成杀人犯!

(此时【法庭记录显示】,目击证人显得极为激动)

蒙塔内:不过,医生报告证实,假如你当时用这种方法刺他(做了一个幅度很大的动作),不至于夺他的性命。

科黛:我正是用你所看到的方法行刺的他。我运气不错。

蒙塔内:谁是幕后主使?

科黛:我是不会因为别人的指使去杀人的。整件事情都是我自己策划、自己实施的。

蒙塔内:但是,你告诉我们你认为马拉是法兰西万恶之源,我们怎会相信你背后无人指使?他可是一直在揭露叛徒和阴谋反叛的人啊。

科黛：只有巴黎人民才这样看待他，其他地方的人都认为他是魔鬼。

　　蒙塔内：马拉之所以准许你接近他，是因为你在信中说你曾遭到迫害，你怎么能把这样的一个人看作是魔鬼呢？

　　科黛：他在我面前表现得像个人，但对别人却像魔鬼一样，这样说意义吗？

　　蒙塔内：你认为你能杀得了所有像马拉这样的人吗？

　　科黛：这个马拉死了，其他的马拉们必然会惧怕。

　　审问纯属例行公事，她最终还是被定了罪，并被判即刻处决，夏洛特先是关在修道院监狱，然后又转到了巴黎古监狱等待行刑。无论关在哪里，都并不禁止她写信，或许是希望信中内容可以如官方确信的那样，指认出"吉伦特乱党"的其他成员。在接受审判的前一天，她写了两封信，措辞都不一样。在给父亲的信中，她是一个平常的乖女儿，还央求父亲原谅她"未经您的允许，便放弃了自己的生命"，但她丝毫不为自己的所作所为感到耻辱，因为"女儿已为千千万万无辜的人复了仇，并且阻止了许多其他灾难（实在太过天真）——就此诀别吧，亲爱的父亲，只求您把我忘了，或者为我的命运高兴吧。这是一项伟大的事业。"她最后的几句话，是把自己说成是先人高乃依悲剧中的女主人公，死得光明壮烈。但她引以为谏辞的，可不是伟大的悲剧大师皮埃尔·高乃依的名句，而是他平庸的弟弟托马斯所写的：

[631]

砍头并不可耻，犯下的罪行才是莫大的耻辱。

另一封信是给夏尔·巴尔巴鲁的。她在修道院监狱就开始写这封信了，把自己比作一个至死不悔的诺曼人犹滴（Norman Judith），但幸运的是拥有她自己的"政见"（sensibilité）。"我从未恨过某一个人……如果有人为我的死伤心痛惜，那么就请想象我某一天在天国乐土和布鲁图斯等先贤站在一起，到那个时候各位会感到欣慰吧。对于现代人来说，知道如何为国捐躯的爱国者寥寥无几；一切都是利己主义；共和国的开国元勋们该会有多么遗憾啊。"次日的审讯中，她要让在场的法官和陪审员，都看看"卡尔瓦多斯人其值几何（他们确实会看到的），即便是女流之辈，亦能做到坚定不移。"

在最后，她还不忘自我表演一番，问法庭她是否可以在临行前画一张肖像画。在庭审中她注意到一个国民卫队军官在勾画她的外貌。这个叫奥尔（Hauer）的公民，和本区（即法兰西剧院区）的关系不错，故而得到允许，跟她一同回到巴黎古监狱，给素描上色，完成这样的一幅油画。这一过程用了两个小时，期间她也提出这里或者那里应该如何修改的建议。最后当行刑人桑松进来，打断了他们的创作的时候，她从他手里拿过剪刀，铰下了一绺头发，赠与画师，算是"一个可怜女子临死前留下的纪念物"。

她走进囚车预备去刑场的时候，夜幕才刚刚降临。她拒绝司法教士的临终祈祷，也不肯坐下，就这么直挺挺地立着，膝盖斜靠着囚车的后面，借以在车子走在卵石路上时，身子保持平稳。一大群人涌到圣奥诺雷路上，挤在路边上观望，他们要看看这个凶悍的女人,这个犯下如此滔天罪恶的女魔头,到底长什么模样。皮埃尔·诺特莱的房子正好就通到这条街上。他看到,当她走过的时候,天色骤然晦暗起来,夏日的暴雨倏然而至,豆大的雨珠劈头砸了下来,地上尘土飞扬,转瞬之间,她便浑身浇透,这位暗杀"人民代表"的女刺客,身上猩红的衬衫紧紧贴在皮肤上,"她美丽的面庞是如此平静",他这样写道,"就像一尊雕像。在她的身后,女童们牵着手像在跳舞。一连八天,我都沉浸在对夏洛特·科黛的爱慕之中"。

迷上这样一个杀手可能会要人命的。一个日耳曼的爱国者亚当·卢克斯(Adam Lux),刚刚从美因茨的溃败中逃了出来,便大胆发表了一首诗,将夏洛特·科黛比作布鲁图斯。在经过几次关于他是否患疯病的讨论之后,卢克斯还是在11月被送上断头台。与此截然相反的是,马拉却很快成为了一个崇拜敬仰的对象。在夏洛特被带到修道院监狱之后,他的房门上贴了一张通告,满怀悲痛地告诉人们,这里发生了什么:

> 国民们,马拉已经死了:这位如此爱国的人,
> 你们的朋友,民众的救星,穷苦人民的希望之光,
> 如今却遭受这些为人不齿之徒(吉伦特派)的暗算而亡。
> 你可以哭泣,但不要忘记,一定要为他报仇雪恨。

每个手拿长矛的无套裤汉,也带着夸张的声调,一遍遍地向人们朗读这段文字。

马拉死后的次日早上，在国民公会，代表们再也无法故作冷静，情绪都变得十分激动。主席让邦·圣安德烈正式宣布马拉噩耗的时候，社会契约区（Contrat-Social）的代表吉罗（Guiraut）开始声情并茂地表演了起来：

他在哪里？叛贼之手将他从我们身边夺走。
国民们啊，世上从此再无马拉了！

接着又说到大厅中悬挂的勒佩勒蒂埃的肖像，吉罗大声疾呼：大卫，你在哪里；拿起你的画笔来，这里又有一位要请你来画呢。

对于这种特别场面，大卫当然驾轻就熟，知道如何应付。他不但准备为这位革命烈士创作一幅流芳百世的画像，而且着手将他的葬礼设计成一个爱国献身的大游行。依循勒佩勒蒂埃的旧例，尸体将用防腐香剂保存起来，供公众瞻仰三天，在这之后将有一个庄重肃穆、隆重繁复的送葬仪式。对这位艺术家来说，真正构成挑战的是如何将马拉尸体清洗干净，以展现这个理想化的、在他头脑中的圣洁形象，还要留下足够多的暴力证据以证明这位英雄的血是为大革命而流的。我们将会看到，他第一次真正成功地运用了一种大加粉饰、添枝加叶的创作手法，将死亡和不朽的两大主题，同时反映在他的画中。倒是眼下这个仪式，却提出了一些严峻的技术挑战。勒佩勒蒂埃的尸体在一月中旬展出，那时的气温有助于延长自然保存期限。而马拉的尸体则正相反，在仲夏的酷热之下几乎是马上就开始腐烂了。

大卫花了7500利弗尔（包括材料费）雇用了路易·德尚（Louis Deschamps），借助他广受赞誉的艺术天分，来对尸体进行保护。在两名助手的帮助下，他动作十分迅速，但是由于大卫不断地提出苛刻的细节上的要求，因此搞得十分复杂。这位画家头脑中闪现过一个灵感。那是一幅激动人心的场面：烈士应该安眠于罗马大床上，出现在观众面前，脸部应该带有一种庄重平和的表情。躯干的上半部分应该暴露出来，现出伤口来，右臂也应该保持摊开，握着一支铁笔，象征着他对人民的不懈奉献。这是一个非常具有冲击力的想法，但却是尸体处理者的噩梦。马拉可怕的皮肤状况，必须用专门的化妆手法加以改造和隐藏，而当时伤口本身却已经裂开，必须加以缝合，这样才能产生足够的震撼效果。他的头部用一个枕头在底下托着，而舌茎也需要剪断，以免不雅的姿势破坏了烈士的形象。最糟糕的是，他的手臂严重脱臼。日的克雷基侯爵（他对这样的场面可不会动情）声称，要解决这个问题，就得从另一具尸体上截一段上肢给他，但是让崇拜者惊恐的是，一天晚上，假肢从身体掉落到地板上，手里还握着笔。

　　有一幅佚名的画作，显示了在科德利埃教堂的这次展示取得了多大的成功。这张床放置在由爱国者帕卢瓦设计的三色旗窗的帷幔后，此人还拿出了两块巴士底狱的石头，雕刻的分别是马拉的名字和"人民之友"。一顶象征马拉不朽天才的橡叶冠，放在他的额头，棺床上撒着花朵。最下面（因为他实际所躺着的平台，要比画中所见到的高了许多）堆放着他受磨难的一些标志物：斑岩的浴缸，染血的长袍，盒子形状的写字桌，上面还有墨水瓶和纸张。展示在礼拜堂边上的，则是他的手稿。

15日挤进教堂的人非常之多，16日早晨仍有很多人，参观必定是持续了很多天。但是腐烂的过程却在无情加速。尸体刺鼻的气味越来越浓，只能隔一段时间往上面撒一些醋酸和香水。而且看眼下这情形，没有别的办法，只能把葬礼提前到16日晚间。可能因为组织得过于仓促，国民公会和其他委员会的好多人都没有到场。相反，倒是来了很多科德利埃俱乐部和其他民间社团以及分区的代表，由他们唱主角。在火炬游行中，人们和着格鲁克的音乐和歌曲，四名妇女抬着浴缸；另外还有一队人，擎着长矛，矛尖上挑着血衣。当尸体通过大街时，有许许多多的妇女都朝着马拉煞白的脸上撒花瓣。但是最珍贵的一样遗物，则是装着英雄心脏的一个玛瑙瓮。德尚专门将它另作防腐处理，作为"科德利埃的天赐之宝"，挂在会议大厅的拱梁之上，永远地悬在讲坛的头顶。尸体则会躺在俱乐部的花园内由建筑师马丁临时赶制的一个石龛中。

[634]

让·吉约穆（Jean Guilhaumou）特别指出，围绕着这场葬礼所表现的，是英雄永垂不朽的主题。他说过的话，提出的主张，都是永远正确的，这就是说，只要共和国还在，马拉就屹立不倒。他的汩汩鲜血，并不仅仅是从祖国的肌体中流出，更是对这方热土的灌沃和滋养——是生命的精义，而不是死亡的主题。"愿马拉的血成为共和党人英勇精神的源泉。"一位演说者一边说，一边把圣杯中不明液体洒在地上。认为马拉并未牺牲，这种观念在雅克·鲁（他也是以马拉衣钵传人自居者之一）的《法兰西共和国公报》上说得最为干脆。"马拉没死"，他坚持一定把这几个字全部大写，"他的灵魂脱离了世俗的皮囊，奔向共和国的各个角落，它的能力更加强大，甚至进入了联邦逆党及暴君安排的议事会中。"就这样,雄鹰马拉被放飞出去,直入云霄,然后从法兰西国土上空飞身而下,朝着那些敌人和奸细猛扑过去,就这样神不知鬼不觉地,让他们的奸计不能得逞。这样一个高翔云天、无所不在的爱国英雄的故事,竟然和马拉自己对于驾驭气球宣传政治主张的梦想多有不谋而合之处,这实在是奇妙得很。

就这样,马拉从九泉之下飞上了万丈云霄,这自然让那些替伟人歌功颂德的传记作家联想到,马拉也像圣人一样,能够重获新生。科德利埃俱乐部的莫雷尔匍匐于玛瑙棺前,长声吟唱道:

> 哦,耶稣的心,马拉的心啊……你们二者应当享受我们同等的崇敬。马拉的心啊,就是圣人之心……然而圣母玛利亚之子的功业和德行岂能与人民之友相比?基督的使徒怎能和神圣的山岳派雅各宾党人相比?……他们的耶稣先知空有其名,马拉才是真正的神。马拉的心将永垂不朽……同耶稣一样,马拉挚爱人民……同耶稣一样,马拉将教士、贵族绅士、土豪富人、无赖视为仇人。同耶稣一样,他过着贫穷节俭的生活。

当个人崇拜趋于极端,套上神圣光环的马拉就成了革命宣传的有力工具。实际上马拉之死,对于雅各宾派来说,或许更是一件好事,死了的马拉,要比那个喜怒无常、性格暴躁的活在世上的政治家更有用处,等到时机趋于成熟,他们便会鼓动西蒙娜·埃弗拉尔跳出来,以马拉的名义,对忿激派进行抨击,将这些人从政坛上彻底清除。为了捍卫巴黎，捍卫国家，粉碎那些将他杀害的"恶贼奸党"，马拉所倡导的革命专政就必须得以切实执行。对于马拉的认同，很快就成为了革命纯洁性的见证。很多地名都被改掉了，蒙马特尔山变成了马拉山；科德利埃路变成了马拉路；全国范围内改用烈士马拉来命名的公社超过了三十个。公熊路上的"处女"雕塑，也被挪走，换上了伟人的半身像，开在圣奥诺雷的一家餐厅，名字就叫大马拉。一曲《爱国者马拉之死》很快就传遍四方，而在城市剧院，以他的牺牲为剧情的一出戏，也迅速获得了成功。9月份，两名还俗结婚的教士，还以"无上自由"的名义，给一名婴儿取名为"布鲁图斯·马拉-勒佩勒蒂埃"。甚至那位年纪轻轻的小卒若阿基姆·缪拉（Joachim Murat），也要赶这股英雄崇拜的潮流，不失时机地将自己的名字里的字母 u，改成了 a。此人后来投入拿破仑麾下，当上了元帅，志骄意满，煊赫非常，甚至还被封为那不勒斯国王。

马拉的画像和描绘他最后就义场面的版画，很快就大量印制，传遍全国，分发工作主要由各个雅各宾俱乐部负责。这些画像和大卫的杰作相比，实在是太过逊色。大卫的这幅画是10月完成的，公众可以到他的画室中去参观；博物馆区（du Museum）还举办了一个盛大的宴会以示庆祝，这幅画，连同大卫先前创作的勒佩勒蒂埃画像，都被郑重其事地沿街展示，一路送到卢浮宫，放置在这座共和国第一画廊的最显著的位置。

在一代又一代的观众眼里，这幅画展现的都是一个极其完美的圣人形象；它对谋杀现场刻画极为逼真，俨然是一幅革命的圣母怜子图。烈士的鲜血流得遍地都是，表现得真真切切，确实震撼人心。马拉倒在血泊之中。画面上到处都是殷红的痕迹,和死一样的白色映衬在一起:血渍弄脏了纯白的床单,玷污了科黛的信笺;刀子都被染红了,为了表现强烈的色彩对照,刀柄从木质变成了象牙。靠近马拉手边的,是那些凿凿可信的珍贵文件,由此可清晰地印证马拉的伟大人格。这些稿纸被放置在特别的位置,正好能够形成道德境界的鲜明反差。女刺客在信中发出恳求,显得十分虚伪,"我的不幸就足以让我有权得到您的仁慈。"从马拉木桌上的那些字纸,可看出他确实是人民之友。一张指券旁,马拉手上拿着一张字条,那是他发出的指示,要求拿钱给某位有五个孩子要养的寡妇,而她的丈夫,已经"为国捐躯"了,这幅画的精神内核,是一种死亡的静寂,但却闪耀着冷峻坚毅、自我牺牲的光辉。

二、"恐怖乃当今之政"

[636] 8月的太阳,当头照在巴士底狱的上空,穿着白裙的少女合唱团来到这里,表演戈塞克的《自然颂》。演出场地都设置了布景,树林、灌木丛象征着善良美好的大自然,它们打败了喻示着死亡的专制岩石(石头当然是帕卢瓦拿来的)。在这个已经被改名为团聚广场(Champ de Réunion)的建筑遗址上,观众如山,人们看到的是一个革命的德鲁伊教仪式。当基于卢梭狂喜的泛神论信仰的齐声诵唱在《一个萨瓦牧师的信仰告白》(*Profession du Foi d'un Vicaire Savoyard*)中渐渐平歇下来之后,国民公会主席埃罗·德·塞谢勒缓步登上一段白色的扶梯。扶梯顶端有一尊仿古埃及式样的雕像,处于极尊之位,四周群狮拱

卫，雕像的手拢作杯状，水从中间溢出，流到底下的一个小水池里。致辞者先向雕像鞠躬，再对人群致意，随后称其为自然的化身，象征着富饶丰裕，保佑着大革命，特别是在今天——"自太阳悬于空中，还从没有如此美丽过。"

他拿起一个仿古圣杯，小心地对准下边，接住了圣水，将之酹于地下，算是以自由的名义给大地施洗。随后，他又倒了第二杯，之后又过来86个老人，每个人代表了一个省，都重复着他的动作。每个老人走上前去的时候，便会擂一通鼓，吹响铜号，倒空的那一刻，全场鸦雀无声，随后便是礼炮齐鸣，人们亲切相吻。

这样一个盛大非凡的庆祝活动，是由大卫还有他的合作团队，包括戈塞克，还有马里-约瑟夫·谢尼埃这些人构思的，以此来完成对新宪法的正式认可。它采用一种寓言式的盛会，来再现大革命的发展历程，将大量的群众来回调动，然后在战神广场这里，活动达到高潮，在那里的祖国祭坛上，还立起了几块宪法"纪念碑"。8月10日举行了统一和不可分割节，以此纪念推翻君主制一周年，这完全就是一场巴黎人的庆典。仿佛为了强调巴黎就是大革命的代名词，活动利用城市的地形，设立了一整套的象征性布景，每一个场景，对应一段未曾远逝的过去，正在发生转变的现在，以及充满变化而又必定灿烂的未来。

这也正如研究革命庆典的历史学家莫娜·奥祖夫曾经指出的，它是一场精心筹划的庆祝活动，目的是成为群众自发聚集和暴力活动的替代品，即便雅各宾派领导层还在从中渔利，但也已日渐对这些混乱和暴力感到厌烦。嘈杂混乱的人群，将会被其中哪些代表人民的巨大雕像所慑服（这样便无力作乱了）；

会被为庞大的合唱团创作的恢宏壮丽的乐曲所震撼（戈塞克专门为当天的庆典谱写了五首大合唱）；会为高亢庄严的演讲和绚烂夺目的烟花而惊叹。雅克-路易·大卫会让他们感到无上的自豪，会让他们原本妄自尊大的心胸平复下来，完全沉浸在这些宁静祥和、却又坚若磐石的革命象征的世界中。

庆典的第二"站"，是一个竖立在意大利大道（boulevard de Italiens）上的凯旋大拱门。这样做是特意要否认以恺撒为典型的君主主义者所取得的胜利，对1789年10月5日，将国王从凡尔赛带回巴黎的光荣的妇女战士，表达崇高敬意。但是强势妇女的形象让人不安，为了和尊奉卢梭理论的雅各宾派关于女性爱国者应当以贤妻良母为楷模的论调相适应，那些斗志昂扬的女商贩骑在大炮上的画面被悄悄地替换掉了。10月那些真实的妇女，变成了浓妆淡抹的女演员，头顶月桂冠，并被告知："噢，妇女们！被暴君损害的自由需要英雄来捍卫。你们是养育英雄的人。让尚武、慷慨这些美德流淌在你们的乳汁中，流淌在法兰西所有哺乳妇女的胸怀里。"

当天最为壮观的一刻，是在下一"站"的表演中。革命广场上曾经安放路易十五雕像的底座，已经装上了头顶王冠的自由女神像。在自由女神像的脚下，码放了一大摞算是象征王权的物件：旌杖、王冠、宝珠，甚至还有半身塑像，其中的一尊是少年时代的路易十四。就和那些冒牌的女商贩一样，这些大多都不是原物，而是从巴黎各大剧院的行头库里翻出来的，找了一口大得出奇的棺材，一齐放到里头，从巴士底狱一路抬到自由女神像前。一声号令，点燃的火炬扔进了这一大堆的旧物之中，顿时浓烟滚滚，火苗飞蹿，这时，三千多羽白鸽被放入空中，刹那间如一大片飞云一般。鸽群是一个设计得扣人心弦、极为精彩的剧情转折，喻示着法国彻底摆脱了君主制的羁绊，基督教的和平标志，共和国的自由象征，就这样直上青天，纵意翱翔。

当然，持续整整一天的庆祝活动就像一场精心编排，表演精湛的梦幻。哪怕是那些觉得这个活动从头到尾都荒唐透顶的质疑者，比如艺术家乔治·维勒等人，在亲眼看见了这一过程之后，也承认自己深受感染，激情满怀，而民众似乎也是同样的感受。但是尽管这场庆典令人眼花缭乱，然而还是有某些东西让人对它略感绝望和心怀戒心，因为这些东西实际上是建立在对革命现实的系统否认之上的。由于孔多塞的2月宪法草案受到质疑，故而由埃罗·德·塞谢勒重新修订，新宪法将全体男性公民普选权、直接选举，甚至于政府的承诺都归为一种"生存权"。但是尽管有一百万人投票赞成这部宪法，和六百万弃权的选民相比，实在是显得微不足道，弃权的原因部分是出于疑惑不解，部分是出于审慎小心。但是新宪法从获得通过的那一刻起，就已经变得毫无意义了，一方面是因为，国民公会本身，在完成宪法制订工作后，便应该自行解散，另一方面，取而代之的是建立恐怖的运行机构，实际上是将宪法所有条款都全盘推翻。

或许在大卫所有的不朽作品中，最大胆、最乐观的，要属在荣军院的那件。他造了一个巨型的大力神海格力斯像，以此来表现法国人民砸碎了联邦主义。英雄海格力斯可以说是家喻户晓，他是文艺复兴君主的标准象征之一，也是亨利四世年间的"高卢大力金刚"。大卫的这尊海格力斯像，一只手正欲痛打在他脚下痛苦挣扎的联邦主义怪兽,另一只手搭在罗马侍从执法官的束棒,也就是"法西斯"(fasces)上,这些束棒,象征着法兰西各省的团结。

但是在1793年仲夏的时候,无所不能、团结一致的人民击败顽敌这一美好结果,还决非定局。不过仍有一些好消息。7月13日,德·皮赛(de Puisaye)率领的一小股诺曼"军队"在厄尔河畔帕西和共和派军队狭路相逢。炮声一响,双方军队便四散奔逃,但是联邦派军队跑得更快,也跑得更远,因此士气肯定也更加低落。由于诺曼底的大部分地区未能团结起来支持他们的事业,实际上,这就意味着从加来海峡到上布列塔尼建立一道联邦主义者的弧形防线的构想成为了泡影。在南部,7月27日,卡尔托将军(General Carteaux)从马赛派来的一支小型远征军手里夺回了阿维尼翁,就此切断了南部和里昂的联邦主义者之间的联系。

然而这些重大的胜利,却因为接踵而至的惨败而大打折扣。在7月的后两周,孔代和瓦朗谢讷前线的据点,相继落入科堡的奥军手中,奥军随后包围了莫伯日(Maubeuge)。如果这座最后的堡垒被攻占,马恩河谷将会彻底暴露在对手面前,敌军就能势如破竹,直逼巴黎。在莱茵河防线,屈斯蒂纳将军作出撤军决定,将美因茨拱手让与普鲁士军队(巴黎方面马上宣布他为叛国者)。在东北部地区,尼德兰境内的约克公爵率领的大军已经杀到敦刻尔克;在西南方向,西班牙人正对佩皮尼昂虎视眈眈。在旺代,尽管取得了一些小胜,但也未能弥补沙蒂永和维耶尔(Vihiers)的惨败。无套裤汉将军,比如龙桑和罗西尼奥尔,跟那些昔日的贵族出身的将领,比如拉法耶特的老战友比龙，互相争吵不休，而巴雷尔则干脆把共和派军队比作波斯王的行军辎重队伍，说这些"匪兵"行进时，口袋里塞满了的黑面包皮，后边浩浩荡荡地拖着一百二十辆货运马车。最终，虽然联邦派的各个城市被分割开来，但是并未被击溃。人们也知道，马赛和土伦已经在和英国海军谈判，打算从他们那里获取粮食补给。就在夏洛特·科黛被送上断头台的同一天，里昂当局也还以颜色，将沙利耶砍了头，以此作为对国民公会正式宣布他们为叛乱的回应。

形势极其严峻，而更加糟糕的是，关于如何才能有效地应对眼下的危机，各地革命当局以及各个派别存在着严重分歧（尽管都崇尚团结一致）。直到 7 月 10 日，救国委员会中掌握实权的还是丹东，把吉伦特派、斐扬派和路易十六的政府搞得焦头烂额的问题，现在同样摆在了他的面前：如何在这样动荡的政局之中，建立一个富有活力、行之有效的国家机构？他所采取的对策，和除了国王之外的所有前任都没什么不同，那就是实用主义至上，而不是拘泥于教条。但是他确实很精明，能够把他那一套实用主义政策隐藏在激情四射的演讲之中。在台上做报告的时候，单单凭着他咄咄逼人的气魄，就能让那些批评之声平息下来。这点和罗伯斯庇尔不同，后者的表述方式比较温和，充满学究气，更希望能够通过缜密充分的辩论和高尚的个人品德，对自己的听众产生影响，而丹东则采用的是即兴演说的方式，往往有出人意料之语，这一切他已经驾轻就熟。和米拉波一样（他的相貌也确实酷似米拉波），他头脑发达，首大如斗，时人常称之为牛头，利用这一优势，他冲着反对者大声咆哮，颅腔产生极大的共鸣，有如洪钟，国民公会代表们各个

[639]

心惊胆战，只能乖乖听话。

在1793年夏天，丹东派是主张谨慎克制的，并坚持怀疑的立场。丹东挥舞起他冷言嘲讽的大棒，对阿纳卡西斯·克洛茨（Anacharsis Cloots）进行攻击，尤其是针对他的那套革命救世主理论，即宣扬所谓要将革命武装运动深入进行，越出法国的边界推广开来，直至建立一个遍及全球的共和制国家。克洛茨怎么不说，不到月球上去搞一个共和国，他誓不罢休？丹东提醒在座的听众，目前法国能将自己拯救出来，就已经是最大的成功了。为了做到这一点，他甚至准备接受在一年之前，国家正面临相似境遇之时，他还强烈驳斥的那些动议。和迪穆里埃想的一样，他试图将普鲁士人从反法联盟中分化出去。尽管奥地利皇帝不太可能坐下来谈判，尤其是当下战场形势看来对他极为有利的情况之下更是如此，不过丹东相信，可以利用玛丽-安托瓦内特的人身安全来打外交牌，所以他拒绝了公社提出的审判王后的要求。

同时，他还提出，要对伊泽尔和其他倒向联邦主义，但是对于军事承诺态度十分谨慎的涉乱省份，采取相对宽容的政策。他甚至和蒙彼利埃方面进行接触，建议将联邦派军队从巴黎引开，转向里昂。比龙接受任命，前去旺代寻求政治解决的可能。另外一名丹东的盟友韦斯特曼，正极力想让无套裤汉将领接受旧制度职业线列军的规章。最后，在巴黎当地，针对忿激派和起义者公社提出的一系列经济恐怖政策，也就是将价格管制进一步推广，并扩大对富人强制征收的条件苛刻的贷款和税收，丹东也表示反对。

6月25日晚，雅克·鲁在国民公会上令人大感意外的表现，似乎给实用派提供了可乘之机。他身边带了一大帮无套裤汉，要求读一段已经被格拉维利耶区（Gravilliers）、领报区（Bonnes-Nouvelles）和科德利埃俱乐部获得通过的发言。实际上，这是对底下听众的当面侮辱。"诸位立法委员，"他对他们大声咆哮，"你们没有做任何可以给人民带来福祉的事。这四年来只有富人在革命中获益。"那些"经商的贵族比起其他贵族更加可恨，他们肆意浪费……共和国的财产"。那么当局曾经采取了什么措施，来消灭这些"吸血虫"？一概全无。囤积居奇，可曾明正典刑？如何保护民众，免遭投机奸商漫天抬价之害？

鲁的这番话，让坐者不能自安，恼羞成怒，他们故意咳嗽出声，无奈叹息，有的眼珠骨碌碌地翻转，直盯着天花板。巴雷尔觉得，这种事情，为了迎合无套裤汉的心意，他们不得不坐着一直听完。尽管如此，讲了五分钟之后，这位教士演说家的一番惊人言论，却让他们一下子坐直了身子，有些人忍不住愤而站起，挥动手里的文件，对这个大放厥词的教士大吼，以示回敬。教士是这么说的："人民的代表们已经向国外的暴君们宣战，但却不敢镇压法国境内的那些暴君（即富人们）……这真是十八世纪的耻辱。在旧制度下，与国计民生有关的商品绝不允许以其本身价值三倍的价格出售。"（著者强调）新宪法也并没有对这些民众疾苦采取任何补救措施，而国民公会通过允许指券贬值，继续犯下"侵犯国家民族罪"（lèse-nation），并且为彻底破产铺平了道路。

把共和制下的普通人的境遇说得比旧君主制时期更加不堪，这种指责实在是振聋发聩，让鲁的一些对手（实际上国民公会的各个派别都有）觉得，他简直就是在宣扬反革命。这种不敬之词足以让他锒铛入狱,也足以让治安委员会在格拉维利耶开展一次轰轰烈烈的政治运动,迫使区政府和他划清界限。但是在这一番鲁莽混乱的真言吐露之中,雅克·鲁实际上触及了一个重要的事实——很多在1788年和1789年用暴力手段,使得巴黎陷入一片混乱,成功发动大革命的人,却从来没有真正信奉经济自由或个人主义。他们的怒火,一大半是针对变幻莫测、不近人情的市场运行的。他们习惯于遵从传统的固定思维,认为价格上涨和供应短缺,都可以归结为"饥荒阴谋",所以根本不想让国家撤销关税壁垒,反而希望有更多的干预政策。他们非但漠视,甚至简直是敌视大多数采用现代化和改良措施的企业,起初君主制敌视,随后历届的革命政府,也都依然如故。

[641] 这就使得他们和那些革命精英,包括多数的雅各宾派领导人,彼此难以相容。就在不久前,1793年的2月,杂货店骚乱已经引起了针对普遍的固定价格的谴责,有的是威胁要动武,有的已经引起了暴力冲突。但是到了夏天,面包已经卖到每磅6苏了,忿激派的多数政策,包括对囤积居奇和投机倒把格杀勿论,还有价格封顶和指券强制流通等等,已经成为了金科玉律,不仅在科德利埃派是这样,在公社内部,同样如此。罗伯斯庇尔在前一年的秋天说过,财产权不是绝对的,而是受到责任约束的,不能侵害到他人的生存,这番话使得一部分雅各宾派的态度发生了极大的转变。对于"唯利是图的富人"和"吸血鬼"的打击,采取累进税制,针对富人的强制税收以补贴公共财政救济项目,以及实行最高限价,这些已经变得司空见惯。

7月中旬成为了重要的转折点。受到接踵而来的挫败和日积月累的混乱的削弱,丹东派开始全面崩溃。韦斯特曼被召回,很可能被送交革命法庭。尽管丹东亲自出马，在雅各宾内部会议上有意无意地替自己和盟友辩护，但也无济于事。在7月10日的新一轮国民公会选举中，丹东落选了，他的密友同僚拉克鲁瓦也没能进入救国委员会，对此，他似乎并不动怒。实际上，他明显显得轻松了，可以恢复在政府之外行动的自由。他多半已经料到，共和国发现自身处境岌岌可危，如果不发生更大的动荡，那么没有一届革命政府能够维持得下去。

事实证明，这些推测完全是大错特错。在马拉死后，救国委员会得到精简和重建，迅速成为法国历史上最为精干的国家机器。它以一种前所未有的毅力，大刀阔斧地解决革命政府的棘手问题。这也是布里埃纳以来，甚至实际上是莫普大法官以来的第一次，国家军事利益绝对高于政治表达的利益。于是法国大革命最初就有的清算旧账的梦想，便这样通过恐怖统治开始实现了：自由和爱国力量不但可以和谐相处，而且是相互依存的。相应的，法国大革命最为无法掩饰的特质——它在政治上的欢腾——却被束缚在国家专政的囚笼之中。一切政治活动必须终止，这样爱国主义才能获得胜利：这种理论将成为波拿巴主义的基本信条。

对这样一个新的革命政府而言，有四点非常重要：一是回归传统的经济管制；二是大规模征调军事资源；三是恢复国家暴力惩治机关；四是以全面的官方意识形态，来取代未经筹划的自发政策（仔细想来，这些特点，都可用以形容路易十四时代的法国）。那些以此为己任的人，也确实是担当这些工作的理想人选。罗伯斯庇尔、圣茹斯特和乔治·库通都是理论家，长于辩论，在国民公会中代表救国委员会发言，懂得如何审时度势，展开有理有节的司法攻势，以应对右倾的丹东阵营和埃贝尔的左翼队伍，针对委员会发起的侧翼打击。就在罗伯斯庇尔和圣茹斯特发表了控诉"外国阴谋"的夸大其词的演讲之时，贝特朗·巴雷尔和埃罗·德·塞谢勒将平原派代表组织起来，没有他们的同意，专政就不可能维持。委员会中的另一派，将自己视作军事官僚，也就是后勤主管。拉扎尔·卡诺和普里厄德·拉·科多尔都是工程师，他们主要负责陆军给养。而让邦·圣安德烈则供职于海军。罗贝尔·兰代，过去是教士，现在当上了军需委员会的头头，他为军队和一些人口稠密的大城市运送大量的食物补给。一年之后，两种在战火中淬炼出来的关于法国的不同构想，让救国委员会出现了分裂。官僚机构和工程技术人员，保持了王政时期对于科技治国的热情。对他们来说，罗伯斯庇尔倡导的卢梭式共和国理想，是一项极为浩大繁杂的道德教化工程，不但看起来不可思议，而且实际上对国家起到了破坏作用。尽管如此，在接下来的九个月里，共和国不断击退各路顽敌，执行恐怖统治的各方力量，分工合作，极为默契，彼此之间很少产生分歧。

首要的就是消灭反对派的中心。新宪法中高度民主化的选举条例，能够进一步分散权力。所以在 8 月 11 日，也就是宪法通过一周年庆典的一天之后，一项解散国民公会，重开选举的提议，被严词驳回。由于一连数届革命政府都落入准备发动或使民众起义合法化的心怀不满的群体手中，故而当前的竞争对手，即埃贝尔在公社内的支持者，不得不与他们在分区的基层群众划清界限。就像埃贝尔和肖梅特吸收了忿激派的观念，却极力削弱忿激派的势力，雅各宾派现在也准备靠这样的手段来打倒埃贝尔分子。这并不仅仅是一种政治策略而已。到 7 月末的时候，委员会和国民公会的绝大多数成员，都相信他们长期以来一直反对的那种行事方式，正是当前用以维持共和国存在的不可或缺的手段。

比如说，在 7 月 26 日，国民公会最后采纳了科洛·代尔布瓦的提议，对囤积居奇者判处死刑。这部法律还列出了长长一串"必需品"，其中不仅有面包、食盐和葡萄酒，还包括黄油、肉类、蔬菜、肥皂、砂糖、大麻、羊毛、油和食醋。谁手里有这些日用品，都须在八天之内向政府提出正式申报。市政当局可以根据手头的这一信息强迫批发商或者零售商在任何时候，将上述商品投放市场，否则就可能会被宣判为"囤积犯"。在 8 月 9 日这天，在莱昂纳尔·布东（格拉维利耶的代表，因此极力想要取代雅克·鲁）的敦促下，开始在全国建立"谷物存储仓"，这一措施，甚至大步倒退到了路易十六时代之前。在一些地方，年成好的时候，剩余的谷物便会被储藏起来，以备荒年之需，将之上市粜卖，可以有助于平抑粮价。这个"革命化"的举措，多少类似于一种旧制度官方调节政策。唯一不同之处在于，君主制时代，各省有更多的自主权，能发挥主观能动作用，现在则更多的是家长制作风，需要经济恐怖当局的批准才能进行。

采取这种措施的前提，当然就是需要建立一个有关谷物产量和收成的大规模信息网，也就意味着，官僚行政机构对农村经济的介入，这可以说是史无前例的。如此浩繁的清查排摸工作，连恐怖当局也没有足够的人力和物力来加以实施；而且往往就蜕变成了，把无套裤汉组成的"革命军"派去执行经济恐

[643]

怖政策。他们来到农村,便四处搜查各处私藏袋中的麦子,要不就是监守田间,防止农民早早地收割青苗,不按指定价格出售。

出于同样的精神原则,康邦对于指券贬值采取的对策,便是让它退出流通,将它和旧的皇家硬通货所设定的票面价值彻底脱钩。这个做法,部分是为了不让货币依然带有国王头像。但是它更大的意图,却是要通过这样一种粗暴的手段,使生产者不再将指券当作"真实"货币的一部分,从而避免其价格无休止的上调。为了配合这种意识形态渗入财政政策的幼稚做法,交易所也被关闭,正式禁止那些扰乱货币市场的"无耻投机者"行为,将他们非法建立的短期硬通货黑市统统取缔。同时,政府决定,要对货币发行的相关决议,恢复保密措施。

9月4日到5日,照例又是革命周年日,公社的那些主张采取经济保护政策,提倡严惩坏分子的鼓吹家,发现自己正在叩一道敞开的门。实际上,雅各宾的一个重要派别,确实已在鼓动"起义",在8月23日当天,他们在国民公会门前举行大规模示威活动,要求在军中肃清贵族派,采取扩大搜捕嫌疑犯范围的政策,以及组建一支无套裤汉"革命军"到各省强制推行革命法律。在28日这天,雅各宾派变本加厉,"敦请"巴黎各分区政府,前往国民公会请愿,要求满足他们的这些要求。所有的迹象都表明,这绝不是某种由激进派和穷苦人随便搞的那种自发性运动,而是一个精心设计的战略步骤。尽管9月2日的时候,埃贝尔向分区发出特别呼吁,让他们和公社一起,向国民议会发起请愿,两天之后,一批失业人员,多数是从东北部圣殿区来的,强行闯入市政厅,这件事似乎让埃贝尔颇感震惊。

但是公社的领导人们却抓住了这个有利时机。肖梅特爬上一张总委员会的桌案，大声宣布："我们现在已经开启了穷人与富人之间的战争。"并敦促立即动员"革命军"进入乡村，揭露那些暗中破坏者和为富不仁者的阴谋，将他们手中的粮食发放出去，并让他们受到共和国的惩罚。除此之外，埃贝尔补充说，每个营应配备一台移动式断头机。他说，这个要求次日就应提交国民公会。

由于公社还下令关闭工场作坊，所以可以保证的是，将会有大量的人群，像5月31日那样，包围国民公会。罗伯斯庇尔在讲坛上对"人民"大加赞赏，并不特别介意与人民分享议会座席。尽管如此，却并不该把当天看作是将无套裤汉的主张强加给虽不情愿但又胆战心惊的国民公会的标志。实际上，这一局面并不是因为经济危机导致的，而是因为流传着一些风言风语，说是土伦方面已经打算开门揖盗，迎候海军上将胡德率领的英国舰队。这一消息加剧了紧张局势，爱国情绪顿时高涨，丹东和巴雷尔都是在这种情况下得势的。于是宣布"恐怖乃当今之政"，也就是顺理成章的事情了，因为国民公会和救国委员会有一种敏锐的预感，即他们将会成为恐怖政策的执行者。

9月5日法令得到通过的时候，"革命军"数量还远远不能满足共和派发动大规模清算行动的需要。既非最初的请愿书中设想的10万无套裤汉大军，也不是公社要求的3万之众，国民公会允许在巴黎地区执行任务的，只有6000名步兵和1200名骑兵（但是到了当年年底，各省的总兵力猛增到4万，遍布全国）。而且这些部队，并没有如埃贝尔所期望的那样，具有当场判决的权力。对于雅各宾派来说，这与其说是发起了一场共和派的军事行动，倒不如说是将一些最让人头疼的狂热分子派到农村，用武力确保首都食物供应这样的重要任务，这样，总算是一箭双雕，同时解决了他们两个最棘手的问题。

遵循同样的战术路线，丹东受到了特别的启发，想出了一个计划，看上去像是对激进派低头让步，但是实际上是向着凿空其权力基础的方向，迈出了决定性的一步。或许是得自他在"科德利埃共和"时期的经验，他知道，那些往自己脸上贴无套裤汉标签，声称自己出自草根阶层的人，大部分并不是靠周薪过活的穷人。实际上很多分区的头面人物，人数从未超过周边成年男性人数的10%，甚至连熟练的工匠都不是。他们中大多数是下级专业人员、小店主、雇佣文人，还有记者，他们不过是靠在民众团体和分区议会中苦苦打拼，还有的人是靠在革命监察委员会这样的当地机构中当差，才取得他们现在的地位。现在丹东要用他们的平民主义话语，以其人之道还治其人之身，他提出，要结束分区议会"常开不断"的传统，改为一周最多开两次，而且无套裤汉每次参加，都能拿到40苏。这个打着爱国的名义颁布的法令，其目的似乎是要给那些参与民主政治的普通群众提供补贴。但是雅各宾派其实心里所想的却完全相反：培养一个贫穷的选民，将会使他更不容易受公社的控制。他们很清楚他们正在做什么。钱越多，政治就关心得越少，这正好打动了遭受严重剥削的靠周薪过日子的那些人。而如果他们能够替治安委员会四处打探点情报，或者在属于埃贝尔派势力范围的分区议会上搞点破坏，那就更是求之不得了。为了扩大战果，还可以在此基础上做出一个决定（以保持"无政府"

为名），以政府指派的固定机构，取代选举产生的地方革命委员会，直接对国民公会执委会负责。

9月5日远非人民民主的高潮，而是革命起义活动走向末日的开始。它同时也告别了革命的清白。再也没有什么接二连三的意外事件和无法预料的行动后果，可以让雅各宾派的精英担惊受怕了，他们对于操纵动员群众所使用的语言和策略，已经是轻车熟路，以此来加强而不是颠覆国家权力。这是一个浮士德时刻。

有了9月5日的先例，救国委员会和国民公会有了底气，可以不把起义者公社的那些更加过分和极端的要求放在眼里。不会有针对所有贵族军官的大清洗；革命军也没有即决的监察权、审判权和处罚权，他们所能做的，就是执行国民公会制定的法律法规。9月11日颁布了粮食的"最高限价"，29日，又对四十种副食品和日用商品价格作出了限制，规定提价不得超过1790年同类商品价格水平三分之一。但与此同时，政府也同样保留了设定最高周薪的权力。可想而知，这个大胆的规定立即产生了严重的后果。法定价格刚刚颁布，马上就有数千人涌入各处店铺，很多商品被抢购一空，很快便造成了供应不足。而库存一旦告罄，供货方都不肯提供新货，有一些忍饥挨饿的工人便被雇用了来，充当"检验员"，专门搜查商铺、地窖、阁楼，翻找藏匿的肥皂条和成袋的食糖。

毕竟，像最高限价、40苏的补贴和外派革命军诸如此类的政令措施，实际上是救国委员会为了平息因饥荒所产生的政治后果所采取的临时手段。但是这其中没有一条，涉及最关键的军事动员问题。大革命从根本上讲，是从针对法国政治弊端的爱国争论中开始的，但其最终成败与否，则要在战场上见分晓。尽管之后的几代人会大肆自夸，想象法国在欧洲建立了一个伟大的"法律帝国"，统治了接下来的整整二十年，但是19世纪历史学家加布里埃尔·阿诺托（Gabriel Hanotaux）要说得更为准确，认为它是"一个征兵帝国"。无论是好是坏，三色旗是作为一面军旗，飘扬在里斯本到开罗等地的上空的。

故而在1793年的所有改革中，最为紧要一件事，无疑便是总动员，征募一支国家义务兵部队。共和国能否收复里昂和旺代，能否阻止法国叛匪和外国军队相互勾结，就在此一举了。这也等于是树立了另一个先例，将一个凭借着革命热情建立起来的国家机构，发展成为一部组织严密、纪律严明的国家军事机器。动员是濒临绝境时的无奈之举；是将那些家园即将遭到入侵的人们动员起来的一种尝试。例如，7月份在里尔便提出了全民征募，让公民战士"像高卢祖先一样，全体出征，剿灭贼寇"。8月份的时候，特派员职业军人米约（Mihaud）敲响了摩泽尔的威森堡（Wisembourg）地区的警钟，他的形象因出现在大卫的画中，而给人留下深刻印象。农民们接受了一些基本操练，还给他们发放了武器（有的不过是手里拿了把草叉和猎刀而已），教他们怎么和奥地利人作战。一场小规模的战斗之后，出现了这样的报道，说是"他们一个人就杀死了十七名奥地利人，而妇女也扛着步枪投入了战斗"。

于是在最初的人物形象中，总动员就被刻意描绘成是一种自发的战斗热情的爆发，这些队伍人数众多，组织松散，和职业军队并不相涉。毫无疑问，这种自由散漫，没有纪律观念的好战分子，并不讨救国委员会中那些工程师和技术专家的喜欢。

但恰恰是一位非救国委员会成员，也就是丹东，在8月的第三周，试图将征兵工作重新纳入正轨。他提出的做法是严格限制队伍扩张，人数规模必须和现有的弹药、制服、粮草相适应。8月23日国民公会所颁布的法令中，那些激励人心的话语，与其说是对失控的征兵号召开出的解决良方，不如说是一支新的一体化军队的构思，想让这部机器的每一个零部件，都以最佳方式运转。征兵令的措辞有很多都摘引自罗马历史，但展现出来的却是吉贝尔的总体战观点。

从现在起，全体法国人都处于永久征用状态，直到将敌人赶出共和国的领土。青年要奔赴战场作战；已婚男性负责制造武器运送食物；女人负责缝制帐篷、军服，到医院救护伤者；儿童要用旧亚麻布制作绷带；老年人也要到公共场所，鼓舞战士们的勇气，宣传对国王的仇恨和对共和国统一大业的期盼。

年龄在18至25周岁之间的单身男子，以及无子女的鳏夫，高矮不限，只要没有严重残疾和病患，都将被征召入伍。（自然，法令一经颁布，便引发了自残的风潮。）官方不允许替人应征，当然，如果农场需要人手的话，可以让年满25岁以上的兄弟或者朋友代替。共和二年（实际上在整个大革命期间都是）巴黎剧院最受欢迎的音乐喜剧，是一部名叫《凯旋之日》的情节剧。主人公朱斯坦虽然再过三天就年满25岁了，超过了服役年限，但是他不肯拖到那一天。"我将响应号召，就在今天入伍。"他对泪水涟涟，痴情至深的未婚妻吕塞特这样说道。他甚至拒绝让一个 18 岁的毛头小伙子来顶替他,坚持亲赴疆场,他和吕塞特交换帽章,以为信物。"日日夜夜我们都将把它放在胸口。"两人柔声说道。高潮部分真是催人泪下,熟悉的歌曲响起,幕布从两边缓缓落下,全体观众站起身来,齐声吟唱《凯旋之日》,为新兵送别。虽然确有这种无私可敬的事迹,但是因为已婚男子可以免除兵役,故而在很多省份还是出现了大批群众匆匆结婚的现象。当地政府不得不就法令颁布后结婚,是否允许免除兵役,作出明确规定。通常情况下是可以免除的,和已经怀孕的未婚妻结婚,也在免除之列,甚至是在法令颁布之后结婚的,也可以不应征募。根据卢梭关于家庭神圣性的学说,"真正的婚姻,不在于是否合法,而在于父亲的行为。"

当然,应征的绝大多数是农民,考虑到这点,国民公会在 7 月将封建领主权下的各种人身义务彻底予以废除,且不给予任何补偿。官方宣传试图掩盖征兵对家庭农场劳力造成的巨大流失,他们解释说,共和国军队是在保护农民自身的利益。如果战争输了,那么封建制度就会卷土重来,教会的什一税,还有被革命当局废除的各类捐税,都会恢复,更何况还有那些国家的蠹虫,那些地主家的总管、账房已经把地契、租税编了明细表,谁拿不出钱来就让谁滚蛋。更糟糕的是,这些"食人魔"(共和二年对反革命分子最常用的一个称呼)会实施可怕的报复行动,他们会抢走农民的财产,会把他们的老婆、女儿当奴隶使唤,或者干脆拐走,谁种自由树就砍掉谁的手,怀了孩子的妇女也会被撕成碎片。

一旦战败,就会遭受如此可悲的惩罚,这让很多农村人家印象深刻。这番话其实就是冲着他们说的。因为虽说在菲尼斯泰尔、孚日、塔恩和阿列日（Ariège）都发生了反征兵暴乱，但是没有一个地方有成为"旺代第二"的趋势。尽管近年来的一些研究总动员历史的专家，比如 J-P. 贝尔托（J-P Berthaud），曾经指出，即使很难对开小差和报名而未实际入伍的比率作出粗略测算，据他估计，共和国当局第一波征兵可能就达到了三十万，虽然比起救国委员会要求的五十万少了许多，但已经算是非常伟大的成就了。1793年秋天，全国的村庄、乡镇，到处都是生离死别的辛酸场面。就在国民公会声明公布出来后两三天，当地的工作小组就会公布适龄人员和免役人员名单。部队配发了武器，并很快增配了刺刀，在临时指定的军官带领下，新兵分作小队，踩着鼓点，在妇人的号哭声和《马赛曲》的吟唱声中开拔了。小孩子走在这些还未穿上制服的新兵身边，摇晃着小三色旗，直到队伍翻过山岭，看不见了为止。他们要去前面的一个镇子，和旅团的其他分队会合。

一旦进入军营，他们将受到两股相互竞争的力量的影响：一股来自旨在使他们融入正规线列兵部队的职业混编法（*amalgame*），另一股来自希望他们在政治上保持纯洁的无套裤汉军官。后者的优势在于，直到1793年年末，战争部仍然是埃贝尔派的领地，他们甚至不惜花费十几万利弗尔向士兵们免费发放《杜歇老爹报》。在一些部队，尤其是在旺代服役的部队，埃贝尔派的指挥官势力强大，士兵们甚至被安排参加政治讲座，或参加当地雅各宾派俱乐部的会议，毫无疑问，许多人从会场溜走，到最近的旅馆寻欢作乐。一些指挥官，其中包括乌沙尔将军，在战争会议上坚持戴着他们的自由帽（这一姿态并没有使他免于被送上断头台）。有一段时间，还有这样一种做法，即选举出某一任期的军官后,士兵们可以轮流坐这个位置。如果公民士兵希望给他们的高级军官写信,他们可以在信的开头写上"致以兄弟般的敬礼,来自和你享有平等权利之人"。

这种做法不可能持久。混编法将 40 个新兵连与 20 个线列步兵连合并为一个半旅,逐渐展示出它对新兵职业化的影响。在特派员与诸如普里厄·德·拉·马恩和卡诺等救国委员会成员的干预下,军事纪律也逐渐得到了恢复,这些人在他们各自的领域也都显示出了对战略要素的出色把握。年轻的圣茹斯特曾多次前往比利时前线,如果发现抢劫或其他违反军纪的行为,他能够采取严厉的惩罚措施,他那极端整洁的心灵无法容忍这些行为。他不止一次地将违法的军官革职,并当着他们自己部下的面将他们枪决,以儆效尤。

如果政府不能设法同时为人数猛增的部队提供武器、食物和衣服,所有这些努力都将徒劳无功。尽管丹东有先见之明,早就提出了警告,但很明显,征兵工作确实走在了补给工作的前面;尤其在旺代,蓝衣军团的装备往往比他们的敌人差得多,他们离开了农场,缺乏最基本的必需品——最关键的是,他们连像样的鞋子都没有(更不用说靴子了)。不过,到了中秋时节,革命政府已经开始投入到一场对资源的全面征调中,在欧洲直到二十世纪才会看到相似的状况。顾问委员会由化学家、工程师和数学家组成。他们与蒙日、贝托莱和沙普塔尔一样,都是热忱的革命者。勒克鲁索(Le Creusot)的大型冶金工厂和孚日地区的沙勒维尔(Charleville)的大型冶金厂被高效地改造成了国有企业,按照政府的规格和合同生产大炮、步枪、钢珠和弹丸。法国各地教堂里的大钟被搬到了铸造厂,其中一些被运到了巴黎的公园、荣军院、杜伊勒里宫和卢森堡的花园里设立的露天锻造厂。据贝特朗·巴雷尔记载，到1794年春，每天有3000名工人在生产700支步枪，有6000个作坊在忙着制造火药。

最后，罗贝尔·兰代的物资供应机构——军需委员会——利用一切必要的权力或力量为军队提供食物，这个机构的工作人员超过500人，以当时的标准来看，其规模可谓庞大。它还组织了鼓舞人心的宣传工作，杜伊勒里宫的一部分被挖开，用来种植马铃薯。至少在理论上，共和国的士兵们有权每日获得1.75磅的面包口粮，几盎司的肉、豆子或其他干菜，葡萄酒或啤酒。如果运气好，他们可能会得到一个洋葱和一块奶酪，而如果没有白兰地、杜松子酒或烟草来开始一天的工作，军官们可能会找麻烦。

到1793年秋天，这个规模庞大但仍然支离破碎的军事机器已经开始在多条战线上施展力量。8月25日，卡尔托将军击败了马赛军队并占领了马赛城；那些能够及时逃脱的联邦派领袖逃到了土伦。对里昂的围攻在8月初就开始了，但经过了两个月，直到10月9日，这条军事上的套索才紧到迫使这座饥饿的城市不得不放弃抵抗。在北部战线，英军9月8日起被阻于翁斯科特（Hondschoote），奥地利军队于10月16日止步于瓦蒂尼（Wattignies）。也许最重要的是，10月17日旺代军队在绍莱（Cholet）遭遇了他们最惨重的失败。

战局的这一重大好转，足以让国民公会和它的各个委员会相信，共和国已经安然渡过了战火的洗礼。雅各宾派的一些人，特别是丹东和德穆兰，现在认为没有理由不在一定程度上放松恐怖时期的强制性制度。他们通过报章杂志和演说，发明了一项"宽容"政策，旨在抵制对玛丽-安托瓦内特和吉伦特派的公开审判，力图建立一个新选举的立法机构，并在1792年边界的基础上与反法同盟的列强谈判，达成和平。

在取得了一些初步的成功之后，他们被一干强大的反对者占了上风。他们最不共戴天的对手是埃贝尔、肖梅特、昂里奥和公社的领导人，以及他们在各区民众社团的支持者。在救国委员会内部，反对"宽容"政策的不仅有科洛·代尔布瓦和比约-瓦雷纳这两名最狂热、主张严惩敌人的成员——二人都是在9月5日被增选上来的，还有更多具有官僚思想的成员，如卡诺和普里厄兄弟，他们认为，在恐怖统治看似已将共和国从灾难中拯救出来的时候，放松恐怖政策是危险的轻率之举。

10月10日，圣茹斯特来到国民公会，代表救国委员会就"影响国家的问题"做了报告。他采取了公正直率的自我审视的态度，宣称人民只有一个敌人，即政府本身，因为它里面有旧制度下的各种懦弱、腐败和处处让步的人物。补救的办法是不断进行严控，对背信弃义者和阳奉阴违者进行无情的惩罚。应该以最严格的方式施行《恐怖宪章》，即9月17日颁布的《惩治嫌疑犯法》，它赋予了委员会及其代表对被认为心存反革命企图的人群进行逮捕和惩罚的大权，而这一人群涉及的面非常广泛。"在人民和他们的敌人之间，除了剑，没有任何共同点；我们必须使用铁腕来统治那些不能被正义统治的人；我们必须压制暴君。……除非政府本身是真正的革命政府，否则革命的法律是不可能被执行的。"

需要建立一个新的斯巴达。公民必须时刻保持警惕；特派

[651]

员必须是"士兵的父亲和朋友",一个帐篷睡觉,一个碗里吃饭,节俭,坚持己见。共和国若想取得胜利,它必须让人恐惧,执政者永远、永远不能放松警惕。"那些想在这个世界上制造革命的人"必须有铁石心肠,圣茹斯特说,"那些想在这个世界上做老好人的人只能睡在坟墓里"。

三、清除

雅各宾共和国有两种表情:一是主张恐怖政策者的威吓的怒容,一是作为官方偶像的安详的表情。在被联邦主义染指的,或者不愿意将粮食上缴到城市的部分法国地区,恐怖政策可以说来就来,而且粗暴蛮横。比如有个叫克洛德·雅沃格的特派员,去卢瓦尔执行公干,他可以采取突然袭击的手段,谁要是让他觉得可疑,或者仅仅是看不顺眼,上去照着人家脸上就是一拳。有时候是被惹烦了,有时候是因为喝醉了,有时候是连喝酒带发飙地乱来。他在省里的地位说一不二,无人撼动,靠着这个,他挖空心思羞辱别人,要不就是把当地官员找来,没完没了地一顿臭骂。一些农民递上来的请愿书惹得他不痛快,他便扯得粉碎,让马踩在蹄子底下,之后,还会用马刀的刀面抽打这个农民。他还让从蒙布里松(在被共和政府攻克一周之后,改名为蒙布里斯,意思是断山)来的犯人在雪地里待上整整两个钟头,并对大革命法庭的法官说:"把这帮混蛋全都送上断头台,那才叫个爽快。"他还说:"这座城市本身总有一天,街道上将血流成河,就像下了一场暴雨一般。"

在圣艾蒂安,雅沃格主持市政公开会议,目的是要把"革命税"强行摊派在那些比较富裕的公民头上,他一口气喝光了30瓶啤酒和葡萄酒,还对身旁的一个漂亮女孩肆意轻薄。当人群中有人提出,这税收得太随意了,雅沃格便对着卫兵队长大喊:"把那人抓来,我一枪崩了他。"还有一名妇女,报告中居然称她"光棍婆",她抗议说,她所有的钱凑在一起,还不够缴税的,于是他便脏话连篇地教训开了:"你这个娼妇、婊子,你搞过的教士比我头上的头发还要多;你的阴户够大,我可以把整个人都塞进去。"像这样的脏话,还说了一大堆。

雅沃格的行为,即使是用1793年9月至12月间大恐怖无政府时期的标准来衡量,也算是个极端个例。对于那些一本正经的雅各宾分子,这人实在太让人难堪了,所以最后还是把他给撤了,因为实际上此人并不能算是一个出身社会底层的人。他的父亲是个律师,而且是蒙布里松当地的钦命通判,在城里的最富裕的地段还有一栋房产。就像在共和二年秋天那些一步登天,骤然显贵的人一样,雅沃格显然十分热衷于担当本地的复仇天使,他要狠狠地教训一下那些资产阶级和农民。其他那些真正穷苦出身的,倒是仇怨分明,报复对象都专挑那些在旧制度时代真的把他们害得够惨的人。比如尼古拉·盖诺(Nicolas Guénot),过去是个苦力,在约讷河上送圆木到巴黎的各个码头和锯木厂,现在则是国民公会下属的警察机关——治安委员会的一名密探。他利用自己手里的职权,将他在巴黎那些昔日邻居中家境富裕的生意人,都送上了法庭,到最后,连自己都锒铛入狱。

这帮人,往往只是叫得凶,下手未必狠辣。但是他们行使职权时那种反复无常、武断蛮横的做派,在巴黎那些政客们看来，已经是残暴野蛮，令人厌恶到了极点，和他们期望的高度文明、讲究道德的雅各宾共和国完全不符。对罗伯斯庇尔和圣茹斯特那样的禁欲者而言，雅沃格这种醉醺醺、横行霸道的败类，真是丢尽了革命政府的脸面，而且肯定是在干反革命的勾当。实在是不成体统，居然把手摸进良家妇女的贴身内衣里（有时甚至是在大庭广众之下）。雅各宾思想的官方理论家正在塑造一个乳房偶像，以显示出共和国丰饶、无邪、高尚的特质。布瓦佐（Boizot）那个《法兰西共和派》(*La France Républicaine*)就是一例，作品中，袒露的双乳象征着她在基督面前替罪人祈祷。而雅各宾的这一作品是在传统贞女玛利亚形象的基础上，加以世俗化地改造，作品中袒露的双乳，展现的是一种平等包容。"全体法兰西人"无一例外都因有了共和国的双乳哺育，才获得了新生。通过把木匠的地位有意拔高，突出了这一主题，而自由的黎明，则是由另一个高卢的象征，即雄鸡来加以体现。

雅各宾的图像学，实际上是对革命之前的所有标准的情感主题的一种重新演绎：热爱家园，淳朴的乡村劳作，自由与繁荣共同发展、相得益彰。某一个田园牧歌式生活的样板是这样的，完美的无套裤汉一家子，身边放着犁耙，就这么站在法国的两个形象化身之前。注视的目光温柔可亲，却又无所不在，画面中总有蜂房，那是工业生产的象征，羊角里倒出累累硕果，落到地上，那是希望的标志，而共和之神却一手握着自由和平等的镌铭，另一手攥着《人权宣言》。

这些形象虽然老套，但也反映了雅各宾文化宣传者的系统努力，他们想要建立一种全新的、纯洁的公共道德观。除非这个国家的人民将这种使得国家赖以重建的价值体系深埋在心，否则国家的安全就谈不上真正得到保障。大革命的那些保卫者们,直接继承了(尽管是以一种歪曲的形式)卢梭的"政府是一种教育信托机构"的学说,他们要刻意用尽一切办法,使得受到现代世界腐蚀的民众返璞归真,回到未被社会污染的童真之中。君主制、贵族制和罗马天主教的废墟上,将会迸发出一种全新的自然的信仰,这是一种公民的宗教,家庭的宗教,爱国的宗教。所有的歌曲演唱,还有公共节日,都必须到户外进行,这样一来,公民们就能被紧密地团结在一个个和谐的共同体中。戏剧将变得更具有参与性,把观众吸引到它那鼓舞人心的历史故事中。但雅各宾狂热分子格外关注的则是最广泛意义上的图像。就以法布尔·代格朗蒂纳,这个丹东的诗人朋友(也是侵吞公款的同谋)为例,他用启蒙运动的感觉印象理论来说服国民公会:"我们脑海中只有图像:即使是最抽象的分析或最形而上的表述也只能通过图像来实现。"

[654]

  于是,便开始专门组织人力来创作一整套全新的经过道德净化的绘画作品,来替代那些法国旧制度的视觉符号。比如1793年时候的公共沙龙,除了大卫的两幅烈士画像,最大的特点就是多了很多关于家庭和爱国美德相互融合的油画。很多画题为"旺代女子",画的是一些宁愿小家被炸成灰烬,也不愿让弹药落入"叛匪"手里的情节。小英雄所占的比重特别大,在他们中间,有拿起父亲用过的武器,上阵杀敌的"小达吕代"。在大众艺术中,商人们也受到鼓励,拿出"公民招牌"挂到店堂外,换下那些旧门帘儿。甚至连玩牌都跟着一块儿全套换班,红桃王后变成了"红桃自由女神",红桃老K变成了无套裤汉将军。

第十七章 "恐怖乃当今之政" 1793年6月—共和二年霜月

在创建全新的"图像帝国"的努力中最重要的一项，用法布尔醒目的现代用语来说，就是革命历法的发明。这同样也是通过共和主义的宇宙观来重构时间。为此还任命了负责推荐的专门委员会，委员会是一种独特的组合，由一些文学界人士，如法布尔、罗默、马里-约瑟夫·谢尼埃和一些严肃的科学家，像蒙日和富克鲁瓦组成。他们认为，改革是一个契机，可以让共和国的支持者远离格里高利历法中他们认为存在的迷信思想。他们的工作主要针对农村，因为法国绝大多数人口仍然是农民。和崇拜自然相一致，12个月份不光是根据气候的变化（如法国北部和中部）来命名的，还以富有诗意的形式来督课农桑，催唤节令。第一个月（必然是从9月下旬共和国建立开始）是收获葡萄的时节，所以就叫葡月。月份牌上原先的葡萄园守护神圣马可的插图，被浮艳俗丽的美女像萨尔瓦托·特雷斯卡（Salvatore Tresca）取代了，他们觉得，这样一改，显得更加喜庆。法布尔的意思很明确，就是要让种田人彻底忘记陈年老黄历，那些磕头烧香，请神保佑的，祈求五谷丰登，六畜兴旺的，都是些迷信。以后这种无稽之谈再也不会有了，诸如"因为我们，你们的粮仓才如此丰实，只要信教，遵守我教戒律，就能兴旺发达。反之，霜冻、冰雹和雷电会让你们的庄稼变成焦灰"。米林的《共和派年鉴》卷首页就用简朴的农家生活的图画，代替了老旧的格里高利历里头的昏君僭主。

法布尔和委员会并不满足于仅仅提出一个新的名词术语。总共12个月，比如有雾月，还有霜月，每月分成三个十天，也就是三旬，每一旬也重新取名。取代每天一变的帝王将相的旧式命名法，米林的这本年鉴，画的都是可供每日沉思端详的田

[655]

园美景。每周都有不同的谷物、蔬菜、水果和花卉,每旬有一件农具,每五天一种家畜。比如说,在霜月的下旬,正好是夏秋两季之交,上边的每一天是这么定的:

> 野蔷薇
>
> 榛子
>
> 蛇麻草
>
> 高粱
>
> 小龙虾(第五天)
>
> 塞维利亚柑橘
>
> 秋麒麟草
>
> 玉蜀黍
>
> 栗子
>
> 篮子

法布尔表示,列在这个以自然崇拜为特点的历法中的物品,"用理性的眼光来考量,它们比在罗马地下墓穴中发现的枯骨更为珍贵"。

除了十二个月,每月三十天之外,每年还余五天以补不足,法布尔将这五天都以**无套裤汉日**来命名,为了让人不觉得他是偏向于那些分区的激进派,他居然引经据典地说出了一番高论。他宣称,高卢先民分为两部,一部是**扎裤高卢**(*Gallia braccata*),也就是穿裤子的那一半,这些人(想必)住在里昂一带;另一部就是未穿裤子的高卢人,也就是其余的那些古法兰西人。多蒙造化之力,从某种意义上讲,自由的法兰克人生来就是无套裤汉。五天都会列为节日，分别用来代表他们的天才、勤奋、英勇的事迹和观念。这种对共和时间的重新调整每四年完成一次，过后会举行一次大型的爱国运动会和体育表演，时间就在"大革命日"（大约是8月10日）。

不但取消星期日，"圣星期一节"（Saint Monday）也不再有了，改成了每十天而不是每七天只有一天的旬日，尽管农民们对此似乎并不可能喜欢，但是革命历法却是共和文化中存续时间最长的文化元素之一，在雅各宾派倒台后，还一直沿用了十二年。尽管实行共和历法普遍被认为是新法兰西不那么有害的一项举措，但是对于更加咄咄逼人的毁坏圣像运动而言，它却是不可或缺的一部分。在国民公会投票通过新历法三天之后，蒂里奥便告诉雅各宾党人："既然我们已经到达了大革命诸原则的巅峰，是时候去揭露宗教的真相了。所有的宗教都只不过是传统习俗而已。立法者们利用它们来治理民众……我们现在必须宣传的是共和国和大革命的道德秩序，这些才能让我们成为彼此情同手足的民族、具有哲思的民族。"

但事实上，非基督教化运动并不像它宣扬的那样高尚，实际上更多的是反教权运动，在巴黎和法国南部尤其狂热，对革命政治迈向更激进的道路，起到了关键作用。共和二年秋天，大恐怖当局派出代表去往各省，将这种正统思想带到了那些闹分裂的地区。这些人得到了当地雅各宾激进分子的支持，在联邦派得势时期，他们日子非常难过，而还有一些人，则仅仅是喜欢标榜他们的反教权的热情而已。可想而知，这些革命军是最会闹事破坏的典型，对于打击教会文化毫不手软。他们在巴黎的总部设立在舒瓦瑟尔大街上，在其中任职的大多出身戏剧

[656]

界，演员中有格拉蒙（Grammont），还有龙桑这样的剧作家，梦旦夕剧团的演职人员，差不多都被他安排进来了。他们一贯是憎恶教会传统的，而教会也长期以来一直对舞台表演横加干涉，自1789年之后，戏剧界就一直不遗余力地对教会进行公开嘲讽。

但是那些最放肆大胆、无法无天的非基督教化表演的热情，可能多多少少也是自发的。比如有一次，一个两千多人的团开赴里昂，途经欧塞尔（Auxerre）的时候，炮手用火炮猛轰教堂大门，还把那些圣人图像和雕像都毁坏了。玛利亚小教堂一个十字架也被倒拖着拉到街上游行，让公民们朝它吐口水。有个当地的采石匠不肯吐，过来个士兵抡起马刀就把他鼻子给砍掉一块。有一帮士兵，主要都是来自卢森堡区铁厂的工人，指挥官管他们叫"火神爷"，在到达克莱蒙-费朗（Clermont-Ferrand）的时候，他们直接就奔向了大教堂，而且

> 他们猛力扑向圣彼得的塑像，捣毁了圣保罗、圣路加和圣马太的雕像……所有的天使像，包括天使长拉斐尔的像，天国各种飞禽像，产下三子却依然保持处女之身的美丽的圣母玛利亚像都未能幸免……

而像前奥拉托利会牧师富歇（Fouché）这样的特派员，搞的则是比较有秩序的非基督教化运动，他在涅夫勒省（Nièvre）的运动搞得热火朝天，把当地公墓上的所有宗教标识统统去掉，并且在墓园大门口贴上了他的名言"死亡无非长眠而已"。这种运动，往往一开始是立宪派教士纷纷辞职，同时发布有关他们

[657]

"欺诈"和愚蠢的公开声明。比如在埃罗，朗萨格（Lansargue）教区的一个牧师让·拉迪耶（Jean Radier）就说，他现在知道，"牧师的职业与人民的幸福背道而驰，阻碍了科学的进步及革命的进行，我即日起退出教会，投身于社会的怀抱"。除了这些正式宣布放弃宗教信仰的之外，经常还为一些原先的教士举行婚礼（有些是被迫的），特别是在法国南部和罗讷河谷，还出现了滑稽百出的闹婚现象，驴子被穿戴上主教的法冠和法袍，牵上了大街。还有的是把教皇模拟像进行同样的百般侮辱后付之一炬。就和很多大革命的民众暴力一样，这些颠倒乾坤的仪式根本不是什么新鲜玩意儿，仍然不过是一种传统习俗，只不过稍加现代化的改造，以适应时下的政治需要而已。

教堂内所有的圣器，通常都被洗劫一空。不管怎么说，搞这种抢夺也是有迫切的现实理由的。教堂的钟用来铸造武器，金银可以充实共和国的国库，当然，后者很大一部分都流进了搞运动的人自己的腰包。也有为了破坏而破坏的，而且规模很大。祭坛石台、蚀刻花窗统统都被砸碎，在上博若莱（Haute-Beaujolais）的昂普勒皮（Amplepuis），教堂通道口的基督受难十字架，被一株自由树取代了。在其他许多地方，也都被丢到大火中焚烧，在每个交叉路口只要发现有圣像，不管是石膏的，还是木制的，都被投入火中，噼啪作响，化为灰烬，就像宗教审判中已没有生命的受害者一样。

这一波对基督徒的最为猛烈的攻击，发生在11月的第二周。包括阿纳卡西斯·克洛茨和莱昂纳尔·布东在内的一个代表团，冲到巴黎立宪派大主教戈贝尔家中，将他从床上揪下来，威逼他在次日（11月7日）的国民公会上宣布放弃其宗教信仰。还有就是宣读自白书，其中一封是在塞纳-马恩河口的布瓦瑟-拉-贝特朗（Boissie-la-Betrand）的本堂神甫写来的，开头部分这么说："我是一个牧师，一个本堂神甫，也就是说是一个江湖骗子；不过，迄今为止我一直是个正直的骗子，因为我从未欺骗别人，只是自欺欺人罢了。"戈贝尔后来也声称："从今以后，除了自由与神圣的平等，公众再也不应崇拜其他东西。"他很识相地退出了宗教界，图卢兹的一位名叫于连的新教神父紧随其后，他断言："所有有德行的人，无论他信仰的是日内瓦、罗马、伊斯兰抑或儒教的神，最后会有同样的命运。"

　　三天之后，巴黎圣母院举办了一场庆典，正式弃教还俗（débaptisée），改名为"理性圣殿"。走入其内，一座哥特式拱门之下，树立起一栋粗制滥造的希腊-罗马混合式建筑。教堂中殿的尽头，是一座由涂漆亚麻布和混凝纸浆做成的假山，那里有个自由女神（由歌剧院的一位歌手扮演），一袭白衣，头戴弗里吉亚帽，手握长矛，坐在草木丛簇的花坛内，对着理性的火焰鞠躬致意。在圣热尔韦（Saint-Gervais），公社主办的一个类似的仪式，梅西耶也去看了，那里的教堂在他看来"如鲍鱼之肆"，还有圣厄斯塔什教堂，小木屋和石崖之类的舞台背景下，女演员踩在木板上，嘎吱作响。再到唱诗班一看，他吓了一跳，只见到处是"瓶罐、香肠、肉肠、辣熏肠、面条并各式肉食"。

　　在巴黎，雅各宾派在非基督教化问题上存在分歧。埃贝尔的支持者是积极分子，最热心的是那个自封为"自由印刷工"的莫莫罗。丹东曾对那些言辞夸张的演讲颇多指责，但是在10月末，他已向国民公会提出退休请求，打算回在阿尔西（Arcis）的老家。而他的一些盟友，比如蒂里奥，都是非常活跃的非基督教化分子，谁要是指责他们革命立场软化，他们可能会站出来反击。另一方面，罗伯斯庇尔认为这种攻击是不道德的，其居然假冒自己是一种"人生哲学"，他对此深感震惊。他认为各种理性节纯属"无稽闹剧"，都是一些"毫无自尊和信仰的人"想出的花样。对于富歇在公墓上写的那些东西，他也进行反驳，认为死亡不仅仅是"长眠"，更是"不朽的开端"。可能正是在他的影响下，国民公会才没有接受邀请，全体前往圣母院。

另一方面，在里昂，富歇作为这场非基督教化典礼的导演，其权威并未受到挑战。作为这个10月初刚刚从联邦派手中光复的城市的特派员之一，他实际被赋予了可以独断一切的大权。他一上来就将建于中古时期的圣西尔钟楼上所有的基督教标识和图像统统都拿走，然后用革命日历取而代之。11月10日，沙利耶的遗体被抬出来，在人群的簇拥下穿过街道（头颅后来被送到巴黎，像马拉一样，放进先贤祠供奉起来）。还拉来一头驴，穿上立宪派主教拉莫莱特（就是在1792年立法议会上发出"友爱之吻"倡议的那位主教）的长袍和冠冕，尾巴上缚了一本圣经和一部弥撒书，后面满满当当一大车，都是教堂里的日常器物，跟在队伍的最后边，然后拉到沙利耶的坟墓前，郑重其事地全部砸毁。雅各宾派里最桀骜难驯的灭绝天使之一格朗迈松（Grandmaison），端着一个巨大的圣杯喝酒时，滑稽地模仿起教士的圣餐礼，说道："我的兄弟们，我如实对你们说，这是国王的鲜血，是共和餐上应该喝的东西，拿去喝吧，这是珍贵的饮品。"

三周之后，在圣让大教堂举办了一场"理性节"庆祝活动，活动中共和派官员向自由女神像鞠躬，还唱富歇填词的反调圣

[659]

歌，赞美"至高存在之理性"。

然而里昂失去的不仅仅是教堂。由于遭受长期围困，像圣艾蒂安这样的周边小城，完全耗尽了给养，成了空城。10月9日，经历极度饥饿，饱受炮火摧残，终于无法支持的里昂城，终于向围城的共和派军队投降。里昂的那些麝香青年（muscadins），和马赛、土伦的一样，是赞成1791年宪法的，并不像旺代叛军那样，公开宣称要维护旧的王权统治。里昂叛军的指挥官德·普雷西（de Précy），早就对联邦派市政当局讲过，他想要扶保的是"不可分割、战无不胜的共和政权"。但是在巴黎人心目中，他就是一个在1792年8月10日杜伊勒里宫战斗中站错队的贵族。于是，这座城市便只能像殖民地一样遭到占领，有人建议参照波尔多的模式，对这座城市网开一面，但这却遭到了罗伯斯庇尔的强烈反对，"绝对不可，我们必须为他们（沙利耶及同他一起被捕的那些人）复仇，必须揭露那些恶魔的真实面目，将他们一网打尽。"同往常一样，他又补充了一句："如若不然，我自己将会遭殃。"

罗伯斯庇尔的朋友，也是他忠实的支持者，跛脚乔治·库通，带领着另外两个同事沙托纳夫–朗东（Châteauneuf-Randon）和德拉波特（Delaporte），首先着手对叛乱城市重新进行雅各宾式的改造。10月13日，他写信给圣茹斯特，表示需要在当地进行彻底的重建工作。广大人民必须重新接受"启蒙识字"教育，当然这是一项非常艰难的任务，因为"自从罗讷河和索恩河的毒雾传播到这里，遮蔽了这里的理智思想，当地人便愚不可及"。必须用共和的猛药来挽救他们："给他们通便，催吐和灌肠。"

他很快就将此付诸实践了。他将5月29日被撤销的市政府重新建立起来，并恢复了民众俱乐部，之后，在10月12日，库东在他签署的第一份法令中，宣布了国民公会的政策，将里昂从共和国版图上抹去。自此以后，它就成了所谓的"解放城"（Ville-Affranchie）。有钱人，还有凡是涉嫌与叛乱有瓜葛的人，他们的房子将被拆除，只留下穷人的房子。城市废墟上将会树立一根柱子，上边写有这样的铭文：

里昂对自由开战
里昂不复存在

在10月26日这天，库东坐在他的残疾人座椅当中，由四个无套裤汉扛在肩上，来到了贝勒库尔广场（Bellecour）。这里的街道两旁排列着许多最为著名、最为古雅的18世纪城镇房屋，这些都是在路易十六统治早期建造的。库东出奇洪亮的嗓音掩盖了他的残疾，他对人群宣布，这些房子已经被宣判了死刑，因为那里是"万恶开始的地方，皇家的奢靡与百姓的困苦和共和派的简朴格格不入。但愿这个可怕的例子可以警示后人，告诉全人类，伟大公正的法兰西民族不仅知道如何酬报仁德，也知道如何憎恨犯罪、惩治叛乱"。说到这里，他举起一根专门为了这个场合定做的银槌，敲打了三次墙壁，每敲一次都停一下，就好像法兰西各大剧院中一出戏开场时，都要重重地敲击地板一样。数百名工人，许多是从生意不好的丝绸厂来的，包括女人和孩子，带上了大锤和铁镐，开始进行拆除。前后大约雇来了15,000余人来完成这项工作，工钱都从富人头上出，总共是 600 万利弗尔。捣毁的房屋一共是 1600 栋,包括很多在布尔纳夫区(Bourgneuf)的房子,一条正在建造的通往巴黎的新马路从这里穿过。对共和国来说,最重要的一件事,就是将曾给联邦派帮过大忙的防御工事,包括古罗马和中世纪保存下来的皮埃尔-西泽(Pierre-Scize)古堡,都夷为平地。

当国民公会听取拆除房屋的汇报时,并不是所有代表都赞成这种做法。绝大多数山岳派代表对私人房产都极为尊重,其中有一个出生在里昂的丝绸商人,名叫屈塞(Cusset),他委婉地提出了一个问题:"拆除房屋符合共和的精神吗?"他指出,毕竟反对共和国的,是人,而不是房子。如果能追效古人的做法就好了,古罗马军队进入被攻破的城镇,并不一概捣毁,而恰恰是将它们保存下来,让它们再造新的辉煌与繁荣。

但是巴黎当局的做法,就不这么宽宏大度了。到 10 月底,库东便被召回,由富歇和科洛·代尔布瓦接替他的职务,他们改变了前任主要针对财产而不是针对人身采取暴力手段的做法,采用更加直接的报复方式。对于科洛这个演员出身的舞台经理,《露西,或莽亲眷》的作者,这次故地重游实在是百感交集。在 1782 年的时候,他应督办官德·弗莱塞勒的邀请,来到沃土剧院(其面对的广场已经架起了断头机)。但是他和剧院经理层关系不和,当地的评论界和观众也并不热情。现在好了,他们中好多人都知道当初心不在焉、敷衍了事地鼓几下掌,会有什么下场了。从科洛阴阳怪气的讲话里,便能听出他对共和派的审判,大致持什么样的态度了:"人权,非为反革命分子所设,而是专为广大穷人所设。"

科洛和富歇都觉得,库通的手法太过谨小慎微了。整个 10

月只杀了20至30人，多数仅限于联邦派军官和市政高层。这种情况必须得到根本改变。于是成立了一支临时工作组，补充到地方上的革命审判机构中去，因为那里的执法人员可能是太过心慈手软了。工作组的领导人叫马蒂厄·帕兰（Mathieu Parein），是一位律师（一个制作马具的工匠的儿子），和龙桑是朋友，他同样也是在革命军中以惊人的速度被提拔到陆军准将这个位置的。他之前在旺代的昂热负责当地革命法庭工作，然后才来到里昂。工作组发布的公告带着一种斩钉截铁的语气，这副做派和富歇也差不多，而两人自然也是莫逆之交。公告明确宣布实行一种迅速而又广泛的惩罚体制，鼓励检举揭发（包括对告发贵族和牧师的行为设立特别奖励额度），采用强制征税的方式，对富人实行持续不断、毫不留情的打压政策。比如那些收入总额达到或超过3万利弗尔的，都被要求一次性拿出3万利弗尔的钱来。所有宗教组织的残余统统都要被清除干净，因为"这位共和派心中只有他的祖国"。

恐怖政策实行起来的效率是非常惊人的。入室搜查通常是在夜间进行，挨家挨户地详细盘查，丝毫不留情面。每家要在门前贴上条子，上面写明所有家庭成员的姓名。凡是给不在名单上的人员提供住宿，哪怕只容留一个晚上，都被视为严重的犯罪行为。一时间，指控、告发的信件如同潮水一般涌向工作组，某某污蔑沙利耶，某某破坏自由树，某某窝藏教士或者流亡者，还有某某投机倒把，此外还包括，谁谁谁说过或者写过"该死的共和国"之类犯禁的话，这个在共和二年可是一等罪过。从12月初起，断头机就以极高的节奏被投入使用。和在巴黎的时候一样，这台机器的效率让人惊叹。据现存的翔实资料所载，在雪月 11 日一天之中，25 分钟之内就砍下了 32 个脑袋；一周之后，更是达到 5 分钟之内斩首 12 人的纪录。

然而对于那些冲在最前头的主张恐怖政策的人来说，用此种手法来对付这帮政治垃圾，仍然显得有些不整洁、不方便。住在沃土广场（place des Terreaux）周围，比如在拉芳路（rue Lafont）上的人们，就对断头机下排水沟中汩汩横溢的尸血颇有怨言。于是许多死刑犯，就被带到布罗托平原（Plaine des Brotteaux）被集体枪决——也就是在罗讷河边的田野，梦高飞当年坐热气球升空表演的地方。还有另一位曾经的演员，叫多尔弗耶（Dorfeuille）的，曾负责执行过几次这样的"齐放乱轰"（mitraillades），六十多名犯人用一根绳子捆在一起，用大炮直接轰击。那些还剩一口气的，也会被马刀劈死，被枪刺戳死，或者再用步枪一通补射，结果性命。12 月 4 日，多尔弗耶给国民公会主席写了封信，说一天之内，有 113 名居住在"这个今日索多玛"的犯人已被明正典刑，在以后的几天中，他期待着另外有四五百人将会"用烈火和子弹清算他们所犯下的罪孽"。三天之后，理发师阿沙尔兴高采烈地给巴黎的兄弟写信："滚落的人头数量日益增多！前天在公判大会上，209 个恶棍被绳之以法，如果你在场，一定会感到十分开心。多么宏伟的场面！气势多么威风！让人彻底震撼！众多昔日不可一世的家伙在布罗托的运动场上人头落地。这是共和国长治久安的基石。"之后他又兴冲冲地加上一句："另外，代我向罗伯斯庇尔、杜坡莱和尼古拉问好。"

在"解放城"的杀戮最终结束之时，总共有 1,905 人被杀。当然他们包括了许多里昂的贵族，其中有 75 岁的阿尔巴纳特·德·塞西厄（Albanette de Cessieux）；有昔日里昂的皇家司法总管辖区的代理法官洛朗·巴塞（Laurent Basset）；还有夏尔·克莱蒙-托内尔。贵族军官，参与罗讷-卢瓦尔省叛乱的成员，联邦派地方行政官员和牧师，都赫然排在名单前列。还有那些凡是可与广义上的"富人"扯上关系的人，那些但凡与受到无套裤汉指控犯有经济罪的"大商人"或零售商和工厂主有所牵连的人，都包括在名单内。尽管如此，被判死刑的人当中，有很多其实只是普通人，被认定是吉伦特派的支持者，反对沙利耶的分区派，但是实际上，这些人的背景，和他们在巴黎的那些雅各宾派同道并没有什么区别。（尽管死亡名单上富人的比例极大，但是要说里昂的富人正遭到穷人的处决，这似乎也是纯属虚构的神话。）就算是死刑犯名单上有许多丝绸厂厂主，可丝织熟练工的人数也不下四十人。在巴黎站在雅各宾激进派这边的各个行业从业人员，比如制帽商、细木工、裁衣匠和杂货商，在里昂却成为了反对雅各宾派的基层力量。其他一些代表性的行当，比如修锁的、掌皮的、箍桶的，还有酒馆里的掌柜，咖啡店的老板，跑堂的，酿啤酒的（数量不少）；卖葡萄酒的，柠檬水小贩，书店店主，专业建筑师，巧克力厂商；杀猪的，烤面包的和做蜡烛的；医生，保姆行里的中间人；马车夫、家庭仆佣；染坊工人，内衣经销商；细棉布衣匠，两个鼓手、另有两个"乐师"；三个演员（其中一个觉得自己有一线生机，因为他没有在绿屋子里难为过科洛）；做假发的、服饰用品商、女裁缝；画家、两个女子发型师；一个草药郎中；一个船夫、一个印刷商、一个数学系20岁的学生娃；一个煤矿工人；卖鱼妇皮埃雷特·比坦（Pierrette Butin）；一个糕饼师、一个公务文书、一个公证人；律师、还有些是被列位"无业者"的年轻人、45 岁的雅克兰·沙泰尼耶（Jacqueline Chataignier），她被列入名单完全是法庭的意志，仅仅"狂热分子"这一条罪名就足够了。在最后一批被处决的犯人中，还包括了刽子手让·里佩（Jean Ripet）和他的几个帮手，他们辛辛苦苦地干了几个月，竟然也难逃一死。后来克莱蒙-费朗找来了他的一个同事，顶替了他们的工作。

很多里昂人，不是在围困时期饿死，就是被密集的炮火炸死，作为一个微观社会的整体，里昂已经被完全消灭了。这场灾难的巨大伤疤，需要经过几代人才能得到弥合，甚至直到今天，那里的人们在谈到巴黎和巴黎人的时候，态度依然十分冷淡。不过，长期以来，里昂一直是丝绸工业重镇，加之在拿破仑帝国时代出于大力拓展市场的需要，里昂在经济领域的重要战略地位得以部分恢复。由于种种原因，马赛、波尔多和土伦这些联邦派的主要港埠，虽然得到恩赦，没有像里昂那样，有大批犯人遭处决，但是其经济地位，却就此一蹶不振，难复往昔荣耀了。

在"无名镇"，也就是现在的马赛，特派员巴拉斯和弗利龙二人，效仿富歇和科洛，开始进行大规模清洗运动。"马赛，"他们写道："马赛是祸害国家的所有罪恶的根源。"他们学着库通的口吻，搬出孟德斯鸠的地理学理论，来解释当地的叛乱行为。"就自然条件而言，"马赛认为它与其他地区不同："将它与法国其他地区分隔开来的山川、河流，以及当地的语言，都是联邦主义产生的沃土；……他们要求有自己的法律；他们眼中只有马赛；马赛是他们的国家；法国什么都不是。"他们得出的结论，和库通如出一辙。要想根除地方主义势力，就得把本地的商界精英尽数消灭，因为这些人是城市繁荣和自豪的来源。但是执行这项任务的大革命法庭，要比里昂那里的，对于法律程序的重视程度高得多。在抓来审问的 975 名犯人中，被宣告无罪的占了将近一半。412 名死刑犯中，属于本地社会名流的不乏其人：就地位和财富而言，他们处于贵族阶级与资产阶级之间，界限模糊，这也正是旧制度的资本主义的典型特征。这些人中包括，约瑟夫-马里·罗斯坦（Joseph-Marie Rostan），虽然生在贵族之家，但是他以商人自居，住在高档的索隆路上，拥有几家肥皂厂，几片仓库，还有好几处外宅，黑海羊毛、殖民地蔗糖和咖啡，所蓄颇丰。"我不知道我是否是贵族，"他这么对法庭说，"我向来以作为一名商人为荣。"像他这样对于社会地位遭到污名化而感到困惑苦恼，恰恰非常清楚地证明了雅各宾革命中反资本主义的一面。罗斯坦以为，只要自己宣称自己是商人，就能抵消对他贵族身份的指控，而在检举者看来，他是两种身份兼而有之。很多人也和他一样，比如安托万·舍加雷（Antoine Chegarry）、让-若阿基姆·德拉贡（Jean-Joachim Dragon）和奥诺雷-菲利普·马尼翁（Honoré-Philippe Magnon），这些旧制度的地方商业法庭法官，也都被定了同样的死罪。

并不是整个法国都遭受这样的苦难。35 年前，唐纳德·格里尔（Donald Greer）就指出，在整个大恐怖时期，90% 的处决只发生在 86 个省中的 20 个。所有这些地区，除了巴黎在这件事中地位比较特殊，其余都是战争所波及的地区：要么是反抗反法同盟的主战场，要么是联邦派军队在法国南部和罗讷河谷的据点，要么是西部以旺代为核心的叛乱地区的巢穴。有 30 个省份处决犯人人数不足十人。在里昂和南特正处于大恐怖的水深火热之中时，其他的一些法国大城市，如格勒诺布尔和贝桑松，由于公共保卫者本着从事实出发，坚持一丝不苟的工作原则，加之单纯幸运，没有沦为作战区，故而基本没有遭到共和二年的这场国内暴力清洗。还有一些在联邦派控制范围内的小城镇，它们其实一直都对共和政府比较服从，至少部分原因是因为，就像很多大城市感觉自身利益受到巴黎侵犯，它们对里昂和波尔多也颇有不满。这些地区所面临的食物短缺威胁，并不是巴黎或者军队造成的，而是与它们相邻的大城市带来的。故而，根据敌人的敌人就是朋友的原则，像克莱蒙－费朗和勒皮（Le Puy）这些城镇，便源源不断地为蓝军提供新兵，前去攻打里昂。

在其他许多地方，大恐怖徒具其名。比如说在默尔特（Meurthe），根据格里尔统计，这里的革命法庭开庭审理案件，50个人里，只杀了10个，这样的宣判结果，也并未引起人们的震惊。尽管圣茹斯特和他的特派员同僚勒巴（Le bas）成立了一个专门委员会，向南锡本地富户强行征收贷款，但是在省府南锡以外的其他地区，大恐怖的阴霾已经在不经意间渐次消散了。有一个年方二十，曾在骠骑兵服役的左驭手被送上了军事法庭，罪名是亲吻旧制服上的百合花。还有三个农民因为试图拉着满满一车燕麦出逃，也遭到起诉，而这些燕麦原本是要送去军中的，可是一半都被糟践了，混入了稻草和肥料，但是因为缺乏足够证据，这些人最后还是被释放了。另外，在1793年12月的时候还审过一名渔夫，罪名是喊过"路易十六万岁"的口号，但是他还叫嚷过"天主教快滚蛋，把伊斯兰教传入法国吧",于是就被人当是喝醉了,要么就是疯了,或者干脆就是醉鬼说胡话。1月份的时候,一个叫瓦特尔(Vattel)的22岁的士兵,大庭广众之下说出了这样的话:"过去为国王做事尚有俸禄,现在为国家做事,却没有一分酬劳,这样的日子太痛苦了。"说这些倒还罢了,坏就坏在还加了一句:"去死吧,国家!……我不做公民了,我只为国王卖命。"既然这么说,倒是可以成全他。尽管如此,只要有这样的瓦特尔存在,在乡村戏剧舞台上就会有数量相当的反面例子出现,比如有个叫尼古拉·特龙卡尔(Tronquart)的,是吕内维尔(Lunéville)的小学教师,他被抓倒不是因为流露出保王派思想,而是散播乌托邦思想(特别是鼓吹颁布《土地法》,要把所有的农田都分给农民)。

因此可以说,恐怖政策在地域上有着非常强烈的选择性。其影响力之大小,关键取决于特派员是否勤勉得力;本地革委会执行任务是否认真负责;民众社团的战斗热情是否高昂;所在城市是否遵循革命军的方针路线,以及军队在某个地区驻扎时间的长短。然而,如果不要将里昂和马赛的经验普遍化这一点很重要,那么同样重要的是,也不要将恐怖统治相对化,使其仅仅成为一套耸人听闻的轶事,成为一些名义上的"普通"城镇的历史边角料。将那些战争中心,叛乱老巢下重手一举荡平当然可以,问题是这些地区正好也是商贸活跃的法国边缘地区。雅各宾派算是尊重财富,行事谨慎的,但是正如所有历史无情地捐出的,他们发动的这场战争,确是针对商业资本主义的。可能一开始他们并不是存心为之,但是他们却不停地宣扬打倒"为富不仁之人"的言论,还对联邦派中的商界和金融界

[665]

精英进行控诉，这就意味着，实际上那些工商企业，除非已被纳入军事体制，否则本身就是该被打倒的对象。这就难怪，那些在18世纪获得巨大发展的地区，大西洋、地中海的港口城市，北部和东部的纺织重镇，像里昂这样的大城市，会沦为大革命的牺牲品。马克思主义历史著作中长期以来一直相信，"资产阶级"是大革命的主要受益者，但实际上，他们是主要的受害者。

更进一步说，只要对共和二年所发生的那些惨绝人寰的事件进行一番仔细剖析，那些关于大恐怖破坏力有限的说法，便很难自圆其说了：法国整个一片区域，遭到了彻底破坏。最为严重的，要数旺代地区，包括邻近的下卢瓦尔和曼恩-卢瓦尔各省，恐怖当局完全贯彻了圣茹斯特的指示方针："谁若对抗共和，共和就叫他灭亡。"

[666] 随着沙雷特攻打南特失利，战争的形势发生了逆转。本来防守美因茨的军团得以抽调出来，和第一批总动员的新兵一起，补充到共和军队中来。10月17日在绍莱的一场关键性战役中，叛军遭到挫败，同时，他们也失去了战场的主导权。沙雷特带兵脱离了大王军主力，卡特利诺在南特城下阵亡之后，大王军已归年轻的拉罗什雅克兰指挥。或许是希望能在沿海和赶来增援的英国登陆部队会合（根本就没来），大王军在10月19日渡过了卢瓦尔河。部队还带着一大帮妇女和儿童，还有牧师，以及其他非战斗人员，可能加起来有两万人之多，就这样的一支游牧大军，在布列塔尼和诺曼底奔走徘徊了三个月，不断遭到日益增多的共和派军队的袭扰，有时候还会发生零星的交火，实际上不过是原地防守而已。在昂热进行了一场重要战役，联

邦派军队再遭重创，12月23日，残兵退至萨沃奈（Savenay），四散溃逃，拉罗什雅克兰乔装成农夫模样，躲进树林。已经官复原职的韦斯特曼，写信给救国委员会说："公民们，旺代已经不复存在了，在自由之剑的挥斩下，整个城市，连同它的妇女儿童们，都毁灭了。我已经将他们埋葬在了萨沃奈的泥沼里。按照你们的命令，我让马蹄踏过了儿童们的身体，妇女也全部杀干净……至少这样她们不会生出更多的叛匪。我手上已没有囚犯了，也不用为他们而自责了。"

可能为了表现自己的革命积极性，韦斯特曼在表现真正的恐怖主义风格上，显得格外夸张。但是虽然人口清洗政策即使在当时还未施行，但是也很快就在旺代成为了残酷的现实。这很早就开始宣布了，当时还在夏季，贝塞尔（Beysser）将军已经作出了决定，鉴于共和国是在和一群匪徒作战，那么最好就应该像对付流寇一样残忍无情。12月，在一些城市中心，便发生了极其残暴的恐怖行为。光是在这一个月内，便有两百名犯人在昂热被砍头，在圣弗洛朗被斩首的有两千人之多。南特和昂热的监狱里实在关不下了，就把一部分转移到蓬德塞（Pont-de-Cé）和阿夫里耶（Avrillé）这些地方，大约三千到四千名犯人被无情杀戮，枪声砰砰乱响，久久不绝。

南特发生了最为臭名昭著的残忍恶行，特派员让-巴蒂斯特·卡里耶（Jean Baptists Carrier）还把杀人刑场搬到了卢瓦尔河畔，并称之为"垂直驱逐"。找一条平底驳船，水线下边凿穿，上边钉上板子，好让船在水面保持漂浮状态。然后将犯人手脚捆绑，塞入船舱，再将船推入河心，迎着激流而去。随后行刑的船夫把木板砸破，或是移开，然后飞快地跳上边上的船中，而那些倒霉的死刑犯，则眼睁睁看着河水在身边上涨。谁要想跳出来逃走，就会在水中被刀砍死。一开始，这些溺刑都是针对教士的，而且可能也自觉太过伤天害理，几乎都是在夜间偷偷地进行。但是"马拉帮"的那些无套裤汉，则是明目张胆，全无忌惮，还恶意调侃，管这个叫做"共和洗礼"，或是"国民浴"，后来这就成了家常便饭，光天化日之下就以这种酷刑来处决犯人，有些犯人幸存了下来，对当时的情形进行了描述。有的时候，犯人的衣服会被剥掉，身上的物品也都被拿走（对于当兵的来说，靠这个能捞到不少好处），搞起了所谓的"共和婚"：年轻男女囚犯被赤身裸体地绑在一条船上。关于死于这种刑罚的犯人究竟有多少，有各种猜测，相互出入很大，但是可以肯定的是，最少不下两千人，而且很可能达到四千八百人之多。

1794年的头两个月内，在旺代本地爆发的一系列事件，已经显示出不再那么心慈手软了。共和派早在上一年的夏天，就已经确定了对收复地区的基本策略，这标志着一种对"战争规则"通行惯例的彻底背弃。旺代人最珍视的，就是他们家乡的繁荣，于是他们的敌人就下定决心要彻底将它摧毁。除了常规军事目标，那些兵营、要塞、军工厂，旺代本地的社会和经济基础设施，也被拆分肢解，将藏匿其中的物品统统搜检出来，公开烧毁。贮存的粮秣被付之一炬，牲畜要么被屠宰，要么被查扣，谷仓、村舍夷为平地，林地、丛莽焚燔殆尽。更让人惶惶不安的是，对待军人和非军人，差别日渐模糊。根据掌握的情况，女人和孩子，也都是支持叛军的，有时候还和他们并肩战斗。既然这样，他们就该被列入"处决"名单，一并消灭。

凡是容留、接待过叛军的城镇或村庄，自动被列入清除之列。驻旺代的高级指挥官龙桑甚至提出，要搞大规模的人口灭绝行动，将那些"匪徒"流放或是驱逐到法国各地，或者遣送到马达加斯加。而大批的"纯洁"法兰西移民将会在这些被清空的乡村中定居繁衍，抚养那些未有污行的清白人家的儿女们。一直到20世纪，才出现了更加邪恶的杀人工具所犯的滔天罪行。卡里耶出主意说，可以在井中投下砒霜。韦斯特曼也在盘算着，送一桶下了毒的白兰地给旺代人（当然他也担心自己的士兵误饮）。罗西尼奥尔甚至还向著名化学家富克鲁瓦咨询，是否可以用"用水雷、毒气或者其他手段杀死敌人，或者让敌人昏睡窒息"。

通过技术和官僚体制相结合，来大规模地制造死亡，还得等上一个半世纪才会出现。但是2月到3月间发生的这些事，绝对称得上令人发指了。武装叛乱基本上被镇压下去了，共和派军队在当地开始实行"绥靖"行动。蒂罗将军纵容（即使没有接到直接命令）其所部的12支"地狱纵队"（infernal columns），行经之地，凡遇瞧类，不留活口。这种不问情由，一概屠戮的政策，肯定会殃及无辜。奥诺雷·普朗坦（Honoré Plantin）一家是当地的富农，本分诚实的共和派爱国人士，住在马什库勒（Machecoul）附近，本来在旺代大屠杀中已经逃过一劫，却不料死在了地狱纵队手里。地狱纵队第一次来犯，便将他的三个儿子和一个女婿杀了，过后卷土重来，把他最后的一个儿子，连同他老婆和十五岁的女儿一同杀光。每一次暴行，都可以想见，那些手无寸铁的人们受了多大的罪过。女人无论少长，统统都被奸污，小孩横遭杀戮，尸体也遭残毁。为了节省弹药,科德利埃将军给部队下令,尽量不开枪,而是用马刀。1月23日在戈诺尔(Gonnord)的时候,克鲁扎(Crouzat)将军的部队强令两百名妇孺老幼跪在他们挖好的大坑之前,然后将他们统统射杀,尸体就这样自己翻入葬坑中。有些人想要逃走,被当地的爱国党石匠用铁锤砸倒。在用铲子往坑里填土的时候,30个孩子和两个女人还活着。

和其他任何发生过恐怖罪行的地方一样,总有一些共和派队伍里的人,对于眼前发生的这一切感到心里不好受,大屠杀的阴影在他们脑海中挥之不去,多少年一直纠结在心头。某位军需主管,名叫博代松(Beaudesson),曾经这样写道:"我看到许多大人和孩子,无论老少,无论男女,都赤身裸体在鲜血中挣扎,即使最残忍的人见到了这样的情景也不免惊恐战栗。"

到了1794年4月中旬,对旺代的军事绥靖行动多少算是告一段落了。曾经威风八面的天主教大王军指挥官,只剩下斯托夫莱和沙雷特两人,他们也只能搞一些零散袭扰或伏击,要不就是小规模的偷袭,绝不恋战,以免遭擒。但是他们的家乡,就像共和派指挥官曾经说过的,已经是化为焦土。农田焚烧殆尽,壮牛肥羊都被成批宰杀,村庄彻底摧毁,百姓也被尽数杀戮。和其他许多叛乱地区一样,它们连名字都不复存留了,从此以后就叫做"雪耻村"。

对于学者而言,他们对站在旺代叛军这边的历史学家们所提出的关于人口剧减幅度的估计,习惯性地持怀疑态度,而唐纳德·格里尔对于整个大恐怖时期各省死亡人数的统计为四万,这个数字似乎有理有据,被普遍接受了。尽管如此,即使我们不接受雷纳尔·塞舍尔的说法,不把这场大屠杀定为"种族灭绝",也能知道,共和二年发生的这场规模浩大的劫难,其真正的死亡人数,要远远超出目前的估计。让-克莱芒·马丁的著作对该问题做了专门研究,是一个考证充分的研究范例,书中给出了旺代、下卢瓦尔和曼恩-卢瓦尔地区的人口减少总数,是25万不到,换言之就是当地人口的三分之一。当然,这其中还不包括阵亡的一万多共和派士兵。

在这场大灾难的证据面前,历史学家不能以学术客观为借口,对此视而不见。的确,旺代发生的这一事件,具有战争的性质(虽然说,大屠杀是在战争结束后发生的);的确,旺代叛乱分子在起事之初,也犯下了同样大肆屠戮的罪行,但是,无论法国大革命从政治道义的角度能赢得历史学家怎样的同情,也没有人能够以任何理由,对共和二年冬天的滥杀行为给予辩护。而将旺代的这段历史撇在一边,将之与大革命时期其他的历史事件相剥离,作为孤立的特别现象来对待,这种做法看似有理,实则更为荒唐。那里曾经实行的灭绝政策,实际上是意识形态斗争的合理结果,它使得敌对的双方逐渐人性泯灭,看不到在全胜与完败之间,还可以有过渡缓冲的余地。对于8月10日这场革命,罗伯斯庇尔喜不自胜,评论道:"鲜血之河将会把敌我隔开。"如今这条血河已经暴涨,快要没过河堤了;水流湍急,正在将共和国卷入洪涛,却看不清将要把它引向何方,只有这位不可腐蚀者的密友们才能清醒得看到这一切。

第十八章
卑污为政

一、祸国母狼及种种威胁

[670]　　"没有什么比醒来时发现身在牢房更为残忍；在牢中，怎样的噩梦都不及现实恐怖。"后来当了拿破仑帝国高官的雅克-克洛德·伯尼奥（Jacques-Claude Beugnot）忆及1793年末几个月身陷巴黎古监狱，仍然心存余悸，深恶痛绝。回想起来，他觉得自己能够活下来，真是奇迹，而其他的成百上千人，以极其微不足道的罪名被抓进来，都被囚车送出去，押赴刑场了。

　　在恐怖统治期间，巴黎总共设立了五十余处羁押所。9月17日颁布的《惩治嫌疑犯法》使得逮捕人犯的规则变得弹性很大，监狱人满为患，迅速膨胀，到12月初已接近7000人。虽然先前已经估计到可能会人数过多，但是囚犯数量如此急剧递增，监狱很快就无处容纳了，于是便找了一些新的地方，专门关押政治犯。其中一些，比如过去的包税总局大楼（包税局中有一批人要在春天杀头）和气派不凡的卢森堡宫（Palais de Luxemburg），之所以会被征用，可能确实出于罪有应得的考虑。但真正的重要因素，还是实际利用空间的大小：兵营、教堂、学校、著名的冉森派神学院以及皇家港图书馆（已经易名为自由港）都被改成了关押犯人的地方。

在所有这些监狱中，西岱岛上的巴黎古监狱，确是最恶名昭彰的一个（阴湿沮洳，有碍健康的圣佩拉吉［Saint-Pélagie］紧随其后），伯尼奥称它是"一处巨大的死亡前厅"，因为它不仅是一个提审前的人犯集散地，也是普通囚徒的羁押所，而且已经宣判、等待处决的死囚，也临时收押在这里。伯尼奥经常整宿睡不着，听着耳畔的抽泣和哀号，那都是些得了病的、受了惊吓的犯人，黑魆魆的钟楼到了点，便会敲响大钟，于是监狱里的狗也都一同吠叫起来。

就算是以当时的标准来衡量，巴黎古监狱仍然算是个肮脏恶心的洞窟，这样的一所气势恢宏的建筑，却给人一种破旧腌臜的感受（它还是某位故侯的旧宅）。另一个幸存下来的犯人是记者克洛德-弗朗索瓦·博利厄（Claude-François Beaulieu），他曾对这段往事有过书面描述，说许多犯人将这里比作是但丁诗篇中描写的十八层地狱，到处都是虫螨，空气里一股令人作呕的恶臭。据伯尼奥说，他得到允许后，和一个被控弑母的44岁的犯人合住一间，牢房长宽各为15英尺（算是一个大间），在伯尼奥看来，他的这位狱友恐怕本身就是个精神病患者，还有一位狱友是个和气的年轻铁匠，"出身罪恶贵族之家"。当然也不是每个人的境况都很糟糕。条件稍好些的也能住一个单人包间（比如玛丽-安托瓦内特），也就是说，这些人可以在第一个月睡27利弗尔12苏的床。由于这笔钱是可以预付的，拜革命法庭所赐，生意倒是日渐兴隆，成了监狱主要的一宗进项。在圣佩拉吉，新来的犯人碰到的第一个问题就是"你有铛铛作响

[671]

的物件吗?"那些拿不出来的(占大多数)便只好睡草荐子,也就是稻草席,一个人在单间里,空气浑浊,也没有水,除了地板,连个躺的地方都没有。但是关了一阵子,犯人们自然也就习惯了,屙屎撒尿就地解决,有的就睡在自己的粪水里,身上爬满了虱子,皮肉绽开处都暴露在外。实在无聊了,他们可以三五成群,在尖拱顶下阴森森的长廊下漫步,通常这条长长的走道又叫"巴黎路",可以沿途看看老鼠打架解闷,或者谈谈某某某最新的招供。

一天中有一段时间,是所有的男性囚犯都翘首企盼的。正午时分,女犯会从二层的单人牢房下来,走到屋外的院子中,在那里洗衣服,冲个澡。男人们隔着栅栏,互相攀谈,羡慕女人们保养得极好的脸蛋,有时候还上去撩拨几句。接下来是吃早饭的时间,男人们坐在长凳上,和女人们仅隔着一道栅栏;故而至少在这样短暂的时间内,他们还存留着一份身边至少还有个伴的念想。就有这么一次,有个叫艾格勒(Eglé)的姑娘引起了伯尼奥的注意。当时她正把66岁的前法兰西卫队指挥官,那位沙特莱公爵好一阵痛骂,一番话说得丝毫不留情面,说他张皇失措,如此不堪,简直是枉为公侯。骂得爵爷简直是颜面丧尽,一边的伯尼奥听着,觉得这个女子实在是颇有见识,非同一般。

但是其实,艾格勒是个烟花女子,过去两年中,一直靠在弗洛芒托路(rue Fromenteaux)上接客为生。可能是大革命影响了她的生意:在她操皮肉生涯的那条街面上,她逮住机会便对革命政权大发毁谤,宣泄自己的仇恨。这番喋喋不休的辱骂自然让她惹上了官司,她被正式遭到起诉并抓捕起来,和另一个干同样营生的女友一起,被送到了古监狱。根据伯尼奥事后回忆,这个女子骨子里就有一股强烈的保王派思想,而且说起话来单刀直入,一针见血,肖梅特脑子灵光乍现,闪出这么个想法,他要让这两个女人和玛丽-安托瓦内特一同受审。在这位公社司法官看来,一辆囚车里坐着三个娼妓,这不正是一个再鲜明不过的比喻吗,无可辩驳地证明了,无套裤汉对这位昔日王后的看法一点没错。当然对于革命法庭而言,这种想法实在是太过无耻了。但是尽管王后和街头妓女并未同坐一辆囚车,她们的命运却紧紧地纠结在了一起,因为就在玛丽-安托瓦内特被砍头三个月之后,在对艾格勒的起诉书当庭宣读的时候,发现其中有一段文字,指控她和王后有"勾结私通"的暧昧关系。艾格勒爽快地一口应了下来,对她的保王党思想,也是毫无悔意,但是伯尼奥的书里还写到,在审判官提及"阴谋"一词的时候,她耸了耸肩,"那很好,相信我,你确实有些小聪明。你们说我是卡佩的遗孀(即王后)的同谋者,我这个靠站街卖身谋生的人,原本连做她御厨中最卑微的女仆都不配,现在倒成了你这样的骗子和傻瓜眼中的宝贝"。说来也怪,如此口无遮拦,直截了当地破口大骂,居然有一个陪审团成员还说她一定是喝醉了。于是她的女友赶紧抓住这根来之不易的救命稻草,承认她的确是有孕在身(这样一来可免受一刀之苦)。可是艾格勒偏不领情,非但不承认喝醉了,还说自己根本没怀孕,而且言下之意,自己知道祸从口出,按律当斩,但是就算死,也并不是像法官说的那样,做了贼了,家财充公然后绑去杀头。到了临刑一刻,伯尼奥带着一种豪壮的赞美口吻描述道"她如鸟儿一般跳入囚笼",她或许就是那个"妓女凯瑟琳·阿尔堡",

[672]

12月12日官方斩刑判决名单中提到的那个人。

　　对于伯尼奥谈到的肖梅特当初的那个打算，已经无从考证。但是鉴于巴黎群众对于王后普遍反感，这件事不大可能是刻意编造的。因为在春夏之际，丹东派把持的救国委员会就显然不愿意将王后送上法庭，埃贝尔抓住这事死缠烂打，说他们是"温和主义"，这个罪名倒是革命教理问答中的一项最新罪状。到了7月份，人去是非，一切都改变了，开始逐步地酝酿采取降低待遇，甚至是非人性化措施了。有些材料记录着作为一个母亲，玛丽-安托瓦内特对她一双儿女的关切之情。姐弟二人经常得病，为了照顾这两个孩子，她付出了很多辛劳。这一错误必须要得到纠正，要让她从七岁的路易-夏尔身边离开，孩子现在处于共和国的监护之下了。母亲绝望地哭泣、哀求了整整一个小时，孩子还是被迅速地带走了，关进了王后牢房下面的一间屋子里，连着几天，她都听到孩子不停地哭。他的教育问题，是母亲最为尽心的，现在照着路易的例子，由一个具有初等文化的鞋匠西蒙来教他，这个人后来自己也被砍头了。这孩子本来就病弱不堪，而且可能和他兄长过去一样，患有肺结核，在母亲和姑姑死后，就像关在笼子里的幼兽一样，于1795年某个时候，在黑暗和污秽之中悄然死去。

　　为了防止玛丽-安托瓦内特逃走，也为了继续对她进行侮辱，于是就将她家中所剩的物件统统从她身边拿走。8月2日午夜，她在半夜被人叫醒，从圣殿监狱被带到巴黎古监狱，那里的监房长11英尺，宽6英尺，靠近底楼的长廊，隔壁有两名宪兵负责全天候守卫。月末的时候，发生了一次看似有意，却并不成功的营救行动，当时的一个卫兵见此情景，惊慌失措，赶紧将她带回牢房。到了10月12日，消瘦憔悴的她，被带往近处的革命法庭，接受鞫问。埃贝尔拿出他在《杜歇老爹报》上破口大骂的本事，大造舆论，于是在所有人的心目中，她就是一只饥饿的野兽，一头"奥国母狼"，要不就是一只"大母老虎"，是"靠吸食法国人的鲜血才能解渴的怪物……，想把可怜的巴黎百姓活活烤死……南锡第一批自由正义之士就是被她屠杀的"，诸如此类。哪怕她和所有这些罪名并不相干，埃贝尔写道（正应了圣茹斯特的那句话，所谓"为政者必不清白"），就凭她当过王后这一点，便足以治她的罪，因为凡是统治阶层，都是人类的死敌，因为这些人天生在生理上就是危险的。"每一个自由的人都有责任杀死国王，或那些注定要成为国王的人，以及为虎作伥的人。"在这篇讲话中，他只是鹦鹉学舌地附和民众的极端看法，它在西尔维恩·马雷夏尔的启示录式的戏剧《诸王之末日审判》中就可见一斑，在戏中，那些"冠冕禽兽"具体形象为叶卡捷琳娜大帝、弗朗茨二世皇帝、教皇、英国的"乔治·唐丹"以及他们来自西班牙、那不勒斯、萨丁和普鲁士的狐朋狗友，都被无套裤汉送到这个火山岛上，在最后的一幕中，他们都被吞没在一次滚烫的火山喷发中了，真可说是大快人心。

马雷夏尔的这出戏，不仅重点揭露了他们的专制，也对王公贵族的腐朽进行猛烈抨击。"一个国家怎么可能既有国王又有道德？"在剧中，无套裤汉发出了振振有词的质问。在火山喷发之前，君王们已经没有了表面的高傲，现出了邪恶的原形，他们操起权杖和十字架，互相攻杀，淫荡的叶卡捷琳娜对所有对她动了念头的人都一概欢迎，把他们勾进了一个洞穴。这些人的行为，和那个无套裤汉真是天上地下，代表无套裤汉的是个被流放到岛上的老者，是个"自由的人，优秀的爱国者……他们是淳良的公民……他们在田间挥洒汗水，自食其力；他们是好儿子、好父亲、好丈夫、好亲戚、好朋友、好邻居……"

针对玛丽-安托瓦内特的（实际上是针对所有那些在恐怖统治时期将步她之后被送上断头台的人）的官司也大致相同。她本质上，身体不洁，思想肮脏，行为卑污。于是她那些阴谋诡计就自然而然地从她卑劣的道德中孳生出来了。在法庭庭长埃尔曼（Herman）的最初询问中，她就被判作是一个不服管束的妻子，比如说，逼迫路易动用否决权来反对反天主教立法，以及组织逃往瓦雷讷。就和所有不守妇道的女人一样，她还很贪财，这方面可以说是无师自通，"将爱国人士之金银送出国门。"1789年那一次，凡尔赛宫内的瑞士卫兵"放纵无度"的丑闻，是她又一个耽于控制欲的铁证。法庭叫来一个41岁的目击证人对王后作出指控，据他说，他曾亲眼在她的床下看到过几个酒瓶子，于是他相信，她就是存心要让士兵们喝醉的。

关于她道德沦丧的证据，则是埃贝尔亲自跳出来指陈的，他还诱使路易-夏尔签署了一份声明，承认他母亲和姑姑教会他手淫，以及强迫他乱伦的事情。有些事情确实给他造成了伤害，埃贝尔还宣称，在孩子被从她们身边带走，远离了她们的毒害之后，他的健康状况才慢慢好转（完全背离事实）。她的其他种种行为，也表明了她不想履行一个善良母亲的权利。她不但没有让儿子成为一个有道德公民，反而灌输他君主制思想。事实俱在，可恶至极，每次总是先给他传膳，伺候他用餐。另外在孩子的私人物件中，还找到了一个旺代匪军无人不知的标志物，一颗被利箭刺穿的圣心（王后供称，是伊丽莎白夫人送的，可怜的小姑啊），这足以证明，她想要把儿子塑造成为一个罪恶势力的保护神，她不甘心卡佩家族的嫡系儿男就这么毁了，现在她决心不惜代价，重新塑造一个接班人。这就是所有关于她"悖逆自然"的性格的确凿证据，只有在阴谋活动中，才会"孳生"（这个词显然是精心挑选的）出这种性格。

除此之外，较多的是来往书信，都是公诉人富基耶-坦维尔伪造的，根据他的揭发，王后和奥地利宫廷在两国正准备交战的时候有包含叛国内容的书信往来。但是这么罪恶昭彰的行迹，却并不引人注目，和针对她进行泛泛而论的人格侮辱的罪名相比，并不突出。陪审团被告知，站在他们面前的这个两鬓花白的女人，实际上是个狠毒的妇人，就是她，在8月10日咬开了瑞士卫兵的子弹盒，让他们可以有时间屠杀更多的爱国同胞。对这种衣冠禽兽，就该尽速处决。

最终宣判之后，玛丽-安托瓦内特被带回了巴黎古监狱，她忍不住悲痛地哭泣起来，给小姑写了最后一封信，将孩子托付给她，然后换上一袭白衣，戴了一顶很平常的女帽，扣上暗紫色的一双带跟鞋，这双鞋自从进得监狱以来，便一直带在身边。她剪完了头发，便准备被押赴刑场了，此时的她，看见打开的囚车，确实畏葸不前，因为她一直在等着，或者说，至少是盼望着，是那辆将路易带到革命广场的密不透风的囚车，能载着她一路走过谩骂的人群。身在囚车中的她，身板僵直，面容憔悴，当她被带到街上的时候，出于职业的兴趣，雅克-路易·大卫还替她勾描了一幅速写，只有当利刃落下的一刹那，她才开始浑身颤抖。而对《杜歇老爹报》而言，这还不够刺激，他们更盼望着从她脸上看到更大的惊恐,实际上,这种表情,当埃贝尔步其后尘之时,倒是可以从他脸上看得到。"直到最后这贱人仍然胆大放肆,傲慢无礼;但去暖手台行刑时她却止不住双腿颤抖。"——埃贝尔现在最喜欢把断头台叫做暖手戏(*jouer la main chaude*)了。正如他在《杜歇老爹报》头版所宣称的,"杜歇老爹的最大乐趣,"依旧是"亲眼看着这女人的头颅从脖子上被砍下来"。

在这段时间内,除了玛丽-安托瓦内特,还有别的女人,同样因为阴谋暗中反对雅各宾派提倡的女子贤良淑惠的意识形态而遭到控告。那个邋里邋遢、卑贱可怜的杜巴利夫人,路易十五的最后一个情妇,突然临时去了一趟伦敦,然后她和前大臣贝特朗·德·莫勒维尔一起,精心谋划了一番,将她的那些珠宝偷运出法国。虽然她自以为十分小心了,做得神不知鬼不觉,但是她实在是过于臭名昭著了,到底还是害了自己。当她最后受审的时候,法庭心里想到的是皮当萨·德·麦罗贝尔笔下《杜巴利夫人回忆录》中那个谬误百出的伯爵夫人,她糜费国财,采买珠宝、房产,对亲信滥行赏赐,还和臭名远扬、死不悔改的泰雷神父互相勾结。有这样一番评论,说得极为恶毒,骂她是"脏脏的酒桶,恶臭的地沟;这个污秽的婊子不满足于大肆侵吞法兰西的钱财,她还像个食人兽一样吞噬人肉"。

罗兰夫人倒是和这些下流淫荡的疾病恐惧症没扯上瓜葛,但是在为审判吉伦特派出庭作证之后,她还是回到了那个对她提出百般"有辱人格的问题"的圣佩拉吉监狱。因为她的倾慕者比佐,已经成了试图在卡尔瓦多斯发动叛乱的联邦派的头目,所以她被问到和此人有无牵扯的可能性很大。在11月8日对她进行的审判中，富基耶-坦维尔只是把她算作那些已经被判罪，并在10天前已经斩首的吉伦特分子的同伙。但是还是要想办法证明，她是个狂悖不驯的有夫之妇，将她好端端的家庭，在雅各宾分子看来是爱国人士荟萃之所的家庭，变成了一个专搞阴谋诡计的罪恶之地。那里弥漫着太过浓厚的沙龙气息，是一个整日显贵出入、充满官场逢迎的所在。

革命的性别政治开始进入最为狂暴、最为黑暗的时期，这从审判的确切日期上就能看得出来。在女性主义的共和国妇女协会和"女商贩"之间，就妇女佩戴徽章和"红帽"是否合宜的问题，展开了激烈的争斗。克莱尔·拉孔布和其他几个激进分子认为，女人不但应该被允许佩戴，而且应该作为义务，女人还要进入国民卫队。9月末的时候，国民公会已经同意了一些关于着装方面相当大胆的要求。但是在10月28日，两派发生了暴力冲突，结果是大打出手，女权主义者损伤惨重。国民公会不得不自食其言，在11月5日，下令关闭巴黎所有的女性革命俱乐部。在女演员奥兰普·德·古热被审判和处决之后两天，就出台了相关法令，之后又过了三天，对罗兰夫人进行终审，并将她斩首。德·古热之所以被杀，是因为她一意孤行，非要替路易十六出头辩解，并且还变本加厉地公开鼓吹联邦派政策，号召举行全民公决来决定政府形式。甚至在7月20日被捕之后，她仍然试图公开大放厥词，攻击罗伯斯庇尔和富基耶-坦维尔，让她的朋友在巴黎公开场所到处张贴这些东西。

如果说这些行为进一步证明，这些女人是脱离于家庭生活规范的异类，是危险分子，可是她们的那些诀别信，却显示出一种让人温婉缱绻的母性情感，令人惊叹不已（让娜·杜巴利是个例外）。热尔曼娜·德·斯塔尔给王后的辩护词可谓真挚感人，突出强调了她对她那患病孩子无私的爱，并以"捐生母亲"的名义向全国妇女发出呼吁，准许她和自己的儿子团聚。奥兰普·德·古热给自己当兵的儿子写了一封信，要他忘记他的母亲对大革命有失公允的歪曲认识。而在给12岁的女儿厄多拉（Eudora）写的那封十分感人的信中，玛农·罗兰回忆起了她们之间至为亲密的母女之情：

[677]

> 我的孩子，我不知道是否还能再见到你或再给你写信。希望你永远都能记得我。这封信蕴含了所有我要说的话……你的父母为你做了良好的榜样，你应当以父母为荣，如果你能从我们身上学到些东西，你的人生才会有价值和意义。永别了我最爱的孩子，我用乳汁养育了你，愿意给你一切美好的情感，（一想到）你的粉嫩的小脸，我便有了勇气，总有一天你会有能力评判我的努力。把你紧紧抱在怀里。永别了，我的宝贝。

那些已经结了婚的男人，甚至包括妻子曾经有过不贞行为的，也都不约而同地流露出了强烈的情感。而就在吉伦特分子离开巴黎，向北逃亡的时候，罗兰·德·拉普拉捷已经跑到鲁昂，而没有去卡昂，自夏徂秋，他都以逃亡者身份留在那里。当他听说，吉伦特派已经有人遭处决，接下来在11月10日轮到他妻子的时候，他决定自杀殉情。在去往巴黎的道路上，离鲁昂城数英里的地方，他坐在地上，背靠着一棵大树，用力朝着手杖佩剑的剑刃倒了下去。第二天路人发现了他，还以为他睡着了，后来才看清，罗兰身边还有一张字条，最后一句话这么写的："一得知我的妻子遇害，我便离开了庇护所，我不想独自在这罪恶的世界苟活。"

他的那些同党，那些吉伦特分子，在漫长的司法刑讯过程中蒙受奇冤，受尽苦楚，可恶的富基耶-坦维尔非常恶劣地把审判程序大为简化，把时间拼命压缩。每一次原本顺风顺水的控诉程序似乎遭到无理拖延的时候，或者边防开始对陪审团施加影响的时候，他就振振有词地质问他们，"所获的线索够下定论了吗？"就是说关于案件的事实，有资格做出判决了。这对于审判吉伦特分子来说，是最紧要的事情，因为布里索和韦尼奥尤其强硬，他们对于担任治安委员会领导职务期间的所作所为，进行了极为有力的申辩，并对于圣茹斯特草拟、阿马尔（Amar）加以补充，递交国民公会的最早的一份控告书逐条加以批驳。核心问题是，这一帮人，无论他们表面上是干什么的，他们都一直在为保王派办事，尽一切努力想要维护君主制度。

关键人物是布里索，对他，就是要彻底揭露其本性，要竭尽所能，将他打成道德沦丧的反面典型。人们揭发他，说他曾经是警察局密探，但是他却矢口否认，不过实际上在大革命之前，他确实当过密探。他还被描述成一个卑劣的造假分子，曾经前往瑞士某地，就是去拿伪造的护照。这在1780年代的时候，就是表明他两面派嘴脸的证据，可以据此立案控诉，说他整个的革命生涯都是一场骗局，是他明哲保身的策略而已；尽管他在自己的报纸《法兰西爱国者报》上说的那套娓娓动听，但根据指控者揭露，他实际上一直都是敌人的奸细。而就在他自诩已经成了一个积极的共和派的时候，他实际上一直在参与将约克公爵送上法国王位的密谋活动。即使他有时候并未意识到,实际上他自己已经彻头彻尾地沦为了威廉·皮特的忠实走狗了。"皮特想要毁谤、解散国民公会,于是那些人(审判期间,他们一直被称作布里索分子)便努力解散它;皮特想要暗杀那些忠心为民的代表,他们便刺杀了马拉和勒佩勒蒂埃。"甚至布里索当初激情洋溢地鼓吹宣战,也被迷恋阴谋论的革命者说成是要让法国在准备仓促的情况下,卷入和反法同盟不必要的冲突,以便更有效地瓦解法国的统一和团结。英国人对法兰西虎视眈眈,布里索给他们提供了难得的机会;皮特想要摧垮巴黎,"他们便竭尽所能,摧毁巴黎"。

  雅各宾派的控诉心态(就像其他所有的大革命独裁政府一样)也必然是整体论的。什么意外情况、偶然事件、思想转化、计划改变之类的话,纯属诡辩,是绝对不可能的,无非是不让审判者在事实情况的前后一致,以及敌人思想行动的必然性之间找到联系。就好比纯粹的革命是终身不变的,革命者的道德情操早在其人生的青年时代就已树立起来了,自此以后便不懈追求,终生不渝,反革命分子也是一样,无论其如何掩饰,想让自己的行为看上去完全是无心之举,并不是有意为之,但是事实上,它们是彼此关联,浑然一体的。所有这些都必须要揭露出来,就像打开钟表的后盖,才能看到它里面的核心机械结构。从这方面讲,布里索案很简单:他们都是出于个人私利。他们的陈述是"派系纷争"的体现,表明他们所有的革命行为,实际上都能用权欲熏心来进行解释。这种为了个人利益投身革命是不道德的,和真正的爱国主义形成了鲜明的对比,只能被认为是自私。他们沽名钓誉、攫权谋私,试图先着手建立一个傀儡王朝。当这一目的未能得逞，法国便已经分崩离析，被割据成为一块块的封建采邑了。

富基耶打断布里索分子的辩护词，认为陪审团已经听得够多了，接下来便肯定要宣判定罪了。此时，就在陪审团宣读正式声明的时候，却突然发生了一起极富戏剧性的意外。布里索脑袋沮丧地耷拉在胸前，而根据某位陪审团成员回忆，卡米尔·德穆兰突然站起身大声喊道："老天，这太不幸了。"而这时的布瓦洛还在继续陈述自己如何无辜，迪弗里什-瓦拉泽却突然向后倒去，从长凳上跌了下来。他的一个朋友以为他可能也是太激动了，但仅仅一眨眼的工夫，只见他从报纸里面抽出一把匕首朝自己捅去。过了几分钟他便告不治，鲜血汩汩而出，流到法庭的地板上。富基耶-坦维尔见他居然胆敢抗拒伏法，恼羞成怒，于是下令，不管死活，都要砍头，于是便把尸体和其他犯人一道，拉去斩首。

虽然说，倒台的革命者似乎确实有一种倾向于自杀的趋势，但是吉伦特派分子似乎特别容易陷入自行了断的那种悲情气氛。克拉维埃也自杀了，之后还会看到，孔多塞为了避免革命法庭的羞辱，也服毒自尽。据说韦尼奥也身藏毒药，但是根据临刑前夜在狱中看见过他的里乌夫（Riouffe）所说，他已经决心和朋友共赴黄泉。次日一早，也就是 10 月 31 日，两人迈步走上囚车，放肆不羁地狂唱《马赛曲》。这是两人挚友之情的最后流露。在断头台上，桑松只用了 36 分钟就砍了 22 个脑袋，很显然，这就是国家剃刀效率倍增的见证，这让他颇感欣慰。

[679]

二、宽容末日

共和派通过司法途径来诛杀异己的行为犹未平息,接下来就要盯住那些有着不光彩历史的大人物了。可悲的是,对大革命法庭而言,对于那些无疑最该受到严惩的元凶首恶,他们却鞭长莫及:迪穆里埃流亡在外,拉法耶特关在奥地利监狱中,米拉波还供在先贤祠内(虽然待不了多久了)。巴纳夫和巴伊理所当然就该付出代价了,因为他们都实行过遏制革命的政策。11月7日,奥尔良公爵平等者菲利普,也终于迎来了自己的末日,和一个被判侮辱共和国国旗的锁匠一同被处决。据说是他曾经公开发表一份声明,对于因自己的缘故,造成某个无辜者——当然就是指他的堂兄——流血牺牲,颇感遗憾。

纯洁成为了一种政治崇拜物。梅兰·德·蒂永维尔提出了一项议案,于是雅各宾派便开始发起了一场耗费精力的自我审查。在这次自我审查中,每个成员都要回答这样的问题:"你1789年的身家是多少?现如今你又有多少财产?如果比那时多,钱是从哪里来的?"到11月末,当这种纯洁性审查(*scrutin épuratoire*)正在进行的时候,看起来这场无情的门户清理行动最主要的受益者将会是埃贝尔和他的盟友。而埃贝尔本人就是俱乐部清洗委员会的成员。布肖特(Bouchotte)和樊尚在战争部里颇有人脉;龙桑则是牢牢地坐稳了革命军司令的位子。在巴黎,和这位国民卫队指挥官昂里奥也很有默契;另外和公社检察官肖梅特也不错;那位巴黎市长帕什(吉伦特派、山岳派直到埃贝尔派数次权力更迭,他都安然无恙),只要有他在,似乎这些人就能把民众暴力活动随意玩弄于股掌之间。

"埃贝尔帮"就此有财有势,大权在握,并打算借此大干一场。布肖特以战争部长的名义,拨了一大笔款子给军队,让他们免费阅读《杜歇老爹报》,这些士兵除了胡乱控告之外,对到底该支持什么,并不是很清楚,因为他们往往是通过反对某事,或者反对某人,而不是支持某事,或者支持某人来表达他们的观点的。他们反对基督教"狂信盲从";反对同情任何被打倒的联邦派,或者反革命的"匪徒"和"恶魔";反对富人和文人雅士——也就是那些胆敢出言贬低人民的知识分子。如果还有什么是他们支持的话,那就是一个人民做主的无政府的理想社会,总是以武力将人民的意志强加给政府的受托人。他们还喜欢扩大政府权力,干涉经济事务。在第 273 期《杜歇老爹报》上,埃贝尔声称:"大地是为所有生物而存在的,从蚂蚁到傲慢的人类,每种生物都要从大地母亲身上找到自己的生存之道……商人必须靠勤劳获利,这一点毋庸置疑,但他绝不能榨干穷人的血汗来养肥自己。钱财无非是为了活命而已,不管物价如何,都应该让人有饭吃。"为了体现国家作为提供最低生活保障的社会职能(这种观点多少和罗伯斯庇尔和圣茹斯特合拍),应付当下的威胁,埃贝尔要求实施更大胆的征用计划。为了确保供应,将物价维持在较低水平,权宜之计就是将全部的葡萄酒生产和收割上来的谷物,全部由国家强制收购(对耕作者作出一定补偿)。在 10 月 14 日对公社的讲话中,肖梅特甚至还提议,由国家出面,来收回那些被流亡企业主关闭,或者已遭废弃的车间和工厂(这项政策要到 80 年后,也就是 1871 年时,才由巴黎公社认真执行)。

尽管如此,埃贝尔派最重要的主张,就是支持无孔不入的监视，体无完肤的谴责和控诉，再施之以无休止的羞辱，直至将人送上断头台。《杜歇老爹报》对共和国有过一个形象比喻，说就好像一个平等无间的衣帽室，那里都是善良公民，相互之间没什么好隐藏的，他们带着友好的兄弟之情，热烈地相互拥抱。"品行端正的人"，埃贝尔最喜欢这么说了，"有什么就说什么，丁是丁卯是卯，他从不会操控别人，如果在他发怒的时候误伤了哪位，他会承认错误、求对方宽恕，并把对方带到附近的酒馆痛饮几杯。"（法语说的更好听："可以堵住半打唱诗班孩子的嘴。"）

然而，埃贝尔派的优势地位，并不是从未遭受过挑战。尽管表面上是对民众干预的屈服，但雅各宾派对于9月5日革命日的控制，表明决定权是在山岳派手里，而不是由公社掌握。因此救国委员会的多数派，尤其是在10月10日圣茹斯特发表声明，表示政府必须要"革命（也就是专政）到底，直至和平"之后，他们决定利用国家权力，来压制起义的威胁。但是从11月开始，直至12月，山岳派自己就四分五裂了。一批重要人物，包括罗伯斯庇尔、库通，都对非基督教化充满敌意，并准备听取关于激进的特派员惩罚过度的抱怨，比如对于雅沃格（Javogues）、卡里耶和富歇等人的指控。另一方面，他们仍然保持着对于共和派神圣纯洁的党性原则的迷恋。因为从理论上讲，这将会是一个永无止境的过程，那些杰出的领导者，永远都要和罪恶阴暗、品行卑污的败类进行正面斗争，要想最终实现以美德治国的崇高理想，就要把这些篡夺革命果实的人打倒。

对于埃贝尔派来说，主要的挑战，必然来自雅各宾派中的另一个群体，这些人关注的是更加现实的法国大局的稳定，而并不是理想中的共和制度。这帮人中，最关键的一个，就是丹东。在司法部里继承丹东职务的，是约瑟夫·加拉（Joseph Garat），此人在 8 月之前一直担当内政部长，他后来写道，将近 1793 年末的时候，丹东还曾在私下里几次试探性地问了他一些问题。加拉本人也被怀疑和吉伦特派过从甚密，所以很自然地，丹东想要向他袒露自己的懊恼：都因为布里索和他的朋友断然拒绝他的和平条件，才让共和国落入了埃贝尔和最狂热的恐怖主义者手里。具有讽刺意味的是，"恐怖乃当今之政"这一口号，恰恰是丹东自己在 9 月 5 日的国民公会上，最先炮制出来的。但是在他的头脑中，革命政府的命运，是由前线的严峻局势决定的，可是法军在翁斯科特和瓦蒂尼的两场大捷，使恐怖分子的那些政策都失去了必要。他完全把自己的心里话都跟加拉说了，告诉他自己心里拨乱反正的策略是怎么样的。他要在各大报纸上发动一场论战，支持温和政策，反对埃贝尔派的起义者公社。罗伯斯庇尔仍然是信任他的，还有那个巴雷尔，据他判断，也是实用主义人士，在委员会内只要得到他们两个的支持，那么像科洛，还有比亚尔这样的人就会被孤立，最终将全班人马统统撤换。经济恐怖政策全部废除，法国将和反法同盟重开和谈，但与此同时，仍然做好全面动员的准备，应付可能发生的外交谈判的破裂。

所要做的，无非是将大革命的魔力重新纳入国家权力制度的约束。要想达成这一目的，关键是对阴谋偏执论加以利用，反施彼身，来对付那些已经滥施淫威，养成癖性的人。似乎丹东也赞成法布尔在 10 月中旬对"境外阴谋"的揭露，据说埃贝尔的朋友和党羽都涉嫌其中，这些人想要收买国民公会，颠覆两大委员会。换句话说，那些口号喊得震天响，自诩为最热忱爱国者的人，实际上都是外国派来的奸细。一时间，这个计策似乎还奏效了。斯坦尼斯拉斯·马亚尔，阿纳卡西斯·克洛茨（丹东派一直在提醒人们，他是普鲁士人），还有比利时人范·登·伊维尔（van den Ijver），这些人都被逮捕了。一鼓作气，吹响爱国号角，法布尔乘胜追击，要求把所有法国境内的英国人统统抓起来，财产一概充公。他还将"外国网络"的范围进一步扩大到埃贝尔的两个同党德菲厄和迪比松（Dubuisson），甚至还波及和摩拉维亚一个犹太人家庭联姻的原嘉布遣会成员沙博（Chabot），比利时民主主义者普罗利和瓦尔基尔（Walckiers），甚至还有埃罗·德·塞谢勒，他被指控通过某种方式保护外国银行在救国委员会的利益。

这番谴责如此疯狂，足以让罗伯斯庇尔觉得可信。拿埃罗来说，他的贵族出身和知识分子的做派，让他显得非常可疑，尤其是，不但有右派（相对来说），还牵涉到左派的一些疯子和暴徒，比如马亚尔和克洛茨这两个人，一想到他俩，他就觉得恶心。在这样一个阴谋圈子中，极左极右都有份。这绝对重要。在 10 月 16 日，圣茹斯特不单单谴责腐败，而且还指责那些"急于捞取官职的人"，这话显然是针对公社说的，罗伯斯庇尔也没闲着，在他的一个模拟政治演说的大学讲座中，分析了当下的反革命阴谋的形势图。从表面看来，似乎有一个"盎格鲁-普鲁士"支派，迎合布里索的要求，想要把约克公爵或者不伦瑞克公爵扶上台。然后就有了"奥地利"支派，从维也纳当局（遭到控诉的人中就有普罗利，据说就是大法官考尼茨的私生子）到比利时的银行家，跟迪穆里埃交情深厚的战争贩子，甚至在国民公会内部，都有他们的走狗和密探，至今仍未被揪出来。

到目前为止，还算不错。但是到 11 月中旬，一场灾难突然降临。当月 10 日，发生了一件非常可疑的事情，沙博和他的朋友克洛德·巴西尔两人，在国民公会提出一项主张，要求就委员会抓捕代表作出限制。他们认为，在任何一名代表被移送革命法庭之前，作为被控方，应该被允许在国民公会全体成员面前进行申辩。这个提议正好应和了丹东本人的"宽容"立场。可以预见的是，虽然这一举措已经在法律上得以通过，但却遭到了国民公会和救国委员会中激进的主张恐怖政策一派的共同抵制，这些人中就有比约-瓦雷纳，他坚称："不，我们不会后退，只有在坟墓中我们的热情才会熄灭；要么革命取得胜利，要么我们全都会死。"巴雷尔的评论更加尖锐，理由是这部法律得以通过，就会在议会代表和普通公民之间造成歧视性差别。于是这部法律，一天之前刚刚生效，就马上被推翻了。

但是，这还不是问题的根源。作为行动的发起人，沙博和巴西尔并不是完全没有私心。他们一直在滥用殖民地贸易垄断审核者的职权渔利，大量购买印度公司的股票，并私下敲诈公司董事，让他们出钱换取政府的宽大处理。这种榨取私财的肮脏行为，包括收受巨额贿赂，伪造企业账目，在政府清算法令问题上弄虚作假。尤其可耻的是，沙博和巴西尔还把其他两名国民公会的同僚德洛奈（Delaunay）和朱利安·德·图卢兹（Julien de Toulouse）拖下水，甚至就在夏天的时候，两人还装出一副对腐败的资本主义毫不手软，势不两立的嘴脸。他们对银行和交易所的投机者，还有垄断商人提出控诉，在确保自己无懈可击的战略地位的前提下，大肆敛财，根本不用担心会受到政府调查。

如果不是因为法布尔这档子烂事纠缠不清的话，丹东对于埃贝尔的攻击或许不会殃及自身。虽然法布尔并不是欺诈案的始作俑者，但是他确实接受贿赂，被拉下了水，在那份掩人耳目的清算法案上落笔签字的正是他法布尔。这样做还不算，他还把沙博也拖入到这个"境外阴谋"之中，而将罗伯斯庇尔和他的雅各宾集团剔除在外。另外他还和莱奥波尔迪娜·弗雷（Léopoldine Frey）结婚，弗雷的母亲和弟弟分别叫作多布鲁什卡（Dobruška）和冯·舒恩菲尔德（Von Schönfeld），这也是他参与"境外阴谋"的重要证据，让人们看看他是怎样的一个超级爱国人士。沙博要想出言反驳人们的谴责，很难不把自己牵连在内。

[684] 到了11月中旬，一切都大白于天下。丹东正在奥布的阿尔西斯（Arcis-sur-Aube）小别墅里逍遥自在地做他的乡绅老爷，和他的续弦甜甜蜜蜜地享受家庭的温馨，可过了才个把月，他就不得不匆忙赶回巴黎。沙博和巴西尔的策略失败了，《杜歇老爹报》无情地穷追猛打，雅各宾派和科德利埃派也气势汹汹地抓住不放。沙博知道自己躲不过去了，他试图来一个恶人先告状，以此挽回败局。11月14日一早，他便跑去找罗伯斯庇尔，将他从床上叫起来，告诉他说，眼下正有一桩惊天阴谋，显然是反革命分子在搞鬼，国家现在非常需要建设资金，而他们却想从中捞上一笔。他直接提到了德洛奈和朱利安的名字，但是他向罗伯斯庇尔保证，尽管他本人也参与了一些其中的勾当，但良心未泯，爱国热情依旧炽烈，他巴不得这些牵涉其中的罪

犯全都被捉拿归案。另外他还透露，自己身上就带有10万利弗尔贿赂款的确凿证据，如果他得到许诺，自己不会被牵连进去的话，他就把这些物证连同阴谋者的名单，一通送交治安委员会。罗伯斯庇尔闻言，大惊失色，便鼓励他再提供更多一些的线索。然而，几天之后，逮捕令下达了，那些被告发的，连同告发者本人，都被抓进了监狱。

不知为何，法布尔并没有受到详细审查，实际上因为他曾对沙博大加斥责，故而让自己和这帮挪用公款的人拉开了距离。真可谓螳螂捕蝉，黄雀在后。沙博指认德洛奈和朱利安以求自保，没料到法布尔为了自己活命，也把沙博给出卖了。这种伎俩确实也让他逍遥一时。罗伯斯庇尔似乎对法布尔十分信任，让他在官方调查中担任职务，而在这个过程中，法布尔也成功地"捏造"了大量的证据，试图将包括肖梅特在内的埃贝尔派高层也牵连在内。

然而丹东可不是傻瓜，只要有些许可能捞到钱，他也不会守身自好。在1789年的时候，法布尔就是他在科德利埃派里的老友了，在区议会和俱乐部里，丹东也一直护着他。丹东欣赏他的机智，而喜欢他的剧作则是装出来的。但是他对于法布尔的政治德操，也确实从来都不抱有幻想。不管怎样，丹东不喜欢山岳派那副自命清高的样子，埃贝尔的装腔作势他也同样讨厌，在他看来，腐败问题根本不是什么大问题，共和国有很多紧迫得多的事情需要解决。他自己有时候也被人发现伸手牟取私利，他多半是赞成米拉波的观点的，认为政府部门要想让一切事情正常运转，物质刺激是绝对必要的。他的这种理论，最恰当的形容就是"晚期奥斯曼帝国风格"（late Ottoman）。如果说雅各宾派执着于正直的品格，罗伯斯庇尔则更痴迷于纯洁无瑕的，甚至透明化的政治，而这种不透明的政治密谋，则产生了灾难性的后果，使得丹东结束恐怖政治的努力付诸东流。

[685] 于是最好的防御策略，就是大胆出击，以攻为守。法布尔抢先出招，企图转移视线，让世人的怀疑集中到那些处在即将发动攻势的人，也就是那些埃贝尔分子身上。但是真正发起攻击的，却是博得罗伯斯庇尔欢心的，要不就是那些绝无可能得到宽宥的：德穆兰就是一个。在12月初的时候，德穆兰重新出版了《老科德利埃报》，丹东根本不知道这将会造成如何重大的后果，实际上他根本没有料到，面对危机，德穆兰竟表现得如此出色。每五天一次的报纸标题，应该能让他看出些端倪的，因为这些标题都是事先精心设定的，将1789年的自由战士，那些自由派"老兵"，和埃贝尔这样的煽动分子造反派划清界限。

德穆兰用尽办法，让自己的报纸打了翻身仗，压倒了《杜歇老爹报》。那些激进报纸已经形成了定式，大革命永远被他们说成是不断向前、永远进步的，从当初的肮脏可耻、人心沦丧、因循苟且，向着高尚纯洁和人人参与的民主社会阔步前进。而德穆兰敢冒天下之大不韪，打破常规，把草创时期的大革命道德标杆进行了一番罗曼蒂克的美化，至少1789年时在各个街道和各个分区打打杀杀的就是这样的。他很喜欢回顾（不止一次）自己在7月12日巴黎起义打响第一枪时的功绩，并且拿来和当时的埃贝尔相比，刻意显出两者的悬殊，那时候埃贝尔还只是个瓦莱特（Varietes）剧场的检票员呢。就这样，"新科德利埃派"受到了攻击，说他们滥叨名爵，争抢荣衔，这些荣誉是老一代革命人士都非常珍惜，没有他们，也就没有现在这些人的饭碗，根本别提这么堂而皇之地出版他们下流无耻的诽谤了。（他特别提到了卢斯塔洛，让人民记得这个真正的人民新闻领域奠基人所作出的卓绝贡献。）同时他对埃贝尔那种假惺惺的"执政为民"的丑态进行了无情的抨击，批得体无完肤。他特意要选用这种说话方式，对埃贝尔的报纸进行反击，等于重新拾起了一种浅显易懂、风格清新而又暗含讽刺的风格，没有马拉的那种激昂咆哮的气势，却更好地反衬出自己个性的耿直，和埃贝尔这个欺世盗名的乳臭小儿形成极大的反差。他的文风暗含了这样的一层意思，即本人的写作方式，即是本人的处世之道。埃贝尔写出来的东西就是"死人话"，好像一段文章里多用几次该死的和滚他娘的，就能够体现他的德操和正直。埃贝尔揭发他，说卡米尔找了个富家小姐，他针锋以对，作出了一副坦诚无欺的样子，来博得罗伯斯庇尔的好感，说是他妻子带来的所谓"财富"，确切地说，总共只有4000利弗尔。而他的这位对手，倒是挺会装穷的，靠着和布肖特和樊尚的关系发行他的小报，便捞到手12万利弗尔，弄得好像那是军队的军报似的！德穆兰甚至还照着自己的方式给埃贝尔算了一笔收入账，好让人们看看，这位杜歇老爹，是多么会替自己捞油水。

但是德穆兰并不止要扳倒埃贝尔一个人。他还帮着反驳恐怖派对于丹东的攻讦，这些人觉得，宽容政策对他们构成了威胁，而德穆兰的辩护，要比12月丹东自己在雅各宾派会议上所作的自我陈诉产生了更好的效果。他的话简洁干脆，直入主题，说攻击丹东，正好是威廉·皮特求之不得的事情（噢，皮特，你的神机妙算，令我钦佩！），这样一来，就更能让罗伯斯庇尔相信，这些极端分子，实际上就是一帮反革命。在以后的几期

[686]

中，德穆兰又对丹东和罗伯斯庇尔必欲除之而后快的烦恼，那些非基督教化的支持者，进行了抨击。"自由，"德穆兰提醒读者，"自由不是歌剧中的仙女，不是一顶红帽子，也不是肮脏的衬衫……自由是幸福、理性和平等。"抓住这一点，他把矛头直接对准恐怖政策本身，首当其冲的就是惩治嫌疑犯法。如果政府要求他要为自由流血牺牲，那政府就应该遵从这一原则，打开狱门，将20万"被汝等指为嫌犯的人民统统释放，因为根据《人权宣言》，没有所谓的'关押嫌疑犯的场所'"。这将是"您采取过的最具革命性的措施"。究竟该何去何从呢？

你想用断头台消灭所有敌人吗？这将极其愚蠢。你能在断头台上消灭一个敌人，而不与十个他的家人和朋友结怨吗？你真的相信女人、老人、弱者、"利己主义者"是危险之人吗？只有懦夫和病人不在你的真正的敌人的名单中。

而另外一些人，比如有固定年金收入的，已经自己开店营业的，则都被抓了进来，监狱里到处都是这样的人，实际上他们很多人不应该成为泄愤的对象，好多都是无辜的。

在第四期上，德穆兰建议马上进行一项专门改革，成立一个"宽恕委员会"，独立于救国委员会和治安委员会之外，可以对存有疑问的控诉和判决进行复核。当然这样做，就等于对公社一手把持的大革命法庭提出正面挑战。它将会撑起一把保护伞，使人们免遭恶意指控的侵害，对那些过于放肆、蔑视法律的行径予以纠正。德穆兰有一个朋友，就因为曾经和某个后来政治上失势的人共进晚餐，结果遭到控告，被抓了起来。革命期间，人们得特别当心，德穆兰并不忌讳援引米拉波（尽管措辞上要比那位演说家更文雅一些），他这样写道："自由像娼妇一样，喜欢躺在死人的床垫上。"

宽容派的武器库里，《老科德利埃报》是最厉害的撒手锏了。该报故意显得语调平和，把革命队伍中的精英阶层作为自己的读者群，这其中不仅仅是国民公会中的那些人，而且还包括巴黎西部和中部分区的那些对于公社的欺凌感到难以忍受的人，那些为德穆兰的绝妙质问拍手叫好的人："这世界上还有比《杜歇老爹报》更加下流无耻、令人作呕的东西吗？"而且更加特别的是它瞄准了一个人，正如丹东和德穆兰都心知肚明的，成功与否就取决于他了，此人就是马克西米连·罗伯斯庇尔。在第四期上，德穆兰甚至还回忆起当初他们曾一起就读于路易大帝中学的往事，并且明确地发出呼吁，请罗伯斯庇尔将人性的美德和爱国主义结合起来加以考虑。

实际上罗伯斯庇尔对他的这个观点非常赞同。他实在是对那些非基督教化分子忍无可忍了。这些人在 11 月 11 日的所作所为实在是太过分了，居然把那些教堂内的财物装了几大车，拉到了国民公会大厅，很随便地将它们倒在地板上。雕版画上，无套裤汉穿戴着大主教的法冠和道袍。他也曾经以个人身份出面，阻止对 73 名国民公会议员的逮捕，这些人在 6 月份的时候签署了一份请愿书，反对驱逐吉伦特派。更加让人吃惊的是，哪怕到了三个月后东窗事发，他仍然立场鲜明地支持丹东，坚决为他辩护，反对在 12 月 3 日雅各宾派会议上对他提出的批评。他甚至还表示，谁要是打击丹东的爱国赤忱，那就等同于做了和威廉·皮特一样的可耻勾当，因为皮特最希望看到的，就

[687]

是爱国者相互残杀。

　　罗伯斯庇尔明显倾向于宽容派，他们便坚持继续发难。丹东在国民公会的另一个盟友菲利波（Philippeaux），针对当下的野蛮行径和贪污腐败问题，发表了一份措辞严厉的报告，他认为，这些罪恶的行径，都是龙桑和里昂的革命军所为。于是龙桑和樊尚便双双被捕，而且还根据德穆兰的提议，真正建立起了宽恕委员会。现在看来，恐怖统治彻底废除已经指日可待了。甚至经常被误称为"恐怖宪法"的著名的《霜月十四日法令》（12月4日），实际上也是为了对付所有以体现共和派的正统纯粹为借口，急不可耐地想要进行野蛮报复的人。虽则它对救国委员会的一切"宪法权威"都表示服从，但它也阻止了那些权柄亲操，独断专行的狂热分子的为所欲为。地方的革命委员会必须要每隔十天给区政府递交报告；没有一个政府官员（包括特派员）有权在国民公会宣布生效的法律之外另作补充，也不允许强行征收贷款，或者随意征税。当然，更多情况下，还是要看救国委员会的脸色行事。但是12月15日收复土伦（仰赖波拿巴将军）和一周之后，又传来在萨沃奈对旺代叛军决定性一战中获得大胜的捷报相继传来，宽容派更是前景光明，军事形势一片大好，这也为他们采取更加宽松的政策增加了一份胜算。

　　但是他们很快就会遭到迎头痛击了。在12月21日这天，刚刚从里昂赶回的科洛·代尔布瓦便出现在雅各宾派会议上。他在会上对那些该为龙桑入狱负责的人（特别是法布尔）进行斥责，并对雅各宾成员的卑躬屈节，软弱寡断提出批评，还一本正经地装出一副前线作战归来，发现本乡民兵怯懦无能时的那种口气，说道：" 两个月前，当我离开时，你们热切渴望对里昂城臭名昭著的阴谋者展开复仇。但今天我几乎看不出公众有何想法。如果我晚两天回来，我本人都可能会遭到起诉。"最后，他反问道：" 究竟是谁在同情反革命者？谁在为刺杀我们兄弟的凶手的死痛苦难过？当祖国的心脏都要被撕裂时，又是谁在为自由的敌人的灭亡哭泣？"

这是演员科洛最精彩的表演之一，从此，宽容派开始疲于应对。对科洛提出的这些问题，埃贝尔欣喜若狂，说出了一连串的名字：德穆兰、法布尔、菲利波、布东等人。尽管法布尔在印度公司欺诈案中的腐败行为当时尚未大白于天下，但他已经成为了众矢之的，越来越多攻击的矛头向他袭来，不光是科德利埃俱乐部向国民公会递交的请愿书，还有来自其他各方面的攻击。但是真正的关键时刻，却出现在救国委员会本身。科洛跟比约-瓦雷纳还有仍在代表团中的圣茹斯特是盟友，危急时刻也能指望帮忙。治安委员会对于宽容派更不会手下留情。委员会内最为狂热的一名恐怖政策支持者瓦迪耶（Vadier）就曾经说过，他真想"把大肥鱼丹东的心肝挖出来"。据说丹东非常干脆地回敬道，如果他敢动他一根寒毛，他就把瓦迪尔的脑子给吃了，然后往他的脑壳子里拉屎。

对罗伯斯庇尔来说，霜月十四日法令所设定的"井然有序"的革命政府体制如今正变得岌岌可危。救国委员会的凝聚力，尚无法承受严重的宗派分裂，因为丹东派和埃贝尔派都拥有强大的影响力，已经让委员会遍体鳞伤。超越"派别分歧"对于维护其执政权威十分重要，实际上就是要不偏不倚，各打五十大板。更何况，在 1 月末或是 2 月初的时候，他得到了关于法

[689] 布尔犯罪的确凿而又令人触目惊心的证据：可能就是那些签名本身吧。罗伯斯庇尔最恨的就是以爱国为名，行罪恶之实。他也并不十分希望自己被塑造成为一个偶像。比约-瓦雷纳一直对他赞成宽恕委员会的做法予以嘲讽，罗伯斯庇尔不得不进行非常软弱无力的申辩，说自己并没有在其中担任一官半职。但很显然，他已经被法布尔牵着鼻子走了，甚至允许法布尔参与调查法布尔本人涉嫌其中的欺诈案！因此，罗伯斯庇尔才会倾向于完全取消宽容派运动，这真是虚伪到家了，其目的就是要掩盖那些罪犯的，特别是法布尔的犯罪证据。他仍然相信，丹东并未牵连其中，而在得知其夫人在二月去世之后，还给丹东写了一封措辞极为热忱的私信，回忆起他们多年的友谊。他对丹东提出的要求，就是要他和他那些贪腐堕落的朋友断绝来往，严格遵守委员会的条令章程。这实际上等于是要求丹东指认法布尔甚至德穆兰是有罪的。对于这个要求，丹东严词拒绝了。他这样做，显然是对朋友过分仗义了，甚至在这些人的欺诈行径完全暴露之后，也不肯为了国家的利益，作出必要的"不带个人感情的"牺牲。这在罗伯斯庇尔看来是多么的不可原谅。如果丹东不能像布鲁图斯那样去做，那么他就该像布鲁图斯的两个儿子那样被处死。

反过来说，罗伯斯庇尔也并不是有心要允许对宽容派进行检举控诉，来成就极端派的好事。甚至当埃贝尔在权衡利弊后，暂缓一下非基督教化的进程，他依然没有原谅埃贝尔的行为。罗伯斯庇尔最不想看到的就是公社的暴力政治得以恢复，对委员会构成威胁，而龙桑和樊尚得到释放，也让无套裤汉欢欣不已，这就更加大了非基督教化运动的胜算。委员会也承认，经济恐怖政策造成了更加严重的后果，通货膨胀没有得到减轻，反而进一步加剧（正如巴尔巴鲁预料的那样），故而他们也正考虑调整最高限价，把运输成本考虑在内，这样至少能让生产者有一定积极性，鼓励他们将货物从原产地运送出来。考虑到肯定会有抗议之声，认为这是无视政府对于穷人的责任，圣茹斯特抢先颁布了两部激进的风月法令（一次是在2月26日，一次是在3月3日）。法令规定，将那些从流亡者手中收缴的财产分发给最穷困的人。但是它也有先决条件，那就是赤贫者必须自己出面证明自己的处境，同时国民公会的其他成员也正酝酿一项提案，将那些无家可归的游民迁徙到马达加斯加去。不管怎么说，这些法案根本就是白纸一张，无法兑现，一方面委员会开会讨论相关问题的次数太少（罗伯斯庇尔自从2月初起就一直生病），另一方面，有很多更加重要的政治问题需要决断。

[690]

在圣茹斯特第二个法令提出后的翌日，埃贝尔和卡里耶（在南特用溺刑处决了一批牧师刚刚回来）便用布把科德利埃俱乐部里的自由女神半身像给蒙了起来：这就是一个准备发动起义的暗号。但是他们绝望地发现，霜月十四日法已经使得民众动员机制完全失效。革命委员会内部充满了政府的密探，这些人对于这些"起义"可以说是了如指掌，要比那些发动起义的人经验更丰富得多。起义者公社现在要讨好委员会，并不理会埃贝尔的要求，拒绝出动军队，这次起义于是就这样流产了。五天后，圣茹斯特提交了一份报告，对党内的派系斗争大加鞭挞，并将分裂者作为"政权大敌"和反革命工具来对待，于是在接下来的几天内，埃贝尔的几个主要的党羽都被逮捕，包括那些早先被法布尔在"境外阴谋"名单中点到的几个。其中就有性格孤僻的阿纳卡西斯·克洛茨，这位以"人类演说家"自居的人，为了证明自己的无辜，可怜兮兮地写了一份自白书，说"如果我曾犯过罪，那也是我当时太天真坦率，马拉曾对我说'克洛茨，你真的是个不可救药的蠢货'。"这句话，至少这位人民之友倒是没有说错。

3月24日这天，埃贝尔和他的19个同党便一同去"暖手"去了；或是"望穿共和国的铁窗"；要不就是"用国家剃刀来修脸"（还有好多《杜歇老爹报》爱用的滑稽说法）。很多来看的人带着一种强烈的幸灾乐祸的心情，特地跑来看这个对砍头杀人高声叫好的家伙，拿他取笑，眼见得自己快要脑袋搬家，他居然也吓得魂飞魄散。外围人山人海，欢呼哄笑，人们迎候在路上，看着埃贝尔一帮人被押赴革命广场。"那些人死时就像怯懦的软蛋。"有个男人这么说，边上的政府密探正好听到这句话。"我们以为埃贝尔会更有勇气，但他死得像个废物。"另一个这么说道，显然，是对因果报应这一套非常热衷。

一周之后，丹东和一些他的密友，包括德穆兰、拉克鲁瓦、菲利波，又隔了一天是埃罗·德·塞谢勒，都相继被抓。当然，诛杀埃贝尔也就意味着宽容派末日的到来，因为单单压制一方，却对另一方听之任之，就会和两派极端势力的中坚分子拉开距离，造成严重后果。3月29日，两位大人物最后一次会面。丹东试图要让罗伯斯庇尔相信，他们之间的友谊，就是被科洛和比约给破坏的，就是这两个人，在他们中间挑拨离间，这样两人就可以逃脱罪责，免受严苛的恐怖政策的惩罚。但是罗伯斯庇尔听不进去。他反而要求丹东不要再护着那些不打自招的腐败分子，这样还能自我保全。这可真是话不投机，对牛弹琴。

关于逮捕当夜的情况，有一种说法比较可信，说是马拉的姐姐阿尔贝蒂娜（Albertine）曾对丹东提出过警告，提醒他去国民公会告发委员会。一开始丹东不愿意这么做，因为这就意味着要求放逐罗伯斯庇尔，但是后来还是被说服了，别无选择的他只得前往。但是刚刚走进议会大楼，只见马克西米连和卡米尔·德穆兰两人似乎相谈甚欢，于是他便放松了警惕，仍旧回家去了。结果就在当天深夜，他便遭到逮捕。

前往逮捕丹东的人都清楚，要想近身上前一举擒获，还是有相当难度的。对付埃贝尔这样的，只不过像杀一只鼬鼠一样（虽然他会龇牙反抗）。可是现在要对付的是丹东这样一头受伤的雄狮，下手必须要快，此人喑呜叱咤，足令巴黎震动。3月31日晚间，两个委员会代表在一起开联合会议，商讨对策。圣茹斯特拟出了一份控诉书，甚至还洋洋得意，说第二天要拿来在国民公会上当众宣读，之后便下手逮捕丹东和他的死党。瓦迪耶和阿马尔疑惑地看着他，怀疑他是不是精神错乱了。他们坚持认为，首先是要抓到丹东，然后再发布声讨，这样无论你怎么谴责都可以。否则的话，只能带来灾难性的后果。他们竟然对于他的话不屑一顾，更别说他身上的大丈夫气概，和丹东相差甚远，圣茹斯特怒不可遏。但是治安委员会的警察们，当然自有其办法。

针对丹东的控诉，最后由罗伯斯庇尔修定，即使以大革命法庭的标准来衡量，也是漏洞百出，站不住脚的。针对埃罗·德·塞谢勒的指控更是含糊其辞，似是而非。罪名是他过去曾是一名贵族，对此埃罗提出反驳，称他最好的朋友米歇尔·勒佩勒蒂埃，更是出身高门显户。丹东更是被扣上了许多涉嫌欺诈的罪名，称他背信弃义，策动阴谋，暗中扶植奥尔良公爵登位，在9月大屠杀中，试图营救布里索等人，还有，只要一提到美德两字，他便发出不屑的大笑。总而言之，他就是个十恶不赦的坏蛋。显然，委员会希望借着印度公司诈骗案中牵涉到的诈骗犯，迫使丹东和德穆兰就范，包括一大批形形色色的外国人——弗雷兄弟、西班牙人古兹曼、丹麦人弗雷德里克森、比利时人西蒙——就凭诈骗这一项罪名就可以置他们的对手于死地，哪怕没有任何证据可以证明他与此有牵连。

4月2日这天，大批群众涌入法庭，因为丹东的追随者仍然声势浩大。富基耶-坦维尔直到宣布开庭之前一直静静地等候着没有出现，因为他想要让民众保持对审判的关注。但是他仍然面临风险，人们的吵闹盖过了法庭问讯的声音。这样一来，庄严肃穆的法庭气氛也就没法维持，对他的心情也造成了影响。甚至在被告人数上也出了问题，丹东的老友韦斯特曼，坚持要和朋友一起接受审讯。审判长向他保证说"这无非是例行公事罢了"。丹东马上发话："我们出现在这里，也只是例行公事。"真可谓出师不利，桩桩都出了差错，可见丹东是何等的沉着淡定，对于这个在公众面前自我展现的舞台有多么娴熟的感知能力。他口若悬河，连珠炮一般，庭长埃尔曼根本无从插话，便只能问道："你没听到打铃吗？"丹东答道："我是在为自己的生命和尊严辩护，小小铃铛的声音有什么值得注意的？"确实，他决定要充分利用自己嗓音洪亮的优越条件，压过法官的气势，因为他深知，高亢深沉的嗓音，会让那些指控听起来显得十分荒唐可笑，而且这样似乎还能证明自己的伟丈夫气魄，正好与共和派的优雅和美德相得益彰。之所以声如雷霆，是因为满腔爱国之情。第二天在法庭上，一开始为自己辩护的时候，他更多地是对着公众讲话，而不理睬法官和陪审团，他宣称："诸位，请听我讲完后再对我进行评判，我的声音不仅你们能听到，整个法兰西都能听到。"

这也正是法庭所担心的。他们不允许丹东按照自己的方式左右审判，对于他要求找来一系列证人的要求嗤之以鼻，指斥其狂悖无耻，证人中包括救国委员会成员，比如罗伯斯庇尔和罗贝尔·兰代，只有兰代和丹东的那些同事，拒绝在逮捕令上签字。尽管有关这次审判的资料没有完全保留下来，但是似乎丹东滔滔不绝地讲了整整一天，把那些针对他的指控，像掸去爬上衣服上的小虫一样轻易地驳斥了回去，取得了很大的成功。"诽谤我的懦夫敢和我当面对质吗？"他大声质问，带着一种泰然自若的语气自我夸耀道，"我的住所不久会被人忘却，但我的名字将在先贤祠中永垂不朽……我的头颅就在这儿，等着回答你们所有的问题。"最后，丹东似乎要将这个道德堕落的渊薮升华为悲情演说的圣殿，把自己的遗言变成重如千钧，值得人们永世铭记的箴言，他就是荷马长诗中的大英雄，古罗马千秋青史中走来的爱国者。

在过去两天的审判中，法庭已经知道丹东是什么样的人。明天他希望在荣耀的怀抱中长眠。他从未请求过赦免，你将会看到他带着他一贯的沉着冷静，问心无愧、从容地走上断头台。

在遭到拘押和审讯期间，丹东分子都关在卢森堡监狱，那里可能是大恐怖时期最干净的一所监狱了,在那里见过他们的人,后来都清楚记得,丹东和菲利波两人,总是一副故作轻松的样子,特别是丹东,似乎和自己年方二八的续弦少妻露易丝分别,也毫不在意。倒是卡米尔·德穆兰情绪极为低落,他和他一直深爱的露西尔分开之后,那姑娘倒是挺主动的,只要有时间,总是来看他,站在准许的距离外,这让他这个做丈夫的既感到激动,又备受煎熬。在被处决前的诀别信中,他告诉妻子,当自己一看到她和她的母亲,自己的悲伤和哀痛就被抛到了九霄云外。这封信写得实在是动人心魄,一个男人在此时完全倾吐出自己的心声,丝毫没有悲伤和遗憾,完全沉溺于一种浪漫的梦幻之中,这是一个想要完全抛却尘俗的繁杂,静静独处的告白。

> 我的露西尔,我的心肝,尽管我遭受了折磨,但我仍然相信有上帝,我的鲜血将洗刷我的过错,有一天我会再次见到你,噢,我的露西尔……死亡将使我摆脱那么多罪恶的景象,却是这样的不幸吗?别了,露露;别了,我的生命,我的灵魂,我在世上的女神……我感到生命的河岸在我面前退去,我又看到了你,露西尔,我看到我的手臂紧紧揉住你,我被缚的双手抱着你,我被砍下的头颅靠在你身上。我要走了……

直到此时丹东依然斗志昂扬,他还是不断提出,自己有传唤证人的权利。他的要求非常坚决,而公众又十分支持,圣茹斯特担心法庭会招架不住,便亲自前往国民公会,告诉他们,犯人正在煽动闹事,对抗法庭,还对他们说,德穆兰的妻子也涉嫌参与了一个企图暗杀救国委员会委员的阴谋当中。这些指控听上去都很荒谬，但是对于委员会来说，却是十分可信的，他们便来到法庭，让富基耶继续按他惯常的直截了当的方式，向陪审团提出"询问"，是否他们都已经完全"听清"了。他们于是都说听清楚了。丹东知道自己最后的要求也没能起作用，他万念俱灰，听天由命了。在狱中，据说里乌夫贴着墙根听到，丹东抱恨长叹，说共和国在这样一群无知之辈统治之下，满目疮痍，而自己竟然就要这么撒手别去。"如果你把我的肝胆留给罗伯斯庇尔，把我双腿留给库通，那么委员会存在得或许能更长久。"

4月5日这天，丹东、埃罗、德穆兰和其余一些人走到了他们生命的尽头。面对刑场黑压压的一大片、多数默不作声的人们，他们显得十分庄重和沉着。丹东还想抒发一下此时的心情，表达一下自己的友谊。他想要和埃罗·德·塞谢勒，这位由高等法院的奇才转变成的犯下弑君罪的雅各宾分子来一个拥抱，但是行刑的桑松却非常蛮横地把他们推开了。据说丹东说了这么一句话："我们两个人的头颅会在篮子里相遇的，他们阻止不了。"但是他临行前最后的一句话却说得更妙。站在木板前，衬衫上溅着生死至交的鲜血，丹东对桑松说："不要忘了把我的头颅展示给人民看。费这点工夫还是非常值得。"

[694]

第十九章
千年盛世
1794年4—7月

一、家破人亡

[695] 马尔泽布担心的不是自己，而是他的家人。在国王受审的危险时刻，国民公会的一名代表曾经质问他："你为什么会这么大胆？"他对此回应道："因为我把生命视作草芥。"这倒是真话。大恐怖吓不倒一个72岁的老人。委员会似乎要将那些缔造了法国历史的人物统统铲除，好重新编写一段新篇章。他也料到，迟早会轮到他自己。不管怎样，老而不死，苟延于世，已经是厚颜无耻了，因为他是可能将大革命之前便已发轫的这段改革历史传播后世的。更可恨的是，"贤人马尔泽布"的大名广为人知。大恐怖当局认为这是对公理的一种挑衅，所谓的公理，是认定只要是在王政时期做过官，又在革命政府任过职的，就和"卡佩"王族脱不清干系，就要被打上腐败和苛政的烙印。

不管怎样，现在除了坐观事态变化，别无他法。国王被砍头之后，他回到了在卢瓦雷省皮蒂维耶（Pithiviers）附近的马尔泽布庄园，并让家里人都回来，待在他身边，似乎这样一家团聚，可以给他们带来力量和信心。他最小的女儿，弗朗索瓦丝-波利娜（Françoise-Pauline）和丈夫蒙布瓦西耶（Montboissier）住在伦敦，是唯一没能回到身边的至亲。女儿写来一封信，字里行间充满着关切和担忧。一想到她，亲人们就感到特别心酸，这姑娘已经是第二次流亡在外了，1789 年的时候她曾经逃离此地，前往瑞士，然后在 1792 年春天又回到了法国，9 月大屠杀发生之后，她决定远渡英伦，于是便随着 10 月的流亡大潮离开了。马尔泽布原则上反对逃亡异国，但是也知道女儿确实有生命危险，便也催促她快走。可现在只要想到女儿，便心如刀绞。他清楚地知道，自己今生再也见不到女儿了，但是想到自己一家人总算留下了一支血脉，能够免遭迫害，心里才稍稍感到一丝宽慰。

他的次女叫玛格丽特（Marguerite），已经将儿子女儿都接回庄园了。二闺女 38 岁了，嫁给了巴黎高等法院的前院长勒佩勒蒂埃·德·罗桑博（Lepeletier de Rosanbo）。这一身份本身就让他成了受监视的对象，虽然和共和国第一烈士勒佩勒蒂埃攀上了亲戚，但这似乎并没有给他带来什么好处。而且，二女儿夫妻俩的三个女儿中，有两个也嫁入了同属司法贵族的名门大家：阿琳-泰蕾兹（Aline-Thérèse）许配给夏多布里昂的大儿子让-巴蒂斯特（Jean-Baptiste），而吉耶梅特（Guillemette）嫁给了勒佩勒蒂埃·德奥尔奈（Lepeletier d'Aulnay）。1793 年 3 月 12 日，马尔泽布家举办了最后一场婚礼，玛格丽特的小女儿露易丝，和来自诺曼的将门公子埃尔韦·克莱雷尔·德·托克维尔（Hervé Clérel de Tocqueville）成了亲。

在九月初，马尔泽布自告奋勇来为玛丽-安托瓦内特辩护，正如他曾为国王所作的一样。这个提议被拒绝了，但是他这么

[696]

做，实在是太不顾及自己的安危了。实际上，处境最危险的是罗桑博，在1790年的时候，他便在巴黎高等法院的紧急诉讼审判庭（Chambre de Vacations）担任庭长，在司法机构处于整体停摆状态的时候，该部门却一直在履行审判功能。和许多其他主权法院的同僚一样，他也尽了他分内的职责，写了书面的抗议书，反对立宪会议撤销高等法院。这使得他很快就被扣上"阴谋颠覆法国人民的自由和主权"的帽子。1793年12月16日，一家人正在一起用晚餐，一群国民卫队的士兵闯了进来，手拿罗桑博住家所在的邦迪（de Bondy）分区革命委员会签发的逮捕令前来抓人。这伙人开始四处搜检，翻出了一份可以作为罪证的文件。次日上午，当着罗桑博和玛格丽特的面，将他们的藏书全部查抄，伦敦小妹的很多来信，也都被搜了出来。

次日玛格丽特的丈夫便被带到巴黎，关进了新的自由港监狱。19日那天，一家人便开始商量，看该如何是好。吉耶梅特的丈夫已经跑了（五月份在涅夫勒被抓）。而当前最危险的似乎是阿琳的丈夫夏多布里昂，因为他是个逃回国内的流亡者。马尔泽布劝他还是逃走，但是在当地农场躲了一阵子之后，他下定决心，不能把自己的妻子和一个五岁，另一个才三岁的孩子丢下不管，于是他回到了庄园，选择和他们待在一起。虽然搜遍了马尔泽布所有的文件材料，都找不出什么可以定罪量刑的证据，但是显然，他和他的孩子们，都已被列入当初抓捕罗桑博的逮捕令名单中了。将所有的旧制度名门望族斩尽杀绝，已经成了革命委员会和革命法庭引为荣耀的事情了，似乎只有将旧日统治阶级的一切力量统统消灭，才能建立自己的权威，这也关系着共和国的未来。洛梅尼·德布里安就是一例，不但本人被抓，而且株连了同姓亲族不同辈分的其他四人也一齐下狱，最后统统开刀问斩；迪普莱西家族也未能幸免，古韦尔内·德·拉图尔·迪潘一家最后也会被揪出来。12月20日，武装押运人员坐着两辆马车，将马尔泽布-罗桑博全家带到了巴黎。

一到首都，他们便被分别关押：罗桑博夫人送入了英格兰修女院；她的两个女婿，托克维尔和夏多布里昂，则关在拉福斯监狱，马尔泽布和十六岁的孙子路易被投入玛德洛内特（Madelonettes）大牢；三个女儿被送到了另外一所位于马莱区，当时还未改造成监狱的修女院。过了几天，治安委员会答应了他女婿的要求，于是一家人又得以在自由港监狱重聚。

对于大恐怖时期的犯人而言，这里是恶劣得多的关押地。尽管冉森教徒素以能吃苦著称，可是从圣佩拉吉和拉福斯监狱转到这里的犯人，个个都感觉到，在这里灿烂阳光和新鲜空气实在是一种奢侈。600名囚犯中，最扎眼的就是旧制度时期的那些官员和金融家，他们被革命委员会成批抓来，像公共社团的临时博物馆的展品一样集中在一起。之后陆续又有一批人被抓进自由港，包括拉瓦锡在内的27名总包税商还有一大群的总破产管理人，前政府部门的高级官僚，包括圣普里斯特在内的各省督办官，此外还有一些是高等法院法官，所有这些人都和罗桑博一样，很快就被转移到了玛德洛内特等候审讯。这么多从前的巴黎文化界名士咸集于此，自然要成立一个狱中沙龙。每到晚间，他们便会听维热（女画家的兄弟）朗诵他的新诗，或者让弗勒里和德维耶纳这两个演员来一段拿手的念白，或聆听维特巴赫的中提琴演奏，那乐声似流水低吟，哀婉幽咽，监牢四壁都觉余音飘荡，久久不绝。

众人相会，一种强烈的清高之气弥漫其间。当他们听说，偷窃德巴尔夫人（Mme Debar）怀表的是个仪态儒雅的年轻人，而且出身于迪维维耶（Duviviers）这样的好人家，都感到十分震惊。他把表偷到后藏在一堆待洗的脏衣服里，然后让他的相好，一个在歌剧院唱戏的姑娘夹带出去，让她能卖多少，便卖多少。倒是有个主顾确实看上了这块表，肯出 500 利弗尔，但是人家要拿到白纸黑字的物权契约才能给钱。姑娘没办法，只能实言相告，称这表不是她的，她还给情郎写信诉苦，说这差使实在是干不成。不料此信落在一名狱卒手里，于是偷表的小伙子只能认罪。狱友们从此便都像躲瘟神一般避着他，直到他后来被转到另一处条件更差的监狱去。

[698]

到三月份又送进来一批犯人，都是他们过去不共戴天的对头：那些埃贝尔的死党。昔日仇人沦为阶下囚，特别是埃贝尔对他即将到来的命运惶惶不可终日，那些贵族高官看在眼里，几乎个个拍手称快。印刷商莫莫罗的老婆，日子更加难捱，据说在圣母院举办的非基督教化庆祝会上，扮演"理性女神"的就是她。还有一个是巴黎革命军军官，雕刻家贝尔托，别看平日里吹胡子瞪眼，一副天不怕、地不怕的神气，事到如今竟也"像婴儿一般不停啼哭"，着实让人心生鄙视（实际上他倒是因为不够激进，并且曾经力挺拉法耶特才被抓的）。而他的上司，指挥官龙桑却恰恰相反，气定神闲，十足的贵族派头，至少看起来满不在乎的样子。

对待这批人还算客气，并未太过为难，马尔泽布还时不时地纵论古今，回忆自己的峥嵘岁月，并常常谈到前朝的宫中之事。当着昔日太子近臣于埃（Hué），他坦率承认："若想成为一名好大臣，仅靠博学和正直还不够，杜尔哥和我就是前车之鉴。我们拥有的仅是书本上的科学知识，对人性的了解几乎为零。"然而，他也常常转而谈及国王本人悲惨的遭遇，谈及他受审的事情：一个人对自己的处境惶惑不解，却因不忍他人遭难，情愿流尽自己的鲜血。

到了4月18日，案子审理进程突然加快，罗桑博被带到巴黎古监狱候审，在这段时间内，马尔泽布还想据理力争，作最后一次尝试。他口述了一张便笺，谈到了他女婿，附在一封信里，托人交给富基耶-坦维尔，恳请他务必一读，以免在断案时失之不周。马尔泽布可真是老谋深算，他搬出了圣茹斯特这张牌，当初在审丹东的时候，他就说过，早在1790年的时候，便有一股奥尔良党人，想要阴谋颠覆立宪君主制。他认为，从忠勤王室的角度看，罗桑博是个非常高尚的爱国者。更何况，在当时的情况下，起草一份这样的请愿抗议书，天经地义，哪里还需要什么共谋。最后，他在信中把罗桑博说成是一个真正的良善的公民（正如他自己被马勒塞布市政当局所认可的那样），当然是在这个词被发明之前。

凡是认识他的人都知道，司法管理方面没有人比他更严谨、更无私，待人接物上没有人比他更热情周到，处理诉讼时没有人比他更像一位"尚礼君子"（*honnête homme*）。革命之前他便已开始践行这些个人的美德，热爱人性，敬重同事，对他的公民同胞表现出了少见的、珍贵的友爱，最后一点对于我们的民族再生尤为重要。

便笺（不消说，根本没有打动这位检举人）被抄录了一份，送到罗桑博手上。信上还附有他十六岁儿子的几句话，一开始这孩子还表现得很坚强，到了晚上，便忍不住放声大哭。他的夫人也给他写了最后的一封家书。这样的诀别信，自然都是满含天伦骨肉难以割舍的缠绵之情，而在雅各宾党人看来，贵族根本没有情感可言。

你知道一直以来，我一心想着依偎在你身旁，照顾你，和儿女共享天伦，一起奉养我年迈的父亲……咱们不久就将重聚，我的爱人，我多么希望如此。别了，我最亲最爱的朋友，你要知道世上有一个人，她只为你活，她全心全意爱着你。我的父亲、姑姑和孩子们此刻也都和我怀着同样的心情……

法布尔的新历花月初一橡树日这天，罗桑博被送上断头台。第二天晚上，马尔泽布也被带到了法庭。针对"图谋破坏法国人民之自由"和"为戕害及颠覆共和政权，无所不用其极"的指控，他断然否认。而给他女儿的罪名是与"共和国内外之敌"暗通音问。对马尔泽布的指控，只有一个人作证，这人给革命委员会打了一封报告，说当初马尔泽布的姐姐塞诺赞伯爵夫人曾告诉他兄弟，她庄园的葡萄树都冻住了，他回信说这是好事，这么一来农民们就喝不上葡萄酒了，而他们只要不喝醉，也就不会闹什么革命了。这种荒诞不经、缺乏旁援的所谓证据，富基耶-坦维尔竟如获至宝，揪住不放，说"拉摩仰-马尔泽布从头到脚，反革命之本性昭彰可见"。他提笔所写的，样样都是旧社会的事情；他本人则是整个阴谋团伙的招魂牌，这个反革命团伙中的很多人，都已经受到了"律法之刃"的制裁。他自己跳出来要给国王辩护，而且还和声名狼藉、叛逃在外的女婿一直互通消息，其用心昭然若揭，很显然他是皮特首相安插在法国的奸细。还有他的女儿，和她的丈夫一样，已经沦为大革命的敌人，等等之类。

晚上，路易和他三个姐姐泪眼相对，哭得十分伤心。母亲强忍着没有落泪，但似乎已是心乱如麻，茫然无措。次日早晨，她似乎重新恢复了镇定，对松布勒伊夫人（荣军院原指挥官的女儿，9月大屠杀中为了救她父亲，强自饮下臭名昭著的那杯鲜血，因而声名鹊起）说："你有幸救了你的父亲；至少我能和我的父亲一起死。"和她们同一辆囚车的，还有卢博米尔斯基公主（Princesse de Lubomirski），沙特莱公爵夫人和格拉蒙公爵夫人，以及原先立宪会议的三名代表：于埃尔（Huel）；图雷，也就是那个和米拉波一起设计新分省地图的人；和让-雅克·德普雷梅尼。最后一位可是大名鼎鼎的重量级人物，布里埃纳阵营里的最强硬的一个刺头，当年马尔泽布还是他手下的一个部长呢。但是在1794年春天，分属不同派别，甚至政见相左，互为敌手的前朝老臣被一起开刀问斩，实在已经是司空见惯了。断头机图的是干净麻利，没有那些复杂的程序，它才管不了是敌是友，哪门哪派呢。

马尔泽布是最后一个轮到砍头的，老人不得不眼看着自己的女儿、外孙女和外孙女婿在自己之前身首异处。另外的几个外孙在热月之后便被释放了，但是富基耶-坦维尔犹嫌不足，还把马尔泽布76岁的姐姐和他的两个秘书也一齐处死，其中的一个，是因为在私人物品中搜出了一个亨利四世的胸像（1789年时这还是崇拜的偶像呢），便被定了罪。

在老人而言，一连串的残酷打击，最痛苦的可能就是回想起，他没有听从小女儿的劝告移民国外，不知什么原因便被革命法庭盯上，结果把全家人都给害了。他也确实想过，如果路易听了他的建议，完全舍弃三级会议，支持为避免各等级对立而颁布的全新宪法，那么大革命期间那些最惨痛的灾祸是不是能就此避免了呢？他也知道，无论如何，一旦鲜血开始流淌，爱国主义的言辞冲昏了人们的头脑，他对理性的偏好就不会让他走得太远。1790年的时候，他曾给另一位年迈的高等法院法官罗兰（Rolland）写了一封信，信中说道："在激情暴涨的时代，一定要避开谈论理性。否则，我们甚至可能伤害到理性，因为狂热者会挑动人民起来反对那些在其他时代普遍认可的真理。"

二、美德学堂

罗伯斯庇尔在路易大帝中学读书时的那些老师想必对他的政治教育产生了巨大影响，因为最终，他自视为救世的导师，挥舞着巨大的指挥棒，向人们灌输什么是美德。他渐渐相信，大革命本身就是一所学堂，在这里知识总是与道德相辅相成。此外，不管是知识也好，道德也好，都有赖于规训。他常常喜欢说，恐怖和美德，都是提升个人素养所必须的操练，"没有美德，恐怖是有害的；没有恐怖，美德是无能的。"一旦那些从道德和政治上来说的犯罪分子——那些放纵不羁的人，那些不信神灵的人，还有那些不负责任的浪荡子——被彻底铲除，这所美德学堂便能够敞开大门，欢迎五湖四海的民众，开始这场大规模的操练了。

因此，在罗伯斯庇尔看来，从某些方面来说，国民公会中最要紧的部门不是救国委员会，也不是治安委员会（他觉得这就是像瓦迪耶和阿马尔这样下九流警察头子的地盘），而是公共教育机构。况且，这应该是一个和大革命相伴而生的部门，从塔列朗和西哀士还在担当要职起，一直延续到恐怖统治时期，其间曾提出过许多放眼未来，雄心勃勃，涵盖了从基础教育到新的技术专科大学各个层面的规划构想，立志培养出一个开明的工程师精英阶层。米歇尔·勒佩勒蒂埃在遇害之前，就在思考这样一个宏伟的计划，创办一个基础教育层面的"国民教育之家"，罗伯斯庇尔在此基础上进行了扩充和完善。其核心部分，就是将共和国道德教化的两大支柱——学校和家庭——紧密地结合起来。这样的教育机构，可能也只有勒佩勒蒂埃这样的贵族子弟才能想得出来，在他们的幼年时代，父母照例将他们交给阴郁的耶稣会士任由管教，所以造这样的学校的根本目标，就是要将家长重新请回"教导之家"。学校的规模并不是任意设定的，而是根据所包含的理想家庭数量的规格来安排的，每个学校设定为50个家庭。一年中有10天的时间，每个孩子的父母会住在校内，当一回住读家长，让孩子得到成长所需的父亲的严厉和母亲的温柔。通过这种方式，使孩子在获取知识的同时，还能陶冶自己的家庭美德。另外还会做一些军事操练的游戏，并组织朗诵古罗马的名人演讲，以及学习大量的植物学知识。

不用说，这些方案最后都付诸东流，主要的原因是，正如后雅各宾时代的公共教育委员会所发现的,由于大批牧师被杀害,恐怖当局已经彻底消灭了唯一的一支可以仰赖(而且廉价)的基础教育师资队伍。但是在恐怖统治的最后几个月里,罗伯斯庇尔心中燃烧的改革热情流入到他所有的政策和演说中,直到最后,与这位美德传教士的超然使命感相比,政治本身看起来就像一种肮脏的消遣。

和罗伯斯庇尔有着相同认识的一些雅各宾分子认为,要想实现这样的道德再造,有两个步骤必不可少。首先,非基督教化运动者和埃贝尔分子造成的文化混乱的可怕局面,必须得到根本扭转;第二,必须要一步一个脚印地开展大规模的共和国教育工作,每个公民都要接受教育,而且是各个方面的终身教育。必须有音乐作为载体,还要举办露天表演,庆典游行,要用戏剧表演舞台来宣扬,用大型公共纪念碑来歌颂;要让人们走进图书馆,走进展览会,还要让他们参加体育竞赛,以此来激发和陶冶他们伟大的共和美德:热爱祖国,团结友爱。集体生活的兴奋,很可能会让他们对大恐怖极端时期特有的那些无法无天、肆意破坏的行为产生极度的反感。

对于卢梭的文化革命最热心的一名参与者,就是亨利·格雷古瓦,他是布卢瓦的原立宪派大主教,"汪达尔主义"这个词就是他发明的,用于谴责那些把雕塑绘画和建筑艺术视为天主教、封建制和旧王朝残余,用最野蛮的方式进行破坏的行径。最让人发指的就是对圣但尼教堂皇家陵寝的彻底毁坏。尽管关于无套裤汉用瓦卢瓦和波旁王族的遗骨玩九柱戏这段热月传说可能是谣言,但是遗迹鉴赏家于贝尔·罗贝尔曾有一幅画,可以清楚地从画上看到,棺椁已经从土里挖了出来,墓碑也被推倒,移至别处。格雷古瓦要想批评的话可得当心,因为圣但尼的洗劫行为是1793年8月1日的国民公会批准的,况且再怎么,他也并不是真的想抨击官方对于历史纪念物的毁坏。即使是在大恐怖的"教育颁行"时期,也没有一个雅各宾党人敢于主张,让巴黎的路易十四和路易十五的骑马像重新安放到底座上去。但到了穑月,格雷古瓦便开始敦促公共教育委员会推行一项大胆的计划,让那些打砸团伙别顾着那些罗马新大门了,还是想想怎么让"石墙开腔",说一些深妙堂皇的共和派的正言大道要紧。

穑月二十日,格雷古瓦又盯紧了另一伙捣蛋鬼,他认为这些人和毁坏圣像者一样,是一些危险分子:就是所谓的书蠹,或者叫嚼书虫。这帮人打着共和主义的幌子,想要把图书馆一把火烧个精光,把大革命之前积累的所有文明统统消灭。或许对有些书还是格外开恩,比如英国的弑君者阿尔格农·西德尼和让-雅克·卢梭的著作。这些无知的蠢汉,格雷古瓦说,正在做法国敌人想要做的勾当,他们想要夺走法国的文化遗产,而且一切迹象表明,他们其实和最恶毒的埃贝尔分子一样,是外国人派来的特务。格雷古瓦就此提出对应措施,即建立大型的国家书库——《法兰西藏书目录》(bibliographie française)——把整个系列的私人藏书书目全部整理出来,让普通民众都能查阅。它还可以进行内容延伸,涉及一些让人感兴趣的物品,他给国民公会的报告中说,仅仅在凡尔赛的政府办公地,有待编目的地图便达到12,000册之多,巴黎省更是"汗牛充栋",到处是国宝:图书总藏量在180万卷上下,这都是国家书库建立的资本。如果图书馆和博物院能够加以适当改造利用,致力于提高

[703]

共和党人的品德修养，那么这些地方就会成为"人文精思集萃之所"，对青年人远离轻狂无知和低级趣味非常有帮助，能够让他们"与古今内外之圣贤倾心相谈"。

共和派教育计划里一个主要人物就是雅克-路易·大卫。之前他就接手了一项任务，用统一和不可分割节中的一些雕像为模本，搞一批永久性纪念雕像；其中一座大力神海格力斯像，就是准备建在新桥上，作为献给法国人民的礼物。此外他和小舅子于贝尔两人，正在酝酿一项新计划，对香榭丽舍大道来一番重新设计，打造一个巨大的人民公园，公园中央是穹隆形的露天戏院，最当中是一尊自由女神像，罗伯斯庇尔顶喜欢这种气势壮观的爱国建设项目了（阿尔贝·斯佩尔还不是提出这种超大规模的全民主义建筑理念的第一人）。同时，大卫还得忙着张罗"国服"的事情，款式要体现真正的共和派的精气神——特别是，那种遍地开花的红帽子，无套裤汉标准装束的条纹裤，都得加以改良。似乎还嫌不够，大卫还在歌剧院设计了一个组合开幕式，这可是他最得意的经典之作了，叫做"法兰西共和国开国大典"，老套的说教样板戏看不到了，取而代之的是精彩生动的歌唱、演讲、诵诗节目，雄赳赳的阅兵演练，伴随着一阵阵的礼炮轰鸣，这种铿锵有力的共和美德的澎湃之声，观众就是想瞌睡也瞌睡不成了。

大卫导演的这个开幕式实在是动人心弦，也成为了雅各宾文化搞盲目崇拜的一个样板。它明显是受了古典浮雕作品的影响，让共和派的先进模范排列成行，朝前行进，队伍中央，一驾得胜辇辚辚驶来，轧过了王室和主教残朽的余骸。车前是一群健硕强悍的爱国战士，摆着掷出宝剑，要将气数已尽的旧王室碎尸万段的造型，面容冷峻的海格力斯把这一切看在眼中，他的膝头，坐着身材玲珑的自由女神和平等女神。得胜辇的后边，依次是四位道德楷模：科尔内利亚、格拉古兄弟（大卫最终设计中挑选出来的）、布鲁图斯、威廉·退尔（不久便在巴黎成为了让人顶礼膜拜的英雄），还有一群英勇的烈士，露出圣洁伤痕的马拉、勒佩勒蒂埃，还有最近刚刚供入先贤祠，两位在土伦被英国人吊死的爱国者。

大卫和罗伯斯庇尔将这些高超的艺术技巧熔于一炉，运用到他们最为宏伟的政治缔造项目中去了，那就是在6月8日（牧月二十日）庆祝的最高主宰节。罗伯斯庇尔在之前一个月，即5月7日（花月十八日）便开宗明义，进行了宣讲，演讲稿的起草颇费了一番脑筋，在讲到"道德、宗教思想与共和原则之间的关系"时，罗伯斯庇尔对着困惑不解的听众说道："自然本身是最高主宰真正的祭司；宇宙是他的庙堂；美德是他的宗教；一个伟大的民族在最高主宰的注视下集会并结成全民友爱的纽结，向它（自然）敬献自己纯洁善感的心灵，这便是他的节日。"作完了自然神灵的训诫，国民公会宣读法令"法兰西人民相信最高主宰的存在（上帝估计要对此感激不尽），相信灵魂不朽"（对此他可真的要说声谢天谢地了）。

毋庸置疑，所谓的最高主宰之法则，就是对非基督教化分子的当头棒喝，很多非基督教化派的成员，比如富歇，当时还是国民公会的骨干。在教令颁布的同时，也宣布了最高主宰节盛典的召开，神祇将从精神品质和政治地位上，全面压倒无神论者，几乎是大势所趋。这一次，不用担心埃罗·德·塞谢勒（臭名昭著的无神论者）来和他唱对台戏了。就在庆典举办的前四天，罗伯斯庇尔当选为国民公会主席，这也确保了他将处于权力的中心。

或许6月8日当天的天气，能够让那些无神论者相信，上帝毕竟还是存在的，罗伯斯庇尔就是报喜神使，按照过去格里高利历法，这一天正好是降灵节。一轮耀眼灿烂的红日照临杜伊勒里宫，数千名巴黎人聚在那里，等待破晓仪式的开始。街道两旁已摆满了玫瑰，大卫还找来许多花农，还有许多身穿白色刈草装的少女，手里拎着一篮篮的水果。罗伯斯庇尔从窗口向下望去，对他的同伴维拉特（Vilate）说道："瞧，最有趣的人都集结在此了。"这句话好像是在正式场合演讲时才说的。大卫带着他经常搭档的音乐剧班子，包括戈塞克、马里-约瑟夫·谢尼埃这些人，将这台盛会整个打造成了一幕宏伟壮阔的革命宗教剧。来自巴黎各个分区的代表，组成了一支人数达到2400人的合唱队，每个分区都是由老年男子、母亲、少男少女和小孩子组成的（看来和往常一样，雅各宾文化中，老太太没什么地位）。根据在国家中扮演角色的不同，每一个群体在各自的声部合唱不同的内容，然后下面与他们身份相对应的观众便会齐声应和。在演到高潮段落，比如《马赛曲》的第一乐章和尾声部分，还有新谱的《最高主宰颂歌》时，2400人便会一起高唱，于是全场无数观众也跟着吼唱赞歌，嘹亮冲天，传遍了整个露天剧院。于贝尔花了那么大心思设计，就是为了这一刻。对于罗伯斯庇尔来说，新圣歌是要成为共和国宗教的主旋律，所以谢尼埃草拟的歌词不能让人满意，他一怒之下便撤了他的职，另行启用一位诗人，西奥多·德福尔格·戈塞克来度曲填词，但是听众对于赞美诗，基本上没什么感念，这让大卫十分头疼，

[705]

于是干脆在节庆前的几周时间内，专门从国立学院（Institut National）调来一批音乐教师，专门给各区的爱国人士培训歌词和旋律的相关知识。

颂歌曲章将终，罗伯斯庇尔出现在众人面前，开始作他的午前演讲。他精心挑选了一件蓝色的外套，披着三色肩带，头顶羽冠，但由于紧张，他竟忘了戴上杜普雷的姑娘们特意为他准备的一大束鲜花。（国民公会的每个代表手里都拿着一捆麦子和一束鲜花，虽然像巴拉斯这样的人，板着个脸子手拿鲜花实在不像样。）"法兰西共和诸君，"罗伯斯庇尔开口了，似乎正在宣告奥维德黄金盛世的到来，"正是由你们来净化已经蒙污的地球，唤回已经被逐出地球的正义。自由和美德都是从最高主宰的胸怀中迸发而出的，二者相互依存，缺一不可。"讲话结束的时候，他举起一支火炬，点燃了大卫设计的面目可憎的无神论者仿真模拟像，一边在烧，智慧女神也随之浮出水面（有些人说，看得真真切切；还有一些人说，看起来黑不溜秋的）。"他已化为乌有，"这位完美的不朽之人吟诵道："这个怪物是天才国王呕吐时吐到法兰西的。"

到下午，人群排成长长的队伍，前往战神广场。队伍中间，也是一辆得胜辇（就和歌剧院开幕式的设计差不多），拉车的是八匹牡牛，角上都涂成金色，车厢内是一台印刷机和一架犁耙，代表了受到官方所认可的各种工作。在马车之前较远处，有一辆推车，上边坐着一些盲童，正在吟唱《最高主宰颂歌》，孩子后边跟随着的是佩着玫瑰花的母亲们，父亲们则在前面给他们的儿子引路，手里拿着宝剑，就像大卫的那幅贺拉斯里面的姿势一样。在后来重新被命名为联盟广场的中心，从1790年开始就一直竖立着一尊祖国雕像，而大卫却用一种惊人的速度，建造了一座极其庞大的石膏纸板的假山（实际上是用里昂那个联盟节上的假山作为模板的）。在假山之巅，立着一根 50 英尺高的柱子，上面站着铁塔般的海格力斯，手中托着不断缩小的自由女神像（现在根本就是个小泥塑）。在最高主宰的世界中，自由并未完全褪去光彩，同样位于山巅的一株巨树，也是自由的象征。格雷古瓦曾经在一篇文章中大谈特谈这个问题，力图恢复 1791 年到 1792 年间出现过的自由树祭坛，甚至还表示，用以庆贺上古自由重回人间，橡树是最合适的树种，说橡树是"欧洲所有植物中最美的"。他还说，橡树是自由大家庭世世相传的一种植物，将来有一日，必会遍布全球。因为这种树能够历经数代不朽，种树的时候，还是黄发小儿，等到子孙满堂之时，还能让他们围坐枝柯之下，向他们讲述当年为求取自由而奋斗的峥嵘岁月。

下午的音乐会上，打扮成水果和鲜花的国民公会代表们登上了假山顶，向下望去，只见盘曲的山径边，缓坡上，斜谷中，密密麻麻站满了人，总共有两千四百来号。在这个紧要关头，欢歌嘹唱、军乐鼓号都平息了下来，罗伯斯庇尔走下山来，就像是激进派的领袖一样，在穿着三色旗统一制服的爱国党人挥手作别中离去，头顶上不约而同爆出的鼓掌喝彩，让他听得十分感动。尽管某些角落传出的是不那么友好的声音，但是并没有破坏现场万众崇仰的气氛。"这是永远神圣的一天，"罗伯斯庇尔在 7 月 26 日（热月初八）大声对国民议会说，"万物之灵啊！创世日——您万能的手创造世界的日子——是个光辉灿烂的日子，今日，挣破了罪恶与谬误的枷锁的民众以值得

[706]

您尊重、无愧于其命运的姿态出现在这里,在您眼中,这个日子岂不同样光辉、令人愉悦?"这个问题,当然可说是问得甚为巧妙。

三、热月

巴黎这一头是花香四溢,另一头却是血流成河。在神圣辉煌的歌颂最高主宰的音乐剧中,断头机这种东西是不能出现的,因此罗伯斯庇尔下令把断头机从革命广场上挪走,安放到圣安托万路的路口,也就是后来的巴士底广场那边。它依旧不得空闲,上下翻飞,忙碌了整整三天,最后把那里搞得血污满地,而且六月天气酷热,尸体散发出难闻至极的"冲天恶臭",弄得当地百姓怨气冲天,于是它又得滚蛋了,再次往东面搬迁,被放到了王座关税门(barrière du Trône),也就是现在的市郊王座广场(place du trône)的对面。

在富基耶-坦维尔和很多像桑松这样的刽子手的努力下,断头机刀的效率进一步提高,达到了工业机械时代的水平。就在圣灵节之后的两天,国民公会通过一项法令,保留了极权法制的基本原则。而就在它正式生效之前,发生了两桩刺杀未遂事件,第一次是在5月23日,目标是科洛·代尔布瓦,之后在25日又发生了一次针对罗伯斯庇尔的暗杀,当时一名叫塞西尔·雷诺(Cécile Renault)女子,带着两柄匕首,试图靠近罗伯斯庇尔,结果被逮个正着,她非常想知道"独裁者究竟长什么模样",但是并未尽全力完成刺杀,有了夏洛特·科黛的前车之鉴,人们自然格外小心。在谈到牧月二十二日法令时,库通声称，那些政治罪行要比通常的犯罪可恶许多，因为前者只是"个人受害"，而后者却"危及自由社会之存续"。（这番言论的出台，要比罗伯斯庇尔的讲话更早，到了热月初八，罗伯斯庇尔发表演说，称无神论比饥荒更糟糕，因为饥荒尚可忍耐一时，而无神论所犯之罪恶，却无人能够容忍。）

在这种大环境之下，库通开始变本加厉，因为共和国遭受阴谋威胁，故而"迁就就是作恶……宽容就是弑亲"。划分阴谋家的标准得变，惩戒方式也得跟调整。自今以后，凡是有"扼杀爱国之行"；"妄图沮丧人心"，"散播谣言"，或者是更加严重的"有伤教化，有辱公德，损害革命政府的纯洁和力量"等行为的，都可以被押上革命法庭。革命法庭只做两件事，要么无罪释放，要么开刀问斩。为了加快法庭审判进程，不会传讯证人，受控告方也没有辩护律师。陪审员不都是正直公民吗，难道他们不能凭借自己的判断力，作出不偏不倚、公正有效的裁决吗？

国民公会内部，也不是所有人都欣赏这种方式的。鲁昂普代表就表示暂缓投票，并威胁说，如果他的要求不被接受，他便在国民公会上开枪自杀。罗伯斯庇尔借机暗讽道，谁要是对此法案存在任何不满，只能说明他有不可告人的目的，而且还表示"在座的人都有能力就这条法律做出决定，这和以前处理更重要的事务一样轻松"他认为该项法案应该逐条进行讨论，然后举行投票，于是该项议案在紧张的辞职氛围下得以通过。

处决速度几周以来一直在加快，牧月法令获得通过，起到了更大的推动作用。省级法庭被纷纷关闭，只有奥兰治的一个分庭还在对土伦的犯人进行野蛮迫害，其他各省的嫌犯都被押解到巴黎受审，宣判结果如下：

	处决	无罪释放
芽月	155	59
花月	354	159
牧月	509	164
穑月	796	208
热月（1—9日）	342	84

从芽月的日均5人，上升到牧月的日均17人，进入穑月，每天是26人。

这种后来被称之为"大恐怖"的紧张形势，由于正当法军在战场上时来运转，形势大好的时候，故而变得更加血腥。总动员抽募的兵力达到75万人，而在一开始，这支志愿兵和线列军部队组成的杂牌军曾经度过了极为混乱的磨合期，但好在都挺过来了。卡诺、普里厄·德·拉·科多尔、让邦·圣安德烈在后勤和战略上作出了卓绝的贡献，看来真的要像吉尔伯特伯爵所预言的那样，一场非常可怕的全面战争将会爆发。在格勒奈尔，一天之内就生产出3万磅的炮弹弹药，并将用于前线，炸得联军惊慌失措。6月25日，茹尔当将军在弗勒吕斯某地搭乘热气球俯临战场上空督阵，取得了对科堡统率的奥军主力的决定性胜利。八千多名敌兵横尸疆场，其中还包括部分英国掷弹兵，雅各宾派诗人们，也对这场胜仗大加称颂。很快，一度遭受联军蹂躏的瓦朗谢讷和孔代都重新回到了法国人怀抱，如今法军前锋已经推进至比利时境内，一口气杀到了布鲁塞尔和安特卫普。尼德兰门户洞开之日,为期不远了。

由于军事威胁迅速化解,救国委员会的两名策划者卡诺和科多尔的普里厄便很难理解,罗伯斯庇尔没接没完地大谈到处充满了大阴谋,究竟意欲何为。很显然,塞西尔·雷诺这样的小女子,还不足以成为牧月法令得到通过的理由,而他们最为担心的是,国民公会代表全体放弃豁免权。生性直率的卡诺对于那种自命清高,装腔作势地摆出一副敬拜上帝的嘴脸的人,十分憎恶,甚至当着罗伯斯庇尔的面,他也照样这么说。

在雅各宾的精英分子中间,还存在其他的分歧与不和。4月份的时候,罗伯斯庇尔和圣茹斯特另组建了一个直接向救国委员会汇报工作的专门警察机构,称作监察局,这样一来就等于插手干预了兄弟组织治安委员会的权责范围。而治安委员会里两个实权人物,恐怖运动的急先锋瓦迪耶和阿马尔,还都是非基督教化运动的积极分子,感到自己已经成了罗伯斯庇尔虔信派的主要打击对象了。另外,救国委员会内部也有他们的盟友,这些人对于所谓"美德至上"的那一套也日渐反感,这些人可不是喝甘甜的人类乳汁长大的,他们自幼就受到了以牙还牙的本能抗争思想的熏陶。毕竟,科洛·代尔布瓦和比约-瓦雷纳一直是有些游离于救国委员会之外的,当初把他们提拔上来是想安抚一下分区的不满情绪,现在这种威胁已经差不多烟消云散了。科洛不得不为他在里昂当特派代表时的所作所为辩护了,他那些同事现在也都觉得自己受了委屈,居然到了要自我申辩的地步了,就因为他们采取了加强安全的措施,这在几个月前,还是雅各宾的金科玉律呢。比如说雅沃热(Javogues),费尽力气,才通过雅各宾党人内部的详细审查。7月11日(稽月二十三）罗伯斯庇尔对富歇提出了严厉的抨击，并且想将他排挤出雅各宾俱乐部。（罗伯斯庇尔要富歇前往俱乐部交代问题，机智灵活的富歇婉言相拒，他刻意避免抛头露面，也没有待在自己家里，并佩了好几把枪防身。）

罗伯斯庇尔出现在雅各宾俱乐部的次数越来越少了，而这算是很难得的一次露面。他连国民公会都很少参加，救国委员会干脆再也不去了。和治安委员会之间的那次艰苦而曲折的会谈让他有理由相信，在目前的政府中，自己已经建立了足够的人脉基础。瓦迪耶找到了一个住在护墙路（rue Contrescarpe）的老妇人，名叫凯瑟琳·泰奥（Catherine Théot），行止极为古怪，自称是即将降临人世的又一位弥赛亚之母，还说罗伯斯庇尔就是晨曦预言中的末日天使。警察来到他的住处，发现加尔都西会教士、立宪派代表热尔勒神父也在那里。对于在救国委员会中任职的大卫，这件事让他颇为难堪，作为爱国三圣之一，热尔勒在网球场宣誓一画中也赫然在列（另外两个，一个是拉博·圣艾蒂安已被处斩，还有一个是格雷古瓦，倒是依然潇洒）。瓦迪耶抓住这个难得的机会，对罗伯斯庇尔的救世主学说好一通奚落，而他的对手则将对这桩"丑事"的揭露，看作是以伏尔泰理论来攻击上帝学说的一个借口。在一番激烈狂暴、针锋相对的争论之后，他阻止了事件的进一步发展，但是两个委员会之间的关系，很快便出现了无法弥合的裂痕。

在七月的后几周，反对罗伯斯庇尔的各方力量开始陆续登台。像富歇这样的，已经被公开宣布为"罪人"了，还有一些人，比如科洛和比约，觉得自己机会来了，他们开始担心会出现又一次的暴动。经济管制被部分废除，加上对革命军进行了

[710]

一番整肃，造成了指券的进一步贬至新低，只有面值的 36%。食品短缺和面包涨价不但让手工匠人大为恐慌，甚至靠着周薪过活的人也开始感到不安，6 月至 7 月间，出现了罢工现象。如果对这种不满情绪巧加利用，进行一番挑动，必会让形势骤然变得万分严峻。风月法令的始作俑者圣茹斯特，作为追求社会平等的先锋官，早已是声名远播。如果他能够和当时仍是国民卫队司令的昂里奥联起手来，并从几个分区调来军队的话，就能把救国委员会和国民公会团团包围，迫使他们像 6 月份的时候那样，自清门户。但是这一次，遭难的是雅各宾派。

巴雷尔生怕有变，到时候一场空。他既不跟罗伯斯庇尔集团联手，也不和他的对手结盟，他非常准确地估计到了，一旦革命政府的团结局面被破坏，实际上就等于走向了穷途末路。7 月 22 日（热月初四）这天，他还试图达成一项妥协，保持执政委员会的团结一致，更重要的是，让国民公会看看，他们是牢不可破的一个整体。这项妥协方案是迎合圣茹斯特和罗伯斯庇尔的心意，让《风月法案》得以通过，以此换取肃清计划的全盘放弃。一开始倒还顺利，成功在望，圣茹斯特和库通都认可此原则。但是到了次日，当罗伯斯庇尔三周内首次出现在委员会联合会议上的时候，宣告该计划彻底泡汤。他对于风月计划，和这位小友提出的共和机制中所蕴含的社会动因，远不如圣茹斯特来得重视，如往常一样，美德和恐怖是他头脑中至关重要的东西，他不但不赞成这个妥协方案，反而将两个委员会之中的那些恶人从头到尾骂了个遍，抨击得体无完肤。

罗伯斯庇尔显然是被孤立了，因为尽管他桀骜不驯，巴雷尔还是说服了圣茹斯特，让他向国民公会提交了一份报告，对昊天上帝什么的根本没怎么提及。对于圣茹斯特来说，或许这是一个致命的失误，他还签署了一份命令，调派一支炮兵离开巴黎，赶往北方战区。但是，尽管罗伯斯庇尔身边的盟友正在离他而去，他还是心存幻想，打算在正义和邪恶之间判一个说法。直到最后关头，他仍然相信，圣茹斯特，这个曾在1789年怀着极大的仰慕之情给他写信的年轻人，是绝对不会离他而去的。

7月26日的国民公会上，罗伯斯庇尔作了一场足足两个小时的演说。开始的时候，他的语气比较温和，声称"法兰西革命将是第一场建立在人民权利和公正原则基础上的革命。其他的革命需要的只是野心；我们的革命需要的则是美德"。但是，他话锋一转，稍有些含糊其辞，随后单刀直入地对国民公会提出警告，说有一场阴谋正在酝酿之中，威胁到了国家稳固，目的就是要颠覆共和政权。为了给自己的专制和独裁辩护，他给代表们勾勒了这样一幅画面，含沙射影地提到了他头脑中的那些"将爱国者打入地牢，将恐怖带到各个阶层、各种环境"的"魑魅魍魉"。这些人才是真正的暴君和压迫者。他依旧坚持他的革命情感的理论教条，声称："我只知道有两个政党：好公民的政党和坏公民的政党。我相信爱国主义不取决政党，而取决于人心。"演说末尾，除了财政委员会领袖康邦外，他并未提及任何人的名姓，这倒是十分奇怪，不过，从他指桑骂槐地牵扯到了沙博的继任者肖梅特和法布尔，每个人就都清楚他所说的"勃然而起"的阴谋背后的策划者究竟是谁了。

讲话引起了热烈反响，但就是否要如往常长篇演讲结束后，付印成册的问题，随之产生了激烈争论，这让罗伯斯庇尔颇为

[711]

惊愕。意见冲突渐趋对立,瓦迪耶抨击罗伯斯庇尔,对他说得极其严重的所谓的泰奥"阴谋"出言嘲弄,康邦也给自己百般辩解,但是他的对手却说他的话根本就是"莫名其妙,全然不知所云"。有一名代表要罗伯斯庇尔明说他到底要控告的是谁,但后者不肯,于是阿马尔便指责他,说他是在控诉全体国民公会每一个人,但却不给人家听辩申诉的机会。眼看会谈变成了加剧敌意,互相指责的战场,巴雷尔想要出来缓和一下争论的气氛,说这样吵下去只能"为皮特及约克公爵渔利"。(如果公爵读过国民公会的历届会议记录,他会吃惊地发现,自己在争论中是一个占有相当比重的话题。)

当晚罗伯斯庇尔在雅各宾会议上发表了同样的讲话,受到了热烈欢迎。现任俱乐部主席科洛·代尔布瓦和比约-瓦雷纳两个人还想分辩,并打算反驳几句,但发现自己已经成为了千夫所指,人们大声叫嚷,要把他们开除出去,根本听不见他们的话,更可怕的是,有人还威胁要把他们"依律殛杀"。不过,这两人现在还根本死不了。在讲话中,罗伯斯庇尔还是坚持自己的那一套,说自己为了为了祖国利益,宁愿牺牲自己。这一回,他们可真的要成全他的这个心愿了。

次日上午,也就是7月27日(热月初九)这天,圣茹斯特按照事先商量好的内容,开始发表讲话,他谈的是政府当前的政治形势。但就在巴雷尔向他面授机宜,教他如何行事的这段时间里,政治形势发生急剧变化,一整晚他都呆在委员会办公室,研究讲话内容。比约和卡诺已经得知此事,他们可不要什么一团和气的说好话,这正是一个好机会,可以发出一连串置人于死地的责问。圣茹斯特本来应该讲的是革命内奸的问题,但是正如事先早有预设的一样，还没容他开口，塔利安便从旁插话，指责罗伯斯庇尔游离于集体领导权之外，自作主张地以"个人之名"发表讲话。比约-瓦雷纳也接过话题，提出了更加尖锐的批评，并表示拒绝接受罗伯斯庇尔针对委员会和国民公会所作的警告。圣茹斯特出于害怕，没有对此提出了反驳，说也奇怪，他竟然也乱了阵脚，再不能侃侃而谈了。就在代表们七嘴八舌的责骂劈头盖脸地砸过来的时候，他就这么神色沮丧地坐回到位子上去了。眼看着他百口莫辩，罗伯斯庇尔还想抢过话头扭转局势，但是他的声音被大声的叱责完全吞没了。或许真正喻示着他大势去矣的，倒不是一位无名代表叫嚷着要逮捕他，而是瓦迪耶列出他演讲中惯用的那一套来取笑他："听听罗伯斯庇尔的话吧：他是自由的唯一守卫者；他要输了，所以要放弃自由了；他的谦虚实在罕见，他永远在抱怨'我受到了压迫，他们不让我说话'；只有他不说废话，因为他的意思总能被人执行。他总是唠叨'谁和谁又在阴谋反叛我，而我是共和国最亲密的朋友'。这真是奇闻。"这一招果真奏效，爆发出哄堂大笑，罗伯斯庇尔只能徒唤奈何。他已经理屈词穷了，一个代表大叫道，"丹东的血噎着了他罢！"

可是白天这一仗还不算是奠定胜局。热月党人丝毫不敢大意，他们决定不光要扳倒罗伯斯庇尔，连同库通、圣茹斯特和勒巴，还有国民卫队司令昂里奥这些人，也都要一网打尽，但是起义者公社听说了会议情况后，拒绝开放任何一所监狱来关押这些人，并且还迟疑着想要发动民众起义。可惜恐怖当局的得力干将都被处决了，机构已经遭到了破坏，各区到处都安插了政府的亲信和密探，再也无法正常运转了。48个分区中只有

24个分区要求起义者公社下达指示,而真会在鸣钟报警时起兵响应的只有13个分区。但是不过是劫救五位义士而已,科芬奥尔(Coffinhal)将军这点兵力派去攻打国民公会可谓绰绰有余。

[713] 一时间,一些代表觉得自己处境不妙,必定要死于枪下了。但是反罗伯斯庇尔的这帮人几乎算准了他们会笑到最后,因为这些人第一时间了解到,他们可以在中部和西部的积聚力量,来对抗起义者公社。他们任命巴拉斯为指挥官,宣布罗伯斯庇尔和他的党羽自此被剥夺公民权。这就意味着对他们只需验明正身,便可缉拿,当日之内,就能问斩。

这显然成了当天的一个转折点。面对着同仇敌忾的议员们,军队有些不知所措,剥夺五人公民权的通告来势强硬,把他们给镇住了,他们犹豫未决,不敢越雷池一步。昂里奥一直没有接到起义者公社的命令,于是决定带着自己的一批部队退回到市政厅前的驻地。而就在他们于半夜两点换班解散之后,另一支部队奉了巴拉斯的命令接管了他们的驻地,随即出发去抓捕那些被公示姓名、躲藏在市政大楼里的代表。正要往里冲,窗口坠下一具死尸,正掉在军校们面前。此人是奥古斯坦·罗伯斯庇尔(Augustin Robespierre),马克西米连·罗伯斯庇尔的弟弟。部队闯入大楼,发现库通从台阶上已经跌了下来,摔断了腿,奄奄一息。议事大厅内,勒巴已经开枪自杀,罗伯斯庇尔的脸上和身上全是血,下颚已经被打碎了,可能是心急慌忙地开枪自尽,却没死成。圣茹斯特从地上爬了起来,就这么平静地站着,冷冷地看着这些上来抓他的人,几乎什么也没说。

次日早晨,巴黎市民醒来之后发现,断头台又回到了革命广场。革命法庭在进行简单的身份核实之后,17名罗伯斯庇尔党人就被砍了头，在接下来的两天内，共有83名起义者公社和市政厅代表陆续伏诛。库通的一句话，显然是得胜的一方颇为赞同的："所谓仁慈，就是杀掉亲近之人。"这些大恐怖运动的发起人，下场可说是极为惨可怖，就像是某种让人心惊胆战的驱魔仪式一样。断了腿的库通被皮带绑在板子上，痛楚万分，刀头落下，弯折的肢体被剁成数段。圣茹斯特把自己视作古罗马的清修高士，死时依旧容颜不改。罗伯斯庇尔在救国委员会的长桌上半死不活地躺了一个晚上了，多少次，他在会上号令一方，莫敢不从。到今朝这位苛求至德、能知未来的大贤，被桑松丢在木板架子上，鲜血沾濡了他的外套，黄色的棉裤上都是斑斑污渍。他的脸上缠着纸绷带，以免下巴松脱，为了让铡刀一切到底，刽子手把绷带给扯掉了。肉体上的剧痛让他本能地惨叫起来，刀光闪过，终于平静无声。

几天，几周过去了，巴黎的各个监狱有人进，有人出，热闹得很。尽管雅克-路易·大卫见证了罗伯斯庇尔在热月初八遭到攻讦责骂，他仍坚持认为生活模仿艺术（尤其是他的绘画），并且，他借用了《苏格拉底之死》中的诗行，"罗伯斯庇尔，若你饮下毒芹酒（hemlock），我愿追随你而去。"当然他根本不会这么做，躲了一阵子，后来还是没能逃过牢狱之苦，被关进了卢森堡监狱。只管放心好了，无数艺术家的逮捕令上都签着他的大名，像于贝尔·罗贝尔，还有约瑟夫·博泽（Joseph Boze），这些人都和他并无深仇。身陷囹圄的他，画了一张看上去饱受摧残，迷惘无助的自画像，还有一张是比较抒情温馨，画面上的他，像是在疗养，趴在监狱窗口，望着园子里动人的风景。

[714]

10月24日，埃尔韦·托克维尔出现在了玛德洛内特。他才22岁,却已是满头皤然。他见到了马尔泽布的外孙女露易丝,家破人亡的她已经彻底崩溃了。她时常陷入极度的悲伤和忧痛之中,再也不能回到从前了。埃尔维来到马尔泽布过去的家,发现夏多布里昂的遗孤,他的两个小外甥克里斯蒂安和路易,还活在人间。一个5岁,一个3岁,爹妈都死了,埃尔维待他们视同几出;11年之后,会有另一个孤儿,亚历克西(Alexis),和他们同病相怜。

大恐怖时期至少活下来一个,亏得当时正被关押在监牢之内。在草木苑内,趴着一头狮子,算是凑合着活了过来。大革命爆发的时候,凡尔赛御兽苑亦被攻破,那个凑巧名叫勒若伊(Leroy)的看守也在1789年死了。在大革命高潮时期,因为它不但是"帝王家的驯畜"而且还是"百兽之王",人们捅它,笑话它,还朝它吐唾沫,现在它浑身邋遢之极,加之憔悴不堪,身上长了疥癣,皮肉绽开,有些地方还起了水泡,疼痛难忍。但是至少它活了下来,还能有幸享受到格雷古瓦极力鼓吹的,包括动物科学在内的文化复兴带来的新成果,毕竟这也是一种爱国体现呀。它那一双狡黠的黄眼珠,还在直勾勾看那个替它写书立传的英国间谍呢,人家大概是可怜他从帝王至尊跌落尘埃的不幸遭遇罢。

尾　　声

谁能责备热月党人将法国描述成一个充满杀戮的人间炼狱呢？将恐怖时期的暴行描绘成罗伯斯庇尔及其同盟者的非同寻常的过失当然符合热月党人的利益，毕竟科洛·代尔布瓦、塔利安和富歇等人的手绝不清白。他们最好的替罪羊是革命法庭的检察长富基耶-坦维尔。在罗伯斯庇尔被送上断头台后的第四天，弗雷隆（曾是牧月法令的坚定支持者）在国民公会中要求"让富基耶到地狱里为他杀害的人赎罪"。被捕之后，富基耶被押送到了巴黎古监狱，在那里，当得知这名新囚犯的身份之后，连那些冷酷无情的雅各宾派分子都开始敲打监狱的墙壁，痛骂这个"魔鬼"。在受审时，富基耶令那些期待看到这个魔鬼的化身在法官面前愧疚难当、恐惧发抖的人们大失所望。但是二十世纪的读者们会发现一些有教养的顾家男人同时也是执行大屠杀的理想工具，他们辩称自己总是遵纪守法，恪尽职守。当1795年5月富基耶被执行死刑时，他担心妻儿们如今要饱受贫穷和流放之苦，他之前辛苦工作，为的就是让他们过上好日子。他遗书的言辞同他处置过的囚犯们如出一辙："告诉我的孩子们，他们的父亲是蒙冤而死的。"

即便热月党人在鼓励出版反恐怖统治的印刷品时的确有很

[717]

大程度的玩世不恭和虚伪矫饰，但毫无疑问，从这些印刷品的源源不断地流出能看出人们此时真的松了一口气。在其中最令人惊恐的一张图片上，罗伯斯庇尔穿着在"最高主宰节"盛典上穿过的那套衣服，在断头台上处死了刽子手，"将整个法国都送上了断头台"。在他身后延伸的断头台就像是一片妖魔的森林，每一座都标有受害者的标签：L：埃贝尔派；O：老年人、妇女和儿童；P：士兵和将军"等等。在一座顶端镌刻着"这里躺着整个法国"的铭文的方尖塔顶端，一顶倒置的自由帽被塔尖贯穿其中，象征火葬场的烟囱。

[718] 这是一个恐怖的画面，还有许许多多其他图片：在成堆的头盖骨上，罗伯斯庇尔的死亡面具在朝旁观者扮鬼脸；马拉在地狱中手舞足蹈，周围是盘绕的毒蛇；雀跃的骷髅逗弄一位蒙着眼睛的法国人表演着死亡之舞。它们都让人强烈地感觉到似乎刚刚从世界末日的边缘逃离出来。

然而，恐怖统治虽已停止，暴力却未终结。理查德·科布曾生动地描写了反恐怖统治的浪潮，它们在法国南部和罗讷河谷尤其残暴；一群无政府主义的暴徒将任何与雅各宾派有牵连的人都作为攻击目标。共和国官员、军官、行政管理人员、一些社会团体中惹眼的激进分子，以及南方信奉新教的农民和商人，都成了共和三年那些杀戮者们的刀下之鬼。尸骸被堆放在南方的咖啡馆和旅店前，或是丢弃在罗讷河或索恩河旁边。在许多区域，那些以恐制恐的人都会聚集在一个客栈前，像是要商量一天的狩猎活动，然后分散开来搜寻猎物。

1794至1795年的那个冬季，杀戮情况同样严重，将本已因旱灾而庄稼歉收并饱受物价飞涨之苦的人们推向了极度的窘困。

由于教会被摧毁,牧师的功能恢复缓慢,许多过去能给穷人提供帮助的资源也不复存在。在这个寒冬最为艰难的时刻,也就是在共和三年的雪月,政府最终废除了全面限价法令和法律管控。其结果是绝望以及异常高的死亡率,这不仅仅发生在法国最为贫困的地区,甚至还出现在了在诺曼底沿海地区,那里冰冻的海港妨碍了救济粮的运入。在发生饥荒的城市,为了争抢食物和柴火,爆发了混乱的场面。煤变得弥足珍贵,人们排着长队等着分发给他们家庭定量供给的号牌。在巴黎,一群群男男女女和孩子们迈着沉重的步伐去布洛涅森林或是万塞讷和默东的森林砍伐树木来做柴火。因为所有市政水源都冻结了,运水者不得不去更远的地方寻找新水源,在返回巴黎时,要付高昂的过路费,这一开销他们会设法转嫁给顾客们。食物的匮乏以及极度的寒冷致使许多觅食的动物——狐狸,甚至是狼——开始在城市的边缘出没。难怪这年冬天,工匠们开始更加怀念恐怖统治时期,"当时有流血也有面包",共和三年芽月一位暴动者这样说道。

这些都仅仅是短期的痛苦。大革命造成的破坏比这深重得多。法国许多地区——南部以及罗讷河谷,布列塔尼以及诺曼底西部——仍然处于内战状态,尽管现在暴力行为的发生是偶然的且采用的是打了就跑的战略,不再是有组织的叛乱。18世纪晚期曾引领了资本主义经济发展的大西洋及地中海港口地区,都被反联邦派的镇压以及英国海军的封锁给摧毁了。当塞缪尔·罗米利于1802年和平时期回到波尔多时,他沮丧地发现这里的码头空空如也、寂静诡异,莎桐河畔石板夹缝间野草疯长。只有当大革命陷入低潮,拿破仑帝国将视线重新投向意大利并

[719]

找到新市场和新的商业路线后,马赛和里昂才恢复元气。

像里尔这样以纺织业为主的城镇,许多产业急剧衰落。由于显而易见的原因,所有奢侈行业的就业者——假发制作师、裁缝、舞蹈老师、教师、乐师以及手表制作商——都发现他们的客户不见了。但是科布的研究也表明更大众化的职业,比如制鞋业,受到了同样严重的冲击,只有个别幸运儿未被殃及,他们弄到了为北方军供应鞋子的合同。在纺织业,"最高限价"摧毁了制造商,迫使他们不得不以远低于在管控前购买原材料时所付的价钱去销售产品。由于纺织工的报酬是计件的,经济的衰败对整个纺织业都产生了损害。在行会被废除之后,劳动力市场表面上看起来获得了自由,但若是需求崩溃了,自由又有何用处呢?无论如何,我们都不能认定所有的工匠都为这种新形式的自由兴奋激动,因为与之相伴的是严厉的禁令,这种禁令反对成立任何劳工组织,从而防止彼此间的竞争。那么,至少在一些产业中,存在着转而依靠集体团结的模式和旧时手工业行会组织的趋势,尽管它们是被法律所禁止的。在重工业领域,比如冶铁业,无休止的战争带来的发展良机仅仅是加快和强化了资本和劳动力的集中,以及技术推动下的规模经济的发展,这些情况在大革命之前便已经显现出来了。我们可以直言,温德尔及其他冶金业的巨头们是旧制度而非新革命的副产品。

这场革命有何可以平衡这些弊端的成就呢?那便是两次伟大的社会转变——封建领主制的终结以及行会的废除——不过二者承诺的都要比实施的好。尽管许多工匠无疑都很高兴终于摆脱了限制他们的劳动和薪酬的行会等级制度,但如果有什么区别的话，他们已经更加赤裸裸地暴露在雇主与雇工之间不平等的经济关系之中。同样，封建制度的废除是法律意义上的，它并没有成为一场社会变革，只不过是完成了在旧制度下就已经启动了的从领主到地主之间的演变。毫无疑问，农民对于领主榨取制度的终结是心存感激的，因为这种榨取给收入微薄的农民造成了巨大的负担。同样确定的是，农民们会决心不惜一切代价反对再把这样的制度强加给他们。但是很难说农民们在1799年是否真的比1789年富裕得多。尽管封建领地费的补偿费在1793年就已经被直接废除了，但地主们经常通过各种各样的租金策略来弥补自己的损失，这加剧了分成制佃农的负债现象。此外，共和国要求的税费——在所有税费当中，单是土地税，即"单一财产税"——肯定不比国王要求缴纳的税费更少。不久以后，执政府和帝国开始征收间接税，它和旧制度下的税收至少同等繁重。在税收上，他们被免去的只有人头税，包括古老的丁税和廿一税，但这项税的免除是不断的军事扩张开疆辟土的结果。从法国人肩膀上卸下来的税费落在了意大利人、德国人以及荷兰人的头上。1814年军队突然撤回到了以前法国所拥有的六边形疆界内，法国人重新陷入沉重的赋税中，同1789年一样，他们固执地拒绝支付，导致了法兰西帝国的覆灭。

1799年法国的情况与十年前相比真的大不相同吗？尤其在向外移民频繁、压迫深重的地区，贵族在乡村生活中的确不再起主导作用。但是这种明显的断裂所掩盖的是具有重要意义的连续。在旧制度下，正是这部分人从贵族和教会土地的出售中获得了最多的经济利益。这些出售是不可逆转的，因此，确实存在着大规模财富的转移。但是，这种转移大多是土地阶级内部的转移——从富裕的农民身上转移到爱国的贵族身上，他们设法置身事外但事实上从没收的土地中获得利益。有钱人愈发有钱。在塞纳瓦兹省，吉拉尔丹侯爵最大的佃农和邻居夏尔-安托万·托马森，因为立场正确获得了一切可得的土地，他甚至可以同其从前的地主角逐，争夺剩余的土地。值得肯定的一点是，在法国很多地方，贵族作为一个群体丧失了很大一部分财产。但在其他地区——西部、中部以及南部，如让·蒂拉尔所言，1796 年以后大量返回这些地区的家庭可以要回仍未出售的土地。因此，在这段历史中尽管一些重要人物被送上了断头台，还有

[721]

许多其他人安然无恙，重新成为各个省的显要人物。年轻无经验的庆典主持人德勒·布雷泽侯爵在 1789 年 6 月 23 日米拉波愤怒抗议时被吓得畏畏缩缩，但在执政府和帝国时期仍是萨尔特省第四富有的人。巴拉尔·德·蒙费拉是多菲内地区高等法院的前院长，在大革命时期变成了格勒诺布尔市的市长，直到 19 世纪，他还是伊泽尔省最有权势的人之一。在厄尔-卢瓦尔省，诺瓦耶（Noailles）家族仍然是最富有的土地大亨；在瓦兹省，拉罗什富科-利昂库尔仍旧是最富有的地主之一，尽管他们家族的贵族公民们也遭受了一些灾难性的打击。

相反，农村贫困的人们在大革命中并未获得多少利益。圣茹斯特的风月法案形同虚设，并且在公共土地上放牧和在公共森林中捡拾柴火的规定变得更为严格。在所有这些方面，大革命是 1789 年之前便已开始进行的不可阻挡的财产权现代化过程中的一段插曲。没有哪个政府——无论是雅各宾派还是国王——真正解决了 1789 年农民们的陈情表中反复呐喊的问题。

同样，恐怖时期宗教连续性的断裂仅仅是一个短暂的现

象——尽管在乡村一直都没被忘记。在共和三年，曾经取代了十字架被放置在方尖塔和塔楼上面的自由帽突然被移除。对上帝的暗自崇拜渐渐让位给对这一古老信仰的公开表白，这经常是由女人们推动的，在法国很多地方，她们发起了一场愤怒的献祭运动，强迫牧师们将那些谈论宪法而被弄脏了舌头的人擦洗干净。钟声再次回响在田野里、农舍间，传统节日得以恢复，尽管它们是在雪月和芽月去庆祝，而不是十二月和四月。

至少这次大革命创建了国家体制并解决了导致君主制覆灭的那些问题吧？如托克维尔所强调的，在此方面更容易发现连续性而非压倒一切的变革，尤其是在中央集权的问题上。在公共财政上，纸币的出现被认为是一场灾难，除此之外，旧制度在其他方面的崩溃并不重要。最终，波拿巴的执政府（它的财政全是由旧制度幸存下来的官僚们进行管理）根据1785年科洛纳进行的重要的货币改革恢复了金属货币体制，确定了白银同黄金的比率。在财政方面，后雅各宾时代的法国不可避免再次回到之前借贷同间接和直接税相结合的政策。在利用这些国内财政来源资助庞大的陆军和海军时，共和国和帝国的表现并不胜于君主国，它们主要通过对被占领的国家进行制度化的压榨来装备自己的武力。

拿破仑的地方行政官一直以来都被认为是王室督办官（和革命特派员）的继承者，管理协调中央政府重要事务和当地贵族利益。毋庸置疑，贵族阶级在雅各宾派恐怖统治高峰时期遭受了暴力冲击，尤其在一些大的省会城市，在这些地方，经历过联邦派的叛乱之后，他们几乎都被根除了。然而，共和三年宪法对议会选举资格重新设下的税务门槛，在许多地区又将权

[722]

力还给了 1780 年代中期至 1792 年连续持有权力的人。正如我们所看到的，在一些小镇，比如在加来，一些圆滑的市长利用嘴皮子功夫取悦于每一任政府，从 1789 年至波旁王朝复辟，一直权力在握。在奥恩省，路易·贝热龙发现名人中间存在着非同一般的传承性，无论是用收入、社会地位还是用职务来衡量。例如，古皮尔·德·普雷费恩曾经既是鲁昂市的高等法院推事也是选民代表，1812 年成为了拿破仑时期卡昂法院的总检察官。德科尔什·德·圣克鲁瓦曾经在王室部队中担任骑兵营军官，现如今却成了法兰西帝国的一位警察局长和贵族。对于这些人，以及数不清的像他们一样的人，大革命只不过是对社会和制度权力的既残酷又温和的扰乱。

美德共和国的独裁也威胁到了路易十六统治时期正在逐渐形成的正统思想，即公职人员应该掌握一些专业特长，能更高水平地充分利用"现代"专业：工程学、化学和数学。提倡在一个国家内科学和道德应相辅相成的孔多塞侯爵在失意和潦倒中死去，1794 年 5 月他从在巴黎家中的软禁中逃了出来，一直走到克拉马市，最终在一家小旅馆点煎鸡蛋的时候引起了周围人的怀疑。服务员问道"几个鸡蛋？"孔多塞回答"12 个"，这说明他并不熟悉普通大众的饮食。他被押送到革命法庭，准备移送巴黎时被发现死在了自己的牢房里。他可能是被极度的饥饿折磨死或是服用了藏在戒指中的毒药，后一种的死法更为刺激，若其为真实的，肯定是他顺应了吉伦特派倒台后他们之中流行的自杀潮流。

尽管《人类精神进步史表纲要》一书的作者已经逝去，但学院里的学术精英们仍继续进行着在路易十六时期便已开始的对政府的改造。督政府时期，中央公共工程学院的设立开启了体现晚期启蒙思想的高等教育的伟大变革。1790年代，巴黎以及其他省份的博物馆和学院都不再受政治上的恐吓而重新恢复了思想活力（尽管其中不乏内部的勾心斗角，因为那是动物的本性）。1780年代，执政府和帝国的参政院及各部委都满是杰出的知识精英，有些人曾是激进的革命分子，有些不是。沙普塔尔是法国王室矿井检查员，同时也是一位化学家，1788年通过正常的人才晋升机制被路易十六授予爵位，后来成为拿破仑时期的内政大臣。财政部长查理·戈丹是高等法院一位律师的儿子，1789年前曾在廿一税管理部门工作。两位司法部长，阿布里亚尔和雷尼耶，大革命前都曾在高等法院工作，在大革命早期也有公职，恐怖时期得以幸存并且在督政府和执政府时期继续拥有权力和地位。

扼杀了君主制的真正原因是该体制未能创造一个代议体制，从而使国家能够实施改革方案。那么，大革命就做得更好吗？在一种层面上，从三级会议到国民公会这些选举产生的立法机构的延续是大革命最引人注目的创新之一。他们对用什么体制来管理法国这一问题进行了至少半个世纪的激烈争论，以雄辩的口才讨论了代议制及其原则。尽管这些立法机构是很好的辩论会场，但没有任何一个机构解决了折磨旧制度的这一问题：如何平衡行政机构和立法机构两者的关系？当选民们拒绝了穆尼埃和米拉波的"英式"建议，即从议会中选取部长时，他们并不把行政机构看作值得信任的国家管理机构，而是将其视为决心颠覆国家主权的组织。因为这一注定失败的开端，1791年宪法中规定的行政和立法机构加剧了二者的战争状态，直至

1792年它们同归于尽。恐怖统治有效逆转了局势，让各个委员会牵制国民公会，同时使国民公会不可能改换政府，除非通过暴力手段。

共和三年（1795年）宪法的制订者很明显从这些不愉快的经历中学到了一些东西。于是，两院制立法机构得以引进，议员通过协会和社团间接选举，财产决定了入选资格。理论上，政务委员会对立法会负责（如同之前的委员会）。然而，实际上，这场实验仍然处于大革命本身长期的阴影之中，因此，不可避免形成了许多派别，它们关注的不是政府的具体问题，而是保王派和新雅各宾派推翻政府的密谋。由于国家机构间冲突不断，陷于瘫痪，决定国家政治命运的依旧是暴力，而非选举。

但是共和三年之后的暴力不再来自于街头或是分区，而是来自于正规军队。如果人们一定要在法国大革命中找寻一个不容置疑的转变，那一定是公民法律实体的创建。但是这个假想中的自由人刚刚产生，他的自由就已经被国家的警察力量划定了界限。它经常打着共和国爱国主义的旗号，但是这种限制并不因此而减弱其压迫性。如米拉波——以及1791年的罗伯斯庇尔——所担心的那样，自由遭到军人政府权威的绑架。尽管他的这一结论有些令人沮丧，但并不出乎意料。毕竟这次大革命的初衷是爱国主义，是对七年战争所带来的耻辱的回应。与此同时，韦尔热纳决定提升帝国海军以及陆军的实力，这一决定产生了财政恐慌，并最终颠覆了君主制。1789年革命者的声明中至关重要的一项内容——或许，它的确就是最为重要的内容——是同国王任命的官员相比，他们可以更好地使他们的祖国再生。所以，从最开始起，连续不断的激进行为都具有爱国性质。军事化的民族主义并不是法国大革命以某种偶然的方式无意中产生的，而是它全心全意努力的成果。因此，下面这个结果完全合乎逻辑：继承大革命权力的大富豪们——他们是法国该时期历史上真正的"新阶级"——并非是某些所谓的"征服性的资产阶级"，而是真正的征服者，即拿破仑的元帅们，他们的财富让那些幸存下来的贵族统治者们的财富显得微不足道。

不管怎样，那些在路易十六时期看起来已经准备好接管政府的"现代人"——工程师、贵族工业家、科学家、官僚和将军——一旦革命政治的烦恼被扫除，他们就会重新走上权力之路。1799拿破仑发动军事政变掌权后，他为之前许多乐观政府的论断"革命已经完成"加上了一个新的论断："悲剧，如今，就是政治。"

不过，在其他一些时候，拿破仑也不是如此确定，因为如果他明白大革命最后一项成就是创建了一个力量强大、情感团结的军事–技术官僚国家，那么他也就理解它的另一个重要发明是长久、直接地对国家进行挑战的一种政治文化。1789 至 1793年间所发生的是前所未有的政治大爆发——通过演讲、印刷品、图像甚至是音乐——它冲破了传统上所有束缚它的障碍。最初，这仅是君主制自己采取的做法。它召开了数以万计的小型会议来起草陈情表、选举三级会议的代表，在这些会议中法国男人（偶尔也有女人）找到了自己表达意见的权利。在此过程中，他们将自己当下需求的满足同对国家主权的重新界定联系在了一起。

这既是机遇，又是问题。突然之间，臣民们被告知自己成为了公民；遭受不公正待遇和恐吓的臣民的集合体变成了一个

[725]

国家。在这个新兴事物中,即公民的国家中,人们不仅可以期待得到公平、自由和富裕,而且可以要求如此。由此类推,如果这些要求不能实现,就只能由那些摒弃了自己公民身份的人,和那些由于自己的出身或顽固不化的信念无法行使公民权的人来负责。在1789年的允诺能够实现之前,有必要彻底清除那些非公民。

于是,暴力开始循环往复,终结于冒烟的方尖塔和密布的断头台。然而,在纪念大革命时,无论历史学家多么渴望将暴力视为大革命中不愉快的,但不应该影响革命成就的"一面",这样的想法都是浅薄幼稚的。从最一开始——1789年的夏天——暴力便成为大革命的引擎。记者卢斯塔洛心领神会地利用了惩罚性谋杀和暴力伤害来对付弗隆和贝蒂埃·德·索维尼,他的蓄意残暴丝毫不逊于马拉和埃贝尔最极端的言辞。"若想巩固大革命,就必须流血牺牲",罗兰夫人说道。她也死于别人对其革命热情的逻辑应用。尽管将1789年的革命一代视为恐怖时期各种可怕暴行的实施者未免荒唐,但如果没有意识到正是这些人使得暴行成为可能,同样单纯幼稚。报纸、革命节日、画板;歌曲以及街头剧场;童子军挥舞着右臂用高亢的嗓音呼喊着他们爱国的誓言——所有这些都是历史学家们认定的"大革命政治文化"的特点——都是因人们病态地执着于正义的大屠杀及英勇献身而出现的。

[726]

历史学家们还非常习惯于区分"口头上的"暴力与真实的情况。他们似乎认为雅沃格和马拉这样的人习惯向群众尖声呼喊,号召牺牲,对矛尖上挑着的人头和双手被缚身后、列队爬上"国家剃刀"的人们幸灾乐祸,他们只不过是沉醉于残酷的言辞而已。这些尖声叫喊者不能同那些平静地屠杀别人的官僚相比，如富基耶-坦维尔，他们工作时冷漠无情，悄无声息，但效率极高。但是"解放城"史、"旺代复仇"史，或是九月大屠杀的历史表明，所有精心安排的或自发的对杀戮的呼吁，事实上都与大屠杀之间有着直接的联系。这极大地促使了一些人被彻底地非人性化，进而成为受害者。作为"盗匪"或"奥地利妓女"或是"狂热分子"，他们已经在公民国家成了无足轻重的人，如果国家想要存活下去，就只能而且必须清除掉这些人。于是，羞辱和虐待就不仅仅是雅各宾派的嬉闹和游戏，而是杀戮的序言。

为什么法国大革命是这般模样？为什么从一开始它就被残暴所主宰？答案似乎是循环的，因为事实上，如果人们一开始要求的是一场改革，革命根本就不会发生。但是，如果我们试图了解为什么好几代曾试图稳定局面的人——米拉波、巴纳夫、丹东——都相继失败，那么这个问题仍然很重要。难道是法国的大众文化在大革命前就已经变得残暴，只是在用它自发的血腥报复来回应王室司法机构对公众进行的令人恐惧的惩罚吗？难道所有天真的革命者都会做的，就是给民众以实施这种报复的机会，并使其变为常规政治行为的一部分？这或许是部分原因。但是，若我们看一眼法国之外的其他国家，尤其是海峡对岸的英国，我们就会发现，同那些避免了暴力革命的国家相比，法国并没有经历更为危险的贫富差距或更高的犯罪率和群众暴力。

大众的革命暴力并非像沸腾的地下岩浆一样，最终冲破阻力涌现到法国政治的表面，并灼伤了一切挡道之人。或许，我们最好将这些革命精英看作是鲁莽的地质学家,他们在文明话语的外壳上凿了一个敞开的大洞,然后以言辞为管道将怒气散发出来。在这里,用火山和蒸汽孔洞做比喻没有什么不妥,因为当时的人们自己也不断援引这些词汇。许多发起或被卷入暴力革命的人们都会迷恋上这种地震般震撼世界的暴力,迷上这种巨大原始的爆发力,而地质学家们认为,地震不是上帝所造世界中的一次性事件,而是地质时期内周期出现的一种现象。这些事件,用柏克的话来说,既崇高又可怕。或许,它是浪漫主义,痴迷于追求绝对与完美;它热爱眩晕及死亡的主题;它对政治能量的定义尤为惊人;它着迷于人的内心;它偏爱激情胜过理性、偏爱道德胜过和平,这为革命精英的心态中注入了至关重要的成分:它将自由同野性紧密相连。拉法耶特最初对于热沃当鬣狗的迷恋肯定会以矛尖上挑头颅这样的仪式告终。

同这种对暴力的浪漫主义化齐驱并驾的还有另一种迷恋:新古典主义对于为国牺牲的执迷。罗马编年史(偶尔还有雅典和斯巴达之间注定失败的战争)对于革命者来说犹如一面镜子,他们不断从中寻找自己的影子。他们的法国将会是重生的罗马,只不过会被多情善感的心灵带来的祝福所净化。因此,很确定的一点是,若想诞生这样的国家,许多人必须死亡。出生和死亡同样都是壮美的。

重聚

1794 年九月末的一天,哈德逊山谷天气爽朗,一位年轻的少妇坐在自家的木屋前剔着羊腿。在她头顶之上,橡树和枫树的叶子已变成绚烂的鲜红色和金黄色,她在法国从未看到过这般浓重的色调。尽管来美国还未满一年,她已经看起来像一位朴素的农妇,她的头发剪得很短,上面戴着一顶白色遮阳帽,裙子外系着围裙。这是1780年代法国农村女孩们追求的装束。如卢梭很可能会说的那样,现在它看起来很自然。她已经将羊腿剔骨切好,并准备好将其放在户外的烤架上,用法国传统的做法(这种做法让其来自荷兰的邻居大为震惊)将其烤上一到两个小时。当她把羊腿放在铁架上,身后传来的响亮声音吓了她一跳:"没有人能更威严地来烤羊腿了"。露西·德·拉图尔·迪潘抬头向上看到了莫里斯·德·塔列朗那著名的微笑,他正笑容满面地注视着露西,闪烁着智慧的光芒,看起来并没有因背井离乡来到新世界而受到太大的打击。

[728]

与许多其他人一样——比如樊妮·伯尼——露西也想讨厌塔列朗。的确,她知道要想顾及颜面,她应该鄙视塔列朗,但是她不能这样做。因为在她的孩提时代,塔列朗就认识她了,并且"跟我说话时总带有父亲般的慈祥,让人感觉很愉快",她坦白说,"在内心深处很遗憾有那么多的理由让人无法去尊重他,但是和他交谈一个小时之后对他所有过错的记忆便会烟消云散。"在那个美国的秋日看到他和朋友博梅茨站在身旁,露西并不感到十分惊讶,因为在费城时他就写信告诉露西他要去内陆考察,寻找一块可以卖给法国流亡分子的土地,并询问之后在哪里可以见到她。但是露西没有想到他看起来会像是毫发无损。他努力避免让露西陷于尴尬(若真的发生他至少会微笑着道歉),比她记忆中他在法国的表现更加优雅礼貌,似乎是要强调在他自称的晚年(40岁),美国不可能改变他。此外,这种对羊腿的赞美泄漏出他对这道美食的渴望,因此,露西让塔列朗第二天回来和自己的丈夫一起享用晚餐。

他与一位名叫托马斯·劳的英国朋友在奥尔巴尼待了两天,这位朋友在英属印度地区早就是一位知名人物,两人正筹划着在加尔各答与费城之间进行贸易。如果他迫于形势必须远行,为什么不进行全球旅行呢?她的老师,奥尔巴尼的斯凯勒将军,告诉过他应该到哪里去寻找露西,并且委托塔列朗告诉拉图尔·迪潘夫妇第二天到奥尔巴尼与他一起共进晚餐。既然塔列朗同意返回,露西虽有所顾虑,但明显她渴望塔列朗能在身边,因此他们决定一起到奥尔巴尼,把孩子们留给女仆。塔列朗和博梅茨都是从尼亚加拉过来的。尽管他假装对美国壮丽的自然风光表现得漠不关心,在他的回忆录中,塔列朗坦称美国未开发的荒野的确对他的情感起到了很大的震动;但是在返回奥尔巴尼的途中,他和露西想要谈论的是法国的情况以及个人和公共历史的缠绕交织。

他们的故事值得去谈论,因为里边充满了危险与悲伤。1793年,露西与丈夫意识到两人在波尔多陷入了困境,并目睹了那里反联邦派发动的恐怖。尽管它并没有发生在里昂和马赛的恐怖那么惨烈,但是多菲内的断头台依旧任务繁重。由于露西及丈夫均出身于军队贵族家庭,他们不得不感到恐惧。他们忍受着等候面包和肉类配额供应的漫长队伍,注意到负责分配这些东西的仆童将最好的肉和最大块儿的面包分给了国民公会的议员。露西如实将自己家庭成员的名字张贴在门上,像其他人一样,她尽可能写的模糊一些,并期盼着一场大雨将之冲走。作为1790年战争部长的儿子,德·拉图尔·迪潘这个名字家喻户晓，革命当局开始让他们感到一些不祥的兆头。因为露西怀孕了，她可以以此为借口躲在她的医生 M. 布鲁康（M. Brouquens）位于凯诺尔的家中，她的丈夫也藏了起来。起初，他藏在一名仆人的锁匠亲戚家中，藏身的小屋比壁橱大不了多少。当这位仆人恐慌地等待着因为窝藏嫌犯而被逮捕的命运时（这在当时是很正常的），德·拉图尔·迪潘离开了，他从自己位于泰松的乡下住宅的后窗爬了进去，这所房子已经上了锁，门被螺栓拴住。当一列士兵以及革命军官前去清点那里的财产时，他差点被发现。

他们通过对女人献殷勤和行贿保住了性命。在波尔多共有两名特派员，一位是塔利安，另一位是更严厉阴险的前嘉布遣会修士伊萨博（Ysabeau）。塔利安的情妇叫特蕾莎·卡巴吕（Theresa Cabarrus），是个有名的美人，革命法律一准许她便离了婚，并对她 26 岁的情夫产生了巨大的影响。她曾在剧院见过德·拉图尔·迪潘夫妇一次，但十分关心他们的命运，因此她说服塔利安给这个家庭签发了一个安全通行证，理由是他们要去看看他们位于马丁尼克的地产（几天后塔利安自己就被召到了巴黎去回应伊萨博对他不合时宜的仁慈给予的投诉。）

德·拉图尔·迪潘提心吊胆地从自己藏身的地方乘船出发，与妻子在一位名叫迈耶的波兰商人兼商务参赞的家中相聚。第二天，特蕾莎·卡巴吕在莎桐河码头将这两人送走，"她俊俏的脸庞满是泪水"。

当船长让德·拉图尔·迪潘坐在舵柄，高喊一声"出发！"时，一种无法言喻的幸福涌上我的心头。丈夫坐在我的对面，两个孩子坐在我的膝上，我正在挽救他的生命，看起来没有什么事是不可能的。贫穷、劳作以及痛苦对于我来说都不是难事。毋庸置疑，船夫举起船桨带我们离开河岸的那一刻是我一生中最为幸福的时刻。

他们乘坐戴安娜号轮船驶往波士顿，借助浓雾的掩护，法国战舰没有发现它，在船上露西上演了自己的革命。一天，在梳头时，她觉得涂发油、上卷发这些繁琐的程序现在荒谬无比，于是拿来剪刀剪短了头发，"期待着它能够出现一种'提图斯'式的时尚。丈夫异常愤怒，我将头发扔向水中，与之一起抛去的是我漂亮的金色卷发所激发的所有那些没有意义的杂念"。旅程的仪式还在继续着，她坐在半掩的厨房和船上的厨子一起煮扁豆，努力从他那里了解她即将要踏上的土地究竟是什么样子。

[730]

从看到美国的那一刻起，她就知道这是一个能够逃避法国革命狂风暴雨的神圣避难所。她四岁的儿子安贝尔很清楚法国现在正在发生着什么，知道他们家庭之所以要逃离法国，是因为在法国有一群戴着红帽子的人要杀掉他的父亲。在船上，安贝尔哭闹了很多次，"但是当我们穿过狭窄的小湾（波士顿海湾）时，他看见了一片片绿地，开满鲜花的树木，以及各种各样繁茂美丽的植被，他马上欢乐得无与伦比。"对于露西而言，新英格兰和纽约不单单是一个庇护所。她所遇见的人亲切和蔼、朴实纯真，在这些人身上她看见了所有她曾被告知要去学习的美德：正直、淳朴、节俭、勤奋。就好像在大西洋一端的革命中人们的情感素养已被迫变成了对它原本应该拥有的高尚道德的荒诞模仿，而在另一端这一素养却奇迹般地保存了下来。美国人的道德未受影响，他们保留着纯真以及自然清新，而在法国这一切都得写入法律。在她充满感激的眼睛里，美国就是一首首田园诗，在这里，甚至她现实生活中的物质上的困难都不值一提。在马萨诸塞的伦瑟姆、她住在一位来自西印度群岛的种植园主的家中，那里"湖泊中点缀着草木丛生的岛屿，仿佛一个个漂浮的花园。"在靠近奥尔巴尼的一个农家，他们与这家的三代人一起共进晚餐，很明显这些人应该成为法国画家格勒兹的模特：白发苍苍的爷爷、丈夫和妻子的"力量和美都十分出众"，这家的孩子们则是这个世界上同拉斐尔和鲁本斯所描绘的天使最相近的人。午饭过后，家族的长者站了起来，摘下他的帽子让大家"为我们亲爱的总统的健康干杯"。

父亲被处死的确切消息让德·拉图尔·迪潘夫人下定决心无论如何都要让自己的家庭存活下来。为此，他们一直在努力，首先要买一个小农庄，然后搬进去。在此过程中，她过着普通村妇的生活，天一亮就起床喂家畜、挤牛奶，然后做饭或给孩子们讲故事。她将一所破旧的、脏兮兮的房子改造成了一个温暖热闹的家，她为自己拥有八头奶牛而自豪，它们产的奶油在当地"很受欢迎"。曾经是贵族的德·拉图尔·迪潘家庭，现在却需要付房租给荷兰大庄园主伦塞拉尔，租金是大量的玉米。露西身着蓝黑条羊毛裙子和哈德逊流域荷兰裔农妇们穿的白棉布紧身上衣，当拉罗什富科-利昂库尔登门拜访时，着实被露西的打扮震惊了，不过当她换好衣服准备进城时，轮到她为他穿着缝了许多补丁的淡黄色马裤发愁。

露西经常能够收到塔列朗在外旅行时寄送来的包裹：一些来自缅因州；一些来自宾夕法尼亚州；一些来自纽约。它们都是天赐之物：一块让邻居眼馋的肥的流油的斯蒂尔顿奶酪；一具华丽的女士马鞍以及鞍褥；当他在流亡贵族的闲谈中听说露西因隔日热而病倒，寄送了一箱子的奎宁；最重要的是，他及时告知她丈夫在美国的银行经理打算宣告破产。此后，塔列朗立即造访那位经理，他表情严肃，表明这件事很严重（此外还威胁要将这件事公之于众），最后从这个违约的银行经理那儿取出了一张荷兰汇票，这笔钱成了德·拉图尔·迪潘夫妇的存款。当露西的丈夫到费城去办理此事时，她一直陪丈夫到纽约，在那里，他们与塔列朗在其英裔印度朋友劳的家中相遇了。

在那里她还遇到了亚历山大·汉密尔顿，两人在奥尔巴尼就曾见过面。他刚刚辞去了财政部长一职，正通过给别人做律师来补贴家用。对于世界各地的政府公职人员只会变得更穷这一观点，塔列朗觉得相当惊讶，但在二人围绕两次革命优缺点进行的漫长讨论中汉密尔顿思维敏捷、思想深刻，立刻让塔列朗大受鼓舞。走廊里供着茶水，露西坐在一大群男人之间——劳、塔列朗、博梅茨以及其他一些来串门的人，其中有另一位制宪会议的前代表埃梅里（Emmery）——他们谈论着政治和历史，命运的反复无常以及人性的荒唐，直到曼哈顿六月的夜空中闪烁起星光。

然而，在恐怖统治高潮时期出生于波尔多的两岁女儿塞拉菲娜（Séraphine）在美国因肠热病离世，这突如其来的残酷变故让露西对美国的痴迷烟消云散。露西和丈夫试图将自己的注意力转移，他们在农场上琢磨新项目，比如去他们的大果园摘苹果做苹果酒，把果汁压榨出来装入旧的梅多克葡萄酒桶里。法国政局变动的新闻让他们重返故里成为可能。许多流亡国外的朋友，包括塔列朗，都决定要回国，但露西对此却情感复杂。"法国给我留下的都是恐怖的回忆，在那里我葬送了自己的青春，充斥在我脑海里面的是数也数不清的、无法忘记的恐惧。"但露西感到她无法阻止丈夫明显表现出来的想要回国的愿望。将自己武装起来克服引起自己恐惧的事物是露西对待焦虑的一个新办法，因此她决定采取一次公开行动：一次没有一丝革命恐怖的解放行动。在一个公开仪式上，她解放了自己的四名黑奴，这让庄园主的管家很不高兴。1796 年 5 月，她们一家开始起程返回法国，德·拉图尔·迪潘夫人看到纽约港渐渐地消失在自己视野之外，心中突然涌现出强烈的懊悔，怀念自己在哈德逊山谷拥有的那一小块自由之地。

[732]

相反，塔列朗急于返回法国。热尔曼娜·德·斯塔尔总是能够神奇地处理好一些事情。她设法让布瓦西·德·安格拉在立法团中进行了一次演讲，坚称剥夺塔列朗的公权是不公正的，因为 1792 他并非移民海外，而是因公务被派遣出国。无论如何，九月大屠杀中的逃亡者现在都被准确地同先前君主的那些怯懦的奴才区别开来，1789 年那些人夹着尾巴逃到了科布伦茨或都灵。值得信赖的老笔杆马里－约瑟夫·谢尼埃还用他仅存的编剧才能替那些冤屈的爱国者进行了充满激情的呼吁，结果让整个法国都期待塔列朗的归来："公民们，法兰西为你们张开了双臂。"他才不会拒绝这主动送上门来的拥抱呢。

对于塔列朗而言，在任何情况下，美国都首先是一笔不动产。他非常感激那里曾经的庇护，并且喜欢上了陌生人对他的那种令人不安的真诚，仿佛从他一出生他们就认识他。偶尔，他也感到他们一定是在爱弥儿的老师的教导下长大的。和露西·德·拉图尔·迪潘不同的是，他从未将正直、淳朴与朴素作为衡量生活是否有价值的标准。因此，他在到达费城后感觉很无趣。"一般旅行者都会对新奇的事物充满好奇，而我却漠不关心。"他也因当地社会中显贵们将犯渎圣罪的那些浪子拒之门外而感到沮丧，就如同他们在伦敦的做法一样。更为糟糕的是，他曾经渴望去见华盛顿，但后者却不愿见他。恐怖时期的法国大使福谢实际上让他变成了一个外交上不受欢迎的人。至于威廉·佩恩创建的费城中的贵格会教徒，他可以看得出，他们十分可敬，可敬得就像"好人理查"一样，但是，在美德面具的背后还有本杰明·富兰克林，可以说他比许多他的公民同胞更有代表性。因此，塔列朗很喜欢激怒他们，他一瘸一拐地走在集市大街上，胳膊挽着他的黑人情妇，小狗跟在脚后。然而，他看到，他的情妇要比任何人更让当地市民感到震惊。她位于北三大街的住所是他在美国流亡时可以称之为家的两个地方之一。

[733] 另一处是位于第一大街的一个书店，是他在三十人社和制宪会议的老朋友莫罗·德·圣梅里经营的。在这间书店的密室里，莫罗为流亡群体出版了一本小刊物，叫作《法国与殖民地信使报》，它起到了期刊邮政服务的作用，让这个群体了解他们中的每个人流浪到了哪里，以及回国的前景如何，让他们为敌人的失败欢呼振奋，尤其是在热月九日后。在莫罗的住所，塔列朗遇见了很多同伴：诺瓦耶几乎是参加过美国战争的唯一一位老兵了，他曾计划回法国；沙特尔的立宪主教奥默·塔隆；布拉孔侯爵；以及无处不在的拉罗什富科-利昂库尔。在这种聚会上，他们可以放下蹩脚的英语，畅快地说着他们熟悉的法语。

他们喝酒、喧闹地聊天至深夜，直到莫罗的妻子抱怨说他们可以通宵达旦地痛饮喊叫，但还有人第二天需早起。塔列朗常在他们家过夜，睡在莫罗的书中间，空气中弥漫着印刷品散发出来的油墨味，这是他流放生活中最幸福的时候。

无论如何，美国的一些方面能够让他马上萌生兴趣，尤其是在美国能够迅速致富。在此新世界，他不断被这个完全由财富构成的如百货商店一样的社会所打动。尽管对于塔列朗而言，金钱仅仅是一个能够使人摆脱令人羞耻的依赖状态的途径，或者能使人享受慷慨的乐趣，但这些理由足以驱使他实现自己的美国财富梦。和小农妇露西不同，塔列朗并不中意人们认可的通过勤勉与坚韧发财的途径。投机这种同样真实的美国式致富方式更合他的口味，"本世纪发生的革命，无论是为了自由还是反对自由，它们的一个突出特点就是控制资本"，塔列朗这样写道。从巴黎的潘绍那里他知道了资本开放的重要性，他最厌恶雅各宾派的一个方面是其对金融市场无理性的排斥。塔列朗认为这是他们空想主义最典型的特征，他们无可救药地一味排斥现代思想，他们的想法教条无知；当他得知为了应对通货膨胀，康邦的做法是关闭交易所时，他丝毫没有感到惊讶。

相反，他会释放一些风险资本，让它既为自己也为他的新祖国的利益效劳（在费城法院他已宣誓加入美国籍）。起初，他试图使美国银行和政府的证券在伦敦上市。但是，尽管他的好朋友汉密尔顿做了最大的努力，新世界的财政状况还是没能吸引旧世界中足够的买家，这场商业冒险也就只好作罢。后来，他又试着在原始的期货市场上购买谷物，似乎是在故意挑战恐怖时期所规定的经济道德。土地市场看起来要比这两项事业更

[734]

有前景，因为新英格兰北部和纽约有成千上万英亩的土地可以吸引投资进行发展。塔列朗可以从大卖主卖出的土地中拿到佣金——其中有战争部长诺克斯将军，此人在缅因州拥有大量土地——或者从一些公司的土地投机买卖中获益，比如荷兰土地公司，它的总部位于阿姆斯特丹，但在费城有个办事处，运营美国的生意。通过托马斯·劳，塔列朗甚至想到将美国在"印度"的土地出售给英国东印度公司那些财大气粗的掠夺者，他们既可以进行高效益的投资，同时可以免除给伦敦方面付款时受到的监管（以及税收）。

研究法国资本主义的史学家只需要研究1794至1795年间的塔列朗便足矣。他1780年代师从于一位瑞士银行家；受挫于他认为的大革命经济管制的反动教条；在美国获得自由，开始接触债券、期货、土地、城市房地产——一切他能接触到的，作为贵族、主教、立宪派、外交官的塔列朗也是资本家塔列朗：现代世界的开路先锋。

用一句他很喜欢的讽刺话来讲，为了实现自己轻松赚钱的发财梦，他将自己变成了一个边远地区的居民。1794年秋天，赶在下雪之前，他带着仆人库尔蒂亚德，和博梅茨进行了两次调查和探索之旅。一次他去了缅因州海岸，途经波特兰，一直到达尚普兰的沙丘岛。他所记下的大量笔记大多是对农业经济机遇的解释，对肯纳贝克河口所发现的天然海湾优越性的描述，以及责备当地渔民缺乏进取精神，因为他们很少到离岸几英里以外的地方去捕鱼，而是无所事事地"将胳膊耷拉在船体的一侧"。塔列朗在此看到的不是眼前岩石上那些穷困的、在风中摇摇欲坠的小农舍，而是一处绝妙的农业腹地，这里可以开辟大量的牧场，种植各种粮食，既供应该地区的需求也可以供应人口更为密集的马萨诸塞州等地区。

光秃秃的岩石以及茂密的森林在塔列朗脑海中形成的是一副理性的而非浪漫的画面。他本有可能在荒野中湮没他的革命情怀，或是漫无目的地思索起源于原始森林的自由的根源，或是欣喜地观赏飞溅的瀑布，但这位现代企业家着急考虑的是他可以怎么处理这些地产。即使有的时候，他也允许自己屈服于那些美丽的景色，但是他的想法一直都是围绕着怎样将其开发和利用。"那里有和这个世界一样古老的森林；绿油油茂盛的草地装饰着河岸；大块的天然牧场；一些我从没见过的奇异娇美的鲜花等等，当面对这些广阔的未经开发的荒野，我们的想象力便开了闸。我们的脑海里便会建造一些城市、村镇以及小村庄。"

然而，在一些时候，塔列朗头脑里边所想的以及他常常渴望恢复的那种文明似乎已经被美国的荒凉所吞没了。但是每次当他心中出现卢梭的幽灵时，他都会想想伏尔泰从而将之赶走。一次在黑暗的森林里突然不见了仆人的踪影，他大喊道："库尔蒂亚德，你在吗？"一个声音答道："啊，是的，大人，我在。"两个人都觉得在这样的地方用天主教的尊称如此正式地称呼他非常滑稽，他们的笑声就像塔列朗开辟文明的斧子一样穿透了茂密的丛林。

一年后，塔列朗已经为返回巴黎做好了准备。1795 年 5 月，他多数的财产都已经被拍卖掉，以维持他在费城的开销。紫罗兰色的法官长袍、蕾丝袖边、精美的家具以及画作，所有的东西都以很低的价钱出售了，作为一位有成就的投机商，塔列朗很讨厌这样的生意。有一件物品证实了他的名声，那是一个巨

[735]

大的衣柜，里面满是女人精美的衣物——丝制品、塔夫绸、平纹细布、长袍、帽子，甚至是长袜。这些都是阿德莱德·德·弗拉奥的东西吗？抑或这些物品仅仅是塔列朗过分殷勤的表现？个人财产的流失带来的失落感在他将一件珍贵的宝贝归还给露西·德·拉图尔·迪潘后更为强烈，这件事纯属运气。他在费城认识的一位妇女向他展示一件玛丽-安托瓦内特的小浮雕，想知道它雕得像不像。他一眼认出这是他朋友的物件。德·拉图尔·迪潘家的荷兰代理人曾将它"托付"给一位年轻的美国外交官来保管，然而那个人却据为己有。塔列朗一把将之抢了过来并直接归还给对塔列朗感激不尽的它的原主人。

或许正是这种时常出现的巧合让他回国的愿望更加强烈。当得知自己被豁免的消息后，塔列朗给热尔曼娜·德·斯塔尔写了一封诚挚的感谢信，并且准备在春天起航回国，这样不用走得太匆忙。启程前，也就是1796年6月，他与自己的老朋友博梅茨一起沿着曼哈顿的土城墙散步，安抚一下因他的离开以及他们精心安排的去印度发财计划的流产给后者带来的打击。随着他的同伴重新陷入一种奇怪的沉默之中，塔列朗突然有种不祥的预感，博梅茨要做出一些暴力的事情来，一些革命性的事情：杀了他，或是自杀，或是两个人一起死。他让博梅茨勇敢面对现实，伤心欲绝的博梅茨在他怀抱里哭得异常伤心。

博梅茨的确值得同情，但这些感情不能不为正事让步。塔列朗的丹麦轮船正在那里等着他，它有个令人生畏的名字"新一轮严酷的考验"。但是塔列朗登船时信心满满，因为他已经历过太多的考验。他能在九月大屠杀中存活下来，一个大西洋还有什么可恐惧的呢？

[736]

当塔列朗在美国享受自由时，新世界最敬重的一位法国人正在奥地利的一所监狱里受尽折磨。1776年的革命一代在恐怖时期遭遇灾祸。凯尔桑和德斯坦这两位路易十六时期新海军的楷模，都被送上了断头台。在马尔泽布之后，罗尚博本也应被立即送上囚车，但后来不知何故被忽略掉了，恐怖统治后期他在监狱里度过，后来热月党人将其释放。拉法耶特的战友比龙（即从前的洛赞公爵），在旺代倒在了埃贝尔派对贵族将军的进攻中，他也在大革命广场丢了脑袋。

尽管拉法耶特还活着——1792年与他一起去奥地利前线的朋友们也活着，其中有制宪会议委员比罗·德·皮西和米拉波的死敌亚历山大·德·拉梅特——他们所经历的折磨更为严酷。由于拉法耶特的自命清高，情况变得更加糟糕。与塔列朗这位实用主义者不同，拉法耶特始终坚持他所做的一切事情都必须与某些原则保持严格一致。即便当他抛弃部队逃走时，他也告诉自己说，他所逃离的不是法兰西，而是破坏了法国的残酷无情的斗争。这让他变成了一位爱国者，而不是一个叛徒。所以当奥地利人和普鲁士人问他，第一，他是否带了"财宝"，他轻蔑地嘲笑了这些人，嘲笑他们听信了外界对法国流亡者的夸张讽刺的描绘，以为每一个流亡者都是出于一些最不光彩的原因才离开法国的。然后，他们又问他是否能给他们提供有关法国军事战略的详细信息，他对这个建议愤怒异常。

既然拉法耶特似乎决意按共和派的标准行事，奥地利人认为他们最好将拉法耶特视为一个共和派。一份官方的声明中写道："拉法耶特的存在对欧洲各国政府的安全构成致命威胁。"

[737] 普鲁士人首先接管了拉法耶特，将他送进了马格德堡监狱一间潮湿、空气不流通、面积狭小的小牢房。拉法耶特桀骜不驯，甚至拒绝了普鲁士国王腓特烈·威廉的私人宴请，因此，他于1794年一月被转到了奈塞河要塞，在那里有几个月的时间允许法国囚犯互相探望，甚至偶尔可以通信件。

然而，1794年年末，拉法耶特又被重新交回了奥地利人的手里，就像是一个没人要的包裹一样，因为他的处境引发了美国和英国辉格党人充满敌意的批评。他被押到奥尔穆茨城堡。那是一座戒备森严的城堡。在那里，没有任何理由可以使他享受到特殊待遇。除了一块手表以及一件换洗衣服，他的物品统统被拿走。他被禁止同任何人见面，不允许与外界有任何联络，不能见其他囚犯，不能接收任何有关于大革命或战争进展的消息，更不用说有关于他被囚禁在法国的家人的私人信息。狱卒甚至被禁止用他的真实名字。他变成了一个虽然活着却像是被埋进了坟墓的无名小卒，同兰热曾经描述的巴士底狱犯人的境况如出一辙。

有段时间，肯定是为了回应美国驻维也纳大使约翰·杰伊的充满敌意的宣传，他的生活作息被改变了一些。他现在每天可以在士兵的监视下到树林里和田间转一转，正是在他休息放风的短暂时间内，他尝试着逃跑。助其逃走的是一位年轻的德国内科医生尤斯图斯·博尔曼，他曾经访问过杜松厅，深受热尔曼娜·德·斯塔尔、塔列朗、纳尔博纳和其他人的鼓舞。他决心解救拉法耶特，他对监狱的医生示好，因此可以同拉法耶特通信，侯爵用牙签穿透纸张或是用柠檬汁、水和烟灰制成隐形墨水给他回信。在约定的那一天，博尔曼准备好了马匹等在拉法耶特常走的那条路线上,但是当拉法耶特假装十分羡慕士兵身上佩戴的军刀,并询问是否可以看一下时,引起了士兵的疑心。在进行了一番搏斗之后,拉法耶特逃走了,但这个明显不讲武德的士兵咬下了拉法耶特的半截手指。由于疼痛以及恐慌,他听见博尔曼喊"Hoff,"他以为这是英语中的"快离开"或是"赶紧走",这两个人的英语说得都不怎么好。事实上,博尔曼指的是一个叫霍夫的村子,那里早已经备好新的马匹,安排好了帮助他的人。拉法耶特走错了路,就在二十英里之外一个叫斯滕伯格的小村庄,拉法耶特被捉住并被带回了奥尔穆茨。

接下来,他的监禁生活几乎让他陷入绝望:单独拘押,食物供应少得几乎将他饿死,也没有书籍。他一直生病,头发掉了很多、身体瘦弱憔悴。他的生活看起来似乎没有了天日。

1795年10月的一个清晨,没有任何征兆,他牢房的双层门被打开了。光线突然照进了屋子,他看到了他的妻子阿德里安娜和两个女儿维尔日妮及阿纳斯塔谢。这并不是他因为被监禁产生的幻觉,她们的的确确站在拉法耶特的面前。亲人重聚的喜悦被他幽灵一样的外表击碎了,他衣衫褴褛,看上去就像一具骷髅,不断咳嗽着。阿德里安娜决心去奥地利找寻自己的丈夫,她的勇气和忠贞超过了一切情感小说家的想象。首先,她必须在恐怖时期存活下来,事实上,她也曾一度被囚禁在巴黎的一所监狱,热月党人在她被送上断头台之前解救了她。但是,直到1795年1月,在美国驻法大使詹姆斯·门罗的帮助下,她才被释放。阿德里安娜搬进了这位大使的家中,在他的热心帮助下,设法给自己和两个女儿弄到签证;她去了维也纳,争取到了同皇帝弗朗西斯二世见面的机会。由于获得了皇室的诏令,

[738]

她有权与丈夫被一同监禁。

这样的离奇生活,虽可怜但能给人慰藉的生活,持续了一年半的时间。阿德里安娜与吉尔贝住在一间牢房;两个女儿,一个十三岁,另一个十八岁,住在另一间。这个家庭缺少的唯一一员是两个女儿的弟弟,乔治·华盛顿·拉法耶特,目前在弗农山庄很安全,被他地位显赫的教父悉心照料着。事实上,想在奥尔穆茨监狱重建十八世纪公民–贵族所痴迷的那种田园家庭生活是不可能的,但是这三位女性尽了最大的努力。这个家庭一起吃着糟糕的饭菜,用着没有清洗的木碗,但即便是这样,连共同用餐这样的小仪式也经常被士兵打扰,他们让两个女儿离开,十分钟之后才能回来。当拉法耶特情况有所好转时,阿德里安娜的身体状况开始急速恶化。最后,在1796年的5月,由于要保持美国的中立而一直不便出面的乔治·华盛顿直接给皇帝写了一封私人信件:

我向陛下呈递这封信,只是请求您考虑对他(拉法耶特)如此之久的监禁、对他财产的没收、其家庭的贫困与分离以及所有这些处境带给他的痛苦的忧虑,是否已经让他受到了足够多的折磨,从而可以考虑给予他更人性的待遇?

他难道不能被允许前往美国吗?

然而,能打动人类良心的东西,对于国家理性的影响却微乎其微。直到第二年春天,当奥地利的军队在意大利被拿破仑·波拿巴彻底摧毁后,奥方需要和谈,这时拉法耶特的情形成了双方谈判的条件。1797年，塔列朗已经回到了法国；的确，这是政治斗争最激烈的时候。西哀士和其他1789年参加革命的人又一次获得权力和影响力，拉法耶特也不再是一个招人憎恨的名字。然而，控制督政府的那些法国人，受到了来自保皇派和新雅各宾派的双重围攻，他们不确定自己是否愿意承担允许拉法耶特回国的风险。拉法耶特之所以能与拉图尔·马尔堡和比罗·德·皮西一起获释，是人们以为他将会去美国，条件是他不会回法国。奥地利首相图古特（Thugut）起初拒绝释放他们，由于波拿巴的坚持他们最终被释放。

尽管马上就要获得自由，但就像紧张不安的法国驻汉堡（拉法耶特已经到达这里）领事给新任外交部长塔列朗的信中所指出的那样，侯爵给他们出了一个原则性的问题。奥地利人同意准许拉法耶特获得自由，条件是要签署一个协议，即他永远不能再次踏上皇帝的领土。这一点被拉法耶特拒绝了，因为只有一个国家可以对他行使"神圣权利"，在将来，无论这个国家想把他送到哪里，他都会去。尽管他依然倔强愚蠢地坚持这一点，释放他的安排一直在进行。对于拉法耶特而言，这些都没有什么可关心的。他从来没有放弃他永远的信念：爱国主义和自由。对于那些原则他一直都秉持着，即使连法国都背叛了它们。的确，在革命时期和反动时期，无论阿德里安娜会背叛它们多少次，她都会发现，拉法耶特依旧对1790年精神忠心耿耿：一个骑白马的人，身上裹着三色旗。

对于拉法耶特而言，纵观他的一生，革命的记忆是一次解放；而对于泰鲁瓦涅·德·梅里古而言，革命记忆就是监禁生活。

1793年春天，当她在斐扬露天咖啡厅为共和国妇女协会进行演讲时，她遭到了一个支持山岳派的女性的暴力袭击。人们已经厌倦了关于公民责任的演讲，憎恶她努力维护吉伦特派。她被剥光了衣服打得不省人事，然后被解救出来，这是马拉要求的。无论这个故事是真是假，泰鲁瓦涅醒了过来，但却变得疯疯癫癫。她被带去了圣玛索郊区为穷人和精神病人开设的医院。她的余生都是在囚禁中度过的，在这23年间，她被从一个灰暗的医院转到另外一个，最终待在沙普提厄医院，那里更像是一所监狱而非精神病院，1817年她在那里去世。

泰鲁瓦涅以前也曾经入狱。1791年，她很不明智地回到了故乡列日省，途中她被奥地利人逮捕，就好像她是一位优秀且重要的间谍一样。在比利时接受审讯后，她被押送到了蒂罗尔的库夫施泰因城堡（在那里，两年后，热气球驾驶员布朗夏尔驾驶的热气球坠毁在山里，他也被怀疑是一名间谍而遭到了关押）。在对她进行严酷审讯后，奥地利人从她的口中套不出任何东西，不得不认定一位监狱医生所说的，她得了"革命狂躁症"。

在她的头盖骨被打凹陷之后，这种狂躁症重新出现，伴随着无法停止的精神错乱。她坐在牢房里，头发被剃光了，盯着墙壁看。时不时地，在沉默了一阵子之后，她便会情绪激动地用含糊不清的声音冒出一串革命时期的短语："救国委员会""自由""流氓无赖"。在她的痴呆发作最严重的时候，她对"温和派"大发脾气。在1808年前后她病情相对平稳的时期，有个还记得1789年"美丽列日"的人前去看她，泰鲁瓦涅一见面就指责他"背叛了人民的事业"。他离开了，不知道她究竟疯癫到了何种程度。

对一些人而言，泰鲁瓦涅是他们茶余饭后消遣的话题；对于另一些人来说，她仿佛是一座离奇的活的博物馆，里边满是人们几乎要忘记的、令人尴尬的标语口号。偶尔，一些好心的官员会试图去查找她的家庭，并给乌尔特省的省长写信寻找信息。精神病学家埃斯基罗尔大夫在他的专题论文《论精神病》中，将她的病界定为抑郁狂（lypémanique）或是患上了某种狂躁抑郁症。在她死后，这位医生通过验尸结果断定，她的疾病是由结肠排列混乱引起的。

到1810年，她除了在生物学意义上还活着外，已经全然失去了人的特征。她讨厌穿衣服，全身赤裸地坐在牢房里，冬天即使为了御寒而送上来的最简单的羊毛晨衣都被她怒气冲冲地拒绝了。极少的时候，当她出来透气或喝院子里水坑中的脏水时，她会同意穿件薄衬衣，其余什么都不穿。每天，她都会将冰冷的水倒在床铺的稻草上，有时会弄碎了院子里的冰取来用，好像唯有冰川才能冷却她狂热的温度。有时，人们会听到她喃喃自语，诅咒那些背叛了大革命的人。

她不理会所有来看她的人，无论是关心她的还是不怀好意的。泰鲁瓦涅完全生活在了大革命之中，她心中的大革命。在这里没有同情，因为在某种程度上，泰鲁瓦涅·德·梅里古的疯癫是强烈的革命理想主义冲动的逻辑终点。最终，出现了一个完全透明的、处于前社会纯真状态的人，一个赤裸的、往身上浇冰水净化自己的人，她像一个容器，可以被大革命填满。在沙普提厄医院她的小房间里，至少还有一个可以继续保存革命记忆的地方，一个不会被人类寻常的纷乱烦扰的地方。

[741]

原始资料与参考文献

序幕

回忆的力量——40年后

关于巴士底狱大象的历史，源自马里·比韦（Marie Biver）的《拿破仑的巴黎》（*Le Paris de Napoléon*）（巴黎1963年）。塔列朗在1830年的内容，来自乔治·拉库尔-加耶（Georges Lacour-Gayet）的《塔列朗》（*Talleyrand*）（巴黎1931年，第3卷）；另外可见让·奥里厄（Jean Orieux）的那本嘲讽得恰到好处的现代人物传记《塔列朗，或斯芬克斯之谜》（*Talleyrand ou le Sphinx Incompris*）（巴黎1970年，第737—744页）。塔列朗自己的《回忆录》（*Memoires*）（卷3、卷4，杜克·德·布罗迪克编，1892年），即便依照他自己的标准，他在1830年革命期间的内容也显得过于简略了。科尔马什夫人（M. Colmache）的《塔列朗亲王生活揭秘》（*Revelations of the Life of Prince Talleyrand*）（伦敦1850年）提供的信息要丰富得多，而且更为权威可靠。拉法耶特关于1830年回忆的自觉意识，一望而知就是读了他自己的《回忆、通信与手稿》（*Mémoires, Correspondances et Manuscrits*）（巴黎1837—1838年，第6卷，第386—415页），还有他那段时间的秘书 B. 萨朗（B. Sarrans）写的《关于拉法耶特将军和 1830 年法国革命的回忆录》(*Memoirs of General Lafayette and of the French Revolution of 1830*)（2 卷本，伦敦 1830 年）。到目前为止，关于巴黎 1830 年 7 月事件写得最好的还是大卫·平克尼（David Pinkney）的《1830 年法国革命》(*The French Revolution of 1830*)（普林斯顿 1972 年），该书记录的是拉法耶特 1825 年从美国凯旋的那段辉煌岁月。关于夏尔·德拉克洛瓦的巨大的甲状腺肿瘤和对其进行外科切除手术的轰动一时的公开报道，可以在共和六年芽月 24 日（1798 年 4 月 13 日）的《通报》(*Moniteur*) 上找到。

第一章　新人类

一、情同父子

塔列朗拜访伏尔泰的部分，参见科尔马什（第 82—86 页）。伏尔泰在巴黎度过的最后数月在皮当萨·德·麦罗贝尔（Pidanzat de Mairobert）那本妙绝的闲谈八卦《英国间谍，或顺风耳先生与千里眼先生的通信》(*L'Espion Anglais ou Correspondance Secrète entre Milord All Eye et Milord All Ear*) 第 276 条中有着生动描述，该书在伦敦出版，但在巴黎一般也可以买到。拉法耶特远赴美国的内容在路易·戈特沙尔克（Louis Gottschalk）的里程碑式的传记《拉法耶特来到美国》(*Lafayette Comes to America*)（芝加哥 1935 年）的前两卷和《拉法耶特加入美国陆军》(*Lafayette Joins the American Army*)（芝加哥 1937 年）中有着详细描写。写给妻子家信的内容，摘自该书的第 2

卷。斯坦利 J. 伊泽达（Stanley J. Idzerda），在莫里斯·斯拉温（Morris Slavin）和阿格尼斯·M. 史密斯（Agnes M. Smith）共同主编的《资产阶级，无套裤汉和其他法国人：纪念约翰·霍尔·斯图尔特法国大革命论文集》（*Bourgeois, Sansculottes and Other Frenchmen: Essays on the French Revolution in Honor of John Hall Stewart*）（滑铁卢，安大略省，1981年，第7—24页）中有一篇极其令人信服的重要文章《拉法耶特何时成为革命家，又是因何成为革命家的》（"When and Why Lafayette Became a Revolutionary"），对戈特沙尔克侧重于轻率冒险和爱走捷径的观点颇多抨击，并特别强调了拉法耶特投身的事业的意识形态的和心理上的根源。第 20 页上给韦尔热纳的信，引自吉尔贝·博迪尼耶（Gilbert Bodinier）的《参加美国独立战争的皇家陆军军官：从约克敦到次年》（*Les Officiers de l'Armée Royale Combattants de la Guerre d'Indépendance des Etats-Unis de Yorktown à l'An II*）（文森1983年，第285页）。拉法耶特效忠华盛顿的部分，或许在路易·戈特沙尔克所编辑的两人来往信件中所见最多。书名叫做《拉法耶特致乔治·华盛顿的信件，1777—1799年》（*The Letters of Lafayette to George Washington 1777-1799*）（纽约1944年）。更多关于这个年轻的自由派贵族的友谊的深入分析，参见《拉法耶特将军与诺瓦耶子爵未出版通信，1780—1781年》（*Lettres Inédites du Général Lafayette au Vicomte de Noailles 1780-81*）（巴黎1924年）。

二、时代英豪

大革命之前的法国爱国主义历史一直是个很少被涉足的领

域，相关研究严重缺乏。概要内容可参见让·莱斯托夸（Jean Lestocquoy）的《法兰西爱国主义史》（*Histoire du Patriotisme en France*）（巴黎1968年）和玛丽-马德莱娜·马丁（Marie-Madeleine Martin）的《法兰西统一史：古往今来法兰西的祖国观念》（*Histoire de l'Unité Française: L'Idee de la Patrie en France des Origines à Nos Jours*）（巴黎1949年）。记录七年战争以后爱国主义运动更为咄咄逼人、风起云涌的专题研究，则可参见弗朗西斯·埃克姆（Frances Acomb）的《1763—1789年间法国的仇英情绪》（*Anglophobia in France 1763-1789*）（达勒姆，北卡罗来纳州，1950年）。一部关键的同时代的著作是J.罗塞尔（J. Rossel）的《法兰西爱国志》（*Histoire du Patriotisme Français*）（巴黎1769年）。另一篇体现爱国激情的极具震撼力的浪漫主义论述，可参见《阿维尼翁信使报》（*Le Courrier d'Avignon*）（1777年，第6号）中的《论1776年度大事》（"Discours sur les Evénements de l'Année 1776"）一文。吉尔贝·希纳尔（Gilbert Chinard）为他编辑的比拉东·德·索维尼（Billardon de Sauvigny）的《华盛顿》（*Vashington*）（普林斯顿1941年）一书提供了一篇很有帮助的导论，该书还描述了他的《伊尔扎，或伊利诺伊》（*Hirza ou les Illinois*）一书中的剧院史。德贝洛瓦（de Belloy）的《加来之围》（*Siège de Calais*）的演出史可以在1787年版的同名剧中找到；还可以参见埃克姆的《仇英情绪》（第58—59页）和约翰·洛（John Lough）的《17和18世纪巴黎剧院观众》（*Paris Theatre Audiences in the 17th and 18th Centuries*）（牛津1957年）。对于库埃迪克的那场战役以及对他本人的崇拜，乔治·拉库尔-加耶（Georges Lacour-Gayet）的《路易十六时代的法国海军》（*La*

Marine Militaire de la France sous le Règne de Louis XVI）（巴黎 1901 年，第 297—298 页）一书有着最为精彩的描述，书中还提到了在海军学院张挂这场战役的油画的决定（第 575 页）。对于"贝勒-普勒号"的类似崇拜，参见《英国间谍》（L'Espion Anglais）（1778 年，第 9 卷，第 146—147 页）。另见《布雷斯特与美国独立》（Brest et l'Indépendance Américaine）（布雷斯特 1976 年）；李·肯尼特（Lee Kennett）的《美国境内的法国军队，1780—1783 年》（The French Forces in America 1780-1783）（韦斯特波特，康涅狄格州和伦敦 1977 年）；以及乔纳森·R. 达尔（Jonathan R. Dull）的《法国海军与美国独立》（The French Navy and American Independence）（普林斯顿 1975 年）。关于法国旅行文学、装饰艺术和版画中对于美国主题的表现，可以参考贝蒂·布莱特·P. 洛（Betty Bright P. Low）在《法国看美国》（France Views America）（艾柳特里亚·米尔斯历史图书馆，威尔明顿，特拉华州）中所编展览目录，以及《美国独立战争中的法国人》（Les Français dans la Guerre d'Indépendance Américaine）（雷恩博物馆 1976 年）。迪朗·埃切韦里亚（Durand Echeverria）的《西方的幻影：截止到 1815 年法国描绘的美国社会》（Mirage in the West: A History of the French Image of American Society to 1815）（普林斯顿 1956 年），算是这一研究领域最早的专著。关于拉法耶特在法国受到欢迎，以及富兰克林受到宫廷热捧的内容，参阅康庞夫人（Madame de Campan）的《玛丽-安托瓦内特生活回忆录》（Mémoires sur la vie de Marie-Antoinette）（巴黎 1899 年，第 177—179 页）。当年法国刮起的富兰克林热，文学作品中可谓比比皆是。特别要看的是詹姆斯·利思（James Leith）的那篇引人入胜的文章《法国大革命前夕和期间的富兰克林崇拜》("Le Culte de Franklin avant et pendant la Révolution Française"),载于《法国大革命历史年鉴》(*Annales Historiques de la Révolution Française*)(1976年,第543—572页);还有路易斯·托德·安布勒的展览目录《本杰明·富兰克林:一个视角》(*Benjamin Franklin: A Perspective*)(福格艺术博物馆,坎布里奇,马萨诸塞州,1975年);吉尔贝·希纳尔的《本杰明·富兰克林崇拜》("The Apotheosis of Benjamin Franklin")一文,载于《美国艺术与科学学院公报》(*Proceedings of the American Academy of Arts and Sciences*)(1955年);乔纳森·R·达尔的《富兰克林在法国:一项重新评估》("Franklin in France: A Reappraisal"),发表于《西部法国史学会年会公报》(*Proceedings of the Annual Meeting of the Western Society for French History*)(1976年第4期);肯尼思·M.麦基(Kenneth M. McKee)的《法国大革命时期"美国人"在法国舞台上的受欢迎程度》("The Popularity of the 'American' on the French Stage in the French Revolution"),发表在《美国哲学学会公报》(*Proceedings of the American Philosophical Society*)(第83卷,1940年第3期)。很多这类材料由菲利普·卡茨(Philip Katz)收集在《法国大革命政治中的本杰明·富兰克林形象,1776—1794年》(*The Image of Benjamin Franklin in the Politics of the French Revolution 1776-1794*)(哈佛大学社会研究论文项目)。关于马赛庆祝数字13的情节,见《英国间谍》(1778年,第9卷,第75—76页)。罗宾神父对于美国人的评论被吉尔贝·博迪尼耶的《参加美国独立战争的皇家陆军军官:从约克敦到次年》(文森1983年,第345页)引用。关于韦尔热纳的对美政策,参见奥维尔·T.墨菲(Orville T.

Murphy）的《夏尔·格拉维耶，韦尔热纳伯爵：1719—1787年革命时代的法国外交》(*Charles Gravier, Comte de Vergennes: French Diplomacy in the Age of Revolution 1719-1787*)（奥尔巴尼1982年）；还有他对于日内瓦和美国的政策对比，可参见该书第400页。

第二章　蓝色国土，红色赤字

一、美好时光

关于路易十六的加冕礼，参见H.韦伯（H.Weber）在索雷兹国际学术研讨会上发表的《路易十六的加冕礼》("Le Sacre de Louis XVI")，收入会议论文集《路易十六的统治》(*Le Règne de Louis XVI*)（1976年，第11—22页）；同一作者的另一篇文章《路易十六在1775年6月11日的加冕礼和旧制度危机》("Das Sacre Ludwigs XVI vom 11 Juin 1775 und die Krise des Ancien Régime")，收入恩斯特·亨里希斯（Ernst Hinrichs）、E.施密特（E. Schmitt）和R.菲尔豪斯（R. Vierhaus）共同主编的《从旧制度到法国大革命：研究与展望》(*Vom Ancien Régime zur Französischen Revolution: Forschungen und Perspektiven*)（哥廷根1978年）；还有雅克·勒高夫（Jacques Le Goff）的那篇绝妙好文（相当于一本小书）《兰斯，加冕之城》("Reims, Ville du Sacre")，收入皮埃尔·诺拉（主编）的《记忆之场》(*Les Lieux de Mémoire*)的第2卷《国家》(*La Nation*)（巴黎1986年，第1部分，第161—165页）。杜尔哥对加冕礼花销的怨言，以及典礼的细节都在皮当萨·德·麦罗贝尔的《英国间谍》(1775年，第 320—327 页）中有记载。

路易十六的成长过程在 P. 吉罗·德·库尔萨克（P. Girault de Coursac）的《王室教育：路易十六》(*L'Education d'un Roi: Louis XVI*)（巴黎，1972 年）中有描述；他的许多日记由 L. 尼古拉多（L. Nicolardot）在《路易十六日记》(Journal de Louis XVI, 1873)中公之于众。关于 1786 年 6 月驾临瑟堡，参见《1786 年 6 月间详细日记中的瑟堡简史》(*Histoire Sommaire de Cherbourg avec le Journal de Tout Ce Qui s'est Passé au Mois de Juin 1786*)（瑟堡，1786 年）;《路易十六的诺曼底省之旅》(*Voyage de Louis XVI dans la Province de Normandie*)（"费城"［巴黎］1786 年）;《法兰西公报》(*Gazette de France*)（1786 年 7 月 4 日号）；J.-M. 高迪罗（J.-M. Gaudillot）的《路易十六的诺曼底之旅》(*Le Voyage de Louis XVI en Normandie*)（卡昂 1967 年）；以及乔治·拉库尔-加耶在《史学研究评论》(*Revue des Etudes Historiques*)（1906 年）上发表的《路易十六的瑟堡之旅》("Voyage de Louis XVI à Cherbourg")。关于国王对于航海文化的熟稔，参见路易-佩蒂特·德·巴绍蒙特（Louis-Petit de Bachaumont）的《记录文人共和国历史的秘密回忆录》(*Mémoires Secrets pour Servir á l'Histoire de la République des Lettres*)（36 卷本，伦敦 1781—1789 年，1786 年 7 月 2 日、3 日和 9 日）。

路易对于狩猎的热衷（以及在位期间最为全面的综合述评），参见弗朗索瓦·布吕什（François Bluche）的《路易十六时期的日常生活》(*La Vie Quotidienne au Temps de Louis XVI*)（巴黎 1980 年）。

二、债海无边

夏多布里昂（Chateaubriand）的那段文字选自《墓畔回忆录》(*Mémoires d'Outre-Tombe*)（巴黎 1849 年，卷 1，第 91 页）。法国海军的开支数据来自于达尔的《法国海军和美国独立》(*French Navy and American Independence*)；关于海军建设，在 T. 勒高夫（T. Le Goff）和 J. 梅耶（J. Meyer）的《法国海军建设》("Les Constructions Navales en France")中的列表也很有帮助，后者登载于《年鉴：经济、社会、文明》(*Annales: Economies, Sociétés, Civilisations*)（1971 年，173 页及以下诸页）。

彼得·马赛厄斯（Peter Mathias）和帕特里克·奥布莱恩（Patrick O'Brien）在《欧洲经济史杂志》(*Journal of European Economic History*)（1976 年，第 601—650 页）发表了《英法两国的税收，1715—1810 年》(*Taxation in Britain and France 1715-1810*)一文，米歇尔·莫里诺（Michel Morineau）在《历史评论》(*Revue Historique*)（1980 年，第 289—336 页）上发表了《18 世纪国债与王室财政管理》("Budgets de l'Etat et Gestion des Finances Royales au 18e Siècle")，上述两篇加在一起，为修正关于法国税收影响范围和负担状况的传统观点提供了强有力的依据。其他关于财政方面的重要研究著作还有 J.F. 博舍（J. F. Bosher）的《法国政府财政，1770—1795 年》(*French Government Finance 1770-1795*)（剑桥，英格兰，1970 年）和 C.B.A. 贝朗（C.B.A. Behrens）的《社会、政府和启蒙运动：18 世纪法兰西和普鲁士的经验》(*Society, Government and Enlightenment: The Experience of Eighteenth-Century France and*

Prussia）（纽约 1985 年，主要是第 3 章）。这些著作都强调了偿债能力在结构和制度层面遭遇的阻碍，但这一点却在詹姆斯·莱利（James Riley）的非常专业的著作《七年战争和法国旧制度：经济和财政损失》(The Seven Year's War and the Old Regime in France: The Economic and Financial Toll)（普林斯顿 1986 年）中遭到了强烈质疑。弗朗索瓦·安克尔（François Hincker）的《旧制度时期面对赋税的法国人》(Les Français Devant l'Impôt sous l'Ancien Régime)（巴黎 1971 年），对于这一问题作了清晰而颇有价值的概述。标准的制度史著作有马塞尔·马里昂（Marcel Marion）的《1715 年以来的法国财政史》(Histoire Financière de la France Depuis 1715)（巴黎 1921 年），但该书如今略显过时。关于大革命前通过卖官鬻爵作为税收来源的情况，参见大卫·D. 比安（David D. Bien）在基思·迈克尔·贝克尔（Keith Michael Baker）（主编）的《旧制度的政治文化》(The Political Culture of the Old Regime)（牛津 1987 年，第 89—114 页）中的《官职、军队和国家信用体系：旧制度下特权的用途》("Offices, Corps, and a System of State Credit: The Uses of Privilege under the Ancien Régime"）一文。

三、税金包收和缉盐战争

关于总包税商，参见乔治·马修斯（George Matthews）的《18 世纪法国的皇家总包税局》(The Royal General Farms in 18th-Century France)（纽约 1958 年），和伊夫·迪朗（Yves Durand）的《18 世纪总包税商》(Les Fermiers Généraux au XVIIIe Siècle)（巴黎 1971 年）；另见让·帕基耶（Jean Pasquier）的《17 和 18

世纪法国盐税》（*L'Imipôt des Gabelles en France aux XVII et XVIIIe Siècles*）（巴黎 1905 年）。关于私盐贩子的内容，参见奥尔文·赫夫顿（Olwen Hufton）的《18 世纪的法国贫民》（*The Poor of Eighteenth-Century France*）（牛津 1974 年）中的极易唤起同情的描述。关于金融家的刻板印象，参见 H. 蒂里翁（H. Thirion）的《18 世纪银行家的私人生活》（*La Vie Privée des Financiers au XVIIIe Siècle*）（巴黎 1895 年），以及让-巴蒂斯特·达里格朗（Jean-Baptiste Darigrand）的《反金融家》（*L'Anti-Financier*）（阿姆斯特丹 1763 年）。

四、最后的希望：马车夫

关于杜尔哥的职业生涯有两部佳作：道格拉斯·戴金（Douglas Dakin）的《杜尔哥和法国旧制度》（*Turgot and the Ancien Régime in France*）（伦敦 1939 年），和埃德加·福雷（Edgar Fauré）的《杜尔哥失宠》（*La Disgrâce de Turgot*）（巴黎 1961 年）。从一种截然相反的方法来切入（有几处很有说服力），参见吕西安·朗吉耶（Lucien Langier）的《杜尔哥，改革的神话》（*Turgot ou la Mythe des Reformes*）（巴黎 1979 年）。部分朗吉耶揭发的内容在 R.P. 谢泼德的《杜尔哥和六条法令》（*Turgot and the Six Edicts*）（纽约 1903 年）一书中得到了证实。关于重农主义改革对谷物交易的成效，参见 S. L. 卡普兰（S. L. Kaplan）的《路易十五时代的面包、政治和政治经济学》（*Bread, Politics and Political Economy in the Reign of Louis XV*）（2 卷本，海牙 1976 年）。关于重农主义理论参见 G. 沃伊勒尔塞（G. Weulersse）的《1756—1770 年间法国的重农主义运动》(Le Mouvement Physiocratique en France 1756-1770)(2卷本，巴黎 1910 年) 和伊丽莎白·福克斯-吉诺维斯（Elizabeth Fox-Genovese）重要的思想史著作《重农主义的起源》(The Origins of Physiocracy)（伊萨卡，纽约，1976年），罗纳德·L.米克（Ronald L. Meek）（主编）的《杜尔哥论进步、社会学和经济学》(Turgot on Progress, Sociology and Economics)（剑桥，英格兰，1973年）。

五、最后的希望：银行家

两本著作对内克尔当政做了重要的重新评价：让·埃格雷（Jean Egret）的《内克尔：路易十六的大臣》(Necker: Ministre de Louis XVI)（巴黎 1975 年），和 R. D. 哈里斯（R. D. Harris）的《内克尔：旧制度的改革家》(Necker, Reform Statesman of the Old Regime)（伯克利 1979 年）。后者基于对科佩的新档案的研究成果，这些成果证实了内克尔在《致国王的财政报告书》中所作的许多论断。另见 H. 格朗热（H. Grange）的《内克尔的思想》(Les Idées de Necker)（巴黎 1974 年），以及爱德华·沙皮萨（Edouard Chapuisat）的《内克尔，1732—1804》(Necker 1732-1804)（巴黎 1938 年）。

第三章　备受谴责的专制

一、纪尧姆先生的奇遇

关于马尔泽布生平的标准传记仍要属皮埃尔·格罗克洛德

（Pierre Grosclaude）的杰作《马尔泽布：他那个时代的见证者和阐释者》(Malesherbes, Témoin et Interprète de son Temps)（巴黎1961年）。关于其不断成熟的政治理念，参见伊丽莎白·巴丹泰（Elizabeth Badinter）的精良文选和批判性导论《1771—1775年马尔泽布的谏言书》(Les Rémonstrances de Malesherbes 1771-1775)（巴黎1985年）。至少还有两本著作也值得参考：J. M. 阿里森（J. M. Allison）的《马尔泽布》(Malesherbes)（纽黑文1938年），和其第一个传记作者布瓦西·但格拉斯（Boissy d'Anglas）的《马尔泽布的生平、著作与观点》(Essai sur la Vie, les Ecrits et les Opinions de M. de Malesherbes)（巴黎1819年）。

二、主权重定：高等法院的挑战

在基思·迈克尔·贝克尔主编的重要著作《旧制度的政治文化》（牛津1987年）中有大量文章论述了这个主题，尤其是戴尔·范·克利（Dale van Kley）和威廉·多伊尔（William Doyle）的文章。贝克尔也发表过一篇重要论文，讨论反对派意识形态的突变，题目是《路易十六即位时的法国政治思想》("French Political Thought at the Accession of Louis XVI")，刊载于《近代史杂志》(Journal of Modern History)（1978年6月号，第278—303页）。路易十五所强调的那些绝对王权的金科铁律，在同一本书中米歇尔·安托万的文章《绝对君主制》("La Monarchie Absolue"）中得到了考察。关于高等法院演讲中反对派措词和思想观念发展变化的基础讨论，仍要属一本大大超前于它那个时代的优秀著作：E. 卡尔卡索纳（E. Carcassonne）的《孟德斯鸠和法国宪法的争论》(E. Carcassonne, Montesquieu et le Débat sur la Constitution Française）(巴黎 1927 年）。关于孟德斯鸠思想的传播和普及，参见弗兰科·文图里（Franco Venturi）的《启蒙运动中的乌托邦与改革》(Utopia and Reform in the Enlightenment)（剑桥，英格兰，1971 年）。卡尔卡索纳遗漏了很重要的一点就是在攻击耶稣会士的时候，詹森派的言辞所起到的作用，这个主题在戴尔·范·克利的精彩著作《詹森派与耶稣会被逐出法国，1757—1765 年》(The Jansenists and the Expulsion of the Jesuits from France 1757-1765)（纽黑文和伦敦 1975 年）中有所述及。另见同一作者所著的《达米安事件和旧制度的瓦解，1750—1770 年》(The Damiens Affair and the Unravelling of the Ancien Régime 1750-1770)（普林斯顿 1984 年）。J. 弗拉梅蒙（J. Flammermont）全文刊印了《18 世纪巴黎高等法院的谏言书》(Rémontrances du Parlement de Paris au XVIIIe Siècle)（3 卷本，巴黎 1888—1889 年）。同一作者关于莫普危机的著作已经过时，取而代之的是杜兰德·埃切维里亚（Durand Echeverria）的《莫普革命：自由放任主义史研究：1770—1774 年的法国》(The Maupeou Revolution: A Study in the History of Libertarianism: France 1770-1774)（巴吞鲁日，路易斯安那州，1985）。另见让·埃格雷的《路易十五和高等法院反对派》(Louis XV et l'Opposition Parlementaire)（巴黎 1970 年），和威廉·多伊尔在《法国历史研究》(French Historical Studies，1970 年，第 429 页）上发表的文章《法国高等法院和旧制度的崩溃，1771—1788 年》(The Parlements of France and the Breakdown of the Old Regime 1771-1788)。关于此次危机中王室的情况，参见大卫·赫德森（David Hudson）的《捍卫改革》("In Defence of Reform")一文，载于

《法国历史研究》（1973 年，第 51—76 页）。关于梅斯和波城庆祝恢复高等法院的内容，可以在皮当萨·德·麦罗贝尔的《英国间谍》（1775 年 2 卷本，第 200 页）中找到；另见 H. 卡雷（H. Carré）收入《法国大革命》（*La Révolution Française*）（1892 年）中的《高等法院反对派的庆祝活动》（"Les Fêtes d'une Réaction Parlementaire"）一文。

将高等法院不光作为政治机构，同时还作为社会机构来看待，如今已有大量精细的研究。这一领域的开山之作，包括富兰克林·福德（Franklin Ford）的《袍与剑：路易十四之后法国贵族体制的重组》（*Robe and Sword: The Regrouping of the French Aristocracy after Louis XIV*）（剑桥，马萨诸塞州，1953 年），和弗朗索瓦·布吕什的《巴黎高等法院的法官，1715—1771》（*Les Magistrats du Parlement de Paris 1715-1771*）（巴黎 1960 年），该书仍是有关这一主题的代表作，但可惜仅限于莫普危机这段时间。贝利·斯通（Bailey Stone）的杰作《巴黎高等法院，1774—1789 年》（*The Parlement of Paris 1774-1789*）（教堂山，北卡罗来纳州，1981 年）将故事续写到了大革命时期，恰好展示了司法贵族如何在口头和实质上分道扬镳，渐行渐远，表达各自对于国家政权的重新定义。威廉·多伊尔的上等佳作《波尔多高等法院和旧制度的终结，1771—1790》（*The Parlement of Bordeaux and the End of the Old Regime 1771-1790*）（纽约 1974 年）研究了主权法院中最为雄辩的一位，但也展现了在莫普危机中，其个性中优柔寡决的一面。波尔多地方法官创作的最重要也是影响最深远的小册子，是约瑟夫·赛热（Joseph Saige）的《公民教义问答》（*Catécheisme du Citoyen*）（波尔多 1775 年，1788

年再版）。其他重要的地方研究还有 M. 库贝尔（M. Cubells）的《开明的普罗旺斯：18 世纪的艾克斯高等法院》(*La Provence des Lumières: Les Parlementaires d'Aix au XVIIIe Siècle*)（巴黎 1984 年），以及 A. 科隆贝（A. Colombet）的《18 世纪末的勃艮第高等法院》(*Les Parlementaires Bourguignons à la Fin du XVIIIe Siècle*)（第戎 1937 年），如今又加上了布莱恩·杜利（Brian Dooley）的《高贵的事业：18 世纪第戎高等法院的慈善事业》(*Noble Causes: Philanthropy Among the Parlementaires in 18th-Century Dijon*)（哈佛大学学位论文，1987 年）。

三、贵族义务？

关于德·阿尔让松（d'Argenson），现代没有较好的研究，不过以此人的出类拔萃，通过其本人著述，尤其是在完稿后 30 年方才出版的《对法国政府的思考》(*Considérations sur le Gouvernement de la France*)（阿姆斯特丹 1764 年）无论如何可以获得更好的研究。

现在有大量的文献都谈到了社会流动性和特权的问题。首先必读的两篇文献，一篇当然是科林·卢卡斯（Colin Lucas）的《贵族、资产阶级和法国大革命的起源》("Nobles, Bourgeois and the Origins of the French Revolution")，载于《过去与现在》(*Past and Present*)（第 60 期，1973 年 8 月，第 84—126 页），另一篇是居伊·肖锡南–诺加雷（Guy Chaussinand-Nogaret）重要的修正主义著作《18 世纪的法国贵族：从封建主义到启蒙运动》(*The French Nobility in the Eighteenth Century: From Feudalism to Enlightenment*)（威廉·多伊尔译，剑桥，英格兰，1985 年），

作者对商业贵族（noblesse commerçante）的立场我非常认同。哈佛商学院克雷斯图书馆保存了一批18世纪末的商业和工业巨头的合同文本，极为有力地证明了贵族积极参与其中的事实。这方面，参见科耶神父（Abbé Coyer）的《商业贵族制度之发展及辩护》（Développement et Défense du Système de la Noblesse Commerçante）（阿姆斯特丹1757年）。帕特里斯·伊戈内（Patrice Higonnet）有一本很重要的著作《法国大革命期间的阶级观念和贵族权利》（Class Ideology and the Rights of Nobles During the French Revolution）（牛津1981年），开头就讨论了资产阶级和贵族彼此分立与融合的程度问题，并对部分修正主义者的论断提出了挑战。其他重要的研究还有：大卫·比安（David Bien）在《年鉴：经济、社会、文明》（Annales: Economies, Sociétés, Civilisations）（1974年）上发表的《1789年前夕贵族的反动》（"La Réaction Aristocratique avant 1789"）；阿尔弗雷德·科班（Alfred Cobban）的《法国大革命的社会解释》（The Social Interpretation of the French Revolution）（剑桥，英格兰，1964年）；R.福斯特（R. Forster）的《18世纪的图卢兹贵族》（The Nobility of Toulouse in the 18th Century）（巴尔的摩1960年）；同一个作者的《索尔-塔瓦讷、凡尔赛和勃艮第议会，1700—1830年》（The House of Saulx-Tavannes, Versailles and Burgundy 1700-1830）（巴尔的摩和伦敦，1971年），还有他在《美国历史评论》（American Historical Review）（1963年）上发表的《外省贵族：一个重新评价》（"The Provincial Nobles: A Reappraisal"）；J.梅耶（J. Meyer）的《18世纪的布列塔尼贵族》（La Noblesse Bretonne au XVIIIe Siècle）（巴黎1972年）；以及G.V.泰勒在《美

国历史评论》(1967年)上发表的《非资本主义财富与法国大革命的根源》("Non-Capitalist Wealth and the Origins of the French Revolution")。盖尔·博森加(Gail Bossenga)将大卫·比安的理论进一步拓展,创立了一套全新方法,对于这一时期制度的社会和政治发展史研究极具启发意义。特别参见她在《近代史杂志》(1986年9月号,第610—642页)上发表的《从军队到公民:法国大革命前的地方财政局》("From Corps to Citizenship: The *Bureaux des Finances* Before the French Revolution"),文中她揭示了那些把持地方财政机关的特权阶层,吊诡的是,恰恰是他们提出了团结和公民的理论,并借此为他们的集团以改革侵蚀王权的行为辩护。

格鲁维勒对孟德斯鸠的抨击言论,被卡尔卡索纳的《孟德斯鸠和法国宪法的争论》所引用,见第620页。

第四章 公民的文化建构

一、招徕观众

罗伯特·达恩顿第一个注意到热气球作为一种科学领域的新奇事物引起了一种广泛的社会轰动,这一点参见《催眠术与启蒙运动的终结》(*Mesmerism and End of the Enlightenment*)(剑桥,马萨诸塞州,1968年)。关于凡尔赛热气球的升空场景,参见《空中旅行艺术》(*L'Art de Voyager dant l'Air*)(巴黎1784年,第68页及以下诸页),以及[里瓦罗尔(Rivarol)]的《就恒温热气球致信XXX总统》(*Lettre à M. le Président de xxx sur le Globe*

Airostatique）（伦敦 1783 年）；更为讽刺性的评论出现在弗朗索瓦·梅特拉的《政治和文学秘密通信……》（Correspondance Secrète Politique et Littéraire...）（伦敦，1784 年 2 月 15 日）中；对于梦高飞的英雄描述出现在 B. 潘热龙（B. Pingeron）的《热气球的制作艺术》（L'Art de Faire Soi-Même les Ballons）（巴黎 1784 年，第 15 页）。在众多赞美梦高飞的狂热颂歌中，勒鲁瓦（le Roy）的《梦高飞气球》（Le Globe-Montgolfier）（1784 年），将他比作一只雄鹰：

盛哉！壮哉！一飞冲天何其雄伟
机巧何等壮丽，如鹰击长空
巴黎，我听到他惊喜的欢呼声……

升放热气球产生的社会纷扰在里瓦罗尔的《致信》（Lettre，第 12—13 页）中颇遭讽刺挖苦。关于皮拉特尔·德·罗齐耶，参见《皮拉特尔·德·罗齐耶的生活与回忆》（Vie et Memoires de Pilâtre de Rozier）（巴黎 1786 年）；另见莱昂·巴比内（Léon Babinet）收入在《梅斯科学院回忆录》（Mémoires de l'Académie de Metz）（1865 年）中的《皮拉特尔·德·罗齐耶小传》（"Notice sur Pilâtre de Rozier"）。《巴黎日报》（1782 年）刊登有皮拉特尔·德·罗齐耶在科学博物馆开办有关《电与磁》（Electricite et Aimant）的讲座预告，以及其他关于物理学和化学的讲座预告；1782 年 2 月 11 日的那期，还展示了他的防水长袍。公众对于圣克卢那次热气球升空的反应，兰盖在他的《政治年鉴》（Annales Politiques）（伦敦，卷 II，第 296—303 页）中有所描述。里昂的热气球升空被生动记录在了《空中旅行艺术》第 2 版的附录中；诺曼底的布朗夏尔那次飞行登在《巴黎日报》（1784 年 7 月 18 日，第 893—896 页）上，同一份报刊上还登有精美的版画（1784 年 7 月 28 日，第 968 页）。皮拉特尔之死在 [J.-P. 马拉] 的《常识 [原文如此] 观察家的来信》（Lettres de l'Observateur Bons-Sens [sic]）（伦敦 1785 年）中有所描述。而在潘热龙，还出现了家庭自制热气球指南。

皮当萨·德·麦罗贝尔对沙龙的描述，参见《英国间谍》（第 7 卷，第 72 页）。托马斯·克罗（Thomas Crow）的《18 世纪巴黎的画家和公共生活》（Painters and Public Life in Eighteenth-Century Paris）（纽黑文 1986 年）是关于沙龙的公众人物和评论家们最为重要的讨论。罗伯特·M. 伊舍伍德的《闹剧和幻想：18 世纪巴黎的民众娱乐》（Farce and Fantasy: Popular Entertainment in Eighteenth-Century Paris）（纽约和牛津 1986 年）对林荫大道剧院的公众做了精彩的研究，米歇尔·鲁特–伯恩斯坦的《林荫大道剧院和 18 世纪巴黎的革命》（Boulevard Theater and Revolution in 18th-Century Paris）（安·阿伯 1984 年）是另一部同类研究的杰作，该书涉及的一些资料和伊舍伍德的相同，不过在发掘这些资料的政治意涵上更有雄心。作者还为圣殿大道那些小剧场的真实场景提供了极好的概观（第 80 页）。兰盖的 1779 年的《政治年鉴》（第 236 页）中有对奥迪诺的诨俗戏园的赞颂，特别是童伶和小丑的选用"催人泪下，令人悚然，让人拍案叫绝，所产生的种种剧场效果，连大型剧院中也难得一见，即便是上佳的戏剧表演也罕能如此……"（兰盖还推动了一场芭蕾舞的革命，舞者成为了真正的演员，通过舞蹈来讲述故事，而不是"踮起脚尖做一连串无的放矢、凌乱不堪的无聊旋转"。

关于龙桑和格拉蒙的演艺背景，参见理查德·科布（Richard Cobb）的《人民军队》（The People's Armies，法文原版书名为 Les Armées Révolutionnaires）（玛丽安娜·埃利奥特译，纽黑文和伦敦 1987 年，第 68—69 页）。关于皇家宫殿的对外开放，参见弗朗索瓦-马里·马耶尔·德·圣保罗的《新皇家宫殿绘画作品集》（Tableau du Nouveau Palais-Royal）（2 卷本，巴黎 1788 年）。另见伊舍伍德的《闹剧与幻想》（第 248—250 页），和路易-塞巴斯蒂安·梅西耶的《巴黎图景》（Le Tableau de Paris）（12 卷本，巴黎 1782-1788 年，卷 10，第 242 页）。马蒙泰尔对于观众的评价被引在约翰·洛那本有用的著作《17 和 18 世纪巴黎剧院的观众》（Paris Theater Audiences in the 17th and 18th Centuries）（牛津 1957 年，第 211 页）。关于那场发生在法兰西喜剧院的争执的描述取自贝利·斯通的《巴黎高等法院》（The Parlement of Paris）（第 102 页及以后诸页）；康庞夫人的《回忆录》（第 201—204 页）讲到了曾经为国王朗读《费加罗》一事；《奥伯基希男爵夫人回忆录》（Mémoires de la Baronne d'Oberkirch）（新版，巴黎 1970 年，第 303—304 页），生动描述了《费加罗》一剧的演出氛围，以及作者本人的观感。

二、选定角色：自然之子

关于博马舍的母乳喂养计划，参见南希·西尼尔（Nancy Senior）的《18 世纪研究》（Eighteenth-Century Studies）（1983 年，第 367—388 页）。关于这一主题的标准小册子是玛丽-安热莉克·勒·勒布尔的《给想亲自哺乳的母亲们的建议……》（Avis aux Mères qui Veulent Nourrir...》)(巴黎 1767 年)。关于卢梭对于母乳喂养习惯的影响及其顺乎自然的道德哲学的讨论,参见卡罗尔·布卢姆(Carol Blum)的杰作《让-雅克·卢梭和美德共和国》(*Jean-Jacques Rousseau and the Republic of Virtue*)(伊萨卡,纽约州,1986 年);另见乔尔·施瓦茨(Joel Schwartz)的《让-雅克·卢梭的性政治》(*The Sexual Politics of Jean-Jacques Rousseau*)(芝加哥 1984 年)。还可参见苏珊·奥金(Susan Okin)的《西方政治思想中的女性》(*Women in Western Political Thought*)(普林斯顿 1979 年,第 99—196 页)中关于卢梭对女性的态度的论述。穆瓦西(Moissy)的戏剧《真正的母亲》(*La Vraie Mère*)引自安妮塔·布鲁克纳(Anita Brookner)的《格勒兹:一位 18 世纪的非凡人物的沉浮》(*Greuze, the Rise and Fall of an Eighteenth-Century Phenomenon*)(格林威治,康涅狄格州,1972 年),该书对于当时狂热的"情感"崇拜也有精彩的描述。埃德加·芒霍尔(Edgar Munhall)的展览名录《让-巴蒂斯特·格勒兹,1782—1805 年》(*Jean-Baptiste Greuze 1782-1805*)(瓦德沃茨·阿森纽,哈特福德,康涅狄格州,1977 年)对《哭泣的少女》(*Girl Weeping*)和《婚约》(*The Marriage Contract*),及其他几幅画作的编目简介非常精彩;参见同一作者的《格勒兹和新教精神》(*Greuze and the Protestant Spirit*),发表在《艺术季刊》(*Art Quarterly*)(1964 年春季号,第 1—21 页)上。夏尔·马东·德·拉库尔对格勒兹的《哭泣的少女》的评论,参见他的《就 1765 年卢浮宫沙龙展上[原文如此]展出的油画、雕塑、版画致某某先生的信》(*Lettres à Monsieur xxx sur les Peintures et les Sculptures et les Gravures Exposées dans le sallon [sic] du Louvre en 1765*)(巴黎 1765 年,第 51—52

页）。迈克尔·弗里德（Michael Fried）的《戏剧性与专注：狄德罗时代的绘画与观赏者》(*Theatricality and Absorption: Painting and Beholder in the Age of Diderot*)（芝加哥1980年），是关于格勒兹作品中对于道德专注和戏剧专注的传统手法的重要讨论。梅西耶对于美德之心的评论，载于《关于政府的清晰观念》(*Notions Claires sur les Gouvernements*)（巴黎1787年），并被诺曼·汉普森（Norman Hampson）引用在《意志与环境：孟德斯鸠、卢梭和法国大革命》(*Will and Circumstance: Montesquieu, Rousseau and the French Revolution*)（伦敦1983年，第77页）。狄德罗对《被深爱着的母亲》(*Mère Bien-Aimée*)的著名评论，可以在 J. 塞兹内克（J. Seznec）编的《德尼·狄德罗的沙龙》(*The Salons of Denis Diderot*)（牛津1975年，卷2，第155页）中找到。对于"道德化的乡村风景"指南，不但在吉拉尔丹自己的1788年的《漫步》(*Promenade*)中可以找到，而且在吕克-文森·蒂埃里的重要著作《旅行者年鉴》(*Almanach des Voyageurs*)（1785年）的某个删节版，以及《爱好者指南》(*Guide des Amateurs*)（1788年）中也可以找到。卢梭逝世之后，对于他本人、他的戏剧以及回忆录的赞颂，P.-P. 普兰的《他那个时代的公报中讲述的让-雅克·卢梭》(*Jean-Jacques Rousseau Raconte par les Gazettes de Son Temps*)（巴黎1912年）对此做了描述。罗伯特·达恩顿收入《屠猫狂欢》(*The Great Cat Massacre*)中的《读者对卢梭的反应》一文，描述了读者对作者感受到一种强烈的个人认同感。D. G. 查尔顿（D. G. Charlton）的《自然在法国的新形象》(*New Images of the Natural in France*)（剑桥，英格兰，1984年）对于对自然的浪漫主义崇拜的许多影响，包括对性别和抚育儿女方面的影响，有着非常精彩的探讨。其他相关主题的有用著作,还包括 D. 莫尔内(D. Mornet)的《从卢梭到贝纳丹·德·圣比埃的法国自然情感》(*Le Sentiment de la Nature en France de J.-J. Rousseau à Bernardin de Saint-Pierre*)(巴黎 1907 年);保罗·范·蒂盖姆(Paul van Tighem)的《前浪漫主义时代欧洲的自然情感》(*Le Sentiment de la Nature dans le pré-Romantisme Européen*)(布鲁塞尔 1912 年)。

三、慷慨陈词:古代回响

关于埃罗·德·塞谢勒演说的报道登载于 1785 年 8 月 7 日的《巴黎日报》(897 号)上;关于他的职业生涯和早期作品的细节,包括拜会布封之旅的描述,可参见于贝尔·朱安(主编)的《让-马里·埃罗·德·塞谢勒文学和政治作品》(*Oeuvres Littéraires et Politiques de Jean-Marie Hérault de Séchelles*)(埃德蒙顿,艾伯塔省,1976 年);另见埃罗·德·塞谢勒的《文集》(*Oeuvres Littéraires*)(埃米尔·达尔编,巴黎 1907 年)。让·斯塔罗宾斯基(Jean Starobinski)最近发表了两篇重要的文章,一篇是在贝克尔主编的《政治文化》(*Political Culture*)(第 311—327 页)一书中的《古代的雄辩术,未来的雄辩术:旧制度时期的老生常谈》("Eloquence Antique, Eloquence Future: Aspects d'un Lieu Commun d'Ancien Régime"),还有一篇篇幅更长,题为《布道台、讲坛、律师席》("La Chaire, la Tribune, le Barreau"),收入皮埃尔·诺拉(主编)的《记忆之场》(*Les Lieux de Mémoire*)第 2 卷《国家》(*La Nation*)(巴黎 1986 年,第 3 部分,第 425—485 页)。关于雄辩术中源远流长的人文主义传统,参见马克·富马罗利(Marc Fumaroli)的杰作《雄辩术的时代:从文艺复兴到古典时代初期的修辞学和文学研究》(*L'Age de l'Eloquence: Rhétorique et Res Literaria de la Renaissance au Seuil de l'Epoque Classique*)(巴黎 1980 年)(我非常感谢娜塔莎·施塔勒让我注意到这部重要著作)。关于大革命之前法庭辩论的标准著作是 P.-L. 金的《律讼雄辩术》(*De l'Eloquence du Barreau*)(巴黎 1768 年)。关于革命雄辩术和修辞,参见汉斯·乌尔里希·贡布雷希特(Hans Ulrich Gumbrecht)的《法国大革命中高等法院修辞术的功能》(*Funktionen der Parliamentarischen Rhetorik in der Französischen Revolution*)(慕尼黑 1978 年);西蒙·沙玛的《革命精英的自我意识》("The Self-Consciousness of Revolutionary Elites"),该文收入《革命时代欧洲的联盟》(*Consortium on Revolutionary Europe*)(查尔斯顿,南卡罗来纳州,1978 年)一书中;以及林·亨特的《革命的修辞》("The Rhetoric of Revolution"),该文收入她的《法国大革命中的政治、文化和阶级》(*Politics, Culture and Class in the French Revolution*)(伯克利和洛杉矶,1984 年)一书中。关于革命雄辩术的标准文集仍然是弗朗索瓦·阿方斯·奥拉尔(François Alphonse Aulard)的《法国大革命中的演说家》(*Les Orateurs de la Révolution Française*)(2 卷本,巴黎 1905 年,1906—1907 年)。弗朗索瓦·孚雷(François Furet)和朗·阿莱维(Ran Halevi)目前正在编革命演说集,第一卷将在 1989 年 5 月出版。关于兰盖动荡的律师生涯,参见达兰内·盖伊·莱维的杰出传记《西蒙-尼古拉-亨利·兰盖的思想与生涯》(*The Ideas and Career of Simon-Nicholas-Henri Linguet*)(厄巴纳,伊利诺伊州,1980 年);他关于古代美德与演说之间关系的思想出现在第 17—21 页。关于学院演说和颂词(*éloges*),参

见《法兰西学院的先生们发表的演说集》(*Recueil des Harangues Prononcées par les Messieurs de l'Académie Française*, 1760—1789)。

关于对拉丁演讲术的培养，对萨卢斯特（Sallust）的阅读，以及对西塞罗的模仿，参见哈罗德·T. 帕克的《古代崇拜和法国大革命》(*The Cult of Antiquity and the French Revolution*)（芝加哥 1937 年），这是一部大大领先于它那个时代的作品。关于在艺术中表现美德典范的新古典主义方案，参见罗伯特·罗森布拉姆（Robert Rosenblum）的《十八世纪末艺术的转型》(*Transformations in Late Eighteenth-Century Art*)（普林斯顿 1967 年）和休斯·昂纳（Hugh Honour）的《新古典主义》(*Neo-Classicism*)（伦敦和纽约 1977 年）。具体关于《荷拉斯兄弟之誓》，参见克罗（Crow）的《画家》(*Painters*)，另见诺曼·布赖森（Norman Bryson）的《言语与图像：旧制度时期的法国绘画》(*Word and Image: French Painting of the Ancien Régime*)（剑桥，英国，1981 年）。《巴黎日报》关于《荷拉斯》的报道登载于 1785 年 9 月 17 日（1092 号）上。关于昂吉维莱尔伯爵的改革计划，参见巴泰勒米·若贝尔（Barthélemy Jobert）在巴黎社会科学高等研究院的未刊学位论文。关于大卫对罗马美德关键的重新阐释的进一步讨论可以在罗伯特·赫伯特（Robert Herbert）的《大卫、伏尔泰、布鲁图斯和法国大革命》(*David, Voltaire, Brutus and the French Revolution*)（纽约 1973 年）和沃伦·罗伯茨（Warren Roberts）即将出版的关于大卫与大革命的著作（教堂山，北卡罗来纳州，1989 年）中找到。

四、传播文字

罗伯特·达恩顿的研究已经改变了历史学家对审查制度、禁书生意和"不文雅"读物这一重要领域的理解方式。尤其参见《旧制度时期的地下文学》(The Literary Underground of the Old Regime)(坎布里奇,马萨诸塞州,1982年);关于他对四开本的《百科全书》的生产和传播的精彩描述,参见《启蒙运动的生意:《百科全书》的出版史,1775—1800》(The Business of the Enlightenment: A Publishing History of the Encyclopédie, 1775—1800)(坎布里奇,马萨诸塞州,1979年)。关于禁书还可以从J.-P.柏林的《1750—1789年巴黎的禁书生意》(Le Commerce des Livres Prohibés à Paris de 1750—1789)(巴黎1912年)中收集到一些重要细节。关于荷兰的各种公报,参见杰里米·波普金(Jeremy Popkin)的《路易十六统治时期的莱顿公报》("The Gazette de Leyde in the Reign of Louis XVI"),收入杰克·森塞(Jack Censer)和杰里米·波普金主编的《大革命之前法国的出版和政治》(The Press and Politics in Pre-Revolution France)(伯克利1987年);特别是关于兰盖,另见同一作者的《流行杂志在大革命前的起源》("The Prerevolutionary Origins of Popular Journalism"),收入贝克尔主编的《政治文化》。关于潘库克至关重要的贡献,参见苏珊·图革-夏拉(Suzanne Tucoo-Chala)的《夏尔-约瑟夫·潘库克》(Charles-Joseph Panckoucke)(波城1977年)。关于识字率,参见丹尼尔·罗什(Daniel Roche)的《巴黎人民》(Le Peuple de Paris)(巴黎1981年,第208—209页和更普遍的第七章);关于地方科学院,参见同一作者的经典著作《外省的启蒙世纪》(*Le Siècle des Lumières en Province*)(2 卷本，巴黎 1978 年)。文化在外省的传播也可以从达尼埃尔·莫尔内基于各地图书馆资料的经典研究《法国大革命的思想起源》(*Les Origines Intellectuelles de la Révolution Française*)(巴黎 1910 年)中获得更好的理解。

第五章　现代化的代价

费尔南·布罗代尔（Fernand Braudel）的《法兰西的特性》(*L'Identité de la France*)第 2 卷《人与物》(*Les Hommes et les Choses*)（巴黎 1986 年，尤见第 267—306 页），强调了革命前法国工业发展的重要意义，同时也强调了 1760 年代到 1780 年代交通的变革为市场的快速发展创造了可能。关于旧制度工商业变迁的更为详细的细节，参阅埃内斯特·拉布鲁斯（Ernest Labrousse）等人的《法国经济与社会史》(*Histoire Economique et Sociale de la France*)（卷 2，1660—1789 年），尤其是皮埃尔·莱昂（Pierre Léon）的那篇《工业和商业的飞跃》("L'Elan Industriel et Commercial")（第 499—528 页）。关于法国的大西洋贸易，参见保罗·比泰尔（Paul Butel）的《路易十六统治时期的法国大西洋贸易》("Le Commerce Atlantique Français sous le Règne de Louis XVI")，收入《路易十六的统治》(*Le Règne de Louis XVI*)（《索雷兹国际研讨会论文集》，1976 年，第 63—84 页）。关于将科学应用于工业的内容，参见同一本书中的 D. J. 斯特迪（D.J.Sturdy）的文章。其他方面的内容，参见 C. 巴洛（C.Ballot）的《将机器引入法国工业，1780-1815》(*L'Introduction du Machinisme à* l'Industrie Française 1780-1815）（巴黎 1923 年）；G. 肖锡南-诺加雷的《资本主义和社会结构》（"Capitalisme et Structure Sociale"），载于《年鉴：经济、社会、文明》（1970 年）；以及 R. 塞迪约（R. Sedillot）的《文德尔和洛林工业》（Les de Wendel et l'Industrie Lorraine）（1958 年）。关于大革命前法国企业家的精神气质，以及对于商业贵族的特别渴求，不妨参见［L. H. Dudevant］《为商业辩护》（L'Apologie du Commerce）（1777 年）；另见《矿产开发》（Exposition des Mines）（1772 年）中关于煤炭和原铁矿细致精彩的描述，包括昂赞煤矿在内的很多这样的矿场，都是贵族资产。关于精英阶层对于工业技术乐此不疲（包括对传统手工艺和奢侈品行业的机械化的孜孜以求）最为生动的档案，可见多卷本的《艺术与工艺的描述》（Description des Arts et Métiers）（巴黎皇家科学院，1761-1788 年）。比如，受科学院委托于 1779 年完成的《棉绒制造商的工艺》（L'Art du Fabricant de Velours de Coton）一书，特别考虑到英国的竞争和从瓜地洛普、圣多明戈和卡宴开发法属西印度的原棉供应。

关于各省督办官，参见维维安·格鲁德的《王室的外省督办官》（The Royal Provincial Intendants）（伊萨卡，纽约州，1968 年）；而关于他们施政的真实细节，参见 R. 阿尔达谢夫（R.Ardascheff）出版的那部极好的档案和通信集《合法性文件》（Pièces Justificatives），这是他的里程碑式著作《路易十六时代的外省督办官》（Les Intendants de Province sous Louis XVI）（巴黎 1900—1907 年）的第三卷，从中我摘选了有关圣索弗尔在鲁西永的材料。

关于盲人学校，参看瓦雷讷丁·奥伊（Valentine Hauy）的

《论盲人教育》(Essai sur l'Education des Aveugles)(巴黎1786年),其中包含了对12月26日国王到访的描述。

L.S. 梅西耶的《2440年》(3卷本,1786年)中对于18世纪法国的象征性描述,参见第2卷第68页及以后诸页。另见亨利·马耶夫斯基(Henry Majewski)的《路易-塞巴斯蒂安·梅西耶的前浪漫主义想象》(The Pre-Romantic Imagination of Louis-Sébastien Mercier)(纽约1971年)。诺曼·汉普森的《意志与环境》也对梅西耶进行了精彩的讨论。兰盖关于经济变迁更为乐观的描述,参见他的《对于皮卡第省的某个有趣事物的回忆》(Memoires sur un Objet Interessant pour la Province de Picardie)(海牙1764年),而他对工业化的悲观评论,被莱维(Levy)引用在他的《思想和生涯》(Ideas and Career)中(第86—87页)。他的1777年版《政治年鉴》(第83—84页)对于法国经济加速发展中出现的贫富两极分化,有一段极易引起共鸣的描述。

第六章　身体政治

一、慕男狂,国之妨

关于长河钻石的下流玩笑,出现在[皮埃尔·让-巴蒂斯特·诺加雷]的《巴黎活景》(Spectacle et Tableau Mouvant de Paris)(1787年第3卷,第77页)。该出版物是关于巴黎各种传闻、八卦和丑闻的绝佳来源。我关于钻石项链事件的描述就是通过这些印刷的第一手资料重构的,特别是被合订在一起的辩解性回忆录《项链事件回忆汇编》(Recueil des Mémoires sur *l'Affaire du Collier*)(巴黎 1787 年)。针对王后色情诽谤的严肃研究，现在刚刚开始，不过可参见赫克托·弗莱施曼（Hector Fleischmann）的《玛丽-安托瓦内特淫行小册子》(*Les Pamphlets Libertins Contre Marie-Antoinette*)（巴黎 1908 年）。罗伯特·达恩顿的《文学的高端启蒙和下层生活》("The High Enlightenment and the Low Life of Literature")，收入《地下文学》(*Literary Underground*)一书，讨论了这种诽谤的政治重要性。尚塔尔·托马斯（Chantal Thomas）一篇重要的文章《犯罪的女主角：小册子中的玛丽-安托瓦内特》("L'Héroïne du Crime: Marie-Antoinette dans les Pamphlets")，收入 J.-C. 博内（J.-C. Bonnet）等人（主编）的《缪斯的卡马尼奥拉》(*La Carmagnole des Muses*)（巴黎 1988 年），可惜对我而言出版太晚，来不及将其中很多同一证据的探讨考虑在内。本书参考的基本文献是《法兰西王后玛丽-安托瓦内特生平历史概述》(*Essai Historique sur la Vie de Marie-Antoinette, Reine de France*)一书的诸多版本。而《安托瓦内特的生活》(*La Vie d'Antoinette*)、《安托瓦内特的娱乐》(*Les Amusements d'Antoinette*)、《安托瓦内特的爱好》(*Les Pass-temps d'Antoinette*)三本书都是在该书的基础上稍作修改而成。还有一个稍加改动的英文版《安托瓦内特王后的回忆》(*The Memoirs of Antonina Queen d'Abo*)（伦敦 1791 年），大革命爆发后不久便问世了。其他列入经典的文本还包括一本叫做《奥地利安妮艳史》(*Les Amours d'Anne d'Autriche*)（科隆 1783 年）的伪史；《阳痿》(*Anandria*)（可能是皮当萨·德·麦罗贝尔所著，1788 年）；《夏洛和图瓦内特奸情记》(*Les Amours de Charlot et Toinette*)(1789 年)；《皇家妓院，王后和罗昂大主教秘密谈话的

跟踪调查》(*Le Bordel Royal, Suivi d'Entretien Secret entre la Reine et le Cardinal de Roban*)(1789 年);《宫廷欢愉的刻度盘或小书童谢吕班的冒险故事》(*Le Cadran des Plaisirs de la Cour ou les Aventrues du Petir Page Chérubin*)(1789 年)。比安维尔的《慕男狂或治疗子宫狂躁症》(*La Nymphomanie ou Traité sur la Fureur Uterine*)(阿姆斯特丹 1778 年)的新版资讯,来自于书商小泰奥菲勒·巴鲁瓦(Théophile Barrois le Jeune)的印刷目录,他在奥古斯丁码头的一家店铺卖书,显然对于两性和产科的书情有独钟,因为他也推销蒂索的反手淫小册子《手淫》(*Onanie*);安热莉克·勒布尔关于母乳喂养的著作;瓦谢(Vacher)围绕乳房的种种谣传的专论;另外还有大量关于性病的书籍。后来在革命法庭上审判王后的记录也被出版成书,即《对玛丽-安托瓦内特的起诉、全面审讯与判决》(*Acte d'Accusation et Interrogatoire Complet et Jugement de Marie-Antoinette*)(巴黎 1793 年)。

伊丽莎白·维热-勒布伦自己的《回忆录》,尽管不乏趣味,惜乎也只是一个圆融谨慎的典范。关于画家生涯的最佳一手资料要属约瑟夫·贝利奥(Joseph Baillio)非同凡响的展览目录《伊丽莎白·维热-勒布伦》(*Elisabeth Vigée-Lebrun*)(金贝尔艺术博物馆,沃斯堡,1982 年),我从中择取了《秘密回忆录》(*Mémoires Secretes*)一书中对她的评论。另见安妮·帕塞(Anne Passez)的《阿德莱德·拉比耶-吉亚尔》(*Adelaide Labille-Guiard*)(巴黎 1971 年)。但是,还有大量关于 1780 年代到 1790 年代女画家的研究有待进行。玛丽-安托瓦内特和她母亲和兄弟的通信,已被奥利弗·伯尼尔(Oliver Bernier)译出并以《玛丽-安托瓦内特的秘密》(*The Secrets of Marie-Antoinette*)

（纽约1985年）为书名书版。

二、卡洛纳其人

关于塔列朗担任教士总代表，参见路易斯·S·戈林鲍姆（Louis S. Greenbaum）的《塔列朗，神父政治家：旧制度末期教士总代表和教会》(*Talleyrand, Statesman-Priest: The Agent-General of the Clergy and the Church at the End of the Old Regime*)（华盛顿特区1970年）。最好的现代版卡洛纳传记要属罗伯特·拉库尔-加耶的《卡洛纳》(*Calonne*)（巴黎1963年），但是G.苏珊所著，年代早得多的《卡洛纳的财政政策》(*La Politique Financière de Calonne*)（巴黎1901年），仍不失为研究其施政的重要著作。威尔玛·J·皮尤（Wilma J.Pugh）的《卡洛纳的新政》("Calonne's New Deal")，载于《近代史杂志》（1939年，第289—312页），对其改革举措给予较为宽容的评价。关于卡洛纳对财政危机应承担责任的相反观点，出自R. D.哈里斯的《法国财政和美国战争，1777—1783年》("French Finances and the American War 1777-1783")一文，载于《近代史杂志》（1976年6月号）。詹姆斯·莱利（James Riley）的重要文章《到18世纪末阿姆斯特丹资本市场上基于贷款的终身年金》("Life Annuity Based Loans on the Amsterdam Capital Market Toward the End of the Eighteenth Century")，发表于《经济与社会历史年鉴》(*Economisch-en-Sociaal Historisch Jaarboek*)（第36卷，第102—130页），这是描述关于法国努力提升荷兰金融市场上的年金储备，以及卡洛纳在1786至1787年借此方式绕开企业的最佳论著。我自己的结论，部分来自于一系列非常出色的从1786年至

1789年关于王国一般岁入和支出的手绘图表,头几张图表来自于卡洛纳的总监办公室,很可能已经准备好递交显贵会议。这些档案目前保存在哈佛商学院的克雷斯图书馆。

三、贵族的例外

关于显贵会议最重要的研究是维维安·格鲁德的《大革命前的阶级和政治:1787年的显贵会议》("Class and Politics in the Pre-Revolution: The Assembly of Notables of 1787"),收入恩斯特·欣里希斯(Ernst Hinrichs)等人主编的《源自旧制度》(*Vom Ancien Régime*)一书中。另见 A. 戈德温(A. Goodwin)的《卡洛纳,1787年的法国显贵会议和叛乱贵族的起源》("Calonne, the Assembly of French Notables of 1787 and the Origins of the Revolte Nobiliaire"),载于《英国历史评论》(*English Historical Review*)(1946年)。另见让·埃格雷(Jean Egret)的《法国大革命前夕》(*The French Pre-Revolution*)(W. D. 坎普译,芝加哥1977年,第1、2章)。P. 舍瓦利耶(P. Chevallier)编辑出版了《显贵会议日志》(*Journal de l'Assemblée des Notables*)(巴黎1960年),原稿由布里埃纳家族收藏。

第七章　自毁前程

一、邻国革命

关于荷兰1783年至1787年的爱国革命,参见西蒙·沙马的《爱国者与解放者:尼德兰革命,1780—1813》(*Patriots* and Liberators: Revolution in the Netherlands 1780-1813）（伦敦和纽约，1977年，第4章）。另见同一作者的《爱国修辞中的历史与未来》（"The Past and the Future in Patriot Rhetoric"）；杰里米·波普金的《革命前夕尼德兰的印刷文化》（"Print Culture in the Netherlands on the Eve of Revolution"）；以及尼古拉斯·C. F. 范·萨斯的《爱国革命：新的视角》（"The Patriot Revolution: New Perspectives"），以上三篇文章都被收入玛格丽特·雅各布（Margaret Jacob）主编的《启蒙和衰落：18世纪的荷兰共和国》（Enlightenment and Decline: The Dutch Republic in the Eighteenth Century）（即将出版）。

二、旧制度末代政府

有关布里埃纳当局最全面最均衡的论述要属埃格雷的《革命前》（Pre-Revolution）。关于吉贝尔，或许通过其自撰的《战术总论》（Essai sur la Tactique）（巴黎1774年）可以研究得最为透彻。另见吉贝尔的《军事著作，1772—1790》（Ecrits Militaires 1772-1790）（L. 梅纳德编，巴黎1977年），关于它们的影响的讨论，参见杰弗里·贝斯特（Geoffrey Best）的《战争和革命的欧洲，1770—1870年》（War and Revolutionary Europe 1770-1870）（伦敦1982年，第56—58页）。关于马尔泽布和新教徒的解放，参见格罗克洛德（Grosclaude）的《马尔泽布》（第559—602页）。

三、高等法院的天鹅之歌

关于政治冲突，参见埃格雷的《革命前》。关于小册子文学，参见博伊德·C·谢弗（Boyd C. Shafer）的《法国大革命前夕小册子中的资产阶级民族主义》（"Bourgeois Nationalism in Pamphlets on the Eve of the French Revolution"），载于《近代史杂志》（1938年，第31—50页）。帕基耶和德埃普雷梅尼的引文摘自斯通的《巴黎高等法院》（第158页和第171页）。德·拉·加来齐埃的演讲和贝尔捷·德·索维尼和科尔迪耶·德·洛奈的评论都出自阿尔达谢夫的《督办官》（*Intendants*）（第3卷第187页及以下诸页）。关于拉摩仰的演说，参见埃格雷的《革命前》（第168页）。反布里埃纳的宣传小册子是《大教长与掌玺官对话录》（*Dialogue entre M. l'Archevêque de Sens et M. le Garde des Sceaux*）（1788年）。另一场对拉摩仰改革的激烈抨击，参见 H. M. N. 迪韦纳尔（H. M. N. Duveyner）的《全权法院》（*La Cour Plénière*）（1788年），这本小册子后来被公开行刑的刽子手撕碎焚烧。关于流血雕像的故事来自于奥斯卡·布朗宁（Oscar Browning）主编的《巴黎快报，1784—1790》（*Despatches from Paris 1784-1790*）（伦敦1909—1910年，第2卷，第72页）。

四、砖瓦日

司汤达的叙述出现在《亨利·布鲁拉尔传》（*The Life of Henry Brulard*）（B.C.J.G. 奈特译，伦敦1958年，第76页）。另见夏尔·迪法亚尔（Charles Dufayard）的《砖瓦日》（"La Journée des Tuiles"），载于《历史评论》（*Revue Historique*）（卷38，第305—345页）。关于这一时期的格勒诺布尔，参见维塔尔·肖梅尔（Vital Chomel）（主编）的《格勒诺布尔史》（*Histoire de Grenoble*）

（格勒诺布尔 1976 年）；保罗·德雷福斯（Paul Dreyfus）的《从恺撒到奥兰普的格勒诺布尔》(Grenoble de César à l'Olympe)（格勒诺布尔 1967 年）。凯瑟琳·诺伯格（Kathryn Norberg）的《格勒诺布尔的贫与富，1600—1814 年》(Rich and Poor in Grenoble 1600—1814)（伯克利 1985 年）是关于该城市社会史的重要著作。政治部分包含在埃格雷的《革命前》(Pre-Revolution) 一书中，有关穆尼埃的内容，参见埃格雷的《贵族革命：穆尼埃和王政派》(La Révolution des Notables: Mounier et les Monarchiens)（巴黎 1950 年）。另见 F. 维梅尔（F. Vermale）的《穆尼埃的青年时代，1758—1787》("Les Années de Jeunesse de Mounier 1758-1787"，载于《法国大革命史年鉴》(Annales Historiques de la Révolution Française)（1939 年 1—2 月）。关于维济勒议会，参见夏尔·贝莱（Charles Bellet）的《多菲内省 1788 年事件》(Les Evénements de 1788 en Dauphiné)；商博良-菲雅克（Champollion-Figeac）的《多菲内省编年史》(Chroniques Dauphinoises)。

第八章 民怨沸腾

二、大分裂

和马尔泽布在一起的那晚情形，被塞缪尔·罗米利（Samuel Romilly）写入了《回忆录》（伦敦 1841 年，卷 1，第 71—72 页）；关于马尔泽布的备忘录，参见格罗克洛德的《马尔泽布》（第 655—663 页）。关于 1788 年秋的激进宣传小册子的研究文献，特别参见卡尔卡索纳的《孟德斯鸠与辩论》(Montesquieu et le Débat）；米切尔·B.加雷特（Mitchell B.Garrett）那本并未得到充分利用的优秀著作《1789年的三级会议》(The Estates-General of 1789)（纽约和伦敦，1935年）；谢弗的《资产阶级民族主义》("Bourgeois Nationalism")，以及贝克尔主编的《政治文化》中的大量重要研究，尤其是那些基思·贝克尔、弗朗索瓦·孚雷、拉恩·哈勒维和林·亨特的研究，所有这些研究都与代表制这一关键问题有关。关于德安特雷格，参见卡尔卡索纳的《孟德斯鸠与辩论》（第614—615页），还有他的重要著作《三级会议回忆录》(Mémoire sur les Etats-Généraux)（1788年）。关于双倍代表的背景，参见乔治·戈登·安德鲁斯（George Gordon Andrews）的《法国大革命前的双倍代表和按人头投票》，载于《南大西洋季刊》(South Atlantic Quarterly)（卷26，1927年10月，第374—391页）。米拉波老爹涉及省级议会翻倍的备忘录，以《外省三级会议的组织结构或备忘录》(Précis de l'Organisation ou Mémoire sur les Etats Provinciaux)（1758年）出版。孔多塞对于拉法耶特的评论见于路易斯·戈特沙尔克（Louis Gottschalk）的《美国和法国革命间的拉法耶特》(Lafayette Between the American and the French Revolutions)（芝加哥1950年，第416页）。关于贵族的反对，参见丹尼尔·维克（Daniel Wick）的《法院贵族和法国大革命：以三十人社为例》，载于《18世纪研究》(Eighteenth-Century Studies)（1980年，第263—284页）；另见伊丽莎白·艾森斯坦（Elizabeth Eisenstein）的《谁在1788年介入其中？》("Who Intervened in 1788?")，载于《美国历史评论》(American Historical Review)（1965年，第77—103页）。阿瑟·扬对于1788年年末南特社会气氛的描述，载于他的《1788年和1789年的法国旅行记》（*Travels in France in the Years 1788 and 1789*）（康斯坦蒂娅·马克斯韦尔编，剑桥，英格兰，1929年，第117页）。沃尔内的评论引自加雷特的《三级会议》（*Estates-General*）（第127页）；朗瑞奈的评论也引自该书（第139页）。巴黎高等法院12月5日的判决文本出自J. M. 罗伯茨（编辑）的《法国大革命档案》（*French Revolution Documents*）（牛津1966年，卷1，第39—42页），血腥王子回忆录也出自该书（第46—49页）。关于西哀士的《第三等级是什么？》，参见保罗·巴斯蒂的《西哀士及其思想》（*Sieyès et sa Pensée*）（巴黎1970年，第344—349页），以及更晚近的罗伯托·扎佩里（Roberto Zapperi）在其版本中的讨论（日内瓦1970年）。另见林·亨特的《国民公会》，和皮埃尔·罗桑瓦龙的《法国功利主义和大革命前政治文化的混杂》（"L'Utilitarisme Français et les Ambiquités de la Culture Politique Prerévolutionnaire"），罗桑瓦龙认为西哀士借用了爱尔维修基于社会功利的代表理论；两篇文章都收录于贝克尔（主编）的《政治文化》一书中。关于内克尔的选举政策，参见R. D. 哈里斯的传记。对于快速发展的针对贵族"无用"的争论，参见诸如《第三等级的胜利，贵族的荒谬》（*Triomphe du Tiers Etat ou les Ridicules de la Noblesse*）（未注明日期，可能出版于1789年初）的戏剧，剧中那位将"民众"视为"我等脚下蠕虫"的贵族，他的观点遭到了那位乡村校长的驳斥，此人坚持认为"我等皆应平等，因我们皆为兄弟……"，最后他通过自己的声明（第21页）作了总结："我生而自由理性，此即我之特权。"吉约坦的请愿在C.-L.沙桑（C.-L.Chassin）的《1789年的选举与巴黎的陈情书》（*Les Elections et les Cahiers de Paris en 1789*）（巴黎1888年，卷1，第37页）中有所讨论。

三、饥饿与愤怒

关于米拉波1789年冬的普罗旺斯之旅和他在这段时间的经历，参见居伊·肖锡南-诺加雷的杰出传记《米拉波》（巴黎1982年）。阿瑟·扬的《法国游记》（*Travels*）也对1788至1789年那个可怕冬天和歉收带来的灾难有着极为生动的描述。比阿特丽斯·希斯洛普（Beatrice Hyslop）的《1789年总陈情书指南》（*Guide to the General Cahiers of 1789*）（纽约1936年），堪称是对25000份各等级各自递交的陈情书的标准介绍，尽管她的分类方式和她所做的注释使她的分析带有某种特殊的偏见。通过罗伯茨的《档案》（第55—95页），可以分析一些有用和非常有代表性的小样本。在整整百年之后的1888—1889年，法国各地议会的委员会开始着手一项宏伟工程，即出版三个等级的所有陈情书。我自己的阅读对这些档案多有倚重，尤其是卡米耶·布洛赫编辑的奥尔良、卢瓦雷和博斯的陈情书；D. F. 勒絮尔和A. 科希编辑的布卢瓦和卢瓦-谢尔的陈情书（布卢瓦1907年）；埃米尔·布里德雷编辑的芒什和科唐坦的陈情书；E. 勒·帕尔基耶编辑的勒阿弗尔的陈情书（勒阿弗尔1929年）；V. 马尔里厄编辑的蒙托邦的陈情书；E. 马丁编辑的洛林省米尔库司法区的陈情书（埃皮纳勒1928年）；D. 利古关于塔恩-加龙省里维耶尔-凡尔登的陈情书的论著（加普1961年）；V. 富拉斯蒂埃关于凯尔西的陈情书的论著（卡奥尔1908年）；布莱恩·杜利研究科尔多省陈情书的哈佛大学未刊博士论文；特别要提到的是C.-L. 沙桑研究巴黎和城外乡村的陈情书的包含丰富档案的著作。迪卡斯泰利耶的引语出自沙桑的著作（卷4，第31页）；关于德阿尔吉的小册子，参见《贵族法院一位法官的陈情书》（*Cahier d'un Magistrat sur les Justices Seigneuriales*）（1789年）。

四、死兔子和破墙纸

关于1789年春的骚乱，参见让·埃格雷的《大革命前夕的普罗旺斯》（"The Pre-Revolution in Provence"），收入J.卡普洛（J. Kaplow）主编的《关于法国大革命的新观点》（*New Perspectives on the French Revolution*）（纽约1965年）；以及《布列塔尼的大革命起源》（"Les Origines de la Révolution en Bretagne (1788-89)"），载于《历史评论》（*Revue Historique*，1955年，第213页）。关于狩猎骚乱，参见乔治·勒费弗尔的《1789年大恐慌：大革命时期法国的乡村恐慌》（*The Great Fear of 1789: Rural Panic in Revolutionary France*）（琼·怀特译，普林斯顿1973年，第4章，尤其是第44页及以后诸页）；另见同一个作者的《大革命期间法国的北方农民》（*Paysans du Nord Pendant la Révolution Française*）（巴黎和里尔，1924年）。雷韦永骚乱在沙桑出版的档案（卷4，尤其是第579—586页）中得到了最好的记录。关于1789年春的奥尔良政局，参见G. A. 凯利的《奥尔良公爵的核心机构和新政治》（"The Machine of the Duc d'Orléans and the New Politics"），载于《近代史杂志》（1979年，第667—684页）。

第九章　临时拼凑一个国家

引用费里埃的段落选自亨利·卡雷（Henri Carré）编辑的《1789、1790、1791 年未发表的信函》(*Correspondance Inédite, 1789, 1790, 1791*)（巴黎 1932 年）。关于米拉波在三级会议中的角色的细节，参见肖锡南-诺加雷的《米拉波》，关于 1789 年的普罗旺斯骚乱，参见埃格雷的《大革命前夕的普罗旺斯》，收入卡普洛（主编）的《新观点》。安东尼娅·瓦朗坦（Antonia Vallentin）（E.W. 迪克斯译）的流行传记《米拉波》（伦敦 1948 年），仍是一部可靠而不失趣味的关于其生平和政治轨迹的叙述。关于三级会议中的贵族，参见 J. 墨菲（J. Murphy）和 P. 伊戈内（P. Higonnet）的《1789 年三级会议中的贵族代表》，载于《现当代史杂志》(*Revue d'Histoire Moderne et Contemporaine*)（1973 年）。关于教士，参见 R.F. 内什莱（R. F. Necheles）的《1789 年三级会议中的教士》，载于《近代史杂志》（1974 年）；M.G. 赫特（M.G.Hutt）的《教士和第三等级：1787—1789 年期间的改革观念》("The Curés and the Third Estate: The Ideas of Reform in the Period 1787-89")，载于《教会史杂志》(*Journal of Ecclesiastical History*)（1955 年和 1957 年）；皮埃尔·皮埃拉尔（Pierre Pierrard）的《1789 年至今的乡村牧师史》(*Histoire des Curés de Campagne de 1789 à Nos Jours*)（巴黎 1986 年，尤见第 15—30 页）；尤其是谭旋（Timothy Tackett）的杰作《18 世纪法国的牧师与教区：一项关于 1750—1791 年多菲内的一个教区中的教士的社会和政治研究》(*Priest and Parish in*

Eighteenth-Century France: A Social and Political Study of the Curés in a Diocese of Dauphiné 1750-91》（普林斯顿 1977 年）。另见 C. 朗格卢瓦（C. Langlois）和谭旋的《法国大革命前夕的天主教会结构和牧师地域分布》，载于《法国历史研究》（French Historical Studies）（1980 年，第 352—370 页）。

关于 5—6 月间巴黎的气氛，参见扬的《法国游记》。罗伯特·D·哈里斯的《内克尔和 1789 年革命》（Necker and the Revolution of 1789）（拉纳姆，马里兰州，纽约和伦敦，1986 年）对于内克尔在这几个月来的角色进行了仔细的分析，并对关于他的所谓被动应对的传统观点给予了纠正。哈里斯极为细致的研究也对第三等级掌权的不可避免（以及有利条件）这一观点给予了有力驳斥。该书对于任何关于 1789 年政局的均衡判断都是不可或缺的。6 月 23 日的国王演讲全文，参见罗伯茨的《档案》（第 1 卷，第 115—123 页）。

第十章 巴士底狱

一、宫院两重天

关于皇家宫殿的历史，参见伊舍伍德的《闹剧与幻想》（Farce and Fantasy）（第 8 章）；另见 W. 沙布罗尔（W. Chabrol）的《皇家宫殿与法兰西剧院的历史与描述》（Histoire et Description du Palais-Royal et du Théâtre Français）（巴黎 1883 年）。

雅克·戈德肖（Jacques Godechot）的《攻占巴士底狱》（The Taking of the Bastille）（琼·斯图尔特译，伦敦 1970 年）是

一部关于该事件的极好的叙事作品,附有诸多当时目击者的陈述。关于首都的军事安全,有两部书很关键:塞缪尔·F·斯科特(Samuel F. Scott)的《皇家军队对于法国大革命的反应:线列军的职能与发展》(*The Response of the Royal Army to the French Revolution: The Role and Development of the Line Army*)(牛津1978年,尤其是第46—70页);以及让·沙尼奥(Jean Chagniot)的权威性的专著《巴黎和18世纪的军队》(*Paris et l'Armée au XVIIIe Siècle*)(巴黎1985年),该书和其他作品一道,彻底修正了许多常见的关于法兰西卫队的陈腐之见。其他关于秩序的问题,参见阿兰·威廉姆斯(Alan Williams)的《1718—1789年的巴黎的治安》(*The Police of Paris 1718-1789*)(巴吞鲁日,路易斯安那州和伦敦,1979年)。关于革命群众,参见乔治·鲁德(George Rudé)的《法国大革命中的群众,1789—1794年》(*The Crowd in the French Revolution 1789-1794*)(牛津1959年);另见R.B.罗斯的那本有趣的著作《无套裤汉的形成:1789—1792年巴黎的民主观念和体制》(*The Making of the Sans-culottes: Democratic Ideas and Institutions in Paris 1789-1792*)(曼彻斯特1983年)。另见杰弗里·卡普洛的《诸王之名:18世纪巴黎劳作的穷人》(*The Names of Kings: The Parisian Laboring Poor in the Eighteenth Century*)(纽约1972年,尤见第7章)。关于最具革命精神的巴黎市郊的社会剖析,最好的著作当推雷蒙德·莫尼耶(Raymonde Monnier)的《圣安托万郊区,1789—1815年》(*Le Faubourg Saint-Antoine 1789-1815*)(巴黎1981年),该书对于理解雷韦永骚乱也非常重要。

二、波澜壮阔：巴黎战役

关于库尔提乌斯，参见马耶尔·德·圣保罗（Mayeur de Saint-Paul）的《圣殿大道的游手好闲者和密探》（*Le Désoeuvré ou l'Espion du Boulevard du Temple*）（伦敦 1781 年）；以及《新皇家宫殿图景》（*Tableau du Nouveau Palais-Royal*）（1788 年）。关于德穆兰，参见 R. 法尔热（R. Farge）的《皇家宫殿花园中的卡米耶·德穆兰》（"Camille Desmoulins au Jardin du Palais-Royal"），载于《大革命年鉴》（*Annales Révolutionnaires*）（1914 年，第 446-474 页）。

三、死尸复活？巴士底狱的神话与现实

我关于兰盖和拉蒂德历史的叙述，选自他们二人的回忆录，由 J.-F. 巴里埃（J.-F. Barrière）重刊的《兰盖和拉蒂德回忆录》（*Mémoires de Linguet et de Latude*）（巴黎 1886 年）；拉蒂德的回忆录最早出版时书名为《揭开专制主义的面纱，或亨利·马塞尔·德·拉蒂德回忆录》（*Le Despotisme Dévoîlé ou Mémoires de Henri Masers de Latude*）。F. 丰克-布伦塔诺（F. Funck-Brentano）关于巴士底狱的条件的论断过分乐观，理所当然地遭到了史学界的质疑，莫尼克·科特雷（Monique Cottret）的细致研究《被攻占的巴士底狱》（*La Bastille à Prendre*）（巴黎 1986 年），确证了如下观点，监狱在路易十六时代很快变得人满为患，而且狱中囚犯的生活条件要比其他监狱好得多。科特雷也对巴士底狱传说的各个方面进行了重要的探讨。这方面还可参见 H.-J. 吕斯布林克（H.-J. Lüsebrink）的《18 世纪末法国社会想象中的

巴士底狱》("La Bastille dans l' Imaginaire Social de la France à la Fin du XVIIIe Siècle (1774-1799)"),载于《现当代历史杂志》(Revue d'Histoire Moderne et Contemporaine)(1983 年)。关于兰盖回忆录的重要性,参见莱维的《观念和生涯》(Ideas and Career)。

关于 14 日的事件,我大体上采用了戈德肖《攻占巴士底狱》中的说法;以及让·迪索(Jean Dusssaulx)的《巴黎起义和攻打巴士底狱》(De l'Insurrection Parisienne et de la Prise de la Bastille)(巴黎 1790 年)。

六、巴士底狱的身后事:爱国者帕卢瓦和新福音书

关于帕卢瓦(Palloy),参见 H. 勒穆瓦纳(H.Lemoine)的《巴士底狱的拆毁者》(Le Démolisseur de la Bastille)(巴黎 1929 年);V. 富尔内尔(V. Fournel)的《爱国者帕卢瓦和对巴士底狱的开发》(Le Patriote Palloy et l'Exploitation de la Bastille)(巴黎 1892 年);以及罗米的《爱国者帕卢瓦的理性之书》(Le Livre de Raison du Patriote Palloy)(巴黎 1956 年),该书包含了诸多非常吸引人的、未经利用的档案。

庆祝巴士底狱被攻陷的流行歌曲被搜罗在康韦尔·P. 罗杰斯(Cornwell P. Rogers)那本极具价值的《1789 年的大革命精神》(The Spirit of Revolution in 1789)(普林斯顿 1949 年)一书中,该书还对这些歌曲进行了分析。

第十一章　理智与非理智

乔治·勒费弗尔的《1789年大恐慌》依然堪称杰作，也是他最好的作品（罗什舒阿尔的情节在该书第148页）。另外他的《大革命时期法国的北方农民》（巴黎和里尔1924年，第1卷，第356-374页）可作为补充读物。对于"盗匪"恐惧的文化和心理根源，以及无业贫民官方分类的不稳定性，参见奥尔文·赫夫顿（Olwen Hufton）的《18世纪法国贫民》(The Poor of Eighteenth-Century France)（第220—244页），和米歇尔·伏维尔（Michel Vovelle）的《从乞丐到土匪》（"From Beggary to Brigandage"），收入卡普洛主编的《新观点》中。拉图尔·迪潘夫人的经历被记录在她的《回忆录》中（Memoirs）（F. 哈尔科尔编译，选自 Journal d'une Femme de Cinquante Ans，伦敦和多伦多，1969年，第111—114页）。关于勃艮第城堡的毁坏，参见约阿希姆·迪朗多（Joachim Durandeau）的《布律莱城堡》(Les Châteaux Brûlés)（第戎1895年）。

我关于8月4日夜晚的描述，主要来自《高等法院档案》(Archives Parlementaires)和一些当时的媒体报道，尤其是《每日焦点》(Point du Jour)（1789年，第231页及以后诸页）。关于8月4日之夜，参见P. 克塞尔（P. Kessel）的《8月4日之夜》(La Nuit du 4 Août)（巴黎1969年）。关于1789年秋的宪法讨论，参见让·埃格雷的《贵族革命：穆尼埃和王政派》(La Révolution des Notables: Mounier et les Monarchiens)（巴黎1950年），以及保罗·巴斯蒂的《西哀士及其思想》(Sieyès et sa Pensée)。对于选民政治极为有用的一种资料是三级会议代表庞塞-德尔佩什（Poncet-Delpech）写给他在凯尔西的选民的"简报"；参见丹尼尔·利古（Daniel Ligou）的《目击者眼中的革命元年》（*La Première Année de la Révolution Vue par un Témoin*）（巴黎 1961 年）。对于米拉波在这一时期的所作所为，参见 E. 迪蒙（E. Dumont）的《关于米拉波和前两届立法会议的回忆》（*Souvenirs sur Mirabeau et sur les Deux Premières Assemblées Legislatives*）（M. 杜瓦尔编，巴黎 1832 年）。

关于拉法耶特、暴力问题和国民卫队，参见路易斯·戈特沙尔克（Louis Gottschalk）和玛格丽特·麦多克斯（Margaret Maddox）的《法国大革命 10 月期间的拉法耶特》（*Lafayette in the French Revolution Through the October Days*）（芝加哥和伦敦，1969 年，第 8—12 章）。关于祝旗仪式，参见 J. 蒂耶索（J.Tiersot）的《法国大革命的庆典与颂歌》（*Les Fêtes et les Chants de la Révolution Française*）（巴黎 1908 年，第 14—16 页）；以及罗杰斯的《大革命精神》（第 134—159 页）。关于暴力和合法性问题的另一种有力的观点，参见莫雷莱神父的《回忆录》（巴黎 1822 年，第 362 页）。卢斯塔洛出色的新闻素养和其对于暴力的利用，必须通过原始档案进行研究。比如以编号 8 月 2 日—8 日的档案为例，他写道，巴黎当局收到了一个箱子，里面是六颗人头，来自法国不同的地方，有普罗旺斯的，佛兰德的等等。这段详细引用的文字来自于同一编号的档案（第 27—29 页）。另见杰克·桑塞（Jack Censer）的《权力的前奏：巴黎激进媒体，1789—1791》（*Prelude to Power: The Parisian Radical Press 1789-1791*），该书包含对这些影响甚大的出版物的重要分析。

对于 10 月的那段日子，参见阿尔贝·马迪厄（Albert Mathiez）的《关于 1789 年 10 月 5 日至 6 日的批判性研究》（"Etude Critique sur les Journées des 5 et 6 October 1789"），载于《历史杂志》（1898 年，241—281 页）；另外该杂志第 67 卷（1899 年，第 258—294 页）和第 69 卷（1899 年，第 41—66 页）也依然重要。还可参见戈特沙尔克和麦多克斯的《法国大革命中的拉法耶特》（Lafayette in the French Revolution）（第 14 章和第 15 章）；亨利·勒克莱尔（Henri Leclerq）的《1789 年 10 月和年末那些天》（Les Journées d'Octobre et la Fin de l'Année 1789）（巴黎 1924 年）；哈里斯的《内克尔和 1789 年大革命》（Necker and the Revolution of 1789）（第 18 章）；以及鲁德的《群众》（The Crowd）（第 5 章）。关于 1789 年 10 月妇女的作用，参见让娜·布维耶（Jeanne Bouvier）的《1789 年革命期间的妇女》（Les Femmes Pendant la Révolution de 1789）（巴黎 1931 年）；奥尔文·赫夫顿的《妇女与革命》（"Women and Revolution"），收入道格拉斯·约翰逊（Douglas Johnson）主编的《法国社会和大革命》（French Society and the Revolution）（纽约和剑桥，英格兰，1976 年，第 148—166 页）；阿德里安·拉塞尔（Adrien Lasserre）的《法国大革命中妇女的共同参与：女权运动先驱》（La Participation Collective des Femmes à la Révolution Française: Les Antécédents du Féminisme）（巴黎 1906 年）；以及最新出版的多米尼克·戈迪诺（Dominique Godineau）的《城市编织者：法国大革命期间的巴黎妇女》（Citoyennes Tricoteuses: Les Femmes du Peuple à Paris Pendant la Révolution Française）（普罗旺斯的艾克斯，1988 年）。

第十二章　信仰的行动

关于让·雅各布（Jean Jacob），例如可以参见德穆兰的《法兰西和布拉班特革命报》(*Révolutions de France et de Brabant*)（1789年12月12日）中的报告，其中雕刻人像标价是30苏（如果是手工彩绘的话卖3利弗尔）。关于教士公民组织法的背景和后果，参见J. 迈克曼纳斯（J. McManners）的《法国大革命与教会》(*The French Revolution and the Church*)（伦敦1969年）。谭旋的《18世纪法国宗教、革命和地区文化：1791年的教会宣誓》(*Religion, Revolution and Regional Culture in Eighteenth-Century France: The Ecclesiastical Oath of 1791*)（普林斯顿1986年），是一项杰出的研究，对于清晰界定的法国宗教地理分布着墨较多；而阿尔贝·马迪厄那本被人忽略的《大革命与教会》(*La Révolution et l'Eglise*)（巴黎1910年）对于布道坛政治化运动写过非常有趣的专文。关于大革命前冉森派和"改革派"教士的观念的实例，参见《神职公民》(*L'Ecclésiastique Citoyen*)（1787年）和鲁思·内切尔（Ruth Necheles）的《格雷瓜尔神父（1787—1831）：一个平等主义者的奥德赛》(*The Abbé Grégoire 1787-1831: The Odyssey of an Egalitarian*)（韦斯特波特，康涅狄格州，1971年）。关于巴黎的反教会歌曲，参见罗杰斯的《革命精神》（第200页及以后诸页）。

对于塔尔玛，参见F. H. 柯林斯（F. H. Collins）的《塔尔玛：一个演员的传记》(*Talma: Biography of an Actor*)（伦敦1964年）。最详细有趣的有关查理九世的描述，见于A. 利埃比

（A.Liéby）的《马里-约瑟夫·谢尼耶的剧院研究》(Etude dans le Théâtre de Marie-Joseph Chénier)（巴黎1901年）。关于科德利埃俱乐部的政治观点，参见诺曼·汉普森的《丹东》(Danton)（伦敦1978年，第2章）；和R. B. 罗斯的《无套裤汉的形成》。关于联盟节，参见莫娜·奥祖夫的《革命节日》(Festivals and the French Revolution)（阿兰·谢里丹译，坎布里奇，马萨诸塞州，1988年）；蒂耶索的《节日与颂歌》(Les Fêtes et les Chants)（第17—46页）；以及马里-路易·比韦的《巴黎的大革命庆典》(Fêtes Révolutionnaires à Paris)（巴黎1979年）。关于斯特拉斯堡的节日庆典，参见欧仁·桑盖莱（Eugène Seinguerlet）的《法国的阿尔萨斯：大革命期间的斯特拉斯堡》(L'Alsace Française: Strasbourg Pendant la Révolution)（巴黎1881年）。另见阿尔贝·马迪厄的《革命崇拜的起源，1789—1792》(Les Origines des Cultes Révolutionnaires 1789-1792)（巴黎和卡昂，1904年）。

第十三章 分道扬镳

关于1789—1790年市政革命中人员变化（或者说短缺）的叙述，一些较老的地方史籍会很有用。特别要参见的是A. 普吕多姆的《格勒诺布尔史》(Histoire de Grenoble)（格勒诺布尔1888年）；和维克多·德罗德（Victor Dérode）的《里尔史》(Histoire de Lille)（里尔1868年）。关于那篇高等法院的裤文，参见《格勒诺布尔爱国信使报》(Courrier Patriotique du Grenoble)（1790年10月2日）。迄今为止最为重要的现代比较史著作是林·亨特的《法国外省的革命与政治：特鲁瓦和兰斯，1786—1790 年》(*Revolution and Politics in Pronvincial France: Troyes and Reims 1786-1790*)（斯坦福 1978 年）；另见同一作者的《政治、文化和阶级》(*Politics, Culture and Class*)（第 5 章），尽管作者对于新旧政治阶层，做了比我在大革命早期阶段到处都可以看到的更为清晰的划分。其他为我所引用的重要地方研究还包括 J. 森图（J.Sentou）的《大革命时期图卢兹的命运与社会团体》(*Fortunes et Groupes Sociaux à Toulouse sous la Révolution*)（图卢兹 1969 年）；路易·特朗纳尔（Louis Trénard）的《从百科全书派到前浪漫主义时代的里昂》(*Lyon de l'Encyclopédie au Préromantisme*)（巴黎 1958 年，卷 2，第 229 页及以后诸页）；更加激进的反巴黎的作品是阿尔贝·尚多尔（Albert Champdor）的《大革命时期的里昂》(*Lyon Pendant la Révolution*)（里昂 1983 年）；以及克洛德·福朗（Claude Fohlen）的《贝桑松史》(*Histoire de Besançon*)（贝桑松 1967 年，第 220 页及以后诸页）。关于斯特拉斯堡，参见桑盖莱的《大革命期间的斯特拉斯堡》(*Strasbourg Pendant la Révolution*)（第 352 页及以后诸页），以及加布里埃尔·G. 拉蒙（Gabriel G. Ramon）的《弗雷德里克·德·迪耶特里克：法国大革命期间斯特拉斯堡首任市长》(*Frédéric de Dietrich, Premier Maire de Strasbourg sous la Révolution*)（巴黎和斯特拉斯堡，1919 年）。关于皮伊塞蓬图瓦兹的村庄史，参见阿尔贝·索布尔（Albert Soboul）极为有趣的文章，收入他的《法国大革命的农民问题》(*Problèmes Paysans de la Révolution Française*)（巴黎 1976 年，第 254 页）。帕特里斯·伊戈内（Patrice Higonnet）在《蓬德蒙特维尔：一个法国乡村的社会结构与政治》(*Pont-de-Montvert: Social Structure and Politics in a*

French Village）（坎布里奇，马萨诸塞州，1971 年）一书中，发现了相同的将高尚的革命精神和在获取国有财产时可预见的机会主义的结合。

关于新闻界，参见桑塞的《权力的前奏》。关于《人民演说家》（L'Orateur du Peuple）上的婚姻政策的报道，摘自 1791 年卷（第 481 页）。布里索对于德穆兰的讽刺性祝贺，载于 1790 年 12 月 30 日的《法兰西爱国者报》上。里尔的"希望军团"在德罗德的《里尔史》（第 47 页）有被提及。关于年鉴，参见亨利·维尔兴格（Henri Welschinger）的《大革命年鉴》（Les Almanachs de la Révolution）（巴黎 1884 年），以及 G. 戈贝尔（G. Gobel）与索布尔合著的《年鉴》，载于《法国大革命史年鉴》（Annales Historiques de la Révolution Française，1978 年 10—12 月号）。关于 1791 年雅各宾派的竞争，参见戈贝尔和索布尔的合著（第 615 页及以后诸页）。关于"布鲁图斯头型"的通信，参见《法兰西爱国者报》（1791 年 10 月 31 日）。勒基尼奥的祝词发表在《乡村小报》（Feuille Villageoise）（1791 年 11 月 17 日，第 184 页），那位校长的信也刊登在同一份报纸上（1791 年 9 月，第 51 页）。

关于雅各宾派的成立，迈克尔·L. 肯尼迪（Michael L. Kennedy）的《法国大革命中的雅各宾俱乐部：最初的岁月》（The Jacobin Clubs in the French Revolution: The First Years）（普林斯顿 1982 年）是一本极为重要的著作。关于巴黎的民间社团，参见 R.B. 罗斯（R. B. Rose）的《无套裤汉的形成》（第 6 章）；桑泰尔的评论被引在上书中（第 114 页）。罗斯还提供了兄弟会请愿书的文本（第 104 页）。另外还可参见伊莎贝拉·布尔丹的较老的著作《法国大革命期间巴黎的民间社团》(*Les Sociétés Populaires à Paris Pendant la Révolution Française*)(巴黎 1937 年)。吉拉尔丹的国民投票乌托邦是在他的《关于大会批准该法案的演讲》(*Discours sur la Ratification de la Loi par la Voix Générale*)(巴黎 1791 年)一书中提出的。关于 1791 年劳工骚乱的背景,参见迈克尔·索南舍尔(Michael Sonenscher)的《旅行者、宫廷和法国贸易,1781—1791 年》("Journeymen, Courts and French Trades, 1781-1791"),载于《过去与现在》(1987 年 2 月,第 77—107 页)。

米拉波与宫廷的通信,以及他重振立宪君主制的策略,在居伊·肖锡南-诺加雷(主编)的《国王与革命之间的米拉波》(*Mirabeau entre le Roi et la Révolution*)(巴黎 1986 年)中有充分的呈现。他生命中最后的几天在同一作者的《米拉波》一书中有描述。关于葬礼进程,尤其是戈塞克为此专门创作的乐曲,参见蒂耶索的《节日与颂歌》(第 51 页及以后诸页)。吕奥(Ruault)的评论被引在比韦的《大革命庆典》(第 35 页)中。关于先贤祠的营建,参见莫娜·奥祖夫的《先贤祠》,收入诺拉(主编)的《记忆之场》第 1 卷《共和国》(*La République*)(巴黎 1984 年,第 151 页)。布里索的冷淡反应刊登在《法兰西爱国者报》(1791 年 4 月 5 日)上。

科德利埃俱乐部请愿反对王室前往圣克卢度 1791 年圣周的内容,见于罗伯茨的《档案》(卷 1,第 292—293 页)。弗雷隆对于选民表达对国王健康关心的嘲讽,见于《演说家》(*L'Orateur*)(1791 年,第 215 页)。关于逃往瓦雷讷的影响,这方面最好的记述见于马塞尔·雷纳尔(Marcel Reinhard)关于

1791 年和 1792 年的顶级历史著作《王权的陨落》(La Chute de la Royauté)（巴黎 1969 年）的第 1 部分，并参见整套的文献附录，既涉及出逃的时间段，又涉及导致后来战神广场大屠杀的科德利埃俱乐部的那场活动。关于雅各宾派的反应，参见肯尼迪的《雅各宾俱乐部》(The Jacobin Clubs)（第 14 章）。弗雷隆对于国王的谴责见于《演说家》（1791 年，第 370 页）。费里埃关于出逃事件寄给妻子的信，见于卡雷（编辑）的《书信集》(Correspondance)（卷 1，第 363 页，1791 年 6 月 23 日）。关于对伏尔泰和布鲁图斯的崇拜，参见罗伯特·赫伯特的《大卫、伏尔泰、布鲁图斯》(David, Voltaire, Brutus)；以及沃伦·罗伯茨关于雅克-路易·大卫的那部即将出版的杰出研究。关于伏尔泰节，参见尼古拉·吕奥的《大革命时代一个巴黎人的报纸》(Gazette d'un Parisien sous la Révolution)（1791 年 7 月 15 日）；以及比韦的《大革命庆典》（第 38—42 页）。

关于战神广场大屠杀，参见《群众》(The Crowd)（第 80—94 页）和 G. A. 凯利（G. A. Kelly）的文章《巴伊和战神广场大屠杀》("Bailly and the Champ de Mars Massacre")，载于《近代史杂志》（1980 年）。大卫的《网球场宣誓》(Tennis Court Oath)的完整创作历程，记录在菲利普·博尔德（Philippe Bordes）的一本优秀的专著《雅克-路易·大卫〈网球场宣誓〉》(Le Serment du Jeu de Paume de Jacques-Louis David)（巴黎 1983 年）中。

第十四章 《马赛曲》

1791 年宪法的基本纲要，收入罗伯茨的《档案》（卷 1，第

347—366 页）出版，选民关于政治俱乐部的争论，以及罗伯斯庇尔的发言，也收入此书（第 366—376 页）。关于斐扬派试图稳固君主立宪制的内容，参见马塞尔·雷纳尔的《1792 年 8 月 10 日：王权的陨落》(*10 Août 1792: La Chute de la Royauté*)（巴黎 1969 年，第 8 章）。

当然，罗伯斯庇尔一直是无数传记的主人公。其中较近的研究著作是诺曼·汉普森的《马克西米连·罗伯斯庇尔的生平与观点》(*The Life and Opinions of Maximilien Robespierre*)（伦敦 1974 年），通过不同参与者（支持者和反对者）的历史讨论的形式写传记，这算是个有趣的尝试，每个参与者都想要保留自己的看法，只是嘴上都还象征性地说一句"尚无定论"。乔治·鲁德在他的《罗伯斯庇尔：一位革命民主派的肖像》(*Robespierre: Portrait of a Revolutionary Democrat*)（纽约 1985 年）中表达的观点更正统、更具同情心。大卫·乔丹的《马克西米连·罗伯斯庇尔的革命生涯》(*The Revolutionary Career of Maximilien Robespierre*)（纽约 1985 年）更细致地揭示了他的政治心理和强烈的历史自觉，但此书应该和卡罗尔·布卢姆（Carol Blum）对于卢梭和革命语言的精妙之作《让-雅克·卢梭和美德共和国》(*Jean-Jacques Rousseau and the Republic of Virtue*)结合起来阅读。阿尔弗雷德·科班（Alfred Cobban）的《法国大革命面面观》(*Aspects of the French Revolution*)（伦敦 1968 年）中也包括一篇关于罗伯斯庇尔运用卢梭理想和语言的精彩文章。由欧仁·德普雷等人编辑的超大开本的《罗伯斯庇尔全集》(10 卷本，巴黎 1910—1968 年）1968 年已出齐。

关于针对传统教会的革命战争变得尖锐的理想例证，参见

Y.-G. 帕亚尔（Y.-G. Paillard）的《多姆山省的狂热分子和爱国人士》，载于《法国大革命史年鉴》（1970 年 4—6 月刊）。关于移民潮的时间选择和地理分布，参见唐纳德·格里尔的《法国大革命期间移民的发生范围》（The Incidence of the Emigration During the French Revolution）（坎布里奇，马萨诸塞州，1951 年）。关于法国南部（Midi）的暴力，参见最近出版的休伯特·约翰逊（Hubert Johnson）的《大革命中的法国南部：一项关于地区政治多样性的研究，1789—1793》（The Midi in Revolution: A Study of Regional Political Diversity 1789-1793）（普林斯顿 1986 年）；和格温·刘易斯（Gwynne Lewis）的《第二个旺代：加尔省地区 1789—1815 年的持续的反革命》（The Second Vendée: The Continuity of Counterrevolution in the Department of the Gard 1789-1815）（牛津 1978 年），以及科林·卢卡斯（Colin Lucas）写的一篇很有启发性的重要文章《法国大革命中的南部问题》，载于《皇家历史学会学报》（Transactions of the Royal Historical Society）（1978 年，第 1—25 页）。

1792 年战争的起源在 T.C.W. 布兰宁（T.C.W. Blanning）的杰作《法国革命战争的起源》（The Origins of the French Revolutionary Wars）（伦敦 1986 年）中有所论及。关于国外俱乐部和军团，参见阿尔贝·马迪厄的《法国大革命和外国人》（La Révolution Française et les Etrangers）（巴黎 1919 年）；雅克·戈德肖的《伟大国家：1789 年到 1799 年法国大革命的扩散》（La Grande Nation: L'Expansion Révolutionnaire de la France dans le Monde 1789-1799）（巴黎 1956 年，卷 1）；以及沙玛的《爱国者和解放者》（导论和第 4 章）。关于布里索的早年生涯，

参见罗伯特·达恩顿的《格拉布街的一个间谍》,收入《地下文学》(第 41—70 页),该文解决了其革命前两面讨好的问题,但可能低估了在 1791—1792 年之交那个关键的冬天其所作的爱国言辞的威力了。另见埃洛伊丝·埃勒里(Eloise Ellery)的《布里索·德·瓦维尔:一项法国大革命史研究》(*Brissot de Warville: A Study in the History of the French Revolution*)(波士顿和纽约,1915 年)。关于韦尼奥,参见克洛德·鲍尔斯(Claude Bowers)的《皮埃尔·韦尼奥:法兰西大革命之声》(*Pierre Vergniaud: Voice of the French Revolution*)(纽约 1950 年)。

研究这一时期与众不同的爱国讲演术的最佳途径就是去读它,它们未加删节地收入在《议会档案》(*Archives Parlementaires*)或《箴言报》中,它所包含的那种激情四射的火力和声震云天的气势,似乎就在读者耳边回荡。历史学家刚刚重新发现了大革命中修辞的重要性,但其实更早的一代人就已经深刻认识到了这一点。比如说,参见阿方斯·奥拉尔(Alphonse Aulard)的经典之作《法国大革命时期的议会雄辩》(*L'Eloquence Parlementaire Pendant la Révolution Française*)的第 1 卷《制宪会议的演说家》(*Les Orateurs de l'Assemblée Constituante*)(巴黎 1882 年),关于立法会议那些伟大的演讲者,参见第 2 卷《立法会议和国民公会的演说家》(*Les Orateurs de la Législatif et de la Convention*)(巴黎 1886 年)。H. 莫尔斯·斯蒂芬斯(H. Morse Stephens)出版的那部精彩的演说集《法国大革命的政治家和演说家的重要演说,1789—1795》(*The Principal Speeches of the Statesmen and Orators of the French Revolution 1789-1795*)(2 卷本,牛津 1892 年)中有一篇有益的导论。而年代更近的研究,参见林·亨特在《政治、文化和阶级》（第 19—51 页）中的《革命的修辞术》一文；贡布雷希特（Gumbrecht）的《议会修辞术的功能》（Funktionen der Parliamentarischen Rhetorik）；沙玛的《革命精英的自觉意识》（"The Self-Consciousness of Revolutionary Elites"），收入《支持法国大革命的联盟》（Consortium on the French Revolution），以及斯塔罗宾斯基的《布道台、讲坛、律师席》，收入诺拉（主编）的《记忆之场》第 2 卷《国家》。皮埃尔·特拉阿尔（Pierre Trahard）在其不该被忽略的导论性著作《革命者的情感》（La Sensibilité Révolutionnaire）（巴黎 1936 年）中，对于这一主题也给予了极大关注。

关于《马赛曲》的历史，参见米歇尔·伏维尔的精彩文章《〈马赛曲〉：战争与和平》（"La Marseillaise: La Guerre ou la Paix"），收入诺拉（主编）的《记忆之场》的第 1 卷，《共和国》（第 85—136 页）；以及于连·蒂耶索（Julien Tiersot）的《鲁日·德·李尔》（Rouget de Lisle）（巴黎 1916 年）。关于战争之初政治对于军队的影响，参见斯科特的《皇家军队的反应》（The Response of the Royal Army）（第 3—5 章）。

关于 1792 年春夏的经济危机，弗洛兰·阿夫塔利翁（Florin Aftalion）格外清晰且有益的著作《法国大革命的经济》（L'Economie de la Révolution Française）（巴黎 1987 年，第 4—6 章），是一本不可或缺的指南。它还展示了立宪和立法议会实施的货币政策所导致的灾难性通货膨胀。另见 S. E. 哈里斯的《指券》（The Assignats）（坎布里奇，马萨诸塞州，1930 年）。关于无套裤汉意识的发展，见 R. B. 罗斯的《无套裤汉的形成》（第 8 章和第 9 章）；关于红帽子崇拜，参见珍妮弗·哈里斯的《自由的红帽：1789—1794 年法国革命党人的着装研究》(*The Red Cap of Liberty: A Study of Dress Worn by French Revolutionary Partisans 1789-1794*)，载于《18 世纪研究》(*Eighteenth-Century Studies*)（1981 年，第 283—312 页）。

雷纳尔对于 8 月 10 日革命的准备和当天的一些细节钻研得尤为透彻。而对于起义公社千头万绪的组织工作这些关键问题（尽管没有出现在当天的事件中）的研究，则仍要属弗里茨·布雷施（Fritz Braesch）的《1792 年 8 月 10 日的公社：1792 年 6 月 20 日至 12 月 2 日的巴黎历史研究》(*La Commune de Dix Août, 1792: Etude sur l'Historie de Paris de 20 Juin au 2 Décembre 1792*)（巴黎 1911 年）。莫里斯·斯拉温质疑了布雷施对巴黎各区政治成分的划分，见其《西西里国王区与君主制的陨落》("Section Roide-Sicile and the Fall of the Monarchy")，收入斯拉温和史密斯（主编）的《资产阶级、无套裤汉和其他法国人》(*Bourgeois, Sans-culottes and Other Frenchmen*)（第 59—74 页）。关于另一部斯拉温的引人入胜的微观研究，参见其《法国大革命的缩影：1789—1795 年的人权区》(*The French Revolution in Miniature: Section Droits de l'Homme 1789-1795*)（普林斯顿 1984 年）。

第十五章　污血

关于断头台的发明和政治化，参见丹尼尔·阿拉斯（Daniel Arasse）的杰作《断头台和恐怖的想象》(*La Guillotine et L'Imaginaire de la Terreur*)（巴黎 1987 年）。关于公社的镇压行动及其与立法议会的战斗关系，参见布雷施的著作（第334—361页）。

近50年来关于监狱大屠杀的标准著作仍非皮埃尔·卡隆（Pierre Caron）的《九月大屠杀》（*Les Massacres de Septembre*）（巴黎1935年）莫属。尽管该书在最后的分析中对于证据的解读，在我看来，带有一定偏见，但它包含的大量档案研究，依然十分有用。我采纳了弗雷德里克·布吕什（Frédéric Bluche）在《1792年9月：大屠杀的逻辑》（*Septembre 1792: Logiques d'un Massacre*）（巴黎1986年）中的许多批评观点。尽管布雷施并没有将监狱屠杀作为其故事的核心，但他更直接地在分区领导人中追究责任（第464页及以后诸页），并得出结论说，存在着"相当数量的巴黎当地人与刽子手相勾结的情况"（第490页）。关于丹东作为司法部长的这段日子参见汉普森的著作（第67—84页）。

艾莉森·帕特里克（Alison Patrick）的《法兰西第一共和国人物传》（*The Men of the First French Republic*）（巴尔的摩1972年），仍是对国民公会中代表人物的标准分析，对于不要将政治信仰仅仅归结为职业的根源尤其具有价值。同时它也是对 M.J. 西德纳姆（M.J.Sydenham）过分怀疑的著作《吉伦特派》（*The Girondins*）（伦敦1961年）的一个纠正，后者非同寻常地提出，既然吉伦特派不能被看作一个统一的现代意义上的"政党"，那么他们在国民公会上被划为一个集团实际上只是一桩偶然结合和人以群分的事情。朋友之情与个人的亲合性，当然可以催生出对于浪漫主义的一代来说最为强烈的忠贞不渝，在这其中对于友谊的崇拜就是一个观念纯洁的标志。该集团的松散和某些成员（比如伊斯纳尔）倾向于在投票中自行其是，然而这并不意味着相对于山岳派，他们一点不懂自身的团结。阿尔贝·索布尔（主编）的《"吉伦特派和山岳派"会议纪要》（Actes du Colloque "Girondins et Montagnards"）（巴黎1980年），试图将吉伦特派拉低，定位为一种独特的阶级气质，这未免在另一个极端上走得太远了，但该书包含了阿兰·福雷斯特（Alan Forrest）关于波尔多联邦主义者，以及马塞尔·多里尼（Marcel Dorigny）关于一些吉伦特派领导人的经济思想的有趣研究。

关于审判路易十六，最好的论述当属大卫·乔丹（David Jordan）的《国王的审判》（The King's Trial）（伯克利和洛杉矶，1979年）。迈克尔·沃尔泽将一些主要的演讲词汇编成《弑君与革命》（Regicide and Revolution）（剑桥，英格兰，1974年）一书，该书对于分类归档非常有用，但也提供了一份令人不安的辩护词，将审判和处决视为"纯粹是以法律形式颠覆神权君主制"。这似乎忽略了一个不容忽视的问题，即国王实际上是因作为立宪君主犯下的罪行而受到审判的，而审判事实上根本没有表现出人民主权和国家神权理论的水火不容。帕特里克的《第一共和国人物传》，对于这次审判涉及的政治问题，研究得极为透彻。关于国王被囚和死前数日的情况，参见J.-B. 克莱里（J.-B. Cléry）的《恐怖时期日记》（A Journal of the Terror）（西德尼·斯科特编辑，伦敦1955年）；和加斯东·德·博库尔（Gaston de Beaucourt）的《路易十六遭囚与临刑之际：原始报道与官方档案》（Captivité et Derniers Moments de Louis XVI: Récits Originaux et Documents Officiels）（巴黎1892年），尤其是第2卷，内有公社的官方表述和公报，以及埃奇沃思神甫（Abbé Edgeworth）的叙述和路易的遗愿和遗嘱的文本。关于马尔泽布的辩护，参见格罗克洛德的《马尔泽布》（第 703-716 页）。

第十六章　人民之敌？

关于塔列朗在伦敦的情况，参见奥里厄（Orieux）的《塔列朗》（Talleyrand）（第 192—209 页）；樊妮·伯尼（Fanny Burney）遭遇斯塔尔夫人和"杜松厅成员"见于乔伊斯·赫姆洛（Joyce Hemlow）编辑的《樊妮·伯尼日记和书信》（The Journals and Letters of Fanny Burney）（卷 3，牛津 1972 年）。关于 1792 年末和 1793 年初英国的政治气候，参见阿尔伯特·古德温（Albert Goodwin）的《自由之友：法国大革命时期的英国民主运动》（The Friends of Liberty: The English Democratic Movement in the Age of the French Revolution）（伦敦 1979 年，尤见第 7 章）。与英国、西班牙和尼德兰走向战争的背景和舆论宣传，在 T.C.W. 布兰宁的《起源》一书中有所讨论。对于凯尔桑（Kersaint）的演说，参见《箴言报》（1793 年 1 月 3 日）。另见 J. 霍兰·罗斯的《威廉·皮特和大战》（William Pitt and the Great War）（伦敦 1911 年）。关于斯海尔德河（Scheldt）和荷兰防御的档案，见于 H.T. 科伦布兰德（H. T. Colenbrander）的《尼德兰通史纪念物，1789—1840 年》（Gedenkstukken der Algemeene Geschiedenis van Nederland van 1789 tot 1840）（海牙 1905 年，卷 1，第 285 页有格伦维尔致奥克兰的信件，第 291 页有塔列朗致格伦维尔的信件）。另见沙玛的《爱国者和解放者》（第 153—163 页）中关于迪穆里埃战役的叙述。迪穆里埃给国民公会的信件全文，刊登在巴黎的报纸《巴达维人》(Le Batave)的1793年3月25日号上。

关于旺代叛乱的起源和进程，留存有大量的文献。而19世纪末由精力充沛的C.-L.沙桑主持的档案编订和研究中的另一部杰作《1789至1793年间旺代战争的准备》(La Préparation de la Guerre de Vendée 1789-1793)（3卷本，巴黎1892年），是充分理解共和主义与该地区教会之间冲突的基础。贝蒂（Bethuis）关于他童年时代经历的马什库勒（Machecoul）大屠杀的描述，来自于沙桑的这本书（第3卷，第337页及以后诸页）。拉帕拉在丰特奈的慷慨陈词也出自该书（第220页），另外还有比雷（Biret）的报告（第213—278页）。沙桑关于该主题的另一部重要的档案汇编是《1793—1800年旺代的爱国者》(La Vendée Patriote 1793-1800)（4卷本，巴黎1893—1895年）。尽管查尔斯·蒂利的《旺代》(The Vendée)（坎布里奇，马萨诸塞州，1964年）——就像法国历史学家急于指出的那样——并未谈到整个旺代的军事问题，而仅仅是提到被莱永河（Layon）分割出的那片区域，但它依然非常重要，对于描述效忠派的社会地理分布很有价值。另一部重要著作，风格大致相同，但是叙述极为详细，即保罗·博伊斯（Paul Bois）的《西部农民》(Les Paysans de l'Ouest)（巴黎1960年）。但近来的两部著作改变了整个文献，尽管手法截然不同。让-克莱芒特·马丁（Jean-Clément Martin）的《旺代和法兰西》(La Vendée et la France)（巴黎1987年），很大程度上基于沙桑已经出版的资料，堪称富有同情心和历史敏感性的典范之作。该书致力于从冲突双方各自的角度来看待问题，得出了一个惊世骇俗的结论，令人不寒而栗，应该说是一言既出便彻底终结了对于该地区人口减少和破坏程度的怀疑。雷纳德·塞舍尔（Reynald Sécher）的《法国人自相残杀：旺代的复仇》(*Le Génocide Franco-Français: La Vendée-Vengé*)（巴黎 1986 年）则更加明确摆出一副辩论的姿态，不过通过对地方和国家档案的深入研究，该书很大程度上也更具说服力。其论点充满了一种浓浓的悲剧色彩，使得学术界对于"冷静客观"的呼吁显得是非不分，颇为可笑。与之截然相反的另一种史学气质，则是马塞尔·福舍（Marcel Faucheux）冷漠的社会学取向，其著作《1793 年旺代叛乱》(*L'Insurrection Vendéenne de 1793*)（巴黎 1964 年），竭力根据社会经济结构来解释一切，但多半并不成功。关于战争本身的进程，P. 多尔-格拉斯兰（P. Doré-Graslin）的《旺代的军事进程》(*Itinéraire de la Vendée Militaire*)（昂热 1979 年），是一种令人无法忘怀的对那段历史的召唤，通过当时的大量文字档案和地图，加上现代的照片资料，生动再现了战场环境和造成的巨大破坏。让-克莱芒特·马丁也对旺代战争之后的种种挥之不去的影响有着精彩的描述，他的文章《旺代，地区记忆，蓝与白》，收入诺拉（主编）的《记忆之场》第 1 卷《共和国》（第 595—617 页）。与之相关但明显不同的布列塔尼叛乱，参见唐纳德·萨瑟兰（Donald Sutherland）的《朱安党人：1770—1796 年间上布列塔尼民众反革命的社会根源》(*The Chouans: The Social Origins of Popular Counter-Revolution in Upper Brittany 1770-1796*)（牛津 1982 年）；以及 T.J.A. 勒高夫和 D.M.G. 萨瑟兰的《法兰西西部反革命的社会根源》("The Social Origins of Counter-revolution in Western France")一文，载于《过去与现在》(1983 年)。

对于1793年的经济危机和雅各宾派转向经济管制的内容，参见阿夫塔利翁的《大革命的经济》(*L'Economie de la Révolution*)（第7章和第8章）。关于忿激派的原则，参见R.B.罗斯的《忿激派：法国大革命的社会主义者？》(*The Enragés: Socialists of the French Revolution?*)（墨尔本1965年）。另见瓦尔特·马尔科夫（Walter Malkov）编辑的《雅克·鲁：言与行》(*Jacques Roux: Scripta et Acta*)（柏林，民主德国，1969年）。关于2月份的食物骚乱，参见乔治·鲁德发表在《法国大革命史年鉴》（1953年，第33—57页）上的文章《1793年2月25日和26日的骚乱》("Les Emeutes des 25, 26 Février 1793")；以及阿尔贝·马迪厄的《恐怖时期的昂贵生活和社会运动》(*La Vie Chère et Mouvement Social sous la Terreur*)（2卷本，巴黎1927年）。关于无套裤汉的社会基础和组织架构，参见阿尔贝·索布尔的《巴黎无套裤汉和法国大革命》(*The Parisian Sans-culottes and the French Revolution*)（牛津1964年），以及格温·威廉姆斯与英国劳工进行的出色的比较研究《手工工匠和无套裤汉》(*Artisans and Sans-culottes*)（伦敦1968年）。索布尔在"资产阶级"雅各宾派和手工业者无套裤汉之间所做的经典的社会区分，无法很好地经受住在个别的分区层面上的仔细审视，这些分区的"无套裤汉"常常是由相同的社会群体的人群构成，有小商人、酒馆文人、律师、官员还有各种专业人士，还有打零工的，和雅各宾派的阶层和构成没什么不同。关于雅各宾派代表人物的可靠分析，参见克莱恩·布林顿（Crane Brinton）的杰作《雅各宾派》(*The Jacobins*)（纽约1930年）。对于无套裤汉"运动"这一整体概念的最为有力的抨击，来自理查德·科布（Richard Cobb）的精心力作《警察与人民：法国民众抗议，1789—1820年》(*The Police and the People: French Popular Protest 1789-1820*)（牛津1970年），其观点在他的《对法国大革命的反动》(*Reactions to the French Revolution*)（牛津1972年）中又得到了重申。米歇尔·伏维尔试图在《革命心态：法国大革命中的社会和心态》(*La Mentalité Révolutionnaire: Société et Mentalités sous la Révolution Française*)（巴黎1985年，第109—123页）中回答"什么是无套裤汉？"这个问题。关于一个非常具有原创性的、重要的观点，参见R.M.安德鲁斯的《革命巴黎的治安法官，1792年9月至1794年11月》("The Justices of the Peace of Revolutionary Paris, September 1792- November 1794"），收入道格拉斯·约翰逊的《法国社会和大革命》(*French Society and the Revolution*)第167—216页。关于3月10日反吉伦特派骚乱，参见A.M.布尔西耶（A.M. Boursier）的《1793年3月10日巴黎骚乱》("L'Emeute Parisienne du 10 Mars 1793"），载于《法国大革命史年鉴》（1972年4—6月）。关于马拉和吉伦特派的交锋，案件审理和无罪宣判，参见路易斯·戈特沙尔克那本冷酷到有些不可思议的传记《马拉》（纽约1927年，第139—168页）。关于吉伦特派被扫地出门和导致这一结果的雅各宾政治，参见莫里斯·斯拉温的那本十分可读且叙述详细的《制造暴乱：巴黎各区和吉伦特派》(*The Making of an Insurrection: Parisian Sections and the Gironde*)（坎布里奇，马萨诸塞州，1986年）。

第十七章 "恐怖乃当今之政"

关于诺曼底的吉伦特派，参见阿尔伯特·古德温的《法国大革命期间卡昂地区的联邦主义运动》("The Federalist Movement in Caen During the French Revolution")，载于《约翰·赖兰兹图书馆通报》(*The Bulletin of the John Rylands Library*)（1959—1960，第 313-344 页）。关于其他（也更重要）的联邦派的抵抗中心，参见阿兰·福雷斯特的《大革命时期波尔多的社会和政治》(*Society and Politics in Revolutionary Bordeaux*)（牛津 1975 年）；W.H. 斯科特（W. H. Scott）的《大革命时期马赛的恐怖和镇压》(*Terror and Repression in Revolutionary Marseilles*)（伦敦 1973 年）；休伯特·约翰逊的《大革命中的法国南部》(*The Midi in Revolution*)（第 7 章）；M. 克鲁克（M. Crook）的《联邦主义和法国大革命：1793 年的土伦叛乱》("Federalism and the French Revolution: The Revolt of Toulon in 1793")，载于《历史》(*History*)（1980 年第 383—397 页）。D. 斯通（D. Stone）的《雷恩的联邦派叛乱》("La Révolte Fédéraliste à Rennes")，载于《法国大革命史年鉴》(1971 年 7 月—9 月)；以及最重要的关于里昂的，即 C. 里法泰尔（C. Riffaterre）的《1793 年里昂和罗讷–卢瓦尔的反雅各宾派和反巴黎运动》(*Le Mouvement Anti-Jacobin et Anti-Parisien de Lyon et dans le Rhône-et-Loire en 1793*)（2 卷本，里昂，1912—1928 年）。关于卢瓦尔省的联邦派地方力量及其城市基地的讨论，参见科林·卢卡斯（Colin Lucas）的《恐怖政权的组织结构：以雅沃盖和卢瓦尔为例》(*The Structure of the Terror: The Case of Javogues and the Loire》（牛津 1973 年，第 35—60 页）。

让-克洛德·博内（Jean-Claude Bonnet）编了一部引人入胜的文集《马拉之死》（La Mort de Marat）（巴黎 1986 年），主题是马拉的遇刺、葬礼和身后所受的崇拜。特别要关注的是 J. 纪尧姆（J. Guilhaumou）、J.C. 博内（讨论马拉的记者生涯）和讨论夏洛特·科黛画像的尚塔尔·托马斯（Chantal Thomas）的文章。可能尤为让人吃惊的是，现代人对于崇拜马拉现象、鲜血意象的挖掘和利用，以及大卫发明的那套为共和国献身的理论充满了兴趣，这些都可在欧仁·德弗朗斯（Eogène Defrance）的杰作《夏洛特·科黛和马拉之死》（Charlotte Corday et le Mort de Marat）（巴黎 1909 年）中读到，我从中择取了许多马拉主义的更极端的例子。另见 F.P. 鲍曼（F. P. Bowman）的《马拉的圣心》，载于《法国大革命史年鉴》（1975 年 7 月—9 月）。夏洛特·科黛的经历、事迹和受审，可以在让·埃普瓦（Jean Epois）的那本有点偶像化（但依然不失为妙趣横生）的《科黛—马拉事件：大恐怖前奏》（L'Affaire Corday-Marat: Prélude à la Terreur）（莱萨布勒多洛讷 1982 年）中找到极为详尽的细节。

关于统一不可分割节和一般意义上的革命节日，有一部至关重要的著作，就是奥祖夫的《革命节日》。在官方试图通过这些节日重塑公民时空感这一点上，奥祖夫的论述尤其具有说服力。关于赫拉克勒斯像，以及其他涉及大革命话语中的象征运用等重要问题，参见亨特的《政治、文化和阶级》。许多其他著作探究了大卫在策划这些盛大节庆中所起的作用，尤其值得关注的是 D.L. 多德（D. L. Dowd）的《共和国盛典总策划：雅克-路易·大卫和法国大革命》(Pageant-Master of the Republic: Jacques-Louis David and the French Revolution)(林肯,内布拉斯加州,1948年);另见同一作者在《艺术季刊》(Art Quarterly)(1953年第3期)上发表的《雅各宾主义和美术》("Jacobinism and the Fine Arts")。关于大卫,还可参见阿尼塔·布鲁克纳(Anita Brookner)的《大卫》(纽约1980年),以及沃伦·罗伯茨(Warren Roberts)即将出版关于艺术家的优秀著作。关于1793年8月10日节庆的生动描述,参见艺术家乔治·威尔(Georges Wille)的《回忆录和日记》(Mémoires et Journal)(G. 迪普莱西编,巴黎1857年)。

关于救国委员会早期阶段以及丹东在其间所扮演的角色,参见汉普森的《丹东》(第117—136页)。关于雅克·鲁在6月25日关键的但对个人来说可能酿成大祸的干预,参见马尔科夫的《雅克·鲁》(第480—486页及以后诸页)。关于经济恐怖的建立和运作,参见阿夫塔利翁的《大革命的经济》;以及H. 卡尔韦(H. Calvet)的《恐怖时期巴黎的囤积居奇:关于1793年7月26日法律实施的论文》(L'Accaparement à Paris sous la Terreur: Essai sur l'Application de la Loi de 26 Juillet 1793)(巴黎1933年)。关于最高限价法令的实施对于乡村层面意味着什么,参见理查德·科布的《警察和人民》,以及他的经典著作《人民军队》(The People's Armies)。

关于总动员,J.-P. 贝尔托(J.-P. Berthaud)的《革命军队:公民士兵和法国大革命》(La Révolution Armée: Les Soldats-Citoyens et la Révolution Française)(巴黎1979年)可谓无出其右。我自己关于军事动员的叙述很多就摘引自这部杰作。

R.R. 帕尔默的《十二人统治：法国大革命的恐怖之年》（*Twelve Who Ruled: The Year of the Terror in the French Revolution*）（普林斯顿 1941 年），至今不失为一部极具可读性的关于革命政府的论著，尽管略带理想化。

关于恐怖政权的心态、机构组成和政策实践，科林·卢卡斯的《恐怖政权的组织结构》是一部非常出色的专著，在论述控制地方效忠的复杂因素方面很有说服力，对于雅沃盖的形象描述可谓栩栩如生。另见卢卡斯的《恐怖党人让-马里·拉帕吕（Jean-Marie Lapalus）的简短生涯》，载于《法国大革命史年鉴》（1968 年 10—12 月）。另外还有其他一些出色的地方研究，尤其是马丁·莱昂斯（Martyn Lyons）发表在《欧洲研究评论》（*European Studies Review*）（1977 年）上的《图卢兹的雅各宾精英》（"The Jacobin Elite of Toulouse"）。另见理查德·科布关于尼古拉·盖诺（Nicolas Guénot）和其他恐怖党人生涯的著作《对法国大革命的反动》。而关于恐怖党人和无套裤汉共有的"革命精神"，最为出色的刻画当推科布的论文《革命心态的几个方面，1793 年 4 月至共和 2 年热月》，收入在他的《恐怖与生存，1793—1795 年》（*Terreur et Subsistances 1793-95*）（巴黎 1964 年），该文的一个缩减版亦收入在他的《另一种认同》（*A Second Identity*）（牛津 1972 年）中。关于镇压行动的法律框架，参见约翰·布莱克·赛里克（John Black Sirich）的《1793—1794 年法国各省的革命委员会》（*The Revolutionary Committees in the Departments of France 1793-94*）（纽约 1971 年）。在哈佛大学欧洲研究中心的一次主题为"共和派爱国主义和法国大革命"的学术研讨会上，理查德·安德鲁斯宣读了一篇极为重要且颇具挑衅性的论文，文章证明为大革命判定政治犯罪奠定法律基础的并不是 1793 年的惩治嫌疑犯法令（尽管它确实扩大了这个基础），而是 1791 年的刑法典。最后还有一部重要著作，其通过将恐怖与法国各省内战相关联而获得的核心发现并没有因为作者在使用统计数据方面受到的批评而遭到很大的动摇，这本书就是 D. 格里尔（D. Greer）的《法国大革命期间恐怖的发生范围：一项统计学的解释》(The Incidence of the Terror During the French Revolution: A Statistical Interpretation)（坎布里奇，马萨诸塞州，1935 年）。

关于对联邦派的镇压行动，就里昂的情况，参见爱德华·埃利奥特（Edouard Herriot）的《里昂更甚》(Lyon n'est Plus)（4 卷本，里昂 1937 年）。拉维拉特男爵（Baron Raverat）的《大革命中的里昂》(Lyon sous la Révolution)（里昂 1883 年）可想而知对雅各宾分子充满了仇视（理由很充分）但包含了很多有意思的材料。另见瑟维夫人（M.Sève）的《雅各宾派的实践：库通在里昂的使命》("Sur la Pratique Jacobine: La Mission de Couthon à Lyon")，载于《法国大革命史年鉴》（1983 年 4—6 月）；理查德·科布的《公社的临时使命》("La Commission Temporaire de Commune Affranchie")，收入《恐怖与生存》（第 55—94 页）；以及威廉·斯科特的杰作《大革命时期马赛的恐怖和镇压》(Terror and Repression in Revolutionary Marseilles)（伦敦 1973 年）。关于"地狱纵队"和摧毁旺代行动，以及在南特的溺刑，参见塞舍尔、J.-C. 马丁和加斯东·马丁的《卡里耶在南特的使命》(Carrier et sa Mission à Nantes)（巴黎 1924 年）。

关于非基督教化，目前最重要的著作是米歇尔·伏维尔的

《宗教与大革命，共和二年的非基督教化》(*Religion et Révolution, la Déchristianisation de l'An II*)（巴黎 1976 年）。关于革命历法，参见布罗尼斯瓦夫·巴奇科（Bronisław Baczko）《共和国历法》("Le Calendrier Républicain")，收入诺拉主编的《记忆之场》第 1 卷《共和国》（第 38—82 页）；另见詹姆斯·弗里古列蒂（James Friguglietti）的《法国大革命历法的社会和宗教影响》(*The Social and Religious Consequences of the French Revolutionary Calendar*)（哈佛大学博士学位论文，1966 年），以及路易·雅各布的《法布雷·德埃格朗蒂纳：恶棍头目》(*Fabre d'Eglantine: Chef des Fripons*)（巴黎 1946 年）。

第十八章　卑污为政

伯尼奥（Beugnot）关于他在巴黎古监狱遭拘押，以及遭逢"埃格勒"的叙述，可以在 C.A. 多邦（C.A.Dauban）的《大革命时期的巴黎监狱》(*Les Prisons de Paris sous la Révolution*)（巴黎 1870 年）中找到，该书还保存了大量关于恐怖时期监狱的其他资料，包括里乌夫（Riouffe）那本精彩的《一个囚犯的回忆》(*Mémoires d'un Détenu*)，该书最初是在热月党人当政的第三年付印的，我不会不加思索地忽略这个值得认真关注的日期。奥利维耶·勃朗（Olivier Blanc）的《绝笔信：1793—1794 年的监狱与判决》(*La Dernière Lettre: Prisons et Condamnés 1793-94*)（巴黎 1984 年），也同样对各类监狱的状况提供了指引，并再现了一宗包含许多被定罪者写下的最为催人泪下的家信的档案。另见 A. 德·马里古（A. de Maricourt）的《恐怖时期巴黎监狱与囚犯》(*Prisonniers et Prisons de Paris Pendant la Terreur*)（巴黎 1927 年），以及科布的《警察与人民》第一部分。

关于玛丽-安托瓦内特的囚禁和审判，读者不得不在歌功颂德和刻意丑化的作品之间做出选择。G. 勒诺特尔（G. Lenôtre）的《玛丽-安托瓦内特被囚与处决》(*La Captivite et la Mort de Marie-Antoinette*)（巴黎 1897 年），和 E. 康帕尔东（E. Campardon）的《巴黎古监狱中的玛丽-安托瓦内特》(*Marie-Antoinette à la Conciergerie*)（巴黎 1863 年），这两本书都抱有同情态度；热拉尔·瓦尔特（Gerard Walter）的《玛丽-安托瓦内特》(*Marie-Antoinette*)（巴黎 1948 年）则抱有敌意。审判的程序，可想而知，都载于《起诉书》(*Acte d'Accusation*) 和大革命法庭（Tribunal Révolutionnaire）的公告之中。路易十六死后的这段时期，出现了新一波的色情文学狂潮，要么在原先的标题下大做文章，比如《酒后兴致正浓的奥地利女人，或王室狂欢》，要么号称是新作，比如《玛丽-安托瓦内特的性爱日和最后的欢情》，作者朗巴勒描绘了王后如何给无能的路易手淫，并自得其乐的种种细节。这些春宫野史反过来又引发了一种新的恶意满满的文学体裁，这其中杜歇老爹远称不上最为刻薄。对于其中的一些选择，参见《我在等着玛丽-安托瓦内特的审判》(*J'Attends le procès de Marie-Antoinette*)，书中的断头机自己会在命悬一线的王后上方洋洋得意："你已身陷囹圄，向前一步，我恭候多时；汝之美颜正好令我刀头增色。"而《各行各业的公民大动员》(*Grande Motion des Citoyennes de Divers Marchés*) 是另一首要求处死那个"下贱胚子"的大合唱，但主张在斩首之前对她进行鞭打和焚烧。

关于其他遭迫害的女性名流，参见居伊·肖锡南-诺加雷的《罗兰夫人》(*Madame Roland*)（巴黎 1985 年），以及奥利维耶·勃朗的《奥兰普·德·古热》(*Olympe de Gouges*)（巴黎 1981 年）。达莲·盖伊·莱维（Darline Gay Levy）、哈里特·布兰森·阿普尔怀特（Harriet Branson Applewhite）和玛丽·德拉姆·约翰逊（Mary Durham Johnson）收入《巴黎大革命时期的妇女》(*Women in Revolutionary Paris*)（乌尔班纳，伊利诺伊州，1979 年）中的文章，涉及了雅各宾派对于妇女政治俱乐部、社团的态度及它们的反应。另见多米尼克·戈迪诺（Dominique Godineau）的《公民女织工》(*Citoyennes Tricoteuses*)。

关于将断头台用作政治剧场和杀戮的机械化，参见阿拉斯（Arasse）的《断头台和虚幻》(*La Guillotine et l'Imaginaire*)（第 97—164 页）。关于富基耶-坦维尔和革命法庭的日常程序，参见阿尔贝·克罗凯（Albert Croquez）和乔治·卢比（Georges Loubie）的《富基耶-坦维尔：公诉员》(*Fouquier-Tinville: L'Accusateur Public*)（巴黎 1945 年）。

关于极大复杂化的"腐败"骗局，参见诺曼·汉普森在《皇家历史学会会刊》(*Transactions of the Royal Historical Society*)（1976 年，第 1—14 页）上发表的《弗朗索瓦·沙博和他的阴谋》("François Chabot and His Plot")；另见路易·雅各布（Louis Jacob）的《法布雷·德埃格朗蒂纳》(*Fabre d'Eglantine*)（第 168—274 页）。阿尔贝·马迪厄发表了大量文章，抨击丹东的腐化行为，而阿方斯·奥拉尔则同样言辞激烈地为他辩护。有一篇文章回顾了大部分此类文献，基本上倾向于马迪厄的立场，不过观点更加开放，那就是乔治·勒费弗尔的《论丹东》("Sur

Danton"），重印时收录在他的《法国大革命研究》(*Études sur la Révolution Française*)（巴黎1963年）中。关于丹东生涯结束更为均衡的评述，参见诺曼·汉普森的优秀传记和弗雷德里克·布吕什那本生动而迷人的描述《丹东》（巴黎1968年）。德穆兰目前依然缺少一部新的现代传记。参见 J.克拉勒蒂（J.Claretie）的《卡米尔·德穆兰，吕西尔·德穆兰，丹东派研究》(*Camille Desmoulins, Lucile Desmoulins, Etude sur les Dantonistes*)（巴黎1875年）。而《老科德利埃报》新闻战略的精彩之处，在乔治·本雷卡萨（Georges Benrekassa）的一篇重要文章《卡米尔·德穆兰，革命作家:〈老科德利埃报〉》("Camille Desmoulins, Ecrivain Révolutionnaire: 'Le Vieux Cordelier'")中最终得到揭示，该文收录在博内等人（主编）的《众缪斯的卡马尼奥拉》(*La Carmagnole des Muses*)（第223-241页）。亨利·卡尔韦以考订版的形式为我们提供了该报纸的其中七期（巴黎1936年），当然，最理想的是，它们应该在没有任何考订中介的情况下被阅读。

第十九章　千年盛世

关于马尔泽布的家破人亡，参见格罗克洛德的《马尔泽布》（第16章和第17章）。另见埃尔韦·德·托克维尔（Hervé de Tocqueville）的《回忆录》(*Mémoires*)，安德烈·雅尔丹（André Jardin）的《托克维尔传》(*Tocqueville: A Biography*)（莉迪亚·戴维斯和罗伯特·海明威译，纽约1988年）使用了这部回忆录；以及R.R.帕尔默主编的《两个托克维尔，父与子：埃尔韦和亚历克西·托克维尔论法国大革命的来临》(The Two Tocquevilles, Father and Son: Hervé and Alexis de Tocqueville on the Coming of the French Revolution)(普林斯顿 1987 年)。

关于对"汪达尔主义"的抨击,参见安东尼·维德勒(Anthony Vidler)的精彩论文《格雷古瓦,勒努瓦和"会说话的纪念碑"》("Grégoire, Lenoir et les 'Monuments Parlants'"),收入博内等人(主编)的《众缪斯的卡马尼奥拉》(第 131—151 页)。关于"最高主宰节",参见奥祖夫的《革命节日》;比韦的《庆典》(Fêtes);特别是朱利安·蒂耶索的《庆典》(Les Fêtes)中第 122—168 页的内容,作者比其他文章更为全面地阐述了上午和下午会议上实际的音乐构思。关于大卫的内容,参见多德的《共和国盛典总策划》,和瓦雷讷·罗伯茨即将出版的研究。关于德索尔格的突然升迁,参见米歇尔·伏维尔的《泰奥多尔·德索尔格,1763 至 1808 年间艾克斯-巴黎的解体》(Théodore Désorgues ou la Desorganisation, Aix-Paris 1763-1808)(巴黎 1985 年)。

关于大恐怖时期处决的人数,在格里尔的《恐怖的发生范围》一书中有交代。理查德·T.比安弗尼(Richard T. Bienvenu)的《热月九日:罗伯斯庇尔倒台》(The Ninth of Thermidor: The Fall of Robespierre)(纽约,伦敦和多伦多,1968 年),是一本非常有用的文献选集,文献都经过编辑整理,书中还带有对这些事件的非常详细而严谨的说明。它们或许也在新近的传记中得到遵循,尤其是乔丹和汉普森的著作。最生动的叙述是由 J.M. 汤普森所写的一部较老的传记《罗伯斯庇尔》(2 卷本,牛津 1935 年)。关于正统雅各宾派的观点,参见热拉尔·瓦尔特的

《热月九日阴谋》(巴黎 1974 年)。

关于御兽苑幸存下来的那只狮子的描述被拉乌尔·埃斯丹(Raoul Hesdin)记录在《恐怖统治期间巴黎一个间谍的日记》(The Journal of a Spy in Paris During the Reign of Terror)(纽约 1896 年,第 201—202 页)中。

尾声

我无意就大革命的诸多后果发表任何综合评述,但还是想对书中述及的一些最重要的事业的命运,尤其是试图将政治自由与爱国政府协调一致这一注定失败的努力作一个小结。然而针对从热月到雾月这段时期已经出版过多部重要著作,就其本身而言,这个时期是法国大革命的一个重要篇章。尤见马丁·莱昂斯的《督政府统治下的法国》(France under the Directory)(伦敦 1975 年);M.J. 西德纳姆的《法兰西第一共和国,1792—1804》(The First French Republic 1792-1804)(伦敦 1974 年);以及丹尼斯·沃罗诺夫(Denis Woronoff)的《热月党体制和督政府,1794—1799》(The Thermidorean Regime and the Directory 1794-1799)(伦敦 1984 年)。关于该时期革命政治的命运,参见伊塞尔·沃洛克(Isser Woloch)的《雅各宾派的遗产:督政府统治时期的民主运动》(Jacobin Legacy: The Democratic Movement under the Directory)(普林斯顿 1970 年),以及 R.B. 罗斯的《格拉古·巴贝夫:第一位革命共产主义者》(Gracchus Babeuf: The First Revolutionary Communist)(伦敦 1978 年)。

不过令上述作品相形见绌的是 D.M.G. 萨瑟兰的那部包罗万

象的知名大作《法兰西 1789—1815 年：革命与反革命》(*France 1789-1815: Revolution and Counterrevolution*)（伦敦 1985 年）。（见下文。）

关于雅各宾派革命的社会后果，参见理查德·科布的《城市环境下大革命的一些社会后果》("Quelques Conséquences Sociales de la Révolution dans un Milieu Urbain")，收入他的《恐怖和生存》一书，他在该书中认为，对于大多数里尔人来说，共和二年都不是令人幸福的回忆。科布还在同一部著作中，在《警察与人民》和《对法国大革命的反动》中动情地写到了共和三年影响到法国许多地区的饥荒问题，以及里昂和法国南部地区的反抗恐怖当局的斗争。另见科林·卢卡斯的文章《热月 9 日之后的南方暴力诸问题》("Themes in Southern Violence after 9 Thermidor")，收录在卢卡斯与格温·刘易斯合著的《超越恐怖：法国地区史与社会史论集》(*Beyond the Terror: Essays in French Regional and Social History*)（剑桥，英格兰，1983 年）。

罗伯特·福斯特（Robert Forster）坚持认为，大革命带来的一个后果就是贵族阶层被彻底铲除，参见他的《法国大革命期间残存的法国贵族》("The Survival of the French Nobility During the French Revolution")，载于《过去与现在》（1967 年）。我倾向于更细致保守的那些观点，正如在其他方面试图重构社会关系的观点，见于路易·贝热龙的优秀著作《拿破仑时代的法兰西》(*France under Napoleon*)（R.R. 帕尔默译，普林斯顿 1981 年）。

关于塔列朗在美国，参见米歇尔·波尼亚托夫斯基（Michel Poniatowski）的《塔列朗在美国，1794—1796 年》(*Talleyrand* aux Etats-Unis 1794-1796》(巴黎1967年),以及汉斯·胡特(Hans Huth)和威尔玛·J.皮尤(Wilma J.Pugh)的《塔列朗作为财政赞助者在美国:未发表信件和回忆录》(*Talleyrand in America as a Financial Promoter: Unpublished Letters and Memoirs*)(华盛顿特区1942年)。对于拉法耶特入狱的情节,参见彼得·巴克曼(Peter Buckman)的《拉法耶特传》(*Lafayette: A Biography*)(纽约和伦敦,1977年,第217—234页)。关于德·拉图尔·迪潘夫人逗留美国的情节,在其《日记》中有动人的描述。关于泰鲁瓦涅·德·梅里古(Théroigne de Méricourt)发疯,参见J.-F.埃斯基罗尔(J.-F.Esquirol)的《精神疾病》(*Les Maladies Mentales*)(2卷本,巴黎1838年,卷1,第445—451页)。

在这里我要向所有法国大革命的研究者强烈推荐几部综论性著作。关于王室垮台,威廉·多伊尔的《法国大革命的起源》(*Origins of the French Revolution*)(牛津1980年)分析得非常精彩,并对导致1789年革命的事件进行了简明的叙述。该书对史学史的争论提供了一个极好的导论(这方面我多数情况下都刻意回避)。另外J. M.罗伯茨的《法国大革命》(牛津1978年),对各种互相抵牾的历史解读也进行了极好的梳理。

D.M.G.萨瑟兰的《法兰西1789—1815年,革命与反革命》长期以来一直是最出色的史学名著之一,其大多数论证都非常精细,细节丰富多彩,视野宏阔(从1774年到1815年或许要求有些太高了)。该书中的社会史内容远远盖过了政治史和文化史,因此也就很清晰地解释了大革命的意义所在。大家很快就会发现,我本人侧重于与之相反的研究途径,很多方面遵循阿尔弗雷德·科班开创的道路，他的那篇《法国大革命的迷思》("Myth of the French Revolution")一度被看作充斥诽谤之言，而其《法国大革命的社会解释》(*Social Interpretation of the French Revolution*)（剑桥，英格兰，1964年）则自此被奉为重新解释历史的经典之作。理查德·科布的多数超凡之作，重构了很多艰难挺过大革命的幸存者的生活，而不是写那些被推到历史舞台中央的人。他声称大革命与那些持久不变的充盈与匮乏，罪恶与绝望的交替上演，其实"并无关联"，由此他必然提出这样一个问题，"如果大革命不算一场社会变革，那么它到底又为何物？"

这个答案现在正逐渐在政治文化的领域中被发现，而弗朗索瓦·孚雷的《思考大革命》(*Penser la Révolution*)（巴黎1978年），译本名为 *Interpreting the French Revolution*（《解释法国大革命》)，在将大革命史方向重新调向政治领域起到了关键性的作用。林·亨特和莫娜·奥祖夫两人的著作，依然执着地坚持图像、肖像、演讲、节日（可能有人还会加上报纸和歌曲）等文化现象拥有足够力量去重塑效忠对象的这一富有想象力的观点。最终，大革命催生了一种新的政治群体，这些人更多的是依靠言辞所带来的激情冲动，而非严密的组织机构结合在一起的。因此，它注定要从这种过于膨胀的幻想中走向自我毁灭。毕竟，卢梭就曾经（或多或少地）发出过警告，指望一个所谓的"美德共和国"在一个"伟大国度"站稳脚跟，就等于痴人说梦。

索引

（索引页码为原书页码，即本书边码）

A

Abbaye prison 修道院监狱 316, 528, 529, 532, 534, 535-536, 537, 539, 629, 630, 631, 632

Abbeville 阿布维尔 164-165

Abrial, André, Comte d' 安德烈·阿布里亚尔伯爵 723

Académie Française 法兰西学术院 28, 86, 112, 128, 135, 155, 189, 213, 338；oratory and, 演讲与～ 140

Académie des Sciences 科学院 155, 160

Academy of Lyon 里昂学术院 440

Academy of Medicine 医学学术院 155, 156

Academy of Music 音乐学院 158

Academy of Surgeons 外科医学院 525

Achard 阿沙尔 662

Achard de Bonvouloir 阿沙尔·德·邦武卢瓦 263

acte énonciatif 控诉状 552, 556

Acton, John Emerich Edward Dalberg-Acton, Baron 约翰·爱墨里克·爱德华·达尔伯格-阿克顿, 阿克顿男爵 xv

Acts of the Apostles 《使徒行传报》 417, 454

Adams, John 约翰·亚当斯 34

Advice to Mothers Who Wish to Nurse Their Children (Le Rebours) 《给想亲自哺乳的母亲们的建议》（勒·勒布尔） 125

Affiches de Grenoble, Les 《格镇公报》 229

Aguesseau, Henri François d' 亨利·弗朗索瓦·德·阿格索 27

Aiguillon, Armand de Vignerot du Plessis de Richelieu, Duc d' 阿尔芒·德·维涅罗·迪·普莱西·德·黎塞留·艾吉永公爵 370, 371, 462, 507

Aiguillon, Emmanuel-Armnd, Duc d' 埃马纽埃尔-阿尔芒·艾吉永公爵

177, 311

Ain, Department of　安省　418-419

Aix　艾克斯　236, 408；*canier of*，～的陈情书　262; Mirabeau in, 米拉波在～　290, 291；Parlement of, ～的高等法院　91, 227；procession of Estates at, ～的三级会议游行队伍　290；riot in, 艾克斯骚乱　292

Albanette de Cessieux　阿尔巴纳特·德·塞西厄　662

Albitte, Antoine　安托万·阿尔比特　620

Albourg, Catherine　凯瑟琳·阿尔堡　672

Alembert, Jean Le Rond d'　让·勒朗·达朗贝尔　56, 67, 83

Alexandre, Charles Alexis　夏尔·亚历克西·亚历山大　522

Aliens Bill　《外国人法案》　578

Aligre, Etienne-François, Marquis d'　艾蒂安-弗朗索瓦·阿利格尔侯爵　95, 217, 221

Allaneau, Widow　寡妇阿拉诺　149

Almanach des Honnêtes Gens (Maréchal)　《君子年鉴》（马雷沙尔）　445

Almanach des Muses　《缪斯年鉴》　229

Almanach du Père Gérard (Collot d'Herbois)　《皮埃尔·热拉尔年鉴》（科洛·代尔布瓦）　445-446

almanacs　年鉴　151

Alsace　阿尔萨斯：anti-Semitism in, ～的反犹主义　266；clergy in, ～的教士　418, 460；crops destroyed in, ～的庄稼被摧毁　256；émigrés in, ～的流亡者　496；German claims in, 德国人宣称对～拥有主权　501, 503；Great Fear in, ～的大恐慌　363, 366, 368；privilege ended in, 特权在～的废除　372；provincial assembly of, ～省议会　221-222；in war, ～陷入战争　508, 517

amalgame　混编法　649

Amar, André　安德烈·阿马尔　677, 691, 701, 709, 711

Ambigu Comique　诨俗戏园　114, 433

Ambly, Chevalier d'　舍瓦利耶·安布利　370

America　美国：Constitutional Convention in, ～制宪会议　302；émigrés in, 在～的流亡者　727-736

America Revolution　美国革命　6, 19-24, 29, 31, 32, 35-38, 43, 55, 243, 246, 370, 508-509, 512, 591；British debt from, 英国缘于～的债务　52；cost of French role in, ～中法国角色的代价　47-48, 53, 192, 197, 209；declaration of rights in, ～中的权利宣言　375-376；Dutch and, 荷兰与～　208；Necker and, 内克尔与～　73, 76, 77

Ami des Lois, L' (Marivaux)　《法律之友》（马里沃）　93

Ami du Peuple, L'　《人民之友报》

索引 1135

378, 389, 390, 425, 511, 518, 532

Amiens 亚眠 164; *gardes françaises* from, 来自～的法兰西卫队士兵 319; transport to, 运输到～ 158; unemployment in, ～的失业人数 258

Amours de Charlot et Toinette 《夏洛与图瓦内特奸情记》185

Amsterdam 阿姆斯特丹 734; grain shipment from, 来自～的船运谷物 317; Latude in, 在～的拉图德 337; loans from, 来自～的贷款 195, 208; Mirabeau in, 在～的米拉波 289; newspapers from, ～的报纸 146; political unrest in, ～的政治动荡 206, 207, 209; Town Hall of, ～市政厅 142-143

Anandria 《娘娘腔》145

Androuins, Pierre-Joseph de 皮埃尔-约瑟夫·德·安德鲁安 441

Angers 昂热: clergy of, ～的教士 591; salt smuggling in, ～的私盐买卖 61; Terror in, 在～的恐怖统治 666

Angiviller, Charles Claude, Comte d' 夏尔·克洛德·安吉维莱伯爵 142, 188

Angoulême 昂古莱姆 103, 364

Anjou 安茹: federation movement in, ～的联盟运动 428; refractory clergy in, ～的顽固派教士 592; uprising in, ～的暴乱 585, 589, 591

Annales Patriotiques 《爱国年鉴》447, 547, 607

Annales Politiques et Littéraires 《政治和文学年鉴》147-148, 149, 334

Anne of Austria (wife of Louis XIII) 奥地利的安妮（路易十三的妻子）182, 314

Annuaire Républicain 《共和派年鉴》654

Anti-Financier, L' (Darigrand) 《反金融家》（达里格朗）58

antiquity 古代: fascination with, 痴迷～ 140-144; oratory and notions of, ～的雄辩术和观念 138, 140-141

Antraigues, Emmanuel Henri Louis Alexandre de Launay, Comte d' 埃马纽埃尔·亨利·路易·亚历山大·洛奈·安特雷格伯爵 105, 243, 253, 296-297, 369

Antwerp 安特卫普 186, 708; Latude in, 在～的拉图德 337

Anzin 昂赞: coal mining in, ～的煤炭开采 159-160, 462

Apologie de Rousseau (de Staël) 《卢梭的申辩》（德·斯塔尔）577

appel nominal 唱名表决 561, 610

Arasse, Daniel 丹尼尔·阿拉斯 525, 567

Arbanère, Etienne-François 艾蒂安-弗朗索瓦·阿巴内尔 439

Arblay, Alexandre Jean-Baptists, General d' 亚历山大·让-巴蒂斯特·阿

尔布莱将军 577-578
Arbogast, Louis François Antoine 路易·弗朗西瓦·安托万·阿博加斯特 492
Archives Parlementaires 议会档案 494
Arcq, Chevalier d' 舍瓦利耶·达尔克 104
Ardèche 阿尔代什省：famine in ～的饥荒 256
Arethusa (ship) "林仙号"（舰）30
Aretino, Pietro 彼德罗·阿雷蒂诺 177
Argenson, René-Louis de Voyer, Marquis d' 勒内-路易·德·瓦耶·阿尔让松侯爵 80, 96-97, 98-99, 104, 197, 295, 403, 485
Arlandes, François Laurent, Marquis d' 弗朗索瓦·洛朗·阿尔朗德侯爵 109
Arles 阿尔勒 149; clergy in, ～的教士 495, 589
armée revolutionnaire "革命军" 643, 644, 646, 665, 680, 687, 698, 710；dechristianization and 非基督教化与～ 656
armoire de fer 铁函 552, 557, 575
arms, manufacture of 武器制造 650
Army of the Sambre-et-Meuse 桑布尔与默兹军团 139
Arnold, Benedict 本尼迪克特·阿诺德 579
Arthur, Lucille 吕西勒·阿蒂尔 373
Artois 阿图瓦：privilege ended in, ～特权的废除 372；Robespierre in, 在～的罗伯斯庇尔 491
Artois, Charles Philippe, Comte d' (later Charles X) 查理·菲利普·阿图瓦伯爵（后来的查理十世）7-9, 12, 44, 102, 114, 145, 220, 329, 355, 553；at Assembly of Notables, 在显贵会议上的～ 199, 203；d'Eprémesnil and, 德埃普雷梅尼与～ 223；as émigré, 作为流亡者的～ 368-369, 497, 499-500, 528；Ferrières and, 费里埃与～ 300；Marat and, 马拉与～ 625；Marie-Antionette and 玛丽-安托瓦内特与～ 180, 185, 186；National Assembly and, 国民议会与～ 304, 305, 309, 354；Necker and 内克尔与～ 293, 305, 307, 308, 318, 341；Swedish regiment under, ～率领的瑞典军团 362
Asgill, Captain Charles 查理·阿斯吉尔上尉 24-25
Assembly on the Elysian Fields, The 《至福乐土的集会》 133
Association for the Preservation of Liberty and Property 保护自由和财产协会 576
Aubert-Dubayet, Jean-Baptiste Annibal 让-巴蒂斯特·阿尼巴尔·奥贝尔-杜巴耶 437
Auberteuil, Hilliard d' 伊拉尔·德·奥贝特伊 33-34
Auch, Martin d' 马丁·德·奥什

307, 420, 483

Audinot, Nicolas Médard 尼古拉·梅达尔·奥迪诺 114

August decrees 八月法令 370-372, 374, 388-389, 394, 412, 416

Aulard, Alphonse 阿方斯·奥拉尔 494

Aumont, Louis Marie Céleste, Duc d' 路易·马里·塞莱斯特·奥蒙公爵 102

Au Retour 《凯旋日》 647-648

Austrasie regiment 奥地利军团 230

Austria 奥地利 186; and foreign plot, ~与境外阴谋 682; Lafayette imprisoned in, 拉法耶特被监禁在~ 555, 679, 736-739; Théroigne arrested in, 戴洛瓦涅在~被逮捕 739-740; war with, 与~的战争 497-512, 530, 542-543, 573, 579-580, 582-584, 638, 639, 647, 674-675, 708, 738-739

Austrian Succession, War of 奥地利王位继承战争 27, 51, 52, 335

Autun, clergy in 欧坦的教士 298-299, 418

Auvergne 奥弗涅 20, 21; assembly of, ~的议会 224-225; migration of, 来自~的移民 365

Auxerre, dechristianization in 欧塞尔的非基督教化运动 656

Avignon 阿维尼翁; Jews of, ~的犹太人 459; newspapers from, 来自~的报纸 146, 149; papal enclave of, 教皇在~的飞地 495, 501

Ayen, Louis, Duc d' 路易·阿延公爵 395

Azincourt, Joseph Jean-Baptiste Albouy, called d' 约瑟夫·让-巴蒂斯特·阿尔布伊，人称德·阿赞古 120

B

Bacchante (Vigée-Lebrun) 《酒神的女祭司》(维热-勒布伦) 184

Bachaumont, Louis Petit de 路易·珀蒂·德·巴绍蒙 107

Baillet, *cahier* of 巴耶的陈情书 269

bailliages 辖区大会 260

Bailly, Sylvain 西尔维恩·巴伊 244, 282, 296, 306, 307, 309, 311, 312, 351, 355, 357, 380, 383, 480, 482, 511; actors and, 演员与~ 423; exe-cution of, ~被处决 483, 679; and federation movement, ~与联盟运动 429; Lafayette and, 拉法耶特与~ 383, 386; and Louis' return to Paris, ~与路易重返巴黎 397; Marat's denunciations of, 马拉对~的谴责 425; martial law declared by, ~宣布戒严令 481

ballooning 热气球飞行 106-112, 277-278, 484

Bancal, Jean-Henri 让-亨利·邦卡尔 564

Bank of England 英格兰银行 191

Bank of Fance 法兰西银行 50-51

Bara, Joseph 约瑟夫·巴拉 8

Barbaroux, Charles Jean-Marie 夏尔·让-玛里·巴尔巴鲁 518, 548, 611-612, 619, 621, 622, 623, 629, 631, 689

Barber of Seville, The 《塞维利亚理发师》 180

Barbotin Abbé 巴博坦神父 596-597

Barentin, François de 弗朗索瓦·德·巴朗坦 294, 308

Barère, Bertrand 贝特朗·巴雷尔 464, 548, 557, 560, 561, 574, 599, 600, 616, 638, 640, 642, 644, 650, 682, 683, 710, 711, 712

Barnave, Antione 安托万·巴纳夫 229, 231, 233, 235, 244, 295, 302, 307, 344, 480, 481, 482, 513, 526; Church and, 教会与～ 417; and Declaration of Rights of Man, ～与《人权宣言》376; and end of Constituent Assembly, ～与制宪议会的终结 485-486; execution of, ～被处决 483, 679; Feuillants and, 斐扬派与～ 481; and flight of royal family, ～与王室出逃 474, 476; as Jacobin, 作为雅各宾派的～ 407; in Legislative Assembly, 立法议会中的～ 492, 493, 494-495, 496-497; and march on Versailles, ～与进军凡尔赛

394; Mirabeau and 米拉波与～ 462, 464, 465; oratory of, ～的雄辩术 450; and war crisis, ～与战争危机 500

Barral de Montferrat, Marie-Joseph, Marquis de 马里-约瑟夫·巴拉尔·德·蒙费拉侯爵 437, 721

Barras, Paul, Vicomte de 保罗·巴拉斯子爵 663, 705, 713

Barruel, Abbé Augustin 奥古斯坦·巴吕埃尔神父 417

Barthès, Dr. 巴尔泰斯博士 189

Basire, Claude 克洛德·巴西尔 539, 683-684

Bas, Laurent 洛朗·巴斯 628

Bassenge, Paul 保罗·巴森格 171

Bassert, Laurent 洛朗·巴塞 662

Bastille 巴士底狱 8, 145, 280, 330-335, 737; after liberation, 解放之后的～ 344-346; artifacts with images of, ～图像的手工艺品 445; book burnings at, 在～焚书 185; Cagliostro in, 卡利奥斯特罗 176; ceremony on site of, ～遗址上的庆典 635-636; demolition of, 摧毁～ 330-331, 338, 346-349; de Rohan in, 德·罗昂被关进～ 174, 175; elephant on site of, ～遗址上的大象雕塑 3-5, 7-8; Latude in, 拉图德被关进～ 335-338; Linguet in, 兰盖身陷～ 136, 148, 334-345; Malesherbes' visit to, 马尔泽布探访～ 86; models of, ～

模型 479；opponents of Turgot in, 杜尔哥的反对者被投入～ 71；panic following fall of, ～陷落之后的恐慌 361-369；promotion of cult of, ～崇拜的推广 345-346, 349-353；ruins of, ～的废墟 479；storming of, 攻占～ 11, 35, 319, 324, 339-344, 353-354；writers in, ～中的作家 123

Bastille Volunteers 巴士底狱志愿者 391

Battalions of Hope "希望营" 444-445

Battle of Jemappes, The 热马普战役 543

Battus, Les (Dorvigny) 《挫败者》（多维尼） 114

Batz, Jean, Baron de 让·巴茨男爵 565

Bayard, Pierre du Terrail, Chevalier 皮埃尔·迪泰拉伊·巴亚尔骑士 28

Béarn, Parlement of 贝亚恩高等法院 88

Beauce 博斯：crops destroyed in, ～的庄稼被毁 256；uprising in, ～的暴动 603

Beaudrap de Sotteville 博德拉·德·索特维尔 263

Beaufranchet d'Ayat, Louis Charles Antoine 路易·查理·安托万·博弗朗谢·达亚 591

Beauharnais, Alexandre, Vicomte de 亚历山大·博阿尔内子爵 371

Beaulieu, Claude-François 克洛德-弗朗索瓦·博利厄 671

Beaumarchais, Pierre-Augustin Caron de 皮埃尔-奥古斯坦·卡隆·博马舍 118-124, 180, 328, 348, 422, 440；arrest of, ～遭到逮捕 529

Beaumetz, Bon-Albert Briois, Chevalier de 邦-阿尔伯特·布里瓦·博梅茨骑士 577, 728, 731, 734, 735-736

Beauvais, Abbé de 博韦院长 40

Beauveau, Charles-Juste, Marquis de 夏尔-茹斯特·博沃侯爵 595

Beccaria, Cesare 切萨雷·贝卡里亚 499, 525

Becquet 贝凯 506

Belgium 比利时 579-580, 583-584, 597, 600, 603, 708, 740；Brissot in, 在～的布里索 492；and foreign plot, ～与外国阴谋 682；peasant revolts in, ～的农民叛乱 588

Belisarius (David) 《贝利萨留》（大卫）25

Belisarius (Marmontel) 《贝利萨留》（马蒙泰尔）116

Belle-Chasse, Priory of 贝勒-夏瑟小修道院 373

Belle-Poule (ship) "贝勒-普勒号"（舰）30, 430

Belloy, Pierre de 皮埃尔·德贝洛瓦 27-29

Bender, General, Blasius Kolumban,

Baron 奥军将军布莱修斯·科伦班·本德尔男爵 503
Benedictines 本笃会修士 416
Bequard 贝卡尔 343
Bergasse, Nicolas 尼古拉·贝尔加斯 220
Bergeras, Titon 蒂东·贝热拉 351
Bergeron, Louis 路易·贝热龙 722
Béricourt, Etienne 艾蒂安·贝里古 538
Berlin, Mirabeau in 米拉波在柏林 190, 289
Bernier, Abbé Etienne Alexandre Jean Baptists 艾蒂安·亚历山大·让-巴蒂斯特·贝尼埃神父 596, 599
Berri, provincial assembly in 贝里省的省议会 71, 77
Berryer, de 德贝里耶 339
Berteaux 贝尔托 698
Berthaud, J.-P. J-P.贝尔托 648
Berthier, Louis Alexandre 路易·亚历山大·贝尔蒂埃 460
Berthollet, Claude Louis, Comte de 克洛德·路易·贝托莱伯爵 650
Bertier de Sauvigny, Louis Jean 路易·让·贝蒂埃·德·索维尼 221, 344, 378-380, 725
Bertin, Rose 罗斯·贝尔坦 129, 182, 471
Bérulle, Albert de 阿尔贝·德·贝吕耶 230, 231
Berzcheny regiment 贝岑尼军团 326

Besançon 贝桑松：ballooning in, 在~的热气球飞行 110; grain riots in, ~的谷物骚乱 276; Great Fear in, ~的大恐慌 369; Parlement of, ~的高等法院 88, 227, 404; uprising in, ~的起义 622
Besenval de Bronstadt, Pierre Victor, Baron de 皮埃尔·维克托·贝桑瓦尔男爵 180, 326, 327, 328, 329, 339
Bethuis, Germain 热尔曼·贝蒂 585
Beugnot, Jacques-Claude 雅克-克洛德·伯尼奥 670-672
Beurnonville, Pierre de Riel, Marquis de 皮埃尔·德·里尔·伯农维尔侯爵 584
Beyle, Cherubin 谢吕班·贝勒 228
Beyle, Henri 亨利·贝勒，参见Stendhal 条
Beysser, General Jean-Michel 让-米歇尔·贝塞尔将军 666
Bibliographie française 《法兰西藏书目录》 702
Bibliothèque Nationale 国家书库 445, 702-703
Bicêtre prison 比塞特监狱 83, 86, 166, 248, 331, 338, 526, 536
Bien, David D. 大卫·D.比恩 55
Bienville, Jacques 雅克·比安维尔 186
Billardon de Sauvigny, Louis Edmé 路易·埃德梅·比拉东·德·索维尼

22, 25

Billaud-Varenne, Jacques-Nicolas 雅克-尼古拉·比约-瓦雷纳 521, 651, 682, 683, 688, 709, 710, 711, 712

Biret, A.-C.　A.-C. 比雷　594

Birmingham Lunar Society 伯明翰月光社　248

Biron, Armand Louis, Duc de 阿尔芒·路易·比龙公爵, 参见 Lauzun, Duc de 条

blacks 黑人：emancipation of, 解放～ 416, 489, 492；rights denied to, 拒绝给予～权利　424；uprisings of, ～暴乱　510

Blacon, Marquis de 布拉孔侯爵 371, 733

Blaikie, Thomas 托马斯·布莱基　256

Blanchard, François 弗朗索瓦·布朗夏尔　110, 111, 441, 740

Blanning, T.C.W. 布朗宁, T.C.W. 503

Blanquart des Salines, Nicolas 尼古拉·布朗卡尔·德斯·萨利尼　439

Bligh, Captain Thomas 托马斯·布莱上校　43

blind, school for 盲人学校　157-158

Blois 布卢瓦　263；cahier of, ～的陈情书　262；flooding of, ～洪水泛滥　257

Blondel 布隆代尔　118, 175

Bluche, François 弗朗索瓦·布吕什 42, 533, 539

'Blue Library' "蓝色丛书" 151

Böhmer, Charles 查理·伯默尔 171, 172, 174

Boileau 布瓦洛 679

Boisgelin de Cercé, Abbé Raymond de 雷蒙·德·屈塞·德·布瓦热兰神父 140, 212, 414, 459, 460, 592

Boisragon, Sieur de, 西厄尔·德·布瓦拉贡, 参见 Chevallàu 条

Boisse, cahier of 布瓦斯的陈情书 267

Boissieux, Lieutenant-Colonel 布瓦西厄陆军中校 230

Boissy d'Anglas, François Antoine, Comte de 弗朗索瓦·安托万·布瓦希·德·安格拉伯爵 616, 732

Boizot 布瓦佐 653

Bollman, Justus 尤斯图斯·博尔曼 737

Bombelles, Marc Marie, Vicomte de 马克·马里·邦贝勒子爵 137

Bonaparte, Napoleon, 拿破仑·波拿巴, 参见 Napoleon I 条

Bonapartism 波拿巴主义 295, 299, 584, 641, 719, 721

Boncerf, Pierre François 皮埃尔·弗朗索瓦·邦塞尔夫 270

Bonchamp, Charles Artus Marquis de 夏尔·阿蒂斯·邦尚侯爵 596

bonnet rouge 红帽子 512-513, 516, 703, 730

Bonneville, Nicolas de 尼古拉·德·博纳维尔 402

Bordeaux 波尔多：book smuggling in, ～的书籍走私 149, 151; cahier of, ～的陈情书 262; during peace of 1802, 1802年和平时期的～ 719; during Terror, 恐怖时期的～ 659, 663, 664, 728-729, 731; Girondins from, 来自～的吉伦特派 548; Jews of, ～的犹太人 459; memorial for Mirabeau in, ～对米拉波的纪念活动 467; Parlement of, ～的高等法院 88, 90, 94, 100, 227; privilege ended in, ～地方特权的废除 372; theater in, ～的剧院 118; trade to West Indies from, ～与西印度群岛的贸易 49, 159, 443; transport to, 前往～交通 158; uprising in, ～的起义 619

Bordier 博尔迪耶 448

Borel, Antoine 安托万·博雷尔 464

Bosquillon 博斯基永 536

Bossuet, Jacques Bénigne 雅克·贝尼涅·波舒哀 553

Boston, Brissot in, 布里索在波士顿 492-493

Bouban Comtesse de 布邦伯爵夫人 110

Bouche de Fer 《铁嘴报》 402

Boucher d'Argis, André-Jean 安德烈-让·布歇·德·阿尔吉 267

Boucher, François 弗朗索瓦·布歇 195, 591

Boucher, Toussaint 图桑·布歇 274

Bouches-du-Rhône, Department of 罗讷河口省 404

Bouches-du-Seine, Department of 塞纳河口省 404

Bouchotte, Jean Baptiste Noel 让·巴蒂斯特·诺埃尔·布肖特 680, 685

Bougainville, Louis Antoine de 路易·安托万·德·布甘维尔 332

Bouillé, François Claude, Marquis de 弗朗索瓦·克洛德·布耶侯爵 469, 471, 474, 477

boulevard theaters 林荫大道的剧场 113, 114, 115-116, 273, 433

Boulonnais, coal mining in 布洛涅煤矿开采 102

Boulton, Matthew 马修·博尔顿 193

Bourbon, Louis-Henri-Joseph de Condé, Duc de 路易-亨利-约瑟夫·德·孔代·波旁公爵 199, 223

Bourbons 波旁王室 4, 7, 8, 27, 40, 44, 98-99, 321, 355, 702; and Bastille prisoners, ～与巴士底狱的囚犯 331; colors of, ～的颜色 384; de Rohans and, 德·罗昂与～ 173; and Estates of Brittany, ～与布列塔尼的三级会议 47; expulsion of, 驱逐～ 562; Notables and, 贵族与～ 101; Parlements and, 高等法院与～ 94; reproductive success of, ～在生儿育女方面成绩斐然 177-178, 179;

Spanish, 西班牙的~ 37

Bourdon, Léonard 莱昂纳尔·布东 59, 627, 643, 657

Bourdon, Pierre François 皮埃尔·弗朗索瓦·布东 688

bourgeoisie, 资产阶级 xvi；appearance of, as new political class, ~作为一个新政治阶级的出现 243；attacks on, 对~攻击 511；Terror and, 恐怖与~ 663-664, 665

Bourse 交易所 203, 237, 683；closing of, 被关闭 643, 733

Bourse de Sceaux et Poissy 索镇和普瓦西交易场 68

Bouvard de Fourqueux 布瓦尔·德·富尔科 211

Bouvenot 布弗诺 404

Boyer 布瓦耶 536

Boyer-Fonfrède, Jean Baptiste 让·巴蒂斯特·布瓦耶-丰弗雷德 619

Boze, Joseph 约瑟夫·博泽 714

Brandywine, Battle of 布兰迪万河战役 23

breast-feeding 母乳喂养 123-125

Bréauté 布雷欧泰 298

Breda, siege of 布雷达之围 583

Brémont-Julien 布雷蒙-朱利安 291

Brenet, Nicolas-Guy 尼古拉-居伊·布勒内 113

Bressuire, uprising in 布雷叙尔暴乱 590, 596

Brest 布雷斯特 30, 31, 47, 50, 556；Château de, ~城堡 47；Girondins from, 来自~的吉伦特派 548

Breteuil, Louis Auguste Le Tonnelier, Baron de 路易·奥古斯特·勒·托内利耶·布勒特伊男爵 204, 318, 320, 321-322, 338, 354, 355, 469, 552

Breton Club 布列塔尼俱乐部 376, 407, 448

Bretonnière, de 德·布勒托尼埃 43

Brissac, Mme de 布里萨克夫人 574

Brissot de Warville, Jacques-Pierre 雅克-皮埃尔·布里索·德·瓦维尔 138, 140, 355, 382-383, 439, 444, 446, 447, 467, 468, 474, 492-493, 516, 629, 681, 682, 691；Calonne and, 卡洛纳与~ 194；in Convention, 国民公会中的~ 547, 548；*enragés* and, 忿激派与~ 607；Marat and, 马拉与~ 610；and prison massacres, ~与监狱大屠杀 534, 538；and trial of Louis XVI, ~与路易十六的审判 559, 560；trial of, 对~的审判 677-679；and war, ~与战争 502-503, 505-507, 543, 582

Brissotins 布里索派 493, 495, 497, 501, 503, 504, 505, 506, 508, 509, 531；dismissal of, 罢免~ 514, 516；另见 Girondins 条

Britain 英国 259；in American Revolution, ~与美国革命 23, 37；aristocracy of, ~贵族 100, 101；Brissot and, 布里索与~ 678；

bureaucracy in, ～的官僚体制 54; and Channel ports, ～与海峡港口 43; coal industry in, ～的煤炭工业 67; constitution of, ～宪法 376; ～的coronations in, 加冕礼 287; and Dutch unrest, ～与荷兰动荡 209; economic competition with, 与～的经济竞争 158; émigrés in, 在～的流亡者 592, 695; and French navy, ～与法国海军 47; India and, 印度与～ 247, 728; industrialization in, ～的工业化 159, 160, 161-162; international debt commissions of, ～国际债务委员会 64; Parliament of, ～议会 78, 138-139, 241, 302; and Pillnitz Declaration, ～与皮尔尼茨宣言 500; revolution in, ～革命 241, 243, 246; Royal Navy of, ～皇家海军 121; speculation in, ～的投机 51; spending on monarchy in, ～王室支出 192; Talleyrand in, 塔列朗与～ 498-499, 573-579; trade agreement with, 与～的贸易协定 193-194, 195, 245, 258, 442-443; war debt of, ～的战争债务 52, 53; wars with, 与～的战争 20, 27, 29-30, 32-33, 42, 121, 134, 573, 579-583, 638, 644, 704, 708, 719

British East India Company 英国东印度公司 734

Brittany 布列塔尼 404; *cahiers* in, ～的陈情书 266-267; clergy of, ～的教士 303; Counter-Terror in, ～的反恐怖统治 718; embattled Patriots in, ～警惕的爱国者 518; émi-grés in, 聚集在～的流亡者 496; Estates of, ～的三级会议 30, 47, 48, 235; federation movements in, ～的联盟节运动 428; feudalism in, ～的封建制度 370; grain riots in, ～的谷物骚动 276; Intendant of, ～的督办官 98; nobility in, ～的贵族 102; Parlementaire centers in, ～高等法院的中心机构 226; salt production in, ～的盐业生产 60, 61; Third Estate in, ～的第三等级 252, 263; uprising in, ～的起义 590, 591, 595, 600, 621, 622, 666; in war, ～陷入战争 501; widows of sailors in, ～的水手遗孀 189

Broglie, Victor François, Duc de 维克托·弗朗索瓦·布罗格利公爵 327, 355, 507

Brogniard 布罗尼亚尔 338

Brossard, Marquise de 布罗萨尔侯爵 110

Brouquens, Dr. 布鲁康医生 729

Broussonnet 布鲁索内 294

Brunswick, Karl Wilhelm Ferdinand, Duck of 卡尔·威廉·斐迪南·不伦瑞克公爵 209, 519, 540, 541, 682

Brunswick Manifesto 《不伦瑞克宣言》 519, 520, 530, 531

Brussels 布鲁塞尔：French troops in, ~的法国军队 543, 584, 708； Necker in, ~的内克尔 322

Brutus, Junius 儒尼乌斯·布鲁图斯 xviii, 142, 449

Brutus Receiving the Bodies of His Sons from the Lictors (David) 《布鲁图斯自执政官手中为子收尸》（大卫） 25, 420, 478

Brutus (Voltaire) 《布鲁图斯》（伏尔泰） 421-422, 478

Bry, marques de 布里侯爵 544

Buffon, George Louis Leclerc, Comte de 乔治·路易·勒克莱尔·布封伯爵 81, 135, 147, 553

Buob 比奥 536

Bureau of Correspondence 联络局 520

Bureau de Pusy, Jean-Xavier 让-格扎维埃·比罗·德·皮西 736, 739

bureau de surveillance 监察局 709

Burgundy 勃艮第：Bastille *souvenirs* in, ~的巴士底狱纪念品 351； *cahiers* from, 来自~的陈情书 267-268, 270； crops destoryed in, ~的庄稼被毁 256；Estate of, ~的三级会议 48；feudalism in, ~的封建制度 370；Great Fear in, ~的大恐慌 363, 366, 369； privilege ended in, 地方特权的废除 372；riots in, ~骚乱 595, 603；Third Estate of, ~的第三等级 263

Burke, Edmund 埃德蒙·柏克 331, 564, 727

Burney, Charles 查尔斯·伯尼 577, 578

Burney, Fanny 樊妮·伯尼 574, 577-578, 728

Butin, Pierrette 皮埃雷特·比坦 663

Butterbrodt, Paul 保罗·布特布罗特 115, 323

Buzot, François 弗朗索瓦·比佐 559, 610, 621, 629, 676

C

Cabanis, Dr, Pierre Jean Georges 皮埃尔·让·乔治·卡巴尼斯医生 463-464

Cabarrus, Theresa 特蕾萨·卡巴吕 729

Cabrerets, *cahier* of 卡布勒雷的陈情书 265

Caen 卡昂 222；*gardes françaises* from, 来自~的法兰西卫队士兵 319； Napoleonic court at, 拿破仑时期的~法院 722；uprising in, ~暴动 621-624, 627-628, 629

Caffieri, Jean-Jacques 让-雅克·卡费里 18

Cagliostro, Joseph Balsamo 约瑟夫·巴尔萨莫·卡里奥斯特罗 175-176

Cahier of the Fourth Order (Dufourny de

Villiers)《第四等级陈情书》(迪富尔尼·德·维利耶) 277
Cahier of the Poor 《穷人陈情书》277
cahiers de doléances 陈情书 58, 252-253, 255, 258, 259-263, 265-270, 274, 276, 285, 293, 296, 299, 305, 313, 367, 441, 590, 721, 725
'Ça Ira' 《都会好的》 451, 507, 508, 515, 518, 541
Caisse d'Amortissement 偿债基金 194-195
Caisse d'Escompte 贴现银行 191, 238, 603
Calais 加来 722；municipal offcials of, ~的市政官员 439；siege of, ~之围 28-29
Calas, Jean 让·卡拉斯 479
calendar, revolutionary 革命历法 654-656
Callières d'Estang, Chevalier de 埃斯唐的卡利埃骑士 400, 431
Calonne, Charles Alexandre de 夏尔·亚历山大·德·卡洛纳 76, 77, 188-198, 211, 212, 215, 216, 222, 236, 242-243, 251, 410, 721；exile of, ~遭到放逐 203-204, 220, 240, 469；Notables and, 贵族与~ 188, 190-191, 197-205；Talleyrand and, 塔列朗与~ 298
Calvados 卡尔瓦多斯：crops destroyed in, ~的庄稼被毁 256；Depart-ment of, ~省 404, 623；riots in, ~的骚动 595；uprising in, ~的暴乱 676

Cambacérès, Jean-Jacques Régis de 让-雅克·雷吉斯·德·康巴塞雷斯 600
Cambon, Joseph 约瑟夫·康邦 580, 643, 711, 733
Campan, Jeanne Louise Genêt 康庞·让娜·路易丝·热内 31-32, 33, 35, 174, 453
Campe, Joachim Heinrich 约阿希姆·海因里希·坎佩 435
Canada 加拿大 23
capital punishment 死刑 524, 525；for hoarders, 对囤积居奇者判处~ 642-643；另见 guillotine 条
capitatation tax 人头税 54, 720
Carlyle, Thomas 托马斯·卡莱尔 67
"Carmagnole" 《卡马尼奥拉》151
Carmelite convent 加尔默罗会女修道院 415-416, 535, 536, 537
Carnot, Lazare 拉扎尔·卡诺 492, 507, 642, 649, 651, 708, 712
Carolingians 加洛林王朝 177, 252
Caron, Pierre 皮埃尔·卡隆 533, 537
Carpentier, Pierre de 皮埃尔·德·卡尔庞捷 439
Carra, Jean Louis 让·路易·卡拉 220, 447, 519, 547, 607
Carr, David 大卫·卡尔 xviii
Carreau, Julie 朱莉·卡罗 454
Carrier, Jean Baptists 让-巴蒂斯特·

卡里耶 666, 667, 681, 690
Carteaux, Jean François 让·弗朗索瓦·卡尔托 638, 650
Casanova, Giovanni Jacopo 乔瓦尼·雅各布·卡萨诺瓦 288-289
Cassier, Abbé 卡西耶神父 298
Cassini, Jacques Dominique, Comte de 雅克·多米尼克·卡西尼伯爵 404, 441
Castries, Charles de la Croix, Marquis de 夏尔·德·拉·克鲁瓦·卡斯特里侯爵 42, 43, 77, 192, 209, 212
Catechism of the Citizen (Saige) 《公民教义问答》(塞热) 206, 218
Cathelineau, Jacques 雅克·卡特利诺 591, 666
Catherine, Empress of Russia 俄罗斯女皇叶卡捷琳娜 581-582
Cathol, Jean-Joseph 让-约瑟夫·卡托尔 320
Catholics 天主教参见 Church 条
Cato 加图 xviii, 142, 449
Caze de la Bove 卡泽·德拉博韦 98, 231
Cécile de Senange (Flahaut) 塞西尔·德·塞南热（弗拉奥）576
Central Committee 中央委员会 480-481
Cent Suisses 瑞士百人卫队 286
Cercle Social "社会圈" 402, 486
Cerès, Comtesse de 塞雷斯伯爵夫人 196
Cérutti, Abbé Joseph Antoine Joachim 约瑟夫·安托万·若阿基姆·塞吕迪神父 447-448, 466
Cessart, Louis Alexandre, de 路易·亚历山大·德·塞萨尔 43-44
Ceyrat, Joachim 若阿基姆·塞拉 535
Chabot, François 弗朗索瓦·沙博 682, 683-684, 711
Chabry, Pierrette 皮埃雷特·沙布里 393-394
Chagniot, Jean 让·沙尼奥 319
Chalier, Joseph 约瑟夫·沙利耶 620, 621, 638, 658, 659, 661, 662
Challans, uprising in 沙朗暴乱 589, 595
Chalonnes, uprising in 沙洛内暴乱 598
Chamber of Commerce 商会 278
Chambon Aubin-Bigore 奥班-比戈里·尚邦 557
Chamfort, Sébastien Roch Nicolas 塞巴斯蒂安·罗奇·尼古拉·尚福 18-19, 120, 140
Champagne 香槟: Great Fear in, ～的"大恐慌" 363, 364-365; textile in-dustry in, ～的纺织工业 160
Champion de Cicé, Jérôme Marie 热罗姆·马里·尚皮翁·德·西塞 199, 295, 375, 460
Champlosse 尚普洛斯 536
Chamuau of La Jubaudière 拉瑞博迪耶尔的沙米奥 596

Chaptal, Jean Antoine, Comte de Chanteloup 尚特卢伯爵让·安托万·沙普塔尔 361, 650, 723

Charenton asylum 沙朗通疯人院 337, 339, 345, 385

Charette de la Contrie, François Athanase 弗朗索瓦·阿塔纳斯·沙雷特·德·拉科特里 587, 596, 599, 666, 668

Charlemagne 查理曼 252, 357

Charles I, King of England 英格兰国王查理一世 400

Charles VI 查理六世 331

Charles IX 查理九世 357

Charles IX (Marie-Joseph Chénier) 《查理九世》（马里-约瑟夫·谢尼埃）325, 415, 422, 423, 459

Charles X 查理十世 参见 Artois, Charles Philippe, Comte d' 条

Charles, Jacques 雅克·查理 108, 111

Charton 沙尔东 279

Chartres, Louis Philippe d'Orléans, Duc de 路易·菲利普·德奥尔良·沙特尔公爵 584

Chataignier, Jacqueline 雅克兰·沙泰尼耶 663

Chateaubriand, Aline-Thérèse 阿琳-泰蕾兹·夏多布里昂 696

Chateaubriand, Christian 克里斯蒂安·夏多布里昂 714

Chateaubriand, François René, Vicomte de 弗朗索瓦·勒内·夏多布里昂子爵 47, 556

Chateaubriand, Jean-Baptiste 让-巴蒂斯特·夏多布里昂 696, 697, 700

Chateaubriand, Louis 路易·夏多布里昂 714

Châteauneuf-Randon 沙托纳夫-朗东 659

Châtelet, *cahiers* from 来自沙特莱的陈情书 267

Châtelet, Duchesse de 沙特莱公爵夫人 700

Châtelet, Florent-Louis-Marie, Duc du 弗洛朗-路易-马里·沙特莱公爵 316, 370, 371, 671

Châtenay, *cahiers* of 沙特奈的陈情书 269

Châtillon, uprising in 沙蒂永的暴乱 590, 596, 638

Châtre, Vicomtesse de 沙特子爵夫人 577, 578

Chaumette, Pierre Gaspard ('Anaxagoras') 皮埃尔·加斯帕尔·("阿纳克萨格拉")。肖梅特 552, 605, 609, 642, 644, 650, 672, 680, 684, 711

Chaussinand-Nogaret, Guy 居伊·肖锡南-诺加雷 100, 101, 103

Chauvelin, François Bernard 弗朗索瓦·贝尔纳·肖夫兰 582

Chegarry, Antoine 安托万·舍加雷 664

Chemillé 舍米耶：textile industry in, ～的纺织工业 588；uprising

in, ~的起义 595, 596-597

Chénier, André 安德烈·谢尼埃 139, 483

Chénier, Marie-Joseph 马里-约瑟夫·谢尼埃 139, 325, 415, 421, 422, 459, 480, 636, 654, 704, 705, 732

Cherbourg 瑟堡 506; harbor project at, ~的军港规划 77; Louis XVI's visit to, 路易十六视察~ 39, 43, 44-46; riots in, ~骚乱 366-367

Chevalier, Jacques 雅克·舍瓦利耶 547

Chevallau 舍瓦劳 445

Chevert, François de 弗朗索瓦·德·舍维尔 27

children 儿童: at Mirabeau's funeral, 在米拉波葬礼上的~ 466; iconographic, 图像中的~ 653, 654; and National Guard, ~与国民卫队 385, 428, 431; patriotism of, ~的爱国主义 444-445

Choderlos de Laclos, Pierre 皮埃尔·肖代洛·德·拉科洛 224

Choiseul, Etienne François, Duc de 艾蒂安·弗朗索瓦·舒瓦瑟尔公爵 471, 506

Choiseul-Gouffier, Marie Gabriel Florent Auguste 马里·加布里埃尔·弗洛朗·奥古斯特·舒瓦瑟尔-古菲耶 188-189

Cholat, Claude 克洛德·肖拉 340

Cholet 绍莱: retaking of, 收复~ 650, 666; textile industry in, ~的纺织工业 588, 590; uprising in, ~骚乱 590, 595, 596, 597, 598

Church 教会: and attacks on Protestants, ~与对新教教徒的攻击 426; in Belgium, 比利时~ 579-580; 'convulsionaries' in, ~中的"痉挛派" 331; and dechristianization, ~与非基督教化 656-659; during war, 战争期间的~ 544; evangelical preaching missions of, ~中的福音派布道团 139-140; expropriation of, 对~的剥夺 410-419, 441-442; and federation movement, ~与联盟活动 432-433; heresies and, 异端与~ 92; impact of Revolution on, 大革命对~的影响 441; Louis XVI and, 路易十六与~ 563; Mirabeau and, 米拉波与~ 458-460; nobility and, 贵族与~ 104; polarization in, ~中的两极分化 104; recovery of pas-toral functions of, ~牧师功能恢复 718; royalists in, ~中的效忠派 495-496; schools established by, ~成立的学校 150; separation between rich and poor in, ~中的贫富分化 297-300; Talleyrand and, 塔列朗与~ 17, 189; and Vendée insurrection, ~与旺代叛乱 588-589, 590-594;

Voltaire and, 伏尔泰与～ 18；另见 clergy 条

Cicero 西塞罗 xviii, 140, 324, 406, 467, 549

ci-devants 前贵族 420-421；437, 439, 449, 452, 507, 514, 525, 544, 591, 633, 638；during Terror, 恐怖时期的～ 691, 696, 698

Citizen-Priest, The 《公民神父》 412-413

Citizens Domiciled in Paris (Guillotin) 《定居巴黎的公民》(吉约坦) 255

citizenship 公民身份 xvii, 302, 306, 724-725；indivisibility of, ～的不可分割性 311-312

Civil Constitution of the Clergy 《教士公民组织法》 414, 419, 432, 455, 459-460, 464, 467, 468, 482, 495-496, 589

Clairon, Claire Josèphe Hippolyte Leyris de Latude 克莱尔·约瑟夫·伊波利特·莱里斯·德·拉图德·克莱龙 133, 139

Clamart 克拉马尔 166

Clavière, Etienne 艾蒂安·克拉维埃 131, 251, 502, 506, 527, 543, 610, 615, 616, 679

Clerget, Abbé Pierre François 皮埃尔·弗朗索瓦·克莱热神父 270

clergy, 教士 263-264；Assembly of, ～会议 236；at séance royale, 御前会议上的～ 308；attacks on, 对～的抨击 267；in Convention, 国民公会中的～ 546-547；émigré, ～流亡者 496；in Estates-General, 三级会议中的～ 295, 297-300, 302-303；killing of, 对～的杀戮 535；in National Assembly, 国民议会中的～ 309, 311；in Provence, 普罗旺斯的～ 290；refractory, 顽固派～ 495-496, 528, 531, 532, 587, 589, 591-594, 623；as teachers, 担任教师的～ 701；and women demonstrators, ～与妇女示威者 393

Clermont-Tonnerre, Stanislas 斯坦尼斯拉斯·克莱蒙-托内尔：death of, ～之死 574, 662；and Declaration of rights of Man, ～与《人权宣言》 375；Duc de, ～公爵 230, 231, 232, 233, 295, 311, 370

Cléry 克莱里 537, 553-554, 563, 564, 565

Cloots, Anacharsis, 阿纳卡西斯·克洛茨 401, 502, 506, 639, 657, 682, 690

Cloyes, cahier of, 克卢瓦的陈情书 269

Club of 1789 1789年俱乐部 407, 410, 576

Clugny 克吕尼 72, 73

coal mining 煤炭开采 159-160, 462

Cobb, Richard 理查德·科布 xviii-xix, 317, 613, 718, 719

索引 1151

Coblenz, émigré in 科布伦茨的流亡者 496, 497, 503, 596, 732

Coburg 科堡，参见 Saxe-Coburg 条

Coffinhal, Jean Baptiste 让-巴蒂斯斯·科芬奥尔 712

Coigny, Marie François Henri, Duc de 马里·弗朗索瓦·亨利·夸尼公爵 75, 212, 470

Colbert, Jean-Baptiste 让-巴蒂斯特·科尔贝 98, 314, 465

Collège d'Harcourt 达尔古中学 17, 346

Collège Louis-le-Grand 路易大帝中学 141

Collège-Royal-Dauphin de Grenoble 格勒诺布尔皇家王太子中学 233

Collot d'Angremont, Louis 路易·科洛·当格勒蒙 526, 527

Collot d'Herbois, Jean-Marie 让-马里·科洛·代尔布瓦 139, 445-446, 546, 642-643, 651, 660-661, 662, 663, 682, 688, 709, 710, 711, 717

Cologne, newspapers from 来自科隆的报纸 146

Comberouger, *cahier* of 孔贝鲁热的陈情书 266

Comédie-Française 法兰西喜剧院 29, 113-114, 116, 117, 120, 125, 181, 423

Comédie Italienne 意大利喜剧院 114, 181

Comité de Surveillance 警戒委员会 527

Commerce de Marseille, Le (ship) "马赛商会号"（舰）48

Commission des Subsistances 军需委员会 642, 650

Commission of Twenty-one 二十一人委员会 556

Committee of General Security 治安委员会 483, 600-601, 625, 629, 640, 645, 652, 677, 684, 686, 688, 691, 697, 701, 709

Committee of Public Instruction 公共教育委员会 567, 701, 702

Committee of Public Safety 救国委员会 381, 476, 556, 601, 615, 616, 638, 641-642, 644, 646, 647, 649, 651, 666, 672, 686, 687, 701; and Danton's arrest and trial ～与丹东的被捕和审讯 690-693; Hébertistes and, 埃贝尔派与～ 681, 683, 688-691; Thermidorians and, 热月党人 708, 709, 711, 712, 713

Committee of Thirty 三十人委员会 407

Committee of Twelve 十二人委员会 612, 614, 616

Commune 公社 431, 479, 680; dechristianization and, 非基督教化与～ 658; economic crisis and, 经济危机与～ 641; and execution of Louis XVI, ～与处决路易十六 565-568; General Council of, ～

的总委员会 536; Giron-dins and, 吉伦特派与~ 614-615; Hébertistes and, 埃贝尔派与~ 680-682, 689, 690; and imprison-ment of Louis XVI, ~与囚禁路易十六 553, 558, 563; *Indulgent* opposition to, 宽容派对~的反对 686-687; and insurrection against Convention, ~与反国民公会的起义 614-615; Insurrectionary, 发动起义的~ 518-519, 521-522, 527, 529-530; Marat and, 马拉与~ 610, 624; and Marie-Antoinette's trial, ~与对玛丽-安托瓦内特的审判 639, 672; militants of, ~中的激进人士 609; Roux in, ~中的鲁 605; *sections* and, 分区与~ 606-607; September massacres and, 九月大屠杀与~ 531, 534, 536, 537, 548; Terror and, 恐怖与~ 642-646, 651; Thermidorians and, 热月党人与~ 712, 713; and trial of Louis XVI, ~与对路易十六的审判 552

Company of the Indies 印度公司 196, 203, 683, 688, 691

Comps 孔普斯 454, 463

Compte Rendu 《致国王的财政报告书》 73-74, 76, 78, 197

Conciergerie 巴黎古监狱 610, 630, 670-673, 675, 679, 698, 717

Condé, Louis Joseph, Prince de 路易·约瑟夫·孔代亲王 27, 199, 223, 274; emigration of, ~的流亡 355, 368-369, 497

Condillac, Etienne Bonnet de 艾蒂安·博内·德·孔狄亚克 229

Condorcet, Marie Jean Antoine Nicolas Caritat, Marquis de 马里·让·安托万·尼古拉·卡里塔·孔多塞侯爵 67, 156, 162, 164, 165, 226, 244, 251, 253, 403, 441, 499, 555, 564, 637; death of, ~之死 679, 722; and flight of royal family, ~与王室出逃 473-474, 477, 478; as Jacobin 作为雅各宾派的~ 446; in Legislative Assem-bly, 在立法议会上的~ 491

Confessions (Rousseau) 《忏悔录》（卢梭） 125, 131, 145

Considerations on the Government of France (d'Argenson) 《关于法国政府的构想》（德·阿尔让松） 96-97

Consolations for the Sorrows of My Life (Rousseau) 《安慰我生命的悲伤》（卢梭） 130

Conspiracy of the Catilines (Sallust) 《喀提林阴谋》（萨卢斯特） 141

Constituent Assembly 制宪议会 401, 423, 485-487, 495, 513, 546, 547, 696, 700, 709, 722, 723, 731, 733; capital punishment and, 死刑与~ 525; children and, 儿童与~ 445; Church and, 教会与~ 413-415, 417-419, 441; departments formed by, ~划分的诸省 403-404; economy and, 经济与~ 408, 442-

索引 1153

443; executive committees of, ~执行委员会 527; and federation movement, ~与联盟运动 429, 432, 434, 435; Ferrières in, 任职于~的费里埃 284; financial crisis and, 财政危机与~ 408-409; and flight of royal family, ~与王室出逃 473, 474, 475, 476-478, 481; Jacobins and, 雅各宾派与~ 450; Lepeletier in, ~中的勒佩勒捷 567; Louis XVI and, 路易十六与~ 427, 468, 484; Mirabeau and, 米拉波与~ 455-462, 464-465; opposition to, 反对~ 437; Parlements abolished by, 被~废除的高等法院 437, 438; peace policy of, ~的和平政策 502; replaced by Legislative Assembly, ~被立法议会取代 491; Robespierre in, ~中的罗伯斯庇尔 487-491; savants and philosophes in, ~中的学者和哲人 440-441; titles of nobility abolished by, 被~废除的贵族头衔 404, 406; Voltaire and, 伏尔泰与~ 478; women and, 妇女与~ 424

constitution, 宪法 485-487, 491; debate of, 关于~的争论 374-376, 388-389; festival celebrating, 庆祝~颁发的庆典 636, 637; insurrection and, 起义与~ 520; Louis XVI and, 路易十六与~ 484, 552, 557; Marie-Antoinette and, 玛丽-安托瓦内特与~ 494; natural rights and, 自然权利与~ 501-502; of year III, 共和三年~ 722, 723

Constitutional Club 宪法俱乐部 250, 251-252

Consulate 执政府 439, 720, 721, 723

Contat, Louise 露易丝·孔塔 120, 422

Conti, Louis François Joseph, Prince de 路易·弗朗索瓦·约瑟夫·孔蒂亲王 91, 199, 223, 274, 355

Continental Army 大陆军 19, 23

Convention 国民公会 325, 452, 491, 530, 541, 546-552, 575, 695, 723; army raised by, ~征召的军队 585; calendar and, 历法与~ 656; committees of, ~委员会参见 *specific committees* 条; constitution and, 宪法与~ 637; Danton in, ~中的丹东 639, 641, 691; David in, ~中的大卫 625; and dechristianization, ~与非基督教化 657, 658, 702, 704; and economic crisis, ~与经济危机 601-604; *enragés* and, 忿激派与~ 605, 606; and execution of Louis XVI, ~与处决路易十六 563, 564; expulsion of Girondins from, 将吉伦特派驱逐出~ 611-615, 619, 621, 624, 627; and federalist uprisings, ~与联邦党人起义 621-623, 638; Hébertistes and, 埃贝尔派

与~ 682；Hérault in, ~中的埃罗 134；Indulgents in, ~中的宽容派 686-689；insurrection against, 反~的起义 614-615；law of Prairial in, ~里的牧月法令 707；Lepeletier in, ~中的勒佩勒捷 567；and levée en masse, ~与总动员 646, 647, 648；makeup of, ~的构成 546-547；and Marat's death, ~与马拉之死 631-633；and public instruction, ~与公共教育 703, 705, 706；and revolutionary imagery, ~与革命图像 653-654；Roux's denunciation of, 鲁对~的指责 639-640；and September massacres, ~与九月大屠杀 538；split in, ~的分裂 607-610, 611-613；Talleyrand and, 塔列朗与~ 575；and Terror, ~与恐怖 642-646, 650, 652, 660, 662, 681, 683；Thermidorians in, ~中的热月党人 708-709, 712-713, 717；and trial of Louis XVI, ~与对路易十六的审判 549-552, 554, 556-562, 566；and trial of Marat, ~与对马拉的审判 610-611；Vendée insurrection, 旺代叛乱 588, 598, 599；and war, ~与战争 542, 543-544, 580-584, 600, 646；women and, 妇女与~ 676

Cook, Captain James 詹姆斯·库克船长 332

Cooper, Alfred Duff 阿尔弗雷德·达夫·库珀 578

copper mines 铜矿 160

Coppet, Château de 科佩城堡 74

Corday, Charlotte 夏洛特·科黛 622-624, 626-631, 638, 707

Cordeliers 科德利埃派 149, 380, 425-426, 450, 468, 473, 477, 478, 481, 486, 511, 512, 513-514, 518, 521, 527, 641, 684, 685, 688；and foreign plot, ~与外国阴谋 684；and Hébertistes, ~与埃贝尔派 690；and Marat's funeral, ~与马拉的葬礼 633, 634

Cordellier, General Etienne Jean François 艾蒂安·让·弗朗索瓦·科德利埃将军 668

Cordier de Launay 科尔迪耶·德·洛奈 222

'Cordonnier, Jacques' "制鞋人雅克" 451

Corneille, Pierre 皮埃尔·高乃依 25, 126, 144, 422, 489, 490, 553, 623, 631

Corneille, Thomas 托马斯·高乃依 631

Corporations of Paris 巴黎市政当局 237

Correspondance Secrète 《密信》107, 120, 148

Corsica, conquest of 征服科西嘉 43, 289

corvée 徭役制度 69, 71, 200, 201, 211, 371

Côte d'Or, riots in 科多尔的暴动 595

Cotentin, nobility of 科唐坦的贵族 263

cottage industries 家庭手工业 161

cotton industry 棉花产业 103, 159-160

Cottret, Monique 莫妮克·科特雷 334

Coudray, Dame de 库德雷夫人 156

Counter-Terror 反恐怖统治 718

Cour de Marbre 大理石宫 321

Cour des Aides 租税法院 83-84, 147

Courrier de la France et des Colonies 法国与殖民地信使报 733

Courrier de Versailles 凡尔赛信使报 389, 390, 420

Courrier Patriotique 爱国信使报 438

Courtiade 库尔蒂亚德 734, 735

Court of Peers 同侪法院 217, 222

Couthon, Georges 乔治·库通 616, 629, 642, 659-660, 661, 663, 681, 693, 707, 710, 712, 713

Coyer, Abbé 科耶神父 102, 104

credit, death of 信用之死 236-238, 241

Créqui, Marquis de 克雷基侯爵 633

Crimes of the Kings of France from Clovis to Louis XVI, The (La Vicomterie) 《自克洛维至路易十六以来历代法国国王罪行录》(拉维孔特) 468

Crompton, Samuel 塞缪尔·克隆普顿 193

Cromwell, Thomas 托马斯·克伦威尔 417

Crouzat, General 克鲁扎将军 668

Croÿ, Emmanuel, Duc de 埃马纽埃尔克洛伊公爵 41

curés bénéficiés 有额外好处的神甫 298

curés congrués 领俸神甫 298

Curtius, Pierre 皮埃尔·屈尔蒂斯 322-323, 325, 327, 329, 352, 396

Custine, Adam Philippe, Comte de 亚当·菲利普·屈斯蒂纳伯爵 542, 599, 638

D

Dampierre, Anne Elzéard du Val, Comte de 阿内·埃尔泽阿·迪·瓦尔·当皮埃尔伯爵 474

Danger d'Aimer Etranger 《埃米尔历险记》 332

Dansard, Claude 克洛德·当萨尔 450

Danton, Gabrielle 加布丽埃勒·丹东 520

Danton, Georges Jacques 乔治·雅克·丹东 xvi, 373, 514, 527, 532, 614, 618, 653; arrest of, ~被捕 690-691; and Committee of Public Safety, ~与救国委员会 638-639,

641, 642, 644; in Convention, 国民公会中的～ 546; in Cordeliers Club, 科德利埃俱乐部中的～ 425; dechristianization and, 非基督教化与～ 658; during war, 战争期间的～ 544; in England, ～在英国 489; *enragés* and, 忿激派与～ 607; execution of, 处决～ 556, 693-694; on Exe-cutive Council, 在执行委员会上的～ 531; and flight of royal family, ～与王室出逃 473, 477; and foreign plot, ～与外国阴谋 682, 683-684; Girondins and, 吉伦特派与～ 609-610; Hérault and, 埃罗与～ 134; *Indulgent* campaign of, ～的宽容运动 684-690; and insurrection, ～与起义 519, 520, 521, 522; and *levée en masse*, ～与总动员 647, 649; as Minister of Justice, ～作为司法部长 527, 529; in National Guard, 国民卫队中的～ 383, 384; oratory of, ～的演讲 139; and Revo-lutionary Tribunal, ～与革命法庭 601; *sections* and, 分区与～ 645; September massacres and, 九月大屠杀与～ 534, 587; Talleyrand and, 塔列朗与～ 574; and trial of Louis XVI, ～与对路易十六的审判 561; trial of, 对～的审判 691-693, 698

Darigrand 达里格朗 58

Darnton, Robert 罗伯特·达恩顿 131, 146

Darruder 达鲁德 8

Daumier, Honoré 奥诺雷·杜米埃尔 9

Dauphiné 多菲内 438; Estates of, ～的三级会议 232-236, 239, 249, 250, 252, 263, 290, 371, 372; federation movement in, ～的联盟运动 428; *intendant* of, ～的督办官 98; Parlement of, ～的高等法院 721; privilege ended in, ～地方特权的废除 372

David, Jacques-Louis 雅克-路易·大卫 25, 34-35, 62, 144, 420, 421-422, 423, 482-483, 512, 646, 654; on Committee for General Security, 在治安委员会上的～ 709; and *Fête de l'Unité*, ～与统一不可分割节 636-638; history paintings by, ～的历史画作 143-144, 307, 427-428, 463, 478; imprisonment of, ～被关进监狱 713-714; Lepeletier's death and, 勒佩勒捷之死与～ 567-568; Louvre apartment of, ～在卢浮宫占得一席之地 155; Marat and, 马拉与～ 624, 625, 632-633, 635; Marie-Antoinette sketched by, ～为玛丽-安托瓦内特勾描速写 675; and public instruction, ～与公共教育 703-704, 705

David, Marguerite Pécoul 玛格丽

特·佩库尔·大卫 372-373
Dax 达克斯 350, 351
Day of Tiles 砖瓦日 10, 228-232, 234, 377
deaf, school for, 聋哑学校 158
Death of Socrates (David) 《苏格拉底之死》(大卫) 25, 714
dechris-tianization, 非基督教化 656-659, 681, 686, 687, 689, 698, 702, 704, 709, 721
Declaration of Independence 《独立宣言》206
Declaration of Peace 《和平宣言》502
Declaration of the Rights of Man and Citizen 《人权和公民权宣言》374-376, 380, 394, 403, 408, 413, 424, 443, 444, 449, 461, 464, 524, 554
Declaration of the Rights of Women and Citizenesses (de Gouges) 《女权和女性公民权宣言》(德·古热) 424, 556
Défenseur de la Constitution, La 《宪法保卫者》491
Defer de la Nouerre 德费·德·拉努埃里 272
Defoe, Daniel 丹尼尔·笛福 361
Déjean, Mme 德让夫人 110
Delacroix, Charles 夏尔·德拉克洛瓦 13-14, 600, 616
Delacroix, Eugène 欧仁·德拉克洛瓦 9, 13-14

Delafonde, Clair 克莱尔·德拉丰德 628
Delaporte 德拉波特 659
Delaporte, Abbé 德拉波特神父 22
Delaunay d'Angers, Joseph 约瑟夫·德洛奈·当热 683, 684
Deleyre, Alexandre 亚历山大·德莱尔 91
Denis, Marie-Louise Mignot 玛丽-路易丝·米尼奥·德尼 19
departments 省 403-404
Dernier Jugement des Rois, Le (Maréchal) 《诸王之末日审判》(马雷夏尔) 673-674
Désaugiers, Marc Antoine 马克·安托万·德索吉耶 435
Descartes, René 勒内·笛卡尔 465, 480
Deschamps, Louis 路易·德尚 632, 633
Descorches de Saint-Croix 德科尔什·德·圣克鲁瓦 722
Desfieux, François 弗朗索瓦·德菲厄 608, 682
Desforgues, Théodor 西奥多·德福尔格 705
Desilles, Antoine-Joseph 安托万-约瑟夫·德西耶 480
Desmoulins, Camille 卡米尔·德穆兰 vii, 8, 127, 140, 323-325, 329, 377, 390, 460, 611, 627, 685-689; arrest of, ～被逮捕 690, at trial of Girondins, 审判吉伦特派中

的～ 679，in Convention, 国民公会中的～ 546, 547；education of, ～的教育 141, 323-324；execution of, ～被处决 693；on Fête de la Fédération, 联盟节庆典上的～ 433；and insurrection, ～与起义 520；marriage of, ～的婚姻 444；Mirabeau and, 米拉波与～ 454；oratory of, ～的演讲 139, 140, 324-325；and patriotic contributions, ～与爱国奉献 373；restrictions on rights denounced by, ～谴责对权利的限制 424-426；trial of, 对～的审判 691, 693

Desmoulins, Lucile 露西尔·德穆兰 520, 693

Desnot 德诺 343

Desrenaudes, Abbé Borie 博里神父德勒诺德 575

Destez, Jacques 雅克·德泰 473

Devienne 德维耶纳 697

Dialogue Between M. the Archbishop…and M. the Keeper of the Seals 《大主教与掌玺大臣之间的对话》 226

Diamond Necklace Affair 钻石项链事件 171-177, 184, 197, 397, 554

Diderot, Denis 德尼·狄德罗 25, 73, 80, 83, 92, 125, 127, 128, 129, 131

Dietrich, Philippe Frédéric, Baron de 菲利普·弗雷德里克·迪耶特里克男爵 367, 492, 507-508

Dijon 第戎：Bastille *souvenirs* in, ～的巴士底狱纪念品 351；Great Fear in, ～的"大恐慌" 363, 369；Parlement of, ～高等法院 88, 91, 100, 102, 227；popular societies in, ～的民众社团 448

Dillon, Arthur 亚瑟·狄龙 180, 181

Dillon, Dominique 多米尼克·狄龙 413

Dillon family 狄龙家族 361

Dillon, Théobald 泰奥巴尔德·狄龙 509, 510

Dino, Dorothée de 多萝泰·德·迪诺 11

Directory 督政府 299, 439, 723, 739

dissenting academies 非国教科学院 248

Dobsen, Claude-Emmanuel 克洛德-埃马努埃尔·多布森 613, 614

Dodun, Mme 多登夫人 493

Dorfeuille 多尔弗耶 662

Dorinville, Dorothée 多萝泰·多林维尔 17

Dorvigny 多维尼 114

Dosogne 多索内 195

Douai 杜埃：garrison at, 戍守在～的军队 509；Parlement of, ～高等法院 100, 227

Doubs, Department of the 杜省 404

Doulon, uprising in 杜隆暴动 588

Dragon, Jean-Joachim 让-若阿基姆·德拉贡 664

Draguignan, Third Estate of 德拉吉尼昂第三等级 406

Dreux-Brézé, Henri Evrard, Marquis de 亨利·埃夫拉尔·德勒-布雷泽侯爵 293, 309-310, 466, 721

Drouais, Jean Germaine 让·热尔曼娜·德鲁瓦 421, 625

Drouet, Jean-Baptiste 让-巴蒂斯特·德鲁埃 471-472, 547, 628, 629

Drouhet, Sieur 西厄尔·德鲁埃 591

Du Barry, Jeanne Bécu, Comtesse 让娜·贝屈·杜巴利伯爵夫人 171, 172, 177, 352, 675, 676

du Bellay, Joachem 约阿希姆·杜贝莱 285

Dubois de Crancé, Edmond Louis Alexis de 埃德蒙·路易·亚历克西·德·迪布瓦·德·克朗赛 406, 620

Dubuisson 迪比松 682

Ducastelier 迪卡斯特利耶 267

du Couëdic de Kergoaler, Charles-Louis, Sieur 查理-路易·杜库埃迪克·德·凯尔戈莱 29-31

Ducerux, Joseph 约瑟夫·迪克勒 564

Dufourny de Villiers 迪富尔尼·德·维利耶 277

Dufresne, Bertrand 贝特朗·迪弗雷纳 78

Dufriche-Valazé, Charles-Eléonor 查理-埃莱奥诺尔·迪弗里什-瓦拉泽 545, 549, 679

Dugazon, Jean-Baptiste Henri 让·巴蒂斯特·亨利·迪加宗 423

Dumont, André 安德烈·迪蒙 349

Dumont, Etienne 艾蒂安·迪蒙 248, 249, 302

Dumouriez, Charles, 夏尔·迪穆里埃 xv, 43, 506, 509, 514, 540-544, 579-580, 582, 583-584, 589, 601, 603, 606, 609, 626, 639, 679, 682

Dunkirk 敦刻尔克 43; Austrian advance on, 奥地利人向～推进 638; book smuggling in, ～的书籍走私 149; grain riots in, ～的食物骚乱 276

Duplay family 迪普莱一家 489

Duplessis, Joseph-Siffrein 约瑟夫-西弗兰·迪普莱西 569

Du Pont de Nemours, Pierre Samuel 皮埃尔·萨米埃尔·杜邦·德·内穆尔 189, 190, 193, 197, 200, 201, 210, 251, 403-404, 408, 410, 555; *cahier* written by, ～起草的陈情书 261, 262

Duport de Prelaville, Adrien 阿德里安·迪波尔·德·普雷拉维尔 95, 218, 220, 250-251, 295, 311, 315, 407, 437, 480, 481, 485; censorship advocated by, 得到～支持的审查制度 487, 513; and Declaration of the Rights of Man, ～与《人权宣言》 376; Feuillants and, 斐扬派与～ 481, 485; and flight of royal family, ～与王室出逃 476; in Legislative Assembly, 立法议会中

的～ 494；Mirabeau and, 米拉波与～ 462；in National Assembly, 国民议会中的～ 381
Dupuy, Pierre 皮埃尔·迪皮伊 439
Duras, Emmanuel Félicité de Durfort, Duc de 埃马努埃尔·费利西泰·德·迪尔福·杜拉斯公爵 334
Duroure, Louis-Henri 'Scipio' 路易-亨利·'西庇阿'·迪鲁尔 614
Du Rozoi 迪罗祖瓦 527
Dusaulx, Jean-Joseph 让-约瑟夫·迪佐 350, 492
Dutch Republic 荷兰共和国 37, 49, 50, 186, 512；Empire and, 帝国与～ 720；loans from, 来自～的贷款 192-193, 195；Malesherbes in, 在～的马尔泽布 80-81；Mirabeau in, 在～的米拉波 289；newspapers from, 来自～的报纸 146；political turmoil in, ～的政治动荡 206-210, 212, 238；war with, 与～的战争 580-584, 603, 638, 708

E

Ecclesiastical Journal 《天主教日报》 417
Ecole Militaire 军事学院 155, 214, 326, 429
écoles centrales 中央公共工程学院 723
economy 经济：after fall of Bastille, 巴士底狱陷落之后的～ 382-383；cahiers on, 关于～的陈情书 261-262；Constituent Assembly and, 立宪议会与～ 408, 442-443；crises of, ～危机 237-238, 241-242, 258；modernization of, ～现代化 158-162, 164-165, 272；radicalism and, 激进主义与～ 511-512；of Republic, 共和国的～ 601-604, 640-641；Terror and, 恐怖与～ 639, 643；and trial of Louis XVI, ～与路易十六的审判 552；under Calonne, 卡洛纳治下的～ 191-196, 203；under Loménie de Brienne, 洛梅尼·德·布里埃纳治下的～ 211-212
Edgeworth de Firmont, Abbé Henri Essex 亨利·埃塞克斯神父，埃奇沃斯·德·费尔蒙特 564, 565
Edict of Nantes 南特敕令 213
education 教育：elementary, 基础～ 701；higher, 高等～ 723
Edward III, King of England 英格兰国王，爱德华三世 29
Egypt 埃及，Napoleon in 拿破仑在～ 11
1830 July Revolution 1830 七月革命 3, 5, 7-13
1848 Revolution 1848 革命 5-6
Elbée, Maurice Gigot d' 莫里斯·吉戈·德·埃尔贝 591, 596
elections 选举：of local officials, 当地官员的～ 438-440, 486-487；to Convention, 国民公会～ 545-

547, to Legislative Assembly, 立宪议会~ 491-492

Electricity and Magnetism (Pilâtre) 《电与磁》(皮拉特尔) 109

Elie, Jacob 雅各布·艾利 35, 341-342, 343, 347

Elisabeth, Mme 伊丽莎白夫人 173, 187, 235, 470, 475, 521, 553, 674

Elogy of Colbert (Necker) 《科尔贝颂集》(内克尔) 73

Eloquence of the Bar, The (Gin) 《律讼雄辩术》(金) 134

émigrés 流亡者 496-497, 500, 503, 504, 505, 519; in America, 在美国的~ 727-736

Emile (Rousseau) 《爱弥儿》(卢梭) 132

Emmery 埃梅里 731

Empire 帝国 439, 670, 720-723

Encyclopédie 《百科全书》 83, 525

English Spy, The 《英国密探》 145, 148

Enlightenment, the 启蒙运动 39, 67, 156, 158, 175, 176, 229, 244, 265, 297, 361, 403, 723; capital punishment and, 死刑与~ 525; constitution and, 宪法与~ 485; legal experts of, 法律专家~的 442; religion and, 宗教与~ 411; sense-impression theory in, ~的感觉印象理论 653; Talleyrand and, 塔列朗与~ 17, 19; violence and, 暴力与~ 380

enragés 忿激派 552, 604-605, 606-607, 609-610, 613, 624, 634; economic program of, ~的经济纲领 639, 641; prosecution of, 对~的检举 612-613; Terror and, 恐怖与~ 642

Epinay, Louise Florence Pétronille Tardieu d'Esclavelles, Dame de La Live d' 路易丝·弗洛朗斯·彼得罗尼耶·塔迪厄·德克拉韦勒·埃皮奈夫人 129

Eprémesnil, Jean-Jacques d' 让-雅克·德埃普雷梅尼 95, 217-220, 223, 243, 250, 700; arrest of, ~被逮捕 227

Equality 平等 403; before the law, 法律面前的~ 262; food shortages and, 食物短缺与~ 258-259; limitations on, 对~的限制 424

Ermenonville 埃默农维尔, Rousseau's grave at 在~的卢梭陵墓 129-131

Esprit des Edit, L' (Barnave) 《诏敕要义》(巴纳夫) 229

Esprit des Lois (Montesquieu) 《论法的精神》(孟德斯鸠) 90-91

Esquirol, Jean Etienne Dominique 让·艾蒂安·多米尼克·埃斯基罗尔 740

Essai Historique sur la Vie de Marie-Antoinette 《玛丽-安托瓦内特生平历史概述》 185-186

Essay on Tactics (Guibert) 《战术总论》（吉贝尔） 214

Estaing, Jean Baptiste, Comte D' 让-巴蒂斯特·德斯坦伯爵 29, 322, 736

Estates-General 三级会议 xvi, 27, 117, 136, 199, 202, 210, 216, 232, 293, 421, 446, 461, 485, 491, 557, 600, 700, 723, 725；bread and, 面包与～ 282；Breton Club and, 布列塔尼俱乐部与～ 376；ceremonial opening of, ～的开幕庆典 285-288, 293-295, 300；constitution and, 宪法与～ 234；d'Antraigues in, ～中的安特雷格 253；end of, ～的结束 312, 313；Ferrières in, ～中的费里埃 284；Lafayette in, ～中的拉法耶特 382；Loménie de Brienne and, 洛梅尼·德·布里埃纳与～ 211；Louis XVI's decision to convene, 路易十六决定召开～ 235-237, 245, 246；machinery of election to, ～的选举机制 260, 262-264, 273；Malesherbes' view of, 马尔泽布关于～的观点 222, 249；Mirabeau in, ～中的米拉波 288, 289-291, 292；National Assembly and, 国民议会与～ 305, 308；Nation and, 全体国民与～ 261；nature of representation in, ～的代表性 243, 246, 250, 254；Parlements and, 高等法院与～ 93, 218, 223, 225；and politicization of money crisis, ～与货币危机的政治化 48；Robespierre in, ～中的罗伯斯庇尔 488；solvency and, 偿付能力与～ 242；taxation and, 征税与～ 84；verification stalemate in, ～的核验僵局 300-304

Etampes 埃唐普：riots in, ～骚乱 514；Third Estate of, ～的第三等级 406；voluteer guards of, ～的志愿民兵自卫队 276

Ethis de Corny 埃迪斯·德·科尔尼 341

Eure-et-Loir, Department of 厄尔-卢瓦尔省 721

Evrard, Catherine 凯瑟琳·埃弗拉尔 627

Evrard, Simone 西蒙娜·埃弗拉尔 627-628, 634

F

Fabre d'Eglantine 法布尔·代格朗蒂纳 425, 532, 546, 653-655, 682-685, 688-690, 699, 711

Fabre, Philippe 菲利普·法布尔 139

famine 饥荒 316-318；另见 food shortages 条目

Farbenlebre (Goethe) 《颜色学》（歌德） 539-540

Farmers-General 总包税商 48, 58-64, 75, 77, 83, 85, 116, 128, 129, 242, 264, 327, 347, 420, 439, 602, 612；

Calonne and, 卡洛纳与～ 191, 192, 196; and death of credit, ～与信用之死 237; during Terror, 恐怖时期的～ 670, 697; Linguet's attacks on, 兰盖对～的攻击 149

Fars-Fausselandry, Vicomtesse de 法斯-弗赛朗德利子爵夫人 38

Fauchet, Claude 克洛德·福谢 140, 350, 384, 402, 486, 492, 547, 629, 732

Faucheux, Marcel 马塞尔·福舍 590

federalist uprisings 联邦派暴动 619-622, 638, 639, 650, 651-652; defeat of, ～的失败 659-661, 663, 664

federation movement 联盟运动 426-436, 512

fédérés 联盟 513-514, 518-520, 522

Fénelon, François de Salignac de La Mothe- 弗朗索瓦·德·萨利尼亚克·德·拉·莫特-费奈隆 332, 467

Ferme, La (ship) "包税号"(舰) 48

Ferrières, Henriette de 亨丽埃特·德·费里埃 283, 284, 285, 286, 300

Ferrières-Marsay, Charles-Elie, Marquis de 夏尔-艾利·德·费里埃-马尔塞侯爵 280, 283-287, 297, 300, 304, 312-313, 372, 381, 402, 474, 484, 496

Fersen, Axel 阿克塞尔·费森 180, 181, 469, 470, 497

Festival of the Supreme Being 最高主宰节 704, 705-706

Fête de la Fédération 联盟节 350, 427, 429-436, 456

Fête de l'Unité 统一和不可分割节 5, 636-638, 703

feudalism, remnants of 封建残余 270, 366, 370, 371, 719-720

Feuillants 斐扬派 481, 486, 487, 489, 491, 538, 547, 579, 639; guillotine and, 断头台与～ 525; in Legislative Assembly, 在立法议会上的～ 492, 493, 496, 497, 517; and war crisis, ～与战争危机 500, 501, 503, 505

Feuille Villageoise, La 《乡村小报》 447-448

Fielding, Henry 亨利·菲尔丁 96, 332

financiers 金融家 58, 63, 72, 242; during Terror, 恐怖时期的～ 697

Finistère, Department of 菲尼斯泰尔省 404; anticonscription riots in, ～的反征兵暴乱 648

Flahaut, Adelaide de 阿德莱德·德·弗拉奥 188, 298-299, 576, 578, 579, 735

Flanders 佛兰德 161, 194, 245, 268; clergy in, ～的教士 418, 589

Flanders Regiment 佛兰德军团 389-390, 392, 393, 395

Flesselles, Jacques de 雅克·德·弗莱

塞勒 329, 341, 343-344, 354, 660

Fleurus, Battle of 弗勒吕斯战役 708

Fleury 弗勒里 697

flour wars 面粉战争 65, 68, 107, 275, 332

Fontainebleau 枫丹白露 41, 128, 145；Treaty of,《～条约》37

Fontenay-le-Comte 丰特奈勒孔特：refractory priests in,～的顽固派教士 587；uprising in,～起义 595, 598, 599

Fontenelle, Bernard le Bovier de 贝尔纳·勒·博维耶·德·丰特奈尔 27

food shortages 食物短缺 256-258, 316-318, 603, 710, 718；during war, 战争期间的～ 510；in Provence, 普罗旺斯的～ 290

Forges 福尔日 362-363

Forges-les-Eaux 福尔日莱索 574

Forster, Georg 格奥尔格·福斯特 542

Fosses, cahier of, 福斯陈情书 269

Foucault, Michel 米歇尔·福柯 334

Fouché, Joseph 约瑟夫·富歇 656-657, 658, 659, 660, 661, 663, 681, 704, 709, 710, 717

Foulon, Joseph François 约瑟夫·弗朗索瓦·弗隆 344, 378-379, 725

Foundling Hospital 弃婴堂 124, 129

'Fountain of Regeneration' "再生喷泉" 5

Fouquet, Jean 让·富凯 422

Fouquier-Tinville, Antoine Quentin 安托万·康坦, 富基耶-坦维尔 611, 629, 674, 676, 677-679, 691-692, 693, 698-700, 707, 717, 726

Four Cries of a Patriot of the Nation 《一个爱国者的四个呼吁》 282

Fourcroy, Antoine François, Comte de 安托万·弗朗索瓦·富克鲁瓦伯爵 34, 155, 654, 667

Fournier, Claude 克洛德·富尼耶 514, 519, 522, 538

Fox, Charles James 查尔斯·詹姆士·福克斯 575

Fragonard, Jean Honoré 让·奥诺雷·弗拉戈纳尔 153, 195

Fragonard, Marie-Anne 玛丽-安娜·弗拉戈纳尔 372-373

France Libérée, La (Desmoulins) 《自由法兰西》(德穆兰) 324

France Républicaine, La (Boizot) 《法兰西共和派》(布瓦佐) 653

Franche-Comté 弗朗什-孔泰 263, 270；feudalism in,～的封建制度 370；Great Fear in,～的大恐慌 363, 366, 369；Parlement of,～的高等法院 404；privilege ended in,～特权的废除 372；uprising in,～暴动 622

Francis II, Emperor of Austria 奥地利皇帝, 弗朗西斯二世 505, 738

François I 弗朗索瓦一世 357

Frankish monarch 法兰克君主 90,

91, 177

Franklin, Benjamin 本杰明·富兰克林 27, 32-34, 35, 44, 82, 130, 287, 449, 467, 479, 732

Franquières, Marquis de 弗朗基埃侯爵 437

Fraternal Society for Patriots of Both Sexes 爱国儿女友谊会 450, 514

fraternity 兄弟会：Fauchet on 福谢论～ 402；in federation movement, 联邦运动中的～ 426-428

Frederick William, King of Prussia 普鲁士国王, 腓特烈·威廉 208, 500, 542, 737

Free Corps "自由军" 206, 207

Freemasons 共济会 24, 36, 146, 151, 420, 620；Jacobins and, 雅各宾派与～ 449

French India Company 法国印度公司 73

French Revolutionary Wars 法国大革命战争 507-512, 519, 539-544, 573, 579-584, 708；conscript army in, ～中的征兵 646-647, 649；elections and, 选举与～ 545；emergency police powers and, 紧急治安权与～ 530-531；events leading to, 导致～的事件 497-507；September massacres and, 九月大屠杀与～ 531-534；setbacks in, ～中的挫折 599-600, 603, 638, 644；Terror and, 恐怖与～ 664；and trial of Louis XVI, ～与对路易十六的审判 552

French West Indies 法属西印度群岛 29, 37-38, 49, 102, 492；black uprisings in, ～的黑人暴乱 510

Fréron, Louis 路易·弗雷隆 425, 444, 451, 460, 463, 468, 473, 478-479, 531-532, 547, 663, 717

Frey, Léopoldine 莱奥波尔迪娜·弗雷 683

Fried, Michael 迈克尔·弗里德 127

Fronde rebellion 弗龙德起兵叛乱 314

G

gabelle 盐税 58, 265, 266

Gagnon, Dr. 加尼翁医生 229, 232

Gaillefontaine 加耶方丹 362

Gaius Fabricius 盖乌斯·法布里奇乌斯 142

Gallissonnière, Augustin-Félix-Elisabeth Barrin, Comte de 奥古斯坦-费利克斯-伊丽莎白·巴兰·加利索尼埃伯爵 285

Garat, Joseph 约瑟夫·加拉 681

Gard, department of 加尔省 404

gardes françaises 法兰西卫队 68, 239, 279, 280, 310, 313, 318-320, 671；at Palais-Royal, 在皇家宫殿的～ 313, 316, 320；in National Guard, 国民卫队中的～ 383-384, 391, 395, 396；in Paris revolt, 参加巴黎叛乱的～ 327, 329；in storming of Bastille, 巴士底狱风暴中的～ 340, 341

Gaschinard, Dr. 加希尼亚尔博士 585, 587

Gaston et Bayard (Belloy)《加斯东和巴亚尔》(贝洛瓦) 28, 31

Gates, Horatio 霍拉肖·盖茨 23

Gaudin, Martin Michel Charles, Duc de Gaète 马丁·米歇尔·查理·戈丹,加埃塔公爵 193, 723

Gazette de France《法兰西公报》146

Gazette de Leyde《莱顿公报》146, 147

Gazette de Tribuneaux《法庭公报》135-136

General Assembly of the Clergy 教士大会 189

General Will "普遍意志"(又译为"公意") 132, 154, 376-377, 452, 536, 539; *enragés* and, 忿激派与～ 610; of *sections*, 分区的～ 519, 521; and trial of Louis XVI, ～与对路易十六的审判 560

Geneva, Republic of 日内瓦共和国 27, 248

Génevou 热内武 437

Génissieu 热尼西厄 437

Genlis, Félicité Stéphanie, Comtesse de Brusbart de 费利西泰·斯特凡妮·让利斯伯爵夫人 153, 250, 573, 576

Gensonné, Armand 阿尔芒·让索内 450, 493, 506, 548

Gentil, Abbé 让蒂尔神父 36

George III, King of England 英国国王,乔治三世 21, 581

Gérard, Michel 米歇尔·热拉尔 287-288

Gerbier, Pierre 皮埃尔·热尔比耶 134, 190

Gerle, Dom 多姆·热尔勒 418, 482, 709

Germany 德国: Empire and, 帝国与～ 720; Napoleon in, 在～的拿破仑 11; theory of administration in, ～的行政理论 87

Gévaudan, hyena of 热沃当鬣狗 21, 727

Gillray, James 詹姆斯·吉尔雷 576

Gin, Pierre-Louis 皮埃尔-路易·吉恩 134

Giorgione 乔尔乔内 195

Girardin, René Louis, Marquis de 勒内·路易·吉拉尔丹侯爵 129-131, 149, 441-442, 452, 720

Girardin, Stanislas 斯坦尼斯拉斯·吉拉尔丹 442, 577

Girard, René 勒内·吉拉尔 368

Girl Weeping over Her Dead Canary (Greuze)《为她死去的金丝雀而哭泣的少女》(格勒兹) 126-127

Girodet-Trioson, Anne-Louis 安娜·路易·吉罗代-特里奥松 344

Girondins 吉伦特派 493-494, 515, 517, 523, 527, 545, 606, 608-616, 617, 639, 680, 681, 739; and Committee of Public Safety, ～与救国委员会 601; in Convention, 国民公会中的～ 547, 548, 549; and economic crisis, ～与经济危机 604; *enragés* and, 忿激派与～ 605, 606; execution of, 对～的处决 677-679; expulsion from Convention of, 将～驱逐出国民公会 611-615, 619, 621, 627, 687; federalist uprisings and, 联邦派的暴动与～ 622; flight from Paris of, ～逃离巴黎 677; in Lyon, 里昂的～ 662; and Marat's death, ～与马拉之死 629; Paine and, 潘恩与～ 564; and September massacres, ～与九月大屠杀 538; suicides of, ～的自杀 679, 722; and trial of Louis XVI, ～与对路易十六的审判 549-552, 559-560, 561; and trial of Marat, ～与对马拉的审判 610-611, 624, 626; trial of, 对～的审判 650, 676, 677-679; 另见 Brissotins 条

Glorious Revolution 光荣革命 241

Gloucester, Duke of 格洛斯特公爵 21

Gluck, Christoph Willibald von 克里斯托弗·维利巴尔德冯·格鲁克 111, 126, 180, 284, 633

Gobel, Jean Baptiste Joseph 让·巴蒂斯特·约瑟夫·戈贝尔 657

Godechot, Jacques 雅克·戈德肖 328, 447

Goethe, Johann Wolfgang von 约翰·沃尔夫冈·冯·歌德 232, 539-540, 541, 544

Goguelat 戈格拉 506

Goislard 瓜拉尔 227

Gojard 戈雅尔 236-237

Gold in the Temple (Ducastelier) 《教堂内的黄金》(迪卡斯特利耶) 267

Gombault, Abbé 贡博神父 623

Gorsas, Antoine-Joseph 安托万-约瑟夫·戈尔萨 389, 390, 621

Gossec, François-Joseph 弗朗索瓦-约瑟夫·戈塞克 466, 480, 507-508, 635, 636, 704, 705

Gouges, Olympe de 奥兰普·德·古热 424, 450-451, 556, 676-677

Goupil de Prefeln 古皮尔·德·普雷费恩 722

grain riots 食物骚乱 275-276, 316-317; 另见 flour wars 条

Grammont 格拉蒙 656

Grammont, Duchesse de 格拉蒙公爵夫人 700

Grammont family 格拉蒙家族 114

Granchez 格朗谢 195

Grand, Catherine 凯瑟琳·格兰特 184

Grande Javott, La 格朗德·雅沃特 149

Grande Terreur "大恐怖" 708, 713

Grandmaison 格朗迈松 658

Grandpré 格朗普雷 534

Grand Royal and Catholic Army 天

主教大王军　590-591, 666, 668
grands bailliages　大裁判所　236, 238
Grands Danseurs　大舞台　113
Gravures Historiques　《版画史》　346
Great Britain　大不列颠，参见 Britain 条
Great Fear　大恐慌　361-369
Great Hat Fiasco　脱帽大辱　293-294
Greece, ancient　古希腊　137, 140
Greer, Donald　格里尔唐纳德　664, 668
Grégoire, Abbé Henri　亨利·格雷古瓦神父　140, 303, 412, 416, 446, 460, 482, 547, 581, 616, 702, 706, 709, 714
Gregorian calendar　格里高利日历　654
Grenadiers de la France　法兰西掷弹兵　20
Grenoble　格勒诺布尔　236, 301, 721；*cahier* of, ～的陈情书　262；death of Bishop of, ～主教之死　239-240；during Terror, 恐怖时期的～　664；glove manufacture in, ～的手套制造业　161；Lafayette in, 拉法耶特在～　10；Parlement of, ～高等法院　88, 232-234, 437, 438；popular societies in, ～的民众社团　448；riot in, ～的骚乱　228-232
Grenville, William Wyndham, Baron　威廉·温德姆·格伦维尔男爵　498, 575, 580-583

Grétry, André Ernest Modeste　安德烈·欧内斯特·莫德斯特·格雷特里　389-390, 507
Greuze, Jean Baptiste　让-巴蒂斯特·格勒兹　25, 33, 113, 125-128, 137, 152, 184, 489, 528, 531
Gribeauval cannon　格雷博瓦大炮　155
Grignion de Montfort, Louis　路易·格里尼翁·德·蒙福尔　591
Grimm, Friedrich Melchior, Baron de　弗里德里希·梅尔希奥·格里姆男爵　72-73, 79, 131
grocery riots　杂货店骚乱　602-604, 607, 613, 641
Grotte Flamande　弗拉芒山洞　115
Grouvelle, Philippe Antoine　菲利普·安托万·格鲁维勒　105, 564
Gruder, Vivian　维维安·格鲁德　201, 202
Gruget　格吕热　596
Guader, Marguerite-Elie　玛格丽特-埃利·加代　493, 503-504, 516, 547, 560, 610, 612, 621
Guellard　盖拉尔　628
Guéménée, Marie-Louise Princesse de　玛丽-路易·盖梅内亲王夫人　180
Guénot, Nicolas　尼古拉·盖诺　652
Guêt, the　城防巡逻队　280
Guibert, Jacques Antoine Hippolyte, Comte de　雅克·安托万·伊波利特·吉贝尔伯爵　155, 213-215,

319, 541, 647, 708

guilds 行会 69, 70, 271; abolition of, ~的废除 442, 719

Guilhaumou, Jean 让·吉约穆 634

'Guillaume, M' "纪尧姆先生", 参见 Malesherbes 条

guillotine 断头台 524-526, 527, 556, 717, 725; and cult of Supreme Being, ~与最高主宰崇拜 706; Terror and, 恐怖与~ 644, 652, 660, 661-664, 665, 700

Guillotin, Joseph-Ignace 约瑟夫-伊尼亚斯·吉约坦 255, 306, 524, 525-526

Guiraut 吉罗 632

Guyton de Morveau, Louis Bernard Baron 路易·贝尔纳·吉东·德·莫尔沃男爵 492

H

Haarlem, political unrest in 哈勒姆的政治动荡 206

Habsburg Empire 哈布斯堡帝国 499

Hague, the 海牙 208, 469, 582

hairstyles, patriotic 爱国发型 446

Halles, Les 菜市场 317

Hamilton, Alexander 亚历山大·汉密尔顿 579, 731, 733

Hanotaux, Gabriel 加布里埃尔·阿诺托 646

Hanriot, François 弗朗索瓦·昂里奥 609, 614, 615, 651, 680, 710, 712, 713

Hardy, Siméon 西蒙·阿迪 278

Haren, Onno Zwier van 翁诺·茨威·范哈伦 289

Hareville-sous-Montfort, *cahier* of 蒙福尔下阿热维尔的陈情书 255

Harris, R.D. R.D.哈里斯 77, 301-302

hats, symbolic 具有象征性的帽子 512-513

Hauer, Jean-Jacques 让-雅克·奥尔 631

Haute-Guienne, provincial assembly in 上吉耶纳省级议会 71, 77

Haute-Saône, department of 上索恩省 404

Haüy, Abbé René Just 勒内·茹斯特·阿维神父 155

Haüy, Valentin 瓦朗坦·阿维 158

Hay de Bonteville, Bishop of Grenoble 格城大主教艾·德·邦特维尔 239-240

Hébertistes 埃贝尔派 642, 645, 649, 679-691, 698, 702, 736

Hébert, Jacques René 雅克·勒内·埃贝尔 187, 387, 425, 447, 511, 513, 605, 609, 613, 642, 644, 645, 650, 658, 680-682, 688-691, 698, 725, 865-866; and trial and execution of Marie-Antoinette, ~与对玛丽-安托瓦内特的审判与处决 672, 673, 674-675

Hébert, Père 佩尔·埃贝尔 467

Helvétius, Claude Adrien 克洛德·阿德里安·爱尔维修 61-62, 454

Hemery, Joseph d' 约瑟夫·德·埃默里 555

Hénault, Charles-Jean-François 夏尔-让-弗朗索瓦·埃诺 95-96

Henri II 亨利二世 173, 357

Henri IV 亨利四世 22, 26-27, 40, 55, 94, 130, 238, 285, 287, 293, 329, 349, 356, 435, 531, 638, 700

Henriot 昂里奥 277, 278, 279

Henry VIII, King of England 英国国王亨利八世 417

Hérault de Séchelles, Marie-Jean 马里-让·埃罗·德·塞谢勒 5, 133-136, 140, 218, 371, 501, 530, 535, 550, 567, 616, 617, 636, 637, 642, 682, 690, 691, 693, 704

Herman, Armand Martial Joseph 阿尔芒·马夏尔·约瑟夫·埃尔曼 674, 692

Hermigny, Major 马若尔·埃尔米尼 391

Hespe, J.C. J.C. 赫斯普 207

Hirza ou les Illinois (Billardon de Sauvigny) 《伊尔扎，或伊利诺伊》（比拉东·德·索维尼） 22

Histoire des Filles Célèbres 《名媛传》 332

Histoire du Patriotisme Français, L' (Rossel) 《法兰西爱国志》（罗塞尔） 26

History of the Girondins (Lamartine) 《吉伦特派史》（拉马丁） 493

History...of the Two Indies (Raynal) 《两个印度的……历史》（雷纳尔） 145

history painting 历史题材画 128, 324; Roman Republic and, 罗马共和国与～ 142-144

History of the Peerage (Laboureur) 《贵族史》（拉布勒） 90

History of...the Century of Alexander (Linguet) 《亚历山大世纪的历史》（兰盖） 137

History and Theory (Carr) 《历史与理论》（卡尔） xviii

Hoche, Lazare 拉扎尔·奥什 396

Hogarth, William 威廉·贺加斯 512

Hohenzollerns 霍亨索伦家族 52, 500

Holland 荷兰，参见 Dutch Republic 条

Holland Land Company 荷兰土地公司 734

Homer 荷马 465

Hondschoote, Battle of 翁斯科特战役 681

Honest Criminal, The 《老实囚徒》 401

honnête homme "尚礼君子" 287, 292, 451-452, 698; Beaumarchais as, 作为～的博马舍 119; Latude as, 作为～的拉图德 338; Malesherbes as, 作为～的马尔泽布 82; Necker as, 作为～的内克尔 322

Hood, Admiral Alexander 亚历山大·胡德海军上将 644

Hope bankers 霍普银行家族 317, 322

Horaces, Les (Corneille) 《贺拉斯》（高乃依） 144

Horatio Cocles 霍拉提奥·科克莱斯 142

Hôtel-Dieu 主宫医院 153

Hôtel de Ville (Paris) 市政厅（巴黎） 178, 296, 304, 316, 340, 341, 350, 383, 425; in 1830 Revolution, 在1830年革命中的～ 8-9, 10, 11; assembly of electors at, 在～的选举人议会 380; Commune at, 在～的公社, 参见 Commune 条; de Launay taken to, 德·洛内被押往～ 343; during Terror, 恐怖时期的～ 644; July 12 meeting at, 在～召开的7月12日会议 328; Louis XVI at, 在～的路易十六 357, 397; Permanent Committee at, ～常务委员会 348; weapons stores at, ～的武器库 329; women demonstrators at, 在～的女性示威者 388, 390-391

Houchard, Jean Nicolas 让·尼古拉·乌沙尔 649

Houdon, Jean Antoine 让·安托万·乌东 129, 479

Hubert 于贝尔 703, 705

Huddy, Captain Joshua 约书亚·赫迪上尉 25

Huel 于埃尔 700

Huet, Jean-Baptiste 让-巴蒂斯特·于埃 35

Hufton, Olwen 奥尔文·赫夫顿 365, 418

Hugo, Victor 维克多·雨果 5

Huguenots 胡格诺教徒 22-23, 147, 213, 248

Hulin, Pierre Augustin, Comte de 皮埃尔·奥古斯坦·于兰伯爵 342-343, 391

Hume, David 大卫·休谟 332, 558

Hundred Year's War 百年战争 311

Hungary 匈牙利 499

Hyena of Gévaudan 热沃当鬣狗 21, 727

Hymn to Nature (Gossec) 《自然颂》（戈塞克） 635

I

iconography, republican 共和派的图像学 653-654

If, Château d' 伊夫城堡 289

Ijver, van den 范·登·伊维尔 682

Iliad (Homer) 《伊里亚特》（荷马） 332

Imbert-Colomès, Jacques 雅克·安贝尔·科洛梅斯 439

impôt foncier "单一财产税" 602, 720

impôt unique "单一税" 65

Inauguration of the French Republic, The
"法兰西共和国开国大典" 703

India 印度 26, 196, 582; British, 英属～ 728; economic opportunities in, ～的经济机会 196; Suffren's fleet off, 在～取胜的叙弗朗的舰队 38, 48, 121, 192; Talleyrand and, 塔列朗与～ 734, 735

Indulgents 宽容派 650, 683, 686-690

industrialization 工业化 159-162; impact of Revolution on, 大革命对～的影响 719

infant mortality 婴儿死亡率 124

Influence of the Passions on Happiness, The (de Staël) 《激情于幸福之影响》(德·斯塔尔) 577

Institute of Maternal Welfare 产妇福利机构 123

institutions républicaines 共和机制 710

Institut National 国立学院 705

insurrection of August 10 8月10日起义 518-523, 545

intendents 督办官 98, 156-157, 161, 202, 224, 227, 368, 722; attacks on, 对～的抨击 291-292; during Terror, 恐怖时期的～ 697; provincial assemblies inaugurated by, 由～召集的省议会 221-222

Invalides, Hôtel des 荣军院 8, 320, 326, 329, 339, 342, 699

Iphigénie en Aulide (Gluck) 《伊菲姬尼在奥利德》(格鲁克) 111, 284,

Ireland 爱尔兰 592

Irène (Voltaire) 《伊蕾娜》(伏尔泰) 18

Isère, Department of 伊泽尔省 437, 721

Isherwood, Robert 罗伯特·伊舍伍德 113

Isnard, Henri-Maximin 亨利-马克西曼·伊斯纳尔 450, 493, 502, 560, 601, 610, 612

Italy 意大利 588; Bonapartism and, 波拿巴主义与～ 719, 720, 738

Ivry, *cahier* of 伊夫里的陈情书 272

J

Jacob, Jean 让·雅各布 400

Jacobins 雅各宾派 5, 25, 112, 133, 135, 144, 279, 379, 407, 427, 448-450, 451, 489, 611, 626, 662, 686, 693, 699, 721, 726, 733; and 'abdication' petition, ～与"退位"请愿书 481; anticapitalism of, ～的反资本主义 664, 665; August insurrection and, 八月起义与～ 518, 520; *bonnet rouge* and, 红帽与～ 512; British and, 英国与～ 576; *colporteurs* and, 卖宗教书的小贩与～ 149; and Committee of Public Safety, ～与救国委员会 601; in Convention, ～中的

~ 546, 548；Corday and, 科黛与~ 623；Counter-Terror and, 反恐怖与~ 718；David and, 大卫与~ 482；dechristianization and, 非基督教化与~ 656, 658；Directory and, 督政府与~ 739；economic crisis and, 经济危机与~ 604-606；economic program of, 经济项目 641；*engragés* and, 忿激派与~ 604, 605, 606, 624；fall of, ~的衰落 656；federalist uprisings against, 反~的联邦派暴动 619-622；festivals arranged by, ~设置的节日 514, 636, 637；and flight of royal family, ~与王室出逃 473, 475, 477；Girondins and, 吉伦特派与~ 493, 494, 608-610, 612；guillotine and, 断头台与~ 525；Hébertistes and, 埃贝尔派与~ 649, 681, 683, 684；iconography of, ~的图像学 653-654；*Indulgents* and, 宽容派与~ 686-688；and insurrection against Convention, ~与反对国民公会的暴动 615, 617；and Insurrectionary Commune, ~与起义公社 530；in Legislative Assembly, 立法议会中的~ 492；Lepeletier and, 勒佩勒蒂埃与~ 567, 568；in Lyon, 里昂的~ 659；and Marat's death, ~与马拉之死 629, 634, 635；mentality of prosecution by, ~的控诉心态 678；Mirabeau and, 米拉波与~ 449, 454, 456-458, 462, 466；Orléans and, 奥尔良与~ 477；polemics and, 辩论术与~ 445-446；popular culture and, 大众文化与~ 113；public instruction and, 公共教育与~ 702, 703；and revolutionary purity, ~与革命纯洁性 679；September massacres and, 九月大屠杀与~ 532, 535, 538, 548；Terror and, 恐怖与~ 642, 644, 645, 651-653, 722；Thermidorians and, 热月党人与~ 708-712；and trial of Louis XVI, ~与对路易十六的审判 551, 559, 560；in Vendée, 旺代省的~ 589, 592；violence and, 暴力与~ 618；in Voltaire cortège, 伏尔泰送葬队伍中的~ 479；and war, ~与战争 501, 503, 504, 509, 510, 512, 579, 584, 708；women and, 妇女与~ 450-451, 676；youth affiliates of, ~的青年组织 444

Jallet 雅莱 303
James II, King of England 英国国王詹姆斯二世 361
Janinet, Jean-François 让-弗朗索瓦·雅尼内 346
Jansenism 詹森主义 92, 299, 412
Jardin des Plantes 草木苑 714
Jardin du Roi 皇家植物园 155
Jaucourt, Arnail François, Marquis de 阿纳伊·弗朗索瓦·若古侯爵

491, 577, 578

Javogues, Claude 克洛德·雅沃格 651-652, 653, 681, 709, 726

Jay, John 约翰·杰伊 737

Jeanne d'Arc 贞德 27

Jefferson, Thomas 托马斯·杰斐逊 338, 375, 380

Jeffries, Dr. 杰弗里斯博士 110

Jeffries, John 约翰·杰弗里斯 441

Jemappes, Battle of 热马普战役 542-543, 549, 579, 581, 583

Jerome, st. 圣热罗姆 606

Jesuits 耶稣会士 92, 412, 701

Jews 犹太人 94, 682, 683；anti-Semitic complaints against, 针对～的犹抱怨 266；emancipation of, ～的解放 416, 418, 489；equal rights for, 给～的平等权利 140；Mirabeau and, 米拉波与～ 459；and nationalization of Church, ～与教堂国有化 415；rights denied to, 拒绝给予～的权利 424；rights of, ～的权利 303；scapegoating of, 把～当作替罪羊 368

Joly de Fleury, Jean-François 让-弗朗索瓦·若利·德·弗勒里 77, 95, 98

Jordan, David 大卫·乔丹 561

Joseph II, Emperor of Austria 奥地利皇帝约瑟夫二世 178, 179, 186, 284, 322, 369, 412, 499

Jourdan, Mathieu Jouve 马蒂厄·茹夫·茹尔当 495, 708

Jourgniac de Saint-Méard, François, Chevalier de 弗朗索瓦·茹尔尼亚克·德·圣梅亚尔骑士 535-536

Journal de Bruxelles 《布鲁塞尔日报》 147

Journal of the Estates-General 《三级会议日报》 300-301, 525

Journal de Genève 《日内瓦日报》 147

Journal Littéraire et Politique 《文学和政治日报》 28

Journal de Paris 《巴黎日报》 34, 35, 113-114, 122-123, 129, 133-134, 144, 148

Journal de la République 《共和国日报》 610

Julien, Jean 让·于连 657, 683, 684

July Revolution of 1830 1830年七月革命，参见 1830 July Revolution 条

Jussieu, Antoine Laurent 安托万·洛朗·朱西厄 440-441

K

Kanfen, *cahier* of 坎芬的陈情书 266

Kant, Immanuel 伊曼努尔·康德 232

Kaunitz, Count Wenzel Anton von 文策尔·安东·冯·考尼茨伯爵 500, 503, 505, 682

Kean, Edmund 埃德蒙·基恩 422

Kellerman, François-Christophe 弗朗索瓦-克里斯托弗·克勒曼 540, 541

Kennedy, Michael 迈克尔·肯尼迪 449

Kerguélen-Trémarec, Yves Joseph de 伊夫·约瑟夫·德·凯尔盖朗-特雷马雷克 30

Kersaint, Armand, Comte de 阿尔芒·凯尔桑伯爵 430, 492, 559, 582, 736

Kervélegan, Augustin Le Goazre de 奥古斯坦·勒·戈阿泽尔·德·凯尔韦勒冈 619, 621

Kléber, Jean Baptiste 让-巴蒂斯特·克莱贝尔 507

Klinglin, François Joseph Louis 弗朗索瓦·约瑟夫·路易·克林兰 367

Knights of Malta, Order of 马耳他骑士团 553

Knox, Henry 亨利·诺克斯 734

Koch, Christian-Guillaume 克里斯蒂安-纪尧姆·科克 492

Kolman 科尔曼 149

Kornmann Affair 科恩曼事件 529

Kufstein Castle 库夫施泰因城堡 740

L

La Barre, Jean François Le Fèvre, Chevalier de 让·弗朗索瓦·勒费弗尔·德·拉巴尔骑士 136, 137

Labille-Guiard, Adélaïde 阿德莱德·拉比耶-吉亚尔 182

La Blache, Comte de 拉布拉什伯爵 375

Laborde de Méréville, Louis 路易·拉博德·德·梅雷维尔 406

Laborde, Jean-Benjamin 让-邦雅曼·拉博德 62, 128

Laboureur, Abbé 拉布勒神父 90

Labussière, Narcise 纳西斯·拉比西埃 445

La Chalotais, Louis René de Caradeuc de 路易·勒内·德·喀拉多克·德·拉·夏洛泰 92

Lachapelle, César 恺撒·拉沙佩勒 445

Lacombe, Claire 克莱尔·拉孔布 676

Lacretelle, Pierre Louis de 皮埃尔·路易·德·拉克雷泰勒 253, 439

Lacroix, Sébastian Marie-Bruno 塞巴斯蒂安·马里-布鲁诺·拉克鲁瓦 455, 690

Ladavèse, Chevalier de 拉达韦斯骑士 420-421

La Drôme, Jullien de 朱利安·德·拉·德罗姆 529

Lafayette, Adrienne 阿德里安娜·拉法耶特 19, 22, 23, 385, 738

Lafayette, Anastasie 阿纳斯塔谢·拉法耶特 385, 738

Lafayette, George Washington 乔治·华盛顿·拉法耶特 385, 738

Lafayette, Marie Joseph Yves Gilbert du Motier, Marquis de 马里·约瑟夫·伊夫·吉尔贝·迪莫捷·拉法耶特侯爵 26, 35, 134, 241-242, 251, 351, 352, 354-355, 370, 372, 480, 577, 584, 638, 698, 727; in 1830 Revolution, 1830 年革命中的~ 9-11, 12-13; in America, 在美国的~ 10-11, 19-24, 31, 407, 591; in assembly of the Auvergne, 在奥弗涅议会中的~ 224-225; at Assembly of Notables, 在显贵会议中的~ 199, 202, 203; Barnave and, 巴纳夫与~ 485; as commandant of National Guard, 作为国民卫队司令的~ 381-385, 386; and Declaration of Rights of Man, ~与《人权宣言》 375, 376, 380; Duport and, 迪波尔与~ 218; and Dutch Patriots, ~与荷兰爱国者 209; in Estates-General, 三级会议中的~ 295, 297; and federation movement, ~与联邦运动 432, 433-434; and flight of royal family, ~与王室出逃 468, 469, 470, 473, 475, 477; Franklin and, 富兰克林与~ 32; imprisonment of, 对~的囚禁 555, 679, 736-739; and Legislative Assembly, ~与立法议会 517-518; Louis XVI and, 路易十六与~ 31, 357; Malesherbes and, 马尔泽布与~ 247-249; Marat and, 马拉与~ 425, 625; and march on Versailles, ~与向凡尔赛进军 391-392, 394-395, 396, 397; and martial law, ~与戒严令 481; Mirabeau and, 米拉波与~ 410, 453, 456; National Assembly and, 国民议会与~ 311, 354; oaths of loyalty to, 效忠~的誓言 444; prints featuring, 印刷品对~的刻画 445; prosecution of, 对~的起诉 528; violence and, 暴力与~ 379-380; in war, 战争中的~ 508, 510, 511, 541-542; and war policy, ~与战争政策 498, 503; waxwork of, ~的蜡像 323

Lafayette, Virginie 维尔日妮·拉法耶特 738

La Fontaine, Jean de 让·德·拉封丹 106

La Force prison 拉福斯监狱 352, 536-537, 538, 697

La Galaizière, Marquis de 加莱齐埃侯爵 190, 221-222, 308

Lagrange, Joseph Louis, Comte de 约瑟夫·路易·拉格朗日伯爵 155

Lagrenée, Jean Louis François 让·路易·弗朗索瓦·拉格勒内 113

La Haie, de 德拉艾 281-282

La Harpe, Jean François de 让·弗朗索瓦·德·拉阿尔普 28, 147

laisser-faire 自由放任主义 66

Lalande, Joseph Jérôme Le François de 约瑟夫·热罗姆·勒·弗朗索瓦·拉朗德 155, 561

Lally-Tollendal, Thomas Arthur, Comte de 托马·阿蒂尔·拉利-托伦达尔伯爵 26, 226, 295, 311, 361, 370；and Declaration of Rights of Man, ～与《人权宣言》375, 377；in England, 在英国的～ 577-578；in National Assembly, 在国民议会中的～ 372

La Luzerne, César-Henri de 塞萨尔-亨利·德·拉吕泽尔内 212, 305, 322

La Marck, August Marie Raymond, Prince d'Arenberg, Comte de 奥古斯特·马里·雷蒙·德·阿伦贝格王子，拉马克伯爵 454, 455, 460, 462-463

Lamartine, Alphonse Marie Louis de 阿方斯·马里·路易·德·拉马丁 5, 493, 617

Lamballe, Marie-Thérèse Louise de Savoie-Carignan, Princesse de 玛丽-特蕾丝·路易丝·德·萨伏依-卡里尼亚南，朗巴勒亲王夫人 180, 528, 536-537

Lambesc, Charles Eugène, Prince de 夏尔·欧仁·朗贝斯克亲王 326, 327

Lameth brothers 拉梅特兄弟 295, 361, 376, 377, 407, 454, 462, 476, 481, 485

Lameth, Alexandre de 亚历山大·德·拉梅特 311, 462, 494, 736

Lameth, Charles de 查理·德·拉梅特 473

Lamoignon family 拉摩仰家族 98

Lamoignon, Chrétien-François de 克雷蒂安-弗朗索瓦·拉摩仰 82, 212, 220, 223, 225, 226-227, 229, 230, 231, 233, 236, 238, 239, 240, 249

Lamoignon, Guillaume de 纪尧姆·德·拉摩仰 465

La Motte, Jeanne de 让娜·德·拉莫特 173-177

Lamourette, Antoine Adrien 安托万·阿德里安·拉莫莱特 460, 492, 518, 658

Languedoc 朗格多克 157；famine in, ～的饥荒 256；industrialization of, ～的工业化 157；privilege ended in, ～特权的废除 372；Third Estate of, ～的第三等级 263

Lanjuinais, Jean Denis, Comte de 让·德尼·朗瑞奈伯爵 252, 561

Lanjuinais, René 勒内·朗瑞奈 600, 621

Lansdowne, William Petty Shelburne, Marquess of 威廉·佩蒂·谢尔本·兰斯当侯爵 248, 295, 576, 579

Lanthénas, François-Xavier 弗朗索瓦-格扎维埃·朗泰纳 440, 450

Laparra　拉帕腊　587-588

La Pérouse, Jean François de Galaup, Comte de　让·弗朗索瓦·德·加洛·拉彼鲁兹伯爵　42

Laplace, Pierre Simon, Marquis de　皮埃尔·西蒙·拉普拉斯侯爵　155

La Porte, Arnaud de　阿诺·德·拉波特　527, 575

La Reynie, Louis　路易·拉雷尼　35

Larive, de　德·拉里夫　139

La Rochefoucauld Larivière, Louis de　路易·德·拉罗什富科·拉里维埃　555, 574

La Rochefoucauld-Liancourt, François Alexandre Frédéric, Duc de　弗朗索瓦·亚历山大·弗雷德里克·拉罗什富科-利昂库尔公爵　8, 21, 103, 251, 311, 353-354, 355, 372, 721, 731, 733 ; escape from France of, ～逃离法国　574

La Rochejaquelein, Henri Duvergier, Comte de　亨利·迪韦吉耶·拉罗什雅克兰伯爵　591, 596, 666

La Rochelle　拉罗谢尔　591, 600 ; federation movement in, ～的联邦运动　428

La Rouërie, Charles Armand, Marquis de　夏尔·阿尔芒·拉鲁埃里侯爵　589

Lasource, Marc-David　马克-大卫·拉苏尔斯　610

La Tour du Pin, Henrietta-Lucy de　亨丽埃塔-露西·德·拉图尔·迪潘　182, 247, 294, 361-363, 365, 370, 509, 566, 619 ; in America, 在美国的～　727-732, 735

La Tour du Pin, Hubert de　于贝尔·德·拉图尔·迪潘　729

La Tour du Pin, Jean Frédéric de　让·弗雷德里克·德·拉图尔·迪潘　361, 362, 363, 398, 456

La Tour du Pin, Seraphine de　塞拉菲娜·德·拉图尔·迪潘　731

Latour-Marbourg, Victor de Fay, Marquis de　维克托·德·费·拉图尔-马尔堡侯爵　739

Latude, Chevalier　舍瓦利耶·拉图德　335-338, 345, 348, 351

Lauget, Vicomte de　劳盖子爵　103

Launay, Bernard René Jordan, Marquis de　贝尔纳-勒内·若尔丹·洛奈侯爵　339-341, 342, 343, 354, 391, 522

Lauzun, Armand Louis, Duc de (later Duc de Biron)　阿尔芒·路易·洛赞公爵（后来的比龙公爵）　180-181, 189, 251, 498, 509-510, 542, 638, 639, 736

Laval, Vicomtesse de　拉瓦尔子爵夫人　435

La Vicomterie, Louis　路易·拉维孔特　468

La Villette, cahier of　拉维莱特的陈情书　272

La Villette, Charles de　夏尔·德·拉维莱特　478

Lavoisier, Antoine Laurent de 安托万·洛朗·拉瓦锡 59, 62, 196, 264-265, 269, 327, 697

Law, John 约翰·劳 50-51

Lawrence, Thomas 托马斯·劳伦斯 248

Law of Suspects 惩治嫌疑犯法 651, 670

Law, Thomas 托马斯·劳 728, 731, 734

Lazowski, Claude 克洛德·拉佐夫斯基 608

Le Bas, Joseph 约瑟夫·勒巴 664, 712, 713

Lebrun, Charles François, Duc de Plaisance 夏尔·弗朗索瓦·勒布伦·普莱桑斯公爵 582, 615, 616

Le Chapelier, Isaac René Guy 伊萨克·勒内·居伊·勒沙普利耶 376, 456, 485, 487, 489-490, 513, 515

Le Chapelier law 《勒沙普利耶法》 442, 480

Leclerc de Juigne 勒克莱尔·德·朱涅 263

Ledoux, Claude Nicolas 克洛德·尼古拉·勒杜 196, 327

Lefebvre, Georges 乔治·勒费弗尔 258, 364

Lefèvre 勒菲弗尔 145

Lefèvre, Abbé 勒菲弗尔神父 391

Legendre, Louis 路易·勒让德尔 514, 515-516

Legislative Assembly 立法议会 450, 491-497, 515, 516, 545, 546, 590; arrests and, 逮捕与～ 528-529; August insurrection and, 八月起义与～ 520-521, 527; Diplomatic Committee and, 外交委员会与～ 502, 505; emergency powers of, ～应对紧急状态的权力 517-518; and imprisonment of royal family, ～与对王室的监禁 553; and Insurrectionary Commune, ～与起义公社 529-530; Lafayette and, 拉法耶特与～ 517; September massacres and, 九月大屠杀与～ 536, 537, 538; war and, 战争与～ 499, 502-507, 530

Legislative Corps 立法团 732

Legros, François-Antoine 弗朗索瓦-安托万·勒格罗 351-352

Legros, Mme 勒格罗夫人 338

Le Guay, Nicole 妮科尔·勒盖 173, 175

Le Guen de Kergall 勒冈·德·凯加尔 371

Le Havre 勒阿弗尔 45; cahier of, ～的陈情书 271; emigration of clergy from, 教士从～移居国外 574; expeditionary force at, 在～的远征军 32

Lemaître 勒迈特 437

Le Montat, cahier of 勒蒙塔的陈情书 268

Lemoyne, Jean Baptiste 让-巴蒂斯

特·勒穆瓦纳 119
Lenoir, Jean-Claude 让-克洛德·勒努瓦 123, 149
Léonard 莱昂纳尔 471
Léon, Pauline 波利娜·莱昂 450, 514, 518
Leopold, Emperor of Austria 奥地利皇帝利奥波德 469, 496, 499-500, 505
Le Paige 勒佩吉 91, 93
L'Epée, Abbé 莱佩神父 158
Lepeletier d'Aulnay, Guillemette 吉耶梅特·勒佩勒蒂埃·德奥尔奈 696
Lepeletier de Saint-Fargeau, Louis Michel, Marquis de 路易·米歇尔·勒佩勒蒂埃·德·圣法尔若侯爵 135, 218, 371, 407, 525, 567-568, 617, 623, 632, 635, 678, 691, 696, 701
Lepeletier, Félix 费利克斯·勒佩勒蒂埃 568
Lépicié, François Bernard 弗朗索瓦·贝尔纳·莱皮西耶 27
Lequesne 勒凯纳 148
Lequinio, Joseph-Marie 约瑟夫·马里·勒基尼奥 447-448, 528-529
Le Rebours, Marie-Angélique 玛丽-安热莉克·勒·勒布尔 125
Lesage, Alain René 阿兰·勒内·勒萨热 58
lèse-majesté "冒犯君主罪" 88
lèse-nation "危害国家罪" 309

Lessart, Antoine de Valdec de 安托万·德·瓦尔德克·德·莱萨尔 505-506, 538
Le Tort 勒托尔 586
Letters of M. de Mirabeau to His Constituents 《米拉波先生告选民书》 301
lettres de cachet 密札 71, 86, 92, 121, 136, 225, 227, 230, 242, 461, 488；abolition of, ～制度的废除 261, 309；Bastille and, 巴士底狱与～ 331, 338
Levasseur 勒瓦瑟 4
levée en masse 总动员 646-648, 666, 708
Leveux, Jacques-Gaspard 雅克-加斯帕·勒弗 439
Lévis, Duc de 莱维公爵 102
Levy, Darline Gay 达兰内·盖伊·莱维 136
Lezardière, Pauline de 波利娜·德·勒扎迪埃 91
liberal economic theory 自由经济理论 65
liberty 自由 xvii, 32；Belloy on, 贝洛瓦论～ 29；*cahiers* on, 谈论～的陈情书 261；Desmoulins on, 德穆兰论～ 686；Lafayette's allegiance to, 拉法耶特对～的向往和执着 21-22；Mirabeau's notion of, 米拉波的～观念 300；Palais-Royal as empire of, 作为～王国皇家宫殿 316；rhetoric of, ～的修辞 136；solvency and, 清偿能

力与~ 241-242, 259；statue symbolizing, 象征~的雕像 637
Liberty Leading the People (Eugène Delacroix) 《自由引导人民》（欧仁·德拉克洛瓦） 13
liberty trees 自由树 419-420, 583, 706；on grounds of Tuileries 杜伊勒里广场上的~ 515
Life of Henri Brulard, The (Stendhal) 《亨利·勃吕拉传》（司汤达） 228
Ligne, Charles-Joseph, Prince de 夏尔-约瑟夫·利涅亲王 111, 180, 181
Ligniville d'Autricourt, Comtesse de 利尼维尔·多特里古伯爵夫人 61-62
Lille 里尔 147, 161；children's regiment in, ~的童子军 445；during war, 战争期间的~ 508, 509；economic decline of, ~的经济下滑 719；*gardes françaises* from, 来自~的法兰西卫队 319；grain riots in, ~的谷物骚乱 276；popular societies in, ~的民众社团 448
Limoges 利摩日：porcelain manufacture in, ~的陶瓷工业 67；Third Estate of, ~的第三等级 406
Limon, Geoffroi, Marquis de 若弗鲁瓦·利蒙侯爵 519
Limousin 利穆赞 67；migration from, 来自~的移民 365；previlege ended in, ~特权的废除 372
Lindet, Robert 罗贝尔·兰代 556-

557, 558, 559, 642, 650, 692
Linguet, Simon 西蒙·兰盖 136-139, 143, 145, 147-148, 149, 174, 334-335, 338, 444, 451, 625, 737；modernity rejected by, 遭~反对的现代 164-166
Linnaeus, Carolus 卡罗卢斯·林奈乌斯 81
Listenay, Mme de 利斯特奈夫人 370
lit de justice 御临法院 53, 64, 70-71, 84, 85, 220, 223, 227
Literacy 识字水平 150
literature 文学：anti-Bastille, 反巴士底狱~ 333-335；clandestine, 地下~ 145-146, 148-150；polemical, 辩论~ 443-444, 445-446；popular, 流行~ 151；另见 pornography 条
Livre Rouge 红书 455
Livy 李维 26, 140, 324
Logographie 速记室 521, 528
Loménie de Brienne, Etienne Charles de 艾蒂安·夏尔·德·洛梅尼·德·布里埃纳 199, 209, 239, 247, 258-259, 272, 298, 305, 372, 555, 561, 601, 641, 700；arrest of, ~被逮捕 696-697；fall of, ~下台 235, 236-237, 238, 240, 242；Parlements and, 高等法院与~ 218, 219, 221, 222, 224, 226, 230, 231, 242, 243
London 伦敦：Brissot in, 在~的布

里索 492；Calonne in, 在～的科洛纳 469；Du Barry in, 在～的杜巴利 675；Du-mouriez in, 在～的迪穆里埃 xv; Jeanne de La Motte in, 在～的让娜·德·拉莫特 176；Malesherbes's daughter in, 在～的马尔泽布的女儿 695；Mirabeau in, 在～的米拉波 289；money market of, ～金融市场 733-734；publications from, 来自～的出版物 145, 147-148；response to Louis XVI's execution in, ～对处决路易十六的反应 582；Talleyrand in, 在～的塔列朗 498-499, 555, 574-576, 578-579

London Corresponding Society 伦敦通讯协会 575

London Revolutionary Society 伦敦革命协会 575

Longeau de Bruyères, Sieur 隆若·德·布吕耶尔先生 364

Lorraine 洛林 159；anti-Semitism in, ～的反犹太主义 266；*cahiers* of, ～的陈情书 274；clergy of, ～的教士 303, 418, 460；federation movement in, ～的联邦运动 428；foundries in, ～的铸造厂 160-161

Louis, Dr. 路易医生 525, 526

Louis, Dominique, Baron 多米尼克·路易男爵 193, 251, 433

Louis, Victor 维克多·路易 114-115

Louis, IX 路易九世 26

Louis, XII 路易十二 27, 44, 372

Louis, XIII 路易十三 182

Louis, XIV 路易十四 27, 39, 44, 50, 84, 87, 96, 121, 177, 178, 256, 307, 311, 312, 314, 329, 356, 398, 400, 417, 503, 541, 565, 568, 637, 642, 702；Dutch-British alliance against, 荷兰与英国联盟共同反对～ 580；panic during reign of, ～统治时期的恐慌 364；patriotic contributions by, ～的爱国奉献 374；power of, ～的权力 210

Louis, XV 路易十五 20, 26, 27, 53, 84, 96, 98, 99, 128, 178, 243, 352, 403, 565, 637, 675, 702；bastards of, ～的私生子 189, 591；Beaumarchais and, 博马舍与～ 119；controllers general under, ～的财政总监 217；debauchery of, ～的放荡 176-177；financial reform under, ～的财政改革 64, 65, 66；Malesherbes and, 马尔泽布与～ 82-83；Parlements and, 高等法院与～ 87-88, 90-93, 235；taxes under, ～时期的税 58；Versailles redesigned by, ～重新设计的凡尔赛宫 39

Louis, XVI 路易十六 8, 11, 27, 36, 62, 63, 82, 97, 100, 142, 153, 181, 242, 315, 351, 402, 440, 482, 574, 623, 639, 660, 664, 673, 676, 722-723, 736；acceptance of constitution by, ～接受宪法 482, 484；after fall of Bastille, 巴士底狱陷落之后

的～ 353-358；airing of grievances to, 公开对～的抱怨 258, 259, 265；arrest of servants of, 逮捕～的侍从 528；and Asgill episode, ～与阿斯吉尔插曲 25；at Cherbourg, ～在瑟堡 39, 43, 44-46；at *séance royale*, 御前会议上的～ 308-309；and August decrees, ～与八月法令 372, 374, 388-389, 394；ballooning and, 气球飞行与～ 108；Barnave and, 巴纳夫与～ 486；Bastille during reign of, ～统治期间的巴士底狱 332, 333, 338；Beaumarchais and, 博马舍与～ 121-123；*bonnet rouge* and, 红帽子与～ 512-513, 616；Calonne and, 卡洛纳与～ 194, 197, 198, 199-200, 203-204；as citizen-king, 作为公民国王的～ 427；and Civil Constitution, ～与《教士公民组织法》 414, 495-496；collapse of authority of, ～权威的崩溃 276；Convention and, 国民公会与～ 546；coronation of, ～的加冕礼 39-41；Cour des Aides under, ～时期的租税法院 83；and cult of Sensibility, ～与情感崇拜 129；and death of Dauphin, ～与王太子之死 304；and Declaration of Rights of Man, ～与《人权宣言》 374, 375-376, 388, 394；and Diamond Necklace Affair, ～与钻石项链事件 171, 172, 174, 176；Du Barry and, 杜巴利与～ 171；and Dutch patriots, ～与荷兰爱国者 208；edicts of, 国王法令 292；and emancipation of Protestants, ～与解放新教徒 213；émigré relatives of, ～的流亡亲属 496-497；Estates of Dauphiné convened by, ～召开多菲内三级会议 235；Estates-General and, 三级会议与～ 235-236, 245, 246, 285-287, 293-295, 312, 700；execution of, 处决～ 546, 562-567, 568-569, 576, 582, 588, 594, 605, 617, 675, 695；and Fête de la Fédération, ～与联盟节 429, 431, 433, 434, 456；financial reform under, ～的财政改革 64-66, 70-71, 75-76；flight to frontier of, ～逃往边境 284, 352, 467-478, 480-482, 539, 541, 547, 628, 674；foreign demands for restoration of, 外国要求让～重登王位 542；Franklin and, 富兰克林与～ 33；and Great Fear, ～与大恐慌 366-368；and Grenoble incidents, ～与格勒诺布尔事件 233；hunting by, ～打猎 41-42；imprisonment of, 对～的起诉 541, 549, 552-554；insurrection against, 反～的起义 519-523, 545；*intendants* under ～的督办官 98, 222；June 1792 demonstrations against, 1792 年 6 月反～的示威游行 515-516；Lafayette and, 拉法耶特与～ 31-

32, 199, 386；Lally and, 拉利与～ 26；Legislative Assembly and, 立宪议会与～ 493, 494, 497；liquidation of personal guard of, 解散～的私人卫队 513-514；local officials representing, 代表～的地方官员 439；Loménie de Brienne and, 洛梅尼·德·布里埃纳与～ 211；Malesherbes and, 马尔泽泽与～ 81, 85-86, 249；and march on Versailles, ～与向凡尔赛进军 386, 388, 391, 394-398；military show of force by, ～调动军队展示武力 318, 321-322；Mirabeau and, 米拉波与～ 301, 409-410, 453, 454, 456, 458, 460, 461；modernization and, 现代化与～ 157-158, 162；National Assembly and, 国民议会与～ 305, 307-308, 311, 312, 354-355；nautical interests of, ～的海上利益 42；Necker dismissed by, 被～解职的内克尔 317, 321-322, 323；newspapers and, 报纸与～ 148；official constitutional title of, ～的正式的宪法头衔 398；Parlements and, 高等法院与～ 93, 95, 220, 223-225, 228, 232, 235；personality of, ～的性格 179；reforming ethos of, ～时期的改革风气 244；riots and, 骚乱与～ 107, 275；sale of office under, ～时期的卖官鬻爵 55-56；sexuality of, ～的性生活 178-179, 185；

songs about, 关于～的歌曲 151；and storming of Bastille, ～与巴士底狱风暴 342；Talleyrand and, 塔列朗与～ 12；theater and, 剧院与～ 114；Third Estate and, 第三等级与～ 253；trial of, 对～的审判 546, 549-552, 554-562, 607, 610, 612, 695, 698, 699；war debt and, 战争债务与～ 48-50, 53；war policy of, ～的战争政策 497, 500, 503, 504, 506-507；另见 cahiers deléances 条

Louis, XVII 路易十七 594, 598, 672-673, 674

Louis, XVIII 路易十八 4, 7, 439

Louis-Philippe 路易-菲利普 4, 8, 9, 11, 13, 386

Loustalot, Elysée 爱丽舍·卢斯塔洛 378-379, 389, 390, 425, 433, 685, 725

Louvet de Couvray, Jean-Baptiste 让-巴蒂斯特·卢韦·德·库弗雷 549, 615, 621

Louvre 卢浮宫 112, 155, 156, 188, 298-299, 314, 373, 482；department of inscriptions of, 碑铭部门 492；royal family at, 在～的王室 395；Salon of Republic in, 在～的共和国画廊 635

Loys, Jean-Baptiste 让-巴蒂斯特·卢瓦 613

Lubomirski, Princesse de 卢博米尔斯基公主 700

Luc, Comte de 吕克伯爵 400, 420-421

Lucie or the Imprudent Relatives (Collot) 《露西或莽亲眷》(科洛) 660

Luckner, Nicolas, Baron de 尼古拉·吕克内尔男爵 508

Lully, Jean-Baptiste 让-巴蒂斯特·吕里 312

Lusignan, Marquis de 吕西尼昂侯爵 348

Luther, Martin 马丁·路德 417

Lux, Adam 亚当·卢克斯 631-632

Luynes, Duchesse de 吕内公爵夫人 430

Luynes, Louis Joseph Charles Amable, Duc de 路易·约瑟夫·夏尔·阿马布勒·吕内公爵 251, 311

Luzac family 吕扎克家族 147

Lycée Louis-le-Grand 路易大帝高级中学 324, 488, 687, 700

Lyon 里昂 655; anticlericalism in, ~的反教权主义 496; ballooning in, ~的气球飞行 110, 111; Bastille *souvenirs* in, ~的巴士底狱纪念品 351; book smuggling in, ~的书籍走私 149, 151; economic recovery of, ~的经济复苏 719; federation movement in, ~的联邦运动 428, 706; Great Fear in, ~的大恐慌 363; municipal officials of, ~的市政官员 439-440; patriotic contributions in, ~的爱国奉献 373; privilege ended in, ~特权的废除 372; regional court at, ~的地区法庭 236; retaking of, 收复~ 646, 650; riots in ~的骚乱 316; Terror in, ~的恐怖统治 658-663, 687, 688, 709, 728; textile industry in, ~的纺织业 67, 165; transport to, 前往~的交通 159; unemployment in, ~的失业 258; uprising in, ~的起义 615, 620-621, 622, 638

M

Maastricht 马斯特里赫特 siege of, ~之围 583

Mably, Abbé Gabriel Bonnot de 加布里埃尔·博诺·德·马布利神父 229

Macdonald, Forrest 福里斯特·麦克唐纳 35

Machault d'Arnouville, Jean-Baptiste de 让-巴蒂斯特·马绍·达努维尔 51

Machecoul, uprising in 马什库勒起义 585-587, 594-596

Machuel, Robert 罗伯特·马许埃尔 145

Mâconnais 马孔: federation movement in, ~的联邦运动 428; Great Fear in, ~的大恐慌 366, 368

Madelonettes prison 玛德洛内特监狱 697, 714

Magdeburg prison　马格德堡监狱　736-737

Magnon, Honoré-Philippe　奥诺雷-菲利普·马尼翁　664

Mailhe, Jean-Baptiste　让-巴蒂斯特·马耶　550, 561, 562, 564

Maillard, Stanislas　斯坦尼斯拉斯·马亚尔　391, 392, 393, 535, 587, 682

mainmorte　永久管业权　270, 371, 442

Mainz　美因茨：evacuation of, ～撤退　638; siege of, ～之围　583, 597, 631

Malesherbes, Chrétien-Guillaume Lamoignonde　克雷蒂安-纪尧姆·德·拉摩仰·德·马尔泽布　80—86, 93, 96, 212, 222, 240, 247-249, 736; during Terror, 恐怖时期的～　695-700; Latude and, 拉图德与～　337; and Louis XVI's will, ～与路易十六的遗嘱　563; Marie-Antoinette and, 玛丽-安托瓦内特与～　180; and trial of Louis XVI, ～与路易十六的审判　554-556, 558, 561, 562-563

Malesherbes, Marie-François de　玛丽-弗朗索瓦·德·马尔泽布　82

Malouet, Pierre Victor, Baron　皮埃尔·维克托·马卢埃男爵　301, 302, 375

Malpel, Machel-Athanaze　米歇尔-阿塔纳斯·马尔佩尔　439

Manche, Department of　芒什省　404

Mandat, Jean Antoine, Marquis de　让·安托万·芒达侯爵　521-522

Mansart, François　弗朗索瓦·芒萨尔　321

Manuel, Louis Pierre　路易·皮埃尔·曼努埃尔　516, 518, 527, 537

Marat, Albertine　阿尔贝蒂娜·马拉　691

Marat, Jean-Paul　让-保罗·马拉　110, 378, 381, 389, 390, 447, 451, 481, 511, 518, 520, 613, 614, 624-626, 685, 718, 725, 726, 739; attempt to arrest, 试图逮捕～　425; Beaumarchais and, 博马舍与～　529; on capital punishment, ～论死刑　525; Cloots and, 克洛茨与～　690; in Convention, 国民公会中的～　546, 547; David and, 大卫与～　483, 704; David's painting of, 大卫关于～的画作　635; death of, 马拉之死　623-624, 626-630, 632-633, 641, 658, 678; and Farmers-General, ～与总包税商　59; funeral of, ～的葬礼　633-635; in Insurrectionary Commune, 起义公社中的～　527, 530; Paine and, 潘恩与～　564; September massacres and, 九月大屠杀与～　532; and trial of Louis XVI, ～与路易十六的审判　559, 560; trial of, 对～的审判　610-611, 624, 626

Marcé, General Louis Henri François　路易·亨利·弗朗索瓦·马尔塞将军　598, 600

Marcel 马塞尔 82

Maréchal, Sylvain 西尔维恩·马雷夏尔 142, 445, 673

maréchaussé constabulary 治安警察 273, 363

Maret, Hugues Bernard 于格·贝尔纳·马雷 193, 583

Maria Theresa, Empress of Austria 奥地利女皇玛丽亚·特蕾西娅 119, 171, 173, 499

Marie-Antoinette 玛丽-安托瓦内特 97, 153, 156, 171-174, 342, 355, 412, 496, 501, 735; and acceptance of constitution, ～与对宪法的接受 484; after fall of Bastille, 巴士底狱陷落之后的～ 355; and American Revolution, ～与美国革命 36; arrest of servants of, 逮捕～的侍从 528, 536-537; and Asgill episode, ～与阿斯吉尔插曲 25; at Cherbourg, ～在瑟堡 44; at Fête de la Fédération, 在联盟节上的～ 434; Barnave and, 巴纳夫与～ 486, 493, 494-495, 513; call for summary incarceration of, 要求立即囚禁～ 438; Calonne and, 卡洛纳与～ 204; and Coronation of Louis XVI, ～与路易十六的加冕礼 41; and cult of *sensibilité*, ～与情感崇拜 129, 130; de Staël's defense of, 德·斯塔尔为～的辩护 676; and Diamond Necklace Affair, ～与钻石项链事件 171-177; and Estates-General, ～与三级会议 294; and execution of Louis XVI, ～与处决路易十六 564, 565; execution of, 处决～ 675; expletives directed at, 对～的咒骂 447; favoritism of, ～的宠臣 180-182; and Flanders Regiment, ～与佛兰德军团 390; flight to frontier of, ～逃往边境 284, 468-475; Great Fear and, 大恐慌与～ 369; Guadet and, 加代与～ 516; Hérault and, 埃罗与～ 135; imprisonment of, 对～的起诉 528, 553, 671-673; insurrection against, 反～的起义 521; June 1792 demonstrations against, 1792年六月反～的示威游行 516; Lafayette and, 拉法耶特与～ 31, 199, 386, 517; de La Tour du Pin and, 德·拉图尔·迪潘与～ 361; Latude and, 拉图德与～ 338; Leopold and, 利奥波德与～ 499-500; libels against, 对～的诽谤 145, 149, 177, 185-187; Loménie de Brienne and, 洛梅尼·德·布里埃纳与～ 211; and Louis XVI's will, ～与路易十六的遗嘱 563; Malesherbes and, 马尔泽布与～ 86, 212,; and march on Versailles, ～与向凡尔赛进军 386-388, 390, 395-398; military and, 军队与～ 320, 321; Mirabeau and, 米拉波与～ 453, 458, 460; Montgolfier and, 梦高飞与～ 108；and National Assembly,～与国民议会 304, 310, 312；Necker and, 内克尔与～ 293, 305, 310, 318；sexuality of,～的性生活 178-179；songs about, 关于～的歌曲 151；theater and, 剧院与～ 114, 121；trial of, 对～的审判 639, 650, 672, 673, 674-675, 696；Vigée-Lebrun and, 维热-勒布伦与～ 182-185, 187；war and, 战争与～ 497, 502, 505, 506；waxwork of,～的蜡像 323

Marie-Jeanne (cannon) "玛丽-让娜"（大炮） 597

Marigny, Abel François Poisson, Marquis de 阿贝尔·弗朗索瓦·普瓦松·马里尼侯爵 128, 142

Marine-la-Royale regiment 皇家海军军团 230-231

Marivaux, Martin de 马丁·德·马里沃 93, 536

'Marlborouck S'en Va-t-en Guerre, "好斗鬼马尔博罗" 121

Marlborough, John Churchill, Duke of 约翰·丘吉尔·马尔博罗公爵 121

Marly 马尔利 41, 193, 311；cahier of,～的陈情书 269

Marmont, Auguste Frédéric Louis Viesse de, Duc de Raguse 奥古斯特·弗雷德里克·路易·维耶斯·德·马尔蒙·拉古斯公爵 8, 76

Marmontel, Jean François 让·弗朗索瓦·马蒙泰尔 116, 213, 332, 333, 334

Marriage Contract, The (Greuze) 《婚约》（格勒兹） 128

Marriage of Figaro, The 《费加罗的婚礼》 113, 118, 119, 120-124, 148

'Marseillaise, La' 《马赛曲》 8, 10, 151, 507-508, 518, 523, 541, 598, 648, 679, 705

Marseille 马赛；anticlericalism in,～的反教权主义 496；book smuggling in,～的书籍走私 149, 151；Chamber of Commerce of,～的商会 48；during war, 战争期间的～ 508；federation movement in,～的联邦运动 428；fédérés from, 来自～的联盟代表 518；Girondins from, 来自～的吉伦特派 548；group of thirteen in, 13人团体 35；immigrants in,～的移民 365；Mirabeau in, 米拉波在～ 291-292；popular societies in,～的民众社团 448；privilege ended in,～特权的废除 372；retaking of, 收复～ 650；riots in,～的暴动 291-292；Terror in,～的恐怖统治 663-664, 665, 728；tolls on grain in,～的谷物税 68；trade through, 途径～的贸易 159, 719；uprising in,～起义 619, 620, 638, 659；volunteer guards of,～的志愿兵 276

Martin 马丁 634

Martin, Jean-Clement 让-克莱芒·马丁 589, 590, 669

Marx, Karl 卡尔·马克思 6

Mary, Pierre-Jean 皮埃尔-让·马里 279, 280

Masons 共济会, 参见 Freemasons 条

Massolles, Marquise de 玛索勒侯爵 373

Mathon de La Cour, Charles 夏尔·马东·德·拉库尔 126-127, 162-164

Maubeuge, siege of 莫伯日之围 638

Mauges 莫日 588-589

Maupassant 莫泊桑 586

Maupeou family 莫普家族 98

Maupeou, René Nicolas de 勒内·尼古拉德·莫普 66, 70, 84, 177, 190, 217, 226, 237, 242, 372, 536, 641; Parlements and, 高等法院与~ 92-93, 95, 98

Maurepas, Jean Frédéric Phélypeaux, Comte de 让·弗雷德里克·菲利波·莫尔帕伯爵 32, 71, 77, 86

Maury, Jean Siffrein 让·西弗兰·莫里 459

Mayeur de Saint-Paul, François Marie 弗朗索瓦·马里·马耶尔·德·圣保罗 116, 322

Mazarin, Cardinal 红衣主教马扎然 82

Mazzei, Philip 菲利普·马泽伊 251

meat trade, deregulation of 放开肉类市场管制 68-69

Médel, Mme de 德·梅戴尔夫人 312

Medici, Catherine de 凯瑟琳·德·美第奇 182

Méhul, Etienne Nicolas 艾蒂安·尼古拉·梅于尔 507

Melville, John 约翰·梅尔维尔 400

Mémoires Secrétes 《秘密回忆录》 45, 130, 182

Memoirs of the Bastille (Linguet) 《巴士底狱回忆录》(兰盖) 136-137, 145, 174, 334-335

Memoirs of Vengeance (Latude) 《复仇回忆录》(拉图德) 337-338

Memorandum of the Princes 王公备忘录 254

Menou, Jacques François de Boussay, Baron de 雅克·弗朗索瓦·德·布塞·梅诺男爵 402

Mercier, Louis-Sébastien 路易-塞巴斯蒂安·梅西耶 59, 115, 116, 120, 127-128, 131, 141-142, 150, 153-154, 179, 273, 444, 451, 511, 533; at Lepeletier's funeral, 在勒佩勒蒂埃葬礼上的~ 568; and dechristianization, ~与非基督教化 658; on emotive symbols, ~论感情的象征物 385; and execution of Louis XVI, ~与处决路易十六 566-567, 568; and federation movement, ~与联邦运动 430-431; Marat influenced by, 受~影

响的马拉 625；modernity rejected by, 遭～反对的现代性 166-167；on September massacres, ～谈九月大屠杀 537；in Society of Thirty, 三十人社中的～ 251；and trial of Louis XVI, ～与对路易十六的审判 561

Mercure de France 《法兰西信使报》 129, 143, 146, 148, 194

Mercure Nationale 《国家信使报》 450

Mercy d'Argenteau, Florimund 弗洛里蒙德·梅西·德·阿尔让多 397, 454, 499, 510

Méricourt, Théroigne de 泰鲁瓦涅·德·梅里古 392-393, 450, 514, 518, 739-741

Merlin de Thionville, Antoine Christophe, Baron 安托万·克里斯托弗·梅兰·德·蒂永维尔男爵 552, 679

Merovingians 墨洛温家族 90, 177

Mesmer, Franz Anton 弗朗斯·安东·梅斯梅尔 72

metallurgy 冶金业 103, 160-161, 719

Metz 梅斯 355, 469, 475；Calonne as *intendant* of, 作为～督办官的卡洛纳 194；Parlement of, ～高等法院 88, 94, 100, 227；Pilâtre's funeral in, 皮拉特尔在～的葬礼 110

Meurthe, Terror in 默尔特的恐怖 664

Michelet, Jules 儒勒·米什莱 5, 8, 611

Midi 法国南部：clergy of, ～的教士 589, 591；counter-revolutionary plots in, ～的反革命阴谋 461；Counter-Terror in ～ 的反恐怖 718；crops destroyed in, ～的庄稼被毁 256；dechristianization in, ～的非基督教化 657；embattled Patriots in, ～严阵以待的爱国者 518；religious battles in, ～的宗教战争 482；Terror in, ～的大恐怖 664

Milan, siege of 米兰之围 20

Mihaud, E.J.B. E.J.B. 米约 646

military 军队：Constituent Assembly and, 立宪议会与～ 406；disaffection of, ～的不满情绪 318-321；funding of, 对～的资助 721-722；impact of Revolution on, 大革命对～的影响 441；and Paris revolt, ～与巴黎叛乱 326-327, 328-329；reform of ～改革 213-215；show of force of, ～力量展示 318, 321-322；technology for, ～技术 155

Millin 米林 654, 655

Millingen 米林根 349

Millot, Abbé 米约神父 404

Minden, Battle of 明登战役 20, 134

Minimes "少年社" 450

mining 采矿业 159-160

Miomandre de Sainte-Marié, François

Aime 弗朗索瓦·艾梅·米奥芒德·德·圣马里耶 396

Mique, Richard 理查德·米克 129

Mirabeau, Honoré-Gabriel Riqueti, Comte de 奥诺雷-加布里埃尔·里克蒂·米拉波伯爵 xvi, xviii, 49, 127, 200, 203, 248, 256, 288-293, 310, 353, 406, 453-467, 479, 480, 481, 483, 485, 486, 504, 506, 609, 639, 679, 684, 686, 700, 721, 723, 724, 736; at *séance royale*, 御前会议上的～ 309; Bastille and, 巴士底狱与～ 347-348, 352; Calonne and, 卡洛纳与～ 194; Church and, 教会与～ 412-414, 418, 419; clash with brother, ～与兄弟的冲突 421; in Club of 1789, 1789年俱乐部中的～ 407; death of, ～之死 462-464, 469; in disgrace, 身败名裂的～ 555; on Dutch Republic, ～论荷兰共和国 209; in Estate-General, 三级会议中的～ 288, 289-290, 292, 295, 296, 300-301, 302, 303; and federation movement, ～与联邦运动 432, 433; on financial crisis, ～论财政危机 408-409; on formation of departments, ～论省的形成 404; Jacobins and, 雅各宾派与～ 449, 450, 454, 456-458, 462, 466; and march on Versailles, ～与进军凡尔赛 394; military and, 军队与～ 321; as monarchist, 作为君主主义者的～ 409-410, 453-458, 552; in National Assembly, 国民议会中的～ 303, 309-310, 354; oratory of, ～的演讲 139; Orléans and, 奥尔良与～ 224; prints featuring, 印刷 445; in Society of Thirty, 三十人社中的～ 251; Talleyrand and, 塔列朗 190; Talma and, 塔尔玛与～ 422; waxwork of, ～的蜡像 323

Mirabeau's Arrival in the Elysian Fields 《米拉波抵达至福乐土》 467

Mirabeau, Victor Riqueti, Marquis de 维克托·里克蒂·米拉波侯爵 65-66, 288, 289, 453-454

Miranda, Francisco 弗朗西斯科·米兰达 583

Miromesnil, Armand Thomas, Hue de 阿尔芒·托马·于·德·米罗梅尼尔 70, 78, 198, 204

Missionnaires du Saint-Esprit 圣灵布道团 591

mitraillades "齐放乱轰" 662

modernization 现代化 xv, xvii, 153-162, 164; *cahiers* and, 陈情书与～ 262, 273; commercial, 商业～ 158-162, 164-165, 272, 277-278; exponents of, ～的支持者 244; impact of Revolution on, 大革命对～的影响 721; official activism and, 官方的积极行动与～ 156-158; rejection of, 反对～

165-167, 423；revolutionary rhetoric against, 反对～的革命修辞 244-245；science and, 科学与～ 155-156

Modinier 莫迪尼耶 196

Moitte, Mme 穆瓦特夫人 372-373

Molé 莫莱 139

Moleville, Bertrand de 贝特朗·德·莫勒维尔 98, 227, 497, 505, 675

Molière 莫里哀 113, 126, 312, 334

Mollien, François Nicolas, Comte de 弗朗索瓦·尼古拉·莫利安伯爵 193, 439

Momoro, Antoine François 安托万·弗朗索瓦·莫莫罗 324, 373, 425, 658

Momoro, Mme 莫莫罗夫人 698

monarchiens 君主制 375-377, 388

Monge, Gaspard 加斯帕尔·蒙日 155, 492, 527, 650, 654

Moniteur 《通报》 477

Monnet, Jean-Claude 让-克洛德·莫内 320

Monnet, Marie-Victoire 玛丽-维克图瓦·莫内 363

Monnier, Sophie 索菲·莫尼耶 289

Monnot 莫诺 535

Monroe, James 詹姆斯·门罗 738

Montané, Jacques Bernard Marie 雅克·贝尔纳·马里·蒙塔内 629-630

Montansier troupe 梦旦夕剧团 114, 433, 543, 656

Montargis, textile mills at 蒙塔日纺织厂 102-103

Montboissier, Françoise-Pauline 弗朗索瓦-波利娜·蒙布瓦西耶 556, 695

Montbrison 蒙布里松 619, 652

Montcalm, Louis Joseph de Saint-Véran, Marquis de 路易·约瑟夫·德·圣韦朗·蒙特卡姆侯爵 27

Montesquieu, Charles Louis de Secondat, Baron de la Brède et de 夏尔·路易·德·塞孔达, 拉布雷德与孟德斯鸠男爵 80, 84, 90-91, 105, 234, 241, 242, 376, 406, 663

Montesquiou-Fezensac, Anne-Pierre, Marquis de, General 阿内-皮埃尔·孟德斯鸠-费藏萨克侯爵, 将军 581

Montesquiou-Fezensac, Abbé François de 弗朗索瓦·德·孟德斯鸠-费藏萨克神父 419, 467

Montferrat, Marquise de 蒙费拉侯爵夫人 438

Montgolfier, Etienne 艾蒂安·梦高飞 72, 106, 107, 108, 111, 134, 277-278, 661

Montmédy 蒙梅迪 469, 471, 472, 475, 506

Montmorency de Luxembourg 蒙莫朗西德·卢森堡 311

Montmorency, Mathieu de 马蒂厄·德·蒙莫朗西 577

Montmorin Saint Hérem, Armand Marc,

Comte de 阿尔芒·马克·蒙莫兰·圣·埃雷姆伯爵 305, 307-308, 455, 536

Mont-Terrible, Department of 蒙泰里布勒省 544

Moore, Alexander Parks 亚历山大·帕克斯·穆尔 387

Morbihan, Department of 莫尔比昂省 404

Moreau, Jean Michel 让·米歇尔·莫罗 288, 467

Moreau de Saint-Méry 圣-梅里·莫罗 733

Morel 莫雷尔 634

Morellet, Abbé André 安德烈·莫雷莱神父 248, 251, 333, 334

Moreton-Chabrillant, Comte de 莫雷东-沙布里扬伯爵 117-118

Morgues, Comte de 莫尔格伯爵 234

Morichelli 莫里切利 463

Morineau, Michel 米歇尔·莫里诺 51, 57

Morisson 莫里森 550

Morizot, Martin de 马丁·德·莫里佐 40

Morris, Gouverneur 古韦纳尔·莫里斯 188, 294

Mortagne, uprising in 莫尔塔涅起义 596

Morveau, Guyton de 吉东·德·莫尔沃 102

Moselle 莫塞勒: anti-Semitism in, ～的反犹主义 266；*levée en masse* in, ～的总动员 646；nobility of, ～的贵族 262

'Motion of the Herring Women of La Halle'《大市集鲱鱼妇之愿》 387

Mougins de Roquefort, Jean 让·穆然·德·罗克福 406

Mounier, Jean-Joseph 让-约瑟夫·穆尼埃 105, 231, 232-233, 234-235, 239, 243, 252, 296, 303, 306, 309, 476, 723；and Declaration of Rights of Man, ～与《人权宣言》 376, 377, 388；in Grenoble, 在格勒诺布尔的～ 437；and march on Versailles, ～与进军凡尔赛 393, 394

Mountain, the 山岳派 547-548, 552, 559, 600, 601, 607, 608-610, 619, 680, 684, 739；federalist revolt against, 联邦主义者反抗～ 622, 623；Hebertistes and, 埃贝尔派与～ 681

Mount Vernon 弗农山庄 24, 297, 738

Moving Tableau of Paris《巴黎活景》 171

Moyens Simples et Faciles de Fixer l'Abondance "保证物资充盈之捷径" 511-512

Mozart, Wolfgang Amadeus 沃尔夫冈·阿玛多伊斯·莫扎特 120

Murat, Joachim 若阿基姆·缪拉 635

Musée Carnavalet 卡纳瓦莱博物馆 434

Musée des Sciences 科学博物馆 109

Musset, Dr. 缪塞医生 587

N

Nancy 南锡：mutiny at garrison of, ～卫戍部队兵变 469, 509, 514；Terror in, 大恐怖～的 664；transport to, 通往～的交通 158

Nantes 南特 159；clergy of, ～的教士 591；Parlement of, ～省 226；retaking of, 收复～ 666；salt production around, ～周围的食盐生产 60；siege of, ～之围 599；Terror in, ～的大恐怖 664, 666-667, 690；Third Estate of, ～的第三等级 252；trade through, 途径～的贸易 49, 443

Napoleon I, Emperor of the French 法国皇帝拿破仑一世 3, 4, 7, 11, 44, 289, 361, 635, 687-688, 724-725, 738；campaign speeches of, ～的竞选演讲 504；Guibert and, 吉贝尔与～ 214；nobility under, ～统治下的贵族 439；Talleyrand and, 塔列朗与～ 12, 573

Narbonne-Lara, Louis, Comte de 路易·纳尔博纳-拉拉伯爵 189, 497-498, 503, 504, 505-506, 509, 576, 578, 737

National Assembly 国民议会，234, 304-313, 327, 344, 356, 378, 380, 384, 386, 398；August decrees of, ～的八月法令 370-372；Bastille and, 巴士底狱与～ 353；Church and, 教会与～ 412, 413-414；Comité des Rapports of, ～的报告委员会 381；Comité des Recherches of, ～的搜查委员会 381；constitution adopted by, ～采纳的宪法 388；and Declaration of the Rights of Man, ～与《人权宣言》374-376, 403；delegations to 参加～的代表团 400-402；emotive symbols and, 感情象征与～ 385；famine and, 饥荒与～ 317-318；formation of, ～的建立 303, 304, 305；*gardes françaises* and, 法兰西卫队与～ 316；Great Fear and, 大恐慌与～ 368；Guillotin in, ～中的吉约坦 524；and march on Versailles, ～与进军凡尔赛 391, 392, 393, 394-395；military and, 军队与～ 321-322；nobility and, 贵族与～ 309, 311-312；*séance royale* and, 御前会议与～ 307-311；Target in, ～中的塔尔热 554；and Tennis Court Oath, ～与网球场宣誓 306-307；and withdrawal of troops from Paris, ～与从巴黎撤军 353, 354；另见 Constituent Assembly 条

National Cockade, The (Mercier)《国家帽徽》(梅西耶) 385

National Convention 国民公会, 参见 Convention 条

National Guard 国民卫队 12, 347, 350, 390, 422, 450, 468, 526; and 1830 Revolution, ～与1830年革命 10; in August insurrection, 八月起义中的～ 520-522; banners of, ～的旗帜 445; Battalion of Veterans, ～老兵营 400-401; Church and, 教会与～ 459, 495; during Terror, 恐怖时期的～ 696; and federation movement, ～与联邦运动 427, 428, 429, 431-432, 433, 434-435; *fédérés*, 联盟节 518-520; and flight of royal family, ～与王室出逃 471, 474, 475; and insurrection against Convention, ～与反对国民公会的叛乱 614; Lafayette and, 拉法耶特与～ 382-384, 385, 386, 517; liberty trees and, 自由树与～ 420; and march on Versailles, ～与进军凡尔赛 387, 390-392, 394-395, 396, 397; martial law under, ～执行戒严 481; Mirabeau and, 米拉波与～ 456, 466; Protestants and, 新教徒与～ 426; Saint-Huruge in, 圣于吕热 420; Santerre as commander of, ～司令桑泰尔 527, 554; *sections* and, 分区与～ 513; under Hanriot, 昂里奥指挥的～ 680, 710, 712; in urban revolts, 城市反叛中的～ 620; and Vendée insurrection, ～与旺代叛乱 585, 590, 591, 592, 593, 595; Voltaire's remains escorted by, ～护送伏尔泰遗体 479; war and, 战争与～ 509; women and, 妇女与～ 676

Nation, the 国家 423; banishment of aristocrats from, 将贵族驱逐出境 282; Church and, 教会与～ 414, 419; of Citizens, 公民的国家 725, 726; cultural assets of, ～的文化遗产 702; and demonstrations of patriotic devotion, ～与爱国奉献游行 401; Estates-General and, 三级会议与～ 261; inviolability of, ～的不可侵犯性 309; and issue of representation, ～与代表性问题 250; justice of, ～的正义 526; and liberated Bastille, ～与被解放的巴士底狱 346; nobility and, 贵族与～ 253; politics of, ～政治 273; Rationalist view of, 理性主义者的～观点 244; repudiation of common purposes of, 对～公共意志的否认 307; revolutionary rhetoric on, 关于～的革命修辞 245; *séance royale* and, 御前会议与～ 306; sovereignty residing in, 寓于～的主权 374; Third Estate and, 第三等级与～ 243, 255, 296; transfer of social authority to, 社会权威转向～ 270; war crisis and, 战争危机与～

501

Naudet 诺代 422

Naurissart, Louis de 路易·德·诺里萨尔 406

Necker, Jacques 雅克·内克尔 53, 55, 56, 61, 64, 72-79, 99, 189, 204, 213, 272, 315, 321, 386, 397, 498； Calonne and, 卡洛纳与～, 191, 192, 197, 200； and Constituent Assembly, ～与立宪议会 408； and economic crisis, ～与经济危机 258, 293； and Estates-General, ～与三级会议 287, 294-295, 301-302； exile of, ～被流放 317-318, 321-322, 323, 325, 326, 341, 344, 353, 375, 557； hostility of nobility toward, 贵族对～的敌意 285； Lafayette and, 拉法耶特与～ 383； de La Tour du Pin and, 德·拉图尔·迪潘与～ 361； Malesher-bes and, 马尔泽布与～ 82； Marat's denunciations of, 马拉对～的谴责 425； and march on Versailles, ～与进军凡尔赛 394； Mirabeau and, 米拉波与～ 301, 410, 456； and National Assembly, ～与国民议会 305, 307, 308, 310-311, 312； prints featuring, 印刷品对～的刻画 445； recall of, 对～的回忆 353, 354； replaces Brienne, ～取代布里埃纳 237, 238, 242； 'suspensive' veto of, ～提出的"延宕"否决权 377； Third Estate

and, 第三等级与～ 253, 254, 260, 263, 281, 317； waxwork of, ～的蜡像 323

Necker, Suzanne 苏珊·内克尔 72-73, 322, 338

Neerwinden, Battle of 尼尔温登战役 584, 599

Nehra, Henriette-Amélie 亨丽埃特-阿梅莉·内拉 289

Neisse, fortress of 奈塞河要塞 737

Nemours, cahier of 内穆尔的陈情书 261, 262

Nemours, Gaston de Foix, Duc de 加斯东·德·富瓦·内穆尔公爵 28

neoclassicism 新古典主义 141-144

Netherlands 尼德兰: under Habsburgs, 哈布斯堡王朝统治下的～ 499, 503； war for independence of, ～独立战争 581； 另见 Dutch Repulic 条

Neufchâteau, François de 弗朗索瓦·德·纳沙托 492

newspapers 报纸 146-148, 151, 194； Dutch, 荷兰～ 207； expansion of, ～的发展 446-448； in Grenoble, 格勒诺布尔的～ 229； royalist, 保皇派的～ 528； violence and, 暴力与～ 378-379； 另见 specific titles 条

Nicodemus in the Moon or the Pacific Revolution 《月球上的尼哥底母或和平的革命》 446

Nicolet, Jean-Baptiste 让-巴蒂斯

特·尼科莱 113, 114, 116, 433
Nivernais, *cahier* of 尼韦尔奈的陈情书 270
Noailles family 诺瓦耶家族 721
Noailles, Louis Marie, Vicomte de 路易·马里·诺瓦耶子爵 21, 145, 199, 251, 353, 370-371, 733
Noailles, Princesse de 诺瓦耶公爵夫人 180
nobility 贵族 100-150；*cahiers* of, ~的陈情书 261-262, 273；*ci-devant* 前贵族, 参见 *ci-devants* 条；émigré, ~流亡者 496；eradication of titles of, 取消~头衔 404, 406；in Estates-General, 三级会议中的~ 262-263, 295, 296-297；hostility toward Necker of, ~对内克尔的敌意 285；lands retained by, ~遗留下的土地 720；as military officers, 作为军官的~ 319；and National Assembly, ~与国民议会 309, 311-312, 370-372；in Provence, 普罗旺斯的~ 289-290
Noirs 黑党 481
Nord, Department of 诺尔省 589
Normandy 诺曼底 404；*cahiers* of, ~的陈情书 267；cider making in, ~的苹果酒制造 156；clergy of, ~的教士 591；coal mining in, ~的煤矿开采 102；Counter-Terror in, ~的反恐怖 718；crops destroyed in, ~的庄稼被毁 256；food shortages in, ~的食物短缺 718；Great Fear in, ~的大恐慌 366；Liancourt's escape from, 利昂库尔逃离~ 574；Louis XVI in, 在~的路易十六 43, 44-46；privilege ended in, ~特权的废除 372；textile industry in, ~的纺织业 245, 442-443；Third Estate in, ~的第三等级 263；unemployment in, ~的失业 258；uprising in, ~起义 595, 621, 622, 638, 666
Notables, Assembly of 显贵会议 101-102, 188, 190-191, 193, 197-205, 210-215, 216-217, 220；reconvened by Necker, 由内克尔再次召集的~ 254
Notelet, Pierre 皮埃尔·诺特莱 631
Notre Dame de Paris 巴黎圣母院 286, 355, 433, 484；in 1830 Revolution, 1830年革命中的~ 7, 13；benediction of National Guard at, 在~举行的对国民卫队的祝祷仪式 384；and dechristianization, ~与非基督教化 567-568, 658, 698；'Social Circle' meetings in, 在~的"社交圈"聚会 140
Nouvelle Héloïse, La (Rousseau) 《新爱洛伊丝》(卢梭) 126, 130, 132
nursing mothers 奶妈 123-125
Nymphomania, or a Treatise on the Uterine Fury (Bienville) 《慕男狂或治疗子宫狂躁症》(比安维尔) 186

O

Oath of the Horatii, The (David) 《荷拉斯兄弟之誓》(大卫) 25, 143-144, 307

Oberkirch, Henriette Louise, Baronne d' 亨丽埃特·路易丝·奥博基希男爵夫人 121-122

Oedipus at Colonnus (Sophocles) 《俄狄浦斯在科罗诺斯》(索福克勒斯) 484; office, sale of 卖官鬻爵，参见 venal offices 条

Oise, Department of 瓦兹省 721

Oisy, Comte d' 瓦西伯爵 274

Old Regime and the Revolution, The (de Tocqueville) 《旧制度与大革命》(托克维尔) xv

Olivier 奥利维耶 195

Olmütz Castle 奥尔穆茨城堡 737, 738

O'Murphy, Louise 路易丝·奥墨菲 591

Onania (Tissot) 《手淫》(蒂索) 187

Onzain, *cahier* of 翁赞的陈情书 267

Opéra Comique 喜剧院 114

Orateur du Peuple 《人民演说家》 444, 447, 531-532

oratory 演讲 133-141; antiquity as inspiration for, 作为～楷模的古代 138, 141; in Convention, 在国民公会上的～ 547; of Danton, 丹东～ 534, 639; of Girondins, 吉伦特派的～ 493-494; of Hérault, 埃罗的～ 133-136, 139, 140; of Jacobins, 雅各宾派的～ 449-450; of Linguet, 兰盖的～ 136-139; of Mirabeau, 米拉波的～ 292; in Parlements, 在高等法院的～ 220; of Target, 塔尔热的～ 250-251; of Vergniaud, 韦尼奥的～ 504

Oriental Despotism "东方专制主义" 137

Orléans 奥尔良: *cahier* of, ～的陈情书 262; crop destruction around, ～周边的庄稼被毁 256; textile mills at, ～的纺织厂 102-103; volunteer guards of, ～的志愿民兵自卫队 276

Orléans, Adelaide 阿德莱德·奥尔良 576

Orléans, House of 奥尔良家族 xv, 357

Orléans, Louise Marie Adélaïde, Duchesse d' 路易丝·玛丽·阿德莱德·奥尔良公爵夫人 280, 384

Orléans, Louis Philippe, Duc d' 路易·菲利普·奥尔良公爵 102-103, 114, 115, 146, 150, 199

Orléans, Louis-Philippe-Joseph, Duc d'(Philippe-Egalité) 路易-菲利普-约瑟夫·奥尔良公爵(平等者菲利普) 9, 114-115, 150, 209, 250, 254, 257, 261, 315, 316, 325, 384, 387, 576, 691, 698; in

索引 1199

Convention, 在国民公会上的～ 547, 567; in Estates-General, 在三级会议上的～ 296, 297; execution of, ～被处决 679; Jacobins and, 雅各宾派与～ 477; in National Assembly, 在国民议会中的～ 311, 313; National Guard and, 国民卫队与～ 384; and panic after fall of Bastille, ～与巴士底狱陷落后的恐慌 363; in Parlement of Paris, 在巴黎高等法院的～ 223-224; and Réveillon riots, ～与雷韦永骚乱 279-280; and trial of Louis XVI, ～与对路易十六的审判 559, 561, 562, 563; wax-work of, ～的蜡像 323, 327

Ormesson, d' 德·奥梅松 63, 191

Orne, Department of 奥恩省 545, 722

Ourthe, Department of 乌尔特省 740

Ozanne, Nicolas-Marie 尼古拉-马里·奥赞 42

Ozouf, Mona 莫娜·奥祖夫 466, 636

P

Pache de Montguyon, Jean Nicolas 让·尼古拉, 帕什·德·蒙吉永 160, 680

Padua circular 帕多瓦通告 500

Pages, Dame 帕热夫人 373

Paine, Thomas 托马斯·潘恩 474, 477, 482, 564, 575

paintings 画作: display of emotions in, ～中的情感显露 126-128; fusion of popular and high culture in, ～中大众和精英的品位趋向一致 112-114; revolutionary, 革命的～ 420, 421-422, 423, 482-483

Palais de Justice 司法宫 89, 220, 221, 223, 315; radical literature and, 激进文学与～ 146

Palais du Luxembourg 卢森堡宫 670

Palais-Royal 皇家宫殿 8, 114-115, 151, 166, 171, 172, 195, 220, 223, 280, 315-318, 320, 324; actors' demonstration at, ～的演员示威 423; booksellers at, ～的书贩 146, 149; and Brienne's resignation, ～与布里埃纳辞职 238; Desmoulins at, 在～的德穆兰 323-325; Ferrières at, 在～的费里埃 284, 313; gardes françaises at, 在～召开的御前会议 313, 316, 320; murder of Lepeletier at, 勒佩勒蒂埃在～遇刺 567; National Guard and, 国民卫队与～ 384; oratory at, 在～的演讲 139; severed heads exhibited at, ～的人头示众 396; waxworks at, ～的蜡像 323

Palerne de Savy 帕勒内·德·萨维 439-440

Palloy, Pierre-François 皮埃尔-弗朗索瓦·帕卢瓦 346-353, 435, 479, 492, 633

Palm d'Aelders, Etta 埃塔·帕尔姆·达埃尔德斯 450, 514

Panchaud, Isaac 伊萨克·潘绍 189, 192, 251, 410, 459, 733

Panckoucke, Charles-Joseph 夏尔-约瑟夫·潘库克 76, 120, 147, 148, 194

Panis, Etienne-Jean 艾蒂安-让·帕尼斯 527

Panthéon 先贤祠 465-466, 478, 479-480, 483, 492, 552, 658, 679

Pantin, *cahier* of 庞坦的陈情书 272

Paoli, Pascal 帕斯卡尔·保利 433

Pardeloup 帕德洛普 149

Paris 巴黎 xvi, 31, 33, 42, 95, 134, 192, 205, 248, 306, 356-357, 361, 380, 420; 1830 Revolution in, ~1830年革命 3, 7-8, 13; 1848 Revolution in, ~1848年革命 5-6; anti-clericalism in, ~的反教权主义 496; *armée révolutionnaire* and, "革命军"与~ 644-645, 656; August insurrection in, ~的八月起义 517, 520-522, 545, 546; ballooning in, 在~放飞热气球 106-107, 110; battle for, ~战役 322-330; birth of Dauphin celebrated in, 在~为王太子庆生 304; booksellers in, ~的书贩 149, 151, 185; butchers' guild of, ~屠宰行会 272; *cahiers* of, ~的陈情书 262, 271; chemical industry and, 化工企业与~ 155-156; children as patriots in, ~的儿童爱国者 444; Commune of, ~公社, 参见 Commune 条; construction industry in, ~的建筑工业 347; and coronation of Louis XVI, ~与路易十六加冕礼 40; Corporations of, ~大企业 237; Cour des Pairs in, ~的巴黎法院 223; customs wall around, ~周围的关税墙 59, 62, 196, 247, 264, 316-317, 327-328; death of Marat in, 马拉死于~ 626-635; death of Mirabeau in, 米拉波死于~ 462-464; debating society in, ~的辩论会 380; dechristianization in, ~的非基督教化 567-568; Department of, ~省 555, 703; dispersal of news from, 来自~的消息的传播 444, 445; during Restoration, 复辟时期的~ 4; during war, 战争时期的~ 508, 510, 511, 530-533, 540, 541, 584, 638; elections in, ~的选举 545-546; evangelical preaching missions in, ~的福音布道团 140; execution of Louis XVI in, 路易十六在~被处决 565-568; Farmers-General in, ~的总包税商 59, 61; federalist plans for march on, 联邦派进军~的计划 621-622; *fédérés* in, ~

的联盟军 513-514, 518-520；Ferrières in, 在～的费里埃 284-285；Festival of the Supreme Being in, ～的最高主宰节 704, 705-706；Festival of Unity in, ～的统一不可分割节 635-638；Fête de la Fédération in, ～的联盟节 350, 427, 429-436；flight of royal family from, 王室逃出～ 468-478, 500；food shortages in, ～的食物短缺 257, 276-277, 316-317, 388, 390, 603, 718；Franklin in, 在～的富兰克林 34；illumination of streets of, ～街道的照明 102；immigrants in, ～的移民 365；*Indulgents* in, ～的宽容派 687；Jacobin Club of, ～的雅各宾俱乐部, 参见 Jacobins 条；Lafayette's authority in, 拉法耶特在～的威望 381-386；literacy in, ～的识字水平 150；literary establishment in, ～的文学界 131-132；march on Versailles from, 从～向凡尔赛进军 386-399；Mercier on, 梅西埃论～ 166-167；military show of force in, 在～展示军力 318；Mirabeau on political conditions in, 米拉波论～的政治状况 456-457；municipal officials of, ～的市政官员 439, 440-441；National Assembly delegation from, 来自～的国民议会代表 301, 302；newspapers in expansion of, ～报纸的发展 446-448；newspapers in, ～的报纸 453；oldest man in world in, ～世界上最年长的老者 400；Parlement of, ～高等法院 87-88, 93, 99, 100, 117, 133-137, 174-175, 190, 212, 217-225, 227, 250, 251, 253-254, 272, 371, 407, 556, 693, 696；patriotic contributions in, ～的爱国奉献 373；political participation in, ～的政治参与 423；prison conditions in, ～的监狱状况 81, 86；prison massacre in, ～监狱大屠杀, 参见 September massacre 条；privilege ended in, ～特权的废除 372；provincial hunger for news from, 外省对～新闻的渴求 364；publishing in, ～的出版 120, 147, 148；purge of Girondins in, ～对吉伦特派的清洗 615-618, 619, 621；removal of Assembly to, 议会迁往～ 407；removal of court to Versailles from, 将王宫从～迁到凡尔赛 314-315；Revolutionary Tribunal in, ～的革命法庭 600, 652-653；riots in, ～的骚乱 68, 238-239, 276-282, 320, 602, 607；Rouget de Lisle in, 在～的鲁日·德·李尔 507；royal family brought to, 王室被带回～ 394-398；royal family prevented from leaving, 王室被拒绝离开～ 468；sanitation efforts in,

~改善卫生条件的努力 67, 156；scientific lectures in, ~的科学讲座 109；*sections* of, ~分区, 参见 *sections* 条；sense of alienation from, 与~的疏离感 418；Talleyrand's return to, 塔列朗返回~ 735；Terror in, ~的大恐怖 639, 670-679, 697, 702, 708, 738；theater in, ~的剧院 22, 25, 73, 113-118, 120-123, 130, 139, 647-648；Third Estate in, ~的第三等级 250-251, 255, 263, 296；transport to and from, 进出~的交通 158-159；Treaty of,《条约》 37；under Directory, 督政府统治时期的~ 723；under Thermidorians, 热月党统治时期的~ 714；Voltaire's remains brought to, 伏尔泰的遗体被带回~ 478, 479-480；water supply of, ~的供水 203；wet nursing in, ~的奶妈喂养 123-124；withdrawal of troops from, 从~撤军 353, 354；另见 Bastille, storming of 条

Pâris, Philippe-Nicolas-Marie de 菲利普-尼古拉-马里·帕里斯 567

Paris-Duverney 帕里斯-迪韦尔内 119

Parlements 高等法院, 83-84, 87-95, 98, 111, 116, 147, 190, 212, 243, 272, 455；abolition of, ~的废除 437-438；Assembly of Notables and, 显贵会议与~ 199；campaign against, 反对~的运动 216-228, 230, 232, 235, 236；Constituent Assembly and, 制宪议会与~ 406；d'Argenson in, ~中的阿尔让松 96-97；Diamond Necklace Affair trials in, ~中的钻石项链事件审判 174-175；Hérault in, ~中的埃罗 133-136；Lafayette in, ~中的拉法耶特 251；Linguet and, 兰盖与~ 137；Malesherbes in, ~中的马尔泽布 82；Necker and, 内克尔与~ 77-78；newly ennobled commoners in, ~中新授爵的平民 100；representation and, 代表与~ 250-251, 255；Target in, ~中的塔尔热 213, 250-251；theater and, 剧院与~ 117；Turgot and, 杜尔哥与~ 66, 69-70；as upholders of public order, 作为公共秩序维护者的~ 246

Parmentier, Antoine Augustin 安托万·奥古斯坦·帕尔芒捷 156

Pasquier, Etienne 艾蒂安·帕基耶 219

Pastoret, Claude Emmanuel Joseph Pierre, Marquis de 克洛德·埃马努埃尔·约瑟夫·皮埃尔·帕斯托雷侯爵 465

Patrick, Alison 阿利松·帕特里克 546

patrie en danger "祖国在危急中" 363, 517-518, 530

Patriote Français《法兰西爱国者报》 382-383, 439, 446, 447, 492, 547, 607, 678

Patriote (ship) 爱国者号（舰）45

Patriotic Reflections (Lanjuinais)《爱国反思录》(朗瑞奈) 252

Patriotism 爱国主义 xvii, 724; artifacts of, ～手工制品 445; of children, 儿童的～ 444-445; and death, ～与死亡 727; demonstrations to National Assembly of, 向国民议会展示～ 400-402; and formation of National Assembly, ～与国民议会的成立 303; in Grenoble, 在格勒诺布尔的～ 233; hairstyles and, 发型与～ 446; and hostility to *financiers*, ～与对金融家的敌意 58; marriage and, 婚姻与～ 444; of National Guards, 国民卫队的～ 426; of nobility, 贵族的～ 407; public ritual and, 公共仪式与～ 285-287; rhetoric of, ～修辞 245-247; 'Roman', "罗马的"～ 142; war and, 战争与～ 501, 503, 512; whole-some domesticity and, 健康的家庭生活与～ 128

Patriots 爱国党 236, 245, 253-254; and Comité des Recherches, ～与搜查委员会 381; of Cordeliers, 科德利埃派中的～ 425; and cult of Bastille, ～与巴士底狱崇拜 349, 351; Desmoulins on, 德穆兰论～ 324, 325; Dutch, 荷兰～ 206-209, 289, 512, 581; *fédérés* and, 联盟军与～ 518; German, 德国～ 631; of Grenoble, 格勒诺布尔的～ 240, 437; as Jacobins, 作为雅各宾派的～ 448; local officials, 担任地方官的～ 440; Louis XVI and, 路易十六与～ 467; in theater, 剧院中的～ 423; transfer of armed power to, 武装力量转向～ 513; and Vendée insurrection, ～与旺代叛乱 595; violence and, 暴力与～ 379; war and, 战争与～ 507

Patriot's Portfolio (Maréchal)《爱国者版画》(马雷夏尔) 445

Pau, Parlement of 波城高等法院 94, 100, 227-228

pays de grandes cultures 大田耕作区 268

pays de petites cultures 小田耕作区 268, 590

Pelletan, Philippe 菲利普·佩尔唐 628

Pelletier, Nicolas 尼古拉·佩尔蒂埃 526, 596

Peninsular War 半岛战争 598

Pentièvre, Louis Jean Marie de Bourbon, Duc de 路易·让·马里·德·波旁·庞蒂耶尔公爵 199

People, the 人民: Bastille and, 巴士底狱与～ 339; bourgeoisie

and, 资产阶级与～ 511；in David's paintings, 大卫画作中的～ 482-483；and Day of Tiles, ～与砖瓦日 232；Hébertistes and, 埃贝尔派与 680；identification of state with, 国家与～成为一体 253；Malesherbes and, 马尔泽布与～ 249；Marie-Antoinette's defiance of, 玛丽-安托瓦内特对～的蔑视 310；Mirabeau and, 米拉波与～ 290, 291；monarchiens and, 封建君主与～ 377；oratory and, 演讲与～ 139；representation of, ～代表 254-255；revolutionary rhetoric and, 革命修辞与～ 245；Sovereign, ～主权 541, 569；statue representing, 代表 637；violence and, 暴力与～ 549

Pépin-Degrouhette, Pierre-Athanase-Nicolas 皮埃尔-阿塔纳斯-尼古拉·佩潘·德格鲁埃特 451

Père Duchesne, Le 《杜歇老爹报》187, 447, 511, 512, 613, 649, 673, 675, 680-681, 684, 687, 690

Père Lachaise cemetery 拉雪兹神父公墓 156

Père nourricier, 精神之父 276, 279；Lafayette as, 作为～的拉法耶特 383；Necker as, 作为～的内克尔 317

Périer, Claude 克洛德·佩里耶 233, 234

Périere brothers 佩里埃兄弟 160

Pernot-Duplessis 佩尔诺-迪普莱西 117-118

Perpignan 佩皮尼昂 156-157；Parlement of, ～高等法院 100；Spanish advance on, 西班牙向～推进 638

Pétion, Jérôme 热罗姆·佩蒂翁 474-475, 481, 491, 492, 498, 511, 513, 515, 516, 517, 518, 527, 619, 621

Petit Chatelet 小沙特莱 338

Petit Trianon, 'Rustic Village' at 在小特里亚农宫的"田园村" 129

Petrarch 彼特拉克 130

Peyre 佩尔 593

Peyron, Mme 佩龙夫人 372-373

Pézenas 佩兹纳斯 623

Philadelphia 费城：Lafayette in, 在～的拉法耶特 19；Talleyrand in, 在～的塔列朗 732-735

Philip the Fair 美男子腓力 90

Philipon, Charles 夏尔·菲利庞 9

Philipon, Roland 罗兰·菲利庞 131

Philippa, Queen 菲莉帕王后 29

Philippeaux, Pierre 皮埃尔·菲利波 687, 688, 690, 691-692

Philips, Major 菲利普少校 20

Phillips, Susanna 苏珊娜·菲利普斯 577

philosophes 启蒙哲人 72-73, 229；Linguet's attack on, 兰盖对～的抨击 138；provincial, 外省的～ 440；Rousseau and, 卢梭与～ 131-132

physiocrats 重农学派 65, 72, 165, 189, 193, 288, 403-404

Picardy 皮卡第：ballooning in, 在~放飞热气球 110；book smuggling in, ~的书籍走私 149；clergy in, ~的教士 418, 589；cotton production in, ~的棉花生产 160；Great Fear in, ~的大恐慌 363, 366；proposed canal in, 在~计划开挖的运河 164

Piccini, Niccolò 尼科洛·皮契尼 180

Pidanzat de Mairobert, Mathieu François 马蒂厄·弗朗索瓦·皮当萨·德·麦罗贝尔 35, 112, 145, 675

Pigott, Robert 罗伯特·皮戈特 402

Pilâtre du-Rozier, Jean François 让·弗朗索瓦·皮拉特尔·杜-罗齐耶 34, 109-110, 111, 134, 278

Pillnitz Declaration 《皮尔尼茨宣言》 496, 500-501, 503

Piranesi, Giambattista 姜巴列斯塔·皮拉内西 331

Pison de Gallon, Mme 皮松·德·加隆夫人 228

Pitt, William 威廉·皮特 53, 498-499, 580, 582, 678, 686-687, 699, 711

Pius VI, Pope 教皇庇护六世 459, 467

Plain, the 平原派 548, 550, 552, 612, 615

Plantin, Honoré 奥诺雷·普朗坦 668

Pleyel, Ignaz 伊格纳茨·普莱耶尔 507

Plutarch 普鲁塔克 26, 140, 141, 406

Pluvinel 普吕维内尔 22

poissardes 女商贩 386-388, 391, 393, 398, 460, 637, 676

Poitiers, Third Estate of 普瓦捷的第三等级 413

Poitou 普瓦图 91；clergy of, ~的教士 302-303；Great Fear in, ~的大恐慌 363；nobility of, ~的贵族 283-284, 285

Poix, Louis Marc Antoine de Noailles, Prince de 路易·马克·安托万·德·诺瓦耶·普瓦亲王 68

Poland 波兰 499；and 1830 Revolution, ~与1830年革命 12, 13；grain imports from, 从~进口谷物 258

polemics 辩论术 443-444, 445-446

Polignac, Diane de 迪亚娜·德·波利尼亚克 33, 300

Polignac family 波利尼亚克家族 212, 300, 355, 528

Polignac, Yolande de 约朗德·德·波利尼亚克 180, 181, 183, 186

Polish Partition, War of 瓜分波兰的战争 20, 51

Politicke Kruijer 《克鲁伊耶政治报》 207

Pompadour, Jeanne Antoinette Poisson, Marquise de 让娜·安托瓦内特·

普瓦松·蓬帕杜侯爵夫人 128, 336

Pont-à-Mousson, *cahier* of 穆松桥的陈情书 262

Ponte, Lorenzo da 洛伦佐·达·彭特 120

Poor Richard's Almanack (Franklin) 《穷理查年鉴》（富兰克林） 34

Popkin, Jeremy 杰里米·波普金 147, 447

popular culture, fusion of high culture and 大众文化与高雅文化的融合 114-123

popular societies 民众社团 448-451；Central Committee of,～中央委员会 480-481；repression against, 对～的压制 481, 485；另见 *specific organizations* 条

pornography 色情文学 145, 177, 185-186

Porrentruy, annexation of 吞并波朗特吕 544

Port-Libre prison 自由港监狱 670, 696, 697

Portraits des Hommes Illustres de la France 《法兰西名贤谱》 27

Post van Neder Rijn 《尼德兰莱茵邮报》 207

Potier de Novion 波蒂埃·德·诺维翁 89

Poussin, Nicolas 尼古拉·普桑 143

poverty, criminalization of 因贫穷而导致的犯罪 365-366

Prairial, law of 牧月法令 707-708, 717

Praslin, Duc de 普拉兰公爵 102, 145

Précy, Louis François Perren, Comte de 路易·弗朗索瓦·佩仑·普雷西伯爵 659

Prelude, The (Wordsworth) 《序曲》（华兹华斯） vii

Prémontrés, Eglise de 普雷蒙特雷教堂 401

Presbyterianism 长老会派 299

Pressavin 普雷萨万 440

Prieur de La Côte d'Or 普里厄·德·拉·科多尔 507, 642, 651, 708

Prieur de La Marne 普里厄·德·拉·马恩 649, 651

prison massacres 监狱大屠杀，参见 September massacres 条

privilege 特权 53, 54-55, 69-70, 270；abolition of,～的废除 155, 252-253, 261, 305, 370-372；breach of, 对～的侵犯 84；Calonne and, 卡洛纳与～ 200-201；extension of,～的扩大 99-100；and impoverished nobility, ～与穷困潦倒的贵族 104；labor versus, 劳动对～ 255

Prix de Rome 罗马奖 142

Profession du Foi d'un Vicaire Savoyard (Rousseau) 《一个萨瓦牧师的信仰告白》（卢梭） 299, 636

Proly, Pierre Jean Berchtold 皮埃尔·

让·贝希托尔德·普罗利 682
Promenade (Girardin) 《漫步》(吉拉尔丹) 130
Protestant Bank 新教银行 72
Protestants 新教徒 40, 86, 591; Catholic attacks on, 天主教对~的攻击 426; in Convention, 国民公会中的~ 547; dechristianization and, 非基督教化与~ 657; eligibility for office of, ~担任公职的资格 424; emancipation of, ~的解放 156, 213, 215, 245, 248, 414; and federation movement, ~与联盟运动 428; imprisonment of, 对~的监禁 331; marriage ceremonies of, ~的婚礼 128; Mirabeau and, 米拉波与~ 459; and nationalization of Church, ~与教会国有化 415; Presbyterian, 长老会派~ 299; in Provence, 普罗旺斯的~ 290
Provence 普罗旺斯 404; Bastille *souvenirs* in, ~的巴士底狱纪念品 351; Civil Constitution accepted in, 在~被接受的《公民教士组织法》589; émigrés in, 在~的流亡者 496; Estates of, ~的三级会议 289-290; famine in, ~的饥荒 256; federation movement in, ~的联盟运动 428; Malesherbes in, 在~的马尔泽布 81; Protestants in, ~的新教徒 459; riots in, ~的骚乱 291-292; Third Estate of, ~的第三等级 263; uprising in, ~起义 590, 622
Provence, Louis-Stanislas-Xavier, Comte de 路易-斯坦尼斯拉斯-泽维尔·普罗旺斯伯爵 117, 180, 254, 308, 354, 356, 496
Provisional Executive Council 临时执行委员会 530, 531
Prussia 普鲁士 52, 54, 499, 500, 502, 505; and Dutch unrest, ~与荷兰动荡 209; grain imports from, 从~进口谷物 258; Lafayette and, 拉法耶特与~ 736-737; war with, 与~的战争 519, 530, 532, 539-542, 552, 573, 582, 583, 638, 639
Publiciste de la République Française 《法兰西共和国公报》634
public opinion 公共舆论: Brissot and, 布里索与~ 493; Calonne and, 卡洛纳与~ 194, 198-199, 203; Loménie de Brienne and, 洛梅尼·德·布里埃纳与~ 236; Mirabeau and, 米拉波与~ 300-301
Puisaye, Joseph, Comte de 约瑟夫·皮赛伯爵 638
Pupunat, Curé 屈雷·皮皮纳 418-419

Q

Quakers 贵格会教徒 564, 732
Quatremère de Quincy, Antoine Chry-

sostome 安托万·克里索斯托姆·卡特勒梅尔·德·坎西 440, 465-466, 479, 492

Quebec, Battle of 魁北克战役 27

Quebec (ship) "魁北克号"(舰) 30

Quercy, riots in 凯尔西骚乱 416, 590

Quesnay, François 弗朗索瓦·魁奈 65, 336

Qu'est-ce que le Tiers-Etat? (Sieyès) 《第三等级是什么?》(西哀士) 255-256

Quimper, Parlement of 坎佩尔高等法院 226

R

Rabaut Saint-Etienne, Jean Paul 让·保罗·拉博·圣艾蒂安 76, 213, 251, 261, 295, 373, 482, 547, 600, 709

Racine, Jean Baptiste 让·巴蒂斯特·拉辛 25, 422, 490, 553

Radier, Jean 让·拉迪耶 657

Rambouillet 朗布依埃 77, 192

Rastignac family 拉斯蒂尼亚克家族 102

Rationalists "理性主义者" 244

Raynal, Abbé Guillaume 纪尧姆·雷纳尔神父 145, 291, 412, 417

Reason 理性:festivals of, ~节 567-568, 659;rule of, ~法则 132

Rebecquy, François-Trophime 弗朗索瓦-特罗菲姆·勒贝基 619

Reflections on Declamation (Hérault) 《对雄辩的反思》(埃罗) 136

Reformed Church 归正宗 213

régéneration 再生 400

régie 国家税收制 52, 75, 191

Régnier, Claude Ambrosie, Duc de Massa 克洛德·安布罗谢·雷尼耶·玛萨公爵 723

Reims 兰斯 17;coronation of Charles X at, 查理十世在~的加冕礼 7;coronation of Louis XVI at, 路易十六在~的加冕礼 39-41, 356;requiem mass for Mirabeau in, 在~为米拉波奏弥撒曲 467

Reinach regiment 赖纳赫团 320

Reinhard, Marcel 马塞尔·雷纳尔 477

Rembrandt van Rign 伦勃朗·范赖恩 195

Renault, Cécile 塞西尔·雷诺 707, 708

Rennes 雷恩, 236;Parlement of, ~高等法院, 93, 135, 227, 228;riots in, ~的骚乱 276;third Estate of, ~的第三等级 263;uprising in, ~叛乱 621

Republic 共和国 545, 696;army of, ~军队 646, 648, 650;Britain and, 英国与~ 581;calendar of, ~历法 654, 655, 656;conspiracies against 反～的阴谋 707；Corday and, 科黛与 623；economic crisis in, ～的经济危机 601-604, 640-641；*enragés* on, 忿激派论～ 606；factionalism and, 党派斗争与～ 607, 608, 609；formal declaration of, 正式宣布成立～ 541, 542；Hébertiste view of, 埃贝尔派对～的观点 680-681；iconography of, ～的图像学 653-654；and Marat's funeral, ～与马拉的葬礼 634；organs of central authority of, ～的中央权威机关 600；retaking of Lyon for, 为～收复里昂 659, 660；Talleyrand and, 塔列朗与～ 555, 578；taxes of, ～的税费 720, 721-722；Terror and, 恐怖与～ 642, 650；and trial of Louis XVI, ～与对路易十六的审判 551；Vendée insurrection against, 反～的旺代叛乱 585-599

Restif de Bretonne, Nicolas Edmé 尼古拉·埃德梅·雷蒂夫·德·布勒托内 151, 176, 179

Restoration 复辟 4, 9, 10, 722

Réveillon riots 雷韦永骚乱 277-281, 284, 319, 320, 339

Revolutionary Tribunal 革命法庭 600, 601, 610, 624, 641, 652, 679, 683, 686, 700, 717, 722；Corday before, 在～前的科黛 629-630；Danton before, 在～前的丹东 691-692；Girondins before, 在～前的吉伦特派 677-678；and law of Prairial, 牧月法令 707-708；Marie-Antoinette before, 在～前的玛丽-安托瓦内特 673, 674-675；in Marseille, 马赛的～ 663；in Meurthe, 墨尔特的～ 664；Robespierristes before, 在～前的罗伯斯庇尔 713

Révolutions de France et de Brabant, Les《法兰西和布拉班特革命报》373, 377, 390, 424-425

Révolutions de Paris《巴黎革命报》344, 378, 451, 452

Reybaz, Solomon 所罗门·雷巴 462, 464-465

Rey, Marc-Michel 马克-米歇尔·雷伊 131

rhetoric 修辞：revolutionary 革命～ 220, 244-245；spoken 口头～，参见 oratory 条；of violence, 关于暴力的修辞 726

Rhinegrave of Salm 萨尔姆的莱茵格拉夫 209

Rhône-et-Loire, Department of 罗讷-卢瓦尔省 662

Richardson, Samuel 塞缪尔·理查逊 126, 179, 361, 492

Richelieu, Armand Jean du Plessis, Cardinal and Duc de 阿尔芒-让·迪·普莱西·黎塞留红衣主教和公爵 22, 114, 331

'Richerism' "里切尔派" 299, 412

Rights of Man (Paine) 《人权》（潘恩） 575

Riley, James 詹姆斯·赖利 52

Riom 里永：provincial assembly at 在~的省议会 224-225

riots, 骚乱 273-282, 284-285；after Brienne's resignation, 布里埃纳辞职之后的~ 238-239；after fall of Bastille, 巴士底狱陷落之后的~ 366-368；and August decrees, ~与八月法令 416；during war with Austria, 与奥地利战争期间的~ 510-511, 514；game, 盗猎~ 273-275；grain, 谷物~ 65, 66, 68, 107, 275-276, 316-317；in Grenoble, 格勒诺布尔的~ 228-238；grocery, 杂货店~ 602-604, 607, 613, 641；of July 1789, 1789年7月~ 326-330；Mirabeau and, 米拉波与~ 291-292；Reveillon, 雷韦永~ 277-281, 284, 319, 320；in Vendée, 旺代~ 589；of year III, 共和三年的~ 718

Riouffe, Honoré 奥诺雷·里乌夫 679, 693

Ripet, Jean 让·里佩 663

Rivarol, Antoine 安托万·里瓦罗尔 107, 109

Robert 罗贝尔 111

Robert, François 弗朗索瓦·罗贝尔 480, 521, 546

Robert, Hubert 于贝尔·罗贝尔 331, 702, 714

Robert, Louise 路易丝·罗贝尔 450, 480

Robespierre, Augustin 奥古斯丁·罗伯斯庇尔 713

Robespierre, Maximilien de 马克西连·德·罗伯斯庇尔 xviii, 127, 377, 382, 409, 462, 477, 482, 487-491, 492, 493, 511, 512, 517-518, 626, 639, 659, 669, 680-691, 717-718, 724；and 'abdication' petition, ~与"退位"请愿 481；arrest of, 对~的逮捕 712-713；assassination attempt on, 暗杀~的企图 706；at Lepeletier's funeral, 在勒佩勒蒂埃葬礼上的~ 568；on capital punishment, ~论死刑 525；on clergy, ~论教士 495；and Committee of Public Safety, ~与救国委员会 601；in Constituent Assembly, 制宪议会中的~ 424；in Convention, 国民公会中的~ 546, 547, 548, 549, 614, 615, 617；and Danton's arrest and trial, ~与对丹东的逮捕和审判 690-692, 693；David and, 大卫与~ 483；and dechristianization, ~与非基督教化 658, 659；de Gouges' attacks on, 古热对~的抨击 676；during war, 战争期间的~ 510, 543, 603；and economic crisis, ~与经济危机 604；education of, ~的教育

141, 324; in Estates-General, 三级会议中的～ 302; execution of, 对～的处决 713-714, 717; fall of, ～的下台 708-712; *fédérés* and, 联盟军与～ 513; and flight of royal family, ～与王室出逃 473, 476; Girondins and, 吉伦特派与～ 610; *Indulgents* and, 宽容派与～ 687-691; and insurrection, ～与起义 518, 521, 522; in Insurrectionary Commune, 起义公社中的～ 527, 530; and law of Prairial, ～与牧月法令 707; Le Chapelier refuted by, 勒·沙普利耶遭到～的驳斥 487-488, 489-491; Malesherbes and, 马尔泽布与～ 555; Mirabeau and, 米拉波与～ 465; oratory of, ～的演讲 139, 450; on property rights, ～论财产权 641; and public instruction, ～与公共教育 700-704, 705, 706; Saint-Just and, 圣茹斯特与～ 488-489, 551; Terror and, 恐怖与～ 642, 644, 653; and trial of Louis XVI, ～与对路易十六的审判 551, 552, 558, 561, 562; war opposed by, 遭到～反对的战争 504-505, 506

Robin, Abbé 罗宾神父 36

Rochambeau, Jean-Baptists Donatien de Vimeur, Comte de 让-巴蒂斯特·多纳西安·德·维默尔·罗尚博伯爵 509, 510, 736

Roche, Daniel 丹尼尔·罗什 150

Roederer, Pierre Louis, Comte de 皮埃尔·路易·勒德雷尔伯爵 521

Rohan, Louis, Cardinal de 路易·罗昂红衣主教 172-177, 554

Rohring, Captain Léonard 莱昂纳多·罗林上尉 472

Roland, Eudora 厄多拉·罗兰 677

Roland, Manon Philipon 玛农·菲利庞·罗兰 127, 131, 141, 481, 493, 504, 514, 621, 623, 629, 676, 677, 725

Roland de La Platière, Jean-Marie 让-马里·罗兰·德·拉·普拉捷 160, 440, 506, 514, 527, 534, 545, 548, 551-552, 604, 610, 615, 677

Rolland 罗兰 700

Romainville, Antoine de 安托万·德·罗曼维尔 103

Roman Republic 罗马共和国 26, 140-144, 727

Romanticism 浪漫主义 34, 47, 302, 338; ballooning and, 放飞热气球与～ 110; of Guibert, 吉贝尔的～ 213; hatred of New in, ～仇恨新事物 176; heroes and martyrs and, 英雄、烈士与～ 465; history and, 历史与～ xv, 5, 7; and hostility toward *financiers*, ～与对金融家的敌视 58; identity and, 身份与～ 335; Lafayette and, 拉法耶特与～ 21; and *levée en masse*, ～与总动员 646; of

Mercier, 梅西耶的～ 166-167; Mirabeau and, 米拉波与～ 289; oratory and, 演讲与～ 139; in poetry, 诗歌中的～ 483; of Robert, 罗贝尔的～ 331; in theater, 剧院中的～ 422; war and, 战争与～ 503; 另见 *sensibilité* 条

Romilly, Samuel 塞缪尔·罗米利 248, 249, 302, 719

Roncours, Prudent de 普吕当·德·龙库尔 149

Ronsin, Charles Philippe Henri 夏尔·菲利普·亨利·龙桑 139, 656, 667, 680, 687-689, 698

Roosevelt, Franklin 富兰克林·罗斯福 238

Root-Bernstein, Michele 米歇尔·鲁特-伯恩斯坦 113

Rosanbo, Lepeletier de 勒佩勒蒂埃·德·罗桑博 696-699

Rosanbo, Louis de 路易·德·罗桑博 699

Rosanbo, Marguerite de 玛格丽特·德·罗桑博 695-696, 697, 696-700

Rossel, C.A. C.A. 罗塞尔 26

Rossignol, Jean Antoine 让·安托万·罗西尼奥尔 522, 667

Rostan, Joseph-Marie 约瑟夫-马里·罗斯坦 663-664

Rothschild family 罗斯柴尔德家族 241

Rouamps, Pierre-Charles 皮埃尔-夏尔·鲁昂普 707

Rouen 鲁昂: ballooning at, 在～放飞热气球 110; book smuggling in, ～的书籍走私 149, 151; *cahier* of, ～的陈情书 262; clergy in, ～的教士 298; crops destroyed in, ～的庄稼被毁 256; industrialization in, ～的工业化 161-162; lead mills in, ～的铅轧机 67; Parlement of, ～高等法院 26, 87, 100, 227, 722; prolific mothers honored in, ～多生多育的英雄母亲 444; riots in, ～的骚乱 362, 448; Roland de La Platière's suicide in, 罗兰·德·拉普拉捷在～自杀 677; trade through, 途经～的贸易 443; transport to, 前往～的交通 158; unemployment in, ～的失业 258

Rouget de Lisle, Claude Joseph 克洛德·约瑟夫·鲁日·德·李尔 507, 508, 518

Rousseau, Jean-Jacques 让-雅克·卢梭 8, 36, 72, 119, 135, 146, 151, 152, 165, 244, 273, 431, 479, 525, 564, 702, 727, 735; ballooning and, 放飞热气球与～ 110, 112; banning of books by, ～的书被禁 145; on citizenship, ～论公民身份 302, 306; Corday influenced by, 受～影响的科黛 623; and cult of *sensibilité*, ～与情感崇拜 126, 128, 129-133; d'Antraigues and, 安特雷格与～ 253; d'Argenson and, 阿尔让松与～, 96; de La Tour du Pin influenced by, 受～影响的德·拉图尔·迪潘 361; on equality, ～论平等 403; Franklin influenced by, 受～影响的富兰克林 33; on General Will, ～论公意 154, 536; Girardin and, 吉拉尔丹与～ 129-131, 441, 577; Girondins and, 吉伦特派与～ 559; in Grenoble, 在格勒诺布尔的～ 229; *honnête homme* and, "尚礼君子"与～ 288, 292; Jacobins influenced by, 受～影响的雅各宾派 449, 653; Malesherbes and, 马尔泽布与～ 82; Marat influenced by, 受～影响的马拉 625, 626; Marie-Antoinette as reader of, 作为～读者的玛丽-安托瓦内特 179, 180; maternal nursing advocate by, ～主张的母乳喂养 123-124, 125; Mercier and, 梅西耶与～ 166; Mirabeau and, 米拉波与～ 467; and notions of antiquity, ～与古代观念 141, 143, 144; pantheism of, ～的泛神论 636; as patriot-hero, 作为爱国英雄的～ 465; patriotic rhetoric and, 爱国措辞与～ 246, 250; *poissardes* and, 女商贩与～ 393; popular societies influenced by, 受～影响的民众社团 451, 452; on religion, ～论宗教 411-412, 417; rhetoric of virtue of, ～关于美德的修辞 233; Robespierre influenced by, 受～影响的罗伯斯庇尔 488, 489, 490, 493; sans-culottes and, 无套裤汉与～ 606; Sieyès influenced by, 受～影响的西哀士 376-377; Talleyrand influenced by, 受～影响的塔列朗 11; Talma's portrayal of, 塔尔玛扮演～ 422; Tronchin and, 特罗尚与～ 18, 125; utopian vision of, ～的乌托邦愿景 164; waxwork of, ～的蜡像 323

Rousseau, Thérèse 泰蕾兹·卢梭 130, 131

Rousseau of Trementines 特雷芒蒂讷的卢梭 596

Rousselin 鲁斯兰 614

Roussillon 鲁西永 156-157; coal mining in, 煤矿开采 102; émigré in, 聚集在～的流亡者 496; in war, 战争中的～ 501

Roux, Jacques 雅克·鲁 511, 514, 552, 604-605, 606, 634, 639-640, 643

Rouvère, Stanislas Joseph François Xavier, Marquis de 斯坦尼斯拉斯·约瑟夫·弗朗索瓦·格扎维埃·鲁维埃侯爵 491

Roy, Abbé 鲁瓦神父 284

Royal Academy of Architecture 皇家建筑学院 338

Royal Academy of Painting 皇家绘画学院 142, 182, 625

Royal Academy of Science 皇家科学学院 625

Royal-Allemands 皇家阿勒曼德骑兵团 326, 510

Royal Bon-Bons 皇家棒棒营 445

Royal Committee on Agriculture 皇家农业委员会 264, 294

Royal Falconers 皇家养鹰人 286

Royal School of Mines 皇家矿业学校 160

Royau, Abbé 鲁瓦约神父 141

Ruault, Nicolas 尼古拉·吕奥 466

Rumel, François-Jean 弗朗索瓦-让·吕梅尔 160

Russia 俄国 499, 502；Napoleon in, 拿破仑在俄国 11；theater in, ～的剧院 121

Russo-Turkish War 俄土战争 258

Ruyter, Admiral Michiel de 米希尔·德·鲁伊特海军上将 208

S

Sabatier de Cabre 萨巴捷·德·卡布尔 250

Sade, Alphonse François, Marquis de 阿方斯·弗朗索瓦·萨德侯爵 332, 334, 338-339, 345, 385

Saige, Joseph 约瑟夫·塞热 206, 218

Saint-André, Jeanbon 让邦·圣安德烈 632, 642, 708

Saint-Bernard prison 圣贝尔纳监狱 536

Saint-Cloud 圣克卢 77, 145, 192, 353, 453, 467-468, 481, 557

Saint-Denis chapel, ransacking of 洗劫圣但尼教堂 702

Sainte-Geneviève, Church of 供奉圣女热纳维耶芙的教堂 465-466

Sainte-Madeleine, Convent of 圣女马德莱娜修道院 415

Sainte-Menehould 圣默努 471, 541

Sainte-Pélagie prison 圣佩拉吉监狱 670, 671, 676, 697

Saint-Etienne 圣艾蒂安 659；Terror in, ～的恐怖 652

Saint-Eustache, Church of 圣厄斯塔什教堂 466, 658

Saint-Firmin, Monastery of 圣菲尔明大修道院 536

Saint-Florent 圣弗洛朗：Terror in, ～的恐怖 666；uprising in, ～起义 596

Saint-Germain, Claude Louis, Comte de 克洛德·路易·圣热尔曼伯爵 192

Saint-Gervais, Church of 圣热尔韦教堂 658

Saint-Huruge, Marquis de 圣于吕热侯爵 385-386, 420-421, 514

Saint-James, Boudard de 博达尔·德·圣詹姆斯 103, 160

Saint-Jean, Cathedral of 圣让大教堂

索引 1215

659

Saint-Jean de la Candeur 圣让·德·拉·康德尔 24

Saint-Just, Louis Antoine Léon de 路易·安托万·莱昂·德·圣茹斯特 8, 488-489, 551, 649, 659, 673, 688；arrest of, 对～的逮捕 712, 713；and Danton's trial, ～与对丹东的审判 691, 696, 698；and economic crisis, ～与经济危机 602, 604, 704；Hébertistes and, 埃贝尔派与～ 680, 682, 690；oratory of, ～的演讲 139；Terror and, 恐怖与～ 651, 653, 664, 665；Thermidorians and, 热月党人与～ 709-712；and trial of Girondins, ～与对吉伦特派的审判 677；Ventôse decrees of, ～颁布的风月法令 689, 710-711, 721

Saint-Lazare, Monastery of 圣拉扎尔修道院 123, 328

Saint-Louis, Church of 圣路易教堂 286, 309, 349

Saint-Martin, Abbey of 圣马丁修道院 441

Saint-Pierre, Eustache de 厄斯塔什·德·圣皮埃尔 29

Saint-Priest, François Emmanuel, Comte de 弗朗索瓦·埃马纽埃尔·圣普里斯特伯爵 305, 307-308, 389, 394, 456, 697

Saints, Battle of the 桑特海峡之战 47-48

Saint-Sauveur, Raymond de 雷蒙·德·圣索弗尔 157

Saint-Sulpice, Seminary of 圣叙尔皮斯神学院 17

Salency, 'Rose Queen' of 萨朗西的"玫瑰女王" 250-251

Salis-Samade regiment 萨利斯-萨马德军团 318, 327, 339

Salle, Dr. 萨勒医生 621, 629

Sallust 萨卢斯特 140, 141

Salons 沙龙 25, 27, 112-113, 125-127, 128, 142-143, 182, 184-185, 315, 324, 345, 482；of the Republic 共和国的～, 635, 654

Salpêtrière, La 沙普提厄 176, 248, 536, 739, 741

salt tax 盐税 58, 60-61, 265, 266；另见 *gabelle* 条

'Sanfedisti' "圣信军" 588

sans-culottes 无套裤汉 xvi, 482, 511-512, 513, 515-516, 535, 545, 576, 611, 612, 613-615, 638；as army officers, 作为军官的～ 649；calendar and, 历法与～ 655；Convention denounced by, 遭～指责的国民公会 639-640；costume of, ～的服装 703；*enragés* and, 忿激派与～ 606；*Indulgents* and, 宽容派与～ 689；and Marat's death, ～与马拉之死 632；Marie-Antoinette and, 玛丽-安托瓦内特与～ 672；Terror and, 恐怖与～ 643, 644, 667；vandalism by, ～身

上体现的汪达尔主义 702；and Vendée insurrection, ～与旺代叛乱 592

Sanson, Charles Henri 夏尔·亨利·桑松 525, 565-566, 567, 569, 631, 679, 693, 694, 713

Santerre, Antoine Joseph 安托万·约瑟夫·桑泰尔 339, 342, 451, 511, 514, 515, 519, 522, 532；in Convention, 国民公会中的～ 546；and execution of Louis XVI, ～与路易十六的处决 565, 566；and imprisonment of royal family, ～与王室的监禁 554；National Guard under, ～领导的国民卫队 527, 614

Sapinaud de La Verrie, Charles 夏尔·萨皮诺·德·拉韦里耶 596, 598

Saratoga, Battle of 萨拉托加战役 509

Sarthe, Department of 萨尔特省 721

Sartine, Gabriel de 加布里埃尔·德·萨尔蒂纳 31, 42

Sauce, Jean-Baptiste 让-巴蒂斯特·索斯 472-473

Saumur 索米尔：cahier of, ～的陈情书 262, 285；uprising in ～起义 599

Savenay, Battle of 萨沃奈战役 688

Savoy 萨伏依：annexation of, 对～的吞并 581；migration from, 从～移民 365；war in, ～的战争 542-543

Saxe-Coburg, Friedrich Josias, Duke of 弗里德里希·约西亚斯·萨克斯-科堡公爵 584, 638, 708

Scaevola, Mucius 穆奇乌斯·斯凯沃拉 142

Scheffer, Ary 阿里·谢弗 12

Schmidt, Tobias 托比亚斯·施密特 525-526

Schuyler, Philip John 菲利普·约翰·斯凯勒 728

Science du Bonhomme Richard, La (Franklin)《穷理查年鉴》(富兰克林) 34

Scipio 西庇阿 142

Scott, Samuel 塞缪尔·斯科特 319

séance royale "皇家会议" 223, 305-306, 307-311, 312-313, 318, 353, 355

Sécher, Reynald 雷纳尔·塞舍尔 594, 669

Second Republic 第二共和国 5

sections 分区 513-515, 516-523, 530, 532, 534, 552, 602, 609, 619, 724；of Caen, 卡昂的～ 622；Convention denounced by, 遭～指责的国民公会 639-640；Danton and, 丹东与～ 645；dechristianization and, 非基督教化与～ 656；*enragés* and, 忿激派与～ 605, 606-607；and Festival of the Supreme Being, ～与最高主宰节 704, 705；Girondins and, 吉伦特派与～ 612-613；in Lyon, 里昂的～ 620；

Marat and, 马拉与～ 624; and Marat's funeral, ～与马拉的葬礼 633; Terror and, 恐怖与～ 642, 644, 651; Thermidor and, 热月与～ 710, 713; in uprising against Convention, 反对国民公会起义中的～ 616, 617; violence of, ～的暴力 608

Séguier, Antoine Louis 安托万·路易·塞吉耶 99, 217, 221

Séguier family 塞吉耶家族 98

Ségur, Louis Philippe, Comte de 路易·菲利普·塞居尔伯爵 20, 21, 31, 36, 38, 77, 198, 209, 214, 319, 410, 541

Seigneurial regime 封建领主制，参见 feudalism, remnants of 条

Sémonville, Huguet de 于格·德·塞蒙维尔 250, 439

Seneca 塞涅卡 142

Senozan Comtesse de 塞诺赞伯爵夫人 699

sensibilité 情感 22, 24, 30, 126-133, 677, 688, 738; America and, 美国与～ 727, 738; antiquity and, 古代与～ 142, 143; Corday and, 科黛与～ 631; oratory and, 演说与～ 134, 137; painting and, 画作与～ 126-128; Robespierre and, 罗伯斯庇尔与～ 711; Rousseau and, 卢梭与～ 129-133

Sentinelle, La 《哨兵报》 549

Sentinel of the People, The 《人民哨兵报》 252

September massacres 九月大屠杀 527-528, 529-530, 531-539, 545-546, 548, 555, 574, 587, 590, 629, 691, 695, 700, 726, 732, 736

Sergent 塞尔让 521, 527

Sérilly 塞里伊 103

Servan-en-Brie, *cahier* of 布里的塞尔旺的陈情书 269

Servan, Joseph 约瑟夫·塞尔旺 513, 527

Seven Years' War 七年战争 xvii, 20, 26, 30, 37, 42, 47, 52, 192, 465, 724

Severus and Cracalla (Greuze) 《塞维鲁和卡拉卡拉》（格勒兹）128

Sèvres porcelain 塞夫勒的瓷器 569

Sèvres, withdrawal of troops to 军队撤回塞夫勒 353, 355-356

Sèze, Romain de 罗曼·德·塞兹 558-559, 562

Shakespeare, William 威廉·莎士比亚 126

Shelburne, William Petty, Lord 威廉·佩蒂·谢尔本勋爵，参见 Landowne, Marquess of 条

Sheridan, Richard 理查德·谢里登 575

Sicard, Abbé Roch Ambroise Cucurron 罗克·安布鲁瓦兹·屈居龙·西卡尔神父 528-529, 533, 535

Sidney, Algernon 阿尔格农·西德尼 96, 702

Siege of Calais, The (Belloy) 《加来之

围》（贝洛瓦） 27-29

Sieyès, Abbé Emmanuel Joseph 埃马努埃尔-约瑟夫·西哀士神父 251, 255-256, 261, 295, 301, 302, 303, 306, 380, 476, 477, 482, 483, 739；Church and, 教会与～ 413；in Club of 1789, 1789年俱乐部中的～ 407；on Committee of Public Instruction, 在公共教育委员会上的～ 701；in Convention, 国民公会中的～ 547；and Declaration of Rights of Man, ～与《人权宣言》376-377, 403

Simon, Antoine 安托万·西蒙 673

Simoneau, Louis 路易·西莫努 514

Six Edicts《六法令》69

Six Merchant Guilds 六业行会 255

slaves 奴隶：emancipation of, 释放～ 489, 492；另见 blacks 条

slave trade, campaign against 反对贩卖奴隶运动 248

Slavin, Morris 莫里斯·斯拉温 617

Smollett, Tobias 托比亚斯·斯摩莱特 332

smuggling 走私 60-61, 266; of clandestine literature, 地下文学～ 145, 148-149

Soboul, Albert 阿尔贝·索布尔 617

Social Circle "社会圈" 402

Social Contract (Rousseau)《社会契约论》（卢梭）93, 132, 146, 376

social integration, process of 社会融合进程 100-102

Société des Amis de la Liberté et Egalité "自由和平等之友协会" 587

Société des Amis des Noirs "黑人之友社" 248

Société de Femmes Républicaines 共和国妇女协会 676, 739

Société Gallo-Américaine "高卢-美国协会" 502

société de pensée 哲学社团 151, 260

Society of Indigents "穷人社" 450

Society of Thirty 三十人社 250-252, 295, 733

Socrates 苏格拉底 142

Solages, Gabriel, Comte de 加布里埃尔·索拉热伯爵 8, 345

Solar, Chevalier de 舍瓦利耶·德·索拉尔 90-91

Sologne 索洛涅 156, 264, 269

Sombreuil, Charles-François Virot, Comte de 夏尔-弗朗索瓦·维罗·松布勒伊伯爵 329

Sombreuil, Mme de 松布勒伊夫人 537, 699-700

Sorbonne 索邦神学院 17

Souchu, René 勒内·苏许 587

Soufflot, Jacques Germain 雅克·热尔曼·苏夫洛 465

Soulès 苏莱斯 383

Sousseval, de 苏瑟瓦尔 432

South Sea Company 南海公司 51

Spain 西班牙 592; Holland and, 荷兰与~ 37, 580; war with, 与~的战争 3-4, 588, 598

Speer, Albert 阿尔贝·斯佩尔 703

Staël, Germaine de 热尔曼娜·德·斯塔尔 73, 213-214, 294-295, 342, 498, 576-579, 676, 732, 735, 737

Stendhal (Henri Beyle) 司汤达（亨利·贝勒） 228-229, 231, 232, 239

Stofflet, Jean Nicolas 让·尼古拉·斯托夫莱 595, 596, 668

Stone, Lawrence 劳伦斯·斯通 100

Strasbourg 斯特拉斯堡：book smuggling in, ~的书籍走私 149; clergy in, ~的教士 297; federation movement in, ~的联盟运动 428; popular societies in, ~的民众社团 448; riots in, ~骚乱 366-367, 370; in war, 战争中的~ 507

strikes 罢工 710; prohibition of, 禁止~ 442

Suard, Jean-Baptiste-Antoine 让-巴蒂斯特-安托万·叙阿尔 122, 147, 148

Suetonius 苏埃托尼乌斯 177

Suffren de Saint-Tropez, André, Bailli de 贝利·德·安德烈·德·叙弗朗·德·圣特罗佩 38, 47, 121, 192

Suger, Abbé 叙热神父 135

suicide 自杀 239-240; of Girondins, 吉伦特派的~ 679, 722

Supreme Being, cult of 最高主宰崇拜 704, 705-706, 708-710, 717, 721

Surveillante, La (ship) "监视者号"（舰）30

Sweden 瑞典 502

Swiss guards 瑞士卫兵 108, 221, 393, 520, 522, 527, 531, 532, 556, 674, 675; at Bastille, 巴士底狱的~ 343

Switzerland 瑞士：Brissot in, 在~的布里索 492, 678; de Breteuil in, 在~的布勒特伊 469; loans from, 来自~的贷款 192; Malesherbes' daughter in, 在~的马尔泽布的女儿 695; Malesherbes in, 在~的马尔泽布 81

T

tabac 烟草 58, 60

Tableau de Paris (Mercier) 《巴黎图景》（梅西耶）166-167

Tableaux de la Révolution Française 《法国大革命图册》449

Tacitus 塔西佗 26, 324

Tackett, Timothy 谭旋 591

taille 地产税 54, 55, 58, 85, 201

Tailleur Patriotique 《爱国裁缝报》人 447

Taking of the Bastille, The (Désaugiers) 《攻占巴士底狱》（德索吉耶）

433, 435

Talleyrand-Périgord, Charles Maurice, duc de, Prince de Bénévent 夏尔·莫里斯·德·塔列朗-佩里戈尔公爵，贝内文托亲王 13-14, 20, 120, 140, 153, 184, 244, 289, 366, 372, 408, 478, 614, 737, 739；in 1830 Revolution, 1830年革命中的～ 10, 11-13；in America, 在美国的～ 728, 731-736；at coronation of Louis XVI, 路易十六世加冕礼上的～ 41；as Bishop of Autun, 作为欧坦大主教的～ 295, 298-299；Calonne and, 卡洛纳与～ 188-191, 197, 198；Church and, 教会与～ 410-413, 416-417, 418；in Club of 1789, 1789年俱乐部中的～ 407；on Committee of Public Instruction, 公共教育委员会中的～ 701；and Declaration of the Rights of Man, ～与《人权宣言》376, 403；in Estates-General, 三级会议上的～ 295, 299；and federation movement, ～与联盟运动 429, 432-433, 434-435；in London, 在伦敦的～ 498-499, 555, 573-579, 582；Mirabeau and, 米拉波与～ 410, 456, 459, 462, 463, 464；Narbonne and, 纳尔博纳与～ 498；ordination of constitutional bishops by, 由～主持的立宪主教授职仪式 460；and Society of Thirty, ～与三十人社

251；Voltaire and, 伏尔泰与～ 17-19

Tallien, Jean Lambert 让·朗贝尔·塔利安 536, 712, 717, 729

Talma, François Joseph 弗朗索瓦·约瑟夫·塔尔玛 415, 421-423, 454, 479, 626

Talon, Omer 奥默·塔隆 733

Target, Guy-Jean 居伊-让·塔尔热 136, 174-175, 213, 244, 250-252, 254, 295；in National Assembly, 国民议会中的～ 398；and trial of Louis XVI, ～与对路易十六的审判 554-555, 556；waxwork of, ～的蜡像 323

Tarn 塔恩：famine in, ～的饥荒 256；riots in, ～的骚乱 416, 648

Tasso 塔索 553

taxations populaires "人民征税" 602

taxes 税收 52-53, 57, 74；collection of, ～的征收 57-58；Constituent Assembly and, 制宪议会与～ 408；exemption from, 免除～ 54-55, 69-70, 100, 252-253；'farming' of, ～的"包收" 58-64；grievances about, 对～的抱怨 266, 268；Malesherbes on, 马尔泽布论～, 84；Mirabeau on, 米拉波论～, 457；National Assembly and, 国民议会与～ 303, 304, 371；Necker and, 内克尔与～ 75；Parlements and, 高等法院与～ 86-87, 92；physiocrats on,

重农学派论～ 65；of Republic, 共和国的～ 720, 721-722；*séance royale* on, 皇家会议论～ 308-309；system of management of, ～管理制度 52；under Calonne, 卡洛纳治下的～ 193, 197, 199-203；under Loménie de Brienne, 洛梅尼·德·布里埃纳治下的～ 211, 219, 211, 222, 224

technology 技术 160；military, 军事～ 155

Temple Prison 圣殿监狱 528, 538, 541, 549, 552-554, 562, 564, 568

Tenducci 唐杜奇 393

Teniers, David 大卫·特尼耶 195

Tennis Court Oath 网球场宣誓 34-35, 144, 306-307, 353, 420, 482, 483, 512, 709

Terray, Abbé Joseph-Marie 约瑟夫-马里·泰雷神父 65, 66, 68, 71, 83, 177, 675

Terror, the 恐怖 8, 158, 240, 379, 409, 441, 451, 640-646, 650-653, 659-672, 718, 722, 723, 725, 732, 736, 738；Committee of Public Safety in, ～时期的救国委员会 601；Danton and, 丹东与～ 684-686；de-christianization and, 非基督教化与～ 656-659, 721；economic, 经济～ 639, 643, 682, 734；Ferrières during, ～时期的费里埃 284；Girondins during, ～时期的吉伦特派 493；*Indulgent* campaign to end, 终结～的宽容运动 684-690；instructional phase of, ～的教育颁行时期 701-706；and law of Prairial, ～与牧月法令 707-708；Lindet during, ～时期的兰代 556；local officials and, 地方官员与～ 439；in Lyon, 里昂的～ 660-664；Malesherbes and, 马尔泽布与～ 556, 695-700；and Marat's death, ～与马拉之死 628；in Marseille, 马赛的～ 663-664；prisons during, ～时期的监狱 670-671, 691, 697；Target during, ～时期的塔尔热 555；Thermidorians and, 热月党人与～ 708-714, 717；in Vendée, 旺代的～ 664, 665-669；women and, 妇女与～ 672, 676-677；working institutions of, ～的运行机构 637

Testament of M. Fortune Richard (Mathon de La Cour) 《富翁里卡德遗训》（马东·德拉库尔） 162-164

theater 剧院 113-123；boulevard, 林荫大道～ 115-116, 273；Marie-Antoinette and, 玛丽-安托瓦内特与～ 180, 181, 185；oratory and, 演讲与～ 139, 140；and Paris revolt, ～与巴黎叛乱 325-326；politics and, 政治与～ 421-423, 446

Théâtre Beaujolais 博若莱剧院 115

Théâtre de la Cité 城市剧院 635
Théâtre de la Nation 国家剧院 422-423
Théâtre des Terreaux 沃土剧院 660
Théâtre-Français 法兰西剧院 18, 25, 32, 121, 122, 401, 421, 425, 446, 480
Theism (Ferrières) 《有神论》(费里埃) 285
Thélusson et Cie 塞勒森银行 73, 160
Theory of Civil Laws (Linguet) 《民法理论》(兰盖) 137
Théot, Catherine 凯瑟琳·泰奥 709
Thermidorians 热月党人 708-714, 717
Thièry, Luc-Vincent 吕克-文森特·蒂埃里 130, 247
Third Estate 第三等级 105, 243, 282, 295, 296, 300, 362, 596; at *séance royale*, 皇家会议上的～ 308, 309, 311; *cahiers* of, ～的陈情书 267, 271-273, 285; claim for ascendency of, 要求～的优势地位 301; clergy and, 教士与～ 300, 303, 413; Club of 1789 and, 1789 年俱乐部与～ 407; and death of Dauphin, ～与王太子之死 304; Duport and, 迪波尔与～ 218; *grands bailliages* and, 大裁判所与～ 236; Great Fear and, 大恐慌与～ 367; in Grenoble, 格勒诺布尔的～ 232; identified wirh the people, ～与人民实为一体 253; Louis XVI and, 路易十六与～ 293-294; military and, 军队与～ 319; Mirabeau and, 米拉波与～ 288, 290, 292; National Assembly formed by, 由～构成的国民议会 303-304, 305; Necker and, 内克尔与～ 78, 253, 254, 260, 263, 281, 317; nobility and, 贵族与～ 406; of Paris, 巴黎的～ 277; public ritual and, 公共仪式与～ 287-288; representation of, ～的代表 250-252, 253-255, 260, 263-265; riots and, 骚乱与～ 279-281; Young and, 扬与～ 369

Thomassin, Charles-Antoine 夏尔-安托万·托马森 441, 720
Thouars, uprising in 图阿尔起义 599
Thouret, Jacques Guillaume 雅克·纪尧姆·图雷 403, 456, 699-700
Thubert 蒂贝尔 593
Thugut, Baron Franz de Paula von 弗朗茨·德·保拉·冯·图克特男爵 739
Thuriot de La Rozière, Jacques Alexis 雅克·亚历克西·蒂里奥·德·拉·罗齐耶 340-341, 656, 658
Tilly, Charles 查尔斯·蒂利 588
Tipu Sahib, Sultan of Mysore 迈索尔苏丹蒂普·萨希卜 192, 247, 248
Tissot, Pierre-François 皮埃尔-弗朗

索瓦·蒂索 187
Titian 提香 195
tobacco tax 烟草税 58, 60
Tocqueville, Alexis de 亚历克西·德·托克维尔 xv, xvii, 6, 50, 98, 145, 156, 714, 721
Tocqueville, Hervé Clérel de 埃尔韦·克莱雷尔·德·托克维尔 696, 697, 714
Tocqueville, Louise de 露易丝·德·托克维尔 696, 714
Tom Jones (Fielding)《汤姆·琼斯》（菲尔丁）96
Tonnelet 托内莱 595
To the Provençal Nation (Mirabeau)《告普罗旺斯人民书》（米拉波）290
torture, abolition of 废除酷刑 213
Toulon 土伦 50, 650; Bastille *souvenirs* in, ～的巴士底狱纪念品 351-352; British fleet in, ～的英国舰队 644, 704; retaking of, 收复～ 663, 687-688; riot in, ～的骚乱 291; Terror in, ～的恐怖 663, 708; uprising in, ～起义 619, 620-621, 638, 659
Toulouse 图卢兹 149, 240; crops destroyed in, ～的庄稼被毁 256; municipal officials of, ～的市政官员 439; Parlement of, ～高等法院 91, 227; transport to, 前往～的交通 158
Tours 图尔 161; flooding of, ～的洪灾 257
Tourzel, Louise Elizabeth de 路易丝·伊丽莎白·德·图尔泽尔 470, 528
trade 贸易 159; Calonne's policies on, 卡洛纳的～政策 193-194; Constituent Assembly and, 制宪议会与～ 442-443; and economic crisis, ～与经济危机 258; impact of Revolution on, 大革命对～的影响 719; and Republic, ～与共和国 604; revolutionary rhetoric on, 关于～的革命修辞 245
Treasury 财政 54, 99, 236, 308; of Republic, 共和国的～ 602; and tax farms, ～与包税 59
Treaty of 1756 1756年条约 502, 505-507
Tresca, Salvatore 萨尔瓦托·特雷斯卡 654
Trianon, court actors at 特里亚农宫 114, 180
Tricornot, Baron 特里科尔诺男爵 366
Tronchet, François-Denis 弗朗索瓦-丹尼斯·特龙谢 556, 558, 562
Tronchin, Théodore 泰奥多尔·特罗尚 18, 125
Tronquart, Nicolas 尼古拉·特龙卡尔 665
Troyes 特鲁瓦: exile of Parlementaires to, 高等法院的法官被集体流放到～ 221; federation movement

in, ～的联盟运动 428; militia of, ～的城市民兵 276

Trudaine des Ormes 奥尔梅的特吕代纳 439

True Mother, The 《真正的母亲》 125

Trumeau, Marie-Jeanne 玛丽-让娜·特吕莫 279, 280

Tuileries 杜伊勒里宫 4, 96-97, 114, 327, 510, 519, 549, 650; booksellers at, ～的书贩 149; demonstrations at, ～的示威游行 515-516; during August insurrection, 八月起义期间的～ 522, 541, 613, 659; Festival of the Supreme Being at, ～的最高主宰节庆典 704; guillotine at, ～的断头台 524; King's guard at, ～的国王卫兵 513, 520; royal family at, ～中的王室 397-398, 453, 461, 470, 473, 476-477, 494, 514, 556, 557

Tulard, Jean 让·蒂拉尔 720

Turenne, Henri de la Tour d'Auvergne, Vicomte de 亨利·德·拉图尔·德·奥弗涅·蒂雷纳子爵 23, 27, 130, 465

Turgot, Anne-Robert Jacques, Baron de l'Aulne 安·罗伯特·雅克·杜尔哥, 劳恩男爵 34, 42, 53, 72, 73, 77, 87, 99, 156, 164, 192, 194, 197, 200, 204, 209, 212, 242, 270, 287; and Amercian Revolution, ～与美国革命 36-37; and coronation of Louis XVI, ～与路易十六的加冕礼 39-40, 41; financial reforms of, ～的财政改革 65, 66-71; Malesherbes and, 马尔泽布与～ 80, 81, 82, 85, 86; Parlements and, 高等法院与～ 94

Turkey 土耳其 502

Turreau, Louis Maire 路易·迈尔·蒂罗 591, 668

Tyrannicides 诛君队 544

U

Unigenitus (Papal Bull) 《唯一圣子》(教皇训谕) 91-92

Utrecht 乌得勒支: newspapers from, 来自～的报纸 146; political unrest in, ～的政治动荡 206, 208, 209

V

Vadier, Marc Guillaume 马克·纪尧姆·瓦迪耶 688, 691, 701, 709, 711, 712

Val-de-Grâce regiment 瓦尔-德-格拉斯团 515

Valence, regional court at 瓦朗斯地区法庭 236

Valenciennes 瓦朗谢讷 600; fall of, 的陷落 638; grain riots in, ～的粮食骚乱 276; retaking of, 收复～ 708

Valfons, Charles de 夏尔·德·瓦尔丰 535

Valley Forge, Lafayette at, 拉法耶特在福吉山谷 19, 23

Valmy, Battle of 瓦尔密战役 7, 539-542, 549

Valois kings 瓦卢瓦诸王 172, 173, 176, 357, 702

Van Rensselaer, Stephen 斯蒂芬·范伦塞拉尔 731

Vanves 旺沃: *cahier* of, ～的陈情书 272; chemical industry in, ～的化工企业 155-156

Vanzut 万祖特 195

Var, Department of, 瓦尔省 404, 493, 495

Varennes, flight of royal family to, 王室逃往瓦雷讷 472-473, 474, 475, 480, 484, 486, 496, 498, 509, 512, 528, 547, 556, 674

Variétés 杂艺场 114

Variétés Amusantes 杂耍游乐场 115, 316

Varlet, Jean 让·瓦莱 514, 605, 606, 607, 612, 613, 614, 624

Vashington (Billardon de Sauvigny) 《华盛顿》(比拉东·德·索维尼) 25

Vattel 瓦特尔 665

vaudeville 杂耍 446

Vaudreuil, Joseph Hyacinthe François, Comte de 约瑟夫·亚森特·弗朗索瓦·沃德勒伊伯爵 180, 181, 300

Vaudreuil, Louis Philippe de Rigaud, Marquis de 路易·菲利普·德·里戈·沃德勒伊侯爵 120

Vaux, Maréchal de 沃帅 234, 239

venal offices 卖官鬻爵 55-56, 74-75, 77, 99, 261, 262, 372

Vendée 旺代: insurrection in, ～叛乱 585-599, 622, 638, 639, 674; retaking of, 收复～ 646, 649, 650, 659, 688; Terror in, ～的恐怖 664, 665-669, 726, 736

Ventôse decrees 风月法令 689, 710, 721

Verdun 凡尔登 532, 539-540

Vergennes, Charles Gravier, Comte de 夏尔·格拉维耶·韦尔热纳伯爵 20, 25, 32, 37, 43, 47, 48, 192, 194, 198, 248, 502, 724; and Dutch Patriots, ～与荷兰爱国党 208-209; Necker and, 内克尔与～ 73, 76, 77

Vergniaud, Pierre 皮埃尔·韦尼奥 xviii, 450, 493, 504, 506, 507, 515, 547, 548, 607-609, 610; and Committee of Public Safety, ～与救国委员会 601; and insurrection against Convention, ～与反对国民公会的起义 615, 617; and trial of Louis XVI, ～与对路易十六的审判 559-560, 561, 562; trial of, 对～的审判 677

Veri, Abbé Joseph-Alphonse de 约瑟

夫-阿方斯·德·韦里神父 87
Vermond, Abbé Jacques de 雅克·德·韦尔蒙神父 355
Vernet, Horace 奥拉斯·韦尔内 9
Vernet, Mme 韦尔内夫人 372-373
Versailles 凡尔赛 26-27, 34-35, 44, 45, 179, 314-316, 318, 400, 674; abolition of court at, ～的宫廷被撤销 357; Assembly of Notables at, ～的显贵会议 198, 199, 217; booksellers at, ～的书贩 145; Breton Club at, ～的布列塔尼俱乐部 376, 407, 448; debauchery at, ～的淫秽活动 177; dynastic marriages at, ～的王室婚礼 128; emigration from, 离开～的移民 355-356; Estates-General at, ～的三级会议 235-236, 260, 285-289, 293-295, 297, 299, 406, 485; fetishized royal body at, ～对王室身体的迷恋 177; Flanders Regiment at, 佛兰德军团 389-390; flour riots at, ～的面粉骚乱 68; Franklin at, 在～的富兰克林 33; French ambassador to Hague at, 在～的法国驻海牙大使 208, 209; Gallery of Battles at, ～的战争画廊 9; Hall of Mirrors at, ～的镜厅 184-185; hierarchy at, ～的等级制度 474; Jeanne de La Motte at, 在～的让娜·德·拉莫特 173; la petite Venise at, ～的"小威尼斯" 42; Louis XV's court at, 路易十五的～宫廷 20; Malesherbes at, 在～的马尔泽布 80, 82; map collection at, ～的地图收藏 703; market women of Paris at, ～的巴黎集市妇女 386-388; menagerie at, ～的御兽苑 714; military at, ～的军队 320; Montgolfier balloon at, 梦高飞在～放飞热气球 106-108; National Guard march on, 国民卫队进军～ 394-395, 396, 397; redesigned by Louis XV, 路易十五重新设计的～ 39; ritual at, ～的礼仪 310; *séance royale* at, ～的皇家会议 305-306, 307; spectacles at, 在～的精彩表演 114; Sultan of Mysore at, 在～的迈索尔苏丹 247, 248; Talleyrand at, 在～的塔列朗 188; venal offices at, ～的卖官鬻爵 74; women demonstrators at, ～的女性示威者 390-394

Verteuil de Malleret, M.A., Baron de M.A. 韦尔特伊·德·马勒雷男爵 600

Vestier, Antoine 安托万·韦斯捷 345

Vestier, Mme 韦斯捷夫人 372-373

Vestris, Mme 韦斯特里夫人 422

veto power 否决权 377, 496, 555, 557

Victoire (ship) "胜利号"（舰） 21, 22

Vidéaud de La Tour 维代奥·德·拉图尔 308

Vien, Marie 玛丽·维安 372-373

Vieux Cordelier 《老科德利埃报》 685-687

Views on the Administration of the Finance of France (Necker) 《论法国的财政管理》（内克尔） 197

Vigée, Louis Jean-Baptiste Etienne 路易·让-巴蒂斯特·艾蒂安·维热 697

Vigée-Lebrun, Elisabeth 伊丽莎白·维热·勒布伦 129, 181-183, 184-185, 187, 194, 196, 197, 471, 576

Village Bride (Greuze) 《乡村里的订婚》（格勒兹） 127

Village Soothsayer, The (Rousseau) 《乡村卜师》（卢梭） 128-129, 130, 180

Villarnois, Arthur de 阿蒂尔·德·维拉努瓦 263

Villeron, *cahier* of 维勒龙的陈情书 269

Villette, Charles, Marquis de 夏尔·维莱特侯爵 18

Vincennes, Château de 文森城堡 289, 336, 337, 347, 467

Vincent, François Nicolas 弗朗索瓦·尼古拉·樊尚 680, 685, 687, 689

vingtième tax "廿一税" 54, 77, 84, 224, 720

violence 暴力 xvii, 724-727; capacity for, ～的能力 513; and Great Fear, ～与大恐慌 366-367; Jacobins and, 雅各宾派与～ 618; legitimacy and, 合法性与～ 377-378; newspapers and, 报纸与～ 378-379; popular, 群众～ 526-527; retributive, 报应性～ 660; Robespierre on, 罗伯斯庇尔论～ 549; *sectionnaire*, 分区的～, 607; in Vendée uprising, 旺代叛乱中的～ 585-587, 589, 593; women and, 妇女与～ 629; 另见 Terror 条

Violette, Jean-Denis 让-德尼·维奥莱特 535

Vitet, Dr. Louis 路易·维泰医生 440

'Viva Maria' riots "玛利亚万岁" 骚乱 588

Vivarais, federation movement in 维瓦莱联盟运动 428

Vizelle assembly 维济勒议会 234-235

Voidel 瓦代尔 459

Voisins, Gilbert de 吉尔贝·德·瓦森 87

Volange 沃朗日 114

Volney, Constantin François de chasseboeuf de 康斯坦丁·弗朗索瓦·德·沙斯伯夫·沃尔内 252

Voltaire 伏尔泰 56, 130, 131, 134, 146, 241, 352, 421, 467, 735; Beaumarchais and, 博马舍与～ 120; d'Argenson and, 阿尔让松与～ 96; death of, ～之死 478; Lally and,

拉里与～ 26；Panckoucke and, 潘库克与～ 147；on Parlements, ～论高等法院 92, 94；as patriot-hero, 作为爱国英雄的～ 465；on religion, ～论宗教 411；remains brought to Paris, ～的遗体被带回巴黎 479-480；Talleyrand and, 塔列朗与～ 17-19；waxwork of, ～的蜡像 322, 323

Vosges 孚日：anticonscription riots in, ～的反征兵暴动 648；*cahiers* of, ～的陈情书 270；clergy in, ～的教士 418；cotton manufacturing, ～的棉纺织业 159-160；émigrés in, ～的流亡者 496；migration from, 来自～的移民 365；Third Estate in, ～的第三等级会议 255；weapons manufacture in, ～的武器制造 650

W

Walckiers 瓦尔基尔 682

Walpole, Horace 霍勒斯·沃波尔 573

Warens, Louise Eléonore de La Tour du Pil, Baronne de 路易丝·埃莱奥诺尔·德·拉图尔·迪皮·华伦男爵夫人 125, 131

Washington, George 乔治·华盛顿 11, 19-20, 23-26, 27, 32, 35, 224, 297, 375, 579, 732, 738

Waterloo 滑铁卢 xv, 7, 11

Watteau, Jean Antoine 让·安托万·华托 195

Wattignies, Battle of 瓦蒂尼战役 681

Watt, James 詹姆斯·瓦特 193

Weimar, Karl-August, Duke of 卡尔-奥古斯特, 魏玛公爵 539

Well-Beloved Mother, The (Greuze) 《被深爱着的母亲》(格勒兹) 128

Wellington, Arthur Wellesley, Duke of 阿瑟·韦尔斯利, 威灵顿公爵 13

Wendel, de, dynasty 温德尔家族 103, 719

Wertmuller, Adolf Ulrik 阿道夫·乌尔里克·韦特米勒 184

Westermann, François-Joseph 弗朗索瓦-约瑟夫·韦斯特曼 520, 522, 639, 641, 666, 667, 692

Westphalia, Treaty of 《威斯特伐利亚条约》580

What No One Has Yet Said (La Haie) 《无人说过的话》(拉艾) 281-282

When Will We Have Bread? 《我们何时有面包？》390

Whigs 辉格党 248, 295, 361, 575, 737

White Hat, The (Greuze) 《白帽》(格勒兹) 125

White, Hayden 海登·怀特 xviii

'Whyte, Major' "马若尔·怀特" 345

Wicked Son Punished, The (Greuze) 《忘恩负义的儿子遭受惩罚》(格勒

索引 1229

兹）25, 127

Wicked Son, The (Greuze) 《忘恩负义的儿子》（格勒兹）127, 531

Wilberforce, William 威廉·威尔伯福斯 248

Wilhelmina, Princess of Orange 威廉明娜，奥兰治公主 208

Wilkes, John 约翰·威尔克斯 512, 625

Wille, Jean-Georges 让-乔治·维勒 128, 637

William the Conqueror 征服者威廉 27

William III, King of England 威廉三世，英格兰国王 243, 364

Williams, David 大卫·威廉姆斯 402

Williams, Helen Maria 海伦·玛丽亚·威廉姆斯 435

William V, Prince of Orange 威廉五世，奥兰治亲王 207, 469

Wimpffen, Louis Félix de 路易·菲利克斯·德·温普芬 621-623

Witterbach 维特巴赫 697

Witt, Johann de 约翰·德·维特 208

Women in the Social and Natural Order (Ferrières) 《社会与自然秩序中的妇女》（费里埃）285

women: 妇女: in Conciergerie: 巴黎古监狱中的～ 671; of Dauphiné, letter to king from, 多菲内的～写给国王的信 234; demonstrations by, ～的示威游行 386-388, 390-394; in Festival of Unity, 在统一不可分割节中的～ 636-637; in grain riots, 谷物骚乱中的～ 276; in insurrection, 起义中的～ 518, 522; in *levée en masse*, 总动员中的～ 647; in Paris labor market, 巴黎劳动力市场中的～ 271; patriotic contributions by, ～的爱国奉献 372-373; in political clubs, 政治俱乐部中的～ 450-451; political participation of, ～的政治参与 725; reconsecration campaigns of, 发起的献祭运动 721; republican, 共和派～ 514; rights of, ～权利 424; and Terror, ～与恐怖 672, 676-677; as vendors of clandestine books, 贩卖地下书籍的～ 149; violence and, 暴力与～ 629

Wordsworth, William 威廉·华兹华斯 vii, 435, 483

Work of Seven Days (Dusaulx) 《七天的工作》（迪佐）350-351

Y

Year 2440, The (Mercier) 《2440年》（梅西耶）153-154, 166

York and Albany, Frederick Augustus, Duke of 弗雷德里克·奥古斯特，约克和奥尔巴尼公爵 638, 678, 682, 711

Yorktown, Battle of 约克镇战役 24, 47, 509

Young, Arthur 阿瑟·扬 104, 252, 302, 303-304, 307, 315-316, 320, 369-370, 574

Young Friends of the Constitution 宪法青年之友会 444

Ysabeau, Claude-Alexandre 克洛德-亚历山大·伊萨博 729

Z

Zaïre (Voltaire) 《扎伊尔》（伏尔泰） 352

Zenith of French Liberty (Gillray) 《法兰西自由的巅峰》（吉尔雷） 576

Zhou En-lai 周恩来 xv

图书在版编目(CIP)数据

公民们：法国大革命编年史 /（英）西蒙·沙玛著；俞敏，祖国霞译. —北京：商务印书馆，2024
ISBN 978-7-100-21011-9

Ⅰ.①公… Ⅱ.①西… ②俞… ③祖… Ⅲ.①法国大革命—历史 Ⅳ.① K565.41

中国版本图书馆 CIP 数据核字（2022）第 058352 号

权利保留，侵权必究。

公民们

法国大革命编年史

〔英〕西蒙·沙玛 著
俞敏 祖国霞 译

商 务 印 书 馆 出 版
（北京王府井大街36号 邮政编码100710）
商 务 印 书 馆 发 行
北京艺辉伊航图文有限公司印刷
ISBN 978-7-100-21011-9

2024年6月第1版	开本 880×1240 1/32
2024年6月北京第1次印刷	印张 39¼ 插页 8

定价：188.00 元